中国
县城建设统计年鉴

中华人民共和国住房和城乡建设部　编

Ministry of Housing and Urban-Rural Development, P.R.CHINA

2020

China County Seat Construction Statistical Yearbook

中国统计出版社
China Statistics Press

图书在版编目（CIP）数据

中国县城建设统计年鉴. 2020 = China County Seat Construction Statistical Yearbook 2020 : 汉英对照 / 中华人民共和国住房和城乡建设部编. -- 北京 : 中国统计出版社, 2021.9
ISBN 978-7-5037-9628-9

Ⅰ. ①中… Ⅱ. ①中… Ⅲ. ①县－城市建设－统计资料－中国－2020－年鉴－汉、英 Ⅳ. ①F299.21-54

中国版本图书馆 CIP 数据核字(2021)第 172094 号

中国县城建设统计年鉴—2020

作　者/中华人民共和国住房和城乡建设部
责任编辑/钟钰
编　辑/且淑芬
封面设计/张冰
出版发行/中国统计出版社有限公司
通信地址/北京市丰台区西三环南路甲 6 号　邮政编码/100073
电　话/邮购（010）63376909　书店（010）68783171
网　址/http://www.zgtjcbs.com/
印　刷/河北鑫兆源印刷有限公司
经　销/新华书店
开　本/880mm×1230mm　1/16
字　数/2044 千字
印　张/64.75
版　别/2021 年 9 月第 1 版
版　次/2021 年 9 月第 1 次印刷
定　价/968.00 元

如有印装差错，由本社发行部调换。

《中国县城建设统计年鉴—2020》

编委会和编辑工作人员

China County Seat Construction Statistical Yearbook—2020

Editorial Board and Editorial Staff

编辑说明

一、为贯彻落实科学发展观和城乡统筹精神，全面反映我国城乡市政公用设施建设与发展状况，方便国内外各界了解中国城乡建设全貌，我们编辑了《中国城乡建设统计年鉴》《中国城市建设统计年鉴》和《中国县城建设统计年鉴》中英文对照本，每年公布一次，供社会广大读者作为资料性书籍使用。

二、《中国县城建设统计年鉴—2020》，根据各省、自治区和直辖市建设行政主管部门上报的 2020 年及历年县城建设统计数据编辑。全书共分 12 个部分，包括县城市政公用设施水平、县城人口和建设用地、县城维护建设财政性资金收支、县城市政公用设施固定资产投资、县城供水、县城节约用水、县城燃气、县城集中供热、县城道路和桥梁、县城排水和污水处理、县城市容环境卫生、县城园林绿化。每部分均包含分年度、分地区、分县城数据。

三、本年鉴统计范围为县城：(1)县政府驻地的镇、乡或街道办事处地域（城关镇）；(2)县城公共设施、居住设施和市政公用设施等连接到的其他镇（乡）地域；（3）常住人口在 3000 人以上独立的工矿区、开发区、科研单位、大专院校等特殊区域。

四、本年鉴统计了 1479 个县和 16 个特殊区域。

9 个县没有数据，河北省邢台县、沧县，山西省泽州县，辽宁省抚顺县、铁岭县，河南省安阳县，新疆维吾尔自治区乌鲁木齐县、和田县等 8 个县，因与所在城市市县同城，县城部分不含上述县城数据，数据含在其所在城市中；福建省金门县暂无数据资料。

16 个特殊区域包括河北省曹妃甸区、白沟新城，山西省云州区、太谷区，黑龙江省加格达奇区，湖北省神农架林区，湖南省望城区、南岳区、大通湖区，海南省洋浦开发区，贵州省六枝特区、水城区，云南省昆明阳宗海风景名胜区，宁夏回族自治区红寺堡区，青海省海北州府西海镇、大柴旦行委。

五、本年鉴数据不包括香港特别行政区、澳门特别行政区以及台湾省。

六、本年鉴中“空格”表示该项统计指标数据不足本表最小单位数、数据不详或无该项数据。

七、本年鉴中部分数据合计数或相对数由于单位取舍不同而产生的计算误差，均没有进行机械调整。

八、由于县城建设统计工作基础比较薄弱，年鉴数据难免存在问题，欢迎读者提出改进意见，共同促进县城建设统计发展。

EDITOR'S NOTES

1. Under the guideline of the Scientific Outlook on Development and in line with the efforts to promote the coordinated urban and rural development, *China Urban-Rural Construction Statistical Yearbook, China Urban Construction Statistical Yearbook and China County Seat Construction Statistical Yearbook* are published annually in both Chinese and English languages to provide comprehensive information on urban and rural service facilities development in China. Being the source of facts, the yearbooks help to facilitate the understanding of people from all walks of life at home and abroad on China's urban and rural development.

2. *2020 China County Seat Construction Statistical Yearbook* is published for the first time. The book is compiled based on statistical data on County Seat construction in year 2020 and past years that were reported by construction authorities of provinces, autonomous regions and municipalities directly under the central government. This yearbook is composed of 12 parts, including 1.Level of County Seat Service Facilities, 2.County Seat Population and Construction Land, 3.Revenue and Expenditure of County Seat Maintenance and Construction Fund, 4. Fixed Assets Investment in County Seat Service Facilities, 5.County Seat Water Supply, 6.County Seat Water Conservation, 7.County Seat Gas, 8.County Seat Central Heating, 9. County Seat Roads and Bridges, 10.County Seat drainage and Waste Water Treatment,11.County Seat Environmental Sanitation, and 12.County Seat landscaping. In each part, the data is classified by year, by region and by county.

3. Scope of the data collected from the survey covers county seat areas: (1) towns and townships where county governments are situated and areas under the jurisdiction of neighborhood administration; (2) other towns (townships) connected to county seat public facilities, residential facilities and municipal utilities; (3) special areas like independent industrial and mining districts, development zones, research institutes, and universities and colleges with permanent residents of 3000 and above.

4.In the Yearbook, data are from 1479 counties, 16 special zones. Data of 9 counties are not included, for example, data from 8 counties including Xingtai and Cangxian County in Hebei Province, Zezhou County in Shanxi Province, Fushun and Tieling County in Liaoning Province, Anyang County in Henan Province, and Urumqi and Hetian County in Xinjiang Uygur Autonomous Region are included in the statistics of the respective cities administering the above counties due to the identity of the location between the county seats and the cities; data on Jinmen County in Fujian Province has not been available at the moment.

16 special zones and districts include Caofeidian and Baigouxincheng in Hebei Province, Yunzhou District and Taigu District in Shanxi Province, Jiagedaqi in Heilongjiang Province, Shennongjia Forestry District in Hubei Province, Wangcheng District, Nanyue District and Datong Lake District in Hunan Province, Yangpu Development Zone in Hainan Province, Liuzhite District and shuicheng District in Guizhou Province, Kunming Yangzonghai Scenic Spot in Yunnan Province, Hongsibao Development Zone in Ningxia Autonomous Region, and Xihai Town and Dachaidan Administrative Commission in Haibei Prefecture of Qinghai Province.

5.This Yearbook does not include data of Hong Kong Special Administrative Region, Macao Special Administrative Region as well as Taiwan Province.

6. In this yearbook, "blank space" indicates that the figure is not large enough to be measured with the smallest unit in the table, or data are unknown or are not available.

7.The calculation errors of the total or relative value of some data in this Yearbook arising from the use of different measurement units have not been mechanically aligned.

8.Faults inevitably exist in the data of the Yearbook due to the weak foundation of the data-collection work on county construction. Readers' comments on how to make improvement are welcomed in order to jointly promote the work related to county construction statistics.

目　录

Contents

综合数据

General Data

居民生活数据

Data by Residents Living

居民出行数据

Data by Residents Travel

环境卫生数据

Data by Environmental Health

绿色生态数据

Data by Green Ecology

主要指标解释

Explanatory Notes on Main Indicators

综 合 数 据

General Data

一、县城市政公用设施水平

1. Level of County Seat Service Facilities

简要说明

本部分反映县城市政公用设施水平，均为相对指标。主要包括人口密度、供水普及率、燃气普及率、人均拥有道路面积、污水处理率、人均公园绿地、建成区绿地率、建成区绿化覆盖率、每万人拥有公厕等内容。

从 2006 年起，人均水平（除人均日生活用水量）和普及率水平均以县城人口和县城暂住人口合计数为分母计算。

Brief Introduction

This section demonstrates the level of county seat service facilities in a comparative way. Main indicators include population density, water coverage rate, gas coverage rate, surface area of roads per capita, wastewater treatment rate, public green space per capita, green space rate of built-up areas, green coverage rate of built up area, number of latrines owned by every 10,000 people etc.

Since 2006, figure in terms of per capita and coverage rate, excluding domestic water use per capita have been calculated based on denominator which combines both permanent and temporary residents in county seat areas.

1 全国历年县城市政公用设施水平(2000-2020)
Level of National County Seat Service Facilities in Past Years(2000-2020)

年份 Year	供水普及率 (%) Water Coverage Rate (%)	燃气普及率 (%) Gas Coverage Rate (%)	每万人拥有公共交通车辆 (标台) Motor Vehicle for Public Transport Per 10,000 Persons (standard unit)	人均道路面积 (平方米) Road Surface Area Per Capita (m^2)	污水处理率 (%) Wastewater Treatment Rate (%)	园林绿化 Landscaping: 人均公园绿地面积 (平方米) Public Recreational Green Space Per Capita (m^2)	园林绿化 Landscaping: 建成区绿化覆盖率 (%) Green Coverage Rate of Built District (%)	园林绿化 Landscaping: 建成区绿地率 (%) Green Space Rate of Built District (%)	每万人拥有公厕 (座) Number of Public Lavatories Per 10,000 Persons (unit)
2000	84.83	54.41	2.64	11.20	7.55	5.71	10.86	6.51	2.21
2001	76.45	44.55	1.89	8.51	8.24	3.88	13.24	9.08	3.54
2002	80.53	49.69	2.51	9.37	11.02	4.32	14.12	9.78	3.53
2003	81.57	53.28	2.52	9.82	9.88	4.83	15.27	10.79	3.59
2004	82.26	56.87	2.77	10.30	11.23	5.29	16.42	11.65	3.54
2005	83.18	57.80	2.86	10.80	14.23	5.67	16.99	12.26	3.46
2006	76.43	52.45	2.59	10.30	13.63	4.98	18.70	14.01	2.91
2007	81.15	57.33	3.07	10.70	23.38	5.63	20.20	15.41	2.90
2008	81.59	59.11	3.04	11.21	31.58	6.12	21.52	16.90	2.90
2009	83.72	61.66		11.95	41.64	6.89	23.48	18.37	2.96
2010	85.14	64.89		12.68	60.12	7.70	24.89	19.92	2.94
2011	86.09	66.52		13.42	70.41	8.46	26.81	22.19	2.80
2012	86.94	68.50		14.09	75.24	8.99	27.74	23.32	2.09
2013	88.14	70.91		14.86	78.47	9.47	29.06	24.76	2.77
2014	88.89	73.24		15.39	82.12	9.91	29.80	25.88	2.76
2015	89.96	75.90		15.98	85.22	10.47	30.78	27.05	2.78
2016	90.50	78.19		16.41	87.38	11.05	32.53	28.74	2.82
2017	92.87	81.35		17.18	90.21	11.86	34.60	30.74	2.93
2018	93.80	83.85		17.73	91.16	12.21	35.17	31.21	3.13
2019	95.06	86.47		18.29	93.55	13.10	36.64	32.54	3.28
2020	96.66	89.07		18.92	95.05	13.44	37.58	33.55	3.51

注：1.自2006年起，人均和普及率指标按县城人口和县城暂住人口合计为分母计算，以公安部门的户籍统计和暂住人口统计为准。
2.“人均公园绿地面积”指标2005年及以前年份为“人均公共绿地面积”。
3.自2009年起，县城公共交通内容不再统计。

Note:1.Since 2006,figure in terms of per capita and coverage rate have been calculated based on denominator which combines both permanent and temporary residents in county seat areas. And the population should come from statistics of police.
2.Since 2005, Public Green Space Per Capita is changed to be Public Recreational Green Space Per Capita.
3.Since 2009,statistics on county seat public transport have been removed.

1-1 2020年全国县城市政公用设施水平(按省分列)

地区名称 Name of Regions	人口密度(人/平方公里) Population Density (person/square kilometer)	人均日生活用水量(升) Daily Water Consumption Per Capita (liter)	供水普及率(%) Water Coverage Rate (%)	公共供水普及率 Public Water Coverage Rate	燃气普及率(%) Gas Coverage Rate (%)	建成区供水管道密度(公里/平方公里) Density of Water Supply Pipelines in Built District (kilometer/square kilometer)	人均道路面积(平方米) Road Surface Area Per Capita (m^2)	建成区路网密度(公里/平方公里) Density of Road Network in Built District (kilometer/square kilometer)
全 国	**2107**	**128.53**	**96.66**	**94.69**	**89.07**	**11.56**	**18.92**	**6.88**
河 北	2759	110.86	100.00	98.80	98.81	11.45	24.52	8.72
山 西	3418	102.83	96.71	91.26	84.65	11.70	16.68	7.42
内蒙古	929	96.16	98.23	97.01	90.12	11.68	29.78	6.87
辽 宁	1508	112.70	97.29	95.86	85.91	11.76	15.15	4.38
吉 林	2562	95.60	92.22	88.72	86.56	12.60	14.42	6.10
黑龙江	2958	92.15	92.69	92.55	60.28	10.15	13.47	6.71
江 苏	2022	158.93	99.98	99.79	99.95	13.94	21.46	6.60
浙 江	894	204.30	100.00	100.00	100.00	21.68	24.24	9.13
安 徽	1819	136.79	97.14	93.71	95.54	12.42	23.71	6.30
福 建	2535	177.76	99.24	99.02	98.03	16.39	18.45	8.78
江 西	4898	136.25	96.88	96.61	94.14	14.90	20.76	7.88
山 东	1373	110.87	99.06	92.38	97.68	7.64	21.98	6.17
河 南	2646	112.10	93.01	88.51	85.43	7.52	18.50	5.79
湖 北	3087	143.96	96.28	95.59	94.11	11.38	18.39	6.70
湖 南	3857	148.37	96.70	95.72	90.32	15.02	14.36	6.63
广 东	1519	173.94	92.70	92.49	96.29	14.55	13.36	6.35
广 西	2579	166.91	99.49	97.72	98.79	13.23	21.00	8.40
海 南	2816	360.43	95.87	95.81	91.99	8.34	25.04	4.87
重 庆	2725	120.03	97.88	97.88	97.06	12.69	10.21	6.60
四 川	1130	123.14	94.87	94.29	88.36	10.62	13.64	6.03
贵 州	2231	105.67	95.39	95.01	80.17	7.88	18.84	7.49
云 南	3504	116.64	96.85	95.35	55.03	13.57	16.49	7.45
西 藏	2723	146.94	87.05	77.98	60.77	8.59	16.28	4.91
陕 西	3760	97.61	95.50	91.27	88.45	7.49	15.36	6.94
甘 肃	4824	80.53	95.14	94.90	76.24	9.38	14.08	5.88
青 海	1908	87.89	97.15	97.15	62.76	9.92	22.42	7.57
宁 夏	3622	112.41	98.99	98.99	75.97	8.66	25.33	6.99
新 疆	3161	146.23	98.37	98.05	94.63	10.81	23.05	6.57

Level of National County Seat Service Facilities by Province(2020)

建成区道路面积率(%) Surface Area of Roads Rate of Built District (%)	建成区排水管道密度(公里/平方公里) Density of Sewers in Built District (kilometer/square kilometer)	污水处理率(%) Wastewater Treatment Rate (%)	污水处理厂集中处理率 Centralized Treatment Rate of Wastewater Treatment Plants	人均公园绿地面积(平方米) Public Recreational Green Space Per Capita (m^2)	建成区绿化覆盖率(%) Green Coverage Rate of Built District (%)	建成区绿地率(%) Green Space Rate of Built District (%)	生活垃圾处理率(%) Domestic Garbage Treatment Rate (%)	生活垃圾无害化处理率 Domestic Garbage Harmless Treatment Rate	地区名称 Name of Regions
13.15	**9.60**	**95.05**	**94.42**	**13.44**	**37.58**	**33.55**	**99.31**	**98.26**	**全 国**
17.58	9.64	98.40	98.40	13.76	41.62	37.62	99.96	97.64	河 北
14.13	10.52	96.50	96.28	11.57	40.82	36.12	99.94	99.94	山 西
14.55	8.47	96.23	96.23	21.03	36.82	34.27	99.49	97.50	内蒙古
7.36	5.93	95.97	95.89	11.27	19.23	14.58	100.00	90.44	辽 宁
10.77	9.56	95.09	95.09	12.49	34.46	30.40	100.00	100.00	吉 林
7.87	6.12	94.48	94.48	13.08	27.37	24.19	98.71	98.71	黑龙江
13.40	12.41	91.40	90.88	14.54	42.64	39.78	100.00	100.00	江 苏
15.81	15.94	97.43	97.29	15.50	43.24	39.04	100.00	100.00	浙 江
14.27	11.40	96.18	96.03	14.57	37.67	33.72	100.00	100.00	安 徽
14.36	13.40	95.06	95.06	15.26	43.39	39.65	100.00	100.00	福 建
14.81	11.56	91.55	90.15	15.54	42.98	38.73	100.00	100.00	江 西
13.24	9.74	97.75	97.75	16.26	40.05	35.80	100.00	100.00	山 东
13.33	9.25	97.01	97.01	11.69	35.78	31.22	99.21	94.77	河 南
13.83	8.83	93.53	93.53	12.25	37.69	32.77	100.00	100.00	湖 北
12.03	9.01	96.57	95.92	11.15	37.72	33.62	99.43	99.43	湖 南
9.49	6.01	91.82	91.80	14.47	35.61	31.81	99.74	99.74	广 东
15.51	11.42	96.40	88.55	13.11	38.56	34.18	100.00	100.00	广 西
10.13	3.76	89.50	89.46	6.82	42.25	29.80	100.00	87.33	海 南
11.95	15.32	99.08	99.08	13.58	41.61	37.73	99.78	99.00	重 庆
11.68	8.92	91.39	88.88	13.71	37.85	34.04	99.77	99.77	四 川
12.68	5.34	91.27	91.21	13.39	36.67	33.80	90.25	90.25	贵 州
13.82	12.99	94.92	94.86	10.79	38.87	34.30	99.88	99.24	云 南
5.86	6.68	31.43	31.43	1.35	6.59	4.01	97.72	92.51	西 藏
12.06	7.96	92.80	92.79	10.93	36.27	31.90	98.68	97.08	陕 西
10.09	9.00	94.41	94.41	11.07	26.76	23.29	99.66	99.66	甘 肃
13.10	9.34	90.72	90.72	7.84	28.01	23.73	95.32	91.57	青 海
14.77	8.46	98.06	98.06	17.38	39.44	36.18	99.58	99.58	宁 夏
11.49	7.05	95.87	95.87	15.12	39.15	35.11	99.26	97.70	新 疆

1-2 2020年全国县城市政公用设施水平(按县分列)

县名称 Name of Counties	人口密度(人/平方公里) Population Density (person/square kilometer)	人均日生活用水量(升) Daily Water Consumption Per Capita (liter)	供水普及率(%) Water Coverage Rate (%)	公共供水普及率 Public Water Coverage Rate	燃气普及率(%) Gas Coverage Rate (%)	建成区供水管道密度(公里/平方公里) Density of Water Supply Pipelines in Built District (kilometer/square kilometer)	人均道路面积(平方米) Road Surface Area Per Capita (m^2)	建成区路网密度(公里/平方公里) Density of Road Network in Built District (kilometer/square kilometer)	建成区道路面积率(%) Surface Area of Roads Rate of Built District (%)
全 国	**2107**	**128.53**	**96.66**	**94.69**	**89.07**	**11.56**	**18.92**	**6.88**	**13.15**
河 北	**2759**	**110.86**	**100.00**	**98.80**	**98.81**	**11.45**	**24.52**	**8.72**	**17.58**
井陉县	1544	71.61	100.00	100.00	100.00	6.19	18.08	11.33	17.39
正定县	2403	107.01	100.00	100.00	95.97	3.92	25.66	8.03	18.76
行唐县	2425	84.48	100.00	100.00	98.80	15.12	28.00	7.16	21.15
灵寿县	3502	75.33	100.00	100.00	100.00	22.15	23.67	10.57	19.60
高邑县	1641	191.87	100.00	100.00	100.00	15.82	31.45	11.58	23.51
深泽县	3979	136.39	100.00	100.00	100.00	21.48	20.37	7.36	17.48
赞皇县	1093	241.92	100.00	98.18	95.82	11.34	24.31	8.41	20.57
无极县	2928	154.46	100.00	100.00	100.00	8.89	29.79	8.99	16.29
平山县	1161	129.95	100.00	100.00	100.00	14.57	16.28	10.08	19.07
元氏县	3107	277.51	100.00	100.00	100.00	8.69	24.82	10.38	18.88
赵 县	7949	109.94	100.00	100.00	100.00	11.85	23.27	8.12	18.50
滦南县	1463	154.39	100.00	97.98	100.00	9.21	21.76	8.78	15.32
乐亭县	1449	131.93	100.00	96.46	100.00	13.44	19.81	8.01	16.23
迁西县	1306	72.14	100.00	95.86	100.00	13.29	17.05	8.03	14.13
玉田县	1882	139.04	100.00	90.20	100.00	7.92	22.30	8.19	15.02
曹妃甸区	1792	188.31	100.00	100.00	100.00	7.96	42.73	8.20	21.64
青龙满族自治县	2632	60.52	100.00	100.00	99.75	4.90	18.80	10.75	12.79
昌黎县	3364	123.72	100.00	96.44	99.92	12.39	23.48	8.50	17.53
卢龙县	1460	76.94	100.00	100.00	100.00	5.10	29.21	9.11	18.28
临漳县	1471	138.35	100.00	100.00	100.00	7.20	35.59	9.01	18.56
成安县	6206	85.70	100.00	100.00	100.00	14.12	33.84	9.88	21.01
大名县	3968	50.89	100.00	100.00	100.00	8.42	20.31	10.59	17.92
涉 县	2414	80.77	100.00	100.00	100.00	8.49	24.14	10.34	14.63
磁 县	2729	88.46	100.00	100.00	99.51	8.65	26.47	9.06	23.61
邱 县	3643	65.65	100.00	100.00	100.00	5.93	29.28	10.38	21.76
鸡泽县	5855	107.10	100.00	100.00	100.00	15.60	26.00	9.98	23.14
广平县	4143	111.08	100.00	100.00	99.89	4.18	42.76	14.12	27.89
馆陶县	2057	121.91	100.00	100.00	100.00	13.96	25.64	8.00	20.11
魏 县	3788	56.10	100.00	100.00	100.00	6.10	17.12	9.96	20.37
曲周县	4515	108.73	100.00	100.00	100.00	12.98	25.05	10.05	19.79
临城县	1306	85.32	100.00	100.00	99.29	10.06	25.34	10.08	20.89
内丘县	2181	96.44	100.00	100.00	98.80	11.70	19.71	11.60	20.45
柏乡县	696	117.42	100.00	100.00	95.10	8.16	36.77	10.49	17.38
隆尧县	3215	63.87	100.00	96.10	96.00	6.78	26.21	8.82	17.50
宁晋县	8370	71.86	100.00	91.50	96.37	14.33	27.04	9.03	28.43
巨鹿县	2770	76.00	100.00	100.00	98.05	30.31	23.90	8.05	19.36

Level of National County Seat Service Facilities by County (2020)

建成区排水管道密度(公里/平方公里) Density of Sewers in Built District (kilometer/square kilometer)	污水处理率(%) Wastewater Treatment Rate (%)	污水处理厂集中处理率 Centralized Treatment Rate of Wastewater Treatment Plants	人均公园绿地面积(平方米) Public Recreational Green Space Per Capita (m^2)	建成区绿化覆盖率(%) Green Coverage Rate of Built District (%)	建成区绿地率(%) Green Space Rate of Built District (%)	生活垃圾处理率(%) Domestic Garbage Treatment Rate (%)	生活垃圾无害化处理率 Domestic Garbage Harmless Treatment Rate	县名称 Name of Counties
9.60	**95.05**	**94.42**	**13.44**	**37.58**	**33.55**	**99.31**	**98.26**	**全　国**
9.64	**98.40**	**98.40**	**13.76**	**41.62**	**37.62**	**99.96**	**97.64**	**河　北**
11.05	99.99	99.99	14.78	43.01	39.97	100.00	100.00	井陉县
15.97	99.51	99.51	21.76	38.45	35.54	100.00	100.00	正定县
11.01	99.36	99.36	15.35	45.37	40.43	98.04	98.04	行唐县
8.19	99.66	99.66	14.37	39.93	36.87	100.00	100.00	灵寿县
12.27	99.93	99.93	12.39	45.38	42.16	100.00	100.00	高邑县
5.11	99.20	99.20	10.21	38.38	34.97	100.00	100.00	深泽县
7.04	97.17	97.17	15.27	43.87	39.40	100.00	100.00	赞皇县
9.66	97.50	97.50	14.74	40.50	37.21	100.00	100.00	无极县
12.92	97.99	97.99	13.12	40.19	36.74	100.00	100.00	平山县
8.18	98.44	98.44	13.48	42.75	38.80	100.00	100.00	元氏县
8.38	99.99	99.99	12.87	42.12	37.15	100.00	100.00	赵　县
6.19	99.90	99.90	12.29	42.01	37.02	100.00	100.00	滦南县
7.79	99.91	99.91	14.68	45.36	41.02	100.00	100.00	乐亭县
6.93	99.80	99.80	15.66	39.62	35.34	100.00	100.00	迁西县
4.05	99.04	99.04	8.72	39.18	34.20	100.00	100.00	玉田县
10.79	99.80	99.80	24.77	44.94	41.17	100.00	100.00	曹妃甸区
7.25	98.00	98.00	14.20	35.21	32.23	100.00	100.00	青龙满族自治县
9.24	99.99	99.99	11.40	38.35	34.11	100.00	100.00	昌黎县
8.12	99.99	99.99	12.87	42.63	38.46	100.00	100.00	卢龙县
8.77	99.80	99.80	18.45	47.89	43.99	100.00	100.00	临漳县
1.18	99.99	99.99	15.58	45.51	41.73	100.00	100.00	成安县
6.10	99.92	99.92	16.58	45.97	42.38	100.00	100.00	大名县
18.68	96.23	96.23	21.71	47.70	43.60	100.00	100.00	涉　县
8.33	99.95	99.95	14.49	45.89	41.29	100.00	100.00	磁　县
14.16	99.99	99.99	14.07	47.72	44.45	100.00	100.00	邱　县
11.21	99.98	99.98	15.49	45.89	42.82	100.00	100.00	鸡泽县
12.57	99.99	99.99	19.45	42.26	37.38	100.00	100.00	广平县
12.21	99.87	99.87	13.19	45.33	41.02	100.00	100.00	馆陶县
7.44	98.90	98.90	13.20	43.68	39.19	100.00	100.00	魏　县
11.07	99.92	99.92	15.05	44.31	40.01	100.00	100.00	曲周县
10.40	93.11	93.11	13.55	42.63	37.85	100.00	100.00	临城县
10.26	99.26	99.26	11.24	41.50	37.92	100.00	100.00	内丘县
6.80	96.01	96.01	14.63	38.36	34.75	100.00	100.00	柏乡县
11.27	98.73	98.73	17.05	40.25	36.36	100.00	100.00	隆尧县
12.22	96.48	96.48	13.10	44.97	40.36	100.00	100.00	宁晋县
15.23	99.60	99.60	11.50	39.05	34.98	100.00	100.00	巨鹿县

1-2 续表 1

县名称 Name of Counties	人口密度(人/平方公里) Population Density (person/square kilometer)	人均日生活用水量(升) Daily Water Consumption Per Capita (liter)	供水普及率(%) Water Coverage Rate (%)	公共供水普及率 Public Water Coverage Rate	燃气普及率(%) Gas Coverage Rate (%)	建成区供水管道密度(公里/平方公里) Density of Water Supply Pipelines in Built District (kilometer/square kilometer)	人均道路面积(平方米) Road Surface Area Per Capita (m^2)	建成区路网密度(公里/平方公里) Density of Road Network in Built District (kilometer/square kilometer)	建成区道路面积率(%) Surface Area of Roads Rate of Built District (%)
新河县	4071	109.05	100.00	91.23	95.09	9.07	32.28	11.20	24.53
广宗县	1586	58.39	100.00	100.00	99.00	11.10	21.84	8.07	19.25
平乡县	1228	79.60	100.00	100.00	100.00	11.59	29.41	8.61	17.00
威　县	9706	86.45	100.00	100.00	98.51	19.79	19.70	8.04	19.97
清河县	6619	62.56	100.00	100.00	98.08	3.56	17.74	8.09	17.20
临西县	5823	65.25	100.00	100.00	96.96	6.50	23.66	7.70	16.49
博野县	3371	146.12	100.00	96.00	100.00	3.73	27.45	7.57	17.86
涞水县	4845	101.49	100.00	100.00	99.87	13.77	26.30	8.00	15.67
阜平县	1642	160.62	100.00	100.00	96.93	9.34	27.18	9.92	12.71
白沟新城	1439	200.48	100.00	97.83	97.31	12.78	27.49	6.46	10.77
定兴县	7941	81.59	100.00	99.90	98.40	7.08	25.29	9.28	20.07
唐　县	2903	78.27	100.00	92.36	99.03	12.59	22.00	8.01	16.54
高阳县	4575	164.35	100.00	97.27	98.03	9.42	26.77	8.01	15.70
涞源县	5391	116.16	100.00	100.00	99.03	4.86	27.41	7.70	14.77
望都县	6256	138.10	100.00	98.69	100.00	7.25	26.77	8.61	17.00
易　县	7472	147.23	100.00	100.00	100.00	16.76	19.98	4.73	14.93
曲阳县	2741	149.59	100.00	90.97	97.19	5.23	25.48	8.55	14.92
蠡　县	6083	150.87	100.00	93.15	100.00	10.41	25.53	8.98	15.59
顺平县	2916	179.62	100.00	91.50	96.02	6.78	23.74	8.84	14.34
张北县	2805	70.65	100.00	100.00	95.15	15.42	25.73	8.47	15.31
康保县	1976	57.63	100.00	100.00	93.23	6.95	33.18	8.32	20.25
沽源县	3028	93.25	100.00	100.00	96.87	17.84	26.89	8.11	22.91
尚义县	5764	60.91	100.00	100.00	85.66	10.30	24.89	8.02	14.35
蔚　县	2277	82.26	100.00	100.00	97.26	11.38	27.18	8.07	13.03
阳原县	1070	102.85	100.00	100.00	95.79	13.61	22.72	8.90	15.04
怀安县	2711	95.67	100.00	100.00	99.18	10.71	27.85	8.04	18.46
怀来县	3511	153.81	100.00	100.00	100.00	8.10	25.22	8.17	15.03
涿鹿县	2608	88.14	100.00	100.00	96.03	16.50	26.21	8.02	26.13
赤城县	9686	64.27	100.00	100.00	96.76	12.09	15.67	10.83	16.10
承德县	3000	171.55	100.00	100.00	98.67	8.80	20.65	7.99	12.34
兴隆县	3056	147.39	100.00	93.46	99.74	12.40	22.99	9.30	15.53
滦平县	4240	80.78	100.00	100.00	98.77	18.18	17.17	8.89	13.78
隆化县	2140	113.31	100.00	98.81	98.93	47.18	18.52	8.00	15.45
丰宁满族自治县	5484	140.24	100.00	100.00	99.08	13.25	20.08	8.19	15.40
宽城满族自治县	2037	112.55	100.00	98.61	99.87	12.13	23.14	9.84	16.64
围场满族蒙古族自治县	4925	102.83	100.00	100.00	100.00	7.41	12.69	8.02	15.43
青　县	6080	119.93	100.00	100.00	100.00	14.09	27.00	9.15	16.41
东光县	4768	60.24	100.00	100.00	100.00	6.54	14.64	7.26	11.58

continued

建成区排水管道密度（公里/平方公里） Density of Sewers in Built District (kilometer/square kilometer)	污水处理率 Wastewater Treatment Rate (%)	污水处理厂集中处理率 Centralized Treatment Rate of Wastewater Treatment Plants	人均公园绿地面积（平方米） Public Recreational Green Space Per Capita (m^2)	建成区绿化覆盖率 Green Coverage Rate of Built District (%)	建成区绿地率 Green Space Rate of Built District (%)	生活垃圾处理率 Domestic Garbage Treatment Rate (%)	生活垃圾无害化处理率 Domestic Garbage Harmless Treatment Rate	县名称 Name of Counties
13.09	96.59	96.59	13.73	42.00	37.56	100.00	100.00	新河县
9.79	94.65	94.65	10.67	38.63	34.65	100.00	100.00	广宗县
17.41	95.94	95.94	13.36	44.03	40.10	100.00	100.00	平乡县
16.03	94.00	94.00	11.52	40.80	37.60	100.00	100.00	威　县
11.83	98.04	98.04	11.41	44.38	39.43	100.00	100.00	清河县
17.50	93.94	93.94	11.69	37.80	34.03	100.00	100.00	临西县
10.46	98.68	98.68	11.79	37.74	34.28	100.00		博野县
9.48	99.53	99.53	11.42	39.68	36.60	100.00	100.00	涞水县
13.95	99.30	99.30	30.08	40.00	35.00	100.00	100.00	阜平县
6.16	97.89	97.89	12.84	38.25	34.28	100.00	100.00	白沟新城
11.55	99.84	99.84	12.34	41.63	37.01	100.00	100.00	定兴县
7.11	98.05	98.05	11.44	41.05	37.36	100.00	100.00	唐　县
9.62	99.91	99.91	11.41	41.60	37.06	100.00	100.00	高阳县
7.35	99.13	99.13	17.12	42.06	37.61	100.00	100.00	涞源县
6.73	98.00	98.00	12.00	41.23	37.56	100.00		望都县
4.62	96.99	96.99	12.24	38.50	34.16	100.00	100.00	易　县
4.83	97.00	97.00	12.15	40.23	37.17	100.00	100.00	曲阳县
7.56	98.98	98.98	14.72	40.89	37.35	100.00	100.00	蠡　县
12.36	98.48	98.48	14.39	40.00	35.11	100.00		顺平县
6.20	92.26	92.26	11.40	39.04	35.30	100.00	100.00	张北县
4.93	92.60	92.60	11.42	42.15	38.47	100.00	100.00	康保县
6.62	92.06	92.06	11.40	41.19	36.62	98.00	98.00	沽源县
5.58	92.04	92.04	14.05	40.97	36.74	100.00	100.00	尚义县
6.69	92.15	92.15	11.46	39.79	34.96	100.00	100.00	蔚　县
9.41	96.19	96.19	11.47	39.58	36.15	100.00	100.00	阳原县
12.91	93.20	93.20	11.40	37.91	34.38	100.00	100.00	怀安县
10.94	99.33	99.33	12.13	41.50	37.07	100.00	100.00	怀来县
9.59	99.10	99.10	14.04	43.60	38.62	100.00	100.00	涿鹿县
9.34	97.49	97.49	11.40	39.00	34.00	100.00	100.00	赤城县
8.67	93.83	93.83	12.06	38.59	34.92	100.00	100.00	承德县
6.35	99.62	99.62	11.61	39.88	36.57	100.00	100.00	兴隆县
12.67	98.12	98.12	11.67	41.33	38.11	100.00	100.00	滦平县
7.76	95.01	95.01	11.40	39.56	35.43	100.00	100.00	隆化县
7.91	99.15	99.15	14.44	42.09	37.11	100.00	100.00	丰宁满族自治县
9.21	98.26	98.26	12.70	43.37	39.18	99.60	99.60	宽城满族自治县
16.23	97.18	97.18	8.68	37.30	34.21	100.00	100.00	围场满族蒙古族自治县
6.04	99.44	99.44	14.17	38.46	35.39	100.00	100.00	青　县
7.66	99.80	99.80	10.84	41.14	36.98	100.00	100.00	东光县

1-2 续表 2

县名称 Name of Counties	人口密度(人/平方公里) Population Density (person/square kilometer)	人均日生活用水量(升) Daily Water Consumption Per Capita (liter)	供水普及率(%) Water Coverage Rate (%)	公共供水普及率 Public Water Coverage Rate	燃气普及率(%) Gas Coverage Rate (%)	建成区供水管道密度(公里/平方公里) Density of Water Supply Pipelines in Built District (kilometer/square kilometer)	人均道路面积(平方米) Road Surface Area Per Capita (m^2)	建成区路网密度(公里/平方公里) Density of Road Network in Built District (kilometer/square kilometer)	建成区道路面积率(%) Surface Area of Roads Rate of Built District (%)
海兴县	3400	69.14	100.00	100.00	100.00	16.93	34.89	8.02	21.84
盐山县	2604	148.05	100.00	100.00	100.00	5.92	32.69	8.01	16.75
肃宁县	3264	152.93	100.00	100.00	100.00	7.53	26.82	8.00	15.32
南皮县	3182	94.17	100.00	100.00	100.00	4.90	30.49	8.02	15.08
吴桥县	4283	85.55	100.00	100.00	100.00	7.87	26.57	7.24	18.56
献　县	3536	118.74	100.00	100.00	100.00	14.53	22.59	8.01	17.01
孟村回族自治县	2143	105.42	100.00	100.00	100.00	15.24	32.53	8.20	15.82
固安县	3890	130.26	100.00	100.00	100.00	4.15	11.14	4.56	8.27
永清县	2018	193.14	100.00	100.00	100.00	30.18	32.80	10.40	16.77
香河县	1524	253.42	100.00	100.00	98.04	11.98	22.10	7.69	9.95
大城县	2520	94.66	100.00	100.00	99.86	33.65	24.19	9.80	20.17
文安县	2769	180.73	100.00	100.00	100.00	16.29	23.24	6.37	15.08
大厂回族自治县	1438	84.15	100.00	100.00	100.00	6.35	36.65	8.03	15.65
枣强县	4613	101.66	100.00	100.00	98.67	25.03	18.10	12.24	16.20
武邑县	3524	141.29	100.00	100.00	95.38	8.67	22.57	8.23	16.32
武强县	3623	133.79	100.00	99.36	97.05	16.47	26.48	3.28	8.09
饶阳县	1157	70.66	100.00	100.00	100.00	9.64	39.87	16.87	18.29
安平县	5217	123.13	100.00	100.00	100.00	21.37	25.30	8.12	22.37
故城县	5309	124.79	100.00	95.43	96.58	15.82	36.96	10.96	33.27
景　县	6912	138.74	100.00	100.00	100.00	7.98	39.77	9.41	27.49
阜城县	1831	128.15	100.00	97.98	98.99	11.86	30.23	8.62	22.83
容城县	7381	157.25	100.00	97.03	99.10	13.44	15.97	7.89	13.46
雄　县	2166	139.89	100.00	91.94	97.60	28.68	26.38	7.64	15.41
安新县	3968	132.26	100.00	100.00	92.04	13.67	8.89	5.85	5.64
山　西	**3418**	**102.83**	**96.71**	**91.26**	**84.65**	**11.70**	**16.68**	**7.42**	**14.13**
清徐县	2706	82.02	100.00	100.00	99.69	11.66	16.99	5.79	18.29
阳曲县	2947	136.84	100.00	100.00	100.00	15.27	19.10	6.12	14.39
娄烦县	6044	104.50	97.19	97.19	36.72	7.29	11.10	8.84	10.71
阳高县	5779	138.41	98.40	88.77	54.55	16.17	17.33	11.44	20.16
天镇县	4900	68.80	92.86	91.96	57.02	7.90	13.04	13.70	10.51
广灵县	1499	71.91	97.50	94.48	57.23	7.07	15.50	9.45	16.77
灵丘县	8158	68.87	86.02	86.02	72.69		17.75	5.93	1.76
浑源县	4833	107.82	95.95	90.78	30.17	9.62	17.70	8.23	14.98
左云县	6699	74.57	92.94	81.54	50.72	18.99	16.59	6.54	12.52
云州区	5990	119.69	88.48	88.48	85.14	25.91	18.87	17.21	19.49
平定县	10100	319.37	99.90	99.01	95.54		6.90	3.58	6.97
盂　县	2557	347.40	100.00	91.26	89.96	22.74	14.56	1.72	6.83
襄垣县	3542	159.06	100.00	100.00	96.31	19.46	40.72	5.97	16.07

continued

建成区排水管道密度(公里/平方公里) Density of Sewers in Built District (kilometer/square kilometer)	污水处理率(%) Wastewater Treatment Rate (%)	污水处理厂集中处理率 Centralized Treatment Rate of Wastewater Treatment Plants	人均公园绿地面积(平方米) Public Recreational Green Space Per Capita (m^2)	建成区绿化覆盖率(%) Green Coverage Rate of Built District (%)	建成区绿地率(%) Green Space Rate of Built District (%)	生活垃圾处理率(%) Domestic Garbage Treatment Rate (%)	生活垃圾无害化处理率 Domestic Garbage Harmless Treatment Rate	县名称 Name of Counties
11.81	98.39	98.39	14.40	40.05	37.02	100.00	100.00	海兴县
9.31	99.92	99.92	14.98	41.48	37.38	100.00	100.00	盐山县
12.12	97.54	97.54	11.75	40.83	36.01	100.00	100.00	肃宁县
7.60	97.12	97.12	12.19	39.60	35.16	100.00	100.00	南皮县
16.68	96.60	96.60	11.34	40.66	36.20	100.00	100.00	吴桥县
12.92	99.71	99.71	13.33	39.70	36.48	100.00	100.00	献　县
9.10	98.30	98.30	13.08	40.75	37.52	100.00	100.00	孟村回族自治县
4.70	98.90	98.90	15.35	42.57	39.57	100.00	100.00	固安县
8.02	94.42	94.42	13.03	39.47	35.28	100.00	100.00	永清县
3.16	98.00	98.00	11.38	38.22	34.00	100.00	100.00	香河县
9.56	99.82	99.82	11.97	38.41	33.52	100.00	100.00	大城县
6.09	97.91	97.91	10.21	40.07	37.05	100.00	100.00	文安县
10.07	98.05	98.05	13.57	42.66	37.68	100.00	100.00	大厂回族自治县
13.75	99.11	99.11	13.36	41.95	37.24	100.00	100.00	枣强县
9.81	97.54	97.54	14.82	43.05	39.33	100.00	100.00	武邑县
5.75	99.36	99.36	14.80	40.95	37.94	100.00	100.00	武强县
6.90	99.88	99.88	14.58	41.79	37.84	100.00	100.00	饶阳县
17.91	99.98	99.98	11.57	39.04	34.23	100.00	100.00	安平县
11.71	99.90	99.90	14.76	38.99	35.16	100.00	100.00	故城县
12.90	99.98	99.98	12.74	41.07	37.04	100.00	100.00	景　县
8.43	99.49	99.49	12.34	41.24	37.12	100.00	100.00	阜城县
7.07	99.26	99.26	18.46	42.50	39.43	100.00	100.00	容城县
4.00	97.79	97.79	12.47	37.24	34.00	100.00	100.00	雄　县
9.99	94.76	94.76	11.53	39.86	35.66	100.00	100.00	安新县
10.52	**96.50**	**96.28**	**11.57**	**40.82**	**36.12**	**99.94**	**99.94**	**山　西**
14.62	99.55	99.55	10.29	40.01	35.47	100.00	100.00	清徐县
13.78	100.00	100.00	16.52	44.30	31.00	100.00	100.00	阳曲县
38.70	97.00	97.00	12.11	43.41	41.54	100.00	100.00	娄烦县
	100.00	100.00	8.32	37.03	33.67	100.00	100.00	阳高县
8.65	100.00	100.00	10.00	32.33	32.93	98.40	98.40	天镇县
2.09	81.09	81.09	7.96	37.09	35.62	100.00	100.00	广灵县
13.38	94.83	94.83	7.94	42.19	37.47	100.00	100.00	灵丘县
11.06	98.10	98.10	24.43	38.64	33.26	100.00	100.00	浑源县
13.10	90.70	90.70	15.85	39.84	35.24	100.00	100.00	左云县
11.31	71.03	71.03	24.10	38.42	36.56	100.00	100.00	云州区
10.86	100.00	100.00	12.52	53.16	39.58	100.00	100.00	平定县
3.46	90.10	90.10	20.08	47.52	37.00	100.00	100.00	盂　县
3.10	95.48	95.48	14.25	39.77	36.38	100.00	100.00	襄垣县

1-2 续表 3

县名称 Name of Counties	人口密度（人/平方公里）Population Density (person/square kilometer)	人均日生活用水量（升）Daily Water Consumption Per Capita (liter)	供水普及率（%）Water Coverage Rate (%)	公共供水普及率 Public Water Coverage Rate	燃气普及率（%）Gas Coverage Rate (%)	建成区供水管道密度（公里/平方公里）Density of Water Supply Pipelines in Built District (kilometer/square kilometer)	人均道路面积（平方米）Road Surface Area Per Capita (m^2)	建成区路网密度（公里/平方公里）Density of Road Network in Built District (kilometer/square kilometer)	建成区道路面积率（%）Surface Area of Roads Rate of Built District (%)
平顺县	3638	40.88	100.00	100.00	99.21	10.93	26.37	12.03	28.78
黎城县	7603	112.56	99.81	90.14	96.91	10.96	20.21	8.10	15.07
壶关县	2217	85.85	100.00	100.00	97.99	3.82	28.20	8.05	15.10
长子县	9105	120.48	99.52	98.32	98.32	17.95	26.19	9.80	23.85
武乡县	1722	86.17	100.00	91.45	98.06	6.02	11.05	3.73	6.80
沁　县	1936	80.14	99.63	75.65	98.15	16.09	16.79	8.19	15.09
沁源县	8213	88.24	100.00	99.56	98.90	23.10	18.47	8.19	15.00
沁水县	9067	150.83	85.29	85.29	89.71	14.47	15.98	16.02	17.82
阳城县	7273	92.18	100.00	100.00	100.00	22.00	14.64	4.35	10.26
陵川县	5823	70.00	94.44	94.44	100.00	22.77	14.02	6.78	12.54
山阴县	4150	108.84	96.39	96.39	76.99	17.03	17.08	5.99	7.19
应　县	9286	94.64	98.69	92.31	77.08	17.50	13.91	12.44	15.07
右玉县	4669	83.91	99.86	91.17	72.07	7.87	21.14	5.80	16.54
榆社县	5222	92.35	100.00	99.57	70.43	21.98	23.04	12.98	16.53
左权县	9239	107.03	100.00	100.00	88.24	13.98	25.74	11.55	28.62
和顺县	4500	72.13	100.00	100.00	99.63	9.75	27.06	3.79	21.18
昔阳县	6759	85.87	100.00	100.00	91.10	11.53	13.82	9.00	15.76
寿阳县	2486	202.03	100.00	78.48	100.00	10.51	30.72	8.97	20.35
太谷区	8590	102.84	100.00	100.00	96.04	5.81	19.07	5.68	16.46
祁　县	6192	90.83	100.00	74.88	95.61	7.29	12.80	5.50	8.76
平遥县	8224	102.03	100.00	100.00	90.52	7.42	27.72	9.39	15.18
灵石县	6380	68.12	100.00	100.00	97.70	9.86	9.45	3.87	9.53
临猗县	1853	61.97	100.00	91.34	95.00	4.63	19.40	6.47	19.22
万荣县	2182	62.83	95.00	70.83	93.67	6.67	19.10	4.16	15.99
闻喜县	3274	131.48	94.78	26.62	94.78	5.35	18.00	6.38	9.50
稷山县	6509	131.44	88.31	64.11	100.00	36.98	12.37	7.36	17.29
新绛县	7147	81.18	100.00	100.00	89.71	20.61	16.71	10.90	19.92
绛　县	1226	92.38	98.00	94.77	90.77	9.04	17.90	4.65	17.90
垣曲县	1384	89.44	91.07	91.07	77.68	7.75	16.97	7.51	18.70
夏　县	1072	57.66	100.00	96.09	97.83	11.95	23.66	4.86	16.62
平陆县	1992	134.46	98.62	96.01	94.36	13.46	12.74	11.24	15.78
芮城县	1100	73.51	100.00	97.73	96.02	6.28	19.47	6.57	16.32
定襄县	3234	99.88	97.86	90.36	85.94	12.78	14.52	9.73	17.56
五台县	2365	116.88	99.37	96.83	93.45	11.31	28.56	9.62	26.65
代　县	3622	160.60	100.00	95.73	83.25	13.13	18.78	10.93	18.01
繁峙县	4818	175.32	99.89	90.67	85.44	7.17	14.15	10.15	11.56
宁武县	1838	108.26	100.00	100.00	86.03	11.67	8.28	7.03	7.23
静乐县	1700	56.97	100.00	98.99	83.03	7.24	17.49	14.75	17.20

continued

建成区排水管道密度（公里/平方公里） Density of Sewers in Built District (kilometer/square kilometer)	污水处理率(%) Wastewater Treatment Rate (%)	污水处理厂集中处理率 Centralized Treatment Rate of Wastewater Treatment Plants	人均公园绿地面积（平方米） Public Recreational Green Space Per Capita (m^2)	建成区绿化覆盖率(%) Green Coverage Rate of Built District (%)	建成区绿地率(%) Green Space Rate of Built District (%)	生活垃圾处理率(%) Domestic Garbage Treatment Rate (%)	生活垃圾无害化处理率 Domestic Garbage Harmless Treatment Rate	县名称 Name of Counties
17.71	93.17	93.17	9.91	46.18	41.50	100.00	100.00	平顺县
14.63	92.58	92.58	17.79	38.13	33.14	100.00	100.00	黎城县
4.35	93.86	93.86	30.40	56.33	48.25	100.00	100.00	壶关县
7.61	96.17	96.17	12.39	41.23	37.19	100.00	100.00	长子县
4.74	96.25	96.25	17.33	45.08	40.22	100.00	100.00	武乡县
6.60	97.82	97.82	14.63	45.74	40.89	100.00	100.00	沁　县
8.04	95.86	95.86	9.24	41.97	41.10	100.00	100.00	沁源县
5.02	112.03	112.03	14.92	39.81	36.93	100.00	100.00	沁水县
6.42	98.13	98.13	10.50	45.50	40.50	100.00	100.00	阳城县
21.51	100.00	100.00	10.71	41.47	36.60	100.00	100.00	陵川县
10.38	97.37	97.37	11.57	40.73	35.81	100.00	100.00	山阴县
11.72	98.24	98.24	8.66	40.79	36.64	100.00	100.00	应　县
9.72	97.72	97.72	8.87	41.18	38.25	100.00	100.00	右玉县
18.00	98.19	98.19	11.89	39.25	31.40	100.00	100.00	榆社县
20.31	96.36	96.36	12.00	42.61	39.71	100.00	100.00	左权县
15.88	93.30	93.30	12.16	44.48	39.47	100.00	100.00	和顺县
17.32	96.51	96.51	13.01	43.64	39.85	100.00	100.00	昔阳县
16.94	95.80	95.80	13.29	41.41	39.83	100.00	100.00	寿阳县
11.14	95.31	95.31	9.00	43.58	38.91	100.00	100.00	太谷区
8.22	98.47	98.47	9.17	39.10	34.30	100.00	100.00	祁　县
	92.59	92.59	9.67	36.37	32.10	100.00	100.00	平遥县
7.36	95.00	95.00	9.76	40.58	36.59	98.05	98.05	灵石县
7.32	90.00	90.00	12.41	43.56	38.91	100.00	100.00	临猗县
9.80	98.00	98.00	6.50	39.00	30.00	100.00	100.00	万荣县
4.70	94.75	94.75	10.97	37.17	27.29	100.00	100.00	闻喜县
9.83	98.69	98.69	5.00	39.31	33.20	100.00	100.00	稷山县
9.70	97.01	97.01	4.34	35.90	33.16	100.00	100.00	新绛县
16.37	92.00	92.00	6.91	35.58	30.28	100.00	100.00	绛　县
18.75	100.00	100.00	10.47	40.44	34.46	100.00	100.00	垣曲县
14.18	100.00	100.00	7.45	39.35	32.82	100.00	100.00	夏　县
22.69	99.32	99.32	6.22	43.27	39.11	100.00	100.00	平陆县
12.16	95.00	95.00	11.44	44.30	39.96	100.00	100.00	芮城县
16.47	92.55	92.55	11.41	41.93	38.16	100.00	100.00	定襄县
21.57	98.65	98.65	18.53	41.25	39.04	100.00	100.00	五台县
14.67	99.81	99.81	14.97	37.64	34.84	100.00	100.00	代　县
10.63	97.63	97.63	30.58	38.42	33.30	100.00	100.00	繁峙县
12.04	98.16	80.19	9.00	42.40	41.93	100.00	100.00	宁武县
9.32	95.00	95.00	10.49	42.16	40.35	100.00	100.00	静乐县

1-2 续表 4

县名称 Name of Counties	人口密度(人/平方公里) Population Density (person/square kilometer)	人均日生活用水量(升) Daily Water Consumption Per Capita (liter)	供水普及率(%) Water Coverage Rate (%)	公共供水普及率 Public Water Coverage Rate	燃气普及率(%) Gas Coverage Rate (%)	建成区供水管道密度(公里/平方公里) Density of Water Supply Pipelines in Built District (kilometer/square kilometer)	人均道路面积(平方米) Road Surface Area Per Capita (m^2)	建成区路网密度(公里/平方公里) Density of Road Network in Built District (kilometer/square kilometer)	建成区道路面积率(%) Surface Area of Roads Rate of Built District (%)
神池县	2168	72.04	98.53	96.44	80.71	12.67	24.69	12.46	27.51
五寨县	1853	75.07	92.55	92.55	85.53	6.58	15.83	11.32	11.65
岢岚县	1211	58.00	100.00	100.00	76.61	9.78	19.04	12.13	14.21
河曲县	4074	84.03	100.00	100.00	80.41	10.28	23.72	10.60	20.28
保德县	1830	86.33	100.00	100.00	100.00	7.37	14.64	7.46	12.61
偏关县	1721	71.75	99.29	99.29	80.95	12.84	13.54	13.13	14.93
曲沃县	4473	105.49	100.00	100.00	98.66	9.78	20.31	4.54	13.63
翼城县	5239	89.52	97.66	97.66	98.36	7.85	18.51	3.43	10.69
襄汾县	1785	59.05	100.00	100.00	98.06	4.29	12.92	5.45	12.50
洪洞县	6087	118.48	100.00	100.00	91.71	10.17	14.41	4.65	13.82
古　县	12886	81.23	100.00	95.34	97.56	46.93	8.84	5.51	11.58
安泽县	7159	87.56	95.24	95.24	91.75	11.55	15.34	5.67	11.51
浮山县	6033	90.59	98.71	92.08	82.87	16.17	13.42	10.70	17.65
吉　县	10438	67.77	90.22	90.22	92.02	42.67	6.81	5.71	7.58
乡宁县	4486	106.45	100.00	100.00	95.54	11.22	20.97	9.70	19.09
大宁县	6482	70.61	99.32	93.86	89.08	5.54	13.51	6.95	11.31
隰　县	5988	76.22	99.40	99.40	71.17	7.01	16.47	6.03	10.90
永和县	6160	69.91	87.66	87.66	77.92	10.30	9.49	5.80	5.84
蒲　县	2308	208.26	100.00	98.00	100.00	38.00	22.01	9.18	16.51
汾西县	6529	70.95	92.31	83.76	8.55	12.15	12.92	9.24	13.92
文水县	2628	78.94	95.77	74.20	99.22	12.51	18.56	7.11	17.57
交城县	11585	104.26	82.64	82.64	87.14	18.50	14.08	13.34	18.79
兴　县	4028	81.49	87.02	87.02	94.55	3.74	13.99	6.36	14.64
临　县	7963	61.40	98.76	98.51	99.67	7.23	8.33	8.62	14.77
柳林县	5375	160.82	100.00	100.00	78.14	9.15	10.09	4.98	11.30
石楼县	11840	80.64	76.26	46.04	46.19	5.45	3.34	2.10	3.95
岚　县	5067	139.33	92.11	85.53	32.50	8.72	11.54	7.08	13.90
方山县	6080	79.98	79.44	79.44	5.10	5.06	10.35	5.26	9.99
中阳县	2479	27.96	94.93	94.93	71.20	5.13	8.94	1.97	0.92
交口县	1850	136.95	89.19	81.08	68.11	12.34	21.54	11.43	17.40
内蒙古	**929**	**96.16**	**98.23**	**97.01**	**90.12**	**11.68**	**29.78**	**6.87**	**14.55**
土左旗	1826	50.58	100.00	100.00	94.02	9.78	24.79	3.15	8.84
托　县	1778	48.14	95.63	95.63	15.03	16.52	20.33	3.77	9.26
和林县	1600	84.98	97.43	97.43	92.10	9.05	7.26	2.02	1.88
清水河县	2743	79.42	97.92	91.15	60.42	12.70	20.61	12.14	12.51
武川县	3588	77.77	98.36	98.36	27.21	7.95	23.00	3.23	8.86
土右旗	3421	90.62	100.00	100.00	81.00	16.75	22.59	6.10	15.09
固阳县	3922	54.25	90.92	90.55	91.79	13.29	35.45	8.74	21.10

continued

建成区排水管道密度(公里/平方公里) Density of Sewers in Built District (kilometer/square kilometer)	污水处理率(%) Wastewater Treatment Rate (%)	污水处理厂集中处理率 Centralized Treatment Rate of Wastewater Treatment Plants	人均公园绿地面积(平方米) Public Recreational Green Space Per Capita (m^2)	建成区绿化覆盖率(%) Green Coverage Rate of Built District (%)	建成区绿地率(%) Green Space Rate of Built District (%)	生活垃圾处理率(%) Domestic Garbage Treatment Rate (%)	生活垃圾无害化处理率 Domestic Garbage Harmless Treatment Rate	县名称 Name of Counties
23.32	95.11	95.11	7.14	41.00	35.00	100.00	100.00	神池县
10.52	97.02	97.02	21.16	38.39	34.19	100.00	100.00	五寨县
22.18	98.68	98.68	15.80	42.50	40.20	100.00	100.00	岢岚县
17.08	92.00	92.00	13.60	46.44	43.44	100.00	100.00	河曲县
8.14	93.35	93.35	10.53	38.11	33.12	100.00	100.00	保德县
14.77	96.19	96.19	27.48	32.55	30.00	100.00	100.00	偏关县
10.82	100.00	100.00	10.09	41.29	37.13	100.00	100.00	曲沃县
9.57	96.10	96.10	4.15	40.08	36.13	100.00	100.00	翼城县
9.68	100.00	100.00	9.91	42.84	36.93	100.00	100.00	襄汾县
6.67	100.00	100.00	15.12	45.42	43.41	100.00	100.00	洪洞县
12.75	100.00	100.00	10.26	39.75	35.01	100.00	100.00	古　县
9.81	100.13	100.13	14.41	40.55	33.48	100.00	100.00	安泽县
11.51	99.27	99.27	5.53	39.22	34.38	100.00	100.00	浮山县
26.27	95.00	95.00	11.97	34.24	20.89	100.00	100.00	吉　县
16.69	100.00	100.00	9.13	44.39	40.17	100.00	100.00	乡宁县
16.43	96.80	96.80	3.07	28.44	26.65	100.00	100.00	大宁县
15.58	97.86	97.86	13.90	39.80	36.49	100.00	100.00	隰　县
7.54	95.96	95.96	22.22	40.72	39.11	100.00	100.00	永和县
26.50	100.00	100.00	22.67	42.24	27.30	100.00	100.00	蒲　县
20.87	100.00	100.00	5.20	14.85	13.67	100.00	100.00	汾西县
8.67	95.00	95.00	5.18	32.22	30.50	100.00	100.00	文水县
10.85	95.49	95.49	3.61	38.31	34.37	100.00	100.00	交城县
9.72	94.53	94.53	12.61	56.60	56.75	100.00	100.00	兴　县
11.15	97.01	97.01	4.62	40.31	37.54	100.00	100.00	临　县
11.83	95.01	95.01	11.64	41.49	37.12	100.00	100.00	柳林县
6.25	100.00	100.00	3.19	32.18	29.25	100.00	100.00	石楼县
	100.00	100.00	10.53	41.54	36.90	100.00	100.00	岚　县
8.31	92.20	92.20	11.42	38.06	34.47	100.00	100.00	方山县
	96.67	96.67	14.59	31.58	24.24	100.00	100.00	中阳县
15.49	94.10	94.10	14.58	40.18	35.16	100.00	100.00	交口县
8.47	**96.23**	**96.23**	**21.03**	**36.82**	**34.27**	**99.49**	**97.50**	**内蒙古**
9.02	100.00	100.00	6.74	26.37	24.11	100.00	100.00	土左旗
	100.00	100.00	11.48	31.48	28.24	100.00	100.00	托　县
	99.38	99.38	24.63	40.50	34.01	100.00	100.00	和林县
9.25	99.39	99.39	18.13	37.04	40.54	100.00	100.00	清水河县
9.08	75.09	75.09	19.21	40.29	37.69	100.00	100.00	武川县
9.04	93.39	93.39	16.54	36.93	38.69	100.00	100.00	土右旗
9.73	81.97	81.97	9.68	34.15	31.67	100.00	100.00	固阳县

1-2 续表 5

县名称 Name of Counties	人口密度（人/平方公里）Population Density (person/square kilometer)	人均日生活用水量（升）Daily Water Consumption Per Capita (liter)	供水普及率（%）Water Coverage Rate (%)	公共供水普及率 Public Water Coverage Rate	燃气普及率（%）Gas Coverage Rate (%)	建成区供水管道密度（公里/平方公里）Density of Water Supply Pipelines in Built District (kilometer/square kilometer)	人均道路面积（平方米）Road Surface Area Per Capita (m^2)	建成区路网密度（公里/平方公里）Density of Road Network in Built District (kilometer/square kilometer)	建成区道路面积率（%）Surface Area of Roads Rate of Built District (%)
达尔罕茂明安联合旗	4400	73.71	95.45	95.45	86.82	13.37	19.50	6.23	16.19
阿鲁科尔沁旗	1047	85.99	98.81	95.06	99.52	19.67	26.40	6.21	21.40
巴林左旗	1008	106.16	95.36	95.28	96.52	20.29	27.86	4.55	15.00
巴林右旗	350	71.88	99.36	99.36	99.36	3.17	31.80	5.07	15.30
林西县	345	75.07	99.16	99.16	99.44	17.04	24.80	10.47	18.07
克什克腾旗	838	104.75	99.27	99.27	95.99	6.67	11.75	3.43	8.05
翁牛特旗	900	96.77	97.37	89.61	97.97	9.63	33.03	12.32	36.95
喀喇沁旗	283	228.62	95.82	91.51	97.29	6.10	17.30	8.56	17.15
宁城县	1045	52.41	98.73	98.73	99.20	3.29	16.06	3.61	11.96
敖汉旗	2244	93.42	98.20	97.30	97.30	16.53	38.25	7.38	29.70
科左中旗	4611	65.47	94.63	92.54	96.12	5.84	26.00	4.79	10.34
科左后旗	2793	97.97	96.38	94.63	95.91	3.03	28.81	6.97	6.81
开鲁县	7042	212.39	98.46	98.46	95.86	13.06	30.55	9.10	21.55
库伦旗	815	68.13	93.99	93.99	96.66	12.70	20.70	10.70	12.50
奈曼旗	6285	68.36	98.55	81.39	98.46	5.94	22.16	6.13	14.01
扎鲁特旗	5420	95.89	99.63	96.86	98.89	38.64	10.65	6.22	8.25
达拉特旗	1835	105.21	100.00	99.33	84.87	7.49	26.17	5.85	15.78
准格尔旗	2171	90.41	97.47	97.47	81.38	7.89	23.67	6.11	17.85
鄂托克前旗	1422	70.88	99.56	99.56	99.56	15.59	55.51	11.45	30.28
鄂托克旗	1791	89.93	100.00	100.00	97.82	12.00	43.47	5.89	17.34
杭锦旗	1132	105.23	100.00	100.00	98.77	30.90	46.66	6.51	23.07
乌审旗	1316	88.29	99.49	96.96	99.49	11.30	66.49	7.34	19.68
伊金霍洛旗	2796	74.30	100.00	100.00	100.00	12.24	74.44	4.56	20.82
阿荣旗	1946	118.23	99.31	96.53	98.89	10.54	36.77	13.01	17.89
莫　旗	864	92.98	97.86	97.86	96.09	5.44	23.04	8.24	15.54
鄂伦春旗	1628	119.75	99.79	96.17	95.74	2.03	20.21	5.70	6.42
鄂温克旗	552	88.23	97.92	97.92	87.98	2.39	34.05	8.67	11.36
陈巴尔虎旗	505	126.54	94.63	92.20	90.24	9.37	38.80	9.61	12.85
新左旗	149	82.19	98.16	98.16	96.32	1.19	34.36	5.15	8.05
新右旗	2804	151.26	97.81	93.86	91.67	13.17	37.20	6.93	14.75
五原县	299	80.80	98.75	98.75	89.08	15.58	26.62	15.26	14.63
磴口县	357	97.52	98.88	98.88	96.07	7.23	27.10	6.62	10.52
乌拉特前旗	334	99.24	99.36	99.36	88.10	13.03	25.97	5.68	14.67
乌拉特中旗	956	129.92	100.00	100.00	88.24	11.02	44.33	8.55	17.09
乌拉特后旗	2660	87.00	100.00	100.00	95.74	11.80	37.02	5.04	14.52
杭锦后旗	550	79.55	99.03	99.03	91.96	15.82	26.57	10.66	18.52

continued

建成区排水管道密度(公里/平方公里) Density of Sewers in Built District (kilometer/square kilometer)	污水处理率(%) Wastewater Treatment Rate (%)	污水处理厂集中处理率 Centralized Treatment Rate of Wastewater Treatment Plants	人均公园绿地面积(平方米) Public Recreational Green Space Per Capita (m^2)	建成区绿化覆盖率(%) Green Coverage Rate of Built District (%)	建成区绿地率(%) Green Space Rate of Built District (%)	生活垃圾处理率(%) Domestic Garbage Treatment Rate (%)	生活垃圾无害化处理率 Domestic Garbage Harmless Treatment Rate	县名称 Name of Counties
12.64	94.99	94.99	13.64	39.01	34.22	100.00	100.00	达尔罕茂明安联合旗
14.23	96.96	96.96	19.51	38.89	37.43	100.00	100.00	阿鲁科尔沁旗
4.71	96.23	96.23	12.48	35.10	33.65	100.00	100.00	巴林左旗
5.21	94.72	94.72	11.59	32.33	31.09	100.00	100.00	巴林右旗
4.07	99.89	99.89	11.71	34.60	33.31	100.00	100.00	林西县
4.17	97.16	97.16	9.68	40.03	36.73	100.00	100.00	克什克腾旗
	84.31	84.31	21.57	39.01	33.11	100.00	100.00	翁牛特旗
8.26	92.00	92.00	11.14	38.96	35.54	100.00	100.00	喀喇沁旗
3.77	99.46	99.46	11.97	33.48	29.71	100.00	100.00	宁城县
8.27	92.00	92.00	14.52	35.35	34.71	100.00	100.00	敖汉旗
9.57	96.20	96.20	24.66	36.59	34.23	100.00	100.00	科左中旗
10.33	98.52	98.52	16.99	40.76	35.44	100.00	100.00	科左后旗
16.18	97.01	97.01	12.66	38.53	37.66	100.00	100.00	开鲁县
8.97	93.00	93.00	20.32	36.02	34.38	100.00	100.00	库伦旗
6.90	99.05	99.05	20.83	41.32	36.65	100.00	100.00	奈曼旗
9.40	98.86	98.86	20.92	42.73	40.58	100.00	100.00	扎鲁特旗
6.12	93.88	93.88	21.88	46.70	40.63	100.00	100.00	达拉特旗
8.03	100.00	100.00	20.26	44.02	41.97	100.00	100.00	准格尔旗
15.43	98.24	98.24	22.64	42.09	37.53	100.00	100.00	鄂托克前旗
13.09	93.84	93.84	50.58	43.60	38.99	100.00	100.00	鄂托克旗
11.96	99.44	99.44	36.17	46.81	41.86	99.61	99.61	杭锦旗
11.34	95.04	95.04	28.31	45.42	42.85	99.17	99.17	乌审旗
10.73	99.26	99.26	49.19	46.62	45.28	100.00	100.00	伊金霍洛旗
8.78	95.94	95.94	17.16	41.22	37.84	100.00	100.00	阿荣旗
10.23	96.62	96.62	17.12	37.26	34.85	99.53	99.53	莫　旗
2.18	97.21	97.21	12.17	35.10	32.50	100.00	100.00	鄂伦春旗
12.81	95.82	95.82	12.12	35.55	32.73	98.96	98.96	鄂温克旗
9.46	95.30	95.30	14.24	35.06	31.34	100.00		陈巴尔虎旗
5.80	100.00	100.00	20.86	29.95	26.73	100.00	100.00	新左旗
10.89	95.07	95.07	23.45	32.87	28.54	99.68	99.68	新右旗
10.20	100.00	100.00	24.69	41.00	37.28	100.00	100.00	五原县
4.46	100.00	100.00	17.69	34.35	31.30	100.00	100.00	磴口县
9.57	100.00	100.00	19.82	38.28	34.66	100.00	100.00	乌拉特前旗
9.01	94.00	94.00	15.97	37.85	35.31	98.90	98.90	乌拉特中旗
9.68	93.91	93.91	19.61	39.56	37.79	99.23	99.23	乌拉特后旗
16.47	99.02	99.02	21.12	39.47	36.88	98.83	98.83	杭锦后旗

1-2 续表 6

县名称 Name of Counties	人口密度(人/平方公里) Population Density (person/square kilometer)	人均日生活用水量(升) Daily Water Consumption Per Capita (liter)	供水普及率(%) Water Coverage Rate (%)	公共供水普及率 Public Water Coverage Rate	燃气普及率(%) Gas Coverage Rate (%)	建成区供水管道密度(公里/平方公里) Density of Water Supply Pipelines in Built District (kilometer/square kilometer)	人均道路面积(平方米) Road Surface Area Per Capita (m^2)	建成区路网密度(公里/平方公里) Density of Road Network in Built District (kilometer/square kilometer)	建成区道路面积率(%) Surface Area of Roads Rate of Built District (%)
卓资县	3052	139.90	94.30	94.30	93.52	11.14	45.74	11.24	33.26
化德县	3633	78.48	96.29	96.29	93.62	14.72	22.12	9.04	11.03
商都县	2763	104.70	98.28	98.28	94.75	8.48	28.65	9.08	18.27
兴和县	1844	90.93	96.15	96.15	98.82	5.49	29.97	8.54	14.75
凉城县	2550	80.77	98.31	98.31	92.21	5.45	31.27	19.66	22.93
察右前旗	3818	109.32	98.87	97.26	89.52	17.38	37.83	8.90	17.59
察右中旗	1241	171.14	98.55	96.19	94.56	9.04	23.51	5.02	9.60
察右后旗	4458	87.04	99.36	99.36	82.24	5.04	24.71	5.46	12.87
四子王旗	1894	102.98	98.72	98.72	78.18	19.94	35.41	10.53	11.39
科尔沁右翼前旗	1567	188.99	100.00	100.00	73.40	20.04	61.75	5.01	17.00
科右中旗	4801	38.93	97.87	97.87	96.61	10.35	24.73	8.85	15.78
扎赉特旗	2114	157.69	100.00	97.37	86.20	8.25	21.52	4.95	10.44
突泉县	1006	65.33	100.00	98.26	74.89	7.78	20.78	5.63	8.77
阿巴嘎旗	960	107.33	90.00	90.00	74.07	16.61	29.30	8.33	14.56
苏尼特左旗	1913	120.44	100.00	100.00	91.50	6.50	41.44	6.78	12.39
苏尼特右旗	1868	60.84	100.00	100.00	62.10	7.47	29.39	5.85	9.94
东乌珠穆沁旗	1444	164.66	100.00	100.00	82.69	11.39	36.01	4.60	7.87
西乌珠穆沁旗	1312	97.78	99.72	99.72	88.89	10.73	52.74	8.52	14.17
太仆寺旗	666	55.21	99.85	99.85	72.97	5.47	19.70	5.17	8.41
镶黄旗	1097	58.42	89.17	89.17	87.18	16.74	27.12	10.13	13.06
正镶白旗	2625	57.01	100.00	100.00	80.95	9.69	17.19	3.06	3.53
正蓝旗	1682	117.78	100.00	100.00	98.65	8.26	31.21	4.65	8.42
多伦县	2520	121.09	99.84	99.84	99.68	12.29	25.77	8.48	13.31
阿拉善左旗	134	136.00	99.55	99.55	98.38	14.63	38.44	4.96	10.05
阿拉善右旗	1133	140.39	100.00	100.00	71.32	89.74	39.75	0.66	11.12
额济纳旗	373	186.77	100.00	100.00	90.16	16.95	68.17	7.15	11.88
辽　宁	**1508**	**112.70**	**97.29**	**95.86**	**85.91**	**11.76**	**15.15**	**4.38**	**7.36**
康平县	935	126.05	100.00	100.00	80.23	7.71	28.89	5.87	10.35
法库县	3740	68.90	100.00	85.03	85.56	5.80	17.49	1.39	3.18
长海县	1242	75.43	98.72	98.72	91.03	75.68	5.35	3.62	3.79
台安县	610	129.37	100.00	100.00	98.17	15.42	20.24	4.05	8.50
岫岩满族自治县	5215	79.47	97.97	97.97	89.57	16.01	7.68	5.96	10.79
抚顺县									
新宾满族自治县	1442	97.50	97.69	97.69	99.69	12.50	9.28	4.05	6.81
清原满族自治县	3027	184.62	97.60	97.60	80.18	9.44	13.91	2.76	5.25
本溪满族自治县	1192	128.33	98.73	98.73	93.63	10.33	15.07	6.88	8.81
桓仁满族自治县	1926	185.68	93.77	93.77	57.63	18.89	19.03	5.32	12.43

continued

建成区排水管道密度（公里/平方公里） Density of Sewers in Built District (kilometer/square kilometer)	污水处理率 (%) Wastewater Treatment Rate (%)	污水处理厂集中处理率 Centralized Treatment Rate of Wastewater Treatment Plants	人均公园绿地面积（平方米） Public Recreational Green Space Per Capita (m^2)	建成区绿化覆盖率 (%) Green Coverage Rate of Built District (%)	建成区绿地率 (%) Green Space Rate of Built District (%)	生活垃圾处理率 (%) Domestic Garbage Treatment Rate (%)	生活垃圾无害化处理率 Domestic Garbage Harmless Treatment Rate	县名称 Name of Counties
6.91	99.15	99.15	30.96	37.80	35.51	100.00	100.00	卓资县
5.13	96.36	96.36	21.51	36.22	35.58	98.35	98.35	化德县
7.86	96.72	96.72	16.42	38.66	35.51	97.87	97.87	商都县
7.64	96.41	96.41	29.98	35.21	31.65	96.37	96.37	兴和县
9.99	97.10	97.10	15.25	35.73	34.99	98.50	98.50	凉城县
3.06	96.15	96.15	28.93	37.97	35.76	97.95	97.95	察右前旗
5.62	96.40	96.40	23.29	36.00	32.21	97.60	97.60	察右中旗
2.89	97.30	97.30	18.94	38.84	37.45	97.65	97.65	察右后旗
10.98	98.98	98.98	10.04	31.80	32.99	94.00	94.00	四子王旗
21.14	100.00	100.00	37.73	41.70	39.72	100.00	100.00	科尔沁右翼前旗
8.18	100.00	100.00	35.13	43.68	40.17	100.00	100.00	科右中旗
12.17	98.27	98.27	19.79	32.02	28.80	100.00	100.00	扎赉特旗
6.29	96.09	96.09	9.58	15.79	13.73	100.00	100.00	突泉县
12.10	98.40	98.40	10.74	21.67	20.56	100.00	100.00	阿巴嘎旗
5.89	96.97	96.97	13.07	16.72	16.50	100.00	100.00	苏尼特左旗
4.28	96.89	96.89	10.92	21.16	18.95	100.00	100.00	苏尼特右旗
10.63	96.65	96.65	30.02	24.90	24.90	100.00	20.60	东乌珠穆沁旗
10.92	97.58	97.58	37.31	38.28	36.80	99.67	99.67	西乌珠穆沁旗
6.50	98.51	98.51	5.92	17.96	17.90	100.00	100.00	太仆寺旗
9.35	95.20	95.20	14.94	24.92	23.55	100.00	100.00	镶黄旗
6.24	90.82	90.82	7.94	10.88	10.41	91.61	91.61	正镶白旗
10.50	97.37	97.37	92.65	38.06	37.76	100.00	100.00	正蓝旗
16.46	94.53	94.53	38.46	24.65	24.34	97.43	97.43	多伦县
7.08	93.32	93.32	39.14	39.18	35.20	98.13	98.13	阿拉善左旗
9.88	100.00	100.00	55.07	42.29	35.78	100.00	100.00	阿拉善右旗
17.62	99.80	99.80	54.75	38.88	35.34	100.00	100.00	额济纳旗
5.93	**95.97**	**95.89**	**11.27**	**19.23**	**14.58**	**100.00**	**90.44**	**辽　宁**
6.25	100.00	100.00	6.86	16.17	10.36	100.00	100.00	康平县
3.66	85.02	85.02	15.27	15.66	13.02	100.00	100.00	法库县
4.26	98.42	98.42	8.60	3.30	3.30	100.00	100.00	长海县
7.23	96.29	96.29	10.23	11.03	9.57	100.00	100.00	台安县
7.11	100.00	100.00	3.50	17.80	17.90	100.00	100.00	岫岩满族自治县
								抚顺县
6.42	100.00	100.00	3.54	10.63	5.85	100.00		新宾满族自治县
2.16	97.28	97.28	18.56	14.02	13.01	100.00	100.00	清原满族自治县
4.53	100.00	100.00	18.16	37.89	34.54	100.00	100.00	本溪满族自治县
10.48	100.00	100.00	18.33	40.05	34.47	100.00	100.00	桓仁满族自治县

1-2 续表 7

县名称 Name of Counties	人口密度(人/平方公里) Population Density (person/square kilometer)	人均日生活用水量(升) Daily Water Consumption Per Capita (liter)	供水普及率(%) Water Coverage Rate (%)	公共供水普及率 Public Water Coverage Rate	燃气普及率(%) Gas Coverage Rate (%)	建成区供水管道密度(公里/平方公里) Density of Water Supply Pipelines in Built District (kilometer/square kilometer)	人均道路面积(平方米) Road Surface Area Per Capita (m^2)	建成区路网密度(公里/平方公里) Density of Road Network in Built District (kilometer/square kilometer)	建成区道路面积率(%) Surface Area of Roads Rate of Built District (%)
宽甸满族自治县	3263	99.16	98.95	98.95	87.57	16.34	8.88	5.81	7.20
黑山县	5234	106.01	97.01	97.01	99.25	14.50	14.37	5.30	6.23
义　县	4767	180.04	96.50	96.50	99.79	12.36	12.34	4.00	7.78
阜新蒙古族自治县	1209	156.03	98.68	98.68	91.17	16.98	19.90	4.50	5.37
彰武县	1536	168.22	91.41	91.41	96.89	11.39	11.89	2.28	2.91
辽阳县	1965	122.37	98.68	98.68	73.68	6.04	10.00	4.47	8.12
盘山县	1905	87.92	100.00	100.00	100.00	6.69	31.17	6.66	10.88
铁岭县									
西丰县	4389	111.64	95.17	95.17	32.22	19.91	5.35	4.07	4.93
昌图县	645	133.89	96.31	96.31	96.31	6.36	21.39	5.11	9.12
朝阳县	957	49.49	99.40	99.40	80.60	2.17	37.73	2.73	5.70
建平县	524	63.95	90.81	89.05	73.03	11.10	8.00	2.45	4.37
喀喇沁左翼蒙古族自治县	2268	82.19	96.34	96.34	96.61	10.36	25.10	5.68	11.04
绥中县	5480	115.37	99.45	99.45	98.63	8.01	10.65	4.50	8.34
建昌县	3614	124.34	96.75	96.75	97.65	20.97	24.34	8.61	11.73
吉　林	**2562**	**95.60**	**92.22**	**88.72**	**86.56**	**12.60**	**14.42**	**6.10**	**10.77**
农安县	8455	93.69	76.58	75.54	85.90	17.38	10.60	3.34	8.96
永吉县	7120	79.08	93.63	93.63	95.51	9.50	12.27	6.28	9.58
梨树县	2131	60.61	98.48	93.79	94.96	4.06	17.47	6.52	14.40
伊通满族自治县	3758	74.65	94.03	94.03	91.78	13.13	22.43	4.22	11.43
东丰县	3604	101.85	92.86	92.86	59.47	8.57	18.46	4.04	12.70
东辽县	5323	83.55	93.94	93.94	30.30		28.47	8.06	15.50
通化县	4250	82.15	99.16	99.16	95.13	21.01	16.35	13.74	17.69
辉南县	4402	103.59	98.98	98.98	90.35	13.84	11.04	5.09	11.00
柳河县	1613	187.48	100.00	92.86	100.00	20.81	8.91	3.56	5.47
抚松县	1997	108.26	84.64	84.64	90.65	7.47	20.13	9.41	18.69
靖宇县	1718	96.35	97.56	97.56	90.41	14.33	17.07	5.92	10.16
长白朝鲜族自治县	1240	279.28	100.00	98.12	22.85	12.28	9.20	9.47	8.58
前郭县	2670	97.85	96.26	96.26	96.43	5.90	14.37	8.72	23.25
长岭县	1667	50.45	99.14	92.23	94.22	12.10	14.97	9.38	11.62
乾安县	1833	83.44	94.73	59.39	76.63	16.15	13.32	7.75	13.66
镇赉县	1299	98.83	93.32	93.32	89.11	16.35	19.43	9.01	6.74
通榆县	2535	71.33	86.51	81.65	89.91	8.87	10.92	3.79	6.13
汪清县	1755	104.47	96.77	96.77	94.84	15.62	14.71	6.20	10.79
安图县	1553	92.35	92.99	92.99	94.42	6.79	11.23	5.96	9.87

continued

建成区排水管道密度(公里/平方公里) Density of Sewers in Built District (kilometer/square kilometer)	污水处理率(%) Wastewater Treatment Rate (%)	污水处理厂集中处理率 Centralized Treatment Rate of Wastewater Treatment Plants	人均公园绿地面积(平方米) Public Recreational Green Space Per Capita (m^2)	建成区绿化覆盖率(%) Green Coverage Rate of Built District (%)	建成区绿地率(%) Green Space Rate of Built District (%)	生活垃圾处理率(%) Domestic Garbage Treatment Rate (%)	生活垃圾无害化处理率 Domestic Garbage Harmless Treatment Rate	县名称 Name of Counties
2.95	100.00	100.00	11.09	14.87	9.05	100.00		宽甸满族自治县
8.73	100.00	100.00	9.80	14.40	12.67	100.00	100.00	黑山县
5.87	100.00	100.00	8.93	8.91	7.68	100.00	100.00	义　县
6.18	100.00	100.00	9.77	10.99	9.87	100.00	100.00	阜新蒙古族自治县
3.97	100.00	100.00	8.78	7.35	6.06	100.00	100.00	彰武县
11.47	86.29	86.29	4.34	10.15	10.00	100.00	100.00	辽阳县
4.72	92.18	88.15	20.60	25.27	24.29	100.00	100.00	盘山县
								铁岭县
5.19	100.00	100.00	3.85	17.04	11.11	100.00	100.00	西丰县
6.58	100.00	100.00	5.67	5.85	5.85	100.00	100.00	昌图县
4.83	100.00	100.00	45.33	39.94	34.10	100.00	100.00	朝阳县
3.52	100.00	100.00	14.57	41.69	12.36	100.00	100.00	建平县
6.07	100.00	100.00	11.82	38.52	34.18	100.00	100.00	喀喇沁左翼蒙古族自治县
6.03	85.00	85.00	7.72	14.33	9.25	100.00	100.00	绥中县
12.71	94.63	94.63	25.35	24.09	18.78	100.00	100.00	建昌县
9.56	**95.09**	**95.09**	**12.49**	**34.46**	**30.40**	**100.00**	**100.00**	**吉　林**
3.82	97.49	97.49	8.96	32.89	29.86	100.00	100.00	农安县
11.59	86.79	86.79	13.01	33.26	29.62	100.00	100.00	永吉县
21.62	100.00	100.00	6.89	38.00	32.51	100.00	100.00	梨树县
6.29	100.00	100.00	9.86	39.22	37.48	100.00	100.00	伊通满族自治县
8.95	91.20	91.20	12.33	38.64	35.40	100.00	100.00	东丰县
12.91	94.20	93.94	39.91	41.13	35.78	100.00	100.00	东辽县
11.79	100.00	100.00	23.71	38.24	35.18	100.00	100.00	通化县
9.47	92.60	92.60	13.89	31.06	26.72	100.00	100.00	辉南县
11.78	100.00	100.00	21.00	34.73	31.67	100.00	100.00	柳河县
11.47	91.70	91.70	13.04	39.03	34.11	100.00	100.00	抚松县
8.65	95.08	95.08	15.78	42.26	34.77	100.00	100.00	靖宇县
12.46	91.77	91.77	18.19	37.42	33.16	100.00	100.00	长白朝鲜族自治县
14.02	100.00	100.00	5.70	36.13	32.61	100.00	100.00	前郭县
12.98	97.59	97.59	15.71	38.17	33.45	100.00	100.00	长岭县
16.57	97.21	97.21	6.70	25.81	20.50	100.00	100.00	乾安县
6.54	96.97	96.97	19.68	38.83	34.81	100.00	100.00	镇赉县
8.01	90.02	90.02	1.38	13.80	8.81	100.00	100.00	通榆县
8.79	93.19	93.19	12.46	37.20	32.31	100.00	100.00	汪清县
6.38	92.09	92.09	19.68	40.37	37.72	100.00	100.00	安图县

1-2 续表 8

县名称 Name of Counties	人口密度(人/平方公里) Population Density (person/square kilometer)	人均日生活用水量(升) Daily Water Consumption Per Capita (liter)	供水普及率(%) Water Coverage Rate (%)	公共供水普及率 Public Water Coverage Rate	燃气普及率(%) Gas Coverage Rate (%)	建成区供水管道密度(公里/平方公里) Density of Water Supply Pipelines in Built District (kilometer/square kilometer)	人均道路面积(平方米) Road Surface Area Per Capita (m^2)	建成区路网密度(公里/平方公里) Density of Road Network in Built District (kilometer/square kilometer)	建成区道路面积率(%) Surface Area of Roads Rate of Built District (%)
黑龙江	**2958**	**92.15**	**92.69**	**92.55**	**60.28**	**10.15**	**13.47**	**6.71**	**7.87**
依兰县	4984	95.29	97.66	97.66	49.89	13.29	16.90	11.76	14.33
方正县	1004	131.30	88.29	88.29	70.10	3.47	17.46	5.54	6.25
宾　县	8266	89.65	96.66	96.66	77.91	6.58	11.59	10.89	10.83
巴彦县	4684	81.77	99.90	99.90	96.02	7.39	16.08	9.04	7.20
木兰县	8538	162.35	81.08	81.08	76.58	5.53	15.58	16.41	9.38
通河县	7761	69.98	92.31	92.31	51.92	10.95	12.13	9.27	9.41
延寿县	1007	96.06	97.54	95.76	58.14	18.60	24.77	13.25	16.24
龙江县	700	66.99	91.94	91.94	65.44	8.91	14.82	5.22	9.83
依安县	1569	93.13	97.88	97.88	28.33	10.86	19.44	8.99	12.30
泰来县	1679	86.82	98.48	98.48	50.55	5.07	14.72	3.40	5.46
甘南县	2548	77.51	93.94	93.94	23.78	15.27	11.52	5.82	9.55
富裕县	3795	56.33	94.21	94.21	14.00	14.11	11.89	5.00	6.90
克山县	2195	49.55	96.25	96.25	42.60	14.09	7.55	3.14	4.00
克东县	2844	83.41	87.89	87.89	44.92	29.11	10.82	4.68	7.01
拜泉县	2461	96.76	95.05	93.05	24.50	16.56	7.72	4.67	5.61
鸡东县	7070	121.54	64.94	64.94	37.31	6.34	8.74	7.84	9.21
萝北县	2615	94.77	98.57	98.57	78.38	14.06	26.03	9.78	13.73
绥滨县	3992	85.43	94.41	94.41	66.28	9.77	16.01	6.62	10.81
集贤县	2603	80.07	99.62	98.36	58.82	7.37	16.73	6.13	7.52
友谊县	3796	215.32	98.58	98.58	96.03	17.63	24.35	4.68	9.24
宝清县	4488	158.33	98.50	98.50	98.33	17.47	14.90	9.67	9.70
饶河县	5729	79.30	91.02	91.02	90.27	25.40	16.91	9.08	9.75
肇州县	5173	80.75	99.48	99.48	90.26	5.70	7.82	3.71	5.14
肇源县	6563	143.50	90.03	90.03	88.98	6.82	10.58	4.92	7.37
林甸县	4812	80.86	97.07	97.07	88.84	11.68	19.80	11.41	12.76
杜尔伯特蒙古族自治县	1209	68.03	85.96	85.96	82.08	7.35	21.20	3.51	7.15
嘉荫县	671	144.23	100.00	100.00	75.51	24.32	17.49	10.75	11.97
汤旺县	3483	297.15	45.58	45.58	80.32	10.15	15.01	6.70	5.23
丰林县	4658	60.60	99.24	99.24	86.84	12.74	15.17	8.00	7.07
大箐山县	6587	83.11	99.01	99.01	39.60	21.13	13.23	10.27	8.71
南岔县	5175	73.34	98.61	98.61	84.66	5.26	16.65	9.39	8.62
桦南县	6537	68.47	89.50	89.50	86.74	6.02	8.58	4.91	6.02
桦川县	1813	112.96	89.66	89.66	81.52	12.73	16.15	7.85	11.10
汤原县	6156	82.39	100.00	100.00	37.99	14.48	20.74	0.61	1.14

continued

建成区排水管道密度（公里/平方公里） Density of Sewers in Built District (kilometer/square kilometer)	污水处理率(%) Wastewater Treatment Rate (%)	污水处理厂集中处理率 Centralized Treatment Rate of Wastewater Treatment Plants	人均公园绿地面积（平方米） Public Recreational Green Space Per Capita (m^2)	建成区绿化覆盖率(%) Green Coverage Rate of Built District (%)	建成区绿地率(%) Green Space Rate of Built District (%)	生活垃圾处理率(%) Domestic Garbage Treatment Rate (%)	生活垃圾无害化处理率 Domestic Garbage Harmless Treatment Rate	县名称 Name of Counties
6.12	**94.48**	**94.48**	**13.08**	**27.37**	**24.19**	**98.71**	**98.71**	**黑龙江**
10.70	87.66	87.66	8.73	20.95	19.59	100.00	100.00	依兰县
5.39	97.12	97.12	27.94	19.28	18.36	100.00	100.00	方正县
5.76	95.91	95.91	5.04	33.50	30.20	100.00	100.00	宾　县
2.85	97.82	97.82	10.00	13.01	11.65	100.00	100.00	巴彦县
3.39	87.00	87.00	3.89	11.03	11.00	100.00	100.00	木兰县
3.33	100.00	100.00	10.13	36.33	35.97	100.00	100.00	通河县
9.17	89.05	89.05	12.74	30.93	28.91	100.00	100.00	延寿县
7.68	50.21	50.21	10.93	32.97	25.66	100.00	100.00	龙江县
5.17	90.54	90.54	22.42	32.36	27.43	100.00	100.00	依安县
3.24	95.09	95.09	14.91	33.98	28.97	100.00	100.00	泰来县
7.65	88.05	88.05	11.53	33.92	29.24	100.00	100.00	甘南县
10.30	86.23	86.23	14.60	40.69	37.90	100.00	100.00	富裕县
4.32	90.22	90.22	13.18	23.40	17.69	100.00	100.00	克山县
6.88	95.87	95.87	8.59	19.11	16.08	100.00	100.00	克东县
8.08	86.21	86.21	6.30	17.11	9.72	100.00	100.00	拜泉县
7.91	100.00	100.00	6.38	21.87	17.86	100.00	100.00	鸡东县
9.35	92.07	92.07	8.91	20.05	15.35	96.00	96.00	萝北县
5.96	95.00	95.00	13.93	32.40	28.54	100.00	100.00	绥滨县
5.20	94.06	94.06	1.64	13.02	11.47	100.00	100.00	集贤县
4.73	94.97	94.97	12.75	33.33	28.17	100.00	100.00	友谊县
10.73	98.53	98.53	11.70	22.21	18.71	100.00	100.00	宝清县
7.70	98.18	98.18	18.13	27.57	23.03	100.00	100.00	饶河县
3.48	98.35	98.35	14.54	12.00	8.60	100.00	100.00	肇州县
5.61	100.00	100.00	26.58	28.84	27.27	100.00	100.00	肇源县
6.03	100.00	100.00	11.85	16.31	15.02	81.37	81.37	林甸县
4.49	99.60	99.60	15.71	13.04	8.51	100.00	100.00	杜尔伯特蒙古族自治县
13.21	100.00	100.00	30.99	58.31	55.21	100.00	100.00	嘉荫县
4.83	97.65	97.60	15.47	41.72	41.43	98.84	98.84	汤旺县
5.19	98.18	98.18	32.24	39.74	38.91	98.81	98.81	丰林县
5.09	97.61	97.61	6.91	25.07	22.81	100.00	100.00	大箐山县
1.55	100.00	100.00	2.23	39.23	38.69	91.49	91.49	南岔县
7.54	85.11	85.11	18.25	33.95	33.27	100.00	100.00	桦南县
7.90	100.00	100.00	15.94	29.38	25.50	100.00	100.00	桦川县
8.28	86.35	86.35	11.54	28.54	24.55	100.00	100.00	汤原县

1-2 续表 9

县名称 Name of Counties	人口密度(人/平方公里) Population Density (person/square kilometer)	人均日生活用水量(升) Daily Water Consumption Per Capita (liter)	供水普及率(%) Water Coverage Rate (%)	公共供水普及率 Public Water Coverage Rate	燃气普及率(%) Gas Coverage Rate (%)	建成区供水管道密度(公里/平方公里) Density of Water Supply Pipelines in Built District (kilometer/square kilometer)	人均道路面积(平方米) Road Surface Area Per Capita (m^2)	建成区路网密度(公里/平方公里) Density of Road Network in Built District (kilometer/square kilometer)	建成区道路面积率(%) Surface Area of Roads Rate of Built District (%)
勃利县	3456	78.02	99.89	99.89	48.78	10.43	10.68	5.80	5.80
林口县	3534	69.92	93.71	93.71	84.72	9.61	25.98	7.70	11.92
逊克县	4363	78.28	94.38	94.38	24.72	10.63	12.77	4.94	6.00
孙吴县	938	109.68	94.36	94.36	23.51	22.89	16.11	4.89	4.07
望奎县	5422	64.58	88.48	88.48	32.26	6.28	12.79	7.34	10.71
兰西县	8738	121.03	82.65	82.65	33.61	7.81	8.33	5.77	7.12
青冈县	10259	55.16	91.92	91.92	62.00	9.74	7.93	7.62	8.34
庆安县	10802	122.74	92.76	92.76	44.62	9.04	5.73	5.07	6.30
明水县	7264	60.39	95.21	93.15	22.88	7.08	9.54	6.33	7.31
绥棱县	8120	91.08	99.74	99.74	6.32	4.00	8.13	6.06	6.74
呼玛县	3885	155.45	100.00	100.00	34.35	10.74	14.78	6.90	5.86
塔河县	1652	64.89	100.00	100.00	92.11	4.67	17.72	4.53	1.15
加格达奇区	3636	118.17	82.56	82.56	75.74	3.89	9.47	4.50	5.70
江　苏	**2022**	**158.93**	**99.98**	**99.79**	**99.95**	**13.94**	**21.46**	**6.60**	**13.40**
丰　县	2921	140.67	100.00	100.00	99.83	14.54	20.27	5.19	12.16
沛　县	3405	198.49	100.00	98.16	100.00	16.83	21.70	5.34	10.31
睢宁县	2260	194.60	100.00	99.93	99.93	18.35	20.05	5.69	13.97
如东县	2833	162.81	100.00	100.00	100.00	23.97	26.76	8.32	19.62
东海县	1539	77.68	100.00	100.00	100.00	15.42	28.28	6.21	12.61
灌云县	4878	79.01	100.00	100.00	100.00	28.50	17.31	5.65	11.70
灌南县	1511	109.59	100.00	100.00	100.00	7.82	25.22	8.70	17.97
涟水县	1585	141.63	100.00	100.00	100.00	17.17	22.34	8.15	10.00
盱眙县	2745	126.00	100.00	99.96	100.00	11.73	19.96	6.41	12.43
金湖县	1771	272.94	99.23	99.23	100.00	10.89	27.23	9.08	10.66
响水县	2486	214.71	100.00	100.00	100.00	15.75	18.59	4.95	10.28
滨海县	2312	160.47	100.00	100.00	100.00	14.32	24.12	5.57	17.49
阜宁县	1659	133.59	100.00	100.00	100.00	7.92	16.16	2.42	7.70
射阳县	4095	172.09	100.00	99.19	100.00	12.49	18.54	7.42	11.97
建湖县	2411	195.47	100.00	100.00	100.00	31.57	19.24	4.75	13.92
宝应县	2273	156.95	100.00	100.00	99.21	11.02	19.69	7.30	14.03
沭阳县	1527	180.45	100.00	100.00	100.00	8.46	21.82	7.44	15.54
泗阳县	1769	176.44	100.00	100.00	100.00	5.32	18.45	7.66	14.60
泗洪县	971	177.72	100.00	100.00	100.00	7.91	25.86	9.48	18.03
浙　江	**894**	**204.30**	**100.00**	**100.00**	**100.00**	**21.68**	**24.24**	**9.13**	**15.81**
桐庐县	1031	215.10	100.00	100.00	100.00	29.78	15.88	9.54	15.00
淳安县	255	153.31	100.00	100.00	100.00	20.15	25.58	5.54	12.03
象山县	1858	229.67	100.00	100.00	100.00	35.94	41.42	13.03	21.52

continued

建成区排水管道密度(公里/平方公里) Density of Sewers in Built District (kilometer/square kilometer)	污水处理率(%) Wastewater Treatment Rate (%)	污水处理厂集中处理率 Centralized Treatment Rate of Wastewater Treatment Plants	人均公园绿地面积(平方米) Public Recreational Green Space Per Capita (m^2)	建成区绿化覆盖率(%) Green Coverage Rate of Built District (%)	建成区绿地率(%) Green Space Rate of Built District (%)	生活垃圾处理率(%) Domestic Garbage Treatment Rate (%)	生活垃圾无害化处理率 Domestic Garbage Harmless Treatment Rate	县名称 Name of Counties
4.97	98.67	98.67	12.64	39.79	31.48	100.00	100.00	勃利县
8.52	100.00	100.00	27.50	24.88	28.21	100.00	100.00	林口县
4.74	93.75	93.75	11.46	32.73	27.15	100.00	100.00	逊克县
6.63	92.65	92.65	23.53	25.82	19.69	100.00	100.00	孙吴县
6.58	99.48	99.48	8.39	32.04	29.36	99.17	99.17	望奎县
4.88	98.85	98.85	11.86	23.02	19.60	98.00	98.00	兰西县
8.64	100.00	100.00	7.40	19.86	15.06	100.00	100.00	青冈县
11.99	93.80	93.80	6.94	29.46	19.70	98.10	98.10	庆安县
9.80	100.00	100.00	10.63	17.32	17.09	98.61	98.61	明水县
6.70	100.00	100.00	8.75	39.59	36.55	92.01	92.01	绥棱县
7.47	100.00	100.00	43.65	35.34	31.79	100.00	100.00	呼玛县
2.25	91.21	91.21	27.11	37.40	34.13	100.00	100.00	塔河县
3.88	98.07	98.07	16.75	21.63	18.62	94.90	94.90	加格达奇区
12.41	**91.40**	**90.88**	**14.54**	**42.64**	**39.78**	**100.00**	**100.00**	**江　苏**
7.51	93.00	93.00	14.14	42.48	39.08	100.00	100.00	丰　县
11.78	90.89	90.89	13.36	42.15	40.68	100.00	100.00	沛　县
6.76	91.78	91.78	17.22	43.69	40.76	100.00	100.00	睢宁县
24.24	88.99	83.71	12.86	41.38	37.28	100.00	100.00	如东县
9.77	92.08	92.08	14.22	41.75	39.30	100.00	100.00	东海县
9.20	93.48	93.48	13.60	41.80	38.38	100.00	100.00	灌云县
12.14	83.96	83.96	14.19	42.48	38.62	100.00	100.00	灌南县
11.72	87.17	87.17	14.33	42.38	40.02	100.00	100.00	涟水县
8.45	87.65	87.65	13.42	41.65	39.87	100.00	100.00	盱眙县
14.05	86.41	86.41	15.19	43.08	39.94	100.00	100.00	金湖县
12.24	90.04	85.85	14.55	42.04	38.25	100.00	100.00	响水县
16.80	89.07	89.07	13.50	43.28	39.49	100.00	100.00	滨海县
12.07	89.04	89.04	16.18	42.60	40.58	100.00	100.00	阜宁县
11.76	86.95	86.95	18.41	40.82	38.47	100.00	100.00	射阳县
21.47	91.13	91.13	15.99	41.97	38.92	100.00	100.00	建湖县
10.15	96.74	96.74	12.42	42.22	39.18	100.00	100.00	宝应县
12.96	93.10	93.10	11.69	43.72	40.80	100.00	100.00	沭阳县
8.81	96.20	96.20	16.10	43.81	40.02	100.00	100.00	泗阳县
16.89	96.35	96.35	17.22	44.85	42.42	100.00	100.00	泗洪县
15.94	**97.43**	**97.29**	**15.50**	**43.24**	**39.04**	**100.00**	**100.00**	**浙　江**
18.26	95.03	95.03	14.95	43.24	41.14	100.00	100.00	桐庐县
15.98	97.14	97.14	14.73	44.33	41.23	100.00	100.00	淳安县
14.87	97.67	97.31	14.93	38.20	34.29	100.00	100.00	象山县

1-2 续表 10

县名称 Name of Counties	人口密度(人/平方公里) Population Density (person/square kilometer)	人均日生活用水量(升) Daily Water Consumption Per Capita (liter)	供水普及率(%) Water Coverage Rate (%)	公共供水普及率 Public Water Coverage Rate	燃气普及率(%) Gas Coverage Rate (%)	建成区供水管道密度(公里/平方公里) Density of Water Supply Pipelines in Built District (kilometer/square kilometer)	人均道路面积(平方米) Road Surface Area Per Capita (m^2)	建成区路网密度(公里/平方公里) Density of Road Network in Built District (kilometer/square kilometer)	建成区道路面积率(%) Surface Area of Roads Rate of Built District (%)
宁海县	2699	227.58	100.00	100.00	100.00	20.48	31.42	10.96	18.22
永嘉县	1539	117.02	100.00	100.00	100.00	14.44	13.09	6.75	9.32
平阳县	1731	223.28	100.00	100.00	100.00	10.23	8.02	7.51	8.75
苍南县	2035	301.68	100.00	100.00	100.00	20.41	18.30	8.57	16.01
文成县	484	186.64	100.00	100.00	100.00	15.69	9.27	4.83	10.38
泰顺县	2288	187.62	100.00	100.00	100.00	7.76	10.69	3.82	6.63
嘉善县	1307	193.35	100.00	100.00	100.00	7.03	24.92	6.90	11.22
海盐县	1871	177.96	100.00	100.00	100.00	23.79	34.42	8.35	17.93
德清县	487	193.73	100.00	100.00	100.00	20.35	47.24	8.00	18.94
长兴县	1570	233.41	100.00	100.00	100.00	15.91	33.04	8.00	20.96
安吉县	1060	194.38	100.00	100.00	100.00	7.06	33.69	7.63	12.59
新昌县	1173	179.88	100.00	100.00	100.00	29.04	20.30	11.25	13.65
武义县	789	185.09	100.00	100.00	100.00	18.95	23.14	11.11	18.68
浦江县	1394	257.06	100.00	100.00	100.00	35.31	19.04	8.10	17.68
磐安县	436	185.03	100.00	100.00	100.00	34.46	20.17	11.64	15.91
常山县	441	256.69	100.00	100.00	100.00	15.22	31.04	10.75	14.09
开化县	867	84.86	100.00	100.00	100.00	13.05	14.95	9.78	10.56
龙游县	624	134.19	100.00	100.00	100.00	36.45	12.62	8.40	9.68
岱山县	1526	106.08	100.00	100.00	100.00	20.66	22.49	10.09	16.63
嵊泗县	2478	150.12	100.00	100.00	100.00	54.39	6.48	6.97	11.63
三门县	781	213.14	100.00	100.00	100.00	28.65	19.03	9.18	15.70
天台县	630	269.99	100.00	100.00	100.00	15.84	25.84	7.49	17.35
仙居县	720	210.03	100.00	100.00	100.00	52.49	17.18	8.58	15.28
青田县	761	226.17	100.00	100.00	100.00	18.73	13.10	13.68	16.86
缙云县	564	215.43	100.00	100.00	100.00	15.68	23.02	8.40	14.37
遂昌县	636	194.67	100.00	100.00	100.00	37.76	36.78	15.76	25.13
松阳县	665	196.04	100.00	100.00	100.00	41.29	22.01	12.31	15.80
云和县	456	186.71	100.00	100.00	100.00	26.28	32.43	17.60	29.48
庆元县	727	170.69	100.00	100.00	100.00	18.64	17.99	9.23	12.61
景宁县	312	227.68	100.00	100.00	100.00	25.84	15.81	15.75	18.88
安　徽	**1819**	**136.79**	**97.14**	**93.71**	**95.54**	**12.42**	**23.71**	**6.30**	**14.27**
长丰县	4313	62.65	99.82	99.82	95.69	9.63	13.18	2.44	5.71
肥西县	6249	117.95	98.72	98.72	98.09	14.89	19.03	4.01	8.76
肥东县	4604	168.57	96.83	96.83	99.36	24.81	12.93	3.87	10.96
庐江县	1080	203.08	96.02	96.02	97.16	13.15	34.20	5.50	13.09
南陵县	2763	219.75	100.00	100.00	100.00	9.43	31.06	7.03	13.58
怀远县	2391	211.53	100.00	71.25	97.16	9.32	13.48	8.61	12.89

continued

建成区排水管道密度(公里/平方公里) Density of Sewers in Built District (kilometer/square kilometer)	污水处理率 Wastewater Treatment Rate (%)	污水处理厂集中处理率 Centralized Treatment Rate of Wastewater Treatment Plants	人均公园绿地面积(平方米) Public Recreational Green Space Per Capita (m^2)	建成区绿化覆盖率(%) Green Coverage Rate of Built District (%)	建成区绿地率(%) Green Space Rate of Built District (%)	生活垃圾处理率(%) Domestic Garbage Treatment Rate (%)	生活垃圾无害化处理率 Domestic Garbage Harmless Treatment Rate	县名称 Name of Counties
23.77	99.01	99.01	14.10	42.00	39.06	100.00	100.00	宁海县
7.40	96.14	93.78	15.70	39.90	37.62	100.00	100.00	永嘉县
3.62	96.50	96.50	12.18	37.60	34.11	100.00	100.00	平阳县
4.46	96.29	96.29	14.12	40.97	39.47	100.00	100.00	苍南县
12.25	96.03	96.03	15.04	43.06	38.94	100.00	100.00	文成县
8.42	96.04	96.04	15.85	48.15	43.01	100.00	100.00	泰顺县
9.80	96.80	96.80	16.72	41.31	36.41	100.00	100.00	嘉善县
10.69	97.49	97.49	18.02	43.01	37.87	100.00	100.00	海盐县
13.05	98.48	98.48	16.58	46.02	41.35	100.00	100.00	德清县
16.14	98.50	98.50	15.01	47.49	43.42	100.00	100.00	长兴县
11.76	98.03	98.03	18.41	46.01	42.01	100.00	100.00	安吉县
16.78	96.04	96.04	15.37	46.52	43.38	100.00	100.00	新昌县
20.74	96.95	96.95	13.69	46.23	40.20	100.00	100.00	武义县
18.99	97.22	97.22	15.39	40.24	35.14	100.00	100.00	浦江县
24.36	98.31	98.31	21.09	44.68	38.17	100.00	100.00	磐安县
19.35	97.92	97.92	17.92	40.98	35.90	100.00	100.00	常山县
15.45	97.60	97.60	14.81	44.22	41.22	100.00	100.00	开化县
23.37	97.61	97.61	14.87	45.07	40.31	100.00	100.00	龙游县
14.63	90.60	84.50	16.39	41.95	38.62	100.00	100.00	岱山县
20.04	92.11	92.11	16.54	41.56	38.36	100.00	100.00	嵊泗县
20.35	98.51	98.51	14.17	40.82	36.47	100.00	100.00	三门县
15.50	98.86	98.86	18.26	44.47	39.46	100.00	100.00	天台县
27.36	96.64	96.64	15.55	40.59	35.86	100.00	100.00	仙居县
22.67	98.02	98.02	14.82	40.87	36.62	100.00	100.00	青田县
14.22	97.93	97.93	15.15	45.57	39.41	100.00	100.00	缙云县
20.77	97.94	93.88	15.90	42.96	37.87	100.00	100.00	遂昌县
18.57	97.94	97.94	15.03	41.32	35.46	100.00	100.00	松阳县
18.50	98.13	98.13	15.04	41.00	37.12	100.00	100.00	云和县
18.84	97.76	97.76	14.25	41.80	35.54	100.00	100.00	庆元县
31.89	97.81	97.81	16.05	40.00	34.66	100.00	100.00	景宁县
11.40	**96.18**	**96.03**	**14.57**	**37.67**	**33.72**	**100.00**	**100.00**	**安　徽**
5.73	97.90	97.90	12.96	33.83	29.80	100.00	100.00	长丰县
9.66	96.89	96.89	12.49	44.38	41.07	100.00	100.00	肥西县
8.08	97.00	97.00	12.50	44.28	41.08	100.00	100.00	肥东县
12.75	97.32	97.32	16.48	44.25	36.55	100.00	100.00	庐江县
11.96	95.00	95.00	15.01	43.49	38.18	100.00	100.00	南陵县
9.19	95.08	95.08	11.84	42.68	36.89	100.00	100.00	怀远县

1-2 续表 11

县名称 Name of Counties	人口密度（人/平方公里） Population Density (person/square kilometer)	人均日生活用水量（升） Daily Water Consumption Per Capita (liter)	供水普及率（%） Water Coverage Rate (%)	公共供水普及率 Public Water Coverage Rate	燃气普及率（%） Gas Coverage Rate (%)	建成区供水管道密度（公里/平方公里） Density of Water Supply Pipelines in Built District (kilometer/square kilometer)	人均道路面积（平方米） Road Surface Area Per Capita (m^2)	建成区路网密度（公里/平方公里） Density of Road Network in Built District (kilometer/square kilometer)	建成区道路面积率（%） Surface Area of Roads Rate of Built District (%)
五河县	2893	145.70	96.41	96.09	99.54	9.79	20.77	7.64	18.33
固镇县	1242	114.44	95.96	83.37	98.41	13.22	24.08	8.15	18.54
凤台县	4745	140.99	94.16	91.64	92.78	5.08	12.95	4.23	7.19
寿　县	2795	151.92	91.61	91.26	94.81	27.65	19.35	5.11	11.72
当涂县	4084	153.38	99.86	99.86	99.45	6.81	20.50	3.98	9.35
含山县	4321	230.46	98.35	98.35	99.67	6.92	21.93	6.34	11.86
和　县	5100	135.07	97.67	97.67	99.33	20.46	14.31	4.83	10.79
濉溪县	4819	105.19	99.07	98.09	98.64	12.13	23.34	5.42	12.30
枞阳县	1362	109.41	96.30	96.30	86.85	9.51	17.67	5.67	10.81
怀宁县	3100	156.47	98.92	98.92	98.71	22.12	38.29	4.98	12.92
太湖县	2331	119.96	83.43	83.43	96.96	22.78	16.92	4.71	15.78
宿松县	759	148.00	100.00	100.00	87.83	21.23	24.58	7.56	10.40
望江县	2455	136.43	100.00	100.00	83.83	20.54	23.56	4.78	10.21
岳西县	1239	70.81	100.00	100.00	81.07	28.18	5.53	2.14	3.85
歙　县	3394	135.32	100.00	100.00	97.92	19.49	17.74	9.26	14.71
休宁县	432	175.63	100.00	100.00	100.00	12.62	22.56	7.27	12.86
黟　县	2536	149.21	98.79	98.79	95.17	13.69	37.74	8.14	26.63
祁门县	247	126.21	99.65	99.65	99.65	18.46	14.13	7.14	11.68
来安县	912	146.31	95.43	95.43	96.95	15.26	38.78	8.69	18.41
全椒县	6011	160.06	94.22	94.22	98.20	12.78	23.55	6.25	14.16
定远县	2797	175.34	92.14	92.14	94.29	12.72	43.61	7.96	16.93
凤阳县	4364	107.05	100.00	100.00	95.23	10.63	31.82	9.33	22.53
临泉县	3940	72.58	95.98	85.31	91.01	7.09	18.26	6.72	13.12
太和县	2014	146.35	99.96	90.99	90.47	11.44	33.05	4.97	17.80
阜南县	1861	140.76	95.14	90.67	75.84	5.61	20.36	5.10	11.62
颍上县	3462	147.30	95.33	85.86	91.81	9.66	31.85	10.32	19.38
砀山县	1933	130.43	99.79	94.52	94.65	9.52	28.99	6.15	13.47
萧　县	739	106.11	92.44	84.69	100.00	9.78	38.39	9.09	25.32
灵璧县	1568	119.37	99.96	91.19	100.00	7.64	23.98	5.77	15.01
泗　县	1020	123.45	100.00	100.00	100.00	6.55	35.42	7.71	13.50
霍邱县	3687	167.98	98.94	84.46	95.56	9.16	18.97	3.75	8.69
舒城县	1903	142.13	100.00	100.00	100.00	7.48	22.35	5.40	14.84
金寨县	1843	99.53	98.10	98.10	94.95	8.87	32.78	8.68	22.85
霍山县	1762	143.68	97.24	97.24	91.43	14.72	26.17	8.77	20.75
涡阳县	7473	104.70	99.36	99.36	99.03	8.75	25.56	7.07	17.44
蒙城县	5909	117.93	95.67	95.13	92.82	5.79	22.37	6.15	18.56
利辛县	4700	131.78	90.21	82.13	99.15	11.35	19.90	5.28	12.00

continued

建成区排水管道密度(公里/平方公里) Density of Sewers in Built District (kilometer/square kilometer)	污水处理率 Wastewater Treatment Rate (%)	污水处理厂集中处理率 Centralized Treatment Rate of Wastewater Treatment Plants	人均公园绿地面积(平方米) Public Recreational Green Space Per Capita (m^2)	建成区绿化覆盖率(%) Green Coverage Rate of Built District (%)	建成区绿地率(%) Green Space Rate of Built District (%)	生活垃圾处理率(%) Domestic Garbage Treatment Rate (%)	生活垃圾无害化处理率 Domestic Garbage Harmless Treatment Rate	县名称 Name of Counties
11.52	97.86	96.89	13.85	42.27	37.31	100.00	100.00	五河县
17.48	96.47	96.47	13.82	39.18	37.19	100.00	100.00	固镇县
2.24	98.04	98.04	10.86	30.20	30.55	100.00	100.00	凤台县
4.82	97.14	97.14	15.07	38.13	33.03	100.00	100.00	寿　县
10.82	97.04	97.04	25.01	39.69	35.50	100.00	100.00	当涂县
8.43	94.93	94.93	12.67	41.50	36.83	100.00	100.00	含山县
11.27	95.10	95.10	14.35	41.45	35.93	100.00	100.00	和　县
6.71	98.56	95.09	10.75	41.51	35.69	100.00	100.00	濉溪县
5.54	97.06	97.06	17.22	39.90	36.92	100.00	100.00	枞阳县
9.74	97.94	97.94	12.55	38.00	33.00	100.00	100.00	怀宁县
6.83	95.60	95.60	15.26	26.67	25.33	100.00	100.00	太湖县
5.69	95.00	95.00	7.62	17.25	14.22	100.00	100.00	宿松县
11.41	95.12	95.12	5.33	35.45	30.72	100.00	100.00	望江县
5.58	98.00	98.00	7.56	21.10	19.81	100.00	100.00	岳西县
12.13	95.09	95.09	12.74	34.18	30.47	100.00	100.00	歙　县
11.35	95.22	95.22	15.09	36.57	32.23	100.00	100.00	休宁县
20.71	94.50	94.50	14.89	38.24	35.56	100.00	100.00	黟　县
14.64	92.71	91.74	14.55	30.25	26.73	100.00	100.00	祁门县
19.22	96.94	96.94	14.47	35.40	34.62	100.00	100.00	来安县
12.27	98.42	98.42	14.01	30.89	29.11	100.00	100.00	全椒县
19.14	96.11	96.11	14.32	40.02	35.16	100.00	100.00	定远县
21.12	97.19	97.19	21.77	45.63	45.56	100.00	100.00	凤阳县
10.47	94.96	94.96	16.90	39.13	35.31	100.00	100.00	临泉县
17.19	95.74	95.74	16.56	35.36	32.36	100.00	100.00	太和县
10.48	96.06	96.06	12.37	28.92	23.90	100.00	100.00	阜南县
17.22	93.94	93.94	23.81	40.71	39.68	100.00	100.00	颍上县
11.84	95.00	95.00	12.96	39.19	34.30	100.00	100.00	砀山县
4.34	95.37	95.37	15.12	38.09	34.40	100.00	100.00	萧　县
7.20	96.34	96.34	11.64	32.90	28.43	100.00	100.00	灵璧县
11.61	98.04	98.04	17.54	39.85	35.09	100.00	100.00	泗　县
6.14	95.16	95.16	17.23	19.49	15.90	100.00	100.00	霍邱县
12.20	95.87	95.87	17.59	39.71	33.76	100.00	100.00	舒城县
15.21	96.10	96.10	19.93	42.08	39.02	100.00	100.00	金寨县
15.85	95.38	95.38	15.60	41.51	36.19	100.00	100.00	霍山县
10.64	95.13	95.13	10.88	43.99	34.77	100.00	100.00	涡阳县
10.98	95.12	95.12	12.20	38.41	35.51	100.00	100.00	蒙城县
12.72	95.10	95.10	15.02	38.24	34.97	100.00	100.00	利辛县

1-2 续表 12

县名称 Name of Counties	人口密度(人/平方公里) Population Density (person/square kilometer)	人均日生活用水量(升) Daily Water Consumption Per Capita (liter)	供水普及率(%) Water Coverage Rate (%)	公共供水普及率 Public Water Coverage Rate	燃气普及率(%) Gas Coverage Rate (%)	建成区供水管道密度(公里/平方公里) Density of Water Supply Pipelines in Built District (kilometer/square kilometer)	人均道路面积(平方米) Road Surface Area Per Capita (m^2)	建成区路网密度(公里/平方公里) Density of Road Network in Built District (kilometer/square kilometer)	建成区道路面积率(%) Surface Area of Roads Rate of Built District (%)
东至县	265	152.36	95.33	95.33	98.93	17.32	20.14	10.66	20.98
石台县	148	206.00	93.91	93.91	81.72	15.44	17.67	11.64	14.99
青阳县	847	156.44	99.50	99.50	99.30	18.99	25.24	10.27	22.45
郎溪县	6833	134.00	97.21	97.21	99.30	14.64	23.42	7.64	19.21
泾　县	403	189.90	99.02	99.02	100.00	16.52	23.94	6.34	16.14
绩溪县	3531	173.22	99.82	99.82	99.82	25.23	34.69	8.74	12.81
旌德县	1791	151.05	98.80	98.80	92.17	22.48	18.99	7.16	11.70
福　建	**2535**	**177.76**	**99.24**	**99.02**	**98.03**	**16.39**	**18.45**	**8.78**	**14.36**
闽侯县	4778	183.48	99.95	99.95	92.18	26.72	13.15	7.25	15.60
连江县	6125	218.14	100.00	100.00	99.42	10.50	12.86	8.84	13.52
罗源县	2272	442.21	99.04	99.04	99.04	15.94	23.26	8.06	12.87
闽清县	5462	176.51	99.01	99.01	98.31	7.58	13.93	8.86	11.24
永泰县	2894	118.93	99.90	99.90	99.90	17.74	13.77	9.59	13.22
仙游县	5917	143.82	99.54	96.16	98.06	13.18	15.67	8.07	14.57
明溪县	3214	213.58	100.00	100.00	92.10	17.52	26.28	10.07	14.34
清流县	1360	197.05	100.00	100.00	95.83	17.17	30.47	10.17	21.33
宁化县	2768	171.19	99.64	99.64	96.57	29.75	22.10	12.02	20.75
大田县	2885	161.06	96.84	96.84	95.82	15.31	10.11	8.04	11.68
尤溪县	5202	277.47	99.56	99.41	97.66	21.84	12.94	9.33	10.98
沙　县	811	245.78	100.00	100.00	97.94	10.18	34.07	8.86	14.22
将乐县	1614	128.36	99.86	99.86	95.25	11.40	22.66	12.35	22.11
泰宁县	1870	194.28	99.82	99.64	95.54	29.53	21.65	8.30	15.36
建宁县	5286	142.80	98.50	97.60	97.60	33.18	14.95	10.46	15.29
惠安县	4238	183.98	98.30	98.30	99.61	9.92	23.65	6.52	11.36
安溪县	5552	242.86	99.81	99.81	99.73	15.90	33.99	8.26	12.53
永春县	1335	153.17	98.70	98.70	98.83	9.67	11.26	11.78	10.67
德化县	1672	160.74	98.21	98.21	98.97	11.60	17.65	8.21	13.56
云霄县	5273	154.57	100.00	100.00	100.00	14.60	16.62	7.94	16.90
漳浦县	4550	217.57	100.00	100.00	99.93	18.51	18.62	7.48	14.71
诏安县	7594	180.15	100.00	100.00	90.33	12.05	20.46	8.25	17.80
长泰县	3208	305.00	99.79	99.79	99.36	19.06	21.07	11.57	18.71
东山县	6643	176.65	98.92	98.92	81.72	13.89	21.92	7.78	17.89
南靖县	8140	223.55	100.00	100.00	100.00	14.73	21.20	14.05	16.80
平和县	5805	208.40	100.00	100.00	100.00	18.34	21.19	12.78	16.15
华安县	5545	185.53	99.64	98.21	97.50	11.95	29.18	13.37	17.60
顺昌县	3609	143.66	97.05	97.05	100.00	22.08	13.76	7.90	12.13
浦城县	3807	115.09	98.31	98.31	100.00	16.95	9.06	6.71	9.10

continued

建成区排水管道密度(公里/平方公里) Density of Sewers in Built District (kilometer/ square kilometer)	污水处理率(%) Wastewater Treatment Rate (%)	污水处理厂集中处理率 Centralized Treatment Rate of Wastewater Treatment Plants	人均公园绿地面积(平方米) Public Recreational Green Space Per Capita (m^2)	建成区绿化覆盖率(%) Green Coverage Rate of Built District (%)	建成区绿地率(%) Green Space Rate of Built District (%)	生活垃圾处理率(%) Domestic Garbage Treatment Rate (%)	生活垃圾无害化处理率 Domestic Garbage Harmless Treatment Rate	县名称 Name of Counties
19.68	95.60	95.60	13.33	41.04	35.55	100.00	100.00	东至县
20.55	95.19	95.19	18.16	41.42	38.12	100.00	100.00	石台县
20.76	94.52	94.52	12.55	41.46	36.51	100.00	100.00	青阳县
19.71	98.77	98.77	14.15	40.84	36.76	100.00	100.00	郎溪县
14.16	95.99	95.99	16.98	38.66	34.02	100.00	100.00	泾　县
12.91	95.20	95.20	17.44	39.91	35.86	100.00	100.00	绩溪县
11.72	95.01	95.01	14.39	38.46	34.82	100.00	100.00	旌德县
13.40	**95.06**	**95.06**	**15.26**	**43.39**	**39.65**	**100.00**	**100.00**	**福　建**
9.71	95.30	95.30	16.99	45.85	42.72	100.00	100.00	闽侯县
20.13	95.76	95.76	20.78	46.46	42.80	100.00	100.00	连江县
9.23	95.88	95.88	14.37	43.38	39.46	100.00	100.00	罗源县
8.88	94.69	94.69	15.01	47.99	44.43	100.00	100.00	闽清县
15.63	95.92	95.92	19.95	46.78	43.87	100.00	100.00	永泰县
13.29	94.09	94.09	14.74	45.82	39.99	100.00	100.00	仙游县
19.49	95.06	95.06	14.00	43.66	40.09	100.00	100.00	明溪县
17.32	95.00	95.00	14.99	41.92	37.49	100.00	100.00	清流县
17.75	95.05	95.05	15.18	40.28	37.80	100.00	100.00	宁化县
11.43	95.00	95.00	14.73	42.73	38.32	100.00	100.00	大田县
10.89	95.07	95.07	14.45	45.47	40.09	100.00	100.00	尤溪县
12.41	95.06	95.06	18.14	43.62	40.24	100.00	100.00	沙　县
25.37	95.13	95.13	14.78	44.66	40.50	100.00	100.00	将乐县
15.43	95.19	95.19	15.83	40.16	39.78	100.00	100.00	泰宁县
23.92	96.11	96.11	13.96	46.50	40.85	100.00	100.00	建宁县
6.01	94.54	94.54	13.95	43.52	40.11	100.00	100.00	惠安县
6.52	93.27	93.27	14.52	44.19	40.35	100.00	100.00	安溪县
12.82	94.00	94.00	14.76	44.07	39.77	100.00	100.00	永春县
14.12	94.42	94.42	14.01	44.36	40.02	100.00	100.00	德化县
13.83	92.71	92.71	14.28	42.44	39.43	100.00	100.00	云霄县
16.67	95.39	95.39	15.01	44.28	40.13	100.00	100.00	漳浦县
13.83	98.31	98.31	12.42	52.24	45.85	100.00	100.00	诏安县
19.47	96.68	96.68	15.80	44.23	40.62	100.00	100.00	长泰县
19.26	93.16	93.16	15.00	44.21	39.14	100.00	100.00	东山县
18.41	95.39	95.39	18.68	46.51	42.39	100.00	100.00	南靖县
18.34	99.01	99.01	15.54	44.50	39.64	100.00	100.00	平和县
16.16	92.01	92.01	20.54	44.19	41.98	100.00	100.00	华安县
3.80	94.02	94.02	15.18	39.82	36.18	100.00	100.00	顺昌县
9.72	94.06	94.06	13.72	41.02	36.67	100.00	100.00	浦城县

1-2 续表 13

县名称 Name of Counties	人口密度（人/平方公里） Population Density (person/square kilometer)	人均日生活用水量（升） Daily Water Consumption Per Capita (liter)	供水普及率（%） Water Coverage Rate (%)	公共供水普及率 Public Water Coverage Rate	燃气普及率（%） Gas Coverage Rate (%)	建成区供水管道密度（公里/平方公里） Density of Water Supply Pipelines in Built District (kilometer/square kilometer)	人均道路面积（平方米） Road Surface Area Per Capita (m^2)	建成区路网密度（公里/平方公里） Density of Road Network in Built District (kilometer/square kilometer)	建成区道路面积率（%） Surface Area of Roads Rate of Built District (%)
光泽县	1474	114.26	98.95	98.95	97.39	47.64	10.36	9.10	12.39
松溪县	2811	154.64	100.00	100.00	100.00	12.98	25.00	8.03	14.34
政和县	4059	134.37	99.87	99.87	98.11	26.28	9.03	6.03	10.79
长汀县	1009	152.92	100.00	100.00	98.45	11.61	22.93	9.06	15.00
上杭县	1317	168.89	100.00	100.00	98.58	46.05	22.23	8.50	18.04
武平县	1281	175.02	99.44	99.44	99.55	13.01	20.09	9.13	19.38
连城县	2009	159.59	100.00	100.00	91.68	10.94	22.67	9.90	15.23
霞浦县	1000	149.11	98.28	98.28	99.34	12.55	12.63	6.14	14.10
古田县	5313	227.24	100.00	100.00	100.00	20.57	13.96	8.41	11.90
屏南县	4700	199.23	99.61	99.61	99.61	10.81	14.25	13.95	11.85
寿宁县	2555	138.37	97.25	97.25	97.64	19.67	9.48	8.01	11.83
周宁县	2493	184.81	100.00	100.00	99.29	14.77	20.23	10.39	13.04
柘荣县	4614	189.85	100.00	100.00	100.00	13.50	16.34	9.16	12.54
平潭县	7885	125.82	97.41	97.41	99.28	17.11	20.61	7.47	15.44
江　西	**4898**	**136.25**	**96.88**	**96.61**	**94.14**	**14.90**	**20.76**	**7.88**	**14.81**
南昌县	4361	351.02	99.60	99.60	90.64	27.25	20.57	5.11	9.23
安义县	17131	110.28	95.47	95.47	83.96	8.44	16.18	8.48	22.28
进贤县	7781	91.26	97.11	97.11	87.79	3.87	9.35	4.40	8.80
浮梁县	3544	177.03	80.25	80.25	88.54	45.11	24.41	8.63	14.26
莲花县	3279	112.15	97.91	97.91	83.79	11.57	23.38	9.37	19.68
上栗县	2996	156.26	73.12	73.12	63.95	10.98	22.68	7.31	11.34
芦溪县	6746	335.24	98.96	97.08	93.53	13.10	32.57	8.37	22.54
武宁县	1860	234.07	96.85	96.85	98.32	1.38	28.03	5.14	14.18
修水县	1404	141.85	99.89	99.78	99.78	14.39	18.80	6.69	12.58
永修县	4494	138.19	88.20	88.20	97.68	7.77	21.26	5.86	11.98
德安县	4284	181.34	100.00	100.00	100.00	16.48	33.30	8.67	14.46
都昌县	3757	111.63	92.70	92.70	93.31	1.44	19.04	2.64	3.85
湖口县	5342	161.35	100.00	100.00	100.00	24.14	10.30	3.65	8.78
彭泽县	6192	175.06	99.48	99.48	86.05	6.99	20.54	8.06	17.18
分宜县	3414	169.48	100.00	100.00	96.99	17.72	19.22	4.97	13.43
信丰县	8980	90.79	99.67	99.67	92.98	21.83	17.22	8.62	12.41
大余县	3555	149.63	99.91	99.91	98.79	19.00	20.44	9.17	14.76
上犹县	7781	120.87	99.74	99.74	99.40	16.87	18.95	11.37	9.00
崇义县	5549	154.17	99.82	99.82	97.17	16.71	17.67	8.09	14.81
安远县	6272	109.09	99.82	99.82	99.91	16.05	18.53	8.96	16.08
定南县	3568	151.71	95.95	95.95	96.04	21.03	16.28	7.71	12.03
全南县	5292	127.52	99.87	99.87	98.82	15.28	20.59	10.14	16.59

continued

建成区排水管道密度（公里/平方公里） Density of Sewers in Built District (kilometer/square kilometer)	污水处理率 (%) Wastewater Treatment Rate (%)	污水处理厂集中处理率 Centralized Treatment Rate of Wastewater Treatment Plants	人均公园绿地面积（平方米） Public Recreational Green Space Per Capita (m^2)	建成区绿化覆盖率 (%) Green Coverage Rate of Built District (%)	建成区绿地率 (%) Green Space Rate of Built District (%)	生活垃圾处理率 (%) Domestic Garbage Treatment Rate (%)	生活垃圾无害化处理率 Domestic Garbage Harmless Treatment Rate	县名称 Name of Counties
14.63	95.01	95.01	11.05	42.21	36.76	100.00	100.00	光泽县
14.62	94.22	94.22	14.62	44.13	38.94	100.00	100.00	松溪县
12.90	94.18	94.18	15.16	38.46	34.62	100.00	100.00	政和县
5.05	95.00	95.00	13.99	41.30	39.18	100.00	100.00	长汀县
14.86	95.05	95.05	17.08	43.93	39.52	100.00	100.00	上杭县
20.44	95.07	95.07	16.59	43.76	40.06	100.00	100.00	武平县
18.61	95.18	95.18	15.09	43.39	40.01	100.00	100.00	连城县
10.92	94.15	94.15	14.27	38.00	37.25	100.00	100.00	霞浦县
14.58	94.77	94.77	15.59	35.04	30.16	100.00	100.00	古田县
13.68	94.80	94.80	16.12	40.98	38.65	100.00	100.00	屏南县
19.90	95.26	95.26	20.43	38.81	37.15	100.00	100.00	寿宁县
18.63	91.38	91.38	15.90	37.24	32.69	100.00	100.00	周宁县
17.17	99.85	99.85	14.49	46.03	39.94	100.00	100.00	柘荣县
15.44	98.50	98.50	14.15	41.29	39.42	100.00	100.00	平潭县
11.56	**91.55**	**90.15**	**15.54**	**42.98**	**38.73**	**100.00**	**100.00**	**江　西**
3.54	86.97	86.97	15.16	53.24	48.45	100.00	100.00	南昌县
5.98	83.21	83.21	5.90	33.37	28.63	100.00	100.00	安义县
2.22	90.00	90.00	10.44	40.87	35.94	100.00	100.00	进贤县
13.82	85.23	85.23	11.20	40.02	35.10	100.00	100.00	浮梁县
13.21	92.24	92.24	17.07	44.97	37.07	100.00	100.00	莲花县
14.60	95.96	95.96	10.70	26.60	22.51	100.00	100.00	上栗县
19.26	95.22	95.22	25.40	43.98	41.22	100.00	100.00	芦溪县
7.74	85.62	85.62	23.35	44.19	38.64	100.00	100.00	武宁县
9.16	90.00	90.00	18.59	47.02	43.77	100.00	100.00	修水县
7.04	91.79	91.79	28.14	41.14	36.26	100.00	100.00	永修县
15.43	91.42	63.61	15.93	46.54	41.77	100.00	100.00	德安县
2.85	94.82	94.82	12.52	37.97	31.86	100.00	100.00	都昌县
11.50	95.70	95.70	13.98	39.00	34.87	100.00	100.00	湖口县
1.26	89.00	89.00	16.80	39.34	36.07	100.00	100.00	彭泽县
7.89	93.15	93.15	14.82	37.86	35.31	100.00	100.00	分宜县
13.20	92.62	92.62	13.66	37.06	32.10	100.00	100.00	信丰县
11.79	92.50	92.50	12.84	43.60	40.50	100.00	100.00	大余县
16.03	92.60	92.60	23.08	41.32	38.67	100.00	100.00	上犹县
18.09	91.70	91.70	14.45	44.27	39.40	100.00	100.00	崇义县
19.17	92.78	92.78	14.26	42.49	38.88	100.00	100.00	安远县
14.86	97.12	97.12	12.83	39.90	35.62	100.00	100.00	定南县
18.18	92.80	91.50	18.06	49.55	43.80	100.00	100.00	全南县

1-2 续表 14

县名称 Name of Counties	人口密度（人/平方公里）Population Density (person/square kilometer)	人均日生活用水量（升）Daily Water Consumption Per Capita (liter)	供水普及率（%）Water Coverage Rate (%)	公共供水普及率 Public Water Coverage Rate	燃气普及率（%）Gas Coverage Rate (%)	建成区供水管道密度（公里/平方公里）Density of Water Supply Pipelines in Built District (kilometer/square kilometer)	人均道路面积（平方米）Road Surface Area Per Capita (m^2)	建成区路网密度（公里/平方公里）Density of Road Network in Built District (kilometer/square kilometer)	建成区道路面积率（%）Surface Area of Roads Rate of Built District (%)
宁都县	6238	160.52	97.80	97.80	99.32	14.86	15.97	11.52	15.37
于都县	6193	108.89	98.49	98.49	97.24	28.49	18.03	8.30	16.56
兴国县	5948	109.62	95.63	95.63	97.65	14.93	18.38	10.14	18.96
会昌县	4308	186.73	99.70	99.70	97.56	14.38	18.95	11.82	16.94
寻乌县	8213	181.82	99.84	99.84	99.27	16.37	17.18	10.83	17.64
石城县	6176	135.28	99.52	99.52	99.33	14.40	17.91	10.88	15.54
吉安县	8377	148.62	95.80	95.80	93.59	10.08	31.05	9.73	24.92
吉水县	12050	96.63	94.65	92.66	96.85	21.54	13.09	12.24	15.86
峡江县	1805	187.61	98.66	98.66	88.20	6.37	49.62	7.32	22.05
新干县	4252	152.15	94.29	94.29	98.07	16.98	26.43	6.51	18.26
永丰县	8900	89.98	97.87	94.38	97.25	13.18	18.37	7.22	11.93
泰和县	3981	61.51	91.42	91.42	85.45	16.52	19.16	9.05	19.30
遂川县	6400	86.73	98.06	98.06	97.01	15.72	17.33	8.65	13.40
万安县	1956	73.30	100.00	98.93	90.01	10.83	25.19	8.85	17.65
安福县	6663	92.11	84.64	84.64	86.94	6.97	20.13	5.27	9.88
永新县	8000	130.29	97.22	97.22	96.81	24.41	26.33	7.25	22.41
奉新县	7438	105.52	95.63	94.13	90.93	4.68	18.81	7.18	13.99
万载县	7104	149.65	97.59	97.59	92.71	16.25	16.44	7.53	13.16
上高县	9140	109.56	99.78	96.72	97.07	9.94	19.56	7.15	18.83
宜丰县	5980	163.81	97.80	97.80	97.69	41.60	20.56	4.81	12.46
靖安县	6595	153.63	96.57	96.57	96.57	12.77	37.56	10.83	18.27
铜鼓县	1893	185.87	99.72	99.72	96.60	9.72	29.68	8.03	15.88
南城县	9664	187.50	99.48	99.48	98.96	10.14	13.52	9.34	13.10
黎川县	4804	79.54	99.12	99.12	98.88	13.81	20.06	11.29	16.99
南丰县	5086	177.66	99.20	99.20	99.55	11.26	23.05	6.19	16.70
崇仁县	4895	194.10	99.24	99.24	98.57	10.53	59.59	11.36	38.22
乐安县	8167	165.11	98.61	98.61	98.86	8.66	16.65	8.03	15.91
宜黄县	4103	163.09	99.22	99.22	99.22	13.14	16.21	8.86	13.13
金溪县	4826	96.21	99.04	99.04	99.60	10.41	14.49	10.23	9.94
资溪县	1130	213.52	98.23	98.23	97.64	11.37	41.10	6.86	22.77
广昌县	5580	195.24	99.04	99.04	98.92	24.80	23.30	8.98	18.45
玉山县	1573	141.55	99.31	99.31	100.00	21.44	53.23	9.94	17.82
铅山县	4469	86.99	96.66	96.66	97.98	21.00	23.31	7.10	11.05
横峰县	5669	97.34	98.68	98.68	98.79	5.04	13.53	4.47	10.03
弋阳县	4887	128.26	96.99	96.99	92.59	12.18	31.47	13.50	21.12
余干县	7149	78.88	99.01	99.01	85.46	6.79	22.22	4.83	16.19
鄱阳县	7256	129.18	89.97	89.97	73.97	7.60	17.75	7.66	12.92
万年县	8145	126.86	95.17	95.17	94.98	18.15	21.49	9.93	15.92
婺源县	6919	86.30	99.28	99.28	99.10	26.88	20.28	6.72	13.78

continued

建成区排水管道密度(公里/平方公里) Density of Sewers in Built District (kilometer/square kilometer)	污水处理率(%) Wastewater Treatment Rate (%)	污水处理厂集中处理率 Centralized Treatment Rate of Wastewater Treatment Plants	人均公园绿地面积(平方米) Public Recreational Green Space Per Capita (m^2)	建成区绿化覆盖率(%) Green Coverage Rate of Built District (%)	建成区绿地率(%) Green Space Rate of Built District (%)	生活垃圾处理率(%) Domestic Garbage Treatment Rate (%)	生活垃圾无害化处理率 Domestic Garbage Harmless Treatment Rate	县名称 Name of Counties
14.86	95.00	95.00	14.98	44.03	41.93	100.00	100.00	宁都县
13.86	91.72	91.72	12.25	43.15	38.15	100.00	100.00	于都县
13.37	92.27	92.27	11.11	41.39	34.76	100.00	100.00	兴国县
14.52	92.55	92.55	17.29	46.63	41.05	100.00	100.00	会昌县
16.88	93.59	92.60	14.62	45.83	42.72	100.00	100.00	寻乌县
17.21	96.09	94.58	19.14	43.12	39.70	100.00	100.00	石城县
22.02	81.43	81.43	17.92	40.19	37.17	100.00	100.00	吉安县
15.71	93.94	93.94	21.63	43.08	38.60	100.00	100.00	吉水县
14.00	97.01	97.01	20.23	41.25	37.12	100.00	100.00	峡江县
0.54	95.76	95.76	10.58	40.79	37.75	100.00	100.00	新干县
13.90	99.81	50.79	15.19	43.75	40.64	100.00	100.00	永丰县
10.91	94.63	94.63	15.22	46.06	39.87	100.00	100.00	泰和县
12.34	95.12	82.23	13.75	46.00	41.83	100.00	100.00	遂川县
7.28	90.95	90.95	21.26	39.75	33.93	100.00	100.00	万安县
8.88	79.52	79.52	14.25	35.66	32.82	100.00	100.00	安福县
11.12	86.12	86.12	13.29	51.66	41.33	100.00	100.00	永新县
15.30	90.00	90.00	14.84	43.40	40.40	100.00	100.00	奉新县
14.16	90.69	90.69	15.19	41.03	36.68	100.00	100.00	万载县
16.21	91.42	91.42	15.02	40.55	37.47	100.00	100.00	上高县
9.40	94.00	94.00	17.83	42.68	39.65	100.00	100.00	宜丰县
22.39	91.50	91.50	16.30	45.02	40.74	100.00	100.00	靖安县
23.56	89.15	89.15	13.97	46.82	42.05	100.00	100.00	铜鼓县
11.09	95.83	95.83	15.64	46.16	42.41	100.00	100.00	南城县
14.99	91.00	91.00	14.74	47.65	38.50	100.00	100.00	黎川县
6.69	95.00	95.00	15.64	46.85	43.32	100.00	100.00	南丰县
14.15	95.48	95.48	16.98	44.42	42.66	100.00	100.00	崇仁县
13.46	94.06	94.06	16.72	45.46	41.51	100.00	100.00	乐安县
21.30	93.98	93.98	14.44	42.51	38.93	100.00	100.00	宜黄县
9.34	96.30	96.30	12.63	42.82	38.69	100.00	100.00	金溪县
9.40	95.10	95.10	15.35	43.22	39.48	100.00	100.00	资溪县
14.55	94.31	94.31	15.29	46.10	42.50	100.00	100.00	广昌县
12.68	89.05	89.05	22.83	46.55	43.17	100.00	100.00	玉山县
10.52	85.13	85.13	18.49	39.98	34.88	100.00	100.00	铅山县
16.66	90.02	90.02	20.91	45.28	43.38	100.00	100.00	横峰县
19.39	88.44	88.44	14.85	39.50	35.38	100.00	100.00	弋阳县
7.29	91.30	91.30	17.03	36.43	33.54	100.00	100.00	余干县
6.09	87.70	87.70	14.17	42.70	38.00	100.00	100.00	鄱阳县
14.83	96.30	96.30	23.08	47.92	51.24	100.00	100.00	万年县
13.41	85.95	85.95	15.22	54.17	49.70	100.00	100.00	婺源县

1-2 续表 15

县名称 Name of Counties	人口密度（人/平方公里）Population Density (person/square kilometer)	人均日生活用水量（升）Daily Water Consumption Per Capita (liter)	供水普及率（%）Water Coverage Rate (%)	公共供水普及率 Public Water Coverage Rate	燃气普及率（%）Gas Coverage Rate (%)	建成区供水管道密度（公里/平方公里）Density of Water Supply Pipelines in Built District (kilometer/square kilometer)	人均道路面积（平方米）Road Surface Area Per Capita (m^2)	建成区路网密度（公里/平方公里）Density of Road Network in Built District (kilometer/square kilometer)	建成区道路面积率（%）Surface Area of Roads Rate of Built District (%)
山　东	**1373**	**110.87**	**99.06**	**92.38**	**97.68**	**7.64**	**21.98**	**6.17**	**13.24**
平阴县	1493	96.26	100.00	100.00	100.00	7.73	14.02	3.76	8.45
商河县	732	134.91	100.00	100.00	100.00	13.33	29.33	5.14	11.86
桓台县	1708	276.70	100.00	100.00	100.00	9.19	27.30	7.74	17.02
高青县	1004	91.36	100.00	100.00	100.00	9.64	27.90	7.69	15.45
沂源县	982	98.21	100.00	100.00	100.00	7.42	34.33	7.66	16.31
利津县	636	153.65	100.00	100.00	99.53	6.99	33.86	5.01	11.79
广饶县	1257	93.47	100.00	100.00	99.88	5.66	22.88	4.21	10.64
临朐县	1200	146.12	100.00	98.68	96.59	7.53	23.37	6.11	16.46
昌乐县	962	104.26	100.00	94.07	100.00	7.35	22.25	5.07	12.10
微山县	1061	112.90	100.00	95.65	91.24	5.55	24.93	6.10	16.12
鱼台县	2013	158.63	100.00	96.27	97.87	6.79	26.64	6.70	16.41
金乡县	2807	104.48	100.00	100.00	98.65	18.18	23.44	7.15	17.17
嘉祥县	1774	130.11	100.00	99.57	99.94	4.68	20.53	8.20	14.48
汶上县	2246	104.10	100.00	100.00	99.02	10.95	15.54	6.05	9.20
泗水县	1375	88.57	100.00	99.18	99.18	9.23	16.93	7.12	12.33
梁山县	1716	102.97	100.00	97.21	97.87	8.40	19.95	6.40	12.78
宁阳县	2684	113.04	100.00	97.01	97.28	13.69	25.32	6.23	16.22
东平县	1415	83.13	100.00	93.21	100.00	10.45	24.21	7.98	13.75
五莲县	770	102.41	100.00	100.00	97.78	9.04	25.92	4.76	11.45
莒　县	2913	137.05	98.11	98.11	98.49	6.21	22.02	5.78	11.85
沂南县	1604	135.51	100.00	95.48	99.83	5.95	24.93	5.75	11.80
郯城县	1227	136.20	100.00	83.10	98.70	7.01	21.13	7.81	15.90
沂水县	978	92.70	100.00	79.99	100.00	7.11	18.30	11.15	13.44
兰陵县	1599	125.25	100.00	95.03	97.95	6.40	15.04	8.13	10.52
费　县	971	87.29	100.00	87.18	100.00	9.86	12.14	6.02	8.54
平邑县	1380	102.34	100.00	81.98	93.69	9.00	16.42	9.19	13.72
莒南县	998	129.78	100.00	97.10	98.37	10.78	23.20	5.21	8.92
蒙阴县	624	157.69	100.00	83.99	99.12	5.06	14.80	5.57	9.78
临沭县	1136	127.16	100.00	95.05	99.12	7.16	12.44	4.08	8.42
宁津县	2841	67.49	99.58	98.15	95.47	9.90	14.47	5.58	12.07
庆云县	3448	67.34	100.00	100.00	100.00	4.06	18.75	6.00	8.35
临邑县	2763	60.49	92.97	88.72	99.54	6.55	25.24	7.60	21.36
齐河县	656	113.17	98.66	97.57	99.05	4.56	30.63	7.35	14.24
平原县	2386	116.55	96.80	96.80	96.74	13.57	26.30	4.89	12.02

continued

建成区排水管道密度(公里/平方公里) Density of Sewers in Built District (kilometer/square kilometer)	污水处理率(%) Wastewater Treatment Rate (%)	污水处理厂集中处理率 Centralized Treatment Rate of Wastewater Treatment Plants	人均公园绿地面积(平方米) Public Recreational Green Space Per Capita (m^2)	建成区绿化覆盖率(%) Green Coverage Rate of Built District (%)	建成区绿地率(%) Green Space Rate of Built District (%)	生活垃圾处理率(%) Domestic Garbage Treatment Rate (%)	生活垃圾无害化处理率 Domestic Garbage Harmless Treatment Rate	县名称 Name of Counties
9.74	**97.75**	**97.75**	**16.26**	**40.05**	**35.80**	**100.00**	**100.00**	**山　东**
6.50	98.00	98.00	14.32	37.10	33.39	100.00	100.00	平阴县
8.13	98.48	98.48	23.38	39.12	36.12	100.00	100.00	商河县
9.55	98.30	98.30	26.39	39.71	36.29	100.00	100.00	桓台县
14.39	98.31	98.31	21.93	46.19	41.41	100.00	100.00	高青县
9.28	98.23	98.23	20.11	40.07	35.26	100.00	100.00	沂源县
14.15	97.82	97.82	24.85	39.13	34.38	100.00	100.00	利津县
7.90	98.51	98.51	17.50	44.98	40.65	100.00	100.00	广饶县
9.05	98.45	98.45	19.71	40.22	36.77	100.00	100.00	临朐县
9.76	98.49	98.49	15.89	40.98	38.01	100.00	100.00	昌乐县
9.91	97.52	97.52	16.03	39.77	34.00	100.00	100.00	微山县
5.91	98.13	98.13	12.36	37.96	33.49	100.00	100.00	鱼台县
12.87	97.53	97.53	16.85	38.23	35.13	100.00	100.00	金乡县
13.17	97.63	97.63	16.31	38.41	33.67	100.00	100.00	嘉祥县
7.07	97.50	97.50	20.16	36.62	32.48	100.00	100.00	汶上县
14.88	97.52	97.52	19.92	40.58	35.55	100.00	100.00	泗水县
13.33	97.52	97.52	25.28	36.48	33.43	100.00	100.00	梁山县
12.01	97.25	97.25	14.24	39.81	35.79	100.00	100.00	宁阳县
7.88	97.27	97.27	19.04	40.34	38.98	100.00	100.00	东平县
19.59	97.36	97.36	17.30	38.56	34.64	100.00	100.00	五莲县
11.22	97.64	97.64	19.89	42.80	39.16	100.00	100.00	莒　县
11.59	97.10	97.10	18.13	44.12	39.72	100.00	100.00	沂南县
9.62	97.19	97.19	16.31	42.00	35.17	100.00	100.00	郯城县
8.95	98.00	98.00	16.35	43.04	38.77	100.00	100.00	沂水县
5.29	98.06	98.06	13.68	39.11	35.15	100.00	100.00	兰陵县
6.26	97.99	97.99	15.82	42.11	36.33	100.00	100.00	费　县
11.92	95.01	95.01	14.52	42.50	37.55	100.00	100.00	平邑县
7.86	97.98	97.98	19.40	38.26	35.21	100.00	100.00	莒南县
8.39	97.10	97.10	17.68	40.67	37.61	100.00	100.00	蒙阴县
12.24	97.42	97.42	12.77	44.26	40.31	100.00	100.00	临沭县
13.28	98.02	98.02	13.73	39.75	35.41	100.00	100.00	宁津县
7.28	98.38	98.38	15.20	36.48	31.61	100.00	100.00	庆云县
6.33	98.03	98.03	12.15	37.17	32.15	100.00	100.00	临邑县
6.48	98.01	98.01	11.53	41.58	36.86	100.00	100.00	齐河县
9.29	98.50	98.50	15.00	36.84	31.85	100.00	100.00	平原县

1-2 续表 16

县名称 Name of Counties	人口密度（人/平方公里） Population Density (person/square kilometer)	人均日生活用水量（升） Daily Water Consumption Per Capita (liter)	供水普及率（%） Water Coverage Rate (%)	公共供水普及率 Public Water Coverage Rate	燃气普及率（%） Gas Coverage Rate (%)	建成区供水管道密度（公里/平方公里） Density of Water Supply Pipelines in Built District (kilometer/square kilometer)	人均道路面积（平方米） Road Surface Area Per Capita (m^2)	建成区路网密度（公里/平方公里） Density of Road Network in Built District (kilometer/square kilometer)	建成区道路面积率（%） Surface Area of Roads Rate of Built District (%)
夏津县	1780	82.82	95.24	95.24	97.76	7.24	29.67	6.46	23.01
武城县	1407	107.15	98.35	79.76	97.30	11.37	26.46	7.28	15.34
阳谷县	1026	217.52	100.00	81.54	100.00	10.86	21.24	4.20	10.77
莘　县	1229	75.68	100.00	88.34	92.32	7.10	25.15	10.26	19.44
东阿县	1027	101.51	100.00	100.00	97.03	6.04	20.00	5.54	11.02
冠　县	1104	81.25	100.00	97.30	100.00	5.68	30.52	3.66	10.23
高唐县	1192	93.97	100.00	100.00	94.89	5.34	24.20	3.51	11.49
惠民县	3363	91.62	100.00	100.00	100.00	3.63	11.91	3.12	7.09
阳信县	1143	115.24	100.00	100.00	100.00	6.67	47.29	8.09	22.20
无棣县	983	125.69	100.00	100.00	100.00	6.81	39.55	4.80	13.34
博兴县	1727	101.90	100.00	100.00	100.00	2.71	21.90	4.65	10.64
曹　县	2359	124.72	98.57	81.79	94.57	7.44	16.53	5.75	12.39
单　县	1984	173.23	98.00	80.00	84.00	10.86	26.76	7.11	21.94
成武县	1515	71.22	90.18	90.18	97.58	4.94	27.80	10.11	21.05
巨野县	2479	73.09	99.89	99.78	99.74	4.24	18.37	3.76	11.40
郓城县	2400	66.25	94.82	80.30	93.84	8.12	20.21	5.57	15.88
鄄城县	2426	100.80	97.31	53.22	94.81	3.64	17.78	3.29	8.52
东明县	1473	125.01	98.20	90.72	98.09	6.53	23.00	5.86	15.01
河　南	**2646**	**112.10**	**93.01**	**88.51**	**85.43**	**7.52**	**18.50**	**5.79**	**13.33**
中牟县	4410	166.48	100.00	91.16	100.00	7.26	28.91	6.63	15.28
杞　县	2741	142.94	99.56	72.88	99.03	5.46	27.17	7.26	18.35
通许县	2141	144.66	99.49	91.37	97.46	6.13	21.99	4.85	10.96
尉氏县	5671	101.51	99.88	54.06	99.42	7.49	23.36	5.01	14.13
兰考县	2358	77.15	100.00	93.71	98.98	10.35	24.93	7.27	12.39
孟津县	3110	124.38	90.83	90.83	97.28	12.90	18.96	6.66	15.68
新安县	2356	128.04	93.11	83.33	100.00	4.72	12.21	4.07	7.41
栾川县	691	123.10	89.52	87.08		17.41	11.64	6.92	12.67
嵩　县	1118	155.95	93.88	93.88	98.94	3.19	15.92	5.49	15.40
汝阳县	1030	161.20	100.00	100.00	99.07	13.45	19.45	7.20	15.95
宜阳县	1517	114.19	98.68	93.80	83.41	11.42	20.60	6.14	14.81
洛宁县	1890	91.43	97.56	96.07	77.19	3.42	15.25	4.69	9.54
伊川县	2538	108.98	67.62	67.17	70.31	5.78	9.79	2.94	8.62
宝丰县	7070	146.03	91.04	91.04	71.89	3.86	10.06	2.46	6.73
叶　县	1810	98.32	87.96	87.96	87.96	2.66	26.42	3.59	10.86
鲁山县	7604	99.56	97.04	92.99	92.99	4.01	9.97	4.08	8.08
郏　县	4152	129.56	94.82	90.15	75.40	9.96	21.26	5.24	12.02
安阳县									

continued

建成区排水管道密度(公里/平方公里) Density of Sewers in Built District (kilometer/square kilometer)	污水处理率(%) Wastewater Treatment Rate (%)	污水处理厂集中处理率 Centralized Treatment Rate of Wastewater Treatment Plants	人均公园绿地面积(平方米) Public Recreational Green Space Per Capita (m^2)	建成区绿化覆盖率(%) Green Coverage Rate of Built District (%)	建成区绿地率(%) Green Space Rate of Built District (%)	生活垃圾处理率(%) Domestic Garbage Treatment Rate (%)	生活垃圾无害化处理率 Domestic Garbage Harmless Treatment Rate	县名称 Name of Counties
6.24	98.44	98.44	11.00	38.79	34.03	100.00	100.00	夏津县
10.76	98.07	98.07	13.74	38.04	33.22	100.00	100.00	武城县
8.66	97.96	97.96	18.42	38.00	33.67	100.00	100.00	阳谷县
9.91	98.00	98.00	14.99	40.85	36.52	100.00	100.00	莘　县
9.40	98.10	98.10	13.80	40.84	36.29	100.00	100.00	东阿县
10.01	96.77	96.77	14.30	37.82	32.59	100.00	100.00	冠　县
8.67	97.02	97.02	11.72	41.82	34.69	100.00	100.00	高唐县
8.44	98.52	98.52	14.38	39.96	38.32	100.00	100.00	惠民县
12.14	98.05	98.05	14.73	39.21	34.45	100.00	100.00	阳信县
9.79	98.00	98.00	15.98	36.61	32.32	100.00	100.00	无棣县
5.24	98.50	98.50	13.98	41.19	38.27	100.00	100.00	博兴县
10.32	97.50	97.50	16.23	40.37	35.78	100.00	100.00	曹　县
17.67	98.18	98.18	13.22	42.51	40.08	100.00	100.00	单　县
15.02	96.08	96.08	19.48	37.43	32.09	100.00	100.00	成武县
9.47	97.36	97.36	14.93	39.96	35.00	100.00	100.00	巨野县
11.31	97.13	97.13	15.67	39.50	34.73	100.00	100.00	郓城县
10.30	96.58	96.58	14.87	38.88	33.72	100.00	100.00	鄄城县
7.97	97.44	97.44	22.48	38.65	35.22	100.00	100.00	东明县
9.25	**97.01**	**97.01**	**11.69**	**35.78**	**31.22**	**99.21**	**94.77**	**河　南**
12.41	98.56	98.56	17.27	39.97	38.50	100.00	100.00	中牟县
10.79	91.17	91.17	5.86	24.09	21.06	100.00	100.00	杞　县
10.27	91.52	91.52	5.92	15.74	7.44	100.00	100.00	通许县
12.40	95.30	95.30	9.31	37.55	30.37	100.00	100.00	尉氏县
9.88	95.34	95.34	16.78	39.58	36.57	100.00	100.00	兰考县
6.27	100.00	100.00	9.67	34.69	31.52	100.00	100.00	孟津县
3.28	96.93	96.93	12.25	39.56	34.86	99.89	99.89	新安县
6.93	99.73	99.73	11.85	44.27	37.45	84.16	84.16	栾川县
9.24	100.00	100.00	12.45	39.99	33.72	100.00	100.00	嵩　县
7.70	98.63	98.63	12.68	43.47	37.35	100.00	100.00	汝阳县
4.76	98.45	98.45	14.05	45.08	38.01	100.00	100.00	宜阳县
4.28	98.09	98.09	14.59	41.54	37.04	99.60	99.60	洛宁县
10.66	99.39	99.39	14.68	38.31	34.89	100.00	100.00	伊川县
6.36	98.58	98.58	13.68	49.40	44.06	100.00	100.00	宝丰县
6.88	100.00	100.00	8.93	36.16	31.36	100.00	100.00	叶　县
5.07	99.83	99.83	11.35	38.87	34.42	100.00	100.00	鲁山县
14.16	98.83	98.83	9.80	36.84	32.06	100.00	100.00	郏　县
								安阳县

1-2 续表 17

县名称 Name of Counties	人口密度 Population Density (人/平方公里) (person/square kilometer)	人均日生活用水量 Daily Water Consumption Per Capita (升) (liter)	供水普及率 Water Coverage Rate (%) (%)	公共供水普及率 Public Water Coverage Rate	燃气普及率 Gas Coverage Rate (%) (%)	建成区供水管道密度 Density of Water Supply Pipelines in Built District (公里/平方公里) (kilometer/square kilometer)	人均道路面积 Road Surface Area Per Capita (平方米) (m^2)	建成区路网密度 Density of Road Network in Built District (公里/平方公里) (kilometer/square kilometer)	建成区道路面积率 Surface Area of Roads Rate of Built District (%) (%)
汤阴县	6453	121.85	98.49	91.34	90.63	7.52	32.38	8.51	22.91
滑　县	1789	117.28	100.00	100.00	99.22	10.08	24.39	7.08	16.31
内黄县	1002	151.95	100.00	89.68	97.70	5.03	26.95	7.92	17.49
浚　县	1320	99.91	90.16	90.16	96.27	8.13	12.75	5.55	12.97
淇　县	1721	98.12	95.34	95.34	97.79	4.60	17.80	5.22	12.70
新乡县	2816	133.20	54.12	36.90	66.84	7.61	15.06	2.78	7.38
获嘉县	4700	148.40	95.33	92.07	95.61	13.33	20.24	8.27	16.62
原阳县	5404	205.94	87.33	76.65	81.92	25.40	15.28	3.76	7.52
延津县	4204	90.47	95.14	95.14	87.51	5.77	25.58	5.32	14.40
封丘县	5346	131.79	98.67	98.67	83.48	9.57	21.12	4.79	12.81
修武县	4813	159.05	98.61	94.18	93.91	13.11	34.57	11.15	24.60
博爱县	3784	132.51	96.14	96.14	92.86	5.65	17.68	3.79	9.05
武陟县	2891	75.78	95.12	95.12	94.56	5.88	13.84	7.39	13.82
温　县	2260	118.95	98.68	93.05	95.51	8.32	22.10	6.95	16.18
清丰县	5411	99.57	95.58	93.08	92.80	8.30	21.66	6.35	15.57
南乐县	3224	98.12	95.21	95.21	96.25	9.35	25.65	6.04	17.69
范　县	6203	122.37	99.86	95.37	99.86	10.29	22.59	8.16	19.71
台前县	4342	140.50	97.41	93.67	55.84	6.41	21.99	9.06	20.76
濮阳县	5307	126.36	98.93	94.22	99.56	11.36	24.49	8.35	15.43
鄢陵县	1566	95.50	99.49	99.49	96.55	4.66	24.02	4.00	10.07
襄城县	1673	76.16	99.75	74.54	81.41	5.57	29.28	4.74	13.49
舞阳县	3547	193.39	98.99	92.81	99.07	5.91	17.59	5.77	10.17
临颍县	3975	85.12	98.52	98.47	98.33	5.50	23.46	7.43	14.31
渑池县	3633	84.25	97.58	91.91	84.32	4.89	14.60	4.89	10.77
卢氏县	5628	85.59	99.88	97.30	82.60	6.48	23.67	4.97	14.04
南召县	3657	119.98	94.71	93.89	97.99	11.59	25.91	7.03	13.95
方城县	10038	99.88	97.92	96.23	93.21	17.65	15.46	8.22	17.22
西峡县	1609	85.24	99.71	96.99	89.22	13.30	20.18	7.74	21.98
镇平县	1585	112.31	96.32	94.16	87.50	9.04	28.81	6.11	17.79
内乡县	5867	89.29	97.10	81.25	99.77	10.69	20.22	4.88	12.88
淅川县	719	104.17	99.86	93.32	67.44	9.98	8.04	4.87	10.69
社旗县	4145	89.40	98.23	96.26	94.48	7.47	19.02	9.72	17.16
唐河县	4203	145.94	98.08	98.00	89.24	7.91	24.16	7.00	20.02
新野县	6667	115.49	92.40	90.50	92.00	4.32	17.71	5.37	14.13
桐柏县	967	114.67	85.76	81.06	62.95	10.70	19.99	7.70	16.53
民权县	4494	147.62	93.71	91.93	94.91	5.54	25.14	5.56	12.86
睢　县	7416	136.25	98.87	90.24	69.26	9.49	17.31	3.60	11.20

continued

建成区排水管道密度(公里/平方公里) Density of Sewers in Built District (kilometer/ square kilometer)	污水处理率(%) Wastewater Treatment Rate (%)	污水处理厂集中处理率 Centralized Treatment Rate of Wastewater Treatment Plants	人均公园绿地面积(平方米) Public Recreational Green Space Per Capita (m^2)	建成区绿化覆盖率(%) Green Coverage Rate of Built District (%)	建成区绿地率(%) Green Space Rate of Built District (%)	生活垃圾处理率(%) Domestic Garbage Treatment Rate (%)	生活垃圾无害化处理率 Domestic Garbage Harmless Treatment Rate	县名称 Name of Counties
18.90	97.59	97.59	6.06	19.46	16.70	100.00	100.00	汤阴县
11.83	96.61	96.61	14.52	41.57	40.28	100.00	100.00	滑　县
12.46	96.35	96.35	10.83	37.26	32.32	100.00	100.00	内黄县
8.23	97.94	97.94	10.92	39.13	35.17	100.00	100.00	浚　县
8.77	99.78	99.78	12.28	39.22	33.20	100.00	100.00	淇　县
4.90	95.21	95.21	7.34	20.63	16.45	100.00	100.00	新乡县
8.40	94.17	94.17	8.59	36.24	31.43	93.75	93.75	获嘉县
9.07	97.37	97.37	2.21	15.03	12.00	100.00	100.00	原阳县
13.36	98.46	98.46	6.30	33.88	23.98	100.00	100.00	延津县
8.54	98.00	98.00	8.66	36.87	33.39	100.00	100.00	封丘县
25.04	94.87	94.87	18.14	44.20	39.70	100.00	100.00	修武县
6.85	95.69	95.69	12.25	43.71	37.43	100.00	100.00	博爱县
8.86	99.90	99.90	9.30	39.52	34.64	100.00	100.00	武陟县
13.18	94.68	94.68	16.28	40.36	35.74	99.99	99.99	温　县
8.88	99.71	99.71	9.66	38.96	34.39	100.00	100.00	清丰县
11.22	98.44	98.44	10.56	40.27	35.41	96.75	96.75	南乐县
18.95	96.74	96.74	10.31	40.32	36.13	97.06	97.06	范　县
18.31	99.86	99.86	11.01	40.07	36.26	95.30	95.30	台前县
16.97	98.88	98.88	12.39	40.25	34.03	100.00	100.00	濮阳县
5.39	99.30	99.30	14.51	39.31	34.44	100.00	100.00	鄢陵县
7.50	97.00	97.00	11.73	39.91	33.12	100.00	100.00	襄城县
8.79	84.79	84.79	10.67	40.95	34.69	100.00	100.00	舞阳县
6.71	99.87	99.87	9.53	30.69	31.03	100.00	100.00	临颍县
3.51	98.00	98.00	13.52	39.37	34.09	99.99	99.99	渑池县
7.88	98.33	98.33	10.86	37.56	33.53	100.00	100.00	卢氏县
20.12	99.43	99.43	21.22	40.47	35.61	100.00	100.00	南召县
20.71	98.00	98.00	10.91	40.57	35.87	100.00	100.00	方城县
15.94	99.12	99.12	14.98	44.60	39.78	100.00	100.00	西峡县
14.65	97.26	97.26	13.03	39.50	35.14	100.00	100.00	镇平县
9.20	92.80	92.80	12.80	39.54	34.70	100.00	100.00	内乡县
8.93	98.31	98.31	19.82	39.89	36.36	96.85	96.85	淅川县
12.59	92.23	92.23	12.22	40.61	36.04	95.38	95.38	社旗县
11.77	96.65	96.65	12.26	39.88	36.07	97.84	97.84	唐河县
10.34	96.01	96.01	10.99	40.15	35.16	98.40	98.40	新野县
10.68	98.36	98.36	12.55	43.37	39.52	100.00	100.00	桐柏县
8.17	98.91	98.91	15.24	39.29	34.63	98.32	98.32	民权县
3.23	99.42	99.42	15.76	44.54	41.82	99.80	99.80	睢　县

1-2 续表 18

县名称 Name of Counties	人口密度（人/平方公里）Population Density (person/square kilometer)	人均日生活用水量（升）Daily Water Consumption Per Capita (liter)	供水普及率（%）Water Coverage Rate (%)	公共供水普及率 Public Water Coverage Rate	燃气普及率（%）Gas Coverage Rate (%)	建成区供水管道密度（公里/平方公里）Density of Water Supply Pipelines in Built District (kilometer/square kilometer)	人均道路面积（平方米）Road Surface Area Per Capita (m^2)	建成区路网密度（公里/平方公里）Density of Road Network in Built District (kilometer/square kilometer)	建成区道路面积率（%）Surface Area of Roads Rate of Built District (%)
宁陵县	7952	152.19	86.73	67.65	62.53	6.09	19.81	1.86	12.59
柘城县	3601	81.72	96.69	92.72	62.56	4.25	10.84	3.93	7.99
虞城县	5884	130.59	88.69	79.66	91.87	4.35	14.89	3.70	9.79
夏邑县	2803	90.20	89.81	88.94	78.37	3.36	18.38	4.52	11.18
罗山县	1521	123.60	75.31	75.31	66.54	2.59	10.60	3.49	8.60
光山县	8886	158.84	88.79	88.79	86.06	11.12	5.84	2.51	4.76
新　县	2987	157.08	99.83	99.83	96.61	3.88	14.61	4.43	8.69
商城县	6539	75.20	89.63	88.30	83.64	7.80	12.05	3.63	5.77
固始县	3015	128.55	97.30	94.84	99.75	6.82	14.51	7.44	13.57
潢川县	3371	65.42	99.08	98.57	98.18	5.30	10.48	2.60	6.86
淮滨县	2156	95.33	97.08	91.50	88.18	3.74	29.55	7.65	19.13
息　县	1699	104.00	99.10	86.66	98.02	8.65	13.15	3.82	9.68
扶沟县	1460	120.91	99.55	98.00	95.01	5.77	35.12	6.85	16.06
西华县	4605	127.96	81.91	75.57	97.48	6.30	18.64	6.03	13.13
商水县	10737	53.35	76.37	76.37	48.15	9.20	7.37	4.63	6.38
沈丘县	7907	75.73	98.64	98.64	50.98	22.68	11.03	7.43	12.95
郸城县	8104	145.71	17.20	16.67	15.65	3.56	18.33	5.98	14.18
淮阳县	7077	112.99	98.02	75.82	98.22	11.26	20.94	6.85	15.16
太康县	2529	88.83	93.83	86.40	97.63	10.62	14.54	5.42	12.52
鹿邑县	3379	93.53	97.01	93.25	91.47	3.88	23.54	7.84	19.11
西平县	3577	87.53	94.96	91.13	98.27	5.23	17.65	4.30	9.73
上蔡县	1908	128.67	95.52	90.52	86.04	2.04	21.18	4.47	14.77
平舆县	2212	65.66	99.52	93.96	89.30	4.51	18.28	7.89	15.84
正阳县	2056	172.26	99.46	98.38	94.43	4.32	18.64	4.29	11.82
确山县	919	186.28	90.11	90.11	85.05	6.17	37.19	9.03	21.75
泌阳县	2772	197.35	100.00	97.61	85.98	8.10	21.97	6.63	19.38
汝南县	4376	117.45	97.66	91.40	75.06	5.55	15.42	8.00	9.06
遂平县	2251	62.98	95.26	95.26	95.93	4.52	16.53	6.64	13.85
新蔡县	3616	69.79	100.00	100.00	97.02	7.86	24.11	7.23	21.08
湖　北	**3087**	**143.96**	**96.28**	**95.59**	**94.11**	**11.38**	**18.39**	**6.70**	**13.83**
阳新县	1745	125.17	100.00	100.00	97.30	5.73	16.32	6.96	8.56
郧西县	3950	169.95	98.99	98.99	98.99	9.85	12.06	9.78	18.46
竹山县	1039	121.99	99.61	99.61	69.97	14.00	8.98	4.49	7.11
竹溪县	2550	179.91	100.00	97.00	87.11	26.75	11.67	6.84	9.82
房　县	3300	128.74	93.48	93.48	99.77	5.61	12.06	5.73	9.36
远安县	659	194.36	97.80	97.80	98.20	23.42	25.84	9.14	12.69
兴山县	10889	133.54	95.92	84.08	98.78	13.09	13.44	9.15	8.23

continued

建成区排水管道密度（公里/平方公里） Density of Sewers in Built District (kilometer/ square kilometer)	污水处理率(%) Wastewater Treatment Rate (%)	污水处理厂集中处理率 Centralized Treatment Rate of Wastewater Treatment Plants	人均公园绿地面积（平方米） Public Recreational Green Space Per Capita (m^2)	建成区绿化覆盖率(%) Green Coverage Rate of Built District (%)	建成区绿地率(%) Green Space Rate of Built District (%)	生活垃圾处理率(%) Domestic Garbage Treatment Rate (%)	生活垃圾无害化处理率 Domestic Garbage Harmless Treatment Rate	县名称 Name of Counties
7.55	98.28	98.28	5.12	10.01	6.14	88.52	88.52	宁陵县
8.66	92.83	92.83	10.42	40.11	35.89	97.66	97.66	柘城县
9.10	100.00	100.00	14.76	38.42	33.57	100.00	100.00	虞城县
2.34	99.72	99.72	14.24	43.78	37.87	100.00	100.00	夏邑县
3.77	88.35	88.35	4.44	12.39	8.19	100.00	100.00	罗山县
7.52	94.22	94.22	10.43	4.70	2.66	100.00	100.00	光山县
6.74	92.60	92.60	12.09	38.81	34.11	100.00	100.00	新　县
5.01	92.92	92.92	2.63	7.54	4.31	95.85	95.85	商城县
9.27	97.59	97.59	13.14	44.97	39.86	100.00	100.00	固始县
3.38	95.75	95.75	1.59	8.78	4.88	98.51	98.51	潢川县
11.44	98.58	98.58	9.90	39.59	34.49	100.00	100.00	淮滨县
8.77	92.03	92.03	11.67	38.13	33.03	99.19	99.19	息　县
3.94	99.30	99.30	9.55	39.25	34.02	98.07		扶沟县
13.11	98.02	98.02	2.12	6.40	4.41	100.00	62.87	西华县
2.72	99.64	99.64	2.63	5.54	4.93	99.99		商水县
11.85	90.00	90.00	9.27	31.52	22.93	100.00	100.00	沈丘县
0.80	96.15	96.15	10.89	40.73	35.91	95.01	95.01	郸城县
12.33	98.18	98.18	14.33	24.59	17.30	100.00	100.00	淮阳县
8.08	98.80	98.80	17.59	37.52	35.63	100.00	50.41	太康县
12.27	99.27	99.27	11.24	41.31	36.47	99.99	99.99	鹿邑县
12.85	99.19	99.19	9.07	41.64	36.53	100.00	100.00	西平县
4.48	97.18	97.18	14.21	39.04	35.45	100.00	100.00	上蔡县
14.30	98.71	98.71	13.79	41.52	35.25	100.00	100.00	平舆县
5.10	97.18	97.18	11.35	38.00	33.09	95.09	95.09	正阳县
7.36	97.93	97.93	15.27	44.12	36.04	100.00	100.00	确山县
8.37	96.00	96.00	16.15	41.05	35.37	100.00	100.00	泌阳县
12.65	98.90	98.90	20.26	42.45	39.91	99.97	99.97	汝南县
5.86	96.68	96.68	13.19	41.83	35.88	98.84	98.84	遂平县
16.65	99.98	99.98	16.97	41.98	36.56	100.00	100.00	新蔡县
8.83	**93.53**	**93.53**	**12.25**	**37.69**	**32.77**	**100.00**	**100.00**	**湖　北**
4.94	100.00	100.00	14.43	37.51	32.93	100.00	100.00	阳新县
17.23	94.06	94.06	11.48	43.24	37.72	100.00	100.00	郧西县
9.55	94.61	94.61	12.83	39.11	35.73	100.00	100.00	竹山县
1.40	94.50	94.50	14.02	38.55	36.86	100.00	100.00	竹溪县
4.40	94.09	94.09	10.81	47.60	40.20	100.00	100.00	房　县
14.04	100.00	100.00	14.22	41.26	35.86	100.00	100.00	远安县
16.68	96.13	96.13	11.82	41.96	40.27	100.00	100.00	兴山县

1-2 续表 19

县名称 Name of Counties	人口密度(人/平方公里) Population Density (person/square kilometer)	人均日生活用水量(升) Daily Water Consumption Per Capita (liter)	供水普及率(%) Water Coverage Rate (%)	公共供水普及率 Public Water Coverage Rate	燃气普及率(%) Gas Coverage Rate (%)	建成区供水管道密度(公里/平方公里) Density of Water Supply Pipelines in Built District (kilometer/square kilometer)	人均道路面积(平方米) Road Surface Area Per Capita (m^2)	建成区路网密度(公里/平方公里) Density of Road Network in Built District (kilometer/square kilometer)	建成区道路面积率(%) Surface Area of Roads Rate of Built District (%)
秭归县	10833	138.01	99.23	99.23	97.69	16.77	12.71	8.77	13.77
长阳土家族自治县	4770	141.51	90.78	90.78	100.00	13.52	9.02	5.07	8.88
五峰土家族自治县	5787	125.62	99.76	99.76	99.53	12.08	14.96	8.62	10.02
南漳县	5692	176.10	99.86	99.86	98.92	16.05	12.94	4.48	10.94
谷城县	2586	109.43	100.00	98.84	100.00	7.85	24.66	8.50	17.08
保康县	3721	178.90	96.72	86.88	88.13	8.44	6.31	6.58	5.05
沙洋县	2837	141.47	99.23	99.23	99.23	11.85	24.47	6.75	15.96
孝昌县	5875	171.06	94.31	94.31	94.15	11.80	13.33	6.01	11.90
大悟县	4397	200.95	93.82	93.82	99.50	8.46	24.35	5.84	12.89
云梦县	10667	177.77	100.00	100.00	99.32	12.91	13.31	6.79	13.21
公安县	7956	85.58	98.75	98.75	62.34	9.05	11.31	4.92	9.29
江陵县	5099	203.46	89.92	89.92	90.70	19.73	19.48	7.29	12.94
团风县	1849	218.84	97.36	97.36	88.22	7.91	26.33	8.94	19.92
红安县	6260	192.99	84.66	79.87	88.71	12.91	16.48	4.42	14.18
罗田县	4473	157.39	76.69	76.69	83.67	10.88	41.43	12.37	30.03
英山县	2373	96.69	83.54	83.54	95.57		37.52	8.81	22.60
浠水县	2440	145.36	99.95	99.95	99.64	9.10	17.74	7.65	18.56
蕲春县	2676	85.49	92.84	92.84	98.59	9.11	25.07	7.17	19.37
黄梅县	1757	151.78	100.00	100.00	98.13	10.71	44.68	6.63	24.46
嘉鱼县	4166	168.42	100.00	100.00	99.18	11.57	17.65	5.33	12.25
通城县	6498	121.30	99.41	96.22	98.87	6.72	13.72	5.66	6.35
崇阳县	3383	165.71	99.61	99.61	95.76	6.31	16.99	4.26	12.02
通山县	5223	129.84	99.81	99.81	98.09	29.04	14.34	5.98	11.97
随　县	3740	160.45	86.96	86.96	85.87	20.03	28.16	5.61	16.27
建始县	1566	114.27	100.00	100.00	91.86	16.51	14.90	5.23	11.20
巴东县	4625	112.20	98.65	98.65	98.65	13.26	14.17	11.34	12.46
咸丰县	1328	94.64	98.70	98.70	96.96	7.77	14.54	5.62	12.51
来凤县	4450	156.65	100.00	100.00	94.26	10.90	17.48	5.59	9.34
鹤峰县	5313	98.38	97.06	97.06	91.91	9.37	8.49	5.65	8.20
宣恩县	8274	158.31	100.00	100.00	98.51	16.73	8.40	5.94	7.79
神农架林区	783	151.93	98.15	98.15	96.00	6.08	16.00	8.10	11.90
湖　南	**3857**	**148.37**	**96.70**	**95.72**	**90.32**	**15.02**	**14.36**	**6.63**	**12.03**
长沙县	5203	279.56	100.00	100.00	98.66	10.45	23.65	7.12	15.74
望城区	2859	114.27	100.00	100.00	86.23	3.07	17.48	5.98	11.24
攸　县	2483	145.85	100.00	100.00	100.00	23.76	22.12	8.38	15.16

continued

建成区排水管道密度(公里/平方公里) Density of Sewers in Built District (kilometer/square kilometer)	污水处理率(%) Wastewater Treatment Rate (%)	污水处理厂集中处理率 Centralized Treatment Rate of Wastewater Treatment Plants	人均公园绿地面积(平方米) Public Recreational Green Space Per Capita (m^2)	建成区绿化覆盖率(%) Green Coverage Rate of Built District (%)	建成区绿地率(%) Green Space Rate of Built District (%)	生活垃圾处理率(%) Domestic Garbage Treatment Rate (%)	生活垃圾无害化处理率 Domestic Garbage Harmless Treatment Rate	县名称 Name of Counties
16.42	98.34	98.34	13.08	40.54	36.33	100.00	100.00	秭归县
5.78	86.21	86.21	9.60	36.04	31.85	100.00	100.00	长阳土家族自治县
9.46	99.82	99.82	10.17	39.25	34.89	100.00	100.00	五峰土家族自治县
9.33	91.18	91.18	15.24	37.00	32.60	100.00	100.00	南漳县
12.53	90.30	90.30	9.54	38.56	33.98	100.00	100.00	谷城县
12.82	93.00	93.00	16.04	40.52	35.56	100.00	100.00	保康县
11.17	92.66	92.66	10.88	39.81	35.04	100.00	100.00	沙洋县
11.06	93.31	93.31	7.87	35.24	30.63	100.00	100.00	孝昌县
6.35	95.25	95.25	11.72	36.80	28.26	100.00	100.00	大悟县
6.06	100.00	100.00	8.75	39.88	38.30	100.00	100.00	云梦县
5.66	90.65	90.65	11.16	38.10	33.11	100.00	100.00	公安县
14.90	100.00	100.00	17.47	38.51	33.62	100.00	100.00	江陵县
10.82	85.07	85.07	9.50	35.78	32.03	100.00	100.00	团风县
11.04	91.72	91.72	8.90	35.38	21.97	100.00	100.00	红安县
9.51	87.12	87.12	12.38	28.36	23.60	100.00	100.00	罗田县
9.39	94.32	94.32	14.63	24.63	24.58	100.00	100.00	英山县
10.54	90.75	90.75	12.50	36.45	27.19	100.00	100.00	浠水县
4.40	80.93	80.93	11.25	30.34	25.52	100.00	100.00	蕲春县
6.52	93.04	93.04	8.30	36.90	31.90	100.00	100.00	黄梅县
11.39	96.92	96.92	14.43	39.95	34.91	100.00	100.00	嘉鱼县
7.98	97.07	97.07	13.14	36.60	34.71	100.00	100.00	通城县
5.02	90.06	90.06	9.78	39.60	34.80	100.00	100.00	崇阳县
5.53	95.60	95.60	10.66	38.30	34.41	100.00	100.00	通山县
14.51	98.82	98.82	16.78	36.95	31.56	100.00	100.00	随　县
10.69	95.49	95.49	15.17	41.96	38.90	100.00	100.00	建始县
10.00	95.00	95.00	19.23	43.76	38.92	100.00	100.00	巴东县
16.07	91.88	91.88	19.60	43.82	38.90	100.00	100.00	咸丰县
7.68	96.23	96.23	17.41	44.83	38.92	100.00	100.00	来凤县
7.30	95.25	95.25	19.26	41.93	38.93	100.00	100.00	鹤峰县
7.48	95.47	95.47	17.04	42.23	38.96	100.00	100.00	宣恩县
15.19	98.45	98.45	4.00	37.72	34.46	100.00	100.00	神农架林区
9.01	**96.57**	**95.92**	**11.15**	**37.72**	**33.62**	**99.43**	**99.43**	**湖　南**
5.22	98.76	98.76	13.90	34.57	33.60	100.00	100.00	长沙县
5.07	100.00	100.00	12.05	35.49	29.55	100.00	100.00	望城区
23.81	98.15	98.15	9.36	40.75	36.89	100.00	100.00	攸　县

1-2 续表 20

县名称 Name of Counties	人口密度（人/平方公里） Population Density (person/square kilometer)	人均日生活用水量（升） Daily Water Consumption Per Capita (liter)	供水普及率（%） Water Coverage Rate (%)	公共供水普及率 Public Water Coverage Rate	燃气普及率（%） Gas Coverage Rate (%)	建成区供水管道密度（公里/平方公里） Density of Water Supply Pipelines in Built District (kilometer/square kilometer)	人均道路面积（平方米） Road Surface Area Per Capita (m^2)	建成区路网密度（公里/平方公里） Density of Road Network in Built District (kilometer/square kilometer)	建成区道路面积率（%） Surface Area of Roads Rate of Built District (%)
茶陵县	2147	157.83	95.18	95.18	93.57	54.13	10.98	4.81	13.42
炎陵县	1195	174.45	97.03	97.03	88.71	28.37	12.54	7.74	7.33
湘潭县	1528	176.36	100.00	100.00	98.68	34.15	28.93	8.02	17.24
衡阳县	10358	156.50	99.47	93.09	91.49	66.71	15.21	9.07	15.85
衡南县	4368	94.67	92.30	91.26	93.44	12.34	18.11	7.18	13.97
衡山县	4478	91.70	99.78	91.06	80.13	9.21	16.99	5.24	16.50
衡东县	7904	138.68	93.51	93.51	94.22	6.35	15.72	8.95	16.79
祁东县	11005	108.26	95.52	95.52	89.17	21.47	13.22	4.54	10.36
南岳区	12595	153.18	100.00	100.00	84.85	20.03	23.36	5.89	20.07
新邵县	10780	133.97	100.00	100.00	100.00	22.26	20.55	4.19	10.78
邵阳县	7255	126.00	98.76	94.47	92.20	17.06	7.34	4.87	7.90
隆回县	7158	176.03	100.00	90.03	97.08	6.33	9.23	3.29	7.66
洞口县	6115	133.49	99.76	99.76	96.70	9.79	11.03	4.22	6.37
绥宁县	5707	140.21	98.23	91.02	64.98	28.94	12.60	8.70	13.93
新宁县	8627	99.56	97.52	92.27	98.39	34.80	7.80	3.64	11.12
城步苗族自治县	9770	65.07	92.13	92.13	70.07	8.17	8.47	6.14	3.75
岳阳县	7145	168.99	97.97	97.97	85.86	10.04	25.96	11.61	26.76
华容县	9761	177.80	90.17	90.17	98.78	7.79	14.32	4.44	15.17
湘阴县	4550	205.45	90.04	90.04	97.80	24.64	21.83	7.65	14.12
平江县	10000	271.84	92.78	90.00	91.17	10.74	12.78	13.89	10.60
安乡县	1583	131.61	94.49	94.49	96.35	9.14	14.25	6.47	11.70
汉寿县	6283	236.11	96.94	96.94	88.99	20.41	11.42	5.22	10.74
澧　县	3987	121.35	100.00	100.00	94.94	9.82	18.41	5.34	13.88
临澧县	837	154.41	99.74	99.74	90.31	50.17	22.87	5.35	12.66
桃源县	2884	207.51	91.02	91.02	94.12	13.91	14.15	7.85	10.08
石门县	903	203.60	92.68	92.68	88.73	12.55	17.97	7.57	18.49
慈利县	6667	100.30	95.44	95.44	85.44	16.83	8.32	3.84	7.35
桑植县	1037	91.54	98.38	98.38	94.75	27.46	5.58	4.41	3.56
南　县	7675	130.88	99.07	99.07	96.93	13.71	21.27	4.02	9.79
桃江县	5728	144.67	96.58	96.58	96.72	16.85	22.53	8.83	18.03
安化县	2514	113.28	95.47	95.47	97.86	8.84	4.72	6.37	7.17
大通湖区	8879	90.46	100.00	100.00	89.32	16.27	10.50	9.22	8.18
桂阳县	6457	107.86	98.91	98.91	97.79	12.13	13.20	11.17	13.96
宜章县	5137	196.58	94.74	94.74	88.25	13.07	5.71	2.33	4.07
永兴县	3470	139.02	94.33	94.33	88.91	20.55	10.33	5.62	10.41
嘉禾县	7326	103.07	98.97	98.97	94.17	14.85	17.50	5.23	12.92
临武县	8214	205.60	98.26	98.26	56.87	26.50	9.83	6.90	10.00

continued

建成区排水管道密度（公里/平方公里） Density of Sewers in Built District (kilometer/square kilometer)	污水处理率(%) Wastewater Treatment Rate (%)	污水处理厂集中处理率 Centralized Treatment Rate of Wastewater Treatment Plants	人均公园绿地面积（平方米） Public Recreational Green Space Per Capita (m^2)	建成区绿化覆盖率(%) Green Coverage Rate of Built District (%)	建成区绿地率(%) Green Space Rate of Built District (%)	生活垃圾处理率(%) Domestic Garbage Treatment Rate (%)	生活垃圾无害化处理率 Domestic Garbage Harmless Treatment Rate	县名称 Name of Counties
11.38	96.50	96.50	13.82	38.19	33.83	100.00	100.00	茶陵县
12.09	92.40	79.67	18.81	38.94	38.23	100.00	100.00	炎陵县
	96.20	96.20	15.38	39.48	35.53	100.00	100.00	湘潭县
12.48	98.41	94.77	8.63	42.58	37.81	100.00	100.00	衡阳县
18.76	95.61	92.26	7.57	33.83	30.73	100.00	100.00	衡南县
5.85	95.26	95.26	14.50	31.02	28.50	100.00	100.00	衡山县
11.54	95.00	90.61	8.41	41.24	34.98	100.00	100.00	衡东县
10.34	97.03	97.03	7.68	39.06	25.78	100.00	100.00	祁东县
22.33	97.28	97.28	8.18	49.62	41.41	100.00	100.00	南岳区
3.24	91.00	91.00	9.66	37.34	31.39	100.00	100.00	新邵县
5.73	92.35	88.25	9.93	30.12	27.02	100.00	100.00	邵阳县
2.72	90.97	90.97	11.43	29.89	33.96	86.74	86.74	隆回县
8.59	93.84	93.84	15.41	43.91	43.24	100.00	100.00	洞口县
9.66	89.53	89.53	16.06	44.56	33.88	98.44	98.44	绥宁县
16.00	96.27	93.44	13.26	51.69	31.97	100.00	100.00	新宁县
3.81	97.80	97.53	7.16	40.90	26.96	99.20	99.20	城步苗族自治县
13.20	94.95	94.95	8.11	40.05	35.57	100.00	100.00	岳阳县
17.29	99.60	99.60	8.11	44.77	41.46	100.00	100.00	华容县
13.88	95.25	95.25	10.59	38.94	35.43	100.00	100.00	湘阴县
12.79	97.26	97.26	12.22	40.60	38.20	100.00	100.00	平江县
9.25	98.11	98.11	11.48	37.78	31.11	100.00	100.00	安乡县
9.40	94.75	94.75	8.21	36.20	27.02	100.00	100.00	汉寿县
13.58	95.08	95.08	8.46	37.40	31.84	100.00	100.00	澧　县
10.79	98.62	98.62	11.34	39.94	34.89	100.00	100.00	临澧县
5.67	96.00	96.00	10.53	44.24	42.48	100.00	100.00	桃源县
10.94	95.48	95.48	8.62	34.04	33.30	100.00	100.00	石门县
10.61	95.60	95.60	11.29	34.97	28.46	100.00	100.00	慈利县
2.29	95.00	95.00	7.13	37.86	34.89	100.00	100.00	桑植县
7.31	97.02	97.02	10.36	34.26	33.85	100.00	100.00	南　县
13.75	96.90	96.90	11.60	38.00	34.02	100.00	100.00	桃江县
16.02	97.10	97.10	8.69	38.88	33.95	100.00	100.00	安化县
12.30	98.36	98.36	11.94	0.43	35.68	100.00	100.00	大通湖区
4.91	96.92	96.92	14.45	40.28	37.43	100.00	100.00	桂阳县
	96.61	96.61	9.02	33.85	30.27	100.00	100.00	宜章县
13.97	95.00	95.00	7.91	38.16	36.19	100.00	100.00	永兴县
15.70	92.92	92.92	12.97	26.31	23.61	100.00	100.00	嘉禾县
12.00	94.88	94.88	23.13	40.20	38.31	100.00	100.00	临武县

1-2 续表 21

县名称 Name of Counties	人口密度（人/平方公里）Population Density (person/square kilometer)	人均日生活用水量（升）Daily Water Consumption Per Capita (liter)	供水普及率（%）Water Coverage Rate (%)	公共供水普及率 Public Water Coverage Rate	燃气普及率（%）Gas Coverage Rate (%)	建成区供水管道密度（公里/平方公里）Density of Water Supply Pipelines in Built District (kilometer/square kilometer)	人均道路面积（平方米）Road Surface Area Per Capita (m^2)	建成区路网密度（公里/平方公里）Density of Road Network in Built District (kilometer/square kilometer)	建成区道路面积率（%）Surface Area of Roads Rate of Built District (%)
汝城县	4370	124.07	99.50	99.50	87.46	13.83	15.94	5.08	10.14
桂东县	3515	129.65	90.33	90.33	37.84	18.90	8.72	4.47	5.07
安仁县	7543	85.08	99.75	95.28	77.06	13.19	8.29	3.22	5.93
祁阳县	2939	143.01	99.97	99.97	95.20	21.25	18.71	11.88	17.82
东安县	9461	133.05	99.27	99.27	99.85	15.68	10.96	5.42	10.61
双牌县	8073	122.79	98.98	98.98	90.45	9.15	19.37	7.30	15.56
道　县	7033	135.31	97.44	97.44	98.64	14.54	25.13	7.78	17.27
江永县	8615	139.98	97.44	97.44	93.18	12.61	13.76	5.00	11.52
宁远县	10031	169.91	98.55	98.55	93.66	19.59	17.64	11.46	13.32
蓝山县	8983	89.75	91.78	91.78	99.94	27.06	10.43	6.94	9.48
新田县	4576	164.13	99.34	99.34	90.29	10.71	10.48	7.56	9.30
江华瑶族自治县	6434	182.81	98.22	98.22	97.29	30.46	14.19	6.13	11.19
中方县	9925	217.86	100.00	100.00	86.15	12.95	18.26	5.88	11.81
沅陵县	12888	114.87	92.63	92.63	68.57	19.81	5.95	5.36	8.52
辰溪县	11536	130.66	90.03	90.03	72.12	11.65	7.23	4.30	8.52
溆浦县	11386	132.14	90.31	90.31	82.76	7.18	11.71	7.58	13.41
会同县	8440	156.28	90.00	90.00	81.52		8.50	7.79	9.51
麻阳苗族自治县	10107	145.68	99.18	99.18	89.45	12.98	15.42	7.28	14.46
新晃侗族自治县	9630	145.95	90.45	90.45	79.13	25.73	7.80	8.03	9.90
芷江侗族自治县	11755	105.24	90.25	90.25	89.44	6.26	11.41	7.65	12.11
通道县	5438	175.00	99.82	99.82	86.51	20.29	15.87	12.68	13.57
靖州县	7557	146.42	95.79	95.79	97.64	12.41	15.56	7.21	11.36
双峰县	6878	188.80	99.67	99.67	98.29	23.17	16.11	10.42	16.45
新化县	2592	83.29	93.13	90.10	95.18	15.86	10.04	5.48	10.58
泸溪县	6621	137.40	92.59	92.59	89.00	18.94	3.55	7.63	5.94
凤凰县	6413	129.99	93.22	93.22	99.15	11.97	6.01	4.89	3.88
花垣县	1153	145.61	94.97	94.97	79.06	10.71	15.80	8.55	10.76
保靖县	8709	231.75	100.00	98.82	44.47	15.45	9.66	7.56	8.33
古丈县	1348	71.65	90.03	90.03	56.52	23.37	2.93	4.39	6.03
永顺县	1310	129.86	96.58	90.58	76.26	8.22	4.01	3.74	5.32
龙山县	1979	185.32	95.48	95.48	85.45	10.32	6.30	3.60	5.93
广　东	**1519**	**173.94**	**92.70**	**92.49**	**96.29**	**14.55**	**13.36**	**6.35**	**9.49**
始兴县	1111	120.53	89.00	89.00	94.78	7.26	5.52	2.74	3.82
仁化县	1075	188.19	99.67	99.67	98.17	25.18	17.79	8.00	15.00
翁源县	4766	121.16	95.01	95.01	99.45	3.19	8.68	5.45	8.27
乳源瑶族自治县	5247	262.54	85.20	85.20	93.27	33.92	16.92	3.71	9.80
新丰县	7200	145.18	86.81	86.81	100.00	22.73	9.21	8.29	11.33

continued

建成区排水管道密度(公里/平方公里) Density of Sewers in Built District (kilometer/square kilometer)	污水处理率(%) Wastewater Treatment Rate (%)	污水处理厂集中处理率 Centralized Treatment Rate of Wastewater Treatment Plants	人均公园绿地面积(平方米) Public Recreational Green Space Per Capita (m^2)	建成区绿化覆盖率(%) Green Coverage Rate of Built District (%)	建成区绿地率(%) Green Space Rate of Built District (%)	生活垃圾处理率(%) Domestic Garbage Treatment Rate (%)	生活垃圾无害化处理率 Domestic Garbage Harmless Treatment Rate	县名称 Name of Counties
15.17	97.44	97.44	13.03	46.81	41.90	100.00	100.00	汝城县
15.96	96.30	96.30	10.38	42.53	41.89	100.00	100.00	桂东县
3.80	90.04	90.04	9.24	32.89	28.32	100.00	100.00	安仁县
19.47	99.23	99.23	15.83	47.04	41.33	100.00	100.00	祁阳县
11.60	95.21	95.21	10.60	38.56	34.27	100.00	100.00	东安县
8.30	98.98	98.98	13.66	38.94	34.08	100.00	100.00	双牌县
12.61	99.57	99.57	11.45	37.97	34.38	100.00	100.00	道　县
7.17	95.78	95.78	9.93	33.98	30.55	100.00	100.00	江永县
16.56	99.62	99.62	12.42	36.08	33.16	100.00	100.00	宁远县
9.24	98.36	98.36	12.36	43.00	39.29	100.00	100.00	蓝山县
5.49	96.35	96.35	14.39	37.10	32.60	100.00	100.00	新田县
6.79	96.22	96.22	10.42	44.05	39.86	100.00	100.00	江华瑶族自治县
6.22	96.40	96.40	14.61	40.04	36.03	100.00	100.00	中方县
7.64	85.83	84.48	7.40	40.33	32.77	100.00	100.00	沅陵县
9.53	90.00	42.70	14.30	38.31	33.21	100.00	100.00	辰溪县
8.77	93.00	93.00	10.21	42.10	34.92	95.76	95.76	溆浦县
10.03	94.20	94.20	16.00	42.34	38.77	100.00	100.00	会同县
12.14	99.13	99.13	14.98	39.82	34.88	100.00	100.00	麻阳苗族自治县
7.73	91.01	91.01	10.13	39.74	36.30	100.00	100.00	新晃侗族自治县
7.21	89.22	89.22	7.26	40.86	40.48	100.00	100.00	芷江侗族自治县
9.04	98.59	98.59	19.85	38.29	37.04	100.00	100.00	通道县
6.18	92.03	92.03	10.06	35.16	31.67	100.00	100.00	靖州县
12.97	95.20	95.20	8.84	39.94	34.91	100.00	100.00	双峰县
5.37	95.10	95.10	6.51	31.80	30.77	100.00	100.00	新化县
15.70	96.24	96.00	8.38	41.08	37.61	100.00	100.00	泸溪县
5.90	93.35	93.35	11.57	41.19	41.19	100.00	100.00	凤凰县
7.77	95.98	95.98	10.19	39.08	33.20	95.83	95.83	花垣县
7.34	96.01	96.01	10.95	39.59	34.91	100.00	100.00	保靖县
21.63	96.30	96.30	14.37	37.05	30.96	97.64	97.64	古丈县
9.12	96.04	96.04	10.08	36.38	29.41	100.00	100.00	永顺县
16.35	95.80	95.80	11.00	38.00	33.20	97.57	97.57	龙山县
6.01	**91.82**	**91.80**	**14.47**	**35.61**	**31.81**	**99.74**	**99.74**	**广　东**
4.30	100.00	100.00	17.24	42.93	40.64	100.00	100.00	始兴县
13.05	94.42	94.42	14.23	42.00	38.80	100.00	100.00	仁化县
6.32	92.10	92.10	26.61	41.56	39.00	100.00	100.00	翁源县
5.48	90.62	90.62	11.00	32.77	30.45	100.00	100.00	乳源瑶族自治县
5.05	100.00	100.00	13.72	29.44	28.30	100.00	100.00	新丰县

1-2 续表 22

县名称 Name of Counties	人口密度(人/平方公里) Population Density (person/square kilometer)	人均日生活用水量(升) Daily Water Consumption Per Capita (liter)	供水普及率(%) Water Coverage Rate (%)	公共供水普及率 Public Water Coverage Rate	燃气普及率(%) Gas Coverage Rate (%)	建成区供水管道密度(公里/平方公里) Density of Water Supply Pipelines in Built District (kilometer/square kilometer)	人均道路面积(平方米) Road Surface Area Per Capita (m^2)	建成区路网密度(公里/平方公里) Density of Road Network in Built District (kilometer/square kilometer)	建成区道路面积率(%) Surface Area of Roads Rate of Built District (%)
南澳县	1648	165.69	93.33	93.33	96.44	81.40	18.71	7.67	19.58
遂溪县	5443	162.76	97.64	95.01	96.33	13.90	9.70	8.30	10.88
徐闻县	2051	44.57	87.71	87.71	89.14	17.47	8.65	3.37	7.44
广宁县	7423	95.97	99.92	99.92	100.00	12.06	23.52	7.67	19.10
怀集县	6460	123.94	99.07	99.07	93.44	10.70	13.89	5.55	7.40
封开县	4489	182.27	99.31	99.31	99.31	15.26	12.14	6.79	9.73
德庆县	451	276.97	100.00	100.00	93.81	9.43	20.25	5.05	8.86
博罗县	843	189.86	98.83	98.83	98.85	14.46	19.31	14.44	9.74
惠东县	1732	146.41	97.55	97.55	97.55	11.58	17.27	11.57	16.91
龙门县	1023	313.92	98.85	98.85	98.60	14.06	14.40	5.68	11.96
大埔县	3058	168.88	82.96	82.96	74.06	12.13	11.98	14.42	12.61
丰顺县	1097	145.76	95.35	95.35	98.02	14.32	8.88	6.92	8.21
五华县	798	163.73	85.09	85.09	99.35	5.93	10.02	3.76	9.15
平远县	553	143.98	98.49	98.49	99.54	11.30	10.20	2.79	5.60
蕉岭县	2819	212.12	100.00	97.54	99.75	29.73	12.44	4.88	10.23
海丰县	7265	228.98	100.00	100.00	98.77	30.62	17.10	6.59	18.59
陆河县	7228	158.37	82.54	82.54	91.13	12.39	13.30	3.62	7.95
紫金县	1633	131.04	93.67	91.24	90.09	9.69	22.11	8.41	3.98
龙川县	3422	242.94	75.22	75.22	99.18	11.68	6.77	2.15	6.01
连平县	959	124.35	80.99	80.99	81.75	8.02	17.44	6.43	16.81
和平县	5864	194.21	82.34	82.34	98.70	7.44	15.06	4.44	8.77
东源县	511	136.61	84.75	84.75	100.00	2.45	17.89	2.81	8.41
阳西县	3049	486.92	92.20	92.20	92.20	13.20	34.55	11.96	14.39
阳山县	4079	172.00	96.77	96.77	98.63	23.05	10.50	3.89	8.98
连山壮族瑶族自治县	1300	499.39	91.86	91.86	95.93	16.78	30.42	8.49	15.76
佛冈县	530	352.72	100.00	100.00	99.89	5.99	9.83	2.90	5.28
连南瑶族自治县	1548	263.97	94.59	94.59	99.46	29.80	14.33	7.78	10.60
饶平县	2164	178.99	100.00	100.00	98.87	19.56	3.79	1.58	2.50
揭西县	1503	111.13	96.43	96.43	98.86	21.64	9.46	8.37	7.19
惠来县	920	104.11	75.47	75.47	98.00	2.08	2.70	2.21	2.21
新兴县	1072	290.71	100.00	100.00	98.09	17.80	17.22	6.22	6.50
郁南县	1915	131.29	100.00	100.00	98.99	18.54	18.42	8.01	15.05
广　西	**2579**	**166.91**	**99.49**	**97.72**	**98.79**	**13.23**	**21.00**	**8.40**	**15.51**
隆安县	5027	272.05	100.00	100.00	73.10	21.72	21.09	7.20	14.89
马山县	2071	207.03	100.00	100.00	98.56	10.20	28.59	9.51	18.44
上林县	4101	147.25	100.00	100.00	100.00	4.05	34.06	9.57	14.24

continued

建成区排水管道密度（公里/平方公里） Density of Sewers in Built District (kilometer/square kilometer)	污水处理率（%） Wastewater Treatment Rate (%)	污水处理厂集中处理率 Centralized Treatment Rate of Wastewater Treatment Plants	人均公园绿地面积（平方米） Public Recreational Green Space Per Capita (m^2)	建成区绿化覆盖率（%） Green Coverage Rate of Built District (%)	建成区绿地率（%） Green Space Rate of Built District (%)	生活垃圾处理率（%） Domestic Garbage Treatment Rate (%)	生活垃圾无害化处理率 Domestic Garbage Harmless Treatment Rate	县名称 Name of Counties
11.04	100.00	100.00	9.27	44.88	51.14	85.65	85.65	南澳县
7.33	93.72	93.72	12.34	34.28	29.27	100.00	100.00	遂溪县
2.70	86.03	86.03	5.82	22.48	17.59	100.00	100.00	徐闻县
3.65	91.41	91.41	15.98	33.08	27.97	100.00	100.00	广宁县
4.98	88.32	88.32	15.94	32.87	30.20	100.00	100.00	怀集县
7.54	35.55	35.55	14.76	34.52	30.19	100.00	100.00	封开县
3.13	93.89	93.53	13.97	42.76	36.90	100.00	100.00	德庆县
10.22	93.68	93.68	13.26	42.71	41.29	100.00	100.00	博罗县
5.68	91.55	91.55	10.87	41.95	38.14	100.00	100.00	惠东县
12.66	91.01	91.01	13.41	41.75	41.42	100.00	100.00	龙门县
11.49	99.98	99.98	17.65	29.65	28.42	100.00	100.00	大埔县
1.83	100.00	100.00	21.14	29.75	29.69	97.57	97.57	丰顺县
4.81	90.04	90.04	19.58	30.57	28.48	100.00	100.00	五华县
2.74	100.00	100.00	23.19	39.92	37.14	99.85	99.85	平远县
5.95	98.80	98.80	21.66	43.03	21.79	100.00	100.00	蕉岭县
10.46	92.16	92.16	9.12	38.40	34.75	100.00	100.00	海丰县
3.50	96.65	96.65	10.27	40.06	34.37	100.00	100.00	陆河县
2.29	86.03	86.03	27.98	38.46	28.43	100.00	100.00	紫金县
3.94	85.28	85.28	11.55	30.42	24.53	100.00	100.00	龙川县
1.23	92.08	92.08	11.83	37.81	23.80	99.56	99.56	连平县
0.93	92.00	92.00	18.40	39.81	21.67	100.00	100.00	和平县
3.51	86.69	86.69	8.90	22.69	18.26	100.00	100.00	东源县
16.19	100.00	100.00	19.21	37.92	35.28	100.00	100.00	阳西县
8.77	90.56	90.56	15.43	39.53	38.60	100.00	100.00	阳山县
13.52	87.57	87.57	14.19	44.70	43.64	100.00	100.00	连山壮族瑶族自治县
7.13	89.07	89.07	14.56	42.33	39.61	100.00	100.00	佛冈县
10.87	96.89	96.89	14.03	37.99	34.97	100.00	100.00	连南瑶族自治县
1.57	86.00	86.00	12.68	25.94	22.14	100.00	100.00	饶平县
2.19	94.33	94.33	6.98	44.24	35.44	100.00	100.00	揭西县
4.07	85.20	85.20	13.40	40.69	45.20	100.00	100.00	惠来县
6.77	89.70	89.70	17.53	23.66	20.10	100.00	100.00	新兴县
16.47	94.53	94.53	20.19	30.35	26.03	100.00	100.00	郁南县
11.42	**96.40**	**88.55**	**13.11**	**38.56**	**34.18**	**100.00**	**100.00**	**广　西**
13.30	85.30	85.30	11.02	38.91	34.91	100.00	100.00	隆安县
4.04	95.78	95.78	14.15	33.38	28.42	100.00	100.00	马山县
11.72	95.13	95.13	13.30	43.73	35.76	100.00	100.00	上林县

1-2 续表 23

县名称 Name of Counties	人口密度(人/平方公里) Population Density (person/square kilometer)	人均日生活用水量(升) Daily Water Consumption Per Capita (liter)	供水普及率(%) Water Coverage Rate (%)	公共供水普及率 Public Water Coverage Rate	燃气普及率(%) Gas Coverage Rate (%)	建成区供水管道密度(公里/平方公里) Density of Water Supply Pipelines in Built District (kilometer/square kilometer)	人均道路面积(平方米) Road Surface Area Per Capita (m^2)	建成区路网密度(公里/平方公里) Density of Road Network in Built District (kilometer/square kilometer)	建成区道路面积率(%) Surface Area of Roads Rate of Built District (%)
宾阳县	1569	162.25	100.00	100.00	100.00	8.60	27.74	11.60	20.61
横　县	1834	148.75	99.46	99.46	98.53	8.22	29.00	7.69	15.83
柳城县	5114	214.18	100.00	100.00	100.00	15.25	21.51	7.42	14.28
鹿寨县	3059	308.20	100.00	100.00	100.00	37.09	21.44	6.77	13.84
融安县	5802	155.30	100.00	100.00	100.00	8.71	19.08	7.62	17.18
融水苗族自治县	6369	210.49	100.00	99.20	100.00	16.79	19.62	10.99	20.08
三江侗族自治县	10428	217.65	94.53	94.53	94.02	27.01	11.33	12.51	11.82
阳朔县	4186	181.52	99.11	99.11	98.22	13.22	37.89	10.46	22.49
灵川县	10739	80.97	100.00	100.00	100.00	34.13	22.88	9.04	24.65
全州县	1237	128.66	100.00	94.42	98.44	11.02	25.54	8.11	12.01
兴安县	2781	186.71	100.00	99.87	100.00	12.06	35.06	8.21	16.86
永福县	3593	129.54	100.00	100.00	100.00	25.54	14.73	7.91	17.86
灌阳县	6162	108.57	99.83	99.83	99.83	7.37	21.71	9.41	17.86
龙胜各族自治县	4383	179.65	100.00	100.00	98.87	7.78	12.07	10.70	12.38
资源县	4658	160.28	93.92	82.29	93.02	6.48	17.44	7.38	12.89
平乐县	8449	161.31	100.00	100.00	100.00	21.52	17.87	7.92	15.77
恭城瑶族自治县	3956	130.19	100.00	100.00	98.88	9.57	17.01	7.82	14.14
苍梧县	2940	83.68	98.64	98.64	93.54	2.11	22.28	1.44	3.80
藤　县	2651	356.97	96.49	96.49	96.25	14.45	23.95	8.56	15.79
蒙山县	7741	125.92	100.00	100.00	99.84	17.71	15.03	10.82	15.00
合浦县	3129	180.05	99.90	81.76	99.74	11.75	18.18	8.72	10.03
上思县	3217	191.31	100.00	100.00	99.39	20.37	13.63	8.87	14.78
灵山县	5725	117.82	100.00	96.07	100.00	12.89	23.98	8.25	19.73
浦北县	4013	164.58	100.00	100.00	98.31	14.44	25.38	6.52	15.21
平南县	2993	186.49	100.00	100.00	100.00	8.44	11.86	8.10	10.78
容　县	1067	101.05	100.00	96.90	100.00	8.90	17.37	8.25	15.79
陆川县	1266	167.84	100.00	100.00	99.20	8.89	20.74	10.23	20.59
博白县	1842	111.97	99.13	91.28	99.00	11.26	21.48	7.58	19.89
兴业县	814	141.44	100.00	100.00	100.00	9.47	19.06	11.56	17.22
田东县	2300	205.40	100.00	100.00	100.00	13.50	32.14	9.46	20.45
德保县	4560	228.21	100.00	100.00	99.83	22.01	13.28	9.96	12.23
那坡县	3017	122.34	100.00	100.00	100.00	38.94	13.52	13.58	14.01
凌云县	4205	153.19	99.59	99.59	98.55	12.00	15.73	14.11	19.04
乐业县	4638	171.76	100.00	100.00	93.27	24.86	16.56	12.53	14.69
田林县	5462	124.45	100.00	100.00	98.50	13.66	13.41	8.20	12.40
西林县	3741	263.34	100.00	100.00	100.00	22.00	20.53	9.79	11.81
隆林各族自治县	6225	152.21	100.00	100.00	99.76	7.27	19.80	7.34	14.60

continued

建成区排水管道密度(公里/平方公里) Density of Sewers in Built District (kilometer/square kilometer)	污水处理率(%) Wastewater Treatment Rate (%)	污水处理厂集中处理率 Centralized Treatment Rate of Wastewater Treatment Plants	人均公园绿地面积(平方米) Public Recreational Green Space Per Capita (m^2)	建成区绿化覆盖率(%) Green Coverage Rate of Built District (%)	建成区绿地率(%) Green Space Rate of Built District (%)	生活垃圾处理率(%) Domestic Garbage Treatment Rate (%)	生活垃圾无害化处理率 Domestic Garbage Harmless Treatment Rate	县名称 Name of Counties
9.70	99.05	92.71	14.67	39.46	34.41	100.00	100.00	宾阳县
6.21	97.32	60.64	23.20	36.93	33.90	100.00	100.00	横　县
5.43	98.38	98.38	14.63	35.19	31.82	100.00	100.00	柳城县
6.70	99.93	66.65	15.72	44.32	37.07	100.00	100.00	鹿寨县
7.43	99.90	99.90	14.20	41.82	37.20	100.00	100.00	融安县
11.17	92.10	92.10	7.74	39.65	36.31	100.00	100.00	融水苗族自治县
8.98	99.80	99.80	9.62	42.98	37.09	100.00	100.00	三江侗族自治县
12.52	97.16	97.16	13.80	39.16	34.35	100.00	100.00	阳朔县
5.41	99.64	99.64	19.57	38.74	35.40	100.00	100.00	灵川县
18.23	98.85	98.85	15.02	36.57	33.94	100.00	100.00	全州县
14.60	98.99	98.99	26.93	43.48	36.92	100.00	100.00	兴安县
31.64	89.57	89.57	10.20	39.76	34.82	100.00	100.00	永福县
19.97	99.60	99.60	11.33	39.43	34.24	100.00	100.00	灌阳县
8.01	98.96	98.96	0.35	37.20	34.14	100.00	100.00	龙胜各族自治县
10.89	67.05	67.05	16.19	42.20	38.00	100.00	100.00	资源县
15.08	87.01	35.53	17.82	36.77	35.40	100.00	100.00	平乐县
12.94	86.73	86.73	6.77	37.46	34.09	100.00	100.00	恭城瑶族自治县
4.98	5.26	5.26	2.89	20.16	16.42	100.00	100.00	苍梧县
10.49	97.81	53.98	12.68	38.79	33.97	100.00	100.00	藤　县
23.69	98.53	98.53	14.19	40.82	35.58	100.00	100.00	蒙山县
10.45	99.74	92.95	11.86	42.83	37.13	100.00	100.00	合浦县
18.13	98.36	98.36	8.74	26.25	22.24	100.00	100.00	上思县
21.14	97.99	97.99	12.88	39.15	37.52	100.00	100.00	灵山县
7.74	98.40	98.40	12.37	36.70	33.05	100.00	100.00	浦北县
4.42	99.25	99.25	8.04	37.94	34.13	100.00	100.00	平南县
10.71	99.64	99.64	12.41	39.40	34.51	100.00	100.00	容　县
14.57	97.35	97.35	11.03	39.37	33.82	100.00	100.00	陆川县
6.17	97.10	97.10	13.10	37.30	33.10	100.00	100.00	博白县
9.87	99.59	99.59	11.16	38.14	34.51	100.00	100.00	兴业县
18.08	97.60	97.60	13.50	38.62	33.82	100.00	100.00	田东县
15.16	99.84	99.84	10.93	46.78	40.08	100.00	100.00	德保县
27.67	99.19	99.19	15.94	41.39	39.18	100.00	100.00	那坡县
31.64	98.34	98.34	11.93	40.00	35.00	100.00	100.00	凌云县
31.48	89.22	89.22	15.47	40.09	35.09	100.00	100.00	乐业县
17.27	98.00	98.00	14.99	39.36	34.25	100.00	100.00	田林县
12.37	95.34	95.34	13.92	38.35	33.35	100.00	100.00	西林县
12.33	99.10	99.10	9.22	39.20	34.24	100.00	100.00	隆林各族自治县

1-2 续表 24

县名称 Name of Counties	人口密度(人/平方公里) Population Density (person/square kilometer)	人均日生活用水量(升) Daily Water Consumption Per Capita (liter)	供水普及率(%) Water Coverage Rate (%)	公共供水普及率 Public Water Coverage Rate	燃气普及率(%) Gas Coverage Rate (%)	建成区供水管道密度(公里/平方公里) Density of Water Supply Pipelines in Built District (kilometer/square kilometer)	人均道路面积(平方米) Road Surface Area Per Capita (m^2)	建成区路网密度(公里/平方公里) Density of Road Network in Built District (kilometer/square kilometer)	建成区道路面积率(%) Surface Area of Roads Rate of Built District (%)
昭平县	5960	108.16	97.33	97.33	97.22	13.69	12.70	9.10	15.45
钟山县	4017	113.41	100.00	100.00	100.00	9.71	30.57	8.61	18.62
富川瑶族自治县	1792	161.45	100.00	100.00	100.00	7.62	34.63	8.58	11.75
南丹县	5181	110.60	100.00	96.68	99.78	12.01	15.59	8.02	17.47
天峨县	1052	202.50	100.00	100.00	98.28	9.54	17.81	10.05	16.63
凤山县	4360	180.29	97.68	97.68	90.72	12.85	17.93	9.03	12.65
东兰县	2884	222.24	100.00	100.00	95.59	16.81	12.48	14.31	15.03
罗城仫佬族自治县	8341	176.87	100.00	98.20	100.00	16.19	14.54	7.72	13.86
环江毛南族自治县	1727	149.66	100.00	100.00	97.27	6.49	20.51	5.52	11.40
巴马瑶族自治县	4244	221.41	100.00	100.00	97.33	18.26	17.11	8.97	14.14
都安瑶族自治县	4532	186.99	100.00	100.00	99.71	31.07	13.41	11.10	14.73
大化瑶族自治县	4785	98.38	100.00	100.00	100.00	6.17	14.82	8.51	10.87
忻城县	3938	186.20	97.62	96.98	97.62	38.92	10.53	8.07	9.09
象州县	4125	186.02	100.00	100.00	98.11	6.20	11.45	3.99	7.08
武宣县	3214	173.11	95.04	94.92	99.76	9.90	24.03	7.89	15.11
金秀瑶族自治县	2188	194.64	95.00	95.00	95.00	23.51	11.41	13.38	10.79
扶绥县	2153	214.89	100.00	100.00	100.00	26.52	37.94	9.02	24.30
宁明县	3256	165.97	100.00	100.00	100.00	9.41	23.45	4.66	16.89
龙州县	3714	260.09	100.00	100.00	100.00	9.14	27.28	7.04	17.25
大新县	2890	287.92	98.02	98.02	98.02	15.33	26.76	4.82	13.54
天等县	665	164.39	100.00	100.00	100.00	10.52	33.24	8.51	16.54
海　南	**2816**	**360.43**	**95.87**	**95.81**	**91.99**	**8.34**	**25.04**	**4.87**	**10.13**
定安县	3048	421.83	88.48	88.35	82.33	15.58	24.97	4.68	10.45
屯昌县	2864	224.84	84.50	84.50	95.39		23.32	3.65	12.98
澄迈县	2825	128.49	100.00	100.00	99.53	20.95	13.36	8.89	20.38
临高县	5870	413.94	99.77	99.65	93.35	13.73	18.37	5.64	11.79
白沙黎族自治县	3439	339.63	81.27	81.27	91.17	14.56	28.06	12.53	12.55
昌江县	2857	636.42	100.00	99.86	96.68	22.88	35.98	8.99	17.97
乐东县	1567	798.18	100.00	99.73	95.21	30.41	29.94	7.10	17.64
陵水县	4870	162.95	95.93	95.93	87.31		27.65	7.81	17.74
保亭县	2654	730.11	98.10	97.92	96.02	15.02	16.72	3.14	6.27
琼中县	6621	230.81	100.00	100.00	81.96		20.10	8.87	7.34
洋浦经济开发区	1427	232.04	99.42	99.42	88.89		40.87	2.04	4.30
重　庆	**2725**	**120.03**	**97.88**	**97.88**	**97.06**	**12.69**	**10.21**	**6.60**	**11.95**
城口县	651	123.63	91.22	91.22	84.64	40.29	9.93	12.38	17.72

continued

建成区排水管道密度(公里/平方公里) Density of Sewers in Built District (kilometer/square kilometer)	污水处理率(%) Wastewater Treatment Rate (%)	污水处理厂集中处理率 Centralized Treatment Rate of Wastewater Treatment Plants	人均公园绿地面积(平方米) Public Recreational Green Space Per Capita (m^2)	建成区绿化覆盖率(%) Green Coverage Rate of Built District (%)	建成区绿地率(%) Green Space Rate of Built District (%)	生活垃圾处理率(%) Domestic Garbage Treatment Rate (%)	生活垃圾无害化处理率 Domestic Garbage Harmless Treatment Rate	县名称 Name of Counties
8.36	88.55	88.55	14.92	40.97	34.52	100.00	100.00	昭平县
12.61	99.65	99.65	15.39	40.24	35.62	100.00	100.00	钟山县
10.03	87.52	87.52	17.41	43.03	37.72	100.00	100.00	富川瑶族自治县
9.63	98.25	98.25	9.89	42.09	36.99	100.00	100.00	南丹县
16.99	86.12	86.12	11.32	39.15	33.39	100.00	100.00	天峨县
18.64	92.11	92.11	10.79	39.05	34.49	100.00	100.00	凤山县
21.99	93.02	93.02	13.56	37.71	34.40	100.00	100.00	东兰县
18.95	99.00	99.00	14.66	35.09	27.33	100.00	100.00	罗城仫佬族自治县
5.83	99.46	99.46	11.74	40.03	35.06	100.00	100.00	环江毛南族自治县
12.11	98.29	98.29	8.76	38.23	33.24	100.00	100.00	巴马瑶族自治县
11.42	99.71	99.71	15.29	38.58	34.83	100.00	100.00	都安瑶族自治县
6.16	87.96	87.96	9.73	36.47	33.16	100.00	100.00	大化瑶族自治县
7.13	97.61	97.61	13.08	37.49	34.00	100.00	100.00	忻城县
8.57	85.20	85.20	12.22	31.24	28.52	100.00	100.00	象州县
12.76	87.91	65.01	10.41	36.43	31.04	100.00	100.00	武宣县
12.43	88.70	88.70	7.98	38.47	35.96	100.00	100.00	金秀瑶族自治县
18.77	99.10	82.31	12.65	38.81	37.36	100.00	100.00	扶绥县
7.49	94.30	56.18	4.68	30.34	25.91	100.00	100.00	宁明县
12.37	95.62	95.62	18.02	38.10	32.25	100.00	100.00	龙州县
6.10	90.25	76.26	13.53	34.03	31.56	100.00	100.00	大新县
12.44	90.00	86.70	31.20	43.27	39.81	100.00	100.00	天等县
3.76	**89.50**	**89.46**	**6.82**	**42.25**	**29.80**	**100.00**	**87.33**	**海　南**
	85.69	85.69	10.09	32.19	29.83	100.00	100.00	定安县
5.05	80.18	80.18	6.04	41.93	35.38	100.00	100.00	屯昌县
26.88	100.00	100.00	2.37	37.50	28.39	100.00		澄迈县
	100.00	100.00	6.93	42.43	37.81	100.00	100.00	临高县
	85.49	85.49	7.31	41.36	37.05	100.00	100.00	白沙黎族自治县
9.60	85.62	85.62	9.23	36.87	35.41	100.00	100.00	昌江县
	100.00	100.00	13.05	37.10	32.15	100.00	100.00	乐东县
	93.26	93.26	7.57	44.12	33.23	100.00	100.00	陵水县
5.88	70.60	70.60	5.81	60.15	33.56	100.00	100.00	保亭县
2.33	80.98	80.98	5.76	38.42	30.50	100.00	100.00	琼中县
2.04	86.12	85.41	5.41	42.57	22.91	100.00	100.00	洋浦经济开发区
15.32	**99.08**	**99.08**	**13.58**	**41.61**	**37.73**	**99.78**	**99.00**	**重　庆**
28.16	97.36	97.36	9.97	41.88	38.49	100.00	100.00	城口县

1-2 续表 25

县名称 Name of Counties	人口密度(人/平方公里) Population Density (person/square kilometer)	人均日生活用水量(升) Daily Water Consumption Per Capita (liter)	供水普及率(%) Water Coverage Rate (%)	公共供水普及率 Public Water Coverage Rate	燃气普及率(%) Gas Coverage Rate (%)	建成区供水管道密度(公里/平方公里) Density of Water Supply Pipelines in Built District (kilometer/square kilometer)	人均道路面积(平方米) Road Surface Area Per Capita (m^2)	建成区路网密度(公里/平方公里) Density of Road Network in Built District (kilometer/square kilometer)	建成区道路面积率(%) Surface Area of Roads Rate of Built District (%)
丰都县	1698	139.91	95.26	95.26	95.84	10.07	8.31	5.10	10.69
垫江县	2115	118.02	99.85	99.85	99.28	7.45	18.12	4.94	14.10
忠　县	4198	110.76	99.11	99.11	99.51	12.41	8.53	6.29	10.33
云阳县	1412	103.59	100.00	100.00	97.02	20.84	8.50	5.84	11.82
奉节县	7955	118.56	100.00	100.00	100.00	20.14	9.55	9.46	14.39
巫山县	4514	108.22	98.36	98.36	98.85	11.53	7.19	7.37	11.77
巫溪县	10781	139.39	100.00	100.00	98.03	8.70	9.42	12.79	11.18
石柱土家族自治县	6321	197.95	98.31	98.31	95.77	10.41	10.73	8.12	15.19
秀山土家族苗族自治县	7336	107.79	96.40	96.40	96.40	10.29	15.83	7.91	15.34
酉阳土家族苗族自治县	10363	98.34	90.48	90.48	90.68	15.21	8.67	6.02	9.37
彭水苗族土家族自治县	6404	117.87	100.00	100.00	100.00	5.10	7.05	3.64	6.01
四　川	**1130**	**123.14**	**94.87**	**94.29**	**88.36**	**10.62**	**13.64**	**6.03**	**11.68**
金堂县	4181	110.61	93.84	93.84	97.33	13.84	21.29	7.02	15.37
大邑县	1313	309.59	91.97	91.97	94.31	5.77	27.23	6.48	13.42
蒲江县	657	166.77	100.00	100.00	100.00	18.07	14.47	7.72	14.79
新津县	2972	128.44	97.18	97.18	98.29	10.85	30.25	7.42	12.39
荣　县	1534	103.86	93.28	93.28	99.72	15.33	15.66	8.09	16.60
富顺县	2283	217.26	90.84	90.84	100.00	5.42	17.79	14.50	15.41
米易县	928	199.87	95.05	95.05	80.62	18.19	10.14	8.00	10.93
盐边县	458	181.11	90.09	90.09	68.02	18.36	14.41	5.18	6.91
泸　县	1317	113.19	92.31	92.31	93.34	8.55	13.95	5.33	14.25
合江县	1530	128.13	92.95	84.61	93.31	10.39	7.43	4.48	7.60
叙永县	746	170.83	90.31	90.31	84.35	7.26	5.49	4.80	6.24
古蔺县	566	116.97	92.00	92.00	84.86	16.68	7.11	3.95	10.58
中江县	3264	133.17	94.45	83.70	86.93	4.95	12.19	4.16	11.85
三台县	11216	99.32	93.01	92.94	92.25	13.69	11.90	5.61	14.17
盐亭县	5460	99.79	94.82	94.82	99.63	18.54	13.35	3.89	7.29
梓潼县	1930	122.54	91.10	91.10	99.66	15.11	23.97	10.36	24.75
北川羌族自治县	7480	235.09	94.92	94.92	99.73	14.10	17.38	8.00	13.00
平武县	7700	98.48	93.51	93.51	88.83	26.71	13.64	10.27	16.31
旺苍县	1948	116.19	95.81	95.81	94.61	8.71	13.01	4.90	8.44
青川县	1527	173.02	98.22	98.22	99.64	18.35	15.05	7.26	14.15
剑阁县	2916	129.00	98.56	98.56	98.15	10.05	18.08	4.15	10.70

continued

建成区排水管道密度（公里/平方公里）Density of Sewers in Built District (kilometer/square kilometer)	污水处理率（%）Wastewater Treatment Rate (%)	污水处理厂集中处理率 Centralized Treatment Rate of Wastewater Treatment Plants	人均公园绿地面积（平方米）Public Recreational Green Space Per Capita (m^2)	建成区绿化覆盖率（%）Green Coverage Rate of Built District (%)	建成区绿地率（%）Green Space Rate of Built District (%)	生活垃圾处理率（%）Domestic Garbage Treatment Rate (%)	生活垃圾无害化处理率 Domestic Garbage Harmless Treatment Rate	县名称 Name of Counties
15.57	94.77	94.77	9.05	40.07	31.12	100.00	100.00	丰都县
16.22	114.23	114.23	12.90	47.04	43.02	100.00	100.00	垫江县
12.67	96.00	96.00	12.91	43.15	39.15	100.00	100.00	忠　县
11.76	97.03	97.03	17.73	47.27	44.33	100.00	100.00	云阳县
18.21	99.88	99.88	12.44	40.75	39.56	100.00	100.00	奉节县
17.24	95.76	95.76	13.50	38.72	35.95	100.00	100.00	巫山县
19.69	95.30	95.30	9.88	40.49	36.54	100.00	100.00	巫溪县
24.43	95.10	95.10	15.16	46.37	42.58	100.00	87.43	石柱土家族自治县
19.14	95.50	95.50	15.87	41.66	38.57	100.00	100.00	秀山土家族苗族自治县
13.10	100.00	100.00	13.45	40.29	37.27	95.72	95.72	酉阳土家族苗族自治县
7.11	95.67	95.67	14.28	27.00	23.13	99.97	99.97	彭水苗族土家族自治县
8.92	**91.39**	**88.88**	**13.71**	**37.85**	**34.04**	**99.77**	**99.77**	**四　川**
9.35	92.00	61.73	14.84	45.50	41.42	100.00	100.00	金堂县
11.10	92.00	92.00	16.11	45.75	40.07	100.00	100.00	大邑县
13.72	90.76	90.76	15.01	45.04	42.01	100.00	100.00	蒲江县
13.64	92.66	92.66	18.05	45.99	39.99	100.00	100.00	新津县
13.54	90.83	90.83	11.95	33.70	31.87	100.00	100.00	荣　县
6.59	96.75	96.75	14.00	38.04	38.08	100.00	100.00	富顺县
8.93	85.47	74.46	12.91	39.99	35.50	100.00	100.00	米易县
6.54	87.01	87.01	25.62	38.81	30.13	100.00	100.00	盐边县
12.28	90.10	90.10	12.18	38.13	34.07	100.00	100.00	泸　县
7.42	88.19	73.20	12.53	35.98	33.92	100.00	100.00	合江县
6.83	86.80	86.80	12.31	39.56	35.06	100.00	100.00	叙永县
6.92	95.48	95.48	11.36	36.32	31.75	100.00	100.00	古蔺县
11.05	85.15	78.21	12.63	37.13	32.53	100.00	100.00	中江县
11.38	91.27	91.27	14.09	45.95	42.60	100.00	100.00	三台县
6.00	88.90	88.90	15.42	43.16	42.00	100.00	100.00	盐亭县
16.28	88.36	88.36	10.02	38.95	35.84	100.00	100.00	梓潼县
20.80	86.20	86.20	14.03	48.50	45.00	100.00	100.00	北川羌族自治县
19.70	88.60	88.60	11.17	43.48	38.51	100.00	100.00	平武县
7.87	93.17	93.17	12.55	35.20	34.20	100.00	100.00	旺苍县
19.41	93.29	93.29	19.11	39.60	37.83	100.00	100.00	青川县
13.07	96.67	96.67	15.21	39.64	34.44	100.00	100.00	剑阁县

1-2 续表 26

县名称 Name of Counties	人口密度(人/平方公里) Population Density (person/square kilometer)	人均日生活用水量(升) Daily Water Consumption Per Capita (liter)	供水普及率(%) Water Coverage Rate (%)	公共供水普及率 Public Water Coverage Rate	燃气普及率(%) Gas Coverage Rate (%)	建成区供水管道密度(公里/平方公里) Density of Water Supply Pipelines in Built District (kilometer/square kilometer)	人均道路面积(平方米) Road Surface Area Per Capita (m^2)	建成区路网密度(公里/平方公里) Density of Road Network in Built District (kilometer/square kilometer)	建成区道路面积率(%) Surface Area of Roads Rate of Built District (%)
苍溪县	2523	104.75	97.56	97.56	97.01	9.33	13.16	5.20	10.88
蓬溪县	6253	105.24	100.00	100.00	100.00	16.79	20.45	7.05	14.31
大英县	4687	134.11	100.00	100.00	97.47	14.00	20.11	7.11	14.01
威远县	2911	143.98	95.91	95.91	99.90	10.86	15.61	4.34	13.06
资中县	2473	108.10	99.80	99.09	96.59	5.80	15.08	5.87	11.57
犍为县	3800	200.17	99.91	99.91	99.91	4.62	14.73	5.86	13.71
井研县	4587	245.70	100.00	100.00	100.00	22.29	13.63	7.47	9.68
夹江县	3227	190.38	95.51	95.51	96.66		15.30	7.03	13.90
沐川县	6110	131.80	99.82	99.82	97.48	7.34	14.62	6.83	12.70
峨边县	9326	92.33	99.50	99.50	6.98	5.62	3.74	5.95	3.51
马边县	2343	149.13	99.77	99.77	81.02	6.41	11.06	4.90	7.47
南部县	3300	139.42	98.79	98.79	99.09	7.26	15.48	8.20	15.58
营山县	2786	128.57	98.72	98.72	99.91	8.01	12.88	4.36	13.05
蓬安县	2873	117.79	99.72	99.72	96.85	7.07	11.58	4.03	11.58
仪陇县	2615	123.81	99.71	99.71	97.82	8.24	12.00	4.27	12.00
西充县	2423	144.98	97.67	97.67	97.67	7.60	16.86	5.40	14.49
仁寿县	9844	85.83	98.37	98.37	99.12	10.76	15.40	5.29	16.41
洪雅县	1492	101.55	92.56	92.56	99.19	7.11	17.22	6.61	14.12
丹棱县	7458	136.55	98.48	98.48	98.33	12.67	12.99	5.30	9.69
青神县	9625	121.32	100.00	97.01	90.65	6.60	16.24	6.68	10.73
江安县	10204	119.67	96.00	96.00	96.32	4.58	11.59	6.00	13.00
长宁县	5327	116.93	95.66	95.66	97.33	11.45	14.23	7.12	14.44
高　县	6513	86.72	95.01	95.01	90.66	9.61	13.35	5.70	11.94
珙　县	7171	89.75	96.30	96.30	98.54	9.36	13.54	5.15	9.76
筠连县	2778	132.25	90.03	90.03	96.25	2.82	7.81	3.00	6.02
兴文县	1470	104.77	91.03	91.03	94.34	17.59	8.89	5.25	10.10
屏山县	733	108.44	90.69	90.69	99.20	21.83	19.63	6.43	15.29
岳池县	8286	125.67	97.17	97.17	95.42	18.88	16.06	6.59	13.33
武胜县	1951	165.31	100.00	100.00	100.00	11.68	17.25	8.11	14.72
邻水县	5254	88.01	93.68	93.68	92.94	12.80	7.93	5.02	5.82
宣汉县	3844	136.19	98.60	98.60	99.74	6.13	16.43	6.39	12.24
开江县	8634	93.99	98.56	98.56	100.00	9.71	8.82	4.05	8.87
大竹县	7600	100.06	95.07	95.07	95.13	7.24	9.12	3.82	9.56
渠　县	4933	73.48	98.65	98.65	98.11	5.33	9.05	4.28	9.31
荥经县	4810	93.73	100.00	100.00	88.13	25.37	15.15	8.43	14.49
汉源县	3377	217.18	100.00	100.00	43.96	17.53	14.51	8.82	13.66
石棉县	272	225.43	100.00	100.00	4.22	14.99	15.56	10.12	13.90

continued

建成区排水管道密度（公里/平方公里） Density of Sewers in Built District (kilometer/square kilometer)	污 水 处理率 (%) Wastewater Treatment Rate (%)	污水处理厂集中处理率 Centralized Treatment Rate of Wastewater Treatment Plants	人均公园绿地面积（平方米） Public Recreational Green Space Per Capita (m^2)	建成区绿 化覆盖率 (%) Green Coverage Rate of Built District (%)	建成区绿地率 (%) Green Space Rate of Built District (%)	生活垃圾处 理 率 (%) Domestic Garbage Treatment Rate (%)	生活垃圾无 害 化处 理 率 Domestic Garbage Harmless Treatment Rate	县名称 Name of Counties
11.80	98.09	98.09	19.49	38.63	35.39	100.00	100.00	苍溪县
9.52	95.18	95.18	13.53	38.84	34.03	100.00	100.00	蓬溪县
12.24	96.10	93.64	12.96	37.58	36.23	100.00	100.00	大英县
8.78	93.06	75.20	13.09	34.94	32.14	100.00	100.00	威远县
3.23	92.99	92.99	11.86	31.82	30.58	100.00	100.00	资中县
12.50	88.94	88.94	16.56	39.70	36.94	100.00	100.00	犍为县
4.39	97.43	97.43	14.28	32.74	33.02	100.00	100.00	井研县
12.04	88.86	88.86	12.75	34.20	31.32	100.00	100.00	夹江县
6.56	88.43	88.43	11.78	41.25	34.43	100.00	100.00	沐川县
5.36	90.41	90.41	15.46	33.49	33.26	100.00	100.00	峨边县
7.58	98.58	98.58	11.21	35.89	31.79	100.00	100.00	马边县
9.73	99.73	99.73	13.85	43.14	38.11	100.00	100.00	南部县
10.35	97.99	97.99	12.44	39.74	35.32	100.00	100.00	营山县
8.01	96.30	96.30	14.36	42.15	36.46	100.00	100.00	蓬安县
8.12	95.48	95.48	12.65	43.47	37.82	100.00	100.00	仪陇县
8.65	99.12	99.12	12.03	41.48	34.98	100.00	100.00	西充县
8.01	94.04	94.04	17.35	40.62	32.78	100.00	100.00	仁寿县
11.18	90.00	90.00	11.48	38.74	33.84	100.00	100.00	洪雅县
6.54	94.49	94.24	14.65	44.21	34.84	100.00	100.00	丹棱县
9.09	95.96	95.96	13.45	36.05	33.41	100.00	100.00	青神县
4.69	92.32	92.32	15.44	43.50	35.90	100.00	100.00	江安县
6.85	95.55	95.55	13.88	45.12	41.45	100.00	100.00	长宁县
13.07	92.00	92.00	13.60	39.50	35.19	100.00	100.00	高　县
3.97	92.00	92.00	15.04	45.37	41.25	100.00	100.00	珙　县
5.47	92.62	92.62	13.12	38.48	33.61	100.00	100.00	筠连县
10.30	95.92	95.92	12.28	36.30	31.83	100.00	100.00	兴文县
9.29	92.00	92.00	12.44	37.92	31.60	100.00	100.00	屏山县
11.24	99.30	99.30	14.83	42.95	38.09	100.00	100.00	岳池县
6.60	99.23	99.23	12.64	39.79	36.91	100.00	100.00	武胜县
7.33	97.81	97.81	13.83	41.31	37.09	100.00	100.00	邻水县
9.11	99.44	99.44	24.05	41.94	41.50	100.00	100.00	宣汉县
11.71	85.52	85.52	12.13	35.02	31.35	100.00	100.00	开江县
7.14	93.29	85.48	11.63	36.50	34.68	100.00	100.00	大竹县
9.56	99.59	99.59	10.50	35.04	31.85	100.00	100.00	渠　县
6.33	98.19	98.19	16.89	36.59	33.72	100.00	100.00	荥经县
15.89	92.04	92.04	18.68	36.85	36.41	100.00	100.00	汉源县
17.25	98.80	98.80	14.04	40.25	35.05	100.00	100.00	石棉县

1-2 续表 27

县名称 Name of Counties	人口密度（人/平方公里） Population Density (person/square kilometer)	人均日生活用水量（升） Daily Water Consumption Per Capita (liter)	供水普及率（%） Water Coverage Rate (%)	公共供水普及率 Public Water Coverage Rate	燃气普及率（%） Gas Coverage Rate (%)	建成区供水管道密度（公里/平方公里） Density of Water Supply Pipelines in Built District (kilometer/square kilometer)	人均道路面积（平方米） Road Surface Area Per Capita (m^2)	建成区路网密度（公里/平方公里） Density of Road Network in Built District (kilometer/square kilometer)	建成区道路面积率（%） Surface Area of Roads Rate of Built District (%)
天全县	1032	199.58	100.00	100.00	98.45	8.86	22.99	7.48	10.44
芦山县	871	118.50	99.40	99.40	93.98	9.23	15.62	8.35	9.27
宝兴县	63	316.49	79.70	75.19	78.20	10.46	13.35	8.90	7.80
通江县	7777	89.71	88.83	88.83	79.70	20.95	12.23	6.97	13.74
南江县	5419	81.38	97.73	97.73	92.26	9.90	16.71	6.75	11.49
平昌县	2124	117.45	91.11	91.11	90.56	19.01	13.18	6.08	15.14
安岳县	877	105.21	95.51	95.51	99.75	6.90	7.78	4.92	6.36
乐至县	1107	82.31	100.00	100.00	94.93	8.61	16.26	6.01	18.25
汶川县	238	90.31	88.52	88.52	74.10	17.71	6.39	1.05	0.50
理　县	80	205.48	66.67	66.67	74.00	13.56	10.00	8.47	8.47
茂　县	134	169.43	95.48	95.48	97.49	13.64	15.05	6.25	9.82
松潘县	105	121.77	86.96	86.96	59.90	14.48	40.10	15.69	18.49
九寨沟县	749	130.80	83.15	83.15	97.49	5.35	25.81	10.90	16.18
金川县	300	108.22	81.97	81.97	72.95	4.86	7.87	3.71	2.23
小金县	361	302.98	86.73	86.73	71.94	12.75	7.33	3.65	4.07
黑水县	17	147.98	77.55	77.55	28.06	5.67	6.27	3.08	2.91
壤塘县	1241	442.32	92.22	92.22	66.67	18.42	5.22	3.95	3.95
阿坝县	435	186.80	92.05	92.05	40.59	18.57	9.92	0.52	2.08
若尔盖县	31	164.02	89.94	89.94	53.25	4.17	10.52	3.04	3.45
红原县	5	481.52	93.18	89.39	87.88	6.60	32.38	5.04	8.40
泸定县	2996	251.14	88.24	88.24	67.28	8.69	12.33	10.73	15.25
丹巴县	1662	127.10	93.97	93.47	65.33	14.76	3.19	2.92	2.92
九龙县	1645	152.21	89.50	89.50	49.72	10.00	6.13	3.53	2.87
雅江县	2171	130.94	96.67	96.67	96.67	3.46	20.75	2.69	2.75
道孚县	1847	89.17	91.16	91.16	76.80	11.30	20.43	7.57	4.33
炉霍县	1793	98.86	100.00	100.00	61.86	12.00	11.65	2.33	6.00
甘孜县	3274	76.85	92.76	92.76	49.77	7.45	5.25	2.03	2.09
新龙县	1364	221.31	98.85	98.85	10.34	8.91	17.36	9.48	8.45
德格县	1256	173.33	79.67	79.67	65.04	38.33	10.61	13.33	4.67
白玉县	3524	128.35	90.91	90.91	89.95	10.33	14.50	2.80	10.10
石渠县	588	159.64	100.00	48.31	68.54	20.65	28.88	6.49	4.41
色达县	1329	180.88	94.50	94.50	71.56	12.88	23.68	4.41	4.58
理塘县	2611	139.01	86.71	86.71	30.90	6.69	6.51	4.86	2.54
巴塘县	2295	38.96	100.00	100.00	69.72	12.14	16.51	10.71	10.29
乡城县	1794	129.81	95.08	95.08	44.26	4.57	3.39	0.79	0.86
稻城县	6867	139.18	97.09	97.09	77.67	8.54	21.50	9.63	27.00
得荣县	1189	273.97	94.44	94.44	72.22	11.08	14.81	7.69	12.31

continued

建成区排水管道密度(公里/平方公里) Density of Sewers in Built District (kilometer/square kilometer)	污水处理率(%) Wastewater Treatment Rate (%)	污水处理厂集中处理率 Centralized Treatment Rate of Wastewater Treatment Plants	人均公园绿地面积(平方米) Public Recreational Green Space Per Capita (m^2)	建成区绿化覆盖率(%) Green Coverage Rate of Built District (%)	建成区绿地率(%) Green Space Rate of Built District (%)	生活垃圾处理率(%) Domestic Garbage Treatment Rate (%)	生活垃圾无害化处理率 Domestic Garbage Harmless Treatment Rate	县名称 Name of Counties
19.00	99.11	99.11	13.91	35.30	35.04	100.00	100.00	天全县
4.23	92.98	92.98	14.23	36.20	31.83	96.63	96.63	芦山县
2.75	85.67	61.78	20.30	38.07	34.86	100.00	100.00	宝兴县
3.45	92.76	92.76	21.07	38.81	37.91	99.29	99.29	通江县
5.80	96.29	96.29	13.45	38.49	34.39	99.12	99.12	南江县
6.22	85.19	85.19	15.25	36.74	35.36	99.00	99.00	平昌县
3.52	95.93	95.93	14.67	34.80	30.82	100.00	100.00	安岳县
8.15	100.00	100.00	10.46	40.78	36.39	100.00	100.00	乐至县
7.70	85.42	85.42	18.03	37.01	36.29	100.00	100.00	汶川县
6.95	82.54	82.54	4.00	10.73	9.60	96.77	96.77	理　县
17.70	65.98	65.98	13.82	29.51	24.62	100.00	100.00	茂　县
11.80	40.91	40.91	9.66	20.27	18.93	98.00	98.00	松潘县
5.64	96.54	96.54	19.35	34.83	31.07	95.73	95.73	九寨沟县
0.26	35.01	35.01	2.79	4.74	4.14	90.21	90.21	金川县
8.65	85.14	85.14	5.79	4.65	4.87	92.67	92.67	小金县
5.14	79.22	79.22	10.20	33.22	33.05	100.00	100.00	黑水县
13.16	50.36	50.36	5.00	6.32	6.18	97.15	97.15	壤塘县
3.57	81.86	81.86	8.37	5.02	4.90	92.00	92.00	阿坝县
5.50	82.96	82.96	54.97	26.28	15.48	96.50	96.50	若尔盖县
20.56	85.61	85.61	10.00	29.34	29.21	98.27	98.27	红原县
11.82	87.58	87.58	16.84	33.18	29.63	98.97	98.97	泸定县
13.81	87.09	87.09	17.59	21.71	17.43	100.00	100.00	丹巴县
5.33	86.99	86.99	19.34	21.67	16.67	100.00	100.00	九龙县
36.69	86.29	86.29	16.33	22.23	20.30	96.81	96.81	雅江县
3.19	85.13	85.13	16.84	31.59	31.09	98.87	98.87	道孚县
10.07	85.35	85.35	14.95	21.67	19.52	100.00	100.00	炉霍县
1.00	85.60	85.60	18.10	21.16	14.93	93.01	93.01	甘孜县
13.79	85.11	85.11	13.79	37.93	32.99	85.30	85.30	新龙县
33.33	85.32	85.32	16.26	34.97	32.48	100.00	100.00	德格县
4.00	86.89	86.89	12.00	22.33	22.00	100.00	100.00	白玉县
18.08	26.43	26.43	16.85	34.69	28.98	87.34	87.34	石渠县
6.78	85.43	85.43	18.53	16.47	10.92	100.00	100.00	色达县
5.68	8.04	8.04	15.25	26.76	25.72	100.00	100.00	理塘县
4.00	86.50	86.50	12.84	10.80	9.94	100.00	100.00	巴塘县
4.67	85.05	85.05	16.39	15.19	14.97	85.00	85.00	乡城县
17.99	80.88	80.88	18.83	35.12	33.54	100.00	100.00	稻城县
13.22	85.61	85.61	19.44	30.92	21.54	100.00	100.00	得荣县

1-2 续表 28

县名称 Name of Counties	人口密度（人/平方公里） Population Density (person/square kilometer)	人均日生活用水量（升） Daily Water Consumption Per Capita (liter)	供水普及率（%） Water Coverage Rate (%)	公共供水普及率 Public Water Coverage Rate	燃气普及率（%） Gas Coverage Rate (%)	建成区供水管道密度（公里/平方公里） Density of Water Supply Pipelines in Built District (kilometer/square kilometer)	人均道路面积（平方米） Road Surface Area Per Capita (m^2)	建成区路网密度（公里/平方公里） Density of Road Network in Built District (kilometer/square kilometer)	建成区道路面积率（%） Surface Area of Roads Rate of Built District (%)
普格县	5952	87.20	88.62	88.62	49.23	31.67	3.22	2.70	3.49
木里县	8933	114.35	85.82	85.82	80.60	14.84	8.81	2.58	3.87
盐源县	12809	102.27	80.20	80.20	15.41	10.75	10.12	6.36	9.91
德昌县	5179	96.28	93.21	93.21	49.67	14.88	15.23	10.79	17.02
会理县	6897	100.97	95.67	95.67	60.16	17.36	13.37	7.05	13.11
会东县	5959	174.26	83.56	83.56	43.84	7.48	6.28	4.14	5.62
宁南县	10217	134.14	46.82	46.82	13.70	10.63	8.29	4.90	8.47
布拖县	4824	85.78	90.85	90.85	24.39	7.28	13.26	3.39	13.82
金阳县	19048	54.50	100.00	100.00	25.00	3.28	2.04	4.68	4.09
昭觉县	21800	46.69	88.99	88.99	16.88	13.80	5.96	4.80	10.60
喜德县	2632	98.63	93.75	93.75	22.81	10.60	13.44	4.97	8.28
冕宁县	6070	136.93	97.30	92.29	23.89	11.90	9.66	4.54	5.88
越西县	9224	41.29	95.58	95.58	8.27	4.80	4.48	5.96	6.40
甘洛县	25661	143.92	80.84	75.85	19.81	4.80	4.32	5.37	5.91
美姑县	12654	118.27	89.27	87.80	30.00	7.98	0.84	2.18	1.74
雷波县	10063	208.94	74.48	74.48	69.25	8.07	8.08	5.93	7.22
贵　州	**2231**	**105.67**	**95.39**	**95.01**	**80.17**	**7.88**	**18.84**	**7.49**	**12.68**
开阳县	4734	104.27	100.00	83.32	97.31	11.80	12.48	6.82	10.32
息烽县	3969	144.31	99.89	99.89	92.37		17.76	8.34	16.07
修文县	6078	92.53	72.67	72.67	63.71		33.55	8.94	16.02
水城区	456	128.35	96.51	96.51	81.96	9.72	33.50	7.94	18.69
六枝特区	2232	134.30	94.05	91.89	97.90	25.84	24.05	16.74	19.73
桐梓县	1993	120.83	96.30	96.30	93.55	11.50	16.62	9.39	14.65
绥阳县	1248	111.67	98.02	98.02	92.74	8.47	27.02	6.64	9.37
正安县	1736	78.60	97.60	97.60	94.88		16.82	8.46	14.82
道真县	1600	102.12	98.21	98.21	93.30	7.36	20.43	7.88	14.31
务川县	1779	135.96	88.43	88.43	89.83	11.85	15.80	9.64	15.42
凤冈县	879	142.00	93.92	93.92	90.48	4.00	32.17	8.56	16.77
湄潭县	1647	171.12	92.14	92.14	93.00	5.41	24.21	8.00	18.82
余庆县	1590	114.76	95.39	95.39	93.08	8.26	17.02	7.14	14.12
习水县	1964	146.10	98.88	98.88	95.96	6.75	23.31	7.74	15.79
普定县	2544	86.18	100.00	100.00	53.45	8.38	21.15	6.16	8.56
镇宁县	2559	117.75	100.00	100.00	22.99	38.19	17.42	7.50	18.26
关岭县	4227	102.34	99.35	99.35	53.66	6.18	7.95	5.61	1.88
紫云县	5896	65.35	99.64	99.64	36.19	19.08	29.48	8.59	28.58
大方县	5078	128.16	92.31	92.31	49.23	4.77	9.47	6.05	6.18
黔西县	10844	100.84	96.72	96.72	85.20	6.60	15.81	8.08	15.30

continued

建成区排水管道密度（公里/平方公里） Density of Sewers in Built District (kilometer/ square kilometer)	污水处理率(%) Wastewater Treatment Rate (%)	污水处理厂集中处理率 Centralized Treatment Rate of Wastewater Treatment Plants	人均公园绿地面积（平方米） Public Recreational Green Space Per Capita (m^2)	建成区绿化覆盖率(%) Green Coverage Rate of Built District (%)	建成区绿地率(%) Green Space Rate of Built District (%)	生活垃圾处理率(%) Domestic Garbage Treatment Rate (%)	生活垃圾无害化处理率 Domestic Garbage Harmless Treatment Rate	县名称 Name of Counties
8.55	90.74	90.74	7.69	16.67	8.67	100.00	100.00	普格县
4.19	92.59	92.59	2.05	18.13	16.13	100.00	100.00	木里县
10.17	74.65	74.65	10.65	25.68	22.47	100.00	100.00	盐源县
18.07	91.85	91.85	10.99	43.71	34.81	100.00	100.00	德昌县
11.90	90.04	90.04	8.80	40.51	33.63	100.00	100.00	会理县
3.50	80.86	80.86	6.37	12.25	8.30	100.00	100.00	会东县
5.69	100.00	100.00	2.13	3.89	3.16	100.00	100.00	宁南县
8.55	58.33	58.33	6.31	22.58	13.13	100.00	100.00	布拖县
4.59	78.22	78.22	10.06	28.75	19.18	100.00	100.00	金阳县
3.00	86.01	86.01	5.50	28.00	26.20	100.00	100.00	昭觉县
8.68	40.00	40.00	7.81	24.83	17.95	100.00	100.00	喜德县
8.36	73.16	73.16	34.30	43.59	35.69	100.00	100.00	冕宁县
5.57	71.43	71.43	17.69	43.27	42.45	100.00	100.00	越西县
26.03	20.48	20.48	4.51	27.07	26.24	100.00	100.00	甘洛县
8.60	62.44	62.44	1.46	13.30	9.57	100.00	100.00	美姑县
2.06	12.00	12.00	7.53	16.24	13.92	100.00	100.00	雷波县
5.34	**91.27**	**91.21**	**13.39**	**36.67**	**33.80**	**90.25**	**90.25**	**贵　州**
2.42	95.90	95.90	10.07	36.77	31.02	93.00	93.00	开阳县
3.98	95.00	95.00	27.09	39.78	36.64	90.50	90.50	息烽县
9.87	89.53	89.53	11.07	24.13	20.71	92.00	92.00	修文县
17.85	95.00	95.00	12.08	40.98	38.20	94.80	94.80	水城区
9.44	92.83	92.83	12.40	40.02	35.18	94.05	94.05	六枝特区
	90.02	90.02	12.70	37.49	35.09	93.50	93.50	桐梓县
4.75	93.10	93.10	21.10	39.64	37.41	91.61	91.61	绥阳县
2.10	90.28	90.28	14.98	36.41	35.40	91.19	91.19	正安县
	93.63	93.63	18.78	38.06	36.67	90.55	90.55	道真县
	90.99	90.99	9.26	37.78	36.94	92.25	92.25	务川县
4.62	88.33	88.33	18.22	35.86	32.49	93.00	93.00	凤冈县
15.32	90.92	90.92	17.94	38.58	36.52	92.09	92.09	湄潭县
6.70	92.78	92.78	12.10	37.80	37.05	90.94	90.94	余庆县
7.17	93.22	93.22	13.99	38.00	36.51	94.26	94.26	习水县
16.51	93.64	93.64	17.05	37.41	35.07	89.81	89.81	普定县
20.86	93.19	93.19	9.12	39.01	34.51	90.50	90.50	镇宁县
9.25	90.95	90.95	12.52	41.22	36.71	90.10	90.10	关岭县
22.91	92.53	92.53	9.84	37.65	32.90	90.91	90.91	紫云县
3.73	91.13	91.13	16.54	44.86	41.92	91.00	91.00	大方县
6.94	92.50	92.50	14.12	37.28	34.69	94.36	94.36	黔西县

1-2 续表 29

县名称 Name of Counties	人口密度（人/平方公里） Population Density (person/square kilometer)	人均日生活用水量（升） Daily Water Consumption Per Capita (liter)	供水普及率（%） Water Coverage Rate (%)	公共供水普及率 Public Water Coverage Rate	燃气普及率（%） Gas Coverage Rate (%)	建成区供水管道密度（公里/平方公里） Density of Water Supply Pipelines in Built District (kilometer/square kilometer)	人均道路面积（平方米） Road Surface Area Per Capita (m^2)	建成区路网密度（公里/平方公里） Density of Road Network in Built District (kilometer/square kilometer)	建成区道路面积率（%） Surface Area of Roads Rate of Built District (%)
金沙县	1441	77.81	95.04	95.04	80.58	2.75	13.88	3.70	9.31
织金县	4134	176.08	95.41	95.41	79.97	4.81	28.66	6.47	8.67
纳雍县	1434	103.70	94.83	94.83	81.26		8.21	4.11	6.91
威宁自治县	1442	104.13	80.61	80.61	91.90	6.34	16.67	6.45	12.80
赫章县	926	78.46	91.24	91.24	80.08	4.03	10.50	6.05	6.14
江口县	3728	75.98	99.56	99.56	70.69	16.53	17.12	8.04	16.48
玉屏县	2187	97.71	95.30	95.30	76.76	11.03	21.15	6.55	11.82
石阡县	4611	141.96	96.00	96.00	74.20	9.18	17.34	7.03	11.31
思南县	2386	84.98	98.91	98.91	86.34	8.21	21.34	7.59	11.01
印江县	9688	81.09	99.68	99.68	70.58	9.43	11.54	8.32	11.77
德江县	3085	85.31	100.00	100.00	73.10	6.69	18.26	8.85	17.56
沿河县	7393	87.92	94.68	94.68	71.69	8.33	13.00	7.58	11.47
松桃县	2836	81.46	96.44	96.44	73.60	10.14	14.58	7.91	12.26
普安县	2639	91.32	94.74	94.74	81.89	17.78	16.49	11.95	13.05
晴隆县	5342	76.03	95.01	95.01	81.12	7.12	18.88	8.70	11.00
贞丰县	5562	74.01	90.00	90.00	80.00	4.93	20.62	6.76	12.38
望谟县	5516	74.91	97.99	97.99	87.09		17.07	8.72	11.22
册亨县	6292	45.01	92.72	92.72	74.30	1.44	15.14	10.03	13.74
安龙县	3352	81.02	96.90	96.90	94.83	10.74	27.37	11.24	29.21
黄平县	2826	71.53	98.92	98.92	73.66	5.89	21.44	8.71	20.04
施秉县	7238	83.80	77.86	77.86	71.15		15.70	7.96	13.16
三穗县	1402	95.46	95.10	95.10	77.56	1.92	19.82	6.62	10.98
镇远县	5850	64.53	98.84	98.84	80.35	5.37	12.42	7.16	6.86
岑巩县	5832	96.96	99.45	99.45	73.48		23.27	8.59	16.42
天柱县	7236	73.07	97.65	97.65	88.15	12.55	14.78	6.81	12.43
锦屏县	3571	124.14	89.23	89.23	85.54	8.35	11.43	7.18	7.83
剑河县	6335	96.69	100.00	100.00	72.15		8.51	5.93	6.95
台江县	8033	102.14	91.84	91.84	84.69	17.82	10.86	8.99	8.94
黎平县	10000	109.04	98.67	98.67	84.20		10.04	4.39	9.10
榕江县	2294	134.07	94.28	94.28	71.25	7.01	16.58	6.79	12.58
从江县	5109	66.92	90.74	90.74	86.32	12.05	16.27	8.31	8.30
雷山县	8729	138.47	97.14	97.14	89.50		14.85	13.08	15.94
麻江县	5565	60.23	90.97	90.97	94.36	14.89	17.02	7.02	6.82
丹寨县	5492	113.83	65.03	65.03	72.54	0.01	6.30	3.68	4.30
荔波县	6267	200.71	99.38	99.38	79.78	10.19	22.85	12.60	13.17
贵定县	2777	182.65	100.00	100.00	79.94	8.17	12.11	8.70	10.23
瓮安县	8616	59.15	99.91	99.91	80.81	12.29	20.68	5.60	9.79

continued

建成区排水管道密度（公里/平方公里） Density of Sewers in Built District (kilometer/square kilometer)	污水处理率 (%) Wastewater Treatment Rate (%)	污水处理厂集中处理率 Centralized Treatment Rate of Wastewater Treatment Plants	人均公园绿地面积（平方米） Public Recreational Green Space Per Capita (m^2)	建成区绿化覆盖率 (%) Green Coverage Rate of Built District (%)	建成区绿地率 (%) Green Space Rate of Built District (%)	生活垃圾处理率 (%) Domestic Garbage Treatment Rate (%)	生活垃圾无害化处理率 Domestic Garbage Harmless Treatment Rate	县名称 Name of Counties
3.66	95.00	95.00	12.47	33.16	30.01	92.00	92.00	金沙县
1.30	92.03	92.03	11.56	33.01	31.96	90.60	90.60	织金县
6.57	88.50	88.50	9.75	35.70	28.84	90.00	90.00	纳雍县
5.81	94.40	94.40	10.27	22.93	19.84	90.03	90.03	威宁自治县
6.26	88.16	88.16	8.05	30.86	29.88	90.50	90.50	赫章县
	85.83	85.83	16.87	36.04	34.34	92.50	92.50	江口县
	85.85	85.85	25.46	37.79	35.07	92.05	92.05	玉屏县
	85.74	85.74	9.13	37.84	37.84	87.16	87.16	石阡县
	86.27	86.27	11.58	36.77	37.75	86.10	86.10	思南县
5.90	91.70	91.70	10.61	36.93	34.18	87.10	87.10	印江县
3.93	95.16	95.16	17.74	36.18	35.22	90.89	90.89	德江县
	86.65	86.65	8.32	35.05	31.95	88.12	88.12	沿河县
3.32	90.65	90.65	17.75	35.74	35.46	84.73	84.73	松桃县
7.30	86.08	86.08	10.02	36.38	34.70	90.68	90.68	普安县
	86.99	86.99	11.70	34.86	30.66	89.39	89.39	晴隆县
5.53	86.52	86.52	12.04	38.24	34.22	90.26	90.26	贞丰县
	85.16	85.16	9.00	38.42	34.60	88.33	88.33	望谟县
4.81	89.00	89.00	12.36	31.85	26.81	90.00	90.00	册亨县
6.63	91.09	91.09	11.71	34.94	33.01	90.80	90.80	安龙县
	93.26	93.26	10.87	36.39	33.39	90.50	90.50	黄平县
9.80	85.89	85.89	13.60	35.13	31.78	83.00	83.00	施秉县
	88.10	88.10	11.22	37.49	33.78	88.00	88.00	三穗县
6.93	90.77	90.77	12.04	35.20	31.09	85.00	85.00	镇远县
4.59	86.19	86.19	9.09	36.99	33.96	85.00	85.00	岑巩县
5.28	85.05	85.05	15.16	37.04	33.92	92.00	92.00	天柱县
	87.90	87.90	7.78	36.39	31.89	85.00	85.00	锦屏县
	86.00	86.00	14.66	35.72	31.90	88.00	88.00	剑河县
3.88	46.37	46.37	8.31	34.62	30.22	91.50	91.50	台江县
	86.38	86.38	8.78	33.10	30.05	81.00	81.00	黎平县
	85.74	85.74	13.69	33.09	30.09	89.00	89.00	榕江县
	88.07	88.07	12.72	34.83	31.40	90.83	90.83	从江县
	98.60	98.60	11.04	37.49	34.10	90.50	90.50	雷山县
	92.73	92.73	16.59	34.67	30.96	90.51	90.51	麻江县
8.42	92.53	92.53	11.56	35.47	30.74	92.86	92.86	丹寨县
9.20	92.78	92.78	14.85	40.77	38.61	87.00	87.00	荔波县
6.61	96.07	96.07	9.80	38.00	34.60	92.00	92.00	贵定县
10.80	96.40	94.25	11.48	42.56	32.22	91.00	91.00	瓮安县

1-2 续表 30

县名称 Name of Counties	人口密度(人/平方公里) Population Density (person/square kilometer)	人均日生活用水量(升) Daily Water Consumption Per Capita (liter)	供水普及率(%) Water Coverage Rate (%)	公共供水普及率 Public Water Coverage Rate	燃气普及率(%) Gas Coverage Rate (%)	建成区供水管道密度(公里/平方公里) Density of Water Supply Pipelines in Built District (kilometer/square kilometer)	人均道路面积(平方米) Road Surface Area Per Capita (m^2)	建成区路网密度(公里/平方公里) Density of Road Network in Built District (kilometer/square kilometer)	建成区道路面积率(%) Surface Area of Roads Rate of Built District (%)
独山县	1543	135.67	100.00	100.00	75.83	7.14	38.36	6.65	16.85
平塘县	1732	119.75	100.00	100.00	85.26	11.90	22.08	6.15	9.90
罗甸县	5754	186.51	100.00	100.00	70.09	12.50	12.95	5.95	7.72
长顺县	6941	74.86	100.00	100.00	71.59	21.51	8.72	6.02	7.30
龙里县	630	107.36	99.55	99.55	78.74		29.95	4.18	5.89
惠水县	690	132.27	100.00	100.00	76.99	11.53	37.67	8.75	18.50
三都水族自治县	2314	82.56	100.00	100.00	70.56	8.91	22.73	7.28	15.42
云　南	**3504**	**116.64**	**96.85**	**95.35**	**55.03**	**13.57**	**16.49**	**7.45**	**13.82**
嵩明县	3500	105.61	99.71	99.71	90.14	9.77	19.64	8.03	15.03
富民县	1925	77.38	90.91	90.91	42.67	8.59	11.68	6.88	9.74
宜良县	428	166.78	100.00	77.52	32.64	2.81	14.80	4.91	14.24
石林彝族自治县	1320	199.32	100.00	100.00	46.97	2.53	20.26	5.10	16.54
禄劝彝族苗族自治县	8088	189.05	100.00	96.29	95.98	11.31	13.00	10.96	12.02
寻甸县	4707	141.05	94.16	94.16	97.72	32.54	12.53	6.10	14.73
昆明阳宗海风景名胜区	5523	109.59	100.00	82.80	27.31	8.52	11.40	3.02	6.30
陆良县	8922	130.36	97.74	97.74	20.87	16.98	19.29	8.16	17.16
师宗县	8836	103.03	96.52	96.52	28.70	5.05	18.14	8.09	13.68
罗平县	5729	104.68	92.73	92.73	16.00	11.65	24.29	8.88	13.18
富源县	7814	119.47	92.96	92.96	52.38	5.53	21.00	8.51	16.63
会泽县	6531	140.08	97.83	97.83	89.32	12.95	18.44	8.16	19.71
通海县	2041	66.31	97.91	97.91	52.22	13.70	14.10	7.43	13.17
华宁县	1275	111.33	95.79	95.79	100.00	32.20	22.07	8.19	15.85
易门县	4376	213.34	99.52	99.52	94.69	16.19	20.86	7.66	11.71
峨山县	3641	168.71	100.00	100.00	56.27	10.97	21.66	9.44	19.93
新平县	2820	144.44	93.60	90.12	30.09	17.06	14.66	7.86	15.52
元江县	4300	196.56	100.00	100.00	30.23	20.44	20.93	9.34	20.96
施甸县	3972	120.01	95.95	95.95	29.73	15.38	18.65	7.91	13.73
龙陵县	3618	99.14	88.29	68.29	32.20	30.61	11.34	9.16	11.25
昌宁县	3060	106.05	100.00	100.00	41.71	15.87	27.51	6.77	8.71
鲁甸县	14024	100.82	100.00	100.00	17.39	19.30	10.58	8.13	12.33
巧家县	7551	107.51	100.00	100.00	24.23	7.66	9.51	4.71	9.17
盐津县	6341	59.21	100.00	100.00	67.52	6.34	11.53	11.29	13.16
大关县	6650	60.05	97.18	97.18	43.80	3.72	5.89	6.28	5.03
永善县	6654	57.96	100.00	100.00	80.81	10.26	6.14	6.86	9.15
绥江县	5755	185.23	100.00	100.00	54.41	15.54	19.46	11.60	15.18

continued

建成区排水管道密度（公里/平方公里） Density of Sewers in Built District (kilometer/square kilometer)	污水处理率(%) Wastewater Treatment Rate (%)	污水处理厂集中处理率 Centralized Treatment Rate of Wastewater Treatment Plants	人均公园绿地面积（平方米） Public Recreational Green Space Per Capita (m^2)	建成区绿化覆盖率(%) Green Coverage Rate of Built District (%)	建成区绿地率(%) Green Space Rate of Built District (%)	生活垃圾处理率(%) Domestic Garbage Treatment Rate (%)	生活垃圾无害化处理率 Domestic Garbage Harmless Treatment Rate	县名称 Name of Counties
6.57	90.89	90.89	15.12	38.10	37.31	85.80	85.80	独山县
9.15	91.53	88.66	23.58	38.93	38.38	87.00	87.00	平塘县
8.44	91.92	91.92	19.85	42.27	37.16	90.01	90.01	罗甸县
6.99	96.37	96.37	13.31	37.74	37.74	90.50	90.50	长顺县
2.68	97.14	97.14	17.75	42.50	40.42	92.00	92.00	龙里县
5.22	91.47	91.47	14.70	36.96	34.01	90.80	90.80	惠水县
5.22	92.20	92.20	16.55	35.87	31.09	85.00	85.00	三都水族自治县
12.99	**94.92**	**94.86**	**10.79**	**38.87**	**34.30**	**99.88**	**99.24**	**云　南**
20.05	90.35	90.35	10.96	40.99	35.63	100.00	100.00	嵩明县
16.06	90.18	90.18	12.37	40.39	36.07	100.00	100.00	富民县
9.62	87.40	87.40	11.54	39.92	37.03	100.00	100.00	宜良县
14.97	90.09	90.09	12.54	39.00	35.70	100.00	100.00	石林彝族自治县
9.18	87.17	87.17	13.08	41.21	37.35	100.00	100.00	禄劝彝族苗族自治县
28.50	95.06	95.06	10.24	43.39	37.97	100.00	100.00	寻甸县
10.14	92.36	92.36	7.47	29.29	22.88	100.00	100.00	昆明阳宗海风景名胜区
12.62	99.97	99.97	9.85	38.32	33.50	100.00	100.00	陆良县
8.49	93.97	93.97	11.58	38.52	34.98	100.00	100.00	师宗县
9.13	95.09	95.09	13.24	41.45	38.44	100.00	100.00	罗平县
8.53	93.20	93.20	10.57	38.14	33.41	100.00	100.00	富源县
15.06	95.87	95.87	12.06	37.84	33.10	100.00	100.00	会泽县
17.03	95.14	95.14	9.46	38.54	33.36	100.00	100.00	通海县
14.77	96.00	96.00	9.03	37.85	34.18	100.00	100.00	华宁县
9.69	90.38	90.38	14.25	41.87	36.90	100.00	100.00	易门县
16.22	91.86	91.61	11.58	41.06	36.28	100.00	100.00	峨山县
11.38	92.09	92.09	11.63	39.54	34.91	100.00	100.00	新平县
25.47	92.69	92.69	9.28	42.52	36.28	100.00		元江县
15.40	95.00	95.00	10.54	41.18	37.09	100.00	100.00	施甸县
7.25	99.99	99.99	10.61	39.41	35.56	100.00	100.00	龙陵县
8.72	100.00	100.00	16.76	42.57	37.14	100.00	100.00	昌宁县
21.37	94.97	94.97	9.34	38.90	34.44	100.00	100.00	鲁甸县
12.83	92.42	92.42	8.14	36.90	32.32	100.00	100.00	巧家县
16.59	93.36	93.36	8.55	38.60	30.49	100.00	100.00	盐津县
15.15	99.62	99.62	9.38	38.86	33.49	100.00	100.00	大关县
14.55	94.11	94.11	9.64	38.69	34.54	100.00	100.00	永善县
34.78	98.10	98.10	16.78	48.53	45.02	100.00	100.00	绥江县

1-2 续表 31

县名称 Name of Counties	人口密度(人/平方公里) Population Density (person/square kilometer)	人均日生活用水量(升) Daily Water Consumption Per Capita (liter)	供水普及率(%) Water Coverage Rate (%)	公共供水普及率 Public Water Coverage Rate	燃气普及率(%) Gas Coverage Rate (%)	建成区供水管道密度(公里/平方公里) Density of Water Supply Pipelines in Built District (kilometer/square kilometer)	人均道路面积(平方米) Road Surface Area Per Capita (m^2)	建成区路网密度(公里/平方公里) Density of Road Network in Built District (kilometer/square kilometer)	建成区道路面积率(%) Surface Area of Roads Rate of Built District (%)
镇雄县	9403	97.76	100.00	100.00	20.10	5.87	5.12	2.15	6.29
彝良县	5170	93.02	100.00	99.90	69.73	9.21	11.12	8.07	15.21
威信县	12925	148.79	100.00	100.00	59.85	14.24	8.17	7.88	10.97
玉龙纳西族自治县	3487	57.68	98.28	98.28	94.54	4.32	63.65	8.58	25.97
永胜县	7893	104.51	98.31	98.31	97.64	18.30	17.62	8.05	17.53
华坪县	8167	140.90	100.00	100.00	97.96	34.88	24.43	9.35	22.36
宁蒗县	10095	187.79	98.38	98.38	93.24	15.00	6.22	2.46	6.62
宁洱哈尼族彝族自治县	4041	99.18	99.33	96.99	88.46	19.18	18.67	8.03	14.14
墨江哈尼族自治县	7198	87.30	99.60	99.60	79.44	16.04	21.18	8.83	15.94
景东彝族自治县	6764	162.88	96.10	96.10	94.05	15.01	19.13	12.65	15.45
景谷傣族彝族自治县	5714	151.05	100.00	100.00	88.24	8.97	18.22	7.91	13.04
镇沅彝族哈尼族拉祜族自治县	6100	146.02	93.44	93.44	86.89	14.25	21.19	12.41	20.16
江城哈尼族彝族自治县	5015	88.77	96.68	93.66	75.53	11.50	19.56	8.66	15.17
孟连傣族拉祜族佤族自治县	6758	137.95	95.29	95.29	73.99	6.22	15.00	4.56	10.65
澜沧拉祜族自治县	1567	160.89	98.87	90.05	95.48	24.71	22.00	8.01	15.10
西盟佤族自治县	3675	121.67	96.60	96.60	82.99	15.55	15.30	8.53	8.53
凤庆县	7443	118.82	100.00	98.56	86.66	6.52	11.01	5.01	8.50
云　县	1563	85.75	98.61	98.61	81.34	15.87	15.96	5.86	12.29
永德县	10194	67.65	95.24	95.24	65.87	9.57	8.30	5.09	8.95
镇康县	2600	197.14	81.40	81.40	9.77	26.01	22.91	8.30	23.24
双江县	9220	111.72	99.69	90.77	46.92	14.86	13.95	8.07	14.28
耿马县	4299	126.60	100.00	100.00	76.19	12.01	16.99	6.98	16.53
沧源县	4973	46.96	98.68	98.68	38.16	21.64	20.93	6.13	15.22
双柏县	8732	85.09	100.00	95.24	82.38	22.86	17.96	9.60	15.28
牟定县	4128	80.23	100.00	100.00	77.91	14.13	14.55	7.13	13.26
南华县	8000	108.98	100.00	100.00	74.34	17.49	16.61	8.39	13.67
姚安县	2420	100.00	100.00	100.00	60.33	13.83	19.81	8.54	17.87
大姚县	5712	119.79	100.00	99.21	94.64	9.63	21.81	7.61	17.00
永仁县	2700	155.76	100.00	100.00	55.56	18.39	35.04	13.89	20.75

continued

建成区排水管道密度(公里/平方公里) Density of Sewers in Built District (kilometer/square kilometer)	污水处理率(%) Wastewater Treatment Rate (%)	污水处理厂集中处理率 Centralized Treatment Rate of Wastewater Treatment Plants	人均公园绿地面积(平方米) Public Recreational Green Space Per Capita (m^2)	建成区绿化覆盖率(%) Green Coverage Rate of Built District (%)	建成区绿地率(%) Green Space Rate of Built District (%)	生活垃圾处理率(%) Domestic Garbage Treatment Rate (%)	生活垃圾无害化处理率 Domestic Garbage Harmless Treatment Rate	县名称 Name of Counties
6.71	98.81	98.81	8.68	40.53	33.71	100.00	100.00	镇雄县
7.28	97.77	97.77	8.90	39.84	37.17	100.00	100.00	彝良县
17.84	98.04	98.04	9.43	38.04	33.40	100.00	100.00	威信县
24.50	98.86	98.86	14.80	38.10	36.53	100.00	100.00	玉龙纳西族自治县
10.11	96.39	96.39	6.42	38.12	27.34	100.00	100.00	永胜县
12.90	96.84	96.84	10.00	38.42	35.22	100.00	100.00	华坪县
10.59	93.00	93.00	7.57	25.35	24.28	100.00	100.00	宁蒗县
12.04	98.80	98.80	13.75	45.33	42.29	99.42	99.42	宁洱哈尼族彝族自治县
7.95	98.50	98.50	14.37	42.36	39.10	99.79	99.79	墨江哈尼族自治县
14.39	98.90	98.90	9.29	38.95	35.00	99.53	99.53	景东彝族自治县
13.69	95.30	95.30	10.53	39.31	34.93	99.20	99.20	景谷傣族彝族自治县
17.53	96.13	96.13	12.69	40.93	35.64	99.20	99.20	镇沅彝族哈尼族拉祜族自治县
11.91	98.10	98.10	10.57	42.14	38.12	99.42	99.42	江城哈尼族彝族自治县
13.11	98.50	98.50	3.36	30.57	26.31	99.40	99.40	孟连傣族拉祜族佤族自治县
13.44	95.40	95.40	9.08	39.21	36.18	98.90	98.90	澜沧拉祜族自治县
14.36	95.60	95.60	10.34	42.63	39.10	99.75	99.75	西盟佤族自治县
8.23	100.00	100.00	12.15	40.76	34.83	100.00	100.00	凤庆县
5.82	98.00	98.00	11.39	41.58	35.89	100.00	100.00	云　县
7.20	97.60	97.60	10.76	35.17	33.04	100.00	100.00	永德县
18.19	99.30	99.30	10.95	44.05	37.46	100.00	100.00	镇康县
6.69	99.14	99.14	9.60	45.69	37.50	100.00	100.00	双江县
12.26	100.00	100.00	12.79	41.00	38.60	100.00	100.00	耿马县
17.92	100.00	100.00	9.34	42.47	36.00	100.00	100.00	沧源县
15.61	100.00	100.00	12.88	43.30	40.26	100.00	100.00	双柏县
13.74	96.00	96.00	12.06	38.80	33.82	100.00	100.00	牟定县
15.06	95.20	95.20	10.52	38.91	34.52	100.00	100.00	南华县
15.81	91.60	91.60	9.42	39.10	34.16	100.00	100.00	姚安县
12.34	97.62	97.62	12.55	40.48	35.24	100.00	100.00	大姚县
17.71	90.41	90.41	11.78	38.69	34.23	100.00	100.00	永仁县

1-2 续表 32

县名称 Name of Counties	人口密度(人/平方公里) Population Density (person/square kilometer)	人均日生活用水量(升) Daily Water Consumption Per Capita (liter)	供水普及率(%) Water Coverage Rate (%)	公共供水普及率 Public Water Coverage Rate	燃气普及率(%) Gas Coverage Rate (%)	建成区供水管道密度(公里/平方公里) Density of Water Supply Pipelines in Built District (kilometer/square kilometer)	人均道路面积(平方米) Road Surface Area Per Capita (m^2)	建成区路网密度(公里/平方公里) Density of Road Network in Built District (kilometer/square kilometer)	建成区道路面积率(%) Surface Area of Roads Rate of Built District (%)
元谋县	7078	134.36	90.39	90.39	50.30	12.79	21.19	8.03	15.04
武定县	1733	156.58	96.84	96.84	85.97	16.07	25.36	8.93	21.70
禄丰县	2043	143.45	97.76	97.76	87.97	9.90	22.30	8.32	16.15
屏边县	4312	118.11	97.99	97.99	43.68	12.08	13.01	8.56	11.79
建水县	7282	109.95	96.98	96.98	52.15	8.57	15.18	8.23	14.99
石屏县	7720	118.21	97.72	97.72	39.12	13.47	17.85	8.10	15.64
泸西县	8915	69.32	87.54	87.54	20.03	24.75	22.05	11.20	21.73
元阳县	10625	119.63	91.04	91.04	44.26	5.88	17.20	7.74	15.19
红河县	8319	141.90	96.42	96.42	2.30	17.77	13.46	8.37	5.33
金平县	9109	116.29	89.82	89.82	49.90	15.20	9.99	8.18	11.70
绿春县	7562	108.06	96.42	96.42	8.14	5.58	6.84	10.56	9.37
河口县	9317	125.66	97.03	97.03	89.31	9.59	13.77	7.98	14.16
砚山县	4352	46.97	99.89	99.89	47.49	8.79	19.92	4.77	14.06
西畴县	6378	114.78	95.34	95.34	77.97	19.94	19.22	7.07	12.71
麻栗坡县	10242	36.29	89.35	89.35	34.02	14.29	7.61	5.83	4.54
马关县	2452	181.69	100.00	100.00	61.55	9.54	24.27	8.08	15.18
丘北县	2138	47.32	95.00	95.00	70.06	36.22	12.02	4.32	8.55
广南县	6001	75.94	96.84	96.84	65.79	7.61	16.84	8.51	13.88
富宁县	8250	136.06	92.93	92.93	72.12	10.76	15.76	6.77	13.76
勐海县	1223	112.32	100.00	100.00	71.80	25.57	16.34	6.71	16.10
勐腊县	521	121.40	100.00	100.00	96.09	14.10	13.99	8.04	13.09
漾濞彝族自治县	6808	80.61	84.75	84.75	15.25	10.14	7.58	3.15	6.28
祥云县	4391	126.62	100.00	100.00	36.02	11.92	22.50	8.03	15.03
宾川县	2794	184.18	99.81	96.97	64.39	23.83	21.09	6.86	17.25
弥渡县	6783	129.27	100.00	100.00	30.28	16.57	14.51	6.05	11.09
南涧彝族自治县	4178	128.53	100.00	100.00	30.50	10.78	21.05	8.45	19.40
巍山彝族回族自治县	5545	81.28	98.16	98.16	11.68	11.15	17.57	8.65	14.94
永平县	6610	74.79	97.13	97.13	10.89	15.93	17.40	8.90	16.32
云龙县	3943	110.15	89.00	89.00	81.34	5.07	14.19	9.62	10.16
洱源县	2594	106.25	98.37	98.37	84.47	17.49	17.08	5.89	9.97
剑川县	4027	154.53	95.83	95.83	70.83	41.28	26.93	6.33	15.36
鹤庆县	2434	72.15	100.00	100.00	54.25	19.82	20.23	8.08	15.06
梁河县	6111	80.79	85.09	85.09	5.09	3.78	15.26	3.65	8.70
盈江县	6354	104.88	89.62	89.62	25.90	19.68	18.59	3.54	13.06
陇川县	4793	112.79	90.17	90.17	22.07	7.16	15.34	7.93	10.78
福贡县	12080	98.54	90.07	90.07	59.60	23.44	7.28	8.11	6.49

continued

建成区排水管道密度(公里/平方公里) Density of Sewers in Built District (kilometer/square kilometer)	污水处理率(%) Wastewater Treatment Rate (%)	污水处理厂集中处理率 Centralized Treatment Rate of Wastewater Treatment Plants	人均公园绿地面积(平方米) Public Recreational Green Space Per Capita (m^2)	建成区绿化覆盖率(%) Green Coverage Rate of Built District (%)	建成区绿地率(%) Green Space Rate of Built District (%)	生活垃圾处理率(%) Domestic Garbage Treatment Rate (%)	生活垃圾无害化处理率 Domestic Garbage Harmless Treatment Rate	县名称 Name of Counties
10.41	90.80	90.80	10.20	38.59	33.16	100.00	100.00	元谋县
5.70	93.55	93.55	9.51	38.05	33.11	100.00	100.00	武定县
12.77	100.00	100.00	13.85	38.76	34.19	100.00	100.00	禄丰县
16.62	95.01	95.01	12.53	38.66	34.79	100.00	100.00	屏边县
18.86	94.10	94.10	11.15	41.21	36.58	100.00	100.00	建水县
22.78	96.71	96.71	11.74	41.29	36.72	100.00	100.00	石屏县
12.78	96.35	96.35	16.91	41.26	35.37	100.00	100.00	泸西县
17.49	97.09	97.09	13.64	34.23	29.23	100.00	100.00	元阳县
15.16	94.20	94.20	15.01	38.22	34.93	100.00	100.00	红河县
18.94	95.02	95.02	7.44	30.22	27.50	100.00	100.00	金平县
22.79	95.54	95.54	15.88	37.97	33.56	100.00	100.00	绿春县
9.21	94.36	94.36	13.52	38.79	33.79	100.00	100.00	河口县
6.76	100.00	100.00	12.13	34.63	30.05	100.00	100.00	砚山县
21.43	91.99	91.99	9.47	38.47	33.77	100.00	100.00	西畴县
6.60	90.60	90.60	1.63	37.87	35.91	100.00	100.00	麻栗坡县
14.64	97.18	97.18	9.17	38.26	33.26	100.00	100.00	马关县
3.94	89.17	89.17	12.26	38.53	33.16	100.00	100.00	丘北县
17.02	90.09	90.09	9.48	38.01	33.01	100.00	100.00	广南县
5.91	90.01	90.01	2.98	31.32	28.76	100.00	100.00	富宁县
8.32	95.15	95.15	9.56	40.30	33.69	100.00	100.00	勐海县
5.83	95.05	95.05	12.12	41.45	36.61	100.00	100.00	勐腊县
6.39	89.27	89.27	9.60	38.45	33.05	100.00	100.00	漾濞彝族自治县
9.70	95.06	95.06	9.05	38.55	33.89	100.00	100.00	祥云县
24.88	90.00	90.00	9.05	39.19	34.49	100.00	100.00	宾川县
20.22	99.53	99.53	10.80	40.26	35.01	100.00	100.00	弥渡县
12.43	97.10	97.10	12.09	40.01	35.04	100.00	100.00	南涧彝族自治县
8.88	91.00	91.00	9.06	38.12	33.14	100.00	100.00	巍山彝族回族自治县
13.78	93.52	93.52	13.89	38.21	33.06	100.00	100.00	永平县
19.54	72.62	64.51	7.45	33.04	31.77	100.00	100.00	云龙县
11.76	98.98	98.98	12.92	33.54	29.16	100.00	100.00	洱源县
17.36	93.00	93.00	10.70	38.10	33.43	100.00	100.00	剑川县
16.92	96.12	96.12	13.19	38.90	33.99	100.00	100.00	鹤庆县
12.55	85.00	85.00	7.90	24.41	23.03	92.04	92.04	梁河县
18.29	89.20	89.20	13.46	38.32	33.99	98.15	98.15	盈江县
9.02	85.77	85.77	9.56	35.26	30.29	100.00	100.00	陇川县
9.50	95.53	85.71	4.22	37.50	34.31	100.00	100.00	福贡县

1-2 续表 33

县名称 Name of Counties	人口密度(人/平方公里) Population Density (person/square kilometer)	人均日生活用水量(升) Daily Water Consumption Per Capita (liter)	供水普及率(%) Water Coverage Rate (%)	公共供水普及率 Public Water Coverage Rate	燃气普及率(%) Gas Coverage Rate (%)	建成区供水管道密度(公里/平方公里) Density of Water Supply Pipelines in Built District (kilometer/square kilometer)	人均道路面积(平方米) Road Surface Area Per Capita (m^2)	建成区路网密度(公里/平方公里) Density of Road Network in Built District (kilometer/square kilometer)	建成区道路面积率(%) Surface Area of Roads Rate of Built District (%)
贡山独龙族怒族自治县	7238	220.33	94.08	69.08	20.39	13.68	12.32	4.96	3.97
兰坪白族普米族自治县	2527	240.26	89.18	43.72	54.11	15.26	14.94	10.49	9.58
德钦县	2557	179.79	61.15	61.15	54.14	16.55	19.54	17.20	17.20
维西傈僳族自治县	5252	142.14	96.62	96.62	89.61	8.17	18.65	10.51	11.51
西　藏	**2723**	**146.94**	**87.05**	**77.98**	**60.77**	**8.59**	**16.28**	**4.91**	**5.86**
曲水县	1395	129.22	100.00	100.00	60.00	4.88	32.50	3.17	4.76
当雄县	2133	96.23	94.64	94.64	44.64	4.19	14.59		
林周县	1338	152.51	99.17	99.17	78.51	0.93	7.50	0.92	1.09
墨竹工卡县	3464	170.88	100.00	100.00	54.05	8.47	18.55	5.15	5.72
尼木县	471	117.03	95.96	95.96	92.93	3.47	14.63	1.74	2.80
亚东县	693	306.42	78.35	78.35	49.48		18.76	5.78	4.83
聂拉木县	10306	173.97	79.21	79.21	92.08	5.15	19.01	3.09	3.71
仲巴县	6159	78.90	51.55	51.55	23.20	4.87	7.53	2.06	4.80
定结县	7281	170.31	89.16	89.16	48.19	13.13	17.39	10.00	10.00
康马县	2227	72.14	90.43	90.43	24.47	8.89	36.98	12.40	15.67
吉隆县	2835	106.50	88.20	88.20	81.37	2.25	1.96	1.33	1.32
萨嘎县	1691	192.61	100.00	100.00	49.28	21.66	11.45	2.93	5.20
谢通门县	7652	101.94	91.01	91.01	47.62	1.13	5.82	2.02	2.43
萨迦县	4267	103.96	70.31	70.31	63.28	28.01	9.84	11.26	9.26
岗巴县	1420	260.27	86.96	86.96	86.96	4.22	28.70	4.44	5.87
拉孜县	3395	101.97	93.31	93.31	60.25	1.74	11.42	9.58	11.25
江孜县	3000	221.79	94.59	85.59	67.12	4.76	26.48	3.90	4.68
定日县	5612	232.88	60.61	60.61	48.48	21.97		23.12	0.98
南木林县	4188	174.22	86.06	86.06	76.97	9.43	41.70	18.27	20.99
昂仁县	6688	223.74	84.11	84.11	65.42	21.69	9.62	7.62	7.55
白朗县	1465	216.54	100.00	100.00	28.85	6.79			
仁布县	2923	132.77	85.53	85.53	47.37	12.02	13.79	6.25	6.55
左贡县	1823	193.74	100.00	35.71	64.29	15.98	19.26	4.96	7.21
丁青县	2222	173.23	86.67	86.67	39.33	2.89	4.00	1.17	1.33
八宿县	2436	68.49	91.50	91.50	26.14	7.72	14.49	12.43	14.30
江达县	13636	121.33	93.33	93.33	44.00	25.45	14.63	4.66	5.12
洛隆县	4106	120.97	90.59	90.59	41.76	5.00	1.24	1.16	0.88
察雅县	1856	121.33	87.50	87.50	62.50	6.27	33.75	12.00	10.00
贡觉县	9897	210.05	62.50	62.50	41.67	31.79	15.99	9.64	9.64

continued

建成区排水管道密度(公里/平方公里) Density of Sewers in Built District (kilometer/square kilometer)	污水处理率(%) Wastewater Treatment Rate (%)	污水处理厂集中处理率 Centralized Treatment Rate of Wastewater Treatment Plants	人均公园绿地面积(平方米) Public Recreational Green Space Per Capita (m^2)	建成区绿化覆盖率(%) Green Coverage Rate of Built District (%)	建成区绿地率(%) Green Space Rate of Built District (%)	生活垃圾处理率(%) Domestic Garbage Treatment Rate (%)	生活垃圾无害化处理率 Domestic Garbage Harmless Treatment Rate	县名称 Name of Counties
13.22	99.52	99.52	9.87	39.18	29.38	100.00	100.00	贡山独龙族怒族自治县
17.22	93.27	93.27	10.82	36.81	31.01	100.00	100.00	兰坪白族普米族自治县
14.73	98.80	98.80	6.20	31.61	28.18	100.00	100.00	德钦县
14.65	96.84	96.84	12.88	34.39	31.15	100.00	100.00	维西傈僳族自治县
6.68	**31.43**	**31.43**	**1.35**	**6.59**	**4.01**	**97.72**	**92.51**	**西　藏**
			9.33	8.54	5.27	100.00	100.00	曲水县
3.74			0.89	6.95	3.21	100.00	100.00	当雄县
1.32	67.10	67.10	0.54	8.43	5.14	100.00	100.00	林周县
	94.27	94.27	0.86	12.17	7.17	98.75	98.75	墨竹工卡县
1.64	100.00	100.00	4.85	13.13	9.46	98.84	98.84	尼木县
11.85	56.04	56.04		4.50	4.27	100.00	100.00	亚东县
			1.21	5.15	4.35	95.02	95.02	聂拉木县
5.78				0.35	0.34	100.00	100.00	仲巴县
25.00				1.14	1.01	100.00	100.00	定结县
26.33				6.30	3.75	94.49	94.49	康马县
2.56	81.00	81.00		2.25	2.04	100.00	100.00	吉隆县
7.57				2.17	0.91	93.33	93.33	萨嘎县
3.04				8.34	4.98	92.86	92.86	谢通门县
				17.13	16.91	95.01	95.01	萨迦县
4.58			2.17	4.09	4.00	94.34	94.34	岗巴县
12.29	73.05	73.05	1.26	4.67	2.92	100.00	100.00	拉孜县
5.69			1.80	3.19	3.19	93.88	93.88	江孜县
20.23			2.24	2.20	5.72	100.00	100.00	定日县
33.18				5.99	5.97	100.00	100.00	南木林县
	45.45	45.45	1.00	1.63	1.61	91.20	91.20	昂仁县
				2.45	2.53	100.00	100.00	白朗县
13.20			3.95	5.50	6.25	100.00	100.00	仁布县
11.83	68.63	68.63		9.70	5.65	94.55	94.55	左贡县
0.67	89.13	89.13	1.33	2.29	0.89	100.00	100.00	丁青县
33.37			7.59	20.13	7.59	98.04	98.04	八宿县
29.33	87.06	87.06		13.36	8.18	100.00	100.00	江达县
5.18				7.04	3.75	100.00	100.00	洛隆县
3.33				6.67	2.72	94.38	94.38	察雅县
6.80			3.09	15.33	11.31	100.00	100.00	贡觉县

1-2 续表 34

县名称 Name of Counties	人口密度（人/平方公里） Population Density (person/square kilometer)	人均日生活用水量（升） Daily Water Consumption Per Capita (liter)	供水普及率（%） Water Coverage Rate (%)	公共供水普及率 Public Water Coverage Rate	燃气普及率（%） Gas Coverage Rate (%)	建成区供水管道密度（公里/平方公里） Density of Water Supply Pipelines in Built District (kilometer/square kilometer)	人均道路面积（平方米） Road Surface Area Per Capita (m^2)	建成区路网密度（公里/平方公里） Density of Road Network in Built District (kilometer/square kilometer)	建成区道路面积率（%） Surface Area of Roads Rate of Built District (%)
边坝县	7333	162.50	79.55	79.55	47.73	17.37	5.60	5.89	5.42
类乌齐县	1400	198.05	98.81	95.24	53.57	7.36	20.69	6.95	4.65
芒康县	12857	88.77	69.44	69.44	55.56	2.86	7.34	4.64	9.44
朗　县	2585	225.46	90.57	90.57	33.96	27.66	11.51	5.76	7.18
墨脱县	500	281.58	78.26	78.26		8.67	36.13	9.64	9.23
工布江达县	1937	273.97	85.71	85.71	79.59	4.82	18.37	2.54	2.65
察隅县	2899	124.28	100.00	100.00	100.00	5.46	18.96	5.28	5.50
波密县	1478	113.91	94.06	94.06	62.87	0.91	6.66	2.48	1.24
米林县	2367	179.88	85.92	85.92	59.15	3.22	25.42	9.51	9.76
错那县	3432	71.23	86.21	86.21	77.59	20.75	46.21	15.85	25.28
浪卡子县	3525	249.32	81.40	81.40	56.98	17.18	31.16	10.31	10.31
贡嘎县	8029	113.70	89.29	89.29	76.79	15.93	12.32	9.51	15.16
加查县	3232	171.65	97.65	97.65	97.65	1.72	21.49	9.22	10.14
桑日县	5665	255.71	91.84	91.84	96.94	25.51	23.67	14.80	20.61
洛扎县	5000	204.38	92.59	92.59	87.04	17.13	31.11	12.96	15.56
琼结县	3954	164.38	91.35	91.35	61.54	9.62	24.10	7.52	12.05
措美县	4100	128.65	93.50	93.50	41.46	15.95	13.98	14.29	14.29
扎囊县	6000	146.40	88.89	88.89	77.78	10.86	91.44	23.91	54.87
曲松县	2635	222.53	90.91	90.91	79.55	23.72	59.55	26.92	35.90
隆子县	1386	112.63	92.78	92.78	49.48	10.77	11.97	3.35	4.83
聂荣县	3829	168.47	100.00	32.84	70.15	6.31	5.97	4.00	8.92
双湖县	3467	184.93	46.15		34.62		35.77	13.29	13.29
嘉黎县	1698	149.67	98.18	58.18	69.09	4.76	35.40	7.01	8.00
比如县	18421	84.93	88.10	47.62	40.48	20.81	8.36	5.30	11.41
尼玛县	1462	93.73	100.00	100.00	65.79	10.40	34.74	3.15	6.60
巴青县	6000	187.34	93.55	66.67	64.52	47.73	53.81	5.68	11.83
申扎县	3781	157.63	98.13	70.09	53.27	76.41	8.86	11.33	12.15
安多县	520	95.89	100.00	85.71	14.29	33.19	10.00	3.07	2.39
索　县	6083	272.98	75.34	54.79	77.40	15.16	6.01	4.82	4.67
班戈县	10259	142.34	88.24	25.21	75.63	16.44	7.93	10.41	12.93
革吉县	1360	124.90	100.00	77.94	51.47	6.36	7.76	1.09	1.20
札达县	2433	140.17	58.90	58.90	34.25		9.05	4.22	6.36
日土县	1141	114.19	96.36	32.73	69.09	2.05	29.96	2.87	2.16
改则县	1385	161.52	98.53		94.12		22.24	2.04	2.34
葛尔县	5145	148.86	84.51	84.51	95.77	10.48	19.72		
普兰县	3636	76.03	100.00	76.67	50.00	11.34	10.00	7.07	12.12
措勤县	3615	150.68	63.83		87.23		15.96	5.38	5.38

continued

建成区排水管道密度（公里/平方公里） Density of Sewers in Built District (kilometer/square kilometer)	污水处理率（%） Wastewater Treatment Rate (%)	污水处理厂集中处理率 Centralized Treatment Rate of Wastewater Treatment Plants	人均公园绿地面积（平方米） Public Recreational Green Space Per Capita (m^2)	建成区绿化覆盖率（%） Green Coverage Rate of Built District (%)	建成区绿地率（%） Green Space Rate of Built District (%)	生活垃圾处理率（%） Domestic Garbage Treatment Rate (%)	生活垃圾无害化处理率 Domestic Garbage Harmless Treatment Rate	县名称 Name of Counties
19.08				7.26	3.16	100.00	100.00	边坝县
12.16			3.57	10.34	6.03	100.00	100.00	类乌齐县
6.55			0.21	7.50	3.57	94.29	94.29	芒康县
21.60	83.33	83.33	2.83	6.94	3.65	100.00	100.00	朗　县
4.33			3.96	10.33	5.46	100.00	100.00	墨脱县
4.19	86.77	86.77	3.49	4.15	2.38	96.62	96.62	工布江达县
3.36			1.45	8.53	4.62	100.00	100.00	察隅县
2.34	50.00	50.00	0.25	5.50	3.67	94.55	94.55	波密县
13.01	84.34	84.34	6.85	14.37	8.30	96.55	96.55	米林县
9.43			5.17	6.60	4.72	97.00	97.00	错那县
17.18			2.92	6.01	3.39	96.26	96.26	浪卡子县
	85.86	85.86	1.34	10.38	5.16	97.86	97.86	贡嘎县
4.44			2.35	6.99	4.31	94.29	94.29	加查县
			3.67	10.20	11.02	97.43	97.43	桑日县
9.26			3.70	10.00	6.02	93.86	93.86	洛扎县
	82.69	82.69	1.92	0.10	2.40	95.51	95.51	琼结县
28.57			1.42	11.19	9.19	95.24	95.24	措美县
	86.67	86.67	2.22	5.67	3.33	97.40	97.40	扎囊县
19.59	85.11	85.11	2.27	13.46	5.13	93.39	93.39	曲松县
25.00	85.12	84.88	1.03	7.00	3.74	95.33	95.33	隆子县
4.48				2.60	1.28	97.49	97.49	聂荣县
10.43						92.86	92.86	双湖县
6.31				2.73	1.16	100.00	100.00	嘉黎县
19.10			0.71	10.97	5.73	100.00		比如县
14.15			5.26	5.00	1.00	100.00	100.00	尼玛县
17.28			0.11	2.83	0.13	85.71	85.71	巴青县
28.67				0.01	0.01	95.02	95.02	申扎县
				1.37	1.91	100.00	100.00	安多县
4.67				7.45	2.93	98.47	98.47	索　县
8.36				3.01	1.23	92.56	92.56	班戈县
0.80			14.71	3.41	2.27	98.04	98.04	革吉县
4.09				6.25	3.19	100.00	100.00	札达县
2.02				3.36	1.89	97.44	97.44	日土县
4.38				2.71	1.35	99.45	99.45	改则县
4.84	95.75	95.75	0.92	7.18	4.04	100.00	100.00	葛尔县
3.03			2.50	36.48	3.03	99.69	99.69	普兰县
15.35				3.46	1.92	100.00	100.00	措勤县

1-2 续表 35

县名称 Name of Counties	人口密度（人/平方公里）Population Density (person/square kilometer)	人均日生活用水量（升）Daily Water Consumption Per Capita (liter)	供水普及率（%）Water Coverage Rate (%)	公共供水普及率 Public Water Coverage Rate	燃气普及率（%）Gas Coverage Rate (%)	建成区供水管道密度（公里/平方公里）Density of Water Supply Pipelines in Built District (kilometer/square kilometer)	人均道路面积（平方米）Road Surface Area Per Capita (m^2)	建成区路网密度（公里/平方公里）Density of Road Network in Built District (kilometer/square kilometer)	建成区道路面积率（%）Surface Area of Roads Rate of Built District (%)
陕　西	**3760**	**97.61**	**95.50**	**91.27**	**88.45**	**7.49**	**15.36**	**6.94**	**12.06**
蓝田县	2997	104.62	97.95	80.18	98.86	4.25	15.81	4.95	8.01
周至县	8120	144.96	98.52	94.83	91.26	6.78	12.20	4.84	8.80
宜君县	1860	58.92	94.62	94.62	93.55	7.56	17.36	6.30	7.82
凤翔县	5035	114.60	88.91	85.03	99.63	7.44	11.17	4.87	8.34
岐山县	5550	155.58	100.00	86.07	100.00	8.15	18.11	4.12	15.03
扶风县	2243	172.63	98.82	91.60	92.61	10.29	25.03	10.03	21.49
眉　县	9394	92.05	97.40	95.58	91.73	10.72	22.50	10.01	19.96
陇　县	5289	88.08	95.35	93.60	78.72	10.49	12.60	4.20	10.31
千阳县	7309	90.11	88.85	88.85	86.15	6.91	6.60	4.52	6.26
麟游县	3680	67.95	90.58	90.58	65.22	5.44	19.53	6.75	14.73
凤　县	6000	112.88	94.33	94.33	98.67	6.77	12.90	7.71	10.78
太白县	1486	199.23	96.23	96.23	99.37	17.04	23.45	8.35	5.49
三原县	8724	93.09	95.52	95.52	98.62	7.25	19.74	7.71	17.08
泾阳县									
乾　县	6936	94.30	99.92	99.92	91.00	6.28	18.01	4.71	11.99
礼泉县	4400	90.60	94.75	93.43	99.90	4.09	19.49	5.07	11.89
永寿县	5126	101.87	83.74	83.74	87.90	7.51	19.20	8.89	15.98
长武县	4608	97.57	97.11	97.11	70.52	9.20	20.52	7.70	14.05
旬邑县	4475	87.23	94.13	94.13	89.94	3.48	16.11	4.75	8.93
淳化县	4200	74.66	99.70	98.81	87.20	5.76	16.05	7.81	9.18
武功县	6353	92.71	98.85	95.38	85.94	3.76	17.00	5.80	15.55
潼关县	4692	106.52	100.00	100.00	94.32	8.68	29.72	7.86	23.95
大荔县	2409	132.39	100.00	88.68	87.74	7.91	22.11	6.44	12.72
合阳县	2065	146.01	100.00	93.31	95.60	13.26	19.79	5.11	13.13
澄城县	6458	75.47	100.00	86.72	100.00	3.20	13.48	4.66	10.69
蒲城县	2810	101.13	94.48	94.41	88.60	11.78	35.89	14.05	29.27
白水县	5225	79.96	100.00	100.00	100.00	5.05	20.37	4.69	12.21
富平县	2126	89.15	96.88	72.39	99.08	7.36	12.50	5.66	9.72
延长县	5450	88.43	97.98	97.98	86.61	4.80	5.63	3.90	4.29
延川县	7869	43.50	98.15	98.15	99.69	4.63	3.42	2.50	2.50
志丹县	3726	136.34	94.65	94.65	99.83	8.21	14.96	9.50	12.36
吴起县	3037	74.47	95.05	95.05	97.72	7.51	12.73	9.13	13.78
甘泉县	2147	97.44	93.48	93.48	98.45	7.39	13.17	5.78	1.00
富　县	4041	109.75	89.83	89.83	94.07	5.10	7.77	5.20	5.16
洛川县	3167	58.45	98.68	98.68	98.68	11.70	8.90	2.77	8.37
宜川县	2869	70.57	90.64	90.64	96.22	5.27	6.88	6.45	10.47

continued

建成区排水管道密度(公里/平方公里) Density of Sewers in Built District (kilometer/square kilometer)	污水处理率(%) Wastewater Treatment Rate (%)	污水处理厂集中处理率 Centralized Treatment Rate of Wastewater Treatment Plants	人均公园绿地面积(平方米) Public Recreational Green Space Per Capita (m^2)	建成区绿化覆盖率(%) Green Coverage Rate of Built District (%)	建成区绿地率(%) Green Space Rate of Built District (%)	生活垃圾处理率(%) Domestic Garbage Treatment Rate (%)	生活垃圾无害化处理率 Domestic Garbage Harmless Treatment Rate	县名称 Name of Counties
7.96	**92.80**	**92.79**	**10.93**	**36.27**	**31.90**	**98.68**	**97.08**	**陕　西**
4.12	82.26	82.26	8.80	37.25	32.07	97.53		蓝田县
3.99	88.19	88.19	10.10	25.20	17.00	100.00	100.00	周至县
4.84	91.00	91.00	11.75	41.81	36.04	100.00	100.00	宜君县
5.07	97.30	97.30	13.19	38.09	35.18	98.79	98.79	凤翔县
4.44	93.01	93.01	10.46	42.39	37.40	99.94	99.94	岐山县
10.43	97.45	97.45	17.11	41.80	37.74	99.90	99.90	扶风县
13.05	92.52	92.52	9.69	37.70	33.86	99.56	99.56	眉　县
9.40	94.00	94.00	15.29	38.17	33.14	99.79	99.79	陇　县
14.06	91.44	91.44	9.44	42.57	39.46	99.90	99.90	千阳县
	92.18	92.18	20.29	39.08	35.96	99.85	99.85	麟游县
9.71	91.12	91.12	24.33	43.65	40.44	99.90	99.90	凤　县
22.71	88.50	88.50	20.07	43.53	40.50	99.91	99.91	太白县
8.14	97.58	97.58	9.86	38.00	33.49	99.90	99.90	三原县
								泾阳县
7.17	96.11	96.11	11.91	39.24	34.29	99.02	99.02	乾　县
4.94	92.61	92.61	14.72	23.00	18.25	99.75	99.75	礼泉县
8.70	89.50	89.50	8.43	31.66	26.80	98.83	98.83	永寿县
10.61	98.25	98.25	12.99	32.81	29.16	100.00	100.00	长武县
5.92	88.94	88.94	13.27	39.92	36.76	97.87	97.87	旬邑县
10.69	93.79	93.79	14.08	39.14	34.31	98.30	98.30	淳化县
7.46	91.79	91.79	6.72	35.34	31.25	98.69	98.69	武功县
7.20	95.21	95.21	12.26	38.16	35.00	99.91	99.91	潼关县
5.42	92.60	92.60	14.34	38.00	33.31	100.00	100.00	大荔县
9.09	93.50	93.50	15.45	41.79	36.81	100.00	100.00	合阳县
8.53	92.50	92.50	11.15	38.34	32.40	100.00	100.00	澄城县
5.73	93.50	93.50	9.22	38.02	34.62	100.00	100.00	蒲城县
5.40	90.02	90.02	11.48	37.88	34.06	99.38	99.38	白水县
7.45	90.05	90.05	9.95	33.60	30.80	97.40	97.40	富平县
6.10	88.71	88.71	13.87	37.32	33.57	97.20	97.20	延长县
0.63	93.16	93.16	8.08	37.13	33.78	97.50	97.50	延川县
9.94	88.39	88.39	25.52	39.38	36.35	96.45	96.45	志丹县
7.56	97.50	97.50	15.55	40.03	36.02	99.80	99.80	吴起县
7.20	90.09	90.09	9.53	37.32	31.78	97.20	97.20	甘泉县
6.62	86.78	86.78	12.79	41.73	37.08	96.58	96.58	富　县
5.81	89.84	89.84	9.00	38.06	33.21	98.06	98.06	洛川县
6.97	90.00	90.00	12.23	39.07	34.17	97.20	97.20	宜川县

1-2 续表 36

县名称 Name of Counties	人口密度（人/平方公里）Population Density (person/square kilometer)	人均日生活用水量（升）Daily Water Consumption Per Capita (liter)	供水普及率（%）Water Coverage Rate (%)	公共供水普及率 Public Water Coverage Rate	燃气普及率（%）Gas Coverage Rate (%)	建成区供水管道密度（公里/平方公里）Density of Water Supply Pipelines in Built District (kilometer/square kilometer)	人均道路面积（平方米）Road Surface Area Per Capita (m^2)	建成区路网密度（公里/平方公里）Density of Road Network in Built District (kilometer/square kilometer)	建成区道路面积率（%）Surface Area of Roads Rate of Built District (%)
黄龙县	2320	74.72	94.83	94.83	99.14	13.33	18.97	7.18	11.69
黄陵县	4786	123.90	94.78	94.78	97.01	6.94	26.89	9.50	22.04
城固县	6004	178.43	92.19	89.15	67.40	4.52	15.10	5.27	10.85
洋　县	5464	103.58	92.60	92.22	89.85	5.02	11.78	6.41	9.90
西乡县	1957	86.21	98.07	62.58	95.27	7.54	18.37	11.06	14.81
勉　县	4044	135.30	99.76	95.29	99.17	6.28	15.94	8.10	15.20
宁强县	8129	74.47	92.46	92.06	77.78	10.87	13.71	9.27	12.24
略阳县	6817	77.74	97.80	97.80	17.11	7.89	8.76	6.98	10.30
镇巴县	9649	92.01	100.00	100.00	79.82	13.42	13.15	9.03	13.30
留坝县	1236	85.34	99.26	99.26	65.44	6.98	14.09	11.44	14.38
佛坪县	3222	160.60	100.00	100.00	89.66	32.73	23.03	12.78	16.25
府谷县	8589	88.94	99.94	99.94	86.87	8.69	5.12	5.67	6.21
靖边县	2510	44.77	97.76	97.76	93.32	5.21	17.44	5.36	13.88
定边县	4284	119.50	95.52	94.96	94.21	5.15	23.27	7.61	12.85
绥德县	6894	78.40	98.66	89.34	99.14	9.42	13.45	10.10	8.00
米脂县	1423	80.88	99.12	85.06	97.01	3.71	11.62	2.64	3.47
佳　县	935	76.44	39.37	39.37	87.80	4.67	9.80	5.37	5.37
吴堡县	8125	77.05	96.31	92.62	50.77	15.33	22.57	8.00	20.85
清涧县	14489	70.82	77.55	70.87	89.42	12.16	7.05	7.58	10.02
子洲县	7652	52.39	90.10	79.21	100.00	9.89	11.49	4.40	9.49
汉阴县	5162	106.83	91.51	89.10	95.60	14.25	15.37	11.09	17.87
石泉县	6048	91.24	96.71	95.52	99.87	7.34	10.54	5.74	10.00
宁陕县	2926	77.29	93.69	93.69	99.51	8.48	10.14	6.63	5.57
紫阳县	8163	112.56	99.68	94.69	84.57	3.12	12.36	14.11	11.83
岚皋县	1890	130.40	99.50	99.50	59.45	18.33	10.47	9.66	9.24
平利县	2093	69.77	85.35	79.62	92.52	6.00	8.51	5.22	7.14
镇坪县	1056	136.60	93.42	93.42	79.61	25.85	11.11	11.24	9.24
旬阳县	1477	90.92	100.00	100.00	98.65	11.34	17.95	8.69	15.58
白河县	4260	96.21	99.77	99.77	98.36	13.28	15.83	10.58	16.23
洛南县	2615	113.93	95.69	95.69	94.37	4.78	8.60	5.39	6.87
丹凤县	8538	62.86	94.23	87.21	52.25	7.17	13.51	8.69	8.69
商南县	3500	103.74	97.00	97.00	80.00	6.77	19.29	5.26	13.78
山阳县	6222	103.41	90.18	80.36	55.36	7.89	10.31	8.70	13.54
镇安县	6830	82.19	87.85	87.85	64.71	11.56	13.68	10.24	14.25
柞水县	3800	95.50	87.72	87.72	75.19	10.77	30.08	15.23	18.31
甘　肃	**4824**	**80.53**	**95.14**	**94.90**	**76.24**	**9.38**	**14.08**	**5.88**	**10.09**
永登县	5315	63.32	94.07	94.07	53.62	3.27	11.47	3.62	11.09

continued

建成区排水管道密度(公里/平方公里) Density of Sewers in Built District (kilometer/square kilometer)	污水处理率(%) Wastewater Treatment Rate (%)	污水处理厂集中处理率 Centralized Treatment Rate of Wastewater Treatment Plants	人均公园绿地面积(平方米) Public Recreational Green Space Per Capita (m^2)	建成区绿化覆盖率(%) Green Coverage Rate of Built District (%)	建成区绿地率(%) Green Space Rate of Built District (%)	生活垃圾处理率(%) Domestic Garbage Treatment Rate (%)	生活垃圾无害化处理率 Domestic Garbage Harmless Treatment Rate	县名称 Name of Counties
10.82	88.51	88.51	12.68	40.48	35.81	97.53	97.53	黄龙县
9.38	87.10	87.10	12.79	40.08	36.35	97.90	97.90	黄陵县
6.52	94.00	94.00	10.40	38.99	33.01	100.00	100.00	城固县
8.30	89.50	89.50	3.80	28.15	23.19	100.00	100.00	洋　县
12.45	89.89	89.89	11.99	38.02	34.96	100.00	100.00	西乡县
4.83	97.30	97.30	11.22	39.03	33.17	100.00	100.00	勉　县
11.56	90.70	90.70	12.99	36.13	30.73	100.00	100.00	宁强县
4.10	91.24	90.91	9.32	32.60	29.32	100.00	100.00	略阳县
8.38	98.00	98.00	10.78	40.03	35.83	100.00	100.00	镇巴县
21.02	96.84	96.84	16.62	40.11	36.13	100.00	100.00	留坝县
25.29	96.43	96.43	23.39	41.98	38.18	100.00	100.00	佛坪县
5.54	94.07	94.07	10.32	35.51	31.18	87.59	87.59	府谷县
12.54	93.20	93.20	7.25	35.02	30.95	98.28	98.28	靖边县
6.84	95.71	95.71	6.02	23.24	20.22	100.00	100.00	定边县
7.66	94.09	94.09	7.79	31.17	27.25	99.10	99.10	绥德县
10.09	90.03	90.03	11.51	36.33	31.10	95.00	95.00	米脂县
6.78	89.97	89.97	10.45	34.37	29.84	96.41	96.41	佳　县
11.53	90.11	90.11	9.61	35.90	32.70	96.94	96.94	吴堡县
6.26	96.91	96.91	7.05	33.95	28.97	98.73	98.73	清涧县
6.43	90.32	90.32	14.81	30.75	27.41	96.82	96.82	子洲县
13.76	93.82	93.82	12.61	40.42	36.10	100.00	100.00	汉阴县
7.91	88.19	88.19	9.62	43.56	39.60	99.80	99.80	石泉县
11.51	95.00	95.00	12.84	41.49	36.70	99.01	99.01	宁陕县
6.75	92.50	92.50	9.29	36.08	31.08	100.00	100.00	紫阳县
14.50	94.84	94.84	11.74	41.20	38.10	100.00	100.00	岚皋县
5.27	87.89	87.89	11.42	40.30	36.95	99.08	99.08	平利县
25.72	94.99	94.99	10.95	38.80	35.26	99.80	99.80	镇坪县
7.30	96.30	96.30	10.97	41.34	38.02	99.93	99.93	旬阳县
14.75	91.80	91.80	7.75	43.50	38.36	99.95	99.95	白河县
4.24	92.21	92.21	8.00	32.44	27.78	97.50	97.50	洛南县
12.84	91.47	91.47	8.38	22.55	16.02	100.00	100.00	丹凤县
9.76	97.14	97.14	10.72	39.89	34.95	100.00	100.00	商南县
11.54	90.00	90.00	10.98	40.00	33.89	93.87	93.87	山阳县
9.00	87.50	87.50	12.30	39.84	37.81	100.00	100.00	镇安县
3.23	95.84	95.84	10.03	33.62	31.69	100.00	100.00	柞水县
9.00	**94.41**	**94.41**	**11.07**	**26.76**	**23.29**	**99.66**	**99.66**	**甘　肃**
4.45	98.33	98.33	15.59	33.66	32.07	100.00	100.00	永登县

1-2 续表 37

县名称 Name of Counties	人口密度（人/平方公里） Population Density (person/square kilometer)	人均日生活用水量（升） Daily Water Consumption Per Capita (liter)	供水普及率（%） Water Coverage Rate (%)	公共供水普及率 Public Water Coverage Rate	燃气普及率（%） Gas Coverage Rate (%)	建成区供水管道密度（公里/平方公里） Density of Water Supply Pipelines in Built District (kilometer/square kilometer)	人均道路面积（平方米） Road Surface Area Per Capita (m^2)	建成区路网密度（公里/平方公里） Density of Road Network in Built District (kilometer/square kilometer)	建成区道路面积率（%） Surface Area of Roads Rate of Built District (%)
皋兰县	7212	57.69	92.08	92.08	89.40	18.80	7.86	4.21	8.57
榆中县	5345	92.01	91.84	91.84	98.64	8.37	29.79	5.32	15.83
永昌县	2618	122.95	100.00	100.00	38.78	5.12	20.60	7.19	8.61
靖远县	8146	69.20	100.00	100.00	51.09	10.41	6.83	4.12	5.57
会宁县	7664	62.19	100.00	100.00	68.65	4.38	13.88	4.81	12.91
景泰县	6250	52.49	100.00	100.00	76.40	6.91	8.35	3.45	5.64
清水县	3806	81.73	94.18	94.18	32.13	8.18	13.42	4.37	7.97
秦安县	8582	58.37	92.18	92.18	75.22	5.07	12.32	5.63	4.78
甘谷县	2910	66.35	85.70	85.70	42.13	4.29	10.70	3.61	9.26
武山县	7755	86.34	96.45	96.45	41.84	4.89	10.33	3.59	8.14
张家川回族自治县	7500	38.70	92.30	92.30	51.85	2.43	9.44	5.47	6.91
民勤县	7805	127.44	97.97	97.97	89.53	35.55	15.42	9.29	11.88
古浪县	7812	88.34	98.47	98.47	94.75	32.35	16.89	5.51	13.69
天祝藏族自治县	3398	37.24	100.00	100.00	100.00	10.75	8.80	7.18	12.76
肃南县	1444	317.72	100.00	100.00	100.00	16.30	17.52	9.66	8.76
民乐县	7356	82.25	100.00	100.00	100.00	15.58	11.13	5.25	9.57
临泽县	4325	115.06	100.00	100.00	100.00	21.96	20.73	8.33	18.26
高台县	8995	98.79	100.00	100.00	100.00	10.90	15.58	5.76	7.87
山丹县	7236	143.88	100.00	91.25	91.92	11.37	11.40	1.86	2.06
泾川县	3769	65.44	94.47	94.47	53.71	7.75	13.85	7.92	13.87
灵台县	6709	136.83	97.56	97.56	73.44	14.37	22.14	7.73	16.14
崇信县	1810	91.54	99.45	99.45	76.52	9.86	18.84	5.32	10.59
庄浪县	3896	135.21	95.28	95.28	68.38	4.64	25.03	4.63	9.43
静宁县	2929	84.58	99.73	99.73	84.48	6.14	20.32	5.53	13.69
金塔县	4360	82.23	100.00	100.00	100.00	10.70	20.79	9.84	19.42
瓜州县	3675	163.00	100.00	100.00	100.00	10.94	26.91	10.90	17.93
肃北蒙古族自治县	3107	149.58	100.00	100.00	100.00	16.48	36.59	3.00	8.06
阿克塞哈萨克族自治县	3244	77.93	100.00	100.00	100.00	12.44	36.99	8.40	12.00
庆城县	6214	59.60	97.70	97.70	91.09	9.35	10.69	4.49	8.33
环　县	6150	101.07	97.97	97.97	73.17	14.90	13.47	4.65	10.77
华池县	5068	103.34	85.33	85.33	55.47	11.27	17.46	6.00	9.40
合水县	5976	54.66	89.17	89.17	71.06	11.38	20.46	6.77	20.67
正宁县	4134	50.40	97.21	97.21	82.40	8.64	23.59	7.93	13.07
宁　县	4090	56.60	100.00	96.33	89.98	8.53	24.31	5.24	14.79

continued

建成区排水管道密度(公里/平方公里) Density of Sewers in Built District (kilometer/square kilometer)	污水处理率(%) Wastewater Treatment Rate (%)	污水处理厂集中处理率 Centralized Treatment Rate of Wastewater Treatment Plants	人均公园绿地面积(平方米) Public Recreational Green Space Per Capita (m^2)	建成区绿化覆盖率(%) Green Coverage Rate of Built District (%)	建成区绿地率(%) Green Space Rate of Built District (%)	生活垃圾处理率(%) Domestic Garbage Treatment Rate (%)	生活垃圾无害化处理率 Domestic Garbage Harmless Treatment Rate	县名称 Name of Counties
4.54	98.99	98.99	10.90	35.41	36.62	93.33	93.33	皋兰县
12.96	95.00	95.00	7.99	21.07	10.22	99.48	99.48	榆中县
5.26	93.64	93.64	14.18	37.27	31.45	100.00	100.00	永昌县
6.66	94.00	94.00	12.47	23.29	20.33	100.00	100.00	靖远县
8.89	94.04	94.04	9.41	40.27	35.76	100.00	100.00	会宁县
4.45	86.11	86.11	9.79	18.95	15.10	100.00	100.00	景泰县
6.81	93.75	93.75	19.35	38.20	33.53	100.00	100.00	清水县
4.33	100.00	100.00	4.82	11.75	7.44	100.00	100.00	秦安县
5.40	96.56	96.56	3.33	12.84	8.77	100.00	100.00	甘谷县
4.12	99.90	99.90	1.01	7.10	6.19	100.00	100.00	武山县
4.64	92.97	92.97	2.39	3.56	2.51	100.00	100.00	张家川回族自治县
14.73	95.95	95.95	17.15	38.27	31.05	100.00	100.00	民勤县
7.23	96.73	96.73	7.58	23.19	17.15	100.00	100.00	古浪县
13.56	95.96	95.96	6.51	33.10	29.47	100.00	100.00	天祝藏族自治县
10.63	99.11	99.11	24.90	45.10	40.46	100.00	100.00	肃南县
7.04	87.92	87.92	28.95	38.50	36.00	100.00	100.00	民乐县
13.44	99.19	99.19	14.66	41.93	37.14	100.00	100.00	临泽县
7.38	96.11	96.11	23.53	42.32	37.33	100.00	100.00	高台县
8.27	100.00	100.00	9.64	35.19	30.20	100.00	100.00	山丹县
18.76	94.80	94.80	13.36	38.30	33.12	100.00	100.00	泾川县
20.92	96.39	96.39	14.46	39.94	36.64	100.00	100.00	灵台县
8.17	96.49	96.49	10.46	39.67	35.76	100.00	100.00	崇信县
7.98	96.00	96.00	12.59	37.44	33.50	100.00	100.00	庄浪县
15.30	95.20	95.20	13.10	36.05	31.90	100.00	100.00	静宁县
10.51	91.33	91.33	21.54	43.66	40.20	100.00	100.00	金塔县
9.80	90.90	90.90	15.13	41.70	35.41	100.00	100.00	瓜州县
13.37	98.12	98.12	48.57	48.21	44.79	100.00	100.00	肃北蒙古族自治县
6.62	97.56	97.56	14.86	33.22	29.32	100.00	100.00	阿克塞哈萨克族自治县
7.89	93.30	93.30	11.11	22.24	20.76	100.00	100.00	庆城县
4.95	100.00	100.00	12.02	23.66	18.89	100.00	100.00	环　县
9.66	97.29	97.29	15.53	24.65	20.25	100.00	100.00	华池县
14.41	89.00	89.00	11.54	20.35	15.39	100.00	100.00	合水县
10.63	96.68	96.68	6.84	18.80	13.97	94.95	94.95	正宁县
7.85	100.00	100.00	11.31	39.27	34.28	91.91	91.91	宁　县

1-2 续表 38

县名称 Name of Counties	人口密度 Population Density (人/平方公里) (person/square kilometer)	人均日生活用水量 Daily Water Consumption Per Capita (升) (liter)	供水普及率 Water Coverage Rate (%) (%)	公共供水普及率 Public Water Coverage Rate	燃气普及率 Gas Coverage Rate (%) (%)	建成区供水管道密度 Density of Water Supply Pipelines in Built District (公里/平方公里) (kilometer/square kilometer)	人均道路面积 Road Surface Area Per Capita (平方米) (m^2)	建成区路网密度 Density of Road Network in Built District (公里/平方公里) (kilometer/square kilometer)	建成区道路面积率 Surface Area of Roads Rate of Built District (%) (%)
镇原县	4333	72.74	98.97	98.97	92.05	3.82	27.21	6.99	12.50
通渭县	5119	40.59	90.01	90.01	81.04	12.40	10.94	5.18	7.56
陇西县	3983	53.46	99.83	99.83	90.69	8.95	9.52	4.19	9.03
渭源县	2178	82.57	98.92	98.92	98.10	9.91	18.86	7.68	11.97
临洮县	9029	56.46	94.07	94.07	96.17	5.53	10.66	9.02	11.79
漳　县	4797	44.56	100.00	100.00	84.60	11.60	10.31	6.33	6.74
岷　县	2931	59.05	97.27	97.27	73.10	5.54	8.69	3.40	7.11
成　县	2850	76.04	91.46	91.23	90.06	9.16	8.24	3.79	5.43
文　县	11886	84.96	100.00	100.00	100.00	9.14	4.84	8.23	5.75
宕昌县	3890	77.35	84.32	84.32	78.41	12.54	19.02	10.49	12.27
康　县	4430	59.43	90.97	90.97	52.84	16.64	14.35	13.03	1.62
西和县	6057	79.10	55.00	55.00	77.75	5.20	8.93	5.93	8.78
礼　县	4464	69.37	99.52	99.52	70.40	11.87	18.43	7.54	12.50
徽　县	3647	88.45	91.94	91.94	66.29	8.57	13.87	4.16	10.12
两当县	1853	97.30	92.09	92.09	74.10	8.53	28.19	15.66	14.99
临夏县	5112	104.22	100.00	100.00	96.62	4.30	31.86	10.40	20.65
康乐县	4889	96.17	100.00	100.00	48.58	5.91	14.91	5.91	12.55
永靖县	4189	190.73	100.00	100.00	94.23	5.29	19.61	8.77	14.61
广河县	7016	110.00	100.00	100.00	73.98	5.23	19.57	5.61	8.73
和政县	6174	84.03	100.00	100.00	33.10	7.87	17.55	7.40	0.89
东乡县	14685	79.50	100.00	100.00	86.81	11.97	15.52	2.58	3.15
积石山县	11319	90.77	100.00	99.81	44.66	5.36	12.43	12.64	13.52
临潭县	4466	82.15	100.00	100.00	75.46	16.26	17.47	2.01	13.99
卓尼县	5502	59.23	91.18	91.18	75.00	11.91	21.69	6.78	12.84
舟曲县	13966	126.17	98.54	98.54	65.53	16.20	3.74	2.71	3.25
迭部县	9745	96.33	95.63	95.63	71.62	19.75	12.10	16.22	13.72
玛曲县	4860	106.01	74.07	74.07	67.90	5.69	21.40	6.39	10.83
碌曲县	3557	112.30	79.53	79.53	65.35	11.07	21.75	9.62	7.83
夏河县	2959	81.43	99.65	99.65	84.32	10.00	6.67	4.11	4.73
青　海	**1908**	**87.89**	**97.15**	**97.15**	**62.76**	**9.92**	**22.42**	**7.57**	**13.10**
大通县	5433	59.87	99.85	99.85	90.21	7.90	4.28	2.87	4.56
湟源县	4613	62.35	94.85	94.85	82.93	12.52	13.82	9.68	10.18
民和县	3732	85.75	99.62	99.62	92.31	19.89	13.15	6.65	10.91
互助县	915	114.08	99.89	99.89	81.95	8.74	17.95	5.84	13.90
化隆县	2648	78.54	98.80	98.80	54.71	21.51	15.67	8.74	14.83
循化县	3162	61.61	99.76	99.76	86.86	5.74	12.68	3.78	9.48
门源县	945	91.66	97.50	97.50	28.88	9.37	13.01	5.16	6.60

continued

建成区排水管道密度(公里/平方公里) Density of Sewers in Built District (kilometer/square kilometer)	污水处理率(%) Wastewater Treatment Rate (%)	污水处理厂集中处理率 Centralized Treatment Rate of Wastewater Treatment Plants	人均公园绿地面积(平方米) Public Recreational Green Space Per Capita (m^2)	建成区绿化覆盖率(%) Green Coverage Rate of Built District (%)	建成区绿地率(%) Green Space Rate of Built District (%)	生活垃圾处理率(%) Domestic Garbage Treatment Rate (%)	生活垃圾无害化处理率 Domestic Garbage Harmless Treatment Rate	县名称 Name of Counties
9.86	96.15	96.15	10.38	17.20	13.81	100.00	100.00	镇原县
10.80	87.10	87.10	7.26	13.10	11.07	100.00	100.00	通渭县
8.23	96.42	96.42	12.16	19.98	16.86	100.00	100.00	陇西县
10.34	97.37	97.37	12.45	28.84	24.95	100.00	100.00	渭源县
7.07	95.96	95.96	15.29	29.13	26.28	100.00	100.00	临洮县
5.71	88.56	88.56	14.46	30.28	26.20	100.00	100.00	漳　县
2.65	98.89	98.89	4.12	12.21	8.48	99.99	99.99	岷　县
10.05	92.80	92.80	9.36	12.71	12.21	100.00	100.00	成　县
20.02	48.14	48.14	5.38	20.00	15.83	100.00	100.00	文　县
13.92	83.39	83.39	12.57	20.17	16.28	100.00	100.00	宕昌县
19.76	50.34	50.34	19.82	38.81	38.02	100.00	100.00	康　县
8.59	94.00	94.00	4.38	12.40	10.07	100.00	100.00	西和县
7.68	95.86	95.86	12.90	21.65	20.66	100.00	100.00	礼　县
8.57	85.14	85.14	9.68	19.29	18.57	100.00	100.00	徽　县
6.72	97.52	97.52	25.18	30.36	23.13	99.97	99.97	两当县
24.95	97.00	97.00	4.73	34.68	30.63	100.00	100.00	临夏县
11.83	99.38	99.38	9.63	38.94	34.36	97.13	97.13	康乐县
14.71	96.18	96.18	17.59	42.88	43.50	100.00	100.00	永靖县
6.58	94.11	94.11	3.30	35.36	30.57	100.00	100.00	广河县
8.13	93.11	93.11	8.80	31.52	36.20	100.00	100.00	和政县
6.81	90.00	90.00	6.90	34.51	32.71	100.00	100.00	东乡县
9.66	87.22	87.22	12.62	49.74	38.85	99.90	99.90	积石山县
10.79	100.99	100.99	8.59	18.42	30.47	100.00	100.00	临潭县
7.76	97.17	97.17	1.47	11.00	7.70	100.00	100.00	卓尼县
7.05	91.86	91.86	3.40	10.19	5.76	99.60	99.60	舟曲县
16.28	98.00	98.00	8.02	29.00	25.55	100.00	100.00	迭部县
14.17	90.00	90.00	1.84	12.32	7.87	98.08	98.08	玛曲县
16.81	63.14	63.14	15.75	14.80	10.46	100.00	100.00	碌曲县
10.48	100.00	100.00	0.91	10.00	5.27	100.00	100.00	夏河县
9.34	**90.72**	**90.72**	**7.84**	**28.01**	**23.73**	**95.32**	**91.57**	**青　海**
3.06	92.99	92.99	5.84	37.82	34.33	92.38	92.38	大通县
8.61	92.31	92.31	11.12	38.92	34.10	93.00	93.00	湟源县
8.62	94.95	94.95	17.22	34.07	25.33	95.90	95.90	民和县
8.12	94.69	94.69	9.19	39.06	35.02	95.70	95.70	互助县
17.26	90.70	90.70	0.90	9.23	5.76	94.13	94.13	化隆县
10.45	94.96	94.96	8.27	35.20	30.37	97.30	97.30	循化县
5.14	90.49	90.49	3.64	25.10	22.00			门源县

1-2 续表 39

县名称 Name of Counties	人口密度(人/平方公里) Population Density (person/square kilometer)	人均日生活用水量(升) Daily Water Consumption Per Capita (liter)	供水普及率(%) Water Coverage Rate (%)	公共供水普及率 Public Water Coverage Rate	燃气普及率(%) Gas Coverage Rate (%)	建成区供水管道密度(公里/平方公里) Density of Water Supply Pipelines in Built District (kilometer/square kilometer)	人均道路面积(平方米) Road Surface Area Per Capita (m^2)	建成区路网密度(公里/平方公里) Density of Road Network in Built District (kilometer/square kilometer)	建成区道路面积率(%) Surface Area of Roads Rate of Built District (%)
祁连县	3516	105.85	97.78	97.78	4.00	9.86	35.48	11.47	16.82
海晏县	2457	94.51	100.00	100.00	7.75	8.78	18.38	4.44	9.17
刚察县	3000	78.89	99.44	99.44	3.89	8.01	26.85	6.37	12.02
西海镇	763	43.92	100.00	100.00	1.75	12.75	18.70	11.74	10.71
尖扎县	3274	85.87	99.01	99.01	57.64	3.56	19.70	4.34	8.89
泽库县	1345	85.84	95.54	95.54	69.43	8.09	19.11	7.72	11.03
河南县	2600	118.12	98.82	98.82	65.09	4.09	17.83	7.48	11.00
共和县	941	149.43	98.48	98.48	83.73	7.88	47.19	9.74	18.13
同德县	2235	93.11	97.89	97.89	11.05	6.13	27.72	13.92	17.56
贵德县	636	119.88	98.84	98.84	90.46	13.54	33.51	10.31	21.97
兴海县	1755	97.48	95.93	95.93	15.12	7.81	39.13	7.15	14.96
贵南县	1142	74.60	98.16	98.16	14.29	6.54	49.58	15.59	35.86
班玛县	1111	136.02	81.43	81.43	41.43	6.69	50.00	6.27	9.15
久治县	1019	125.48	94.34	94.34	18.87	12.76	64.02	8.82	17.31
甘德县	1662	232.20	86.36	86.36	21.21	14.52	68.95	10.40	12.47
玛沁县	2950	70.22	98.87	98.87	27.12	7.74	65.82	6.57	19.65
达日县	3816	83.51	76.85	76.85	17.59	20.33	45.39	14.51	14.29
玛多县	1098	239.73	71.43	71.43	53.57	13.13	44.88	9.22	14.38
杂多县	5956	72.69	91.42	91.42	62.31	4.46	10.51	6.19	13.41
称多县	2266	120.63	87.59	87.59	93.10	9.37	18.82	7.30	7.34
治多县	3052	74.16	98.31	98.31	71.19	3.85	26.28	16.13	17.89
囊谦县	7436	63.01	89.66	89.66	65.52	9.74	20.39	12.74	20.18
曲麻莱县	5400	83.51	66.14	66.14	76.72	7.81	20.42	34.23	30.16
乌兰县	916	139.80	100.00	100.00	73.94	4.45	17.66	5.39	5.70
都兰县	1900	82.19	100.00	100.00	8.95	6.67	74.74	5.52	16.76
天峻县	1217	308.69	100.00	100.00	1.37	17.41	130.86	7.62	16.47
大柴旦行委	1766	125.24	100.00	100.00	6.78	6.63	50.95	5.08	10.85
宁　夏	**3622**	**112.41**	**98.99**	**98.99**	**75.97**	**8.66**	**25.33**	**6.99**	**14.77**
永宁县	3081	192.41	99.12	99.12	99.12	7.51	40.46	10.28	18.69
贺兰县	3075	172.69	100.00	100.00	99.55	11.07	27.21	4.57	14.49
平罗县	5501	128.04	96.86	96.86	89.98	7.44	21.40	5.04	17.43
盐池县	4597	141.42	100.00	100.00	91.54	9.56	38.87	8.75	13.66
同心县	2790	57.38	100.00	100.00	37.33	11.42	25.35	8.07	15.14
红寺堡区	2469	124.05	99.00	99.00	92.75	11.14	46.72	6.57	14.74
西吉县	2471	48.71	99.64	99.64	45.77	6.66	11.59	8.60	11.16
隆德县	5945	94.51	96.94	96.94	62.69	11.04	10.59	4.53	8.09
泾源县	4943	84.64	100.00	100.00	69.16	6.73	19.63	6.18	11.31

continued

建成区排水管道密度(公里/平方公里) Density of Sewers in Built District (kilometer/square kilometer)	污水处理率(%) Wastewater Treatment Rate (%)	污水处理厂集中处理率 Centralized Treatment Rate of Wastewater Treatment Plants	人均公园绿地面积(平方米) Public Recreational Green Space Per Capita (m^2)	建成区绿化覆盖率(%) Green Coverage Rate of Built District (%)	建成区绿地率(%) Green Space Rate of Built District (%)	生活垃圾处理率(%) Domestic Garbage Treatment Rate (%)	生活垃圾无害化处理率 Domestic Garbage Harmless Treatment Rate	县名称 Name of Counties
7.72	92.01	92.01	26.28	41.06	37.03	96.00	96.00	祁连县
6.05	85.01	85.01	2.80	21.60	17.00	96.08	96.08	海晏县
3.61	96.88	96.88	37.78	35.32	30.35	97.56	97.56	刚察县
11.20	80.77	80.77	13.00	37.56	33.00	97.18	97.18	西海镇
8.98	85.00	85.00	3.45	4.00	3.84	97.79	97.79	尖扎县
8.16	85.01	85.01	1.27	2.02	1.47	95.00	95.00	泽库县
7.70	89.21	89.21	1.36	0.99	0.84	98.99	98.99	河南县
14.84	97.49	97.49	13.23	34.66	28.34	96.79	96.79	共和县
21.83	95.18	95.18	2.32	10.48	8.17	97.40	97.40	同德县
16.05	97.80	97.80	7.35	37.81	33.03	95.74	95.74	贵德县
10.96	95.01	95.01	1.83	28.05	27.48	93.65	93.65	兴海县
20.79	94.20	94.20	6.62	20.05	17.70	93.78	93.78	贵南县
8.31	88.37	88.37	7.14	6.76	1.76	99.61		班玛县
6.37	85.14	85.14	5.66	1.70	1.53	100.00		久治县
17.62	88.50	88.50	2.24	10.62	10.62	98.53		甘德县
5.67	81.40	81.40	15.85	41.98	27.31	100.00	100.00	玛沁县
12.16	87.03	87.03				85.24		达日县
14.75	89.60	89.60				100.00	100.00	玛多县
1.86	38.93	38.93	2.74	7.13	4.97	97.50		杂多县
18.70	88.18	88.18	0.01	6.17	3.17	96.00	96.00	称多县
23.25	30.39	30.39		3.63	0.62	93.00	93.00	治多县
12.29	26.32	26.32	0.81	4.40	1.51	98.90	98.90	囊谦县
37.68	32.91	32.91	0.37	3.67	0.55	98.00	98.00	曲麻莱县
5.18	95.44	95.44	7.98	37.30	33.91	95.50	95.50	乌兰县
4.93	95.40	95.40	8.12	26.42	22.97	97.79	97.79	都兰县
3.45	89.99	89.99		31.27	30.16	91.00	91.00	天峻县
3.16	86.00	86.00	11.02	54.53	51.15	100.00	100.00	大柴旦行委
8.46	**98.06**	**98.06**	**17.38**	**39.44**	**36.18**	**99.58**	**99.58**	**宁 夏**
7.57	98.34	98.34	23.89	39.49	34.65	100.00	100.00	永宁县
9.14	100.00	100.00	14.11	38.72	35.81	100.00	100.00	贺兰县
4.77	100.00	100.00	9.48	42.78	40.53	100.00	100.00	平罗县
8.64	88.49	88.49	18.29	43.80	40.33	100.00	100.00	盐池县
8.60	89.05	89.05	11.79	38.70	35.08	100.00	100.00	同心县
17.89	100.00	100.00	13.78	38.75	34.99	100.00	100.00	红寺堡区
10.51	98.96	98.96	13.79	38.08	35.08	100.00	100.00	西吉县
11.40	100.00	100.00	40.60	40.78	36.59	100.00	100.00	隆德县
3.99	93.94	93.94	39.66	41.66	39.50	92.86	92.86	泾源县

1-2 续表 40

县名称 Name of Counties	人口密度（人/平方公里）Population Density (person/square kilometer)	人均日生活用水量（升）Daily Water Consumption Per Capita (liter)	供水普及率（%）Water Coverage Rate (%)	公共供水普及率 Public Water Coverage Rate	燃气普及率（%）Gas Coverage Rate (%)	建成区供水管道密度（公里/平方公里）Density of Water Supply Pipelines in Built District (kilometer/square kilometer)	人均道路面积（平方米）Road Surface Area Per Capita (m^2)	建成区路网密度（公里/平方公里）Density of Road Network in Built District (kilometer/square kilometer)	建成区道路面积率（%）Surface Area of Roads Rate of Built District (%)
彭阳县	2595	77.22	100.00	100.00	89.32	9.28	34.87	7.66	23.39
中宁县	6202	125.63	100.00	100.00	97.11	6.28	21.34	11.50	20.27
海原县	3546	68.12	96.86	96.86	33.36	5.96	29.14	5.48	10.07
新 疆	**3161**	**146.23**	**98.37**	**98.05**	**94.63**	**10.81**	**23.05**	**6.57**	**11.49**
鄯善县	1455	180.66	100.00	92.08	96.04	11.79	56.78	11.18	15.59
托克逊县	4011	143.25	100.00	100.00	93.07	7.35	15.90	3.29	7.06
巴里坤哈萨克自治县	1260	200.21	100.00	100.00	100.00	13.25	36.64	5.00	10.40
伊吾县	754	337.71	100.00	100.00	100.00	8.44	100.18	4.92	7.95
呼图壁县	3464	183.11	100.00	100.00	100.00	10.39	37.31	4.59	12.58
玛纳斯县	3558	136.48	100.00	100.00	100.00	6.50	32.80	5.92	13.91
奇台县	1614	133.78	100.00	100.00	99.02	8.21	26.77	9.85	15.51
吉木萨尔县	3185	235.62	100.00	100.00	100.00	7.72	21.39	6.73	6.81
木垒哈萨克自治县	2482	208.47	100.00	100.00	100.00	12.05	36.77	3.06	8.67
精河县	4886	317.22	100.00	100.00	92.91	13.04	16.02	4.98	8.17
温泉县	2400	138.24	96.21	96.21	96.97	15.55	19.39	5.71	5.24
轮台县	3600	102.26	98.61	98.61	98.33	10.48	16.67	8.57	11.12
尉犁县	5710	132.97	99.71	99.71	99.71	6.23	30.08	8.41	17.44
若羌县	4048	95.79	97.68	97.68	96.03	11.76	49.61	7.57	19.23
且末县	3538	149.74	99.60	99.60	99.60	11.96	12.10	5.93	7.07
焉耆回族自治县	1653	159.96	99.80	98.79	95.16	7.04	29.73	6.03	13.07
和静县	2736	112.97	99.50	99.50	98.50	6.66	21.14	5.56	8.82
和硕县	2874	88.14	96.43	96.43	97.19	7.15	17.58	8.13	7.11
博湖县	5831	137.47	99.42	99.42	99.42	6.06	18.78	8.45	10.95
温宿县	3433	94.96	100.00	100.00	100.00	5.09	42.99	6.10	19.25
沙雅县	6493	200.43	100.00	100.00	99.34	14.83	30.29	12.97	22.47
新和县	6173	116.61	99.85	98.97	99.85	15.19	29.75	15.22	23.60
拜城县	6085	93.29	100.00	100.00	100.00	7.07	19.11	6.16	15.43
乌什县	3941	135.10	100.00	100.00	99.10	8.27	28.27	12.57	22.55
阿瓦提县	6203	158.23	100.00	100.00	100.00	10.48	19.73	6.06	10.94
柯坪县	4544	123.97	98.36	98.36	97.95	9.03	12.56	7.16	7.75
阿克陶县	4653	195.15	93.12	93.12	91.69	12.03	10.15	6.55	10.90
阿合奇县	2649	157.85	100.00	100.00	98.68	7.06	34.30	6.95	6.75
乌恰县	2881	202.32	98.96	98.96	97.41	19.66	13.67	4.19	3.14
疏附县	2795	120.19	99.04	99.04	100.00	7.41	13.51	4.10	6.22
疏勒县	1669	108.16	100.00	99.07	99.17	8.49	17.04	1.71	8.53

continued

建成区排水管道密度(公里/平方公里) Density of Sewers in Built District (kilometer/square kilometer)	污水处理率(%) Wastewater Treatment Rate (%)	污水处理厂集中处理率 Centralized Treatment Rate of Wastewater Treatment Plants	人均公园绿地面积(平方米) Public Recreational Green Space Per Capita (m^2)	建成区绿化覆盖率(%) Green Coverage Rate of Built District (%)	建成区绿地率(%) Green Space Rate of Built District (%)	生活垃圾处理率(%) Domestic Garbage Treatment Rate (%)	生活垃圾无害化处理率 Domestic Garbage Harmless Treatment Rate	县名称 Name of Counties
24.65	100.00	100.00	36.08	43.48	40.83	100.00	100.00	彭阳县
5.77	100.00	100.00	11.57	43.02	39.81	100.00	100.00	中宁县
2.58	96.51	96.51	18.10	33.59	30.18	97.67	97.67	海原县
7.05	**95.87**	**95.87**	**15.12**	**39.15**	**35.11**	**99.26**	**97.70**	**新　疆**
5.14	95.31	95.31	12.06	40.23	37.99	100.00	100.00	鄯善县
2.29	95.41	95.41	20.24	43.37	38.40	100.00	100.00	托克逊县
8.42	100.00	100.00	19.85	35.32	30.38	100.00	100.00	巴里坤哈萨克自治县
4.86	100.00	100.00	23.51	42.14	39.12	100.00	100.00	伊吾县
8.99	99.97	99.97	24.80	41.71	39.27	100.00	100.00	呼图壁县
4.45	100.00	100.00	21.22	42.41	38.68	100.00	100.00	玛纳斯县
8.03	95.41	95.41	17.39	44.27	38.22	100.00	100.00	奇台县
5.74	99.14	99.14	16.42	40.96	37.60	100.00	100.00	吉木萨尔县
6.73	100.00	100.00	21.84	44.49	38.30	100.00	100.00	木垒哈萨克自治县
7.97	100.00	100.00	9.29	39.62	35.13	100.00	100.00	精河县
15.38	100.00	100.00	14.39	39.76	35.00	100.00	100.00	温泉县
8.32	98.72	98.72	24.03	39.50	36.15	98.98	98.98	轮台县
6.26	99.23	99.23	21.43	41.28	36.42	99.51	99.51	尉犁县
7.03	98.94	98.66	12.91	39.89	36.46	98.40	98.40	若羌县
10.05	97.41	97.41	14.57	41.00	37.68	99.98	99.98	且末县
7.04	92.00	92.00	39.76	39.20	36.07	99.98	99.98	焉耆回族自治县
6.62	99.04	99.04	15.61	41.75	36.91	98.70	98.70	和静县
9.86	98.92	98.92	39.87	39.22	36.22	98.62	98.62	和硕县
7.73	98.41	98.41	37.16	45.85	41.66	99.24	99.24	博湖县
5.48	100.00	100.00	21.52	46.09	41.90	100.00	100.00	温宿县
10.19	99.97	99.97	12.53	43.01	35.63	100.00	100.00	沙雅县
7.90	98.39	98.39	19.80	37.38	32.52	100.00	100.00	新和县
5.43	100.00	100.00	25.02	44.89	41.06	100.00	100.00	拜城县
10.71	88.06	88.06	14.03	45.48	41.19	100.00	100.00	乌什县
1.75	93.75	93.75	10.61	43.49	37.20	100.00	100.00	阿瓦提县
9.03	100.00	100.00	14.34	39.68	34.68	100.00	100.00	柯坪县
11.48	100.00	100.00	12.46	42.00	36.77	100.00	100.00	阿克陶县
3.69	92.00	92.00	9.93	34.73	30.18	97.19		阿合奇县
18.99	88.44	88.44	10.45	39.75	36.97	100.00	100.00	乌恰县
8.02	90.00	90.00	20.32	41.47	35.11	100.00	100.00	疏附县
4.86	95.70	95.70	14.51	38.26	32.85	99.57	99.57	疏勒县

1-2 续表 41

县名称 Name of Counties	人口密度(人/平方公里) Population Density (person/square kilometer)	人均日生活用水量(升) Daily Water Consumption Per Capita (liter)	供水普及率(%) Water Coverage Rate (%)	公共供水普及率 Public Water Coverage Rate	燃气普及率(%) Gas Coverage Rate (%)	建成区供水管道密度(公里/平方公里) Density of Water Supply Pipelines in Built District (kilometer/square kilometer)	人均道路面积(平方米) Road Surface Area Per Capita (m^2)	建成区路网密度(公里/平方公里) Density of Road Network in Built District (kilometer/square kilometer)	建成区道路面积率(%) Surface Area of Roads Rate of Built District (%)
英吉沙县	3459	289.03	100.00	100.00	97.93	10.28	22.64	4.40	8.31
泽普县	6881	204.99	100.00	100.00	100.00	16.25	21.68	7.15	14.84
莎车县	8863	101.64	98.73	98.73	97.04	5.30	32.98	9.01	20.17
叶城县	4350	116.89	99.82	99.21	96.25	6.07	21.77	7.72	14.16
麦盖提县	5333	146.92	100.00	100.00	99.00	8.24	17.11	5.52	9.56
岳普湖县	2029	103.29	100.00	100.00	97.74	11.36	28.61	5.16	14.84
伽师县	2860	132.17	100.00	100.00	100.00	10.45	10.05	6.25	5.91
巴楚县	4137	100.30	100.00	100.00	93.96	5.36	10.59	4.48	4.46
塔什库尔干塔吉克自治县	1621	96.55	100.00	100.00	96.04	16.20	27.67	6.89	6.89
和田县									
墨玉县	2670	206.98	99.90	99.90	99.79	7.62	20.48	3.79	7.57
皮山县	2686	159.33	93.65	93.65	93.91	12.63	21.41	16.38	14.77
洛浦县	6192	193.08	100.00	100.00	98.67	11.27	12.94	2.60	10.08
策勒县	2802	217.95	97.98	97.98	93.60	16.21	16.90	5.39	9.30
于田县	5548	114.23	97.31	97.31	96.86	11.69	10.78	7.26	14.11
民丰县	4131	111.95	98.60	98.60	99.53	10.25	18.90	4.54	13.00
伊宁县	4400	103.69	92.05	92.05	81.98	11.96	15.88	6.02	7.09
察布查尔县	2523	94.13	99.39	99.39	81.25	12.31	18.55	4.48	11.24
霍城县	2066	100.48	96.81	96.81	86.78	7.50	7.08	5.53	5.83
巩留县	2352	134.48	94.96	94.96	86.61	51.45	22.96	8.16	11.02
新源县	3126	118.08	100.00	100.00	72.88	6.13	18.10	8.92	15.67
昭苏县	3073	165.58	94.29	94.29	98.41	16.80	12.40	7.43	8.26
特克斯县	2254	135.23	97.85	97.85	65.30	30.17	18.68	8.20	10.23
尼勒克县	2676	140.96	94.87	94.87	83.98	9.00	27.56	2.21	10.78
额敏县	2190	174.64	94.90	90.71	95.26	21.00	14.68	4.61	4.70
沙湾县	2483	232.85	100.00	100.00	97.71	13.33	26.00	7.00	16.07
托里县	1896	193.62	98.83	98.83	90.23	17.57	24.35	4.57	6.30
裕民县	3135	458.45	50.00	50.00	47.33	7.68	20.00	4.60	10.34
和布克赛尔蒙古自治县	1217	229.35	94.29	94.29	90.00	11.72	27.41	4.72	4.72
布尔津县	3553	184.58	99.41	99.41	90.29	5.11	24.23	6.28	11.86
富蕴县	3612	124.15	96.05	96.05	96.05	4.07	19.28	6.45	10.22
福海县	2209	226.65	90.53	90.53	86.42	13.07	28.19	7.75	9.32
哈巴河县	4537	316.80	100.00	100.00	89.80	9.76	32.13	7.70	13.28
青河县	1978	186.68	96.63	96.63	91.57	4.36	16.81	3.70	5.82
吉木乃县	1170	245.41	100.00	100.00	99.24	7.44	28.45	4.53	6.08

continued

建成区排水管道密度（公里/平方公里） Density of Sewers in Built District (kilometer/square kilometer)	污水处理率(%) Wastewater Treatment Rate (%)	污水处理厂集中处理率 Centralized Treatment Rate of Wastewater Treatment Plants	人均公园绿地面积（平方米） Public Recreational Green Space Per Capita (m^2)	建成区绿化覆盖率(%) Green Coverage Rate of Built District (%)	建成区绿地率(%) Green Space Rate of Built District (%)	生活垃圾处理率(%) Domestic Garbage Treatment Rate (%)	生活垃圾无害化处理率 Domestic Garbage Harmless Treatment Rate	县名称 Name of Counties
10.14	92.21	92.21	17.74	34.55	33.23	96.36	96.36	英吉沙县
9.34	96.70	96.70	14.96	46.19	38.97	100.00	100.00	泽普县
4.00	95.71	95.71	10.44	34.74	33.05	94.73	94.73	莎车县
4.37	100.00	100.00	9.58	37.91	35.35	100.00	100.00	叶城县
6.87	98.60	98.60	14.36	42.82	39.08	100.00	100.00	麦盖提县
12.84	92.44	92.44	9.14	34.92	30.14	100.00	100.00	岳普湖县
3.19	98.98	98.98	14.52	35.67	32.44	96.00	96.00	伽师县
2.14	95.83	95.83	15.13	35.17	31.94	100.00	100.00	巴楚县
6.46	88.82	88.82	24.23	22.20	19.21	100.00		塔什库尔干塔吉克自治县
								和田县
4.73	91.00	91.00	1.25	18.00	12.28	100.00	100.00	墨玉县
14.01	89.81	89.81	6.02	18.01	15.38	99.65	99.65	皮山县
6.89	95.32	95.32	4.03	29.26	28.57	100.00	100.00	洛浦县
14.81	93.37	93.37	3.37	33.33	30.19	100.00	100.00	策勒县
12.50	90.16	90.16	1.59	25.05	21.83	100.00	100.00	于田县
12.72	93.58	93.58	2.71	16.15	11.17	98.98		民丰县
8.50	94.51	94.51	23.68	48.74	43.73	100.00	100.00	伊宁县
11.49	100.00	100.00	21.95	38.04	36.72	100.00	100.00	察布查尔县
8.33	85.00	85.00	12.60	44.85	43.32	100.00	100.00	霍城县
11.90	95.18	95.18	18.90	44.41	41.15	100.00	100.00	巩留县
10.74	88.75	88.75	12.41	40.41	37.59	100.00	100.00	新源县
12.45	87.96	87.96	9.84	42.40	36.50	100.00	100.00	昭苏县
6.37	85.80	85.80	13.47	40.50	36.72	100.00	100.00	特克斯县
7.47	94.65	94.65	14.78	40.77	34.33	100.00	100.00	尼勒克县
6.34	100.00	100.00	11.59	47.79	42.46	100.00	100.00	额敏县
6.35	90.21	90.21	11.13	38.70	35.01	100.00	100.00	沙湾县
10.64	95.56	95.56	17.19	38.34	33.05	100.00	100.00	托里县
5.43	92.80	92.80	14.00	32.07	13.97	100.00	100.00	裕民县
4.52	99.66	99.44	47.14	41.00	37.60	97.36	97.36	和布克赛尔蒙古自治县
5.49	99.96	99.96	18.13	53.69	49.90	100.00	100.00	布尔津县
7.78	100.00	100.00	25.49	38.92	34.59	100.00	100.00	富蕴县
3.76	99.32	99.03	10.29	34.30	30.31	97.00	97.00	福海县
9.74	100.00	100.00	13.22	50.28	46.59	98.75	98.75	哈巴河县
4.39	100.00	100.00	16.16	34.76	30.06	100.00	100.00	青河县
4.05	100.00	100.00	25.76	33.82	27.35	88.67	88.67	吉木乃县

二、县城人口和建设用地

2. County Seat Population and Construction Land

简要说明

本部分主要反映县城规模，包括人口规模和用地规模。人口规模主要包括县人口、县城人口、县城暂住人口，用地规模主要包括县面积、县城面积、建成区面积以及各类建设用地面积、本年征用土地面积等内容。

Brief Introduction

This section is mainly about size of county seat, including size of population and usable land. The size of population mainly covers county permanent population in county seats and county areas as well as county seat temporary population. The size of usable land mainly covers county areas, county seat areas, areas of built-up districts, areas of various types of land for construction purposes, and areas of land acquired during the year.

2 全国历年县数量及人口、面积情况（2000–2020）
National Changes in Number of Counties, County Seat Population and County Seat Area in Past Years (2000-2020)

面积计量单位：平方公里 Area Measurement Unit: Square Kilometer
人口计量单位：万人 Population Measurement Unit:10,000 persons

年份 Year	县个数 Number of Counties	县城人口 County Seat Population	县城暂住人口 County Seat Temporary Population	县城面积 County Seat Area	建成区面积 Area of Built District	城市建设用地面积 Area of Urban Construction Land
2000	1674	14157		53197	13135	8788
2001	1660	9012		57651	10427	9157
2002	1649	8874		56138	10496	9455
2003	1642	9235		53197	11115	10180
2004	1636	9641		53649	11774	11106
2005	1636	10030		63382	12383	12383
2006	1635	10963	934	76508	13229	13456
2007	1635	11581	1011	93887	14260	14680
2008	1635	11947	1079	130813	14776	15534
2009	1636	12259	1120	154603	15558	15671
2010	1633	12637	1236	175926	16585	16405
2011	1627	12946	1393	93567	17376	16151
2012	1624	13406	1514	94834	18740	17437
2013	1613	13701	1566	86225	19503	17935
2014	1596	14038	1615	79946	20111	18694
2015	1568	14017	1598	75204	20043	18718
2016	1537	13858	1583	72591	19467	18242
2017	1526	13923	1701	71583	19854	18864
2018	1519	13973	1722	70357	20238	19071
2019	1516	14111	1755	76044	20672	19427
2020	1495	14055	1791	75197	20867	19632

2-1 2020年全国县城人口和建设用地(按省分列)

面积计量单位：平方公里
人口计量单位：万人

地区名称 Name of Regions	县面积 County District Area	县人口 County District Population	县暂住人口 County District Temporary Population	县城面积 County Seat Area	县城人口 County Seat Population	县城暂住人口 County Seat Temporary Population	建成区面积 Area of Built District		
								小计 Subtotal	居住用地 Residential
全国	**7327141**	**64126**	**3056**	**75196.79**	**14055.43**	**1790.96**	**20867.09**	**19632.14**	**6450.08**
河北	136230	4032	158	3790.00	943.32	102.19	1405.06	1356.57	430.94
山西	125124	2011	86	1847.09	580.62	50.74	708.28	652.49	241.89
内蒙古	1049228	1531	127	5482.35	435.83	73.39	993.83	913.15	288.41
辽宁	74824	1020	29	1439.73	205.84	11.28	379.88	362.18	153.42
吉林	85748	740	20	699.80	167.50	11.76	233.44	233.20	86.86
黑龙江	217773	1357	37	1260.68	349.87	22.98	599.85	545.73	236.43
江苏	33080	1992	66	2592.68	484.82	39.36	700.86	681.47	212.59
浙江	49732	1435	299	5022.22	343.43	105.67	612.57	631.15	195.13
安徽	92519	4286	160	4874.69	784.77	102.17	1288.38	1265.72	371.48
福建	78389	1784	155	1914.51	414.83	70.42	563.02	559.15	187.25
江西	121081	2851	88	1722.86	779.67	64.26	1053.73	1020.31	301.94
山东	65133	3350		7568.30	979.85	59.60	1560.72	1466.21	484.91
河南	119053	7164	234	5653.45	1372.09	123.81	1872.48	1759.41	551.04
湖北	92363	1973	81	1473.54	414.92	39.96	571.06	533.24	166.30
湖南	158255	4523	304	3160.61	1011.10	207.90	1375.46	1260.10	413.88
广东	79301	2240	72	3355.21	467.38	42.12	631.87	581.13	208.28
广西	161657	3205	77	2070.40	486.46	47.53	703.08	658.12	205.26
海南	16397	325	27	264.23	57.89	16.52	153.87	131.46	35.78
重庆	39137	933	104	781.74	166.33	46.72	181.86	157.47	55.80
四川	404534	4784	282	10610.79	1019.29	179.89	1326.90	1215.92	402.35
贵州	140665	3089	119	3120.54	625.15	70.90	892.01	791.42	286.74
云南	300133	3256	160	1843.38	561.92	84.09	725.35	690.75	217.42
西藏	1198254	274	42	302.53	57.81	24.56	163.36	138.35	44.67
陕西	150193	2065	82	1395.96	467.26	57.66	624.87	586.95	180.54
甘肃	368918	1889	90	837.87	358.66	45.50	491.36	458.58	163.78
青海	481835	354	28	585.83	95.94	15.86	185.09	163.41	50.81
宁夏	38395	337	21	318.11	97.89	17.34	187.92	183.05	57.32
新疆	1449188	1326	107	1207.69	324.99	56.78	680.93	635.45	218.86

注：本表中山东省人口为常住人口。

National County Seat Population and Construction Land by Province (2020)

Area Measurement Unit: Square Kilometer

Population Measurement Unit:10,000 persons

城市建设用地面积 Area of Urban Construction Land							本年征用土地面积 Area of Land Requisition This Year		地区名称 Name of Counties
公共管理与公共服务用地 Administr-ation and Public Services	商业服务业设施用地 Commercial and Business Facilities	工业用地 Industrial	物流仓储用地 Logistics and Warehouse	道路交通设施用地 Road, Street and Trans-portation	公用设施用地 Munici-pal Utilities	绿地与广场用地 Green Space and Square		耕地 Arable Land	
1718.64	**1283.72**	**2543.97**	**524.37**	**3088.92**	**761.65**	**3260.79**	**949.90**	**428.08**	**全　国**
92.96	79.57	99.04	21.18	264.51	28.82	339.55	72.12	47.80	河　北
56.30	34.32	46.36	11.86	110.22	21.17	130.37	5.54	2.49	山　西
93.86	63.96	80.87	17.70	165.75	34.16	168.44	32.42	2.82	内蒙古
22.05	21.92	65.38	8.14	41.82	21.84	27.61	4.39	3.10	辽　宁
16.01	13.78	30.77	10.62	31.69	8.28	35.19	6.45	3.32	吉　林
45.99	27.02	82.02	22.61	64.01	16.46	51.19	7.31	4.08	黑龙江
50.31	41.61	132.54	10.59	103.08	17.38	113.37	22.73	12.34	江　苏
54.22	41.33	143.48	9.99	84.30	24.08	78.62	90.47	17.71	浙　江
98.06	84.11	221.62	42.73	222.24	44.46	181.02	63.26	25.79	安　徽
45.83	36.81	74.26	10.14	91.98	18.66	94.22	26.41	5.79	福　建
91.48	63.78	158.95	25.12	190.69	34.21	154.14	68.51	23.85	江　西
116.11	101.06	287.79	38.57	190.77	45.62	201.38	53.03	29.85	山　东
149.84	106.71	203.41	45.99	303.43	71.65	327.34	56.13	29.32	河　南
52.69	37.13	77.03	12.16	87.24	21.14	79.55	45.51	22.84	湖　北
126.48	101.63	165.29	62.54	156.21	66.39	167.68	51.42	14.53	湖　南
51.89	42.88	92.20	12.93	71.10	25.64	76.21	30.22	7.45	广　东
52.92	33.17	78.08	16.30	116.54	19.81	136.04	40.79	15.81	广　西
10.49	7.29	27.52	4.34	25.16	2.34	18.54	8.34	2.31	海　南
12.28	8.16	16.56	2.29	24.81	6.24	31.33	15.90	10.61	重　庆
112.43	74.40	179.86	33.64	172.81	54.57	185.86	63.04	37.33	四　川
78.43	62.72	78.04	24.44	111.15	43.31	106.59	33.85	16.60	贵　州
72.07	49.68	48.61	16.65	121.82	30.35	134.15	102.41	73.21	云　南
20.38	11.89	7.60	6.00	25.34	11.36	11.11	6.38	2.10	西　藏
48.14	37.94	40.45	12.91	91.48	28.53	146.96	16.59	5.91	陕　西
49.39	31.09	30.98	12.72	66.47	24.60	79.55	12.89	6.27	甘　肃
20.23	10.74	15.23	4.21	26.04	10.00	26.15	2.53	1.10	青　海
17.58	16.74	14.04	5.25	31.19	6.62	34.31	7.76	2.69	宁　夏
60.22	42.28	45.99	22.75	97.07	23.96	124.32	3.50	1.06	新　疆

Note: The Urban District Population of Shandong Province in this table refers to the data of the resident population.

2-2 2020年全国县城人口和建设用地(按县城分列)

面积计量单位：平方公里

人口计量单位：万人

县名称 Name of Counties	县面积 County District Area	县人口 County District Population	县暂住人口 County District Temporary Population	县城面积 County Seat Area	县城人口 County Seat Population	县城暂住人口 County Seat Temporary Population	建成区面积 Area of Built District		
								小计 Subtotal	居住用地 Residential
全　国	**7327141.2**	**64126.4**	**3055.9**	**75196.79**	**14055.43**	**1790.96**	**20867.09**	**19632.14**	**6450.08**
河　北	**136230.2**	**4031.8**	**158.1**	**3790.00**	**943.32**	**102.19**	**1405.06**	**1356.57**	**430.94**
井陉县	1381.0	33.0	2.0	65.40	9.20	0.90	10.50	10.50	3.27
正定县	498.0	57.9	2.3	87.70	20.16	0.91	28.82	31.38	3.91
行唐县	1025.0	43.2	0.4	31.05	7.32	0.21	8.60	8.04	2.16
灵寿县	1066.2	35.0	3.3	25.30	7.76	1.10	10.70	10.70	4.10
高邑县	220.0	20.2	0.8	37.91	5.52	0.70	8.32	8.32	2.00
深泽县	296.0	26.7	3.6	23.12	8.30	0.90	10.72	10.67	3.21
赞皇县	1210.0	28.1	0.7	50.30	4.90	0.60	6.50	6.49	1.89
无极县	524.0	63.0	0.4	32.92	9.50	0.14	11.20	10.40	3.23
平山县	2648.0	50.8	0.6	109.00	12.15	0.50	10.80	10.72	1.19
元氏县	681.0	43.1	0.5	31.28	9.28	0.44	12.78	12.64	4.33
赵　县	675.0	61.6	0.1	15.55	12.27	0.09	15.55	15.55	8.67
滦南县	1270.0	59.5	1.6	108.30	14.81	1.03	22.30	21.89	7.15
乐亭县	1308.0	45.4	1.6	101.25	14.01	0.66	17.90	17.89	5.71
迁西县	1439.0	41.7	1.1	111.00	13.50	1.00	17.50	17.45	8.15
玉田县	1165.0	70.2	1.5	90.00	16.31	0.63	21.95	20.92	7.05
曹妃甸区	1176.7	23.7	1.6	76.77	12.39	1.37	27.17	25.13	7.46
青龙满族自治县	3510.0	56.0	0.2	31.00	8.02	0.14	11.80	11.60	4.77
昌黎县	1210.0	55.6	0.8	36.71	11.74	0.61	16.54	16.53	5.93
卢龙县	961.0	42.2	0.7	45.20	6.60		10.55	10.30	2.51
临漳县	744.0	76.3	0.1	83.14	12.10	0.13	23.45	19.66	5.43
成安县	481.5	46.8	0.6	17.00	10.20	0.35	17.00	15.89	7.37
大名县	1053.0	92.5	0.4	60.10	22.35	1.50	27.04	25.54	5.48
涉　县	1509.0	43.3	4.3	91.81	18.52	3.64	36.56	31.88	9.36
磁　县	714.2	49.5	1.2	81.70	21.51	0.79	25.00	24.34	6.35
邱　县	448.6	26.7	1.5	34.23	11.02	1.45	16.20	16.03	3.24
鸡泽县	337.0	34.3	2.1	20.46	10.30	1.68	13.46	12.72	3.71
广平县	320.0	32.0		22.23	8.40	0.81	14.12	14.12	1.95
馆陶县	456.0	45.3	0.6	60.10	11.96	0.40	15.76	15.66	5.22
魏　县	863.6	106.0	7.0	96.10	31.40	5.00	27.90	27.10	0.64
曲周县	676.7	53.6	0.3	26.20	11.60	0.23	14.98	14.98	5.46
临城县	797.0	22.5	1.0	54.00	6.40	0.65	8.55	8.29	2.14
内丘县	788.0	26.9	1.2	38.06	7.19	1.11	8.00	8.00	2.94
柏乡县	268.0	20.6	0.1	73.30	5.03	0.07	10.79	10.06	3.50
隆尧县	749.0	52.7	1.4	31.10	9.20	0.80	14.98	14.80	6.74
宁晋县	1110.5	79.0	8.6	27.00	18.60	4.00	21.50	21.50	7.00
巨鹿县	631.0	43.4	0.9	50.00	13.04	0.81	17.10	17.10	6.02
新河县	367.0	17.5	0.9	14.00	4.80	0.90	7.50	7.50	3.15
广宗县	500.1	33.4	0.2	50.50	7.92	0.09	9.09	9.09	2.76
平乡县	406.1	37.0	0.3	64.50	7.80	0.12	13.70	13.70	5.01
威　县	1012.0	64.4	5.7	22.80	16.48	5.65	18.70	18.70	4.20
清河县	502.0	44.7	4.8	37.80	21.73	3.29	25.80	25.80	8.15

National County Seat Population and Construction Land by County (2020)

Area Measurement Unit: Square Kilometer

Population Measurement Unit:10,000 persons

城市建设用地面积 Area of Urban Construction Land							本年征用土地面积 Area of Land Requisition This Year		县名称 Name of Counties
公共管理与公共服务用地 Administr-ation and Public Services	商业服务业设施用地 Commercial and Business Facilities	工业用地 Industrial	物流仓储用地 Logistics and Warehouse	道路交通设施用地 Road, Street and Trans-portation	公用设施用地 Munici-pal Utilities	绿地与广场用地 Green Space and Square		耕地 Arable Land	
1718.64	**1283.72**	**2543.97**	**524.37**	**3088.92**	**761.65**	**3260.79**	**949.90**	**428.08**	**全　国**
92.96	**79.57**	**99.04**	**21.18**	**264.51**	**28.82**	**339.55**	**72.12**	**47.80**	**河　北**
0.65	0.40	0.69	0.50	1.84	0.14	3.01			井陉县
5.43	2.87	2.00	1.55	6.62	1.25	7.75	4.37	3.96	正定县
0.78	0.35	0.02	0.15	1.92	0.23	2.43			行唐县
0.37	0.20	1.20	0.17	2.10	0.17	2.39			灵寿县
0.23	0.25	0.25	0.05	1.96	0.08	3.50			高邑县
0.31	0.42	1.59	0.16	1.88	0.17	2.93			深泽县
0.35	0.25	0.15	0.50	1.35	0.28	1.72	0.99	0.70	赞皇县
0.80	0.30	0.20	0.03	2.85	0.07	2.92			无极县
0.43	0.04	0.68	0.13	2.08	2.56	3.61	0.03		平山县
0.76	0.55	0.96	0.45	2.43	0.18	2.98	0.41	0.32	元氏县
0.11	0.26	0.42	0.18	2.88	0.01	3.02	0.59	0.56	赵　县
1.35	1.20	3.43	0.03	3.51	0.07	5.15	1.56	0.89	滦南县
1.33	0.85	0.63	0.28	2.92	0.29	5.88			乐亭县
0.87	0.70	2.17	0.52	2.47	0.29	2.28	0.68	0.46	迁西县
1.21	0.44	0.80	0.30	3.85	0.28	6.99	0.37	0.24	玉田县
2.71	2.90	0.73	0.10	5.94	0.26	5.03			曹妃甸区
0.75	0.91	0.79	0.14	1.79	0.25	2.20	0.05	0.02	青龙满族自治县
1.61	1.48	1.08	0.16	3.08	0.15	3.04			昌黎县
0.63	0.85	0.33	0.16	1.95	0.61	3.26			卢龙县
1.25	2.00	1.80	0.17	4.35	0.56	4.10	0.97	0.85	临漳县
0.20	0.45	0.06		3.57	0.10	4.14			成安县
2.05	0.63	2.35	1.03	4.89	1.62	7.49			大名县
2.64	1.94	3.36	0.58	5.35	0.68	7.97	25.96	14.72	涉　县
3.09	0.89	0.30	0.30	6.13	0.20	7.08			磁　县
0.90	0.30	2.30	0.09	3.65	0.20	5.35	1.75	1.54	邱　县
0.24	0.20	0.91	0.20	3.11	0.20	4.15	0.24	0.24	鸡泽县
0.18	0.20	1.65	0.30	3.94	0.62	5.28			广平县
0.82	0.40	0.67	0.22	3.46	0.40	4.47	0.92	0.75	馆陶县
5.81	1.80	2.00	0.35	5.70	0.60	10.20			魏　县
1.45	0.83	0.24	0.05	2.96	0.08	3.91	0.32	0.29	曲周县
0.97	0.80	0.37	0.09	2.00	0.02	1.90	0.64	0.27	临城县
0.50	0.09	0.01		1.65	0.50	2.31			内丘县
0.40	0.02	0.87	0.01	1.88	0.18	3.20	0.61	0.58	柏乡县
0.62	0.50	1.04	0.10	2.63	0.07	3.10	0.01		隆尧县
0.04	1.30	1.39	0.15	6.11	0.10	5.41			宁晋县
1.06	2.50	0.29	0.09	3.75	0.29	3.10	1.24	0.47	巨鹿县
0.35	0.40	0.36		1.84	0.10	1.30			新河县
0.69	0.21	0.47		1.75	0.04	3.17	2.05	1.13	广宗县
0.91	0.43	2.08	0.05	2.34	0.10	2.78	0.49	0.49	平乡县
1.20	1.81	2.20	0.55	4.37	0.24	4.13	2.13	2.03	威　县
1.50	0.73	2.87	0.28	5.35	0.36	6.56	0.99	0.60	清河县

2-2 续表 1

面积计量单位：平方公里

人口计量单位：万人

县名称 Name of Counties	县面积 County District Area	县人口 County District Population	县暂住人口 County District Temporary Population	县城面积 County Seat Area	县城人口 County Seat Population	县城暂住人口 County Seat Temporary Population	建成区面积 Area of Built District	小计 Subtotal	居住用地 Residential
临西县	542.0	35.7	1.6	15.80	8.70	0.50	13.20	13.19	3.54
博野县	330.9	26.7	0.1	17.80	5.98	0.02	9.22	9.22	2.71
涞水县	1661.6	35.9	0.4	16.12	7.66	0.15	13.11	12.62	7.22
阜平县	2494.0	22.8	0.1	25.76	4.20	0.03	7.60	6.34	1.35
白沟新城	54.4	6.1	2.1	54.35	5.72	2.10	19.97	18.54	6.38
定兴县	713.9	60.0	0.3	12.58	9.70	0.29	12.58	12.33	6.05
唐　县	1414.2	59.0	0.3	32.00	9.12	0.17	10.78	10.52	5.32
高阳县	441.4	32.5	0.9	20.00	8.63	0.52	15.60	13.97	4.36
涞源县	2431.2	28.8	0.2	15.23	8.08	0.13	15.23	15.22	6.80
望都县	357.8	27.0	0.6	12.18	7.02	0.60	12.00	11.40	4.76
易　县	2534.9	57.9	0.6	13.25	9.50	0.40	13.25	13.17	7.57
曲阳县	1075.8	65.4	0.2	36.38	9.88	0.09	17.03	16.88	8.24
蠡　县	652.8	46.8	0.8	12.00	6.50	0.80	10.85	10.79	3.10
顺平县	711.8	32.0	0.0	25.00	7.28	0.01	9.14	9.14	4.85
张北县	3863.0	36.2	5.1	45.60	8.77	4.02	21.50	21.50	7.44
康保县	3365.4	17.8	1.1	32.90	5.70	0.80	10.65	9.10	1.02
沽源县	3654.0	22.2	5.0	21.10	4.70	1.69	7.50	7.50	1.62
尚义县	2601.5	19.0	0.1	9.56	5.41	0.10	9.56	8.25	2.03
蔚　县	3220.0	49.9	0.2	36.89	8.31	0.09	14.85	14.80	4.15
阳原县	1849.0	27.5	0.1	60.00	5.34	1.08	9.70	9.60	2.91
怀安县	1709.0	24.9	0.8	22.50	5.60	0.50	9.20	9.20	3.88
怀来县	1801.0	36.7	0.5	28.20	9.65	0.25	16.62	16.62	6.93
涿鹿县	2802.0	34.9	0.1	34.78	8.98	0.09	9.10	9.10	2.76
赤城县	5287.0	18.0	0.1	7.00	6.20	0.58	6.60	6.60	1.89
承德县	3648.1	42.6	0.5	25.00	7.29	0.21	9.50	8.60	3.00
兴隆县	3116.5	32.4	0.1	25.00	7.24	0.40	9.04	9.04	1.31
滦平县	2993.0	31.1	0.2	21.11	8.35	0.60	9.00	8.40	3.03
隆化县	5475.3	50.3	0.4	39.20	8.20	0.19	10.00	10.00	4.32
丰宁满族自治县	8765.0	40.4	0.2	15.90	8.59	0.13	9.60	9.28	3.69
宽城满族自治县	1936.0	26.0	1.0	38.83	7.21	0.70	11.00	9.70	2.83
围场满族蒙古族自治县	9037.4	53.2	1.0	20.00	8.85	1.00	8.10	7.29	3.39
青　县	968.0	43.3	2.0	19.77	10.87	1.15	19.77	18.02	5.13
东光县	710.0	38.0	1.8	25.00	10.09	1.83	15.07	15.01	4.00
海兴县	960.0	24.2	0.2	15.50	5.20	0.07	8.42	7.66	2.63
盐山县	795.0	49.3	0.2	31.68	8.05	0.20	16.10	15.79	5.03
肃宁县	516.0	36.3	0.5	28.00	8.74	0.40	16.00	14.61	5.21
南皮县	794.0	39.0	0.2	22.00	6.95	0.05	14.15	10.57	3.49
吴桥县	582.2	29.7	0.0	23.84	10.20	0.01	14.62	13.28	2.09
献　县	1173.0	65.8	3.1	34.22	9.70	2.40	14.50	13.62	5.19
孟村回族自治县	393.0	20.5	0.4	21.00	3.85	0.65	9.25	9.25	3.15
固安县	697.0	53.5	9.8	56.06	13.95	7.86	29.40	28.51	10.94
永清县	760.9	41.9	2.6	22.70	4.29	0.29	8.96	8.96	2.30

continued

Area Measurement Unit: Square Kilometer

Population Measurement Unit:10,000 persons

城市建设用地面积 Area of Urban Construction Land							本年征用土地面积 Area of Land Requisition This Year	耕地 Arable Land	县名称 Name of Counties
公共管理与公共服务用地 Administr-ation and Public Services	商业服务业设施用地 Commercial and Business Facilities	工业用地 Industrial	物流仓储用地 Logistics and Warehouse	道路交通设施用地 Road, Street and Trans-portation	公用设施用地 Munici-pal Utilities	绿地与广场用地 Green Space and Square			
0.50	0.71	2.49	0.24	2.40	0.26	3.05	0.05	0.03	临西县
0.49	0.62	1.68	0.01	1.65	0.11	1.95	0.26	0.10	博野县
0.31	0.30	0.40	0.02	2.05	0.15	2.17	1.69	1.32	涞水县
0.90	0.31	0.05	0.12	1.15	0.34	2.12	0.22		阜平县
0.59	2.82	2.34	0.26	2.50	0.31	3.34	0.03	0.03	白沟新城
0.10	1.25	0.25	0.05	2.53	0.10	2.00	1.45	1.27	定兴县
0.57	0.46	0.13	0.03	1.78	0.11	2.12	0.76	0.31	唐　县
0.84	1.42	1.53	0.60	2.45	0.07	2.70			高阳县
1.00	1.21	0.21	0.02	2.25	0.09	3.64	0.32	0.27	涞源县
0.70	0.80	1.23	0.28	2.04	0.15	1.44			望都县
0.56	0.40	0.30	0.07	1.98	0.08	2.21	1.00	0.39	易　县
1.20	0.34	0.65		2.54	0.48	3.43	0.50	0.13	曲阳县
0.87	0.71	1.61	0.02	1.93	0.13	2.42	0.18	0.13	蠡　县
0.79	0.86	0.10		1.33	0.09	1.12			顺平县
1.57	1.56	2.10	0.23	3.31	0.27	5.02	0.08	0.04	张北县
0.88	0.52	0.78		2.26	0.13	3.51	0.19	0.03	康保县
0.65	0.68	0.75		1.72	0.29	1.79			沽源县
0.35	0.90	0.32	0.20	1.63	0.29	2.53			尚义县
1.07	1.70	1.04	0.90	2.39	0.20	3.35	0.32	0.27	蔚　县
0.36	0.41	0.21	0.20	2.00	0.24	3.27			阳原县
0.59	0.62	0.12	0.34	1.70	0.10	1.85			怀安县
0.14	0.14	0.10	0.20	2.50	0.10	6.51			怀来县
0.62	0.40	0.50	0.04	2.64	0.14	2.00	0.25	0.05	涿鹿县
0.34	0.35	0.48	0.05	1.10	0.15	2.24	6.29	5.76	赤城县
0.40	0.55	1.00	0.10	1.60	0.20	1.75			承德县
0.52	0.45	1.33	0.12	1.85	0.06	3.40	0.54	0.39	兴隆县
0.20	0.32	0.20	0.10	1.90	0.20	2.45	0.28	0.03	滦平县
0.54	0.43	0.50	0.13	1.56	0.16	2.36			隆化县
0.71	0.36	0.03	0.02	1.75	0.12	2.60			丰宁满族自治县
0.53	0.30	0.90	0.07	1.90	0.11	3.06			宽城满族自治县
0.15	0.10	0.18	0.08	1.30	0.02	2.07			围场满族蒙古族自治县
1.26	2.00	0.95	0.17	3.25	0.43	4.83			青　县
1.73	0.05	2.67	0.52	2.56	0.20	3.28			东光县
0.50	0.41	0.81	0.02	1.84	0.02	1.43			海兴县
0.41	0.71	2.79	0.06	2.71	0.10	3.98			盐山县
1.75	1.83	0.20	0.40	2.46	0.25	2.51	0.14	0.10	肃宁县
0.21	0.30	1.21	0.24	2.13	0.15	2.84			南皮县
0.69	0.74	1.72	0.18	2.74	0.24	4.88			吴桥县
0.66	1.14	0.60	0.02	2.48	0.02	3.51	0.58	0.23	献　县
0.70	0.60	0.10	0.02	1.95	0.40	2.33			孟村回族自治县
4.30	1.55	2.10	0.70	2.46	1.25	5.21	2.64	1.43	固安县
0.69	1.90	0.03	0.09	1.55	0.18	2.22	0.76	0.55	永清县

2-2 续表 2

面积计量单位：平方公里
人口计量单位：万人

县名称 Name of Counties	县面积 County District Area	县人口 County District Population	县暂住人口 County District Temporary Population	县城面积 County Seat Area	县城人口 County Seat Population	县城暂住人口 County Seat Temporary Population	建成区面积 Area of Built District		
								小计 Subtotal	居住用地 Residential
香河县	448.0	38.4	4.4	76.90	10.52	1.20	26.03	26.03	8.23
大城县	910.0	53.8	0.2	27.90	6.94	0.09	8.43	8.43	3.99
文安县	980.0	55.5	0.5	22.50	5.73	0.50	9.60	8.46	3.52
大厂回族自治县	176.0	14.3	8.8	52.64	6.47	1.10	17.73	17.73	8.76
枣强县	902.9	42.3	1.8	31.00	13.39	0.91	15.88	15.78	3.79
武邑县	830.0	34.5	4.1	30.70	7.48	3.34	14.31	13.88	4.20
武强县	445.0	21.4	1.0	21.50	6.86	0.93	9.45	9.45	3.81
饶阳县	573.0	28.5	1.0	63.00	6.38	0.91	11.06	9.68	3.10
安平县	495.4	30.6	3.9	29.00	11.25	3.88	17.11	17.11	2.59
故城县	937.0	48.8	3.7	33.00	13.92	3.60	17.12	17.12	3.99
景　县	1183.0	54.9	5.6	17.00	6.97	4.78	17.00	17.00	4.79
阜城县	697.0	37.0	0.9	65.04	11.23	0.68	15.77	14.15	2.73
容城县	311.0	28.3	9.0	10.50	7.07	0.68	9.19	9.19	3.50
雄　县	677.6	46.6	1.0	32.64	6.57	0.50	12.10	10.54	1.38
安新县	777.4	51.2	0.6	19.00	7.00	0.54	9.58	9.25	2.44
山　西	**125123.9**	**2011.1**	**85.8**	**1847.09**	**580.62**	**50.74**	**708.28**	**652.49**	**241.89**
清徐县	609.0	35.3	1.3	36.00	8.90	0.84	9.05	9.05	3.20
阳曲县	2078.0	15.3	0.7	13.81	3.42	0.65	5.37	5.37	1.74
娄烦县	1289.0	12.6	0.1	7.66	4.50	0.13	4.80	4.41	1.20
阳高县	1598.5	26.9	1.0	16.18	8.50	0.85	8.04	7.34	3.70
天镇县	1704.5	23.5	2.2	16.00	6.54	1.30	9.48	8.73	3.05
广灵县	1285.1	20.2	1.5	64.12	8.35	1.26	8.60	8.51	3.11
灵丘县	2730.0	24.6	0.1	11.40	9.20	0.10	11.40	6.92	1.40
浑源县	1968.0	34.3	0.6	24.00	11.40	0.20	13.70	11.78	4.49
左云县	1314.2	16.1	0.4	9.30	5.80	0.43	7.55	7.55	3.08
云州区	1498.0	20.0	1.7	10.00	5.51	0.48	5.80	5.40	3.01
平定县	1394.0	31.8	0.8	10.00	9.27	0.83	10.00	10.00	4.12
盂　县	2522.8	31.0	0.2	30.00	7.44	0.23	16.35	5.94	2.58
襄垣县	1179.0	26.5	0.7	22.95	7.87	0.26	20.60	17.90	6.06
平顺县	1550.0	15.3	0.2	10.50	3.72	0.10	3.50	3.50	0.52
黎城县	1166.0	16.5	0.5	6.80	5.14	0.03	6.80	6.26	2.04
壶关县	990.0	29.9	0.2	31.40	6.89	0.07	13.00	12.51	1.99
长子县	1060.0	36.7	0.3	9.16	8.22	0.12	9.16	9.16	4.40
武乡县	1571.0	20.8	0.1	36.00	6.15	0.05	10.00	9.56	2.61
沁　县	1297.0	17.4	0.0	28.00	5.40	0.02	6.03	6.03	2.66
沁源县	2594.0	15.9	4.4	5.54	4.48	0.07	5.54	4.51	1.86
沁水县	2691.1	21.0	1.3	7.50	5.80	1.00	6.10	6.04	2.96
阳城县	1968.0	39.1	1.5	16.50	10.50	1.50	16.50	16.04	6.50
陵川县	1751.0	25.5	2.0	10.82	5.50	0.80	5.74	5.74	2.80
山阴县	1651.0	24.4	0.3	20.00	8.00	0.30	15.00	13.59	5.31
应　县	1708.0	33.5	2.2	14.00	10.98	2.02	12.00	11.36	2.78
右玉县	1969.0	11.7	0.2	14.80	6.86	0.05	8.48	8.48	2.83
榆社县	1681.0	14.4	0.1	9.00	4.63	0.07	6.55	6.53	1.48

continued

Area Measurement Unit: Square Kilometer
Population Measurement Unit:10,000 persons

城市建设用地面积 Area of Urban Construction Land							本年征用土地面积 Area of Land Requisition This Year		县名称 Name of Counties
公共管理与公共服务用地 Administr-ation and Public Services	商业服务业设施用地 Commercial and Business Facilities	工业用地 Industrial	物流仓储用地 Logistics and Warehouse	道路交通设施用地 Road, Street and Trans-portation	公用设施用地 Munici-pal Utilities	绿地与广场用地 Green Space and Square		耕地 Arable Land	
1.11	2.91	3.75	0.92	3.75	0.66	4.70	0.29	0.27	香河县
0.65	0.31	0.02	0.05	1.70	0.10	1.61			大城县
0.87	0.35	0.39	0.01	1.47	0.08	1.77			文安县
0.84	0.99	1.41		2.77	0.21	2.75			大厂回族自治县
1.95	0.93	2.10	0.10	2.60	0.40	3.91			枣强县
0.98	0.82	1.58	0.30	2.60	0.30	3.10	1.10		武邑县
0.97	0.30	0.05	0.03	2.06	0.30	1.93			武强县
0.59	0.44	1.00	0.10	2.92	0.12	1.41			饶阳县
0.70	1.30	1.70	0.60	3.83	0.50	5.89			安平县
0.05	0.35	0.03	0.02	6.48	0.20	6.00			故城县
0.61	0.79	0.99	0.12	4.67	0.18	4.85			景　县
1.44	0.88	0.76	0.26	3.80	0.38	3.90			阜城县
0.55	0.50	0.60	0.10	1.24	0.20	2.50	0.29	0.19	容城县
1.43	1.10	1.58	0.83	1.92	1.35	0.95	4.54	3.37	雄　县
0.73	0.72	0.68	0.65	0.68	0.75	2.60			安新县
56.30	**34.32**	**46.36**	**11.86**	**110.22**	**21.17**	**130.37**	**5.54**	**2.49**	**山　西**
0.51	0.49	0.99		1.68	0.48	1.70			清徐县
1.19	0.72	0.25		0.80	0.15	0.52			阳曲县
0.60	0.20	0.10		0.51	0.10	1.70			娄烦县
0.60	0.23	0.40	0.03	1.62	0.07	0.69	0.58	0.32	阳高县
0.69	0.44	0.75	0.27	1.02	0.09	2.42	0.66	0.49	天镇县
0.43	1.00	0.50	0.51	1.52	0.21	1.23			广灵县
0.76	0.58	0.85	0.56	1.37	0.24	1.16			灵丘县
0.72	0.30	0.47	0.05	2.07	0.06	3.62	0.18	0.10	浑源县
0.90	0.23	0.27	0.02	0.95	0.20	1.90			左云县
0.45	0.39	0.10	0.01	1.13	0.13	0.18			云州区
1.05	0.25	0.80	0.52	0.92	0.86	1.48			平定县
0.50	1.10	0.02	0.01	1.20	0.22	0.31			盂　县
1.88	2.24	0.24	0.32	3.95	0.19	3.02			襄垣县
0.06	0.06	0.07	0.01	0.95	0.03	1.80			平顺县
0.80	0.20	0.16	0.04	1.02	0.40	1.60			黎城县
0.91	0.33	3.93	0.06	1.08	0.16	4.05			壶关县
0.49	0.41	0.11	0.03	1.91	0.10	1.71			长子县
0.45	0.50	0.95	0.13	1.75	0.74	2.43			武乡县
0.39	0.21	0.03	0.04	2.01	0.10	0.59			沁　县
0.83	0.25	0.28		0.47	0.01	0.81			沁源县
0.76	0.28	0.06	0.10	1.18	0.12	0.58	1.28	0.66	沁水县
1.70	1.20	2.10	0.40	1.89	0.25	2.00			阳城县
0.30	0.25	0.12	0.02	0.88	0.07	1.30	0.01		陵川县
0.80	0.14	0.91	0.10	1.85	0.22	4.26			山阴县
0.73	0.37	0.79	0.12	1.98	0.37	4.22			应　县
1.06	0.96	0.83	0.30	0.85	0.30	1.35	0.29	0.03	右玉县
0.34	0.14	0.95	0.01	1.15	0.14	2.32	0.90	0.12	榆社县

2-2 续表 3

面积计量单位：平方公里
人口计量单位：万人

县名称 Name of Counties	县面积 County District Area	县人口 County District Population	县暂住人口 County District Temporary Population	县城面积 County Seat Area	县城人口 County Seat Population	县城暂住人口 County Seat Temporary Population	建成区面积 Area of Built District	小计 Subtotal	居住用地 Residential
左权县	2028.1	16.8	1.8	7.36	5.00	1.80	6.08	6.08	3.14
和顺县	2250.0	14.0	0.2	12.00	5.36	0.04	6.90	6.89	3.18
昔阳县	1952.0	23.3	0.3	10.80	6.90	0.40	6.40	5.54	3.12
寿阳县	2108.1	21.0	0.2	28.60	7.05	0.06	10.73	10.10	4.33
太谷区	1049.9	29.4	5.1	15.60	12.77	0.63	14.57	14.07	3.69
祁　县	854.0	27.4	0.1	16.91	10.40	0.07	15.04	15.04	6.73
平遥县	1260.0	54.4	0.3	17.06	13.99	0.04	18.99	18.99	8.72
灵石县	1206.0	27.3	1.0	21.16	13.00	0.50	13.39	13.39	6.28
临猗县	1339.3	59.6	0.9	81.00	14.21	0.80	15.15	15.10	4.28
万荣县	1080.5	48.5	2.3	55.00	10.00	2.00	14.33	13.08	5.18
闻喜县	1167.1	40.6	0.5	28.68	8.95	0.44	17.80	13.46	3.54
稷山县	686.3	36.4	0.9	19.05	11.00	1.40	8.87	8.85	1.91
新绛县	593.0	33.7	1.3	17.00	11.00	1.15	10.19	10.06	5.85
绛　县	993.5	28.9	1.5	53.00	6.10	0.40	6.50	5.87	2.01
垣曲县	1620.0	24.2	0.2	80.90	11.00	0.20	10.01	9.98	1.60
夏　县	1352.0	36.8	0.8	42.90	3.80	0.80	6.55	6.00	2.44
平陆县	1117.4	26.7	1.5	36.50	6.30	0.97	5.87	5.67	1.71
芮城县	1178.6	40.0	0.8	80.00	8.30	0.50	10.50	10.49	1.90
定襄县	865.0	22.6	2.6	23.10	5.92	1.55	5.86	5.84	1.71
五台县	2868.0	31.9	0.7	20.00	4.42	0.31	5.07	4.46	1.52
代　县	1729.0	22.1	0.5	16.15	5.35	0.50	6.10	6.10	2.08
繁峙县	2368.0	28.1	2.6	18.68	6.91	2.09	11.02	10.47	4.61
宁武县	1967.8	17.3	1.2	37.00	5.60	1.20	7.80	4.25	2.30
静乐县	2056.0	15.8	2.1	35.00	4.94	1.01	5.80	5.73	2.81
神池县	1472.0	10.9	2.1	22.00	3.57	1.20	4.28	4.28	2.10
五寨县	1391.3	11.9	1.3	37.66	6.12	0.86	8.13	8.13	2.21
岢岚县	1984.0	8.8	0.2	36.00	4.23	0.13	5.01	4.95	1.48
河曲县	1317.0	14.3	0.3	16.79	6.84		8.00	7.35	1.84
保德县	980.0	16.0	4.2	47.00	5.30	3.30	9.50	5.70	2.68
偏关县	1685.4	11.0	1.1	24.40	4.05	0.15	3.81	5.23	2.10
曲沃县	437.0	24.0	1.5	15.00	6.41	0.30	10.00	10.00	4.39
翼城县	1168.0	32.1	0.1	16.30	8.44	0.10	14.79	12.06	4.14
襄汾县	1031.0	50.3	3.0	60.50	9.40	1.40	11.16	9.27	4.95
洪洞县	1495.0	74.9	3.0	23.00	12.90	1.10	14.60	14.23	3.90
古　县	1196.0	9.3	0.9	3.50	4.41	0.10	3.44	3.37	1.10
安泽县	1960.0	8.4	0.6	4.40	2.95	0.20	4.20	4.14	1.53
浮山县	940.0	13.6	1.5	9.00	3.89	1.54	4.13	3.83	2.00
吉　县	1780.0	11.3	0.9	4.80	4.61	0.40	4.50	3.26	1.31
乡宁县	2025.0	23.9	1.5	14.00	6.10	0.18	6.90	6.87	1.22
大宁县	962.0	7.9	0.9	4.52	2.44	0.49	3.50	3.50	1.47
隰　县	1415.3	12.7	1.2	8.40	4.61	0.42	7.60	5.87	2.09
永和县	1212.0	6.8	0.9	5.00	2.60	0.48	5.00	4.77	1.20
蒲　县	1513.0	11.5	0.8	13.00	2.85	0.15	4.00	4.00	1.58

continued

Area Measurement Unit: Square Kilometer

Population Measurement Unit:10,000 persons

城市建设用地面积 Area of Urban Construction Land							本年征用土地面积 Area of Land Requisition This Year		县名称 Name of Counties
公共管理与公共服务用地 Administration and Public Services	商业服务业设施用地 Commercial and Business Facilities	工业用地 Industrial	物流仓储用地 Logistics and Warehouse	道路交通设施用地 Road, Street and Transportation	公用设施用地 Municipal Utilities	绿地与广场用地 Green Space and Square		耕地 Arable Land	
0.39	0.27	0.07	0.03	1.19	0.08	0.91			左权县
0.47	0.60	0.59	0.13	1.47	0.11	0.34			和顺县
0.59	0.35	0.01	0.01	0.77	0.04	0.65	0.06		昔阳县
0.74	0.73	2.04	0.77	1.20	0.04	0.25			寿阳县
0.27	1.18	1.30	0.43	2.62	1.10	3.48			太谷区
3.17	0.03	1.78		1.40	0.43	1.50	0.04	0.03	祁　县
1.28	1.07	0.69	0.10	3.68	0.26	3.19			平遥县
0.92	1.31	1.19	0.05	1.93	0.15	1.56			灵石县
1.62	0.38	2.23	0.12	2.92	0.12	3.43			临猗县
1.36	1.12	2.02	0.22	2.30	0.04	0.84			万荣县
0.80	0.60	0.77	0.95	1.80	0.24	4.76			闻喜县
0.36	0.65	1.70	0.04	1.44	0.12	2.63			稷山县
0.52	0.62	0.27	0.15	2.05	0.28	0.32			新绛县
0.15	0.37	0.07	0.01	1.16	0.13	1.97			绛　县
0.60	0.61	0.17	0.45	1.90	1.15	3.50			垣曲县
1.12	0.01	0.65	0.01	1.09	0.01	0.67			夏　县
0.26	0.05	0.10	0.09	1.81	0.81	0.84			平陆县
0.67	0.75	1.20	0.13	1.71	0.09	4.04			芮城县
0.45	0.26	0.02	0.13	1.72	0.02	1.53	0.08	0.02	定襄县
0.17	0.06	0.11	0.13	1.37	0.09	1.01			五台县
0.18	0.39	0.30	0.07	0.81	0.42	1.85			代　县
0.93	0.50	0.49	0.11	1.27	0.18	2.38	0.24	0.10	繁峙县
0.07	0.28	1.00	0.01	0.55	0.03	0.01			宁武县
0.43	0.25	0.32	0.08	0.74	0.08	1.02			静乐县
0.37	0.01	0.08	0.04	1.13	0.07	0.48			神池县
0.91	1.20	0.46	0.11	1.10	0.14	2.00			五寨县
0.68	0.24	0.47	0.21	0.57	0.27	1.03			岢岚县
0.07	0.09	0.80	0.01	1.68	0.01	2.85	0.24	0.10	河曲县
0.54	0.07	0.06	0.05	1.18	0.16	0.96			保德县
0.30	0.25	0.11	0.15	0.58	0.07	1.67			偏关县
0.58	0.46	0.50	0.03	1.41	1.00	1.63			曲沃县
1.52	0.31	0.21	0.84	1.58	1.30	2.16			翼城县
1.00	0.64	0.16	0.12	1.63	0.10	0.67			襄汾县
2.00	0.82	0.20		2.96	0.50	3.85			洪洞县
0.65	0.26	0.05	0.01	0.46	0.14	0.70			古　县
0.32	0.66	0.11	0.31	0.45	0.12	0.64			安泽县
0.20	0.19	0.14	0.02	0.68	0.10	0.50			浮山县
0.16	0.12	0.01		0.36	0.24	1.06			吉　县
1.10	0.13	0.10	0.20	1.22	0.62	2.28			乡宁县
0.49	0.02	0.02	0.03	0.39	0.31	0.77	0.07	0.07	大宁县
1.20	0.10	0.10	0.29	0.85	0.32	0.92			隰　县
0.90	0.20	0.20	0.18	0.35	0.89	0.85	0.10	0.07	永和县
0.20	0.30	0.08		0.80	0.04	1.00			蒲　县

2-2 续表 4

面积计量单位：平方公里

人口计量单位：万人

县名称 Name of Counties	县面积 County District Area	县人口 County District Population	县暂住人口 County District Temporary Population	县城面积 County Seat Area	县城人口 County Seat Population	县城暂住人口 County Seat Temporary Population	建成区面积 Area of Built District	
							小计 Subtotal	居住用地 Residential
汾西县	875.0	14.3	2.1	8.96	5.35	0.50	5.43	5.43	3.77
文水县	1068.0	45.3	0.1	44.10	11.47	0.12	12.24	12.14	6.04
交城县	1822.1	23.4	0.6	9.40	10.30	0.59	8.16	8.11	3.86
兴　县	3165.0	28.4	0.4	30.98	11.53	0.95	8.48	8.48	3.97
临　县	2979.0	65.6	0.4	15.22	11.86	0.26	6.50	6.09	2.23
柳林县	1287.4	34.5	0.3	20.00	10.50	0.25	9.60	9.55	4.00
石楼县	1808.0	11.6	0.2	5.87	5.65	1.30	5.87	4.35	1.40
岚　县	1514.0	18.1	0.3	15.00	7.30	0.30	6.31	6.30	0.53
方山县	1433.2	15.8	0.2	10.00	5.88	0.20	6.30	5.37	2.41
中阳县	1441.4	15.6	1.3	37.40	9.01	0.26	7.60	7.60	2.65
交口县	1260.0	12.5	0.2	20.00	2.81	0.89	4.58	4.54	1.62
内蒙古	**1049228.4**	**1530.8**	**126.5**	**5482.35**	**435.83**	**73.39**	**993.83**	**913.15**	**288.41**
土左旗	2779.8	34.0	0.5	32.03	5.78	0.07	16.18	9.59	5.07
托　县	1439.1	20.6	1.8	41.17	7.30	0.02	15.12	15.03	4.60
和林县	3436.0	20.5	1.9	34.00	5.04	0.40	21.00	17.44	5.15
清水河县	2859.0	13.6	0.4	14.00	3.70	0.14	5.34	4.39	2.09
武川县	4885.0	16.8	2.7	17.00	3.48	2.62	12.45	8.48	3.26
土右旗	2368.0	36.0	3.9	38.00	9.60	3.40	19.40	19.40	5.68
固阳县	5025.0	17.9	0.8	20.50	7.28	0.76	10.82	10.82	2.28
达尔罕茂明安联合旗	17410.0	12.0	0.8	10.00	3.60	0.80	5.30	4.72	2.18
阿鲁科尔沁旗	14277.0	26.7	1.3	120.00	11.44	1.12	15.50	15.43	2.30
巴林左旗	6458.0	35.0	0.5	119.69	11.50	0.57	22.42	19.85	9.90
巴林右旗	10256.0	18.5		222.80	7.80		16.13	15.65	6.46
林西县	3933.0	20.5	2.1	310.00	9.05	1.66	14.70	14.70	4.09
克什克腾旗	20456.0	24.9	1.5	98.10	8.22		12.00	9.60	4.67
翁牛特旗	11882.0	42.7	1.8	186.00	15.32	1.42	15.10	15.10	2.65
喀喇沁旗	3050.0	34.3	1.2	287.00	7.47	0.66	8.20	8.18	1.42
宁城县	4317.0	61.0	1.5	143.60	14.00	1.00	20.14	20.14	4.15
敖汉旗	8316.2	61.0	2.0	59.35	11.55	1.77	16.50	16.50	3.00
科左中旗	9811.0	52.6	0.5	14.53	6.50	0.20	13.90	10.91	4.43
科左后旗	11570.0	39.6	1.2	30.65	7.89	0.67	18.82	18.82	6.55
开鲁县	4488.0	39.1	0.4	12.00	8.20	0.25	11.98	11.98	4.98
库伦旗	4650.0	20.3	0.8	73.53	5.70	0.29	9.92	9.89	3.61
奈曼旗	8120.0	44.6	2.0	16.50	9.39	0.98	16.40	16.40	3.40
扎鲁特旗	17193.0	31.6	1.4	20.00	9.98	0.86	14.00	14.00	2.75
达拉特旗	8188.0	37.8	5.0	98.00	13.65	4.33	29.83	29.83	11.48
准格尔旗	7539.0	24.0	3.2	93.00	18.53	1.66	26.77	26.77	8.39
鄂托克前旗	12180.0	8.2	4.0	32.00	3.52	1.03	8.34	8.34	2.50
鄂托克旗	20064.0	9.8	5.4	23.00	2.96	1.16	10.33	10.33	3.20
杭锦旗	18900.0	14.9	1.8	43.12	4.20	0.68	9.87	9.64	3.74
乌审旗	11645.0	11.5	4.5	45.00	4.07	1.85	20.00	17.76	2.58

continued

Area Measurement Unit: Square Kilometer
Population Measurement Unit:10,000 persons

城市建设用地面积 Area of Urban Construction Land							本年征用土地面积 Area of Land Requisition This Year	耕地 Arable Land	县名称 Name of Counties
公共管理与公共服务用地 Administration and Public Services	商业服务业设施用地 Commercial and Business Facilities	工业用地 Industrial	物流仓储用地 Logistics and Warehouse	道路交通设施用地 Road, Street and Transportation	公用设施用地 Municipal Utilities	绿地与广场用地 Green Space and Square			
0.48	0.17	0.18	0.01	0.68	0.07	0.07			汾西县
0.42	0.24	2.05	0.05	2.95	0.06	0.33			文水县
0.51	0.11	0.47	0.05	1.60	0.14	1.37			交城县
0.58	0.25	0.07	0.11	1.70	0.08	1.72			兴　县
0.12	0.32	0.09	0.08	1.00	0.06	2.19			临　县
1.21	0.10	0.10		1.63	0.46	2.05	0.48	0.21	柳林县
0.70	0.20	0.05		0.80	0.60	0.60	0.23	0.17	石楼县
0.31	0.29	0.24	0.92	1.20	0.63	2.18			岚　县
0.28	0.18	0.08	0.09	0.82	0.47	1.04			方山县
0.45	0.21	3.04	0.05	1.00	0.13	0.07	0.10		中阳县
0.63	0.27	0.01	0.02	0.85	0.04	1.10			交口县
93.86	**63.96**	**80.87**	**17.70**	**165.75**	**34.16**	**168.44**	**32.42**	**2.82**	**内蒙古**
1.14	0.41	0.32	0.06	2.34	0.05	0.20	0.01		土左旗
2.00	2.00	2.73	0.51	1.58	0.70	0.91			托　县
2.12	1.01	4.02	0.15	3.41	0.48	1.10			和林县
0.34	0.25	0.95	0.01	0.51	0.08	0.16			清水河县
0.88	0.66	0.82	0.08	1.15	0.17	1.46			武川县
0.60	1.30	2.00	0.87	3.00	1.25	4.70			土右旗
2.62	0.71	0.18	0.05	3.08	0.18	1.72			固阳县
0.28	0.10	0.01	0.12	1.08	0.13	0.82			达尔罕茂明安联合旗
2.50	1.58	1.70	0.10	3.70	0.60	2.95	0.61	0.12	阿鲁科尔沁旗
2.10	0.50	1.00	0.30	3.46	0.48	2.11			巴林左旗
1.31	1.37	1.15		2.70	0.65	2.01			巴林右旗
1.15	0.81	3.69	0.20	2.78	0.18	1.80			林西县
1.23	0.87	0.59	0.02	0.95	0.37	0.90	1.85	0.21	克什克腾旗
1.00	1.00	1.30	0.80	3.00	1.80	3.55			翁牛特旗
1.22	0.42	1.70	0.11	1.41	0.25	1.65			喀喇沁旗
2.00	1.50	1.50	1.50	2.41	1.00	6.08			宁城县
1.00	1.50	2.20	0.40	4.90	1.20	2.30			敖汉旗
1.22	0.21	0.28	0.19	1.60	0.22	2.76	1.01	0.15	科左中旗
1.69	0.58	2.84	0.68	2.14	0.45	3.89	0.13	0.03	科左后旗
0.72	1.15	0.73	0.31	2.52	0.24	1.33			开鲁县
1.23	0.67	1.11		1.25	0.15	1.87			库伦旗
1.33	0.60	3.15	1.30	2.30	0.38	3.94			奈曼旗
0.56	0.04	1.60	0.40	3.34	0.30	5.01			扎鲁特旗
1.67	4.36	4.05	0.39	4.50	0.41	2.97			达拉特旗
2.78	2.11	3.48		7.49	0.52	2.00			准格尔旗
0.78	0.57	0.19		2.57	0.07	1.66			鄂托克前旗
0.87	1.02	0.70	0.33	1.89	0.25	2.07			鄂托克旗
2.70	0.50	0.13	0.17	1.68	0.32	0.40			杭锦旗
0.30	1.53	0.20	0.06	4.01	3.20	5.88			乌审旗

2-2 续表 5

面积计量单位：平方公里
人口计量单位：万人

县名称 Name of Counties	县面积 County District Area	县人口 County District Population	县暂住人口 County District Temporary Population	县城面积 County Seat Area	县城人口 County Seat Population	县城暂住人口 County Seat Temporary Population	建成区面积 Area of Built District		
								小计 Subtotal	居住用地 Residential
伊金霍洛旗	5600.0	18.0	4.5	54.00	3.78	11.32	54.00	54.00	9.32
阿荣旗	12063.0	33.9	0.7	37.00	6.39	0.81	14.80	14.80	4.17
莫 旗	10500.0	31.5	0.4	97.56	8.35	0.08	12.50	12.40	3.74
鄂伦春旗	59880.0	26.8	0.0	28.87	4.68	0.02	14.79	7.03	2.36
鄂温克旗	19111.0	15.3	1.1	113.00	5.91	0.33	18.70	18.70	5.89
陈巴尔虎旗	18600.0	5.4	0.8	40.60	1.89	0.16	6.19	6.19	4.20
新左旗	22000.0	4.2	0.2	109.20	1.40	0.23	6.21	6.08	1.70
新右旗	25116.0	3.5	0.7	8.13	1.94	0.34	5.75	5.61	2.70
五原县	2492.8	23.0	1.4	373.40	10.10	1.07	14.80	14.80	3.66
磴口县	4166.0	11.1	1.1	150.00	4.55	0.80	13.00	11.51	5.10
乌拉特前旗	7476.0	33.6	1.8	327.00	9.06	1.86	19.33	17.98	6.63
乌拉特中旗	23096.0	14.5	1.9	48.00	3.91	0.68	10.12	10.12	4.63
乌拉特后旗	24925.0	5.9	1.4	15.00	3.23	0.76	8.14	7.99	2.84
杭锦后旗	1767.0	29.0	1.8	206.00	10.42	0.90	15.80	15.50	6.30
卓资县	3119.0	20.0	10.2	16.68	4.53	0.56	7.00	6.62	1.62
化德县	2527.0	17.9	1.1	18.55	6.39	0.35	13.61	13.61	5.04
商都县	4304.0	35.6	0.6	40.00	10.50	0.55	17.33	17.23	5.26
兴和县	3518.0	32.3	3.7	55.00	8.10	2.04	19.87	19.87	3.10
凉城县	3451.0	23.6	3.6	30.20	4.60	3.10	10.50	8.94	2.43
察右前旗	2430.0	20.8	1.9	16.24	5.09	1.11	12.57	9.54	3.04
察右中旗	4200.0	20.6	1.9	44.40	4.44	1.07	13.50	13.45	3.18
察右后旗	3803.0	22.0	10.2	14.02	5.83	0.42	12.00	12.00	4.92
四子王旗	24106.0	21.0	0.7	45.26	8.10	0.47	15.60	17.04	5.52
科尔沁右翼前旗	19375.0	34.0	1.6	30.00	3.05	1.65	11.23	15.01	5.31
科右中旗	15613.0	25.0	1.9	16.60	7.59	0.38	12.49	12.49	7.04
扎赉特旗	11155.0	38.2	2.8	36.00	5.97	1.64	15.68	15.68	8.99
突泉县	4800.0	31.9	0.6	68.50	6.29	0.60	16.33	13.16	0.88
阿巴嘎旗	27494.0	5.0	0.6	28.13	2.20	0.50	5.40	6.42	2.22
苏尼特左旗	34251.0	3.4	0.2	8.00	1.36	0.17	5.09	4.94	1.58
苏尼特右旗	22461.0	7.8	1.2	25.00	3.50	1.17	13.80	6.36	0.11
东乌珠穆沁旗	47259.0	6.2	0.7	18.00	2.27	0.33	11.89	11.89	4.25
西乌珠穆沁旗	22435.0	8.8	1.3	27.44	2.72	0.88	13.40	10.55	4.80
太仆寺旗	3479.0	21.2	0.4	100.00	6.29	0.37	15.60	12.33	4.40
镶黄旗	5144.0	3.7	0.6	32.00	3.18	0.33	7.29	6.72	2.50
正镶白旗	6229.0	7.2	0.6	12.00	2.95	0.20	8.50	4.84	1.65
正蓝旗	10278.0	9.2	0.6	22.00	3.15	0.55	13.70	11.50	2.90
多伦县	3863.0	10.9	1.8	25.00	4.60	1.70	13.00	10.78	2.15
阿拉善左旗	79814.5	14.7	4.1	830.00	8.22	2.91	42.50	24.72	11.89
阿拉善右旗	75226.0	2.5	0.5	12.00	1.28	0.08	4.86	4.63	1.73
额济纳旗	114606.0	1.9	0.8	49.00	1.30	0.53	10.50	10.43	2.10
辽 宁	**74824.1**	**1019.6**	**28.6**	**1439.73**	**205.84**	**11.28**	**379.88**	**362.18**	**153.42**
康平县	2175.0	26.0	5.0	92.00	8.20	0.40	24.00	21.49	6.91

continued

Area Measurement Unit: Square Kilometer

Population Measurement Unit:10,000 persons

城市建设用地面积 Area of Urban Construction Land							本年征用土地面积 Area of Land Requisition This Year		县名称 Name of Counties
公共管理与公共服务用地 Administration and Public Services	商业服务业设施用地 Commercial and Business Facilities	工业用地 Industrial	物流仓储用地 Logistics and Warehouse	道路交通设施用地 Road, Street and Transportation	公用设施用地 Municipal Utilities	绿地与广场用地 Green Space and Square		耕地 Arable Land	
8.07	0.74	3.93		12.01	1.13	18.80	20.71	1.06	伊金霍洛旗
0.71	0.73	3.18	0.18	2.70	0.49	2.64			阿荣旗
1.20	0.43	2.32	0.32	1.95	0.26	2.18			莫　旗
0.80	0.30	1.00	0.72	1.00	0.31	0.54			鄂伦春旗
1.96	1.95	1.45		3.95	0.23	3.27			鄂温克旗
0.10	0.50	0.08	0.09	0.72	0.25	0.25			陈巴尔虎旗
0.10	0.48	0.10	0.01	1.51	0.20	1.98			新左旗
0.49	0.25	0.05	0.03	0.88	0.25	0.96			新右旗
1.00	1.10	1.00	0.10	3.01	0.63	4.30			五原县
0.81	0.90	0.75	0.12	1.44	0.17	2.22	0.07		磴口县
0.97	0.65	0.97	1.47	2.89	1.05	3.35	0.40	0.05	乌拉特前旗
1.08	0.73	0.43	0.05	1.73	0.54	0.93			乌拉特中旗
1.14	0.31	0.10	0.01	1.41	0.10	2.08			乌拉特后旗
1.10	1.00	0.16	0.22	2.99	0.43	3.30	0.55	0.36	杭锦后旗
0.39	0.72	0.86	0.18	2.20	0.23	0.42			卓资县
0.71	0.50	1.00	0.20	1.51	0.50	4.15			化德县
4.46	1.00	0.80	0.10	3.32	0.20	2.09			商都县
1.19	2.00	2.93	0.10	4.15	1.06	5.34	1.00	0.50	兴和县
1.05	0.60	0.50	0.02	2.46	0.23	1.65	1.47	0.19	凉城县
0.76	0.58	0.57		2.29	0.65	1.65			察右前旗
3.50	0.30	0.20		1.32	0.60	4.35			察右中旗
1.00	1.35	0.47	0.43	1.80	0.26	1.77			察右后旗
0.97	0.82	1.00	0.11	2.84	0.18	5.60	0.02		四子王旗
2.13	1.05	1.19		2.65	0.36	2.32			科尔沁右翼前旗
1.23	1.24	0.45	0.62	1.65	0.10	0.16			科右中旗
1.48	0.92	0.65	0.02	2.07	0.32	1.23			扎赉特旗
3.50	3.69	0.18	0.18	2.20	0.40	2.13	0.15		突泉县
1.00	0.42	0.31	0.50	1.50	0.30	0.17			阿巴嘎旗
0.73	0.85	0.34	0.20	0.77	0.19	0.28			苏尼特左旗
0.09	0.06	0.59		1.38	1.53	2.60			苏尼特右旗
1.15	1.27	1.80	0.11	1.86	0.43	1.02			东乌珠穆沁旗
1.27	0.55	0.23	0.05	1.98	0.25	1.42	3.49		西乌珠穆沁旗
0.94	0.98	2.94	0.32	1.83	0.38	0.54			太仆寺旗
0.15	0.04	0.40	0.35	1.42	0.70	1.16			镶黄旗
0.51	0.45	0.37	0.41	0.53	0.58	0.34	0.28		正镶白旗
0.57	0.90	0.38	0.32	1.27	0.82	4.34	0.52		正蓝旗
1.20	0.30	0.54	0.51	2.43	0.90	2.75	0.15	0.15	多伦县
2.68	2.03	2.05	0.37	2.99	0.44	2.27			阿拉善左旗
0.80	0.44	0.24	0.02	0.41	0.25	0.74			阿拉善右旗
1.53	1.50	0.04	0.15	1.98	0.18	2.95			额济纳旗
22.05	**21.92**	**65.38**	**8.14**	**41.82**	**21.84**	**27.61**	**4.39**	**3.10**	**辽　宁**
1.18	1.14	7.89	0.22	2.02	0.78	1.35			康平县

2-2 续表 6

面积计量单位：平方公里
人口计量单位：万人

县名称 Name of Counties	县面积 County District Area	县人口 County District Population	县暂住人口 County District Temporary Population	县城面积 County Seat Area	县城人口 County Seat Population	县城暂住人口 County Seat Temporary Population	建成区面积 Area of Built District	小计 Subtotal	居住用地 Residential
法库县	2320.0	47.2	6.2	50.00	17.50	1.20	35.18	35.18	12.00
长海县	142.0	6.9	3.5	31.40	2.80	1.10	5.50	5.23	1.05
台安县	1394.8	37.9	1.3	152.21	8.53	0.76	15.77	14.32	5.70
岫岩满族自治县	4502.0	51.1	0.2	27.40	14.10	0.19	10.17	8.81	6.64
抚顺县									
新宾满族自治县	4287.0	28.2	0.7	45.00	6.34	0.15	8.84	8.83	2.76
清原满族自治县	3921.0	31.0	0.9	22.00	6.37	0.29	17.26	17.25	7.48
本溪满族自治县	3344.0	27.5	1.3	65.85	7.23	0.62	13.42	13.42	4.72
桓仁满族自治县	3547.0	28.4	1.2	50.00	9.03	0.60	14.03	10.50	5.43
宽甸满族自治县	6193.7	41.2	0.2	35.00	11.30	0.12	14.08	13.66	6.52
黑山县	2496.9	58.5	1.1	25.60	12.50	0.90	17.79	17.50	6.23
义　县	2481.0	41.3		19.78	8.83	0.60	14.97	14.97	8.75
阜新蒙古族自治县	6246.2	69.9	0.6	44.00	5.25	0.07	12.60	6.81	3.67
彰武县	3623.3	39.1	0.1	35.62	5.16	0.31	21.08	20.40	8.60
辽阳县	2511.0	45.8	0.7	77.37	15.00	0.20	18.71	18.71	6.26
盘山县	1975.9	27.3	2.5	34.90	4.87	1.78	17.94	25.58	8.36
铁岭县									
西丰县	2686.0	34.0	0.2	19.80	8.46	0.23	9.34	9.34	3.21
昌图县	4323.9	97.1	0.6	185.00	11.64	0.30	28.00	20.88	12.45
朝阳县	3575.0	55.0	0.1	35.00	3.33	0.02	11.50	12.10	7.05
建平县	4864.7	60.0	0.8	324.00	16.48	0.50	27.47	26.31	12.49
喀喇沁左翼蒙古族自治县	2238.1	41.6	0.2	32.50	7.14	0.23	16.75	15.65	5.63
绥中县	2780.6	63.1	0.9	20.00	10.38	0.58	14.00	13.77	7.00
建昌县	3195.0	61.5	0.3	15.30	5.40	0.13	11.48	11.47	4.51
吉　林	**85748.1**	**739.8**	**19.6**	**699.80**	**167.50**	**11.76**	**233.44**	**233.20**	**86.86**
农安县	5400.0	120.2	2.8	32.88	25.30	2.50	32.88	32.88	9.98
永吉县	2625.0	38.2	0.9	15.00	10.10	0.58	13.68	13.68	6.36
梨树县	3511.0	64.3	1.5	40.03	7.98	0.55	10.35	15.19	9.77
伊通满族自治县	2525.6	44.7	1.2	23.63	8.38	0.50	14.37	13.55	6.03
东丰县	2522.0	41.1	0.8	30.33	10.15	0.78	15.89	15.89	4.23
东辽县	2184.4	33.5	0.9	6.20	3.10	0.20	6.06	6.05	2.31
通化县	3726.3	23.8	0.6	14.00	5.51	0.44	5.50	5.38	1.34
辉南县	2272.3	32.0	0.5	26.83	11.50	0.31	11.85	11.85	5.28
柳河县	3348.3	39.4	1.1	43.40	7.00		10.62	10.59	4.25
抚松县	6148.0	27.9	1.3	30.00	5.67	0.32	6.45	6.43	2.13
靖宇县	3094.4	13.4	0.5	35.80	5.90	0.25	10.33	10.31	3.63
长白朝鲜族自治县	2496.0	7.6	0.2	30.00	3.53	0.19	3.99	3.98	1.48
前郭县	6979.0	56.9	3.6	42.02	8.76	2.46	6.91	5.94	1.80
长岭县	5728.4	62.7	0.7	69.53	10.99	0.60	14.93	14.10	5.15
乾安县	3616.6	31.3	0.6	56.95	9.92	0.52	9.66	9.65	4.31

continued

Area Measurement Unit: Square Kilometer

Population Measurement Unit:10,000 persons

城市建设用地面积 Area of Urban Construction Land							本年征用土地面积 Area of Land Requisition This Year		县名称 Name of Counties
公共管理与公共服务用地 Administr-ation and Public Services	商业服务业设施用地 Commercial and Business Facilities	工业用地 Industrial	物流仓储用地 Logistics and Warehouse	道路交通设施用地 Road, Street and Trans-portation	公用设施用地 Munici-pal Utilities	绿地与广场用地 Green Space and Square		耕地 Arable Land	
2.00	4.30	3.10	0.20	3.50	7.05	3.03			法库县
0.26	1.08	0.65	0.02	1.64	0.12	0.41	0.05		长海县
0.69	0.73	4.84	0.47	1.41	0.15	0.33	1.99	1.72	台安县
0.04	0.79	0.09	0.42	0.53	0.14	0.16			岫岩满族自治县
									抚顺县
0.98	0.54	1.48	0.29	0.77	0.51	1.50	0.07	0.07	新宾满族自治县
0.88	1.30	2.11	0.37	4.60	0.37	0.14	0.15	0.15	清原满族自治县
1.15	0.63	2.01	0.20	1.73	0.22	2.76	0.04		本溪满族自治县
0.81	0.27	0.88	0.16	0.19	0.71	2.05			桓仁满族自治县
0.39	0.62	2.30	0.28	1.32	1.70	0.53	0.21	0.10	宽甸满族自治县
1.71	1.46	2.79	0.34	4.10	0.27	0.60			黑山县
0.76	0.65	2.16	0.09	1.75	0.53	0.28			义　县
0.71	0.48	0.94	0.20	0.57	0.18	0.06			阜新蒙古族自治县
1.12	1.38	5.03	0.31	3.60	0.20	0.16			彰武县
0.43	0.32	5.14	0.17	3.32	1.06	2.01	0.02		辽阳县
1.81	0.93	5.97	0.68	2.45	0.69	4.69	0.60	0.48	盘山县
									铁岭县
0.50	0.62	3.05	0.50	0.50	0.76	0.20	0.02	0.01	西丰县
0.79	0.93	3.10	0.75	0.25	2.29	0.32	0.33	0.27	昌图县
1.49	1.22	1.56	0.14	0.42	0.09	0.13			朝阳县
1.63	0.72	4.75	0.77	2.61	2.19	1.15			建平县
1.32	0.61	3.13	0.39	2.02	0.38	2.17	0.55		喀喇沁左翼蒙古族自治县
0.50	0.40	1.71	0.65	1.17	0.50	1.84	0.36	0.30	绥中县
0.90	0.80	0.70	0.52	1.35	0.95	1.74			建昌县
16.01	**13.78**	**30.77**	**10.62**	**31.69**	**8.28**	**35.19**	**6.45**	**3.32**	**吉　林**
2.20	0.35	7.20	1.45	5.00	1.20	5.50	4.35	2.19	农安县
0.67	1.37	0.36	0.13	1.33	1.05	2.41			永吉县
0.82	0.62	1.67	0.36	1.50	0.09	0.36	0.39	0.28	梨树县
0.94	0.83	1.42	0.46	2.36	0.25	1.26			伊通满族自治县
0.65	0.90	2.89	0.44	2.43	0.68	3.67			东丰县
0.44	0.13	2.07	0.20	0.72	0.09	0.09	0.29	0.22	东辽县
0.11	0.19	0.31	0.08	0.98	0.66	1.71			通化县
0.98	0.42	2.23	0.60	1.60	0.20	0.54			辉南县
1.36	1.90	0.22	0.20	0.95	0.11	1.60			柳河县
0.43	0.06	0.12	0.17	1.28	0.04	2.20			抚松县
1.06	0.44	0.11	0.22	1.05	1.36	2.44	0.33	0.11	靖宇县
0.10	0.10	0.24	0.10	0.34	0.01	1.61			长白朝鲜族自治县
0.10	0.06	0.01	0.05	1.67	0.80	1.45	0.04	0.04	前郭县
0.91	0.49	1.96	0.45	1.76	0.18	3.20	0.50	0.21	长岭县
0.88	0.46	0.63	0.37	1.39	0.32	1.29			乾安县

2-2 续表 7

面积计量单位：平方公里
人口计量单位：万人

县名称 Name of Counties	县面积 County District Area	县人口 County District Population	县暂住人口 County District Temporary Population	县城面积 County Seat Area	县城人口 County Seat Population	县城暂住人口 County Seat Temporary Population	建成区面积 Area of Built District		
								小计 Subtotal	居住用地 Residential
镇赉县	4718.7	25.8	0.6	62.20	7.69	0.39	19.94	19.94	5.73
通榆县	8496.0	35.7	0.5	43.00	10.52	0.38	19.40	18.59	7.98
汪清县	8918.1	21.7	0.7	53.00	8.85	0.45	12.68	12.67	3.30
安图县	7438.0	19.8	0.6	45.00	6.65	0.34	7.95	6.53	1.80
黑龙江	**217773.0**	**1356.8**	**37.1**	**1260.68**	**349.87**	**22.98**	**599.85**	**545.73**	**236.43**
依兰县	4616.0	37.8	0.2	18.90	9.25	0.17	11.02	9.79	5.79
方正县	2969.0	21.7	0.3	57.00	5.62	0.10	15.98	9.39	5.84
宾　县	3861.5	56.4	0.4	14.13	11.59	0.09	12.50	12.50	5.85
巴彦县	3137.7	63.8	1.4	20.90	9.31	0.48	20.73	12.27	5.07
木兰县	3600.0	25.1	0.3	7.80	6.58	0.08	7.80	6.74	4.53
通河县	5675.0	23.4	0.2	10.05	7.40	0.40	10.05	10.05	5.39
延寿县	3149.6	24.2	0.1	72.60	7.30	0.01	11.15	11.15	5.50
龙江县	6175.0	57.4	1.0	186.00	12.06	0.96	19.53	19.53	5.78
依安县	3685.0	46.0	0.2	45.00	6.91	0.15	11.16	11.16	3.41
泰来县	3996.0	30.2	0.3	43.00	7.05	0.17	16.00	15.29	5.46
甘南县	4792.0	36.8	0.3	33.00	8.24	0.17	10.15	10.15	3.80
富裕县	4026.0	27.7	0.2	19.58	7.30	0.13	12.81	12.30	5.35
克山县	3186.0	45.1	1.2	44.92	9.59	0.27	18.60	14.33	3.43
克东县	2080.0	27.4	0.3	18.00	4.97	0.15	7.90	6.83	3.71
拜泉县	3597.0	59.6	0.7	34.50	8.02	0.47	11.68	9.38	4.68
鸡东县	3233.0	26.2	1.4	11.98	7.70	0.77	8.04	7.75	4.94
萝北县	6767.0	21.7	2.3	16.10	4.01	0.20	7.98	7.63	3.55
绥滨县	3344.0	17.4	0.2	13.00	5.08	0.11	7.69	7.68	4.03
集贤县	2283.4	29.4	1.1	30.50	7.45	0.49	17.66	17.63	7.86
友谊县	1872.0	11.4	0.9	9.30	3.13	0.40	9.30	9.30	3.15
宝清县	10001.3	30.3	0.3	26.76	11.87	0.14	16.77	16.41	5.44
饶河县	6765.0	13.7	0.9	7.00	3.61	0.40	6.93	6.93	3.67
肇州县	2455.0	44.9	0.9	18.46	9.18	0.37	14.50	14.32	9.00
肇源县	4110.4	44.2	1.8	14.52	9.48	0.05	13.67	13.67	7.27
林甸县	3493.0	26.6	0.2	14.90	6.95	0.22	11.13	8.32	3.65
杜尔伯特蒙古族自治县	6594.3	25.7	1.2	66.00	6.86	1.12	23.00	11.24	4.27
嘉荫县	6739.0	6.9	0.6	36.50	2.08	0.37	3.58	3.58	1.71
汤旺县	2145.7	5.0	0.7	14.30	4.88	0.10	14.30	13.69	7.15
丰林县	5561.1	9.2	0.1	19.90	9.22	0.05	19.90	19.90	10.63
大箐山县	3624.0	8.3	0.1	4.60	3.00	0.03	4.60	3.50	1.44
南岔县	3088.0	10.6	0.2	19.40	9.90	0.14	19.40	19.38	7.31
桦南县	4418.0	41.1	0.1	18.80	12.19	0.10	17.51	15.48	7.24
桦川县	2268.0	20.2	0.8	40.00	6.24	1.01	10.55	9.23	3.87
汤原县	3419.9	27.1	1.0	11.29	6.00	0.95	9.22	9.21	1.46
勃利县	2575.5	28.3	0.5	26.04	8.90	0.10	16.50	15.24	5.97
林口县	6638.3	33.7	0.3	22.04	7.50	0.29	16.24	16.24	5.40

continued

Area Measurement Unit: Square Kilometer

Population Measurement Unit:10,000 persons

城市建设用地面积 Area of Urban Construction Land							本年征用土地面积 Area of Land Requisition This Year		县名称 Name of Counties
公共管理与公共服务用地 Administr-ation and Public Services	商业服务业设施用地 Commercial and Business Facilities	工业用地 Industrial	物流仓储用地 Logistics and Warehouse	道路交通设施用地 Road, Street and Trans-portation	公用设施用地 Munici-pal Utilities	绿地与广场用地 Green Space and Square		耕地 Arable Land	
1.39	1.16	2.88	3.70	2.82	0.60	1.66			镇赉县
1.60	3.26	2.55	1.09	1.35	0.35	0.41	0.28		通榆县
0.78	0.76	3.00	0.33	1.93	0.17	2.40	0.27	0.27	汪清县
0.59	0.28	0.90	0.22	1.23	0.12	1.39			安图县
45.99	**27.02**	**82.02**	**22.61**	**64.01**	**16.46**	**51.19**	**7.31**	**4.08**	**黑龙江**
0.54	0.26	1.04	0.28	0.91	0.45	0.52	0.22	0.19	依兰县
0.65	0.30	1.21	0.19	0.86	0.13	0.21	0.12	0.11	方正县
0.74	0.62	0.52	0.35	1.59	0.58	2.25			宾　县
2.04	0.40	1.75	0.25	1.82	0.46	0.48	0.05	0.04	巴彦县
0.42	0.15	0.53	0.42	0.53	0.07	0.09	0.37	0.13	木兰县
0.58	0.42	1.06	0.34	0.95	0.11	1.20			通河县
0.56	0.19	1.87	0.18	1.90	0.15	0.80			延寿县
1.87	2.32	2.43	1.46	2.80	0.43	2.44	0.03	0.02	龙江县
0.77	0.41	3.29	1.04	1.54	0.17	0.53			依安县
0.97	0.60	2.47	0.30	0.78	0.10	4.61	0.15	0.07	泰来县
0.97	0.86	1.40	0.14	1.35	0.25	1.38	0.14	0.03	甘南县
1.10	0.55	1.87	0.28	1.13	0.27	1.75	0.68	0.49	富裕县
1.24	1.46	2.90	0.77	2.31	0.26	1.96	0.42	0.41	克山县
0.20	0.10	0.58	0.57	0.55	0.27	0.85			克东县
0.48	0.49	1.68	0.29	1.02	0.09	0.65			拜泉县
0.45	0.32	0.36	0.17	0.82	0.08	0.61	0.36	0.33	鸡东县
0.56	0.80	0.37	0.29	0.95	0.16	0.95			萝北县
0.64	0.03	0.60	0.12	0.84	0.49	0.93	0.23	0.17	绥滨县
1.27	1.12	3.46	1.42	1.80	0.15	0.55			集贤县
0.64	0.31	1.83	0.24	1.48	0.65	1.00			友谊县
1.30	1.30	1.50	1.50	2.52	0.35	2.50			宝清县
0.71	0.29	0.19	0.23	0.91	0.26	0.67	0.01	0.01	饶河县
1.34	0.43	2.31	0.18	0.58	0.32	0.16			肇州县
0.98	0.37	2.51	0.23	1.90	0.22	0.19	0.20	0.03	肇源县
0.95	0.40	1.17	0.13	1.72	0.20	0.10			林甸县
1.25	0.61	0.42	0.81	2.25	0.22	1.41	0.50		杜尔伯特蒙古族自治县
0.38	0.23	0.23	0.15	0.82	0.04	0.02			嘉荫县
0.42	0.20	1.86	0.27	0.69	1.79	1.31			汤旺县
1.70	0.30	2.60	0.54	1.16	0.63	2.34			丰林县
0.18	0.06	0.79	0.26	0.41	0.03	0.33			大箐山县
6.25	0.05	2.58	0.84	1.45	0.40	0.50			南岔县
1.14	0.85	3.62	0.47	1.30	0.57	0.29			桦南县
0.54	0.30	2.28	0.22	1.35	0.26	0.41	0.21		桦川县
1.04	0.78	1.99	0.72	2.29	0.35	0.58			汤原县
0.84	0.66	5.61	0.62	0.98	0.25	0.31	0.84	0.81	勃利县
0.86	0.85	2.07	0.36	3.25	1.77	1.68			林口县

2-2 续表 8

面积计量单位：平方公里

人口计量单位：万人

县名称 Name of Counties	县面积 County District Area	县人口 County District Population	县暂住人口 County District Temporary Population	县城面积 County Seat Area	县城人口 County Seat Population	县城暂住人口 County Seat Temporary Population	建成区面积 Area of Built District	小计 Subtotal	居住用地 Residential
逊克县	17344.0	9.8	0.2	10.20	4.25	0.20	9.48	7.49	2.38
孙吴县	4318.0	9.2	0.3	34.00	3.01	0.18	7.40	7.30	1.83
望奎县	2320.3	48.3	1.8	20.01	9.22	1.63	12.07	11.72	5.29
兰西县	2400.0	52.1	1.0	12.60	10.10	0.91	12.60	12.60	5.40
青冈县	2686.0	49.1	4.7	15.80	12.50	3.71	15.40	14.16	4.90
庆安县	2300.0	37.3	1.4	9.98	9.70	1.08	9.98	9.98	3.37
明水县	2313.0	35.2	0.5	10.05	6.80	0.50	9.69	9.33	5.16
绥棱县	4238.0	28.8	1.9	14.04	10.35	1.05	13.75	16.78	5.78
呼玛县	14335.0	4.0	0.1	5.92	2.21	0.09	5.80	5.80	2.71
塔河县	14218.5	5.8	0.2	23.00	3.70	0.10	15.00	14.97	8.58
加格达奇区	1358.6	12.9	2.4	38.31	11.61	2.32	23.15	18.41	8.43
江　苏	**33079.6**	**1991.9**	**66.2**	**2592.68**	**484.82**	**39.36**	**700.86**	**681.47**	**212.59**
丰　县	1446.0	120.4	4.3	98.00	25.25	3.38	33.00	32.47	12.71
沛　县	1349.0	129.1	3.1	124.40	41.00	1.36	52.63	52.61	23.66
睢宁县	1767.0	140.3	4.0	123.00	26.30	1.50	34.00	33.19	14.30
如东县	1872.7	101.2	4.1	85.00	22.78	1.30	31.70	25.32	8.16
东海县	2037.5	124.6	8.4	188.00	21.89	7.04	33.20	33.20	12.50
灌云县	1542.7	103.7	4.0	54.10	23.51	2.88	28.83	28.74	8.50
灌南县	1041.0	79.0	2.7	142.60	19.40	2.15	28.00	28.00	8.58
涟水县	1678.5	111.3	1.3	177.30	27.30	0.80	36.81	35.84	9.23
盱眙县	2483.0	82.6	1.1	93.00	24.52	1.01	41.00	39.48	9.22
金湖县	1327.4	34.2	1.9	66.00	10.44	1.25	29.85	27.00	6.85
响水县	1473.8	61.9	1.6	51.98	12.25	0.67	22.38	20.66	6.25
滨海县	1950.0	122.2	1.6	110.40	24.20	1.32	35.20	35.20	10.80
阜宁县	1439.4	110.3	1.7	194.70	31.23	1.07	46.70	49.16	14.51
射阳县	2606.0	93.6	3.7	63.00	24.36	1.44	29.04	29.04	8.70
建湖县	1157.0	76.3	1.8	98.00	22.80	0.83	28.70	28.20	9.20
宝应县	1461.6	87.0	6.1	116.70	21.90	4.63	37.22	36.17	12.29
沭阳县	2298.0	198.8	7.0	317.20	46.47	1.98	68.00	65.00	15.63
泗阳县	1418.0	106.0	3.6	206.30	33.84	2.65	46.10	43.69	12.00
泗洪县	2731.0	109.1	4.3	283.00	25.38	2.10	38.50	38.50	9.50
浙　江	**49732.3**	**1434.8**	**299.4**	**5022.22**	**343.43**	**105.67**	**612.57**	**631.15**	**195.13**
桐庐县	1829.3	41.9	11.4	192.65	12.80	7.07	21.00	21.00	5.38
淳安县	4417.5	45.6	2.2	413.17	8.49	2.06	18.94	16.46	4.37
象山县	1394.3	54.4	15.8	114.37	12.84	8.41	32.82	45.60	12.93
宁海县	1843.0	63.3	12.9	89.87	15.77	8.49	41.84	50.80	14.92
永嘉县	2674.3	98.8	16.6	66.40	9.85	0.37	10.84	10.69	5.03
平阳县	1042.0	88.3	21.5	89.90	12.06	3.50	11.67	11.66	4.89
苍南县	1086.3	97.0	9.3	86.50	16.70	0.90	16.99	14.64	6.33
文成县	1296.5	41.0	0.9	125.30	5.80	0.27	5.10	5.06	2.45
泰顺县	1768.0	37.2	1.3	33.70	7.05	0.66	11.85	8.84	3.50
嘉善县	506.6	41.0	44.2	162.00	14.87	6.30	45.61	45.61	10.07

continued

Area Measurement Unit: Square Kilometer

Population Measurement Unit:10,000 persons

城市建设用地面积 Area of Urban Construction Land							本年征用土地面积 Area of Land Requisition This Year		县名称 Name of Counties
公共管理与公共服务用地 Administration and Public Services	商业服务业设施用地 Commercial and Business Facilities	工业用地 Industrial	物流仓储用地 Logistics and Warehouse	道路交通设施用地 Road, Street and Transportation	公用设施用地 Municipal Utilities	绿地与广场用地 Green Space and Square		耕地 Arable Land	
0.30	0.58	0.36	1.00	0.57	0.70	1.60			逊克县
0.59	0.41	1.60	0.50	1.19	0.17	1.01	0.02	0.02	孙吴县
0.52	0.91	2.32	0.27	1.62	0.22	0.57	1.05	0.48	望奎县
0.03	0.03	1.81	1.53	1.89	0.40	1.51	0.80	0.30	兰西县
1.40	0.35	3.80	0.37	1.60	0.13	1.61	0.78	0.44	青冈县
0.55	0.59	2.96	0.60	1.00	0.58	0.33			庆安县
1.38	1.35	0.13	0.04	0.70	0.07	0.50	0.04		明水县
0.91	0.56	2.87	0.70	1.60	0.33	4.03	0.09		绥棱县
0.54	0.46	0.35	0.01	0.63	0.01	1.09			呼玛县
1.00	0.50	0.90	0.50	1.73	0.30	1.46			塔河县
2.20	1.89	1.97	0.46	1.97	0.57	0.92			加格达奇区
50.31	**41.61**	**132.54**	**10.59**	**103.08**	**17.38**	**113.37**	**22.73**	**12.34**	**江　苏**
2.70	2.19	4.58	0.48	4.03	0.34	5.44	2.20	1.80	丰　县
3.55	2.22	9.56	0.53	5.45	0.72	6.92			沛　县
2.60	2.50	0.09	0.75	4.75	2.40	5.80			睢宁县
1.52	1.09	4.65	0.66	0.86	1.95	6.43			如东县
4.30	1.05	4.60	1.62	4.27	1.05	3.81			东海县
2.01	2.33	2.06	0.61	5.82	0.21	7.20	3.36	2.82	灌云县
2.72	1.82	6.09	0.05	3.66	0.38	4.70	2.71	2.05	灌南县
3.21	1.41	9.81	0.31	3.68	0.52	7.67	0.10	0.10	涟水县
1.83	3.74	8.30	0.51	5.49	0.49	9.90	5.65	1.48	盱眙县
1.71	1.96	6.88	0.25	4.79	0.19	4.37			金湖县
1.86	1.13	5.79	0.09	3.93	0.29	1.32	0.47	0.11	响水县
2.11	2.60	7.80	0.46	6.15	0.23	5.05	0.48	0.20	滨海县
3.40	2.65	16.80	0.26	9.66	0.48	1.40	0.12	0.10	阜宁县
2.98	3.27	2.43	0.33	4.78	2.22	4.33	1.00		射阳县
2.00	4.30	0.80	0.40	4.70	2.00	4.80	0.06	0.03	建湖县
1.89	1.10	6.70	0.60	7.00	0.41	6.18	1.32	0.53	宝应县
4.05	2.75	16.03	0.65	10.60	0.46	14.83	2.58	1.41	沭阳县
4.02	1.20	10.76	0.89	6.73	1.55	6.54	2.11	1.21	泗阳县
1.85	2.30	8.81	1.14	6.73	1.49	6.68	0.57	0.50	泗洪县
54.22	**41.33**	**143.48**	**9.99**	**84.30**	**24.08**	**78.62**	**90.47**	**17.71**	**浙　江**
1.99	1.75	5.37	0.36	3.06	1.29	1.80	0.91	0.45	桐庐县
1.91	2.59	1.39	0.29	3.01	0.30	2.60	0.73	0.10	淳安县
5.00	3.41	11.02	0.83	5.53	2.63	4.25	1.98	1.13	象山县
2.64	2.51	17.10	1.59	6.77	1.45	3.82	2.02	1.29	宁海县
1.55	0.38	0.71	0.03	0.83	0.10	2.06	0.35	0.16	永嘉县
1.31	0.07	4.37	0.03	0.25	0.39	0.35	0.42	0.24	平阳县
1.29	1.13	2.40	0.01	2.82	0.31	0.35	0.36	0.24	苍南县
0.33	0.11	0.06	0.18	0.24	0.79	0.90			文成县
1.65	0.45	0.43	0.03	1.09	0.43	1.26	1.11	0.41	泰顺县
3.49	7.15	14.40	1.14	3.85	1.05	4.46	2.89	1.97	嘉善县

2-2 续表 9

面积计量单位：平方公里

人口计量单位：万人

县名称 Name of Counties	县面积 County District Area	县人口 County District Population	县暂住人口 County District Temporary Population	县城面积 County Seat Area	县城人口 County Seat Population	县城暂住人口 County Seat Temporary Population	建成区面积 Area of Built District	小计 Subtotal	居住用地 Residential
海盐县	585.0	38.3	17.7	86.00	12.82	3.27	24.97	23.30	8.81
德清县	937.9	44.3	13.3	326.41	12.61	3.29	39.37	37.99	10.72
长兴县	1431.0	63.8	19.9	194.00	20.37	10.08	48.00	48.00	14.40
安吉县	1886.0	47.7	15.6	240.17	18.03	7.42	38.79	38.79	11.44
新昌县	1213.0	43.2	5.8	189.00	17.88	4.29	27.19	26.63	8.30
武义县	1577.2	34.5	23.6	271.90	12.36	9.08	19.93	18.57	5.73
浦江县	915.3	40.1	14.8	168.56	15.43	8.06	24.98	24.92	5.32
磐安县	1194.8	21.0	3.0	95.00	3.61	0.53	5.11	5.10	1.85
常山县	1097.3	34.2	2.5	187.20	7.11	1.15	17.74	17.74	4.30
开化县	2227.8	36.0	1.2	128.00	10.14	0.96	14.79	22.26	5.17
龙游县	1143.5	40.0	5.8	190.77	9.46	2.45	15.39	15.39	5.22
岱山县	326.5	17.4	6.5	50.80	6.19	1.56	8.45	8.31	3.41
嵊泗县	86.0	7.4	1.9	16.75	3.10	1.05	2.28	2.03	0.74
三门县	1072.0	44.6	3.4	145.00	9.99	1.33	13.72	13.72	4.55
天台县	1426.0	60.3	4.2	215.30	12.30	1.26	20.20	22.11	9.83
仙居县	1992.0	52.0	4.4	217.60	12.93	2.74	17.60	17.60	7.08
青田县	2493.0	59.5	4.2	131.60	8.87	1.14	6.60	6.60	3.00
缙云县	1494.3	47.0	5.4	140.60	6.97	0.96	10.73	9.92	3.47
遂昌县	2539.0	22.9	1.7	100.50	5.92	0.47	7.68	7.68	2.72
松阳县	1406.0	24.0	2.3	115.00	6.30	1.35	10.31	10.31	2.46
云和县	984.0	11.4	3.2	141.00	3.40	3.03	6.85	6.85	1.23
庆元县	1898.0	20.6	1.4	104.00	7.20	0.36	10.20	11.96	3.35
景宁县	1949.0	16.3	1.9	193.20	4.21	1.81	5.03	5.01	2.16
安　徽	**92518.8**	**4286.0**	**160.5**	**4874.69**	**784.77**	**102.17**	**1288.38**	**1265.72**	**371.48**
长丰县	1841.0	89.5	16.4	63.99	18.90	8.70	52.57	52.56	12.76
肥西县	1695.4	85.2	16.9	53.66	24.16	9.37	49.48	49.48	17.58
肥东县	2181.7	108.4	14.1	57.60	21.91	4.61	31.30	31.30	8.60
庐江县	2352.0	120.8	1.7	163.00	16.96	0.64	36.81	36.67	14.05
南陵县	1263.7	54.6	2.1	52.00	13.50	0.87	28.65	28.28	9.16
怀远县	2211.6	134.0	2.1	117.96	26.10	2.11	29.50	29.34	5.88
五河县	1428.0	71.1	2.9	75.10	18.93	2.80	24.62	22.24	6.13
固镇县	1363.0	75.2	3.8	121.50	14.19	0.90	19.60	19.50	8.14
凤台县	894.0	68.0	1.1	36.80	16.40	1.06	24.15	24.15	10.97
寿　县	2986.0	139.6	1.8	71.63	18.38	1.64	23.53	23.53	4.29
当涂县	1002.0	48.0	3.3	35.65	11.90	2.66	31.90	31.87	7.94
含山县	1025.0	45.4	0.5	28.00	11.90	0.20	15.90	19.26	9.20
和　县	1318.0	54.2	2.5	32.00	13.80	2.52	18.80	18.28	4.42
濉溪县	1987.0	114.2	1.3	38.08	17.95	0.40	34.80	34.80	11.02
枞阳县	1473.4	79.2	0.7	79.30	10.40	0.40	17.56	15.96	7.29
怀宁县	1276.0	70.6	3.6	30.00	7.75	1.55	22.51	22.51	6.92
太湖县	2040.0	57.9	0.5	72.00	16.30	0.48	18.00	16.00	4.98
宿松县	2393.5	89.1	0.7	158.00	11.03	0.97	25.30	17.19	5.00

continued

Area Measurement Unit: Square Kilometer

Population Measurement Unit:10,000 persons

城市建设用地面积 Area of Urban Construction Land							本年征用土地面积 Area of Land Requisition This Year	耕地 Arable Land	县名称 Name of Counties
公共管理与公共服务用地 Administration and Public Services	商业服务业设施用地 Commercial and Business Facilities	工业用地 Industrial	物流仓储用地 Logistics and Warehouse	道路交通设施用地 Road, Street and Transportation	公用设施用地 Municipal Utilities	绿地与广场用地 Green Space and Square			
2.08	1.91	3.62	0.03	4.03	0.25	2.57	0.97	0.56	海盐县
1.95	2.80	8.88	0.09	4.30	2.69	6.56	4.68	2.04	德清县
2.26	2.65	10.20	0.48	6.45	0.66	10.90	0.77	0.45	长兴县
2.74	2.57	8.98	0.40	7.69	0.58	4.39	0.24		安吉县
2.13	1.27	3.90	1.08	4.35	1.09	4.51	1.32	0.68	新昌县
2.22	0.24	3.41	0.28	2.91	0.28	3.50	56.20		武义县
1.88	0.88	11.40	0.08	1.73	0.97	2.66	7.04	2.52	浦江县
0.26	0.15	0.32	0.12	0.85	0.22	1.33	0.29	0.24	磐安县
1.60	0.94	5.35	0.50	2.51	0.62	1.92	0.71	0.30	常山县
2.04	1.06	7.47	0.80	2.59	0.40	2.73	0.75	0.48	开化县
0.82	1.48	3.52	0.36	1.97	0.78	1.24	1.27	0.75	龙游县
0.71	0.51	0.95	0.11	1.47	0.12	1.03	0.03		岱山县
0.06	0.03	0.05	0.06	0.70	0.31	0.08	0.04		嵊泗县
1.00	0.74	3.04		3.08	0.07	1.24	0.05	0.03	三门县
2.21	0.69	3.63	0.27	2.22	1.07	2.19	0.63	0.41	天台县
2.05	0.21	2.83	0.05	0.59	2.71	2.08			仙居县
0.19	0.38	1.05	0.07	0.99	0.15	0.77	0.08	0.04	青田县
1.34	0.11	0.26	0.06	1.25	0.43	3.00	0.47	0.13	缙云县
0.73	1.75	0.15	0.20	1.20	0.22	0.71	0.72	0.31	遂昌县
1.82	0.41	2.23	0.21	1.71	0.24	1.23	0.83	0.45	松阳县
0.35	0.12	1.27	0.12	1.66	0.88	1.22	1.62	1.62	云和县
1.99	0.47	3.43	0.09	1.84	0.44	0.35	0.49	0.40	庆元县
0.63	0.41	0.29	0.04	0.76	0.16	0.56	0.50	0.31	景宁县
98.06	**84.11**	**221.62**	**42.73**	**222.24**	**44.46**	**181.02**	**63.26**	**25.79**	**安　徽**
3.49	3.08	16.51	1.56	5.05	1.29	8.82			长丰县
7.70	3.76	1.88	8.40	6.48	0.88	2.80	6.12	3.42	肥西县
2.60	3.11	5.72	0.41	3.47	1.01	6.38	1.19	0.79	肥东县
2.87	1.75	5.83	1.46	4.70	3.49	2.52			庐江县
2.92	2.64	5.45	0.56	3.85	0.41	3.29	0.23	0.14	南陵县
2.63	2.07	8.13	0.88	3.80	2.05	3.90	0.65	0.25	怀远县
0.92	1.50	2.65	0.91	4.51	1.30	4.32	2.76	2.01	五河县
1.10	1.20	0.95	0.45	3.72	0.82	3.12	1.78	1.46	固镇县
1.85	1.24	3.24	0.51	3.22	0.87	2.25	0.61	0.33	凤台县
1.94	0.54	2.24	0.13	3.87	0.14	10.38	5.00	2.56	寿　县
1.57	2.87	8.57	0.80	3.91	2.56	3.65	0.53	0.53	当涂县
1.66	0.84	2.35	0.96	2.53	0.30	1.42	1.59	1.59	含山县
2.16	3.36	0.90	1.12	2.35	0.69	3.28	0.10		和　县
1.74	1.68	11.83	0.35	4.36	1.39	2.43	4.90	2.50	濉溪县
2.00	0.71	1.93	0.06	3.62	0.20	0.15	2.55	1.39	枞阳县
2.38	0.75	7.83	0.37	3.28	0.20	0.78	1.68	0.64	怀宁县
1.44	1.40	3.06	0.82	2.27	0.23	1.80	0.73	0.25	太湖县
0.26	1.23	3.00	0.80	2.85	0.70	3.35	0.10		宿松县

2-2 续表 10

面积计量单位：平方公里
人口计量单位：万人

县名称 Name of Counties	县面积 County District Area	县人口 County District Population	县暂住人口 County District Temporary Population	县城面积 County Seat Area	县城人口 County Seat Population	县城暂住人口 County Seat Temporary Population	建成区面积 Area of Built District	小计 Subtotal	居住用地 Residential
望江县	1357.0	64.2	0.3	48.10	11.71	0.10	19.89	19.86	6.20
岳西县	2398.0	41.1	4.0	113.00	10.00	4.00	15.60	12.38	3.23
歙　县	2122.0	48.4	0.6	34.00	11.00	0.54	13.80	13.77	5.63
休宁县	2135.0	26.8	0.5	132.03	5.42	0.28	10.00	8.81	3.19
黟　县	957.0	9.6	0.3	19.60	4.70	0.27	5.90	5.90	2.81
祁门县	2257.0	18.7	1.6	230.12	4.93	0.76	6.88	6.88	2.61
来安县	1481.0	48.8	2.3	172.60	14.49	1.25	29.88	29.88	7.13
全椒县	1568.3	55.2	1.3	36.00	19.39	2.25	36.00	36.37	7.41
定远县	2998.0	98.1	1.4	58.20	15.59	0.69	33.10	33.01	11.98
凤阳县	1949.5	80.2	10.3	51.90	18.62	4.03	32.00	31.53	8.38
临泉县	1818.0	230.7	2.3	83.30	31.70	1.12	41.30	41.30	10.40
太和县	1867.0	179.3	0.8	123.50	24.43	0.44	46.18	43.68	15.26
阜南县	1688.3	174.1	0.5	108.30	19.98	0.18	35.30	35.02	9.98
颍上县	1859.0	179.8	4.3	87.80	28.00	2.40	35.00	34.55	7.12
砀山县	1193.0	100.8	0.4	120.80	23.07	0.28	34.99	34.98	5.55
萧　县	1885.0	139.6	10.5	283.00	10.70	10.20	31.69	30.97	15.82
灵璧县	2054.0	130.8	3.9	160.00	21.20	3.89	31.50	29.84	9.50
泗　县	1787.0	99.9	2.8	197.40	16.27	3.86	27.00	26.98	6.87
霍邱县	3242.0	163.9	4.0	56.20	18.30	2.42	32.73	31.58	11.19
舒城县	2092.0	99.3	1.0	106.00	19.58	0.59	30.00	29.44	8.90
金寨县	3814.0	68.4	2.7	100.00	16.45	1.98	24.20	24.20	5.00
霍山县	2043.0	36.9	3.7	96.70	13.54	3.50	21.50	19.57	4.77
涡阳县	2107.0	179.9	3.8	40.00	28.75	1.14	37.00	35.19	9.35
蒙城县	2091.0	137.0	8.0	66.00	34.00	5.00	47.00	44.95	10.39
利辛县	2005.0	172.4	1.3	50.00	22.10	1.40	28.45	28.45	8.30
东至县	3256.0	55.0	3.4	388.10	7.92	2.36	9.30	9.20	2.51
石台县	1403.0	10.8	0.3	189.00	2.65	0.14	3.29	3.28	1.42
青阳县	1180.6	29.5	2.1	118.62	8.65	1.40	11.30	11.30	3.30
郎溪县	1105.0	35.1	2.5	21.00	12.90	1.45	17.50	25.32	3.58
泾　县	2054.5	34.8	1.6	254.00	9.50	0.74	15.19	14.99	4.03
绩溪县	1116.0	17.4	1.1	15.35	4.34	1.08	12.68	12.67	2.88
旌德县	904.4	14.8	0.7	27.80	4.43	0.55	7.25	6.95	2.46
福　建	**78389.4**	**1784.4**	**155.2**	**1914.51**	**414.83**	**70.42**	**563.02**	**559.15**	**187.25**
闽侯县	2328.0	64.0	34.4	44.16	8.75	12.35	14.26	34.34	8.63
连江县	1168.0	67.8	13.4	28.00	13.30	3.85	16.50	16.37	8.47
罗源县	1187.0	27.0	3.7	32.00	6.77	0.50	9.20	4.70	2.80
闽清县	1468.0	32.4	2.3	13.00	6.68	0.42	8.80	9.68	4.68
永泰县	2241.0	38.5	3.4	33.00	7.85	1.70	9.95	9.04	3.38
仙游县	1835.3	117.9	6.9	48.00	25.64	2.76	30.00	29.23	9.89
明溪县	1729.9	11.7	1.1	12.60	3.45	0.60	6.03	6.03	2.31
清流县	1825.2	15.3	0.8	30.00	3.44	0.64	5.83	5.81	2.29
宁化县	2368.0	38.7	1.3	40.00	10.37	0.70	11.60	11.53	3.43

continued

Area Measurement Unit: Square Kilometer
Population Measurement Unit:10,000 persons

城市建设用地面积 Area of Urban Construction Land							本年征用土地面积 Area of Land Requisition This Year		县名称 Name of Counties
公共管理与公共服务用地 Administration and Public Services	商业服务业设施用地 Commercial and Business Facilities	工业用地 Industrial	物流仓储用地 Logistics and Warehouse	道路交通设施用地 Road, Street and Transportation	公用设施用地 Municipal Utilities	绿地与广场用地 Green Space and Square		耕地 Arable Land	
1.31	1.28	5.27	0.20	2.78	0.64	2.18	0.88	0.77	望江县
1.17	1.29	2.77	0.69	0.99	0.74	1.50	0.85		岳西县
0.51	2.86	2.06	0.01	2.08	0.05	0.57	2.80		歙　县
0.21	1.50	0.89	0.06	2.10	0.26	0.60	0.41	0.13	休宁县
0.60	0.11	0.07		1.76	0.27	0.28	0.01	0.01	黟　县
0.65	0.50	1.15	0.02	1.16	0.07	0.72	0.20	0.09	祁门县
3.16	2.67	7.11	0.99	5.94	0.51	2.37	1.37	0.10	来安县
1.80	1.60	8.53	0.05	5.95	0.22	10.81			全椒县
3.76	1.71	2.82	0.51	7.71	0.84	3.68	0.02	0.01	定远县
2.64	1.79	7.04	1.30	7.00	1.45	1.93	2.86	2.10	凤阳县
2.10	2.60	3.13	2.60	6.40	2.07	12.00	1.16	0.94	临泉县
2.69	2.17	7.85	0.68	9.74	0.56	4.73			太和县
4.06	2.25	7.59	0.72	6.80	1.10	2.52	0.86	0.46	阜南县
1.65	1.22	4.00	1.73	8.73	1.25	8.85			颍上县
3.79	4.94	2.15	2.53	7.07	1.76	7.19	0.36	0.05	砀山县
2.46	1.14	3.24	0.13	5.84	0.33	2.01	0.49	0.35	萧　县
1.71	0.85	3.94	0.50	6.20	2.55	4.59	0.54	0.51	灵璧县
0.98	1.01	2.96	1.77	7.20	0.79	5.40	0.69		泗　县
2.12	3.26	4.59	1.74	3.95	0.89	3.84	1.29	0.94	霍邱县
4.29	3.72	2.00	0.63	4.51	1.20	4.19	0.81	0.58	舒城县
1.52	1.32	4.05	0.79	6.05	0.61	4.86	0.10		金寨县
1.25	1.46	3.50	0.84	3.87	0.96	2.92	0.43	0.19	霍山县
1.40	1.51	7.78	1.37	7.93	1.23	4.62	11.20		涡阳县
5.09	1.46	7.95	0.56	8.75	2.40	8.35	2.40		蒙城县
1.00	1.40	6.80	0.50	4.80	0.40	5.25	0.70		利辛县
0.80	0.72	1.00	0.25	1.88	0.43	1.61	0.75	0.20	东至县
0.37	0.38	0.28	0.01	0.67	0.03	0.12	0.08	0.04	石台县
0.42	0.73	2.43	0.27	2.55	0.07	1.53	0.02	0.02	青阳县
0.75	1.04	8.27	0.19	8.47	1.13	1.89			郎溪县
1.07	0.67	3.50	0.09	2.45	0.54	2.64	0.37	0.16	泾　县
0.90	0.65	3.28	0.40	1.92	0.26	2.38	0.32	0.09	绩溪县
0.60	0.57	1.55	0.05	1.15	0.32	0.25	0.77	0.19	旌德县
45.83	**36.81**	**74.26**	**10.14**	**91.98**	**18.66**	**94.22**	**26.41**	**5.79**	**福　建**
3.19	1.04	7.33	0.27	8.05	0.48	5.35	1.11	0.53	闽侯县
1.18	0.31	1.17	0.12	2.23	0.09	2.80	0.45		连江县
0.63	0.14	0.39	0.01	0.54	0.03	0.16			罗源县
0.82	0.44	1.32	0.10	1.08	0.22	1.02			闽清县
0.57	0.64	0.98	0.09	1.36	0.40	1.62	0.46	0.14	永泰县
3.22	3.13	3.20	0.20	4.45	0.30	4.84	1.38		仙游县
0.56	0.35	0.17	0.02	1.21	0.14	1.27	0.26	0.08	明溪县
0.78	0.56	0.37	0.04	1.31	0.11	0.35	0.04	0.01	清流县
0.85	1.39	0.40	0.36	2.66	0.46	1.98	0.35	0.08	宁化县

2-2 续表 11

面积计量单位：平方公里
人口计量单位：万人

县名称 Name of Counties	县面积 County District Area	县人口 County District Population	县暂住人口 County District Temporary Population	县城面积 County Seat Area	县城人口 County Seat Population	县城暂住人口 County Seat Temporary Population	建成区面积 Area of Built District	小计 Subtotal	居住用地 Residential
大田县	2294.0	41.5	2.9	34.00	7.00	2.81	8.49	8.49	2.46
尤溪县	3463.1	46.0	2.5	13.13	5.96	0.87	8.52	8.50	2.56
沙　县	1815.0	27.1	4.0	150.00	10.11	2.05	29.14	29.11	6.88
将乐县	2246.0	18.8	1.5	44.35	6.34	0.82	7.15	7.14	2.01
泰宁县	1537.0	13.7	1.7	30.00	4.15	1.46	7.66	7.66	2.11
建宁县	1718.0	18.1	0.5	12.60	6.33	0.33	6.51	6.51	1.62
惠安县	720.0	82.5	9.9	36.10	13.30	2.00	26.56	21.57	9.41
安溪县	3057.3	123.6	6.6	46.20	20.18	5.47	30.00	28.50	11.86
永春县	1468.0	60.2		173.00	23.10		24.10	23.28	9.14
德化县	2232.1	35.4	3.8	140.00	21.01	2.40	30.46	30.44	9.71
云霄县	1166.0	46.8	5.0	46.08	19.64	4.66	23.89	23.89	7.59
漳浦县	2146.3	94.7	7.9	30.00	12.06	1.59	17.28	16.41	5.06
诏安县	1293.6	65.1	1.6	15.38	10.78	0.90	13.43	13.40	3.83
长泰县	960.0	21.1	3.3	14.62	3.97	0.72	5.20	5.10	2.06
东山县	197.0	21.9	2.5	7.00	3.59	1.06	5.70	5.69	0.90
南靖县	1961.8	38.6	2.6	8.12	6.01	0.60	8.12	7.86	2.16
平和县	2328.0	66.3	1.0	14.97	7.74	0.95	8.67	8.66	3.44
华安县	1315.0	16.4	0.5	5.05	2.35	0.45	4.30	4.22	0.95
顺昌县	1985.0	24.0	1.5	19.70	5.74	1.37	8.01	8.00	1.93
浦城县	3377.9	44.5	2.1	35.80	12.33	1.30	13.50	13.50	4.05
光泽县	2240.2	16.2	1.2	51.90	6.44	1.21	6.40	6.39	1.92
松溪县	1043.0	16.6	0.7	18.50	4.60	0.60	8.09	8.07	3.08
政和县	1749.0	25.7	1.8	19.51	6.94	0.98	6.63	6.34	2.44
长汀县	3104.2	54.8	1.7	153.07	14.61	0.83	24.70	23.12	8.28
上杭县	2854.5	53.7	3.0	96.00	10.92	1.72	15.58	15.48	4.23
武平县	2630.0	40.5	0.0	70.00	8.92	0.05	9.30	8.88	2.65
连城县	2595.5	34.5	2.1	35.29	6.70	0.39	9.60	9.60	3.82
霞浦县	1489.5	55.1	4.8	197.40	17.32	2.42	17.01	16.83	4.78
古田县	2378.0	42.5	2.3	16.00	7.63	0.87	9.97	9.47	3.32
屏南县	1470.0	19.1	0.9	11.00	4.90	0.27	6.20	5.99	2.30
寿宁县	1424.6	26.3	0.9	19.92	4.44	0.65	4.08	3.07	0.90
周宁县	1035.6	21.2	0.6	22.70	5.36	0.30	8.78	5.41	3.17
柘荣县	553.0	11.1	0.4	11.14	4.88	0.26	6.70	4.95	2.13
平潭县	391.0	47.8	6.3	35.22	23.23	4.54	31.12	30.89	8.62
江　西	**121081.5**	**2851.0**	**87.9**	**1722.86**	**779.67**	**64.26**	**1053.73**	**1020.31**	**301.94**
南昌县	1670.0	106.5	7.0	63.20	21.75	5.81	48.80	36.75	15.48
安义县	666.0	35.7	4.7	10.70	13.73	4.60	10.60	10.55	2.15
进贤县	1971.0	84.4	0.4	36.00	27.60	0.41	28.40	28.38	8.97
浮梁县	2847.0	32.3	0.8	16.00	5.05	0.62	7.60	7.59	2.56
莲花县	1062.1	29.0	1.2	19.00	5.25	0.98	7.33	7.26	0.37
上栗县	727.3	52.3	0.2	36.01	10.78	0.01	16.17	16.17	7.74
芦溪县	968.0	29.4	0.4	7.10	4.37	0.42	7.10	7.10	1.81

continued

Area Measurement Unit: Square Kilometer
Population Measurement Unit:10,000 persons

城市建设用地面积 Area of Urban Construction Land							本年征用土地面积 Area of Land Requisition This Year	耕地 Arable Land	县名称 Name of Counties
公共管理与公共服务用地 Administration and Public Services	商业服务业设施用地 Commercial and Business Facilities	工业用地 Industrial	物流仓储用地 Logistics and Warehouse	道路交通设施用地 Road, Street and Transportation	公用设施用地 Municipal Utilities	绿地与广场用地 Green Space and Square			
0.32	0.61	2.07	0.09	0.91	0.62	1.41	0.32	0.10	大田县
0.78	0.17	1.01	0.12	0.83	0.77	2.26	0.19	0.08	尤溪县
0.41	2.17	3.01	2.45	3.59	1.53	9.07			沙　县
0.81	1.39	0.38	0.19	1.24	0.30	0.82	1.18	0.18	将乐县
0.77	0.61	0.69	0.37	1.22	0.79	1.10	0.38	0.06	泰宁县
0.68	0.41	0.71	0.07	1.06	0.13	1.83	0.19	0.04	建宁县
0.63	2.24	0.85	0.40	4.29	1.89	1.86			惠安县
3.03	1.89	3.16	0.26	3.76	0.48	4.06	0.25	0.11	安溪县
1.73	0.80	5.59	0.06	2.80	0.27	2.89	0.26		永春县
1.83	1.93	5.50	0.51	4.52	1.60	4.84	0.44	0.11	德化县
1.68	1.97	3.52	0.41	4.88	0.26	3.58			云霄县
0.99	0.69	3.95	0.11	3.32	0.22	2.07	0.06		漳浦县
0.92	0.78	5.05	0.02	2.03	0.04	0.73			诏安县
0.44	0.32	0.01	0.01	0.99	0.02	1.25	0.05	0.02	长泰县
0.50	0.33	0.41	0.45	1.14	0.45	1.51	1.64	0.18	东山县
0.51	0.90	0.54	0.15	1.53	0.09	1.98	0.45		南靖县
0.40	0.39	0.41	0.30	1.40	0.32	2.00	0.59	0.37	平和县
0.25	0.15	0.05	0.05	0.82	0.15	1.80			华安县
0.29	0.20	0.92	0.10	0.90	2.11	1.55	0.56		顺昌县
1.28	0.40	2.23	0.35	1.24	0.60	3.35	0.67	0.67	浦城县
0.53	0.15	1.63	0.19	0.75	0.19	1.03	0.05		光泽县
0.56	0.40	1.08	0.21	1.02	0.24	1.48			松溪县
0.29	0.25	0.55	0.20	0.72	0.16	1.73			政和县
1.43	0.80	5.78	0.23	3.71	0.31	2.58	2.90	0.52	长汀县
2.05	0.56	2.71	0.08	2.82	0.40	2.63	0.51	0.15	上杭县
1.20	0.47	0.31	0.15	1.90	0.15	2.05	2.35	0.10	武平县
0.27	1.32	0.45	0.18	1.61	0.31	1.64	0.10	0.10	连城县
2.42	1.32	1.94	0.16	2.78	0.53	2.90	1.70	0.11	霞浦县
1.07	1.17	0.58	0.34	1.29	0.29	1.41	3.69	0.99	古田县
0.50	0.46	0.91	0.01	0.80	0.20	0.81	1.02		屏南县
0.40	0.22	0.17	0.12	0.47	0.17	0.62			寿宁县
0.62	0.14	0.50		0.91	0.05	0.02			周宁县
0.66	0.42	0.70	0.05	0.59	0.05	0.35			柘荣县
3.78	2.78	1.56	0.54	7.25	0.74	5.62	2.81	1.06	平潭县
91.48	**63.78**	**158.95**	**25.12**	**190.69**	**34.21**	**154.14**	**68.51**	**23.85**	**江　西**
1.83	1.44	9.52	0.02	6.00	0.44	2.02	1.50	0.81	南昌县
1.35	1.26	0.92	0.50	2.40	0.40	1.57	0.56	0.13	安义县
3.02	3.57	7.18	1.35	2.44	0.41	1.44	1.06	0.36	进贤县
0.63	0.26	0.60		1.87	0.23	1.44	2.29	0.62	浮梁县
1.30	0.75	0.39	0.03	1.37	0.32	2.73	0.09		莲花县
1.29	0.27	3.77	0.04	2.88	0.09	0.09	0.65	0.36	上栗县
0.29	0.18	1.00	0.64	1.08	0.74	1.36	0.08		芦溪县

2 2 续表 12

面积计量单位：平方公里
人口计量单位：万人

县名称 Name of Counties	县面积 County District Area	县人口 County District Population	县暂住人口 County District Temporary Population	县城面积 County Seat Area	县城人口 County Seat Population	县城暂住人口 County Seat Temporary Population	建成区面积 Area of Built District		
								小计 Subtotal	居住用地 Residential
武宁县	3506.0	39.9	1.7	51.23	9.30	0.23	18.84	13.46	4.41
修水县	4504.0	91.2	4.4	128.40	16.31	1.72	26.20	26.20	7.65
永修县	2035.0	44.4	2.8	23.01	9.46	0.88	16.00	15.73	4.15
德安县	863.0	18.5	0.4	19.00	7.75	0.39	13.63	13.63	2.07
都昌县	2226.7	83.9	3.1	47.38	15.30	2.50	46.30	44.21	7.30
湖口县	669.3	31.6	1.2	19.90	9.61	1.02	12.43	12.42	1.87
彭泽县	1557.7	39.0	0.9	12.50	7.65	0.09	8.44	8.43	2.98
分宜县	1389.0	34.7	0.6	35.00	11.45	0.50	17.10	15.75	4.50
信丰县	2878.0	77.8	6.4	40.00	30.50	5.42	39.40	39.40	12.10
大余县	1368.0	31.7	1.0	30.27	9.95	0.81	14.90	14.90	5.05
上犹县	1543.9	32.2	0.8	15.05	11.67	0.04	14.95	14.22	3.83
崇义县	2207.7	21.5	0.4	10.20	5.44	0.22	7.12	7.12	2.20
安远县	2375.0	43.1	1.1	18.00	10.48	0.81	13.01	12.48	3.37
定南县	1318.7	22.8	1.0	30.44	9.90	0.96	13.22	13.19	3.79
全南县	1521.0	19.5	1.3	14.40	6.41	1.21	9.50	9.50	1.92
宁都县	4053.2	87.2	0.8	40.00	24.40	0.55	25.06	24.55	9.20
于都县	2893.0	112.0	0.6	45.00	27.30	0.57	29.98	29.98	8.16
兴国县	3215.0	86.4	2.0	51.60	29.30	1.39	28.80	28.62	10.50
会昌县	2722.0	53.2	0.6	30.50	12.56	0.58	14.70	14.64	4.62
寻乌县	2351.5	33.0	0.1	15.00	11.96	0.36	12.00	11.93	4.08
石城县	1581.5	33.3	1.0	17.00	10.06	0.44	12.10	11.86	2.95
吉安县	2117.0	54.0	3.9	16.20	11.56	2.01	16.20	16.18	2.90
吉水县	2509.0	58.6	1.7	20.00	20.70	3.40	19.89	19.89	6.81
峡江县	1287.4	19.0	0.2	20.67	3.68	0.05	7.69	7.63	1.96
新干县	1248.0	35.3	0.5	25.54	10.62	0.24	15.72	15.72	3.90
永丰县	2695.0	49.4	2.9	20.00	15.78	2.02	18.70	18.70	5.76
泰和县	2500.1	57.9	2.5	61.46	22.37	2.10	23.66	23.66	6.91
遂川县	3144.2	60.3	2.2	22.50	13.95	0.45	14.63	14.63	3.90
万安县	2036.7	31.5	2.8	57.30	9.34	1.87	16.00	16.00	2.68
安福县	2795.8	41.8	1.8	16.90	10.50	0.76	16.90	16.63	4.86
永新县	2195.0	51.9	0.8	18.00	13.60	0.80	16.30	16.23	5.68
奉新县	1644.9	33.9	2.2	19.71	12.80	1.86	19.71	19.71	4.26
万载县	1718.0	57.9	0.4	20.48	14.40	0.15	18.18	18.18	4.32
上高县	1350.3	38.2	1.3	25.00	21.80	1.05	23.74	23.74	7.35
宜丰县	1935.0	29.7	0.2	15.20	8.89	0.20	15.00	13.78	7.21
靖安县	1377.5	15.7	0.2	8.40	5.35	0.19	8.40	8.40	2.11
铜鼓县	1565.7	14.0	0.1	18.65	3.41	0.12	6.60	6.30	1.20
南城县	1698.0	36.2	2.4	19.97	17.23	2.07	19.92	19.75	4.80
黎川县	1728.6	25.2	0.9	26.00	11.62	0.87	14.74	14.74	4.94
南丰县	1909.0	31.5	1.6	22.00	9.60	1.59	14.90	14.87	4.82
崇仁县	1520.0	38.9	0.0	24.27	11.86	0.02	18.52	18.51	4.21
乐安县	2412.6	42.7	0.9	15.00	11.90	0.35	12.26	12.26	4.01

continued

Area Measurement Unit: Square Kilometer

Population Measurement Unit:10,000 persons

城市建设用地面积 Area of Urban Construction Land							本年征用土地面积 Area of Land Requisition This Year		县名称 Name of Counties
公共管理与公共服务用地 Administration and Public Services	商业服务业设施用地 Commercial and Business Facilities	工业用地 Industrial	物流仓储用地 Logistics and Warehouse	道路交通设施用地 Road, Street and Transportation	公用设施用地 Municipal Utilities	绿地与广场用地 Green Space and Square		耕地 Arable Land	
1.29	1.19	1.80	0.11	2.94	0.21	1.51	0.92	0.19	武宁县
1.99	2.45	3.79	0.33	3.53	0.48	5.98	4.29	1.43	修水县
2.26	1.32	1.42	0.23	2.80	0.36	3.19	0.04		永修县
0.49	0.55	1.29	0.32	2.72	1.11	5.08	1.96	0.47	德安县
5.23	1.44	5.95	0.17	22.88	0.56	0.68	2.00		都昌县
1.07	0.14	4.20	0.25	1.63	0.12	3.14			湖口县
0.82	0.49	2.26	0.08	1.48	0.11	0.21			彭泽县
2.40	0.65	1.30	0.40	2.60	0.90	3.00	0.11	0.06	分宜县
2.76	1.48	7.82	2.14	6.19	0.52	6.39	5.64	2.32	信丰县
0.85	0.51	2.88	0.38	2.20	0.35	2.68	0.17	0.10	大余县
0.69	1.77	1.03	0.12	2.22	0.33	4.23	3.27	1.08	上犹县
1.08	0.61	0.28	0.56	1.00	0.43	0.96	0.43	0.18	崇义县
2.01	0.41	1.26	0.14	2.84	0.37	2.08	1.36	0.18	安远县
1.76	0.77	2.86	0.47	1.77	0.29	1.48	0.47	0.01	定南县
0.24	0.12	1.79	0.08	1.57	0.46	3.32	0.06	0.02	全南县
2.00	0.44	3.74	0.13	4.63	0.56	3.85	0.86	0.75	宁都县
2.55	0.78	6.48	0.36	5.94	0.74	4.97	4.26	1.55	于都县
3.00	2.50	1.98	2.15	5.92	0.50	2.07	8.62	3.25	兴国县
1.52	1.43	0.91	0.21	2.51	0.39	3.05	0.50	0.29	会昌县
1.24	0.31	0.28	0.20	2.12	0.28	3.42	1.11	0.70	寻乌县
1.58	1.29	0.53	0.10	1.94	0.51	2.96	1.40		石城县
1.50	1.42	2.00	0.83	4.25	0.46	2.82	0.52	0.32	吉安县
3.21	1.80	1.60	0.55	4.20	0.52	1.20	1.59	0.60	吉水县
0.69	0.35	1.63	0.20	1.85	0.12	0.83			峡江县
1.35	1.25	2.84	0.93	2.87	0.39	2.19	0.30	0.08	新干县
1.68	0.63	3.38	0.15	3.31	0.18	3.61	0.40	0.26	永丰县
0.61	1.40	4.28	0.85	4.73	0.39	4.49	0.90	0.50	泰和县
1.12	1.02	0.70	0.54	2.50	1.80	3.05			遂川县
2.16	1.02	1.83	0.45	2.92	1.12	3.82	0.80	0.16	万安县
1.54	0.64	4.12	0.18	2.28	0.16	2.85	0.56	0.30	安福县
0.85	1.02	1.03	0.22	3.79	0.35	3.29	0.44	0.22	永新县
1.56	1.61	3.05	0.42	2.76	1.74	4.31	2.21	0.49	奉新县
0.82	1.42	3.62	0.20	2.39	1.21	4.20	2.48	1.67	万载县
0.78	0.76	5.91	0.52	4.47	1.07	2.88	0.66		上高县
1.26	0.55	0.89	0.01	2.59	0.42	0.85	0.45	0.04	宜丰县
0.69	0.02	1.79	0.04	1.83	0.28	1.64	1.43		靖安县
0.80	0.70	0.30	0.10	1.00	0.30	1.90	0.03		铜鼓县
2.13	1.21	5.10	1.15	2.61	1.41	1.34	0.15	0.03	南城县
0.86	0.27	3.95	0.29	1.52	0.09	2.82	0.49	0.10	黎川县
0.72	2.33	1.72	0.60	2.10	0.80	1.78	0.92		南丰县
2.60	1.06	5.25	0.95	2.08	1.02	1.34	0.32	0.10	崇仁县
0.94	0.37	1.47	0.05	2.41	0.08	2.93	0.50		乐安县

2-2 续表 13

面积计量单位：平方公里
人口计量单位：万人

县名称 Name of Counties	县面积 County District Area	县人口 County District Population	县暂住人口 County District Temporary Population	县城面积 County Seat Area	县城人口 County Seat Population	县城暂住人口 County Seat Temporary Population	建成区面积 Area of Built District		
								小计 Subtotal	居住用地 Residential
宜黄县	1994.0	23.8	0.0	15.60	6.35	0.05	7.90	7.90	3.80
金溪县	1358.0	32.3	1.4	25.80	11.07	1.38	15.50	15.37	5.30
资溪县	1251.0	12.3	0.2	30.00	3.27	0.12	6.01	5.95	1.78
广昌县	1612.0	25.2	0.3	15.00	8.19	0.18	10.60	10.58	3.00
玉山县	1731.0	62.0	1.5	92.20	13.00	1.50	20.29	19.02	3.73
铅山县	2177.0	50.1	0.4	28.80	12.50	0.37	19.01	18.46	5.72
横峰县	655.0	23.3	0.2	16.00	8.94	0.13	11.90	11.90	3.50
弋阳县	1592.0	43.0	1.2	26.50	11.90	1.05	19.30	18.73	6.13
余干县	2330.8	109.0	2.2	25.50	16.80	1.43	22.00	21.54	5.72
鄱阳县	4215.0	159.3	2.5	36.00	25.00	1.12	30.25	26.85	12.27
万年县	1140.0	44.1	0.4	20.32	16.30	0.25	17.78	16.95	4.90
婺源县	2947.4	37.1	1.7	16.00	10.10	0.97	15.85	15.53	5.72
山　东	**65133.0**	**3350.1**		**7568.30**	**979.85**	**59.60**	**1560.72**	**1466.21**	**484.91**
平阴县	715.0	32.3		100.48	14.40	0.60	23.28	21.48	6.77
商河县	1162.0	52.7		148.03	10.72	0.11	22.80	21.39	6.66
桓台县	509.0	49.0		77.00	12.90	0.25	21.00	20.44	8.60
高青县	831.0	31.3		98.09	9.55	0.30	17.78	17.75	3.83
沂源县	1636.0	51.5		152.55	14.67	0.31	31.52	31.50	12.41
利津县	1665.6	23.8		133.00	7.80	0.66	24.30	19.88	6.77
广饶县	1166.0	52.2		129.00	15.02	1.20	34.90	34.68	9.14
临朐县	1831.0	80.6		239.90	27.88	0.90	37.00	36.98	9.18
昌乐县	1101.0	58.4		280.20	25.16	1.80	32.44	32.44	8.27
微山县	1780.0	61.3		156.03	16.50	0.05	25.60	25.60	12.28
鱼台县	654.0	42.0		56.00	10.30	0.97	18.30	16.98	6.60
金乡县	872.0	63.4		71.00	18.96	0.97	27.17	25.74	11.39
嘉祥县	962.5	70.0		91.50	15.21	1.02	23.00	20.98	11.40
汶上县	876.0	68.8		72.90	14.67	1.70	27.64	25.98	8.73
泗水县	1118.0	54.3		123.90	16.88	0.16	22.00	21.11	7.20
梁山县	960.0	73.1		96.00	16.16	0.31	25.71	22.90	10.23
宁阳县	1125.0	66.9		56.10	15.06		23.52	21.29	6.58
东平县	1340.0	68.7		150.99	20.76	0.61	37.64	35.17	14.63
五莲县	1497.0	44.4		199.13	14.78	0.56	23.62	22.62	6.51
莒　县	1818.5	97.3		79.74	22.07	1.16	43.16	41.42	14.88
沂南县	1719.3	80.6		107.56	17.21	0.04	35.47	35.47	11.27
郯城县	1195.1	88.5		201.16	24.47	0.21	29.00	22.53	8.41
沂水县	2414.0	96.8		373.54	35.13	1.40	48.38	47.34	17.58
兰陵县	1724.0	110.4		314.45	41.83	8.45	45.00	45.00	18.98
费　县	1659.9	79.8		261.09	22.10	3.25	36.00	35.94	15.35
平邑县	1823.0	89.2		201.09	23.44	4.31	33.22	33.22	15.74
莒南县	1750.9	84.1		283.48	27.11	1.17	39.78	38.46	11.16
蒙阴县	1601.6	48.5		256.28	15.79	0.20	23.22	23.16	5.78
临沭县	1010.2	58.6		209.99	22.92	0.93	25.48	25.37	6.58

continued

Area Measurement Unit: Square Kilometer

Population Measurement Unit:10,000 persons

城市建设用地面积 Area of Urban Construction Land							本年征用土地面积 Area of Land Requisition This Year		县名称 Name of Counties
公共管理与公共服务用地 Administr-ation and Public Services	商业服务业设施用地 Commercial and Business Facilities	工业用地 Industrial	物流仓储用地 Logistics and Warehouse	道路交通设施用地 Road, Street and Trans-portation	公用设施用地 Munici-pal Utilities	绿地与广场用地 Green Space and Square		耕地 Arable Land	
0.55	0.22	1.27	0.01	1.04	0.13	0.88	2.36	1.20	宜黄县
1.49	1.52	1.25	0.36	2.28	0.48	2.69	2.68	0.27	金溪县
0.40	0.22	0.08	0.01	1.40	0.36	1.70	0.67	0.47	资溪县
0.81	0.80	1.83	0.36	1.95	0.18	1.65	0.35	0.16	广昌县
1.30	0.76	5.30	0.03	5.50	1.60	0.80	0.70	0.29	玉山县
1.11	0.97	2.87	0.52	3.10	0.67	3.50	0.20	0.04	铅山县
0.86	0.71	2.18	0.18	1.30	0.15	3.02	0.54	0.28	横峰县
1.21	0.48	3.42	0.13	4.20	0.21	2.95			弋阳县
2.50	2.58	1.66	1.61	2.50	2.55	2.42	0.74	0.72	余干县
2.11	1.21	2.76	0.91	4.85	0.85	1.89	0.72	0.39	鄱阳县
3.31	2.75	0.18	0.23	3.72	0.36	1.50	0.30	0.20	万年县
1.42	2.33	2.46	0.03	0.92	0.55	2.10	0.40	0.10	婺源县
116.11	**101.06**	**287.79**	**38.57**	**190.77**	**45.62**	**201.38**	**53.03**	**29.85**	**山　东**
1.80	2.29	4.24	0.11	2.06	0.31	3.90	3.12	2.19	平阴县
3.22	3.15	1.38	0.23	3.26	0.69	2.80	1.05	0.75	商河县
2.21	1.19	2.86	0.01	3.50	0.07	2.00	0.21	0.21	桓台县
1.96	1.26	5.21	0.46	1.16	0.87	3.00			高青县
1.99	2.08	7.25	0.20	5.91	0.10	1.56	1.87	0.90	沂源县
1.81	0.15	5.59	0.27	0.90	1.57	2.82	2.53	1.29	利津县
1.54	2.80	9.38	1.10	4.00	1.80	4.92	1.37	0.54	广饶县
3.75	2.62	7.15	0.91	6.52	2.01	4.84	2.89	1.29	临朐县
2.60	2.54	7.21	0.54	7.65	0.31	3.32	2.66	1.20	昌乐县
2.77	0.86	3.49	0.51	3.26	0.42	2.01			微山县
1.39	1.01	3.47	0.17	3.38	0.26	0.70	0.92		鱼台县
2.18	2.87	2.56	0.85	5.00	0.26	0.63	1.12	0.84	金乡县
1.72	1.33	2.06	0.19	3.54	0.24	0.50	2.88	2.40	嘉祥县
2.82	1.42	5.37	1.70	2.34	1.20	2.40			汶上县
1.35	0.52	2.34	0.46	0.80	1.08	7.36	0.46	0.26	泗水县
1.65	1.54	1.39	1.51	3.13	0.25	3.20	1.25	0.97	梁山县
1.42	2.18	2.61	0.65	3.87	0.04	3.94			宁阳县
2.49	3.76	9.96	0.95	1.72	0.61	1.05	0.95	0.84	东平县
1.62	1.58	5.13	0.13	4.24	0.30	3.11	0.57		五莲县
5.05	5.23	2.48	0.52	5.14	1.03	7.09	1.35	0.91	莒　县
2.93	2.69	9.22	1.47	4.28	0.66	2.95	1.20	0.85	沂南县
2.60	3.12	3.70	0.43	0.63	2.68	0.96	2.16	0.46	郯城县
2.97	2.24	16.41	0.48	5.12	0.63	1.91	2.43	0.92	沂水县
3.30	2.82	4.30	0.97	4.73	0.18	9.72			兰陵县
2.42	0.89	7.88	0.36	4.43	0.19	4.42	1.53	0.98	费　县
2.34	1.54	6.06	0.28	3.69	0.62	2.95	1.11	0.57	平邑县
2.54	1.39	9.77	1.02	3.98	0.32	8.28	2.20	1.39	莒南县
1.45	3.13	2.28	0.40	2.21	0.50	7.41	0.51	0.23	蒙阴县
2.86	2.56	1.45	0.44	3.51	1.81	6.16	0.57	0.51	临沭县

2-2 续表 14

面积计量单位：平方公里

人口计量单位：万人

县名称 Name of Counties	县面积 County District Area	县人口 County District Population	县暂住人口 County District Temporary Population	县城面积 County Seat Area	县城人口 County Seat Population	县城暂住人口 County Seat Temporary Population	建成区面积 Area of Built District	小计 Subtotal	居住用地 Residential
宁津县	833.0	47.3		59.00	14.24	2.52	20.10	20.03	5.45
庆云县	502.0	31.8		42.92	14.60	0.20	32.02	23.91	7.34
临邑县	1007.0	47.3		102.00	26.30	1.88	33.02	22.28	4.20
齐河县	1411.0	57.6		433.00	25.58	2.81	49.70	43.09	12.47
平原县	1045.0	41.9		68.20	16.27		34.65	22.18	6.95
夏津县	871.0	45.8		118.00	14.00	7.00	27.07	24.44	10.73
武城县	748.0	35.4		94.79	13.29	0.05	23.00	22.31	8.25
阳谷县	1066.0	70.0		131.95	13.39	0.15	26.70	26.46	5.80
莘　县	1416.0	93.0		145.10	17.46	0.38	23.00	23.00	9.17
东阿县	729.0	34.6		118.00	11.70	0.42	22.00	17.34	6.64
冠　县	1161.0	71.9		167.64	18.05	0.45	27.50	27.50	10.67
高唐县	947.4	45.5		170.89	20.02	0.35	38.00	36.58	12.20
惠民县	1363.0	57.0		57.63	18.95	0.43	32.55	24.64	10.43
阳信县	798.0	42.2		79.00	8.84	0.19	19.04	31.81	9.60
无棣县	1823.3	43.2		120.00	10.94	0.85	29.01	29.01	7.13
博兴县	900.0	50.8		99.00	15.83	1.27	35.20	35.20	9.60
曹　县	1974.0	138.4		142.00	31.30	2.20	40.50	39.82	10.07
单　县	1670.0	102.7		126.00	24.00	1.00	30.50	28.04	7.58
成武县	998.0	59.5		82.00	11.85	0.57	14.69	13.64	2.40
巨野县	1308.0	92.4		109.00	26.15	0.87	32.10	31.49	7.55
郓城县	1643.0	112.1		165.00	39.60		50.00	40.11	9.08
鄄城县	1032.0	74.8		89.00	19.18	2.41	33.54	32.68	10.44
东明县	1369.8	76.1		128.00	18.86		28.90	27.83	8.25
河　南	**119052.9**	**7164.2**	**234.3**	**5653.45**	**1372.09**	**123.81**	**1872.48**	**1759.41**	**551.04**
中牟县	1416.7	59.1	7.4	30.02	11.21	2.03	23.01	19.78	4.40
杞　县	1243.0	123.3	0.0	41.30	11.06	0.26	15.99	15.69	3.93
通许县	767.0	68.7	0.5	46.00	9.60	0.25	19.30	14.75	5.05
尉氏县	1307.7	103.9	0.0	30.40	17.22	0.02	22.76	22.30	8.54
兰考县	1116.2	95.5	0.9	108.50	16.21	9.37	46.30	38.11	9.93
孟津县	667.0	48.7	3.6	35.40	8.66	2.35	13.08	11.74	3.62
新安县	1160.3	55.0		76.40	18.00		26.00	23.55	6.15
栾川县	2365.0	37.0	3.6	196.00	11.00	2.55	11.83	11.18	4.20
嵩　县	2866.0	60.6		100.80	10.83	0.44	11.47	11.30	3.50
汝阳县	1360.0	53.0	1.9	83.50	7.95	0.65	8.50	8.50	3.40
宜阳县	1616.8	70.7	0.4	135.10	20.20	0.30	28.50	28.24	13.85
洛宁县	2394.0	50.1	1.2	71.44	12.34	1.16	15.67	15.11	5.05
伊川县	1243.0	93.4	0.1	88.00	22.28	0.05	21.20	21.19	8.73
宝丰县	722.0	56.4	1.3	24.30	16.85	0.33	19.71	19.46	6.86
叶　县	1387.0	89.0	1.1	76.65	12.78	1.09	20.00	19.18	5.90
鲁山县	2407.0	86.3	2.4	24.00	17.51	0.74	18.47	17.76	5.32
郏　县	737.0	66.2	0.4	33.00	12.95	0.75	19.38	17.21	5.88
安阳县	1202.0	112.5							

continued

Area Measurement Unit: Square Kilometer
Population Measurement Unit:10,000 persons

城市建设用地面积 Area of Urban Construction Land							本年征用土地面积 Area of Land Requisition This Year		县名称 Name of Counties
公共管理与公共服务用地 Administration and Public Services	商业服务业设施用地 Commercial and Business Facilities	工业用地 Industrial	物流仓储用地 Logistics and Warehouse	道路交通设施用地 Road, Street and Transportation	公用设施用地 Municipal Utilities	绿地与广场用地 Green Space and Square		耕地 Arable Land	
2.44	2.99	4.75	0.70	1.36	0.70	1.64	0.83	0.45	宁津县
2.04	1.92	8.95	0.34	2.68	0.05	0.59			庆云县
2.10	0.38	10.70	0.80	1.00	1.60	1.50			临邑县
2.46	1.58	15.08	2.80	7.35	0.30	1.05	0.58	0.40	齐河县
1.55	1.23	6.90	0.56	3.96	0.41	0.62	1.56	1.14	平原县
1.65	2.06	5.03	0.18	4.09	0.09	0.61	0.53	0.37	夏津县
2.42	0.20	3.60	0.70	3.52	1.08	2.54	2.24	2.12	武城县
3.75	2.70	3.73	1.70	2.98	0.83	4.97	0.69	0.57	阳谷县
0.89	0.33	7.28	0.60	0.89	2.47	1.37	1.10	0.31	莘　县
1.34	1.07	4.25	0.21	2.66	0.29	0.88	0.57	0.32	东阿县
1.11	0.95	7.75	0.37	2.66	0.12	3.87	0.40	0.11	冠　县
1.95	2.75	12.23	0.35	4.85	0.10	2.15			高唐县
1.80	2.47	4.53	0.67	2.84	0.34	1.56			惠民县
1.51	1.20	6.40	2.50	4.50	2.20	3.90			阳信县
4.91	0.05	4.63	0.27	3.90	2.95	5.17	0.58		无棣县
4.10	6.00	4.50	0.70	4.40	1.00	4.90			博兴县
2.16	0.92	2.75	3.31	5.54	2.30	12.77	2.18	1.43	曹　县
0.62	3.50	0.50	1.00	1.75	1.20	11.89			单　县
1.70	1.70	0.35	0.44	2.57	1.20	3.28	1.65	1.20	成武县
1.10	4.83	3.90	0.97	5.97	0.65	6.52			巨野县
3.20	0.60	6.05	1.10	8.65	1.21	10.22	2.02		郓城县
1.90	0.52	7.50	0.53	3.81	1.10	6.88			鄄城县
0.66	0.35	4.23	0.45	4.88	2.42	6.59	1.19	0.93	东明县
149.84	**106.71**	**203.41**	**45.99**	**303.43**	**71.65**	**327.34**	**56.13**	**29.32**	**河　南**
3.21	0.85	1.80	0.90	4.60	0.86	3.16			中牟县
0.91	0.76	2.25	0.81	3.23	1.12	2.68			杞　县
0.30	0.69	2.74	0.39	2.62	1.36	1.60	0.38	0.36	通许县
1.55	2.35	2.58	0.58	4.03	0.64	2.03	0.19	0.13	尉氏县
2.32	1.40	4.93	0.35	9.67	1.72	7.79	2.72	1.19	兰考县
1.49	0.33	1.92	0.01	2.65	0.22	1.50	0.94	0.13	孟津县
1.76	0.68	9.07	0.11	2.76	0.22	2.80			新安县
0.90	0.60	0.30	0.02	1.55	0.30	3.31			栾川县
0.35	0.72	0.42	0.02	2.10	0.25	3.94			嵩　县
0.21	0.15	0.02	0.01	1.36	0.17	3.18			汝阳县
1.65	1.80	1.00	0.30	4.22	0.50	4.92	4.19	2.68	宜阳县
1.42	2.09	1.05	0.24	2.20	1.00	2.06			洛宁县
1.61	1.34	0.95	0.60	2.80	1.41	3.75	2.72	1.75	伊川县
0.96	0.97	1.76	0.83	3.14	0.49	4.45			宝丰县
1.22	1.04	2.86	0.16	3.53	0.19	4.28			叶　县
0.40	0.50	1.20	0.21	3.56	0.21	6.36			鲁山县
1.59	0.43	1.74	0.73	2.83	0.65	3.36			郏　县
									安阳县

2-2 续表 15

面积计量单位：平方公里

人口计量单位：万人

县名称 Name of Counties	县面积 County District Area	县人口 County District Population	县暂住人口 County District Temporary Population	县城面积 County Seat Area	县城人口 County Seat Population	县城暂住人口 County Seat Temporary Population	建成区面积 Area of Built District		
								小计 Subtotal	居住用地 Residential
汤阴县	645.9	55.0	1.3	19.51	12.30	0.29	17.79	17.79	4.50
滑　县	1814.0	150.3		129.00	23.00	0.08	33.00	32.77	9.86
内黄县	1161.0	88.1	0.9	117.00	11.28	0.44	17.50	17.46	5.24
浚　县	922.0	75.3	0.9	146.16	18.50	0.80	18.55	17.98	5.87
淇　县	581.0	29.9	0.7	68.52	11.28	0.51	16.52	16.29	6.14
新乡县	365.0	41.0	2.3	33.20	8.33	1.02	16.56	15.97	5.40
获嘉县	473.2	45.3	0.9	30.04	13.57	0.55	15.00	14.59	7.63
原阳县	1340.0	106.6	1.3	26.00	12.70	1.35	21.29	21.06	7.88
延津县	947.0	52.6	2.0	24.00	8.78	1.31	15.97	14.87	5.00
封丘县	1220.0	83.8	1.8	24.00	11.08	1.75	18.90	18.80	6.50
修武县	632.9	28.9	0.4	15.00	7.12	0.10	10.00	8.89	1.43
博爱县	434.6	41.1	3.2	37.00	11.70	2.30	25.85	20.82	5.18
武陟县	832.9	73.3	4.0	92.91	26.75	0.11	25.86	21.73	7.30
温　县	462.0	47.1	2.1	50.32	10.48	0.89	15.20	13.67	3.38
清丰县	825.8	97.6	3.1	25.91	12.52	1.50	19.51	18.82	5.22
南乐县	620.0	60.5	0.4	29.81	9.50	0.11	13.93	13.53	4.10
范　县	590.0	55.2	0.2	11.14	6.80	0.11	7.92	7.29	2.05
台前县	393.0	37.8	0.3	25.82	10.93	0.28	11.45	11.30	4.27
濮阳县	1444.0	120.8	3.0	30.00	15.06	0.86	19.50	19.50	6.80
鄢陵县	872.0	73.5	0.2	87.00	13.48	0.14	30.06	20.43	8.20
襄城县	920.0	91.0	0.2	71.35	11.80	0.14	21.55	17.90	6.50
舞阳县	776.0	65.9	0.1	36.45	12.87	0.06	16.87	15.94	4.24
临颍县	821.0	78.9	5.0	51.09	15.76	4.55	32.00	29.20	10.50
渑池县	1368.0	37.9	0.8	33.00	11.85	0.14	14.59	14.01	3.38
卢氏县	4004.0	38.2	1.4	14.50	6.85	1.31	11.90	11.36	3.95
南召县	2810.6	62.4	5.4	30.00	9.98	0.99	17.80	16.31	3.61
方城县	2534.0	128.0	7.1	26.40	23.50	3.00	23.80	23.08	7.28
西峡县	3447.0	45.9	3.6	128.00	19.70	0.90	18.91	18.14	3.69
镇平县	1490.0	109.8	2.1	108.00	16.81	0.31	21.94	20.73	4.69
内乡县	2301.0	75.2	2.1	30.00	16.50	1.10	22.52	21.84	7.03
淅川县	2818.0	71.3	2.2	387.50	26.25	1.61	20.95	20.94	4.17
社旗县	1152.0	78.5	1.1	50.30	19.56	1.29	23.11	23.00	7.12
唐河县	2473.3	137.9	16.0	59.48	22.90	2.10	30.15	29.72	6.18
新野县	1054.5	76.5	9.8	30.00	16.30	3.70	25.06	25.04	4.45
桐柏县	1915.0	49.3	1.4	136.50	12.00	1.20	15.56	14.45	4.18
民权县	1222.0	102.6	1.1	35.00	14.93	0.80	30.82	29.91	10.20
睢　县	924.0	96.2	1.3	25.00	18.43	0.11	25.00	24.59	8.47
宁陵县	786.0	67.7	2.4	14.50	10.50	1.03	14.00	13.49	3.62
柘城县	1042.0	105.2	3.2	62.90	21.19	1.46	23.20	22.88	9.10
虞城县	1558.0	126.8	2.1	32.00	17.21	1.62	25.90	24.90	8.10
夏邑县	1481.0	122.5	2.0	74.20	13.60	7.20	34.20	33.75	15.91
罗山县	2077.0	78.9	3.2	153.60	21.00	2.37	24.30	22.57	5.70

continued

Area Measurement Unit: Square Kilometer

Population Measurement Unit:10,000 persons

城市建设用地面积 Area of Urban Construction Land							本年征用土地面积 Area of Land Requisition This Year		县名称 Name of Counties
公共管理与公共服务用地 Administration and Public Services	商业服务业设施用地 Commercial and Business Facilities	工业用地 Industrial	物流仓储用地 Logistics and Warehouse	道路交通设施用地 Road, Street and Transportation	公用设施用地 Municipal Utilities	绿地与广场用地 Green Space and Square		耕地 Arable Land	
1.30	0.50	2.20	1.50	4.95	0.85	1.99			汤阴县
3.25	2.20	4.15	0.85	5.65	0.96	5.85			滑　县
1.91	0.70	2.35	0.61	3.21	0.52	2.92			内黄县
1.01	1.47	2.30	0.63	2.42	1.00	3.28			浚　县
1.31	1.89	0.62	0.46	2.20	0.09	3.58			淇　县
0.49	1.78	2.56	0.16	1.60	0.48	3.50			新乡县
1.20	0.34	0.82	0.13	2.82	0.10	1.55	0.71	0.64	获嘉县
1.57	1.38	3.02	1.04	2.03	1.21	2.93			原阳县
2.67	0.34	0.52	0.22	2.59	0.31	3.22			延津县
3.30	2.06	0.30	0.20	2.50	2.31	1.63			封丘县
0.51	0.10	0.15	0.20	2.50	1.00	3.00	0.39	0.23	修武县
2.40	0.78	4.10	0.30	3.76	0.73	3.57			博爱县
1.37	0.20	5.14	0.70	3.57	0.35	3.10	0.70	0.10	武陟县
2.30	0.10	0.10	0.05	3.00	1.10	3.64	0.61		温　县
1.64	0.60	3.82	0.42	3.05	1.35	2.72	3.99	3.06	清丰县
0.53	1.00	1.70	0.81	2.48	0.57	2.34	0.36		南乐县
0.31	0.42	0.60	0.10	1.78	0.67	1.36	0.11	0.11	范　县
1.00	0.15	0.70	0.50	2.50	0.26	1.92			台前县
1.80	1.83	0.50	0.07	4.15	0.75	3.60	1.57	0.34	濮阳县
1.73	1.70	2.80	0.10	3.09	0.28	2.53	1.77	1.35	鄢陵县
2.17	1.14	2.12	0.27	3.19	0.35	2.16			襄城县
0.96	2.40	0.79	0.65	3.94	1.13	1.83	0.06		舞阳县
3.70	1.44	6.33	0.47	4.92	0.23	1.61	1.52	1.38	临颍县
3.18	0.30	1.62	0.36	1.58	0.64	2.95	0.45	0.21	渑池县
1.50	1.14	0.58	0.32	1.92	0.43	1.52	0.12	0.11	卢氏县
0.63	0.19	4.60	0.25	2.69	0.58	3.76	0.01		南召县
1.07	1.00	4.20	0.20	4.10	0.70	4.53	0.76	0.69	方城县
2.96	1.95	0.39	1.00	4.16	0.30	3.69	0.04		西峡县
3.70	0.90	2.91	0.46	3.93	1.43	2.71			镇平县
1.33	1.78	3.12	0.42	3.44	1.50	3.22	0.40		内乡县
1.70	1.50	1.70	0.80	2.24	3.00	5.83			淅川县
1.06	0.85	2.33	0.82	4.10	0.86	5.86			社旗县
2.18	2.01	4.90	0.90	6.06	3.80	3.69			唐河县
2.21	0.90	3.82	0.98	4.17	0.86	7.65			新野县
2.00	0.22	1.13	0.20	2.64	1.08	3.00			桐柏县
3.89	1.00	1.75	0.75	5.10	1.20	6.02	1.47	0.64	民权县
0.63	0.56	1.70	0.70	3.73	3.33	5.47	0.35	0.31	睢　县
1.49	1.35	1.65	0.35	2.12	0.79	2.12			宁陵县
1.50	1.86	2.29	0.17	3.50	0.22	4.24			柘城县
2.50	1.90	1.60	0.70	3.10	0.90	6.10	1.22	0.82	虞城县
2.14	1.80	4.04	0.15	4.28	0.06	5.37			夏邑县
1.31	1.88	4.62	1.15	4.25	1.05	2.61			罗山县

2-2 续表 16

面积计量单位：平方公里

人口计量单位：万人

县名称 Name of Counties	县面积 County District Area	县人口 County District Population	县暂住人口 County District Temporary Population	县城面积 County Seat Area	县城人口 County Seat Population	县城暂住人口 County Seat Temporary Population	建成区面积 Area of Built District	小计 Subtotal	居住用地 Residential
光山县	1835.0	93.1	2.8	28.90	23.20	2.48	23.30	23.23	9.73
新　县	1546.0	38.8	0.4	38.50	11.22	0.28	19.00	16.54	5.55
商城县	2117.0	77.3	3.3	23.00	12.52	2.52	18.64	17.07	5.44
固始县	2946.0	177.1	13.9	135.00	39.60	1.10	43.50	43.33	14.00
潢川县	1635.0	96.8	15.3	115.98	35.40	3.70	46.60	35.49	16.50
淮滨县	1208.0	82.6	0.8	69.85	14.88	0.18	20.10	18.42	4.03
息　县	1835.0	115.2	3.6	124.82	18.12	3.09	27.14	26.90	9.69
扶沟县	1173.0	106.0	0.2	75.50	10.86	0.16	22.00	16.53	6.65
西华县	1194.0	97.3	1.1	28.45	12.88	0.22	19.36	19.28	6.40
商水县	1314.0	121.9	11.8	30.00	29.00	3.21	29.80	29.46	9.42
沈丘县	1081.5	150.0	6.0	28.90	22.05	0.80	19.83	17.43	5.80
郸城县	1471.8	152.3	1.6	41.46	32.70	0.90	30.60	30.00	7.59
淮阳县	1468.0	133.0	3.0	35.00	22.77	2.00	34.22	32.39	8.57
太康县	1755.0	163.0	1.1	100.05	24.20	1.10	27.79	27.76	9.28
鹿邑县	1245.0	125.8	7.2	110.00	33.59	3.58	45.90	44.11	7.28
西平县	1098.0	94.7	1.4	58.29	18.55	2.30	30.30	29.19	8.73
上蔡县	1517.0	160.5	0.3	110.00	20.66	0.33	24.24	23.64	6.70
平舆县	1285.0	105.0	3.0	122.08	24.50	2.50	22.62	20.66	4.15
正阳县	1903.0	87.0	1.5	90.00	17.10	1.40	27.78	27.31	7.89
确山县	1541.0	58.7	6.6	155.00	11.95	2.30	21.50	19.27	4.55
泌阳县	2350.0	97.1	4.3	78.50	18.50	3.26	24.50	23.41	5.90
汝南县	1502.3	89.9	6.8	59.55	20.38	5.68	26.86	26.13	6.86
遂平县	1062.0	57.8	3.8	92.70	18.70	2.17	24.91	24.35	8.00
新蔡县	1442.0	144.0	7.9	89.00	27.46	4.72	36.33	35.15	14.00
湖　北	**92362.9**	**1972.6**	**80.5**	**1473.54**	**414.92**	**39.96**	**571.06**	**533.24**	**166.30**
阳新县	2782.8	99.0		91.28	15.93		30.36	29.63	10.91
郧西县	3509.0	50.9	2.0	25.19	8.73	1.22	6.50	6.15	2.36
竹山县	3587.8	46.9	11.1	99.00	8.98	1.31	13.00	10.69	2.71
竹溪县	3306.3	38.7	1.0	35.30	8.10	0.90	10.69	10.69	2.98
房　县	5118.2	50.1	4.9	40.00	9.38	3.82	17.00	15.11	5.15
远安县	1739.6	18.9	0.7	76.00	4.50	0.51	10.20	10.20	3.34
兴山县	2317.2	16.5	2.0	4.50	4.20	0.70	4.05	4.05	0.35
秭归县	2273.9	36.7	1.3	12.00	10.10	2.90	12.00	11.87	3.85
长阳土家族自治县	3419.8	38.4	0.7	20.00	9.22	0.32	9.69	9.69	2.82
五峰土家族自治县	2368.8	19.9	1.4	7.31	2.81	1.42	5.72	5.54	2.25
南漳县	3859.0	56.7	0.3	26.00	14.79	0.01	17.50	16.80	5.16
谷城县	2553.0	59.3	0.8	66.90	17.02	0.28	20.80	18.74	5.36
保康县	3225.0	27.6	1.1	17.20	5.30	1.10	8.00	7.20	2.69
沙洋县	2147.0	56.4	1.8	45.82	11.36	1.64	17.80	17.50	3.76
孝昌县	1191.5	70.7	1.5	32.00	17.27	1.53	21.10	20.53	5.56

continued

Area Measurement Unit: Square Kilometer
Population Measurement Unit:10,000 persons

城市建设用地面积 Area of Urban Construction Land							本年征用土地面积 Area of Land Requisition This Year	耕地 Arable Land	县名称 Name of Counties
公共管理与公共服务用地 Administration and Public Services	商业服务业设施用地 Commercial and Business Facilities	工业用地 Industrial	物流仓储用地 Logistics and Warehouse	道路交通设施用地 Road, Street and Transportation	公用设施用地 Municipal Utilities	绿地与广场用地 Green Space and Square			
1.72	1.77	2.91	1.17	2.91	0.52	2.50			光山县
1.22	1.30	2.90	0.50	1.70	1.12	2.25	1.58		新　县
1.31	4.66	1.22	0.44	1.61	0.57	1.82	0.21		商城县
4.41	2.00	5.65	2.30	6.74	3.00	5.23			固始县
4.50	2.45	3.85	1.22	3.30	0.45	3.22	9.05	6.93	潢川县
0.35	0.39	2.00	0.34	5.24	0.98	5.09	2.65		淮滨县
3.85	2.43	1.40	1.92	3.01	0.94	3.66	0.66	0.40	息　县
1.02	0.60	1.05	0.13	4.02	0.79	2.27	0.19	0.18	扶沟县
1.70	0.95	2.20	0.38	4.23	1.03	2.39	0.62	0.58	西华县
4.00	3.30	4.70	0.90	2.99	1.95	2.20	1.40	0.76	商水县
1.60	1.00	1.75	0.68	3.20	0.80	2.60			沈丘县
3.43	0.55	0.28	0.14	6.14	0.35	11.52			郸城县
3.10	3.22	2.53	1.83	5.19	0.82	7.13	2.61	1.99	淮阳县
1.52	1.43	5.26	0.22	3.55	0.41	6.09	0.04	0.02	太康县
3.25	1.96	9.29	2.05	8.79	1.29	10.20			鹿邑县
1.01	0.75	3.10	0.47	3.05	0.64	11.44			西平县
2.50	2.00	0.75	0.40	6.10	1.30	3.89	1.52		上蔡县
2.10	2.00	1.90	0.51	4.44	1.00	4.56	1.79		平舆县
2.70	2.25	4.24	0.14	4.70	0.19	5.20			正阳县
0.86	1.34	0.48	0.82	5.55	0.69	4.98			确山县
2.20	1.37	1.86	0.55	5.50	0.50	5.53	1.47		泌阳县
1.51	1.33	6.02	0.61	3.50	0.62	5.68	0.25	0.23	汝南县
1.12	2.30	4.32	0.50	4.26	0.90	2.95	3.02	2.00	遂平县
1.60	1.05	0.52	0.38	7.85	0.15	9.60	1.32		新蔡县
52.69	**37.13**	**77.03**	**12.16**	**87.24**	**21.14**	**79.55**	**45.51**	**22.84**	**湖　北**
2.38	1.72	4.97	0.89	4.99	0.60	3.17	0.94	0.56	阳新县
0.26	0.12	0.15	0.12	1.21	0.08	1.85			郧西县
0.78	0.05	0.80	0.12	0.93	0.09	5.21	0.60		竹山县
1.80	1.20	0.31	0.10	0.98	0.10	3.22	0.03		竹溪县
1.40	1.20	0.90	0.08	1.42	0.95	4.01	0.48		房　县
0.88	1.28	1.10	0.11	1.29	0.49	1.71	0.37	0.17	远安县
0.81	0.20	0.53	0.17	0.70	0.48	0.81			兴山县
0.55	1.35	2.38	0.16	1.80	0.30	1.48	0.40	0.20	秭归县
0.69	0.75	2.55	0.05	1.30	0.46	1.07	0.04	0.04	长阳土家族自治县
0.60	0.21	0.89	0.05	0.70	0.16	0.68	0.28	0.11	五峰土家族自治县
1.80	0.91	2.68	0.26	5.74	0.12	0.13	1.56	1.02	南漳县
2.67	2.86	2.51	0.84	2.27	0.79	1.44	0.97	0.54	谷城县
0.88	0.64	0.04	0.01	1.30	0.21	1.43			保康县
1.55	1.04	5.93	0.11	3.10	0.21	1.80	2.09	1.20	沙洋县
3.02	0.86	2.16	0.69	2.52	2.05	3.67	0.01		孝昌县

2-2 续表 17

面积计量单位：平方公里
人口计量单位：万人

县名称 Name of Counties	县面积 County District Area	县人口 County District Population	县暂住人口 County District Temporary Population	县城面积 County Seat Area	县城人口 County Seat Population	县城暂住人口 County Seat Temporary Population	建成区面积 Area of Built District	小计 Subtotal	居住用地 Residential
大悟县	1982.0	66.3	0.2	32.00	13.86	0.21	25.00	19.16	2.52
云梦县	604.0	59.0	1.8	16.50	15.90	1.70	16.50	12.34	3.79
公安县	2257.5	97.3	0.4	25.20	19.80	0.25	24.40	23.20	6.30
江陵县	1047.8	34.9	0.5	12.65	6.12	0.33	9.58	9.58	2.66
团风县	831.7	36.3	0.7	45.00	7.55	0.77	11.00	10.51	2.81
红安县	1796.0	65.3	1.0	30.00	17.78	1.00	18.90	17.05	4.30
罗田县	2144.0	64.5	1.6	33.00	13.45	1.31	20.23	18.82	6.15
英山县	1438.8	39.8	0.9	50.45	11.12	0.85	18.40	17.00	6.06
浠水县	1951.1	99.9	0.1	90.50	22.07	0.01	21.10	21.10	8.98
蕲春县	2398.4	100.5	3.3	85.01	19.83	2.92	29.32	29.32	11.93
黄梅县	1707.8	96.8	0.3	76.00	13.14	0.21	24.27	24.07	6.39
嘉鱼县	1019.5	37.3	2.0	35.00	11.81	2.77	21.00	17.84	6.50
通城县	1131.2	50.7	2.9	28.50	16.10	2.42	17.98	17.37	6.30
崇阳县	1968.0	51.2	0.8	46.00	14.90	0.66	19.80	19.80	7.20
通山县	2420.6	48.9	0.9	30.00	15.00	0.67	18.75	18.19	6.63
随　县	5542.9	100.1	20.1	12.30	3.81	0.79	7.34	6.92	1.16
建始县	2664.9	50.8	3.8	62.00	7.75	1.96	12.00	11.96	4.28
巴东县	3351.6	48.4	0.3	16.00	7.30	0.10	7.89	7.85	1.28
咸丰县	2523.4	38.7	2.2	69.33	8.60	0.61	10.70	9.86	3.40
来凤县	1344.5	32.4	3.3	18.00	7.11	0.90	15.00	10.58	3.30
鹤峰县	2868.3	22.5	2.2	12.80	5.60	1.20	7.04	7.03	2.22
宣恩县	2737.2	36.4	0.7	7.30	5.44	0.60	6.50	6.07	2.07
神农架林区	3232.8	8.1	0.2	41.50	3.19	0.06	3.95	3.23	0.82
湖　南	**158255.4**	**4523.0**	**304.4**	**3160.61**	**1011.10**	**207.90**	**1375.46**	**1260.10**	**413.88**
长沙县	1755.7	82.6	58.7	131.01	19.42	48.74	102.42	86.83	20.60
望城区	969.0	58.5	37.0	234.20	37.04	29.91	206.00	167.37	43.80
攸　县	2682.3	81.7	5.3	112.06	23.28	4.55	22.10	22.10	7.58
茶陵县	2496.0	63.8	0.7	95.58	20.04	0.48	16.48	16.46	6.78
炎陵县	2032.5	20.0	3.9	42.27	4.45	0.60	7.07	6.90	2.90
湘潭县	2140.8	96.9	3.8	99.00	12.79	2.34	25.40	22.97	8.95
衡阳县	2557.6	123.7	1.3	18.15	18.00	0.80	18.05	17.36	8.30
衡南县	2614.2	115.0	7.4	22.00	6.93	2.68	10.45	10.45	3.04
衡山县	940.0	48.2	4.1	49.69	19.27	2.98	22.90	22.44	7.81
衡东县	1926.0	76.5	2.5	23.00	14.16	4.02	13.22	13.22	3.61
祁东县	1872.0	109.4	2.1	27.76	29.67	0.88	27.76	27.06	8.70
南岳区	179.3	7.8	1.5	5.24	5.60	1.00	5.24	4.62	2.55
新邵县	1763.0	85.8	6.2	15.00	12.25	3.92	14.68	14.05	4.78
邵阳县	1996.1	106.6	1.5	21.20	14.42	0.96	14.30	12.12	4.04
隆回县	2866.0	137.0	9.0	42.05	22.12	7.98	29.11	24.93	7.95
洞口县	2179.5	90.6	3.1	20.80	10.59	2.13	20.03	20.03	6.40
绥宁县	2926.3	37.5	2.3	13.86	6.51	1.40	6.62	6.13	2.94
新宁县	2756.1	64.5	5.3	20.10	15.98	1.36	12.25	12.15	4.03

continued

Area Measurement Unit: Square Kilometer

Population Measurement Unit:10,000 persons

城市建设用地面积 Area of Urban Construction Land							本年征用土地面积 Area of Land Requisition This Year		县名称 Name of Counties
公共管理与公共服务用地 Administration and Public Services	商业服务业设施用地 Commercial and Business Facilities	工业用地 Industrial	物流仓储用地 Logistics and Warehouse	道路交通设施用地 Road, Street and Transportation	公用设施用地 Municipal Utilities	绿地与广场用地 Green Space and Square		耕地 Arable Land	
4.05	1.27	2.57	0.53	3.56	2.50	2.16	0.08		大悟县
1.01	2.69	0.55	0.34	2.29	0.32	1.35			云梦县
1.54	1.21	9.30	0.16	2.40	0.22	2.07	3.78	2.62	公安县
0.01	0.10	3.65	0.07	1.12	0.36	1.61	3.95	2.78	江陵县
0.84	0.70	1.10	0.18	2.20	1.00	1.68	4.52	1.94	团风县
1.70	1.70	1.85	0.50	3.50	1.50	2.00	1.50	0.70	红安县
2.35	1.83	1.24	0.92	4.22	1.15	0.96			罗田县
1.56	2.27	2.23	0.24	1.21	0.13	3.30	0.57		英山县
1.61	1.16	2.35	0.30	3.82	0.26	2.62	4.46	2.12	浠水县
1.84	1.08	4.22	1.32	6.09	0.33	2.51	2.43	1.17	蕲春县
2.06	1.28	1.93	0.98	5.53	2.00	3.90	4.63	2.76	黄梅县
1.60	0.10	2.50	0.30	3.20	0.14	3.50	3.68	0.87	嘉鱼县
1.65	1.24	3.89	0.39	2.29	0.29	1.32	0.31	0.10	通城县
1.02	0.60	4.50	0.20	3.40	0.20	2.68	0.70	0.20	崇阳县
2.43	0.94	2.95	0.31	2.82	0.79	1.32	0.02	0.01	通山县
0.32	0.63	0.59	0.31	1.31	0.24	2.36			随　县
1.22	0.64	0.83	0.20	1.55	0.47	2.77	1.27	0.30	建始县
1.01	0.31	0.34	0.30	1.61	0.90	2.10	1.00	0.60	巴东县
1.11	1.36	0.61	0.22	1.40	0.21	1.55	3.94	2.56	咸丰县
1.00	0.80	0.80	0.02	1.41	0.65	2.60	0.30		来凤县
1.22	0.26	0.31	0.32	0.70	0.22	1.78	0.06	0.02	鹤峰县
1.19	0.22	0.40	0.19	0.65	0.14	1.21	0.26	0.11	宣恩县
0.28	0.35	0.42	0.10	0.71	0.03	0.52	0.28	0.14	神农架林区
126.48	**101.63**	**165.29**	**62.54**	**156.21**	**66.39**	**167.68**	**51.42**	**14.53**	**湖　南**
9.98	6.10	26.64	4.23	16.00	2.60	0.68	4.90	2.95	长沙县
22.00	16.80	26.80	23.20	11.86	11.77	11.14			望城区
1.12	2.54	3.06	0.19	3.04	0.59	3.98	2.00		攸　县
1.26	2.25	1.65	0.33	2.52	0.66	1.01			茶陵县
0.60	0.50	0.90	0.10	1.70	0.10	0.10			炎陵县
1.32	0.31	3.61	0.23	4.38	1.16	3.01	1.08	0.57	湘潭县
1.60	1.38	1.12	0.46	0.41	0.98	3.11			衡阳县
1.01	1.40	0.65	0.70	1.74	0.30	1.61			衡南县
0.71	1.01	1.01	0.76	3.78	2.12	5.24	0.50		衡山县
1.85	0.82	1.86	0.48	1.86	0.43	2.31	0.95	0.17	衡东县
3.20	4.70	1.50	1.20	4.30	0.56	2.90	3.12		祁东县
0.87	0.36	0.02	0.01	0.64	0.04	0.13			南岳区
1.98	1.79	1.74	0.46	0.40	1.20	1.70	0.72		新邵县
1.62	1.27	0.38	0.10	1.74	0.68	2.29	1.14	0.22	邵阳县
1.90	1.57	2.84	1.91	2.95	3.43	2.38	0.99	0.15	隆回县
0.87	1.41	0.39	0.62	1.41	0.53	8.40	0.53		洞口县
0.35	0.46	0.60	0.11	0.24	0.34	1.09			绥宁县
1.48	0.35	0.14	0.03	1.37	0.46	4.29	1.39	0.14	新宁县

2-2 续表 18

面积计量单位：平方公里
人口计量单位：万人

县名称 Name of Counties	县面积 County District Area	县人口 County District Population	县暂住人口 County District Temporary Population	县城面积 County Seat Area	县城人口 County Seat Population	县城暂住人口 County Seat Temporary Population	建成区面积 Area of Built District	小计 Subtotal	居住用地 Residential
城步苗族自治县	2647.0	41.0	3.7	15.22	11.02	3.85	13.22	12.78	7.85
岳阳县	3144.0	71.1	4.1	20.00	12.27	2.02	13.86	13.85	3.95
华容县	1620.0	73.0		23.44	18.42	4.46	21.17	20.91	5.65
湘阴县	1581.5	77.9	1.7	30.00	12.31	1.34	17.00	16.71	3.88
平江县	4114.0	110.0	8.0	18.00	17.00	1.00	18.00	18.00	4.20
安乡县	1086.0	54.6	0.9	109.00	16.59	0.66	21.00	18.23	10.60
汉寿县	2091.0	82.2	0.2	25.45	15.80	0.19	17.00	15.41	6.24
澧　县	2075.6	90.7	2.3	63.94	23.44	2.05	33.80	33.38	8.14
临澧县	1203.3	44.8	3.1	135.59	9.83	1.52	16.90	16.05	5.73
桃源县	4442.3	96.2	2.0	56.00	15.40	0.75	22.68	22.68	11.03
石门县	3973.0	66.6	6.5	226.90	15.50	5.00	19.92	19.91	6.78
慈利县	3492.0	68.4	0.7	24.00	15.60	0.40	16.10	12.99	5.52
桑植县	3475.0	47.0	0.8	125.00	12.29	0.67	11.80	9.92	0.76
南　县	1080.0	78.9	2.8	23.78	16.58	1.67	22.56	21.34	6.16
桃江县	2045.0	90.7	2.4	25.00	12.60	1.72	17.89	17.84	2.85
安化县	4944.0	100.3	6.0	65.00	13.31	3.03	10.75	10.73	3.81
大通湖区	386.0	14.0	1.0	5.80	4.25	0.90	4.61	4.53	1.33
桂阳县	2953.8	90.1	6.8	52.66	30.00	4.00	32.15	31.54	9.35
宜章县	2117.8	66.1	4.0	30.00	12.99	2.42	15.00	15.00	4.72
永兴县	1979.9	70.1	1.1	45.22	14.63	1.06	14.50	13.14	6.07
嘉禾县	696.0	43.4	0.8	15.93	11.11	0.56	15.42	15.37	4.52
临武县	1383.1	39.8	2.6	14.00	9.90	1.60	10.00	10.00	3.40
汝城县	2401.0	42.7	2.4	23.00	9.03	1.02	9.40	8.61	3.52
桂东县	1452.0	20.1	4.2	20.00	6.31	0.72	7.83	7.32	2.60
安仁县	1478.0	38.2	1.3	20.80	14.79	0.90	18.96	14.91	7.30
祁阳县	2538.0	105.0		100.00	29.19	0.20	30.87	30.87	11.12
东安县	2210.9	66.3	2.4	21.70	18.24	2.29	17.86	17.36	4.38
双牌县	1751.5	20.6	1.2	10.90	7.60	1.20	9.40	9.19	3.65
道　县	2441.0	81.5	0.6	26.12	18.03	0.34	25.10	24.44	7.30
江永县	1632.7	31.2	1.5	9.53	7.35	0.86	9.20	9.02	4.81
宁远县	2631.7	89.9	2.9	26.10	24.74	1.44	22.72	22.71	7.20
蓝山县	1807.1	41.8	0.6	17.20	14.91	0.54	17.00	16.72	4.58
新田县	1022.4	45.0	5.0	29.70	12.20	1.39	14.20	12.50	2.41
江华瑶族自治县	3216.0	54.3	3.2	20.05	10.20	2.70	16.35	16.35	5.69
中方县	1478.9	29.8	1.4	8.00	6.83	1.11	8.00	5.50	3.80
沅陵县	5825.0	65.1	2.2	16.00	19.52	1.10	10.60	9.87	3.65
辰溪县	1990.0	53.3	2.3	11.13	11.00	1.84	10.90	6.37	2.58
溆浦县	3440.1	94.5	4.5	15.95	13.03	5.13	15.31	15.31	5.76
会同县	2258.0	33.6	3.2	10.90	8.00	1.20	8.22	8.15	2.45
麻阳苗族自治县	1568.2	40.0	2.2	12.10	10.13	2.10	12.10	12.10	2.98
新晃侗族自治县	1510.8	25.8	2.4	10.00	7.64	1.99	7.58	7.58	1.82
芷江侗族自治县	2095.0	39.9	2.2	12.65	12.65	2.22	12.55	12.55	3.32

continued

Area Measurement Unit: Square Kilometer

Population Measurement Unit:10,000 persons

城市建设用地面积 Area of Urban Construction Land							本年征用土地面积 Area of Land Requisition This Year		县名称 Name of Counties
公共管理与公共服务用地 Administration and Public Services	商业服务业设施用地 Commercial and Business Facilities	工业用地 Industrial	物流仓储用地 Logistics and Warehouse	道路交通设施用地 Road, Street and Transportation	公用设施用地 Municipal Utilities	绿地与广场用地 Green Space and Square		耕地 Arable Land	
1.53	0.66	0.45	0.25	0.41	0.28	1.35			城步苗族自治县
1.30	1.50	1.07	1.00	1.80	1.23	2.00	2.00		岳阳县
2.59	1.23	5.32	0.64	3.00	0.78	1.70	1.08	0.86	华容县
1.22	1.29	4.00	1.27	1.69	1.10	2.26	2.10		湘阴县
1.00	1.00	2.80	1.00	1.00	3.00	4.00			平江县
0.75	1.17	3.01	0.09	1.31	0.22	1.08	0.21	0.14	安乡县
1.62	1.28	0.12	0.20	2.66	0.73	2.56	0.87	0.20	汉寿县
5.92	1.39	6.65	0.82	4.84	1.44	4.18			澧　县
1.62	0.61	2.58	0.24	2.62	0.10	2.55	0.74	0.55	临澧县
2.62	1.30	2.45	0.46	3.07	0.32	1.43	1.41	0.51	桃源县
1.94	0.89	3.10	0.20	3.68	0.77	2.55	1.06	0.58	石门县
1.40	0.43	0.51	0.21	1.87	0.15	2.90	0.35	0.14	慈利县
0.85	0.90	0.15	1.02	0.90	0.84	4.50	0.06	0.02	桑植县
1.72	2.10	4.12	0.39	3.92	0.52	2.41	1.22		南　县
1.36	1.16	0.61	2.28	2.52	2.17	4.89	0.97	0.88	桃江县
0.96	0.69	1.88	0.31	1.25	0.92	0.91	0.59	0.23	安化县
0.62	0.05	0.70	0.32	0.46	0.41	0.64	0.85	0.10	大通湖区
2.15	1.25	4.80	0.96	4.11	0.48	8.44	1.56	0.38	桂阳县
0.67	1.04	1.37	1.70	1.00	1.20	3.30			宜章县
1.64	0.47	1.49	0.01	2.75	0.23	0.48			永兴县
0.60	2.48	2.68	0.39	2.18	0.70	1.82	0.73	0.27	嘉禾县
0.60	0.60	0.50	0.01	1.20	0.01	3.68	1.27	0.50	临武县
0.86	0.46	0.10	0.40	1.22	0.76	1.29			汝城县
1.10	0.73	0.12		1.07	0.10	1.60			桂东县
1.23	0.32	1.03	0.15	1.88	0.80	2.20	0.35		安仁县
1.16	1.56	4.60	0.52	5.51	1.12	5.28	0.35		祁阳县
2.21	1.32	1.27	0.72	2.42	1.11	3.93	0.97	0.19	东安县
0.77	0.79	0.86	0.34	1.04	0.91	0.83	0.20	0.20	双牌县
2.31	1.80	4.12	1.10	2.20	2.01	3.60	0.58		道　县
0.42	0.38	0.40	0.08	1.13	0.40	1.40	0.48	0.28	江永县
2.20	1.27	3.65	1.20	2.64	0.64	3.91	2.20	0.51	宁远县
2.08	2.32	2.55	0.33	2.43	0.38	2.05	2.12	1.19	蓝山县
2.01	2.33	1.46	1.45	0.67	0.65	1.52	0.31		新田县
1.80	1.90	1.45	0.68	1.73	1.10	2.00	0.49	0.18	江华瑶族自治县
0.32	0.26	0.21	0.31	0.32	0.04	0.24			中方县
1.00	1.21	1.39	0.17	1.25	0.20	1.00	0.25	0.12	沅陵县
0.63	0.04	0.13	0.34	0.73	0.51	1.41			辰溪县
2.08	1.79	1.93	0.68	0.51	0.46	2.10	0.08		溆浦县
0.99	1.10	0.20	0.49	1.29	0.49	1.14	0.70		会同县
0.80	1.30	1.90	1.25	1.39	1.38	1.10	1.00	0.50	麻阳苗族自治县
0.80	1.12	1.46	0.13	1.04	0.31	0.90	1.20	0.09	新晃侗族自治县
1.92	1.10	0.40	0.50	2.76	1.00	1.55	0.76	0.30	芷江侗族自治县

2-2 续表 19

面积计量单位：平方公里

人口计量单位：万人

县名称 Name of Counties	县面积 County District Area	县人口 County District Population	县暂住人口 County District Temporary Population	县城面积 County Seat Area	县城人口 County Seat Population	县城暂住人口 County Seat Temporary Population	建成区面积 Area of Built District	小计 Subtotal	居住用地 Residential
通道县	2239.0	23.9	0.6	10.50	5.19	0.52	5.60	5.60	2.41
靖州县	2200.0	27.6	1.9	15.72	10.50	1.38	10.88	10.63	4.18
双峰县	1596.0	91.9	5.3	22.10	11.55	3.65	14.88	14.85	4.31
新化县	3642.0	151.3	6.5	189.71	42.72	6.45	28.62	28.62	10.24
泸溪县	1565.5	34.4	1.3	13.05	7.89	0.75	4.83	4.65	2.30
凤凰县	1744.6	43.2	16.4	18.40	10.25	1.55	17.29	9.70	3.55
花垣县	1109.0	39.6	0.8	84.50	9.05	0.69	14.29	9.44	2.05
保靖县	1745.9	32.7	1.5	9.76	8.00	0.50	9.02	7.03	3.22
古丈县	1286.5	14.6	1.9	58.00	5.21	2.61	3.80	3.23	1.61
永顺县	4065.0	58.9	4.7	98.11	12.20	0.65	8.62	8.43	4.51
龙山县	3131.0	63.6	1.5	76.03	13.79	1.26	14.07	12.99	7.28
广　东	**79301.4**	**2240.5**	**72.5**	**3355.21**	**467.38**	**42.12**	**631.87**	**581.13**	**208.28**
始兴县	2174.1	26.3	0.4	81.01	8.71	0.29	10.60	10.52	3.29
仁化县	2223.0	21.7		56.00	6.02		7.14	5.35	2.43
翁源县	2245.0	42.2	0.3	26.50	12.56	0.07	13.26	13.26	3.80
乳源瑶族自治县	2299.0	19.1		17.00	8.92		15.17	13.38	3.77
新丰县	2015.2	26.9	4.5	16.00	9.80	1.72	9.37	5.67	1.71
南澳县	108.7	7.6	1.4	27.30	4.30	0.20	4.30	3.96	1.48
遂溪县	1886.7	111.9	5.9	35.00	16.45	2.60	16.98	16.98	4.63
徐闻县	1979.6	79.2	4.8	125.76	22.99	2.80	30.00	28.92	18.22
广宁县	2458.1	58.6	1.2	16.96	12.01	0.58	15.50	13.11	4.15
怀集县	3573.0	113.1	0.1	25.00	16.11	0.04	22.88	22.88	10.12
封开县	2723.0	50.8	0.4	16.15	6.90	0.35	7.85	6.68	2.03
德庆县	2002.8	42.0	0.5	139.80	6.05	0.25	14.40	14.24	3.37
博罗县	2879.5	93.0	9.1	444.80	27.80	9.70	41.40	41.37	15.80
惠东县	3527.8	90.4	11.2	230.88	36.05	3.93	40.83	40.83	17.19
龙门县	2267.2	35.8	0.9	76.60	7.49	0.35	9.44	9.42	4.17
大埔县	2462.0	61.1	2.3	43.36	12.25	1.01	10.80	9.45	3.70
丰顺县	2710.0	73.0	0.2	133.22	14.49	0.12	15.80	15.14	6.31
五华县	3237.8	152.4	0.9	309.45	24.35	0.33	27.00	26.89	10.00
平远县	1381.0	26.1	0.1	156.00	8.58	0.05	14.36	8.36	2.59
蕉岭县	960.0	23.7	0.7	28.80	7.52	0.60	8.41	8.41	3.14
海丰县	1309.3	77.9	4.4	40.40	28.80	0.55	27.00	27.00	9.49
陆河县	1013.2	37.5	2.1	14.50	8.81	1.67	12.83	7.83	2.63
紫金县	3228.2	75.7	0.6	100.68	16.41	0.03	13.00	7.61	4.38
龙川县	3089.0	98.2	3.2	50.00	14.48	2.63	19.27	18.21	5.79
连平县	2275.1	42.2	0.5	96.53	8.80	0.46	9.43	9.43	3.32
和平县	2310.0	56.1	2.2	18.35	8.86	1.90	16.20	15.64	4.86
东源县	4070.0	58.6	0.9	150.00	6.80	0.87	16.31	15.88	3.78
阳西县	1435.2	55.7	1.0	26.50	7.45	0.63	19.40	19.40	4.74
阳山县	3330.0	57.8	0.3	30.40	12.23	0.17	14.50	14.45	6.08
连山壮族瑶族	1265.0	12.5	0.1	13.23	1.69	0.03	3.32	2.52	1.10

continued

Area Measurement Unit: Square Kilometer

Population Measurement Unit:10,000 persons

城市建设用地面积 Area of Urban Construction Land							本年征用土地面积 Area of Land Requisition This Year		县名称 Name of Counties
公共管理与公共服务用地 Administration and Public Services	商业服务业设施用地 Commercial and Business Facilities	工业用地 Industrial	物流仓储用地 Logistics and Warehouse	道路交通设施用地 Road, Street and Transportation	公用设施用地 Municipal Utilities	绿地与广场用地 Green Space and Square		耕地 Arable Land	
0.17	0.34	0.01	0.02	0.62	0.01	2.02	0.13	0.01	通道县
1.29	1.17	0.34	0.19	1.41	1.37	0.68			靖州县
2.19	1.86	2.39	0.39	2.85	0.35	0.51	0.66	0.56	双峰县
2.05	3.20	3.40	1.32	3.68	1.22	3.51			新化县
0.18	0.03	0.03	0.03	0.07	1.01	1.00			泸溪县
1.12	1.35	0.43	0.13	2.29	0.06	0.77	0.92	0.83	凤凰县
1.04	0.75	2.13	0.29	1.48	0.28	1.42	0.12	0.01	花垣县
1.56	0.31	0.92	0.05	0.33	0.39	0.25	0.75		保靖县
0.41	0.37	0.10	0.05	0.10	0.35	0.24	0.44		古丈县
1.18	0.25	0.05	0.03	0.33	1.08	1.00	1.77		永顺县
0.20	0.39	0.99	0.31	1.24	0.35	2.23	0.20		龙山县
51.89	**42.88**	**92.20**	**12.93**	**71.10**	**25.64**	**76.21**	**30.22**	**7.45**	**广　东**
1.05	0.32	3.23	0.01	1.93	0.11	0.58	0.25		始兴县
0.24	0.16	0.13	0.03	1.12	0.18	1.06	0.03		仁化县
0.88	1.00	0.01		1.10	1.00	5.47	0.11	0.03	翁源县
1.31	0.83	2.85	0.08	1.51	0.10	2.93			乳源瑶族自治县
0.75	0.25	1.36	0.05	1.38	0.12	0.05	2.14	1.63	新丰县
0.64	0.04	0.38	0.06	0.41	0.47	0.48			南澳县
2.90	1.00	1.30	0.28	2.17	0.34	4.36	0.20	0.10	遂溪县
0.49	1.65	1.06	0.27	6.69	0.44	0.10	0.54	0.12	徐闻县
0.87	0.98	3.60	0.05	2.16	0.11	1.19			广宁县
1.34	0.55	5.10	0.76	2.25	1.37	1.39	2.00	0.89	怀集县
0.45	0.81	0.40	0.03	0.71	0.55	1.70			封开县
1.15	0.62	5.70	0.09	1.30	0.08	1.93			德庆县
2.70	3.58	13.40	0.44	4.87	0.35	0.23			博罗县
2.77	2.81	10.38	0.46	2.26	1.28	3.68	2.72	0.72	惠东县
0.99	0.59	1.81	0.11	1.52	0.11	0.12	0.54	0.08	龙门县
1.15	0.89	0.29	0.11	1.09	1.12	1.10			大埔县
1.43	1.43	2.14	0.24	3.24	0.16	0.19	1.36		丰顺县
3.51	1.29	1.05	0.72	3.29	2.44	4.59	4.45	1.95	五华县
0.83	0.60	2.05	0.04	1.49	0.09	0.67	0.48	0.02	平远县
0.91	0.40	1.18	0.22	1.52	0.20	0.84	0.11	0.08	蕉岭县
2.30	3.40	2.10	1.00	2.90	2.40	3.41	2.72	0.14	海丰县
0.60	0.50	0.50		2.00	1.00	0.60	1.00		陆河县
0.96	0.34	0.53	0.02	1.26	0.10	0.02	0.35	0.01	紫金县
2.31	1.75	0.31	2.65	1.41	1.63	2.36			龙川县
1.25	1.14	1.01	0.06	1.73	0.17	0.75			连平县
0.85	0.68	3.15	0.04	1.57	0.29	4.20	0.28		和平县
2.31	0.55	5.92	0.05	2.16	0.81	0.30	2.34	0.09	东源县
1.57	3.91	2.48	0.95	1.87	1.59	2.29			阳西县
0.92	0.49	0.64	0.39	1.32	1.11	3.50	3.24	1.33	阳山县
0.15	0.15	0.05	0.05	0.40	0.10	0.52			连山壮族瑶族

2-2 续表 20

面积计量单位：平方公里

人口计量单位：万人

县名称 Name of Counties	县面积 County District Area	县人口 County District Population	县暂住人口 County District Temporary Population	县城面积 County Seat Area	县城人口 County Seat Population	县城暂住人口 County Seat Temporary Population	建成区面积 Area of Built District		
								小计 Subtotal	居住用地 Residential
自治县									
佛冈县	1293.0	36.0	0.7	165.00	8.39	0.35	15.90	15.90	5.83
连南瑶族自治县	1240.9	17.7	0.2	23.90	3.68	0.02	5.00	5.00	1.39
饶平县	2227.1	110.0		90.11	19.50		29.57	29.57	11.04
揭西县	1365.0	98.3	1.0	93.12	13.50	0.50	18.42	8.97	3.60
惠来县	1253.0	145.0	9.2	288.00	20.00	6.50	36.00	31.65	8.50
新兴县	1521.7	49.4	1.0	107.50	10.76	0.76	30.52	28.11	7.37
郁南县	1962.2	57.3	0.3	41.40	7.87	0.06	9.71	9.14	2.48
广　西	**161656.8**	**3205.1**	**77.3**	**2070.40**	**486.46**	**47.53**	**703.08**	**658.12**	**205.26**
隆安县	2264.0	42.4	0.7	11.24	4.20	1.45	6.41	6.39	2.23
马山县	2365.5	57.7	0.6	23.51	4.40	0.47	7.55	7.55	2.66
上林县	1890.0	50.1	0.3	11.68	4.60	0.19	11.46	9.57	2.48
宾阳县	2314.0	105.4	0.5	100.00	15.30	0.39	21.12	20.98	8.93
横　县	3464.0	128.6	0.8	110.90	19.73	0.61	37.26	35.57	7.46
柳城县	2123.7	41.1	0.4	9.66	4.77	0.17	7.44	7.01	2.50
鹿寨县	3019.3	41.3	1.4	35.96	9.80	1.20	17.04	16.57	5.60
融安县	2490.2	34.2		20.70	12.01		13.34	13.34	6.32
融水苗族自治县	4624.0	52.5	0.5	15.70	9.56	0.44	9.77	9.77	3.42
三江侗族自治县	2429.5	40.5	1.6	5.61	4.26	1.59	5.61	5.17	2.17
阳朔县	1428.4	33.2	1.5	10.75	3.35	1.15	7.58	6.19	2.01
灵川县	2257.0	38.3	1.4	9.20	8.52	1.36	9.17	9.02	2.03
全州县	4021.2	84.3	1.7	98.43	11.24	0.94	25.90	19.95	7.56
兴安县	2348.0	39.2	1.0	27.80	7.25	0.48	15.18	14.43	4.08
永福县	2806.0	29.1	0.0	14.00	5.00	0.03	4.15	4.15	1.92
灌阳县	1863.0	30.0	0.9	9.64	5.54	0.40	7.22	7.05	2.65
龙胜各族自治县	2538.0	17.3	0.3	8.10	3.30	0.25	3.46	2.41	0.99
资源县	1995.0	19.5	2.3	12.00	4.88	0.71	7.56	7.53	2.07
平乐县	1919.3	49.9	2.1	9.35	6.79	1.11	8.95	8.80	4.15
恭城瑶族自治县	2149.0	30.6	0.0	15.80	6.04	0.21	7.52	6.72	1.59
苍梧县	2753.0	41.4	1.1	10.00	2.91	0.03	9.50	4.19	1.11
藤　县	3945.6	112.5	3.5	47.30	11.94	0.60	19.02	19.02	5.22
蒙山县	1279.0	22.5	1.3	8.10	5.45	0.82	5.63	5.21	2.01
合浦县	2380.0	110.7	0.3	60.98	18.81	0.27	34.58	30.65	10.23
上思县	2816.0	26.3	0.4	25.30	7.80	0.34	6.53	6.45	1.64
灵山县	3558.9	173.3	0.9	40.00	22.00	0.90	21.35	21.32	7.43
浦北县	2517.0	95.3	3.9	20.66	8.00	0.29	11.85	11.10	3.37
平南县	2988.0	155.2	0.2	89.00	26.53	0.11	29.30	28.00	8.35
容　县	2253.3	88.0	3.1	178.30	16.10	2.93	19.67	19.46	5.11
陆川县	1551.0	111.3	0.5	128.20	16.10	0.13	16.35	16.34	3.28
博白县	3835.9	192.5	13.8	180.00	23.22	9.93	35.80	34.48	10.53
兴业县	1486.7	76.1	0.8	129.00	9.78	0.72	11.62	11.50	3.37
田东县	2816.0	44.2	0.6	37.08	8.15	0.38	13.41	13.34	3.84

continued

Area Measurement Unit: Square Kilometer

Population Measurement Unit:10,000 persons

城市建设用地面积 Area of Urban Construction Land							本年征用土地面积 Area of Land Requisition This Year		县名称 Name of Counties
公共管理与公共服务用地 Administration and Public Services	商业服务业设施用地 Commercial and Business Facilities	工业用地 Industrial	物流仓储用地 Logistics and Warehouse	道路交通设施用地 Road, Street and Transportation	公用设施用地 Municipal Utilities	绿地与广场用地 Green Space and Square		耕地 Arable Land	
									自治县
1.04	1.02	3.98	0.07	2.02	0.40	1.54	4.01	0.15	佛冈县
0.66	0.22	0.24		0.65	0.10	1.74			连南瑶族自治县
3.39	4.25	3.10	1.27	2.63	1.09	2.80	0.15	0.05	饶平县
1.34	0.79	1.62	0.04	1.21	0.23	0.14	0.28	0.03	揭西县
1.50	0.80	1.50	0.85	2.50	2.00	14.00	0.40		惠来县
3.26	2.46	6.48	1.18	1.99	1.87	3.50	0.41	0.01	新兴县
1.12	0.63	1.17	0.26	1.47	0.13	1.88	0.11	0.02	郁南县
52.92	**33.17**	**78.08**	**16.30**	**116.54**	**19.81**	**136.04**	**40.79**	**15.81**	**广　西**
0.44	0.12	1.02	0.16	1.36	0.11	0.95	0.99	0.57	隆安县
1.15	0.37	0.16	0.20	1.39	0.17	1.45			马山县
1.10	1.05	2.01	0.08	1.63	0.12	1.10	0.85	0.85	上林县
1.48	0.79	1.56	0.10	4.45	0.30	3.37	0.70	0.70	宾阳县
1.42	1.03	7.70	0.93	5.92	0.12	10.99			横　县
0.80	0.10	1.25	0.05	1.35	0.12	0.84			柳城县
1.23	0.16	2.38	0.32	2.74	0.39	3.75	1.08		鹿寨县
0.69	0.33	0.84	0.27	2.29	0.35	2.25	0.85	0.58	融安县
1.48	0.76	0.63	0.43	1.96	0.24	0.85	0.54		融水苗族自治县
0.91	0.22	0.30	0.08	0.69	0.20	0.60			三江侗族自治县
0.64	0.66	0.10		1.71	0.09	0.98	0.13	0.04	阳朔县
0.40	0.30	0.62	0.22	2.26	0.09	3.10			灵川县
1.00	2.00	1.81	0.88	3.20	0.62	2.88	0.35	0.08	全州县
1.09	0.10	2.50	0.59	2.56	0.88	2.63	0.55	0.27	兴安县
0.26	0.20	0.14	0.08	0.74	0.10	0.71	0.01		永福县
0.05	0.02	1.93		1.31	0.12	0.97			灌阳县
0.35	0.22	0.09	0.08	0.43	0.05	0.20			龙胜各族自治县
0.39	1.26	0.63	0.10	0.97	0.13	1.98	0.10	0.01	资源县
0.05	0.22	0.06	0.12	1.56	0.07	2.57	0.28	0.03	平乐县
0.89	0.58	0.79	0.21	1.06	0.05	1.55			恭城瑶族自治县
0.28	0.18	0.68	0.18	0.53	0.33	0.90			苍梧县
1.16	1.20	4.60	0.40	3.41	0.32	2.71	0.20		藤　县
0.11	0.20	0.21	0.10	1.09	0.20	1.29	1.33	1.33	蒙山县
2.12	0.36	4.78	0.86	3.47	0.28	8.55	0.67		合浦县
0.34	0.30	0.85	0.23	1.09	0.22	1.78	1.18	0.34	上思县
1.72	1.10	1.83	0.07	4.24	0.30	4.63	2.30	1.26	灵山县
1.01	0.93	0.91	0.10	1.86	0.42	2.50	0.06	0.01	浦北县
1.37	1.93	8.22	0.60	3.55	0.72	3.26	0.31	0.11	平南县
1.61	0.82	2.80	0.41	3.71	0.94	4.06	0.71	0.13	容　县
1.48	1.29	2.02	2.00	3.51	0.37	2.39	0.70		陆川县
1.60	2.20	3.00	1.00	7.59	1.50	7.06	2.25	0.30	博白县
1.00	1.58	0.10	0.05	2.03	0.21	3.16	1.44	0.93	兴业县
1.29	0.49	2.50	0.17	2.88	0.19	1.98	0.63		田东县

2-2 续表 21

面积计量单位：平方公里
人口计量单位：万人

县名称 Name of Counties	县面积 County District Area	县人口 County District Population	县暂住人口 County District Temporary Population	县城面积 County Seat Area	县城人口 County Seat Population	县城暂住人口 County Seat Temporary Population	建成区面积 Area of Built District	小计 Subtotal	居住用地 Residential
德保县	2575.0	36.9	0.8	12.83	5.31	0.54	6.00	6.00	1.62
那坡县	2231.1	22.1	0.2	13.16	3.87	0.10	3.19	3.16	1.02
凌云县	2053.0	22.9	0.5	11.51	4.73	0.11	4.00	4.00	1.27
乐业县	2617.0	18.2	0.2	7.05	3.05	0.22	3.50	3.48	1.11
田林县	5577.0	26.9	2.6	8.55	3.57	1.10	5.05	4.06	1.55
西林县	3020.0	16.5	0.4	5.40	1.50	0.52	3.51	3.49	0.85
隆林各族自治县	3551.0	43.9	2.1	13.59	7.46	1.00	11.47	10.42	2.62
昭平县	3273.0	45.1	1.2	15.10	8.52	0.48	7.40	7.18	2.34
钟山县	1519.4	45.8	2.8	27.76	10.12	1.03	18.31	17.49	3.79
富川瑶族自治县	1572.4	34.3	0.3	25.00	4.27	0.21	13.20	12.95	3.36
南丹县	3916.0	32.8	3.6	17.45	6.59	2.45	8.07	7.76	2.21
天峨县	3169.0	17.7	0.2	38.70	3.85	0.22	4.36	3.83	1.06
凤山县	1738.0	22.2	0.1	8.90	3.79	0.09	5.50	5.15	2.20
东兰县	2415.0	31.3	0.3	10.23	2.72	0.23	2.45	2.29	0.97
罗城仫佬族自治县	2658.0	39.0	0.3	8.68	6.97	0.27	7.60	7.60	2.06
环江毛南族自治县	4559.5	38.6	0.9	40.31	6.23	0.73	10.59	10.13	3.11
巴马瑶族自治县	1971.1	29.9	2.1	15.01	4.26	2.11	7.71	7.44	1.52
都安瑶族自治县	4095.2	73.3	0.7	23.10	9.91	0.56	9.53	9.46	3.69
大化瑶族自治县	2176.0	49.3	0.5	22.99	10.50	0.50	15.00	14.60	6.34
忻城县	2541.0	42.9	1.4	16.00	5.90	0.40	7.30	7.01	2.60
象州县	1898.5	37.0	3.1	12.80	4.84	0.44	8.53	8.45	2.83
武宣县	1739.0	45.9	0.4	25.70	7.90	0.36	13.13	12.70	3.80
金秀瑶族自治县	2518.0	15.7	0.3	6.40	1.35	0.05	1.48	1.42	0.48
扶绥县	2836.0	46.1	1.3	44.36	8.49	1.06	14.91	13.59	4.34
宁明县	3698.0	44.4	0.5	25.00	7.79	0.35	11.30	8.70	3.30
龙州县	2317.8	27.9	1.3	19.87	6.10	1.28	11.67	11.40	3.02
大新县	2757.0	38.5	0.7	21.00	5.64	0.43	12.00	8.61	2.06
天等县	2175.5	45.7	0.3	60.00	3.90	0.09	8.02	6.52	1.83
海　南	**16397.4**	**325.2**	**27.1**	**264.23**	**57.89**	**16.52**	**153.87**	**131.46**	**35.78**
定安县	1196.5	34.9	4.4	25.62	4.79	3.02	15.40	10.22	2.70
屯昌县	1231.5	31.2	2.2	25.00	5.86	1.30	12.87	11.98	4.53
澄迈县	2077.2	16.7	2.8	37.34	7.95	2.60	6.92	5.62	2.87
临高县	1331.0	51.7	0.8	14.60	8.28	0.29	9.75	8.99	3.56
白沙黎族自治县	2117.0	19.5	3.3	8.23	2.30	0.53	4.12	3.67	1.05
昌江县	1620.5	25.7	0.5	24.26	6.80	0.13	12.24	11.49	5.00
乐东县	2747.0	54.2	0.3	24.00	2.90	0.86	6.38	4.98	1.55
陵水县	104.0	38.9	3.9	17.64	7.79	0.80	12.83	12.82	5.03
保亭县	1153.8	21.8	5.0	21.78	2.69	3.09	15.31	4.50	2.60
琼中县	2704.2	21.4	1.1	5.86	2.82	1.06	5.86	5.14	1.96
洋浦经济开发区	114.8	9.2	2.9	59.90	5.71	2.84	52.19	52.05	4.93

continued

Area Measurement Unit: Square Kilometer
Population Measurement Unit:10,000 persons

城市建设用地面积 Area of Urban Construction Land							本年征用土地面积 Area of Land Requisition This Year		县名称 Name of Counties
公共管理与公共服务用地 Administration and Public Services	商业服务业设施用地 Commercial and Business Facilities	工业用地 Industrial	物流仓储用地 Logistics and Warehouse	道路交通设施用地 Road, Street and Transportation	公用设施用地 Municipal Utilities	绿地与广场用地 Green Space and Square		耕地 Arable Land	
0.62	0.08	0.76	0.05	0.78	0.05	2.04	1.00	1.00	德保县
0.14	0.10	0.16	0.01	0.54	0.08	1.11	0.02	0.02	那坡县
0.08	0.10	0.11	0.03	0.90	0.10	1.41	0.08	0.08	凌云县
0.32	0.06	0.02	0.08	0.65	0.01	1.23	0.13	0.04	乐业县
0.33	0.11	0.15	0.07	0.65	0.12	1.08	0.40	0.40	田林县
0.51	0.08	0.14	0.03	0.42	0.26	1.20			西林县
2.00	0.49	0.38	0.04	2.57	0.16	2.16	4.53	0.81	隆林各族自治县
0.45	0.35	0.70	0.13	1.14	0.17	1.90	2.08		昭平县
1.63	0.89	2.63	0.39	3.41	0.19	4.56	1.81	0.20	钟山县
0.25	0.01	1.06	0.48	1.56	1.95	4.28	0.45	0.29	富川瑶族自治县
0.59	0.57	0.20	0.17	1.50	0.15	2.37	0.27	0.27	南丹县
0.35	0.14	0.16	0.03	0.72	0.08	1.29			天峨县
0.60	0.07	0.22	0.08	0.72	0.24	1.02	0.29	0.20	凤山县
0.08	0.03	0.04	0.17	0.38	0.13	0.49	0.33		东兰县
0.72	0.67	0.47	0.44	1.15	0.30	1.79	0.32	0.01	罗城仫佬族自治县
0.82	0.33	1.21	0.06	1.28	0.20	3.12	0.69		环江毛南族自治县
0.93	0.76	0.25	0.35	1.16	0.43	2.04	0.14	0.03	巴马瑶族自治县
0.50	0.42	0.80	0.43	1.49	0.45	1.68	0.15	0.08	都安瑶族自治县
1.86	0.70	0.93	0.35	1.77	0.24	2.41			大化瑶族自治县
1.21	0.20	0.77	0.05	1.13	0.18	0.87	0.20	0.20	忻城县
1.51	0.35	1.20	0.20	0.69	0.71	0.96	0.97		象州县
0.31	1.11	1.65	0.24	1.98	1.38	2.23	0.45	0.30	武宣县
0.08	0.08	0.08	0.01	0.18	0.16	0.35			金秀瑶族自治县
1.58	0.22	1.57	0.04	4.16	0.18	1.50	2.34	0.47	扶绥县
0.68	0.55	0.90	0.65	1.92	0.10	0.60			宁明县
1.37	1.28	0.71	0.32	2.17	0.94	1.59	1.83		龙州县
1.36	0.12	1.58	0.18	1.65	0.26	1.40	3.22	3.22	大新县
1.13	0.23	0.21	0.15	1.33	0.27	1.37	0.88	0.65	天等县
10.49	**7.29**	**27.52**	**4.34**	**25.16**	**2.34**	**18.54**	**8.34**	**2.31**	**海　南**
0.87	0.43	1.20	0.23	1.87	0.19	2.73			定安县
1.07	1.91	0.88	0.06	2.00	0.13	1.40	5.64	1.47	屯昌县
1.00	0.44	0.13	0.01	0.84	0.03	0.30			澄迈县
0.62	1.00	0.30	0.30	1.46	0.30	1.45			临高县
1.14	0.42	0.07	0.03	0.50	0.11	0.35			白沙黎族自治县
1.25	0.70	0.60	0.14	3.36	0.10	0.34	0.49		昌江县
0.46	0.10	0.09		1.27	0.20	1.31	0.09		乐东县
1.40	1.01	0.22	0.02	2.67	0.17	2.30	0.60	0.25	陵水县
0.60	0.40	0.03		0.53	0.06	0.28			保亭县
0.69	0.19	0.11	0.02	0.78	0.09	1.30	0.19		琼中县
1.39	0.69	23.89	3.53	9.88	0.96	6.78	1.33	0.59	洋浦经济开发区

2-2 续表 22

面积计量单位：平方公里
人口计量单位：万人

县名称 Name of Counties	县面积 County District Area	县人口 County District Population	县暂住人口 County District Temporary Population	县城面积 County Seat Area	县城人口 County Seat Population	县城暂住人口 County Seat Temporary Population	建成区面积 Area of Built District	小计 Subtotal	居住用地 Residential
重　庆	**39137.0**	**933.0**	**104.2**	**781.74**	**166.33**	**46.72**	**181.86**	**157.47**	**55.80**
城口县	3289.9	25.1	4.8	98.00	3.65	2.73	3.09	2.85	1.12
丰都县	2899.2	80.9	7.7	141.60	18.53	5.51	18.69	18.33	4.98
垫江县	1516.3	96.3	8.9	92.00	15.15	4.31	25.00	15.70	3.45
忠　县	2187.6	97.6	14.1	53.50	15.48	6.98	18.54	18.29	6.95
云阳县	3636.5	133.1	14.2	249.30	23.60	11.60	25.32	24.66	8.69
奉节县	4100.0	105.6	15.2	26.51	21.09		14.00	11.59	4.41
巫山县	2957.0	62.9	1.4	27.07	12.22		7.89	7.75	3.61
巫溪县	4016.8	53.8		8.96	9.66		8.14	6.24	3.22
石柱土家族自治县	3014.0	54.8		18.70	11.82		8.35	8.24	3.89
秀山土家族苗族自治县	2453.3	67.2	7.1	28.00	16.17	4.37	21.20	17.64	7.12
酉阳土家族苗族自治县	5169.0	85.4	17.6	14.60	10.11	5.02	14.00	12.42	3.03
彭水苗族土家族自治县	3897.5	70.3	13.2	23.50	8.85	6.20	17.64	13.76	5.33
四　川	**404533.8**	**4784.1**	**282.0**	**10610.79**	**1019.29**	**179.89**	**1326.90**	**1215.92**	**402.35**
金堂县	1156.0	90.1	12.2	120.00	39.47	10.70	69.50	59.40	21.53
大邑县	1283.6	50.7	0.3	91.07	11.78	0.18	24.27	21.63	6.67
蒲江县	583.0	28.8	0.5	132.98	8.60	0.14	8.55	8.55	2.51
新津县	330.0	31.9	9.7	72.70	14.61	7.00	44.04	41.80	10.18
荣　县	1599.0	65.9	2.6	139.73	20.00	1.44	19.29	18.50	6.23
富顺县	1336.3	105.8	3.8	115.73	24.32	2.10	29.60	29.60	10.13
米易县	2109.7	22.9	3.0	76.21	5.68	1.39	6.56	6.56	1.68
盐边县	3274.7	20.9	1.2	48.50	1.85	0.37	4.63	4.16	1.43
泸　县	1532.0	106.3	3.8	155.00	18.96	1.46	20.00	20.00	4.78
合江县	2414.0	89.0	5.1	162.20	18.02	6.80	24.26	24.26	7.72
叙永县	2977.0	72.2	2.9	240.60	16.40	1.55	15.80	15.74	5.43
古蔺县	3184.0	87.8	2.3	284.66	15.56	0.56	10.83	10.57	3.57
中江县	2199.0	136.7	3.1	90.00	28.74	0.64	30.21	28.39	8.83
三台县	2659.4	142.0	7.8	25.90	21.22	7.83	21.98	21.83	6.24
盐亭县	1645.0	55.3	4.7	19.80	6.12	4.69	19.80	10.76	4.50
梓潼县	1443.9	37.7	2.0	46.00	7.75	1.13	8.60	8.45	1.92
北川羌族自治县	3082.7	23.5	1.5	5.00	2.74	1.00	5.00	4.90	0.88
平武县	5945.9	17.5	1.1	5.00	3.64	0.21	3.22	2.50	0.68
旺苍县	2976.0	43.6	1.3	60.00	10.80	0.89	17.85	17.85	4.40
青川县	3269.0	22.6	0.6	18.40	2.30	0.51	2.99	2.97	1.24
剑阁县	3204.0	64.3	1.6	16.70	3.32	1.55	8.23	8.23	1.68
苍溪县	2330.0	74.3	1.7	65.00	12.30	4.10	19.83	19.29	4.72
蓬溪县	1251.0	67.4	5.1	21.75	12.30	1.30	19.49	18.78	4.95
大英县	701.0	52.3	1.6	29.51	12.24	1.59	19.85	19.35	4.89

continued

Area Measurement Unit: Square Kilometer
Population Measurement Unit:10,000 persons

城市建设用地面积 Area of Urban Construction Land							本年征用土地面积 Area of Land Requisition This Year	耕地 Arable Land	县名称 Name of Counties
公共管理与公共服务用地 Administr-ation and Public Services	商业服务业设施用地 Commercial and Business Facilities	工业用地 Industrial	物流仓储用地 Logistics and Warehouse	道路交通设施用地 Road, Street and Trans-portation	公用设施用地 Munici-pal Utilities	绿地与广场用地 Green Space and Square			
12.28	**8.16**	**16.56**	**2.29**	**24.81**	**6.24**	**31.33**	**15.90**	**10.61**	**重 庆**
0.31	0.20	0.02	0.01	0.60	0.06	0.53	0.11	0.07	城口县
1.27	0.68	2.67	0.42	2.00	2.08	4.23	0.36	0.26	丰都县
1.09	0.63	2.40	0.23	3.55	0.34	4.01	2.72	2.03	垫江县
0.06	0.94	1.10	0.15	1.93	0.05	7.11	0.01		忠 县
1.09	0.45	2.61	0.05	3.51	0.40	7.86	2.07	0.80	云阳县
1.60	0.83	0.61	0.10	2.42	0.30	1.32	3.44	3.12	奉节县
0.26	0.33	0.46	0.18	1.30	0.21	1.40	1.37	1.09	巫山县
0.35	0.39	0.20	0.05	1.05	0.21	0.77	0.32	0.13	巫溪县
1.03	0.49	0.41	0.01	1.34	0.38	0.69	0.91	0.18	石柱土家族自治县
1.64	0.93	2.09	0.80	3.91	0.18	0.97	0.52	0.29	秀山土家族苗族自治县
1.53	1.55	0.59	0.22	1.52	1.64	2.34	2.02	1.52	酉阳土家族苗族自治县
2.05	0.74	3.40	0.07	1.68	0.39	0.10	2.05	1.12	彭水苗族土家族自治县
112.43	**74.40**	**179.86**	**33.64**	**172.81**	**54.57**	**185.86**	**63.04**	**37.33**	**四 川**
4.04	3.50	19.67	0.33	7.19	0.32	2.82	2.35	1.65	金堂县
1.99	0.86	5.97	0.36	4.50	0.22	1.06			大邑县
0.91	0.57	2.51	0.05	1.76	0.07	0.17	2.73	1.28	蒲江县
1.56	3.97	8.62	1.95	6.71	0.39	8.42	1.15	0.53	新津县
1.75	0.32	1.72	0.25	3.17	0.34	4.72			荣 县
2.72	2.49	4.76	0.35	4.54	0.73	3.88	0.34	0.18	富顺县
0.87	0.23	0.44	0.12	1.00	0.02	2.20	0.95	0.93	米易县
0.58	0.24	0.01	0.02	0.31	0.15	1.42	1.27	0.71	盐边县
1.58	0.81	5.80	0.77	2.79	0.89	2.58	4.65	3.38	泸 县
1.60	0.70	4.28	0.49	2.75	1.17	5.55	0.35	0.18	合江县
1.51	0.99	1.27	0.68	0.98	1.06	3.82	0.12		叙永县
1.10	0.23	0.13	0.26	2.51	0.66	2.11	7.14	2.69	古蔺县
1.41	2.30	3.14	1.00	3.80	4.05	3.86	1.27	0.74	中江县
3.05	0.36	3.85	0.60	3.18	0.73	3.82			三台县
3.25	0.28	1.50	0.06	0.94	0.15	0.08	0.03	0.02	盐亭县
1.18	0.72	0.75	0.04	1.82	0.81	1.21	0.82	0.47	梓潼县
0.30	0.20	0.60	0.10	1.10	0.62	1.10			北川羌族自治县
0.47	0.03	0.09	0.03	0.54	0.07	0.59			平武县
0.79	0.52	6.13	0.41	2.21	0.94	2.45			旺苍县
0.42	0.32	0.01	0.03	0.58	0.05	0.32			青川县
0.99	1.02	0.80	0.08	0.86	0.87	1.93	0.21	0.11	剑阁县
1.26	0.25	0.81	0.73	2.21	2.30	7.01	0.31	0.24	苍溪县
0.51	0.46	1.89	0.19	3.20	0.73	6.85	1.56	0.68	蓬溪县
1.63	0.98	2.52	0.56	2.25	0.53	5.99			大英县

2-2 续表 23

面积计量单位：平方公里

人口计量单位：万人

县名称 Name of Counties	县面积 County District Area	县人口 County District Population	县暂住人口 County District Temporary Population	县城面积 County Seat Area	县城人口 County Seat Population	县城暂住人口 County Seat Temporary Population	建成区面积 Area of Built District		
								小计 Subtotal	居住用地 Residential
威远县	1289.0	69.7	4.3	70.60	18.34	2.21	24.30	22.97	10.15
资中县	1734.0	121.5	2.1	102.01	23.11	2.12	31.56	22.15	7.33
犍为县	1371.0	54.9	1.7	29.50	9.97	1.24	12.04	11.90	3.80
井研县	840.0	40.3	1.4	15.00	6.28	0.60	9.69	9.69	2.93
夹江县	745.0	34.2	10.1	32.44	9.07	1.40	11.52	11.14	3.86
沐川县	1405.0	24.8	1.0	9.10	4.71	0.85	6.40	6.27	1.22
峨边县	2382.0	14.7	0.6	4.30	3.74	0.27	4.27	4.17	1.26
马边县	2293.0	22.2	1.1	18.44	3.96	0.36	6.40	4.26	1.13
南部县	2229.0	123.0	6.2	100.00	29.00	4.00	32.80	32.80	10.60
营山县	1633.0	89.1	3.9	84.00	20.06	3.34	23.10	23.10	7.72
蓬安县	1334.0	67.1	3.2	63.00	15.18	2.92	18.10	18.10	5.95
仪陇县	1771.0	106.9	3.5	65.00	13.50	3.50	17.00	17.00	5.80
西充县	1108.0	58.8	3.9	71.00	14.50	2.70	20.01	20.01	6.92
仁寿县	2606.0	134.4	45.4	47.30	18.56	28.00	43.70	43.70	12.87
洪雅县	1896.5	34.2	0.7	57.65	8.28	0.32	10.49	10.03	3.69
丹棱县	449.0	18.1	0.8	8.85	5.80	0.80	8.85	8.79	1.72
青神县	387.0	16.9	0.9	8.00	6.90	0.80	7.92	7.92	2.51
江安县	948.5	58.5	3.9	18.13	15.28	3.22	16.50	15.85	4.34
长宁县	945.8	43.1	1.5	22.47	10.02	1.95	11.79	11.72	3.25
高　县	1323.0	52.4	1.7	24.32	15.12	0.72	17.71	16.77	6.29
珙　县	1149.5	42.9	3.2	18.10	10.76	2.22	12.29	9.42	3.23
筠连县	1256.0	44.2	0.7	39.35	10.68	0.25	14.18	9.19	4.51
兴文县	1380.0	49.4	3.1	98.64	12.43	2.07	12.51	12.04	5.00
屏山县	1504.0	31.2	1.2	85.00	5.59	0.64	8.00	7.91	2.97
岳池县	1457.0	115.4	1.6	26.90	20.67	1.62	26.80	26.80	8.10
武胜县	966.0	80.6	1.7	75.60	13.77	0.98	17.29	15.28	7.75
邻水县	1919.0	101.2	4.1	51.20	25.20	1.70	27.50	22.86	5.12
宣汉县	4271.0	135.6	3.2	50.00	16.55	2.67	22.50	20.97	5.81
开江县	1033.0	57.2	1.8	16.10	13.10	0.80	13.82	13.82	4.39
大竹县	2075.0	107.1	2.0	40.00	29.50	0.90	29.00	26.69	12.21
渠　县	2018.0	132.0	4.5	75.00	34.00	3.00	36.00	33.00	9.56
荥经县	1777.0	14.6	0.9	13.66	6.06	0.51	6.87	6.84	3.27
汉源县	2214.0	31.8	1.7	13.00	3.89	0.50	4.45	4.45	1.60
石棉县	2679.0	12.1	0.7	148.05	3.63	0.40	4.51	4.48	1.41
天全县	2390.0	14.9	0.5	43.90	4.33	0.20	7.79	7.79	3.91
芦山县	1191.0	12.0	0.3	38.13	3.10	0.22	5.20	5.12	1.44
宝兴县	3114.0	5.7	0.6	210.00	1.06	0.27	2.18	2.18	0.80
通江县	4125.0	82.0	3.0	25.33	17.50	2.20	16.50	15.27	5.00
南江县	3383.9	65.1	3.3	31.72	15.64	1.55	21.20	8.78	3.65
平昌县	2229.0	92.5	3.2	129.70	25.10	2.45	18.10	17.50	6.64
安岳县	2690.0	153.6	5.2	358.00	26.81	4.60	34.99	34.99	12.28
乐至县	1424.5	57.8	5.7	233.30	20.80	5.02	23.00	23.00	7.80

continued

Area Measurement Unit: Square Kilometer

Population Measurement Unit:10,000 persons

城市建设用地面积 Area of Urban Construction Land							本年征用土地面积 Area of Land Requisition This Year		县名称 Name of Counties
公共管理与公共服务用地 Administration and Public Services	商业服务业设施用地 Commercial and Business Facilities	工业用地 Industrial	物流仓储用地 Logistics and Warehouse	道路交通设施用地 Road, Street and Transportation	公用设施用地 Municipal Utilities	绿地与广场用地 Green Space and Square		耕地 Arable Land	
1.08	0.57	4.64	0.16	3.37	0.40	2.60	3.00	2.18	威远县
2.22	2.39	4.03	1.04	2.41	1.52	1.21	1.18	1.06	资中县
1.06	0.69	1.45	0.39	1.93	0.49	2.09			犍为县
1.44	0.28	1.68	0.26	1.68	0.94	0.48	0.42	0.25	井研县
0.98	0.70	1.38	0.42	3.26	0.09	0.45			夹江县
0.32	0.55	1.00	0.11	0.79	0.14	2.14	0.23	0.20	沐川县
0.29	0.54	0.01	0.11	1.05	0.06	0.85			峨边县
0.43	0.31	0.40	0.15	0.33	0.18	1.33			马边县
3.27	2.01	3.71	1.34	4.90	1.55	5.42			南部县
2.31	1.61	2.85	1.23	2.94	0.98	3.46	0.80		营山县
1.80	1.30	2.00	0.75	2.69	0.75	2.86	0.60	0.10	蓬安县
1.60	1.10	1.70	1.00	2.25	1.05	2.50	0.40		仪陇县
1.62	1.88	2.12	0.68	2.70	0.70	3.39	0.91	0.30	西充县
2.98	1.96	7.89	0.33	7.17	1.78	8.72			仁寿县
0.59	0.60	1.99	0.22	1.50	0.17	1.27	1.67	1.60	洪雅县
0.61	1.24	1.90	0.20	1.32	0.09	1.71	0.20	0.02	丹棱县
0.95	0.26	2.60	0.05	0.91	0.30	0.34			青神县
0.85	0.92	2.45	0.06	1.70	1.50	4.03	0.89	0.46	江安县
1.95	0.65	1.55	0.45	2.64	0.78	0.45	9.92	8.02	长宁县
1.21	1.40	1.57	0.21	1.85	0.24	4.00	1.21		高　县
1.11	0.75	0.69	0.50	0.49	0.82	1.83			珙　县
0.67	0.51	1.70	0.25	0.98	0.15	0.42			筠连县
0.55	1.33	1.27	0.55	1.68	1.15	0.51			兴文县
0.81	0.58	1.40	0.24	1.10	0.37	0.44	2.14	1.28	屏山县
1.88	2.39	2.53	0.59	3.27	0.36	7.68	0.55		岳池县
1.14	1.11	1.48	0.03	1.72	0.20	1.85	0.12	0.08	武胜县
0.96	0.97	5.40	0.51	4.21	1.71	3.98	0.12	0.07	邻水县
1.67	1.37	4.43	0.56	3.69	0.59	2.85	0.73	0.18	宣汉县
1.00	0.24	1.99	0.25	1.26	0.71	3.98			开江县
1.72	1.28	3.82	1.05	2.84	1.35	2.42	0.77	0.57	大竹县
4.36	1.83	5.14	2.43	4.41	0.07	5.20			渠　县
0.58	0.36	0.99	0.02	1.42	0.06	0.14	0.40	0.23	荥经县
0.80	0.05	0.10		0.62	0.08	1.20			汉源县
0.42	0.43	0.25	0.14	0.75	0.13	0.95			石棉县
0.72	0.37	1.09	0.06	1.12	0.21	0.31	0.08	0.07	天全县
0.54	0.30	0.61	0.03	0.49	0.06	1.65			芦山县
0.13	0.23	0.02	0.01	0.20	0.19	0.60			宝兴县
4.00	1.00	0.50	1.65	1.70	0.70	0.72	0.80	0.35	通江县
1.09	0.42	0.79	0.12	2.45	0.11	0.15	0.36	0.20	南江县
1.70	0.68	1.02	0.87	2.97	1.77	1.85			平昌县
2.37	2.71	8.20	1.35	4.88	0.37	2.83			安岳县
0.16	0.79	6.30	0.50	4.20	0.72	2.53	0.28		乐至县

2-2 续表 24

面积计量单位：平方公里
人口计量单位：万人

县名称 Name of Counties	县面积 County District Area	县人口 County District Population	县暂住人口 County District Temporary Population	县城面积 County Seat Area	县城人口 County Seat Population	县城暂住人口 County Seat Temporary Population	建成区面积 Area of Built District	小计 Subtotal	居住用地 Residential
汶川县	4083.0	9.2	0.6	128.00	2.49	0.56	4.76	2.78	0.83
理　县	4318.0	4.3	0.7	186.82	1.15	0.35	1.77	1.67	0.35
茂　县	4075.0	10.9	0.8	296.61	3.73	0.25	6.10	6.10	2.20
松潘县	8486.0	7.3	0.5	198.00	1.67	0.40	4.49	4.16	2.00
九寨沟县	5289.0	6.7	1.0	37.27	2.43	0.36	4.45	3.45	1.70
金川县	5524.0	6.8	0.9	81.30	1.84	0.60	3.50	3.30	1.57
小金县	5571.0	7.7	0.5	54.35	1.72	0.24	3.53	2.23	0.76
黑水县	4360.0	5.8	0.9	1170.70	1.10	0.86	2.92	2.03	0.60
壤塘县	6863.0	4.7	0.4	7.25	0.77	0.13	0.76	0.54	0.12
阿坝县	10435.0	8.2	0.8	55.00	1.19	1.20	4.20	3.59	1.14
若尔盖县	10620.0	8.0	0.6	544.01	1.33	0.36	6.00	3.45	0.90
红原县	8398.0	4.9	0.5	2865.20	1.18	0.14	3.04	2.10	0.57
泸定县	2165.4	8.7	0.9	9.08	2.37	0.35	2.20	1.54	0.56
丹巴县	4656.6	6.8	0.1	11.97	1.86	0.13	2.10	1.90	1.00
九龙县	6766.0	6.4	0.5	11.00	1.61	0.20	3.00	2.77	0.10
雅江县	7558.0	5.9	0.2	6.91	1.45	0.05	1.30	0.56	0.23
道孚县	7053.0	6.3	0.4	9.80	1.42	0.39	5.78	5.34	1.72
炉霍县	4601.0	5.1	0.3	10.82	1.70	0.24	3.00	2.56	1.76
甘孜县	7530.0	7.2	1.6	13.50	3.17	1.25	6.71	6.48	1.49
新龙县	8570.0	5.2	0.5	6.38	0.87		0.87	0.54	0.05
德格县	11025.0	8.9	0.6	9.79	0.98	0.25	0.60	0.58	0.26
白玉县	10386.0	5.6	0.9	5.93	1.25	0.84	3.00	1.05	0.60
石渠县	24949.0	12.1	0.2	15.13	0.83	0.06	2.45	1.53	0.55
色达县	9332.0	5.4	2.2	8.20	1.00	0.09	2.95	2.62	1.06
理塘县	13677.0	7.3	0.7	11.53	2.47	0.54	7.32	7.32	3.46
巴塘县	7852.0	5.3	1.2	9.50	1.64	0.54	3.50	3.26	1.40
乡城县	5016.0	3.5	0.3	6.80	0.99	0.23	4.41	4.25	0.95
稻城县	7323.0	3.3	0.2	1.50	0.82	0.21	0.82	0.77	0.16
得荣县	2916.0	2.7	0.1	4.54	0.45	0.09	0.65	0.52	0.26
普格县	1905.0	21.9	0.7	5.46	2.88	0.37	3.00	2.48	0.95
木里县	13252.0	13.8	0.9	3.00	2.16	0.52	1.55	1.51	0.55
盐源县	8408.0	38.6	4.1	6.23	5.02	2.96	6.23	6.23	2.69
德昌县	2284.0	22.3	1.9	14.50	5.90	1.61	6.60	6.53	2.08
会理县	4521.5	46.0	1.1	19.40	13.11	0.27	13.65	13.65	5.79
会东县	3227.6	42.8	2.3	12.25	6.20	1.10	6.28	4.90	2.30
宁南县	1667.0	20.1	1.0	6.00	5.69	0.44	6.00	4.41	1.78
布拖县	1686.0	21.5	0.6	6.80	2.98	0.30	3.10	2.78	1.18
金阳县	1587.6	22.3	1.4	2.31	3.00	1.40	2.20	1.30	0.75
昭觉县	2556.0	36.9	1.4	5.00	9.70	1.20	5.00	3.00	1.60
喜德县	2119.8	22.1	7.6	12.16	3.00	0.20	3.02	2.98	2.00
冕宁县	4423.0	40.5	0.8	8.55	4.80	0.39	7.80	3.65	1.44
越西县	2257.0	37.4	0.8	7.60	6.29	0.72	4.90	4.55	2.10

continued

Area Measurement Unit: Square Kilometer
Population Measurement Unit:10,000 persons

城市建设用地面积 Area of Urban Construction Land							本年征用土地面积 Area of Land Requisition This Year	耕地 Arable Land	县名称 Name of Counties
公共管理与公共服务用地 Administration and Public Services	商业服务业设施用地 Commercial and Business Facilities	工业用地 Industrial	物流仓储用地 Logistics and Warehouse	道路交通设施用地 Road, Street and Transportation	公用设施用地 Municipal Utilities	绿地与广场用地 Green Space and Square			
0.37	0.20	0.06	0.15	0.63	0.09	0.45			汶川县
0.05	0.52	0.01	0.20	0.21	0.12	0.21			理　县
1.40	0.69	0.22	0.03	0.70	0.11	0.75			茂　县
0.80	0.01	0.15	0.12	0.40	0.20	0.48	0.14	0.14	松潘县
0.54	0.31	0.12	0.04	0.53	0.05	0.16	0.26		九寨沟县
0.73	0.03	0.42	0.04	0.08	0.32	0.11			金川县
0.28	0.14	0.28	0.03	0.30	0.16	0.28			小金县
0.02	0.30	0.16	0.01	0.50	0.06	0.38			黑水县
0.12	0.04	0.04		0.15	0.03	0.04			壤塘县
0.87	0.40	0.08	0.24	0.44	0.23	0.19			阿坝县
0.70	0.40	0.15	0.10	0.95	0.15	0.10			若尔盖县
0.52	0.24	0.18		0.25	0.10	0.24			红原县
0.31	0.07	0.07		0.40	0.06	0.07			泸定县
0.20	0.20	0.10	0.10	0.08	0.20	0.02	1.00		丹巴县
1.20	0.22	0.04		0.20	0.01	1.00			九龙县
0.05	0.05	0.04	0.03	0.10	0.02	0.04			雅江县
0.50	0.45	0.30	0.06	0.61	0.12	1.58	0.07		道孚县
0.30	0.04	0.04	0.02	0.15	0.05	0.20			炉霍县
1.06	0.36	0.21	0.08	1.10	2.12	0.06			甘孜县
0.12	0.11	0.05	0.01	0.16	0.03	0.01			新龙县
0.08	0.01	0.01		0.03	0.12	0.07			德格县
0.11	0.01	0.01		0.01	0.01	0.30			白玉县
0.26	0.04	0.04	0.02	0.32	0.22	0.08	0.06		石渠县
0.63	0.34	0.03	0.11	0.13	0.28	0.04	0.31		色达县
0.59	0.50	0.70	0.01	0.52	0.06	1.48			理塘县
0.35	0.10	0.06	0.02	0.03	0.80	0.50			巴塘县
0.40	0.39	0.09	0.05	0.45	0.92	1.00	0.30	0.02	乡城县
0.18	0.02	0.02	0.10	0.09	0.13	0.07	0.02	0.02	稻城县
0.01	0.02	0.01	0.09	0.05	0.03	0.05			得荣县
0.32	0.23	0.01	0.01	0.32	0.05	0.59			普格县
0.15	0.14	0.01	0.06	0.20	0.15	0.25			木里县
0.71	0.23	0.55	0.22	0.82	0.34	0.67			盐源县
1.30	1.10	0.22	0.05	0.89	0.22	0.67	0.22	0.10	德昌县
1.25	1.30	0.24	0.14	2.08	1.34	1.51	6.23	4.77	会理县
0.63	0.24	0.17	0.17	0.56	0.39	0.44			会东县
0.55	0.30	0.33	0.22	0.60	0.32	0.31			宁南县
0.40	0.10	0.14	0.15	0.47	0.04	0.30	0.17	0.17	布拖县
0.19	0.08	0.03	0.03	0.09	0.01	0.12			金阳县
0.20	0.10	0.03		0.08	0.34	0.65	0.38	0.38	昭觉县
0.20	0.15	0.15	0.10	0.30	0.02	0.06			喜德县
0.08	0.19	0.04	0.21	0.42	0.06	1.21	0.25	0.12	冕宁县
0.65	0.29	0.11	0.13	0.60	0.22	0.45	0.05	0.05	越西县

2-2 续表 25

面积计量单位：平方公里
人口计量单位：万人

县名称 Name of Counties	县面积 County District Area	县人口 County District Population	县暂住人口 County District Temporary Population	县城面积 County Seat Area	县城人口 County Seat Population	县城暂住人口 County Seat Temporary Population	建成区面积 Area of Built District	小计 Subtotal	居住用地 Residential
甘洛县	2156.0	23.5	1.3	2.42	5.24	0.97	2.42	2.41	0.86
美姑县	2731.6	21.7	7.5	3.24	3.60	0.50	1.88	1.88	1.10
雷波县	2932.0	29.9	0.9	4.75	3.97	0.81	3.88	3.88	0.25
贵 州	**140664.6**	**3089.3**	**119.0**	**3120.54**	**625.15**	**70.90**	**892.01**	**791.42**	**286.74**
开阳县	2026.0	46.7	0.9	29.00	12.98	0.75	16.50	14.40	5.13
息烽县	1036.7	27.8	2.0	22.45	7.46	1.45	9.83	8.53	2.92
修文县	1071.0	33.5	4.6	18.00	8.18	2.76	12.86	12.63	4.68
水城区	3040.7	100.5	1.8	326.83	13.80	1.11	26.73	17.37	5.88
六枝特区	1810.7	76.0	1.0	74.60	15.98	0.67	20.30	20.30	7.45
桐梓县	3207.6	75.1	2.1	96.40	17.49	1.72	20.87	16.57	7.14
绥阳县	2566.0	56.3	2.0	85.00	9.20	1.41	20.96	10.00	3.85
正安县	2595.0	67.3	1.4	72.00	11.00	1.50	14.19	14.11	6.00
道真县	2156.0	36.3	2.8	70.00	8.50	2.70	12.80	12.80	5.50
务川县	2777.0	47.9	1.3	68.00	11.10	1.00	12.40	8.01	3.80
凤冈县	1885.0	45.4	0.7	86.00	7.12	0.44	14.50	13.48	3.20
湄潭县	1846.0	58.0	3.0	85.00	12.50	1.50	17.00	15.41	6.00
余庆县	1622.0	30.8	3.5	60.00	7.56	1.98	10.90	8.64	4.22
习水县	3128.0	78.8	3.5	81.86	15.29	0.79	19.80	19.80	10.52
普定县	1091.0	48.2	1.3	45.00	10.18	1.27	12.99	12.79	5.70
镇宁县	1717.3	41.8	0.4	34.00	8.31	0.39	8.30	8.28	2.36
关岭县	1468.0	39.6	1.6	14.55	5.60	0.55	8.20	7.58	2.81
紫云县	2284.0	41.5	0.4	14.06	8.14	0.15	8.55	8.32	2.70
大方县	3502.0	96.8	1.2	25.60	12.14	0.86	19.92	11.66	4.60
黔西县	2554.1	97.1	1.9	22.50	23.81	0.59	20.90	20.45	7.55
金沙县	2528.0	71.2	2.8	117.57	15.31	1.63	22.95	20.18	7.88
织金县	2868.0	133.0	0.6	33.21	13.11	0.62	27.00	26.00	9.00
纳雍县	2452.3	108.0	3.0	105.30	14.10	1.00	17.50	14.40	5.80
威宁自治县	6295.0	148.8	7.2	172.00	21.65	3.16	32.31	32.30	12.96
赫章县	3245.0	88.6	0.2	112.26	10.20	0.19	11.90	11.69	5.17
江口县	1869.0	25.2	1.0	24.25	7.12	1.92	9.39	9.38	3.10
玉屏县	517.6	19.1	1.3	35.02	6.81	0.85	12.56	11.96	7.48
石阡县	2173.2	41.7	1.3	19.00	8.14	0.62	12.75	12.23	3.96
思南县	2230.5	68.9	3.2	50.00	10.58	1.35	23.13	15.80	3.31
印江县	1969.0	45.6	2.3	12.84	11.32	1.12	12.20	12.17	3.91
德江县	2072.0	56.9	5.8	67.00	17.32	3.35	21.50	20.98	5.56
沿河县	2468.0	69.8	0.5	15.00	10.95	0.14	12.57	12.57	7.07
松桃县	3400.0	73.0	2.7	58.50	14.40	2.19	19.73	19.65	5.35
普安县	1454.0	35.4	2.3	18.00	4.20	0.55	6.00	5.86	2.30
晴隆县	1309.7	34.8	1.9	12.00	5.46	0.95	6.32	5.33	2.17
贞丰县	1509.3	43.2	2.4	16.18	6.67	2.33	12.76	12.69	3.68
望谟县	3005.5	32.8	1.2	15.30	7.28	1.16	9.16	8.01	1.80
册亨县	2598.0	24.0	0.7	12.00	7.04	0.51	8.32	5.26	1.97

continued

Area Measurement Unit: Square Kilometer

Population Measurement Unit:10,000 persons

城市建设用地面积 Area of Urban Construction Land							本年征用土地面积 Area of Land Requisition This Year		县名称 Name of Counties
公共管理与公共服务用地 Administration and Public Services	商业服务业设施用地 Commercial and Business Facilities	工业用地 Industrial	物流仓储用地 Logistics and Warehouse	道路交通设施用地 Road, Street and Transportation	公用设施用地 Municipal Utilities	绿地与广场用地 Green Space and Square		耕地 Arable Land	
0.48	0.02	0.02	0.01	0.35	0.12	0.55			甘洛县
0.31	0.15	0.06		0.10	0.04	0.12			美姑县
0.85	0.56	0.15	0.15	0.62	0.65	0.65	0.55	0.55	雷波县
78.43	**62.72**	**78.04**	**24.44**	**111.15**	**43.31**	**106.59**	**33.85**	**16.60**	**贵 州**
1.26	0.53	0.59	0.17	0.79	1.97	3.96	1.03	0.65	开阳县
1.41	0.76	1.09	0.24	0.45	0.29	1.37	0.73	0.48	息烽县
1.00	1.37	1.60	0.80	2.50	0.48	0.20	0.54	0.39	修文县
2.52	2.60	1.99	1.03	2.81	0.37	0.17	0.95	0.39	水城区
2.32	1.91	3.16	0.29	3.58	0.26	1.33	0.25	0.25	六枝特区
1.57	1.48	3.49	0.18	1.54	0.35	0.82			桐梓县
0.45	1.32	1.64	0.05	1.99	0.08	0.62			绥阳县
2.00	0.89	1.00	0.20	1.58	1.44	1.00	3.80	2.10	正安县
1.50	0.40	0.90	0.30	1.10	1.40	1.70	0.30	0.10	道真县
1.20	0.70	0.26	0.25	0.50	0.30	1.00	0.70	0.20	务川县
1.31	0.90	1.50	0.17	2.20	1.90	2.30			凤冈县
2.43	0.83	0.61	0.76	1.25	1.48	2.05			湄潭县
2.00	0.38	0.32	0.18	1.07	0.06	0.41	0.01		余庆县
1.50	1.47	0.90	0.48	3.20	0.35	1.38			习水县
0.98	0.33	2.57	0.68	1.87	0.16	0.50	0.19	0.10	普定县
0.45	0.45	1.14	0.40	1.27	0.40	1.81			镇宁县
0.17	0.53	0.40	0.70	1.05	0.90	1.02			关岭县
0.90	0.71	0.93	0.21	1.14	0.23	1.50			紫云县
1.70	0.87	0.28	0.99	1.30	0.32	1.60	2.80		大方县
1.70	1.70	1.30	0.70	3.50	1.50	2.50	0.05	0.05	黔西县
1.42	1.41	4.23	0.45	2.35	0.29	2.15			金沙县
2.00	2.00	2.00	2.00	3.00	3.00	3.00	2.00	1.00	织金县
1.34	1.59	1.72		2.30	0.06	1.59	1.00	0.10	纳雍县
2.41	3.67	2.71	1.57	3.58	2.58	2.82			威宁自治县
0.80	0.84	1.02	0.27	1.15	0.56	1.88	1.20		赫章县
1.15	1.70	0.02	0.01	1.65	0.15	1.60			江口县
0.43	0.33	1.66	0.33	1.56	0.08	0.09			玉屏县
2.19	0.63	1.25	0.39	1.44	0.54	1.83			石阡县
0.52	2.08	2.47	0.62	3.25	1.61	1.94	1.02		思南县
1.44	0.73	0.24	0.13	2.10	1.45	2.17			印江县
1.66	1.17	0.81	0.65	3.78	1.23	6.12			德江县
0.86	0.15	0.82	0.08	1.75	1.18	0.66	1.58	0.75	沿河县
2.80	2.79	2.68	0.71	2.42	1.78	1.12			松桃县
0.60	0.45	0.02	0.70	0.70	0.65	0.44	0.20		普安县
0.56	0.32	0.48	0.24	0.68	0.18	0.70	0.16		晴隆县
0.51	1.68	1.49	0.04	1.63	0.08	3.58			贞丰县
0.95	1.09	0.27	0.28	1.96	0.37	1.29	0.41	0.11	望谟县
0.77	0.51	0.43	0.03	1.13	0.07	0.35			册亨县

2-2 续表 26

面积计量单位：平方公里
人口计量单位：万人

县名称 Name of Counties	县面积 County District Area	县人口 County District Population	县暂住人口 County District Temporary Population	县城面积 County Seat Area	县城人口 County Seat Population	县城暂住人口 County Seat Temporary Population	建成区面积 Area of Built District	小计 Subtotal	居住用地 Residential
安龙县	2237.6	47.0	1.0	37.50	12.25	0.32	16.00	16.00	3.10
黄平县	1668.0	39.8	2.9	32.91	8.32	0.98	8.15	7.35	2.86
施秉县	1543.8	17.5	0.2	9.05	6.37	0.18	4.90	4.85	2.41
三穗县	1029.6	23.3	0.3	48.00	6.61	0.12	11.48	10.50	4.05
镇远县	1878.0	27.7	2.1	14.70	7.80	0.80	14.70	8.94	3.69
岑巩县	1486.5	24.5	1.5	9.31	4.32	1.11	7.45	6.81	2.51
天柱县	2201.0	43.3	2.8	18.20	11.43	1.74	14.40	12.27	4.10
锦屏县	1596.9	24.4	2.3	18.20	5.60	0.90	6.00	5.96	2.50
剑河县	2180.3	27.8	1.8	10.26	5.07	1.43	7.96	7.00	3.50
台江县	1108.0	16.9	0.6	6.10	4.50	0.40	5.95	5.95	1.80
黎平县	4441.0	54.8	3.0	15.00	12.50	2.50	14.50	12.50	5.00
榕江县	3315.0	39.0	0.5	56.40	12.49	0.45	11.69	13.84	5.49
从江县	3224.8	39.1	0.7	13.74	6.30	0.72	13.74	13.74	7.70
雷山县	1218.5	16.5	0.4	4.80	3.99	0.20	4.22	3.50	1.03
麻江县	957.2	16.6	0.4	7.96	4.03	0.40	5.57	5.43	1.84
丹寨县	937.7	17.9	0.5	12.60	6.38	0.54	10.15	7.16	2.95
荔波县	2441.0	20.1	1.3	10.26	5.60	0.83	7.46	7.45	4.28
贵定县	1631.0	30.4	2.1	35.00	8.73	0.99	11.50	10.60	2.40
瓮安县	1974.2	49.6	2.4	24.86	19.83	1.59	24.86	23.29	8.44
独山县	2477.0	35.9	1.9	70.24	9.84	1.00	21.00	11.50	3.00
平塘县	2838.4	33.8	0.9	28.98	4.68	0.34	8.99	8.77	2.78
罗甸县	3015.0	36.7	1.1	12.20	6.22	0.80	9.60	7.03	3.35
长顺县	1543.0	27.4	3.6	12.88	7.96	0.98	7.95	7.08	1.59
龙里县	1521.0	27.8	3.3	176.26	8.99	2.11	29.83	29.30	5.30
惠水县	2471.8	48.1	2.6	177.00	10.80	1.41	18.21	17.81	4.57
三都水族自治县	2380.0	38.4	1.1	31.85	6.54	0.83	9.20	9.20	2.02
云　南	**300133.4**	**3256.0**	**159.7**	**1843.38**	**561.92**	**84.09**	**725.35**	**690.75**	**217.42**
嵩明县	830.5	31.3	18.3	20.00	5.80	1.20	9.11	7.97	1.32
富民县	993.0	15.3	1.5	28.00	4.56	0.83	6.13	6.06	3.18
宜良县	1912.8	37.8	1.5	303.27	12.09	0.90	13.50	13.02	6.20
石林彝族自治县	1680.1	25.5	2.3	87.60	9.93	1.63	15.92	14.60	5.47
禄劝彝族苗族自治县	4233.9	48.8	1.1	8.00	6.11	0.36	7.00	6.16	1.70
寻甸县	3588.4	57.7	1.5	16.74	7.42	0.46	6.70	6.70	2.14
昆明阳宗海风景名胜区	546.0	10.0	6.0	8.42	3.65	1.00	8.42	8.42	1.28
陆良县	2010.1	70.0	4.7	18.37	11.73	4.66	17.86	17.84	4.52
师宗县	2741.8	42.9	0.3	14.00	12.04	0.33	13.85	13.85	3.33
罗平县	3025.0	65.9	0.7	24.00	13.43	0.32	21.63	20.47	6.48
富源县	3235.6	84.4	1.8	12.90	9.22	0.86	12.73	11.25	1.95
会泽县	5884.2	108.2	0.6	36.00	23.20	0.31	22.00	21.80	5.00
通海县	721.0	29.3	1.7	37.53	6.93	0.73	7.40	7.40	2.47

continued

Area Measurement Unit: Square Kilometer
Population Measurement Unit:10,000 persons

城市建设用地面积 Area of Urban Construction Land							本年征用土地面积 Area of Land Requisition This Year		县名称 Name of Counties
公共管理与公共服务用地 Administr-ation and Public Services	商业服务业设施用地 Commercial and Business Facilities	工业用地 Industrial	物流仓储用地 Logistics and Warehouse	道路交通设施用地 Road, Street and Trans-portation	公用设施用地 Munici-pal Utilities	绿地与广场用地 Green Space and Square		耕地 Arable Land	
1.92	0.90	3.54	0.55	5.07	0.30	0.62	0.60	0.60	安龙县
0.52	0.13	0.86		0.51	0.02	2.45	0.63		黄平县
0.80	0.25	0.01	0.01	0.63	0.02	0.72			施秉县
0.58	0.50	0.60	0.30	1.35	1.18	1.94			三穗县
2.02	1.04	0.18	0.12	0.73	0.11	1.05			镇远县
0.68	0.82	0.85	0.10	0.53	0.16	1.16			岑巩县
0.75	0.80	1.55	0.25	1.35	1.58	1.89	0.30	0.02	天柱县
0.30	0.10	0.23		0.55	0.73	1.55	0.40		锦屏县
0.56	0.39	0.18	0.05	0.96	0.66	0.70	0.08	0.03	剑河县
0.63	0.52	0.05	0.01	0.52	0.12	2.30			台江县
0.65	1.40	0.98	0.32	1.23	0.22	2.70			黎平县
0.85	0.09	1.24	0.06	5.46	0.10	0.55	0.05		榕江县
1.42	1.20	0.13	0.50	0.20	0.65	1.94			从江县
0.60	0.34	0.28	0.02	0.72	0.03	0.48			雷山县
0.25	0.55	1.15	0.30	0.26	0.35	0.73	0.25	0.25	麻江县
0.95	0.03	0.10	1.13	0.40	0.32	1.28			丹寨县
0.36	0.46	0.22	0.15	1.33	0.45	0.20	1.21	0.12	荔波县
0.50	1.09	0.70	0.15	1.90	1.75	2.11	2.00	1.00	贵定县
3.62	0.91	0.84	0.34	2.83	1.10	5.21	9.20	7.80	瓮安县
1.20	0.90	2.50	0.20	1.40	0.50	1.80			独山县
1.54	1.09	0.06	0.09	1.56	0.05	1.60	0.01		平塘县
0.85	0.42	0.46	0.27	1.10	0.18	0.40			罗甸县
0.68	0.97	0.91	0.07	1.02	0.58	1.26			长顺县
2.48	1.92	3.30	2.00	4.50	1.90	7.90			龙里县
1.72	1.13	6.98	0.04	2.92	0.07	0.38	0.10	0.07	惠水县
1.22	1.50	0.15	0.13	1.00	0.08	3.10	0.10	0.04	三都水族自治县
72.07	**49.68**	**48.61**	**16.65**	**121.82**	**30.35**	**134.15**	**102.41**	**73.21**	**云　南**
0.99	0.78	0.20	0.48	2.20	0.92	1.08	3.10	1.30	嵩明县
0.08	0.19	0.50	0.02	0.62	0.15	1.32	0.66		富民县
0.70	1.39	1.32	0.17	2.42	0.10	0.72	0.76	0.42	宜良县
1.10	0.61	0.43	0.18	2.72	0.49	3.60	0.31	0.17	石林彝族自治县
1.00	0.65	0.87	0.24	1.28	0.22	0.20			禄劝彝族苗族自治县
1.16	0.61		0.05	0.99	0.39	1.36	0.56	0.43	寻甸县
0.92	0.68	3.68	0.39	1.01	0.36	0.10	0.71		昆明阳宗海风景名胜区
1.35	1.15	3.73	0.38	3.35	0.37	2.99	0.37		陆良县
0.90	1.00	1.50	0.30	2.74	0.40	3.68	0.59	0.42	师宗县
0.88	1.11	1.91	0.59	3.69	0.98	4.83			罗平县
0.80	0.43	0.93	0.36	2.12	0.42	4.24	1.77	0.47	富源县
3.00	0.80	1.00	1.00	4.50	0.90	5.60	2.00	2.00	会泽县
0.25	0.16	0.12	0.17	1.05	0.14	3.04			通海县

2-2 续表 27

面积计量单位：平方公里
人口计量单位：万人

县名称 Name of Counties	县面积 County District Area	县人口 County District Population	县暂住人口 County District Temporary Population	县城面积 County Seat Area	县城人口 County Seat Population	县城暂住人口 County Seat Temporary Population	建成区面积 Area of Built District		
								小计 Subtotal	居住用地 Residential
华宁县	1248.0	21.4	1.1	33.56	3.40	0.88	4.96	4.66	1.28
易门县	1571.0	17.6	1.7	9.46	3.82	0.32	5.04	5.04	0.72
峨山县	1972.0	15.7	0.7	10.74	3.50	0.41	4.25	4.23	1.05
新平县	4223.0	28.1	1.6	24.40	6.39	0.49	6.50	6.50	1.97
元江县	2858.0	24.6	2.6	10.00	3.30	1.00	4.06	4.06	1.22
施甸县	2009.2	34.8	0.3	18.63	7.10	0.30	8.45	8.06	2.84
龙陵县	2884.0	31.0	0.7	17.00	5.60	0.55	6.20	5.82	2.32
昌宁县	3888.8	35.7	2.2	28.20	6.51	2.12	12.10	10.73	3.09
鲁甸县	1487.0	49.1	2.8	8.20	10.30	1.20	8.10	8.10	2.93
巧家县	3245.0	62.5	2.1	10.33	6.32	1.48	7.96	4.37	2.18
盐津县	2091.5	40.3	0.5	7.38	3.92	0.76	4.10	4.07	2.20
大关县	1692.0	29.1	0.8	8.00	4.70	0.62	6.24	5.70	2.85
永善县	2789.0	47.9	3.9	13.00	7.46	1.19	5.80	5.80	2.54
绥江县	761.0	17.3	0.2	8.08	4.54	0.11	5.96	5.96	1.48
镇雄县	3696.0	164.2	10.6	30.00	20.99	7.22	21.39	21.38	8.72
彝良县	2804.0	63.1	2.9	20.00	9.12	1.22	7.56	5.96	1.51
威信县	1400.0	45.5	3.8	5.30	5.43	1.42	5.10	5.09	1.70
玉龙纳西族自治县	6393.0	22.7	1.9	9.98	2.14	1.34	8.53	6.36	1.73
永胜县	5099.0	40.7	0.2	7.50	5.82	0.10	5.95	6.46	2.50
华坪县	2266.0	16.2	0.3	6.00	4.77	0.13	5.16	5.14	1.42
宁蒗县	6026.0	28.3	0.8	7.33	6.72	0.68	6.80	5.88	1.20
宁洱哈尼族彝族自治县	3669.8	20.3	0.6	14.80	5.34	0.64	7.60	7.15	2.08
墨江哈尼族自治县	5320.0	37.7	0.8	6.96	4.60	0.41	6.50	6.50	3.06
景东彝族自治县	4455.1	36.3	0.3	7.20	4.71	0.16	6.03	5.21	1.57
景谷傣族彝族自治县	7550.0	32.2	1.2	11.90	5.78	1.02	9.50	9.48	1.94
镇沅彝族哈尼族拉祜族自治县	4136.8	24.8	1.4	5.00	2.47	0.58	3.20	3.19	0.54
江城哈尼族彝族自治县	3544.4	12.9	1.1	6.60	2.38	0.93	4.20	2.29	0.82
孟连傣族拉祜族佤族自治县	1894.0	13.3	1.8	6.60	3.76	0.70	5.48	5.17	1.34
澜沧拉祜族自治县	8807.0	49.1	1.4	28.20	3.98	0.44	6.90	5.22	1.13
西盟佤族自治县	1353.6	9.6	0.3	4.00	1.26	0.21	1.95	1.87	0.35
凤庆县	3451.0	47.2	3.7	14.00	8.92	1.50	13.50	12.86	2.35
云　县	3760.0	46.6	4.8	60.00	7.37	2.01	11.56	11.56	3.00
永德县	3219.7	38.4	2.2	6.18	5.51	0.79	5.84	5.84	2.45
镇康县	2529.0	19.8	0.8	16.54	3.48	0.82	3.83	3.53	0.51

continued

Area Measurement Unit: Square Kilometer

Population Measurement Unit:10,000 persons

城市建设用地面积 Area of Urban Construction Land							本年征用土地面积 Area of Land Requisition This Year		县名称 Name of Counties
公共管理与公共服务用地 Administration and Public Services	商业服务业设施用地 Commercial and Business Facilities	工业用地 Industrial	物流仓储用地 Logistics and Warehouse	道路交通设施用地 Road, Street and Transportation	公用设施用地 Municipal Utilities	绿地与广场用地 Green Space and Square		耕地 Arable Land	
0.20	0.50	0.06	0.04	0.87	0.03	1.68	0.90	0.72	华宁县
0.50	0.04	0.80	0.22	0.86	0.44	1.46			易门县
0.12	0.58	0.13		0.84	0.09	1.42			峨山县
1.08	0.16	0.04		1.02	0.27	1.96			新平县
0.60	0.22	0.46	0.02	0.90	0.15	0.49	4.06		元江县
0.88	0.35	0.01		1.32	0.79	1.87	0.04	0.04	施甸县
0.85	0.67	0.73	0.01	0.79	0.18	0.27	0.12	0.03	龙陵县
0.79	0.52	0.84	0.08	1.52	0.31	3.58	0.02	0.02	昌宁县
0.48	0.51	0.18	0.18	1.08	0.24	2.50			鲁甸县
0.64	0.29	0.39	0.13	0.50	0.09	0.15	0.32	0.04	巧家县
1.29	0.01	0.06	0.03	0.23	0.03	0.22			盐津县
1.75	0.01	0.23	0.06	0.30	0.06	0.44	7.61	0.89	大关县
0.68	1.33	0.20	0.04	0.48	0.02	0.51	0.12	0.03	永善县
0.53	0.10	0.01	0.01	0.98	0.04	2.81	0.03	0.03	绥江县
2.76	1.14	0.84	0.96	4.75	0.53	1.68	1.12	0.97	镇雄县
0.61	0.20	0.52	0.22	1.80	0.06	1.04	2.60	1.20	彝良县
1.05	0.01	0.02	0.01	0.57	0.03	1.70	0.18	0.07	威信县
0.26	0.25	0.10	0.04	2.36	0.12	1.50			玉龙纳西族自治县
0.24	0.30	0.20	0.10	1.02	1.00	1.10	0.01		永胜县
0.33	0.61	0.62	0.18	1.20	0.12	0.66			华坪县
0.90	0.30	0.13	0.15	1.30	0.80	1.10	0.20		宁蒗县
0.48	0.72	0.11	0.56	1.37	0.22	1.61	0.23		宁洱哈尼族彝族自治县
0.32	0.85	0.25	0.01	1.12	0.32	0.57	0.02		墨江哈尼族自治县
0.77	0.03	0.37	0.05	0.86	0.23	1.33	3.31	1.81	景东彝族自治县
0.81	1.50	0.80	0.13	1.07	0.49	2.74	0.09	0.09	景谷傣族彝族自治县
0.20	0.64	0.28	0.01	0.64	0.01	0.87			镇沅彝族哈尼族拉祜族自治县
0.39	0.20	0.05	0.05	0.30	0.06	0.42			江城哈尼族彝族自治县
0.79	0.71	0.36	0.16	0.81	0.45	0.55	0.30		孟连傣族拉祜族佤族自治县
0.40	0.40	0.47	0.10	0.98	0.50	1.24	2.01	2.01	澜沧拉祜族自治县
0.27	0.16	0.01	0.01	0.25	0.02	0.80			西盟佤族自治县
2.04	1.22	1.15	1.02	1.33	1.15	2.60	0.20	0.02	凤庆县
0.70	1.53	1.04	0.82	2.53	0.10	1.84			云　县
0.71	0.29	0.24	0.11	0.62	0.25	1.17			永德县
0.50	0.51	0.36	0.02	0.99	0.14	0.50			镇康县

2-2 续表 28

面积计量单位：平方公里

人口计量单位：万人

县名称 Name of Counties	县面积 County District Area	县人口 County District Population	县暂住人口 County District Temporary Population	县城面积 County Seat Area	县城人口 County Seat Population	县城暂住人口 County Seat Temporary Population	建成区面积 Area of Built District		
								小计 Subtotal	居住用地 Residential
双江县	2109.5	18.5	0.6	7.05	5.86	0.64	6.35	6.04	0.87
耿马县	3728.0	31.0	1.6	13.19	5.29	0.38	5.83	5.80	1.65
沧源县	2446.5	19.0	1.1	9.17	4.30	0.26	5.48	4.98	1.68
双柏县	4045.0	16.1	0.7	4.81	3.50	0.70	4.25	4.15	1.38
牟定县	1464.0	20.4	0.9	12.50	4.26	0.90	5.00	4.58	2.18
南华县	2343.0	24.5	0.4	9.40	7.00	0.52	8.20	8.09	3.46
姚安县	1803.0	21.1	0.8	15.00	3.12	0.51	3.95	3.88	1.40
大姚县	4146.0	28.1	0.9	11.10	5.80	0.54	8.11	7.79	3.11
永仁县	2189.0	10.6	0.3	10.00	2.35	0.35	4.20	4.20	1.19
元谋县	2021.5	21.9	0.8	9.41	6.09	0.57	8.90	8.89	3.23
武定县	3322.0	28.1	0.9	29.20	4.66	0.40	5.60	5.56	0.44
禄丰县	3536.0	43.4	1.0	35.00	6.28	0.87	9.16	9.11	2.64
屏边县	1906.2	16.4	2.1	8.07	3.31	0.17	3.84	3.25	0.75
建水县	3789.0	54.9	3.5	26.86	16.51	3.05	19.80	19.80	7.51
石屏县	3037.0	31.8	0.3	8.51	6.35	0.22	7.50	7.39	3.28
泸西县	1674.0	46.0	1.3	15.12	12.76	0.72	14.30	13.39	3.54
元阳县	2189.9	46.0	2.4	3.36	2.81	0.76	3.36	3.35	0.56
红河县	2057.0	35.7	0.2	4.70	3.77	0.14	4.70	3.05	1.03
金平县	3677.0	39.6	0.8	5.50	4.45	0.56	4.28	4.11	1.56
绿春县	3092.9	24.7	0.1	4.06	2.96	0.11	2.24	2.20	0.84
河口县	1332.0	9.8	1.4	5.42	4.44	0.61	4.91	4.89	1.37
砚山县	3826.7	53.8	0.9	20.13	8.27	0.49	12.32	11.70	4.59
西畴县	1506.0	26.8	0.2	3.70	2.25	0.11	3.09	3.07	1.08
麻栗坡县	2334.0	30.0	1.0	6.60	6.04	0.72	5.39	5.20	1.95
马关县	2676.0	38.9	0.5	21.53	4.94	0.34	8.44	7.59	3.05
丘北县	4997.0	49.9	7.3	57.02	7.00	5.19	12.70	11.95	3.78
广南县	7983.0	86.0	2.5	15.83	7.35	2.15	12.10	11.80	2.71
富宁县	5352.0	43.0	2.7	12.00	7.25	2.65	11.00	10.99	4.41
勐海县	5348.5	33.7	2.7	60.00	5.97	1.37	7.45	7.41	2.25
勐腊县	6860.8	24.5	3.4	108.00	4.36	1.27	5.70	5.70	1.94
漾濞彝族自治县	1957.0	10.6	0.1	5.20	3.46	0.08	3.55	3.35	1.45
祥云县	2425.0	48.9	1.1	27.69	11.37	0.79	18.20	18.20	3.06
宾川县	2562.8	36.9	0.8	18.90	4.80	0.48	6.45	6.45	2.57
弥渡县	1523.4	32.7	0.2	6.28	4.08	0.18	5.10	5.10	1.30
南涧彝族自治县	1731.6	22.8	0.4	6.75	2.49	0.33	3.06	3.06	1.49
巍山彝族回族自治县	2200.0	32.4	0.2	8.80	4.80	0.08	5.74	5.74	2.29
永平县	2884.0	18.6	0.1	10.00	6.54	0.07	6.15	6.14	2.63
云龙县	4400.0	21.0	0.3	5.30	1.81	0.28	2.92	2.01	0.85
洱源县	2533.0	30.0	0.2	14.15	3.61	0.06	6.29	6.29	2.31
剑川县	2250.0	18.5	0.6	5.96	2.19	0.21	3.68	3.68	1.23
鹤庆县	2395.0	28.2	2.4	18.86	2.63	1.96	6.12	6.12	1.35

continued

Area Measurement Unit: Square Kilometer

Population Measurement Unit:10,000 persons

城市建设用地面积 Area of Urban Construction Land							本年征用土地面积 Area of Land Requisition This Year	耕地 Arable Land	县名称 Name of Counties
公共管理与公共服务用地 Administration and Public Services	商业服务业设施用地 Commercial and Business Facilities	工业用地 Industrial	物流仓储用地 Logistics and Warehouse	道路交通设施用地 Road, Street and Transportation	公用设施用地 Municipal Utilities	绿地与广场用地 Green Space and Square			
0.59	0.13	0.31	0.14	0.91	1.39	1.70			双江县
0.52	0.91	0.62	0.01	0.97	0.55	0.57			耿马县
0.61	1.20	0.13	0.18	0.75	0.05	0.38	0.31		沧源县
0.45	0.41	0.21	0.11	0.80	0.17	0.62	0.43	0.11	双柏县
0.31	0.20	0.31	0.11	0.81	0.02	0.64	0.07	0.02	牟定县
0.74	0.42	0.33	0.42	1.34	0.14	1.24	0.05	0.05	南华县
0.32	0.12	0.38	0.05	0.72	0.37	0.52			姚安县
0.34	0.29	0.27	0.04	1.45	0.06	2.23	0.36	0.19	大姚县
0.49	0.60	0.04	0.10	0.95	0.10	0.73			永仁县
0.49	0.72	0.31	0.33	2.87	0.18	0.76	0.14	0.14	元谋县
0.20	0.01	2.33	0.01	1.28	0.23	1.06	0.10	0.05	武定县
0.67	0.61	0.47	0.46	1.59	0.68	1.99	2.68	2.35	禄丰县
0.76	0.15	0.16	0.01	0.46	0.20	0.76	1.60		屏边县
2.96	1.28	2.82	0.14	2.27	1.40	1.42	0.01	0.01	建水县
0.32	0.08	0.15	0.03	1.18	1.21	1.14	0.26		石屏县
1.95	0.70	0.65	0.19	3.15	0.55	2.66	50.65	50.65	泸西县
1.11	0.18	0.09	0.04	0.61	0.06	0.70			元阳县
0.21	0.07	0.24	0.05	0.55	0.10	0.80			红河县
0.43	0.21	0.03	0.10	0.50	0.31	0.97	0.05		金平县
0.25	0.10	0.01		0.31	0.06	0.63			绿春县
0.80	0.06	0.48	0.06	1.00	0.06	1.06	0.28	0.07	河口县
1.38	0.80	0.70	0.20	1.98	0.07	1.98	2.20	0.83	砚山县
0.63	0.26	0.24	0.01	0.46	0.05	0.34	0.01		西畴县
0.85	0.32	0.20	0.16	0.65	0.32	0.75	1.99	1.39	麻栗坡县
1.13	0.74	0.06	0.15	1.47	0.06	0.93	0.26	0.26	马关县
1.31	0.65	1.03	0.09	1.76	0.14	3.19			丘北县
1.52	0.91	0.76	0.22	1.60	0.12	3.96	1.85	1.30	广南县
0.62	0.40	0.46	0.21	1.56	0.10	3.23			富宁县
1.12	1.31	0.18	0.11	1.00	0.05	1.39			勐海县
0.87	0.81	0.15	0.12	0.96	0.10	0.75			勐腊县
0.18	0.08	0.03		0.28	0.15	1.18	0.70		漾濞彝族自治县
1.78	1.78	2.29	1.99	2.74	1.01	3.55	0.18	0.18	祥云县
0.08	0.34	0.09	0.03	1.11	1.75	0.48	0.24	0.06	宾川县
0.40	0.12	0.14	0.09	1.16	0.11	1.78	0.10	0.10	弥渡县
0.26	0.13	0.07	0.02	0.59	0.01	0.49	0.16	0.10	南涧彝族自治县
0.71	0.39	0.11	0.04	0.89	0.55	0.76	0.13		巍山彝族回族自治县
0.59	0.27	0.21	0.03	1.25	0.11	1.05	0.10	0.10	永平县
0.20	0.14	0.08	0.10	0.32	0.02	0.30			云龙县
0.63	0.25	0.19		2.12	0.22	0.57	0.05	0.01	洱源县
1.11	0.24	0.12	0.03	0.57	0.07	0.31			剑川县
0.85	0.50	0.30	0.09	0.87	0.11	2.05			鹤庆县

2-2 续表 29

面积计量单位：平方公里
人口计量单位：万人

县名称 Name of Counties	县面积 County District Area	县人口 County District Population	县暂住人口 County District Temporary Population	县城面积 County Seat Area	县城人口 County Seat Population	县城暂住人口 County Seat Temporary Population	建成区面积 Area of Built District		
								小计 Subtotal	居住用地 Residential
梁河县	1159.0	17.3	0.2	4.50	2.60	0.15	4.50	4.50	2.10
盈江县	4429.0	32.8	1.2	14.40	8.20	0.95	10.06	10.06	2.95
陇川县	1872.4	19.6	1.1	12.10	5.06	0.74	8.00	7.80	2.51
福贡县	2805.0	12.3	0.8	2.50	2.40	0.62	1.80	1.79	0.87
贡山独龙族怒族自治县	4379.2	4.0	0.5	2.10	1.22	0.30	1.94	1.94	0.82
兰坪白族普米族自治县	4386.6	21.8	1.0	18.28	3.62	1.00	7.20	6.59	1.76
德钦县	7290.7	6.6	0.7	6.14	1.21	0.36	1.65	1.65	0.64
维西傈僳族自治县	4661.0	16.6	0.9	7.33	3.01	0.84	6.24	5.59	2.18
西　藏	**1198253.8**	**273.7**	**42.0**	**302.53**	**57.81**	**24.56**	**163.36**	**138.35**	**44.67**
曲水县	1624.0	3.5	0.4	4.30	0.40	0.20	4.10	2.82	0.70
当雄县	10234.0	5.5	0.2	5.25	1.02	0.10	3.74	1.58	0.35
林周县	4512.0	6.5	0.1	9.04	0.86	0.35	8.30	7.46	3.40
墨竹工卡县	5492.0	5.0	1.2	5.34	1.30	0.55	5.34	5.34	1.21
尼木县	3266.0	3.4	0.1	21.00	0.95	0.04	5.18	5.18	1.35
亚东县	4212.0	3.4	2.0	14.00	0.76	0.21	2.11	1.65	0.86
聂拉木县	7903.0	2.8	0.8	0.98	0.88	0.13	0.97	0.97	0.31
仲巴县	45949.0	2.7	0.2	3.15	1.88	0.06	2.81	2.32	0.58
定结县	7566.0	2.4	0.3	1.14	0.53	0.30	0.80	0.64	0.28
康马县	7453.0	2.4	0.4	4.22	0.63	0.31	1.60	1.40	0.69
吉隆县	9009.0	1.9	0.2	5.68	1.46	0.15	2.40	2.00	1.01
萨嘎县	12411.0	1.6	0.1	4.08	0.68	0.01	1.52	1.52	0.42
谢通门县	13960.0	4.5	0.9	2.47	1.36	0.53	2.47	1.87	0.20
萨迦县	8126.0	5.7	0.3	3.00	0.83	0.45	1.36	1.36	0.42
岗巴县	4204.0	1.2	0.3	3.24	0.37	0.09	2.25	2.25	0.60
拉孜县	4405.0	6.2	0.5	7.04	2.08	0.31	2.40	2.40	0.79
江孜县	3849.0	8.0	2.0	7.40	1.39	0.83	5.80	5.14	1.55
定日县	13907.8	6.2	0.1	2.94	1.50	0.15	1.73	1.66	0.98
南木林县	8848.0	9.1	0.5	3.94	1.27	0.38	1.59	1.22	0.39
昂仁县	39600.0	6.0	0.2	1.60	0.76	0.31	1.35	0.99	0.31
白朗县	2806.0	4.5	0.0	7.10	0.37	0.67	2.65	2.55	0.30
仁布县	2124.0	3.7	0.2	2.60	0.65	0.11	1.60	0.79	0.29
左贡县	11707.0	5.8	0.2	3.84	0.55	0.15	1.69	1.69	0.40
丁青县	11547.0	9.7	1.2	6.75	1.20	0.30	4.50	1.25	0.52
八宿县	12512.0	4.9	0.1	6.28	1.44	0.09	1.55	1.22	0.35
江达县	13164.0	9.4	0.6	1.10	0.94	0.56	1.10	0.88	0.31
洛隆县	8098.4	5.6	1.8	4.14	1.20	0.50	2.40	0.63	0.30
察雅县	8281.1	5.4	1.6	4.31	0.53	0.27	1.50	1.47	0.70
贡觉县	6244.0	4.6	1.2	0.97	0.62	0.34	0.97	0.96	0.31
边坝县	8882.0	4.4	0.8	1.20	0.46	0.42	0.95	0.95	0.32

continued

Area Measurement Unit: Square Kilometer

Population Measurement Unit:10,000 persons

城市建设用地面积 Area of Urban Construction Land							本年征用土地面积 Area of Land Requisition This Year		县名称 Name of Counties
公共管理与公共服务用地 Administration and Public Services	商业服务业设施用地 Commercial and Business Facilities	工业用地 Industrial	物流仓储用地 Logistics and Warehouse	道路交通设施用地 Road, Street and Transportation	公用设施用地 Municipal Utilities	绿地与广场用地 Green Space and Square		耕地 Arable Land	
0.10	0.22	0.10	0.06	0.93	0.35	0.64	0.06	0.03	梁河县
0.68	1.20	1.92	0.30	2.11	0.26	0.64	0.15		盈江县
0.80	1.76	0.09	0.02	1.46	0.18	0.98	1.24	1.20	陇川县
0.23	0.05	0.06	0.08	0.28	0.16	0.06			福贡县
0.24	0.28	0.01	0.01	0.25	0.07	0.26	0.15	0.07	贡山独龙族怒族自治县
0.46	0.47	0.41	0.04	1.50	0.78	1.17	1.18	0.41	兰坪白族普米族自治县
0.15	0.14	0.01		0.43	0.06	0.22			德钦县
0.62	0.25	0.01	0.01	0.80	0.30	1.42	0.35	0.35	维西傈僳族自治县
20.38	**11.89**	**7.60**	**6.00**	**25.34**	**11.36**	**11.11**	**6.38**	**2.10**	**西　藏**
0.30	0.10	0.10	0.70	0.50	0.20	0.22			曲水县
0.45	0.12	0.12	0.06	0.25	0.05	0.18			当雄县
0.80	1.10	0.60		0.36	0.75	0.45			林周县
0.20	0.30	0.01		2.80	0.10	0.72			墨竹工卡县
0.50	0.30	0.01		2.00	0.50	0.52	0.10		尼木县
0.11	0.06	0.08	0.20	0.21	0.05	0.08	0.08		亚东县
0.09	0.11	0.10	0.09	0.20	0.02	0.05			聂拉木县
0.62	0.09	0.01	0.29	0.35	0.24	0.14	0.18	0.18	仲巴县
0.12	0.04	0.01		0.15	0.02	0.02			定结县
0.15	0.03	0.15	0.01	0.21	0.10	0.06	0.15	0.09	康马县
0.20	0.10	0.10		0.13	0.13	0.33	0.01	0.01	吉隆县
0.27	0.05	0.09	0.03	0.28	0.34	0.04	0.09	0.01	萨嘎县
0.50	0.20	0.15	0.16	0.32	0.07	0.27			谢通门县
0.28	0.09	0.03	0.01	0.32	0.08	0.13	0.31	0.04	萨迦县
0.25	0.48	0.29	0.03	0.15	0.35	0.10			岗巴县
0.21	0.31	0.25	0.20	0.27	0.25	0.12			拉孜县
1.24	0.66	0.51	0.11	0.57	0.32	0.18	0.46	0.40	江孜县
0.20	0.03	0.01		0.35	0.01	0.08	0.70	0.70	定日县
0.25	0.08	0.01	0.02	0.33	0.05	0.09			南木林县
0.21	0.05	0.19	0.02	0.11	0.05	0.05			昂仁县
0.14	0.13	0.80	0.08	0.28	0.50	0.32	0.13	0.13	白朗县
0.20	0.03	0.01	0.01	0.09	0.04	0.12			仁布县
0.23	0.12	0.18	0.01	0.37	0.08	0.30	0.30		左贡县
0.11	0.11	0.10	0.10	0.11	0.10	0.10			丁青县
0.35	0.11	0.04	0.01	0.22	0.03	0.11			八宿县
0.21	0.04	0.02	0.02	0.22	0.02	0.04			江达县
0.05	0.01	0.01	0.10	0.03	0.03	0.10			洛隆县
0.05	0.20	0.02		0.28	0.08	0.14	1.00	0.30	察雅县
0.03	0.07	0.06	0.04	0.15	0.11	0.19			贡觉县
0.11	0.11	0.05		0.16	0.10	0.10			边坝县

2-2 续表 30

面积计量单位：平方公里
人口计量单位：万人

县名称 Name of Counties	县面积 County District Area	县人口 County District Population	县暂住人口 County District Temporary Population	县城面积 County Seat Area	县城人口 County Seat Population	县城暂住人口 County Seat Temporary Population	建成区面积 Area of Built District		
								小计 Subtotal	居住用地 Residential
类乌齐县	5876.0	5.7	2.0	6.00	0.59	0.25	3.48	3.44	0.88
芒康县	11635.5	10.4	1.8	2.80	2.80	0.80	2.80	2.74	0.96
朗　县	4186.0	2.0	0.2	2.05	0.43	0.10	0.85	0.76	0.29
墨脱县	34000.0	1.4	0.1	9.20	0.41	0.05	1.80	1.27	0.32
工布江达县	11650.0	3.7	0.1	2.53	0.39	0.10	2.53	2.52	0.64
察隅县	31659.0	3.3	0.3	2.38	0.47	0.22	2.38	2.38	1.23
波密县	14972.0	4.2	0.7	13.67	1.35	0.67	6.84	3.08	0.85
米林县	9471.0	2.7	1.2	3.00	0.56	0.15	1.85	1.83	0.48
错那县	34937.0	1.6	0.5	1.69	0.28	0.30	1.06	0.84	0.18
浪卡子县	8109.0	3.9	0.4	2.44	0.43	0.43	1.63	1.60	0.35
贡嘎县	2283.0	5.3	1.1	2.79	1.12	1.12	1.82	1.81	0.49
加查县	4493.0	2.7	0.4	2.63	0.54	0.31	1.80	1.14	0.05
桑日县	2634.0	1.9	0.6	1.73	0.38	0.60	0.98	0.97	0.22
洛扎县	5570.0	2.0	0.1	1.08	0.47	0.07	1.08	1.01	0.30
琼结县	1030.0	1.8	0.4	2.63	0.64	0.40	2.08	1.27	0.26
措美县	4530.0	0.7	0.1	3.00	0.53	0.70	0.84	0.83	0.35
扎囊县	2157.0	3.9	0.2	1.50	0.70	0.20	1.50	1.50	0.30
曲松县	1936.0	1.7	0.1	1.67	0.23	0.21	0.78	0.78	0.23
隆子县	9809.0	3.6	0.2	7.00	0.37	0.60	2.20	2.16	0.96
聂荣县	10258.0	3.8	0.6	3.50	1.10	0.24	2.50	2.05	0.71
双湖县	116639.0	1.5	0.1	0.75	0.25	0.01	0.70	0.70	0.10
嘉黎县	13338.0	4.2	0.3	3.24	0.37	0.18	2.31	1.99	0.84
比如县	11429.0	8.2	1.5	2.28	2.50	1.70	1.85	1.70	0.70
尼玛县	72500.0	3.8	0.2	2.60	0.25	0.13	2.00	1.13	0.62
巴青县	10301.0	6.2	0.7	1.55	0.50	0.43	1.55	1.55	0.50
申扎县	62414.0	2.2	0.1	2.83	0.57	0.50	0.78	0.75	0.47
安多县	22000.0	4.3	0.3	26.90	0.70	0.70	2.93	1.81	0.38
索　县	5892.0	5.3	0.4	2.40	1.16	0.30	1.88	1.88	0.90
班戈县	29600.0	4.6	0.2	1.16	1.13	0.06	0.73	0.72	0.09
革吉县	55267.0	1.9	0.9	5.00	0.53	0.15	4.40	3.99	0.60
札达县	24580.0	0.9	0.4	3.00	0.29	0.44	1.04	1.03	0.16
日土县	71963.0	1.3	0.2	4.82	0.37	0.18	4.76	4.75	3.81
改则县	135600.0	2.6	0.1	4.91	0.59	0.09	4.91	4.68	0.86
葛尔县	18197.0	11.0	5.7	13.80	4.30	2.80	12.40	12.05	2.60
普兰县	12539.0	1.6	0.3	3.30	0.92	0.28	0.99	0.89	0.28
措勤县	22903.0	1.9	1.1	2.60	0.72	0.22	2.60	2.59	1.51
陕　西	**150193.1**	**2064.8**	**81.7**	**1395.96**	**467.26**	**57.66**	**624.87**	**586.95**	**180.54**
蓝田县	2005.9	65.6	0.5	29.30	8.57	0.21	12.05	11.98	4.38
周至县	2945.6	69.9	0.1	10.00	7.90	0.22	10.00	9.96	4.07
宜君县	1507.9	8.9	0.4	10.00	1.70	0.16	4.13	2.11	0.38
凤翔县	1229.1	51.9	3.6	21.49	7.21	3.61	10.84	10.84	3.25
岐山县	855.1	47.1	1.9	10.09	5.00	0.60	5.40	5.40	1.53

continued

Area Measurement Unit: Square Kilometer
Population Measurement Unit:10,000 persons

城市建设用地面积 Area of Urban Construction Land							本年征用土地面积 Area of Land Requisition This Year		县名称 Name of Counties
公共管理与公共服务用地 Administr-ation and Public Services	商业服务业设施用地 Commercial and Business Facilities	工业用地 Industrial	物流仓储用地 Logistics and Warehouse	道路交通设施用地 Road, Street and Trans-portation	公用设施用地 Munici-pal Utilities	绿地与广场用地 Green Space and Square		耕地 Arable Land	
0.33	0.33	0.49	0.36	0.62	0.06	0.37			类乌齐县
0.22	0.39	0.16	0.08	0.45	0.06	0.42	0.03		芒康县
0.16	0.11	0.01	0.05	0.09	0.01	0.04			朗　县
0.25	0.11	0.06	0.01	0.17	0.05	0.30	0.09	0.03	墨脱县
0.45	0.28	0.15	0.03	0.45	0.11	0.41			工布江达县
0.81	0.02	0.01	0.01	0.13	0.02	0.15			察隅县
0.47	0.57	0.41	0.03	0.50	0.07	0.18	0.04		波密县
0.39	0.27	0.07	0.01	0.37	0.05	0.19			米林县
0.29	0.03	0.02		0.27	0.01	0.04	0.30	0.02	错那县
0.30	0.50	0.05	0.01	0.28	0.06	0.05	0.04	0.04	浪卡子县
0.45	0.20	0.05	0.04	0.37	0.09	0.12			贡嘎县
0.08	0.09	0.08	0.02	0.20	0.36	0.26			加查县
0.05	0.05	0.02	0.08	0.25	0.10	0.20	0.74	0.06	桑日县
0.20	0.10	0.03	0.01	0.20	0.10	0.07			洛扎县
0.36	0.03	0.25	0.01	0.26	0.02	0.08	0.18	0.07	琼结县
0.05	0.10	0.03	0.01	0.18	0.04	0.07	0.02		措美县
0.05	0.01	0.01		0.68	0.10	0.35	0.45		扎囊县
0.10	0.05	0.03	0.03	0.28	0.01	0.05	0.07	0.02	曲松县
0.60	0.11	0.04	0.01	0.22	0.10	0.12			隆子县
0.14	0.06	0.03	0.03	1.00	0.05	0.03			聂荣县
0.08	0.10	0.04	0.02	0.10	0.16	0.10			双湖县
0.40	0.21	0.01		0.43	0.08	0.02			嘉黎县
0.22	0.09	0.04	0.36	0.03	0.20	0.06			比如县
0.11	0.13	0.01	0.08	0.03	0.09	0.06			尼玛县
0.22	0.10	0.01	0.01	0.46	0.03	0.22			巴青县
0.07	0.08	0.01		0.09	0.02	0.01			申扎县
0.28	0.10	0.03	0.12	0.57	0.28	0.05			安多县
0.30	0.40	0.01	0.01	0.15	0.02	0.09			索　县
0.06	0.02	0.02	0.02	0.15	0.33	0.03			班戈县
0.86	0.72	0.10	0.31	0.45	0.54	0.41			革吉县
0.05	0.10	0.07	0.10	0.10	0.40	0.05			札达县
0.45	0.13	0.01	0.04	0.13	0.12	0.06	0.91		日土县
0.50	0.39	0.80	0.06	1.21	0.80	0.06			改则县
2.24	0.22	0.20	1.53	2.50	1.90	0.86			葛尔县
0.02	0.26	0.03	0.01	0.10	0.10	0.09			普兰县
0.34	0.20	0.10	0.20	0.10	0.05	0.09			措勤县
48.14	**37.94**	**40.45**	**12.91**	**91.48**	**28.53**	**146.96**	**16.59**	**5.91**	**陕　西**
0.94	0.99	1.41	0.13	1.62	0.27	2.24	2.38	1.26	蓝田县
0.93	1.00	0.70	0.25	1.05	0.26	1.70			周至县
0.05	0.01	0.01	0.03	0.33	0.02	1.28			宜君县
0.89	0.65	1.15	0.07	1.21	0.42	3.20	1.34	1.33	凤翔县
0.27	0.59	0.24	0.04	1.16	0.26	1.31			岐山县

2-2 续表 31

面积计量单位：平方公里
人口计量单位：万人

县名称 Name of Counties	县面积 County District Area	县人口 County District Population	县暂住人口 County District Temporary Population	县城面积 County Seat Area	县城人口 County Seat Population	县城暂住人口 County Seat Temporary Population	建成区面积 Area of Built District	小计 Subtotal	居住用地 Residential
扶风县	745.0	44.3	0.4	26.53	5.73	0.22	6.78	6.76	1.51
眉　县	857.9	32.5	2.2	9.40	6.66	2.17	9.23	9.21	3.11
陇　县	2278.6	27.5	1.6	16.26	6.96	1.64	8.95	8.95	1.53
千阳县	998.6	13.5	0.2	8.10	5.71	0.21	4.40	4.28	0.47
麟游县	1707.9	8.6	0.6	7.50	2.36	0.40	3.66	3.36	0.86
凤　县	3148.3	9.7	0.8	5.00	2.50	0.50	3.50	3.50	1.10
太白县	2716.3	4.7	0.3	10.70	1.40	0.19	2.35	2.33	0.50
三原县	576.6	41.5	0.6	16.62	13.91	0.59	16.60	16.60	5.79
泾阳县	568.7								
乾　县	999.6	59.1	1.0	17.30	11.57	0.43	16.80	16.23	5.50
礼泉县	1011.3	47.6	0.7	22.50	9.52	0.38	15.98	13.28	5.17
永寿县	887.9	20.4	0.7	10.32	4.60	0.69	6.30	6.30	2.17
长武县	570.3	18.2	1.9	12.00	4.51	1.02	7.99	7.99	4.07
旬邑县	1774.4	29.0	0.7	8.00	2.92	0.66	6.10	5.37	1.50
淳化县	982.5	19.1	0.2	8.00	3.28	0.08	5.80	4.97	1.80
武功县	392.1	43.7	3.2	15.00	7.35	2.18	8.35	8.34	2.35
潼关县	428.6	14.8	0.3	12.00	5.55	0.08	6.80	6.75	0.55
大荔县	1696.2	71.2	1.4	44.00	9.65	0.95	18.00	15.32	4.02
合阳县	1308.3	44.1	0.5	27.50	5.55	0.13	8.38	8.38	3.08
澄城县	1122.9	38.0	0.3	19.00	11.98	0.29	15.00	12.23	2.40
蒲城县	1582.0	76.9	1.0	49.00	13.08	0.69	16.80	16.28	2.20
白水县	987.9	27.6	0.3	12.00	6.03	0.24	10.00	8.64	2.60
富平县	1245.9	79.5	3.9	77.00	15.76	0.61	20.50	20.48	7.40
延长县	2368.0	15.3	0.1	10.00	5.35	0.10	5.00	4.69	1.66
延川县	1985.0	18.6	0.1	8.26	5.98	0.52	8.00	7.64	1.50
志丹县	3763.0	15.9	0.6	15.54	5.25	0.54	6.94	6.37	2.15
吴起县	3791.0	14.6	0.5	24.60	6.31	1.16	6.90	6.82	1.20
甘泉县	2285.0	8.8	0.4	15.00	3.10	0.12	4.60	4.21	1.44
富　县	4180.0	15.5	0.5	14.60	5.36	0.54	8.87	8.78	0.72
洛川县	1799.0	21.6	1.2	24.00	6.90	0.70	7.83	7.83	3.53
宜川县	2931.0	12.3	0.1	17.50	4.94	0.08	3.30	3.30	1.34
黄龙县	2759.0	4.8	0.2	10.00	1.87	0.45	4.50	4.14	1.16
黄陵县	2290.0	11.9	0.7	8.40	3.44	0.58	4.90	4.83	1.44
城固县	2217.3	54.2	5.2	25.80	13.81	1.68	20.80	20.80	12.10
洋　县	3194.2	44.5	1.8	19.29	9.52	1.02	11.73	11.73	2.93
西乡县	3229.0	41.5	0.4	53.00	10.00	0.37	12.50	12.50	3.47
勉　县	2389.5	41.1	1.0	41.47	15.83	0.94	16.58	16.58	4.38
宁强县	3256.0	32.3	0.4	9.30	7.24	0.32	8.31	8.31	2.32
略阳县	2826.1	17.7	0.4	12.00	8.00	0.18	6.59	5.53	1.36
镇巴县	3406.7	27.9	1.9	5.70	4.60	0.90	4.80	4.52	0.54
留坝县	1951.3	4.2	0.2	11.00	1.30	0.06	1.26	1.26	0.49
佛坪县	1268.7	3.2	0.1	2.70	0.83	0.04	1.10	1.10	0.31

continued

Area Measurement Unit: Square Kilometer

Population Measurement Unit:10,000 persons

城市建设用地面积 Area of Urban Construction Land							本年征用土地面积 Area of Land Requisition This Year		县名称 Name of Counties
公共管理与公共服务用地 Administration and Public Services	商业服务业设施用地 Commercial and Business Facilities	工业用地 Industrial	物流仓储用地 Logistics and Warehouse	道路交通设施用地 Road, Street and Transportation	公用设施用地 Municipal Utilities	绿地与广场用地 Green Space and Square		耕地 Arable Land	
0.46	0.69	0.34	0.10	1.49	0.35	1.82	0.20	0.20	扶风县
0.50	0.65	0.55	0.06	2.14	0.14	2.06	0.47		眉　县
0.90	1.04	0.65	0.65	1.09	0.56	2.53	0.50	0.50	陇　县
0.32	0.29	0.40	0.21	0.99	0.30	1.30			千阳县
0.38	0.21	0.06	0.01	0.59	0.14	1.11			麟游县
0.34	0.09	0.02	0.01	0.39	0.19	1.36			凤　县
0.30	0.08	0.05	0.05	0.46	0.17	0.72	0.10	0.10	太白县
1.00	1.02	1.40	0.12	2.86	0.82	3.59			三原县
									泾阳县
1.12	1.21	2.50	0.20	2.30	0.80	2.60	0.30		乾　县
0.45	0.25	1.04	0.40	1.95	1.65	2.37			礼泉县
0.56	0.24	0.42	0.11	1.37	0.26	1.17	0.20	0.18	永寿县
0.10	0.20	0.76	0.12	1.12	0.53	1.09	0.04		长武县
0.55	0.56	0.23	0.02	0.63	0.20	1.68			旬邑县
0.20	0.25	0.50	0.10	0.54	0.20	1.38			淳化县
0.35	0.79	0.81	0.41	2.04	0.58	1.01	0.80	0.45	武功县
1.00	0.20	0.20	0.10	1.90	1.00	1.80			潼关县
1.05	1.62	1.01	0.51	2.34	1.08	3.69			大荔县
0.59	0.49	1.25	0.04	1.20	0.18	1.55			合阳县
1.00	1.00	2.00	0.60	1.66	1.00	2.57			澄城县
2.10	1.00	0.20	0.37	5.00	0.66	4.75	0.11	0.11	蒲城县
1.20	0.50	0.40	0.28	1.28	1.03	1.35			白水县
1.41	1.80	1.20	0.50	4.00	0.17	4.00			富平县
0.41	0.03	0.43	0.11	0.40	0.58	1.07			延长县
0.80	1.00	0.30	0.20	0.80	0.50	2.54			延川县
0.51	0.43	0.26	0.08	0.90	0.11	1.93	0.38	0.01	志丹县
0.20	0.40	0.05	0.29	1.20	1.30	2.18			吴起县
0.60	0.10	0.21	0.04	0.59	0.15	1.08	0.13	0.13	甘泉县
0.70	0.85	0.24	0.02	0.47	2.85	2.93	2.30		富　县
0.16	0.32	0.29	0.20	0.68	0.13	2.52	0.70	0.70	洛川县
0.01	0.46	0.01	0.01	0.54	0.01	0.92			宜川县
0.45	0.32	0.05	0.02	0.44	0.10	1.60			黄龙县
0.57	0.21	0.05	0.04	1.20	0.11	1.21			黄陵县
1.00	1.00	0.05	0.10	2.37	0.05	4.13	0.06		城固县
1.67	0.47	0.11	0.18	2.54	0.38	3.45	1.01	0.68	洋　县
0.59	0.55	0.10	0.22	3.15	0.23	4.19			西乡县
2.14	1.42	1.74	0.56	2.67	0.86	2.81	0.20		勉　县
0.22	0.60	1.60	0.05	1.04	0.35	2.13			宁强县
0.39	0.70	0.43	0.02	0.72	0.05	1.86			略阳县
0.32	0.11	0.21	0.13	0.76	0.62	1.83			镇巴县
0.13	0.01	0.01	0.01	0.19	0.02	0.40			留坝县
0.06	0.03	0.01	0.01	0.21	0.08	0.39			佛坪县

2-2 续表 32

面积计量单位：平方公里
人口计量单位：万人

县名称 Name of Counties	县面积 County District Area	县人口 County District Population	县暂住人口 County District Temporary Population	县城面积 County Seat Area	县城人口 County Seat Population	县城暂住人口 County Seat Temporary Population	建成区面积 Area of Built District	小计 Subtotal	居住用地 Residential
府谷县	3201.8	25.0	7.0	18.00	9.90	5.56	12.08	11.14	2.67
靖边县	4974.6	36.2	3.1	96.00	21.30	2.80	29.90	29.86	12.25
定边县	6821.3	36.1	6.2	25.00	5.12	5.59	18.53	15.90	6.41
绥德县	1852.8	36.3	0.7	15.10	9.67	0.74	13.50	13.36	3.00
米脂县	1168.4	22.2	2.9	40.00	5.52	0.17	15.00	8.18	0.08
佳　县	2028.7	26.5	0.7	27.18	2.21	0.33	4.28	3.78	1.20
吴堡县	421.1	8.2	0.4	4.00	2.82	0.43	3.00	2.90	0.57
清涧县	1849.5	22.3	0.1	3.72	5.21	0.18	3.70	3.38	1.90
子洲县	2026.6	29.4	2.3	6.60	3.10	1.95	5.64	5.58	2.78
汉阴县	1365.0	32.4	1.1	18.48	8.40	1.14	8.50	8.40	2.83
石泉县	1516.4	18.2	1.1	12.55	6.76	0.83	7.64	6.62	2.11
宁陕县	3663.8	7.2	0.2	7.04	1.93	0.13	3.50	2.56	0.70
紫阳县	2244.2	33.7	0.2	7.62	6.00	0.22	6.50	6.01	2.55
岚皋县	1956.6	16.8	0.7	21.00	3.85	0.12	4.50	4.49	1.46
平利县	2648.3	23.2	0.7	30.00	6.15	0.13	7.20	7.19	1.85
镇坪县	1502.2	5.9	0.4	14.40	1.47	0.05	1.65	1.56	0.40
旬阳县	3540.8	45.8	0.2	70.00	10.27	0.07	11.55	11.51	2.94
白河县	1453.6	22.2	0.4	10.00	3.91	0.35	4.00	3.42	0.61
洛南县	2832.5	45.8	3.1	55.00	11.26	3.12	18.00	14.14	3.29
丹凤县	2407.4	31.6	1.6	13.00	9.60	1.50	9.80	9.59	4.29
商南县	2313.8	24.9	0.3	20.00	6.79	0.21	9.80	9.76	2.72
山阳县	3531.3	47.3	1.8	18.00	9.85	1.35	8.50	8.26	2.55
镇安县	3487.9	30.4	1.8	10.00	6.00	0.83	6.40	6.38	0.95
柞水县	2363.3	16.5	0.1	10.50	3.58	0.41	6.50	6.20	3.10
甘　肃	**368918.1**	**1889.3**	**90.0**	**837.87**	**358.66**	**45.50**	**491.36**	**458.58**	**163.78**
永登县	5652.2	55.3	1.4	20.00	10.00	0.63	11.00	10.04	2.60
皋兰县	2556.0	19.8	1.2	10.33	6.30	1.15	6.83	6.83	1.99
榆中县	3245.0	45.9	11.2	11.00	5.50	0.38	10.75	10.70	3.10
永昌县	7440.2	23.8	0.7	13.79	3.40	0.21	8.64	8.44	2.28
靖远县	5595.4	50.4	0.6	13.00	10.26	0.33	13.00	13.00	6.22
会宁县	6439.0	56.9	5.5	18.02	10.51	3.30	14.85	14.40	3.73
景泰县	5483.0	24.5	2.0	16.00	8.00	2.00	13.30	10.76	4.10
清水县	2012.0	33.0	0.8	18.97	7.09	0.13	7.72	7.69	1.58
秦安县	16.6	64.7	3.2	15.80	12.51	1.05	13.60	13.47	2.10
甘谷县	1572.8	64.9	5.1	50.00	12.94	1.61	16.82	13.45	3.68
武山县	2011.0	47.2	0.9	9.80	7.13	0.47	9.20	9.04	3.17
张家川回族自治县	1311.7	34.1	0.8	9.00	5.80	0.95	7.50	7.42	2.52
民勤县	15907.0	24.2	0.2	8.20	5.75	0.65	8.14	8.14	1.53
古浪县	5103.0	38.9	0.8	5.85	3.96	0.61	5.65	5.18	2.08
天祝藏族自治县	7149.0	20.2	0.5	23.25	7.19	0.71	5.45	5.40	1.72
肃南县	23887.0	3.9	0.0	6.65	0.95	0.01	1.92	1.91	0.91
民乐县	3687.2	25.0	0.3	12.52	8.94	0.27	10.40	10.37	4.68

continued

Area Measurement Unit: Square Kilometer
Population Measurement Unit:10,000 persons

城市建设用地面积 Area of Urban Construction Land							本年征用土地面积		县名称
公共管理与公共服务用地 Administration and Public Services	商业服务业设施用地 Commercial and Business Facilities	工业用地 Industrial	物流仓储用地 Logistics and Warehouse	道路交通设施用地 Road, Street and Transportation	公用设施用地 Municipal Utilities	绿地与广场用地 Green Space and Square	Area of Land Requisition This Year	耕地 Arable Land	Name of Counties
1.45	1.07	0.56	0.30	0.95	0.38	3.76			府谷县
1.23	0.22	3.38	0.15	4.22	1.11	7.30	1.91	0.11	靖边县
1.20	1.08	0.87	0.27	2.52	0.13	3.42			定边县
0.62	1.82	0.16	0.02	2.05	0.09	5.60	0.01		绥德县
5.00	0.08	0.02	0.03	0.70	0.15	2.12			米脂县
0.38	0.38	0.06	0.21	0.26	0.03	1.26			佳　县
0.30	0.13	0.10	0.13	0.81	0.30	0.56			吴堡县
0.19	0.13	0.02	0.04	0.43	0.06	0.61	0.30		清涧县
0.20	0.20	0.10	0.10	0.60	0.10	1.50			子洲县
1.10	0.34	0.13	0.17	1.47	0.21	2.15	0.39		汉阴县
0.52	0.53	0.25	0.14	0.82	0.15	2.10			石泉县
0.37	0.16	0.02	0.01	0.42	0.04	0.84	0.01	0.01	宁陕县
0.42	0.50	0.11	0.05	0.86	0.15	1.37	0.03	0.01	紫阳县
0.76	0.01	0.10	0.01	0.42	0.01	1.72	0.17	0.13	岚皋县
0.90	0.50	0.40	0.06	0.53	0.50	2.45			平利县
0.16	0.10	0.16	0.10	0.18	0.05	0.41			镇坪县
0.46	0.90	1.62	0.21	1.86	0.29	3.23	0.02		旬阳县
0.02	0.30	0.10	0.04	0.89	0.50	0.96			白河县
0.64	0.58	3.55	1.51	1.92	0.23	2.42	0.06		洛南县
0.13	0.82	0.86	0.22	1.50	0.23	1.54	0.96		丹凤县
0.95	0.21	0.21	0.60	1.67	1.00	2.40	1.05		商南县
0.32	0.50	0.92	0.23	1.35	0.65	1.74	0.46		山阳县
0.43	0.55	0.60	0.33	0.97	0.25	2.30			镇安县
0.50	0.40	0.50	0.20	0.50	0.20	0.80			柞水县
49.39	**31.09**	**30.98**	**12.72**	**66.47**	**24.60**	**79.55**	**12.89**	**6.27**	**甘　肃**
0.72	0.50	0.70	0.38	1.93	0.19	3.02	0.31	0.27	永登县
0.53	0.32	1.04	0.24	0.90	0.16	1.65			皋兰县
1.73	0.25	0.64	0.25	2.20	0.12	2.41	2.01	1.62	榆中县
0.75	0.48	1.45	0.15	1.42	0.88	1.03	0.30	0.12	永昌县
1.33	1.16	0.28	0.09	1.56	0.36	2.00	1.38		靖远县
1.34	1.62	0.67	0.95	2.98	0.54	2.57			会宁县
1.60	0.71	0.81	0.52	1.15	0.70	1.17			景泰县
1.66	0.54	0.43	0.31	1.08	0.41	1.68	0.12		清水县
3.02	2.01	0.90	1.52	1.52	1.80	0.60			秦安县
1.11	2.08	1.53	0.31	1.92	0.91	1.91			甘谷县
1.80	2.00	0.40	0.05	0.80	0.20	0.62			武山县
1.65	0.33	0.31		0.70	1.35	0.56			张家川回族自治县
0.96	0.36	0.47	0.20	1.01	1.08	2.53			民勤县
0.62	0.05	0.15	0.01	1.06	0.20	1.01	0.25	0.14	古浪县
0.78	0.15	0.19	0.05	0.71	0.20	1.60			天祝藏族自治县
0.01	0.01	0.22	0.07	0.17	0.01	0.51			肃南县
0.30	0.72	0.27	0.04	1.38	0.30	2.68	0.44		民乐县

2-2 续表 33

面积计量单位：平方公里
人口计量单位：万人

县名称 Name of Counties	县面积 County District Area	县人口 County District Population	县暂住人口 County District Temporary Population	县城面积 County Seat Area	县城人口 County Seat Population	县城暂住人口 County Seat Temporary Population	建成区面积 Area of Built District	小计 Subtotal	居住用地 Residential
临泽县	2729.8	14.9	0.6	12.00	4.65	0.54	5.83	5.83	1.29
高台县	4425.0	15.9	0.9	8.56	6.35	1.35	8.56	8.56	1.43
山丹县	5402.4	19.8	1.7	12.48	7.35	1.68	12.48	12.46	4.88
泾川县	1409.3	37.3	0.7	19.66	6.89	0.52	7.40	7.15	1.26
灵台县	2038.0	24.0	0.9	5.50	2.98	0.71	5.06	4.53	1.28
崇信县	849.9	10.2	0.5	20.00	3.52	0.10	7.20	6.65	1.83
庄浪县	1553.1	45.4	0.8	12.50	4.16	0.71	12.50	10.46	4.00
静宁县	2193.0	48.3	1.4	25.30	6.23	1.18	11.00	10.92	3.71
金塔县	17433.6	14.2	1.2	15.00	6.27	0.27	7.00	6.46	2.32
瓜州县	23573.3	15.0	1.4	12.57	3.60	1.02	6.64	6.00	1.99
肃北蒙古族自治县	66720.0	1.3	0.2	2.80	0.78	0.09	2.73	2.65	0.75
阿克塞哈萨克族自治县	31375.1	1.5	0.5	4.50	0.94	0.52	4.50	2.63	0.53
庆城县	2692.6	32.9	2.6	11.20	6.48	0.48	8.56	8.51	3.12
环　县	9249.5	38.1	4.2	12.00	6.57	0.81	8.20	8.20	2.88
华池县	3776.0	14.0	0.8	7.40	3.21	0.54	5.74	5.13	2.30
合水县	2941.8	18.2	0.8	8.50	4.53	0.55	4.92	4.46	1.47
正宁县	1319.5	24.5	3.0	8.66	3.13	0.45	5.84	5.20	1.35
宁　县	2653.7	55.4	0.6	10.00	3.28	0.81	6.52	6.08	1.09
镇原县	3508.0	56.9	7.4	9.00	3.16	0.74	8.10	4.89	1.33
通渭县	2899.0	43.9	1.2	13.50	6.10	0.81	10.00	9.08	2.71
陇西县	2657.0	52.5	2.8	58.00	20.30	2.80	24.35	24.31	9.30
渭源县	2034.0	34.9	1.0	16.94	3.53	0.16	5.60	5.58	2.76
临洮县	2851.0	55.5	0.2	17.92	16.10	0.08	14.63	14.62	4.92
漳　县	2164.4	21.0	0.9	12.05	4.93	0.85	4.69	4.07	2.40
岷　县	3500.0	49.1	1.5	35.00	8.96	1.30	12.45	12.45	8.00
成　县	1700.0	28.0	2.0	30.00	6.70	1.85	11.80	11.80	6.95
文　县	4994.0	25.0	1.2	3.50	3.73	0.43	3.50	2.27	0.83
宕昌县	3331.0	33.3	1.3	10.00	3.38	0.51	6.00	5.15	1.82
康　县	2958.5	19.7	0.3	6.75	2.86	0.13	2.53	2.52	0.58
西和县	1861.0	44.9	1.7	19.96	10.98	1.11	12.30	11.80	8.30
礼　县	4263.6	54.0	2.7	14.00	4.85	1.40	7.16	7.05	3.25
徽　县	2722.0	22.8	1.2	17.00	5.06	1.14	7.00	5.10	3.10
两当县	1374.0	5.1	0.1	7.50	1.29	0.10	2.60	2.60	0.75
临夏县	1212.4	42.3	0.6	5.79	2.75	0.21	3.95	3.95	1.57
康乐县	1083.0	30.7	0.3	12.21	5.78	0.19	6.60	6.10	2.62
永靖县	1894.0	20.9	1.3	18.62	6.50	1.30	8.50	8.48	3.80
广河县	538.0	30.4	0.3	6.30	4.26	0.16	5.26	5.14	1.86
和政县	960.0	24.2	0.1	9.20	5.56	0.12	7.90	5.85	1.69
东乡县	1476.0	38.8	0.1	2.22	3.20	0.06	2.13	2.13	0.11
积石山县	991.0	27.8	2.4	4.55	3.30	1.85	4.35	4.22	2.11

continued

Area Measurement Unit: Square Kilometer

Population Measurement Unit:10,000 persons

城市建设用地面积 Area of Urban Construction Land							本年征用土地面积 Area of Land Requisition This Year	耕地 Arable Land	县名称 Name of Counties
公共管理与公共服务用地 Administr-ation and Public Services	商业服务业设施用地 Commercial and Business Facilities	工业用地 Industrial	物流仓储用地 Logistics and Warehouse	道路交通设施用地 Road, Street and Trans-portation	公用设施用地 Munici-pal Utilities	绿地与广场用地 Green Space and Square			
0.71	0.45	1.18	0.09	1.42	0.05	0.64	0.14		临泽县
0.89	0.74	1.85	0.20	1.20	0.15	2.10	0.07	0.02	高台县
1.20	0.78	2.28	0.20	1.11	0.15	1.86			山丹县
0.62	0.68	0.24	0.61	1.03	0.28	2.43	0.07		泾川县
0.21	0.36	0.29	0.31	0.90	0.18	1.00	0.09	0.04	灵台县
0.69	0.35	0.36	0.03	0.70	0.33	2.36	0.27	0.02	崇信县
0.70	0.74	0.70	0.28	1.82	0.18	2.04	0.50	0.39	庄浪县
0.68	0.38	0.62	0.45	1.74	0.36	2.98	1.30	1.08	静宁县
0.42	0.30	0.15	0.25	1.36	0.13	1.53			金塔县
0.21	0.60	0.06	0.04	1.24	0.15	1.71			瓜州县
0.12	0.09	0.15	0.04	0.33	0.07	1.10			肃北蒙古族自治县
0.11	0.15	0.11	0.12	0.55	0.15	0.91			阿克塞哈萨克族自治县
1.58	0.01	0.73	0.20	0.75	0.74	1.38			庆城县
2.51	0.35	0.03	0.03	1.01	0.20	1.19	0.40	0.19	环　县
0.23	0.16	0.03	0.01	0.66	0.26	1.48			华池县
0.61	0.22	0.13	0.02	1.03	0.12	0.86	0.54		合水县
1.00	0.15	0.24	0.10	0.85	0.89	0.62	0.22	0.20	正宁县
0.01	0.40	0.40	0.01	0.97	1.58	1.62			宁　县
0.76	0.49	0.24	0.06	1.07	0.08	0.86	0.34	0.04	镇原县
0.57	1.05	0.43	0.32	0.76	0.37	2.87	2.04	0.86	通渭县
1.41	1.17	4.51	1.16	2.95	0.99	2.82	0.08		陇西县
0.81	0.02	0.21	0.04	0.70	0.43	0.61	0.67	0.67	渭源县
1.54	2.38	0.65	0.42	1.68	0.33	2.70			临洮县
0.31	0.35	0.08	0.05	0.55	0.09	0.24			漳　县
0.86	0.40	0.62	0.24	0.90	0.82	0.61			岷　县
0.70	0.65	1.40	0.31	1.10	0.15	0.54	0.05		成　县
0.20	0.17	0.09	0.10	0.32	0.11	0.45			文　县
0.31	0.30	0.01	0.40	0.81	1.00	0.50			宕昌县
0.51	0.06	0.15	0.12	0.46	0.05	0.59			康　县
0.65	0.33	0.26	0.11	1.11	0.08	0.96			西和县
0.65	0.46	0.43	0.25	1.11	0.48	0.42	0.10	0.10	礼　县
0.27	0.02	0.25	0.03	0.90	0.03	0.50			徽　县
0.46	0.18	0.12	0.11	0.42	0.15	0.41			两当县
0.40	0.27	0.07	0.21	0.95	0.20	0.28			临夏县
0.47	0.23	0.10	0.01	0.84	0.53	1.30			康乐县
0.09	0.10	0.02	0.10	1.76	0.10	2.51	0.16	0.16	永靖县
0.94	0.28	0.21	0.07	0.76	0.16	0.86	0.60	0.35	广河县
1.60	0.08	0.51	0.04	1.10	0.03	0.80	0.42		和政县
0.40	0.01	0.01	0.03	0.49	1.04	0.04			东乡县
0.67	0.12	0.03		0.42	0.22	0.65			积石山县

2-2 续表 34

面积计量单位：平方公里

人口计量单位：万人

县名称 Name of Counties	县面积 County District Area	县人口 County District Population	县暂住人口 County District Temporary Population	县城面积 County Seat Area	县城人口 County Seat Population	县城暂住人口 County Seat Temporary Population	建成区面积 Area of Built District	小计 Subtotal	居住用地 Residential
临潭县	1557.7	17.1	0.1	7.30	3.20	0.06	3.80	2.60	1.55
卓尼县	5419.7	11.6	0.4	6.18	3.22	0.18	5.00	4.09	0.80
舟曲县	2884.9	14.4	0.0	2.95	4.09	0.03	2.95	2.95	1.10
迭部县	5108.3	2.2	0.1	2.35	2.20	0.09	2.02	2.02	0.54
玛曲县	10000.0	6.1	0.7	5.00	1.81	0.62	4.80	4.52	2.01
碌曲县	5298.0	3.9	0.2	3.57	1.18	0.09	2.44	1.75	0.50
夏河县	6274.0	9.2	0.3	9.70	2.53	0.34	3.50	3.37	1.05
青 海	**481835.1**	**354.5**	**28.1**	**585.83**	**95.94**	**15.86**	**185.09**	**163.41**	**50.81**
大通县	3090.0	49.0	1.9	37.03	19.20	0.92	17.97	15.54	3.28
湟源县	1509.0	12.8	0.3	16.00	7.12	0.26	10.02	9.44	2.50
民和县	1780.0	43.2	0.5	20.90	7.50	0.30	9.40	9.37	4.80
互助县	3321.0	40.1	5.9	98.65	6.89	2.14	11.66	10.93	3.08
化隆县	2740.0	31.0	0.1	25.26	6.61	0.08	7.07	6.40	2.01
循化县	1749.0	14.1	0.3	13.00	3.90	0.21	5.40	3.21	0.62
门源县	6902.3	16.1	1.4	59.38	4.23	1.38	10.00	8.34	2.17
祁连县	13886.0	5.3	1.2	6.40	1.65	0.60	4.36	4.34	1.62
海晏县	4853.1	3.0	1.6	10.50	1.43	1.15	5.00	3.35	0.76
刚察县	8138.1	5.3	0.8	6.00	1.33	0.47	4.02	4.02	1.95
西海镇	30.0	1.5	0.9	30.00	1.44	0.85	4.00	3.73	1.38
尖扎县	7100.0	6.3	0.8	6.20	1.52	0.51	4.50	4.40	1.80
泽库县	6658.1	7.3	0.5	11.67	1.22	0.35	2.72	2.50	0.65
河南县	6997.5	4.5	0.7	6.50	1.11	0.58	2.74	2.59	0.67
共和县	17209.0	13.3	0.8	49.00	3.97	0.64	12.00	11.09	2.47
同德县	5001.0	6.4	0.7	8.50	1.21	0.69	3.00	2.61	1.28
贵德县	3504.0	11.2	0.2	54.36	3.39	0.07	6.33	5.81	1.98
兴海县	12182.0	8.3	0.3	9.80	1.69	0.03	4.50	3.75	0.55
贵南县	6650.0	8.2	0.1	19.00	2.09	0.08	3.00	3.00	0.53
班玛县	6432.0	3.1	0.1	6.30	0.54	0.16	2.84	2.70	1.28
久治县	8708.2	3.0	0.3	5.20	0.44	0.09	1.96	1.96	0.60
甘德县	7143.0	4.4	0.1	3.97	0.57	0.09	3.65	2.52	1.02
玛沁县	13460.0	5.8	2.2	12.00	2.44	1.10	10.40	9.22	2.66
达日县	14542.0	3.7	0.4	2.83	0.73	0.35	1.82	1.81	0.77
玛多县	24500.0	1.8	0.1	5.10	0.51	0.05	1.60	1.58	0.40
杂多县	35520.0	6.9	0.5	4.50	2.35	0.33	2.10	1.84	1.00
称多县	14615.0	6.6	0.1	6.40	1.36	0.09	3.72	3.72	2.04
治多县	80648.0	4.3	0.6	5.80	1.45	0.32	2.60	1.37	0.24
囊谦县	12061.0	10.3	1.0	3.90	2.56	0.34	2.93	2.89	1.86
曲麻莱县	46634.0	3.8	0.7	3.50	1.14	0.75	1.28	1.27	0.23
乌兰县	12256.0	3.5	0.5	15.50	1.31	0.11	4.40	3.41	1.60
都兰县	45027.0	7.2	1.8	10.00	1.60	0.30	8.00	5.05	1.16
天峻县	25989.0	2.3	0.3	6.00	0.64	0.09	5.80	5.47	1.44
大柴旦行委	21000.0	0.9	0.5	6.68	0.80	0.38	4.30	4.18	0.41

continued

Area Measurement Unit: Square Kilometer

Population Measurement Unit:10,000 persons

城市建设用地面积 Area of Urban Construction Land							本年征用土地面积 Area of Land Requisition This Year	耕地 Arable Land	县名称 Name of Counties
公共管理与公共服务用地 Administr-ation and Public Services	商业服务业设施用地 Commercial and Business Facilities	工业用地 Industrial	物流仓储用地 Logistics and Warehouse	道路交通设施用地 Road, Street and Trans-portation	公用设施用地 Munici-pal Utilities	绿地与广场用地 Green Space and Square			
0.32	0.10	0.02	0.03	0.18	0.09	0.31			临潭县
0.43	0.29	0.07	0.01	1.50	0.70	0.29			卓尼县
0.38	0.23	0.01	0.02	0.61	0.01	0.59			舟曲县
0.22	0.40	0.03	0.29	0.28	0.06	0.20	0.01		迭部县
0.66	0.37	0.21	0.04	0.68	0.11	0.44			玛曲县
0.24	0.03	0.01	0.02	0.30	0.31	0.34	0.01		碌曲县
0.15	0.35	0.22		0.60	0.50	0.50			夏河县
20.23	**10.74**	**15.23**	**4.21**	**26.04**	**10.00**	**26.15**	**2.53**	**1.10**	**青　海**
1.49	1.36	4.08	0.23	1.28	1.16	2.66			大通县
1.12	1.00	0.32	0.45	1.10	0.45	2.50			湟源县
0.60	0.37	1.22	0.22	1.05	0.25	0.86	0.63	0.58	民和县
1.34	0.96	0.79	0.12	1.62	0.34	2.68	0.10	0.10	互助县
0.97	0.30	0.69	0.18	1.05	0.29	0.91	0.84	0.35	化隆县
0.13	0.09	0.07	0.20	0.52	0.40	1.18			循化县
1.36	0.32	1.63	0.07	1.92	0.29	0.58			门源县
0.80	0.02	0.30	0.08	0.71	0.46	0.35			祁连县
0.43	0.20	0.64	0.34	0.47	0.34	0.17			海晏县
0.63	0.19	0.26		0.58	0.07	0.34			刚察县
0.12	0.32	1.20	0.02	0.44	0.13	0.12			西海镇
0.59	0.25	0.16	0.05	0.34	0.31	0.90			尖扎县
0.35	0.02	0.21	0.07	0.21	0.32	0.67			泽库县
0.50	0.30	0.19	0.11	0.26	0.26	0.30			河南县
0.80	1.00	1.19	0.26	2.18	0.70	2.49	0.07	0.07	共和县
0.15	0.13	0.09	0.06	0.56	0.08	0.26			同德县
0.92	0.29	0.09	0.10	1.16	0.15	1.12			贵德县
0.38	0.24	0.05	0.13	0.71	0.43	1.26	0.89		兴海县
0.44	0.21	0.09	0.04	1.10	0.04	0.55			贵南县
0.48	0.20	0.01		0.26	0.17	0.30			班玛县
0.17	0.20	0.19	0.14	0.34	0.20	0.12			久治县
0.38	0.22	0.18	0.08	0.48	0.12	0.04			甘德县
1.40	0.06	0.14	0.06	2.04	0.02	2.84			玛沁县
0.33	0.11	0.01	0.01	0.26	0.22	0.10			达日县
0.39	0.15	0.17	0.04	0.23	0.11	0.09			玛多县
0.10	0.10	0.10		0.30	0.14	0.10			杂多县
0.20	0.22	0.03	0.01	0.50	0.11	0.61			称多县
0.21	0.21	0.10		0.50	0.01	0.10			治多县
0.20	0.02	0.05	0.02	0.60	0.10	0.04			囊谦县
0.17	0.10	0.02	0.10	0.40	0.15	0.10			曲麻莱县
0.59	0.30	0.16	0.06	0.34	0.10	0.26			乌兰县
0.71	0.43	0.35	0.03	1.41	0.13	0.83			都兰县
0.65	0.14	0.44	0.59	1.03	1.09	0.09			天峻县
1.13	0.71	0.01	0.34	0.09	0.86	0.63			大柴旦行委

2-2 续表 35

面积计量单位：平方公里
人口计量单位：万人

县名称 Name of Counties	县面积 County District Area	县人口 County District Population	县暂住人口 County District Temporary Population	县城面积 County Seat Area	县城人口 County Seat Population	县城暂住人口 County Seat Temporary Population	建成区面积 Area of Built District		
								小计 Subtotal	居住用地 Residential
宁　夏	**38395.2**	**336.8**	**21.3**	**318.11**	**97.89**	**17.34**	**187.92**	**183.05**	**57.32**
永宁县	934.1	26.1	1.3	18.50	5.56	0.14	12.09	12.06	4.08
贺兰县	1197.6	25.4	8.7	58.14	10.07	7.81	33.57	33.57	10.20
平罗县	2060.9	31.0	1.7	26.67	13.63	1.04	17.60	17.59	6.47
盐池县	8377.1	17.3	1.6	14.40	6.19	0.43	13.47	13.32	3.09
同心县	4433.3	38.2	0.1	38.60	10.34	0.43	17.89	17.89	5.13
红寺堡区	2756.2	17.6	0.7	16.20	3.51	0.49	12.68	8.57	1.49
西吉县	3134.9	47.5	0.2	45.00	8.46	2.66	11.55	11.26	4.83
隆德县	1268.7	15.4	0.9	11.00	5.92	0.62	6.45	6.17	1.60
泾源县	1128.7	11.9	0.5	7.02	3.04	0.43	6.02	6.02	1.68
彭阳县	2533.5	24.8	0.1	22.00	5.70	0.01	8.51	8.51	1.78
中宁县	4192.7	35.0	2.4	27.36	16.67	0.30	17.87	17.87	7.60
海原县	6377.6	46.6	3.3	33.22	8.80	2.98	30.22	30.22	9.37
新　疆	**1449188.1**	**1326.4**	**107.1**	**1207.69**	**324.99**	**56.78**	**680.93**	**635.45**	**218.86**
鄯善县	39548.0	22.6	0.8	57.24	7.70	0.63	28.79	28.08	5.49
托克逊县	16600.0	11.9	3.5	18.00	4.52	2.70	12.00	10.73	3.26
巴里坤哈萨克自治县	38400.0	9.0	1.0	10.48	1.27	0.05	4.65	4.34	1.62
伊吾县	19529.0	2.1	1.2	6.50	0.41	0.08	4.50	3.25	0.26
呼图壁县	9721.6	13.2	2.6	14.00	3.62	1.23	14.00	12.87	3.33
玛纳斯县	9171.4	23.9	3.2	18.83	5.00	1.70	15.80	15.41	6.21
奇台县	19300.0	23.5	3.4	63.09	7.45	2.73	17.57	17.51	6.59
吉木萨尔县	8848.0	13.8	3.7	13.50	2.81	1.49	13.50	10.07	2.85
木垒哈萨克自治县	22717.0	8.7	2.3	8.30	1.67	0.39	8.00	7.81	4.18
精河县	11275.0	10.2	3.8	8.37	2.75	1.34	7.90	7.77	3.65
温泉县	5893.7	6.3	1.2	5.50	0.73	0.59	4.20	3.16	1.02
轮台县	14184.0	13.2	3.5	20.00	5.00	2.20	8.05	7.39	2.57
尉犁县	60000.0	6.4	2.4	5.99	2.18	1.24	2.97	2.97	0.80
若羌县	202300.0	2.8	5.0	7.46	1.06	1.96	7.40	4.48	0.77
且末县	140250.0	6.6	0.6	7.01	2.07	0.41	4.18	4.17	2.08
焉耆回族自治县	2570.0	11.8	4.0	30.00	3.27	1.69	9.95	9.63	3.55
和静县	39686.0	18.4	1.5	22.00	4.92	1.10	14.55	14.38	6.04
和硕县	12740.6	6.6	0.6	13.64	3.31	0.61	9.84	9.64	2.80
博湖县	3541.6	5.2	1.1	2.95	1.48	0.24	2.95	2.95	0.94
温宿县	14335.2	32.9	5.8	30.00	8.78	1.52	23.00	23.00	2.86
沙雅县	32500.0	26.3	1.5	14.00	7.59	1.50	8.90	8.90	2.41
新和县	5820.5	22.5	3.1	11.00	6.10	0.69	8.56	8.50	0.85
拜城县	15033.0	23.8	3.6	12.21	5.19	2.24	9.20	9.20	3.20
乌什县	9082.0	23.7	0.2	8.50	3.25	0.10	4.20	3.40	1.00
阿瓦提县	13258.8	32.5	3.5	7.90	4.31	0.59	6.68	6.68	3.25
柯坪县	8912.2	6.0	0.1	5.37	2.37	0.07	3.10	3.03	1.54

continued

Area Measurement Unit: Square Kilometer
Population Measurement Unit:10,000 persons

城市建设用地面积 Area of Urban Construction Land							本年征用土地面积 Area of Land Requisition This Year		县名称 Name of Counties
公共管理与公共服务用地 Administration and Public Services	商业服务业设施用地 Commercial and Business Facilities	工业用地 Industrial	物流仓储用地 Logistics and Warehouse	道路交通设施用地 Road, Street and Transportation	公用设施用地 Municipal Utilities	绿地与广场用地 Green Space and Square		耕地 Arable Land	
17.58	**16.74**	**14.04**	**5.25**	**31.19**	**6.62**	**34.31**	**7.76**	**2.69**	**宁　夏**
0.91	0.50	1.67	0.01	2.31	0.06	2.52	0.33	0.13	永宁县
3.04	2.76	6.17	0.35	3.83	0.41	6.81	1.28	1.28	贺兰县
1.88	2.50	0.05	0.07	3.78	1.02	1.82	0.20	0.20	平罗县
1.90	1.42	1.42	0.48	1.84	0.38	2.79			盐池县
1.42	1.40	0.59	0.06	2.82	0.67	5.80	0.57	0.57	同心县
1.43	1.69	0.41	0.04	1.89	0.17	1.45	0.47	0.16	红寺堡区
0.68	1.23	0.11	0.16	1.32	0.51	2.42	0.20		西吉县
1.08	0.17	0.50	0.12	0.71	0.10	1.89			隆德县
1.24	0.39	0.06		0.81	0.51	1.33	0.35	0.23	泾源县
0.63	0.48	0.56	0.11	2.42	0.87	1.66	0.77	0.05	彭阳县
1.40	0.62	0.40	0.39	3.75	1.10	2.61	3.54	0.07	中宁县
1.97	3.58	2.10	3.46	5.71	0.82	3.21	0.05		海原县
60.22	**42.28**	**45.99**	**22.75**	**97.07**	**23.96**	**124.32**	**3.50**	**1.06**	**新　疆**
1.14	0.96	5.99	0.08	6.33	0.44	7.65			鄯善县
1.08	0.29	1.68	0.02	1.19	0.37	2.84	0.04		托克逊县
0.94	0.16	0.09	0.01	0.70	0.32	0.50			巴里坤哈萨克自治县
0.28	0.12	0.01	0.02	0.50	0.08	1.98			伊吾县
0.67	1.51	2.10	0.31	2.96	0.20	1.79			呼图壁县
1.59	0.60	2.50	0.30	2.79	0.09	1.33			玛纳斯县
1.08	2.19	1.52	0.06	2.80	0.29	2.98			奇台县
1.12	0.85	1.58	0.10	0.93	0.13	2.51			吉木萨尔县
0.71	0.56	0.60	0.03	0.90	0.21	0.62			木垒哈萨克自治县
0.50	0.40	0.32	0.20	1.47	0.29	0.94			精河县
0.70	0.22	0.04	0.01	0.55	0.09	0.53			温泉县
0.61	0.59	0.57	0.61	1.30	0.10	1.04			轮台县
0.53	0.35	0.01	0.02	0.67	0.14	0.45			尉犁县
0.50	0.20	0.03	0.02	1.43	0.03	1.50			若羌县
0.82	0.40	0.02	0.05	0.30	0.20	0.30			且末县
0.75	0.53	0.59	0.13	1.00	0.64	2.44			焉耆回族自治县
1.56	0.44	0.06	1.11	1.30	0.44	3.43			和静县
1.02	1.36	0.86	0.16	1.46	0.20	1.78			和硕县
0.44	0.30	0.10	0.03	0.40	0.10	0.64			博湖县
1.05	4.88	0.12	1.89	5.40	2.30	4.50			温宿县
1.01	0.50	0.61	0.20	2.00	0.25	1.92	0.86	0.03	沙雅县
0.80	0.70	0.80	0.35	2.25	0.75	2.00	1.04		新和县
0.83	0.10	0.03	0.07	1.51	0.75	2.71			拜城县
0.33	0.27	0.05	0.01	0.97	0.07	0.70			乌什县
0.60	0.22	0.10	0.04	1.04	0.08	1.35			阿瓦提县
0.24	0.14	0.01	0.01	0.31	0.08	0.70	0.10	0.10	柯坪县

2-2 续表 36

面积计量单位：平方公里
人口计量单位：万人

县名称 Name of Counties	县面积 County District Area	县人口 County District Population	县暂住人口 County District Temporary Population	县城面积 County Seat Area	县城人口 County Seat Population	县城暂住人口 County Seat Temporary Population	建成区面积 Area of Built District		
								小计 Subtotal	居住用地 Residential
阿克陶县	25247.4	23.1	0.7	15.00	6.52	0.46	6.50	6.50	2.57
阿合奇县	16797.0	4.6	0.2	5.70	1.40	0.11	4.88	3.83	0.90
乌恰县	22000.0	5.8	1.4	6.70	1.48	0.45	6.69	6.68	2.96
疏附县	2624.0	28.1	0.9	22.40	5.53	0.73	13.60	11.84	3.72
疏勒县	2394.8	37.8	0.9	57.81	9.02	0.63	16.00	13.94	2.97
英吉沙县	3223.0	30.7	0.1	15.35	5.21	0.10	11.45	9.95	2.50
泽普县	986.0	23.6	1.8	10.10	6.42	0.53	9.30	9.28	4.12
莎车县	8283.9	89.7	2.3	40.00	33.20	2.25	39.03	38.73	13.50
叶城县	28370.3	55.7	1.2	38.00	15.73	0.80	25.25	23.39	7.61
麦盖提县	15200.0	23.2	2.0	15.00	6.87	1.13	13.10	12.25	4.52
岳普湖县	2700.0	17.8	0.5	24.00	4.57	0.30	9.50	9.50	2.85
伽师县	7040.0	46.8	2.4	35.00	8.39	1.62	12.02	12.02	5.02
巴楚县	21741.0	40.0	1.2	36.02	13.70	1.20	27.44	25.42	8.60
塔什库尔干塔吉克自治县	25000.0	4.5	0.2	14.00	2.04	0.23	6.35	6.34	1.93
和田县	41036.1	35.2	1.7						
墨玉县	25607.7	65.4	2.1	35.88	8.60	0.98	18.91	18.02	7.54
皮山县	39464.4	31.3	0.7	14.67	3.64	0.30	5.71	5.71	0.90
洛浦县	14113.6	30.5	0.8	7.30	3.80	0.72	5.80	4.41	1.86
策勒县	31591.6	16.6	0.5	10.60	2.74	0.23	5.40	5.22	1.84
于田县	39032.9	31.4	0.7	12.04	6.01	0.67	4.96	4.89	3.02
民丰县	56702.9	4.2	1.6	5.18	1.55	0.59	3.42	3.28	1.73
伊宁县	4486.0	45.8	1.3	14.00	4.96	1.20	13.80	10.00	3.72
察布查尔县	4485.0	19.6	3.3	26.00	4.75	1.81	10.83	10.83	2.12
霍城县	3780.0	30.9	0.8	41.00	8.20	0.27	10.30	10.21	4.48
巩留县	4528.2	19.4	0.8	27.00	5.90	0.45	14.12	13.54	4.45
新源县	10000.0	31.3	1.6	37.40	10.44	1.25	13.50	13.50	6.88
昭苏县	11000.0	18.3	0.8	20.50	5.50	0.80	9.64	9.31	4.49
特克斯县	8352.0	16.9	0.6	24.80	4.73	0.86	10.21	8.17	3.39
尼勒克县	11700.0	18.0	0.4	18.20	4.59	0.28	11.00	9.62	4.00
额敏县	9146.0	16.8	1.5	25.07	4.50	0.99	17.03	11.21	4.35
沙湾县	13109.6	19.9	2.9	40.51	9.30	0.76	16.28	16.12	5.30
托里县	20097.0	9.0	0.7	13.50	2.17	0.39	8.00	8.00	2.79
裕民县	6222.0	5.6	0.3	9.57	1.50	1.50	5.80	5.80	3.40
和布克赛尔蒙古自治县	30589.2	5.1		11.50	1.09	0.31	5.00	5.00	2.20
布尔津县	10540.0	7.1	1.6	9.57	2.35	1.05	5.60	5.09	2.35
富蕴县	32237.0	9.6	1.1	9.80	2.89	0.65	6.68	6.22	2.50
福海县	32400.0	6.8	1.0	11.00	2.19	0.24	7.19	7.19	3.34
哈巴河县	8185.0	7.0	1.1	5.40	1.92	0.53	5.08	5.04	1.90
青河县	15735.0	6.3	0.4	9.00	1.57	0.21	4.94	4.83	1.79
吉木乃县	8222.0	3.5	0.1	11.28	1.21	0.11	6.18	5.25	1.63

continued

Area Measurement Unit: Square Kilometer

Population Measurement Unit:10,000 persons

城市建设用地面积 Area of Urban Construction Land							本年征用土地面积 Area of Land Requisition This Year	耕地 Arable Land	县名称 Name of Counties
公共管理与公共服务用地 Administr-ation and Public Services	商业服务业设施用地 Commercial and Business Facilities	工业用地 Industrial	物流仓储用地 Logistics and Warehouse	道路交通设施用地 Road, Street and Trans-portation	公用设施用地 Munici-pal Utilities	绿地与广场用地 Green Space and Square			
0.60	0.33	0.06	0.20	0.80	0.10	1.84			阿克陶县
0.65	0.71	0.07	0.05	0.54	0.12	0.79			阿合奇县
0.86	0.20	0.49	0.01	0.66	0.10	1.40			乌恰县
1.44	0.72	0.50	0.12	1.51	0.13	3.70			疏附县
2.04	0.96	3.10	0.02	1.65	0.36	2.84			疏勒县
1.20	0.20	0.55	0.10	2.00	0.04	3.36			英吉沙县
1.16	0.39	0.39	0.10	1.52	0.15	1.45	0.33	0.33	泽普县
3.80	1.33	0.62	6.90	6.00	1.48	5.10	0.01		莎车县
4.79	3.82	0.71	0.88	1.72	1.41	2.45			叶城县
0.37	0.96	0.70	0.33	1.93	0.52	2.92			麦盖提县
1.98	1.30	0.19	0.24	1.83	0.20	0.91			岳普湖县
0.73	0.46	2.14	0.85	1.09	0.04	1.69			伽师县
1.63	0.12	2.81	2.66	2.39	2.66	4.55			巴楚县
1.61	0.62	0.01	0.02	0.74	0.11	1.30			塔什库尔干塔吉克自治县
									和田县
1.52	0.59	2.69	0.30	3.11	1.32	0.95	0.22		墨玉县
0.51	0.86	1.01	0.66	0.85	0.37	0.55	0.14	0.04	皮山县
0.36	0.13	0.25	0.35	0.78	0.14	0.54			洛浦县
0.99	0.38	0.80	0.05	0.68	0.09	0.39			策勒县
0.46	0.31	0.08	0.03	0.73	0.03	0.23			于田县
0.31	0.15	0.20	0.03	0.40	0.10	0.36			民丰县
0.47	0.34	0.84	0.10	1.14	0.17	3.22	0.60	0.56	伊宁县
0.92	1.49	0.41	0.06	2.53	0.11	3.19			察布查尔县
0.32	0.46	0.15	0.60	1.30	0.45	2.45			霍城县
0.80	0.65	0.75	0.06	2.20	0.43	4.20	0.06		巩留县
1.15	0.42	0.79	0.10	2.15	0.32	1.69			新源县
0.61	0.16	0.59	0.01	0.82	0.25	2.38			昭苏县
0.62	0.68	0.01	0.14	1.16	0.80	1.37	0.07		特克斯县
0.73	0.15	0.20	0.15	1.42	1.25	1.72			尼勒克县
0.95	0.90	1.25	0.50	0.90	0.26	2.10			额敏县
1.50	1.05	0.52	0.10	2.52	0.03	5.10			沙湾县
0.87	0.36	0.29	0.15	1.30	0.24	2.00			托里县
0.47	0.20	0.21	0.04	0.70	0.09	0.69			裕民县
0.24	0.20	0.10	0.01	0.71	0.54	1.00			和布克赛尔蒙古自治县
0.77	0.46	0.35	0.10	0.52	0.10	0.44	0.01		布尔津县
0.30	0.48	0.32	0.07	0.61	0.31	1.63			富蕴县
0.60	0.63	0.47	0.12	1.24	0.08	0.71			福海县
0.10	0.10	0.10	0.02	0.69	0.15	1.98			哈巴河县
0.39	0.15	0.08	0.28	1.39	0.25	0.50	0.02		青河县
0.50	0.02	0.80	0.40	0.38	0.02	1.50			吉木乃县

三、县城维护建设财政性资金收支

3. Revenue and Expenditure of County Seat Maintenance and Construction Fund

简要说明

县城维护建设资金指用于县城维护和建设的财政性资金。本部分主要包括县城维护建设财政性资金的收入和支出两方面的内容，收入包括组成收入的各项来源，包括城市维护建设税、城市公用事业附加、中央和地方预算资金、国有土地使用权出让收入、国家和省规定收取的用于城市维护建设的行政事业性收费及其他收入，支出包括城市维护建设资金用于市政公用设施各行业的建设和维护资金。

2013 年，维护建设资金的收支范围和口径进行了调整。

Brief Introduction

County Seat maintenance and construction fund is the fund used for county seat maintenance and construction. This section mainly includes two parts: one is revenue from the fund, and the other is expenditure of the fund. Revenue consists of various capital sources, including urban maintenance and construction tax, extra-charge for urban utilities, budgetary funds by central and local governments, income generated from the transfer of state-owned land-use right, administrative charges for urban maintenance and construction prescribed by the central and provincial governments and other revenues. Expenditure covers funds used for construction and maintenance of public facilities in the municipal service facilities sector.

Revenue and expenditure scope as well as definition of urban maintenance and construction fund has been adjusted in 2013.

3 全国历年县城维护建设资金收支(2000-2016)

计量单位：万元

年份 Year	收入合计 Completed of Revenue	城市维护建设税 Urban Maintenance and Construction Tax	公用事业附加 Extra-Charges for Municipal Utilities	中央财政拨款 Financial Allocation from Central Government Budget	地方财政拨款 Financial Allocation from Local Government Budget	水资源费 Water Resource Fee
2000	1475288	218874	45849	83404	209840	5421
2001	2339413	284380	47428	68460	378484	7807
2002	3165232	319198	49195	163717	552206	9087
2003	4703331	418992	52225	249529	829818	14283
2004	5178923	482254	58156	159856	1080049	13112
2005	6043627	562226	66971	173570	1405247	16618
2006	5280388	624690	87843	281139	121727	30201
2007	7218834	827944	115565	255958	2022760	55081
2008	9736493	1109612	217957	647527	2927932	59435
2009	13820241	1272267	165937	1125862	5319207	88990
2010	20582038	1520894	215283	1410514	5465372	116924
2011	26240827	1989632	393902	1878689	7259456	267072
2012	31833379	2529027	403033	2937679	9382874	283277
2013	36096026	2840257	523755	2811897		
2014	42036116	2984908	488213	2469729		
2015	36400093	2818465	479671	2199425		
2016	36538509	2940675	473941	2177512		

注：自2006年起，县城维护建设资金收入仅包含财政性资金，不含社会融资。地方财政拨款中包括省、市(县)财政专项拨款和县级以下财政资金；其他收入中包括市政公用设施配套费、市政公用设施有偿使用费、土地出让转让金、资产置换收入及其他财政性资金。

National Revenue and Expenditure of County Seat Maintenance and Construction Fund in Past Years(2000-2016)

Measurement Unit:10,000 RMB

国内贷款 Domestic Loan	利用外资 Foreign Investment	企事业单位自筹资金 Self-Raised Funds by Enterprises and Institutions	其他收入 Other Revenues	支出合计 Completed of Expenditure	维护支出 Maintenance Expenditure	固定资产投资支出 Expenditure from Investment in Fixed Assets	其他支出 Other Expenditures
177939	52215	243841	437904	1543701	1224032	280838	38831
261940	65162	535359	690393	2336929	1746365	333699	256865
374804	76792	775543	844690	3196841	2529827	389298	277716
603166	131672	1261785	1141861	4661734	3907547	459527	294660
645288	134733	1203808	1401667	5077874	4221092	559888	296894
698906	158159	1440598	1521332	5927238	4831130	659689	436419
			4134788	4971017	3660147	858483	452387
			3941526	6806308	4796581	1207586	802141
			4774030	9192126	6722788	1434309	1020577
			5847978	13182941	10266437	1773499	1322453
			11853051	20451108	16006075	2348570	2096535
			14452076	24246084	18101051	3240910	2904123
			16297489	33299318	23820534	3899428	5579356
				29418982			
				29798372			
				27900620			
				28732749			

Note: Since 2006, national revenue of county seat maintenance and construction fund includes the fund fiscal budget, not including social funds. Local Financial Allocation include province and city special financial allocation, and Other Revenues include fee for expansion of municipal utilities capacity, fee for use of municipal utilities, land drainage facilities, water resource fee, property displace fee and so on.

四、县城市政公用设施建设固定资产投资

4. Fixed Assets Investment in County Seat Service Facilities

简要说明

本部分包含县城市政公用设施建设各行业的固定资产投资完成额，投资的资金来源和投资产生的能力或效益。行业包括县城供水、燃气、集中供热、道路和桥梁、排水和污水处理、园林绿化、市容环卫行业，不含住宅投资。

自 2009 年开始，全国县城市政公用设施建设固定资产投资中不再包括公共交通固定资产投资。

自 2013 年开始，全国县城市政公用设施建设固定资产投资中不再包括防洪固定资产投资。

Brief Introduction

This section includes investment in different utilities facilities, investment sources, and the capacity or benefit produced by the investment. The sectors covered are county seat water supply, county seat gas supply, central heating, public transit, roads and bridges, water drainage and wastewater treatment, landscaping, and urban environmental sanitation. The investment in housing development is not included.

Starting from 2009, the national fixed assets investment in the construction of municipal public utilities facilities has no longer included the fixed assets investment in county seat public transport facilities, expect for the fixed assets investment in county seat rail transit system.

Starting from 2013, the national fixed assets investment in the construction of municipal public utilities facilities has not included the fixed assets investment in county seat flood prevention.

4 全国历年县城市政公用设施建设固定资产投资(2001–2020)
National Fixed Assets Investment in County Seat Service Facilities in Past Years(2001-2020)

计量单位：亿元　　Measurement Unit:100 Million RMB

年份 Year	国内生产总值 Gross Domestic Product		财政收入 Government Revenue		全社会固定资产投资 Tatol Investment in Fixed Assets		县城市政公用设施建设固定资产投资 Fixed Assets Investment in County Seat Service Facilities			
	国内生产总值 GDP	增长速度(%) Growth Rate (%)	财政收入 Government Revenue	增长率(%) Growth Rate (%)	投资完成额 Completed Volume of Investment	增长率(%) Growth Rate (%)	投资完成额 Completed Volume of Investment	增长率(%) Growth Rate (%)	占同期全社会固定资产投资比重(%) Percentage in Total Investment in Fixed Assets During The Same Period (%)	占同期国内生产总值的比重(%) Percentage in GDP of The Same Period (%)
2001	110863.1	8.3	16386.0	22.3	37213.5	13.0	337.4		0.91	0.31
2002	121717.4	9.1	18903.6	15.4	43499.9	16.9	412.2	22.18	0.95	0.34
2003	137422.0	10.0	21715.3	14.9	55566.6	27.7	555.7	34.79	1.00	0.41
2004	161840.2	10.1	26396.5	21.6	70477.4	26.6	656.8	18.20	0.93	0.41
2005	187318.9	11.4	31649.3	19.9	88773.6	26.0	719.1	9.49	0.81	0.39
2006	219438.5	12.7	38760.2	22.5	109998.2	23.9	730.5	1.59	0.66	0.34
2007	270232.3	14.2	51321.8	32.4	137323.9	24.8	812.0	11.16	0.59	0.31
2008	319515.5	9.7	61330.4	19.5	172828.4	25.9	1146.1	41.15	0.66	0.36
2009	349081.4	9.4	68518.3	11.7	224598.8	30.0	1681.4	46.70	0.75	0.49
2010	413030.3	10.6	83101.5	21.3	278121.9	23.8	2569.8	52.84	0.92	0.64
2011	489300.6	9.5	103874.4	25.0	311485.1	23.8	2859.6	11.28	0.92	0.60
2012	540367.4	7.9	117253.5	12.9	374694.7	20.3	3984.7	39.34	1.06	0.77
2013	595244.4	7.8	129209.6	10.2	446294.1	19.1	3833.6	-3.79	0.86	0.65
2014	643974.0	7.3	140370.0	8.6	512020.7	15.2	3572.9	-6.80	0.70	0.56
2015	689052.1	6.9	152269.2	8.4	561999.8	9.8	3099.8	-13.24	0.55	0.46
2016	744127.2	6.7	159552.1	4.5	606465.7	7.9	3394.5	9.51	0.56	0.46
2017	827122.0	6.9	172567.0	7.4	641238.0	7.0	3634.2	7.06	0.57	0.44
2018	900309.0	6.6	183352.0	6.2	645675.0	5.9	3026.0	-16.74	0.47	0.34
2019	990865.0	6.1	190382.0	3.8	560874.0	5.1	3076.7	1.68	0.55	0.31
2020	1015986.0	2.3	182895.0	-3.9	527270.0	2.7	3884.3	26.25	0.74	0.38

注：1.国内生产总值增长速度按可比价格计算，财政收入增长速度按可比口径计算，其余均按当年价格计算。
2.国家统计局根据第四次全国经济普查、统计执法检查、统计调查方法改革和制度规定，对2019年全社会固定资产投资数据进行修订，2020年增速按可比口径计算。

Note: 1.Data in this table are calculated at current prices. GDP Growth Rate calculated in comparable prices, and the Growth Rate of Government Revenue calculated in comparable terms.
2.According to the fourth National Economic Census, statistical enforcement inspection, statistical investigation method reform and system regulations, the National Bureau of Statistics has revised the data of Total Investment in Fixed Assets in 2019, and the growth rate in 2020 calculated in comparable terms.

4-1 按行业分全国历年县城市政公用设施建设固定资产投资（2001-2020）

计量单位：亿元

指标 Item / 年份 Year	本年固定资产投资总额 Completed Investment of This Year	供水 Water Supply	燃气 Gas Supply	集中供热 Central Heating	公共交通 Public Transport	轨道交通 Rail Transit System	道路桥梁 Road and Bridge
2001	337.4	23.6	6.2	8.3	10.0		117.2
2002	412.2	28.1	10.5	13.2	10.6		152.9
2003	555.7	38.8	13.9	18.5	11.8		228.3
2004	656.8	44.4	15.1	24.3	12.3		246.7
2005	719.1	53.4	21.9	29.8	14.1		285.1
2006	730.5	44.3	24.1	28.9	10.3		319.1
2007	812.0	42.3	26.9	42.4	17.7		358.1
2008	1146.1	48.2	35.7	58.5	18.3		532.1
2009	1681.4	78.2	37.0	72.9			690.3
2010	2569.8	88.1	67.2	124.2			1132.1
2011	2859.6	127.6	112.7	155.7			1393.4
2012	3984.7	146.6	137.3	167.8			1934.7
2013	3833.6	164.9	182.3	223.4			1923.5
2014	3572.9	172.6	158.1	187.6			1908.4
2015	3099.8	156.4	112.6	171.0			1663.9
2016	3394.5	160.7	123.1	180.7			1805.8
2017	3634.2	226.3	121.0	194.1			1603.3
2018	3026.0	144.1	103.5	158.6		16.3	1185.0
2019	3076.7	168.1	136.2	133.8		11.1	1312.2
2020	3884.3	232.2	79.7	129.8		14.6	1399.6

注：1.自2009年开始，全国县城市政公用设施建设固定资产投资中不再包括公共交通固定资产投资。
2.自2013年开始，全国县城市政公用设施建设固定资产投资中不再包括防洪固定资产投资。

National Fixed Assets Investment in County Seat Service Facilities by Industry in Past Years (2001-2020)

Measurement Unit: 100 million RMB

地下综合管廊 Utility Tunnel	排水 Sewerage	污水处理及其再生利用 Waste-water Treatment and Reuse	防洪 Flood Control	园林绿化 Landscaping	市容环境卫生 Environ-mental Sanitation	垃圾处理 Garbage Treatment	其他 Other
	20.4	5.3	11.8	18.2	6.9	1.6	114.9
	33.0	12.9	13.7	22.0	10.6	3.9	117.7
	44.6	16.1	17.5	30.5	14.9	7.0	136.6
	52.5	17.2	19.1	41.0	14.7	4.5	186.7
	63.5	24.6	20.4	45.0	17.0	5.4	169.8
	72.1	37.0	11.6	46.2	42.2	7.6	132.4
	107.1	67.2	17.5	76.0	29.2	16.4	94.9
	141.2	80.8	26.4	174.1	37.2	23.2	74.4
	305.7	225.7	42.1	222.8	94.7	62.9	137.6
	271.1	165.7	45.8	373.6	121.9	83.4	345.9
	201.6	108.8	49.3	445.7	172.2	67.2	201.5
	229.6	105.0	69.8	581.4	274.6	136.0	442.8
	276.1	114.9		587.4	97.3	44.2	378.7
	296.1	139.2		521.0	97.4	36.0	231.9
	265.8	113.3		480.8	74.0	31.6	175.3
22.9	263.0	114.6		500.7	115.9	52.4	221.8
73.5	383.9	104.7		630.6	114.9	53.5	286.6
45.2	367.7	168.0		558.7	134.6	72.2	312.3
46.9	366.6	176.0		482.5	127.3	83.3	292.1
36.9	560.9	306.2		568.2	267.4	199.5	594.9

Note:1.Starting from 2009, the national fixed assets investment in the construction of municipal public utilities facilities has not included the fixed assets investment in public transport.

2.Starting from 2013, the national fixed assets investment in the construction of municipal public utilities facilities has not included the fixed assets investment in flood prevention.

4-1-1 2020年按行业分全国县城市政公用设施建设固定资产投资(按省分列)

计量单位：万元

地区名称 Name of Regions	本年完成投资 Completed Investment of This Year	供水 Water Supply	燃气 Gas Supply	集中供热 Central Heating	轨道交通 Rail Transit System	道路桥梁 Road and Bridge	地下综合管廊 Utility Tunnel	排水 Sewerage
全　国	**38842864**	**2322499**	**796908**	**1297883**	**145812**	**13996240**	**369184**	**5609088**
河　北	2483008	85841	42468	231005		547252	11174	633957
山　西	974359	51606	17403	143283	5500	313455	5776	170429
内蒙古	646329	46917	1732	108756		189495	810	146925
辽　宁	91160	15346	878	44633		17870	184	5893
吉　林	155583	16292	498	2930		39182		56895
黑龙江	403646	112893	21886	73528		65381		94204
江　苏	1129845	62811	34400	6410		390896		271539
浙　江	2099753	127792	25716			753336	109921	294567
安　徽	2719950	212980	104519	7396		1283571		405334
福　建	1830797	108385	69984		18000	864013	41003	221721
江　西	3719537	186282	74927		1868	1269117	52341	374599
山　东	1764325	60095	43714	167639		499355	13626	311393
河　南	3469200	290698	84964	147275	2011	1144584	6015	518037
湖　北	549917	16927	51225			200847	31	104547
湖　南	2091337	148670	47680	1300		1006408	2190	277488
广　东	181319	26272	2253			57225		49487
广　西	3132199	91756	29165			1080108		178683
海　南	249900	752	10623			201354	3539	8299
重　庆	998753	15803	3811			680552	16065	97074
四　川	2042739	90056	23041	23095	92660	868673	18698	347142
贵　州	3661149	180515	31250		22083	1161415	74586	234820
云　南	2015904	112931	33112		36	721238	7468	203406
西　藏	48301	4343			599	18781		11934
陕　西	507662	9676	17243	45020	375	188465	900	135447
甘　肃	703628	65687	6602	99411		240442	1676	196693
青　海	163584	13527		10763		65675	382	10061
宁　夏	163704	4264	2068	64770		36479		20649
新　疆	845278	163385	15746	120670	2680	91072	2800	227865

National Fixed Assets Investment in County Seat Service Facilities by Industry (by Province in Column)(2020)

Measurement Unit:10,000 RMB

污水处理 Wastewater Treatment	污泥处置 Sludge Disposal	再生水利用 Wastewater Recycled and Reused	园林绿化 Landscaping	市容环境卫生 Environmental Sanitation	垃圾处理 Domestic Garbage Treatment	其他 Other	本年新增固定资产 Newly Added Fixed Assets of This Year	地区名称 Name of Regions
2905831	**116439**	**155736**	**5682400**	**2673817**	**1995464**	**5949034**	**28379136**	**全国**
212403	1502	12471	381483	453742	419395	96086	1740600	河北
142369			88599	46968	18344	131341	650642	山西
72432	1576	28773	72696	19532	13423	59465	302504	内蒙古
3912	94		4151	1905	749	300	43747	辽宁
21503		2397	7833	16961	14828	14991	118607	吉林
65368	970	5482	14448	13128	8089	8178	210523	黑龙江
180448	6500	11083	175466	134258	121821	54065	898299	江苏
180753	1040	243	211609	231678	204223	345135	1889860	浙江
130137	2900	1600	369966	151388	100977	184796	1807790	安徽
110849	315		150685	132070	78154	224937	1148943	福建
172393	5498	150	307260	233332	126082	1219811	3310771	江西
112574	2600	2200	329070	230084	148458	109350	1083499	山东
289084	16799	21718	997741	206364	152264	71511	2714530	河南
76604	7371		34705	51872	32921	89762	471308	湖北
218534	19150		82088	151938	112162	373576	1462640	湖南
36574			4528	7762	7244	33791	83272	广东
60097	11667		1655791	53512	44106	43184	2969634	广西
3246	233		2533	9364	8501	13436	29927	海南
42058	4050		117770	60695	54038	6983	532685	重庆
185039	5	7757	306887	127801	101365	144686	1919037	四川
141529	1150		123665	132941	87044	1699875	1398664	贵州
115071	8724	200	122234	59662	29621	755816	1600591	云南
11784	50		50	6178	2282	6416	47538	西藏
72745	9200	1079	26345	26684	24080	57508	389288	陕西
120572	6400	7762	51420	18646	11700	23052	711005	甘肃
3554		3600	2855	12683	5839	47638	144375	青海
9826	500	1755	17218	8186	7151	10071	100578	宁夏
114373	8145	47466	23304	74483	60604	123274	598276	新疆

4-1-2 2020年按行业分全国县城市政公用设施建设固定资产投资(按县分列)

计量单位：万元

县名称 Name of Counties	本年完成投资 Completed Investment of This Year	供水 Water Supply	燃气 Gas Supply	集中供热 Central Heating	轨道交通 Rail Transit System	道路桥梁 Road and Bridge	地下综合管廊 Utility Tunnel	排水 Sewerage
全　国	**38842864**	**2322499**	**796908**	**1297883**	**145812**	**13996240**	**369184**	**5609088**
河　北	**2483008**	**85841**	**42468**	**231005**		**547252**	**11174**	**633957**
井陉县	32686		6087			12450		
正定县	34465		900	13458		3601	9484	2225
行唐县	83325	235	5580	3898		5473		6034
灵寿县	108224			3532		7100		
高邑县	32365	31		2000		11125		13499
深泽县	1784					745		
赞皇县	15150			3422		11397		
无极县	43557	2870		1652		2028		33548
平山县	31633	3004		3595		17681		
元氏县	86967					15056		9520
赵　县	14063	350				12731		
滦南县	8826	1376				2801		604
乐亭县	31607	7692	63	60		1516		
迁西县	11813					5330		5853
玉田县	16912	1000	30			6561		4744
曹妃甸区	56590	1960		12600		14853		5729
青龙满族自治县	511					511		
昌黎县	21700		184	17000		1002		2935
卢龙县	3328		240	1221		1340		335
临漳县	8756					2165		4357
成安县	1150		1150					
大名县	12562		2000			7686		
涉　县	36418	610	750	2023		21035		
磁　县	2226							2226
邱　县	1453					1453		
鸡泽县	2352	246					190	
广平县	10747					2141		750
馆陶县	10361	130				4430		4610
魏　县	23249	400	85	12000				3100
曲周县	20823	87				12558		1247
临城县	2838					1078		1638
内丘县	11160			6600		2400		2160
柏乡县	50534		400	5400		1714		4510
隆尧县	20982							10000
宁晋县	44426					2781		
巨鹿县	35895	5000	50			22314		8402
新河县	10232	90	183	503				6184
广宗县	17144					46		17000
平乡县	22785			4000		9290		3072
威　县	82791	4029		2400		1629		32017
清河县	47574			21000		4085		5400
临西县	1627							

National Fixed Assets Investment in County Seat Service Facilities by Industry (by County in Column)(2020)

Measurement Unit:10,000 RMB

污水处理 Wastewater Treatment	污泥处置 Sludge Disposal	再生水利用 Wastewater Recycled and Reused	园林绿化 Landscaping	市容环境卫生 Environmental Sanitation	垃圾处理 Domestic Garbage Treatment	其他 Other	本年新增固定资产 Newly Added Fixed Assets of This Year	县名称 Name of Counties
2905831	**116439**	**155736**	**5682400**	**2673817**	**1995464**	**5949034**	**28379136**	**全　国**
212403	**1502**	**12471**	**381483**	**453742**	**419395**	**96086**	**1740600**	**河　北**
			13303			846	34478	井陉县
			4750			47	3930	正定县
4748			61587	518	280		83325	行唐县
			55000	42592	42592		110343	灵寿县
			3010	800	800	1900	34984	高邑县
			935	104	104		3285	深泽县
				331			58	赞皇县
32222			2564	895			42837	无极县
			3572	1312		2469	16884	平山县
			11735	605		50051	87247	元氏县
			832	150			14667	赵　县
			3197			848		滦南县
			1298	20978	20427		32	乐亭县
1303	700			630			9233	迁西县
694			3387	570	570	620	15912	玉田县
1431			5232	16216	16216		16499	曹妃甸区
								青龙满族自治县
			579				550	昌黎县
			177			15	5681	卢龙县
3300			1450	784			7426	临漳县
							1150	成安县
			2876				8069	大名县
			12000				36418	涉　县
2226							2226	磁　县
								邱　县
			1060	50		806		鸡泽县
			6266	1590	668		10747	广平县
43	138		1191				10361	馆陶县
			7174	490			12000	魏　县
			6500	134		297	17823	曲周县
1592			122				2931	临城县
2160							1510	内丘县
3710			960	35000	35000	2550	7106	柏乡县
10000			10862	120			30740	隆尧县
			11580	30046	30046	19		宁晋县
				129			40547	巨鹿县
1000			2449			823	2116	新河县
				98			17200	广宗县
1632			1200			5223	11888	平乡县
135			1177	40979	35999	560	82791	威　县
3144			15136	1953			45247	清河县
			1627				1627	临西县

4-1-2 续表 1

计量单位：万元

县名称 Name of Counties	本年完成投资 Completed Investment of This Year	供水 Water Supply	燃气 Gas Supply	集中供热 Central Heating	轨道交通 Rail Transit System	道路桥梁 Road and Bridge	地下综合管廊 Utility Tunnel	排水 Sewerage
博野县	35815	384				11409		9770
涞水县	23791							7738
阜平县	19882	608				15690		
白沟新城	4602	120		500		551		800
定兴县	18287	926	30	32		4507		9867
唐　县	29831	448	170	5000		16000		7434
高阳县	53084		350			233		51012
涞源县	30707		240	1280		5400		9649
望都县	18264	660		22		3981		13325
易　县	18697							18619
曲阳县	70259	1570				52176		8300
蠡　县	12088	300		4500				479
顺平县	48097	920	354	17154		1463		25513
张北县	25877	65				17039		
康保县	25797	1634				11793		2695
沽源县	15156	1700	90	538		7506		2000
尚义县	36767	1000		28000		6034		
蔚　县	32371	1695		4700		2976		1303
阳原县	3922					1763		1435
怀安县	15918	420		4444		6600		1100
怀来县	8061	1600		1700		4667		
涿鹿县	14860	3878		1180		6209		1977
赤城县	3142	162				1800		100
承德县	17292	1164		1509		13000		528
兴隆县	22635	71		102		13127		2780
滦平县	7221	22				6401		
隆化县	17367	600		103		9527		4413
丰宁满族自治县	12218	1207	1250	1085		2283		6355
宽城满族自治县	13694	140	550	1280		10932		
围场满族蒙古族自治县	14357	30	1760	9450		917		795
青　县	28351		20	100		1522		24437
东光县	37668	300	5000	3000		442		17970
海兴县	8465	152		1523		3240		2450
盐山县	33423	604	520	8104		100		9691
肃宁县	8091	1926	21			1216		3585
南皮县	21021	25		1437		2313		11170
吴桥县	10000							10000
献　县	30721	5100	1500			1409		13195
孟村回族自治县	5120			406		3361		1000
固安县	60482					3796		5086
永清县	20712					16245		2300
香河县	12441	1000	112	205		1673		6006
大城县	42272		62	805				10105
文安县	33951							29317

continued

Measurement Unit:10,000 RMB

污水处理 Wastewater Treatment	污泥处置 Sludge Disposal	再生水利用 Wastewater Recycled and Reused	园林绿化 Landscaping	市容环境卫生 Environmental Sanitation	垃圾处理 Domestic Garbage Treatment	其他 Other	本年新增固定资产 Newly Added Fixed Assets of This Year	县名称 Name of Counties
			3000	11252	11057		36358	博野县
				16053	16053		7738	涞水县
			3584				19882	阜平县
		800	449	2182	2002		1040	白沟新城
3927			2925				16555	定兴县
2928			779				448	唐　县
37954		8380	1028	461			53374	高阳县
9649				14138	13840			涞源县
4421			100	176			13843	望都县
				78				易　县
8300			8213				47573	曲阳县
			209	6600			2979	蠡　县
10809			619	2074	1938		28349	顺平县
			720	5650	5650	2403	25877	张北县
2695			3663			6012	2223	康保县
1500			2618	704	358		7159	沽源县
			733	500		500	35367	尚义县
			737	20889	20889	71	6555	蔚　县
			354			370	2474	阳原县
			500	1010	310	1844	4320	怀安县
						94	6924	怀来县
			1539	77			5978	涿鹿县
			880	200	200		1080	赤城县
			971	120			15559	承德县
			6329	226			251	兴隆县
			518	280				滦平县
2072		2341		2200	2000	524	16570	隆化县
2500			38				14218	丰宁满族自治县
			702	90			39	宽城满族自治县
			928	477			11057	围场满族蒙古族自治县
			2232			40	27629	青　县
600	370		956	10000	10000		37218	东光县
						1100	7371	海兴县
	294	950	1500	12904	12617		31934	盐山县
			568			775	6135	肃宁县
			4662	1414	280		21021	南皮县
							10000	吴桥县
			9418	99			29109	献　县
			110	243			1894	孟村回族自治县
5086				51600	51600		59115	固安县
				694		1473	17917	永清县
			2484	961	85		9872	香河县
			9500	21800	21800		42497	大城县
			4134	500			4634	文安县

4-1-2 续表 2

计量单位：万元

县名称 Name of Counties	本年完成投资 Completed Investment of This Year	供水 Water Supply	燃气 Gas Supply	集中供热 Central Heating	轨道交通 Rail Transit System	道路桥梁 Road and Bridge	地下综合管廊 Utility Tunnel	排水 Sewerage
大厂回族自治县	5765	50		111		4650		954
枣强县	10325	170	182			488		9401
武邑县	21176		5875	1700		2815	1500	4906
武强县	12607	1822				2680		8105
饶阳县	23258	3994				12898		5105
安平县	51854	172	5500	132		1182		16676
故城县	76080	2490	200	800		5433		17846
景　县	31824	1057	980	8239		217		8471
阜城县	52533	10745		5500		2750		16388
容城县	8868					3082		
雄　县	20712					7061		4550
安新县	31638	5800				4589		15557
山　西	**974359**	**51606**	**17403**	**143283**	**5500**	**313455**	**5776**	**170429**
清徐县								
阳曲县	13387					6401		2833
娄烦县	5420			4497				
阳高县	9455		60			6783		
天镇县	5744		28	1200		2674		1735
广灵县	7454					100		7354
灵丘县	3438		489					2949
浑源县	27377		74	5665		15038		6200
左云县	9432					1082		7700
云州区	2211							2211
平定县	14010	1600	566	1930		4268		
盂　县								
襄垣县	20513	129	667			10195		4466
平顺县	10360		1900	4600		200		2700
黎城县	27912	3000	40	5000		1580		2792
壶关县	21300		300	5000	5500			
长子县	27641	6620	716	2600		5340		6925
武乡县	46741	51		2652		24959	2194	174
沁　县	13920	653	237	10000				2580
沁源县	20720	5500	1300	1390		8700		3830
沁水县	47126	12475		2981		5040		859
阳城县	65705	50	1567	317		37462	3013	13696
陵川县	27856	31	19	17221		1182		36
山阴县								
应　县								
右玉县								
榆社县	2962	118		2274		554		16
左权县	31157		140			23964		5450
和顺县								
昔阳县	15465			479		356		3025
寿阳县	8648	395		5314				

continued

Measurement Unit:10,000 RMB

污水处理 Wastewater Treatment	污泥处置 Sludge Disposal	再生水利用 Wastewater Recycled and Reused	园林绿化 Landscaping	市容环境卫生 Environmental Sanitation	垃圾处理 Domestic Garbage Treatment	其他 Other	本年新增固定资产 Newly Added Fixed Assets of This Year	县名称 Name of Counties
							5000	大厂回族自治县
				84			10155	枣强县
3925			4380					武邑县
1010							12607	武强县
			19	408	268	834	23999	饶阳县
6391			2028	26108	25000	56	27354	安平县
17846			11751	37360	37360	200	43176	故城县
			11318	1542	486		31824	景　县
6000			4690	3297	2900	9163	13408	阜城县
			5159			627	6415	容城县
2450			6175			2926	20712	雄　县
13000			3475	2217			25946	安新县
142369			**88599**	**46968**	**18344**	**131341**	**650642**	**山　西**
								清徐县
2833						4153	13387	阳曲县
				923				娄烦县
			2262	350	350		4272	阳高县
			107				5717	天镇县
7174								广灵县
2949							3438	灵丘县
6200			400				26793	浑源县
7700				650			11832	左云县
2211							2211	云州区
			814	233	182	4600		平定县
								盂　县
4466			4556	500				襄垣县
1300			900	60	40		10400	平顺县
2792						15500	23120	黎城县
			1000			9500	21300	壶关县
4625			260			5180	23041	长子县
174			2000	863	863	13848	38741	武乡县
2580			450				5730	沁　县
3830								沁源县
				19725		6046	37260	沁水县
13696				9000	9000	600		阳城县
			5548	2988	2205	831	27856	陵川县
								山阴县
								应　县
								右玉县
								榆社县
5450			1603				34014	左权县
								和顺县
2515			658			10947	4518	昔阳县
			2939				8648	寿阳县

4-1-2 续表 3

计量单位：万元

县名称 Name of Counties	本年完成投资 Completed Investment of This Year	供水 Water Supply	燃气 Gas Supply	集中供热 Central Heating	轨道交通 Rail Transit System	道路桥梁 Road and Bridge	地下综合管廊 Utility Tunnel	排水 Sewerage
太谷区	36776		1000	1000		21004		5500
祁　县	12703					5759		192
平遥县	18588	2815						6800
灵石县	27474	329	1150	232		6698		2879
临猗县	16111			2506		2610		200
万荣县	20564	450	2300			3440		5352
闻喜县	55637	11600	400	9000		9265		18524
稷山县	19590	989				4276		1082
新绛县	8277	103	1500			1965		4130
绛　县	25779		2300			17323		2516
垣曲县	4992					4632		360
夏　县	3360	360				1500		1500
平陆县	25565	900		10500		5900		3371
芮城县	10033	80				2317	369	2087
定襄县	17060			12860		2900		570
五台县	17201		200	4761		2566		6957
代　县								
繁峙县								
宁武县								
静乐县	10872	1012		3630				6230
神池县	11100	1520		4830		1650		3100
五寨县	1300					1300		
岢岚县	7053	340		1400		1313		
河曲县	24973	369	303	799		16567		565
保德县								
偏关县	11110	87		22		1029		728
曲沃县								
翼城县								
襄汾县								
洪洞县	41497			7670		14555		19272
古　县								
安泽县								
浮山县	872	30						
吉　县								
乡宁县								
大宁县								
隰　县								
永和县								
蒲　县								
汾西县	897						200	
文水县								
交城县								
兴　县								
临　县								

continued

Measurement Unit:10,000 RMB

污水处理 Wastewater Treatment	污泥处置 Sludge Disposal	再生水利用 Wastewater Recycled and Reused	园林绿化 Landscaping	市容环境卫生 Environmental Sanitation	垃圾处理 Domestic Garbage Treatment	其他 Other	本年新增固定资产 Newly Added Fixed Assets of This Year	县名称 Name of Counties
5500			450	116	116	7706		太谷区
			6691			61		祁　县
6800			3344	5629	1670		12959	平遥县
1698			4134			12052		灵石县
200			10620	175			13667	临猗县
2919			8609			413	17675	万荣县
14246			3001	3600	3600	247	55637	闻喜县
			11450			1793	23188	稷山县
2275			534			45	8477	新绛县
1216			1820			1820	24543	绛　县
360							10292	垣曲县
200							3580	夏　县
			465	570		3859	25565	平陆县
2087			36			5144	7761	芮城县
			720			10		定襄县
6957			1205	1077		435		五台县
								代　县
								繁峙县
								宁武县
6230								静乐县
							11100	神池县
								五寨县
			4000					岢岚县
565			5375	4		991	22979	河曲县
								保德县
366				505	318	8739	11245	偏关县
								曲沃县
								翼城县
								襄汾县
19272							41497	洪洞县
								古　县
								安泽县
			842					浮山县
								吉　县
								乡宁县
								大宁县
								隰　县
								永和县
								蒲　县
			697					汾西县
								文水县
								交城县
								兴　县
								临　县

4-1-2 续表 4

计量单位：万元

县名称 Name of Counties	本年完成投资 Completed Investment of This Year	供水 Water Supply	燃气 Gas Supply	集中供热 Central Heating	轨道交通 Rail Transit System	道路桥梁 Road and Bridge	地下综合管廊 Utility Tunnel	排水 Sewerage
柳林县								
石楼县								
岚　县								
方山县	28272		58	9603		10208		
中阳县								
交口县	30750		89	1350		18801		983
内蒙古	**646329**	**46917**	**1732**	**108756**		**189495**	**810**	**146925**
土左旗	860							
托　县								
和林县	836	400		436				
清水河县	1923	49				1559		315
武川县	1520		213					1107
土右旗	3733			3000		733		
固阳县	45							
达尔罕茂明安联合旗	7500							7500
阿鲁科尔沁旗	37154	6541				25247		5000
巴林左旗	10235	1306				7445		
巴林右旗	23712	7000				13760		1421
林西县	19011			12200		3246		3295
克什克腾旗	22366			10350		7360		2714
翁牛特旗	14813			506		10715		2791
喀喇沁旗	4205					3356		
宁城县	8836	4035				3991	810	
敖汉旗	17129	1287	180			11600		1600
科左中旗	5350	1250				300		
科左后旗	8153					2100		4096
开鲁县	10570							8027
库伦旗	50					50		
奈曼旗								
扎鲁特旗	3153	4	497	192		2300		31
达拉特旗	8581	1450				7131		
准格尔旗	1855					1055		800
鄂托克前旗	8566					1951		400
鄂托克旗	10568			1000		6480		600
杭锦旗	1087							399
乌审旗	18263	556	20	8400		3900		
伊金霍洛旗	13069							
阿荣旗	1322		12					1310
莫　旗	11282			9242		2000		
鄂伦春旗	19989			9987		2670		3081
鄂温克旗	22365			1067		1602		18310
陈巴尔虎旗	31494			2478		23949		5067
新左旗	5620			2200		1910		510
新右旗	7437	637		6800				

continued

Measurement Unit:10,000 RMB

			园林绿化	市容环境卫生		其他	本年新增固定资产	县名称
污水处理 Wastewater Treatment	污泥处置 Sludge Disposal	再生水利用 Wastewater Recycled and Reused	Landscaping	Environmental Sanitation	垃圾处理 Domestic Garbage Treatment	Other	Newly Added Fixed Assets of This Year	Name of Counties
								柳林县
								石楼县
								岚　县
						8403	27450	方山县
								中阳县
983			1109			8418	30750	交口县
72432	**1576**	**28773**	**72696**	**19532**	**13423**	**59465**	**302504**	**内蒙古**
			860					土左旗
								托　县
							836	和林县
25							3150	清水河县
20						200		武川县
							5807	土右旗
						45		固阳县
7500							2335	达尔罕茂明安联合旗
5000			366					阿鲁科尔沁旗
			1484				10235	巴林左旗
1421				1531	1500		8421	巴林右旗
3295			270					林西县
			883	385	252	674		克什克腾旗
2791			801				14813	翁牛特旗
			598			251	4261	喀喇沁旗
							9156	宁城县
1100		500	1656	108	108	698		敖汉旗
			3800					科左中旗
				345		1612	1780	科左后旗
			1902			641	12374	开鲁县
								库伦旗
								奈曼旗
31				129			3188	扎鲁特旗
							1800	达拉特旗
							4653	准格尔旗
400			3360			2855	9125	鄂托克前旗
360	240		1939	549			16078	鄂托克旗
		399	328	360				杭锦旗
			1386			4001	6207	乌审旗
				1275		11794	194	伊金霍洛旗
								阿荣旗
						40	8742	莫　旗
			299			3951	19988	鄂伦春旗
11335		6975	1386					鄂温克旗
		5067						陈巴尔虎旗
510			1000				5620	新左旗
							7437	新右旗

4-1-2 续表 5

计量单位：万元

县名称 Name of Counties	本年完成投资 Completed Investment of This Year	供水 Water Supply	燃气 Gas Supply	集中供热 Central Heating	轨道交通 Rail Transit System	道路桥梁 Road and Bridge	地下综合管廊 Utility Tunnel	排水 Sewerage
五原县	18692	12092		3283		1937		
磴口县	6095							5759
乌拉特前旗	7267					578		5489
乌拉特中旗	4290	200		1800		500		350
乌拉特后旗	6698							
杭锦后旗	10139	1700		90		1177		1838
卓资县	318			88				
化德县	3070					65		2673
商都县	11420	30		200		189		11001
兴和县	3493							1793
凉城县	21833		500	13700				5199
察右前旗	10336					6350		3986
察右中旗	4768	325	238	724		1638		1495
察右后旗	6233							6115
四子王旗	6157					6157		
科尔沁右翼前旗	16200	600				2300		600
科右中旗								
扎赉特旗								
突泉县	900					900		
阿巴嘎旗	5937	1940		460		423		914
苏尼特左旗	931			931				
苏尼特右旗	3677			3300		73		40
东乌珠穆沁旗	42658	1440				7500		9278
西乌珠穆沁旗	3664							
太仆寺旗	40301	1570		8222		5850		6146
镶黄旗	9514	1546		1146				1602
正镶白旗	9269					4569		200
正蓝旗	3373	410	47			769		1592
多伦县	6221		25	494				4550
阿拉善左旗	4902	549				1186		1300
阿拉善右旗	4700			4700				
额济纳旗	10620			1760		925		6631
辽　宁	**91160**	**15346**	**878**	**44633**		**17870**	**184**	**5893**
康平县	850					650		200
法库县	168							
长海县	277			277				
台安县	12856	7840		1841		1724		776
岫岩满族自治县								
抚顺县								
新宾满族自治县	924	94	178	292		152		26
清原满族自治县	921			921				
本溪满族自治县	1074					1074		
桓仁满族自治县	3644	3000		364				
宽甸满族自治县								

continued

Measurement Unit:10,000 RMB

污水处理 Wastewater Treatment	污泥处置 Sludge Disposal	再生水利用 Wastewater Recycled and Reused	园林绿化 Landscaping	市容环境卫生 Environmental Sanitation	垃圾处理 Domestic Garbage Treatment	其他 Other	本年新增固定资产 Newly Added Fixed Assets of This Year	县名称 Name of Counties
			1250	130			22191	五原县
						336	6095	磴口县
1201		1643	1200				7900	乌拉特前旗
				1440			3740	乌拉特中旗
						6698	8098	乌拉特后旗
			1254	110		3970	7095	杭锦后旗
				230				卓资县
173				332	35		3500	化德县
9241		1625					12359	商都县
		500				1700	13003	兴和县
3513	1186			2134	2134	300	19977	凉城县
		3986					12186	察右前旗
						348		察右中旗
5668				118			2689	察右后旗
							6157	四子王旗
			12700					科尔沁右翼前旗
								科右中旗
								扎赉特旗
							600	突泉县
914			2000	200	200			阿巴嘎旗
							1553	苏尼特左旗
40			220	45			4107	苏尼特右旗
2500		6778	7550	7890	7890	9000		东乌珠穆沁旗
			3664					西乌珠穆沁旗
4480			13413			5100		太仆寺旗
1602			300	160		4760		镶黄旗
			4500					正镶白旗
1581			265	10		280		正蓝旗
1100	150		900	252			6221	多伦县
		1300	1161	495		211	33	阿拉善左旗
							8800	阿拉善右旗
6631				1304	1304			额济纳旗
3912	**94**		**4151**	**1905**	**749**	**300**	**43747**	**辽　宁**
							850	康平县
						168	168	法库县
								长海县
462			312	271	271	92	8160	台安县
								岫岩满族自治县
								抚顺县
			62	120	120		16	新宾满族自治县
								清原满族自治县
							1638	本溪满族自治县
				280	280		364	桓仁满族自治县
								宽甸满族自治县

4-1-2 续表 6

计量单位：万元

县名称 Name of Counties	本年完成投资 Completed Investment of This Year	供水 Water Supply	燃气 Gas Supply	集中供热 Central Heating	轨道交通 Rail Transit System	道路桥梁 Road and Bridge	地下综合管廊 Utility Tunnel	排水 Sewerage
黑山县	32458	420		31728				
义　县								
阜新蒙古族自治县	657					358		
彰武县	185							
辽阳县	3400			3400				
盘山县	3090							2961
铁岭县								
西丰县	3326	140	350	1100		1190		531
昌图县	7090	20		4160		903		245
朝阳县								
建平县	5305	298				3900		
喀喇沁左翼蒙古族自治县	3465	95	350			1858		142
绥中县	9411	3385				5886		50
建昌县	2059	54		550		175	184	962
吉　林	**155583**	**16292**	**498**	**2930**		**39182**		**56895**
农安县	24116	8361				9344		6411
永吉县	13895					6159		7380
梨树县	6092	600				4055		
伊通满族自治县	3897	3122				290		485
东丰县								
东辽县								
通化县	4220					2720		1500
辉南县	7366	1159	367	930		2032		1499
柳河县								
抚松县	22223			2000				8938
靖宇县	3870	50				730		1837
长白朝鲜族自治县								
前郭县	20686					7024		13662
长岭县	15901							1313
乾安县	2389					2389		
镇赉县	7040		131			49		673
通榆县	6662					1895		2397
汪清县	13076					1346		10800
安图县	4150	3000				1150		
黑龙江	**403646**	**112893**	**21886**	**73528**		**65381**		**94204**
依兰县	14202	6709	437	1300				2186
方正县	10845	5016	481	1515		583		2318
宾　县	10930	2200	4530	4200				
巴彦县	4261		386	2727		1148		
木兰县	5489		720	3211				1558
通河县	4353			2853		1500		
延寿县	7855	1234						6464
龙江县	16378	907	230	3518		4596		7000
依安县	10661			2235		542		7884

continued

Measurement Unit:10,000 RMB

			园林绿化	市容环境卫生		其　他	本年新增固定资产	县名称
污水处理 Wastewater Treatment	污泥处置 Sludge Disposal	再生水利用 Wastewater Recycled and Reused	Landscaping	Environmental Sanitation	垃圾处理 Domestic Garbage Treatment	Other	Newly Added Fixed Assets of This Year	Name of Counties
				270		40	4343	黑山县
								义　县
				299	15		726	阜新蒙古族自治县
			185				8185	彰武县
							10	辽阳县
2683	94		129				3090	盘山县
								铁岭县
			15					西丰县
			1320	442				昌图县
								朝阳县
			987	120			5305	建平县
			980	40			6567	喀喇沁左翼蒙古族自治县
			35	55	55		2956	绥中县
767			126	8	8		1369	建昌县
21503		**2397**	**7833**	**16961**	**14828**	**14991**	**118607**	**吉　林**
6411								农安县
3190			356				18624	永吉县
			815			622	5745	梨树县
485							3684	伊通满族自治县
								东丰县
								东辽县
							4220	通化县
600			338			1041	9823	辉南县
								柳河县
8938						11285		抚松县
			160			1093		靖宇县
								长白朝鲜族自治县
							23873	前郭县
1313				14588	14588		19338	长岭县
								乾安县
566			5634	553			7172	镇赉县
		2397		1820	240	550	4100	通榆县
			530			400	22027	汪清县
								安图县
65368	**970**	**5482**	**14448**	**13128**	**8089**	**8178**	**210523**	**黑龙江**
		2094	579	2815	596	176	8350	依兰县
1863		455	138	25		769	14001	方正县
								宾　县
							1397	巴彦县
								木兰县
							4353	通河县
			157				8815	延寿县
7000			127				11658	龙江县
7884							20667	依安县

4-1-2 续表 7

计量单位：万元

县名称 Name of Counties	本年完成投资 Completed Investment of This Year	供水 Water Supply	燃气 Gas Supply	集中供热 Central Heating	轨道交通 Rail Transit System	道路桥梁 Road and Bridge	地下综合管廊 Utility Tunnel	排水 Sewerage
泰来县	6911		1839	150		1650		3240
甘南县	2396			242				2154
富裕县	1461					150		1311
克山县	830	347						
克东县	2856		485	1371				1000
拜泉县	24000	24000						
鸡东县	12688	6841		2517		2817		
萝北县	4784	280				2361		1583
绥滨县	3340					250		3090
集贤县	15296	4847		2480		740		5630
友谊县	12831	2805		1300		4279		2933
宝清县	4583			1780		1243		800
饶河县	853			853				
肇州县	4363			1773				
肇源县	15988	15000				628		
林甸县	10117	128		2445				7544
杜尔伯特蒙古族自治县	3286							2385
嘉荫县	5691	268				2195		1906
汤旺县	324	69		92		128		35
丰林县	3837			272		200		2948
大箐山县	2201			1200		321		680
南岔县	647			647				
桦南县	16717	56	1294	4034		7357		1967
桦川县	8399			1533		3002		1724
汤原县	13900	8000						5900
勃利县	1115							1115
林口县	9009	203		3900		3312		1585
逊克县	2287		1384			903		
孙吴县	15584	3219	4900	5379				193
望奎县	4196			541		2800		729
兰西县	13302	820				6816		3681
青冈县	6607	2000		3551				
庆安县	24678		5200	430		6593		11442
明水县	11638	3668				7260		
绥棱县	21483	19776				1363		60
呼玛县	2054			1790				
塔河县	5136			3989		644		
加格达奇区	23285	4500		9700				1159
江　苏	**1129845**	**62811**	**34400**	**6410**		**390896**		**271539**
丰　县	116961	6355	1071	6410		20499		6383
沛　县	11839							
睢宁县	61700	1500	16000			10500		15000
如东县	92603					39314		140
东海县	71959	730	1200			30456		

continued

Measurement Unit:10,000 RMB

污水处理 Wastewater Treatment	污泥处置 Sludge Disposal	再生水利用 Wastewater Recycled and Reused	园林绿化 Landscaping	市容环境卫生 Environmental Sanitation	垃圾处理 Domestic Garbage Treatment	其他 Other	本年新增固定资产 Newly Added Fixed Assets of This Year	县名称 Name of Counties
3240			32				32	泰来县
2154								甘南县
							1311	富裕县
			483				200	克山县
1000							6707	克东县
								拜泉县
			513				14547	鸡东县
697			309			251	4087	萝北县
3090								绥滨县
5630			1599				2480	集贤县
		2933	390	1124	1124			友谊县
			650	110			9124	宝清县
							4526	饶河县
				2590	2590		2590	肇州县
			360					肇源县
7544								林甸县
1782						901	1598	杜尔伯特蒙古族自治县
1691				617	617	705	62	嘉荫县
							197	汤旺县
2948			65	352				丰林县
							2701	大箐山县
							670	南岔县
1267				2009			7897	桦南县
	970		2140				9651	桦川县
5900								汤原县
							1115	勃利县
300			9				6735	林口县
							410	逊克县
			1893				193	孙吴县
			126				6115	望奎县
3681			1985				13302	兰西县
			732	324			5715	青冈县
7697			1013				31692	庆安县
			259			451		明水县
			284				1314	绥棱县
			102	162	162		4934	呼玛县
			503				503	塔河县
				3000	3000	4926	875	加格达奇区
180448	**6500**	**11083**	**175466**	**134258**	**121821**	**54065**	**898299**	**江　苏**
		6083	16000	56243	55936	4000	121859	丰　县
			11839				3539	沛　县
1200	6000	5000	12000	6700	2000		61700	睢宁县
140			53149					如东县
			7635	29498	29460	2440	74759	东海县

4-1-2 续表 8

计量单位：万元

县名称 Name of Counties	本年完成投资 Completed Investment of This Year	供水 Water Supply	燃气 Gas Supply	集中供热 Central Heating	轨道交通 Rail Transit System	道路桥梁 Road and Bridge	地下综合管廊 Utility Tunnel	排水 Sewerage
灌云县	18270					11000		
灌南县	14406	300	2700			3900		450
涟水县	12523	7425				1967		2375
盱眙县	93929	4200	162			5450		82880
金湖县	30085	1847				250		27700
响水县	34154	20000	4797			2007		1500
滨海县	69600		200			58300		3100
阜宁县	22914	560	634			137		5264
射阳县	44186		2000			15006		26680
建湖县	70334	6150	800			7020		13616
宝应县	51728	194	550			11492		21583
沭阳县	198010	8900	366			151394		25100
泗阳县	36655	3050	3000			8795		5880
泗洪县	77988	1600	920			13409		33887
浙　江	**2099753**	**127792**	**25716**			**753336**	**109921**	**294567**
桐庐县	45722					20323		21189
淳安县	24952	789	450			6622		5106
象山县	118315	2177				58271	1161	23012
宁海县	140175	11340	3020			83729		15165
永嘉县	120688	2700				65948		20740
平阳县	176637	840	680			27923	850	11025
苍南县	154620	2054				31529	89410	20483
文成县	26167	4069				2050		4069
泰顺县	11021	210	320			4803		400
嘉善县	96124	2215	700			39944		3294
海盐县	103015	14915				43417		14400
德清县	89992	912	648			48822		507
长兴县	80160		1478			30234		16110
安吉县	76743	441	2850			23113	12000	16299
新昌县	98596	1374	2142			50786		9076
武义县	31742	463	2500			8717		11433
浦江县	54332	870	2023			11576	6500	25108
磐安县	21572	195				3080		2860
常山县	23121	5021	679			4895		9394
开化县	36214	18480	1000			9430		2220
龙游县	103938	43275	967			20276		3750
岱山县	9793	21	300			4527		4040
嵊泗县	13264	799				3808		8000
三门县	13082							13062
天台县	50117	584				9735		3263
仙居县	23977	171	231			4951		4731
青田县	51853	1177	1328			11451		4745
缙云县	58229	4425	685			15259		3479
遂昌县	49969	2910	800			23928		2619

continued

Measurement Unit:10,000 RMB

污水处理 Wastewater Treatment	污泥处置 Sludge Disposal	再生水利用 Wastewater Recycled and Reused	园林绿化 Landscaping	市容环境卫生 Environmental Sanitation	垃圾处理 Domestic Garbage Treatment	其他 Other	本年新增固定资产 Newly Added Fixed Assets of This Year	县名称 Name of Counties
			7000	270			27000	灌云县
			5056	2000			14406	灌南县
734			387			369	5098	涟水县
82030				641	118	596	93429	盱眙县
27700			288				27770	金湖县
1500			1500	4350	3600		35097	响水县
2600	500		4700	2500		800	70100	滨海县
5040			2298	372		13649	14967	阜宁县
			500				5000	射阳县
5625			9600	986	629	32162	14489	建湖县
19218			12678	5182	5182	49	53129	宝应县
2000			3521	8729	8679		189098	沭阳县
			15930				5400	泗阳县
32660			11385	16787	16217		81459	泗洪县
180753	**1040**	**243**	**211609**	**231678**	**204223**	**345135**	**1889860**	**浙　江**
21189			4210				48424	桐庐县
4910			2785	9200	9200		19369	淳安县
2598			17107	3600		12987	107626	象山县
			24531	78	49	2312	108398	宁海县
20740				31300	31300		120688	永嘉县
8483	250		11288	36100	36100	87931	177147	平阳县
20218			436	4908	4900	5800	167643	苍南县
			3779	12000	12000	200	22356	文成县
			852	2916	87	1520	39264	泰顺县
			49421	550	250		87417	嘉善县
14400			8297			21986	51864	海盐县
			2717	1121	385	35266	63797	德清县
				1067		31271	84296	长兴县
15019	90		21155			885	73091	安吉县
50			8911	24619	24619	1688	93703	新昌县
2855			4642	2809	2570	1178	26987	武义县
25108			1720	50		6485	56410	浦江县
760			1982	6955	6850	6500	21471	磐安县
7124			811	253		2068	6912	常山县
2220			611			4473		开化县
2700			16815	18855	18855		111078	龙游县
3040			849	56			5976	岱山县
8000			355	302			4038	嵊泗县
13062			20				15026	三门县
1154			92	9647	9400	26796	27404	天台县
1378			1308	12585	12416		12397	仙居县
627			2864	15507	15447	14781	118087	青田县
671			4002	12670		17709	18922	缙云县
1440			5219	13280	13000	1213	26697	遂昌县

4-1-2 续表 9

计量单位：万元

县名称 Name of Counties	本年完成投资 Completed Investment of This Year	供水 Water Supply	燃气 Gas Supply	集中供热 Central Heating	轨道交通 Rail Transit System	道路桥梁 Road and Bridge	地下综合管廊 Utility Tunnel	排水 Sewerage
松阳县	84336	4127	2147			69505		3865
云和县	28438	97				476		2600
庆元县	36704	330				11808		8392
景宁县	46146	811	768			2400		131
安　徽	**2719950**	**212980**	**104519**	**7396**		**1283571**		**405334**
长丰县	63000	15382	218			35290		3492
肥西县	75999	4750	5125			20463		18700
肥东县	98769	5379	675			44284		18731
庐江县	197750	842	1564			120585		15385
南陵县	42877		379			33854		3650
怀远县	60086	14071	1048			13756		28972
五河县	58337	910	9370			32600		7800
固镇县	32034	8400	864			9881		11969
凤台县	23039	950	1300			17401		2010
寿　县	48615	1146	5894			28146		6433
当涂县	10049	22				9040		327
含山县	20546	12000				836		6100
和　县	22583	4500				3773		14310
濉溪县	6784	68	598			628		5137
枞阳县	14076	7310				6450		203
怀宁县	16326	2250	600			7547		154
太湖县	14160					12909		
宿松县	39500		16400			20000		1240
望江县	19590	110	2100			2070		14960
岳西县	19848	6000	460			10080		2900
歙　县	9750	700	2550			3980		1950
休宁县	18092	400	400			10323		6311
黟　县	11089	220	1300			2040		6779
祁门县	9805	200	400					6448
来安县	96117	8746				45001		5470
全椒县	144980	8360	11010			72360		14930
定远县	64735	25835				20030		7570
凤阳县	183244	4600	13000			90920		27861
临泉县	108784	2442	500			63129		14890
太和县	25067	5589	230			840		12504
阜南县	171293	18641	2800			110756		17828
颍上县	13590	1199	730			10368		102
砀山县	50702	4600	477	7396		12985		15924
萧　县	16483	1112	1334			4950		720
灵璧县	92523	7734	1832			51222		22075
泗　县	135031	2248	1590			68923		17318
霍邱县	54240	3666	3094			23242		8598
舒城县	72139	765	1802			50595		3410
金寨县	64611	1790	659			38178		2159

continued

Measurement Unit:10,000 RMB

污水处理 Wastewater Treatment	污泥处置 Sludge Disposal	再生水利用 Wastewater Recycled and Reused	园林绿化 Landscaping	市容环境卫生 Environ-mental Sanitation	垃圾处理 Domestic Garbage Treatment	其他 Other	本年新增固定资产 Newly Added Fixed Assets of This Year	县名称 Name of Counties
			1240	200		3252	29653	松阳县
1635	700	243	4304			20961	28873	云和县
1308				3995	3995	12179	14439	庆元县
64			9287	7055	2800	25694	100407	景宁县
130137	**2900**	**1600**	**369966**	**151388**	**100977**	**184796**	**1807790**	**安　徽**
			2462	5148	783	1008	84220	长丰县
			18703	8258	3727		11611	肥西县
			29574	126			128923	肥东县
			33813	23500	23500	2061	67233	庐江县
3650			3627	385	190	982	743	南陵县
28905			1645	560	130	34	31033	怀远县
7130			7657				53217	五河县
9500			920				12419	固镇县
			1264	114			10965	凤台县
920			6480	16		500	583	寿　县
327			338	12	12	310		当涂县
1000			1435	175				含山县
3000							3773	和　县
2436			255			98	6784	濉溪县
			113					枞阳县
			4720	1045	380	10	27398	怀宁县
			1151			100	6811	太湖县
840			1860				50	宿松县
14420			200	150	150		21390	望江县
	2900		220	188			143	岳西县
1148			170	400	90		9850	歙　县
				658	658		658	休宁县
3400			179	571	571			黟　县
4200			5	1000	1000	1752	9360	祁门县
			35730	170	170	1000	124847	来安县
			28790	5150		4380	113935	全椒县
4800		1600	8900			2400	51035	定远县
			46863				183244	凤阳县
			27617	206			108964	临泉县
12504			823	5081	4935		35950	太和县
40			11197	850	29	9221	154352	阜南县
			607	584	408		4138	颍上县
			2696	6624			50989	砀山县
			8305	62	20		9975	萧　县
			9660				33432	灵璧县
7306			13782	31170	31090		140713	泗　县
5600			12027	850		2763	29410	霍邱县
2900			15427	140	140		65315	舒城县
851			383	12000	12000	9442	12616	金寨县

4-1-2 续表 10

计量单位：万元

县名称 Name of Counties	本年完成投资 Completed Investment of This Year	供水 Water Supply	燃气 Gas Supply	集中供热 Central Heating	轨道交通 Rail Transit System	道路桥梁 Road and Bridge	地下综合管廊 Utility Tunnel	排水 Sewerage
霍山县	22822	486	985			8685		3937
涡阳县	184216	1459	657			24784		1215
蒙城县	61024	2044	1597			44780		9300
利辛县	64000	9300				23221		3079
东至县	32293	4100	3290			16732		3126
石台县	11436		287			1360		9169
青阳县	27109	400	1192			19038		1480
郎溪县	22691	1988	1505			8899		5278
泾　县	19131	2697	2030			6122		1440
绩溪县	33597	69	2674			20516		4900
旌德县	15390	7500						7090
福　建	**1830797**	**108385**	**69984**		**18000**	**864013**	**41003**	**221721**
闽侯县	209463	3760	1169			97822		18544
连江县	49956	4810	750			10665		1116
罗源县	45515					15		100
闽清县	3571	225	760			636		1050
永泰县	47519	3989	800			36657		5773
仙游县	29248		700			12090		
明溪县	61015	2100			18000	29455		6030
清流县	1370							864
宁化县	89988		20000			51338		
大田县	117856	1913	868			43378		9655
尤溪县	33756	6535	1650			24985		
沙　县	15511					8571		3750
将乐县	15494	2585				8389		4520
泰宁县	23505					12695	4290	
建宁县	70590					69288		302
惠安县	55698					20313		26845
安溪县	37886	1680	2250			12585		3950
永春县	11944	1500	2639			3104		3700
德化县	14822	2542				6000		3908
云霄县	112773	29640	1200			56003		22570
漳浦县	76230	4789	1505			37311		11978
诏安县	6277					6277		
长泰县	10755	4160				3030		3380
东山县	37263	1320	2308			2593		25634
南靖县	5373	269				3194		1636
平和县	85825		28847			32071	425	4002
华安县	10020	1230				4030		1150
顺昌县	34730					1044		
浦城县	65151	7581				37619		10700
光泽县	31848	10709	2595			5163		4019
松溪县	76984	8037				8743	24643	16160
政和县	54395	1500				52895		

continued

Measurement Unit:10,000 RMB

污水处理 Wastewater Treatment	污泥处置 Sludge Disposal	再生水利用 Wastewater Recycled and Reused	园林绿化 Landscaping	市容环境卫生 Environmental Sanitation	垃圾处理 Domestic Garbage Treatment	其他 Other	本年新增固定资产 Newly Added Fixed Assets of This Year	县名称 Name of Counties
320			5329	920		2480	9415	霍山县
			2706	17895	17895	135500	36297	涡阳县
9300			2553	750			56454	蒙城县
			10300	18100			27400	利辛县
			2595			2450	11396	东至县
				370		250	1100	石台县
580			1730	2299	2299	970	29609	青阳县
4200			1162	65		3794	22631	郎溪县
860			3423	128		3291	7202	泾　县
			570	4868			208	绩溪县
				800	800			旌德县
110849	**315**		**150685**	**132070**	**78154**	**224937**	**1148943**	**福　建**
4777	53		86009			2159	128025	闽侯县
	20		1068	2431	2431	29116		连江县
100				45400			2045	罗源县
1050			900				2571	闽清县
	14			300			65980	永泰县
			2658			13800	30713	仙游县
2140	15		1250			4180	57490	明溪县
124	10			338	293	168	2040	清流县
			3700	1620		13330	92282	宁化县
	42		1739	27943	27270	32360	105831	大田县
			180	406	406		33756	尤溪县
3750			2000			1190		沙　县
4520								将乐县
			3500			3020	23505	泰宁县
27	17					1000	2229	建宁县
26845				640	640	7900		惠安县
3950			4380	13041	12000			安溪县
3700			144	857	857		720	永春县
3908			1900	390		82	9974	德化县
9340			1516	363	363	1481		云霄县
			3305	850		16492	17187	漳浦县
								诏安县
						185	11055	长泰县
25634						5407		东山县
303			13			261	1786	南靖县
3636			1430	18040	17560	1010		平和县
			3360	250			10020	华安县
			1241			32445	410	顺昌县
	13		5024			4227	72810	浦城县
	10		6394	1968	1968	1000	35061	光泽县
11925	17			12483	12483	6918	79007	松溪县
							56195	政和县

4-1-2 续表 11

计量单位：万元

县名称 Name of Counties	本年完成投资 Completed Investment of This Year	供水 Water Supply	燃气 Gas Supply	集中供热 Central Heating	轨道交通 Rail Transit System	道路桥梁 Road and Bridge	地下综合管廊 Utility Tunnel	排水 Sewerage
长汀县	67279	3562	760			26861		6321
上杭县	32361	854	695			17009		6325
武平县	3426	140				3052		234
连城县	9441		267			3700		
霞浦县	10180					3207		
古田县	1770	170				470		780
屏南县	4518							2018
寿宁县	20260		220			1700		
周宁县	11660	120				11500		
柘荣县	4220					4220		
平潭县	123352	2665				94335	11645	14707
江 西	**3719537**	**186282**	**74927**		**1868**	**1269117**	**52341**	**374599**
南昌县	197106					156540	5300	
安义县	16593	600				6876		4800
进贤县	19349					12649		
浮梁县	77784					41730		5000
莲花县	51179	1430	29279			13032		1680
上栗县	19578	2687	1100			6503		6235
芦溪县	42597					13906		
武宁县	1013	15	467					383
修水县	98233		1400			41720		3691
永修县	374		374					
德安县	126100	4000				87950		25650
都昌县	8800					7000		
湖口县	20086	16600	155					3331
彭泽县	45212		830			1715	960	32412
分宜县	18100					1600		
信丰县	169880	7044				76185	5537	10389
大余县	56257	15660				12476		3050
上犹县	32338		3000			8143	206	4465
崇义县	28384	10500	5800			2948		5172
安远县	120648	16300	1030			20050		7240
定南县	78900	2300	400			26500		35600
全南县	41728	17078	400			6850		6300
宁都县	16577	2800				7000		5044
于都县	320155	4260				26600		
兴国县	128499					2500		
会昌县	14457	2450	1540			6700		2280
寻乌县	20348	395	1800			8791		6270
石城县	44439	10356	1830			9764		2497
吉安县	42800					500		6100
吉水县	77800	6500	800			47600		12300
峡江县	36605		6000			22505		4000
新干县	40609					31303	9306	

continued

Measurement Unit:10,000 RMB

污水处理 Wastewater Treatment	污泥处置 Sludge Disposal	再生水利用 Wastewater Recycled and Reused	园林绿化 Landscaping	市容环境卫生 Environmental Sanitation	垃圾处理 Domestic Garbage Treatment	其他 Other	本年新增固定资产 Newly Added Fixed Assets of This Year	县名称 Name of Counties
4908	61		3490	795		25490	67279	长汀县
212			4687	1020	100	1771	25690	上杭县
	15						3426	武平县
			1284	2390	1418	1800	8059	连城县
			6973				6973	霞浦县
	17					350	2570	古田县
	11		2500				7244	屏南县
				545	365	17795	25580	寿宁县
			40				11820	周宁县
								柘荣县
							149611	平潭县
172393	**5498**	**150**	**307260**	**233332**	**126082**	**1219811**	**3310771**	**江　西**
			35266				199432	南昌县
2400	1500		2817	1500				安义县
			2200	4500			19324	进贤县
5000			8213	2216	1216	20625		浮梁县
1680				2290		3468	53479	莲花县
2400			1553			1500	14048	上栗县
			2661			26030		芦溪县
			50			98		武宁县
			11363	38139		1920	99633	修水县
								永修县
			2300	6200			130100	德安县
						1800		都昌县
							9150	湖口县
32412			3400			5895	3800	彭泽县
				8000		8500	7600	分宜县
3697	600		8533	3202	1110	58990	58277	信丰县
2988			303	11004	1912	13764		大余县
2754			8600	1754	1754	6170	23490	上犹县
2470	2358	50	2073	88	88	1803	20021	崇义县
			50428	23000	23000	2600		安远县
			7700	2300		4100	84400	定南县
			2460	7440		1200	6700	全南县
						1733	44200	宁都县
			500	2500	2500	286295	330055	于都县
				12149	8499	113850	1145	兴国县
2280				1487	1382			会昌县
5021			880	178	178	2033	22787	寻乌县
1755			19367	613		12	32369	石城县
100			22100			14100	63400	吉安县
			10600				5590	吉水县
4000				2300	2300	1800	2500	峡江县
							54753	新干县

4-1-2 续表 12

计量单位：万元

县名称 Name of Counties	本年完成投资 Completed Investment of This Year	供水 Water Supply	燃气 Gas Supply	集中供热 Central Heating	轨道交通 Rail Transit System	道路桥梁 Road and Bridge	地下综合管廊 Utility Tunnel	排水 Sewerage
永丰县	61877	1796	2652			18135		
泰和县	21385	374				18877		2134
遂川县	12798	5000				3100		4500
万安县	136877	4550				12500	30500	11400
安福县	12780		100			6700		5680
永新县	14084		4860			5377		2930
奉新县	165738	18500				77715		16556
万载县	181632	10996	20			126420		
上高县	59932	2250				37363		1100
宜丰县	6210					2745		3326
靖安县	24892				1418	815		936
铜鼓县	21447		1000		450	10350	532	5700
南城县	100775		3600			9066		14496
黎川县	94397	2810	220			12407		3212
南丰县	52770					37520		
崇仁县	166085	940				25100		28000
乐安县	120960	3300				750		1920
宜黄县	25727	391	2800			11283		1390
金溪县	103334	5000				34592		13497
资溪县	80977	500	1800			8087		6800
广昌县	104374	8126	470			41571		13326
玉山县	12140					12140		
铅山县	29688	755	913			10021		1682
横峰县	1947							
弋阳县	37504					30415		1100
余干县	5161					1000		2697
鄱阳县	4012							
万年县	6772	20				6432		
婺源县	40736		288			1000		38328
山　东	**1764325**	**60095**	**43714**	**167639**		**499355**	**13626**	**311393**
平阴县	47822					23978		14744
商河县	41460	1527	600	3000		26631		1700
桓台县	9893	34				2360		4012
高青县	12089					4450		6300
沂源县	68749	231	923	12200		23302		
利津县	16880			230		3000		
广饶县	48472			16000		2450		11381
临朐县	56245					35274		13885
昌乐县	28593	2520	1379	6		5629		11777
微山县	36625					480	2700	245
鱼台县	52516	16	150	590		8480		7500
金乡县	72136			1500		26336		13200
嘉祥县	7849		100	1500		3339		
汶上县	18140	266		2500		6954		5400

continued

Measurement Unit:10,000 RMB

污水处理 Wastewater Treatment	污泥处置 Sludge Disposal	再生水利用 Wastewater Recycled and Reused	园林绿化 Landscaping	市容环境卫生 Environmental Sanitation	垃圾处理 Domestic Garbage Treatment	其他 Other	本年新增固定资产 Newly Added Fixed Assets of This Year	县名称 Name of Counties
						39294	69729	永丰县
								泰和县
4500			198				27155	遂川县
10000			350	7120	7120	70457	159500	万安县
2500	480		300					安福县
1818	60	100	897			20	13902	永新县
5300			4180	7623	7623	41164	98279	奉新县
			50	43006	41476	1140	191992	万载县
650				1194	834	18025	63889	上高县
3326				8	8	131	9629	宜丰县
936			13203	3320	3320	5200	16964	靖安县
4800			318	1421	1135	1676	14500	铜鼓县
4800			11763	1570	1570	60280	125023	南城县
			6080	6000		63669	99817	黎川县
			13900	1350	1350		363881	南丰县
28000			10916	7781	7781	93348	173869	崇仁县
1920			300	5670		109020	122060	乐安县
290			9863				27503	宜黄县
13497			100	1856		48289	63127	金溪县
4000			6160	5000	3456	52630	81865	资溪县
6000			7104	1578	1063	32200	106497	广昌县
							55650	玉山县
750	500		11300	2400		2616	33732	铅山县
						1947	3916	横峰县
600			5722	168		99	46463	弋阳县
			68	1396	1396		24544	余干县
				4012	4012		27930	鄱阳县
						320	320	万年县
9749			1120				2783	婺源县
112574	**2600**	**2200**	**329070**	**230084**	**148458**	**109350**	**1083499**	**山　东**
			9100					平阴县
1700			7182	820			32961	商河县
4000			2510	913		64	913	桓台县
			800	539			12089	高青县
			6041	25692		360	60901	沂源县
			11450			2200		利津县
10004			1440	15969	12696	1232		广饶县
			7086				56245	临朐县
10280			2957	4326	4326		25643	昌乐县
			6200	27000	27000		36625	微山县
4500			9380	26400	25800		52516	鱼台县
13200			30600	500	500		68436	金乡县
			2690	220			7849	嘉祥县
			2700	320			18140	汶上县

4-1-2 续表 13

计量单位：万元

县名称 Name of Counties	本年完成投资 Completed Investment of This Year	供水 Water Supply	燃气 Gas Supply	集中供热 Central Heating	轨道交通 Rail Transit System	道路桥梁 Road and Bridge	地下综合管廊 Utility Tunnel	排水 Sewerage
泗水县	15776		1457	2587		5532		240
梁山县	84495	901	1674	2520		39660		5900
宁阳县	3577	1700	1269	218				390
东平县	26352			18000		4539		3546
五莲县	7120	24	906			1490		3300
莒　县	37197					6092		3470
沂南县	31358	1378	180	5000		9310		6088
郯城县	8070					7470		600
沂水县	58108	596	1909	1180		33970		10473
兰陵县	38968	1000		15816		4577		7146
费　县	4124					824		
平邑县	13123	50		2000		2473		1600
莒南县	9690					1090		6000
蒙阴县	34709			26880		5269		
临沭县	47401					31374	7152	5200
宁津县	48622	2474		585		4935		2721
庆云县	15133	63		4860		4651		5226
临邑县	8040			7000				630
齐河县	50304	6067	1896	3500		10454	1364	17601
平原县	13320					7990		4000
夏津县	35073	59	570	635		29579		4040
武城县	61187	2101	961	750		6700		2462
阳谷县	21315	913	2926	761		6166		4577
莘　县	12743	83	2947	3343		370	2410	2660
东阿县	14990	3960				174		206
冠　县	18780	323	8339	2153		2176		5161
高唐县	2409							
惠民县	38912	1617	8864	7500				1967
阳信县	52201	9046	149	1000		4465		14546
无棣县	1962	1311	491	160				
博兴县	54415	2300		400		17000		27089
曹　县	42770	2820	720	4000		9200		13370
单　县	40326	500	776	12800		10075		9668
成武县	35187	4000				16917		
巨野县	44832	55	216	3400		8676		8005
郓城县	78805	918	2120			15659		23975
鄄城县	74145	6	1836	1035		9088		11828
东明县	61316	11237	356	2030		8748		7563
河　南	**3469200**	**290698**	**84964**	**147275**	**2011**	**1144584**	**6015**	**518037**
中牟县	33758		5100			28352		
杞　县	71624		750			16000		6000
通许县	16580	40	815			6030		3766
尉氏县	72373	190	800	13259		493		1122
兰考县	29237	1385	1122	18761		4312		1458

continued

Measurement Unit:10,000 RMB

污水处理 Wastewater Treatment	污泥处置 Sludge Disposal	再生水利用 Wastewater Recycled and Reused	园林绿化 Landscaping	市容环境卫生 Environmental Sanitation	垃圾处理 Domestic Garbage Treatment	其他 Other	本年新增固定资产 Newly Added Fixed Assets of This Year	县名称 Name of Counties
			5960				15776	泗水县
			33840				84495	梁山县
								宁阳县
3252			267				20013	东平县
			1400				2419	五莲县
			27635				34797	莒　县
			7312	2090			17419	沂南县
							1350	郯城县
5538			8580	1400			32538	沂水县
7146			1299	1230	1230	7900	41725	兰陵县
			3300				2437	费　县
				7000	7000		4663	平邑县
1200	2600	2200	2600					莒南县
			1800			760	1385	蒙阴县
5200			3675					临沭县
			5354			32553		宁津县
			293	40				庆云县
						410		临邑县
			8473	950			49481	齐河县
			1100	230	230			平原县
3850			190					夏津县
			14060	1216	1216	32937	61187	武城县
			3669	1895		407	18147	阳谷县
2103			200			730	12603	莘　县
			446			10205	3915	东阿县
			628				4439	冠　县
			2162	247			2250	高唐县
			474	15060	15060	3430	15089	惠民县
102			300	20000		2696	367	阳信县
							15438	无棣县
21859			5330	2296	200		8530	博兴县
7000			5730			6930	39340	曹　县
			6189	318				单　县
			11770			2500	9997	成武县
			5240	16200	16200	3040	44832	巨野县
11640			36133				70937	郓城县
			12199	37157	37000	996	24296	鄄城县
			11326	20056			71316	东明县
289084	**16799**	**21718**	**997741**	**206364**	**152264**	**71511**	**2714530**	**河　南**
			76	230			30627	中牟县
			27111	21763	12105		50507	杞　县
150			1103	842		3984	12803	通许县
			19559	36950	33000		33247	尉氏县
			2046	153			29237	兰考县

4-1-2 续表 14

计量单位：万元

县名称 Name of Counties	本年完成投资 Completed Investment of This Year	供水 Water Supply	燃气 Gas Supply	集中供热 Central Heating	轨道交通 Rail Transit System	道路桥梁 Road and Bridge	地下综合管廊 Utility Tunnel	排水 Sewerage
孟津县	20138	5193	3900	4000		3372		1292
新安县	18614	1308	1000	1467		8758		939
栾川县	6304	1470				3051		
嵩　县	15961			2161		12002		
汝阳县	26852		7000	3000		14200		1352
宜阳县	53480		1236	2000		29905		840
洛宁县	15116							3000
伊川县	10491			1000		1076		577
宝丰县	8616		80			3300		1500
叶　县	20912	13750				5802		
鲁山县	16547	3714	550			8833		2560
郏　县	20942		6300	500		5820		7722
安阳县								
汤阴县	17957					9026		6784
滑　县	36633	271	1061			5449		14049
内黄县	17002	2900		6500				5202
浚　县	54790	560	360	29000		23042		
淇　县	34110	400	300	530		18950		6000
新乡县	38002	502	1000	3500				33000
获嘉县	14500							600
原阳县	23781		4523			6211		7917
延津县	5507		54	1300		120		2380
封丘县	958					386		572
修武县	22452		500	1716		1236		
博爱县	15825	300	1500			8000		1780
武陟县	5154	2104	100	1250		1005		
温　县	3731					2143		598
清丰县	10019					7980		1487
南乐县	7217			1617				4800
范　县	14721			5191		5500		2400
台前县	49021	9000		3000		13957		11524
濮阳县	89911		718			49238		
鄢陵县	14261					9191		1814
襄城县	5331		2944			2387		
舞阳县	22122					17000		
临颍县	17420	1000		2400	1678			11912
渑池县	10927	102	1000	5363		1295		537
卢氏县	18589	251		1090		2982		400
南召县	43700	7500	100			5400		1700
方城县	63541	650	1400			28584		10948
西峡县	30223	430	1260			15280		2579
镇平县	3823	1503				1643		163
内乡县	97263	28347				35752		18857
淅川县	21712	1296	245			8519	700	2089

continued

Measurement Unit:10,000 RMB

污水处理 Wastewater Treatment	污泥处置 Sludge Disposal	再生水利用 Wastewater Recycled and Reused	园林绿化 Landscaping	市容环境卫生 Environmental Sanitation	垃圾处理 Domestic Garbage Treatment	其他 Other	本年新增固定资产 Newly Added Fixed Assets of This Year	县名称 Name of Counties
			62	766	98	1553	22932	孟津县
	939		1742	1171		2229	22915	新安县
			963	820			6304	栾川县
			948	850	420		1428	嵩　县
1352			1300				3735	汝阳县
			18978	521			51287	宜阳县
3000			2950			9166	3522	洛宁县
350			7527	254	167	57	7443	伊川县
			3736				3816	宝丰县
			1360				13750	叶　县
			890				550	鲁山县
6000			600				7542	郏　县
								安阳县
			1947	200	200		9284	汤阴县
10615			15803				27705	滑　县
5202			2400				5000	内黄县
			1744			84	42480	浚　县
			7930				6000	淇　县
33000							5002	新乡县
						13900	5000	获嘉县
			5130					原阳县
			1643	10			1268	延津县
							958	封丘县
			19000				21989	修武县
			4245				9037	博爱县
			695				7755	武陟县
			484	506			2530	温　县
			17	535	535		11306	清丰县
3670		1130	800				800	南乐县
			1630				14721	范　县
2819		4944	11540				49021	台前县
			39955				5565	濮阳县
		575	3256				9597	鄢陵县
							5331	襄城县
			5122				29597	舞阳县
11912			430				16720	临颍县
537			2530	100			10927	渑池县
			13370	496	496		4479	卢氏县
1200			13960	15040	15040		46712	南召县
5550			20193	1766	943		60228	方城县
			10674				28143	西峡县
			514				8483	镇平县
3400	3400	8550	14307				80613	内乡县
			7400	1030		433	28649	淅川县

4-1-2 续表 15

计量单位：万元

县名称 Name of Counties	本年完成投资 Completed Investment of This Year	供水 Water Supply	燃气 Gas Supply	集中供热 Central Heating	轨道交通 Rail Transit System	道路桥梁 Road and Bridge	地下综合管廊 Utility Tunnel	排水 Sewerage
社旗县	9423	130	980			4854		2357
唐河县	72382	5334	3400			28742		8286
新野县	25547	4115	613			5100		12819
桐柏县	28028					490		22500
民权县	104925	35467	2400	1682		17293		45078
睢　县	109776	6120		4000		8694		10252
宁陵县	22887		1080			7880		12677
柘城县	70852		440			1038		15568
虞城县	44575		700			21077		10123
夏邑县	11460							
罗山县	3800	2400						1400
光山县	1826	780						1046
新　县	32543	5000				4550		12993
商城县	14237	504	545			12758		
固始县	183917	111572	9125			34320		5200
潢川县	17670	700	2000			1132		13026
淮滨县	158153	3730	3000			18585		14376
息　县	55442	20	18			30000		22500
扶沟县	14932	899	1107			2522		554
西华县	80200	230	104	4450		34457		655
商水县	82114	5560			333	25866		11412
沈丘县	20344		11000			6501		2320
郸城县	129809					14800		15400
淮阳县	133625	4968	584			85974		13660
太康县	19462	1000				7634		6667
鹿邑县	130476			28538		34800		1000
西平县	21480					3635		6946
上蔡县	45718					19053	2815	2600
平舆县	98092					38440		6415
正阳县	5110	610						4500
确山县	62323	539	91			23670		22856
泌阳县	30554	397	349			10221		1007
汝南县	99595	10800	775			23317		14280
遂平县	91235		35			65732	2500	748
新蔡县	168940	5657	900			119867		14596
湖　北	**549917**	**16927**	**51225**			**200847**	**31**	**104547**
阳新县	25921	3500				17691		2400
郧西县	8287		5000					
竹山县	11351		5560			4980		591
竹溪县	2820					2490		330
房　县	2632					2632		
远安县	391							
兴山县	28357		2000					16357
秭归县	30297	964	4876			8914		1609

continued

Measurement Unit:10,000 RMB

			园林绿化	市容环境卫生		其他	本年新增固定资产	县名称
污水处理 Wastewater Treatment	污泥处置 Sludge Disposal	再生水利用 Wastewater Recycled and Reused	Landscaping	Environmental Sanitation	垃圾处理 Domestic Garbage Treatment	Other	Newly Added Fixed Assets of This Year	Name of Counties
			1102				10391	社旗县
2400			26080	540	476		40735	唐河县
9369			900	2000			25957	新野县
22500			5038				28367	桐柏县
40578	4500		3005				89932	民权县
9476			80710				800	睢　县
3927						1250	22768	宁陵县
15568			2175	51631	51570		71500	柘城县
			9875	2800			45765	虞城县
			11460				12485	夏邑县
1400							7200	罗山县
							8989	光山县
12993			9000	1000	1000		24553	新　县
			320	110			8495	商城县
			23560	140			184477	固始县
9952			92	720	720		17401	潢川县
7306			118332	130	130		162763	淮滨县
19000		3500	2874	30	30		42442	息　县
			9050	800			15987	扶沟县
452			39253	1051			44122	西华县
232			35911	50	50	2982	58032	商水县
679			181			342	14161	沈丘县
10000			97709	1800		100	108325	郸城县
9550			23119	5320	790		72826	淮阳县
			3163	998			24434	太康县
1000			20500	15638	3979	30000	146955	鹿邑县
6541			2369	8530	8530		18338	西平县
	2600		20550	700			42918	上蔡县
2790			30000	23237	21985		80308	平舆县
4500							610	正阳县
3320	5360	3019	12601	836		1730	58039	确山县
			18580				26912	泌阳县
2280			46123	4300			99595	汝南县
			22220				89463	遂平县
4514			24219			3701	151940	新蔡县
76604	**7371**		**34705**	**51872**	**32921**	**89762**	**471308**	**湖　北**
2400				2330			27471	阳新县
			209			3078	5078	郧西县
			103			117	11351	竹山县
330							3953	竹溪县
							2632	房　县
			391				891	远安县
16357						10000	33357	兴山县
			6488			7446	1666	秭归县

4-1-2 续表 16

计量单位：万元

县名称 Name of Counties	本年完成投资 Completed Investment of This Year	供水 Water Supply	燃气 Gas Supply	集中供热 Central Heating	轨道交通 Rail Transit System	道路桥梁 Road and Bridge	地下综合管廊 Utility Tunnel	排水 Sewerage
长阳土家族自治县	18587	621	1072			13685		70
五峰土家族自治县	3622					2125		1040
南漳县	2583	600				61		
谷城县	16424	1265	710			9459		4779
保康县	140							
沙洋县	28295	967	350			16887		6145
孝昌县	52042					9096		6333
大悟县								
云梦县								
公安县	65660		7000			58660		
江陵县	16822					2020		580
团风县								
红安县								
罗田县	7840					3820		
英山县	210	10				200		
浠水县	40000							
蕲春县								
黄梅县	450					400		50
嘉鱼县	14567	1090				4135		8955
通城县	18889					5626		5621
崇阳县	9052	3057	3693					2302
通山县	11680					5594		2136
随　县	15070	1100	9700			2035		2205
建始县	24589	830				15534		2570
巴东县	2759					1583		
咸丰县	39363	2430	8360			2359	31	25000
来凤县	11380	440				4810		5470
鹤峰县	18850		2904			4350		2632
宣恩县	18999	53				1702		7072
神农架林区	1988							300
湖　南	**2091337**	**148670**	**47680**	**1300**		**1006408**	**2190**	**277488**
长沙县	240151	7794				232357		
望城区	425544	10200	6800	1300		361244	300	1000
攸　县	8024	6414				1000		610
茶陵县	6191	3256	615			2000		320
炎陵县	6207		500			4907		800
湘潭县	92145							
衡阳县	7936		1816					2920
衡南县	20984	3541				4000		8343
衡山县	12000							12000
衡东县	14319	1598	500			4810		7103
祁东县	730					730		
南岳区	1920							58
新邵县	3226	1000				1059		279

continued

Measurement Unit:10,000 RMB

污水处理 Wastewater Treatment	污泥处置 Sludge Disposal	再生水利用 Wastewater Recycled and Reused	园林绿化 Landscaping	市容环境卫生 Environmental Sanitation	垃圾处理 Domestic Garbage Treatment	其他 Other	本年新增固定资产 Newly Added Fixed Assets of This Year	县名称 Name of Counties
70			200	773	773	2166	16818	长阳土家族自治县
1040			57	400	400			五峰土家族自治县
			1000	922	922		2534	南漳县
3608			175	36	36		17609	谷城县
			7	133	133		304	保康县
			2442	43		1461	14922	沙洋县
3277	3056		408	36081	19981	124	51442	孝昌县
								大悟县
								云梦县
							41200	公安县
			9192	750	750	4280	12875	江陵县
								团风县
							13500	红安县
			4020					罗田县
								英山县
						40000		浠水县
							80742	蕲春县
								黄梅县
2225	4180		387				5645	嘉鱼县
5492	129		6283	241		1118	23006	通城县
								崇阳县
500			3129			822	1500	通山县
2100			30				11800	随　县
				1500	1500	4155	26839	建始县
				669	669	507	619	巴东县
25000			4	679	650	500	38733	咸丰县
5000			110			550	10830	来凤县
2200				5619	5619	3345	458	鹤峰县
6905	6		71	8		10093	10546	宣恩县
100				1688	1488		2988	神农架林区
218534	**19150**		**82088**	**151938**	**112162**	**373576**	**1462640**	**湖　南**
								长沙县
1000			23300	18700	8850	2700	444872	望城区
							8024	攸　县
							8271	茶陵县
							50	炎陵县
						92145	97056	湘潭县
2920			500	2700	800			衡阳县
5320				5100	5100		32335	衡南县
12000								衡山县
7103			256			52	6464	衡东县
								祁东县
58			81			1781		南岳区
			288	600	100		3226	新邵县

4-1-2 续表 17

计量单位：万元

县名称 Name of Counties	本年完成投资 Completed Investment of This Year	供水 Water Supply	燃气 Gas Supply	集中供热 Central Heating	轨道交通 Rail Transit System	道路桥梁 Road and Bridge	地下综合管廊 Utility Tunnel	排水 Sewerage
邵阳县	42126	389				2580		37712
隆回县	20891	1688	1587			11000		2339
洞口县	22810	850	50			13200	1500	3800
绥宁县	3630					3630		
新宁县	9254	900	1000			3753		
城步苗族自治县	20006	4600				12308		3098
岳阳县	7248	1580	558			1780		3225
华容县	11852		503			7703		3000
湘阴县	3214	3029	185					
平江县	2680							668
安乡县	2733	180	80			1750	220	409
汉寿县	5050					3250		1800
澧　县	23279					6813		1420
临澧县	27396	5080				8400		
桃源县	6728	5044				746	170	735
石门县	22056							
慈利县	35907	13243				1210		3454
桑植县	11870	300	2500			2450		4650
南　县	15334	680				12355		1200
桃江县	57511	1340	69			3370		13997
安化县	63409	7500				1754		53892
大通湖区								
桂阳县	304							
宜章县	23	23						
永兴县	2794	291	211			1561		100
嘉禾县	40070	110	50			4575		7335
临武县	14805	870						12944
汝城县	2339		27			938		359
桂东县	5130	1300				2090		1740
安仁县								
祁阳县	244449	18200	8060			82192		13176
东安县								
双牌县	10974	6400	1300			900		2129
道　县	279780	17600	10620			138260		12300
江永县								
宁远县								
蓝山县								
新田县	5509	700	1800			1280		1369
江华瑶族自治县	1210	1210						
中方县	18403		2325			2115		8263
沅陵县	4877	800	300					1550
辰溪县	13159	2800				4900		
溆浦县	26385		3770			1200		14293
会同县								

continued

Measurement Unit:10,000 RMB

污水处理 Wastewater Treatment	污泥处置 Sludge Disposal	再生水利用 Wastewater Recycled and Reused	园林绿化 Landscaping	市容环境卫生 Environmental Sanitation	垃圾处理 Domestic Garbage Treatment	其他 Other	本年新增固定资产 Newly Added Fixed Assets of This Year	县名称 Name of Counties
37632				300	300	1145	47066	邵阳县
2339			1379	2898	638		18523	隆回县
			730			2680		洞口县
							3130	绥宁县
			938			2663	10832	新宁县
							23080	城步苗族自治县
3225				105	94		11796	岳阳县
3000			512	62	62	72	11699	华容县
							138	湘阴县
			1466	546	546		2426	平江县
220			80	14	14			安乡县
							8625	汉寿县
1420			372	260	260	14414	27590	澧　县
			4499			9417		临澧县
200			10			23	7500	桃源县
						22056		石门县
3454						18000		慈利县
3550	1100		720			1250	10176	桑植县
1200				99	99	1000	148	南　县
9381	4160		1161	2342	2000	35232	43700	桃江县
53170	722		55	208			5406	安化县
								大通湖区
						304	20200	桂阳县
								宜章县
100			231	400	400			永兴县
6675				28000	28000		33770	嘉禾县
12944				991	991			临武县
200			36	620	620	359		汝城县
1740								桂东县
							2992	安仁县
56	7000		20060	44006	43206	58755	201369	祁阳县
							400	东安县
2129				245			10954	双牌县
70	6000		17500	35600	12300	47900	176500	道　县
								江永县
								宁远县
								蓝山县
1308				360			6531	新田县
								江华瑶族自治县
						5700	18403	中方县
1550			42	615	615	1570		沅陵县
						5459		辰溪县
14293				7122	7122		26385	溆浦县
								会同县

4-1-2 续表 18

计量单位：万元

县名称 Name of Counties	本年完成投资 Completed Investment of This Year	供水 Water Supply	燃气 Gas Supply	集中供热 Central Heating	轨道交通 Rail Transit System	道路桥梁 Road and Bridge	地下综合管廊 Utility Tunnel	排水 Sewerage
麻阳苗族自治县	21300					300		
新晃侗族自治县	15745							1745
芷江侗族自治县								
通道县	1670							1670
靖州县	11000							11000
双峰县	49907	4760	1500			38255		3980
新化县	15800	13300						2500
泸溪县								
凤凰县								
花垣县	36043	100				16067		1572
保靖县	9962							9962
古丈县	3122		954					168
永顺县	500							500
龙山县	1716					1616		
广　东	**181319**	**26272**	**2253**			**57225**		**49487**
始兴县								
仁化县	8590					3800		4410
翁源县	5289							3500
乳源瑶族自治县	11109					7331		
新丰县								
南澳县	7409					4200		3209
遂溪县	7651					7589		62
徐闻县								
广宁县	179	129				50		
怀集县	15885					9100		4100
封开县	5126					2000		1487
德庆县	1269					667		169
博罗县	382	382						
惠东县	1550	1550						
龙门县	18280					9220		7903
大埔县								
丰顺县	80					80		
五华县								
平远县								
蕉岭县								
海丰县	64808	23340	1935			5600		5000
陆河县								
紫金县								
龙川县								
连平县								
和平县								
东源县								
阳西县	1118	800	318					
阳山县	18448							18448

continued

Measurement Unit:10,000 RMB

污水处理 Wastewater Treatment	污泥处置 Sludge Disposal	再生水利用 Wastewater Recycled and Reused	园林绿化 Landscaping	市容环境卫生 Environ-mental Sanitation	垃圾处理 Domestic Garbage Treatment	其他 Other	本年新增固定资产 Newly Added Fixed Assets of This Year	县名称 Name of Counties
						21000		麻阳苗族自治县
1745						14000	94626	新晃侗族自治县
							4009	芷江侗族自治县
1670							500	通道县
11000								靖州县
2900			62	45	45	1305	9609	双峰县
2500								新化县
								泸溪县
								凤凰县
			7710			10594	5094	花垣县
9962							11446	保靖县
	168					2000	6034	古丈县
500							1686	永顺县
			100					龙山县
36574			**4528**	**7762**	**7244**	**33791**	**83272**	**广　东**
								始兴县
4410				380			9552	仁化县
3500						1789	41112	翁源县
			3778				2006	乳源瑶族自治县
								新丰县
1113								南澳县
							7651	遂溪县
							1526	徐闻县
							167	广宁县
			509			2176	15885	怀集县
				1639	1639		1639	封开县
				357	218	76	282	德庆县
								博罗县
								惠东县
7903				886	886	270	871	龙门县
								大埔县
								丰顺县
								五华县
								平远县
								蕉岭县
						28933	853	海丰县
								陆河县
								紫金县
								龙川县
								连平县
								和平县
								东源县
							318	阳西县
18448								阳山县

4-1-2 续表 19

计量单位：万元

县名称 Name of Counties	本年完成投资 Completed Investment of This Year	供水 Water Supply	燃气 Gas Supply	集中供热 Central Heating	轨道交通 Rail Transit System	道路桥梁 Road and Bridge	地下综合管廊 Utility Tunnel	排水 Sewerage
连山壮族瑶族自治县								
佛冈县	768							768
连南瑶族自治县	7590					7540		
饶平县								
揭西县								
惠来县								
新兴县	1288	71				48		431
郁南县	4500							
广　西	**3132199**	**91756**	**29165**			**1080108**		**178683**
隆安县	14233	780	300			8303		4572
马山县	1200					300		900
上林县	14940	4216	1552			7037		1872
宾阳县	31474	2366	15			20000		7866
横　县	10639	250	230			4995		4989
柳城县	5568	162				3299		1169
鹿寨县	102572					52047		4060
融安县	419					419		
融水苗族自治县	22139	2587				18374		
三江侗族自治县	12304	716				5651		5521
阳朔县	31002	2828	352			27605		217
灵川县	9579					9400		179
全州县	21342	740				4617		3130
兴安县	24735					24333		
永福县	2461					2461		
灌阳县	2710	2560				150		
龙胜各族自治县	472	360				7		105
资源县	28800					28600		
平乐县	2660		730			1692		
恭城瑶族自治县	6088	175				5818		95
苍梧县	21608	10871				2490		5684
藤　县	1710							1710
蒙山县	19910		900			15010		4000
合浦县	23814					9373		14306
上思县	2016	330				500		1186
灵山县	61668	3730				25537		10201
浦北县	15190	4316				10873		
平南县	90919	5082	1225			69391		4975
容　县	63907	6648	3800			37750		7754
陆川县	33715	3160				19695		4660
博白县	51262	35	257			29574		18410
兴业县	15716		663			4403		2987
田东县	16554	30	699			9277		3100
德保县	6320	318				3670		1494
那坡县	2277		400			695		580

continued

Measurement Unit:10,000 RMB

污水处理 Wastewater Treatment	污泥处置 Sludge Disposal	再生水利用 Wastewater Recycled and Reused	园林绿化 Landscaping	市容环境卫生 Environmental Sanitation	垃圾处理 Domestic Garbage Treatment	其他 Other	本年新增固定资产 Newly Added Fixed Assets of This Year	县名称 Name of Counties
								连山壮族瑶族自治县
768								佛冈县
			50					连南瑶族自治县
								饶平县
								揭西县
								惠来县
431			192			547	309	新兴县
				4500	4500		1100	郁南县
60097	**11667**		**1655791**	**53512**	**44106**	**43184**	**2969634**	**广　西**
3917				278	278		14233	隆安县
900							1220	马山县
900			235	29			5581	上林县
6000			1227				4166	宾阳县
4989			104	70			10670	横　县
			144			794	5568	柳城县
1350			44960	95		1410		鹿寨县
							4653	融安县
			1178				13639	融水苗族自治县
3171			416				12304	三江侗族自治县
							9748	阳朔县
							579	灵川县
	600		12855				21342	全州县
			402				21422	兴安县
							2461	永福县
								灌阳县
							112	龙胜各族自治县
				200	20		28620	资源县
				238			2660	平乐县
							4666	恭城瑶族自治县
5684			2563				21608	苍梧县
1030							2135	藤　县
							19910	蒙山县
				90		45	23923	合浦县
							90	上思县
8231			1000	21200	21200		62084	灵山县
							13531	浦北县
			10016	230	58		84413	平南县
2500	633		6780			1175	13622	容　县
			6000			200	33744	陆川县
			2830	156			55965	博白县
			275	7387			25615	兴业县
			3363	85			13454	田东县
21			485			353	1762	德保县
			542			60	1840	那坡县

4-1-2 续表 20

计量单位：万元

县名称 Name of Counties	本年完成投资 Completed Investment of This Year	供水 Water Supply	燃气 Gas Supply	集中供热 Central Heating	轨道交通 Rail Transit System	道路桥梁 Road and Bridge	地下综合管廊 Utility Tunnel	排水 Sewerage
凌云县	700					600		
乐业县	4699	19				692		3892
田林县	5646		220			1225		3728
西林县	1304					900		
隆林各族自治县	62794	3269	8000			43236		1573
昭平县	14446	372	535			8862		1356
钟山县	23347	1340	120			13330		7799
富川瑶族自治县	22312		156			13506		1332
南丹县	9994		500			8186		1135
天峨县	4743	16	335					4266
凤山县	30156	1321	890			17753		7701
东兰县	1931000					401000		
罗城仫佬族自治县	11548	50	2050			3333		6115
环江毛南族自治县	17682	120				17062		500
巴马瑶族自治县	45246	4425				3600		4800
都安瑶族自治县	17693	1760	850			14748		
大化瑶族自治县	14730	6130				8600		
忻城县	5488	2540	53			2713		
象州县	1305					1185		120
武宣县	25857	11768	400			4582		4362
金秀瑶族自治县	461		258			202		
扶绥县	29818	4327	1649			12099		2803
宁明县	9358					6114		2685
龙州县	31246		125			30480		
大新县	7745	2039	1900			53		3571
天等县	30959					2700		5225
海 南	**249900**	**752**	**10623**			**201354**	**3539**	**8299**
定安县	120246					111479		3863
屯昌县	1600		800			800		
澄迈县	6538					4994		1524
临高县	2571	133	614			96		748
白沙黎族自治县	13524		1089			7909		332
昌江县	10251	447	3000			3012	3503	241
乐东县	18194					18194		
陵水县								
保亭县	4770	172				2	36	1591
琼中县	30158		5120			17222		
洋浦经济开发区	42048					37646		
重 庆	**998753**	**15803**	**3811**			**680552**	**16065**	**97074**
城口县	47286	1774	80			35470		8955
丰都县	11478	600	253			4315		5567
垫江县	186593	1153	1290			124660	10147	26898
忠 县	46487	1710	29			26734		2461
云阳县	371647	3273	50			298739		10181

continued

Measurement Unit:10,000 RMB

污水处理 Wastewater Treatment	污泥处置 Sludge Disposal	再生水利用 Wastewater Recycled and Reused	园林绿化 Landscaping	市容环境卫生 Environmental Sanitation	垃圾处理 Domestic Garbage Treatment	其他 Other	本年新增固定资产 Newly Added Fixed Assets of This Year	县名称 Name of Counties
			50	50			4850	凌云县
3887				97	97		826	乐业县
3728			473				5646	田林县
			183	221			1186	西林县
673			4600	116	80	2000	62794	隆林各族自治县
430			348			2974	3661	昭平县
2400	384		311	447	390		24077	钟山县
			7318				23695	富川瑶族自治县
			30	143	143		8487	南丹县
	4266			126	126		250	天峨县
			1853	638	498		30156	凤山县
			1530000				1931000	东兰县
	5615						10327	罗城仫佬族自治县
							17682	环江毛南族自治县
			4300			28121	137932	巴马瑶族自治县
			335				17693	都安瑶族自治县
							14910	大化瑶族自治县
				182			10678	忻城县
	120						1867	象州县
4150	49		3275	216	216	1254	5526	武宣县
							202	金秀瑶族自治县
			4123	19		4798	50153	扶绥县
			559				9598	宁明县
			625	16			33246	龙州县
2637				182			235	大新县
3500			2034	21000	21000		25619	天等县
3246	**233**		**2533**	**9364**	**8501**	**13436**	**29927**	**海　南**
			500	1233	1233	3171		定安县
							2874	屯昌县
1200				20			3711	澄迈县
230	233		630	350				临高县
						4194		白沙黎族自治县
241				48	48		726	昌江县
								乐东县
								陵水县
1575			601	638	154	1730	1127	保亭县
				7066	7066	750	21489	琼中县
			802	9		3591		洋浦经济开发区
42058	**4050**		**117770**	**60695**	**54038**	**6983**	**532685**	**重　庆**
6155			520	487	487		12672	城口县
			743				2248	丰都县
9037	2310		22000	400		45	53016	垫江县
			15399	154			46734	忠　县
4507			51010	8381	8381	13	213789	云阳县

4-1-2 续表 21

计量单位：万元

县名称 Name of Counties	本年完成投资 Completed Investment of This Year	供水 Water Supply	燃气 Gas Supply	集中供热 Central Heating	轨道交通 Rail Transit System	道路桥梁 Road and Bridge	地下综合管廊 Utility Tunnel	排水 Sewerage
奉节县	58498	359	625			25346		21383
巫山县	65561	1475	1007			55156		2769
巫溪县	41477	501	35			36410	600	1654
石柱土家族自治县	60741	231	35			31179	2000	3701
秀山土家族苗族自治县	73614	4500	127			29086		8067
酉阳土家族苗族自治县	15728	30				4489	3318	3480
彭水苗族土家族自治县	19643	197	280			8968		1958
四　川	**2042739**	**90056**	**23041**	**23095**	**92660**	**868673**	**18698**	**347142**
金堂县	240053	2361				167401	2076	23528
大邑县	131230				92530	8700		
蒲江县	46810		2374			14000		9000
新津县	132737					77265	13522	40750
荣　县								
富顺县	28553	290				16460		914
米易县								
盐边县								
泸　县	70335					32535		
合江县	15400					15400		
叙永县	13000		6700			2000		4300
古蔺县	51800					21800		30000
中江县								
三台县	39658	1627						4581
盐亭县	750	200	100					450
梓潼县	14180					9060		5120
北川羌族自治县	1618							818
平武县	3036							
旺苍县	30521	12500				17510		
青川县								
剑阁县	20691					20691		
苍溪县	72384	7480				36914		5641
蓬溪县	61000							36000
大英县	46586	500	2000			13086		9800
威远县	14683	1612	1411			8900		
资中县	27355	10500				15000		955
犍为县	12601	1859	230			9679		833
井研县	4120					1400		
夹江县	25961	12960	120			3482		9399
沐川县	55							55
峨边县	40700					19100		
马边县	6200					1400		1800
南部县	62280	1790	1150			43830		9610
营山县	38918					14403		8103
蓬安县	79920	3600				37220	3100	28800
仪陇县	131653					69012		16372

continued

Measurement Unit:10,000 RMB

污水处理 Wastewater Treatment	污泥处置 Sludge Disposal	再生水利用 Wastewater Recycled and Reused	园林绿化 Landscaping	市容环境卫生 Environmental Sanitation	垃圾处理 Domestic Garbage Treatment	其他 Other	本年新增固定资产 Newly Added Fixed Assets of This Year	县名称 Name of Counties
19129			2073	8240	7700	472	35345	奉节县
			3104	2050			24881	巫山县
			1874	403			13587	巫溪县
551	1740		5665	13260	13260	4670	29339	石柱土家族自治县
			7084	24325	24210	425	69445	秀山土家族苗族自治县
2679			416	2995		1000	13807	酉阳土家族苗族自治县
			7882			358	17822	彭水苗族土家族自治县
185039	**5**	**7757**	**306887**	**127801**	**101365**	**144686**	**1919037**	**四　川**
2636		5252	27186	17501	17501		259727	金堂县
						30000	101230	大邑县
6000			16000	5436	5436			蒲江县
40750			750			450	171860	新津县
								荣　县
534			2759	8130	10			富顺县
								米易县
								盐边县
			37800				67535	泸　县
							14400	合江县
							13000	叙永县
							51800	古蔺县
								中江县
3317				33450	33450		39658	三台县
							750	盐亭县
							14180	梓潼县
818			800				1670	北川羌族自治县
				3036	3036		3036	平武县
						511	45627	旺苍县
								青川县
								剑阁县
			22349				14250	苍溪县
30000			24000			1000	61000	蓬溪县
9800			10500	400		10300	51086	大英县
				2760	2760		452	威远县
955			900					资中县
							12587	犍为县
			2500	150		70	4120	井研县
9399							25961	夹江县
5	5	5					55	沐川县
			6600	15000				峨边县
1800			3000				6200	马边县
			5700	200	200		37370	南部县
		2500	16412				30448	营山县
28800			7200				99920	蓬安县
			46269				131653	仪陇县

4-1-2 续表 22

计量单位：万元

县名称 Name of Counties	本年完成投资 Completed Investment of This Year	供水 Water Supply	燃气 Gas Supply	集中供热 Central Heating	轨道交通 Rail Transit System	道路桥梁 Road and Bridge	地下综合管廊 Utility Tunnel	排水 Sewerage
西充县	62514	1600	1600			25400		4200
仁寿县	10108					9393		
洪雅县								
丹棱县								
青神县	6092					2200		3892
江安县	65048					20790		14779
长宁县	14717	1200				4770		3900
高　县	3632					2112		320
珙　县								
筠连县	11161	900	5656			2269		320
兴文县	15037	5010				3500		6510
屏山县	75659							3437
岳池县								
武胜县	8000					6000		
邻水县								
宣汉县	3850					2450		1400
开江县	30650	3000				9150		9500
大竹县	22275					18875		1600
渠　县	14550					14550		
荥经县	5312							
汉源县	16897		500		130	5000		2517
石棉县	16069	550				10940		1460
天全县	32449					16354		5548
芦山县								
宝兴县								
通江县								
南江县								
平昌县								
安岳县								
乐至县								
汶川县	11028					10129		899
理　县	2130							
茂　县	2218		1200			328		30
松潘县	3708					2608		
九寨沟县	1648					460		380
金川县	1400	400						
小金县	5619							5619
黑水县	644					644		
壤塘县	1200							
阿坝县	8238					8238		
若尔盖县	2341							2341
红原县	3237	1490		130		1497		120
泸定县	14869	2500				85		11316

continued

Measurement Unit:10,000 RMB

污水处理 Wastewater Treatment	污泥处置 Sludge Disposal	再生水利用 Wastewater Recycled and Reused	园林绿化 Landscaping	市容环境卫生 Environmental Sanitation	垃圾处理 Domestic Garbage Treatment	其他 Other	本年新增固定资产 Newly Added Fixed Assets of This Year	县名称 Name of Counties
			29714				62514	西充县
			470			245		仁寿县
								洪雅县
								丹棱县
							4492	青神县
			13505	15974	15974		82141	江安县
			1620	3227	3197		14717	长宁县
220				1200	1200		2870	高　县
								珙　县
50				1476	662	540	12270	筠连县
3900			17				10614	兴文县
3437				676	676	71546	83025	屏山县
								岳池县
			2000				8000	武胜县
								邻水县
								宣汉县
5000			9000				31850	开江县
1600			1800				16975	大竹县
								渠　县
			5312				4549	荥经县
			8750				16397	汉源县
			3119				16069	石棉县
3088						10547	32878	天全县
								芦山县
								宝兴县
								通江县
								南江县
								平昌县
								安岳县
								乐至县
899							11028	汶川县
			15	2115	1623		2130	理　县
30				660	660			茂　县
				980	980	120	3708	松潘县
380				808	808		14812	九寨沟县
				1000	1000		1300	金川县
							5619	小金县
								黑水县
				1200			1200	壤塘县
								阿坝县
2341							2341	若尔盖县
120							607	红原县
8935						968	14869	泸定县

4-1-2 续表 23

计量单位：万元

县名称 Name of Counties	本年完成投资 Completed Investment of This Year	供水 Water Supply	燃气 Gas Supply	集中供热 Central Heating	轨道交通 Rail Transit System	道路桥梁 Road and Bridge	地下综合管廊 Utility Tunnel	排水 Sewerage
丹巴县	3036	1137						499
九龙县	7949	5000				300		
雅江县								
道孚县	4900					2500		2400
炉霍县	2401							
甘孜县	611							
新龙县	5467	2924				2543		
德格县	9794	2190						2829
白玉县	10766							3700
石渠县	9470			8620				850
色达县	21738	2900		11045				
理塘县	5546			3300				746
巴塘县	500							
乡城县								
稻城县	8785					579		6680
得荣县	2137					1137		
普格县								
木里县								
盐源县								
德昌县								
会理县								
会东县	2045					1615		
宁南县								
布拖县								
金阳县								
昭觉县								
喜德县								
冕宁县	6000	600				5400		
越西县	4506	1376				609		2521
甘洛县								
美姑县								
雷波县								
贵　州	**3661149**	**180515**	**31250**		**22083**	**1161415**	**74586**	**234820**
开阳县	35988					35988		
息烽县								
修文县								
水城区	188767	500				73200		800
六枝特区	359906	4630	12620		21600	78654	41301	16798
桐梓县	21238							1238
绥阳县	2950							2950
正安县	6500							6500
道真县	3773	3773						
务川县	10440	7429				2111		900

continued

Measurement Unit:10,000 RMB

			园林绿化	市容环境		其 他	本年新增	
污水处理 Wastewater Treatment	污泥处置 Sludge Disposal	再生水利用 Wastewater Recycled and Reused	Landscaping	卫 生 Environ-mental Sanitation	垃圾处理 Domestic Garbage Treatment	Other	固定资产 Newly Added Fixed Assets of This Year	县名称 Name of Counties
499				1400	1400		3036	丹巴县
				334	334	2315	7949	九龙县
								雅江县
2400							4900	道孚县
			640	1521	1521	240	2401	炉霍县
				611	611		611	甘孜县
							5467	新龙县
2829						4775	9794	德格县
3700				1500	1500	5566	10766	白玉县
850							9470	石渠县
				2800	2800	4993	21738	色达县
746				1500	1500		5546	理塘县
						500	500	巴塘县
								乡城县
6680				1526	1526		8785	稻城县
				1000	1000		2137	得荣县
								普格县
								木里县
								盐源县
							94900	德昌县
								会理县
			200	230			1815	会东县
								宁南县
								布拖县
								金阳县
								昭觉县
								喜德县
							12672	冕宁县
2521								越西县
								甘洛县
								美姑县
								雷波县
141529	**1150**		**123665**	**132941**	**87044**	**1699875**	**1398664**	**贵 州**
								开阳县
								息烽县
								修文县
			500	500		113267	186017	水城区
10798				22686	22686	161617		六枝特区
1038			20000				200	桐梓县
2950							12379	绥阳县
6500							6500	正安县
							3773	道真县
900							2111	务川县

4-1-2 续表 24

计量单位：万元

县名称 Name of Counties	本年完成投资 Completed Investment of This Year	供水 Water Supply	燃气 Gas Supply	集中供热 Central Heating	轨道交通 Rail Transit System	道路桥梁 Road and Bridge	地下综合管廊 Utility Tunnel	排水 Sewerage
凤冈县	182						182	
湄潭县								
余庆县	9820	13				1077		250
习水县	265							265
普定县	201164	11338	70			53462		8892
镇宁县	6250		550			5700		
关岭县	201787	51250	160					4240
紫云县	139054					75077		
大方县	234305	2650	82			104219	11667	
黔西县	125976	200	602			90280		12967
金沙县	121418	20406	3163			20407		51080
织金县	133676	400	909			19008		
纳雍县	61543	3000	1393		73	18397		1065
威宁自治县	82181		141			48137		508
赫章县	112772	600	1357			1300		600
江口县	91155	30	1200			7080	2000	3823
玉屏县	22890	2550	1000		410	7140	490	6190
石阡县	47303					44018		3285
思南县	206065	21950				51700		
印江县	65979					5263	1046	
德江县	203547		2531			32980		12145
沿河县	60687		932			16616		7633
松桃县	58767					38330		20437
普安县								
晴隆县								
贞丰县								
望谟县								
册亨县								
安龙县								
黄平县								
施秉县								
三穗县	31341	3301	763			177	17900	
镇远县	12017	4850						7167
岑巩县	4090	890						3200
天柱县	115012	21340				46162		10100
锦屏县	2144					2144		
剑河县								
台江县	300	300						
黎平县	109916	7850				23438		22400
榕江县								
从江县	4632	2988						1644
雷山县	40343	6778				4072		2908
麻江县	13065	1484	105					11096

continued

Measurement Unit:10,000 RMB

污水处理 Wastewater Treatment	污泥处置 Sludge Disposal	再生水利用 Wastewater Recycled and Reused	园林绿化 Landscaping	市容环境卫生 Environmental Sanitation	垃圾处理 Domestic Garbage Treatment	其他 Other	本年新增固定资产 Newly Added Fixed Assets of This Year	县名称 Name of Counties
								凤冈县
							1064	湄潭县
						8480	10045	余庆县
								习水县
3625			14345	4950	4700	108107	4994	普定县
							45247	镇宁县
3780				1960	1750	144177	4350	关岭县
						63977	900	紫云县
			10200	34437		71050	81318	大方县
			17220			4707	112270	黔西县
29325			4527			21835	319	金沙县
						113359	1144	织金县
1000			1952	158	8	35506	26122	纳雍县
508				27256	27256	6139	68013	威宁自治县
			3500			105415	111415	赫章县
3553						77022	97358	江口县
5340	850		4252	858	858		33203	玉屏县
3000								石阡县
				15		132400		思南县
			1200			58470		印江县
5500				1636	1636	154255	78881	德江县
7633			34694	42		770	2055	沿河县
								松桃县
								普安县
								晴隆县
								贞丰县
								望谟县
								册亨县
								安龙县
								黄平县
							350	施秉县
				7200	7200	2000	4108	三穗县
7167							11680	镇远县
3200							3200	岑巩县
1500	300		8900	8010	1200	20500	115012	天柱县
								锦屏县
								剑河县
							194	台江县
22400				16990	16890	39238		黎平县
							300	榕江县
							4632	从江县
2908						26585	40479	雷山县
5180				380	380			麻江县

4-1-2 续表 25

计量单位：万元

县名称 Name of Counties	本年完成投资 Completed Investment of This Year	供水 Water Supply	燃气 Gas Supply	集中供热 Central Heating	轨道交通 Rail Transit System	道路桥梁 Road and Bridge	地下综合管廊 Utility Tunnel	排水 Sewerage
丹寨县	1300							1300
荔波县	12453	15				12158		15
贵定县								
瓮安县	176989		3150			166259		
独山县								
平塘县	82608					27576		12424
罗甸县	500					500		
长顺县	151337		522			24587		
龙里县								
惠水县	86753					24198		
三都水族自治县								
云　南	**2015904**	**112931**	**33112**		**36**	**721238**	**7468**	**203406**
嵩明县								
富民县								
宜良县								
石林彝族自治县	29090					18629		
禄劝彝族苗族自治县								
寻甸县	11821	50	20			3896		7269
昆明阳宗海风景名胜区								
陆良县	62777	13957	78			24331		8086
师宗县	70828	9490	13817			10441		
罗平县	37785	10297	1560			6608	1650	7374
富源县	11350	800	3700					1500
会泽县	260648	12165				26727		10132
通海县	51803		5387					
华宁县	15857	402				11455		2500
易门县	20324					10920		8145
峨山县	8515							8515
新平县	35032							
元江县								
施甸县	10481							10481
龙陵县	31000					9000		
昌宁县	179963					171462		6383
鲁甸县	5733					1877		600
巧家县	10940					10440		500
盐津县	1200	300	300			200		300
大关县	1529							
永善县	21368		460			13788		2900
绥江县	45484					280		1238
镇雄县	73824	4112				16755		5712
彝良县	8054	6001						2009
威信县	15514	1000				1000		
玉龙纳西族自治县	35144					2144		16000

continued

Measurement Unit:10,000 RMB

污水处理 Wastewater Treatment	污泥处置 Sludge Disposal	再生水利用 Wastewater Recycled and Reused	园林绿化 Landscaping	市容环境卫生 Environmental Sanitation	垃圾处理 Domestic Garbage Treatment	其他 Other	本年新增固定资产 Newly Added Fixed Assets of This Year	县名称 Name of Counties
1300							1300	丹寨县
			245			20	12603	荔波县
							5500	贵定县
				2480	2480	5100	62792	瓮安县
								独山县
12424				3220		39388	51760	平塘县
							6487	罗甸县
			105	163		125960		长顺县
								龙里县
			2025			60530	188588	惠水县
								三都水族自治县
115071	**8724**	**200**	**122234**	**59662**	**29621**	**755816**	**1600591**	**云　南**
							600	嵩明县
							1210	富民县
								宜良县
						10461	35783	石林彝族自治县
							1200	禄劝彝族苗族自治县
4269			150	436			4489	寻甸县
								昆明阳宗海风景名胜区
2929			5786	3617	1817	6923	71209	陆良县
						37080		师宗县
2288			950	1100		8246	6760	罗平县
			3300	1850	1000	200	23070	富源县
10132						211624	259534	会泽县
						46416		通海县
			700	800			20461	华宁县
423	7722		635	100		524	15196	易门县
							18388	峨山县
						35032	37043	新平县
							19427	元江县
10481								施甸县
			22000					龙陵县
6383			1258			860	177446	昌宁县
600			717	520		2019	13414	鲁甸县
500							3897	巧家县
300			100				12050	盐津县
			1500	16		12	8306	大关县
2000			2298			1922	28960	永善县
1238			602	210	210	43154	45484	绥江县
						47245	38824	镇雄县
2009						44	9022	彝良县
			800	7114		5600	6400	威信县
16000						17000	14000	玉龙纳西族自治县

4-1-2 续表 26

计量单位：万元

县名称 Name of Counties	本年完成投资 Completed Investment of This Year	供水 Water Supply	燃气 Gas Supply	集中供热 Central Heating	轨道交通 Rail Transit System	道路桥梁 Road and Bridge	地下综合管廊 Utility Tunnel	排水 Sewerage
永胜县	53035					24913		14000
华坪县	650							
宁蒗县	6500							
宁洱哈尼族彝族自治县	11049	5500	4100					800
墨江哈尼族自治县	3842	98				1300	220	2224
景东彝族自治县	15176	50				930		996
景谷傣族彝族自治县	9830					10		7634
镇沅彝族哈尼族拉祜族自治县	15020					8620		3000
江城哈尼族彝族自治县	5465	78				1393		430
孟连傣族拉祜族佤族自治县	15598	2597			36	8199	1658	1896
澜沧拉祜族自治县	10691	5930				4186		210
西盟佤族自治县	5291	2142				1379		583
凤庆县	7280							4800
云　县	101	15	6			10		10
永德县	230					230		
镇康县	65841							
双江县	12241					2232		2521
耿马县	8946	100				5100		546
沧源县	19696					12596		2000
双柏县	15111					10490		350
牟定县	12590	85	90			7544	180	2726
南华县	2850	60				1390	560	404
姚安县	8690	250	230			2220	220	2120
大姚县	16680	5600				4200		
永仁县	2514	400				650		651
元谋县	11127	308	5			1392	864	660
武定县	14196	60	50			692	300	790
禄丰县	47237					31371	758	
屏边县	12400					2800		1000
建水县	40855	162	472			26377		130
石屏县	24929	330				20040		470
泸西县	42032					14720		12330
元阳县	4589		395			4109		
红河县	3670					370		260
金平县	1950							1417
绿春县	5186	540				2122		
河口县	2500					2500		
砚山县								
西畴县	28355	3038				18204		3518
麻栗坡县	514	395						
马关县	75032	200	40			41790		4950

continued

Measurement Unit:10,000 RMB

污水处理 Wastewater Treatment	污泥处置 Sludge Disposal	再生水利用 Wastewater Recycled and Reused	园林绿化 Landscaping	市容环境卫生 Environmental Sanitation	垃圾处理 Domestic Garbage Treatment	其他 Other	本年新增固定资产 Newly Added Fixed Assets of This Year	县名称 Name of Counties
			8422	4000	4000	1700		永胜县
						650		华坪县
						6500		宁蒗县
800				293		356	13201	宁洱哈尼族彝族自治县
1748							1748	墨江哈尼族自治县
996						13200	16161	景东彝族自治县
4540				2186	400			景谷傣族彝族自治县
3000			1400			2000	21320	镇沅彝族哈尼族拉祜族自治县
430			465	1029	620	2071	6465	江城哈尼族彝族自治县
958	32		641	443		128	215	孟连傣族拉祜族佤族自治县
210			365				13675	澜沧拉祜族自治县
583			180	663	48	344	2258	西盟佤族自治县
4800				2480	2480		8466	凤庆县
				30	30	30		云　县
								永德县
						65841	83771	镇康县
2170				300	300	7188	9439	双江县
300			3200					耿马县
			4690	410			57989	沧源县
			652	2359		1260	20799	双柏县
			680			1285	7491	牟定县
			130	3		303	2850	南华县
1250	150		2000			1650	9505	姚安县
			6500			380	18180	大姚县
405			69	285	285	459		永仁县
			7898				2328	元谋县
			166			12137	14196	武定县
			13814	594	24	700	59406	禄丰县
100			6500	400		1700	13500	屏边县
			5218	450		8046		建水县
				700	700	3389		石屏县
6650				14982	14982			泸西县
				85			13819	元阳县
100				40		3000	5456	红河县
1417				533	138		533	金平县
				200	200	2324	250	绿春县
							2500	河口县
								砚山县
2698	820		3080	285	285	230	33547	西畴县
						119	60612	麻栗坡县
1000			270			27782	35284	马关县

4-1-2 续表 27

计量单位：万元

县名称 Name of Counties	本年完成投资 Completed Investment of This Year	供水 Water Supply	燃气 Gas Supply	集中供热 Central Heating	轨道交通 Rail Transit System	道路桥梁 Road and Bridge	地下综合管廊 Utility Tunnel	排水 Sewerage
丘北县	850							850
广南县	17821					13198		1200
富宁县	6490							1600
勐海县	6490	343	820			2200		1139
勐腊县								
漾濞彝族自治县	1698					947		30
祥云县	6680							2100
宾川县	9152							2922
弥渡县	48525	230				15808		612
南涧彝族自治县	12825	4720				3361	1058	497
巍山彝族回族自治县	19743					2000		
永平县	9416	1000	356			5700		1200
云龙县	56		50					
洱源县								
剑川县	13750					13250		
鹤庆县	7291	273	183			1842		1668
梁河县	5918					5918		
盈江县	44040	9166	993			27464		4730
陇川县	19274					600		
福贡县	33438	5000				13738		8700
贡山独龙族怒族自治县	27515					3710		1385
兰坪白族普米族自治县	4389	4129						
德钦县	12879					4000		1089
维西傈僳族自治县	12112	1559				3470		614
西　藏	**48301**	**4343**			**599**	**18781**		**11934**
曲水县								
当雄县	126							126
林周县	4799					4799		
墨竹工卡县								
尼木县								
亚东县	2000					2000		
聂拉木县								
仲巴县								
定结县								
康马县								
吉隆县								
萨嘎县								
谢通门县								
萨迦县								
岗巴县								
拉孜县								
江孜县								
定日县								

continued

Measurement Unit:10,000 RMB

			园林绿化	市容环境卫生		其他	本年新增固定资产	县名称
污水处理	污泥处置	再生水利用			垃圾处理			
Wastewater Treatment	Sludge Disposal	Wastewater Recycled and Reused	Landscaping	Environ-mental Sanitation	Domestic Garbage Treatment	Other	Newly Added Fixed Assets of This Year	Name of Counties
850							850	丘北县
1200			3223	200	200		35921	广南县
1600				4890			12960	富宁县
				1988			13228	勐海县
							3713	勐腊县
30			150	370	320	201	2390	漾濞彝族自治县
1900		200	1350			3230		祥云县
2922						6230	2437	宾川县
612			656			31219	3885	弥渡县
497			1452	192	82	1545		南涧彝族自治县
						17743	23467	巍山彝族回族自治县
			260	900				永平县
				6				云龙县
								洱源县
				500	500		13750	剑川县
1668			857	843		1625	7619	鹤庆县
							6392	梁河县
			682			1005		盈江县
						18674	1200	陇川县
8700						6000	33438	福贡县
1385						22420	27515	贡山独龙族怒族自治县
				260			4689	兰坪白族普米族自治县
				1000	1000	6790		德钦县
			6469					维西傈僳族自治县
11784	**50**		**50**	**6178**	**2282**	**6416**	**47538**	**西　藏**
								曲水县
126								当雄县
							7021	林周县
								墨竹工卡县
								尼木县
								亚东县
								聂拉木县
								仲巴县
								定结县
								康马县
								吉隆县
								萨嘎县
								谢通门县
								萨迦县
								岗巴县
								拉孜县
								江孜县
								定日县

4-1-2 续表 28

计量单位：万元

县名称 Name of Counties	本年完成投资 Completed Investment of This Year	供水 Water Supply	燃气 Gas Supply	集中供热 Central Heating	轨道交通 Rail Transit System	道路桥梁 Road and Bridge	地下综合管廊 Utility Tunnel	排水 Sewerage
南木林县								
昂仁县								
白朗县								
仁布县								
左贡县	6698					2658		4040
丁青县								
八宿县	1597	100				1347		100
江达县								
洛隆县	6123							3881
察雅县								
贡觉县								
边坝县	1658					1658		
类乌齐县	3574							
芒康县								
朗　县	1902	1902						
墨脱县	235					235		
工布江达县								
察隅县	2898	182				2396		
波密县								
米林县	2300							38
错那县	1274	1274						
浪卡子县	1250							1250
贡嘎县								
加查县								
桑日县	5392	650				1983		2499
洛扎县								
琼结县								
措美县	4171	235						
扎囊县								
曲松县								
隆子县	629					629		
聂荣县								
双湖县								
嘉黎县	1076					1076		
比如县								
尼玛县								
巴青县								
申扎县	599				599			
安多县								
索　县								
班戈县								
革吉县								
札达县								

continued

Measurement Unit:10,000 RMB

			园林绿化	市容环境		其　他	本年新增固定资产	县名称
污水处理	污泥处置	再生水利　用		卫　生	垃圾处理			
Wastewater Treatment	Sludge Disposal	Wastewater Recycled and Reused	Landscaping	Environ-mental Sanitation	Domestic Garbage Treatment	Other	Newly Added Fixed Assets of This Year	Name of Counties
								南木林县
								昂仁县
								白朗县
								仁布县
4040								左贡县
								丁青县
			50				1547	八宿县
								江达县
3881				2242	2242		6123	洛隆县
								察雅县
							1283	贡觉县
							5574	边坝县
						3574	3574	类乌齐县
								芒康县
							3400	朗　县
							135	墨脱县
								工布江达县
						320		察隅县
								波密县
38						2262	2300	米林县
							1274	错那县
1250							1250	浪卡子县
								贡嘎县
							1840	加查县
2449	50					260		桑日县
								洛扎县
								琼结县
				3936	40		4171	措美县
								扎囊县
								曲松县
							629	隆子县
								聂荣县
								双湖县
							5595	嘉黎县
								比如县
								尼玛县
								巴青县
							1822	申扎县
								安多县
								索　县
								班戈县
								革吉县
								札达县

4-1-2 续表 29

计量单位：万元

县名称 Name of Counties	本年完成投资 Completed Investment of This Year	供水 Water Supply	燃气 Gas Supply	集中供热 Central Heating	轨道交通 Rail Transit System	道路桥梁 Road and Bridge	地下综合管廊 Utility Tunnel	排水 Sewerage
日土县								
改则县								
葛尔县								
普兰县								
措勤县								
陕　西	**507662**	**9676**	**17243**	**45020**	**375**	**188465**	**900**	**135447**
蓝田县	44443					39866		4360
周至县	30078		6447	2982		7304		5040
宜君县	1185		50			215		450
凤翔县	1397				375			1000
岐山县	3136			510				2500
扶风县	17025	2850	210	1556		9409		2000
眉　县	27250	130		15000		2850	900	6120
陇　县	15533	1200		8708		3625		1500
千阳县	19801		400	5068		9600		3178
麟游县								
凤　县								
太白县								
三原县	16268	200				5500		8218
泾阳县								
乾　县	7200					7200		
礼泉县	15448					1050		9610
永寿县	9313	110	3800	50		1080		2673
长武县	2765	240	310	122		120		1809
旬邑县	12213							8027
淳化县	3821	70	90	730		499		2362
武功县	21600	500	2000	2000		10900		6200
潼关县								
大荔县	1866							1866
合阳县	8400	130				4440		3290
澄城县	22592		300	1848		12922		
蒲城县	4260							
白水县	4410			2800		1610		
富平县								
延长县	6532		78	170		1763		2889
延川县	3271	500		192				83
志丹县	1021							1021
吴起县	8850		80	335		3963		2457
甘泉县	1804	767	1000					
富　县	18400	310	120			8637		2647
洛川县	7451		90	549		3300		2400
宜川县	16317		81			5777		
黄龙县	13220					750		12089

continued

Measurement Unit:10,000 RMB

污水处理 Wastewater Treatment	污泥处置 Sludge Disposal	再生水利用 Wastewater Recycled and Reused	园林绿化 Landscaping	市容环境卫生 Environ-mental Sanitation	垃圾处理 Domestic Garbage Treatment	其他 Other	本年新增固定资产 Newly Added Fixed Assets of This Year	县名称 Name of Counties
								日土县
								改则县
								葛尔县
								普兰县
								措勤县
72745	**9200**	**1079**	**26345**	**26684**	**24080**	**57508**	**389288**	**陕　西**
			217				58977	蓝田县
5040			607			7698		周至县
450			80	390	150			宜君县
1000				22	22		1397	凤翔县
1500						126	4506	岐山县
2000			493	508			15759	扶风县
2000			1850			400		眉　县
			500				15533	陇　县
3178			575	980	980		19801	千阳县
								麟游县
								凤　县
								太白县
8218			1400	750	240	200	19291	三原县
								泾阳县
								乾　县
50			4188			600	20543	礼泉县
			1600				2113	永寿县
1231			120	44	44		3755	长武县
4527			486	3200	3200	500	12858	旬邑县
1551			70					淳化县
	4700						22600	武功县
								潼关县
1866							6486	大荔县
			480	60			6600	合阳县
			2612	320		4590	29099	澄城县
						4260	14460	蒲城县
							3783	白水县
								富平县
860	1550	479	289	1073	1073	270	7162	延长县
83			2000	470	470	26		延川县
1021							1021	志丹县
2457			1364	651	566		3537	吴起县
			37				13027	甘泉县
2647			6142	544			7788	富　县
			500			612	702	洛川县
				10242	9905	217	14551	宜川县
12089			120			261	14220	黄龙县

4-1-2 续表 30

计量单位：万元

县名称 Name of Counties	本年完成投资 Completed Investment of This Year	供水 Water Supply	燃气 Gas Supply	集中供热 Central Heating	轨道交通 Rail Transit System	道路桥梁 Road and Bridge	地下综合管廊 Utility Tunnel	排水 Sewerage
黄陵县	5149		983	2400				1370
城固县								
洋　县	6639	110	70			5842		269
西乡县	9668	150	120			8198		800
勉　县	13341	840	575			9091		2655
宁强县	1200	232						368
略阳县	400							
镇巴县	24100							
留坝县	8524							804
佛坪县								
府谷县	3729	60				3579		40
靖边县	23600							23600
定边县	7560	1077				2709		3638
绥德县								
米脂县	4000					4000		
佳　县	1770							1770
吴堡县	9155					1812		2000
清涧县	1450							1450
子洲县	2450							2450
汉阴县								
石泉县	16857		439			9854		444
宁陕县								
紫阳县								
岚皋县								
平利县								
镇坪县	1200	200				1000		
旬阳县								
白河县								
洛南县								
丹凤县								
商南县								
山阳县								
镇安县								
柞水县								
甘　肃	**703628**	**65687**	**6602**	**99411**		**240442**	**1676**	**196693**
永登县	14563			5120		8383		
皋兰县	5983	100				1138		800
榆中县	17143	11841		1808		452	856	1586
永昌县	3975							3975
靖远县	8040					40		8000
会宁县	19072			1385		8163		5200
景泰县	4090					2650		1440
清水县	30566	3800		14200		2500		4566

continued

Measurement Unit:10,000 RMB

污水处理 Wastewater Treatment	污泥处置 Sludge Disposal	再生水利用 Wastewater Recycled and Reused	园林绿化 Landscaping	市容环境卫生 Environmental Sanitation	垃圾处理 Domestic Garbage Treatment	其他 Other	本年新增固定资产 Newly Added Fixed Assets of This Year	县名称 Name of Counties
1370				396	396			黄陵县
								城固县
75			285			63	10	洋　县
320	80	400	150	50	50	200		西乡县
			180				13341	勉　县
368						600	1520	宁强县
				400	400		979	略阳县
						24100		镇巴县
				1500	1500	6220		留坝县
								佛坪县
				20	20	30		府谷县
11500							12100	靖边县
2300						136		定边县
							380	绥德县
							4000	米脂县
1770							1770	佳　县
1800		200		1000	1000	4343		吴堡县
1450								清涧县
	2450							子洲县
								汉阴县
24	420			4064	4064	2056	6683	石泉县
								宁陕县
								紫阳县
								岚皋县
								平利县
							200	镇坪县
							28737	旬阳县
								白河县
								洛南县
								丹凤县
								商南县
								山阳县
								镇安县
								柞水县
120572	**6400**	**7762**	**51420**	**18646**	**11700**	**23052**	**711005**	**甘　肃**
				420	420	640	9119	永登县
400			136			3809		皋兰县
						600	8095	榆中县
867	2500						72963	永昌县
8000							12048	靖远县
5200			4324				19072	会宁县
							150	景泰县
3000			5300	200			30566	清水县

4-1-2 续表 31

计量单位：万元

县名称 Name of Counties	本年完成投资 Completed Investment of This Year	供水 Water Supply	燃气 Gas Supply	集中供热 Central Heating	轨道交通 Rail Transit System	道路桥梁 Road and Bridge	地下综合管廊 Utility Tunnel	排水 Sewerage
秦安县	6144					6144		
甘谷县	31744					25962		5782
武山县	9400	2300		300		2100		2500
张家川回族自治县	21820			19000				2820
民勤县	23687			5600		1000		5998
古浪县	23349	2910		889		7088		7250
天祝藏族自治县	42680	10183		9786		7793		9925
肃南县	87							45
民乐县	12292					6566		
临泽县	9837	1950		2840		5047		
高台县	12420					5500		6920
山丹县								
泾川县	1091					680		
灵台县	4027			1450		1191		176
崇信县	6767					500		2400
庄浪县	3863					1720		2143
静宁县	3394	540				1519		1260
金塔县	6781		600	5495				
瓜州县	13753	11000		491		1544		
肃北蒙古族自治县	5503					1964		400
阿克塞哈萨克族自治县	14362	298		3607				4800
庆城县	19214			4733		14481		
环　县	16437					13028		3409
华池县	7327					7327		
合水县	18508	1757		1950		684		8053
正宁县	2263			93				1744
宁　县	14310					14000		310
镇原县	4065	500				1834		1425
通渭县	2866					2271		85
陇西县	23651					9214		12896
渭源县	20911					16311		4600
临洮县	7754		1892	1000		100		2162
漳　县	3000							3000
岷　县	300	65		30		110		95
成　县	7007					1389		5618
文　县	28811	8000				10939		9872
宕昌县	10140			2000		1122		6560
康　县	6319					902		4772
西和县	12419			105		2940		9374
礼　县	14819	2557		217		314	820	9882
徽　县	4217		110	1895		200		242
两当县	5317	744				400		907
临夏县	6200		3000					2500

continued

Measurement Unit:10,000 RMB

污水处理 Wastewater Treatment	污泥处置 Sludge Disposal	再生水利用 Wastewater Recycled and Reused	园林绿化 Landscaping	市容环境卫生 Environmental Sanitation	垃圾处理 Domestic Garbage Treatment	其他 Other	本年新增固定资产 Newly Added Fixed Assets of This Year	县名称 Name of Counties
							301	秦安县
2979							32252	甘谷县
						2200	14922	武山县
2820							24127	张家川回族自治县
5000			11089				24750	民勤县
7250			5212				24182	古浪县
3483		6442	3962			1031	48974	天祝藏族自治县
			42				87	肃南县
			5726				12292	民乐县
							9837	临泽县
							5815	高台县
							5498	山丹县
			411					泾川县
			1210					灵台县
	700		2708	1159	1159		7606	崇信县
2143							4213	庄浪县
			75					静宁县
			686				7411	金塔县
			718				15608	瓜州县
			1649	1490	1490			肃北蒙古族自治县
			250	5107	1200	300		阿克塞哈萨克族自治县
							19214	庆城县
							100	环　县
								华池县
		1320				6065	21170	合水县
1200			180	246	157		5050	正宁县
							4199	宁　县
225						306	4065	镇原县
85			480	30	30		2866	通渭县
12896				1541	1541		48358	陇西县
4600							20911	渭源县
2162				2600	1100		11000	临洮县
3000							3000	漳　县
65							300	岷　县
4800	818						7007	成　县
5272	822						18811	文　县
4475	430			458	458		13045	宕昌县
4542	230			645	645		6319	康　县
9374							12419	西和县
9882				1030				礼　县
	100		1200	220		350	4217	徽　县
			3266				5549	两当县
2500						700	6595	临夏县

4-1-2 续表 32

计量单位：万元

县名称 Name of Counties	本年完成投资 Completed Investment of This Year	供水 Water Supply	燃气 Gas Supply	集中供热 Central Heating	轨道交通 Rail Transit System	道路桥梁 Road and Bridge	地下综合管廊 Utility Tunnel	排水 Sewerage
康乐县	16559	424				5360		10615
永靖县	5213					3691		1522
广河县	15834	916		240		12238		1640
和政县	12995	5150		430		1246		3000
东乡县	7200							7200
积石山县	7150					3150		4000
临潭县								
卓尼县	9150			7400		1750		
舟曲县	4024							524
迭部县	10805	652		3747		6406		
玛曲县	10804		1000	3600		487		
碌曲县	8906					8906		
夏河县	2700							2700
青　海	**163584**	**13527**		**10763**		**65675**	**382**	**10061**
大通县								
湟源县								
民和县								
互助县	5541					4374		
化隆县	5322							1500
循化县								
门源县	9678	1822		520		865		1582
祁连县	24442					4340		320
海晏县	5193	400						
刚察县								
西海镇								
尖扎县								
泽库县	5980					4996		984
河南县								
共和县	13289	2965		1025		9268		
同德县	5904					488		1376
贵德县	9327					5265	382	3600
兴海县	3115					2800		
贵南县	1206					1101		
班玛县	14178			3310		4418		109
久治县	1926					1614		
甘德县	6121			1260		2205		
玛沁县	17828	1609		2843		5032		23
达日县	17486	3666				13305		160
玛多县	5411			1452		1736		407
杂多县								
称多县	1125					757		
治多县	4239	2188		353		1698		
囊谦县								

continued

Measurement Unit:10,000 RMB

污水处理 Wastewater Treatment	污泥处置 Sludge Disposal	再生水利用 Wastewater Recycled and Reused	园林绿化 Landscaping	市容环境卫生 Environmental Sanitation	垃圾处理 Domestic Garbage Treatment	其他 Other	本年新增固定资产 Newly Added Fixed Assets of This Year	县名称 Name of Counties
3406						160	16899	康乐县
722	800						14496	永靖县
			800				18234	广河县
3000			1996			1174	6754	和政县
								东乡县
4000								积石山县
							3557	临潭县
							9150	卓尼县
524				3500	3500		3500	舟曲县
							7435	迭部县
						5717	10804	玛曲县
							11593	碌曲县
2700							4500	夏河县
3554		**3600**	**2855**	**12683**	**5839**	**47638**	**144375**	**青　海**
								大通县
								湟源县
								民和县
						1167	5007	互助县
1500			510	551	551	2761	5670	化隆县
								循化县
1582				4889	4010		12232	门源县
						19782	25113	祁连县
				1475		3318	6649	海晏县
								刚察县
								西海镇
							8674	尖扎县
289								泽库县
								河南县
				31			14398	共和县
			1520	137		2383	6136	同德县
		3600		80			13774	贵德县
				315			3340	兴海县
				105			1246	贵南县
						6341	14238	班玛县
						312	3328	久治县
			810	600	600	1246	5541	甘德县
23				3501	678	4820		玛沁县
160			15	340			5693	达日县
				409		1407	5030	玛多县
								杂多县
				250		118	1125	称多县
							4239	治多县
								囊谦县

4-1-2 续表 33

计量单位：万元

县名称 Name of Counties	本年完成投资 Completed Investment of This Year	供水 Water Supply	燃气 Gas Supply	集中供热 Central Heating	轨道交通 Rail Transit System	道路桥梁 Road and Bridge	地下综合管廊 Utility Tunnel	排水 Sewerage
曲麻莱县								
乌兰县	4692					709		
都兰县								
天峻县								
大柴旦行委	1581	877				704		
宁　夏	**163704**	**4264**	**2068**	**64770**		**36479**		**20649**
永宁县	1606					1487		90
贺兰县	4413	60		8		289		90
平罗县	14930	1550		8500		3520		880
盐池县	10157	183	83	253		4886		3301
同心县	40051	1831	1985	10090		9083		6701
红寺堡区	10626	270		4078		479		3699
西吉县	11341			1235		7106		388
隆德县								
泾源县	7182			1100				4029
彭阳县	13152			1471		7669		1211
中宁县	42336			38035				120
海原县	7911	370				1960		140
新　疆	**845278**	**163385**	**15746**	**120670**	**2680**	**91072**	**2800**	**227865**
鄯善县	10615	6500		1805				
托克逊县	13624		700	2000		5289		
巴里坤哈萨克自治县	7986	2000		2651				145
伊吾县	2760	420		1300				300
呼图壁县	14364					7044		
玛纳斯县	5204			750		3608		
奇台县	15982	4324		2875		70		4000
吉木萨尔县	21030	750		4530		843		4272
木垒哈萨克自治县	2941					2941		
精河县	1080	1080						
温泉县	14532			691				9234
轮台县								
尉犁县	6700			1200		5000		
若羌县	14433	630				56		2000
且末县	22831	5339						17492
焉耆回族自治县	20725	10725		10000				
和静县	20000	10000		4000				6000
和硕县	1666	1666						
博湖县	9680	1660		3050		2100		1800
温宿县	27480	140		810		2600		2640
沙雅县	12616	4530				1880		2000
新和县	8960	3660						5300
拜城县	7597	600	15			850		3400
乌什县	15725	5505		1176		2372		6672

continued

Measurement Unit:10,000 RMB

污水处理 Wastewater Treatment	污泥处置 Sludge Disposal	再生水利用 Wastewater Recycled and Reused	园林绿化 Landscaping	市容环境卫生 Environmental Sanitation	垃圾处理 Domestic Garbage Treatment	其他 Other	本年新增固定资产 Newly Added Fixed Assets of This Year	县名称 Name of Counties
								曲麻莱县
						3983		乌兰县
								都兰县
								天峻县
							2942	大柴旦行委
9826	**500**	**1755**	**17218**	**8186**	**7151**	**10071**	**100578**	**宁　夏**
90						29	3313	永宁县
						3966		贺兰县
	500					480		平罗县
		1390	1386			66	512	盐池县
3588		365	7648	2231	2000	482	15623	同心县
400				600	600	1500	9855	红寺堡区
388			1681	370	370	561	13178	西吉县
								隆德县
4029			1373			680	7032	泾源县
1211			1997	804				彭阳县
120				4181	4181		43631	中宁县
			3133			2308	7435	海原县
114373	**8145**	**47466**	**23304**	**74483**	**60604**	**123274**	**598276**	**新　疆**
						2310	30592	鄯善县
			2635	3000	3000		11624	托克逊县
	145		390	500	500	2300	8943	巴里坤哈萨克自治县
			500	240				伊吾县
						7320	10931	呼图壁县
				300	300	546	5844	玛纳斯县
4000				4713	4713		14082	奇台县
4184			387	1500	1500	8748		吉木萨尔县
							2941	木垒哈萨克自治县
								精河县
		9234		4300		307		温泉县
							4339	轮台县
				500			6500	尉犁县
2000			2665	2816	2816	6266	14433	若羌县
							24085	且末县
								焉耆回族自治县
6000							26500	和静县
								和硕县
1800				1070	1070			博湖县
			3600			17690	2640	温宿县
2000			4206				12443	沙雅县
3500		1800						新和县
3400			919	1813	1813		4420	拜城县
2372		300					16125	乌什县

4-1-2 续表 34

计量单位：万元

县名称 Name of Counties	本年完成投资 Completed Investment of This Year	供水 Water Supply	燃气 Gas Supply	集中供热 Central Heating	轨道交通 Rail Transit System	道路桥梁 Road and Bridge	地下综合管廊 Utility Tunnel	排水 Sewerage
阿瓦提县	12235					6635		3000
柯坪县	3960		2500			400		600
阿克陶县	42200	10000			2000			21000
阿合奇县	4950							3300
乌恰县	23500	7000				3000		11000
疏附县	4287							3800
疏勒县	3427	1000						
英吉沙县	4519			1500				2150
泽普县	11250	3850						4500
莎车县	17800	3000		2000		1000	2800	9000
叶城县	6451	4451						
麦盖提县	7100	800						6300
岳普湖县	9320	3000		1500				4500
伽师县	5421		658	200				1650
巴楚县	11025	7149						3877
塔什库尔干塔吉克自治县	9123	4553						1380
和田县								
墨玉县	12430	1000	4500			2000		4750
皮山县	10582	6110				3150		
洛浦县	4418					218		4200
策勒县	16356	3400	2890	1800				8266
于田县	1000	1000						
民丰县	10689	4020				1405		4209
伊宁县	31556	1500		5200				8000
察布查尔县								
霍城县	10272	5442						4030
巩留县								
新源县	2980			2980				
昭苏县	9304	1900				4990		1355
特克斯县	1000	1000						
尼勒克县	6805	1200	350			1855		1800
额敏县	28741	16951	80	8230	680	1000		450
沙湾县	26000			20000				6000
托里县	9349		3000	3910				2439
裕民县	14802	5230	500	1290		794		6600
和布克赛尔蒙古自治县	7166	1343	553			2100		
布尔津县	44407	207		8042		5000		12829
富蕴县	66035	5018		13360		13456		6766
福海县	9738	732		3108		1216		4682
哈巴河县	24080			1657		8200		1000
青河县	33714			8000				9177
吉木乃县	8755	3000		1055				

continued

Measurement Unit:10,000 RMB

污水处理 Wastewater Treatment	污泥处置 Sludge Disposal	再生水利用 Wastewater Recycled and Reused	园林绿化 Landscaping	市容环境卫生 Environmental Sanitation	垃圾处理 Domestic Garbage Treatment	其他 Other	本年新增固定资产 Newly Added Fixed Assets of This Year	县名称 Name of Counties
				2600				阿瓦提县
600			260	200				柯坪县
16000		5000		9200	9200		42200	阿克陶县
2300		1000		1650	1650		6521	阿合奇县
				2500	2500		27500	乌恰县
		3800		487	487		5077	疏附县
			427			2000	3649	疏勒县
2150			869				4518	英吉沙县
4500			2900					泽普县
9000								莎车县
				2000				叶城县
6300							6946	麦盖提县
2500		2000	320				16602	岳普湖县
1650			1055	1500	1500	358	1650	伽师县
								巴楚县
		1380		1690	1690	1500	9123	塔什库尔干塔吉克自治县
								和田县
		4000				180		墨玉县
			1322				15262	皮山县
500							2768	洛浦县
							16356	策勒县
								于田县
3571		638	40	1015	1015		10689	民丰县
	8000					16856	32843	伊宁县
							1064	察布查尔县
		4030				800	11410	霍城县
							316	巩留县
							3300	新源县
1355			59	1000	1000		13888	昭苏县
							2800	特克斯县
		1800	600	1000	1000		9150	尼勒克县
			150			1200	26720	额敏县
		6000						沙湾县
		2439					11143	托里县
6600						388	5715	裕民县
				713	713	2457	600	和布克赛尔蒙古自治县
11511				10329	8590	8000	47380	布尔津县
4300		2466		9700	9700	17735		富蕴县
3682		1000					10152	福海县
				2600	2600	10623	34411	哈巴河县
8598		579		847	847	15690		青河县
				4700	2400		22081	吉木乃县

4-2 按资金来源分全国历年县城市政公用设施建设固定资产投资(2001-2020)

计量单位：亿元

年份 Year	本年资金来源合计 Completed Investment of This Year	上年末结余资金 The Balance of The Previous Year	本年资金来源		
			小计 Subtotal	中央财政拨款 Financial Allocation from Central Government Budget	地方财政拨款 Financial Allocation from Local Government Budget
2001	306.4	7.6	298.8	13.7	47.4
2002	377.1	4.2	372.9	19.7	74.2
2003	518.1	6.8	511.3	30.2	101.6
2004	619.2	7.3	611.9	20.6	133.4
2005	682.8	9.5	673.3	25.1	170.1
2006	755.2	16.9	738.3	54.8	255.4
2007	833.0	13.1	819.8	34.5	346.7
2008	1126.7	16.3	1110.4	52.5	520.4
2009	1682.9	20.8	1662.1	107.0	662.0
2010	2559.8	34.3	2525.5	325.5	985.8
2011	2872.6	31.7	2840.9	152.4	1523.8
2012	3887.7	51.7	3835.9	205.0	2073.7
2013	3683.0	60.7	3622.2	135.8	1070.7
2014	3690.4	63.2	3627.2	111.8	968.5
2015	3011.2	52.8	2958.4	121.7	930.7
2016	3190.9	30.7	3160.2	120.6	1074.4
2017	3610.8	86.6	3524.2	107.0	1035.3
2018	3222.3	102.6	3119.6	132.0	797.0
2019	3900.5	148.0	3752.5	169.3	892.6
2020	4371.0	210.6	4160.4	252.2	1135.1

注：1.自2013年起，“本年资金来源合计”为“本年实际到位资金合计”。
2.自2013年起，“中央财政拨款”为“中央预算资金”，“地方财政拨款”为除“中央预算资金”外的“国家预算资金”合计。

National Fixed Assets Investment in County Seat Service Facilities by Capital Source in Past Years(2001-2020)

Measurement Unit: 100 million RMB

Sources of Fund				
国内贷款 Domestic Loan	债券 Securities	利用外资 Foreign Investment	自筹资金 Self-Raised Funds	其他资金 Other Funds
33.2	1.5	23.4	116.1	63.5
46.3	1.2	12.6	149.5	69.4
69.0	1.6	25.1	202.2	81.7
84.1	2.2	38.7	222.1	110.7
76.9	2.2	39.9	247.3	111.9
89.6	1.5	26.2	234.2	76.6
88.1	2.2	26.3	240.3	81.8
107.6	1.4	28.0	297.0	103.5
298.6	11.7	32.9	385.5	164.4
332.6	4.1	44.3	606.6	226.6
278.0	3.2	31.8	644.6	207.2
318.1	2.3	85.0	877.2	274.7
277.2	7.7	56.1	1610.4	464.3
315.5	4.1	23.3	1767.7	436.3
222.2	5.1	33.1	1233.3	412.2
221.6	14.0	19.0	1339.4	371.3
378.9	32.9	21.2	1372.3	576.5
171.5	38.4	16.8	1307.4	656.4
174.6	92.1	32.0	1457.7	934.1
224.0	406.7	29.0	1169.9	943.6

Note:1.Since 2013, Completed Investment of This Year is changed to be The Total Funds Actually Available for The Reported Year.
2.Since 2013, Financial Allocation from Central Government Budget is changed to be Central Budgetary Fund, and Financial Allocation from Local Government Budget is State Budgetary Fund excluding Central Budgetary Fund.

4-2-1　2020年按资金来源分全国县城市政公用设施建设固定资产投资(按省分列)

计量单位:万元

地区名称 Name of Regions	本年实际到位资金合计 The Total Funds Actually Available for The Reported Year	上年末结余资金 The Balance of The Previous Year	本年资金来源 小计 Subtotal	国家预算资金 State Budgetary Fund	中央预算资金 Central Budgetary Fund	国内贷款 Domestic Loan
全　国	**43709750**	**2105568**	**41604181**	**13872697**	**2521622**	**2239594**
河　北	2369237	24216	2345021	754380	59718	110626
山　西	910313	48566	861747	210792	26063	104899
内蒙古	903321	78532	824790	144995	67190	8241
辽　宁	159369	780	158589	98389	30017	6152
吉　林	331760	9387	322373	105665	52730	12112
黑龙江	646072	22439	623633	207285	142248	1213
江　苏	958905	9612	949293	259564	439	27000
浙　江	2296332	26478	2269855	572326	26411	127925
安　徽	2716877	73229	2643648	1240388	17500	111384
福　建	1765296	33523	1731773	450636	106079	32221
江　西	5107494	307057	4800437	1590340	123302	301186
山　东	1498877	39393	1459484	399955	8815	76123
河　南	3508328	38964	3469364	1515445	144534	132162
湖　北	749793	32844	716950	156497	80240	49640
湖　南	2735695	71349	2664346	563765	209051	153570
广　东	270831	45134	225697	48706	1100	10088
广　西	3134388	102043	3032345	2613934	100360	73176
海　南	347240	30725	316515	250777	137396	646
重　庆	1076176	2100	1074076	522455	55361	311425
四　川	2395762	166097	2229666	263837	161304	170257
贵　州	4290689	633511	3657178	296088	88612	213708
云　南	2124703	106415	2018289	525570	221404	85589
西　藏	126807	17885	108922	73749	33271	
陕　西	673938	24150	649788	214290	72431	13400
甘　肃	848742	63991	784751	191847	157359	81815
青　海	327565	77995	249570	157824	116809	2565
宁　夏	153874	2945	150929	66454	40313	
新　疆	1281366	16210	1265156	376744	241565	22471

National Fixed Assets Investment in County Seat Service Facilities by Capital Source (by Province in Column)(2020)

Measurement Unit:10,000 RMB

Sources of Fund				各项应付款	地区名称
债券 Securities	利用外资 Foreign Investment	自筹资金 Self-Raised Funds	其他资金 Other Funds	Sum Payable This Year	Name of Regions
4066593	**290351**	**11699171**	**9435777**	**7562679**	**全　国**
503895		792069	184051	359724	河　北
88374	180	336100	121402	271482	山　西
200513		254518	216523	132765	内蒙古
13781	350	30742	9175	13941	辽　宁
148405		54011	2180	38666	吉　林
191288		179518	44328	52541	黑龙江
59918		400129	202682	212076	江　苏
60402		1057011	452191	178975	浙　江
117492	9333	637478	527574	393001	安　徽
93013		894758	261145	540692	福　建
72661	104677	1313885	1417688	545328	江　西
247783	10504	411256	313862	425373	山　东
311030	14944	752309	743473	356934	河　南
80978		229862	199974	190808	湖　北
108361	62039	1404926	371685	206823	湖　南
40545	3940	57328	65089	58115	广　东
48034	2910	189789	104501	149317	广　西
3840		9005	52246	2156	海　南
122631	2438	114478	650	19713	重　庆
138202	19764	695025	942581	468797	四　川
121281		928867	2097233	602230	贵　州
276478	43538	466429	620684	1747091	云　南
5000	1500	7539	21134	11244	西　藏
49127	3500	213320	156151	155911	陕　西
274415	4697	111967	120009	267002	甘　肃
42006		18509	28667	7711	青　海
61370		10773	12333	37600	宁　夏
585770	6037	127568	146566	116662	新　疆

4-2-2 2020年按资金来源分全国县城市政公用设施建设固定资产投资(按县分列)

计量单位： 万元

县名称 Name of Counties	本年实际到位资金合计 The Total Funds Actually Available for The Reported Year	上年末结余资金 The Balance of The Previous Year	本年资金来源 小计 Subtotal	国家预算资金 State Budgetary Fund	中央预算资金 Central Budgetary Fund
全　国	**43709750**	**2105568**	**41604181**	**13872697**	**2521622**
河　北	**2369237**	**24216**	**2345021**	**754380**	**59718**
井陉县	34478	4112	30366	28391	
正定县	1800		1800		
行唐县	83325		83325		
灵寿县	110343		110343		
高邑县	761		761	730	
深泽县	3285		3285		
赞皇县	15150		15150	1028	
无极县	44557		44557	22750	
平山县	31634		31634		
元氏县	87247		87247	41210	
赵　县	14667		14667	13238	2052
滦南县	8896		8896		
乐亭县	35732		35732	5314	
迁西县	7341		7341	1544	1544
玉田县	29563		29563	2323	1514
曹妃甸区	52905	1185	51720	8127	
青龙满族自治县	511		511		
昌黎县	21700		21700		
卢龙县	5143		5143	2925	2760
临漳县	8756		8756		
成安县	1150		1150		
大名县	12562		12562	9622	
涉　县	30407		30407		
磁　县	2226		2226		
邱　县	1453		1453	1453	
鸡泽县	2357		2357		
广平县	10747		10747	10747	
馆陶县	10361		10361		
魏　县	23249		23249	7664	
曲周县	15994		15994	1161	
临城县	3428		3428	260	
内丘县	12092		12092	9920	
柏乡县	50593		50593	11163	
隆尧县	15583		15583		
宁晋县	25425		25425	2568	565
巨鹿县	41247		41247	22808	15402
新河县	10890		10890	6450	
广宗县	6744		6744	144	
平乡县	16652		16652	13898	4494
威　县	82791		82791	82791	1750
清河县	48247		48247	23287	

National Fixed Assets Investment in County Seat Service Facilities by Capital Source (by County in Column)(2020)

Measurement Unit: 10,000 RMB

Sources of Fund					各项应付款	县名称
国内贷款 Domestic Loan	债券 Securities	利用外资 Foreign Investment	自筹资金 Self-Raised Funds	其他资金 Other Funds	Sum Payable This Year	Name of Counties
2239594	**4066593**	**290351**	**11699171**	**9435777**	**7562679**	**全　国**
110626	**503895**		**792069**	**184051**	**359724**	**河　北**
			1975		1975	井陉县
			1800			正定县
	14681		68644			行唐县
	64219		46124			灵寿县
			31		34223	高邑县
			3285			深泽县
	14122					赞皇县
	20155		1652			无极县
	27285		4349			平山县
	11582		4405	30050		元氏县
				1429		赵　县
				8896		滦南县
	6513		23797	108		乐亭县
	1000		3753	1044	5500	迁西县
	8348		17842	1050		玉田县
13478			30115		9254	曹妃甸区
			511			青龙满族自治县
			21700			昌黎县
	330		1888		1975	卢龙县
	8756					临漳县
			1150			成安县
			2940			大名县
13000			17407			涉　县
			2226			磁　县
						邱　县
	2357				95	鸡泽县
						广平县
	8861			1500	10361	馆陶县
	15100		485			魏　县
	14746		87		5050	曲周县
	2073		268	827	1600	临城县
			2172			内丘县
			39430		291	柏乡县
	8779			6804	10057	隆尧县
	2800		20046	11	20943	宁晋县
5000	13389		50			巨鹿县
	3847		593			新河县
	6600				10400	广宗县
	2200		14	540	9540	平乡县
						威　县
	960		24000			清河县

4-2-2 续表 1

计量单位: 万元

县名称 Name of Counties	本年实际到位资金合计 The Total Funds Actually Available for The Reported Year	上年末结余资金 The Balance of The Previous Year	本年资金来源 小计 Subtotal	国家预算资金 State Budgetary Fund	中央预算资金 Central Budgetary Fund
临西县	308		308	238	
博野县	36358		36358	709	709
涞水县	26555	180	26375		
阜平县					
白沟新城	4125		4125	1363	
定兴县	936		936	617	
唐　县	29018		29018	7656	3600
高阳县	51238		51238	1700	1700
涞源县	38451		38451	7448	
望都县	18687		18687	299	
易　县					
曲阳县	51873		51873	9102	
蠡　县	15506		15506	2925	2007
顺平县	80309	26	80283	2787	1632
张北县	7490		7490	210	
康保县	24296		24296	22472	313
沽源县	15156		15156	14513	4900
尚义县	38167		38167		
蔚　县	33071	97	32974	1928	1191
阳原县	5654		5654		
怀安县	15918		15918		
怀来县	1400		1400	1400	
涿鹿县	20326		20326		
赤城县	2730		2730	1800	
承德县	17311		17311	15711	
兴隆县	53560		53560	47632	
滦平县	9714		9714	9714	2493
隆化县	20622	200	20422	6413	
丰宁满族自治县	14218	234	13984	11852	
宽城满族自治县	17622	1406	16216	13831	6869
围场满族蒙古族自治县	17221		17221	2869	
青　县	30522	2663	27859	24759	
东光县	40668		40668	1768	1768
海兴县	1210		1210		
盐山县	33806		33806	1964	
肃宁县	9268		9268	895	90
南皮县	21021		21021	11147	
吴桥县	11500		11500	1500	
献　县	30721		30721	162	
孟村回族自治县	15590	452	15138	1100	
固安县	64273		64273	8143	
永清县	2425		2425	2425	
香河县	2700		2700		

continued

Measurement Unit: 10,000 RMB

Sources of Fund					各　项 应付款	县名称
国内贷款 Domestic Loan	债券 Securities	利用外资 Foreign Investment	自筹资金 Self-Raised Funds	其他资金 Other Funds	Sum Payable This Year	Name of Counties
			20	50	1520	临西县
4700	7170		16332	7447		博野县
15387	7738		3250		2714	涞水县
					19882	阜平县
			2762		477	白沟新城
			319		19223	定兴县
			19618	1744	2949	唐　县
	3314		44684	1540	2136	高阳县
	1881		19473	9649		涞源县
	8904		8715	769		望都县
						易　县
	21000		21709	62	60356	曲阳县
	688		6600	5293		蠡　县
4000	38913		33981	602	27525	顺平县
	5050		230	2000	18387	张北县
	1824				1801	康保县
			643			沽源县
			1000	37167		尚义县
2390	5359		23297			蔚　县
	5654				18	阳原县
	4444		1930	9544		怀安县
					6661	怀来县
	8186		1257	10883		涿鹿县
680			250		412	赤城县
1600						承德县
			5928			兴隆县
						滦平县
			14009			隆化县
			2132			丰宁满族自治县
	415		1970			宽城满族自治县
1625	270		10460	1997	430	围场满族蒙古族自治县
	1340		1760		492	青　县
	20600		13300	5000		东光县
			1210		8465	海兴县
	8547		23050	245		盐山县
	6122		2251			肃宁县
	8412		1462			南皮县
	10000					吴桥县
	19704		1790	9065		献　县
4500	2900		6638		7328	孟村回族自治县
	1920		54210			固安县
					18287	永清县
	2700				12441	香河县

4-2-2 续表 2

计量单位: 万元

县名称 Name of Counties	本年实际到位资金合计 The Total Funds Actually Available for The Reported Year	上年末结余资金 The Balance of The Previous Year	本年资金来源 小计 Subtotal	国家预算资金 State Budgetary Fund	中央预算资金 Central Budgetary Fund
大城县	42497		42497	9725	
文安县	33563	35	33528	2490	
大厂回族自治县	5461		5461	350	
枣强县	10325		10325	10143	
武邑县	29189		29189	8589	
武强县	13619	1822	11797	11797	
饶阳县	25774		25774	24979	
安平县	50774	190	50584	3674	
故城县	76080		76080	76080	
景　县	21689		21689	13159	
阜城县	52711	5814	46897		
容城县	7018		7018	3999	
雄　县	15270		15270	13042	2365
安新县	31731	5800	25931	5785	
山　西	**910313**	**48566**	**861747**	**210792**	**26063**
清徐县					
阳曲县	6659		6659	6659	
娄烦县					
阳高县	17938		17938	70	
天镇县	5745		5745		
广灵县	12610	730	11880	4600	4600
灵丘县	3622	122	3500	700	700
浑源县	12475		12475	289	
左云县	5330		5330	822	822
云州区	3480		3480		
平定县	21729	13621	8107	1692	1612
盂　县					
襄垣县	5124		5124	828	305
平顺县	10400		10400		
黎城县	12317	500	11817		
壶关县	21300		21300		
长子县	27641		27641		
武乡县	86190	19925	66265	629	
沁　县	17930	1000	16930	1200	1200
沁源县	6330		6330	3830	
沁水县	30308	2700	27608	4178	2013
阳城县	74458		74458	4270	
陵川县	27856		27856	8613	425
山阴县					
应　县					
右玉县					
榆社县	1789		1789	1670	
左权县	34014		34014	14359	14175

continued

Measurement Unit: 10,000 RMB

Sources of Fund					各 项 应付款 Sum Payable This Year	县名称 Name of Counties
国内贷款 Domestic Loan	债券 Securities	利用外资 Foreign Investment	自筹资金 Self-Raised Funds	其他资金 Other Funds		
	10105		22667			大城县
26072	1756		3210		878	文安县
			5000	111	461	大厂回族自治县
			182			枣强县
	9900		10500	200		武邑县
						武强县
	527			268	10	饶阳县
14894	602		10404	21010	3280	安平县
						故城县
	1000		7530		10135	景 县
3300			43597		2300	阜城县
	3019				4450	容城县
	2228				5442	雄 县
	13000			7146		安新县
104899	**88374**	**180**	**336100**	**121402**	**271482**	**山 西**
						清徐县
					32692	阳曲县
					5470	娄烦县
	200		15256	2412	238	阳高县
			5745			天镇县
			5280	2000	10398	广灵县
			2800		215	灵丘县
			5875	6311	15038	浑源县
			4508		6502	左云县
			450	3030		云州区
	3800		515	2100	21865	平定县
						盂 县
	4000		167	129	20145	襄垣县
			10400		200	平顺县
	7500		4317		20142	黎城县
			21300			壶关县
			27641			长子县
52000	500		12273	863		武乡县
	3100		10000	2630		沁 县
			2500			沁源县
			80	23350	5191	沁水县
37939			29500	2749	10933	阳城县
	12600		6643			陵川县
						山阴县
						应 县
						右玉县
			119			榆社县
			5205	14450		左权县

4-2-2 续表 3

计量单位: 万元

县名称 Name of Counties	本年实际到位资金合计 The Total Funds Actually Available for The Reported Year	上年末结余资金 The Balance of The Previous Year	本年资金来源 小计 Subtotal	国家预算资金 State Budgetary Fund	中央预算资金 Central Budgetary Fund
和顺县					
昔阳县	14268		14268	13610	
寿阳县	8648	295	8353	2939	
太谷区	8066		8066		
祁　县	19591		19591	2091	
平遥县	15803		15803	5659	
灵石县	29487		29487	29487	
临猗县	13727		13727	9947	
万荣县	17738		17738	17738	
闻喜县	55637		55637		
稷山县	20403	2173	18230	6630	
新绛县	8380		8380		
绛　县	25779		25779	22023	
垣曲县	10292		10292		
夏　县	393		393	348	
平陆县	25565		25565		
芮城县	10033		10033		
定襄县	17200	2000	15200		
五台县	4961		4961		
代　县					
繁峙县					
宁武县					
静乐县	17600		17600	17600	
神池县	7000		7000		
五寨县	1300		1300	1300	
岢岚县	7235		7235	182	182
河曲县					
保德县					
偏关县	11245		11245	11245	
曲沃县					
翼城县					
襄汾县					
洪洞县	47055	5000	42055	14555	
古　县					
安泽县					
浮山县	30		30	30	30
吉　县					
乡宁县					
大宁县					
隰　县					
永和县					
蒲　县					
汾西县	1895	500	1395		

continued

Measurement Unit: 10,000 RMB

Sources of Fund					各 项 应付款	县名称
国内贷款 Domestic Loan	债券 Securities	利用外资 Foreign Investment	自筹资金 Self-Raised Funds	其他资金 Other Funds	Sum Payable This Year	Name of Counties
						和顺县
				658	6962	昔阳县
3860				1554		寿阳县
	450		7500	116	28710	太谷区
	4600		12647	253		祁　县
	3400	180	2980	3584		平遥县
						灵石县
	1000		2780		2384	临猗县
					4326	万荣县
	2900		41637	11100		闻喜县
	9600		2000		15968	稷山县
				8380	8380	新绛县
			2540	1216		绛　县
			10292		2360	垣曲县
				45	3684	夏　县
	12924		12071	570		平陆县
				10033		芮城县
	3600		11600			定襄县
				4961	12400	五台县
						代　县
						繁峙县
						宁武县
						静乐县
				7000	4100	神池县
						五寨县
			7053			岢岚县
					24973	河曲县
						保德县
						偏关县
						曲沃县
						翼城县
						襄汾县
			27500			洪洞县
						古　县
						安泽县
						浮山县
						吉　县
						乡宁县
						大宁县
						隰　县
						永和县
						蒲　县
			1395			汾西县

4-2-2 续表 4

计量单位: 万元

县名称 Name of Counties	本年实际到位资金合计 The Total Funds Actually Available for The Reported Year	上年末结余资金 The Balance of The Previous Year	本年资金来源 小计 Subtotal	国家预算资金 State Budgetary Fund	中央预算资金 Central Budgetary Fund
文水县					
交城县					
兴　县					
临　县					
柳林县					
石楼县					
岚　县					
方山县	34989		34989	1000	
中阳县					
交口县	30750		30750		
内蒙古	**903321**	**78532**	**824790**	**144995**	**67190**
土左旗	120		120	120	
托　县	22230	18701	3529	3529	
和林县	2000		2000	2000	
清水河县	3096		3096	700	700
武川县	7436	264	7172	3941	
土右旗	8885		8885		
固阳县	2800		2800		
达尔罕茂明安联合旗	9835		9835	4443	4443
阿鲁科尔沁旗	37154		37154		
巴林左旗	12101		12101	1866	1866
巴林右旗	25098		25098	1180	1180
林西县	18598		18598	2600	2480
克什克腾旗	39866	133	39733		
翁牛特旗	17363		17363		
喀喇沁旗	4262		4262	782	782
宁城县	12555		12555	1522	1522
敖汉旗	41248	39339	1909	1909	1211
科左中旗	5350		5350		
科左后旗	1565		1565	1565	
开鲁县	12374		12374		
库伦旗	50		50		
奈曼旗	1387		1387	1387	
扎鲁特旗	3188		3188	2499	35
达拉特旗	8287	1150	7137		
准格尔旗	2185		2185	2185	
鄂托克前旗	12390		12390	640	380
鄂托克旗	17689		17689	2457	397
杭锦旗	399		399	399	
乌审旗	17063		17063	2187	
伊金霍洛旗	2000		2000	2000	2000
阿荣旗	1322		1322		
莫　旗	27921		27921		

continued

Measurement Unit: 10,000 RMB

Sources of Fund					各　项 应付款	县名称
国内贷款 Domestic Loan	债券 Securities	利用外资 Foreign Investment	自筹资金 Self-Raised Funds	其他资金 Other Funds	Sum Payable This Year	Name of Counties
						文水县
						交城县
						兴　县
						临　县
						柳林县
						石楼县
						岚　县
11100	18200		58	4631	8206	方山县
						中阳县
			23473	7277		交口县
8241	**200513**		**254518**	**216523**	**132765**	**内蒙古**
					740	土左旗
						托　县
						和林县
				2396		清水河县
			3231		20	武川县
	4482		4403			土右旗
	2800					固阳县
			5292	100	9835	达尔罕茂明安联合旗
	9000		9654	18500		阿鲁科尔沁旗
	1306		8929		1866	巴林左旗
	20760		3158			巴林右旗
			15495	503	3646	林西县
			38807	926	11225	克什克腾旗
	9860			7503		翁牛特旗
			3480			喀喇沁旗
	10243		790			宁城县
						敖汉旗
			5350			科左中旗
					8912	科左后旗
			12374			开鲁县
	50					库伦旗
						奈曼旗
			689			扎鲁特旗
	5687		1450			达拉特旗
						准格尔旗
3534	200		2356	5660	2295	鄂托克前旗
	11431		1862	1939		鄂托克旗
						杭锦旗
			7776	7100		乌审旗
						伊金霍洛旗
			1322			阿荣旗
				27921		莫　旗

4-2-2 续表 5

计量单位: 万元

县名称 Name of Counties	本年实际到位资金合计 The Total Funds Actually Available for The Reported Year	上年末结余资金 The Balance of The Previous Year	本年资金来源		
			小计 Subtotal	国家预算资金 State Budgetary Fund	中央预算资金 Central Budgetary Fund
鄂伦春旗	36425		36425	19988	3551
鄂温克旗	22365		22365		
陈巴尔虎旗	15300	10264	5036	5036	5036
新左旗	5620		5620		
新右旗	7437		7437		
五原县	22191		22191	3499	3499
磴口县	8759	2664	6095	6095	
乌拉特前旗	12685		12685	5394	5394
乌拉特中旗	4320	4320			
乌拉特后旗	8368	998	7370	1330	830
杭锦后旗	10139		10139	5150	1838
卓资县	494		494	264	176
化德县	11146		11146	4741	3053
商都县	15859		15859	4200	4200
兴和县	6679		6679	6679	
凉城县	43576		43576	594	594
察右前旗	14443		14443	257	
察右中旗	16851		16851	10471	10282
察右后旗	671		671	648	648
四子王旗	7485		7485	7335	
科尔沁右翼前旗	116627		116627	4027	
科右中旗					
扎赉特旗					
突泉县	1314		1314		
阿巴嘎旗	6737		6737		
苏尼特左旗	1554		1554		
苏尼特右旗	4107		4107	807	
东乌珠穆沁旗					
西乌珠穆沁旗	3664		3664		
太仆寺旗	49449		49449	400	
镶黄旗	13154		13154	7076	
正镶白旗	11469		11469		
正蓝旗	3736		3736	567	567
多伦县	6221		6221		
阿拉善左旗	6918	699	6219		
阿拉善右旗	5800		5800		
额济纳旗	23942		23942	10526	10526
辽　宁	**159369**	**780**	**158589**	**98389**	**30017**
康平县	1759		1759		
法库县	168		168		
长海县	567		567		
台安县	11696		11696	975	
岫岩满族自治县					

continued

Measurement Unit: 10,000 RMB

Sources of Fund					各项应付款	县名称
国内贷款 Domestic Loan	债券 Securities	利用外资 Foreign Investment	自筹资金 Self-Raised Funds	其他资金 Other Funds	Sum Payable This Year	Name of Counties
	13069		3368			鄂伦春旗
			6073	16292		鄂温克旗
						陈巴尔虎旗
			5620			新左旗
	2437			5000		新右旗
			15375	3317		五原县
						磴口县
			7291		6739	乌拉特前旗
						乌拉特中旗
			340	5700		乌拉特后旗
1971	1700		90	1228	4243	杭锦后旗
				230	979	卓资县
	5773		300	332		化德县
	11000		10	649		商都县
					1500	兴和县
	19057		22725	1200	2384	凉城县
	10720		3466		393	察右前旗
	1700		4680			察右中旗
				23	2228	察右后旗
			150		440	四子王旗
	11900		12700	88000		科尔沁右翼前旗
						科右中旗
						扎赉特旗
	1314					突泉县
			6737			阿巴嘎旗
			1554			苏尼特左旗
				3300		苏尼特右旗
					45458	东乌珠穆沁旗
			3664			西乌珠穆沁旗
2736	28800		17513		12473	太仆寺旗
	1992		4086			镶黄旗
				11469		正镶白旗
	2770		308	91	349	正蓝旗
			6221		6221	多伦县
				6219	10819	阿拉善左旗
	5000		800			阿拉善右旗
	7462		5029	925		额济纳旗
6152	**13781**	**350**	**30742**	**9175**	**13941**	**辽　宁**
	1200		559			康平县
				168		法库县
				567		长海县
	500		10221		1408	台安县
						岫岩满族自治县

4-2-2 续表 6

计量单位: 万元

县名称 Name of Counties	本年实际到位资金合计 The Total Funds Actually Available for The Reported Year	上年末结余资金 The Balance of The Previous Year	本年资金来源 小计 Subtotal	国家预算资金 State Budgetary Fund	中央预算资金 Central Budgetary Fund
抚顺县					
新宾满族自治县	1246		1246	360	
清原满族自治县	10965		10965	10044	2544
本溪满族自治县	2005		2005	931	931
桓仁满族自治县	20132		20132	6468	6468
宽甸满族自治县					
黑山县	38843		38843	31000	
义　县					
阜新蒙古族自治县	6091		6091	4713	
彰武县	8085		8085	985	800
辽阳县	3450		3450		
盘山县	3090		3090	2500	2500
铁岭县					
西丰县	4753	280	4473	1124	
昌图县	12815	500	12315	8135	3659
朝阳县					
建平县	14104		14104	14104	5700
喀喇沁左翼蒙古族自治县	6417		6417	5972	495
绥中县	6774		6774	6764	3349
建昌县	6409		6409	4314	3571
吉　林	**331760**	**9387**	**322373**	**105665**	**52730**
农安县	74325		74325	2930	2930
永吉县	31252		31252	13478	10895
梨树县	9865	65	9800	5716	2751
伊通满族自治县	15943	1308	14635	7771	7771
东丰县					
东辽县					
通化县	4220		4220		
辉南县	4881	721	4160	1416	1416
柳河县					
抚松县	23488	3000	20488	2690	2690
靖宇县	11771	3981	7790	2363	2363
长白朝鲜族自治县	9438		9438	5663	5663
前郭县	24830		24830		
长岭县	24124		24124	7650	7650
乾安县	4630	312	4318		
镇赉县	8206		8206	4675	455
通榆县	47827		47827	43604	4193
汪清县	17702		17702	3552	3552
安图县	19257		19257	4157	401
黑龙江	**646072**	**22439**	**623633**	**207285**	**142248**
依兰县	14940	50	14890	2838	481
方正县	18672		18672	4068	559

continued

Measurement Unit: 10,000 RMB

Sources of Fund					各项应付款	县名称
国内贷款 Domestic Loan	债券 Securities	利用外资 Foreign Investment	自筹资金 Self-Raised Funds	其他资金 Other Funds	Sum Payable This Year	Name of Counties
						抚顺县
			886		3788	新宾满族自治县
	921					清原满族自治县
			1074			本溪满族自治县
	7000		364	6300		桓仁满族自治县
						宽甸满族自治县
			7803	40		黑山县
						义　县
				1378	15	阜新蒙古族自治县
5600			1500		185	彰武县
			3450			辽阳县
			590			盘山县
						铁岭县
			3349			西丰县
	4160		20		4814	昌图县
						朝阳县
						建平县
		350	95		160	喀喇沁左翼蒙古族自治县
				10	3571	绥中县
552			831	712		建昌县
12112	**148405**		**54011**	**2180**	**38666**	**吉　林**
	46850		24545			农安县
	12682		5092			永吉县
	3100		984			梨树县
	4100		2373	391		伊通满族自治县
						东丰县
						东辽县
	4220					通化县
	1312		1432		4769	辉南县
						柳河县
	6000		11285	513	6786	抚松县
	5427					靖宇县
	3775					长白朝鲜族自治县
	24830					前郭县
12112	500		3049	813		长岭县
			4092	226		乾安县
	3159		135	237		镇赉县
	3700		523		19386	通榆县
	13650		500		4325	汪清县
	15100				3400	安图县
1213	**191288**		**179518**	**44328**	**52541**	**黑龙江**
	7685		3396	972	596	依兰县
	12985		819	800	129	方正县

4-2-2 续表 7

计量单位: 万元

县名称 Name of Counties	本年实际到位资金合计 The Total Funds Actually Available for The Reported Year	上年末结余资金 The Balance of The Previous Year	本年资金来源 小计 Subtotal	国家预算资金 State Budgetary Fund	中央预算资金 Central Budgetary Fund
宾　县	16372		16372	230	
巴彦县	20343		20343		
木兰县	5737	1235	4502	3632	3632
通河县	5271	459	4812		
延寿县	8815		8815	774	774
龙江县	16995		16995	12096	8970
依安县	20757		20757	15798	6101
泰来县	12093		12093	3909	2406
甘南县	3486	2191	1295	950	
富裕县	2565		2565	1205	1055
克山县	10535		10535	9456	4932
克东县	7455		7455	531	337
拜泉县	26684		26684	666	
鸡东县	15102		15102	6644	5622
萝北县	14056	2218	11838	149	
绥滨县	3255		3255	1426	1365
集贤县	21651		21651	2305	2305
友谊县	15638		15638	3822	2814
宝清县	9124	380	8744	2363	1388
饶河县	4526		4526	2679	2679
肇州县	5910	312	5598	830	830
肇源县	28278	849	27429	804	804
林甸县	14686		14686	3646	3646
杜尔伯特蒙古族自治县	7392	1000	6392	5032	1955
嘉荫县	6517		6517	1891	1891
汤旺县					
丰林县	6090		6090	1880	1880
大箐山县	2701		2701	1222	1222
南岔县					
桦南县	23326	1665	21661	3652	
桦川县	32349		32349	2564	1541
汤原县	12904	592	12312	520	
勃利县	2352		2352	1237	449
林口县	11410		11410	7232	2977
逊克县	2553		2553	1169	
孙吴县	16804		16804		
望奎县	6115		6115		
兰西县	17006		17006	8764	8764
青冈县	14705		14705	8119	
庆安县	31878		31878	2679	1799
明水县	10813		10813	8696	8696
绥棱县	24695	243	24452	1364	
呼玛县	6629		6629	2306	1721
塔河县	6741		6741	5295	
加格达奇区	80146	11245	68901	62843	58653

continued

Measurement Unit: 10,000 RMB

Sources of Fund					各 项 应付款	县名称
国内贷款 Domestic Loan	债券 Securities	利用外资 Foreign Investment	自筹资金 Self-Raised Funds	其他资金 Other Funds	Sum Payable This Year	Name of Counties
	7112		9030			宾　县
	9000		11343			巴彦县
			720	150		木兰县
			4812			通河县
	7880			161		延寿县
	2704		2195		1668	龙江县
			4959		300	依安县
	5300		2884			泰来县
	242		103			甘南县
				1360	1311	富裕县
	596		483			克山县
			5824	1100		克东县
	24000		2018			拜泉县
	1819		5862	777		鸡东县
	4236		7453			萝北县
	1366		463		156	绥滨县
	6917		4189	8240		集贤县
	5456		5041	1319		友谊县
	1363		5018		9124	宝清县
			1847			饶河县
	1539		513	2716		肇州县
	447		26178			肇源县
	11040					林甸县
			1000	360		杜尔伯特蒙古族自治县
	2353		2273		62	嘉荫县
						汤旺县
	3300		910			丰林县
			1083	396		大箐山县
						南岔县
	9658		8351		272	桦南县
	4557		25228			桦川县
	10977		452	363	2977	汤原县
	1115					勃利县
1213	1519		1446		3124	林口县
				1384		逊克县
	3454		8956	4394		孙吴县
			6115			望奎县
	4373		3869			兰西县
	6586					青冈县
	8625		5541	15033	31877	庆安县
	144		1973			明水县
	18008		1751	3329	944	绥棱县
	451		3872			呼玛县
			503	943		塔河县
	4482		1045	531		加格达奇区

4-2-2 续表 8

计量单位:　万元

县名称 Name of Counties	本年实际到位资金合计 The Total Funds Actually Available for The Reported Year	上年末结余资金 The Balance of The Previous Year	本年资金来源 小计 Subtotal	国家预算资金 State Budgetary Fund	中央预算资金 Central Budgetary Fund
江　苏	**958905**	**9612**	**949293**	**259564**	**439**
丰　县	125851		125851	5663	
沛　县	11839		11839		
睢宁县	61700		61700		
如东县	350		350		
东海县	75959		75959		
灌云县	33070		33070		
灌南县	14406		14406		
涟水县	6598		6598	5098	
盱眙县	93929		93929		
金湖县	33965	4800	29165	1465	
响水县	35097		35097		
滨海县	74000		74000	2600	
阜宁县	20829	389	20440	815	
射阳县	44592		44592		
建湖县	12635		12635	439	439
宝应县	53129	3273	49856	2278	
沭阳县	190605		190605	182405	
泗阳县	27418	1150	26268	17768	
泗洪县	42933		42933	41033	
浙　江	**2296332**	**26478**	**2269855**	**572326**	**26411**
桐庐县	60276		60276	4320	2200
淳安县	25572	82	25490	10953	
象山县	118315		118315		
宁海县	137033	1318	135715	11578	10000
永嘉县	120688		120688	102688	
平阳县	153620		153620		
苍南县	158154		158154	172	
文成县	31488		31488		
泰顺县	14423		14423	120	
嘉善县	111966	4597	107369	300	
海盐县	109115	3138	105977	6100	
德清县	90445	399	90046	14275	
长兴县	84296		84296	1888	1888
安吉县	87902		87902	3273	
新昌县	148706		148706	966	966
武义县	20049	6430	13619	6162	2334
浦江县	57210		57210	6391	3225
磐安县	22192		22192		
常山县	26725		26725	10954	1295
开化县	39004		39004	39004	

continued

Measurement Unit: 10,000 RMB

Sources of Fund					各项应付款	县名称
国内贷款 Domestic Loan	债券 Securities	利用外资 Foreign Investment	自筹资金 Self-Raised Funds	其他资金 Other Funds	Sum Payable This Year	Name of Counties
27000	**59918**		**400129**	**202682**	**212076**	**江　苏**
			120188		4395	丰　县
				11839		沛　县
			53400	8300		睢宁县
			350		350	如东县
20000	22193		23201	10565		东海县
	24800		8270			灌云县
			14406			灌南县
	1500				8925	涟水县
			93929			盱眙县
			27700		1465	金湖县
				35097		响水县
				71400	36760	滨海县
	7000		1818	10807	2583	阜宁县
				44592		射阳县
	4425		7771		87436	建湖县
7000			35396	5182	49	宝应县
			8200			沭阳县
			5500	3000	4980	泗阳县
				1900	65133	泗洪县
127925	**60402**		**1057011**	**452191**	**178975**	**浙　江**
	10000		42022	3934		桐庐县
			7437	7100		淳安县
			118315			象山县
10000			113097	1040	4800	宁海县
			18000		27000	永嘉县
			134425	19195	35000	平阳县
8308				149674		苍南县
18668			12820			文成县
2022			10561	1720	24581	泰顺县
			107069		4159	嘉善县
800	1179		2751	95147		海盐县
20000			42898	12873	17527	德清县
	7812		74596			长兴县
			69048	15581		安吉县
5700			105538	36502	4997	新昌县
1099			6358		36228	武义县
			35258	15561		浦江县
	1300		5006	15886	5830	磐安县
			14797	974	2269	常山县
						开化县

4-2-2 续表 9

计量单位：万元

县名称 Name of Counties	本年实际到位资金合计 The Total Funds Actually Available for The Reported Year	上年末结余资金 The Balance of The Previous Year	本年资金来源 小计 Subtotal	国家预算资金 State Budgetary Fund	中央预算资金 Central Budgetary Fund
龙游县	112238	2000	110238	36861	
岱山县	15089	388	14701	1676	198
嵊泗县	15348		15348	13548	355
三门县	19803	153	19650	11558	
天台县	76139	2420	73719		
仙居县	45241		45241	694	335
青田县	48305	4853	43452	5102	3215
缙云县	61196	100	61096	54571	
遂昌县	52023		52023	29098	
松阳县	98428	600	97828	95681	
云和县	34531		34531	33439	
庆元县	35569		35569	15911	400
景宁县	65243		65243	55043	
安　徽	**2716877**	**73229**	**2643648**	**1240388**	**17500**
长丰县	78000		78000	78000	
肥西县	6638		6638	6638	1447
肥东县	134703		134703	117417	
庐江县	142376	315	142061	134398	242
南陵县	46311	1246	45065	2301	85
怀远县	48484		48484	2350	591
五河县	58813		58813		
固镇县	33934		33934	20270	
凤台县	25119		25119	1900	
寿　县	41785		41785	35875	630
当涂县	10049		10049		
含山县	20546		20546		
和　县	22583		22583	15810	
濉溪县	6784		6784		
枞阳县					
怀宁县	18004		18004	13904	
太湖县	14672		14672	192	
宿松县	39500		39500		
望江县	21390		21390	10250	7610
岳西县	25873		25873	2550	2160
歙　县	9850		9850	64	
休宁县	18503		18503	700	700
黟　县	15538	2182	13356	473	350
祁门县	10145		10145	10145	
来安县	118117		118117	44089	
全椒县	148655		148655	23020	
定远县	75335	50535	24800	24800	
凤阳县	183244		183244	183244	
临泉县	108964		108964	50876	

continued

Measurement Unit: 10,000 RMB

Sources of Fund					各 项 应付款	县名称
国内贷款 Domestic Loan	债券 Securities	利用外资 Foreign Investment	自筹资金 Self-Raised Funds	其他资金 Other Funds	Sum Payable This Year	Name of Counties
21500			41177	10700		龙游县
1640	3000		8385			岱山县
			1800			嵊泗县
	1000		3500	3592	5368	三门县
12630	3316		36959	20814		天台县
22686	10000		231	11630		仙居县
2872	15255		18509	1714		青田县
			6276	249	386	缙云县
	2490		17330	3105	1180	遂昌县
			2147			松阳县
			700	392		云和县
	5050			14608	9650	庆元县
				10200		景宁县
111384	**117492**	**9333**	**637478**	**527574**	**393001**	**安　徽**
						长丰县
					78787	肥西县
			11285	6000	18209	肥东县
			7552	112	60335	庐江县
26800	1921		13445	598	6732	南陵县
8889			14624	22621	16543	怀远县
			58813			五河县
1900			11764			固镇县
2702			20073	444		凤台县
			5894	16	7338	寿　县
			10049			当涂县
			19546	1000	20499	含山县
			3000	3773		和　县
	3064		3720			濉溪县
					14076	枞阳县
	500		3600		456	怀宁县
			39	14441		太湖县
			23083	16417		宿松县
10930			210			望江县
	3000		20323			岳西县
			9786			歙　县
			17803			休宁县
	4900		5991	1992		黟　县
					340	祁门县
31808	22220			20000	28200	来安县
			125635			全椒县
						定远县
						凤阳县
				58088		临泉县

4-2-2 续表 10

计量单位: 万元

县名称 Name of Counties	本年实际到位资金合计 The Total Funds Actually Available for The Reported Year	上年末结余资金 The Balance of The Previous Year	本年资金来源 小计 Subtotal	国家预算资金 State Budgetary Fund	中央预算资金 Central Budgetary Fund
太和县	36947		36947	735	725
阜南县	177568	50	177518	770	160
颍上县	14386	13779	607		
砀山县	48247		48247	25031	
萧　县	16778	2000	14778	2736	
灵璧县	95998		95998		
泗　县	140713		140713	86204	1482
霍邱县	56010		56010		
舒城县	74549		74549	67002	960
金寨县	64962		64962	55288	
霍山县	15649		15649	15649	
涡阳县	196569	1692	194877	39981	
蒙城县	61634		61634	18857	
利辛县	64700		64700	36600	
东至县	33093		33093	28903	
石台县	5111		5111	3401	
青阳县	29609		29609	29609	
郎溪县	27969		27969	17963	53
泾　县	22345	1430	20915	11909	305
绩溪县	33897		33897	11344	
旌德县	16230		16230	9140	
福　建	**1765296**	**33523**	**1731773**	**450636**	**106079**
闽侯县	209463		209463	6962	
连江县	49841		49841	21631	
罗源县	2045	2045			
闽清县	4506	885	3621	2636	
永泰县	47229		47229		
仙游县	32018		32018		
明溪县	60725		60725	50869	4525
清流县	2040		2040		
宁化县	118377		118377		
大田县	128016	1000	127016		
尤溪县	33756		33756		
沙　县	18541		18541		
将乐县	15494		15494		
泰宁县	23505		23505	6985	6985
建宁县	15624		15624	5855	
惠安县	38373	2313	36060	250	
安溪县	37886		37886	33671	
永春县	15348	579	14769	559	559
德化县	15373	840	14533	497	137
云霄县	112953		112953		
漳浦县	77394		77394	598	598

continued

Measurement Unit: 10,000 RMB

Sources of Fund					各项应付款	县名称
国内贷款 Domestic Loan	债券 Securities	利用外资 Foreign Investment	自筹资金 Self-Raised Funds	其他资金 Other Funds	Sum Payable This Year	Name of Counties
7000	3000		6156	20056	3538	太和县
	37400		1760	137588	60554	阜南县
				607		颍上县
	15343		7873		5783	砀山县
			2878	9164		萧　县
				95998		灵璧县
	11162		40943	2404		泗　县
				56010		霍邱县
4000			2707	840		舒城县
		9333	216	125	19082	金寨县
					8767	霍山县
15516			139380			涡阳县
			1597	41180		蒙城县
	10000			18100		利辛县
			4190		198	东至县
690			1020		7425	石台县
						青阳县
			10006		345	郎溪县
1149	4982		2875		1897	泾　县
			22553		33897	绩溪县
			7090			旌德县
32221	**93013**		**894758**	**261145**	**540692**	**福　建**
			201642	859		闽侯县
				28210	115	连江县
					109256	罗源县
			985			闽清县
			36664	10565	700	永泰县
			32018			仙游县
	9856				518	明溪县
			2040			清流县
			118377			宁化县
			127016			大田县
			32106	1650	800	尤溪县
				18541		沙　县
	3000		12494			将乐县
			16520		19705	泰宁县
	347			9422	67145	建宁县
18580			12358	4872	13316	惠安县
			4215		250	安溪县
	3500			10710		永春县
	1875		12053	108		德化县
			112953			云霄县
			59441	17355		漳浦县

4-2-2 续表 11

计量单位：万元

县名称 Name of Counties	本年实际到位资金合计 The Total Funds Actually Available for The Reported Year	上年末结余资金 The Balance of The Previous Year	本年资金来源		
			小计 Subtotal	国家预算资金 State Budgetary Fund	中央预算资金 Central Budgetary Fund
诏安县	11665		11665		
长泰县	11055		11055	3225	
东山县	36308		36308	301	301
南靖县	7020		7020	1084	
平和县	9726	8350	1376		
华安县	14402		14402		
顺昌县	34848		34848	34438	
浦城县	72860	81	72779	1500	
光泽县	10891		10891		
松溪县	79012		79012	79012	79012
政和县	89804	1997	87807	87807	
长汀县	69087		69087	48284	3217
上杭县	33018	147	32871	29391	
武平县	3306		3306	2997	
连城县	10664	3626	7038	1674	
霞浦县	21815	4000	17815	13745	10745
古田县	3594		3594	3594	
屏南县	9071		9071	9071	
寿宁县	19660	7500	12160		
周宁县	2460	160	2300		
柘荣县					
平潭县	156524		156524	4000	
江　西	**5107494**	**307057**	**4800437**	**1590340**	**123302**
南昌县	264732	39500	225232		
安义县	16593		16593		
进贤县	19401		19401	19349	
浮梁县	36916		36916	14946	
莲花县	56049		56049	25340	2340
上栗县	45877	1781	44096	13382	3813
芦溪县	97100		97100	2464	2464
武宁县	8176		8176	2502	
修水县	122022	96912	25110	23550	
永修县	4874		4874	500	500
德安县	130100		130100		
都昌县	9800		9800	9800	
湖口县	17905		17905	2300	
彭泽县	54662		54662	19700	
分宜县	34296		34296	1620	
信丰县	147418		147418	34681	
大余县	310385		310385	298385	916
上犹县	30301		30301	24532	9733
崇义县	50225	2139	48086	18782	3853
安远县	126484		126484	4786	3786

continued

Measurement Unit: 10,000 RMB

Sources of Fund						
国内贷款 Domestic Loan	债券 Securities	利用外资 Foreign Investment	自筹资金 Self-Raised Funds	其他资金 Other Funds	各项应付款 Sum Payable This Year	县名称 Name of Counties
	5000		6285	380		诏安县
			7830		185	长泰县
1758	22400		4907	6942	20776	东山县
4150			1786		166	南靖县
			1376		116091	平和县
			12030	2372	280	华安县
				410		顺昌县
	5000		66279			浦城县
	7700		2827	364		光泽县
						松溪县
					52157	政和县
5223	13340		1890	350		长汀县
			3465	15	297	上杭县
			309		120	武平县
			267	5097	2881	连城县
			4070			霞浦县
						古田县
						屏南县
210	10995		555	400	12625	寿宁县
2300					9360	周宁县
						柘荣县
	10000			142524	113949	平潭县
301186	**72661**	**104677**	**1313885**	**1417688**	**545328**	**江　西**
			222232	3000	38487	南昌县
			16593			安义县
			52		19401	进贤县
	13900		8070		51368	浮梁县
			1430	29279		莲花县
	617		18687	11410		上栗县
			19600	75036		芦溪县
			5624	50	870	武宁县
			1400	160		修水县
	2100		374	1900		永修县
			116100	14000	130100	德安县
						都昌县
			15605		3331	湖口县
				34962		彭泽县
			32676			分宜县
			76346	36391	594	信丰县
		12000				大余县
	1487		680	3602	26469	上犹县
	1028		28246	30	6651	崇义县
		150	121548			安远县

4-2-2 续表 12

计量单位: 万元

县名称 Name of Counties	本年实际到位资金合计 The Total Funds Actually Available for The Reported Year	上年末结余资金 The Balance of The Previous Year	本年资金来源		
			小计 Subtotal	国家预算资金 State Budgetary Fund	中央预算资金 Central Budgetary Fund
定南县	132900	42600	90300	1600	600
全南县	48128		48128	3700	2100
宁都县	16577		16577	7933	4933
于都县	330055		330055	330055	4500
兴国县	188491		188491	122860	360
会昌县	27690	200	27490	600	600
寻乌县	24684		24684	12941	6849
石城县	56843	1666	55177	20330	5770
吉安县	59908		59908	3112	3112
吉水县	99730		99730	99730	
峡江县	49901	6000	43901	4500	
新干县	63426	30304	33122	33122	
永丰县	69729		69729	69729	
泰和县	14976	13651	1325	1325	
遂川县	24753		24753	24753	
万安县	184826		184826	5000	5000
安福县	66308		66308	28608	19028
永新县	13902		13902	13902	
奉新县	198274	164	198110	85602	
万载县	192472		192472	6840	6840
上高县	82723	51939	30784	7738	2656
宜丰县	12479	153	12326	7119	3396
靖安县	32552	13178	19374	3835	3750
铜鼓县	27019	22	26997	1844	1523
南城县	128685		128685	7499	1340
黎川县	100017		100017		
南丰县	370296		370296	3660	
崇仁县	192350		192350	64869	
乐安县	135420		135420		
宜黄县	27636		27636	23522	67
金溪县	104734	2300	102434		
资溪县	81865		81865	2643	
广昌县	109712		109712	13397	
玉山县	62733		62733	1941	1941
铅山县	29326		29326	3575	3575
横峰县	11302		11302	136	
弋阳县	53799		53799	8938	7630
余干县	32998	2100	30898	5257	5257
鄱阳县	10000		10000		
万年县	14119	2448	11671	5070	5070
婺源县	40841		40841	36438	
山 东	**1498877**	**39393**	**1459484**	**399955**	**8815**
平阴县	47822		47822	29717	

continued

Measurement Unit: 10,000 RMB

Sources of Fund					各项应付款	县名称
国内贷款 Domestic Loan	债券 Securities	利用外资 Foreign Investment	自筹资金 Self-Raised Funds	其他资金 Other Funds	Sum Payable This Year	Name of Counties
			1000	87700	45800	定南县
			27478	16950	7700	全南县
	7844			800		宁都县
						于都县
			50000	15631		兴国县
			22540	4350		会昌县
	6654		448	4641		寻乌县
	8690		18420	7737	31891	石城县
				56796		吉安县
						吉水县
			10500	28901	40766	峡江县
					14200	新干县
						永丰县
					39425	泰和县
					2600	遂川县
135866	20803		23157			万安县
		800	1900	35000		安福县
					200	永新县
		70287	18500	23722		奉新县
			53236	132396		万载县
3000	200		1000	18846	12000	上高县
		1300		3907	8660	宜丰县
		2540	1195	11804	8168	靖安县
			24977	176	176	铜鼓县
		17600	15000	88586		南城县
				100017		黎川县
80520				286116		南丰县
			122200	5281	35	崇仁县
				135420		乐安县
	633		3481			宜黄县
			88937	13497		金溪县
31400			9665	38157		资溪县
50400			45916		39	广昌县
			60792		29420	玉山县
	3157		2373	20222	25706	铅山县
				11166	951	横峰县
	5548		9000	30313		弋阳县
				25641		余干县
			10000			鄱阳县
			4501	2100	320	万年县
			2408	1995		婺源县
76123	**247783**	**10504**	**411256**	**313862**	**425373**	**山　东**
	18105					平阴县

4-2-2 续表 13

计量单位： 万元

县名称 Name of Counties	本年实际到位资金合计 The Total Funds Actually Available for The Reported Year	上年末结余资金 The Balance of The Previous Year	本年资金来源 小计 Subtotal	国家预算资金 State Budgetary Fund	中央预算资金 Central Budgetary Fund
商河县	40238		40238	7932	
桓台县	5080		5080	4167	
高青县	12089		12089	11550	
沂源县	69527	3372	66155	16905	1029
利津县	16880		16880	11880	
广饶县	49252	214	49038	7975	
临朐县	56245		56245		
昌乐县	20333	3000	17333		
微山县	8125		8125		
鱼台县	51556		51556		
金乡县	18700		18700		
嘉祥县	1098		1098		
汶上县	7320		7320		
泗水县	1690		1690		
梁山县	8401		8401		
宁阳县	3194		3194		
东平县	22672		22672	10305	7223
五莲县	7578		7578	807	
莒　县	31727		31727	31727	
沂南县	31358		31358	26955	
郯城县	8070	1100	6970	6970	
沂水县	58108		58108	47485	
兰陵县	43968		43968	22402	
费　县	1170		1170		
平邑县	11653	50	11603	8603	
莒南县	11690	2000	9690	6000	
蒙阴县	34709		34709	7829	
临沭县	47401		47401		
宁津县	3000		3000	3000	
庆云县	15133		15133		
临邑县	7000		7000		
齐河县	50388		50388	34738	
平原县	19720	19720			
夏津县	35392		35392	23539	
武城县	61187		61187		
阳谷县	21324		21324	4418	
莘　县	62370	3500	58870	3550	
东阿县	15384		15384	2000	
冠　县	27905		27905	1559	
高唐县	248		248	60	
惠民县	48532	6000	42532	20881	
阳信县	43353	437	42916	218	
无棣县					

continued

Measurement Unit: 10,000 RMB

Sources of Fund					各项应付款	县名称
国内贷款 Domestic Loan	债券 Securities	利用外资 Foreign Investment	自筹资金 Self-Raised Funds	其他资金 Other Funds	Sum Payable This Year	Name of Counties
1700	4400		5808	20398	5030	商河县
				913	4813	桓台县
				539	11550	高青县
15865	2100	8504	21576	1205	8758	沂源县
	5000					利津县
			41063			广饶县
	11380		44865			临朐县
	2018		3456	11859	10009	昌乐县
	6000		725	1400	33200	微山县
			14686	36870	960	鱼台县
			5000	13700	53636	金乡县
				1098	7749	嘉祥县
	5400			1920	10820	汶上县
				1690	14106	泗水县
				8401	76094	梁山县
			3194			宁阳县
	10837		1530		1577	东平县
			6771		5383	五莲县
					7370	莒　县
			4403			沂南县
						郯城县
			10623			沂水县
			21566			兰陵县
				1170	2954	费　县
			3000		2470	平邑县
			3690			莒南县
			24900	1980		蒙阴县
				47401		临沭县
					45622	宁津县
	4843		4923	5367		庆云县
				7000	1014	临邑县
			15650		60	齐河县
						平原县
			630	11223	1075	夏津县
			28250	32937		武城县
	11732		5174			阳谷县
	50300		3966	1054	3391	莘　县
			13384		446	东阿县
	15329		10815	202	1088	冠　县
	188					高唐县
	13500		8151		11000	惠民县
18000	20206	2000	2493		10234	阳信县
					1962	无棣县

4-2-2 续表 14

计量单位: 万元

县名称 Name of Counties	本年实际到位资金合计 The Total Funds Actually Available for The Reported Year	上年末结余资金 The Balance of The Previous Year	本年资金来源 小计 Subtotal	国家预算资金 State Budgetary Fund	中央预算资金 Central Budgetary Fund
博兴县	54415		54415	7326	
曹　县	10870		10870	3330	
单　县	40326		40326		
成武县					
巨野县	44926		44926		
郓城县	78805		78805	36127	563
鄄城县	59629		59629		
东明县	71317		71317		
河　南	**3508328**	**38964**	**3469364**	**1515445**	**144534**
中牟县	47145	26858	20287	1379	1379
杞　县	72598		72598	49757	
通许县	17004		17004	16149	
尉氏县	81038		81038	23589	
兰考县	29237		29237	7816	
孟津县	21044		21044	6990	5784
新安县	18827		18827	18418	
栾川县	1436		1436	136	
嵩　县	5197		5197		
汝阳县	13356		13356	3356	
宜阳县	46418		46418	512	
洛宁县	14864		14864		
伊川县	3884		3884	1522	1522
宝丰县	8616		8616	8616	8616
叶　县	45940		45940		
鲁山县	16547		16547	1471	
郏　县	20942		20942	20942	
安阳县					
汤阴县	19663	140	19523	18155	538
滑　县	60305		60305	5298	4356
内黄县	25300		25300		
浚　县	41176		41176	100	
淇　县	34110		34110		
新乡县	75676		75676		
获嘉县	15113		15113	1270	
原阳县	7519		7519	439	439
延津县	6193		6193	678	
封丘县	958		958		
修武县	22670		22670	1454	1454
博爱县	17037		17037	476	429
武陟县	6760		6760	3306	
温　县	10027	183	9844	9844	5736
清丰县	11991		11991	11348	1329

continued

Measurement Unit: 10,000 RMB

Sources of Fund					各项应付款	县名称
国内贷款 Domestic Loan	债券 Securities	利用外资 Foreign Investment	自筹资金 Self-Raised Funds	其他资金 Other Funds	Sum Payable This Year	Name of Counties
			47089			博兴县
			7540		31900	曹　县
	2583		1276	36467		单　县
					35187	成武县
	7330		271	37325	4000	巨野县
40558			2120			郓城县
	19200		40284	145	21916	鄄城县
	37333		2386	31598		东明县
132162	**311030**	**14944**	**752309**	**743473**	**356934**	**河　南**
			18602	306	7723	中牟县
			22841			杞　县
			855			通许县
	11700		12559	33190	1709	尉氏县
			21268	153		兰考县
	3600		10454		5686	孟津县
	59		350		4088	新安县
	1300				4868	栾川县
	420		2198	2579	11587	嵩　县
			10000		14431	汝阳县
			3236	42670	7062	宜阳县
				14864	3252	洛宁县
			1000	1362	8129	伊川县
						宝丰县
		13000		32940		叶　县
	14526		550			鲁山县
						郏　县
						安阳县
			60	1309		汤阴县
11500	36049		4225	3233		滑　县
	16100		9200			内黄县
	6500		29970	4606	13614	浚　县
			34110			淇　县
	49400		26276			新乡县
2900	1213		9730			获嘉县
			7030	50		原阳县
3607	1300		608			延津县
	958					封丘县
			2216	19000		修武县
			16561			博爱县
			3454			武陟县
						温　县
				643		清丰县

4-2-2 续表 15

计量单位: 万元

县名称 Name of Counties	本年实际到位资金合计 The Total Funds Actually Available for The Reported Year	上年末结余资金 The Balance of The Previous Year	本年资金来源 小计 Subtotal	国家预算资金 State Budgetary Fund	中央预算资金 Central Budgetary Fund
南乐县	7687	3670	4017	470	470
范　县	15719		15719	1566	
台前县	49021		49021	17377	1500
濮阳县	92828		92828	2626	2626
鄢陵县	3801		3801	3650	1750
襄城县	5331		5331	734	
舞阳县	29597		29597	29597	
临颍县	17620		17620	16620	
渑池县	11389		11389	10389	2188
卢氏县	18899		18899	1683	1408
南召县	46712		46712	25296	480
方城县	63914		63914	62514	
西峡县	16547		16547	16452	1425
镇平县	6364		6364	5514	2541
内乡县	112035		112035	75635	2474
淅川县	28549		28549	28304	
社旗县	10391		10391	9411	
唐河县	73635		73635	70235	1148
新野县	17132		17132	15319	
桐柏县	29977		29977	29977	
民权县	106175		106175	21548	
睢　县	123409		123409	95730	
宁陵县	22887	119	22768	21807	
柘城县	72262		72262	673	648
虞城县	45765		45765	41265	
夏邑县	14485	2000	12485	1058	98
罗山县	7520	400	7120	3720	320
光山县	14370		14370	9370	2207
新　县	39950		39950	7973	6973
商城县	16562		16562	8833	5727
固始县	190133	4300	185833	60728	2131
潢川县	41442		41442	7978	7287
淮滨县	162763		162763	132765	
息　县	59595		59595	39295	39295
扶沟县	8666	1294	7372	3586	2146
西华县	33709		33709	511	
商水县	31791		31791	31791	
沈丘县	19136		19136	8136	5119
郸城县	53747		53747	51747	
淮阳县	149657		149657	135523	6153
太康县					
鹿邑县	138037		138037	98199	3700

continued

Measurement Unit: 10,000 RMB

Sources of Fund					各项应付款	县名称
国内贷款 Domestic Loan	债券 Securities	利用外资 Foreign Investment	自筹资金 Self-Raised Funds	其他资金 Other Funds	Sum Payable This Year	Name of Counties
	2347		1200		3670	南乐县
			14153			范　县
9500	19144		3000			台前县
16700			73503			濮阳县
			148	3	13066	鄢陵县
			2944	1653		襄城县
						舞阳县
			1000			临颍县
			1000			渑池县
15110	2016		90		240	卢氏县
	20825		434	157		南召县
			1400			方城县
			95		15196	西峡县
			850			镇平县
				36400		内乡县
				245	100	淅川县
			980			社旗县
			3400			唐河县
			1813		8825	新野县
						桐柏县
			84627			民权县
	7100		4000	16579	1387	睢　县
				961		宁陵县
	1800		68159	1630	76	柘城县
			4500			虞城县
			11427			夏邑县
	2000	1400				罗山县
	5000					光山县
	6700		21837	3440		新　县
	7229		500			商城县
			22105	103000		固始县
	28700		3092	1672	3032	潢川县
	6322		23676			淮滨县
	14500		5800			息　县
	1780		2006		7536	扶沟县
17500	362		7836	7500	47680	西华县
					54584	商水县
			11000		6997	沈丘县
	2000				83209	郸城县
			14134			淮阳县
					29169	太康县
			15000	24838	18	鹿邑县

4-2-2 续表 16

计量单位：万元

县名称 Name of Counties	本年实际到位资金合计 The Total Funds Actually Available for The Reported Year	上年末结余资金 The Balance of The Previous Year	本年资金来源 小计 Subtotal	国家预算资金 State Budgetary Fund	中央预算资金 Central Budgetary Fund
西平县	24243		24243	5152	1332
上蔡县	51718		51718	22618	
平舆县	100893		100893	34753	3772
正阳县	16760		16760	5181	4571
确山县	67521		67521	3813	3463
泌阳县	30554		30554	25303	
汝南县	99595		99595		
遂平县	91504		91504		
新蔡县	197739		197739		
湖　北	**749793**	**32844**	**716950**	**156497**	**80240**
阳新县	40150		40150	6800	6800
郧西县	12432		12432		
竹山县	10116		10116	2654	2654
竹溪县	5820		5820	4164	4164
房　县	4388		4388		
远安县	362		362		
兴山县	38053		38053	9696	7097
秭归县	52498	2472	50026	38337	20857
长阳土家族自治县	20765		20765	3546	2778
五峰土家族自治县	7088	2400	4688	4188	3731
南漳县	8472		8472	1400	
谷城县	18821		18821	13948	3190
保康县	304		304		
沙洋县	24234	7453	16781	8396	5838
孝昌县	80092		80092	40	40
大悟县					
云梦县					
公安县	65660		65660		
江陵县	39885		39885	7847	7847
团风县					
红安县	5900		5900		
罗田县	2220		2220		
英山县	210		210		
浠水县	40000		40000		
蕲春县					
黄梅县	5250		5250		
嘉鱼县	39129	351	38778	2408	1593
通城县	28078		28078	336	
崇阳县	19423		19423	5367	5367
通山县	14145	10945	3200		
随　县	17610		17610	2085	2085
建始县	30332		30332	28832	

continued

Measurement Unit: 10,000 RMB

Sources of Fund					各 项 应付款	县名称
国内贷款 Domestic Loan	债券 Securities	利用外资 Foreign Investment	自筹资金 Self-Raised Funds	其他资金 Other Funds	Sum Payable This Year	Name of Counties
6330	220		12541			西平县
			27521	1579		上蔡县
49015	4860		6465	5800		平舆县
	3500		8079			正阳县
	11500		788	51420		确山县
			746	4505		泌阳县
	20000	544	43108	35943		汝南县
				91504		遂平县
				197739		新蔡县
49640	**80978**		**229862**	**199974**	**190808**	**湖　北**
	27600		3450	2300	1000	阳新县
				12432	9702	郧西县
			1902	5560	1290	竹山县
			1656			竹溪县
			4388		2632	房　县
	150		211			远安县
				28357		兴山县
6200			5489		13349	秭归县
12000	773		1927	2519		长阳土家族自治县
	500				5670	五峰土家族自治县
	922		3550	2600	7534	南漳县
	500		4354	19		谷城县
	164		140		644	保康县
	7600		785		16161	沙洋县
			20215	59836	80237	孝昌县
						大悟县
						云梦县
			65660			公安县
	500		31538		15581	江陵县
						团风县
			5900		2100	红安县
			2220			罗田县
			210		210	英山县
				40000		浠水县
						蕲春县
	5000			250		黄梅县
	24000		12370			嘉鱼县
				27741	28222	通城县
			14038	18	3004	崇阳县
	500			2700	292	通山县
			15525			随　县
	1500				1500	建始县

4-2-2 续表 17

计量单位:　万元

县名称 Name of Counties	本年实际到位资金合计 The Total Funds Actually Available for The Reported Year	上年末结余资金 The Balance of The Previous Year	本年资金来源		
			小计 Subtotal	国家预算资金 State Budgetary Fund	中央预算资金 Central Budgetary Fund
巴东县	6960	4258	2702	1300	
咸丰县	40960	10	40950	3450	774
来凤县	16509	4955	11554	660	660
鹤峰县	20223		20223	1992	
宣恩县	26617		26617	4765	4765
神农架林区	7088		7088	4285	
湖　南	**2735695**	**71349**	**2664346**	**563765**	**209051**
长沙县	241165		241165	218438	891
望城区	511872		511872	4242	
攸　县	14693		14693	3834	2357
茶陵县	12102		12102	12102	12102
炎陵县	3718		3718	3718	1528
湘潭县	97056		97056	1005	1005
衡阳县	9426		9426	9426	
衡南县	40858	3480	37378	5200	4770
衡山县	26000		26000	9000	9000
衡东县	55517		55517		
祁东县	33551		33551	11263	11263
南岳区	1234		1234	1234	1234
新邵县	5262		5262	3303	2403
邵阳县	24919		24919	3013	3013
隆回县	31256		31256	1685	1685
洞口县	26662		26662	962	962
绥宁县	12300	100	12200		
新宁县	26231	981	25250	6911	5172
城步苗族自治县	23080		23080	1421	1421
岳阳县	39907		39907	5997	3993
华容县	11852		11852	11852	
湘阴县	12964		12964	7220	7220
平江县	11738	8358	3380	1200	1200
安乡县	9820		9820	9820	9820
汉寿县	7350		7350		
澧　县	45069	17000	28069	2806	2474
临澧县	30456	24	30432	6602	
桃源县	19217		19217	12100	1764
石门县	72964	13424	59540	7357	4472
慈利县	73827		73827	2797	2797
桑植县	16521	700	15821	1406	1406
南　县	15404		15404	849	
桃江县	68555		68555	2356	1638
安化县	112965		112965	9805	6469
大通湖区					

continued

Measurement Unit: 10,000 RMB

Sources of Fund					各项应付款	县名称
国内贷款 Domestic Loan	债券 Securities	利用外资 Foreign Investment	自筹资金 Self-Raised Funds	其他资金 Other Funds	Sum Payable This Year	Name of Counties
	500			902	57	巴东县
17440			10675	9385	223	咸丰县
5000			5244	650		来凤县
	5800		7727	4704		鹤峰县
9000	4700		8152			宣恩县
	268		2535		1400	神农架林区
153570	**108361**	**62039**	**1404926**	**371685**	**206823**	**湖　南**
	4810		17797	120		长沙县
			425630	82000		望城区
	2086			8773	8024	攸　县
						茶陵县
						炎陵县
			96051		97056	湘潭县
						衡阳县
			32160	18		衡南县
	1000		1000	15000		衡山县
10800	11700		32965	52	52	衡东县
	4000			18288		祁东县
						南岳区
210	1000			749		新邵县
2589	1518		2720	15079		邵阳县
			29571		15628	隆回县
			25700			洞口县
			11200	1000	1630	绥宁县
4984	2279		5400	5676	10639	新宁县
			21659			城步苗族自治县
			958	32952		岳阳县
						华容县
			1523	4221	2	湘阴县
			2180		5949	平江县
						安乡县
			7350			汉寿县
			6921	18342		澧　县
			23830		10816	临澧县
			7117			桃源县
37953		24	13757	449		石门县
		30000	41030			慈利县
	1300		10670	2445	970	桑植县
			14555			南　县
			23319	42880		桃江县
40000	31850		11988	19322	4685	安化县
						大通湖区

4-2-2 续表 18

计量单位： 万元

县名称 Name of Counties	本年实际到位资金合计 The Total Funds Actually Available for The Reported Year	上年末结余资金 The Balance of The Previous Year	本年资金来源		
			小计 Subtotal	国家预算资金 State Budgetary Fund	
					中央预算资金 Central Budgetary Fund
桂阳县	2664		2664	2664	2664
宜章县	23		23		
永兴县	37917		37917	3658	3341
嘉禾县	44724	2500	42224	3765	3765
临武县	19208		19208	1312	964
汝城县	11987	1342	10645	5364	3330
桂东县	14757		14757	370	370
安仁县	9792		9792	5392	4677
祁阳县	282520		282520	38327	10737
东安县	24396		24396	2116	1800
双牌县	18380	3500	14880	2735	2735
道　县	126000		126000	34560	10560
江永县	6668		6668	5999	
宁远县	18705		18705	9671	9671
蓝山县					
新田县	6892		6892	3961	3961
江华瑶族自治县	11306		11306	6094	6094
中方县	18448		18448		
沅陵县	5689		5689	1469	812
辰溪县	13159		13159	13159	
溆浦县	26885		26885	3520	3000
会同县	12000		12000	9300	9300
麻阳苗族自治县	22641		22641	1285	1285
新晃侗族自治县	94520		94520	4436	4436
芷江侗族自治县	4271		4271	4271	4271
通道县	1670		1670		
靖州县	13216		13216	5216	5216
双峰县	45981	200	45781	2919	2692
新化县	21970	13870	8100		
泸溪县					
凤凰县	246	127	119	119	
花垣县	47514		47514	1820	1820
保靖县	9409	1176	8233	3906	3906
古丈县	7664		7664	4516	4385
永顺县	2677		2677	1201	1201
龙山县	6283	4567	1716	1716	
广　东	**270831**	**45134**	**225697**	**48706**	**1100**
始兴县					
仁化县	17642	12500	5142		
翁源县	5250		5250	430	
乳源瑶族自治县	10253		10253	300	
新丰县					

continued

Measurement Unit: 10,000 RMB

Sources of Fund					各 项 应付款	县名称
国内贷款 Domestic Loan	债券 Securities	利用外资 Foreign Investment	自筹资金 Self-Raised Funds	其他资金 Other Funds	Sum Payable This Year	Name of Counties
					304	桂阳县
			23			宜章县
			21176	13083	15914	永兴县
	600		25000	12859	1922	嘉禾县
			13814	4082		临武县
			4636	645		汝城县
	3000		9293	2094	4867	桂东县
	500			3900	892	安仁县
		14600	196458	33135	20	祁阳县
8000			11280	3000	1200	东安县
	4200		6045	1900	2900	双牌县
	4000		86320	1120		道　县
			200	469		江永县
			9034			宁远县
						蓝山县
	1000		146	1785		新田县
			3230	1982		江华瑶族自治县
	8268		10180			中方县
1070	2050		300	800		沅陵县
						辰溪县
	1500	17415	680	3770		溆浦县
			2700			会同县
	12700		8600	56		麻阳苗族自治县
	3000		75126	11958		新晃侗族自治县
						芷江侗族自治县
1070	600					通道县
	1400			6600		靖州县
1200	4000		37082	580	12988	双峰县
			8100			新化县
						泸溪县
						凤凰县
45694						花垣县
			4327		7250	保靖县
			3148		299	古丈县
			976	500		永顺县
					2816	龙山县
10088	**40545**	**3940**	**57328**	**65089**	**58115**	**广　东**
						始兴县
				5142	12500	仁化县
	4500			320	180	翁源县
	7468			2485	2550	乳源瑶族自治县
						新丰县

4-2-2 续表 19

计量单位: 万元

县名称 Name of Counties	本年实际到位资金合计 The Total Funds Actually Available for The Reported Year	上年末结余资金 The Balance of The Previous Year	本年资金来源		
			小计 Subtotal	国家预算资金 State Budgetary Fund	
					中央预算资金 Central Budgetary Fund
南澳县	12217		12217		
遂溪县	7651		7651	7651	
徐闻县	3940		3940		
广宁县	200	150	50		
怀集县	15885	4000	11885	11885	
封开县	35303	13664	21639	14639	
德庆县	1269		1269		
博罗县	6140		6140		
惠东县	6958		6958		
龙门县	10806		10806	1088	
大埔县					
丰顺县	1028		1028		
五华县					
平远县					
蕉岭县					
海丰县	80623	8013	72610	445	
陆河县					
紫金县					
龙川县					
连平县					
和平县					
东源县					
阳西县	1918		1918		
阳山县	22446	2395	20051	2932	
连山壮族瑶族自治县					
佛冈县	768		768		
连南瑶族自治县	7590		7590		
饶平县					
揭西县					
惠来县					
新兴县	18442	4411	14031	4836	
郁南县	4500		4500	4500	1100
广　西	**3134388**	**102043**	**3032345**	**2613934**	**100360**
隆安县	14233		14233	13933	
马山县	1520		1520	320	
上林县	20700		20700	538	538
宾阳县	11663		11663	200	
横　县	10670		10670	6439	2251
柳城县	5568		5568	2865	2865
鹿寨县	22021		22021	1159	1159
融安县	7985	1666	6319	6319	419
融水苗族自治县	17762		17762	17762	

continued

Measurement Unit: 10,000 RMB

Sources of Fund					各 项 应付款	
国内贷款 Domestic Loan	债券 Securities	利用外资 Foreign Investment	自筹资金 Self-Raised Funds	其他资金 Other Funds	Sum Payable This Year	县名称 Name of Counties
			12217		7409	南澳县
					7651	遂溪县
		3940				徐闻县
			50			广宁县
						怀集县
	7000					封开县
			1051	218	218	德庆县
			6140			博罗县
3622			3337			惠东县
188	3062		366	6102	15267	龙门县
						大埔县
				1028		丰顺县
						五华县
						平远县
						蕉岭县
	12000		22512	37653	4366	海丰县
						陆河县
						紫金县
						龙川县
						连平县
						和平县
						东源县
			1918			阳西县
6278				10841	7974	阳山县
						连山壮族瑶族自治县
			768			佛冈县
			7590			连南瑶族自治县
						饶平县
						揭西县
						惠来县
	6515		1380	1300		新兴县
						郁南县
73176	**48034**	**2910**	**189789**	**104501**	**149317**	**广 西**
			300			隆安县
				1200		马山县
			7992	12171	29	上林县
			7966	3497		宾阳县
4000			230		31	横 县
2703						柳城县
			20862		80551	鹿寨县
						融安县
					6654	融水苗族自治县

4-2-2 续表 20

计量单位: 万元

县名称 Name of Counties	本年实际到位资金合计 The Total Funds Actually Available for The Reported Year	上年末结余资金 The Balance of The Previous Year	本年资金来源 小计 Subtotal	国家预算资金 State Budgetary Fund	中央预算资金 Central Budgetary Fund
三江侗族自治县	12304	45	12259	6637	6221
阳朔县	37453		37453	29658	
灵川县	9514		9514	1360	
全州县	23052		23052	1450	
兴安县	43948	9301	34647	34647	9611
永福县	2461		2461		
灌阳县	7700		7700	1700	1012
龙胜各族自治县	1047	1035	12	12	
资源县	28800		28800	25000	25000
平乐县	2660		2660	290	
恭城瑶族自治县	6166		6166	5896	
苍梧县	21608		21608	20004	
藤　县	5057	2319	2738	2738	1028
蒙山县	19910		19910		
合浦县	23923		23923	9772	963
上思县	2773		2773	421	
灵山县	62084		62084	40884	
浦北县	16832		16832	6237	3737
平南县	91760		91760	90477	
容　县	126183	47000	79183	42326	
陆川县	33744		33744	30084	
博白县	51855		51855	51563	180
兴业县	16604		16604	1550	1550
田东县	22066	6860	15206	7129	300
德保县	6320		6320	6320	3294
那坡县	2451		2451	2451	174
凌云县	4850		4850	4850	
乐业县	4699		4699		
田林县	4820	1657	3163	2943	2943
西林县	1111	3	1108	1108	
隆林各族自治县	62137		62137	8980	
昭平县	17572		17572	15541	5541
钟山县	24782		24782	21882	3472
富川瑶族自治县	10698		10698	10542	1160
南丹县	11487		11487	3831	
天峨县	7009	336	6673	6173	
凤山县	30156		30156	29414	
东兰县	1931000		1931000	1931000	
罗城仫佬族自治县	17001		17001	5976	4155
环江毛南族自治县	19099		19099	2599	2599
巴马瑶族自治县	40367		40367	40367	
都安瑶族自治县	17693		17693	15083	

continued

Measurement Unit: 10,000 RMB

Sources of Fund					各 项 应付款	县名称
国内贷款 Domestic Loan	债券 Securities	利用外资 Foreign Investment	自筹资金 Self-Raised Funds	其他资金 Other Funds	Sum Payable This Year	Name of Counties
			5622			三江侗族自治县
215			7580			阳朔县
8154					419	灵川县
			21602			全州县
						兴安县
2461						永福县
	6000					灌阳县
						龙胜各族自治县
			3800			资源县
			2132	238		平乐县
180			90			恭城瑶族自治县
			735	869		苍梧县
						藤 县
			19910			蒙山县
	14051			100		合浦县
	1200		1152			上思县
				21200		灵山县
	5220		12	5363		浦北县
			1225	58		平南县
			36407	450	1259	容 县
2500			560	600		陆川县
			292			博白县
11481		2910	663			兴业县
1100	2800		3212	965		田东县
						德保县
						那坡县
						凌云县
			97	4602		乐业县
			220		1074	田林县
						西林县
667	3269		11200	38022		隆林各族自治县
			2031			昭平县
500			2400			钟山县
			156		13698	富川瑶族自治县
586			5935	1135		南丹县
			500			天峨县
				742		凤山县
						东兰县
	8525		2500			罗城仫佬族自治县
16500						环江毛南族自治县
						巴马瑶族自治县
			2610			都安瑶族自治县

4-2-2 续表 21

计量单位: 万元

县名称 Name of Counties	本年实际到位资金合计 The Total Funds Actually Available for The Reported Year	上年末结余资金 The Balance of The Previous Year	本年资金来源 小计 Subtotal	国家预算资金 State Budgetary Fund	中央预算资金 Central Budgetary Fund
大化瑶族自治县	14910		14910	6310	
忻城县	6283		6283	6230	6048
象州县	791	146	645	645	
武宣县	21364		21364	14915	2742
金秀瑶族自治县	325	16	309		
扶绥县	13442		13442	150	
宁明县	9598		9598	9598	9598
龙州县	31602	29072	2530	1800	1800
大新县	8135	1	8134	82	
天等县	33059	2585	30474	5774	
海　南	**347240**	**30725**	**316515**	**250777**	**137396**
定安县	154706	8518	146188	142628	134687
屯昌县	4178		4178		
澄迈县	9523	3463	6060	4424	194
临高县					
白沙黎族自治县	18491	380	18111		
昌江县	255		255	255	255
乐东县	4513		4513	4513	813
陵水县	15971		15971	15971	
保亭县	60081		60081	40433	
琼中县	35520	2000	33520	16516	1447
洋浦经济开发区	44001	16364	27637	26037	
重　庆	**1076176**	**2100**	**1074076**	**522455**	**55361**
城口县	77656	2100	75556	8621	4440
丰都县	18536		18536	13885	1812
垫江县	192423		192423	90603	8344
忠　县	51433		51433	44449	3636
云阳县	386985		386985	164530	11382
奉节县	60874		60874	41890	10547
巫山县	67866		67866	16226	
巫溪县	49661		49661	49125	7410
石柱土家族自治县	64074		64074	48405	4268
秀山土家族苗族自治县	75331		75331	38470	2214
酉阳土家族苗族自治县	15514		15514	5105	1308
彭水苗族土家族自治县	15824		15824	1146	
四　川	**2395762**	**166097**	**2229666**	**263837**	**161304**
金堂县	230780		230780		
大邑县	132002	100	131902		
蒲江县					
新津县	301689		301689	90	
荣　县					
富顺县	18178	270	17908	2104	2104

continued

Measurement Unit: 10,000 RMB

Sources of Fund					各 项 应付款	县名称
国内贷款 Domestic Loan	债券 Securities	利用外资 Foreign Investment	自筹资金 Self-Raised Funds	其他资金 Other Funds	Sum Payable This Year	Name of Counties
				8600	14807	大化瑶族自治县
			53		370	忻城县
					907	象州县
			5929	520	12940	武宣县
			309		202	金秀瑶族自治县
7429			1693	4170	16376	扶绥县
						宁明县
			730			龙州县
	5970		2082			大新县
14700	1000		9000			天等县
646	**3840**		**9005**	**52246**	**2156**	**海　南**
	1000			2560	71	定安县
			4178			屯昌县
	1240		219	177		澄迈县
						临高县
			620	17491	1757	白沙黎族自治县
						昌江县
					328	乐东县
						陵水县
646				19002		保亭县
			3988	13016		琼中县
	1600					洋浦经济开发区
311425	**122631**	**2438**	**114478**	**650**	**19713**	**重　庆**
60700			6235		2000	城口县
3798			853		590	丰都县
88095			13078	647		垫江县
950			6034		1338	忠　县
136200	60198		26057		2423	云阳县
	18000		984		4498	奉节县
1400	44433		5807		1003	巫山县
			536		326	巫溪县
		2438	13228	3	178	石柱土家族自治县
2248			34613		67	秀山土家族苗族自治县
7728			2681		1771	酉阳土家族苗族自治县
10306			4372		5519	彭水苗族土家族自治县
170257	**138202**	**19764**	**695025**	**942581**	**468797**	**四　川**
5936			93168	131676	95007	金堂县
				131902	131902	大邑县
					46810	蒲江县
150	13522		107587	180340		新津县
						荣　县
4788	10450	20	20	526	18063	富顺县

4-2-2 续表 22

计量单位: 万元

县名称 Name of Counties	本年实际到位资金合计 The Total Funds Actually Available for The Reported Year	上年末结余资金 The Balance of The Previous Year	本年资金来源 小计 Subtotal	国家预算资金 State Budgetary Fund	中央预算资金 Central Budgetary Fund
米易县					
盐边县					
泸　县	70335		70335	8335	
合江县	15400		15400	4400	
叙永县	13000		13000		
古蔺县	51800		51800		
中江县					
三台县	47953	5003	42950		
盐亭县	750		750		
梓潼县	39180	25000	14180		
北川羌族自治县	1618	818	800		
平武县	3036		3036		
旺苍县	19660		19660	12510	
青川县					
剑阁县	49742	800	48942		
苍溪县	63295		63295	33382	
蓬溪县	61000		61000		
大英县	49886		49886		
威远县	14683	20	14663		
资中县	27355		27355		
犍为县	16276	9820	6456	6226	3101
井研县	5120		5120	1220	
夹江县	20714	195	20519	4000	
沐川县	55		55		
峨边县	51000		51000		
马边县	6368		6368	4568	
南部县	96880	100	96780	4000	4000
营山县	66918		66918	11536	11000
蓬安县	99920		99920	33220	33220
仪陇县	131653		131653		
西充县	62514		62514	9152	9152
仁寿县	11973		11973	11973	
洪雅县					
丹棱县					
青神县	6092		6092	423	423
江安县	72748		72748		
长宁县	33020		33020	4550	
高　县	16272		16272	300	
珙　县					
筠连县	13328	889	12439		
兴文县	15037	1260	13777		
屏山县	69719	1545	68174	1418	960

continued

Measurement Unit: 10,000 RMB

Sources of Fund					各 项 应付款	县名称
国内贷款 Domestic Loan	债券 Securities	利用外资 Foreign Investment	自筹资金 Self-Raised Funds	其他资金 Other Funds	Sum Payable This Year	Name of Counties
						米易县
						盐边县
5000				57000		泸　县
11000						合江县
13000						叙永县
51800						古蔺县
						中江县
20700	3700		15200	3350		三台县
			750			盐亭县
			14180			梓潼县
				800		北川羌族自治县
			3036			平武县
				7150	10861	旺苍县
						青川县
			48942			剑阁县
29913					14828	苍溪县
			30000	31000		蓬溪县
	34086			15800	1200	大英县
	5400		2893	6370		威远县
			12355	15000		资中县
				230	2614	犍为县
				3900	5120	井研县
6500	500			9519	6685	夹江县
				55		沐川县
				51000		峨边县
				1800		马边县
2000			24920	65860	33460	南部县
			55382			营山县
	32400		6000	28300		蓬安县
			131653			仪陇县
			26000	27362		西充县
						仁寿县
						洪雅县
						丹棱县
	5669					青神县
			70438	2310	13442	江安县
			3197	25273		长宁县
150	4500		9554	1768	50	高　县
						珙　县
			12439			筠连县
	17		10010	3750		兴文县
	19900		676	46180	65944	屏山县

4-2-2 续表 23

计量单位: 万元

县名称 Name of Counties	本年实际到位资金合计 The Total Funds Actually Available for The Reported Year	上年末结余资金 The Balance of The Previous Year	本年资金来源 小计 Subtotal	国家预算资金 State Budgetary Fund	中央预算资金 Central Budgetary Fund
岳池县					
武胜县	16600		16600		
邻水县					
宣汉县	30200	28800	1400	1400	1400
开江县	31850	30850	1000	1000	1000
大竹县	23375		23375	1117	1117
渠　县	14550		14550		
荥经县	5360		5360		
汉源县	16897	5076	11821	2821	
石棉县	17279		17279	700	700
天全县	33262		33262		
芦山县					
宝兴县					
通江县					
南江县					
平昌县					
安岳县					
乐至县					
汶川县	13994		13994	13994	10358
理　县	3032		3032	2432	
茂　县	2218		2218	690	
松潘县	3915	1060	2855	2855	2855
九寨沟县	18877	3877	15000		
金川县	5400	5400			
小金县	5619		5619		
黑水县	5959		5959		
壤塘县	1200		1200		
阿坝县	8238		8238	3862	3862
若尔盖县	3031	1031	2000	900	900
红原县	3237		3237	3237	3180
泸定县	12187	10287	1900	1900	1900
丹巴县	5414	4014	1400	1400	1000
九龙县	10040		10040	9020	7820
雅江县					
道孚县	6030		6030	5750	5750
炉霍县	1920	1920			
甘孜县	647	647			
新龙县	6290	2283	4007	4007	4007
德格县	4797	1572	3225	3225	3225
白玉县	16173		16173	15273	15273
石渠县	10948	10948			
色达县	21738		21738	21738	21738

continued

Measurement Unit: 10,000 RMB

Sources of Fund					各 项 应付款	县名称
国内贷款 Domestic Loan	债券 Securities	利用外资 Foreign Investment	自筹资金 Self-Raised Funds	其他资金 Other Funds	Sum Payable This Year	Name of Counties
						岳池县
				16600		武胜县
						邻水县
						宣汉县
						开江县
				22258		大竹县
				14550		渠　县
			200	5160		荥经县
			9000			汉源县
	1440	14000	550	589		石棉县
4320		5744	600	22598		天全县
						芦山县
						宝兴县
						通江县
						南江县
						平昌县
						安岳县
						乐至县
						汶川县
	600				2208	理　县
	328		1200			茂　县
						松潘县
15000						九寨沟县
					900	金川县
	1500		3330	789	405	小金县
				5959		黑水县
				1200		壤塘县
				4376		阿坝县
	1100					若尔盖县
					251	红原县
						泸定县
						丹巴县
	1020					九龙县
						雅江县
				280		道孚县
						炉霍县
						甘孜县
						新龙县
					11232	德格县
	900					白玉县
						石渠县
						色达县

4-2-2 续表 24

计量单位:　万元

县名称 Name of Counties	本年实际到位资金合计 The Total Funds Actually Available for The Reported Year	上年末结余资金 The Balance of The Previous Year	本年资金来源		
			小计 Subtotal	国家预算资金 State Budgetary Fund	中央预算资金 Central Budgetary Fund
理塘县	12718	6759	5959	5959	5959
巴塘县	500		500	500	500
乡城县					
稻城县	2600	2600			
得荣县	3500		3500	3000	3000
普格县					
木里县					
盐源县					
德昌县					
会理县					
会东县	2045		2045	300	300
宁南县					
布拖县					
金阳县					
昭觉县					
喜德县					
冕宁县					
越西县	7173	3153	4020	3350	1500
甘洛县					
美姑县					
雷波县					
贵　州	**4290689**	**633511**	**3657178**	**296088**	**88612**
开阳县	42988		42988		
息烽县					
修文县					
水城区	185653	403	185250		
六枝特区	367513	366513	1000		
桐梓县	27352	1458	25894		
绥阳县	198252		198252	194082	4082
正安县	6500		6500		
道真县	27355		27355	18116	18116
务川县	10183		10183	1885	1126
凤冈县	1845		1845	1545	921
湄潭县	1770		1770	1062	1062
余庆县	10105		10105	285	285
习水县	2291		2291	2291	409
普定县	222043	15	222028	2060	2060
镇宁县	12790		12790	2300	
关岭县	202695	60	202635	3800	3000
紫云县	167054		167054		
大方县	244359	2650	241709	106	106
黔西县	126426		126426		

continued

Measurement Unit: 10,000 RMB

Sources of Fund					各 项 应付款 Sum Payable This Year	县名称 Name of Counties
国内贷款 Domestic Loan	债券 Securities	利用外资 Foreign Investment	自筹资金 Self-Raised Funds	其他资金 Other Funds		
						理塘县
						巴塘县
						乡城县
						稻城县
	500					得荣县
						普格县
						木里县
						盐源县
						德昌县
						会理县
			1745		1815	会东县
						宁南县
						布拖县
						金阳县
						昭觉县
						喜德县
					6000	冕宁县
	670					越西县
						甘洛县
						美姑县
						雷波县
213708	**121281**		**928867**	**2097233**	**602230**	**贵　州**
				42988		开阳县
						息烽县
						修文县
				185250	184700	水城区
				1000		六枝特区
			2000	23894	24375	桐梓县
				4170	3600	绥阳县
	5000		1500			正安县
7430				1809		道真县
8230				68	6110	务川县
	300					凤冈县
			708			湄潭县
				9820		余庆县
						习水县
13000	15000		182148	9820	12900	普定县
				10490	10490	镇宁县
			198197	638	68	关岭县
			650	166404		紫云县
			10300	231303		大方县
	207		2685	123534	14237	黔西县

4-2-2 续表 25

计量单位: 万元

县名称 Name of Counties	本年实际到位资金合计 The Total Funds Actually Available for The Reported Year	上年末结余资金 The Balance of The Previous Year	本年资金来源		
			小计 Subtotal	国家预算资金 State Budgetary Fund	中央预算资金 Central Budgetary Fund
金沙县	203080	5000	198080	3828	
织金县	133311		133311	35	35
纳雍县	61482		61482	208	208
威宁自治县	101396	300	101096	1262	1262
赫章县	112863		112863		
江口县	93780	4296	89485	2043	2043
玉屏县	57357	4720	52637	1055	1055
石阡县	58103		58103	6817	6762
思南县	407950		407950		
印江县	141892	141892			
德江县	197992		197992	10496	10496
沿河县	102304	100233	2071		
松桃县	74518		74518	4000	4000
普安县					
晴隆县					
贞丰县					
望谟县					
册亨县					
安龙县					
黄平县					
施秉县	885		885	885	800
三穗县	4578		4578	928	928
镇远县	10013	2401	7612	902	902
岑巩县	6244	640	5604	2435	2435
天柱县	117942	2930	115012	3461	
锦屏县	500		500	500	500
剑河县					
台江县	2047		2047	2047	803
黎平县	46175		46175	7873	7873
榕江县	1068		1068	900	900
从江县	120		120		
雷山县	52279		52279	495	495
麻江县	13641		13641	967	967
丹寨县	4400		4400		
荔波县	6619		6619	2859	2859
贵定县	5500		5500	3759	1421
瓮安县	181989		181989	4532	4432
独山县					
平塘县	43300		43300		
罗甸县	6218		6218	4475	4475
长顺县	183969		183969	1794	1794
龙里县					
惠水县					
三都水族自治县					

continued

Measurement Unit: 10,000 RMB

Sources of Fund					各项应付款	县名称
国内贷款 Domestic Loan	债券 Securities	利用外资 Foreign Investment	自筹资金 Self-Raised Funds	其他资金 Other Funds	Sum Payable This Year	Name of Counties
55000			84	139168	319	金沙县
				133276	909	织金县
1393			59308	573	10	纳雍县
27400			7962	64472		威宁自治县
			111572	1291		赫章县
			480	86962		江口县
14000	524		36	37022	17900	玉屏县
	10900		285	40101		石阡县
			2950	405000		思南县
						印江县
25000			56507	105989	13537	德江县
				2071	1112	沿河县
32455				38063		松桃县
						普安县
						晴隆县
						贞丰县
						望谟县
						册亨县
						安龙县
						黄平县
					710	施秉县
	3650				7500	三穗县
	1500		5210			镇远县
2300			14	855		岑巩县
			109601	1950	112162	天柱县
						锦屏县
						剑河县
					194	台江县
20000	4700			13602	97766	黎平县
			65	103		榕江县
			120		10062	从江县
	23900			27884		雷山县
			745	11929	640	麻江县
	4400					丹寨县
				3760	12200	荔波县
				1741	4400	贵定县
			166897	10560		瓮安县
						独山县
7500	17800		8600	9400	66330	平塘县
			243	1500		罗甸县
	33400			148775		长顺县
						龙里县
						惠水县
						三都水族自治县

4-2-2 续表 26

计量单位: 万元

县名称 Name of Counties	本年实际到位资金合计 The Total Funds Actually Available for The Reported Year	上年末结余资金 The Balance of The Previous Year	本年资金来源 小计 Subtotal	国家预算资金 State Budgetary Fund	中央预算资金 Central Budgetary Fund
云　南	**2124703**	**106415**	**2018289**	**525570**	**221404**
嵩明县	600		600		
富民县	4136		4136	4126	2604
宜良县	259		259	245	245
石林彝族自治县	35783		35783	2654	
禄劝彝族苗族自治县					
寻甸县	7548		7548		
昆明阳宗海风景名胜区					
陆良县	99730		99730	93730	
师宗县	31900		31900		
罗平县	19599	14	19585	10300	300
富源县	52919		52919	10977	
会泽县	242040		242040	22208	22208
通海县	10166		10166	10166	6500
华宁县	21261		21261	2156	1262
易门县	26420		26420	12206	
峨山县	18388		18388	3951	3951
新平县	19236		19236	16124	
元江县	8153	1669	6484	1179	1179
施甸县	12927	956	11971	2446	2446
龙陵县	2500		2500		
昌宁县	181436		181436	250	250
鲁甸县	13004		13004	7681	
巧家县	3897		3897	3897	
盐津县	130		130		
大关县	12144		12144	889	875
永善县	36418		36418	8145	2145
绥江县	23546		23546	12687	
镇雄县	93256	3000	90256	35710	35710
彝良县	8084		8084	4189	4189
威信县	3268		3268	3268	
玉龙纳西族自治县	21544		21544		
永胜县					
华坪县	14647	3787	10860	1860	1460
宁蒗县	6500		6500		
宁洱哈尼族彝族自治县	37464		37464	18864	
墨江哈尼族自治县	6775		6775	205	205
景东彝族自治县	20578		20578	4006	4006
景谷傣族彝族自治县	2000		2000		
镇沅彝族哈尼族拉祜族	7453		7453	3053	

continued

Measurement Unit: 10,000 RMB

Sources of Fund					各项应付款	县名称
国内贷款 Domestic Loan	债券 Securities	利用外资 Foreign Investment	自筹资金 Self-Raised Funds	其他资金 Other Funds	Sum Payable This Year	Name of Counties
85589	**276478**	**43538**	**466429**	**620684**	**1747091**	**云　南**
			600			嵩明县
			10			富民县
				14		宜良县
			33129			石林彝族自治县
						禄劝彝族苗族自治县
			1332	6216	9773	寻甸县
						昆明阳宗海风景名胜区
	6000					陆良县
16200			700	15000	68369	师宗县
	1250		2347	5688	31047	罗平县
3300			38522	120	920	富源县
			5165	214667	50712	会泽县
						通海县
				19105		华宁县
		5600	8614		964	易门县
			8515	5922		峨山县
			3112			新平县
3905			1400			元江县
			4326	5199	8124	施甸县
2500					28500	龙陵县
			12516	168670		昌宁县
			4643	680	3117	鲁甸县
					3897	巧家县
			130			盐津县
1700	8000		1555			大关县
4500	3000		14264	6508	53283	永善县
	1500		9359			绥江县
	5400		10146	39000		镇雄县
	1000		2895		9096	彝良县
						威信县
	15500			6044		玉龙纳西族自治县
						永胜县
	9000					华坪县
				6500		宁蒗县
	10000		8600		15549	宁洱哈尼族彝族自治县
	6500		70		205	墨江哈尼族自治县
	1297		14355	920	120	景东彝族自治县
			2000		10130	景谷傣族彝族自治县
	4000		400		21320	镇沅彝族哈尼族拉祜族

4-2-2 续表 27

计量单位:　万元

县名称 Name of Counties	本年实际到位资金合计 The Total Funds Actually Available for The Reported Year	上年末结余资金 The Balance of The Previous Year	本年资金来源 小计 Subtotal	国家预算资金 State Budgetary Fund	中央预算资金 Central Budgetary Fund
自治县					
江城哈尼族彝族自治县	7749	658	7091		
孟连傣族拉祜族佤族自治县	19699		19699	1393	
澜沧拉祜族自治县	6874		6874	6699	4388
西盟佤族自治县	4268		4268		
凤庆县	12061	500	11561	6061	6061
云　县	6926	4025	2901	1800	1800
永德县	5445		5445	2307	2307
镇康县	47480		47480	14304	13842
双江县	6810		6810	5120	3751
耿马县	29867		29867	5267	2709
沧源县	10979		10979	5100	5100
双柏县	54596	33797	20799		
牟定县	17362	1565	15797	1788	1788
南华县	5849	5849			
姚安县	14284		14284	240	120
大姚县	20180		20180	2000	2000
永仁县	12295		12295	6475	6045
元谋县	20449		20449	5960	5960
武定县	27296		27296	4507	
禄丰县	48754	720	48034	7272	7272
屏边县	18650		18650	3889	3889
建水县	48310	270	48040	32615	
石屏县	24929		24929		
泸西县	30857	1111	29746		
元阳县	5143		5143	5143	2863
红河县	3293	1250	2043	1704	
金平县	8869		8869	4469	3100
绿春县	16682	4000	12682	4000	4000
河口县	10818	7762	3056	3056	3056
砚山县	1451	451	1000	1000	1000
西畴县	25600		25600	2600	2600
麻栗坡县	41864	3750	38114	7616	7616
马关县	53199		53199	2173	2173
丘北县	6936		6936		
广南县	21555		21555	12955	3832
富宁县	12960		12960	1488	900
勐海县	9859		9859	4279	4279
勐腊县	14026	13289	738	151	151
漾濞彝族自治县	2514	387	2127	1472	
祥云县	12080		12080		

continued

Measurement Unit: 10,000 RMB

Sources of Fund					各项应付款	县名称
国内贷款 Domestic Loan	债券 Securities	利用外资 Foreign Investment	自筹资金 Self-Raised Funds	其他资金 Other Funds	Sum Payable This Year	Name of Counties
						自治县
				7091	6374	江城哈尼族彝族自治县
	18306				11868	孟连傣族拉祜族佤族自治县
				175	13575	澜沧拉祜族自治县
	2000			2268	18344	西盟佤族自治县
	5000			500	704	凤庆县
			1031	70		云　县
				3138	3131	永德县
20000	7030		6146		1021716	镇康县
			1690		11918	双江县
24300				300	7800	耿马县
			595	5284	58535	沧源县
				20799		双柏县
		6800		7209	15797	牟定县
					2850	南华县
	13469			575	5500	姚安县
	3000		15180		20180	大姚县
	5000		820			永仁县
	2602		9151	2736		元谋县
	10000	7753	5036			武定县
6654	2779	12276	7769	11284	15240	禄丰县
			14761			屏边县
		10615	4810		6195	建水县
			24929			石屏县
	8000		16100	5646	6266	泸西县
						元阳县
			316	23	3369	红河县
2530	1000			870	5155	金平县
	4400		4152	130	11146	绿春县
					25800	河口县
						砚山县
	23000				3060	西畴县
			3186	27312	602	麻栗坡县
	13000		38026		35284	马关县
	5000		1936		1950	丘北县
			4500	4100	19098	广南县
			11472			富宁县
			5580		9859	勐海县
			568	19		勐腊县
				655	30	漾濞彝族自治县
	6900			5180		祥云县

4-2-2 续表 28

计量单位: 万元

县名称 Name of Counties	本年实际到位资金合计 The Total Funds Actually Available for The Reported Year	上年末结余资金 The Balance of The Previous Year	本年资金来源 小计 Subtotal	国家预算资金 State Budgetary Fund	中央预算资金 Central Budgetary Fund
宾川县	11817		11817	2918	1713
弥渡县	40644		40644	21736	16170
南涧彝族自治县	24519	7385	17134	8798	
巍山彝族回族自治县	4935		4935		
永平县					
云龙县	664		664	608	500
洱源县					
剑川县	13037		13037		
鹤庆县	8476		8476	1663	1663
梁河县	395	245	150	150	150
盈江县	79071		79071	7212	7212
陇川县	19274		19274		
福贡县	25994		25994	3500	
贡山独龙族怒族自治县					
兰坪白族普米族自治县	6466		6466		
德钦县	25279	1889	23390	15390	339
维西傈僳族自治县	9607	8087	1520	1520	1520
西　藏	**126807**	**17885**	**108922**	**73749**	**33271**
曲水县					
当雄县	887	887			
林周县	7021		7021		
墨竹工卡县					
尼木县					
亚东县	7100		7100	7100	
聂拉木县					
仲巴县					
定结县					
康马县					
吉隆县					
萨嘎县	2952		2952	2952	2952
谢通门县					
萨迦县	2865		2865	2865	2865
岗巴县					
拉孜县					
江孜县					
定日县					
南木林县					
昂仁县					
白朗县					
仁布县					
左贡县	4040		4040	4040	4040
丁青县					

continued

Measurement Unit: 10,000 RMB

Sources of Fund					各 项 应付款	县名称
国内贷款 Domestic Loan	债券 Securities	利用外资 Foreign Investment	自筹资金 Self-Raised Funds	其他资金 Other Funds	Sum Payable This Year	Name of Counties
			8899			宾川县
	6908		12000		28424	弥渡县
	8124			212	2628	南涧彝族自治县
				4935	17308	巍山彝族回族自治县
					9416	永平县
			56		664	云龙县
						洱源县
	13037				13250	剑川县
			5956	857	1423	鹤庆县
					6392	梁河县
	10000		52796	9063	3250	盈江县
			19274			陇川县
	22000	494				福贡县
						贡山独龙族怒族自治县
	5476		990		300	兰坪白族普米族自治县
	8000					德钦县
					7564	维西傈僳族自治县
	5000	**1500**	**7539**	**21134**	**11244**	**西　藏**
						曲水县
						当雄县
			2222	4799		林周县
						墨竹工卡县
						尼木县
						亚东县
						聂拉木县
						仲巴县
						定结县
						康马县
						吉隆县
						萨嘎县
						谢通门县
						萨迦县
						岗巴县
						拉孜县
						江孜县
						定日县
						南木林县
						昂仁县
						白朗县
						仁布县
					4040	左贡县
						丁青县

4-2-2 续表 29

计量单位：万元

县名称 Name of Counties	本年实际到位资金合计 The Total Funds Actually Available for The Reported Year	上年末结余资金 The Balance of The Previous Year	本年资金来源 小计 Subtotal	国家预算资金 State Budgetary Fund	中央预算资金 Central Budgetary Fund
八宿县	2644	1547	1097	1097	1097
江达县					
洛隆县	8271		8271	8271	8271
察雅县					
贡觉县	180	180			
边坝县	5574		5574	3916	3916
类乌齐县	454		454		
芒康县					
朗　县	5442	902	4540	3540	3540
墨脱县	1000		1000		
工布江达县	2452		2452	648	648
察隅县	4511		4511	340	340
波密县					
米林县	2401		2401	1000	1000
错那县	5000		5000		
浪卡子县	1500	1500			
贡嘎县					
加查县	3000		3000	3000	
桑日县	6103		6103	6103	2784
洛扎县					
琼结县					
措美县	11637	325	11312	1818	1818
扎囊县					
曲松县	7066		7066	7066	
隆子县	1171		1171		
聂荣县					
双湖县					
嘉黎县	21734	742	20992	19993	
比如县					
尼玛县					
巴青县					
申扎县	1822	1822			
安多县					
索　县	9980	9980			
班戈县					
革吉县					
札达县					
日土县					
改则县					
葛尔县					
普兰县					
措勤县					

continued

Measurement Unit: 10,000 RMB

Sources of Fund					各 项 应付款	县名称
国内贷款 Domestic Loan	债券 Securities	利用外资 Foreign Investment	自筹资金 Self-Raised Funds	其他资金 Other Funds	Sum Payable This Year	Name of Counties
						八宿县
						江达县
						洛隆县
						察雅县
						贡觉县
			1658		3916	边坝县
			454		3120	类乌齐县
						芒康县
				1000		朗 县
				1000		墨脱县
			1804			工布江达县
		1500		2671		察隅县
						波密县
			1401			米林县
	5000					错那县
						浪卡子县
						贡嘎县
						加查县
						桑日县
						洛扎县
						琼结县
				9494		措美县
						扎囊县
					168	曲松县
				1171		隆子县
						聂荣县
						双湖县
				999		嘉黎县
						比如县
						尼玛县
						巴青县
						申扎县
						安多县
						索 县
						班戈县
						革吉县
						札达县
						日土县
						改则县
						葛尔县
						普兰县
						措勤县

4-2-2 续表 30

计量单位: 万元

县名称 Name of Counties	本年实际到位资金合计 The Total Funds Actually Available for The Reported Year	上年末结余资金 The Balance of The Previous Year	本年资金来源 小计 Subtotal	国家预算资金 State Budgetary Fund	中央预算资金 Central Budgetary Fund
陕 西	**673938**	**24150**	**649788**	**214290**	**72431**
蓝田县	58977		58977	58977	
周至县	39867		39867	4307	4307
宜君县	14387		14387	14387	10386
凤翔县	3196		3196	1022	1000
岐山县	4526		4526	2986	1000
扶风县	35123	3100	32023	19351	7685
眉 县	43750		43750	1338	1338
陇 县	15533		15533	15533	
千阳县	19801		19801	6000	3000
麟游县					
凤 县					
太白县					
三原县	19300		19300	3930	1830
泾阳县					
乾 县	20567	900	19667	3540	1097
礼泉县	17078		17078		
永寿县	9443		9443	4563	100
长武县	3755		3755		
旬邑县	8645		8645	1645	1645
淳化县	8045		8045	5944	1230
武功县	22600		22600	5790	5440
潼关县					
大荔县	1866		1866	1866	
合阳县	8400		8400	1000	1000
澄城县	28427	70	28357	2939	
蒲城县	6370		6370	1000	1000
白水县	4545		4545		
富平县	472	472			
延长县	7896		7896	100	100
延川县	9786		9786	6586	3386
志丹县	3421		3421	2380	2380
吴起县	7806		7806	585	585
甘泉县	16193	5760	10433	1880	1880
富 县	35690		35690	10547	3625
洛川县	15602		15602	3540	3540
宜川县	20251		20251	8492	1597
黄龙县	14857		14857	1000	1000
黄陵县	6013	1980	4033	600	
城固县					
洋 县					
西乡县	11166		11166		

continued

Measurement Unit: 10,000 RMB

Sources of Fund					各项应付款	县名称
国内贷款 Domestic Loan	债券 Securities	利用外资 Foreign Investment	自筹资金 Self-Raised Funds	其他资金 Other Funds	Sum Payable This Year	Name of Counties
13400	**49127**	**3500**	**213320**	**156151**	**155911**	**陕　西**
					58977	蓝田县
			9670	25890	5625	周至县
						宜君县
			2174			凤翔县
			1540			岐山县
			8917	3755		扶风县
				42412		眉　县
						陇　县
			13801			千阳县
						麟游县
						凤　县
						太白县
	7000		8370			三原县
						泾阳县
	9149			6978		乾　县
			12678	4400		礼泉县
			3880	1000	3903	永寿县
			2902	853		长武县
	3000	3500	500			旬邑县
			2101			淳化县
			16810			武功县
						潼关县
					2766	大荔县
			7400			合阳县
			18406	7012	2849	澄城县
			5370			蒲城县
	1118		3427			白水县
						富平县
			1482	6314	3151	延长县
	3200				2500	延川县
			1021	20		志丹县
				7221	2002	吴起县
			8553		686	甘泉县
			25055	88	17957	富　县
	3800		6817	1445		洛川县
			81	11678		宜川县
			12251	1606		黄龙县
			3233	200		黄陵县
						城固县
					7269	洋　县
	2860		8306			西乡县

4-2-2 续表 31

计量单位: 万元

县名称 Name of Counties	本年实际到位资金合计 The Total Funds Actually Available for The Reported Year	上年末结余资金 The Balance of The Previous Year	本年资金来源 小计 Subtotal	国家预算资金 State Budgetary Fund	中央预算资金 Central Budgetary Fund
勉　县	16341		16341		
宁强县	1520		1520	320	320
略阳县	1079		1079		
镇巴县	24100		24100		
留坝县	10154		10154	1550	
佛坪县					
府谷县	5000		5000	5000	5000
靖边县	28526	247	28279		
定边县	4621	2621	2000		
绥德县	583		583	203	203
米脂县					
佳　县	2200		2200		
吴堡县	9155		9155	1800	1800
清涧县	1804		1804	207	207
子洲县	3690		3690	3690	3690
汉阴县					
石泉县	4370	100	4270	1150	1060
宁陕县					
紫阳县					
岚皋县					
平利县					
镇坪县	8900	8900			
旬阳县					
白河县	8542		8542	8542	
洛南县					
丹凤县					
商南县					
山阳县					
镇安县					
柞水县					
甘　肃	**848742**	**63991**	**784751**	**191847**	**157359**
永登县	10232		10232		
皋兰县	7939	3425	4514	1144	
榆中县	43499		43499	2802	668
永昌县	13145		13145	2116	
靖远县	12048		12048	236	
会宁县	19072		19072		
景泰县	3940		3940		
清水县	25390		25390	1000	
秦安县	2416		2416		
甘谷县	12336		12336		
武山县	43008		43008	3148	

continued

Measurement Unit: 10,000 RMB

Sources of Fund					各 项 应付款	县名称
国内贷款 Domestic Loan	债券 Securities	利用外资 Foreign Investment	自筹资金 Self-Raised Funds	其他资金 Other Funds	Sum Payable This Year	Name of Counties
			16341		8799	勉　县
			1200		1520	宁强县
			79	1000		略阳县
				24100		镇巴县
	6000			2604		留坝县
						佛坪县
						府谷县
13400	10000			4879	11500	靖边县
	2000				11998	定边县
			380		380	绥德县
					4000	米脂县
			2200			佳　县
			7355		9155	吴堡县
	1000		597			清涧县
						子洲县
						汉阴县
			424	2696	874	石泉县
						宁陕县
						紫阳县
						岚皋县
						平利县
						镇坪县
						旬阳县
						白河县
						洛南县
						丹凤县
						商南县
						山阳县
						镇安县
						柞水县
81815	**274415**	**4697**	**111967**	**120009**	**267002**	**甘　肃**
	8271			1961	10299	永登县
	1300		2070			皋兰县
22000	9414		1620	7663	10201	榆中县
	9965			1064	7080	永昌县
	11772		40			靖远县
	6000		13072			会宁县
				3940		景泰县
	18890		2500	3000	5176	清水县
			2416		3728	秦安县
	11207		1129		19524	甘谷县
21998	6827		3551	7484		武山县

4-2-2 续表 32

计量单位： 万元

县名称 Name of Counties	本年实际到位资金合计 The Total Funds Actually Available for The Reported Year	上年末结余资金 The Balance of The Previous Year	本年资金来源 小计 Subtotal	国家预算资金 State Budgetary Fund	中央预算资金 Central Budgetary Fund
张家川回族自治县	10248		10248	300	300
民勤县	24850		24850	11089	11089
古浪县	13345		13345		
天祝藏族自治县	51923	4853	47070	33222	33222
肃南县	87		87	42	
民乐县	12292		12292	12292	12292
临泽县					
高台县	14560		14560		
山丹县	5498		5498	938	
泾川县	3705		3705	3105	3105
灵台县					
崇信县	10183		10183	4083	4083
庄浪县	5110	406	4704	4518	3988
静宁县	3449		3449		
金塔县	6193		6193	630	
瓜州县	17733		17733	3354	2479
肃北蒙古族自治县	6023		6023	1984	1984
阿克塞哈萨克族自治县	706	453	253	253	253
庆城县	19214		19214		
环　县	18300		18300		
华池县	7326		7326		
合水县	21140		21140	714	
正宁县	5050		5050		
宁　县	4600		4600		
镇原县	700		700		
通渭县	5477		5477	2600	1931
陇西县	59101		59101	3382	3382
渭源县	16305		16305	2207	2207
临洮县					
漳　县	4650		4650		
岷　县	300		300		
成　县	5424		5424		
文　县	26811		26811		
宕昌县	13045		13045		
康　县	6319		6319		
西和县	12419		12419		
礼　县	15374		15374		
徽　县	4217		4217		
两当县	5317		5317		
临夏县	7028		7028	1028	1028
康乐县	16180		16180		
永靖县	16943		16943	9500	8300

continued

Measurement Unit: 10,000 RMB

Sources of Fund					各　项 应付款	县名称
国内贷款 Domestic Loan	债券 Securities	利用外资 Foreign Investment	自筹资金 Self-Raised Funds	其他资金 Other Funds	Sum Payable This Year	Name of Counties
	3753	4697	538	960	14079	张家川回族自治县
	10700			3061	24750	民勤县
3845	9500				13948	古浪县
	7722		4426	1700	47705	天祝藏族自治县
			45			肃南县
						民乐县
					2806	临泽县
	9500		5060			高台县
	2400			2160		山丹县
			600		9849	泾川县
						灵台县
	4100		910	1090	7606	崇信县
			93	93	1100	庄浪县
				3449	3449	静宁县
	4400		1163		7411	金塔县
3379	11000				15993	瓜州县
	900			3139		肃北蒙古族自治县
						阿克塞哈萨克族自治县
12263			6951			庆城县
5319	5790		7191			环　县
7326					1	华池县
5685	14188		215	338		合水县
	3500			1550		正宁县
	286		4314			宁　县
			700		3365	镇原县
	1700		1177			通渭县
	6000		734	48985		陇西县
	1750			12348		渭源县
						临洮县
	4650				3000	漳　县
			300			岷　县
	4484		496	444	2027	成　县
	11110		15701			文　县
	10436		2609			宕昌县
	6319				6139	康　县
			12419		12419	西和县
	9220		6154			礼　县
			1217	3000	4217	徽　县
	5317				5317	两当县
	3000			3000		临夏县
	8110		2000	6070	4190	康乐县
	3750		3693			永靖县

4-2-2 续表 33

计量单位: 万元

县名称 Name of Counties	本年实际到位资金合计 The Total Funds Actually Available for The Reported Year	上年末结余资金 The Balance of The Previous Year	本年资金来源 小计 Subtotal	国家预算资金 State Budgetary Fund	中央预算资金 Central Budgetary Fund
广河县	24780		24780	15070	7124
和政县	16424		16424	8477	3327
东乡县	9184		9184	1984	1984
积石山县	6849		6849	849	849
临潭县	5126		5126	1540	1540
卓尼县	5800		5800	5800	5800
舟曲县	8703		8703	8703	8703
迭部县	59476	52086	7390	7390	7390
玛曲县	19204		19204	19204	15374
碌曲县	16011	1468	14543	14543	12856
夏河县	7014	1300	5714	2600	2100
青　海	**327565**	**77995**	**249570**	**157824**	**116809**
大通县					
湟源县					
民和县	6154		6154	5067	765
互助县	12146		12146	7139	7139
化隆县	8399	1080	7319	6276	1800
循化县	2473		2473	2473	
门源县	30349		30349	22487	7351
祁连县	49249		49249	20458	20008
海晏县	11341		11341	10221	9030
刚察县	300		300	300	
西海镇					
尖扎县	6923	91	6832	6389	2912
泽库县	19009	14169	4840	4840	1750
河南县					
共和县	14644	8180	6464	5880	5675
同德县	8666		8666	8417	8417
贵德县	14092	382	13710	9183	7591
兴海县	3115		3115	1040	325
贵南县	3505	3310	195	195	
班玛县	22877	5554	17323	10192	10192
久治县	8075	8075			
甘德县	8264	1910	6354	4944	4944
玛沁县	40197	13850	26347	20982	20982
达日县	24929	8824	16105	720	720
玛多县	13367	660	12707	5021	1608
杂多县					
称多县	2202	2202			
治多县	4239		4239	4239	4239
囊谦县					
曲麻莱县					

continued

Measurement Unit: 10,000 RMB

Sources of Fund					各 项 应付款	县名称
国内贷款 Domestic Loan	债券 Securities	利用外资 Foreign Investment	自筹资金 Self-Raised Funds	其他资金 Other Funds	Sum Payable This Year	Name of Counties
	9440			270	15916	广河县
	4000		3707	240		和政县
	7200					东乡县
	4000			2000		积石山县
	430		3156			临潭县
					3850	卓尼县
						舟曲县
					1858	迭部县
						玛曲县
						碌曲县
	2114			1000		夏河县
2565	**42006**		**18509**	**28667**	**7711**	**青　海**
						大通县
						湟源县
			1087			民和县
	4154		633	220		互助县
			492	551		化隆县
						循化县
	3250		414	4199		门源县
	26000			2791		祁连县
			972	148		海晏县
						刚察县
						西海镇
			443			尖扎县
					6603	泽库县
						河南县
	324			260		共和县
			89	160		同德县
				4527	318	贵德县
	2000			75		兴海县
						贵南县
	2000		4867	264		班玛县
						久治县
			200	1210		甘德县
	1573		526	3266		玛沁县
2565	2705		3936	6179		达日县
			2869	4817		玛多县
						杂多县
						称多县
						治多县
						囊谦县
						曲麻莱县

4-2-2 续表 34

计量单位: 万元

县名称 Name of Counties	本年实际到位资金合计 The Total Funds Actually Available for The Reported Year	上年末结余资金 The Balance of The Previous Year	本年资金来源 小计 Subtotal	国家预算资金 State Budgetary Fund	中央预算资金 Central Budgetary Fund
乌兰县	9708	9708			
都兰县					
天峻县					
大柴旦行委	3342		3342	1361	1361
宁　夏	**153874**	**2945**	**150929**	**66454**	**40313**
永宁县	4089		4089	2483	2483
贺兰县	3207	780	2427	474	
平罗县	15126		15126	8591	8591
盐池县	9429	815	8614	4454	4454
同心县	17485		17485	7966	6966
红寺堡区	19691		19691	19008	14449
西吉县	13178		13178	13178	
隆德县	1379		1379		
泾源县	6232		6232	3000	2000
彭阳县	9217	1350	7867		
中宁县	41930		41930	5930	
海原县	12912		12912	1370	1370
新　疆	**1281366**	**16210**	**1265156**	**376744**	**241565**
鄯善县	32577		32577	27995	22995
托克逊县	42207		42207	29998	24998
巴里坤哈萨克自治县	10648		10648	1409	1409
伊吾县	21830		21830		
呼图壁县	22432		22432	1562	1562
玛纳斯县	9394		9394	6968	6968
奇台县	17912		17912	3725	3425
吉木萨尔县	37813		37813	8173	
木垒哈萨克自治县	2941		2941	2941	2941
精河县	1800		1800	1800	1800
温泉县					
轮台县	12207		12207	3437	
尉犁县	6700		6700		
若羌县	7909		7909	1720	1720
且末县	27200		27200		
焉耆回族自治县	22579		22579		
和静县	32429		32429	6500	
和硕县	5566		5566	2814	2814
博湖县	24730		24730	1000	1000
温宿县	37661		37661	5932	5932
沙雅县	23653		23653	2050	1215
新和县	10960	200	10760	3960	2796
拜城县	3370	-1500	4870	2870	1927
乌什县	27431		27431	16431	11651

continued

Measurement Unit: 10,000 RMB

Sources of Fund					各项应付款	县名称
国内贷款 Domestic Loan	债券 Securities	利用外资 Foreign Investment	自筹资金 Self-Raised Funds	其他资金 Other Funds	Sum Payable This Year	Name of Counties
						乌兰县
						都兰县
						天峻县
			1981		790	大柴旦行委
	61370		**10773**	**12333**	**37600**	**宁 夏**
			1606			永宁县
	1626		327			贺兰县
	5535			1000	9351	平罗县
	2680			1480	1569	盐池县
	3350		5592	577	23146	同心县
			683			红寺堡区
						西吉县
				1379	244	隆德县
	1000		2232		1100	泾源县
	6056			1811		彭阳县
	36000				1701	中宁县
	5123		333	6086	489	海原县
22471	**585770**	**6037**	**127568**	**146566**	**116662**	**新 疆**
			1669	2913		鄯善县
	4386		7823		1431	托克逊县
	6000		3239		8364	巴里坤哈萨克自治县
	20060			1770		伊吾县
3600			398	16872	2200	呼图壁县
	750		1676		9394	玛纳斯县
	7000	6037	1150			奇台县
	19000			10640		吉木萨尔县
						木垒哈萨克自治县
						精河县
						温泉县
	8500		270			轮台县
	6000		200	500	500	尉犁县
	3000		2589	600	7010	若羌县
	27200				5339	且末县
	20000		2579			焉耆回族自治县
	25929				25929	和静县
				2752		和硕县
	16270		7460			博湖县
	1500		26850	3379		温宿县
	10000		6352	5251		沙雅县
	6800					新和县
	1000		1000		9338	拜城县
	3266		1500	6234		乌什县

4-2-2 续表 35

计量单位： 万元

县名称 Name of Counties	本年实际到位资金合计 The Total Funds Actually Available for The Reported Year	上年末结余资金 The Balance of The Previous Year	本年资金来源 小计 Subtotal	国家预算资金 State Budgetary Fund	中央预算资金 Central Budgetary Fund
阿瓦提县	12235		12235		
柯坪县	4691		4691	1500	1500
阿克陶县	42200		42200		
阿合奇县	7150	195	6955	2760	1760
乌恰县	27500		27500		
疏附县	10257	200	10057	4925	4925
疏勒县	5298		5298	1033	1033
英吉沙县	5393		5393	1493	1493
泽普县	11441		11441	191	
莎车县	24088		24088	8088	8088
叶城县	40543		40543	1500	1500
麦盖提县	9446	1646	7800	3800	3200
岳普湖县	13566		13566	5246	5246
伽师县	7854	1672	6182	2823	2823
巴楚县	12892		12892	12892	12892
塔什库尔干塔吉克自治县	15000		15000	2414	2414
和田县					
墨玉县	23590		23590	4590	4590
皮山县	18336		18336	5105	5105
洛浦县	4768		4768	278	
策勒县	12647	2890	9757	2600	2600
于田县	2000		2000	2000	2000
民丰县	10714		10714		
伊宁县	32843		32843	32843	
察布查尔县	161		161		
霍城县	12941		12941	12941	
巩留县	3288		3288	1712	1712
新源县	4020		4020	2672	2672
昭苏县	16180		16180	10730	10730
特克斯县	5300		5300	4075	3075
尼勒克县	9150		9150	4900	
额敏县	50166	3000	47166	6510	5043
沙湾县	41235		41235	5128	5128
托里县	12143	3380	8763	3463	1663
裕民县	14242		14242	2642	1642
和布克赛尔蒙古自治县	9770	1450	8320	844	844
布尔津县	51040		51040	13040	6840
富蕴县	86840		86840	11041	11041
福海县	11868		11868	2958	2958
哈巴河县	34411		34411	3960	3960
青河县	99409	3077	96332	59787	24961
吉木乃县	22801		22801	2975	2975

continued

Measurement Unit: 10,000 RMB

Sources of Fund					各　项 应付款	县名称
国内贷款 Domestic Loan	债券 Securities	利用外资 Foreign Investment	自筹资金 Self-Raised Funds	其他资金 Other Funds	Sum Payable This Year	Name of Counties
	4000		6635	1600		阿瓦提县
				3191	3841	柯坪县
	42200					阿克陶县
	3995			200		阿合奇县
	27500					乌恰县
	4000			1132	895	疏附县
	3000			1265		疏勒县
	3500		400			英吉沙县
	8000			3250		泽普县
	16000					莎车县
	36000		3043			叶城县
	4000					麦盖提县
	8000		320			岳普湖县
	1000		839	1520	5711	伽师县
						巴楚县
	5000		7586			塔什库尔干塔吉克自治县
						和田县
	19000					墨玉县
	1000		2410	9821	6020	皮山县
	3000		918	572	350	洛浦县
	3000		1290	2867	3709	策勒县
						于田县
	7900		191	2623		民丰县
						伊宁县
			161		903	察布查尔县
					12941	霍城县
	1118			458	1118	巩留县
			1348			新源县
	1000		800	3650	2292	昭苏县
			225	1000	2312	特克斯县
	3300		950			尼勒克县
1926	34100		1353	3277	1350	额敏县
	13640		20000	2467		沙湾县
	5000			300		托里县
	9000		1100	1500	5715	裕民县
	7066			410		和布克赛尔蒙古自治县
	38000					布尔津县
16945	42096		9523	7235		富蕴县
	7194			1716		福海县
	5500		1200	23751		哈巴河县
	25000		1421	10124		青河县
	7000		1100	11726		吉木乃县

居民生活数据

Data by Residents Living

五、县城供水

5. County Seat Water Supply

简要说明

县城供水指通过供水设施向单位和居民的生活、生产和其他各项建设提供符合国家标准用水的活动，包括公共供水和自建设施供水。

本部分主要包括县城供水的生产能力、供应量、服务情况等内容，并按公共供水企业和自建设施供水单位分别统计。

Brief Introduction

County Seat water supply refers to supplying water that meets national quality standard to institutions and urban residents through water supply facilities. It includes water supply by public suppliers and by suppliers with self-built facilities.

This section covers such indicators as production capacity, total quantity of water supplied and relevant service etc. Statistics on county seat water supply by water suppliers and by suppliers with self-built facilities is separately presented.

5 全国历年县城供水情况(2000–2020)
National County Seat Water Supply in Past Years (2000-2020)

年份 Year	综合生产能力(万立方米 / 日) Integrated Production Capacity (10,000 m^3/day)	供水管道长度(公里) Length of Water Supply Pipelines (km)	供水总量(万立方米) Total Quantity of Water Supply (10,000 m^3)	生活用量 Residential Use	用水人口(万人) Population with Access to Water Supply (10,000 persons)	人均日生活用水量(升) Daily Water Consumption Per Capita (liter)	供水普及率(%) Water Coverage Rate (%)
2000	3662	70046	593588	310331	6931.2	122.7	84.83
2001	3754	77316	577948	327081	6889.2	130.1	76.45
2002	3705	78315	567915	338689	7145.7	129.9	80.53
2003	3400	87359	606189	363311	7532.9	132.1	81.57
2004	3680	92867	653814	395181	7931.1	136.5	82.26
2005	3862	98980	676548	409045	8342.2	134.3	83.18
2006	4207	113553	746892	407389	9093.4	122.7	76.43
2007	5744	131541	794495	448943	10218.7	120.4	81.15
2008	5976	142507	826300	459866	10628.4	119.4	81.59
2009	4775	148578	856291	484644	11200.7	118.6	83.72
2010	4683	159905	925705	509266	11811.4	118.9	85.14
2011	5174	173452	977115	534918	12345.0	118.7	86.09
2012	5446	186500	1020298	565835	12971.0	119.5	86.94
2013	5239	194465	1038662	584759	13456.0	119.1	88.14
2014	5437	203514	1063270	600436	13913.4	118.2	88.89
2015	5769	214736	1069191	612383	14048.3	119.4	89.96
2016	5421	211355	1064966	609171	13974.9	119.4	90.50
2017	6443	234466	1128373	636403	14508.9	120.2	92.87
2018	7415	242537	1145082	660469	14722.5	122.9	93.80
2019	6304	258602	1190883	697214	15082.0	126.7	95.06
2020	6451	272990	1190206	718585	15316.7	128.5	96.66

注：自2006年起，供水普及率指标按县城人口和县城暂住人口合计为分母计算。

Note: Since 2006,water coverage rate has been calculated based on denominator which combines both permanent and temporary residents in county seats.

5-1 2020年按省分列的县城供水

地区名称 Name of Regions	综合生产能力（万立方米/日） Integrated Production Capacity (10,000m³/ day)	地下水 Underground Water	供水管道长度（公里） Length of Water Supply Pipelines (km)	建成区 in Built District	供水总量（万立方米） Total Quantity of Water Supply (10,000m³)	生产运营用水 The Quantity of Water for Production and Operation
全　国	**6450.63**	**1581.14**	**272990.01**	**241198.21**	**1190205.80**	**256547.18**
河　北	401.85	169.99	17426.58	16088.77	70555.26	17543.13
山　西	155.26	116.45	9662.23	8286.87	33938.40	7535.24
内蒙古	160.62	156.85	12075.59	11611.68	30708.12	7671.15
辽　宁	72.12	18.03	5004.55	4468.59	15442.74	1527.39
吉　林	52.92	15.92	2998.44	2941.55	11099.57	1700.86
黑龙江	114.23	90.38	6207.47	6088.55	18827.07	3203.19
江　苏	292.13	16.01	11877.01	9770.60	51808.07	13151.26
浙　江	366.47	0.15	17550.47	13283.58	67050.10	21192.12
安　徽	352.97	86.79	17494.13	16004.17	76016.16	21190.71
福　建	275.38	9.75	11406.94	9230.55	49029.13	6303.83
江　西	405.07	51.78	16884.91	15703.67	68223.00	13808.57
山　东	432.30	189.08	12823.32	11923.75	87797.12	35659.95
河　南	594.42	276.38	14948.31	14072.57	93790.94	22323.74
湖　北	234.98	0.92	7270.80	6499.42	38597.95	6479.13
湖　南	487.23	29.08	22767.33	20659.32	102422.45	16671.79
广　东	232.45		10712.76	9195.91	48133.49	7523.11
广　西	256.65	20.32	9422.38	9301.60	49543.62	10001.31
海　南	171.15	11.73	2308.14	1282.90	14514.58	2375.93
重　庆	76.55		2314.92	2308.62	14782.38	1715.48
四　川	358.23	15.89	15196.10	14089.56	78429.05	12266.16
贵　州	207.53	19.74	10198.48	7024.80	37764.68	4990.39
云　南	176.95	12.00	11373.83	9839.73	39483.33	6963.75
西　藏	85.37	19.89	1623.17	1402.65	5273.91	407.63
陕　西	157.88	90.81	5520.59	4682.99	27324.44	5767.82
甘　肃	89.35	33.69	5175.17	4608.87	16214.91	2227.19
青　海	40.12	10.10	1945.76	1836.61	5010.63	593.47
宁　夏	44.77	28.83	1986.08	1627.65	8383.64	1938.73
新　疆	155.68	90.58	8814.55	7362.68	30041.06	3814.15

County Seat Water Supply by Province(2020)

公共服务用水 The Quantity of Water for Public Service	居民家庭用水 The Quantity of Water for Household Use	其他用水 The Quantity of Water for Other Purposes	用水户数(户) Number of Households with Access to Water Supply (unit)	家庭用户 Household User	用水人口(万人) Population with Access to Water Supply (10,000 persons)	地区名称 Name of Regions
114575.10	**597371.05**	**53133.22**	**52608494**	**45953219**	**15316.65**	**全国**
6702.47	35480.32	2188.50	3628333	3310949	1045.51	河北
4081.93	18586.22	643.76	1593096	1478268	610.57	山西
3898.04	13276.08	1721.05	2087586	1842480	500.23	内蒙古
1698.79	6917.08	536.31	1030457	924847	211.23	辽宁
1107.93	4592.72	806.35	703220	639266	165.32	吉林
2021.73	9439.36	533.34	1555930	1369573	345.61	黑龙江
6507.44	23393.25	2206.56	2346482	2138036	524.09	江苏
5513.41	27951.55	3355.39	2282838	2023722	449.10	浙江
7333.02	35515.88	2621.69	3179589	2813662	861.59	安徽
5703.68	25505.26	2173.78	1875180	1645623	481.56	福建
5966.24	34443.56	3402.88	3154049	2752785	817.59	江西
7129.49	34450.16	3619.29	2547699	2333855	1029.64	山东
11742.78	44892.12	5640.86	4240364	3582045	1391.40	河南
3301.68	19269.84	1464.96	1475692	1278365	437.98	湖北
7742.41	55074.91	4108.30	4047016	3033055	1178.72	湖南
3506.95	26421.16	2798.56	1572994	1337476	472.32	广东
4335.23	27955.51	1016.88	1542885	1433528	531.28	广西
1227.97	8097.96	1312.71	244984	223884	71.34	海南
971.78	8164.38	1075.62	862537	760505	208.54	重庆
7194.68	43286.85	3189.19	4192924	3633006	1137.63	四川
2054.37	23422.12	928.81	2081420	1730921	663.96	贵州
3814.66	22361.41	970.60	1830103	1587887	625.68	云南
290.26	2639.28	149.08	188154	172930	71.70	西藏
3001.30	14761.15	1288.45	1327589	1217961	501.32	陕西
2073.46	9206.71	868.99	1011281	909011	384.53	甘肃
798.31	2677.80	230.15	296969	253969	108.61	青海
972.44	3691.25	859.22	455347	373023	114.07	宁夏
3882.65	15897.16	3421.94	1253776	1152587	375.53	新疆

5-2 2020年按省分列的县城供水(公共供水)

地区名称 Name of Regions	综合生产能力(万立方米/日) Integrated Production Capacity (10,000m³/day)	地下水 Underground Water	水厂个数(个) Number of Water Plants (unit)	地下水 Underground Water	供水管道长度(公里) Length of Water Supply Pipelines (km)	供水总量(万立方米) 合计 Total	售水量 小计 Subtotal	生产运营用水 The Quantity of Water for Production and Operation	公共服务用水 The Quantity of Water for Public Service
全　国	**5529.75**	**1074.82**	**2490**	**888**	**260849.36**	**1067371.26**	**898792.01**	**179413.36**	**101960.34**
河　北	347.90	124.85	175	97	16280.35	60636.45	51995.61	9730.71	6059.78
山　西	108.04	72.90	125	98	8181.39	25157.35	22066.10	3603.59	3208.92
内蒙古	124.34	121.36	122	114	11712.20	23549.30	19407.50	2904.53	2969.79
辽　宁	68.32	14.23	31	14	4849.40	15138.74	10375.57	1376.39	1655.09
吉　林	46.45	10.80	23	10	2887.63	10190.07	7298.36	1208.14	1032.58
黑龙江	98.53	74.68	63	54	6023.77	17377.25	13747.80	2282.26	1689.77
江　苏	257.70	4.70	25	1	11527.45	47164.15	40614.59	10233.83	6085.68
浙　江	344.27		55		17448.45	65227.82	56190.19	19829.84	5053.41
安　徽	304.23	46.73	78	18	16879.31	63789.37	54434.51	11873.53	6646.75
福　建	266.90	9.40	76	9	11350.54	48420.21	39077.63	5889.03	5633.28
江　西	378.05	32.00	117	11	16685.96	67470.61	56868.86	13609.57	5945.99
山　东	300.76	90.95	136	70	11303.95	60805.61	53867.38	15484.69	5606.50
河　南	407.89	179.78	151	89	13524.60	71010.06	61818.62	9127.66	7536.42
湖　北	227.21		67	2	7205.27	37962.53	29880.19	6234.81	3146.58
湖　南	452.90	22.50	115	10	22044.03	98632.81	79807.77	15508.63	7085.54
广　东	217.05		56		10515.89	47811.19	39927.48	7478.81	3463.95
广　西	224.26	6.62	88	14	9308.76	46111.61	39876.92	7380.90	4291.93
海　南	51.84		17		1783.69	9426.76	7926.75	1433.60	832.15
重　庆	76.55		33		2314.92	14782.38	11927.26	1715.48	971.78
四　川	344.40	9.92	176	11	14996.15	75946.74	63454.57	10635.66	7002.74
贵　州	207.31	19.60	146	20	10179.28	37735.03	31366.04	4986.67	2049.53
云　南	168.32	7.33	169	17	11103.95	38480.77	33107.86	6598.55	3709.20
西　藏	72.57	13.41	78	49	1433.37	4645.80	2858.14	326.63	238.05
陕　西	119.14	63.44	122	54	4861.78	22530.05	20024.33	2907.76	2459.79
甘　肃	84.75	30.26	87	35	4987.07	15631.61	13793.05	1973.09	1993.98
青　海	39.62	9.60	40	11	1938.76	4922.64	4211.74	508.48	798.31
宁　夏	40.27	24.33	22	12	1879.23	7261.29	6339.29	1034.92	969.94
新　疆	150.18	85.43	97	68	7642.21	29553.06	26527.90	3535.60	3822.91

County Seat Water Supply by Province (Public Water Suppliers)(2020)

Total Quantity of Water Supply(10,000m³)					用水户数(户) Number of Households with Access to Water Supply (unit)		用水人口(万人) Population with Access to Water Supply (10,000 persons)	地区名称 Name of Regions
Water Sold		免费供水量 The Quantity of Free Water Supply		漏损水量 The Lossed Water		居民家庭 Household User		
居民家庭用水 The Quantity of Water for Household Use	其他用水 The Quantity of Water for Other Purposes		生活用水 Domestic Water Use					
571012.82	**46405.49**	**34503.64**	**6638.52**	**134075.61**	**51029575**	**44778680**	**15005.21**	**全　国**
34107.11	2098.01	1517.95	122.17	7122.89	3549674	3251060	1032.96	河　北
14830.53	423.06	688.49	248.97	2402.76	1413400	1318729	576.16	山　西
12421.87	1111.31	944.07	383.90	3197.73	2049254	1822424	493.99	内蒙古
6807.78	536.31	494.16	72.80	4269.01	1024219	918797	208.13	辽　宁
4361.15	696.49	526.39	68.00	2365.32	677958	616064	159.04	吉　林
9323.86	451.91	617.69	163.02	3011.76	1538337	1354510	345.06	黑龙江
22204.32	2090.76	1114.82	501.80	5434.74	2337141	2131374	523.07	江　苏
27951.55	3355.39	1756.52	24.69	7281.11	2282741	2023722	449.10	浙　江
33910.34	2003.89	1805.89	168.91	7548.97	3080258	2720986	831.15	安　徽
25386.46	2168.86	1876.35	36.42	7466.23	1871066	1642605	480.48	福　建
33927.78	3385.52	1942.40	248.79	8659.35	3135253	2734724	815.34	江　西
30882.45	1893.74	555.71	85.67	6382.52	2313177	2176354	960.24	山　东
40645.00	4509.54	1943.91	294.17	7247.53	3996123	3384734	1324.04	河　南
19081.64	1417.16	2277.49	442.60	5804.85	1459207	1263957	434.81	湖　北
53393.40	3820.20	6186.66	1015.33	12638.38	3831854	2941754	1166.78	湖　南
26192.06	2792.66	901.63	57.76	6982.08	1537386	1334573	471.22	广　东
27301.31	902.78	491.47	75.17	5743.22	1514710	1405848	521.83	广　西
5242.12	418.88	137.42	59.27	1362.59	172846	159977	71.29	海　南
8164.38	1075.62	763.80		2091.32	862537	760505	208.54	重　庆
42677.01	3139.16	2003.03	650.03	10489.14	4168761	3610460	1130.76	四　川
23406.20	923.64	679.32	132.46	5689.67	2078808	1729553	661.31	贵　州
21864.55	935.56	1891.56	461.27	3481.35	1794134	1569287	616.00	云　南
2172.52	120.94	1243.49	916.05	544.17	165452	152285	64.23	西　藏
13509.11	1147.67	470.93	97.86	2034.79	1172020	1077693	479.10	陕　西
9100.81	725.17	460.40	23.02	1378.16	1008356	906451	383.56	甘　肃
2677.80	227.15	273.17	8.21	437.73	296969	253969	108.61	青　海
3691.25	643.18	72.14	16.50	849.86	455108	373023	114.07	宁　夏
15778.46	3390.93	866.78	263.68	2158.38	1242826	1143262	374.34	新　疆

5-3 2020年按省分列的县城供水(自建设施供水)

地区名称 Name of Regions	综合生产能力(万立方米/日) Integrated Production Capacity (10,000m^3/day)	地下水 Underground Water	供水管道长度(公里) Length of Water Supply Pipelines (km)	建成区 in Built District	供水总量(万立方米) 合计 Total	生产运营用水 The Quantity of Water for Production and Operation
全 国	**920.88**	**506.32**	**12140.65**	**8850.80**	**122834.54**	**77133.82**
河 北	53.95	45.14	1146.23	1030.58	9918.81	7812.42
山 西	47.22	43.55	1480.84	1074.36	8781.05	3931.65
内蒙古	36.28	35.49	363.39	299.26	7158.82	4766.62
辽 宁	3.80	3.80	155.15	133.15	304.00	151.00
吉 林	6.47	5.12	110.81	100.56	909.50	492.72
黑龙江	15.70	15.70	183.70	118.60	1449.82	920.93
江 苏	34.43	11.31	349.56	299.51	4643.92	2917.43
浙 江	22.20	0.15	102.02	7.02	1822.28	1362.28
安 徽	48.74	40.06	614.82	342.22	12226.79	9317.18
福 建	8.48	0.35	56.40	3.00	608.92	414.80
江 西	27.02	19.78	198.95	182.49	752.39	199.00
山 东	131.54	98.13	1519.37	1151.87	26991.51	20175.26
河 南	186.53	96.60	1423.71	1062.74	22780.88	13196.08
湖 北	7.77	0.92	65.53	27.00	635.42	244.32
湖 南	34.33	6.58	723.30	701.74	3789.64	1163.16
广 东	15.40		196.87	33.00	322.30	44.30
广 西	32.39	13.70	113.62	113.62	3432.01	2620.41
海 南	119.31	11.73	524.45	398.95	5087.82	942.33
重 庆						
四 川	13.83	5.97	199.95	121.73	2482.31	1630.50
贵 州	0.22	0.14	19.20	0.48	29.65	3.72
云 南	8.63	4.67	269.88	224.41	1002.56	365.20
西 藏	12.80	6.48	189.80	162.11	628.11	81.00
陕 西	38.74	27.37	658.81	437.60	4794.39	2860.06
甘 肃	4.60	3.43	188.10	129.34	583.30	254.10
青 海	0.50	0.50	7.00	7.00	87.99	84.99
宁 夏	4.50	4.50	106.85	91.12	1122.35	903.81
新 疆	5.50	5.15	1172.34	597.34	488.00	278.55

County Seat Water Supply by Province (Suppliers with Self-Built Facilities)(2020)

Total Quantity of Water Supply(10,000m³)			用水户数(户) Number of Households with Access to Water Supply (unit)		用水人口(万人) Population with Access to Water Supply (10,000 persons)	地区名称 Name of Regions
公共服务用水 The Quantity of Water for Public Service	居民家庭用水 The Quantity of Water for Household Use	其他用水 The Quantity of Water for Other Purposes		居民家庭 Household User		
12614.76	**26358.23**	**6727.73**	**1578919**	**1174539**	**311.44**	**全　国**
642.69	1373.21	90.49	78659	59889	12.55	河　北
873.01	3755.69	220.70	179696	159539	34.41	山　西
928.25	854.21	609.74	38332	20056	6.24	内蒙古
43.70	109.30		6238	6050	3.10	辽　宁
75.35	231.57	109.86	25262	23202	6.28	吉　林
331.96	115.50	81.43	17593	15063	0.55	黑龙江
421.76	1188.93	115.80	9341	6662	1.02	江　苏
460.00			97			浙　江
686.27	1605.54	617.80	99331	92676	30.44	安　徽
70.40	118.80	4.92	4114	3018	1.08	福　建
20.25	515.78	17.36	18796	18061	2.25	江　西
1522.99	3567.71	1725.55	234522	157501	69.40	山　东
4206.36	4247.12	1131.32	244241	197311	67.36	河　南
155.10	188.20	47.80	16485	14408	3.17	湖　北
656.87	1681.51	288.10	215162	91301	11.94	湖　南
43.00	229.10	5.90	35608	2903	1.10	广　东
43.30	654.20	114.10	28175	27680	9.45	广　西
395.82	2855.84	893.83	72138	63907	0.05	海　南
						重　庆
191.94	609.84	50.03	24163	22546	6.87	四　川
4.84	15.92	5.17	2612	1368	2.65	贵　州
105.46	496.86	35.04	35969	18600	9.68	云　南
52.21	466.76	28.14	22702	20645	7.47	西　藏
541.51	1252.04	140.78	155569	140268	22.22	陕　西
79.48	105.90	143.82	2925	2560	0.97	甘　肃
		3.00				青　海
2.50		216.04	239			宁　夏
59.74	118.70	31.01	10950	9325	1.19	新　疆

5-4 2020年按县分列的县城供水

县名称 Name of Counties	综合生产能力（万立方米/日） Integrated Production Capacity (10,000m³/ day)	地下水 Underground Water	供水管道长度（公里） Length of Water Supply Pipelines (km)	建成区 in Built District	供水总量（万立方米） Total Quantity of Water Supply (10,000m³)	生产运营用水 The Quantity of Water for Production and Operation
全 国	**6450.6**	**1581.1**	**272990.01**	**241198.21**	**1190205.80**	**256547.18**
河 北	**401.9**	**170.0**	**17426.58**	**16088.77**	**70555.26**	**17543.13**
井陉县	3.6	3.6	65.00	65.00	350.00	40.00
正定县	16.1	5.0	113.00	113.00	1332.86	172.34
行唐县	2.7	2.7	155.00	130.00	679.47	298.82
灵寿县	3.0	3.0	237.00	237.00	264.75	5.65
高邑县	3.5		131.60	131.60	510.00	30.00
深泽县	3.9	0.9	230.83	230.30	719.40	154.40
赞皇县	4.8		73.70	73.70	566.45	44.64
无极县	2.5		130.60	99.60	704.00	73.00
平山县	3.8	3.8	157.47	157.40	932.00	50.00
元氏县	5.0		111.00	111.00	1138.00	27.30
赵 县	7.5		184.31	184.31	607.00	12.00
滦南县	6.0	6.0	205.49	205.49	1444.93	379.00
乐亭县	3.6	3.6	240.64	240.64	1174.56	241.60
迁西县	4.1	3.5	232.50	232.50	508.97	53.78
玉田县	6.3	6.3	193.75	173.75	1524.15	580.50
曹妃甸区	13.5	5.0	216.35	216.35	1626.83	452.04
青龙满族自治县	1.5	0.6	57.80	57.80	302.93	64.37
昌黎县	4.4	4.4	205.00	205.00	1144.00	439.30
卢龙县	2.0	2.0	57.00	53.80	301.20	74.64
临漳县	7.5	4.0	168.91	168.91	930.00	134.00
成安县	2.5		240.00	240.00	363.00	1.00
大名县	4.2	2.0	227.60	227.60	578.00	43.00
涉 县	3.6	3.6	310.50	310.50	991.54	192.36
磁 县	5.0		216.20	216.20	1493.00	489.00
邱 县	3.0		116.00	96.00	718.81	305.00
鸡泽县	2.8	2.0	210.00	210.00	770.00	200.00
广平县	4.0	1.5	58.97	58.97	504.31	60.00
馆陶县	5.4	1.4	220.00	220.00	1000.00	220.00
魏 县	6.0		308.70	170.30	1009.00	45.45
曲周县	3.5	1.5	194.40	194.40	524.00	2.70
临城县	4.5	3.0	99.00	86.00	269.95	49.70
内丘县	2.2	0.7	93.60	93.60	378.77	48.80
柏乡县	2.8		88.00	88.00	273.60	21.20
隆尧县	3.8	0.5	101.61	101.61	470.70	201.38
宁晋县	4.0		308.00	308.00	986.00	313.60
巨鹿县	1.9		518.30	518.30	561.72	69.10
新河县	2.6		68.00	68.00	444.00	172.20
广宗县	2.0	0.5	100.94	100.94	295.80	73.90
平乡县	2.5		158.80	158.80	419.45	
威 县	4.0	0.8	382.00	370.00	877.33	13.75
清河县	5.8	0.1	166.01	91.89	948.54	303.00
临西县	4.0		85.75	85.75	282.95	24.90

National County Seat Water Supply by County(2020)

公共服务用水 The Quantity of Water for Public Service	居民家庭用水 The Quantity of Water for Household Use	其他用水 The Quantity of Water for Other Purposes	用水户数(户) Number of Households with Access to Water Supply (unit)	家庭用户 Household User	用水人口(万人) Population with Access to Water Supply (10,000 persons)	县名称 Name of Counties
114575.10	**597371.05**	**53133.22**	**52608494**	**45953219**	**15316.65**	**全　国**
6702.47	**35480.32**	**2188.50**	**3628333**	**3310949**	**1045.51**	**河　北**
25.00	239.00	5.00	33000	30000	10.10	井陉县
157.98	664.99	204.23	52267	35654	21.07	正定县
114.02	118.18	68.35	18531	17749	7.53	行唐县
33.60	210.00		20005	18497	8.86	灵寿县
30.00	405.60		43000	43000	6.22	高邑县
65.00	393.00	19.00	26810	25368	9.20	深泽县
90.87	394.79		15250	14350	5.50	赞皇县
180.00	360.00	15.00	27490	26575	9.64	无极县
45.00	555.00	120.00	31625	22900	12.65	平山县
83.56	901.00	13.93	24886	24685	9.72	元氏县
216.00	280.00		33700	31923	12.36	赵　县
181.00	711.63	23.00	67165	65136	15.84	滦南县
148.45	554.10	84.31	67339	58108	14.67	乐亭县
18.98	357.61		38631	36767	14.50	迁西县
138.36	721.32	0.02	46346	45406	16.94	玉田县
402.37	543.42	3.38	52576	50062	13.76	曹妃甸区
25.75	154.49	12.88	30578	28687	8.16	青龙满族自治县
109.00	448.70	42.00	39803	37860	12.35	昌黎县
50.32	135.04		19145	18858	6.60	卢龙县
188.40	429.20	17.20	29100	28570	12.23	临漳县
	330.00		30143	30143	10.55	成安县
50.00	393.00		55465	55465	23.85	大名县
108.00	545.28	23.00	67021	65235	22.16	涉　县
145.00	575.00	134.00	66179	53015	22.30	磁　县
1.41	297.40		33348	24230	12.47	邱　县
120.00	340.31	20.00	41200	40654	11.98	鸡泽县
29.91	343.50	1.00	25980	25980	9.21	广平县
50.00	500.00	90.00	46880	34080	12.36	馆陶县
	745.38	118.17	79640	79640	36.40	魏　县
5.50	458.00	5.40	40917	34702	11.83	曲周县
64.09	155.46		6190	5724	7.05	临城县
48.50	243.67		35081	32034	8.30	内丘县
15.00	203.57		23110	22933	5.10	柏乡县
46.67	186.46	15.89	26910	25260	10.00	隆尧县
137.50	455.30	5.90	71110	66810	22.60	宁晋县
68.90	315.30	41.10	43223	41625	13.85	巨鹿县
1.08	225.80	4.00	18305	17800	5.70	新河县
	170.70		24964	24964	8.01	广宗县
67.70	162.40	131.00	7600	5320	7.92	平乡县
51.56	642.75	4.00	47933	47529	22.13	威　县
69.83	501.47	0.80	59217	58070	25.02	清河县
32.37	186.75	4.98	23100	18480	9.20	临西县

5-4 续表 1

县名称 Name of Counties	综合生产能力(万立方米/日) Integrated Production Capacity (10,000m³/ day)	地下水 Underground Water	供水管道长度(公里) Length of Water Supply Pipelines (km)	建成区 in Built District	供水总量(万立方米) Total Quantity of Water Supply (10,000m³)	生产运营用水 The Quantity of Water for Production and Operation
博野县	3.2	0.6	34.40	34.40	725.00	354.00
涞水县	2.8	0.8	180.56	180.56	762.31	289.16
阜平县	2.0	2.0	70.95	70.95	345.00	28.77
白沟新城	9.0	4.0	263.25	255.25	1347.04	641.80
定兴县	10.0	5.0	89.10	89.10	1075.60	530.70
唐 县	2.8	0.3	135.70	135.70	435.10	1.00
高阳县	7.8	2.8	166.10	147.00	1609.50	923.50
涞源县	1.2	0.6	74.00	74.00	390.10	3.00
望都县	5.1	2.6	87.00	87.00	541.40	61.50
易 县	3.0		222.10	222.10	790.70	26.50
曲阳县	5.2	2.2	106.00	89.00	619.45	20.00
蠡 县	3.2	2.0	113.00	113.00	1060.32	506.00
顺平县	5.0	2.5	67.69	62.00	1063.01	513.72
张北县	3.2	3.2	342.00	331.50	811.10	272.10
康保县	0.7	0.7	83.00	74.00	205.79	10.48
沽源县	2.1	2.1	139.83	133.83	482.50	210.50
尚义县	0.8	0.8	98.50	98.50	165.50	15.00
蔚 县	2.0	2.0	214.78	169.03	520.00	98.00
阳原县	1.3	1.3	132.00	132.00	292.00	5.00
怀安县	2.0	2.0	98.57	98.57	278.00	25.00
怀来县	4.0	4.0	134.62	134.62	774.00	59.34
涿鹿县	2.0	2.0	150.18	150.18	357.00	20.08
赤城县	0.5	0.5	79.80	79.80	200.38	0.69
承德县	2.4	2.4	84.16	83.56	893.00	357.94
兴隆县	2.8	2.8	112.26	112.12	925.00	420.00
滦平县	4.2	1.2	163.62	163.62	624.97	157.00
隆化县	4.5	4.5	473.14	471.84	644.89	198.87
丰宁满族自治县	6.0	6.0	127.20	127.17	1181.94	627.39
宽城满族自治县	5.0	0.8	148.39	133.44	1115.69	709.64
围场满族蒙古族自治县	4.6	4.6	97.70	60.00	551.20	116.50
青 县	5.2	1.2	278.60	278.60	872.77	171.60
东光县	3.0		211.50	98.50	399.11	67.23
海兴县	3.6		147.35	142.55	176.40	
盐山县	2.5		153.74	95.30	552.41	
肃宁县	3.0	0.4	120.50	120.50	830.00	231.57
南皮县	1.7		69.36	69.36	331.00	35.60
吴桥县	3.0		115.00	115.00	456.00	60.20
献 县	3.0		219.70	210.70	696.44	95.00
孟村回族自治县	2.0		141.00	141.00	267.17	46.51
固安县	12.7	4.6	363.09	122.12	2068.19	459.01
永清县	5.1	2.0	270.40	270.40	449.64	80.68
香河县	4.6	4.6	311.84	311.84	1629.18	382.21
大城县	3.0		283.70	283.70	389.06	89.14
文安县	3.5		156.36	156.36	584.68	70.93

continued

公共服务用水 The Quantity of Water for Public Service	居民家庭用水 The Quantity of Water for Household Use	其他用水 The Quantity of Water for Other Purposes	用水户数（户） Number of Households with Access to Water Supply (unit)	家庭用户 Household User	用水人口（万人） Population with Access to Water Supply (10,000 persons)	县名称 Name of Counties
53.00	267.00	22.00	18700	18200	6.00	博野县
0.65	281.45	79.92	22608	20659	7.81	涞水县
48.50	189.34		31545	29463	4.23	阜平县
65.00	507.22	5.00	35501	29951	7.82	白沟新城
39.50	258.00	0.10	34147	32217	9.99	定兴县
0.60	264.80	41.20	30967	30967	9.29	唐　县
40.00	508.90	18.10	36400	30733	9.15	高阳县
80.00	268.00	4.00	32300	24300	8.21	涞源县
48.00	336.10		17100	15910	7.62	望都县
35.00	497.00	158.70	28500	25000	9.90	易　县
86.00	452.35	5.00	23731	22293	9.97	曲阳县
45.00	332.00	7.28	16252	15300	7.30	蠡　县
57.11	420.82	32.66	40020	32940	7.29	顺平县
13.00	316.80	94.00	88516	72500	12.79	张北县
8.35	127.47	3.23	22380	20980	6.50	康保县
11.50	206.00		33514	26000	6.39	沽源县
47.00	75.50		18000	18000	5.51	尚义县
104.20	148.00	64.00	23160	21835	8.40	蔚　县
23.00	218.00	2.00	25809	25538	6.42	阳原县
64.00	149.00	14.00	22796	21826	6.10	怀安县
139.59	416.20	21.87	79116	72419	9.90	怀来县
71.77	220.01		50944	45288	9.07	涿鹿县
31.70	127.36	17.37	27269	27269	6.78	赤城县
173.13	296.50	0.87	44110	41000	7.50	承德县
5.00	406.00		31500	28350	7.64	兴隆县
3.50	238.39	97.20	36921	33638	8.95	滦平县
45.00	302.00	2.50	42377	40816	8.39	隆化县
20.00	426.37		51974	48400	8.72	丰宁满族自治县
36.00	288.95	1.00	37612	32780	7.91	宽城满族自治县
99.70	270.00		43016	39000	9.85	围场满族蒙古族自治县
69.10	457.07		63108	48407	12.02	青　县
6.67	255.42		28731	23300	11.92	东光县
8.50	123.30	26.40	14890	13680	5.27	海兴县
83.04	362.78	52.67	32114	26333	8.25	盐山县
91.14	419.06	5.23	28600	28100	9.14	肃宁县
36.00	204.60	41.80	23500	23076	7.00	南皮县
22.80	296.00		35522	33202	10.21	吴桥县
84.00	439.80		37581	31799	12.10	献　县
19.93	148.38	6.64	13765	11830	4.50	孟村回族自治县
63.68	973.31	1.48	132526	129269	21.81	固安县
58.26	264.62	2.49	33728	24308	4.58	永清县
354.41	729.66		83616	79834	11.72	香河县
7.50	235.38		28082	27909	7.03	大城县
28.94	382.03		39736	37120	6.23	文安县

5-4 续表 2

县名称 Name of Counties	综合生产能力(万立方米/日) Integrated Production Capacity (10,000m³/ day)	地下水 Underground Water	供水管道长度(公里) Length of Water Supply Pipelines (km)	建成区 in Built District	供水总量(万立方米) Total Quantity of Water Supply (10,000m³)	生产运营用水 The Quantity of Water for Production and Operation
大厂回族自治县	3.7	3.7	112.51	112.51	420.60	139.30
枣强县	9.0	1.0	397.54	397.54	663.00	10.00
武邑县	2.0		130.00	124.00	693.00	57.00
武强县	5.8	3.0	322.30	155.60	627.06	245.00
饶阳县	3.3	1.5	262.65	106.63	630.75	367.05
安平县	4.5	1.5	365.62	365.62	1350.00	510.00
故城县	5.3	2.3	331.70	270.90	1202.00	289.00
景　县	2.5	0.5	135.70	135.70	981.00	261.00
阜城县	4.8	3.8	196.00	187.00	713.70	92.71
容城县	4.2	1.2	123.49	123.49	627.83	38.01
雄　县	5.5	0.7	347.00	347.00	798.00	345.00
安新县	2.0		131.00	131.00	436.81	18.78
山　西	**155.3**	**116.5**	**9662.23**	**8286.87**	**33938.40**	**7535.24**
清徐县			105.50	105.50	547.50	198.90
阳曲县	0.9	0.9	82.00	82.00	254.00	25.41
娄烦县	0.9	0.9	35.00	35.00	189.50	6.40
阳高县	1.4	1.4	130.00	130.00	500.13	
天镇县	1.0	1.0	80.72	74.89	241.37	22.63
广灵县	1.4	1.3	69.00	60.81	368.52	87.00
灵丘县	0.8	0.8	162.60		294.90	35.00
浑源县	2.1	2.1	131.77	131.77	646.00	124.00
左云县	0.8	0.2	205.00	143.35	187.90	19.00
云州区	1.7	1.7	150.30	150.30	269.70	
平定县	4.6	4.2	320.00		1523.32	289.75
盂　县	4.7	4.7	391.72	371.72	1463.50	464.50
襄垣县	1.7	1.7	400.90	400.90	609.00	40.00
平顺县	0.6	0.6	38.26	38.26	192.00	123.00
黎城县	1.7	1.6	82.50	74.50	420.00	151.00
壶关县	2.5	2.5	49.70	49.70	334.40	80.86
长子县	2.7	1.4	164.38	164.38	567.00	151.00
武乡县	2.0	2.0	66.10	60.20	342.00	125.16
沁　县	1.1	1.1	100.00	97.00	249.55	62.00
沁源县	0.6	0.6	128.00	128.00	188.05	30.00
沁水县	1.7		89.48	88.25	361.00	23.37
阳城县	2.0	2.0	363.00	363.00	470.00	21.25
陵川县	1.2	1.2	130.68	130.68	178.00	12.78
山阴县	1.5	1.5	255.50	255.50	418.30	63.00
应　县	1.9	1.8	440.00	210.00	745.00	176.24
右玉县	1.9	1.9	126.77	66.71	417.01	131.31
榆社县	1.4	0.8	144.00	144.00	401.45	193.14
左权县	2.5		85.00	85.00	349.45	12.53
和顺县	2.7		67.26	67.26	304.79	124.16
昔阳县	2.0	0.8	189.50	73.80	354.30	91.50
寿阳县	2.4	2.3	112.75	112.75	703.39	110.40

continued

公共服务用水 The Quantity of Water for Public Service	居民家庭用水 The Quantity of Water for Household Use	其他用水 The Quantity of Water for Other Purposes	用水户数(户) Number of Households with Access to Water Supply (unit)	家庭用户 Household User	用水人口(万人) Population with Access to Water Supply (10,000 persons)	县名称 Name of Counties
55.00	177.50		41639	38645	7.57	大厂回族自治县
130.20	400.40	9.65	40002	30802	14.30	枣强县
54.00	504.00	57.00	39950	37900	10.82	武邑县
5.10	375.30	1.50	22388	20564	7.79	武强县
6.46	181.56	3.10	23249	20812	7.29	饶阳县
133.00	547.00		33100	30100	15.13	安平县
65.00	730.00	10.00	49600	48600	17.52	故城县
55.00	540.00	5.00	31282	30702	11.75	景　县
220.20	331.29	36.00	38430	37505	11.91	阜城县
71.06	373.76		25493	25240	7.75	容城县
43.00	313.00	3.00	29340	19422	7.07	雄　县
19.00	345.00	7.00	20813	19070	7.54	安新县
4081.93	**18586.22**	**643.76**	**1593096**	**1478268**	**610.57**	**山　西**
33.00	258.60	3.00	33565	32066	9.74	清徐县
6.93	196.35	2.31	16800	15960	4.07	阳曲县
14.84	156.80		13665	13506	4.50	娄烦县
129.16	335.63		29943	28843	9.20	阳高县
11.00	171.82	3.62	28186	28186	7.28	天镇县
44.10	201.82	3.60	23817	22494	9.37	广灵县
	201.10		44037	42237	8.00	灵丘县
35.00	397.00	21.00	26140	25150	11.13	浑源县
54.30	103.30	1.00	25702	23140	5.79	左云县
92.61	138.93		25843	23712	5.30	云州区
90.80	1085.41	2.40	47534	43444	10.09	平定县
102.00	870.56	6.00	54000	44000	7.67	盂　县
95.00	377.00		31122	28122	8.13	襄垣县
25.00	32.00		10162	10162	3.82	平顺县
60.00	152.00	20.00	21237	16137	5.16	黎城县
3.50	214.59	12.05	17225	17225	6.96	壶关县
32.00	333.00	12.00	23001	22961	8.30	长子县
72.28	122.72		15871	14256	6.20	武乡县
22.40	135.55	2.00	18633	17735	5.40	沁　县
34.50	112.05	6.00	11880	10980	4.55	沁源县
86.54	117.15	0.24	13084	12622	5.80	沁水县
106.25	297.50		33086	31293	12.00	阳城县
1.76	150.26		16500	15900	5.95	陵川县
11.80	294.00	10.00	22277	22217	8.00	山阴县
31.26	403.94	88.56	32100	32100	12.83	应　县
12.00	199.33	33.07	13490	13304	6.90	右玉县
10.66	147.77	20.10	20266	19866	4.70	榆社县
93.25	172.39		28731	26495	6.80	左权县
10.00	132.17		7608	6601	5.40	和顺县
5.10	223.70	4.20	17703	15510	7.30	昔阳县
152.42	365.89	22.02	9929	8247	7.11	寿阳县

5-4 续表 3

县名称 Name of Counties	综合生产能力(万立方米/日) Integrated Production Capacity ($10,000m^3$/ day)	地下水 Underground Water	供水管道长度(公里) Length of Water Supply Pipelines (km)	建成区 in Built District	供水总量(万立方米) Total Quantity of Water Supply ($10,000m^3$)	生产运营用水 The Quantity of Water for Production and Operation
太谷区	2.0	0.1	84.70	84.70	590.61	45.16
祁　县	2.8	0.2	165.67	109.59	474.70	76.50
平遥县	1.5	1.5	141.00	141.00	550.00	
灵石县	1.1	0.9	132.02	132.02	385.30	4.15
临猗县	8.9	3.0	70.10	70.10	1373.10	944.98
万荣县	3.7	3.7	105.65	95.65	389.32	78.17
闻喜县	4.1	1.8	101.90	95.30	599.00	154.40
稷山县	5.6	5.6	328.00	328.00	576.00	4.40
新绛县	1.8	1.8	210.00	210.00	375.00	
绛　县	2.2	2.2	58.73	58.73	583.63	338.14
垣曲县	2.8	1.3	77.57	77.57	550.00	175.00
夏　县	2.2	0.7	78.28	78.28	185.00	39.86
平陆县	1.6	0.8	79.00	79.00	469.70	93.80
芮城县	2.0	2.0	65.91	65.91	490.73	213.63
定襄县	2.4	2.1	89.30	74.90	698.50	371.00
五台县	1.6	1.0	57.35	57.35	446.05	126.60
代　县	1.3	1.3	80.10	80.10	405.00	15.00
繁峙县	12.6	12.6	84.99	78.99	648.80	50.00
宁武县	1.3		130.00	91.00	340.20	34.20
静乐县	2.2	1.2	48.00	42.00	295.50	105.20
神池县	1.0	1.0	109.76	54.22	211.40	57.00
五寨县	1.1	1.1	57.00	53.50	341.00	120.00
岢岚县	0.9	0.3	49.00	49.00	203.30	49.00
河曲县	0.9	0.9	82.22	82.22	293.52	52.20
保德县	1.2	1.2	70.00	70.00	360.00	22.00
偏关县	0.6	0.6	48.92	48.92	150.00	15.00
曲沃县	1.1	1.1	97.82	97.82	356.13	33.13
翼城县	2.8	2.8	143.05	116.05	530.20	213.00
襄汾县	1.0	1.0	47.92	47.92	266.09	0.10
洪洞县	2.3		162.69	148.42	782.33	97.11
古　县	0.8	0.5	161.44	161.44	204.97	32.86
安泽县	0.6	0.6	48.50	48.50	121.27	14.29
浮山县	1.0	1.0	66.80	66.80	201.24	20.00
吉　县	0.4	0.4	192.00	192.00	125.98	5.60
乡宁县	1.5	0.8	77.40	77.40	299.00	
大宁县	0.5	0.5	19.39	19.39	108.88	25.57
隰　县	0.5	0.5	53.30	53.30	163.53	12.90
永和县	0.3	0.3	51.50	51.50	95.10	15.00
蒲　县	1.1	1.1	152.00	152.00	278.10	20.00
汾西县	0.6	0.6	81.00	66.00	170.60	8.66
文水县	2.1	1.3	153.54	153.13	491.64	123.73
交城县	2.0	2.0	150.94	150.94	525.37	101.83
兴　县	1.4	1.4	48.00	31.70	365.00	5.50
临　县	1.2	0.1	47.00	47.00	395.04	53.22

continued

公共服务用水 The Quantity of Water for Public Service	居民家庭用水 The Quantity of Water for Household Use	其他用水 The Quantity of Water for Other Purposes	用水户数(户) Number of Households with Access to Water Supply (unit)	家庭用户 Household User	用水人口(万人) Population with Access to Water Supply (10,000 persons)	县名称 Name of Counties
37.00	466.00	30.45	44961	41180	13.40	太谷区
96.35	250.76		15121	12983	10.47	祁　县
180.90	341.60		13554	12131	14.03	平遥县
107.58	228.07		19833	19814	13.50	灵石县
59.18	280.31	6.00	29350	28920	15.01	临猗县
12.93	248.52	3.00	15454	14774	11.40	万荣县
65.50	361.60	17.09	16934	16934	8.90	闻喜县
5.60	519.75	23.00	29170	22516	10.95	稷山县
5.00	355.00		24900	24400	12.15	新绛县
9.20	205.59	5.70	13431	13017	6.37	绛　县
22.00	311.00		25390	22519	10.20	垣曲县
16.81	80.00	23.33	4817	3856	4.60	夏　县
1.50	350.40	1.50	20262	17028	7.17	平陆县
6.00	230.10	6.00	4861	4315	8.80	芮城县
133.00	131.50	17.00	10800	10000	7.31	定襄县
116.53	83.98	55.96	14463	12085	4.70	五台县
22.00	320.92	13.00	15104	14391	5.85	代　县
253.50	321.80	1.00	28706	28523	8.99	繁峙县
21.70	172.00	0.20	28530	28420	6.80	宁武县
27.78	95.95	44.35	3680	3654	5.95	静乐县
31.12	92.47	6.42	14104	14012	4.70	神池县
80.00	95.00	20.00	17610	16901	6.46	五寨县
35.00	57.30		16620	15590	4.36	岢岚县
58.20	150.38	0.44	18579	16519	6.84	河曲县
45.00	226.00	3.00	27000	26005	8.60	保德县
8.20	101.00		11424	10391	4.17	偏关县
6.17	252.20	0.13	14335	12955	6.71	曲沃县
67.00	205.50	4.00	27569	24300	8.34	翼城县
70.81	146.21	7.88	23588	21507	10.80	襄汾县
202.87	400.06	1.64	48035	43024	14.00	洪洞县
13.00	120.71	5.00	12801	11725	4.51	古　县
10.50	85.38		5928	4828	3.00	安泽县
3.54	173.70		10720	7600	5.36	浮山县
12.90	98.90		13562	13213	4.52	吉　县
57.00	187.00		14852	14250	6.28	乡宁县
39.08	34.57	1.56	8509	7538	2.91	大宁县
14.80	124.30	3.50	11878	10470	5.00	隰　县
2.00	66.90	1.00	7915	7711	2.70	永和县
70.04	158.00	22.46	18647	16972	3.00	蒲　县
8.70	131.14	1.10	13412	11812	5.40	汾西县
2.50	317.31		18547	17596	11.10	文水县
83.38	257.57	11.94	9049	8146	9.00	交城县
7.60	315.40	6.20	21720	18582	10.86	兴　县
60.00	208.28	21.54	29932	28071	11.97	临　县

5-4 续表 4

县名称 Name of Counties	综合生产能力（万立方米/日） Integrated Production Capacity (10,000m³/ day)	地下水 Underground Water	供水管道长度（公里） Length of Water Supply Pipelines (km)	建成区 in Built District	供水总量（万立方米） Total Quantity of Water Supply (10,000m³)	生产运营用水 The Quantity of Water for Production and Operation
柳林县	4.0	4.0	87.88	87.88	699.00	
石楼县	0.6	0.6	32.00	32.00	183.00	15.00
岚　县	2.0	2.0	108.00	55.00	449.38	33.38
方山县	1.0	1.0	47.00	31.90	175.20	3.68
中阳县	1.8		65.00	39.00	700.00	520.00
交口县	1.2	1.2	65.50	56.50	174.96	
内蒙古	**160.6**	**156.9**	**12075.59**	**11611.68**	**30708.12**	**7671.15**
土左旗	1.4	1.4	158.30	158.30	135.20	6.75
托　县	1.0	1.0	249.80	249.80	164.00	21.00
和林县	0.6	0.6	190.00	190.00	219.00	9.36
清水河县	0.7	0.7	68.50	67.80	156.00	30.00
武川县	1.4	1.4	99.00	99.00	298.22	12.02
土右旗	3.5	3.5	325.00	325.00	460.00	22.00
固阳县	1.7	1.7	143.80	143.80	283.80	65.66
达尔罕茂明安联合旗	1.1	1.1	70.85	70.85	160.00	15.00
阿鲁科尔沁旗	4.5	4.5	304.95	304.95	660.31	195.00
巴林左旗	2.7	2.7	504.30	455.00	839.00	260.00
巴林右旗	1.8	1.8	64.62	51.19	471.97	178.40
林西县	1.5	1.5	250.56	250.56	515.73	111.73
克什克腾旗	3.0	3.0	80.00	80.00	398.00	62.00
翁牛特旗	9.0	9.0	146.51	145.41	1074.50	394.75
喀喇沁旗	3.9	3.9	50.00	50.00	882.90	81.33
宁城县	4.9	4.9	66.20	66.20	1324.72	938.80
敖汉旗	5.0	5.0	277.80	272.80	914.00	390.00
科左中旗	3.0	3.0	81.12	81.12	266.60	54.50
科左后旗	1.8	1.8	62.00	57.00	541.50	150.50
开鲁县	6.2	6.2	176.44	156.44	1345.00	510.00
库伦旗	0.5	0.5	126.00	126.00	190.00	15.00
奈曼旗	2.4	2.4	97.40	97.40	357.00	60.00
扎鲁特旗	3.2	3.2	541.00	541.00	785.00	380.00
达拉特旗	5.8	5.8	223.57	223.57	968.93	162.06
准格尔旗	5.6	5.6	211.12	211.12	959.93	121.00
鄂托克前旗	0.7	0.7	130.00	130.00	165.82	47.07
鄂托克旗	1.9	1.9	124.00	124.00	148.00	
杭锦旗	1.0	1.0	305.00	305.00	218.54	8.57
乌审旗	1.9	1.9	226.00	226.00	249.91	23.71
伊金霍洛旗	5.0	5.0	661.13	661.13	770.78	144.62
阿荣旗	2.2	2.2	155.92	155.92	652.86	282.26
莫　旗	3.6	3.6	68.03	68.03	684.00	365.00
鄂伦春旗	2.0	2.0	30.00	30.00	248.00	15.00
鄂温克旗			44.70	44.70	308.00	15.01
陈巴尔虎旗	0.4	0.4	58.00	58.00	112.60	12.00
新左旗	0.2	0.2	7.38	7.38	51.70	0.30
新右旗	0.6	0.4	75.70	75.70	158.42	19.85

continued

公共服务用水 The Quantity of Water for Public Service	居民家庭用水 The Quantity of Water for Household Use	其他用水 The Quantity of Water for Other Purposes	用水户数(户) Number of Households with Access to Water Supply (unit)	家庭用户 Household User	用水人口(万人) Population with Access to Water Supply (10,000 persons)	县名称 Name of Counties
249.00	382.00	5.00	3054	2465	10.75	柳林县
31.00	125.00		16000	15500	5.30	石楼县
	356.00		17300	17300	7.00	岚　县
76.00	65.00		18487	18487	4.83	方山县
21.00	68.80	0.20	2280	2247	8.80	中阳县
36.00	128.96		7181	6620	3.30	交口县
3898.04	**13276.08**	**1721.05**	**2087586**	**1842480**	**500.23**	**内蒙古**
13.50	94.50	20.25	31023	30043	5.85	土左旗
21.00	98.00	5.00	25116	25116	7.00	托　县
36.10	128.30	1.12	33586	32205	5.30	和林县
41.00	68.00	10.00	14632	13361	3.76	清水河县
62.35	107.96	0.75	26602	25206	6.00	武川县
31.00	393.00	2.00	41000	40891	13.00	土右旗
23.82	120.92	16.60	27120	17427	7.31	固阳县
21.00	92.00	8.00	21000	19835	4.20	达尔罕茂明安联合旗
76.20	313.30	40.00	46878	39282	12.41	阿鲁科尔沁旗
103.00	333.00	74.00	58436	58405	11.51	巴林左旗
25.40	176.28	4.89	42951	37135	7.75	巴林右旗
85.00	206.00	36.00	36432	32493	10.62	林西县
47.00	265.00		29450	27140	8.16	克什克腾旗
60.75	514.00	32.00	56408	55044	16.30	翁牛特旗
258.54	391.51	93.52	30951	28151	7.79	喀喇沁旗
47.00	236.30	25.50	53000	43000	14.81	宁城县
96.50	349.50	18.00	50277	44255	13.08	敖汉旗
16.50	135.00	50.00	22242	20112	6.34	科左中旗
116.00	179.00	70.00	23228	21415	8.25	科左后旗
245.00	190.00	135.00	40024	35000	8.32	开鲁县
8.00	132.00	5.00	19500	18766	5.63	库伦旗
83.00	172.00	25.00	34924	30659	10.22	奈曼旗
132.00	246.00		42176	37568	10.80	扎鲁特旗
165.32	494.54	14.10	79915	63768	17.98	达拉特旗
161.75	487.70	103.49	56573	47248	19.68	准格尔旗
	117.20	0.78	19891	19891	4.53	鄂托克前旗
47.08	88.00	0.92	30380	23998	4.12	鄂托克旗
20.35	167.09	0.82	28535	26054	4.88	杭锦旗
12.00	177.80	14.00	15638	14238	5.89	乌审旗
47.31	362.19	143.96	70929	58600	15.10	伊金霍洛旗
81.50	227.06	1.02	37615	29962	7.15	阿荣旗
54.00	226.00	20.00	25744	23010	8.25	莫　旗
10.00	195.00	5.00	12960	12340	4.69	鄂伦春旗
68.13	128.64	66.01	32202	29400	6.11	鄂温克旗
20.00	69.60		8999	8314	1.94	陈巴尔虎旗
8.00	40.00	0.20	3568	2986	1.60	新左旗
10.60	112.52		10778	9161	2.23	新右旗

5-4 续表 5

县名称 Name of Counties	综合生产能力(万立方米/日) Integrated Production Capacity (10,000m³/ day)	地下水 Underground Water	供水管道长度(公里) Length of Water Supply Pipelines (km)	建成区 in Built District	供水总量(万立方米) Total Quantity of Water Supply (10,000m³)	生产运营用水 The Quantity of Water for Production and Operation
五原县	4.6	4.5	230.55	230.55	476.87	83.71
磴口县	4.3	4.3	172.45	94.00	492.00	224.71
乌拉特前旗	4.0	4.0	251.82	251.82	630.00	148.80
乌拉特中旗	1.3	1.3	122.50	111.50	280.10	22.25
乌拉特后旗	1.5	1.5	96.08	96.08	166.50	3.20
杭锦后旗	5.4	5.4	255.80	250.00	873.00	365.50
卓资县	0.8	0.8	78.00	78.00	265.00	5.50
化德县	0.7	0.7	200.40	200.40	256.80	19.40
商都县	1.5	1.5	146.92	146.92	547.50	83.77
兴和县	1.0	0.8	109.00	109.00	364.08	2.00
凉城县	1.3	1.3	60.02	57.27	280.50	13.50
察右前旗	2.0	1.9	258.53	218.46	381.37	113.03
察右中旗	1.8	1.8	122.00	122.00	394.20	20.00
察右后旗	1.3	1.3	60.50	60.50	253.50	3.20
四子王旗	2.1	2.1	311.00	311.00	370.00	7.00
科尔沁右翼前旗	5.0	5.0	225.00	225.00	457.86	72.45
科右中旗	1.4	0.9	129.28	129.28	506.24	286.56
扎赉特旗	2.2	2.2	258.62	129.31	590.80	
突泉县	1.1	1.1	127.20	127.00	396.00	117.00
阿巴嘎旗	0.4	0.4	89.70	89.70	132.00	0.10
苏尼特左旗	0.5	0.5	33.10	33.10	132.00	20.97
苏尼特右旗	2.0	2.0	103.10	103.10	359.88	58.68
东乌珠穆沁旗	1.0	1.0	135.38	135.38	271.18	53.60
西乌珠穆沁旗	2.0	2.0	143.80	143.80	219.24	
太仆寺旗	1.6	1.6	85.28	85.28	342.00	21.00
镶黄旗	0.5	0.5	122.04	122.04	93.65	15.00
正镶白旗	0.5	0.5	184.20	82.40	94.40	18.30
正蓝旗	1.6	0.8	113.10	113.10	225.83	17.86
多伦县	0.9	0.9	159.80	159.80	325.80	14.21
阿拉善左旗	9.0	7.3	621.60	621.60	2078.66	659.10
阿拉善右旗	0.4	0.4	436.12	436.12	96.53	
额济纳旗	1.5	1.5	178.00	178.00	214.69	20.50
辽 宁	**72.1**	**18.0**	**5004.55**	**4468.59**	**15442.74**	**1527.39**
康平县	2.1	2.1	185.00	185.00	796.03	152.30
法库县	8.3	2.8	248.10	204.10	912.00	7.39
长海县	5.4		713.71	416.26	224.14	30.94
台安县	2.5	2.5	243.10	243.10	877.03	21.02
岫岩满族自治县	3.5		162.80	162.80	729.27	80.30
抚顺县						
新宾满族自治县	1.5		110.48	110.48	331.55	5.33
清原满族自治县	8.0		163.00	163.00	780.00	78.00
本溪满族自治县	6.5		138.60	138.60	776.00	87.00
桓仁满族自治县	3.2		265.00	265.00	1068.00	32.00
宽甸满族自治县	2.1		238.00	230.00	760.00	33.00

continued

公共服务用水 The Quantity of Water for Public Service	居民家庭用水 The Quantity of Water for Household Use	其他用水 The Quantity of Water for Other Purposes	用水户数(户) Number of Households with Access to Water Supply (unit)	家庭用户 Household User	用水人口(万人) Population with Access to Water Supply (10,000 persons)	县名称 Name of Counties
69.46	255.45	0.38	33800	24700	11.03	五原县
59.20	129.09		25500	17977	5.29	磴口县
120.59	272.43	68.02	44265	42697	10.85	乌拉特前旗
26.57	182.79	6.93	20954	18454	4.59	乌拉特中旗
7.90	118.80	4.80	12633	12000	3.99	乌拉特后旗
33.30	222.20	19.00	42134	41657	11.21	杭锦后旗
72.21	172.89	4.10	15115	14010	4.80	卓资县
54.00	131.50	20.60	27647	20419	6.49	化德县
136.61	268.81	12.31	51000	48000	10.86	商都县
31.00	292.60	2.00	37794	37078	9.75	兴和县
23.00	200.16		21001	20500	7.57	凉城县
49.19	195.40	23.43	28469	15441	6.13	察右前旗
12.00	327.20	4.00	19000	18250	5.43	察右中旗
36.00	161.30	11.00	15891	12751	6.21	察右后旗
10.00	298.00	20.00	38907	34096	8.46	四子王旗
42.67	281.54		40000	39701	4.70	科尔沁右翼前旗
2.37	108.46	23.17	26000	25000	7.80	科右中旗
154.20	283.80	76.40	50548	42741	7.61	扎赉特旗
36.00	128.30	83.70	18000	18000	6.89	突泉县
18.80	76.40	1.70	15000	9200	2.43	阿巴嘎旗
21.71	45.55	22.07	8011	6697	1.53	苏尼特左旗
9.10	77.93	0.92	23121	22400	4.67	苏尼特右旗
44.85	111.41	19.46	21192	18270	2.60	东乌珠穆沁旗
28.48	99.65	8.08	28101	23969	3.59	西乌珠穆沁旗
43.00	91.00	165.00	24252	23129	6.65	太仆寺旗
25.00	41.74	1.41	7850	7426	3.13	镶黄旗
13.40	47.00	0.16	9067	7805	3.15	正镶白旗
25.04	134.02	13.03	23352	15178	3.70	正蓝旗
51.00	227.00		19470	18435	6.29	多伦县
208.00	342.00		76053	66701	11.08	阿拉善左旗
19.19	50.50	13.86	9606	7854	1.36	阿拉善右旗
58.50	66.25	52.59	13170	10465	1.83	额济纳旗
1698.79	**6917.08**	**536.31**	**1030457**	**924847**	**211.23**	**辽　宁**
131.70	263.98	5.08	39657	33539	8.60	康平县
28.03	442.25	101.13	64918	57882	18.70	法库县
12.99	93.01		20958	19259	3.85	长海县
106.19	332.50	10.59	65252	60930	9.29	台安县
102.30	303.81	26.46	48063	41627	14.00	岫岩满族自治县
						抚顺县
44.08	181.54		25900	23800	6.34	新宾满族自治县
102.00	275.00	75.00	33980	26600	6.50	清原满族自治县
22.00	334.00	25.00	58254	50457	7.75	本溪满族自治县
142.00	470.00	20.00	62400	54000	9.03	桓仁满族自治县
14.00	395.00		50256	44810	11.30	宽甸满族自治县

5-4 续表 6

县名称 Name of Counties	综合生产能力（万立方米/日） Integrated Production Capacity ($10,000m^3$/ day)	地下水 Underground Water	供水管道长度（公里） Length of Water Supply Pipelines (km)	建成区 in Built District	供水总量（万立方米） Total Quantity of Water Supply ($10,000m^3$)	生产运营用水 The Quantity of Water for Production and Operation
黑山县	2.8	2.8	258.00	258.00	715.00	17.00
义　县	2.5		184.96	184.96	850.00	110.00
阜新蒙古族自治县	0.3	0.3	214.00	214.00	479.00	
彰武县	1.1	1.1	240.00	240.00	438.00	50.00
辽阳县	5.0		113.00	113.00	1027.00	61.00
盘山县	0.3	0.3	203.64	120.04	529.32	206.40
铁岭县						
西丰县	3.0		253.00	186.00	800.00	202.00
昌图县	5.0		178.11	178.10	858.00	70.00
朝阳县	0.2	0.2	25.00	25.00	73.00	0.50
建平县	3.5	3.5	304.91	304.91	911.00	237.81
喀喇沁左翼蒙古族自治县	2.1	0.9	173.45	173.45	299.00	28.00
绥中县	1.5	1.5	147.99	112.09	660.00	
建昌县	1.8		240.70	240.70	549.40	17.40
吉　林	**52.9**	**15.9**	**2998.44**	**2941.55**	**11099.57**	**1700.86**
农安县	4.6	0.1	572.03	571.38	1088.06	321.18
永吉县	0.0	0.0	130.00	130.00	572.06	63.43
梨树县	0.9	0.9	42.07	42.07	289.86	
伊通满族自治县	1.0	1.0	188.64	188.64	371.32	
东丰县	3.8	0.1	136.18	136.18	465.06	13.36
东辽县	2.0	0.0	14.53		261.50	9.47
通化县	3.0		145.67	115.56	514.80	71.00
辉南县	3.1		164.00	164.00	1003.00	185.00
柳河县	2.8		221.00	221.00	699.00	57.00
抚松县	4.0		48.16	48.16	614.99	71.01
靖宇县	1.3	1.3	148.00	148.00	474.50	14.00
长白朝鲜族自治县	3.0	0.9	58.60	49.00	654.49	72.29
前郭县	5.0		40.75	40.75	750.09	44.62
长岭县	2.8	2.8	180.72	180.72	274.77	14.00
乾安县	3.0	3.0	156.00	156.00	666.00	320.80
镇赉县	3.2	3.2	326.02	326.02	455.00	102.00
通榆县	2.5	2.5	172.00	172.00	735.57	150.00
汪清县	5.5	0.1	200.07	198.07	689.50	84.50
安图县	1.5		54.00	54.00	520.00	107.20
黑龙江	**114.2**	**90.4**	**6207.47**	**6088.55**	**18827.07**	**3203.19**
依兰县	2.0	2.0	146.49	146.49	540.00	70.00
方正县	1.5	1.5	55.50	55.50	334.00	2.22
宾　县	2.1	0.1	82.24	82.24	553.51	108.08
巴彦县	1.5	1.5	153.23	153.23	397.00	75.10
木兰县	1.0	1.0	86.20	43.10	365.00	24.00
通河县	1.0	1.0	110.00	110.00	270.00	16.10
延寿县	1.5	0.4	241.40	207.40	416.80	50.00
龙江县	4.3	4.3	173.92	173.92	709.45	106.65

continued

公共服务用水 The Quantity of Water for Public Service	居民家庭用水 The Quantity of Water for Household Use	其他用水 The Quantity of Water for Other Purposes	用水户数(户) Number of Households with Access to Water Supply (unit)	家庭用户 Household User	用水人口(万人) Population with Access to Water Supply (10,000 persons)	县名称 Name of Counties
160.00	343.00	40.00	42500	42500	13.00	黑山县
109.00	489.00	21.00	45000	41000	9.10	义　县
131.00	168.00	51.00	31549	29129	5.25	阜新蒙古族自治县
92.00	215.00		32000	28000	5.00	彰武县
32.00	638.00	37.00	69900	67000	15.00	辽阳县
66.30	147.10	5.40	27120	22781	6.65	盘山县
						铁岭县
30.00	307.00	23.00	37900	34260	8.27	西丰县
180.00	382.00	20.00	70776	59192	11.50	昌图县
0.20	59.95	0.40	12647	12032	3.33	朝阳县
60.00	299.94	75.25	50673	47549	15.42	建平县
63.00	150.00		36007	31500	7.10	喀喇沁左翼蒙古族自治县
70.00	389.00		63747	60000	10.90	绥中县
	238.00		41000	37000	5.35	建昌县
1107.93	**4592.72**	**806.35**	**703220**	**639266**	**165.32**	**吉　林**
32.00	696.07	21.01	1977	1947	21.29	农安县
65.63	223.00		53287	49239	10.00	永吉县
9.82	176.02	27.18	41550	35819	8.40	梨树县
	227.52	82.80	57258	50236	8.35	伊通满族自治县
107.30	270.02	2.05	37854	32469	10.15	东丰县
26.86	67.68	55.84	16860	14954	3.10	东辽县
46.20	130.70	7.30	29000	28200	5.90	通化县
95.00	347.00	176.00	53047	46675	11.69	辉南县
129.00	350.00	2.00	59361	54677	7.00	柳河县
48.18	152.16	138.64	28431	25753	5.07	抚松县
25.00	186.00	8.00	37000	35000	6.00	靖宇县
159.80	214.20	27.45	11295	11295	3.72	长白朝鲜族自治县
128.22	219.49	76.83	55323	50039	10.80	前郭县
25.20	186.36	25.00	43115	42919	11.49	长岭县
32.20	269.00	4.00	26011	25355	9.89	乾安县
61.00	211.00	8.00	50648	44612	7.54	镇赉县
41.52	204.00	100.05	47112	43055	9.43	通榆县
33.20	290.00	4.20	26993	23230	9.00	汪清县
41.80	172.50	40.00	27098	23792	6.50	安图县
2021.73	**9439.36**	**533.34**	**1555930**	**1369573**	**345.61**	**黑龙江**
40.00	280.00		39000	36600	9.20	依兰县
35.21	206.80	13.06	15017	14000	5.05	方正县
34.63	319.80	15.00	42464	38974	11.29	宾　县
31.80	260.08		51830	37865	9.78	巴彦县
5.00	315.00		20565	16940	5.40	木兰县
23.90	160.00	10.00	19310	17310	7.20	通河县
8.00	222.30	20.00	38477	34207	7.13	延寿县
42.70	250.00	0.47	62452	61364	11.97	龙江县

5-4 续表 7

县名称 Name of Counties	综合生产能力（万立方米/日） Integrated Production Capacity (10,000m³/ day)	地下水 Underground Water	供水管道长度（公里） Length of Water Supply Pipelines (km)	建成区 in Built District	供水总量（万立方米） Total Quantity of Water Supply (10,000m³)	生产运营用水 The Quantity of Water for Production and Operation
依安县	6.0	6.0	121.17	121.17	461.65	180.60
泰来县	2.2	2.2	81.07	81.07	305.50	7.30
甘南县	3.2	3.2	154.97	154.97	347.31	81.50
富裕县	0.9	0.9	180.74	180.74	191.30	8.65
克山县	2.3	2.3	262.00	262.00	390.59	97.78
克东县	1.0	1.0	230.00	230.00	198.15	39.15
拜泉县	1.7	1.7	193.40	193.40	410.10	
鸡东县	3.5	0.5	51.00	51.00	445.00	42.00
萝北县	3.0	3.0	112.19	112.19	186.00	12.28
绥滨县	7.0	7.0	75.13	75.13	212.50	20.00
集贤县	1.7	1.7	138.12	130.20	590.35	175.92
友谊县	1.5	1.5	170.00	164.00	300.00	4.00
宝清县	3.0	3.0	292.90	292.90	800.00	30.00
饶河县	0.7	0.7	176.00	176.00	144.00	12.90
肇州县	1.5	1.5	82.65	82.65	435.00	6.00
肇源县	2.0	2.0	93.26	93.26	636.00	30.60
林甸县	2.0	2.0	130.00	130.00	300.00	5.89
杜尔伯特蒙古族自治县	2.0	2.0	169.00	169.00	330.45	126.00
嘉荫县	1.0	1.0	87.08	87.08	188.23	12.00
汤旺县	1.8	1.8	145.14	145.14	361.30	82.50
丰林县	1.9	1.9	253.62	253.62	389.90	139.90
大箐山县	0.5	0.5	97.19	97.19	146.80	7.80
南岔县	7.2		102.00	102.00	667.00	320.00
桦南县	3.1	3.1	120.98	105.48	500.12	148.79
桦川县	2.8	2.8	134.29	134.29	481.00	40.00
汤原县	2.4	2.4	133.53	133.53	326.00	82.00
勃利县	2.5	2.5	172.16	172.16	707.00	239.00
林口县	3.0		156.00	156.00	375.00	51.75
逊克县	1.0	1.0	107.00	100.80	220.00	24.00
孙吴县	2.0		169.39	169.39	217.80	43.77
望奎县	1.0	1.0	77.00	75.80	290.00	20.60
兰西县	3.5	1.0	98.39	98.39	510.00	68.00
青冈县	3.0	3.0	150.00	150.00	480.00	45.00
庆安县	4.9	4.9	90.20	90.20	852.00	343.00
明水县	3.0	3.0	68.62	68.62	237.20	20.00
绥棱县	3.1	0.1	60.00	55.00	509.06	33.86
呼玛县	0.7	0.7	62.30	62.30	182.50	16.50
塔河县	1.4	1.4	70.00	70.00	150.00	4.00
加格达奇区	4.6	4.6	90.00	90.00	766.50	128.00
江　苏	**292.1**	**16.0**	**11877.01**	**9770.60**	**51808.07**	**13151.26**
丰　县	23.0	1.0	535.71	479.96	2469.33	776.30
沛　县	28.0	0.2	885.82	885.82	4630.46	872.20
睢宁县	18.0	3.0	767.00	623.90	2274.63	264.12
如东县	10.0		1514.90	760.00	3832.00	1600.00

continued

公共服务用水 The Quantity of Water for Public Service	居民家庭用水 The Quantity of Water for Household Use	其他用水 The Quantity of Water for Other Purposes	用水户数(户) Number of Households with Access to Water Supply (unit)	家庭用户 Household User	用水人口(万人) Population with Access to Water Supply (10,000 persons)	县名称 Name of Counties
20.00	214.90	7.65	20118	19097	6.91	依安县
69.97	147.33	12.00	35096	30739	7.11	泰来县
28.00	188.00	8.90	30355	29798	7.90	甘南县
25.29	118.64	14.22	33407	30401	7.00	富裕县
8.50	160.14	24.90	36244	33252	9.49	克山县
17.00	120.00	2.00	19009	17000	4.50	克东县
39.00	246.00	19.10	39261	30805	8.07	拜泉县
63.00	181.00	8.00	36177	23963	5.50	鸡东县
10.83	126.63	2.12	24767	21245	4.15	萝北县
27.50	125.30	0.70	28526	26754	4.90	绥滨县
15.83	215.35	59.40	50252	46820	7.91	集贤县
12.00	261.50		13200	10290	3.48	友谊县
151.16	532.51	6.78	51113	43812	11.83	宝清县
32.77	72.86	2.13	16196	14070	3.65	饶河县
55.00	225.00	14.00	26708	25354	9.50	肇州县
183.00	263.40	55.00	31526	29100	8.58	肇源县
63.90	141.51	23.70	21900	21000	6.96	林甸县
11.00	151.65		29804	24538	6.86	杜尔伯特蒙古族自治县
53.00	75.98	14.00	7242	6466	2.45	嘉荫县
56.10	188.60	17.10	15219	14174	2.27	汤旺县
26.50	165.00	7.80	32739	30435	9.20	丰林县
22.00	69.00		10120	10092	3.00	大箐山县
35.00	230.00	35.00	40120	27230	9.90	南岔县
98.44	176.48	0.91	62189	60734	11.00	桦南县
30.00	238.00		25341	23663	6.50	桦川县
33.00	176.00	2.00	40762	33817	6.95	汤原县
82.00	174.00	31.00	30913	30390	8.99	勃利县
36.20	150.10	20.70	55800	35810	7.30	林口县
15.00	102.00	22.00	20657	18084	4.20	逊克县
5.00	115.00		24903	22697	3.01	孙吴县
27.50	198.80		49800	48500	9.60	望奎县
120.00	210.00		37100	30200	9.10	兰西县
27.00	273.00		58000	45000	14.90	青冈县
105.00	343.00	2.00	42175	41025	10.00	庆安县
38.00	115.20	10.00	18750	18240	6.95	明水县
90.00	288.00	0.20	59100	51000	11.37	绥棱县
36.00	90.50	5.50	8844	8434	2.30	呼玛县
10.00	80.00	16.00	15382	14284	3.80	塔河县
21.00	475.00	30.00	68000	64000	11.50	加格达奇区
6507.44	**23393.25**	**2206.56**	**2346482**	**2138036**	**524.09**	**江　苏**
487.19	981.09	28.26	116842	108129	28.63	丰　县
411.32	2657.58	88.16	104617	99201	42.36	沛　县
490.38	1484.20	1.74	156548	126539	27.80	睢宁县
586.00	845.00	670.00	97754	95330	24.08	如东县

5-4 续表 8

县名称 Name of Counties	综合生产能力（万立方米/日） Integrated Production Capacity (10,000m³/ day)	地下水 Underground Water	供水管道长度（公里） Length of Water Supply Pipelines (km)	建成区 in Built District	供水总量（万立方米） Total Quantity of Water Supply (10,000m³)	生产运营用水 The Quantity of Water for Production and Operation
东海县	5.0		646.72	512.00	1705.76	443.00
灌云县	5.0		821.63	821.63	1755.60	780.00
灌南县	8.0		300.00	219.00	1207.00	110.00
涟水县	30.7	0.2	632.01	632.01	2850.77	709.37
盱眙县	12.6	0.1	482.02	481.02	2493.50	684.06
金湖县	10.3	0.0	325.00	325.00	2305.89	644.25
响水县	5.0		352.50	352.50	1504.07	243.55
滨海县	12.0		504.20	504.20	1905.87	159.50
阜宁县	15.0		369.98	369.98	2833.00	756.00
射阳县	12.0	2.0	364.25	362.75	1940.80	201.48
建湖县	15.0		1510.13	906.00	2465.00	360.00
宝应县	13.9	0.4	657.07	410.05	2755.58	696.58
沭阳县	26.4	0.1	654.29	575.00	4951.96	1189.00
泗阳县	16.2	0.3	245.25	245.25	4445.97	1485.97
泗洪县	26.2	8.7	308.53	304.53	3480.88	1175.88
浙　江	**366.5**	**0.2**	**17550.47**	**13283.58**	**67050.10**	**21192.12**
桐庐县	10.2	0.0	625.46	625.46	2295.53	525.53
淳安县	8.0		381.55	381.55	1152.26	338.81
象山县	23.0		1320.81	1179.55	4378.02	1245.30
宁海县	23.0		856.88	856.88	3553.58	966.48
永嘉县	4.0		283.24	156.48	493.17	
平阳县	15.0		260.48	119.40	1930.90	419.50
苍南县	13.0		491.21	346.78	3400.10	850.00
文成县	1.4		90.95	80.00	501.04	21.36
泰顺县	3.0		101.11	92.00	742.50	75.00
嘉善县	21.0		330.53	320.63	2698.00	921.00
海盐县	21.0		617.40	594.00	4421.43	2850.41
德清县	14.5		905.00	801.00	3021.16	646.05
长兴县	19.0		1203.52	763.88	5051.11	1923.45
安吉县	15.0		314.14	273.71	4039.18	953.69
新昌县	14.0		2858.11	789.51	3450.40	1351.22
武义县	15.5	0.1	599.94	377.64	3454.75	1576.99
浦江县	37.5		977.00	882.00	3954.00	1402.00
磐安县	3.0		176.10	176.10	492.44	154.35
常山县	9.8		494.00	270.00	1977.29	926.10
开化县	10.0		200.86	192.97	709.36	256.75
龙游县	7.0		560.94	560.94	1664.95	842.61
岱山县	5.8		174.60	174.60	491.83	152.64
嵊泗县	2.8		124.00	124.00	254.90	
三门县	8.0		466.84	393.05	1490.12	187.47
天台县	10.0		319.92	319.92	2602.18	433.70
仙居县	5.0		1080.76	923.76	2186.00	704.00
青田县	10.0		123.64	123.64	1294.18	293.27
缙云县	5.0		186.45	168.30	1081.99	308.47

continued

公共服务用水 The Quantity of Water for Public Service	居民家庭用水 The Quantity of Water for Household Use	其他用水 The Quantity of Water for Other Purposes	用水户数(户) Number of Households with Access to Water Supply (unit)	家庭用户 Household User	用水人口(万人) Population with Access to Water Supply (10,000 persons)	县名称 Name of Counties
72.00	748.30	197.00	85700	76540	28.93	东海县
185.60	575.50	22.50	66789	60110	26.39	灌云县
342.00	520.00	25.00	69437	69216	21.55	灌南县
182.60	1180.00	21.00	163301	156533	28.10	涟水县
96.90	1077.22	341.96	130699	118761	25.53	盱眙县
302.60	853.01	218.03	86560	82530	11.60	金湖县
341.42	664.10	102.00	36877	36877	12.92	响水县
343.00	1091.50	0.40	120011	116933	25.52	滨海县
422.00	1153.00	1.00	157089	152589	32.30	阜宁县
401.92	1218.66	46.56	95635	95243	25.80	射阳县
194.90	1426.00		150243	140776	23.63	建湖县
350.68	930.19	112.73	137023	129000	26.53	宝应县
193.00	2982.60	33.00	230682	226899	48.45	沭阳县
845.00	1485.00	181.10	173172	156340	36.49	泗阳县
258.93	1520.30	116.12	167503	90490	27.48	泗洪县
5513.41	**27951.55**	**3355.39**	**2282838**	**2023722**	**449.10**	**浙　江**
480.00	1080.00	90.00	90971	80201	19.87	桐庐县
124.20	466.14	44.50	72321	54870	10.55	淳安县
318.31	1463.07	415.50	136234	125397	21.25	象山县
197.00	1818.24	11.19	132281	116672	24.26	宁海县
36.26	395.92	18.32	26611	25463	10.22	永嘉县
59.00	1209.10	60.50	46050	40862	15.56	平阳县
260.00	1678.00	110.00	88361	87205	17.60	苍南县
13.84	399.67	9.89	26373	23915	6.07	文成县
64.00	462.00	65.00	22355	19235	7.71	泰顺县
317.00	1177.00	4.00	193609	178712	21.17	嘉善县
84.41	960.75	26.94	68631	55610	16.09	海盐县
378.33	742.81	724.64	92052	78191	15.90	德清县
725.15	1867.52	17.67	148376	132605	30.45	长兴县
174.79	1630.86	480.92	83148	68792	25.45	安吉县
21.82	1433.74	147.72	110535	91788	22.17	新昌县
190.55	1257.19	0.02	89592	80157	21.44	武义县
529.00	1675.00	31.38	130775	104212	23.49	浦江县
50.09	227.56	10.07	14373	13265	4.14	磐安县
143.70	630.19		35000	30000	8.26	常山县
145.81	198.00		49052	45579	11.10	开化县
59.00	524.34		41215	31967	11.91	龙游县
49.91	249.49	4.98	29356	25420	7.75	岱山县
41.65	183.00	17.00	21057	17972	4.15	嵊泗县
181.52	699.14	288.24	82935	77354	11.32	三门县
313.20	1023.10	396.20	118666	115096	13.56	天台县
24.80	1176.50	69.30	85754	80646	15.67	仙居县
179.34	640.35	52.06	24265	20710	10.01	青田县
91.05	531.92	18.10	44638	38824	7.93	缙云县

5-4 续表 9

县名称 Name of Counties	综合生产能力（万立方米/日） Integrated Production Capacity (10,000m³/ day)	地下水 Underground Water	供水管道长度（公里） Length of Water Supply Pipelines (km)	建成区 in Built District	供水总量（万立方米） Total Quantity of Water Supply (10,000m³)	生产运营用水 The Quantity of Water for Production and Operation
遂昌县	8.0		482.33	290.03	909.05	364.29
松阳县	10.0		425.67	425.67	1136.71	152.89
云和县	6.0		195.00	180.00	623.38	125.03
庆元县	4.0		190.14	190.14	1026.57	215.00
景宁县	4.0		131.89	129.99	572.02	8.76
安　徽	**353.0**	**86.8**	**17494.13**	**16004.17**	**76016.16**	**21190.71**
长丰县	6.0		573.80	506.00	986.00	155.00
肥西县			736.86	736.86	2428.30	340.00
肥东县	20.0		892.70	776.70	2818.00	644.00
庐江县	13.3		484.00	484.00	2404.14	511.51
南陵县	10.0		294.30	270.30	1881.20	272.98
怀远县	8.7	2.3	274.90	274.90	2538.00	300.00
五河县	10.1	1.6	240.92	240.92	1696.60	432.00
固镇县	7.8	2.8	259.10	259.10	970.42	221.24
凤台县	7.6	1.4	172.70	122.68	2082.55	781.50
寿　县	5.0		650.67	650.67	1659.00	376.00
当涂县	6.0		217.30	217.30	1240.42	130.43
含山县	10.0		125.00	110.00	1394.00	287.00
和　县	10.0		384.69	384.69	1113.94	282.11
濉溪县	9.2	9.2	439.00	422.00	2510.00	1745.00
枞阳县	5.0		308.00	167.00	636.00	106.20
怀宁县	2.2		497.88	497.88	1057.58	370.19
太湖县	4.5		527.50	410.00	850.00	145.00
宿松县	6.5		537.14	537.14	1313.35	273.12
望江县	6.0		460.13	408.57	1079.90	355.30
岳西县	4.5		494.50	439.60	607.00	179.77
歙　县	8.3	0.3	278.62	269.00	1226.00	544.00
休宁县	3.0		126.15	126.15	680.00	110.14
黟　县	2.0		99.71	80.80	355.56	50.44
祁门县	2.0		127.00	127.00	454.70	95.11
来安县	10.0	1.0	455.96	455.96	3380.97	1889.37
全椒县	10.0		460.00	460.00	1946.52	265.40
定远县	13.0		421.00	421.00	1560.00	250.00
凤阳县	6.0		350.00	340.00	1400.00	350.00
临泉县	8.0	8.0	292.63	292.63	1815.00	885.50
太和县	10.7	10.7	604.16	528.16	3128.43	1649.00
阜南县	6.0	6.0	208.00	198.00	1778.41	368.87
颍上县	7.1	7.0	418.18	338.08	3376.63	1165.25
砀山县	7.4	7.4	333.00	333.00	1740.80	479.60
萧　县	3.6	3.6	310.00	310.00	1184.39	317.12
灵璧县	6.0	6.0	279.70	240.70	1640.20	305.80
泗　县	7.0	3.2	176.85	176.85	1547.48	503.58
霍邱县	9.0	2.0	403.15	299.82	1513.69	96.00
舒城县	12.1		224.29	224.29	1602.10	272.80

continued

公共服务用水 The Quantity of Water for Public Service	居民家庭用水 The Quantity of Water for Household Use	其他用水 The Quantity of Water for Other Purposes	用水户数(户) Number of Households with Access to Water Supply (unit)	家庭用户 Household User	用水人口(万人) Population with Access to Water Supply (10,000 persons)	县名称 Name of Counties
21.60	432.14		38593	35207	6.39	遂昌县
35.62	511.78	240.25	47850	47850	7.65	松阳县
46.44	391.76		36617	31788	6.43	云和县
34.60	436.40	1.00	35396	30593	7.56	庆元县
121.42	378.87		19796	17564	6.02	景宁县
7333.02	**35515.88**	**2621.69**	**3179589**	**2813662**	**861.59**	**安　徽**
147.00	483.00	91.00	71210	67020	27.55	长丰县
238.00	1187.00	238.00	110000	89216	33.10	肥西县
290.00	1290.00	133.00	146526	108563	25.68	肥东县
81.90	1170.63		110435	91259	16.90	庐江县
70.00	1082.60	90.99	59193	51128	14.37	南陵县
210.00	1968.00	40.00	76433	70535	28.21	怀远县
312.00	802.10	49.00	67003	56871	20.95	五河县
112.52	491.82	43.34	42042	39571	14.48	固镇县
187.20	658.80	99.65	39868	36043	16.44	凤台县
203.00	806.00	53.00	42208	41119	18.34	寿　县
171.41	642.60	42.70	61894	53201	14.54	当涂县
312.00	681.00	30.00	27950	27650	11.90	含山县
163.36	622.48	26.11	47859	46308	15.94	和　县
38.00	660.00	25.00	51385	49355	18.18	濉溪县
58.78	356.54		51616	45423	10.40	枞阳县
37.86	487.55	6.45	68657	53076	9.20	怀宁县
55.00	558.00	15.00	48900	44850	14.00	太湖县
57.44	590.79		60256	52414	12.00	宿松县
17.00	571.10		48155	41842	11.81	望江县
28.41	333.41	6.41	44189	38779	14.00	岳西县
70.00	500.00	12.00	45733	45000	11.54	歙　县
60.00	305.39	59.49	20567	19882	5.70	休宁县
75.00	192.41	1.49	21347	16322	4.91	黟　县
50.00	211.20	3.14	30697	27362	5.67	祁门县
88.22	711.01	500.33	60029	54799	15.02	来安县
238.75	947.55	42.10	137926	122173	20.39	全椒县
200.00	760.00	50.00	101000	82000	15.00	定远县
160.00	725.00	38.00	80100	51020	22.65	凤阳县
130.00	703.50	15.00	95800	85000	31.50	临泉县
171.47	1156.53	15.00	127472	110121	24.86	太和县
124.19	859.56	150.56	113698	106373	19.18	阜南县
429.23	1066.30	87.30	85462	79450	28.98	颍上县
179.50	929.70	26.00	58542	52846	23.30	砀山县
366.95	381.32	0.30	62780	58780	19.32	萧　县
205.00	887.70	125.00	61585	56745	25.08	灵璧县
185.12	721.72	9.56	68000	62300	20.13	泗　县
106.89	1150.00	41.40	78275	78173	20.50	霍邱县
117.60	919.90	96.00	64885	54765	20.17	舒城县

5-4 续表 10

县名称 Name of Counties	综合生产能力(万立方米/日) Integrated Production Capacity (10,000m³/ day)	地下水 Underground Water	供水管道长度(公里) Length of Water Supply Pipelines (km)	建成区 in Built District	供水总量(万立方米) Total Quantity of Water Supply (10,000m³)	生产运营用水 The Quantity of Water for Production and Operation
金寨县	8.0		263.53	214.54	1380.91	505.44
霍山县	9.1	0.1	323.50	316.50	1699.70	628.50
涡阳县	7.3	7.3	333.93	323.93	1620.00	162.00
蒙城县	12.0	4.4	348.00	272.00	2745.00	859.00
利辛县	6.7	2.7	563.00	323.00	1467.88	364.82
东至县	4.5		168.46	161.06	827.00	176.00
石台县	1.0		50.81	50.81	265.00	32.00
青阳县	4.0		214.55	214.55	994.00	215.00
郎溪县	4.0		270.15	256.17	1056.00	255.78
泾　县	5.0		250.92	250.92	1396.70	329.10
绩溪县	4.0		404.80	319.95	602.03	101.74
旌德县	4.0		162.99	162.99	364.66	55.00
福　建	**275.4**	**9.8**	**11406.94**	**9230.55**	**49029.13**	**6303.83**
闽侯县	28.0		561.00	381.00	2523.33	563.86
连江县	8.8		173.92	173.17	2136.08	33.47
罗源县	16.0		292.00	146.62	1350.41	
闽清县	6.0		118.72	66.72	648.58	69.52
永泰县	7.5		181.50	176.50	678.21	94.43
仙游县	8.6	0.4	401.00	395.50	2003.00	92.90
明溪县	1.5		105.66	105.66	476.51	78.02
清流县	1.8		100.09	100.09	321.79	9.63
宁化县	3.0		345.10	345.10	943.80	53.85
大田县	5.0		147.00	130.00	620.00	3.80
尤溪县	6.8	4.8	188.34	186.04	1224.47	391.00
沙　县	5.5		296.54	296.54	1560.29	219.75
将乐县	5.1		93.68	81.50	536.00	98.00
泰宁县	2.5		266.81	226.21	685.87	214.26
建宁县	3.5		220.99	215.99	585.45	171.30
惠安县	15.0		671.54	263.45	1496.00	254.00
安溪县	13.0		477.00	477.00	2751.90	54.10
永春县	6.0		233.00	233.00	1892.00	70.69
德化县	14.5		353.27	353.27	2074.21	313.55
云霄县	5.0		348.82	348.82	1909.28	200.37
漳浦县	10.0		319.87	319.87	2325.59	599.68
诏安县	5.0		161.85	161.85	1110.00	119.00
长泰县	5.0		125.50	99.10	898.00	213.00
东山县	7.5		1247.00	79.20	1014.30	108.90
南靖县	3.0		119.61	119.60	679.20	29.45
平和县	4.0		159.00	159.00	1131.00	330.00
华安县	2.4		51.40	51.40	278.13	35.84
顺昌县	2.0		178.84	176.84	498.80	35.00
浦城县	6.0		228.80	228.80	1249.40	433.00
光泽县	7.0		398.37	304.88	483.11	25.40
松溪县	4.0		105.00	105.00	461.62	68.00

continued

公共服务用水 The Quantity of Water for Public Service	居民家庭用水 The Quantity of Water for Household Use	其他用水 The Quantity of Water for Other Purposes	用水户数(户) Number of Households with Access to Water Supply (unit)	家庭用户 Household User	用水人口(万人) Population with Access to Water Supply (10,000 persons)	县名称 Name of Counties
12.40	644.43	65.64	48410	46538	18.08	金寨县
378.00	490.00	43.00	56946	54060	16.57	霍山县
148.00	987.00	20.00	112642	103016	29.70	涡阳县
475.00	1120.00	86.00	90400	87780	37.31	蒙城县
75.27	944.43	1.36	49716	42472	21.20	利辛县
68.00	477.00	12.00	23269	23024	9.80	东至县
14.00	169.00	4.00	12140	11140	2.62	石台县
40.00	492.00	46.00	37094	34862	10.00	青阳县
164.90	517.09	7.73	37185	34875	13.95	郎溪县
56.06	642.06	11.04	63709	56731	10.14	泾　县
73.59	268.46	60.20	37556	32273	5.41	绩溪县
79.00	192.20	2.40	20845	19557	4.92	旌德县
5703.68	**25505.26**	**2173.78**	**1875180**	**1645623**	**481.56**	**福　建**
440.61	971.79	1.72	78551	73353	21.09	闽侯县
484.46	881.06		51192	41160	17.15	连江县
382.03	780.11	45.51	34672	31576	7.20	罗源县
117.09	335.83	0.32	25244	23115	7.03	闽清县
46.21	367.90		45000	39800	9.54	永泰县
175.00	1309.00	3.10	97381	81729	28.27	仙游县
80.27	235.46	0.42	19546	16741	4.05	明溪县
73.60	219.84	0.49	17471	14773	4.08	清流县
150.91	538.30	13.26	46262	42000	11.03	宁化县
162.48	396.00	5.50	35978	26840	9.50	大田县
203.57	483.12	0.57	45218	37108	6.80	尤溪县
416.45	674.40	13.96	74357	66599	12.16	沙　县
23.00	312.00	22.00	30965	26876	7.15	将乐县
103.20	291.98	2.76	21563	19177	5.60	泰宁县
34.07	307.84		20205	17560	6.56	建宁县
387.00	622.00	8.00	82468	65351	15.04	惠安县
494.80	1771.40	39.50	104964	95864	25.60	安溪县
13.74	1260.98	106.00	62476	57173	22.80	永春县
407.43	935.50	16.36	82721	73288	22.99	德化县
29.02	1341.94	53.20	63152	61391	24.30	云霄县
69.47	1014.51	4.12	45000	41085	13.65	漳浦县
84.00	684.00		41213	38598	11.68	诏安县
145.00	375.00		10800	10750	4.68	长泰县
29.70	266.10	51.20	90685	88452	4.60	东山县
79.73	459.27	4.47	40584	23425	6.61	南靖县
50.00	611.00	40.00	29302	29039	8.69	平和县
74.68	114.25	4.50	6127	5647	2.79	华安县
35.00	326.80	30.00	36428	30796	6.90	顺昌县
79.30	483.60	77.40	55012	46397	13.40	浦城县
3.00	308.50	67.03	27678	23317	7.57	光泽县
40.00	253.50	60.00	19201	18662	5.20	松溪县

5-4 续表 11

县名称 Name of Counties	综合生产能力(万立方米/日) Integrated Production Capacity (10,000m³/ day)	地下水 Underground Water	供水管道长度(公里) Length of Water Supply Pipelines (km)	建成区 in Built District	供水总量(万立方米) Total Quantity of Water Supply (10,000m³)	生产运营用水 The Quantity of Water for Production and Operation
政和县	3.0		174.23	174.23	506.39	28.49
长汀县	5.8	2.8	286.80	286.80	1506.50	259.50
上杭县	6.5		721.93	717.43	1579.44	191.00
武平县	4.0		121.00	121.00	839.84	125.80
连城县	4.8	1.8	105.00	105.00	1140.00	328.00
霞浦县	7.0		213.48	213.48	1799.73	61.00
古田县	5.0		205.12	205.12	992.00	124.00
屏南县	2.4		75.40	67.01	468.50	17.84
寿宁县	2.0		80.24	80.24	377.00	37.00
周宁县	4.0		129.70	129.70	460.85	0.20
柘荣县	2.0		90.45	90.45	415.08	35.33
平潭县	10.0		532.37	532.37	2397.47	111.90
江　西	**405.1**	**51.8**	**16884.91**	**15703.67**	**68223.00**	**13808.57**
南昌县	25.0	25.0	1329.80	1329.80	7368.59	2126.00
安义县	5.0		110.75	89.45	1850.50	885.60
进贤县	12.0		110.00	110.00	1879.00	118.50
浮梁县	6.0		342.84	342.84	610.00	250.00
莲花县	2.5		137.50	84.81	503.94	
上栗县	2.0		177.60	177.60	475.00	
芦溪县	10.0		191.79	93.00	687.94	31.00
武宁县	6.0		286.00	26.00	1215.79	157.39
修水县	11.2		377.04	376.94	1385.09	297.19
永修县	8.0		128.24	124.34	645.80	120.00
德安县	5.0		224.66	224.66	1117.15	410.10
都昌县	4.7		76.46	66.46	1000.00	124.50
湖口县	6.0		300.00	300.00	1037.00	200.80
彭泽县	3.0		87.60	59.00	1198.00	71.00
分宜县	6.0	0.5	332.06	302.93	1334.98	486.75
信丰县	10.0		860.00	860.00	2595.70	606.30
大余县	5.0		283.15	283.15	875.37	200.54
上犹县	5.0		252.16	252.16	1005.75	190.54
崇义县	2.0		119.00	119.00	528.14	118.80
安远县	4.0		208.80	208.80	573.26	61.07
定南县	4.0		278.00	278.00	792.00	194.00
全南县	4.0		145.20	145.20	642.83	142.40
宁都县	8.0		521.61	372.40	1947.30	380.55
于都县	13.0		854.00	854.00	2105.44	315.75
兴国县	10.0	1.0	435.00	430.00	1675.20	230.00
会昌县	4.0		211.37	211.37	1365.37	88.34
寻乌县	8.9		196.43	196.43	1309.11	178.23
石城县	5.0		174.30	174.30	692.50	27.82
吉安县	8.2	0.1	163.37	163.37	1277.93	402.76
吉水县	6.9	0.8	428.40	428.40	1645.54	649.71
峡江县	3.0		52.96	48.96	380.00	78.00

continued

公共服务用水 The Quantity of Water for Public Service	居民家庭用水 The Quantity of Water for Household Use	其他用水 The Quantity of Water for Other Purposes	用水户数(户) Number of Households with Access to Water Supply (unit)	家庭用户 Household User	用水人口(万人) Population with Access to Water Supply (10,000 persons)	县名称 Name of Counties
94.26	291.10	0.62	21532	18565	7.91	政和县
138.70	720.10	126.40	31700	27765	15.44	长汀县
5.50	773.67	307.32	29800	25200	12.64	上杭县
172.48	397.34	0.96	38493	31026	8.92	武平县
	413.00		36000	36000	7.09	连城县
21.19	1034.34	407.78	50790	47442	19.40	霞浦县
17.00	688.00		55000	44565	8.50	古田县
9.50	365.00		26672	24889	5.15	屏南县
61.00	179.00	20.00	10405	9825	4.95	寿宁县
48.00	333.80		23827	20884	5.66	周宁县
	356.18	13.45	19409	17896	5.14	柘荣县
221.23	1020.75	625.86	90136	73924	27.05	平潭县
5966.24	**34443.56**	**3402.88**	**3154049**	**2752785**	**817.59**	**江　西**
616.96	2900.00		274448	247326	27.45	南昌县
153.50	550.90	8.50	41196	34740	17.50	安义县
113.10	792.90	152.30	114997	105091	27.20	进贤县
64.00	230.00	2.00	49590	44580	4.55	浮梁县
53.00	196.71	153.54	25916	21772	6.10	莲花县
70.00	320.00		22596	19620	7.89	上栗县
18.00	562.00	31.00	29717	29717	4.74	芦溪县
106.46	682.12	52.47	68409	59341	9.23	武宁县
79.77	852.73	59.90	150024	111028	18.01	修水县
86.00	371.00	20.00	27840	22320	9.12	永修县
6.85	531.92	7.03	38650	34156	8.14	德安县
49.80	622.50	33.20	58359	46687	16.50	都昌县
100.46	525.58	100.96	50000	49900	10.63	湖口县
41.00	451.00	29.00	32380	31550	7.70	彭泽县
12.84	726.39		62408	59282	11.95	分宜县
116.23	1069.95	390.76	91563	89545	35.80	信丰县
223.09	364.04	15.00	37370	31054	10.75	大余县
38.75	476.55	144.91	43170	42343	11.68	上犹县
37.30	280.60	0.05	22368	17450	5.65	崇义县
62.13	384.52	6.46	40056	30814	11.27	安远县
50.00	521.00	15.00	45362	44141	10.42	定南县
15.00	339.20	41.00	32388	32301	7.61	全南县
159.92	1259.64	9.00	84799	73101	24.40	宁都县
275.28	815.71	410.00	83889	77029	27.45	于都县
285.00	886.00	101.00	57190	57040	29.35	兴国县
166.69	706.76	238.21	47623	34618	13.10	会昌县
37.11	779.15		36098	32369	12.30	寻乌县
42.68	473.10	23.30	30854	27410	10.45	石城县
165.28	539.91	66.11	56699	48421	13.00	吉安县
115.82	688.69	16.32	71653	64300	22.81	吉水县
60.00	192.00	10.00	17268	16421	3.68	峡江县

5-4 续表 12

县名称 Name of Counties	综合生产能力（万立方米/日） Integrated Production Capacity (10,000m³/ day)	地下水 Underground Water	供水管道长度（公里） Length of Water Supply Pipelines (km)	建成区 in Built District	供水总量（万立方米） Total Quantity of Water Supply (10,000m³)	生产运营用水 The Quantity of Water for Production and Operation
新干县	5.0		306.59	266.93	936.00	274.00
永丰县	7.8	3.6	377.30	246.50	898.00	38.60
泰和县	7.0		390.85	390.85	1128.64	500.35
遂川县	6.0		250.00	230.00	687.00	128.00
万安县	3.5	0.2	229.20	173.20	630.98	239.98
安福县	7.0	2.0	149.75	117.80	427.00	47.22
永新县	4.5		397.83	397.83	792.82	8.24
奉新县	10.0		92.16	92.16	649.21	37.70
万载县	9.0		295.46	295.46	1519.24	357.34
上高县	27.0	18.0	249.56	236.00	1684.00	61.42
宜丰县	8.0		624.07	624.07	726.15	13.10
靖安县	2.5		152.70	107.30	522.00	120.00
铜鼓县	2.1		64.18	64.18	430.02	120.78
南城县	9.0		202.00	202.00	1605.00	79.00
黎川县	2.5		203.54	203.54	493.61	49.19
南丰县	3.5		167.70	167.70	1073.60	132.00
崇仁县	4.0		221.70	195.00	1047.00	38.00
乐安县	6.5		106.20	106.20	1010.00	136.00
宜黄县	5.5		103.80	103.80	490.00	101.50
金溪县	4.5		161.40	161.40	697.00	115.00
资溪县	4.0		68.32	68.32	373.11	64.99
广昌县	3.8		262.85	262.85	825.50	122.60
玉山县	12.0		450.80	435.00	1514.00	410.00
铅山县	4.0		399.24	399.24	532.01	40.00
横峰县	6.0		105.00	60.00	610.00	144.00
弋阳县	6.1	0.1	235.00	235.00	995.00	261.00
余干县	7.0		149.32	149.32	1053.00	369.60
鄱阳县	8.0		230.00	230.00	1530.00	387.00
万年县	2.0	0.5	416.30	322.65	1018.00	111.35
婺源县	4.0		426.00	426.00	604.89	156.97
山　东	**432.3**	**189.1**	**12823.32**	**11923.75**	**87797.12**	**35659.95**
平阴县	5.2	5.2	179.97	179.97	1309.00	635.00
商河县	4.0	1.0	303.95	303.95	795.29	141.21
桓台县	5.0	5.0	222.00	193.00	1624.00	69.90
高青县	5.0		171.40	171.40	575.00	130.80
沂源县	4.4	3.3	275.00	234.00	1404.05	731.05
利津县	19.0		267.48	169.96	2033.68	1437.98
广饶县	9.5	9.5	197.40	197.40	1745.88	1074.83
临朐县	14.0	5.0	291.28	278.78	5045.40	3196.10
昌乐县	17.8	0.5	262.67	238.45	5115.43	4008.81
微山县	3.9	3.9	142.15	142.15	1219.00	311.00
鱼台县	8.0	4.5	124.30	124.30	1257.70	389.17
金乡县	4.7	3.7	553.02	494.00	1522.00	553.00
嘉祥县	6.6	6.6	107.70	107.70	1537.32	561.86

continued

公共服务用水 The Quantity of Water for Public Service	居民家庭用水 The Quantity of Water for Household Use	其他用水 The Quantity of Water for Other Purposes	用水户数(户) Number of Households with Access to Water Supply (unit)	家庭用户 Household User	用水人口(万人) Population with Access to Water Supply (10,000 persons)	县名称 Name of Counties
193.00	375.68		44174	38452	10.24	新干县
95.00	477.10	12.30	57315	51113	17.42	永丰县
7.72	494.50	5.08	55867	48435	22.37	泰和县
9.00	382.00	29.00	30358	28264	14.12	遂川县
80.00	219.90	20.10	27684	24203	11.21	万安县
61.81	256.93	16.84	24003	18241	9.53	安福县
259.00	406.78		62101	43505	14.00	永新县
20.80	519.19	4.52	37999	31138	14.02	奉新县
110.40	665.26	30.58	47900	40165	14.20	万载县
27.73	884.02	538.43	64689	58568	22.80	上高县
112.80	418.25	37.00	57912	52737	8.89	宜丰县
35.00	265.00	38.00	29800	27200	5.35	靖安县
20.60	200.84	1.10	20012	17599	3.52	铜鼓县
81.00	1223.00	70.00	49212	49002	19.20	南城县
14.00	338.42	16.00	56281	48290	12.38	黎川县
166.00	549.00	57.40	39719	36347	11.10	南丰县
265.00	529.00		52100	51000	11.79	崇仁县
56.00	672.00	23.00	32450	30017	12.08	乐安县
18.00	360.00	0.30	24302	23648	6.35	宜黄县
53.00	380.00	30.00	31216	28401	12.33	金溪县
10.26	249.21	0.87	20594	18396	3.33	资溪县
153.15	432.63	11.52	53918	45688	8.29	广昌县
114.00	630.00	110.00	63500	39753	14.40	玉山县
22.00	373.00	8.00	39493	34759	12.44	铅山县
50.00	268.00	70.00	27058	25726	8.95	横峰县
84.58	503.42	5.00	36000	31700	12.56	弋阳县
66.70	453.00	57.70	57260	41635	18.05	余干县
253.00	855.00	15.00	74600	59600	23.50	鄱阳县
14.80	714.46	51.55	41356	32679	15.75	万年县
89.87	255.40	6.57	50296	41057	10.99	婺源县
7129.49	**34450.16**	**3619.29**	**2547699**	**2333855**	**1029.64**	**山　东**
55.00	472.00		23965	21910	15.00	平阴县
233.11	300.18		10681	8947	10.83	商河县
209.70	1118.40		43800	42800	13.15	桓台县
48.50	279.95	42.90	37306	32143	9.85	高青县
	537.00	60.00	38476	38375	14.98	沂源县
20.90	453.55		27845	27743	8.46	利津县
70.00	483.35	0.27	11973	10155	16.22	广饶县
659.70	875.20	61.10	70915	69845	28.78	临朐县
0.92	1025.03	1.48	3385	2990	26.96	昌乐县
179.00	503.00	50.00	45472	44969	16.55	微山县
156.48	496.05	40.00	31319	30714	11.27	鱼台县
70.00	690.00	27.00	62769	46000	19.93	金乡县
131.16	633.15	43.00	34375	33277	16.23	嘉祥县

5-4 续表 13

县名称 Name of Counties	综合生产能力(万立方米/日) Integrated Production Capacity (10,000m³/ day)	地下水 Underground Water	供水管道长度(公里) Length of Water Supply Pipelines (km)	建成区 in Built District	供水总量(万立方米) Total Quantity of Water Supply (10,000m³)	生产运营用水 The Quantity of Water for Production and Operation
汶上县	6.7	6.4	317.00	302.57	1741.00	740.25
泗水县	5.6	5.2	203.07	203.07	1242.74	506.32
梁山县	4.3	4.3	216.00	216.00	1278.00	418.00
宁阳县	5.7	4.0	321.90	321.90	1710.00	868.01
东平县	6.1	5.1	393.48	393.48	1304.23	497.59
五莲县	5.7		213.61	213.61	1023.94	370.31
莒　县	18.0		268.00	268.00	3496.00	2031.00
沂南县	6.7	1.7	226.07	211.12	2050.60	794.40
郯城县	8.9	8.9	203.33	203.33	1894.25	548.78
沂水县	20.2	12.3	475.02	343.97	3976.40	2046.00
兰陵县	18.7	9.2	346.90	288.00	3305.40	856.86
费　县	8.3	0.3	436.30	355.10	1499.12	502.85
平邑县	8.7	8.7	299.00	299.00	2159.50	892.10
莒南县	11.8	0.0	442.21	428.80	3137.61	1409.49
蒙阴县	6.2	3.4	138.67	117.58	1369.36	372.00
临沭县	10.5	5.0	222.03	182.56	2210.96	813.00
宁津县	11.0	4.0	198.90	198.90	689.53	191.80
庆云县	3.1	0.1	130.00	130.00	513.00	75.25
临邑县	10.1	2.0	216.17	216.17	1481.75	646.81
齐河县	8.0	8.0	226.80	226.80	1490.00	166.00
平原县	7.0	2.0	470.10	470.10	1803.90	772.00
夏津县	5.1	0.1	197.15	196.00	860.21	38.58
武城县	7.0	2.4	261.50	261.50	820.24	254.00
阳谷县	8.0	7.5	299.00	290.00	2128.00	764.00
莘　县	3.3	1.3	197.30	163.37	1027.59	317.56
东阿县	3.0	3.0	132.78	132.78	653.15	20.11
冠　县	2.5	2.5	251.56	156.11	859.25	255.63
高唐县	22.0	12.0	225.08	202.80	1412.87	639.19
惠民县	3.0		118.20	118.20	727.40	11.20
阳信县	8.0		126.99	126.99	763.75	307.84
无棣县	7.5		197.51	197.51	947.00	333.53
博兴县	5.8	0.8	95.35	95.35	753.41	27.72
曹　县	9.6	2.1	301.30	301.30	2304.06	642.66
单　县	11.0		336.57	331.27	2750.00	487.40
成武县	3.4	3.0	72.61	72.61	554.95	231.00
巨野县	5.3	0.3	168.70	136.00	1041.00	192.00
郓城县	13.1	7.1	434.99	405.99	1497.00	410.00
鄄城县	7.0	5.0	155.00	122.00	1776.15	898.00
东明县	9.5	3.5	188.85	188.85	2360.05	1070.00
河　南	**594.4**	**276.4**	**14948.31**	**14072.57**	**93790.94**	**22323.74**
中牟县	21.0	6.0	168.42	167.02	1092.52	145.30
杞　县	2.8	2.8	119.40	87.30	723.00	80.57
通许县	4.7	4.7	118.40	118.40	930.00	224.52
尉氏县	3.0	3.0	170.50	170.50	799.00	120.00

continued

公共服务用水 The Quantity of Water for Public Service	居民家庭用水 The Quantity of Water for Household Use	其他用水 The Quantity of Water for Other Purposes	用水户数(户) Number of Households with Access to Water Supply (unit)	家庭用户 Household User	用水人口(万人) Population with Access to Water Supply (10,000 persons)	县名称 Name of Counties
56.90	565.10	110.75	86836	84590	16.37	汶上县
50.91	499.99	8.49	58756	56729	17.04	泗水县
161.00	458.00	47.00	29840	28668	16.47	梁山县
100.00	491.36	150.00	40853	38580	15.06	宁阳县
89.96	558.44	26.66	69187	65000	21.37	东平县
145.48	427.93	0.94	56546	56125	15.34	五莲县
427.00	713.00		65000	65000	22.79	莒　县
274.00	579.20	158.00	37937	34833	17.25	沂南县
91.35	1135.58	1.54	61371	24639	24.68	郯城县
35.00	1201.00	429.00	102860	91330	36.53	沂水县
328.50	1957.34		159451	159451	50.28	兰陵县
75.31	732.36	78.00	61139	53672	25.35	费　县
179.20	857.40	54.60	56247	54100	27.75	平邑县
251.86	1087.71	176.11	27618	24073	28.28	莒南县
103.36	817.00	11.00	45984	45685	15.99	蒙阴县
71.00	1026.96	66.00	58529	55824	23.85	临沭县
85.30	325.83		51767	45084	16.69	宁津县
65.75	298.00	27.00	44208	44206	14.80	庆云县
204.25	371.24	114.54	61271	51060	26.20	临邑县
166.00	991.00		89645	88920	28.01	齐河县
192.34	477.66	200.00	34083	30683	15.75	平原县
273.18	331.41	117.04	65207	30081	20.00	夏津县
77.12	436.02	2.42	48966	47465	13.12	武城县
39.00	1036.00	221.00	22459	17634	13.54	阳谷县
50.00	442.78	176.45	50648	47081	17.84	莘　县
102.88	336.76	72.72	35009	34545	12.12	东阿县
12.62	536.00		52856	50824	18.50	冠　县
106.68	592.00		51468	49000	20.37	高唐县
68.80	579.32		42000	40000	19.38	惠民县
78.11	301.70	0.13	22542	22542	9.03	阳信县
5.45	535.42		22680	22581	11.79	无棣县
53.56	582.46	5.75	61582	61582	17.10	博兴县
315.05	1188.14		83536	75528	33.02	曹　县
139.10	1407.00	612.00	28378	22563	24.50	单　县
104.00	187.14		8459	3940	11.20	成武县
103.00	617.00	27.00	54998	51201	26.99	巨野县
119.00	777.00	31.00	82331	79408	37.55	郓城县
168.00	605.00	78.40	24156	23630	21.01	鄄城县
325.00	520.05	290.00	49015	46130	18.52	东明县
11742.78	**44892.12**	**5640.86**	**4240364**	**3582045**	**1391.40**	**河　南**
81.16	723.38	39.58	59770	57724	13.24	中牟县
87.00	501.00	5.00	27825	27405	11.27	杞　县
109.01	408.44	122.29	36140	33986	9.80	通许县
60.00	578.00	32.00	63824	49601	17.22	尉氏县

5-4 续表 14

县名称 Name of Counties	综合生产能力(万立方米/日) Integrated Production Capacity (10,000m³/ day)	地下水 Underground Water	供水管道长度(公里) Length of Water Supply Pipelines (km)	建成区 in Built District	供水总量(万立方米) Total Quantity of Water Supply (10,000m³)	生产运营用水 The Quantity of Water for Production and Operation
兰考县	5.6	5.6	488.80	479.00	1387.60	483.00
孟津县	4.7	4.7	168.77	168.77	826.00	221.00
新安县	5.7	5.7	122.66	122.66	1196.15	180.20
栾川县	5.5		232.00	206.00	787.00	166.00
嵩　县	3.5	3.5	36.60	36.60	1002.50	261.20
汝阳县	4.5	4.5	123.33	114.33	818.00	131.00
宜阳县	5.5	5.5	325.55	325.55	1211.56	131.00
洛宁县	6.3	6.3	53.60	53.60	723.85	225.06
伊川县	3.1	3.1	122.62	122.62	789.89	5.30
宝丰县	2.4		91.00	76.00	1022.00	82.30
叶　县	5.8		53.21	53.21	967.89	181.89
鲁山县	5.6	2.6	126.23	74.00	1269.80	510.20
郏　县	6.7	0.7	207.20	193.00	1083.29	27.00
安阳县						
汤阴县	6.0	2.0	133.74	133.74	1129.00	496.00
滑　县	7.5	2.0	332.62	332.62	1522.00	215.00
内黄县	3.9	3.9	94.07	88.07	961.00	162.00
浚　县	5.5	2.5	159.90	150.90	1380.39	442.45
淇　县	3.5		76.00	76.00	643.94	
新乡县	4.0	1.0	126.00	126.00	487.00	193.00
获嘉县	6.9		200.00	200.00	1216.27	321.61
原阳县	6.7	6.7	562.75	540.75	1565.82	535.41
延津县	5.5	1.0	111.31	92.22	1118.30	604.00
封丘县	6.0	6.0	180.90	180.90	1244.00	500.00
修武县	5.5	1.5	131.06	131.06	864.15	342.50
博爱县	10.8	2.8	219.60	146.00	2014.00	921.00
武陟县	7.0	5.0	155.05	152.05	1936.07	445.20
温　县	5.5	2.0	126.50	126.50	878.65	270.60
清丰县	10.0	4.5	177.93	161.93	725.00	110.00
南乐县	7.8	2.8	157.92	130.20	907.62	496.21
范　县	3.7	1.7	81.49	81.49	683.20	368.00
台前县	6.8	6.8	74.36	73.36	742.00	120.00
濮阳县	8.9	4.9	269.50	221.50	1000.15	151.03
鄢陵县	8.1	3.1	201.00	140.00	637.67	104.50
襄城县	4.6	1.1	169.51	120.00	531.50	57.00
舞阳县	6.0	3.0	198.07	99.70	1341.46	223.87
临颍县	7.6	1.6	175.92	175.92	1725.33	696.38
渑池县	7.0	2.1	74.30	71.30	672.30	239.50
卢氏县	3.3	3.3	77.08	77.08	605.60	201.00
南召县	3.3	0.5	206.39	206.39	705.00	90.00
方城县	10.2	0.7	420.00	420.00	1305.00	215.00
西峡县	5.0		251.50	251.50	1347.67	567.88
镇平县	9.4	1.1	198.41	198.41	1333.40	457.00
内乡县	6.5	3.3	242.39	240.69	1609.00	842.00

continued

公共服务用水 The Quantity of Water for Public Service	居民家庭用水 The Quantity of Water for Household Use	其他用水 The Quantity of Water for Other Purposes	用水户数(户) Number of Households with Access to Water Supply (unit)	家庭用户 Household User	用水人口(万人) Population with Access to Water Supply (10,000 persons)	县名称 Name of Counties
134.00	586.00	25.00	69665	69177	25.58	兰考县
81.00	373.00	26.00	36250	34995	10.00	孟津县
128.30	655.00	117.90	50175	34169	16.76	新安县
45.00	485.00	18.00	12989	11887	12.13	栾川县
54.50	547.73	8.87	11423	9378	10.58	嵩　县
130.00	360.00	23.00	31875	22460	8.60	汝阳县
283.30	559.84	86.09	36881	30173	20.23	宜阳县
83.60	355.89	12.00	31082	27882	13.17	洛宁县
164.58	436.04	93.96	21579	13433	15.10	伊川县
226.60	607.00	9.10	28100	23600	15.64	宝丰县
72.20	365.60	258.20	41894	39083	12.20	叶　县
138.00	470.60	36.00	50795	48062	17.71	鲁山县
96.00	518.29	334.00	24825	24614	12.99	郏　县
						安阳县
91.00	460.50		44160	42200	12.40	汤阴县
298.00	684.00	186.00	88775	81616	23.08	滑　县
86.00	564.00	10.00	40339	35350	11.72	内黄县
50.30	584.20	199.46	39862	37500	17.40	浚　县
	402.54	171.60	30131	29922	11.24	淇　县
42.00	204.00	25.00	16169	14226	5.06	新乡县
311.00	418.08	60.00	45756	42764	13.46	获嘉县
366.32	555.98	43.31	54197	48027	12.27	原阳县
31.00	286.00	30.30	24030	20158	9.60	延津县
299.00	310.00	35.00	40025	36167	12.66	封丘县
124.95	288.40	45.00	20262	19050	7.12	修武县
150.00	501.00	212.00	33434	32074	13.46	博爱县
141.62	565.05	642.66	63298	53634	25.55	武陟县
29.25	457.87	6.20	47273	42597	11.22	温　县
77.00	410.00	29.00	41030	40930	13.40	清丰县
42.10	285.60	16.90	23050	23000	9.15	南乐县
109.00	199.20	3.00	21936	20368	6.90	范　县
46.00	514.00		32315	31835	10.92	台前县
72.05	654.35	43.08	56620	56150	15.75	濮阳县
116.30	356.00	5.00	30746	28700	13.55	鄢陵县
62.00	269.08	102.03	24729	23327	11.91	襄城县
90.00	793.52		40910	39243	12.80	舞阳县
10.00	611.71	356.54	67172	61816	20.01	临颍县
53.10	306.70	9.00	37170	36121	11.70	渑池县
2.40	252.20	100.00	26420	26198	8.15	卢氏县
95.00	360.00	35.00	24269	21570	10.39	南召县
230.00	716.00	9.00	62610	62138	25.95	方城县
227.68	411.36	7.80	56488	53695	20.54	西峡县
123.00	553.00	66.40	50629	46947	16.49	镇平县
152.00	405.00	135.00	37341	35405	17.09	内乡县

5-4 续表 15

县名称 Name of Counties	综合生产能力(万立方米/日) Integrated Production Capacity (10,000m³/ day)	地下水 Underground Water	供水管道长度(公里) Length of Water Supply Pipelines (km)	建成区 in Built District	供水总量(万立方米) Total Quantity of Water Supply (10,000m³)	生产运营用水 The Quantity of Water for Production and Operation
淅川县	6.5	6.5	209.15	209.15	1416.00	248.00
社旗县	3.5	3.5	172.60	172.60	1100.00	315.30
唐河县	5.2	0.2	238.61	238.61	1803.00	115.30
新野县	8.7	2.8	108.23	108.23	1620.30	623.00
桐柏县	9.4	0.9	168.00	166.50	960.67	349.87
民权县	10.6	5.6	170.75	170.75	1047.80	158.60
睢　县	6.5	6.5	237.19	237.19	1205.10	195.00
宁陵县	3.3	3.3	95.27	85.27	740.50	77.00
柘城县	5.4	3.4	98.50	98.50	831.60	125.40
虞城县	3.4	3.4	112.60	112.60	1080.00	122.00
夏邑县	7.1	7.1	114.80	114.80	800.00	73.00
罗山县	5.0		81.10	63.00	1296.00	290.00
光山县	10.0		305.60	259.10	1706.00	65.50
新　县	5.4	0.1	73.80	73.80	989.00	62.05
商城县	3.3	0.3	171.34	145.34	677.00	159.00
固始县	17.0	0.8	296.79	296.79	2368.00	268.00
潢川县	11.1	0.7	248.09	247.09	1594.00	279.00
淮滨县	5.9	5.9	75.24	75.24	694.53	104.07
息　县	8.5	8.5	235.58	234.88	2086.00	1152.70
扶沟县	3.4	3.4	130.21	126.83	716.00	141.10
西华县	3.8	3.8	121.88	121.88	883.66	217.60
商水县	9.0	9.0	274.22	274.22	615.00	64.20
沈丘县	5.9	4.3	449.80	449.80	1244.00	415.00
郸城县	8.0	8.0	115.00	109.00	582.66	185.66
淮阳县	9.3	3.3	385.28	385.28	1140.00	37.65
太康县	4.5	4.5	295.01	295.01	1191.74	248.00
鹿邑县	6.3	6.3	178.30	178.30	1437.13	54.50
西平县	6.1	6.1	161.65	158.50	1136.50	190.00
上蔡县	4.7	4.7	55.55	49.50	1316.60	258.36
平舆县	5.0	5.0	122.50	102.00	1170.50	332.50
正阳县	5.6	5.6	157.12	120.00	1400.30	132.00
确山县	4.4	0.1	134.54	132.74	1248.00	95.00
泌阳县	5.3	5.0	198.35	198.35	1833.40	128.00
汝南县	5.5	5.1	155.18	149.00	1494.11	209.00
遂平县	78.5	2.5	112.50	112.50	1186.00	525.00
新蔡县	4.9	4.9	374.42	285.38	1717.30	743.70
湖　北	**235.0**	**0.9**	**7270.80**	**6499.42**	**38597.95**	**6479.13**
阳新县	20.0		174.11	174.11	2089.71	312.31
郧西县	3.6		64.00	64.00	875.00	120.00
竹山县	5.0		189.00	182.00	708.30	113.00
竹溪县	3.1		289.00	286.00	670.50	26.50
房　县	5.3	0.3	95.43	95.43	784.19	83.43
远安县	5.0		238.90	238.90	602.00	186.57
兴山县	3.0		74.41	53.00	389.88	101.14

continued

公共服务用水 The Quantity of Water for Public Service	居民家庭用水 The Quantity of Water for Household Use	其他用水 The Quantity of Water for Other Purposes	用水户数(户) Number of Households with Access to Water Supply (unit)	家庭用户 Household User	用水人口(万人) Population with Access to Water Supply (10,000 persons)	县名称 Name of Counties
294.00	763.00	66.00	56410	55306	27.82	淅川县
138.80	528.90	27.50	53749	51755	20.48	社旗县
181.60	1124.50	91.60	71997	71945	24.52	唐河县
332.00	417.00	103.00	41642	39773	18.48	新野县
120.00	328.80	48.00	45244	34187	11.32	桐柏县
20.00	774.20		48760	33250	14.74	民权县
100.00	799.10		52185	48350	18.33	睢　县
86.50	469.00	48.00	21545	20263	10.00	宁陵县
158.20	495.00	20.00	42900	41700	21.90	柘城县
196.00	600.00		34560	34065	16.70	虞城县
56.50	558.50		61034	58450	18.68	夏邑县
126.00	668.00	45.00	52891	49568	17.60	罗山县
72.90	1222.00	7.80	59668	42852	22.80	光山县
54.75	603.45	23.55	39837	38700	11.48	新　县
71.00	299.00	18.00	38289	32936	13.48	商城县
545.00	1313.00	10.00	79022	77953	39.60	固始县
74.00	831.00	300.00	77241	74271	38.74	潢川县
41.40	467.31	30.83	56649	56206	14.62	淮滨县
52.37	745.53	16.40	45863	43685	21.02	息　县
82.74	401.38	30.88	54658	51420	10.97	扶沟县
103.06	398.10	69.80	43543	40385	10.73	西华县
75.30	403.70		74667	73637	24.60	商水县
148.00	465.00	100.00	48090	46200	22.54	沈丘县
82.60	224.80	14.60	9791	9575	5.78	郸城县
292.00	704.35	7.00	72606	68500	24.28	淮阳县
85.00	684.74	22.10	68663	64910	23.74	太康县
99.00	1132.02	16.20	103893	102185	36.06	鹿邑县
233.60	399.00	12.90	74838	64950	19.80	西平县
465.54	476.10	31.60	51280	50780	20.05	上蔡县
175.50	468.50	80.00	73205	63457	26.87	平舆县
250.00	906.91	30.00	53814	47652	18.40	正阳县
145.00	728.00	190.00	406554	38000	12.84	确山县
613.40	883.00	67.00	47482	41455	21.76	泌阳县
473.00	618.00	89.11	72573	70602	25.45	汝南县
80.00	377.00	151.00	56643	55308	19.88	遂平县
115.70	704.08	41.72	92340	87457	32.18	新蔡县
3301.68	**19269.84**	**1464.96**	**1475692**	**1278365**	**437.98**	**湖　北**
31.11	696.69	332.60	90000	70000	15.93	阳新县
50.00	540.00	30.00	30660	29447	9.85	郧西县
122.00	316.00	39.20	35966	26348	10.25	竹山县
62.50	528.50	15.00	43400	43100	9.00	竹溪县
152.90	426.96	21.81	28810	23558	12.34	房　县
29.00	318.62	7.01	20525	20005	4.90	远安县
46.92	182.16	1.00	18356	7691	4.70	兴山县

5-4 续表 16

县名称 Name of Counties	综合生产能力(万立方米/日) Integrated Production Capacity (10,000m³/ day)	地下水 Underground Water	供水管道长度(公里) Length of Water Supply Pipelines (km)	建成区 in Built District	供水总量(万立方米) Total Quantity of Water Supply (10,000m³)	生产运营用水 The Quantity of Water for Production and Operation
秭归县	5.0		201.25	201.25	954.24	180.00
长阳土家族自治县	2.4		131.02	131.02	580.00	71.60
五峰土家族自治县	3.0		69.12	69.12	260.80	9.30
南漳县	10.0		280.80	280.80	1570.00	450.00
谷城县	10.3	0.3	185.30	163.37	1576.00	102.00
保康县	2.1	0.3	67.50	67.50	534.60	5.40
沙洋县	9.0		264.11	211.00	1360.29	235.19
孝昌县	6.0		251.00	249.00	1585.00	229.00
大悟县	10.0		220.00	211.60	1460.40	249.20
云梦县	10.0		283.00	213.00	1908.00	475.00
公安县	13.0		220.90	220.90	1710.50	371.00
江陵县	5.0		189.99	188.99	761.25	170.81
团风县	5.0		103.00	87.00	1162.00	320.00
红安县	9.3		246.00	244.00	2003.00	474.00
罗田县	10.0		220.03	220.03	1039.30	251.00
英山县	2.0		214.99		585.87	
浠水县	6.5		192.10	192.10	1928.42	101.82
蕲春县	8.5		267.00	267.00	1579.00	450.00
黄梅县	8.0		552.50	260.00	1325.50	436.00
嘉鱼县	6.0		243.02	243.02	1162.77	106.92
通城县	7.2		134.90	120.80	1087.12	104.30
崇阳县	6.0		135.00	125.00	1344.00	158.00
通山县	6.5		544.50	544.50	870.00	12.00
随　县	2.4		156.33	147.00	342.71	56.76
建始县	5.0		198.90	198.13	912.00	35.00
巴东县	4.0		104.60	104.60	536.70	112.08
咸丰县	4.9		83.10	83.10	542.00	87.00
来凤县	6.0		163.50	163.50	720.00	127.00
鹤峰县	2.0		65.93	65.93	340.00	17.00
宣恩县	3.5		130.56	108.72	519.70	117.00
神农架林区	1.5		26.00	24.00	217.20	21.80
湖　南	**487.2**	**29.1**	**22767.33**	**20659.32**	**102422.45**	**16671.79**
长沙县	33.0		1070.77	1070.77	15095.05	4060.00
望城区	20.0		632.98	632.98	5828.55	2158.49
攸　县	7.5		540.70	525.00	1789.00	43.50
茶陵县	10.0		1465.80	892.05	1854.07	121.10
炎陵县	2.0		200.60	200.60	499.00	70.00
湘潭县	11.0		867.37	867.37	2148.78	798.73
衡阳县	11.5	1.0	1342.50	1204.20	1962.50	523.00
衡南县	6.2	0.2	189.00	129.00	490.26	55.11
衡山县	4.0	0.4	210.87	210.87	1390.94	336.48
衡东县	5.0		84.00	84.00	1364.50	78.20
祁东县	6.0		679.00	596.00	2171.00	102.00
南岳区	3.1		104.95	104.95	496.80	

continued

公共服务用水 The Quantity of Water for Public Service	居民家庭用水 The Quantity of Water for Household Use	其他用水 The Quantity of Water for Other Purposes	用水户数（户） Number of Households with Access to Water Supply (unit)	家庭用户 Household User	用水人口（万人） Population with Access to Water Supply (10,000 persons)	县名称 Name of Counties
274.07	375.76	0.53	30436	29131	12.90	秭归县
12.90	434.40		17221	17221	8.66	长阳土家族自治县
28.00	165.50	14.00	11414	11156	4.22	五峰土家族自治县
100.00	850.00		49528	27735	14.78	南漳县
181.00	510.00	10.00	55166	54242	17.30	谷城县
75.00	329.20	15.00	15978	15700	6.19	保康县
218.81	447.22	6.00	35481	32220	12.90	沙洋县
52.00	991.00	58.00	75172	45394	17.73	孝昌县
304.00	651.20	38.00	46324	45236	13.20	大悟县
20.00	1122.00	12.00	62000	58700	17.60	云梦县
13.50	605.00	424.00	60558	58698	19.80	公安县
73.20	357.53	3.63	23329	22629	5.80	江陵县
145.00	460.00	7.00	19860	19860	8.10	团风县
143.00	813.00	37.00	53108	50860	15.90	红安县
73.30	577.00	6.50	42132	41522	11.32	罗田县
	352.93	112.46	26795	21435	10.00	英山县
280.01	890.93		60818	60031	22.07	浠水县
30.00	629.00		74578	74578	21.12	蕲春县
79.60	660.00	17.20	74785	73872	13.35	黄梅县
195.38	700.89	3.98	46027	4099	14.58	嘉鱼县
58.10	724.00	72.00	53887	50393	18.41	通城县
112.00	823.00	28.00	48124	46254	15.50	崇阳县
30.00	670.00	33.00	43643	40782	15.64	通山县
3.69	230.56	7.70	17048	16818	4.00	随　县
50.00	345.00	40.00	21642	19401	9.71	建始县
94.79	202.79	1.34	37634	29242	7.30	巴东县
65.00	229.00	35.00	31995	25564	9.09	咸丰县
14.00	444.00	15.00	29282	27556	8.01	来凤县
18.00	207.00	18.00	9825	9562	6.60	鹤峰县
51.00	298.00	3.00	24000	21200	6.04	宣恩县
11.90	165.00		10185	7125	3.19	神农架林区
7742.41	**55074.91**	**4108.30**	**4047016**	**3033055**	**1178.72**	**湖　南**
1235.00	5670.00	1600.04	37047	34435	68.16	长沙县
72.94	2718.27	7.95	118222	100489	66.95	望城区
68.50	1400.00		64700	63700	27.83	攸　县
121.10	992.20	97.30	49634	47697	19.53	茶陵县
64.00	244.00		25851	23113	4.90	炎陵县
	967.37	9.88	184000	81550	15.13	湘潭县
37.20	912.00	139.00	62739	54838	18.70	衡阳县
76.10	230.05	40.00	56000	48650	8.87	衡南县
100.36	641.53	16.11	28729	22986	22.20	衡山县
100.50	759.00	0.99	39969	39169	17.00	衡东县
40.00	1108.00	33.00	80868	68463	29.18	祁东县
80.00	254.00		11674	5000	6.60	南岳区

5-4 续表 17

县名称 Name of Counties	综合生产能力（万立方米/日）Integrated Production Capacity (10,000m³/ day)	地下水 Underground Water	供水管道长度（公里）Length of Water Supply Pipelines (km)	建成区 in Built District	供水总量（万立方米）Total Quantity of Water Supply (10,000m³)	生产运营用水 The Quantity of Water for Production and Operation
新邵县	7.5		326.80	326.80	1165.54	61.96
邵阳县	6.3		243.91	243.91	893.32	134.12
隆回县	26.6		246.02	184.20	2810.29	479.59
洞口县	6.0		218.00	196.00	951.88	123.28
绥宁县	2.3		191.59	191.59	571.19	75.55
新宁县	4.7	0.3	448.41	426.30	833.30	170.30
城步苗族自治县	3.0		126.00	108.00	435.70	18.00
岳阳县	4.5		139.20	139.20	1374.38	289.89
华容县	12.0		227.00	165.00	1958.20	330.30
湘阴县	5.0	5.0	418.90	418.90	1557.40	297.70
平江县	17.5	1.0	199.43	193.40	2024.00	185.00
安乡县	5.0		192.00	192.00	903.07	40.00
汉寿县	9.2	3.2	347.00	347.00	2024.40	60.40
澧　县	12.3	1.2	332.00	332.00	2121.28	235.77
临澧县	6.3	0.6	883.59	847.80	1282.00	480.00
桃源县	6.0		315.50	315.50	1548.66	264.37
石门县	10.0		250.00	250.00	1535.00	
慈利县	5.0		271.00	271.00	753.20	87.50
桑植县	3.0		489.00	324.00	633.00	109.00
南　县	7.0	7.0	347.24	309.40	1458.36	233.00
桃江县	5.0		306.44	301.45	1334.51	169.75
安化县	4.0		95.00	95.00	1020.00	155.00
大通湖区	1.0	1.0	75.21	75.00	244.62	34.81
桂阳县	10.0		390.00	390.00	2198.00	512.00
宜章县	6.0		196.06	196.06	1187.00	22.00
永兴县	5.0		298.00	298.00	1182.00	217.00
嘉禾县	4.0		229.00	229.00	589.75	40.20
临武县	5.0		265.00	265.00	1403.00	167.00
汝城县	8.0		296.00	130.00	528.00	7.70
桂东县	1.3		148.00	148.00	355.68	16.00
安仁县	4.8	0.3	260.00	250.00	656.00	60.00
祁阳县	15.0		655.90	655.90	2993.00	467.60
东安县	4.5		280.00	280.00	1359.00	186.00
双牌县	3.0		91.80	85.97	553.25	40.43
道　县	5.0		386.00	365.00	1302.00	73.90
江永县	3.0		118.39	116.00	529.72	8.55
宁远县	6.0		445.20	445.00	2098.59	210.00
蓝山县	2.8		460.00	460.00	677.15	125.00
新田县	9.0		184.13	152.14	1066.32	130.45
江华瑶族自治县	8.5		498.10	498.10	1391.40	89.20
中方县	5.0		103.60	103.60	1170.74	229.50
沅陵县	7.5		257.00	210.00	1250.10	224.70
辰溪县	4.2		127.00	127.00	1068.00	206.00
溆浦县	15.5		110.00	110.00	969.00	

continued

公共服务用水 The Quantity of Water for Public Service	居民家庭用水 The Quantity of Water for Household Use	其他用水 The Quantity of Water for Other Purposes	用水户数(户) Number of Households with Access to Water Supply (unit)	家庭用户 Household User	用水人口(万人) Population with Access to Water Supply (10,000 persons)	县名称 Name of Counties
160.09	621.63		42547	41578	16.17	新邵县
90.28	605.03	14.89	42932	42814	15.19	邵阳县
612.00	1321.92	204.00	133287	72123	30.10	隆回县
64.01	548.80	3.39	45075	44703	12.69	洞口县
46.51	333.13	52.00	28987	20446	7.77	绥宁县
84.50	529.50	11.00	6102	6102	16.91	新宁县
42.00	280.00	7.70	22000	18000	13.70	城步苗族自治县
22.95	825.93	12.99	49785	43127	14.00	岳阳县
81.30	1163.80	65.00	64221	60254	20.63	华容县
	915.30	10.10	53287	48284	12.29	湘阴县
250.00	1377.00	45.00	69089	69039	16.70	平江县
56.00	727.00	0.07	586060	46760	16.30	安乡县
80.00	1249.00	40.00	69369	62423	15.50	汉寿县
98.00	943.00	268.23	95297	94482	25.49	澧　县
76.50	558.00	16.00	32679	26654	11.32	临澧县
65.97	987.11	50.83	43018	42988	14.70	桃源县
150.00	1220.00		63000	53000	19.00	石门县
	555.00		47123	34015	15.27	慈利县
18.00	395.00	5.00	25314	24731	12.75	桑植县
70.91	783.25	322.60	53492	50365	18.08	南　县
33.34	696.97	90.45	48012	47473	13.83	桃江县
155.00	465.00		47000	41770	15.60	安化县
6.03	163.70	21.76	20650	19995	5.15	大通湖区
202.00	1036.00	32.00	110118	97100	33.63	桂阳县
240.00	807.00		38541	29754	14.60	宜章县
71.00	675.00	4.00	85777	74500	14.80	永兴县
27.10	378.90	11.70	26500	25000	11.55	嘉禾县
71.00	767.00	11.00	36500	30000	11.30	临武县
24.60	422.26	11.44	20000	16000	10.00	汝城县
62.00	225.50	25.00	16615	15940	6.35	桂东县
70.00	416.00	10.00	49000	46000	15.65	安仁县
255.30	1273.00	8.60	60875	60336	29.38	祁阳县
22.00	967.40	5.00	56680	50750	20.38	东安县
29.56	358.44	38.51	17456	16803	8.71	双牌县
92.00	790.28	75.82	52378	41867	17.90	道　县
12.82	393.21	12.82	21000	13157	8.00	江永县
240.00	1336.00	33.00	89404	80845	25.80	宁远县
97.85	364.65	29.00	29300	28400	14.18	蓝山县
238.16	551.48	30.76	43000	40000	13.50	新田县
155.50	655.40	6.50	29086	28444	12.67	江华瑶族自治县
71.07	553.30	224.37	19228	18445	7.94	中方县
8.80	786.90	5.10	72893	72336	19.10	沅陵县
45.00	506.00	6.00	51358	45963	11.56	辰溪县
92.00	690.00		61000	55000	16.40	溆浦县

5-4 续表 18

县名称 Name of Counties	综合生产能力(万立方米/日) Integrated Production Capacity (10,000m³/ day)	地下水 Underground Water	供水管道长度(公里) Length of Water Supply Pipelines (km)	建成区 in Built District	供水总量(万立方米) Total Quantity of Water Supply (10,000m³)	生产运营用水 The Quantity of Water for Production and Operation
会同县	3.0		141.00		581.10	4.00
麻阳苗族自治县	4.0		302.00	157.00	816.00	12.00
新晃侗族自治县	4.0		195.00	195.00	598.00	30.00
芷江侗族自治县	2.0		85.60	78.60	639.50	11.00
通道县	1.5		113.60	113.60	441.70	3.36
靖州县	5.0		146.00	135.00	833.20	68.00
双峰县	7.0		362.20	344.70	1368.00	123.00
新化县	6.0		453.78	453.78	1767.80	60.80
泸溪县	3.0		91.50	91.50	565.43	30.49
凤凰县	4.5		206.88	206.88	884.00	262.00
花垣县	6.0		168.00	153.00	921.75	238.50
保靖县	4.0	3.0	139.40	139.40	1108.00	158.40
古丈县	1.9		88.80	88.80	299.10	44.00
永顺县	5.8	5.0	120.61	70.85	1066.92	44.11
龙山县	8.0		276.00	145.20	1480.50	167.00
广 东	**232.5**		**10712.76**	**9195.91**	**48133.49**	**7523.11**
始兴县	3.5		95.00	77.00	866.29	242.34
仁化县	4.0		179.80	179.80	532.86	91.00
翁源县	5.5		42.36	42.36	724.68	140.00
乳源瑶族自治县	7.0		514.58	514.58	1637.90	593.93
新丰县	4.5		213.00	213.00	640.00	17.30
南澳县	8.8		450.00	350.00	362.00	30.00
遂溪县	5.9		368.00	236.00	1371.00	79.00
徐闻县	3.8		524.00	524.00	1346.00	333.00
广宁县	6.0		187.00	187.00	774.38	20.43
怀集县	5.0		244.71	244.71	1219.92	300.40
封开县	5.0		119.80	119.80	596.00	63.00
德庆县	4.0		135.80	135.80	1067.56	142.73
博罗县	19.5		1111.56	598.82	4771.48	1337.46
惠东县	10.0		472.80	472.80	3329.27	765.38
龙门县	8.0		133.15	132.75	1184.00	113.00
大埔县	4.0		131.02	131.02	1337.12	123.01
丰顺县	6.0		226.25	226.25	1224.42	254.17
五华县	6.0		160.00	160.00	2633.00	261.00
平远县	2.0		174.39	162.20	665.00	71.71
蕉岭县	5.5		293.00	250.00	863.71	156.60
海丰县	15.0		826.62	826.62	3206.00	106.00
陆河县	3.0		159.00	159.00	720.00	50.00
紫金县	18.0		126.00	126.00	1160.80	77.20
龙川县	7.7		225.00	225.00	1471.70	134.50
连平县	3.0		75.63	75.63	421.95	70.44
和平县	10.0		221.33	120.46	1130.69	
东源县			40.00	40.00	561.04	
阳西县	7.5		260.35	256.03	1734.12	214.34

continued

公共服务用水 The Quantity of Water for Public Service	居民家庭用水 The Quantity of Water for Household Use	其他用水 The Quantity of Water for Other Purposes	用水户数(户) Number of Households with Access to Water Supply (unit)	家庭用户 Household User	用水人口(万人) Population with Access to Water Supply (10,000 persons)	县名称 Name of Counties
164.10	307.10	2.80	25146	2000	8.28	会同县
39.00	606.00		53153	52683	12.13	麻阳苗族自治县
3.00	460.00	3.00	36000	33403	8.71	新晃侗族自治县
37.40	477.00	3.00	53500	53500	13.42	芷江侗族自治县
102.21	261.44		20125	15926	5.70	通道县
35.00	572.00		37200	28500	11.38	靖州县
62.00	962.00	35.00	33700	32682	15.15	双峰县
314.00	1072.00	17.00	88577	80472	45.79	新化县
60.85	340.35	12.00	32909	20000	8.00	泸溪县
	520.00		37964	37964	11.00	凤凰县
81.00	402.00	40.00	21850	20700	9.25	花垣县
88.00	616.00	131.60	67800	66000	8.50	保靖县
13.00	168.00	12.00	21035	20503	7.04	古丈县
136.00	445.81	41.00	32471	31062	12.41	永顺县
220.00	750.00	45.00	51118	49804	14.37	龙山县
3506.95	**26421.16**	**2798.56**	**1572994**	**1337476**	**472.32**	**广　东**
3.71	348.51	145.78	23008	19057	8.01	始兴县
12.00	400.14	11.38	19125	12943	6.00	仁化县
211.00	319.68	11.00	42331	38603	12.00	翁源县
115.09	613.20	18.90	35995	32048	7.60	乳源瑶族自治县
11.50	518.40	28.80	41538	37688	10.00	新丰县
18.00	236.00		15796	13582	4.20	南澳县
170.00	935.00	7.00	52300	43270	18.60	遂溪县
	367.00	376.00	32304	28919	22.62	徐闻县
40.85	391.51	228.09	52268	48608	12.58	广宁县
222.34	498.46	5.00	60623	53541	16.00	怀集县
134.00	344.00	10.00	25811	20766	7.20	封开县
83.00	553.90	176.35	32347	28012	6.30	德庆县
114.12	2453.97	149.79	73845	56485	37.06	博罗县
180.62	1896.30	6.89	76670	63817	39.00	惠东县
141.00	747.00	77.00	60940	52865	7.75	龙门县
39.57	638.47	80.10	62348	54731	11.00	大埔县
7.29	733.82	3.48	36647	31110	13.93	丰顺县
153.00	1102.00	105.00	63206	52610	21.00	五华县
2.28	444.42	35.59	25659	21802	8.50	平远县
8.00	620.68	0.90	42176	35219	8.12	蕉岭县
518.00	1935.00	220.00	86550	78602	29.35	海丰县
	500.00	20.00	14710	14451	8.65	陆河县
160.00	576.60	6.00	30972	26253	15.40	紫金县
10.70	1128.00	113.00	63751	52244	12.87	龙川县
	338.08	5.97	19724	19669	7.50	连平县
	628.05	212.54	66288	27572	8.86	和平县
10.09	314.01	166.54	34256	31235	6.50	东源县
466.02	858.03	2.50	49861	43093	7.45	阳西县

5-4 续表 19

县名称 Name of Counties	综合生产能力（万立方米/日） Integrated Production Capacity (10,000m³/ day)	地下水 Underground Water	供水管道长度（公里） Length of Water Supply Pipelines (km)	建成区 in Built District	供水总量（万立方米） Total Quantity of Water Supply (10,000m³)	生产运营用水 The Quantity of Water for Production and Operation
阳山县	6.0		334.17	334.17	1126.34	12.04
连山壮族瑶族自治县	1.8		55.72	55.72	332.00	
佛冈县	5.0		95.18	95.18	1615.65	261.60
连南瑶族自治县	2.0		149.00	149.00	431.69	5.39
饶平县	12.0		578.30	578.30	2228.51	679.20
揭西县	2.0		398.69	398.69	742.61	13.00
惠来县	7.0		75.00	75.00	865.00	75.00
新兴县	5.0		1136.55	543.22	2452.80	608.94
郁南县	3.5		180.00	180.00	786.00	80.00
广　西	**256.7**	**20.3**	**9422.38**	**9301.60**	**49543.62**	**10001.31**
隆安县	5.0		139.23	139.23	772.14	87.72
马山县	2.5	0.5	100.00	77.00	484.00	47.00
上林县	2.0		46.40	46.40	354.47	62.73
宾阳县	7.7	1.1	210.00	181.60	1147.20	53.00
横　县	10.6		307.66	306.46	2819.94	1385.68
柳城县	4.7	0.1	113.48	113.48	1089.37	559.35
鹿寨县	14.0		631.98	631.98	2006.04	505.99
融安县	5.0		116.24	116.24	828.57	24.50
融水苗族自治县	4.1	0.1	163.99	163.99	1018.28	60.56
三江侗族自治县	3.5		151.52	151.52	620.45	49.10
阳朔县	6.6		100.19	100.19	887.55	356.78
灵川县	2.5		313.00	313.00	584.00	208.00
全州县	6.5	0.3	285.33	285.33	1102.97	409.67
兴安县	4.3	0.2	183.00	183.00	753.10	117.30
永福县	3.0		106.00	106.00	405.78	119.95
灌阳县	1.0		53.22	53.22	300.10	12.23
龙胜各族自治县	1.0		26.91	26.91	264.49	2.80
资源县	2.6	1.0	49.00	49.00	408.13	57.00
平乐县	3.0		197.43	192.56	684.21	65.61
恭城瑶族自治县	2.0		72.00	72.00	359.00	23.00
苍梧县	0.3	0.0	32.21	20.00	105.38	1.19
藤　县	6.5		274.76	274.76	1930.83	154.01
蒙山县	3.0		99.71	99.71	552.00	49.93
合浦县	17.9	7.9	406.34	406.34	2905.06	1405.00
上思县	2.0		133.32	133.00	770.50	78.50
灵山县	10.8	2.5	275.14	275.14	1794.00	551.63
浦北县	4.0		171.10	171.10	889.00	183.00
平南县	7.5		247.24	247.24	2421.01	256.29
容　县	8.1	0.1	175.06	175.06	944.07	102.30
陆川县	5.0		145.30	145.30	1290.00	100.00
博白县	5.8	0.8	403.00	403.00	2266.47	562.62
兴业县	5.8		110.80	110.00	613.06	9.00
田东县	5.0		181.10	181.10	903.85	128.50
德保县	3.5		132.05	132.05	740.13	189.25

continued

公共服务用水 The Quantity of Water for Public Service	居民家庭用水 The Quantity of Water for Household Use	其他用水 The Quantity of Water for Other Purposes	用水户数(户) Number of Households with Access to Water Supply (unit)	家庭用户 Household User	用水人口(万人) Population with Access to Water Supply (10,000 persons)	县名称 Name of Counties
35.51	717.84	187.41	44155	41885	12.00	阳山县
21.00	235.00	9.00	4632	4360	1.58	连山壮族瑶族自治县
380.32	744.89	1.77	36628	29619	8.74	佛冈县
43.35	293.87	49.84	17623	11455	3.50	连南瑶族自治县
122.59	1151.36	7.94	53383	49363	19.50	饶平县
22.00	525.60	130.00	24209	24209	13.50	揭西县
50.00	710.00	25.00	40200	39900	20.00	惠来县
	1222.37		75265	66064	11.52	新兴县
	380.00	164.00	35850	31826	7.93	郁南县
4335.23	**27955.51**	**1016.88**	**1542885**	**1433528**	**531.28**	**广　西**
44.51	512.76	12.79	25880	24792	5.65	隆安县
7.00	361.00	10.00	19132	18195	4.87	马山县
45.11	212.34	2.63	30317	27508	4.79	上林县
12.20	917.00		43008	42802	15.69	宾阳县
121.34	976.99	18.80	56600	54511	20.23	横　县
18.50	367.12	2.40	17849	17212	4.94	柳城县
105.08	1092.33	2.64	25651	23838	11.00	鹿寨县
21.32	659.45	12.70	29928	29794	12.01	融安县
55.21	712.07	56.11	34473	27870	10.00	融水苗族自治县
27.73	411.58	11.82	18000	18000	5.53	三江侗族自治县
53.93	238.56	3.09	19104	16783	4.46	阳朔县
58.00	231.00	20.00	34078	28989	9.88	灵川县
12.00	560.00	4.43	56480	53940	12.18	全州县
7.30	518.00	12.50	33863	33420	7.73	兴安县
22.46	215.37		23003	22511	5.03	永福县
25.00	210.00	12.87	20356	19832	5.93	灌阳县
70.78	162.00	0.40	18086	18086	3.55	龙胜各族自治县
17.00	290.13	7.00	15197	15007	5.25	资源县
10.30	453.82	38.56	20997	16589	7.90	平乐县
17.00	280.00		13180	13130	6.25	恭城瑶族自治县
0.92	87.66	0.25	2200	2100	2.90	苍梧县
721.47	854.29	10.26	38000	35300	12.10	藤　县
4.36	283.59	173.39	22368	20117	6.27	蒙山县
152.00	1099.96	108.50	57007	49808	19.06	合浦县
119.00	448.00	5.70	18785	18730	8.14	上思县
91.43	892.99	3.64	45799	43729	22.90	灵山县
10.00	487.00	16.00	17968	17383	8.29	浦北县
497.49	1315.83		77051	76113	26.64	平南县
48.30	653.60	71.31	38120	27327	19.03	容　县
245.00	749.30	0.70	33065	29065	16.23	陆川县
340.84	1002.13	123.27	40731	36750	32.86	博白县
11.00	531.06		28302	27900	10.50	兴业县
43.50	596.00		22842	21302	8.53	田东县
87.29	399.80		22873	21593	5.85	德保县

5-4 续表 20

县名称 Name of Counties	综合生产能力（万立方米/日） Integrated Production Capacity ($10,000m^3$/ day)	地下水 Underground Water	供水管道长度（公里） Length of Water Supply Pipelines (km)	建成区 in Built District	供水总量（万立方米） Total Quantity of Water Supply ($10,000m^3$)	生产运营用水 The Quantity of Water for Production and Operation
那坡县	2.0		130.22	124.22	245.27	13.00
凌云县	2.0		48.00	48.00	342.59	11.00
乐业县	0.8		87.00	87.00	262.40	25.00
田林县	2.0		69.00	69.00	451.55	182.56
西林县	1.2		77.22	77.22	264.86	20.60
隆林各族自治县	2.5		88.80	83.40	572.80	45.20
昭平县	3.0		101.30	101.30	428.05	11.17
钟山县	4.5	1.0	177.87	177.87	634.74	110.98
富川瑶族自治县	3.0		100.58	100.58	349.00	30.00
南丹县	6.7	1.0	96.96	96.96	655.87	189.45
天峨县	3.0		42.28	41.60	413.73	63.09
凤山县	1.5		70.68	70.68	386.60	33.55
东兰县	1.5	1.5	41.18	41.18	312.78	6.60
罗城仫佬族自治县	3.4	1.4	123.04	123.04	692.14	137.06
环江毛南族自治县	1.1		76.50	68.70	545.00	89.80
巴马瑶族自治县	2.0		140.75	140.75	605.85	6.70
都安瑶族自治县	4.0		296.10	296.10	917.90	46.00
大化瑶族自治县	2.5		92.48	92.48	565.00	85.00
忻城县	2.4	0.2	284.45	284.15	541.08	57.70
象州县	3.0		52.90	52.90	449.97	47.28
武宣县	6.7	0.6	130.00	130.00	862.00	157.00
金秀瑶族自治县	0.4		34.80	34.80	143.50	34.53
扶绥县	6.4		395.48	395.48	1027.12	145.83
宁明县	5.0		106.30	106.30	936.90	370.78
龙州县	3.5		106.71	106.71	876.00	90.00
大新县	3.8		183.90	183.90	751.00	1.90
天等县	2.2	0.2	114.17	84.37	294.77	10.34
海　南	**171.2**	**11.7**	**2308.14**	**1282.90**	**14514.58**	**2375.93**
定安县	12.0		240.00	240.00	1894.92	360.63
屯昌县	2.5		276.69		605.14	
澄迈县	5.0		145.00	145.00	776.17	98.30
临高县	100.0	11.7	133.90	133.90	1467.62	
白沙黎族自治县	1.0		60.00	60.00	379.09	22.00
昌江县	16.6		315.00	280.00	2753.18	247.52
乐东县	7.0		194.00	194.00	1864.30	624.90
陵水县	6.5		52.00		626.39	
保亭县	11.0		595.50	230.00	1711.38	
琼中县	2.0		42.40		437.50	
洋浦经济开发区	7.5		253.65		1998.89	1022.58
重　庆	**76.6**		**2314.92**	**2308.62**	**14782.38**	**1715.48**
城口县	2.0		124.50	124.50	401.37	35.60
丰都县	7.2		188.20	188.20	1625.00	41.50
垫江县	11.6		186.30	186.30	1921.00	410.00
忠　县	9.7		230.11	230.11	1455.50	304.34

continued

			用水户数（户）		用水人口（万人）	县名称
公共服务用水 The Quantity of Water for Public Service	居民家庭用水 The Quantity of Water for Household Use	其他用水 The Quantity of Water for Other Purposes	Number of Households with Access to Water Supply (unit)	家庭用户 Household User	Population with Access to Water Supply (10,000 persons)	Name of Counties
10.00	167.27	13.00	10493	9304	3.97	那坡县
83.50	186.00	21.50	11309	11109	4.82	凌云县
20.00	185.00		11000	9000	3.27	乐业县
3.11	209.02	8.48	15840	15430	4.67	田林县
12.11	182.05	1.10	9066	7781	2.02	西林县
50.00	420.00	10.00	14436	13264	8.46	隆林各族自治县
12.63	333.20		19610	19490	8.76	昭平县
25.76	435.80		25892	22973	11.15	钟山县
36.00	228.00	7.00	21102	20958	4.48	富川瑶族自治县
37.70	324.96	5.98	28598	27168	9.04	南丹县
7.80	293.02		16565	15965	4.07	天峨县
5.73	243.67	34.05	17950	16930	3.79	凤山县
4.40	230.80	30.00	12259	11093	2.95	东兰县
47.58	413.72	4.30	15920	15263	7.24	罗城仫佬族自治县
70.20	310.00	5.00	23025	18000	6.96	环江毛南族自治县
133.00	381.80	5.30	25600	20100	6.37	巴马瑶族自治县
54.95	659.66	17.00	22270	22100	10.47	都安瑶族自治县
60.20	334.80	5.00	28603	25456	11.00	大化瑶族自治县
35.00	382.98	12.00	20333	20157	6.15	忻城县
7.00	351.50		15686	13649	5.28	象州县
141.50	354.50	70.00	37507	36763	7.85	武宣县
9.37	85.12		6718	5714	1.33	金秀瑶族自治县
35.45	711.47	4.17	31517	31295	9.55	扶绥县
32.77	458.85		20666	20665	8.14	宁明县
100.00	600.00	5.00	23026	23026	7.38	龙州县
169.00	456.28	8.82	22500	19949	5.95	大新县
6.10	233.31	7.42	15101	10900	3.99	天等县
1227.97	**8097.96**	**1312.71**	**244984**	**223884**	**71.34**	**海　南**
143.79	920.12	336.04	33698	28246	6.91	定安县
	496.51		15133	15133	6.05	屯昌县
25.05	469.75	27.62	9081	9081	10.55	澄迈县
73.45	1159.08	106.26	30036	28474	8.55	临高县
24.06	261.06		11630	11420	2.30	白沙黎族自治县
229.10	1380.68	680.29	36592	35430	6.93	昌江县
125.00	970.42	96.98	27000	23000	3.76	乐东县
210.37	279.73	51.26	8742	7259	8.24	陵水县
216.20	1294.79		49972	46141	5.67	保亭县
86.01	240.86	14.16	9000	7700	3.88	琼中县
94.94	624.96	0.10	14100	12000	8.50	洋浦经济开发区
971.78	**8164.38**	**1075.62**	**862537**	**760505**	**208.54**	**重　庆**
46.16	216.46		16813	13831	5.82	城口县
267.70	901.70		114512	99059	22.90	丰都县
67.00	770.00	63.00	129000	112800	19.43	垫江县
92.40	807.50	42.46	89649	81997	22.26	忠　县

5-4 续表 21

县名称 Name of Counties	综合生产能力(万立方米/日) Integrated Production Capacity (10,000m³/ day)	地下水 Underground Water	供水管道长度(公里) Length of Water Supply Pipelines (km)	建成区 in Built District	供水总量(万立方米) Total Quantity of Water Supply (10,000m³)	生产运营用水 The Quantity of Water for Production and Operation
云阳县	9.0		527.71	527.71	1758.01	134.04
奉节县	9.0		281.93	281.93	1747.43	398.00
巫山县	4.0		97.30	91.00	630.30	67.00
巫溪县	4.0		70.80	70.80	932.41	114.55
石柱土家族自治县	5.8		86.95	86.95	1414.76	70.25
秀山土家族苗族自治县	6.0		218.20	218.20	1232.10	
酉阳土家族苗族自治县	5.8		213.00	213.00	940.20	131.00
彭水苗族土家族自治县	2.5		89.92	89.92	724.30	9.20
四　川	**358.2**	**15.9**	**15196.10**	**14089.56**	**78429.05**	**12266.16**
金堂县	20.9	0.4	961.62	961.60	3730.98	1466.86
大邑县	8.0	3.0	151.56	140.15	2512.22	337.00
蒲江县	12.0		154.52	154.52	995.00	300.00
新津县	5.0		478.05	478.05	2258.51	918.25
荣　县	4.0		295.67	295.67	1182.37	178.64
富顺县	10.0		160.37	160.37	2416.86	31.66
米易县	2.0		119.30	119.30	638.47	40.26
盐边县	1.2		85.00	85.00	277.63	97.50
泸　县			171.02	171.02	1113.40	118.36
合江县	6.5		252.00	252.00	1390.05	66.00
叙永县	4.0		114.73	114.73	1234.97	75.92
古蔺县	2.0		180.60	180.60	910.25	57.19
中江县	6.9	3.9	149.50	149.50	2150.00	527.82
三台县	8.7	2.7	301.00	301.00	1483.21	399.91
盐亭县	3.0		367.00	367.00	657.64	164.19
梓潼县	3.5		129.94	129.94	746.82	243.23
北川羌族自治县	3.0	1.5	70.50	70.50	421.72	87.95
平武县	1.6		86.00	86.00	166.70	1.80
旺苍县	4.0		155.44	155.44	825.00	196.00
青川县	1.2		54.87	54.87	216.20	
剑阁县	1.6		82.99	82.68	316.10	32.00
苍溪县	4.0		185.63	185.10	993.65	133.80
蓬溪县	3.5		327.20	327.20	672.50	27.22
大英县	5.5		277.91	277.91	1067.50	74.00
威远县	7.8		283.89	263.89	1732.75	202.03
资中县	5.6		183.00	183.00	1525.06	309.85
犍为县	3.5		113.77	55.62	1235.00	22.00
井研县	3.0		216.10	216.00	846.00	74.00
夹江县	3.0		112.00		942.00	
沐川县	2.8		47.00	47.00	330.00	23.00
峨边县	1.1		24.00	24.00	177.76	16.50
马边县	3.0		41.00	41.00	387.00	86.00
南部县	9.0		238.00	238.00	2502.00	565.00
营山县	10.0		185.00	185.00	1701.00	367.00
蓬安县	4.0		128.00	128.00	1285.00	393.00

continued

公共服务用水 The Quantity of Water for Public Service	居民家庭用水 The Quantity of Water for Household Use	其他用水 The Quantity of Water for Other Purposes	用水户数(户) Number of Households with Access to Water Supply (unit)	家庭用户 Household User	用水人口(万人) Population with Access to Water Supply (10,000 persons)	县名称 Name of Counties
286.06	1044.81	36.75	135697	122376	35.20	云阳县
	912.63	338.04	109492	96826	21.09	奉节县
16.30	458.50	3.50	31457	26145	12.02	巫山县
10.20	481.28	8.15	49708	43122	9.66	巫溪县
69.36	770.20	154.32	57726	52023	11.62	石柱土家族自治县
	779.00	294.20	53933	47322	19.80	秀山土家族苗族自治县
61.40	430.00	95.70	37170	30626	13.69	酉阳土家族苗族自治县
55.20	592.30	39.50	37380	34378	15.05	彭水苗族土家族自治县
7194.68	**43286.85**	**3189.19**	**4192924**	**3633006**	**1137.63**	**四　川**
245.03	1633.04	17.01	130775	116992	47.08	金堂县
229.00	1014.00	258.23	99247	85677	11.00	大邑县
	532.00	3.00	38466	34101	8.74	蒲江县
30.00	954.48		86089	84343	21.00	新津县
86.74	671.47	37.68	84556	72038	20.00	荣　县
354.55	1548.65	0.80	126000	113400	24.00	富顺县
103.91	386.33		17571	16212	6.72	米易县
10.41	120.40	10.11	10050	8900	2.00	盐边县
118.46	660.33	35.70	48043	41174	18.85	泸　县
61.71	1013.77	44.24	82733	74777	23.07	合江县
233.81	767.75		72513	60191	16.21	叙永县
37.50	591.54	68.28	45087	42268	14.83	古蔺县
149.87	1199.00	16.00	88192	83160	27.75	中江县
147.52	831.96	10.79	114532	95164	27.02	三台县
7.94	364.86	2.65	53608	46407	10.25	盐亭县
	361.84	20.88	36172	31580	8.09	梓潼县
25.06	279.56	1.03	15372	14457	3.55	北川羌族自治县
0.40	128.00	3.50	9850	8832	3.60	平武县
	475.00	6.00	55454	53100	11.20	旺苍县
46.10	128.20	5.20	11061	9254	2.76	青川县
52.00	174.00	3.00	19055	16300	4.80	剑阁县
2.00	601.75	89.10	68037	62087	16.00	苍溪县
38.70	483.72	14.06	53449	45637	13.60	蓬溪县
88.30	588.70	151.20	73805	71874	13.83	大英县
264.98	770.85	300.27	100110	88429	19.71	威远县
80.00	913.52	9.00	88323	81552	25.18	资中县
197.79	620.50	194.71	63903	53760	11.20	犍为县
46.00	571.00		49945	45717	6.88	井研县
79.50	615.40	72.60	43000	39000	10.00	夹江县
20.00	247.00		27427	2230	5.55	沐川县
15.96	118.50		3172	2963	3.99	峨边县
27.00	207.60	15.00	9802	9680	4.31	马边县
503.00	1152.00		128197	112781	32.60	南部县
197.00	887.00		82702	73780	23.10	营山县
253.00	521.00		75818	68704	18.05	蓬安县

5-4 续表 22

县名称 Name of Counties	综合生产能力（万立方米/日） Integrated Production Capacity ($10,000m^3$/ day)	地下水 Underground Water	供水管道长度（公里） Length of Water Supply Pipelines (km)	建成区 in Built District	供水总量（万立方米） Total Quantity of Water Supply ($10,000m^3$)	生产运营用水 The Quantity of Water for Production and Operation
仪陇县	4.0		140.00	140.00	1180.00	233.00
西充县	4.0		156.00	152.00	1531.00	435.00
仁寿县	17.0		470.00	470.00	2663.00	659.20
洪雅县	3.0	0.0	74.55	74.55	561.90	10.81
丹棱县	2.0		112.13	112.13	517.82	80.51
青神县	3.0	0.2	85.95	52.30	508.77	72.38
江安县	4.5		75.51	75.51	1204.72	266.68
长宁县	3.5		135.00	135.00	596.47	72.75
高　县	3.0		170.12	170.12	643.07	31.45
珙　县	3.0		115.08	115.08	795.08	82.76
筠连县	1.8		40.00	40.00	563.00	
兴文县	3.0		222.80	220.00	763.72	64.38
屏山县	2.2		174.60	174.60	638.79	136.00
岳池县	6.8		505.91	505.91	1494.04	169.58
武胜县	9.0		201.95	201.95	1251.64	160.00
邻水县	5.0		443.45	351.97	1182.71	71.73
宣汉县	4.8		142.00	138.00	1230.00	57.20
开江县	3.0		134.22	134.22	650.00	55.00
大竹县	7.5		248.00	210.00	1632.76	214.44
渠　县	8.0		192.00	192.00	1410.00	124.00
荥经县	2.5		174.30	174.30	375.67	33.62
汉源县	3.0		78.00	78.00	490.00	57.00
石棉县	1.4	0.3	67.60	67.60	391.87	1.65
天全县	3.9		71.00	69.00	391.20	28.00
芦山县	1.5		48.00	48.00	224.97	53.80
宝兴县	0.5		22.80	22.80	187.58	25.95
通江县	3.0		345.60	345.60	893.00	165.00
南江县	4.0		249.82	209.82	789.00	165.00
平昌县	6.0		344.00	344.00	1522.00	152.00
安岳县	8.3		300.00	241.50	1660.00	219.00
乐至县	4.1	0.1	198.00	198.00	930.90	18.25
汶川县	0.6		84.30	84.30	97.00	3.00
理　县	1.0		24.00	24.00	180.00	10.00
茂　县	2.0		83.20	83.20	255.00	
松潘县	1.0		65.00	65.00	110.00	13.00
九寨沟县	2.0		23.80	23.80	253.50	98.41
金川县	0.5		17.00	17.00	102.00	9.00
小金县	0.8		110.00	45.00	222.00	12.00
黑水县	0.5		16.55	16.55	97.00	5.90
壤塘县	0.7		38.00	14.00	140.00	
阿坝县	0.8	0.3	78.00	78.00	174.00	8.60
若尔盖县	0.4		25.00	25.00	148.00	10.00
红原县	1.0	0.0	26.97	20.05	241.98	15.12
泸定县	1.0		19.12	19.12	241.35	5.00

continued

公共服务用水 The Quantity of Water for Public Service	居民家庭用水 The Quantity of Water for Household Use	其他用水 The Quantity of Water for Other Purposes	用水户数（户） Number of Households with Access to Water Supply (unit)	家庭用户 Household User	用水人口（万人） Population with Access to Water Supply (10,000 persons)	县名称 Name of Counties
254.00	510.00		73946	64420	16.95	仪陇县
280.00	605.00		72190	63805	16.80	西充县
10.00	1422.00	245.00	139660	119500	45.80	仁寿县
122.23	172.80	178.32	37336	37336	7.96	洪雅县
26.82	210.14	27.80	18691	16176	6.50	丹棱县
49.12	291.85	20.35	26799	21827	7.70	青神县
102.04	673.70		39571	36715	17.76	江安县
33.51	447.35	3.52	45810	36625	11.45	长宁县
35.25	441.10	10.40	44529	32946	15.05	高　县
7.69	401.81	174.17	42430	37828	12.50	珙　县
	475.00		33867	29867	9.84	筠连县
21.50	483.27	44.57	47616	37785	13.20	兴文县
	223.64	167.60	25892	21676	5.65	屏山县
27.22	966.30	46.35	92674	80329	21.66	岳池县
240.00	650.00	9.26	84844	77093	14.75	武胜县
12.57	796.98	100.77	108654	97125	25.20	邻水县
237.19	704.77	44.45	86917	75494	18.95	宣汉县
45.00	425.00	15.00	62520	57220	13.70	开江县
	1055.52	82.80	112755	102100	28.90	大竹县
264.00	715.00	87.00	100000	80000	36.50	渠　县
5.00	219.78	84.85	27964	22980	6.57	荥经县
13.00	331.00	3.00	23396	19260	4.39	汉源县
26.00	305.60	29.50	15392	14500	4.03	石棉县
50.00	280.00	13.20	23660	21040	4.53	天全县
41.60	62.00	26.31	9823	9276	3.30	芦山县
20.14	102.31	15.98	5900	5700	1.06	宝兴县
123.00	450.00		56124	52564	17.50	通江县
123.00	376.00		58901	51821	16.80	南江县
114.00	962.00	49.00	73050	60590	25.10	平昌县
312.00	840.00	27.00	96522	45296	30.00	安岳县
	774.73		87795	78761	25.82	乐至县
7.00	82.00		5365	5102	2.70	汶川县
10.00	30.00	25.00	3506	2890	1.00	理　县
100.00	135.00		6520	6312	3.80	茂　县
10.00	70.00		3821	2904	1.80	松潘县
	110.76	17.17	5119	4446	2.32	九寨沟县
	75.00		8000	7500	2.00	金川县
11.00	177.00	6.00	4988	3375	1.70	小金县
7.10	75.00	7.00	4826	4623	1.52	黑水县
	4.00	4.00	3210	3100	0.83	壤塘县
4.00	146.00	5.40	5300	4850	2.20	阿坝县
	90.00	20.00	5700	5700	1.52	若尔盖县
5.00	0.78	7.00	3663	3469	1.23	红原县
38.50	136.50	4.50	5100	3411	2.40	泸定县

5-4 续表 23

县名称 Name of Counties	综合生产能力(万立方米/日) Integrated Production Capacity (10,000m³/ day)	地下水 Underground Water	供水管道长度(公里) Length of Water Supply Pipelines (km)	建成区 in Built District	供水总量(万立方米) Total Quantity of Water Supply (10,000m³)	生产运营用水 The Quantity of Water for Production and Operation
丹巴县	0.3		31.00	31.00	121.05	12.00
九龙县	0.5		30.00	30.00	123.00	4.00
雅江县	0.3		13.80	4.50	99.00	11.00
道孚县	0.4	0.1	85.30	65.30	70.80	3.10
炉霍县	0.4		43.90	36.00	103.00	12.00
甘孜县	1.0		80.00	50.00	175.00	20.00
新龙县	0.5		35.00	7.75	93.47	
德格县	0.8		32.50	23.00	82.00	3.00
白玉县	0.3		41.00	31.00	115.01	
石渠县	0.8		50.60	50.60	68.77	5.08
色达县	0.7		48.00	38.00	86.50	2.50
理塘县	1.3		112.30	49.00	172.48	1.68
巴塘县	1.0		42.50	42.50	51.00	7.00
乡城县	0.3		22.58	20.16	93.40	10.26
稻城县	0.2		35.00	7.00	86.00	15.00
得荣县	0.2	0.1	27.21	7.20	66.00	3.00
普格县	0.7		95.00	95.00	136.00	9.65
木里县	0.7		46.00	23.00	149.00	12.00
盐源县	1.6		103.00	67.00	384.40	35.50
德昌县	4.0		143.40	98.20	360.00	10.00
会理县	4.8		236.95	236.95	714.00	110.19
会东县	1.6	1.6	95.00	47.00	540.00	62.00
宁南县	2.5		90.00	63.75	202.84	20.10
布拖县	0.5	0.5	26.58	22.58	127.00	5.70
金阳县	0.8		7.21	7.21	135.83	0.37
昭觉县	1.5		69.00	69.00	269.00	37.00
喜德县	0.6		45.00	32.00	194.50	35.00
冕宁县	1.8	0.2	96.80	92.80	345.00	25.50
越西县	0.7	0.1	23.50	23.50	167.01	27.40
甘洛县	0.9	0.1	29.62	11.62	363.31	10.60
美姑县	2.0	1.0	76.30	15.00	208.00	
雷波县	1.5		48.54	31.30	348.85	15.42
贵 州	**207.5**	**19.7**	**10198.48**	**7024.80**	**37764.68**	**4990.39**
开阳县	3.1	0.1	199.33	194.71	835.96	65.68
息烽县	4.0		121.00		599.55	
修文县	2.0	1.5	442.00		509.20	152.04
水城区	0.5		259.75	259.75	1163.02	302.21
六枝特区	9.9	0.1	538.60	524.50	934.40	
桐梓县	6.5		360.30	240.00	1247.12	160.20
绥阳县	3.5	0.2	177.50	177.50	614.52	26.76
正安县	5.5		111.00		435.00	
道真县	4.5		94.20	94.20	686.00	142.00
务川县	2.3		146.93	146.93	675.00	6.00

continued

公共服务用水 The Quantity of Water for Public Service	居民家庭用水 The Quantity of Water for Household Use	其他用水 The Quantity of Water for Other Purposes	用水户数（户）Number of Households with Access to Water Supply (unit)	家庭用户 Household User	用水人口（万人）Population with Access to Water Supply (10,000 persons)	县名称 Name of Counties
12.15	74.60	0.30	5350	4950	1.87	丹巴县
5.00	85.00	6.00	1120	1120	1.62	九龙县
8.00	59.00	2.00	2060	1790	1.45	雅江县
2.20	51.50		4282	4109	1.65	道孚县
20.00	50.00	3.00	2300	2300	1.94	炉霍县
25.00	90.00	10.00	5683	5580	4.10	甘孜县
13.00	54.47	4.00	1120	882	0.86	新龙县
3.00	59.00	1.00	1994	1600	0.98	德格县
6.01	83.00	4.00	4510	4500	1.90	白玉县
5.96	45.90	5.83	1912	1440	0.89	石渠县
11.00	57.00		1890	1440	1.03	色达县
	132.43		10620	9310	2.61	理塘县
4.00	27.00	4.00	3113	2215	2.18	巴塘县
16.38	38.58	15.16	2896	2896	1.16	乡城县
10.00	40.00	5.00	1600	1100	1.00	稻城县
13.00	38.00		1447	337	0.51	得荣县
10.87	80.49	2.91	7163	5811	2.88	普格县
11.00	85.00	5.00	4475	3135	2.30	木里县
35.50	203.40	30.00	15768	11636	6.40	盐源县
83.00	163.00	14.00	34000	28000	7.00	德昌县
40.67	418.07	12.07	27667	22773	12.80	会理县
85.00	303.00		7800	7465	6.10	会东县
9.66	130.86		9712	9712	2.87	宁南县
4.00	89.30		3422	3400	2.98	布拖县
1.61	85.91	15.26	11300	9318	4.40	金阳县
46.00	119.30		10120	6284	9.70	昭觉县
8.00	100.00	4.00	16700	16700	3.00	喜德县
15.50	236.90	0.50	7138	7008	5.05	冕宁县
3.70	97.28	18.59	14786	12476	6.70	越西县
101.80	161.90	4.45	6360	678	5.02	甘洛县
36.00	122.00	27.74	4795	4587	3.66	美姑县
5.95	263.55	2.07	7359	6596	3.56	雷波县
2054.37	**23422.12**	**928.81**	**2081420**	**1730921**	**663.96**	**贵　州**
22.80	499.72	105.63	55712	50359	13.73	开阳县
167.86	300.92	0.06	33413	29048	8.90	息烽县
3.45	265.04		23523	20609	7.95	修文县
68.00	606.15	1.75	39190	8784	14.39	水城区
39.25	728.40	6.75	60353	40853	15.66	六枝特区
68.90	747.00	148.20	99623	90065	18.50	桐梓县
20.00	397.55	23.39	22554	22554	10.40	绥阳县
	350.00	50.00	45673	33919	12.20	正安县
	410.00		24038	20854	11.00	道真县
40.00	461.00		45291	24472	10.70	务川县

5-4 续表 24

县名称 Name of Counties	综合生产能力(万立方米/日) Integrated Production Capacity (10,000m³/ day)	地下水 Underground Water	供水管道长度(公里) Length of Water Supply Pipelines (km)	建成区 in Built District	供水总量(万立方米) Total Quantity of Water Supply (10,000m³)	生产运营用水 The Quantity of Water for Production and Operation
凤冈县	1.6		93.00	58.00	509.00	66.00
湄潭县	8.4		92.00	92.00	1115.97	200.00
余庆县	3.0		98.00	90.00	495.00	35.00
习水县	5.9		133.68	133.68	1236.24	217.50
普定县	4.7	0.4	151.77	108.82	491.76	39.25
镇宁县	3.5	0.5	317.00	317.00	565.30	50.00
关岭县	2.5		50.66	50.66	301.70	18.17
紫云县	4.5	1.0	163.12	163.12	246.56	1.55
大方县	3.8	2.5	106.36	95.00	813.94	44.66
黔西县	4.5		165.00	138.00	1584.10	305.44
金沙县	4.8		63.21	63.21	935.01	380.77
织金县	4.5	0.8	130.00	130.00	1161.50	1.03
纳雍县	2.7		334.15		848.00	64.20
威宁自治县	4.0	4.0	205.00	205.00	1380.00	325.36
赫章县	1.5		48.00	48.00	423.22	0.80
江口县	3.0		177.45	155.20	571.00	104.30
玉屏县	2.5	0.2	138.52	138.52	410.76	98.70
石阡县	4.3	0.2	137.00	117.00	528.23	
思南县	8.0		190.00	190.00	578.00	152.00
印江县	5.0	1.2	115.00	115.00	548.00	72.00
德江县	4.3		143.93	143.93	1016.38	220.21
沿河县	2.0		104.70	104.70	439.66	30.33
松桃县	5.0		210.00	200.00	655.60	105.20
普安县	2.5		140.20	106.70	204.00	17.00
晴隆县	3.0		219.00	45.00	303.60	93.00
贞丰县	4.1		108.34	62.90	438.00	67.20
望谟县	1.0		71.40		281.82	25.00
册亨县	1.5		45.00	12.00	135.00	5.00
安龙县	1.3	1.2	171.90	171.90	406.19	15.00
黄平县	1.4		48.00	48.00	285.00	10.00
施秉县	1.3		193.50		193.00	
三穗县	1.0		69.00	22.00	344.30	40.00
镇远县	2.0	2.0	94.00	79.00	360.38	100.00
岑巩县	1.5		57.27		282.77	
天柱县	1.5		180.68	180.68	476.50	117.50
锦屏县	1.0		53.45	50.08	413.20	58.00
剑河县	1.1		144.60		312.80	26.26
台江县	1.0		106.00	106.00	270.70	
黎平县	3.2		259.90		748.48	10.00
榕江县	3.5		82.00	82.00	735.00	73.00
从江县	1.0		165.60	165.60	232.80	28.70
雷山县	1.0		72.80		309.65	67.35
麻江县	1.0		89.12	82.95	164.15	60.40

continued

公共服务用水 The Quantity of Water for Public Service	居民家庭用水 The Quantity of Water for Household Use	其他用水 The Quantity of Water for Other Purposes	用水户数(户) Number of Households with Access to Water Supply (unit)	家庭用户 Household User	用水人口(万人) Population with Access to Water Supply (10,000 persons)	县名称 Name of Counties
8.00	360.00		43134	35606	7.10	凤冈县
95.00	710.72		35630	35530	12.90	湄潭县
30.19	351.00	23.00	24926	24926	9.10	余庆县
72.50	763.39	20.31	73526	64007	15.90	习水县
37.32	322.84		24260	21350	11.45	普定县
85.00	288.90	47.00	29956	25778	8.70	镇宁县
17.54	210.70	4.19	24110	9372	6.11	关岭县
36.80	156.84		25453	20662	8.26	紫云县
185.53	375.80	3.10	47358	43708	12.00	大方县
	868.66	55.41	58960	51990	23.60	黔西县
	457.23		50618	46173	16.10	金沙县
204.03	637.90		51747	43000	13.10	织金县
95.30	446.70	5.80	32716	29672	14.32	纳雍县
	760.16		35714	35714	20.00	威宁自治县
2.60	213.10	3.12	26346	22346	9.48	赫章县
15.30	232.70	29.09	32835	23835	9.00	江口县
	257.75	3.95	32600	25379	7.30	玉屏县
	435.76		30045	25414	8.41	石阡县
36.00	320.00	20.00	38021	30021	11.80	思南县
30.00	335.00	36.00	48588	39591	12.40	印江县
33.51	610.15	11.23	54986	49376	20.67	德江县
15.00	321.95		28800	26000	10.50	沿河县
14.30	461.40	6.70	50267	42367	16.00	松桃县
15.00	135.00	3.00	12730	10475	4.50	普安县
65.00	104.00	30.00	17126	17000	6.09	晴隆县
54.35	164.46	46.21	22950	19652	8.10	贞丰县
20.00	206.12	21.00	15166	13343	8.27	望谟县
5.00	110.00	5.00	11500	10150	7.00	册亨县
55.00	296.59		18933	16593	12.18	安龙县
6.40	233.80		16489	15097	9.20	黄平县
	156.00	8.00	16540	12090	5.10	施秉县
28.00	195.00	20.00	23500	23500	6.40	三穗县
	200.05		20645	17006	8.50	镇远县
	191.11	53.66	17013	14527	5.40	岑巩县
2.50	340.50	3.00	35885	28957	12.86	天柱县
81.90	180.90	29.00	23432	18372	5.80	锦屏县
7.97	221.43	27.99	28546	23305	6.50	剑河县
	167.77	50.72	12000	11700	4.50	台江县
2.50	586.56	3.00	45223	39852	14.80	黎平县
	597.00		39593	30046	12.20	榕江县
14.50	141.10	4.90	17343	13911	6.37	从江县
	205.70	0.30	16275	14473	4.07	雷山县
2.72	85.87		15010	14855	4.03	麻江县

5-4 续表 25

县名称 Name of Counties	综合生产能力（万立方米/日） Integrated Production Capacity (10,000m³/ day)	地下水 Underground Water	供水管道长度（公里） Length of Water Supply Pipelines (km)	建成区 in Built District	供水总量（万立方米） Total Quantity of Water Supply (10,000m³)	生产运营用水 The Quantity of Water for Production and Operation
丹寨县	1.3		63.10	0.10	339.52	124.18
荔波县	4.0		76.00	76.00	617.39	66.89
贵定县	3.3		121.00	94.00	898.00	87.00
瓮安县	3.6		305.46	305.46	585.72	38.00
独山县	2.2		186.00	150.00	717.98	60.00
平塘县	2.5		330.00	107.00	310.00	26.50
罗甸县	3.5	0.4	120.00	120.00	668.00	80.00
长顺县	1.7	0.2	171.00	171.00	422.93	107.12
龙里县	9.8	0.3	320.00		590.00	67.00
惠水县	3.0	3.0	234.00	210.00	779.00	40.00
三都水族自治县	2.0		82.00	82.00	384.10	92.93
云　南	**177.0**	**12.0**	**11373.83**	**9839.73**	**39483.33**	**6963.75**
嵩明县	2.2	0.4	89.00	89.00	513.00	121.41
富民县	1.7	0.0	70.87	52.66	255.00	1.40
宜良县	3.2	1.8	196.75	38.00	1140.39	242.70
石林彝族自治县	4.7	3.0	69.82	40.20	1120.00	131.00
禄劝彝族苗族自治县	2.1	0.4	79.14	79.14	488.78	17.34
寻甸县	4.0		218.00	218.00	641.00	144.00
昆明阳宗海风景名胜区	2.2	1.3	71.76	71.76	471.30	275.00
陆良县	2.6	0.6	334.78	303.30	974.00	32.01
师宗县	3.0		98.30	70.00	540.29	7.22
罗平县	1.8	0.6	263.28	252.00	828.48	181.45
富源县	2.2		70.35	70.35	798.20	146.30
会泽县	8.0		285.00	285.00	1440.00	120.00
通海县	1.9		101.40	101.40	356.77	115.70
华宁县	1.2		159.70	159.70	320.60	105.90
易门县	1.5		95.60	81.62	391.19	5.70
峨山县	1.6		46.61	46.61	355.59	69.63
新平县	2.9	0.5	133.00	110.90	370.83	
元江县	2.5		130.60	83.00	341.60	13.00
施甸县	2.5		130.00	130.00	541.00	105.00
龙陵县	2.7	1.4	189.80	189.80	300.58	76.20
昌宁县	1.9		192.60	192.00	505.65	61.23
鲁甸县	1.8		168.90	156.30	532.18	42.00
巧家县	1.5		61.00	61.00	467.43	96.96
盐津县	0.8		36.00	26.00	171.15	39.30
大关县	0.6		23.20	23.20	130.18	
永善县	1.5		59.53	59.53	310.00	56.00
绥江县	2.2		147.62	92.62	472.19	71.77
镇雄县	3.8		125.50	125.50	1278.87	130.02
彝良县	0.9	0.1	69.60	69.60	391.06	35.00
威信县	1.7		72.60	72.60	451.79	38.28
玉龙纳西族自治县			36.89	36.89	113.00	23.00

continued

公共服务用水 The Quantity of Water for Public Service	居民家庭用水 The Quantity of Water for Household Use	其他用水 The Quantity of Water for Other Purposes	用水户数(户) Number of Households with Access to Water Supply (unit)	家庭用户 Household User	用水人口(万人) Population with Access to Water Supply (10,000 persons)	县名称 Name of Counties
0.52	186.45	0.17	17498	15441	4.50	丹寨县
16.00	452.12		15920	12540	6.39	荔波县
24.00	624.00		37243	31562	9.72	贵定县
20.00	442.00		66020	55734	21.40	瓮安县
62.10	474.71	0.20	38059	32148	10.84	独山县
7.29	212.13	2.98	17600	16500	5.02	平塘县
43.84	434.05	12.11	21600	16200	7.02	罗甸县
23.72	220.57		14128	11756	8.94	长顺县
30.00	403.00		25000	21380	11.05	龙里县
13.00	576.50		28763	26107	12.21	惠水县
8.88	213.20	2.89	23724	13315	7.37	三都水族自治县
3814.66	**22361.41**	**970.60**	**1830103**	**1587887**	**625.68**	**云　南**
39.60	229.47	12.20	25310	24938	6.98	嵩明县
1.20	137.20	89.70	12012	10501	4.90	富民县
92.95	697.81	7.88	18159	16612	12.99	宜良县
131.00	710.00		22865	18665	11.56	石林彝族自治县
145.43	301.01		10456	10450	6.47	禄劝彝族苗族自治县
82.00	300.00	18.00	35016	33818	7.42	寻甸县
47.00	139.00	10.00	8018	4996	4.65	昆明阳宗海风景名胜区
33.21	501.02	4.96	33077	32485	16.02	陆良县
37.20	411.42		25988	23880	11.94	师宗县
188.66	290.00	40.00	31250	29060	12.75	罗平县
47.30	329.30	38.00	19628	19336	9.37	富源县
1.00	1135.00		85632	68850	23.00	会泽县
17.30	164.21	0.46	34676	30646	7.50	通海县
2.10	164.50		21729	15500	4.10	华宁县
123.22	194.60		27364	25927	4.12	易门县
2.00	238.77	0.96	19207	16661	3.91	峨山县
119.36	220.13	1.30	21918	20971	6.44	新平县
26.00	282.50		18988	16920	4.30	元江县
41.00	270.00	20.00	22000	21000	7.10	施甸县
3.70	188.00	10.18	17820	14245	5.43	龙陵县
12.60	321.46	24.36	23780	20927	8.63	昌宁县
23.00	395.18	22.00	25705	25443	11.50	鲁甸县
2.58	301.00	8.40	16230	15920	7.80	巧家县
3.12	97.20	1.13	9360	8400	4.68	盐津县
2.01	111.23	2.02	21019	17164	5.17	大关县
85.00	90.00	23.00	23701	1896	8.65	永善县
18.89	283.31	3.78	19500	17500	4.65	绥江县
115.32	885.33	32.00	48742	47012	28.21	镇雄县
68.00	282.06	3.00	17046	16346	10.34	彝良县
95.96	255.14	1.84	13501	13304	6.85	威信县
12.00	60.00		4502	3640	3.42	玉龙纳西族自治县

5-4 续表 26

县名称 Name of Counties	综合生产能力(万立方米/日) Integrated Production Capacity (10,000m³/ day)	地下水 Underground Water	供水管道长度(公里) Length of Water Supply Pipelines (km)	建成区 in Built District	供水总量(万立方米) Total Quantity of Water Supply (10,000m³)	生产运营用水 The Quantity of Water for Production and Operation
永胜县	2.2		108.88	108.88	328.00	62.00
华坪县	3.0		180.00	180.00	326.00	50.00
宁蒗县	3.0		102.00	102.00	610.27	76.37
宁洱哈尼族彝族自治县	2.4		145.80	145.80	355.77	81.33
墨江哈尼族自治县	1.7		104.29	104.29	349.96	118.31
景东彝族自治县	1.0		90.49	90.49	342.60	22.00
景谷傣族彝族自治县	2.2		85.18	85.18	542.00	12.23
镇沅彝族哈尼族拉祜族自治县	0.8		56.20	45.60	171.00	6.30
江城哈尼族彝族自治县	0.6		48.30	48.30	153.20	23.32
孟连傣族拉祜族佤族自治县	1.5	0.5	40.50	34.09	245.00	3.00
澜沧拉祜族自治县	2.5	0.5	173.32	170.50	483.71	160.02
西盟佤族自治县	1.0		46.97	30.33	91.13	13.57
凤庆县	2.1	0.2	93.00	88.00	608.51	110.60
云　县	1.5		183.50	183.50	514.07	170.00
永德县	1.0		77.98	55.88	197.78	10.64
镇康县	1.2		99.60	99.60	392.55	93.80
双江县	1.9		114.88	94.33	347.31	10.50
耿马县	1.2		70.00	70.00	362.00	58.00
沧源县	0.9		124.91	118.59	157.13	60.19
双柏县	1.1	0.1	138.14	97.14	169.18	10.20
牟定县	1.6	0.0	101.20	70.67	267.36	66.68
南华县	2.7		194.22	143.38	463.82	92.59
姚安县	1.0		54.63	54.63	137.05	2.75
大姚县	1.8	0.0	161.46	78.06	333.69	6.52
永仁县	1.1		118.19	77.23	245.75	49.73
元谋县	2.0		113.86	113.86	383.50	48.60
武定县	1.6	0.2	162.00	90.00	384.00	44.00
禄丰县	3.0		131.30	90.70	1049.00	398.00
屏边县	1.4		46.39	46.39	209.14	19.75
建水县	4.0		169.66	169.66	1124.32	256.49
石屏县	2.0		101.00	101.00	455.00	138.00
泸西县	3.0		353.92	353.92	586.46	173.11
元阳县	0.6		31.21	19.75	200.74	22.13
红河县	1.0		83.53	83.53	276.76	61.11
金平县	0.7		65.05	65.05	236.68	40.00
绿春县	0.7		12.50	12.50	163.50	30.57
河口县	0.8		48.10	47.10	314.68	54.64
砚山县	1.2		108.33	108.30	415.00	162.00
西畴县	0.6		61.60	61.60	162.38	53.62
麻栗坡县	0.6		77.00	77.00	142.00	37.00
马关县	1.6	0.3	80.50	80.50	394.00	13.00

continued

公共服务用水 The Quantity of Water for Public Service	居民家庭用水 The Quantity of Water for Household Use	其他用水 The Quantity of Water for Other Purposes	用水户数（户） Number of Households with Access to Water Supply (unit)	家庭用户 Household User	用水人口（万人） Population with Access to Water Supply (10,000 persons)	县名称 Name of Counties
42.00	180.00		14663	14168	5.82	永胜县
33.00	219.00	1.00	20257	16837	4.90	华坪县
216.00	283.00	3.90	19631	17533	7.28	宁蒗县
15.91	199.13	6.10	22149	20279	5.94	宁洱哈尼族彝族自治县
46.85	112.16	26.70	26235	20917	4.99	墨江哈尼族自治县
36.00	224.23	6.37	12636	11532	4.68	景东彝族自治县
91.06	283.85	1.36	19480	18441	6.80	景谷傣族彝族自治县
12.90	139.00	3.00	8032	7450	2.85	镇沅彝族哈尼族拉祜族自治县
12.00	91.68	0.20	10748	9145	3.20	江城哈尼族彝族自治县
70.00	144.00	3.00	12000	11400	4.25	孟连傣族拉祜族佤族自治县
10.05	246.58	31.38	21475	17975	4.37	澜沧拉祜族自治县
	63.06		3328	3080	1.42	西盟佤族自治县
82.71	349.20	26.00	19010	18373	10.42	凤庆县
35.72	253.78	5.10	18706	17838	9.25	云　县
26.67	116.60	0.91	16380	13590	6.00	永德县
10.00	240.39	27.90	12117	8251	3.50	镇康县
33.00	231.25	25.00	12560	11380	6.48	双江县
36.00	220.00	16.00	16450	14660	5.67	耿马县
	77.09	1.69	7078	5869	4.50	沧源县
40.80	89.65	0.34	10414	10394	4.20	双柏县
19.00	132.10	10.20	14102	13326	5.16	牟定县
25.99	273.13	3.36	21002	17573	7.52	南华县
12.50	120.00		7723	7573	3.63	姚安县
86.81	190.39	1.48	32123	24681	6.34	大姚县
21.31	132.19	0.20	10250	9625	2.70	永仁县
59.20	235.84	3.20	9028	8669	6.02	元谋县
21.00	259.00	24.00	11580	10394	4.90	武定县
	366.00	1.40	13000	12600	6.99	禄丰县
23.00	123.00	2.31	10656	8900	3.41	屏边县
143.63	615.57	10.26	56840	50019	18.97	建水县
	277.00		16916	14627	6.42	石屏县
12.17	286.40	8.25	18037	17607	11.80	泸西县
11.72	130.19	1.30	4351	3921	3.25	元阳县
16.54	177.72	0.89	15000	13800	3.77	红河县
1.00	190.00	0.20	10000	10000	4.50	金平县
0.50	116.25	1.48	10355	10355	2.96	绿春县
48.20	176.54	31.00	15981	14837	4.90	河口县
36.00	113.00	48.00	29350	24666	8.75	砚山县
34.65	45.33	0.90	4762	4430	2.25	西畴县
10.00	69.00	1.00	14450	11567	6.04	麻栗坡县
60.00	290.00	1.00	17251	14721	5.28	马关县

5-4 续表 27

县名称 Name of Counties	综合生产能力(万立方米/日) Integrated Production Capacity (10,000m³/ day)	地下水 Underground Water	供水管道长度(公里) Length of Water Supply Pipelines (km)	建成区 in Built District	供水总量(万立方米) Total Quantity of Water Supply (10,000m³)	生产运营用水 The Quantity of Water for Production and Operation
丘北县	2.4		460.00	460.00	500.00	180.00
广南县	2.0		95.00	92.10	461.00	180.00
富宁县	1.1		120.22	118.36	558.49	81.50
勐海县	3.0		190.50	190.50	454.10	51.00
勐腊县	2.6		95.35	80.35	355.25	40.00
漾濞彝族自治县	1.1		40.00	36.00	113.00	13.23
祥云县	4.8		217.00	217.00	847.00	143.00
宾川县	2.2	0.2	162.70	153.70	474.00	65.00
弥渡县	1.5		84.70	84.50	264.00	55.00
南涧彝族自治县	1.0		54.00	33.00	188.45	36.20
巍山彝族回族自治县	1.5		77.00	64.00	188.90	28.00
永平县	1.2		118.00	98.00	270.03	67.39
云龙县	0.5		86.60	14.80	89.55	10.52
洱源县	0.7		110.00	110.00	181.40	
剑川县	0.8		160.30	151.90	205.73	56.00
鹤庆县	1.6		121.30	121.30	385.30	121.10
梁河县	0.5		22.00	17.00	157.00	
盈江县	1.8		567.76	198.00	622.28	235.08
陇川县	1.5		69.30	57.30	318.22	79.00
福贡县	1.0		51.20	42.20	192.50	1.34
贡山独龙族怒族自治县	1.2		41.84	26.54	139.77	18.00
兰坪白族普米族自治县	4.0		141.97	109.87	424.36	44.60
德钦县	0.6		27.30	27.30	88.90	3.60
维西傈僳族自治县	2.0		73.00	51.00	300.00	27.00
西　藏	**85.4**	**19.9**	**1623.17**	**1402.65**	**5273.91**	**407.63**
曲水县	0.2	0.2	20.00	20.00	39.10	3.00
当雄县	0.2	0.2	15.66	15.66	50.00	3.12
林周县	0.3	0.3	7.74	7.74	98.50	5.00
墨竹工卡县	0.4	0.4	45.22	45.22	160.61	10.65
尼木县	0.6	0.6	18.00	18.00	50.00	2.19
亚东县	0.6	0.1			226.70	
聂拉木县	0.3		24.00	5.00	62.00	1.00
仲巴县	0.2	0.2	13.69	13.69	33.80	
定结县	0.1	0.1	36.68	10.50	50.00	
康马县	0.1	0.0	14.23	14.23	36.04	2.00
吉隆县	0.2		20.00	5.40	60.90	0.30
萨嘎县	51.0	0.5	32.92	32.92	59.50	3.00
谢通门县	0.3	0.3	3.60	2.80	73.00	
萨迦县	0.1		38.09	38.09	39.99	1.34
岗巴县	0.4	0.4	12.50	9.50	81.00	
拉孜县	0.4	0.4	4.17	4.17	135.80	24.20
江孜县	1.2	1.2	27.60	27.60	329.78	123.68
定日县	0.3	0.3	38.00	38.00	88.00	

continued

公共服务用水 The Quantity of Water for Public Service	居民家庭用水 The Quantity of Water for Household Use	其他用水 The Quantity of Water for Other Purposes	用水户数(户) Number of Households with Access to Water Supply (unit)	家庭用户 Household User	用水人口(万人) Population with Access to Water Supply (10,000 persons)	县名称 Name of Counties
6.50	183.50	80.00	28923	20883	11.58	丘北县
25.00	230.00	5.00	28972	17210	9.20	广南县
6.81	450.08	2.90	22000	20063	9.20	富宁县
5.00	295.69	2.10	13775	8044	7.34	勐海县
43.49	205.98	27.84	14265	13452	5.63	勐腊县
9.00	79.27	8.00	10405	10405	3.00	漾濞彝族自治县
82.00	480.00	14.00	45243	30226	12.16	祥云县
113.20	241.08		23701	21318	5.27	宾川县
59.00	142.00		9890	7590	4.26	弥渡县
2.00	130.30		91104	88414	2.82	南涧彝族自治县
12.50	129.50	3.50	14246	13522	4.79	巍山彝族回族自治县
11.47	163.67	0.43	14500	12800	6.42	永平县
18.26	56.52		4098	3136	1.86	云龙县
98.00	42.00	5.00	14574	13201	3.61	洱源县
19.00	110.73		6385	6385	2.30	剑川县
	120.88		11552	10592	4.59	鹤庆县
5.00	64.00	69.00	9200	8700	2.34	梁河县
6.00	307.90		27276	18824	8.20	盈江县
5.66	204.00	17.75	17905	11854	5.23	陇川县
58.77	39.06	12.00	7300	6900	2.72	福贡县
12.00	103.00		5776	4680	1.43	贡山独龙族怒族自治县
27.40	333.10	5.03	17476	14702	4.12	兰坪白族普米族自治县
10.00	53.00	6.50	1920	1520	0.96	德钦县
65.00	128.00		9312	7450	3.72	维西傈僳族自治县
290.26	**2639.28**	**149.08**	**188154**	**172930**	**71.70**	**西　藏**
2.50	25.00		1450	1250	0.60	曲水县
5.00	32.23	0.65	2820	2650	1.06	当雄县
8.00	58.80	4.20	3800	3800	1.20	林周县
17.58	97.80	10.48	3255	3044	1.85	墨竹工卡县
9.41	30.17	1.63	2634	2370	0.95	尼木县
			1342	1260	0.76	亚东县
1.00	49.80	1.00	2063	1983	0.80	聂拉木县
			1609	1033	1.00	仲巴县
			1268	1205	0.74	定结县
3.00	8.38	1.66	760	760	0.85	康马县
0.20	10.00	0.90	2890	2860	1.42	吉隆县
5.00	40.00	3.00	1675	1642	0.69	萨嘎县
			3045	2632	1.72	谢通门县
	9.15		1723	1625	0.90	萨迦县
			830	800	0.40	岗巴县
8.00	60.00	10.00	3600	3000	2.23	拉孜县
30.00	140.00	10.00	4212	4201	2.10	江孜县
			6500	4000	1.00	定日县

5-4 续表 28

县名称 Name of Counties	综合生产能力（万立方米/日）Integrated Production Capacity (10,000m³/ day)	地下水 Underground Water	供水管道长度（公里）Length of Water Supply Pipelines (km)	建成区 in Built District	供水总量（万立方米）Total Quantity of Water Supply (10,000m³)	生产运营用水 The Quantity of Water for Production and Operation
南木林县	0.4	0.4	15.00	15.00	146.00	22.00
昂仁县	0.4	0.4	29.28	29.28	90.00	2.00
白朗县	0.4	0.4	18.00	18.00	106.70	
仁布县	0.2	0.2	19.23	19.23	36.50	
左贡县	6.1	0.1	27.00	27.00	87.50	35.00
丁青县	0.4		14.00	13.00	125.86	2.10
八宿县	0.6		11.96	11.96	58.00	17.00
江达县	0.6	0.6	27.99	27.99	79.00	2.30
洛隆县	0.2		15.00	12.00	85.00	2.00
察雅县	0.5		10.00	9.40	38.00	2.00
贡觉县	0.4		30.84	30.84	72.00	
边坝县	0.2		16.50	16.50	58.12	6.80
类乌齐县	1.0	0.5	25.60	25.60	80.00	6.00
芒康县	0.6		22.00	8.00	94.00	
朗　县	0.1	0.1	24.51	23.51	51.00	1.00
墨脱县	0.6		21.20	15.60	45.00	1.00
工布江达县	0.7		15.60	12.20	52.10	2.00
察隅县	0.4		13.00	13.00	42.30	3.00
波密县	0.7		9.50	6.20	98.00	3.00
米林县	0.4		5.96	5.96	69.30	12.18
错那县	0.4	0.2	33.00	22.00	52.00	6.00
浪卡子县	0.4	0.4	32.50	28.00	77.11	1.61
贡嘎县	0.6	0.6	29.00	29.00	120.00	8.00
加查县	0.3		38.10	3.10	66.00	2.00
桑日县	0.3	0.3	25.00	25.00	118.00	9.00
洛扎县	0.2		18.50	18.50	49.00	2.00
琼结县	0.5	0.5	35.00	20.00	73.00	2.00
措美县	0.3		13.40	13.40	82.00	7.00
扎囊县	0.2	0.2	16.29	16.29	53.75	2.00
曲松县	0.3	0.3	18.50	18.50	66.49	5.00
隆子县	0.3	0.3	23.70	23.70	53.99	3.00
聂荣县	0.9	0.9	15.78	15.78	92.12	2.50
双湖县	0.1	0.1			9.10	1.00
嘉黎县	0.3	0.3	11.00	11.00	29.60	
比如县	0.5	0.5	41.50	38.50	124.20	2.50
尼玛县	0.2	0.2	20.80	20.80	20.00	3.00
巴青县	0.5	0.5	73.98	73.98	67.38	1.56
申扎县	0.5		59.60	59.60	76.22	2.09
安多县	0.3	0.3	97.24	97.24	67.30	7.00
索　县	0.4	0.4	28.50	28.50	115.00	
班戈县	0.5	0.5	12.00	12.00	63.26	6.01
革吉县	1.3	1.3	56.89	28.00	46.00	8.00
札达县	0.1	0.1	22.65		43.49	

continued

公共服务用水 The Quantity of Water for Public Service	居民家庭用水 The Quantity of Water for Household Use	其他用水 The Quantity of Water for Other Purposes	用水户数（户）Number of Households with Access to Water Supply (unit)	家庭用户 Household User	用水人口（万人）Population with Access to Water Supply (10,000 persons)	县名称 Name of Counties
18.00	72.00	16.20	4082	3420	1.42	南木林县
3.00	70.50	1.00	1920	1800	0.90	昂仁县
40.20	40.00		800	800	1.04	白朗县
			1120	1035	0.65	仁布县
	34.50	2.00	1521	1325	0.70	左贡县
2.20	80.00	2.00	2640	2600	1.30	丁青县
2.00	28.00		5000	5000	1.40	八宿县
18.00	44.00	3.70	3124	3090	1.40	江达县
3.00	62.00	4.00	2832	2760	1.54	洛隆县
1.00	27.00	1.00	2200	1400	0.70	察雅县
	46.00		1354	1354	0.60	贡觉县
3.40	37.12	3.30	1400	1400	0.70	边坝县
2.00	53.00	2.00	1650	1650	0.83	类乌齐县
			4590	4590	2.50	芒康县
3.50	36.00	3.00	1020	1020	0.48	朗　县
2.00	35.00	1.00	1830	800	0.36	墨脱县
4.00	38.00		2013	1800	0.42	工布江达县
3.00	28.30	2.00	963	899	0.69	察隅县
2.00	70.00		4890	4830	1.90	波密县
7.01	33.04	5.04	1762	1532	0.61	米林县
3.00	10.00	6.00	500	460	0.50	错那县
1.10	58.00	1.80	2600	2560	0.70	浪卡子县
8.00	73.00	15.00	12200	10800	2.00	贡嘎县
3.00	49.00		1718	1583	0.83	加查县
6.00	23.00	4.00	3000	2620	0.90	桑日县
1.30	35.00	2.00	1060	1060	0.50	洛扎县
3.00	44.00		1812	1597	0.95	琼结县
1.00	1.00		2305	2256	1.15	措美县
5.00	37.75	1.00	2000	2000	0.80	扎囊县
1.49	1.00	1.00	1030	901	0.40	曲松县
2.00	32.00	2.00	1400	1269	0.90	隆子县
1.80	40.60	3.20	2350	1920	1.34	聂荣县
0.80	7.30		1120	450	0.12	双湖县
2.00	18.00		1628	1169	0.54	嘉黎县
2.70	112.00	1.00	9153	8960	3.70	比如县
2.00	8.00	1.00	1300	800	0.38	尼玛县
7.90	41.59	3.33	3322	3021	0.87	巴青县
4.78	54.69	5.79	2570	2030	1.05	申扎县
2.00	17.00	0.30	3456	3311	1.40	安多县
5.60	58.00	0.40	4200	4200	1.10	索　县
4.79	32.76	0.70	1820	1800	1.05	班戈县
4.00	27.00	3.00	1546	1496	0.68	革吉县
	22.00		1056	956	0.43	札达县

5-4 续表 29

县名称 Name of Counties	综合生产能力(万立方米/日) Integrated Production Capacity (10,000m³/ day)	地下水 Underground Water	供水管道长度(公里) Length of Water Supply Pipelines (km)	建成区 in Built District	供水总量(万立方米) Total Quantity of Water Supply (10,000m³)	生产运营用水 The Quantity of Water for Production and Operation
日土县	0.9	0.9	9.74	9.74	27.10	2.50
改则县	1.2	1.2			43.80	3.00
葛尔县	1.0	1.0	135.00	130.00	362.60	10.00
普兰县	0.4	0.4	11.23	11.23	46.30	7.00
措勤县	0.6	0.6			40.00	5.00
陕　西	**157.9**	**90.8**	**5520.59**	**4682.99**	**27324.44**	**5767.82**
蓝田县	3.7	3.7	126.36	51.22	645.22	283.06
周至县	4.0	2.7	121.84	67.84	540.21	75.10
宜君县	0.4		53.24	31.24	48.00	2.12
凤翔县	2.6	0.2	81.90	80.60	515.70	46.32
岐山县	3.9	2.5	50.00	44.00	713.60	342.00
扶风县	2.2	1.3	69.78	69.78	758.08	251.15
眉　县	2.8	1.5	98.90	98.90	418.80	92.10
陇　县	3.5	3.5	93.88	93.88	326.42	17.89
千阳县	1.2	1.2	30.40	30.40	258.00	45.00
麟游县	0.4		19.92	19.92	115.00	34.00
凤　县	1.2		43.40	23.70	176.30	36.00
太白县	0.5		45.22	40.05	156.87	
三原县	5.8	2.2	121.42	120.42	831.07	232.19
泾阳县						
乾　县	2.0	2.0	110.50	105.50	496.05	30.10
礼泉县	2.4	2.4	79.50	65.31	574.50	198.20
永寿县	1.0	0.9	52.49	47.29	248.64	47.40
长武县	0.7		74.83	73.50	265.02	28.30
旬邑县	1.6		24.20	21.20	133.65	13.50
淳化县	0.8	0.8	33.40	33.40	143.16	24.50
武功县	2.3	1.2	63.32	31.38	515.67	126.80
潼关县	3.0	3.0	60.20	59.00	276.20	21.00
大荔县	3.5	3.5	144.40	142.40	684.20	7.00
合阳县	5.3	3.4	120.37	111.09	575.50	146.56
澄城县	3.4	1.5	58.91	48.00	597.00	197.00
蒲城县	4.5	4.5	197.84	197.84	734.59	176.36
白水县	1.0	1.0	58.51	50.53	256.00	44.00
富平县	4.5	4.5	191.00	150.86	867.50	185.40
延长县	1.1		38.00	24.00	209.00	3.51
延川县	0.4		37.00	37.00	135.00	10.00
志丹县	1.1	1.1	57.00	57.00	336.00	26.40
吴起县	1.2	1.2	51.80	51.80	394.00	135.00
甘泉县	0.6		58.00	34.00	133.75	6.00
富　县	1.0		45.27	45.27	284.51	10.50
洛川县	1.5		91.64	91.64	236.00	35.00
宜川县	0.6		45.40	17.40	146.50	10.00
黄龙县	0.5		60.00	60.00	80.00	4.80

continued

公共服务用水 The Quantity of Water for Public Service	居民家庭用水 The Quantity of Water for Household Use	其他用水 The Quantity of Water for Other Purposes	用水户数(户) Number of Households with Access to Water Supply (unit)	家庭用户 Household User	用水人口(万人) Population with Access to Water Supply (10,000 persons)	县名称 Name of Counties
4.50	17.50	2.50	1062	1032	0.53	日土县
3.50	36.00	1.30	1125	1125	0.67	改则县
	326.00		24060	24060	6.00	葛尔县
	33.30	2.00	5074	5074	1.20	普兰县
5.00	28.00	2.00	1500	1200	0.60	措勤县
3001.30	**14761.15**	**1288.45**	**1327589**	**1217961**	**501.32**	**陕　西**
55.26	273.15	5.19	28695	27471	8.60	蓝田县
150.53	272.75	1.83	38901	29622	8.00	周至县
4.00	33.50	1.58	1778	1257	1.76	宜君县
44.00	348.38	20.00	21628	19909	9.62	凤翔县
82.00	236.00	47.00	16547	14509	5.60	岐山县
77.00	293.50	60.45	10968	6808	5.88	扶风县
33.05	251.90	0.75	24214	23544	8.60	眉　县
88.90	174.73	0.05	3072	2712	8.20	陇　县
78.00	88.00	25.00	18000	16600	5.26	千阳县
5.00	57.00	17.00	12000	12000	2.50	麟游县
12.60	96.00	3.70	6230	6122	2.83	凤　县
28.93	76.53	35.41	3887	3679	1.53	太白县
49.37	411.73	17.44	41090	40751	13.85	三原县
						泾阳县
13.30	376.88	7.46	31890	31100	11.99	乾　县
90.00	219.00	24.50	34191	25337	9.38	礼泉县
61.00	102.30	7.52	10198	9539	4.43	永寿县
47.30	143.67	26.71	13018	12396	5.37	长武县
21.25	85.20	4.00	7029	7003	3.37	旬邑县
12.44	77.00	3.00	8590	7930	3.35	淳化县
23.55	287.20	13.49	34892	31886	9.42	武功县
23.00	194.90	8.00	22976	22976	5.63	潼关县
121.20	391.00	113.00	25080	23000	10.60	大荔县
23.59	270.16	56.19	15676	14074	5.68	合阳县
63.00	275.00	7.00	31678	30611	12.27	澄城县
20.84	459.40	6.39	25528	13940	13.01	蒲城县
42.00	141.00	3.00	20646	20542	6.27	白水县
105.00	411.10	157.00	42749	40322	15.86	富平县
65.50	106.49	16.35	12860	10800	5.34	延长县
46.30	55.00	16.70	10343	9600	6.38	延川县
123.70	149.00		3167	2966	5.48	志丹县
30.00	163.00	19.00	20544	20544	7.10	吴起县
31.55	75.50	1.30	6435	6020	3.01	甘泉县
24.50	187.81	2.00	12350	12350	5.30	富　县
33.00	127.00	15.00	9340	8944	7.50	洛川县
11.00	106.20	4.20	9577	9168	4.55	宜川县
19.10	40.90	5.20	3650	2850	2.20	黄龙县

5-4 续表 30

县名称 Name of Counties	综合生产能力（万立方米/日）Integrated Production Capacity ($10,000m^3$/ day)	地下水 Underground Water	供水管道长度（公里）Length of Water Supply Pipelines (km)	建成区 in Built District	供水总量（万立方米）Total Quantity of Water Supply ($10,000m^3$)	生产运营用水 The Quantity of Water for Production and Operation
黄陵县	1.0		83.83	34.00	201.12	9.91
城固县	4.0	2.8	98.20	93.93	1124.20	102.00
洋　县	6.4	1.2	60.00	58.90	873.70	396.00
西乡县	4.4		114.07	94.20	720.00	293.00
勉　县	5.2	3.6	111.11	104.11	1297.60	364.20
宁强县	3.3		93.30	90.30	431.00	202.00
略阳县	2.0	1.7	60.00	52.00	349.00	56.00
镇巴县	0.8		66.00	64.40	248.44	41.50
留坝县	0.3		8.80	8.80	86.40	13.61
佛坪县	0.6		36.00	36.00	56.00	
府谷县	5.0	5.0	110.00	105.00	598.34	70.30
靖边县	2.7	2.7	155.66	155.66	689.90	141.90
定边县	1.8	1.4	237.00	95.43	645.25	95.86
绥德县	13.0	13.0	127.14	127.14	440.70	103.20
米脂县	1.5	1.5	121.80	55.70	276.00	97.20
佳　县	0.4	0.4	20.40	20.00	33.00	0.90
吴堡县	0.5	0.1	47.60	46.00	105.94	6.60
清涧县	0.6	0.5	45.00	45.00	141.07	14.02
子洲县	0.7	0.2	65.80	55.80	153.71	41.20
汉阴县	1.5	0.2	124.85	121.10	536.20	153.90
石泉县	1.4	0.1	56.10	56.10	472.34	84.85
宁陕县	0.4		29.69	29.69	73.30	3.02
紫阳县	1.1	0.0	23.07	20.27	350.11	61.89
岚皋县	0.8		89.30	82.50	240.70	25.00
平利县	2.9		45.50	43.20	238.65	65.50
镇坪县	1.0		51.23	42.65	85.15	4.50
旬阳县	2.5		131.00	131.00	437.06	45.00
白河县	1.3		64.20	53.10	220.00	41.50
洛南县	3.0		106.00	86.00	727.90	49.60
丹凤县	5.8	5.7	87.15	70.25	331.40	51.50
商南县	1.2		66.30	66.30	331.20	46.50
山阳县	1.5	1.0	72.65	67.10	607.35	92.40
镇安县	1.4		82.00	74.00	217.00	19.00
柞水县	2.0		120.00	70.00	159.00	30.00
甘　肃	**89.4**	**33.7**	**5175.17**	**4608.87**	**16214.91**	**2227.19**
永登县	1.3	0.8	132.00	36.00	300.00	4.30
皋兰县	2.4		128.43	128.43	284.28	75.20
榆中县	3.5		90.00	90.00	310.74	90.00
永昌县	2.0		63.20	44.20	250.00	35.00
靖远县	3.2		135.33	135.33	360.70	27.00
会宁县	2.5		65.00	65.00	376.50	8.00
景泰县	2.0		91.88	91.88	225.00	1.50
清水县	2.0		84.67	63.14	256.07	35.73

continued

公共服务用水 The Quantity of Water for Public Service	居民家庭用水 The Quantity of Water for Household Use	其他用水 The Quantity of Water for Other Purposes	用水户数(户) Number of Households with Access to Water Supply (unit)	家庭用户 Household User	用水人口(万人) Population with Access to Water Supply (10,000 persons)	县名称 Name of Counties
59.40	112.90		10941	9700	3.81	黄陵县
110.00	820.00	16.00	76831	76350	14.28	城固县
54.00	315.00	32.00	21981	21617	9.76	洋　县
122.00	198.00	60.00	36398	31120	10.17	西乡县
75.30	750.90	2.70	55461	47538	16.73	勉　县
32.00	158.00	1.00	23290	22476	6.99	宁强县
15.00	212.00	31.00	19000	16020	8.00	略阳县
27.00	157.00	1.23	13507	11617	5.50	镇巴县
6.95	35.10	0.05	4005	3627	1.35	留坝县
16.00	35.00		2912	2452	0.87	佛坪县
21.54	480.00	1.50	30925	30725	15.45	府谷县
50.00	335.00	146.00	23493	23128	23.56	靖边县
157.43	288.77	82.25	38679	32028	10.23	定边县
46.60	247.30	10.10	33140	29374	10.27	绥德县
14.50	152.00	0.30	10892	10510	5.64	米脂县
0.90	27.00	0.20	4900	4800	1.00	佳　县
9.73	78.20	2.00	8594	8339	3.13	吴堡县
10.03	98.02	6.00	11807	11646	4.18	清涧县
6.01	81.00	6.50	12310	11825	4.55	子洲县
13.30	326.90	19.30	28050	26010	8.73	汉阴县
	244.44	0.96	19903	16621	7.34	石泉县
4.96	49.49	7.53	4458	4235	1.93	宁陕县
5.80	248.92	1.85	21031	17760	6.20	紫阳县
33.00	155.00	1.00	12624	12620	3.95	岚皋县
51.00	85.50	13.00	15790	15040	5.36	平利县
5.50	62.00	0.65	4200	4000	1.42	镇坪县
24.50	318.14	3.00	21271	21218	10.34	旬阳县
6.00	143.25		13200	12566	4.25	白河县
39.60	532.60	17.70	35480	33950	13.76	洛南县
40.70	199.30	2.80	24900	23880	10.46	丹凤县
49.90	207.20		5311	4268	6.79	商南县
86.89	294.34	64.42	23445	22795	10.10	山阳县
35.00	145.00	3.00	11943	11724	6.00	镇安县
10.00	110.00	2.00	7500	7500	3.50	柞水县
2073.46	**9206.71**	**868.99**	**1011281**	**909011**	**384.53**	**甘　肃**
29.10	202.00	22.40	26700	26009	10.00	永登县
71.20	73.24	22.44	5292	1846	6.86	皋兰县
	181.35		26844	25851	5.40	榆中县
30.99	131.00	28.00	21857	18657	3.61	永昌县
47.50	220.00	20.00	28210	27096	10.59	靖远县
135.00	178.50	26.00	38500	34000	13.81	会宁县
6.60	185.00	9.90	6300	5800	10.00	景泰县
74.20	128.66	0.95	12185	11913	6.80	清水县

5-4 续表 31

县名称 Name of Counties	综合生产能力(万立方米/日) Integrated Production Capacity (10,000m³/ day)	地下水 Underground Water	供水管道长度(公里) Length of Water Supply Pipelines (km)	建成区 in Built District	供水总量(万立方米) Total Quantity of Water Supply (10,000m³)	生产运营用水 The Quantity of Water for Production and Operation
秦安县	1.3	1.3	69.00	69.00	336.08	37.94
甘谷县	2.3	0.6	72.16	72.16	410.31	33.30
武山县	1.0	1.0	83.00	45.00	270.00	21.00
张家川回族自治县	0.6		18.21	18.21	326.40	28.40
民勤县	4.3	4.3	289.40	289.40	407.14	70.20
古浪县	1.0		182.77	182.77	233.83	
天祝藏族自治县	1.5		76.60	58.60	230.42	63.39
肃南县	1.2		31.30	31.30	153.80	14.73
民乐县	2.5	2.5	186.23	162.03	428.06	3.04
临泽县	1.5	1.5	128.00	128.00	325.00	78.04
高台县	1.6	1.6	102.68	93.33	378.50	34.45
山丹县	2.5	1.8	141.84	141.84	675.05	41.27
泾川县	1.2	1.0	83.87	57.37	410.30	206.80
灵台县	0.6	0.6	72.70	72.70	228.20	24.00
崇信县	0.6	0.6	71.00	71.00	166.51	31.67
庄浪县	1.2		65.00	58.00	315.50	60.00
静宁县	1.6		67.55	67.55	363.57	89.16
金塔县	1.6	1.6	74.89	74.89	259.89	38.20
瓜州县	1.6	1.6	76.22	72.62	446.49	21.46
肃北蒙古族自治县	0.3	0.3	45.00	45.00	80.00	22.90
阿克塞哈萨克族自治县	0.2		56.00	56.00	70.00	14.54
庆城县	1.3		80.00	80.00	192.30	14.23
环　县	1.4		122.20	122.20	352.31	48.72
华池县	0.7		64.70	64.70	148.00	15.00
合水县	0.6		90.00	56.00	121.54	16.17
正宁县	0.8		50.45	50.45	93.14	9.11
宁　县	0.8	0.8	59.30	55.60	112.13	22.30
镇原县	1.1	0.7	33.90	30.91	141.08	23.22
通渭县	0.8		124.00	124.00	148.83	45.16
陇西县	3.9	1.6	218.03	218.03	747.00	180.00
渭源县	0.8		56.70	55.50	230.00	63.00
临洮县	1.1	1.1	136.00	80.84	396.22	37.10
漳　县	1.0	1.0	54.40	54.40	108.00	1.00
岷　县	1.7	1.7	69.00	69.00	247.70	16.00
成　县	3.5	0.0	108.06	108.06	316.03	3.35
文　县	0.6	0.6	32.00	32.00	180.00	21.00
宕昌县	1.5		75.26	75.26	102.43	6.00
康　县	0.5		56.90	42.10	71.91	0.09
西和县	1.2	0.1	121.00	64.00	246.80	22.00
礼　县	0.6	0.6	85.00	85.00	191.50	7.50
徽　县	0.8	0.8	60.00	60.00	204.60	3.08
两当县	0.3		22.17	22.17	52.66	1.20
临夏县	1.2		49.47	16.97	166.90	32.00

continued

公共服务用水 The Quantity of Water for Public Service	居民家庭用水 The Quantity of Water for Household Use	其他用水 The Quantity of Water for Other Purposes	用水户数(户) Number of Households with Access to Water Supply (unit)	家庭用户 Household User	用水人口(万人) Population with Access to Water Supply (10,000 persons)	县名称 Name of Counties
58.76	207.06	2.00	38650	37159	12.50	秦安县
47.70	254.30		26968	24698	12.47	甘谷县
20.00	211.00	8.00	17500	15500	7.33	武山县
32.00	56.00	43.00	5240	5240	6.23	张家川回族自治县
91.66	200.00	3.70	27450	25551	6.27	民勤县
52.30	92.80	28.00	18181	14070	4.50	古浪县
3.00	102.95	22.97	15271	15271	7.90	天祝藏族自治县
0.80	110.53		5480	4921	0.96	肃南县
44.32	232.18	85.16	31184	26823	9.21	民乐县
92.77	121.20	0.09	8885	7483	5.19	临泽县
53.22	224.43	34.84	34435	20626	7.70	高台县
21.44	452.77	123.05	28389	26802	9.03	山丹县
11.60	155.60	4.40	21085	16387	7.00	泾川县
25.80	154.00	3.00	10918	8456	3.60	灵台县
37.60	82.68	4.00	12220	12000	3.60	崇信县
71.00	158.00	2.09	21500	15162	4.64	庄浪县
4.93	223.20	4.10	12863	10815	7.39	静宁县
30.00	166.30	1.30	20100	16482	6.54	金塔县
121.26	153.61	106.98	23104	20876	4.62	瓜州县
9.50	38.00	9.50	2710	2710	0.87	肃北蒙古族自治县
3.50	38.00	5.78	4000	4000	1.46	阿克塞哈萨克族自治县
33.82	114.10	6.90	16900	16230	6.80	庆城县
28.09	238.62	2.00	28520	28280	7.23	环　县
40.00	80.70	2.30	4935	4034	3.20	华池县
16.39	73.98	5.00	16320	15000	4.53	合水县
22.82	41.20	5.01	12635	12635	3.48	正宁县
8.00	76.50	4.93	9600	8850	4.09	宁　县
34.57	67.92	1.96	9635	8452	3.86	镇原县
	92.15	1.42	26000	20000	6.22	通渭县
68.00	382.00	50.00	35382	34210	23.06	陇西县
30.00	80.00	10.00	9800	8150	3.65	渭源县
19.88	293.79	6.30	33145	33145	15.22	临洮县
1.00	93.00	1.00	5249	4288	5.78	漳　县
10.00	205.10	1.60	16742	16742	9.98	岷　县
41.45	175.60	32.60	33078	29146	7.82	成　县
21.00	108.00	10.00	10335	10015	4.16	文　县
4.80	85.80	1.00	8923	8521	3.28	宕昌县
7.50	51.50		6230	5228	2.72	康　县
5.00	187.00	1.80	8620	7505	6.65	西和县
26.50	131.00	1.50	13182	12428	6.22	礼　县
54.93	129.09		13156	12948	5.70	徽　县
2.26	43.20	1.00	3059	2956	1.28	两当县
4.60	95.00	16.30	6742	5636	2.96	临夏县

5-4 续表 32

县名称 Name of Counties	综合生产能力(万立方米/日) Integrated Production Capacity (10,000m³/ day)	地下水 Underground Water	供水管道长度(公里) Length of Water Supply Pipelines (km)	建成区 in Built District	供水总量(万立方米) Total Quantity of Water Supply (10,000m³)	生产运营用水 The Quantity of Water for Production and Operation
康乐县	1.0		51.00	39.03	231.57	3.20
永靖县	2.0		70.00	45.00	680.00	72.00
广河县	2.9	1.8	42.83	27.53	231.15	30.20
和政县	1.8		62.21	62.21	379.52	176.00
东乡县	0.7		75.00	25.50	120.50	20.60
积石山县	0.7		23.32	23.32	269.30	57.20
临潭县	0.6		61.80	61.80	117.80	5.40
卓尼县	0.6		59.54	59.54	83.09	5.28
舟曲县	1.1	1.1	47.80	47.80	221.87	
迭部县	0.4	0.2	39.90	39.90	165.94	24.00
玛曲县	2.2	0.0	27.30	27.30	83.65	1.56
碌曲县	0.2	0.2	27.00	27.00	71.10	18.30
夏河县	0.5	0.5	35.00	35.00	110.00	15.00
青 海	**40.1**	**10.1**	**1945.76**	**1836.61**	**5010.63**	**593.47**
大通县	6.0		142.00	142.00	477.05	30.00
湟源县	0.9	0.9	125.55	125.50	282.11	35.39
民和县	1.5		187.00	187.00	327.60	
互助县	6.5	1.5	104.42	101.92	615.99	86.79
化隆县	3.8		152.10	152.10	346.50	26.00
循化县	0.7		77.00	31.00	160.20	17.80
门源县	1.0		93.70	93.70	229.00	11.00
祁连县	0.6	0.3	75.00	43.00	119.41	17.50
海晏县	0.7	0.7	43.90	43.90	101.00	4.00
刚察县	0.2		32.20	32.20	66.40	4.90
西海镇	2.0	2.0	51.00	51.00	81.00	32.00
尖扎县	1.1		22.00	16.00	108.00	18.00
泽库县	0.4		22.00	22.00	73.00	20.00
河南县	0.5		11.20	11.20	102.36	20.20
共和县	2.0	2.0	94.56	94.56	426.70	84.87
同德县	0.5		18.40	18.40	90.69	12.60
贵德县	0.9	0.7	85.71	85.71	198.06	27.08
兴海县	1.5		35.13	35.13	81.30	5.45
贵南县	0.4		19.63	19.63	68.55	2.90
班玛县	0.2		19.00	19.00	33.16	3.50
久治县	0.2		25.00	25.00	36.90	10.00
甘德县	0.2		53.00	53.00	58.77	8.26
玛沁县	0.5		96.97	80.47	128.90	36.00
达日县	0.3		38.30	37.00	34.32	8.13
玛多县	1.0		21.00	21.00	43.90	8.00
杂多县	1.2		9.37	9.37	79.40	3.50
称多县	0.6		34.84	34.84	62.82	0.70
治多县	0.8		10.00	10.00	65.20	4.10
囊谦县	1.2		28.55	28.55	70.50	2.50

continued

公共服务用水 The Quantity of Water for Public Service	居民家庭用水 The Quantity of Water for Household Use	其他用水 The Quantity of Water for Other Purposes	用水户数(户) Number of Households with Access to Water Supply (unit)	家庭用户 Household User	用水人口(万人) Population with Access to Water Supply (10,000 persons)	县名称 Name of Counties
55.51	154.06	1.20	14129	13135	5.97	康乐县
91.00	452.00	8.00	31237	29236	7.80	永靖县
28.90	148.10	5.90	13963	13537	4.42	广河县
13.50	160.72	5.80	10901	10710	5.68	和政县
25.80	68.80	5.20	4543	4543	3.26	东乡县
28.52	142.10	15.68	7033	6771	5.15	积石山县
1.32	95.43	5.85	8200	7980	3.26	临潭县
8.72	58.00	4.29	7700	7700	3.10	卓尼县
22.28	164.69		12900	9900	4.06	舟曲县
35.00	42.00	23.00	4446	3998	2.19	迭部县
3.05	66.50	2.80	4300	4080	1.80	玛曲县
11.50	29.70	2.00	2720	2318	1.01	碌曲县
40.00	45.00	5.00	9000	8500	2.86	夏河县
798.31	**2677.80**	**230.15**	**296969**	**253969**	**108.61**	**青　海**
138.00	300.00	2.50	30778	30440	20.09	大通县
34.35	124.95	31.93	26336	13038	7.00	湟源县
48.70	194.50	8.60	38365	25402	7.77	民和县
77.00	296.00	48.20	25771	24767	9.02	互助县
17.90	171.60	20.00	16594	16203	6.61	化隆县
28.60	63.60	1.40	12193	11061	4.10	循化县
31.00	152.00		13580	13110	5.47	门源县
23.00	62.00	1.91	11080	10600	2.20	祁连县
9.00	80.00	6.00	5715	5139	2.58	海晏县
25.25	26.29		4239	4052	1.79	刚察县
6.69	29.89	5.56	6702	6302	2.29	西海镇
16.00	47.00	10.00	6500	6200	2.01	尖扎县
18.00	29.00		2600	2550	1.50	泽库县
25.00	47.00		3667	3373	1.67	河南县
82.18	165.44	50.42	12500	12300	4.54	共和县
16.80	46.41	5.88	7000	5565	1.86	同德县
28.94	120.71	2.10	10355	9671	3.42	贵德县
16.04	42.67	9.40	6600	5100	1.65	兴海县
1.00	57.00		6229	6150	2.13	贵南县
1.30	27.00		1540	1540	0.57	班玛县
8.90	14.00		1530	1530	0.50	久治县
16.31	32.00		1484	1322	0.57	甘德县
42.90	46.80		5070	4983	3.50	玛沁县
8.00	17.30		1364	1146	0.83	达日县
8.00	27.00		1291	1260	0.40	玛多县
1.80	63.20	2.50	4290	4227	2.45	杂多县
0.80	54.90	0.40	2150	1940	1.27	称多县
14.00	33.10		2983	2550	1.74	治多县
3.80	56.00	0.20	4800	4370	2.60	囊谦县

5-4 续表 33

县名称 Name of Counties	综合生产能力(万立方米/日) Integrated Production Capacity (10,000m³/ day)	地下水 Underground Water	供水管道长度(公里) Length of Water Supply Pipelines (km)	建成区 in Built District	供水总量(万立方米) Total Quantity of Water Supply (10,000m³)	生产运营用水 The Quantity of Water for Production and Operation
曲麻莱县	0.5	0.5	10.00	10.00	41.80	1.00
乌兰县	0.3		19.60	19.60	100.80	4.80
都兰县	0.6		58.14	53.34	82.30	16.00
天峻县	0.8	0.8	100.96	100.96	111.19	1.84
大柴旦行委	0.7	0.7	28.53	28.53	105.75	28.66
宁　夏	**44.8**	**28.8**	**1986.08**	**1627.65**	**8383.64**	**1938.73**
永宁县	2.9	2.9	127.61	90.80	1052.23	509.14
贺兰县	9.3	9.3	371.55	371.55	2745.76	930.27
平罗县	3.0	2.3	201.00	131.00	997.11	63.97
盐池县	3.5	1.5	303.20	128.78	543.38	98.20
同心县	1.2	1.2	230.34	204.34	460.30	153.52
红寺堡区	6.2	1.2	141.24	141.24	239.51	3.00
西吉县	4.5	4.5	76.90	76.90	307.40	42.80
隆德县	1.8		71.18	71.18	296.34	14.00
泾源县	1.7		40.50	40.50	132.00	7.60
彭阳县	1.5	1.5	79.00	79.00	244.80	7.52
中宁县	4.3	4.3	112.16	112.16	944.61	33.01
海原县	5.0	0.2	231.40	180.20	420.20	75.70
新　疆	**155.7**	**90.6**	**8814.55**	**7362.68**	**30041.06**	**3814.15**
鄯善县	12.9	2.5	339.46	339.46	1773.19	838.22
托克逊县	1.4	1.4	88.22	88.22	537.00	55.00
巴里坤哈萨克自治县	0.8	0.8	61.62	61.62	194.38	
伊吾县	0.4	0.4	43.92	38.00	110.90	
呼图壁县	3.7	1.7	150.41	145.41	553.66	193.91
玛纳斯县	4.5	4.5	102.71	102.71	369.00	9.41
奇台县	4.8	4.8	144.32	144.32	904.12	107.05
吉木萨尔县	2.5	1.0	104.19	104.19	455.00	43.00
木垒哈萨克自治县	1.1		102.59	96.36	270.00	81.05
精河县	1.6	0.8	103.00	103.00	645.64	56.70
温泉县	0.5	0.5	65.30	65.30	84.36	7.60
轮台县	0.9	0.9	124.84	84.34	335.00	30.00
尉犁县			32.00	18.50	185.00	
若羌县	2.0	2.0	139.00	87.00	139.40	10.00
且末县	1.0	1.0	56.28	50.00	165.00	10.00
焉耆回族自治县	6.6	6.6	70.00	70.00	555.00	221.00
和静县	3.5	3.5	96.92	96.92	829.00	
和硕县	1.0	1.0	70.35	70.35	195.00	12.60
博湖县	0.4	0.4	21.89	17.89	93.50	
温宿县	3.0	3.0	117.80	117.00	410.25	14.05
沙雅县	3.5	3.5	176.00	131.96	980.00	6.00
新和县	1.0	1.0	130.00	130.00	354.61	32.00
拜城县	1.2	1.2	68.50	65.00	294.10	2.00
乌什县	0.9	0.9	34.74	34.74	240.32	25.00

continued

公共服务用水 The Quantity of Water for Public Service	居民家庭用水 The Quantity of Water for Household Use	其他用水 The Quantity of Water for Other Purposes	用水户数(户) Number of Households with Access to Water Supply (unit)	家庭用户 Household User	用水人口(万人) Population with Access to Water Supply (10,000 persons)	县名称 Name of Counties
4.00	34.10		1915	1610	1.25	曲麻莱县
10.00	58.20	9.00	8600	4310	1.42	乌兰县
19.00	38.00		5512	4857	1.90	都兰县
0.12	82.13		4500	4200	0.73	天峻县
15.93	38.01	14.15	3136	3101	1.18	大柴旦行委
972.44	**3691.25**	**859.22**	**455347**	**373023**	**114.07**	**宁　夏**
107.63	289.16	15.70	32857	27526	5.65	永宁县
406.48	720.56	496.82	92607	70887	17.88	贺兰县
76.80	576.00	142.66	84236	63967	14.21	平罗县
60.40	281.31	54.26	39119	30172	6.62	盐池县
6.22	219.34	35.83	15992	13266	10.77	同心县
100.10	79.20	32.90	9608	7399	3.96	红寺堡区
12.00	185.00		28525	24948	11.08	西吉县
88.90	124.60		21592	17338	6.34	隆德县
31.90	75.30	5.20	10649	9849	3.47	泾源县
33.85	127.08	57.55	19532	16131	5.71	彭阳县
38.16	740.00	18.00	63210	57000	16.97	中宁县
10.00	273.70	0.30	37420	34540	11.41	海原县
3882.65	**15897.16**	**3421.94**	**1253776**	**1152587**	**375.53**	**新　疆**
165.08	382.21	218.68	34049	28912	8.33	鄯善县
215.00	162.00	63.00	27064	23580	7.22	托克逊县
7.22	89.24	57.49	9940	9571	1.32	巴里坤哈萨克自治县
28.20	32.20	43.50	3528	3350	0.49	伊吾县
90.25	233.90	1.30	21501	15763	4.85	呼图壁县
18.00	315.76		34397	33950	6.70	玛纳斯县
99.50	396.00	225.50	53420	53420	10.18	奇台县
1.00	368.00	1.20	17140	16430	4.30	吉木萨尔县
68.00	88.65		12250	11380	2.06	木垒哈萨克自治县
312.92	160.64	51.40	27876	24107	4.09	精河县
6.08	58.00	4.32	4230	3820	1.27	温泉县
15.00	240.00		14950	14850	7.10	轮台县
15.00	150.50		11350	10550	3.41	尉犁县
10.00	92.14	2.00	11948	10982	2.95	若羌县
40.00	95.00	5.00	12045	11050	2.47	且末县
64.00	225.00	1.00	29591	22495	4.95	焉耆回族自治县
98.30	148.70	540.00	20500	20300	5.99	和静县
25.70	95.90	45.30	9300	5200	3.78	和硕县
12.30	73.50		7169	7079	1.71	博湖县
185.00	172.00	2.50	34333	34333	10.30	温宿县
58.00	607.00	264.00	31982	31982	9.09	沙雅县
88.53	200.04	26.68	21524	21304	6.78	新和县
23.00	230.00	23.00	27578	23397	7.43	拜城县
35.00	130.19		13840	8240	3.35	乌什县

5-4 续表 34

县名称 Name of Counties	综合生产能力(万立方米/日) Integrated Production Capacity (10,000m³/ day)	地下水 Underground Water	供水管道长度(公里) Length of Water Supply Pipelines (km)	建成区 in Built District	供水总量(万立方米) Total Quantity of Water Supply (10,000m³)	生产运营用水 The Quantity of Water for Production and Operation
阿瓦提县	1.5		70.00	70.00	390.00	42.00
柯坪县	0.7		28.00	28.00	115.10	5.50
阿克陶县	1.5	1.5	78.22	78.22	512.00	1.70
阿合奇县	0.6	0.6	34.46	34.46	121.00	15.00
乌恰县	5.0		131.54	131.54	159.05	
疏附县	1.7	1.7	100.76	100.76	535.00	15.00
疏勒县	3.8	3.8	135.86	135.86	775.11	283.13
英吉沙县	3.2	3.2	161.08	117.68	598.54	1.00
泽普县	2.8	2.0	179.60	151.10	713.00	105.00
莎车县	4.1	4.1	207.00	207.00	1491.40	178.00
叶城县	4.8	1.3	166.68	153.19	850.00	60.00
麦盖提县	2.3	2.3	108.00	108.00	638.00	45.00
岳普湖县	3.0	3.0	107.90	107.90	360.00	100.80
伽师县	1.6	1.6	125.65	125.65	565.90	13.50
巴楚县	3.0		319.00	147.00	638.70	85.00
塔什库尔干塔吉克自治县	1.8		107.85	102.85	120.00	8.00
和田县						
墨玉县	4.0	4.0	144.85	144.00	1042.00	152.00
皮山县	2.1	2.1	119.62	72.10	294.00	37.28
洛浦县	1.2	1.2	120.04	65.34	387.50	3.20
策勒县	0.6	0.3	103.42	87.55	290.90	8.90
于田县	1.2	1.2	76.30	58.00	330.00	
民丰县	1.3	1.3	35.05	35.05	112.92	0.02
伊宁县	2.7		197.00	165.00	352.09	80.50
察布查尔县	3.3	3.3	133.29	133.29	360.00	16.60
霍城县	1.6	1.6	77.25	77.25	376.45	23.00
巩留县	3.1	1.3	1356.10	726.50	559.96	20.31
新源县	4.8		82.82	82.82	1150.00	148.12
昭苏县	5.0		174.00	162.00	482.90	20.30
特克斯县	2.0	1.0	308.00	308.00	319.30	10.00
尼勒克县	2.0	2.0	99.00	99.00	273.00	20.00
额敏县	1.4	1.4	357.68	357.68	459.70	95.20
沙湾县	6.0		217.00	217.00	1410.00	145.00
托里县	1.0	0.2	140.58	140.58	255.00	34.10
裕民县	1.6		62.20	44.52	491.00	167.00
和布克赛尔蒙古自治县	0.5	0.5	58.60	58.60	127.00	7.00
布尔津县	1.8	0.9	112.84	28.61	329.18	0.90
富蕴县	2.5		27.17	27.17	382.13	12.00
福海县	1.1		94.00	94.00	269.90	26.00
哈巴河县	1.5		85.08	49.58	403.90	9.70
青河县	1.8		40.00	21.54	178.00	47.40
吉木乃县	1.2		87.00	46.00	148.00	16.40

continued

公共服务用水 The Quantity of Water for Public Service	居民家庭用水 The Quantity of Water for Household Use	其他用水 The Quantity of Water for Other Purposes	用水户数(户) Number of Households with Access to Water Supply (unit)	家庭用户 Household User	用水人口(万人) Population with Access to Water Supply (10,000 persons)	县名称 Name of Counties
30.00	253.00		12250	11250	4.90	阿瓦提县
39.00	69.00	0.20	5770	4620	2.40	柯坪县
73.00	390.00		9649	9522	6.50	阿克陶县
19.00	68.00	5.00	4687	4687	1.51	阿合奇县
83.05	58.00		11630	9530	1.91	乌恰县
29.00	243.00	199.00	15500	15350	6.20	疏附县
49.53	330.45	10.00	17840	17426	9.65	疏勒县
29.19	530.00	17.47	27728	27316	5.31	英吉沙县
245.00	275.00	55.00	17500	17000	6.95	泽普县
100.00	1198.40		61000	61000	35.00	莎车县
80.00	624.00	17.00	32880	32800	16.50	叶城县
17.00	412.00	103.00	18080	16111	8.00	麦盖提县
36.00	147.60	46.80	13743	12933	4.87	岳普湖县
27.00	455.90		28000	19600	10.01	伽师县
125.50	420.00		82965	78245	14.90	巴楚县
10.00	70.00	21.00	7996	7260	2.27	塔什库尔干塔吉克自治县
						和田县
78.00	645.00	74.00	16134	14825	9.57	墨玉县
12.80	201.80	15.66	16224	15224	3.69	皮山县
121.72	196.82	45.12	15015	14810	4.52	洛浦县
11.50	220.00	31.00	10210	10033	2.91	策勒县
82.70	188.30	36.30	13620	13214	6.50	于田县
8.22	76.00	13.00	7778	5593	2.11	民丰县
80.59	132.00	1.00	9765	9677	5.67	伊宁县
	224.00	89.40	22312	22312	6.52	察布查尔县
20.00	280.75	17.00	21560	20000	8.20	霍城县
20.87	275.12	69.80	19163	17256	6.03	巩留县
54.56	256.74	263.10	39816	36407	11.69	新源县
147.00	207.00	51.00	16500	15000	5.94	昭苏县
20.00	250.00		20168	17932	5.47	特克斯县
15.70	220.00	0.30	11086	9973	4.62	尼勒克县
50.10	282.00	32.30	30384	26781	5.21	额敏县
146.00	709.00	270.00	19410	19410	10.06	沙湾县
49.10	129.70	19.60	8750	8016	2.53	托里县
98.00	153.00	10.00	13500	8000	1.50	裕民县
15.50	95.00	0.70	3364	3260	1.32	和布克赛尔蒙古自治县
39.81	187.91	61.81	15109	12645	3.38	布尔津县
23.05	131.02	110.67	19300	19300	3.40	富蕴县
12.00	170.00	51.00	10350	10350	2.20	福海县
16.18	233.02	101.40	15914	13831	2.45	哈巴河县
42.90	74.30	7.40	10890	9312	1.72	青河县
43.00	67.76	0.04	8731	8731	1.32	吉木乃县

5-5 2020年按县分列的县城供水(公共供水)

县名称 Name of Counties	综合生产能力(万立方米/日) Integrated Production Capacity (10,000m³/day)	地下水 Underground Water	水厂个数(个) Number of Water Plants (unit)	地下水 Underground Water	供水管道长度(公里) Length of Water Supply Pipelines (km)	供水总量(万立方米) 合计 Total	售水量 小计 Subtotal	生产运营用水 The Quantity of Water for Production and Operation	公共服务用水 The Quantity of Water for Public Service
全　国	**5529.8**	**1074.8**	**2490**	**888**	**260849.36**	**1067371.26**	**898792.01**	**179413.36**	**101960.34**
河　北	**347.9**	**124.9**	**175**	**97**	**16280.35**	**60636.45**	**51995.61**	**9730.71**	**6059.78**
井陉县	3.6	3.6	1	1	65.00	350.00	309.00	40.00	25.00
正定县	16.1	5.0	2	1	113.00	1332.86	1199.54	172.34	157.98
行唐县	2.7	2.7	1	1	155.00	679.47	599.37	298.82	114.02
灵寿县	2.9	2.9	2	2	119.00	260.00	244.50	2.00	32.50
高邑县	3.5		1		65.80	510.00	465.60	30.00	30.00
深泽县	3.0		1		214.53	600.00	512.00	70.00	30.00
赞皇县	4.5		2		71.50	506.45	470.30		87.87
无极县	2.5		1		130.60	704.00	628.00	73.00	180.00
平山县	3.8	3.8	2	2	157.47	932.00	770.00	50.00	45.00
元氏县	5.0		8	7	111.00	1138.00	1025.79	27.30	83.56
赵　县	7.5		1		184.31	607.00	508.00	12.00	216.00
滦南县	3.0	3.0	1	1	110.49	965.93	815.63	23.00	150.00
乐亭县	2.7	2.7	2	2	205.64	862.00	715.90	16.20	132.50
迁西县	3.0	3.0	1	1	210.50	489.17	410.57	39.58	18.98
玉田县	3.8	3.8	1	1	43.75	1387.00	1303.05	484.22	132.64
曹妃甸区	13.5	5.0	3	1	216.35	1626.83	1401.21	452.04	402.37
青龙满族自治县	1.5	0.6	3	2	57.80	302.93	257.49	64.37	25.75
昌黎县	3.0	3.0	1	1	195.00	680.70	575.70	90.00	77.00
卢龙县	2.0	2.0	1	1	57.00	301.20	260.00	74.64	50.32
临漳县	7.5	4.0	2	1	168.91	930.00	768.80	134.00	188.40
成安县	2.5		1		240.00	363.00	331.00	1.00	
大名县	4.2	2.0	2	1	227.60	578.00	486.00	43.00	50.00
涉　县	3.6	3.6	4	4	310.50	991.54	868.64	192.36	108.00
磁　县	5.0		1		216.20	1493.00	1343.00	489.00	145.00
邱　县	3.0		1		116.00	718.81	603.81	305.00	1.41
鸡泽县	2.8	2.0	2	1	210.00	770.00	680.31	200.00	120.00
广平县	4.0	1.5	2	1	58.97	504.31	434.41	60.00	29.91
馆陶县	2.0	0.0	2	1	220.00	1000.00	860.00	220.00	50.00
魏　县	6.0		2		308.70	1009.00	909.00	45.45	
曲周县	3.5	1.5	2	1	194.40	524.00	471.60	2.70	5.50
临城县	4.5	3.0	2	1	99.00	269.95	269.25	49.70	64.09
内丘县	2.2	0.7	3	2	93.60	378.77	340.97	48.80	48.50
柏乡县	2.8		1		67.00	273.60	239.77	21.20	15.00
隆尧县	3.3		1		93.61	289.50	269.20	29.18	41.47
宁晋县	3.0		1		282.00	670.00	596.30	190.60	42.00
巨鹿县	1.9		2	1	518.30	561.72	494.40	69.10	68.90
新河县	1.2		1		68.00	262.00	221.08	6.00	1.08
广宗县	2.0	0.5	2	1	100.94	295.80	244.60	73.90	

County Seat Water Supply by County (Public Water Suppliers)(2020)

Total Quantity of Water Supply($10,000m^3$)					用水户数(户)		用水人口(万人)	县名称
Water Sold		免费供水量		漏损水量		家庭用户		
居民家庭用水 The Quantity of Water for Household Use	其他用水 The Quantity of Water for Other Purposes	The Quantity of Free Water Supply	生活用水 Domestic Water Use	The Lossed Water	Number of Households with Access to Water Supply (unit)	Household User	Population with Access to Water Supply (10,000 persons)	Name of Counties
571012.82	**46405.49**	**34503.64**	**6638.52**	**134075.61**	**51029575**	**44778680**	**15005.21**	**全　国**
34107.11	**2098.01**	**1517.95**	**122.17**	**7122.89**	**3549674**	**3251060**	**1032.96**	**河　北**
239.00	5.00			41.00	33000	30000	10.10	井陉县
664.99	204.23	40.05		93.27	52267	35654	21.07	正定县
118.18	68.35			80.10	18531	17749	7.53	行唐县
210.00		0.50		15.00	20000	18497	8.86	灵寿县
405.60				44.40	43000	43000	6.22	高邑县
393.00	19.00			88.00	25897	25368	9.20	深泽县
382.43				36.15	14100	13990	5.40	赞皇县
360.00	15.00	10.00	3.50	66.00	27490	26575	9.64	无极县
555.00	120.00	15.00		147.00	31625	22900	12.65	平山县
901.00	13.93			112.21	24886	24685	9.72	元氏县
280.00		41.20		57.80	33700	31923	12.36	赵　县
619.63	23.00	5.00		145.30	64299	62380	15.52	滦南县
489.90	77.30	31.60	3.85	114.50	65800	56600	14.15	乐亭县
352.01		5.22	5.22	73.38	36743	35277	13.90	迁西县
686.19		3.33		80.62	37990	37880	15.28	玉田县
543.42	3.38	0.65		224.97	52576	50062	13.76	曹妃甸区
154.49	12.88			45.44	30578	28687	8.16	青龙满族自治县
366.70	42.00	52.00		53.00	37891	36459	11.91	昌黎县
135.04				41.20	19145	18858	6.60	卢龙县
429.20	17.20	64.80		96.40	29100	28570	12.23	临漳县
330.00				32.00	30143	30143	10.55	成安县
393.00				92.00	55465	55465	23.85	大名县
545.28	23.00			122.90	67021	65235	22.16	涉　县
575.00	134.00			150.00	66179	53015	22.30	磁　县
297.40				115.00	33348	24230	12.47	邱　县
340.31	20.00	15.00	8.00	74.69	41200	40654	11.98	鸡泽县
343.50	1.00	20.00		49.90	25980	25980	9.21	广平县
500.00	90.00			140.00	46880	34080	12.36	馆陶县
745.38	118.17			100.00	79640	79640	36.40	魏　县
458.00	5.40	6.00	6.00	46.40	40917	34702	11.83	曲周县
155.46				0.70	6190	5724	7.05	临城县
243.67				37.80	35081	32034	8.30	内丘县
203.57				33.83	23110	22933	5.10	柏乡县
182.96	15.59			20.30	25980	24350	9.61	隆尧县
363.70				73.70	64283	60592	20.68	宁晋县
315.30	41.10	2.40		64.92	43223	41625	13.85	巨鹿县
210.00	4.00	4.24		36.68	16400	16400	5.20	新河县
170.70				51.20	24964	24964	8.01	广宗县

5-5 续表 1

县名称 Name of Counties	综合生产能力(万立方米/日) Integrated Production Capacity ($10,000m^3$/day)	地下水 Underground Water	水厂个数(个) Number of Water Plants (unit)	地下水 Underground Water	供水管道长度(公里) Length of Water Supply Pipelines (km)	供水总量(万立方米) 合计 Total	售水量 小计 Subtotal	生产运营用水 The Quantity of Water for Production and Operation	公共服务用水 The Quantity of Water for Public Service
平乡县	2.5		1		158.80	419.45	361.10		67.70
威　县	4.0	0.8	2	1	382.00	877.33	712.06	13.75	51.56
清河县	5.8	0.1	2	1	166.01	948.54	875.10	303.00	69.83
临西县	4.0		1		85.75	282.95	249.00	24.90	32.37
博野县	2.0		1		19.40	328.00	299.00	75.00	32.00
涞水县	2.0		1		180.41	481.15	370.02	8.00	0.65
阜平县	2.0	2.0	4	4	70.95	345.00	266.61	28.77	48.50
白沟新城	8.8	3.8	4	3	251.00	1281.02	1153.00	590.00	65.00
定兴县	5.0		1		89.10	606.50	359.20	61.70	39.50
唐　县	2.5		1		123.70	345.00	217.50	1.00	0.60
高阳县	5.0		1		103.40	629.00	510.00	25.00	40.00
涞源县	1.2	0.6	2	1	74.00	390.10	355.00	3.00	80.00
望都县	5.0	2.5	2	1	81.00	533.80	438.00	56.00	48.00
易　县	3.0		1		222.10	790.70	717.20	26.50	35.00
曲阳县	3.0		1		48.00	259.45	203.35		6.00
蠡　县	1.2		1		107.00	520.32	350.28	20.00	18.00
顺平县	3.0	0.5	1		62.00	409.23	370.53	29.47	29.35
张北县	2.7	2.7	2	2	331.50	712.00	596.80	173.00	13.00
康保县	0.7	0.7	1	1	83.00	205.79	149.53	10.48	8.35
沽源县	1.5	1.5	2	2	133.83	286.00	231.50	20.50	5.00
尚义县	0.8	0.8	1	1	98.50	165.50	137.50	15.00	47.00
蔚　县	2.0	2.0	1	1	214.78	520.00	414.20	98.00	104.20
阳原县	1.3	1.3	2	2	132.00	292.00	248.00	5.00	23.00
怀安县	2.0	2.0	1	1	98.57	278.00	252.00	25.00	64.00
怀来县	4.0	4.0	2	2	134.62	774.00	637.00	59.34	139.59
涿鹿县	2.0	2.0	1	1	150.18	357.00	311.86	20.08	71.77
赤城县	0.5	0.5	1	1	79.80	200.38	177.12	0.69	31.70
承德县	1.0	1.0	3	3	83.56	382.00	317.44		20.07
兴隆县	1.1	1.1	3	3	112.00	400.00	306.00		5.00
滦平县	4.2	1.2	3	1	163.62	624.97	496.09	157.00	3.50
隆化县	2.5	2.5	2	2	468.64	472.39	375.87	48.87	35.00
丰宁满族自治县	4.0	4.0	2	2	126.51	581.94	473.76	27.39	20.00
宽城满族自治县	3.0		2		148.10	455.00	374.90	58.95	36.00
围场满族蒙古族自治县	4.0	4.0	1	1	96.70	385.00	320.00		50.00
青　县	5.2	1.2	2	1	278.60	872.77	697.77	171.60	69.10
东光县	3.0		2		211.50	399.11	329.32	67.23	6.67
海兴县	3.6		1		147.35	176.40	158.20		8.50
盐山县	2.5		1		153.74	552.41	498.49		83.04
肃宁县	3.0	0.4	5	4	120.50	830.00	747.00	231.57	91.14

continued

Total Quantity of Water Supply($10,000m^3$)					用水户数(户)		用水人口(万人)	县名称
Water Sold		免费供水量		漏损水量		家庭用户		
居民家庭用水 The Quantity of Water for Household Use	其他用水 The Quantity of Water for Other Purposes	The Quantity of Free Water Supply	生活用水 Domestic Water Use	The Lossed Water	Number of Households with Access to Water Supply (unit)	Household User	Population with Access to Water Supply (10,000 persons)	Name of Counties
162.40	131.00			58.35	7600	5320	7.92	平乡县
642.75	4.00	40.87	4.00	124.40	47933	47529	22.13	威　县
501.47	0.80	12.50		60.94	59217	58070	25.02	清河县
186.75	4.98			33.95	23100	18480	9.20	临西县
192.00				29.00	17900	17900	5.76	博野县
281.45	79.92	25.01	7.20	86.12	22600	20659	7.81	涞水县
189.34		10.15	10.15	68.24	31545	29463	4.23	阜平县
493.00	5.00	0.02		128.00	35135	29625	7.65	白沟新城
257.90	0.10	146.00		101.30	34047	32117	9.98	定兴县
174.70	41.20	93.50		34.00	28600	28600	8.58	唐　县
426.90	18.10			119.00	34500	29633	8.90	高阳县
268.00	4.00	0.10	0.10	35.00	32300	24300	8.21	涞源县
334.00		0.80		95.00	16800	15610	7.52	望都县
497.00	158.70	4.00		69.50	28500	25000	9.90	易　县
197.35		6.00	6.00	50.10	19363	19179	9.07	曲阳县
310.00	2.28	124.31	25.00	45.73	14652	14100	6.80	蠡　县
310.81	0.90			38.70	21420	17600	6.67	顺平县
316.80	94.00			115.20	88500	72500	12.79	张北县
127.47	3.23	16.40	0.90	39.86	22380	20980	6.50	康保县
206.00				54.50	33500	26000	6.39	沽源县
75.50				28.00	18000	18000	5.51	尚义县
148.00	64.00	51.00		54.80	23160	21835	8.40	蔚　县
218.00	2.00			44.00	25809	25538	6.42	阳原县
149.00	14.00			26.00	22796	21826	6.10	怀安县
416.20	21.87	1.00		136.00	79116	72419	9.90	怀来县
220.01				45.14	50944	45288	9.07	涿鹿县
127.36	17.37			23.26	27269	27269	6.78	赤城县
296.50	0.87			64.56	44100	41000	7.50	承德县
301.00		18.00		76.00	29400	26250	7.14	兴隆县
238.39	97.20	22.58	22.00	106.30	36921	33638	8.95	滦平县
292.00		10.00		86.52	41877	40416	8.29	隆化县
426.37				108.18	51774	48400	8.72	丰宁满族自治县
278.95	1.00			80.10	37177	32353	7.80	宽城满族自治县
270.00		12.00		53.00	43000	39000	9.85	围场满族蒙古族自治县
457.07		23.00		152.00	63108	48407	12.02	青　县
255.42				69.79	28731	23300	11.92	东光县
123.30	26.40	2.80	1.20	15.40	14890	13680	5.27	海兴县
362.78	52.67			53.92	32114	26333	8.25	盐山县
419.06	5.23			83.00	28600	28100	9.14	肃宁县

5-5 续表 2

县名称 Name of Counties	综合生产能力(万立方米/日) Integrated Production Capacity (10,000m³/day)	地下水 Under-ground Water	水厂个数(个) Number of Water Plants (unit)	地下水 Under-ground Water	供水管道长度(公里) Length of Water Supply Pipelines (km)	供水总量(万立方米) 合计 Total	售水量 小计 Subtotal	生产运营用水 The Quantity of Water for Production and Operation	公共服务用水 The Quantity of Water for Public Service
南皮县	1.7		1		69.36	331.00	318.00	35.60	36.00
吴桥县	3.0		2		115.00	456.00	379.00	60.20	22.80
献　县	3.0		1		219.70	696.44	618.80	95.00	84.00
孟村回族自治县	2.0		1		141.00	267.17	221.46	46.51	19.93
固安县	12.7	4.6	7	5	363.09	2068.19	1497.48	459.01	63.68
永清县	5.1	2.0	2	1	270.40	449.64	406.05	80.68	58.26
香河县	4.6	4.6	1	1	311.84	1629.18	1466.28	382.21	354.41
大城县	3.0		1		283.70	389.06	332.02	89.14	7.50
文安县	3.5		1		156.36	584.68	481.90	70.93	28.94
大厂回族自治县	3.7	3.7	2	2	112.51	420.60	371.80	139.30	55.00
枣强县	9.0	1.0	2	1	397.54	663.00	550.25	10.00	130.20
武邑县	2.0		1		130.00	693.00	672.00	57.00	54.00
武强县	3.8	1.5	2		320.00	607.06	606.90	230.00	5.10
饶阳县	1.8		1		202.35	630.75	558.17	367.05	6.46
安平县	4.5	1.5	2	1	365.62	1350.00	1190.00	510.00	133.00
故城县	4.0	1.0	2	1	307.70	952.00	844.00	109.00	55.00
景　县	2.0		1		90.00	981.00	861.00	261.00	55.00
阜城县	2.8	1.8	5	4	172.00	586.70	553.20		218.20
容城县	3.0		1		81.49	606.43	461.43	23.01	69.86
雄　县	3.5		1		170.00	349.00	255.00	30.00	13.00
安新县	2.0		1		131.00	436.81	389.78	18.78	19.00
山　西	**108.0**	**72.9**	**125**	**98**	**8181.39**	**25157.35**	**22066.10**	**3603.59**	**3208.92**
清徐县					105.50	547.50	493.50	198.90	33.00
阳曲县	0.9	0.9	2	2	82.00	254.00	231.00	25.41	6.93
娄烦县	0.9	0.9	1	1	35.00	189.50	178.04	6.40	14.84
阳高县	1.0	1.0	1	1	130.00	354.13	318.79		129.16
天镇县	0.9	0.9	2	2	68.80	207.50	175.20	6.00	3.90
广灵县	0.8	0.8	1	1	34.55	207.00	175.00	5.00	25.00
灵丘县	0.8	0.8	1		162.60	294.90	236.10	35.00	
浑源县	1.3	1.3	1	1	121.67	450.00	381.00	24.00	25.00
左云县	0.5		2	2	108.00	150.30	140.00		49.00
云州区	1.7	1.7	3	3	150.30	269.70	231.54		92.61
平定县	2.2	2.2	3	1	160.00	716.66	661.70	137.75	40.00
盂　县	2.0	2.0	1	1	195.86	727.00	706.56	232.50	51.00
襄垣县	1.7	1.7	2	2	400.90	609.00	512.00	40.00	95.00
平顺县	0.6	0.6			38.26	192.00	180.00	123.00	25.00
黎城县	0.8	0.8	2	2	79.00	220.00	183.00	31.00	20.00
壶关县	2.5	2.5	3	3	49.70	334.40	311.00	80.86	3.50
长子县	1.8	0.5	3	2	138.38	428.00	389.00	25.00	29.00
武乡县	1.3	1.3	1	1	66.10	208.00	186.16	29.16	57.28

continued

Total Quantity of Water Supply(10,000m³) Water Sold 居民家庭用水 The Quantity of Water for Household Use	其他用水 The Quantity of Water for Other Purposes	免费供水量 The Quantity of Free Water Supply	生活用水 Domestic Water Use	漏损水量 The Lossed Water	用水户数(户) Number of Households with Access to Water Supply (unit)	家庭用户 Household User	用水人口(万人) Population with Access to Water Supply (10,000 persons)	县名称 Name of Counties
204.60	41.80			13.00	23500	23076	7.00	南皮县
296.00				77.00	35522	33202	10.21	吴桥县
439.80		9.20	0.60	68.44	37581	31799	12.10	献　县
148.38	6.64	5.85	4.85	39.86	13765	11830	4.50	孟村回族自治县
973.31	1.48	387.66		183.05	132526	129269	21.81	固安县
264.62	2.49			43.59	33728	24308	4.58	永清县
729.66				162.90	83616	79834	11.72	香河县
235.38				57.04	28082	27909	7.03	大城县
382.03				102.78	39736	37120	6.23	文安县
177.50				48.80	41639	38645	7.57	大厂回族自治县
400.40	9.65	54.85		57.90	40002	30802	14.30	枣强县
504.00	57.00	9.00		12.00	39950	37900	10.82	武邑县
370.30	1.50			0.16	22263	20439	7.74	武强县
181.56	3.10	0.08		72.50	23249	20812	7.29	饶阳县
547.00		31.75		128.25	33100	30100	15.13	安平县
675.00	5.00	8.00	3.00	100.00	47000	46100	16.72	故城县
540.00	5.00	10.00		110.00	31282	30702	11.75	景　县
302.00	33.00	6.50	5.60	27.00	37645	36892	11.67	阜城县
368.56		50.00		95.00	24835	24582	7.52	容城县
212.00		5.00	5.00	89.00	16840	14072	6.50	雄　县
345.00	7.00	3.03		44.00	20813	19070	7.54	安新县
14830.53	**423.06**	**688.49**	**248.97**	**2402.76**	**1413400**	**1318729**	**576.16**	**山　西**
258.60	3.00			54.00	33565	32066	9.74	清徐县
196.35	2.31			23.00	16800	15960	4.07	阳曲县
156.80				11.46	13665	13506	4.50	娄烦县
189.63				35.34	26943	25843	8.30	阳高县
165.30		10.00		22.30	28051	28051	7.21	天镇县
145.00				32.00	23110	21898	9.08	广灵县
201.10				58.80	44037	42237	8.00	灵丘县
313.00	19.00	14.00	6.00	55.00	23000	22400	10.53	浑源县
91.00		0.30		10.00	21900	19910	5.08	左云县
138.93		12.00		26.16	25843	23712	5.30	云州区
482.75	1.20			54.96	44739	40741	10.00	平定县
420.56	2.50			20.44	27000	22000	7.00	盂　县
377.00		2.00		95.00	31122	28122	8.13	襄垣县
32.00				12.00	10162	10162	3.82	平顺县
132.00				37.00	20037	15037	4.66	黎城县
214.59	12.05			23.40	17225	17225	6.96	壶关县
330.00	5.00			39.00	22076	22076	8.20	长子县
99.72				21.84	13251	12546	5.67	武乡县

5-5 续表 3

县名称 Name of Counties	综合生产能力(万立方米/日) Integrated Production Capacity (10,000m³/day)	地下水 Underground Water	水厂个数(个) Number of Water Plants (unit)	地下水 Underground Water	供水管道长度(公里) Length of Water Supply Pipelines (km)	供水总量(万立方米) 合计 Total	售水量 小计 Subtotal	生产运营用水 The Quantity of Water for Production and Operation	公共服务用水 The Quantity of Water for Public Service
沁　县	0.7	0.7	1	1	97.00	179.00	151.40	27.00	4.40
沁源县	0.6	0.6	1	1	125.00	181.50	176.00	25.00	33.00
沁水县	1.7		3		89.48	361.00	227.30	23.37	86.54
阳城县	2.0	2.0	2	2	363.00	470.00	425.00	21.25	106.25
陵川县	1.2	1.2	1	1	130.68	178.00	164.80	12.78	1.76
山阴县	1.5	1.5	1	1	255.50	418.30	378.80	63.00	11.80
应　县	1.0	0.8	2	2	220.00	395.00	350.00	88.12	15.63
右玉县	1.4	1.4	2	2	125.00	332.39	291.09	66.70	11.84
榆社县	0.9	0.3	2	1	71.00	232.77	202.99	25.15	10.00
左权县	2.5		1		85.00	349.45	278.17	12.53	93.25
和顺县	2.7		2		67.26	304.79	266.33	124.16	10.00
昔阳县	2.0	0.8	1	1	189.50	354.30	324.50	91.50	5.10
寿阳县	1.2	1.2	2	2	57.25	409.62	356.96	110.40	74.42
太谷区	2.0	0.1	1		84.70	589.00	577.00	45.00	37.00
祁　县	2.6		3	1	157.67	419.70	368.61	36.50	86.35
平遥县	1.5	1.5	1	1	141.00	550.00	522.50		180.90
灵石县	1.1	0.9	1	1	132.02	385.30	339.80	4.15	107.58
临猗县	5.9		1		62.00	495.90	413.27	100.98	43.98
万荣县	1.7	1.7	3	3	75.65	260.45	213.75	49.24	4.93
闻喜县	2.0		1		71.90	131.00	130.59	14.40	15.00
稷山县	2.8	2.8	1	1	213.00	288.00	264.75	2.20	2.80
新绛县	1.8	1.8	1	1	210.00	375.00	360.00		5.00
绛　县	0.7	0.7	1	1	53.73	265.50	240.50	50.00	9.20
垣曲县	2.0	0.5	2	1	77.57	475.00	433.00	100.00	22.00
夏　县	2.0	0.5	2	1	50.28	145.00	120.00	11.86	14.81
平陆县	0.8	0.4	5	4	46.00	249.80	227.30	46.90	
芮城县	1.2	1.2	1	1	65.91	290.00	255.00	18.00	6.00
定襄县	1.1	1.1	1	1	77.30	316.00	270.00	66.00	78.00
五台县	1.0	1.0	1	1	43.95	229.54	166.56	29.18	41.26
代　县	0.7	0.7	1	1	80.10	240.00	205.92	15.00	22.00
繁峙县	2.6	2.6	1	1	78.99	242.00	219.50	15.00	50.00
宁武县	1.3		3	1	130.00	340.20	228.10	34.20	21.70
静乐县	1.2	1.2	2	2	43.50	255.50	233.28	90.20	15.78
神池县	0.5	0.5	2	2	54.22	131.40	107.01		17.12
五寨县	0.8	0.8	1	1	53.50	276.00	250.00	70.00	65.00
岢岚县	0.9	0.3	2	1	49.00	203.30	141.30	49.00	35.00
河曲县	0.9	0.9	2	2	82.22	293.52	261.22	52.20	58.20
保德县	1.2	1.2	2	2	70.00	360.00	296.00	22.00	45.00
偏关县	0.6	0.6	2	2	48.92	150.00	124.20	15.00	8.20
曲沃县	1.0	1.0	1	1	97.82	356.00	291.50	33.13	6.07

continued

Total Quantity of Water Supply(10,000m³)					用水户数(户) Number of Households with Access to Water Supply (unit)		用水人口(万人) Population with Access to Water Supply (10,000 persons)	县名称 Name of Counties
Water Sold		免费供水量 The Quantity of Free Water Supply		漏损水量 The Lossed Water		家庭用户 Household User		
居民家庭用水 The Quantity of Water for Household Use	其他用水 The Quantity of Water for Other Purposes		生活用水 Domestic Water Use					
120.00		8.00		19.60	15120	15085	4.10	沁　县
112.00	6.00			5.50	11700	10800	4.53	沁源县
117.15	0.24	115.65	115.62	18.05	13084	12622	5.80	沁水县
297.50				45.00	33086	31293	12.00	阳城县
150.26				13.20	16500	15900	5.95	陵川县
294.00	10.00	12.00	12.00	27.50	22277	22217	8.00	山阴县
201.97	44.28	10.00	8.00	35.00	29500	29500	12.00	应　县
189.55	23.00	7.30		34.00	10000	9908	6.30	右玉县
147.74	20.10	5.68		24.10	20200	19800	4.68	榆社县
172.39		12.00		59.28	28731	26495	6.80	左权县
132.17		10.00		28.46	7608	6601	5.40	和顺县
223.70	4.20			29.80	17703	15510	7.30	昔阳县
172.12	0.02	10.00	6.00	42.66	5152	4820	5.58	寿阳县
466.00	29.00			12.00	44961	41180	13.40	太谷区
245.76		2.00		49.09	11921	9783	7.84	祁　县
341.60				27.50	13554	12131	14.03	平遥县
228.07		7.70		37.80	19833	19814	13.50	灵石县
262.31	6.00			82.63	26520	26130	13.71	临猗县
159.58				46.70	8154	7474	8.50	万荣县
97.60	3.59			0.41	4494	4494	2.50	闻喜县
259.75				23.25	14585	11258	7.95	稷山县
355.00		14.00		1.00	24900	24400	12.15	新绛县
175.60	5.70			25.00	12906	12527	6.16	绛　县
311.00				42.00	24990	22519	10.20	垣曲县
72.00	21.33			25.00	2017	1756	4.42	夏　县
178.90	1.50			22.50	15936	13110	6.98	平陆县
225.00	6.00			35.00	4305	3759	8.60	芮城县
121.00	5.00	6.00	2.00	40.00	6750	6290	6.75	定襄县
64.02	32.10	42.12		20.86	13310	11785	4.58	五台县
155.92	13.00			34.08	12980	12862	5.60	代　县
153.50	1.00			22.50	26300	26180	8.16	繁峙县
172.00	0.20	78.50	75.00	33.60	28530	28420	6.80	宁武县
92.95	34.35			22.22	3540	3540	5.89	静乐县
83.47	6.42	2.00		22.39	11753	11667	4.60	神池县
95.00	20.00	6.00	2.00	20.00	17600	16901	6.46	五寨县
57.30		35.00		27.00	16620	15590	4.36	岢岚县
150.38	0.44	3.60	1.20	28.70	18579	16519	6.84	河曲县
226.00	3.00	27.00		37.00	27000	26005	8.60	保德县
101.00				25.80	11424	10391	4.17	偏关县
252.20	0.10	30.86		33.64	14335	12955	6.71	曲沃县

5-5 续表 4

县名称 Name of Counties	综合生产能力(万立方米/日) Integrated Production Capacity ($10,000m^3$/day)	地下水 Underground Water	水厂个数(个) Number of Water Plants (unit)	地下水 Underground Water	供水管道长度(公里) Length of Water Supply Pipelines (km)	供水总量(万立方米) 合计 Total	售水量 小计 Subtotal	生产运营用水 The Quantity of Water for Production and Operation	公共服务用水 The Quantity of Water for Public Service
翼城县	2.0	2.0	1	1	116.05	290.20	249.50	9.00	31.00
襄汾县	1.0	1.0	1	1	47.92	266.09	225.00	0.10	70.81
洪洞县	2.3		1		162.69	782.33	701.68	97.11	202.87
古　县	0.5	0.5	1	1	161.44	165.90	132.50	13.50	13.00
安泽县	0.6	0.6	1	1	48.50	121.27	110.17	14.29	10.50
浮山县	0.5	0.5	1	1	33.40	96.24	92.24	5.00	0.54
吉　县	0.4	0.4	1	1	192.00	125.98	117.40	5.60	12.90
乡宁县	1.5	0.8	1		77.40	299.00	244.00		57.00
大宁县	0.3	0.3	1	1	17.09	80.93	72.83	7.27	33.21
隰　县	0.5	0.5	1	1	53.30	163.53	155.50	12.90	14.80
永和县	0.3	0.3	1	1	51.50	95.10	84.90	15.00	2.00
蒲　县	0.7	0.7	1	1	76.00	142.85	135.25	10.00	35.02
汾西县	0.5	0.5	2	1	66.00	131.60	110.60		3.70
文水县	0.8		1	1	153.54	265.64	217.54	43.73	2.50
交城县	2.0	2.0	2	2	150.94	525.37	454.72	101.83	83.38
兴　县	1.4	1.4	2	2	48.00	365.00	334.70	5.50	7.60
临　县	1.1		1		45.00	372.30	320.30	38.00	60.00
柳林县	4.0	4.0	1	1	87.88	699.00	636.00		249.00
石楼县	0.5	0.5	1	1	16.00	135.00	123.00	10.00	23.00
岚　县	1.0	1.0	2	2	55.00	190.00	130.00	30.00	
方山县	1.0	1.0	1	1	47.00	175.20	144.68	3.68	76.00
中阳县	1.8		4	3	65.00	700.00	610.00	520.00	21.00
交口县	0.8	0.8	1	1	56.50	130.00	120.00		36.00
内蒙古	**124.3**	**121.4**	**122**	**114**	**11712.20**	**23549.30**	**19407.50**	**2904.53**	**2969.79**
土左旗	1.4	1.4	2	2	158.30	135.20	135.00	6.75	13.50
托　县	1.0	1.0	1	1	249.80	164.00	145.00	21.00	21.00
和林县	0.6	0.6	1	1	190.00	219.00	174.88	9.36	36.10
清水河县	0.6	0.6	1	1	60.00	105.00	98.00	30.00	17.00
武川县	1.4	1.4	4	4	99.00	298.22	183.08	12.02	62.35
土右旗	3.5	3.5	2	2	325.00	460.00	448.00	22.00	31.00
固阳县	0.8	0.8	1	1	113.60	257.00	200.20	45.30	20.30
达尔罕茂明安联合旗	1.1	1.1	2	2	70.85	160.00	136.00	15.00	21.00
阿鲁科尔沁旗	3.5	3.5	2	2	299.45	373.91	338.10		69.80
巴林左旗	1.8	1.8	2	2	504.20	540.00	471.00	70.00	75.00
巴林右旗	1.5	1.5	2	2	60.79	362.47	275.47	68.90	25.40
林西县	1.2	1.2	2	2	244.56	443.00	366.00	57.00	67.00
克什克腾旗	3.0	3.0	1	1	80.00	398.00	374.00	62.00	47.00
翁牛特旗	4.5	4.5	4	4	136.51	672.00	599.00	20.00	50.00
喀喇沁旗	3.0	3.0	2	2	47.10	547.10	489.10	4.10	94.00

continued

Total Quantity of Water Supply($10,000m^3$) Water Sold 居民家庭用水 The Quantity of Water for Household Use	其他用水 The Quantity of Water for Other Purposes	免费供水量 The Quantity of Free Water Supply	生活用水 Domestic Water Use	漏损水量 The Lossed Water	用水户数(户) Number of Households with Access to Water Supply (unit)	家庭用户 Household User	用水人口(万人) Population with Access to Water Supply (10,000 persons)	县名称 Name of Counties
205.50	4.00	2.00		38.70	27300	24300	8.34	翼城县
146.21	7.88	15.77	15.77	25.32	23588	21507	10.80	襄汾县
400.06	1.64	2.50	2.50	78.15	48035	43024	14.00	洪洞县
101.00	5.00	17.60		15.80	10645	9725	4.30	古　县
85.38				11.10	5928	4828	3.00	安泽县
86.70				4.00	5360	3800	5.00	浮山县
98.90				8.58	13562	13213	4.52	吉　县
187.00				55.00	14852	14250	6.28	乡宁县
31.15	1.20	2.45	1.35	5.65	7523	6785	2.75	大宁县
124.30	3.50			8.03	11878	10470	5.00	隰　县
66.90	1.00	1.00		9.20	7915	7711	2.70	永和县
79.00	11.23			7.60	9000	8486	2.94	蒲　县
105.80	1.10	0.90		20.10	11112	9812	4.90	汾西县
171.31		3.70		44.40	5507	4596	8.60	文水县
257.57	11.94	1.53	1.53	69.12	9049	8146	9.00	交城县
315.40	6.20	10.00		20.30	21720	18582	10.86	兴　县
200.76	21.54	20.00		32.00	29800	28000	11.94	临　县
382.00	5.00			63.00	3054	2465	10.75	柳林县
90.00				12.00	8000	7500	3.20	石楼县
100.00		50.00		10.00	1300	1300	6.50	岚　县
65.00		27.33		3.19	18487	18487	4.83	方山县
68.80	0.20	50.00		40.00	2280	2247	8.80	中阳县
84.00				10.00	6521	6012	3.00	交口县
12421.87	**1111.31**	**944.07**	**383.90**	**3197.73**	**2049254**	**1822424**	**493.99**	**内蒙古**
94.50	20.25			0.20	31023	30043	5.85	土左旗
98.00	5.00	4.00	4.00	15.00	25116	25116	7.00	托　县
128.30	1.12			44.12	33586	32205	5.30	和林县
51.00				7.00	13901	13332	3.50	清水河县
107.96	0.75			115.14	26602	25206	6.00	武川县
393.00	2.00	6.00	6.00	6.00	41000	40891	13.00	土右旗
118.00	16.60			56.80	27000	17342	7.28	固阳县
92.00	8.00			24.00	21000	19835	4.20	达尔罕茂明安联合旗
228.30	40.00			35.81	46248	38737	11.94	阿鲁科尔沁旗
300.00	26.00	10.00	10.00	59.00	58400	58400	11.50	巴林左旗
176.28	4.89	19.36	1.64	67.64	42947	37135	7.75	巴林右旗
206.00	36.00	14.00		63.00	36422	32493	10.62	林西县
265.00				24.00	29450	27140	8.16	克什克腾旗
499.00	30.00	7.00	1.00	66.00	51105	50000	15.00	翁牛特旗
368.00	23.00			58.00	29951	27151	7.44	喀喇沁旗

5-5 续表 5

县名称 Name of Counties	综合生产能力(万立方米/日) Integrated Production Capacity (10,000m³/day)	地下水 Under-ground Water	水厂个数(个) Number of Water Plants (unit)	地下水 Under-ground Water	供水管道长度(公里) Length of Water Supply Pipelines (km)	供水总量(万立方米) 合计 Total	售水量 小计 Subtotal	生产运营用水 The Quantity of Water for Production and Operation	公共服务用水 The Quantity of Water for Public Service
宁城县	2.4	2.4	3	3	66.20	462.72	385.60	76.80	47.00
敖汉旗	3.5	3.5	2	2	271.00	392.00	332.00	34.00	90.00
科左中旗	1.5	1.5	1	1	79.12	161.60	151.00	9.50	16.50
科左后旗	0.8	0.8	2	2	57.00	312.00	286.00	41.00	66.00
开鲁县	2.2	2.2	2	2	156.44	595.00	330.00		5.00
库伦旗	0.5	0.5	1	1	126.00	190.00	160.00	15.00	8.00
奈曼旗	0.9	0.9	2	2	87.40	181.00	164.00	15.00	43.00
扎鲁特旗	1.7	1.7	2	2	531.00	385.00	358.00	80.00	62.00
达拉特旗	5.7	5.7	3	2	218.57	952.29	819.38	155.26	163.52
准格尔旗	5.6	5.6	5	3	211.12	959.93	873.94	121.00	161.75
鄂托克前旗	0.7	0.7	1	1	130.00	165.82	165.05	47.07	
鄂托克旗	1.9	1.9	10	10	124.00	148.00	136.00		47.08
杭锦旗	1.0	1.0	1	1	305.00	218.54	196.83	8.57	20.35
乌审旗	1.2	1.2	1	1	226.00	244.40	222.00	19.00	12.00
伊金霍洛旗	5.0	5.0	2	2	661.13	770.78	698.08	144.62	47.31
阿荣旗	1.3	1.3	2		155.92	325.86	264.84	36.06	8.50
莫　旗	1.5	1.5	2	2	68.03	296.00	277.00	1.00	30.00
鄂伦春旗	1.0	1.0	1	1	30.00	228.00	205.00	15.00	10.00
鄂温克旗					44.70	308.00	277.79	15.01	68.13
陈巴尔虎旗	0.3	0.3	1	1	58.00	111.00	100.00	12.00	20.00
新左旗	0.2	0.2	1	1	7.38	51.70	48.50	0.30	8.00
新右旗	0.5	0.3	1	1	75.70	156.57	141.12	19.85	10.60
五原县	4.5	4.5	1	1	230.55	447.99	380.12	81.20	43.09
磴口县	3.6	3.6	2	2	172.45	331.80	252.80	88.71	35.00
乌拉特前旗	2.0	2.0	1	1	251.82	430.00	409.84	14.80	120.59
乌拉特中旗	1.3	1.3	1	1	122.50	280.10	238.54	22.25	26.57
乌拉特后旗	1.5	1.5	2	1	96.08	166.50	134.70	3.20	7.90
杭锦后旗	4.0	4.0	1	1	252.90	683.00	450.00	175.50	33.30
卓资县	0.8	0.8	1	1	78.00	265.00	254.70	5.50	72.21
化德县	0.7	0.7	1	1	200.40	256.80	225.50	19.40	54.00
商都县	1.5	1.5	3	3	146.92	547.50	501.50	83.77	136.61
兴和县	1.0	0.8	1	1	109.00	364.08	327.60	2.00	31.00
凉城县	1.3	1.3	4	4	58.02	274.00	230.16	7.00	23.00
察右前旗	1.4	1.4	1	1	221.18	291.12	290.80	41.76	45.62
察右中旗	0.9	0.9	1	1	61.00	219.00	188.00	10.00	6.00
察右后旗	1.3	1.3	1	1	60.50	253.50	211.50	3.20	36.00
四子王旗	2.1	2.1	2	2	311.00	370.00	335.00	7.00	10.00
科尔沁右翼前旗	5.0	5.0	1	1	225.00	457.86	396.66	72.45	42.67
科右中旗	0.7	0.7	3	3	129.28	219.68	134.00		2.37
扎赉特旗	1.1	1.1	1	1	129.31	295.40	219.00		77.10

continued

Total Quantity of Water Supply($10,000m^3$)					用水户数(户) Number of Households with Access to Water Supply (unit)		用水人口(万人) Population with Access to Water Supply (10,000 persons)	县名称 Name of Counties
Water Sold		免费供水量 The Quantity of Free Water Supply		漏损水量 The Lossed Water		家庭用户 Household User		
居民家庭用水 The Quantity of Water for Household Use	其他用水 The Quantity of Water for Other Purposes		生活用水 Domestic Water Use					
236.30	25.50			77.12	53000	43000	14.81	宁城县
190.00	18.00			60.00	49952	44000	12.96	敖汉旗
90.00	35.00			10.60	21862	19762	6.20	科左中旗
159.00	20.00	5.00		21.00	22680	20935	8.10	科左后旗
190.00	135.00	210.00	210.00	55.00	40000	35000	8.32	开鲁县
132.00	5.00	5.00		25.00	19500	18766	5.63	库伦旗
106.00				17.00	26584	24769	8.44	奈曼旗
216.00				27.00	41056	36568	10.50	扎鲁特旗
487.50	13.10	50.80	30.60	82.11	79565	63420	17.86	达拉特旗
487.70	103.49			85.99	56573	47248	19.68	准格尔旗
117.20	0.78	0.48		0.29	19891	19891	4.53	鄂托克前旗
88.00	0.92	0.15	0.15	11.85	30380	23998	4.12	鄂托克旗
167.09	0.82			21.71	28535	26054	4.88	杭锦旗
177.00	14.00	0.40		22.00	15210	13890	5.74	乌审旗
362.19	143.96			72.70	70929	58600	15.10	伊金霍洛旗
219.26	1.02			61.02	35615	28962	6.95	阿荣旗
226.00	20.00			19.00	25720	23010	8.25	莫　旗
175.00	5.00			23.00	12560	11990	4.52	鄂伦春旗
128.64	66.01			30.21	32202	29400	6.11	鄂温克旗
68.00				11.00	8750	8065	1.89	陈巴尔虎旗
40.00	0.20			3.20	3568	2986	1.60	新左旗
110.67				15.45	10498	8881	2.14	新右旗
255.45	0.38	10.37	0.38	57.50	33800	24700	11.03	五原县
129.09		60.00		19.00	25483	17977	5.29	磴口县
272.43	2.02			20.16	44260	42697	10.85	乌拉特前旗
182.79	6.93	8.30	8.30	33.26	20954	18454	4.59	乌拉特中旗
118.80	4.80	16.70		15.10	12633	12000	3.99	乌拉特后旗
222.20	19.00	120.00	70.00	113.00	42130	41657	11.21	杭锦后旗
172.89	4.10	2.30		8.00	15115	14010	4.80	卓资县
131.50	20.60	1.30	0.40	30.00	27647	20419	6.49	化德县
268.81	12.31	11.00	9.60	35.00	51000	48000	10.86	商都县
292.60	2.00			36.48	37794	37078	9.75	兴和县
200.16				43.84	21000	20500	7.57	凉城县
183.81	19.61			0.32	14138	14072	6.03	察右前旗
170.00	2.00			31.00	18400	17850	5.30	察右中旗
161.30	11.00	8.00		34.00	15891	12751	6.21	察右后旗
298.00	20.00	10.00	10.00	25.00	38907	34096	8.46	四子王旗
281.54		0.80		60.40	40000	39701	4.70	科尔沁右翼前旗
108.46	23.17			85.68	26000	25000	7.80	科右中旗
141.90				76.40	49916	42152	7.41	扎赉特旗

5-5 续表 6

县名称 Name of Counties	综合生产能力(万立方米/日) Integrated Production Capacity (10,000m³/day)	地下水 Under-ground Water	水厂个数(个) Number of Water Plants (unit)	地下水 Under-ground Water	供水管道长度(公里) Length of Water Supply Pipelines (km)	供水总量(万立方米) 合计 Total	售水量 小计 Subtotal	生产运营用水 The Quantity of Water for Production and Operation	公共服务用水 The Quantity of Water for Public Service
突泉县	0.6	0.6	1	1	122.20	219.00	188.00	58.00	5.50
阿巴嘎旗	0.4	0.4	1	1	89.70	132.00	97.00	0.10	18.80
苏尼特左旗	0.5	0.5	1	1	33.10	132.00	110.30	20.97	21.71
苏尼特右旗	2.0	2.0	2	2	103.10	359.88	146.63	58.68	9.10
东乌珠穆沁旗	1.0	1.0	1	1	135.38	271.18	229.32	53.60	44.85
西乌珠穆沁旗	2.0	2.0	1	1	143.80	219.24	136.21		28.48
太仆寺旗	0.8	0.8	2	2	85.28	182.00	160.00	21.00	43.00
镶黄旗	0.5	0.5	1	1	122.04	93.65	83.15	15.00	25.00
正镶白旗	0.5	0.5	1	1	184.20	94.40	78.86	18.30	13.40
正蓝旗	1.6	0.8	1	1	113.10	225.83	189.95	17.86	25.04
多伦县	0.9	0.9	1	1	159.80	325.80	292.21	14.21	51.00
阿拉善左旗	9.0	7.3	4	2	621.60	2078.66	1209.10	659.10	208.00
阿拉善右旗	0.4	0.4	1	1	436.12	96.53	83.55		19.19
额济纳旗	1.5	1.5	1	1	178.00	214.69	197.84	20.50	58.50
辽　宁	**68.3**	**14.2**	**31**	**14**	**4849.40**	**15138.74**	**10375.57**	**1376.39**	**1655.09**
康平县	2.1	2.1	3	2	185.00	796.03	553.06	152.30	131.70
法库县	5.5		1		128.10	803.00	469.80	7.39	28.03
长海县	5.4		2		713.71	224.14	136.94	30.94	12.99
台安县	2.5	2.5	1	1	243.10	877.03	470.30	21.02	106.19
岫岩满族自治县	3.5		1		162.80	729.27	512.87	80.30	102.30
抚顺县									
新宾满族自治县	1.5		1		110.48	331.55	230.95	5.33	44.08
清原满族自治县	8.0		3		163.00	780.00	530.00	78.00	102.00
本溪满族自治县	6.5		1		138.60	776.00	468.00	87.00	22.00
桓仁满族自治县	3.2		1		265.00	1068.00	664.00	32.00	142.00
宽甸满族自治县	2.1		1		238.00	760.00	442.00	33.00	14.00
黑山县	2.8	2.8	1	1	258.00	715.00	560.00	17.00	160.00
义　县	2.5		1		184.96	850.00	729.00	110.00	109.00
阜新蒙古族自治县	0.3	0.3	2	2	214.00	479.00	350.00		131.00
彰武县	1.1	1.1	1	1	240.00	438.00	357.00	50.00	92.00
辽阳县	5.0		1		113.00	1027.00	768.00	61.00	32.00
盘山县	0.3	0.3	2	2	203.64	529.32	425.20	206.40	66.30
铁岭县									
西丰县	3.0		1		253.00	800.00	562.00	202.00	30.00
昌图县	5.0		1		178.11	858.00	652.00	70.00	180.00
朝阳县	0.2	0.2	1	1	25.00	73.00	61.05	0.50	0.20
建平县	2.6	2.6	2	2	270.21	725.00	487.00	89.81	22.30
喀喇沁左翼蒙古族自治县	2.0	0.8	1		173.00	290.00	232.00	25.00	57.00
绥中县	1.5	1.5	1	1	147.99	660.00	459.00		70.00
建昌县	1.8		1	1	240.70	549.40	255.40	17.40	

continued

Total Quantity of Water Supply(10,000m³)					用水户数(户) Number of Households with Access to Water Supply (unit)		用水人口(万人) Population with Access to Water Supply (10,000 persons)	县名称 Name of Counties
Water Sold		免费供水量 The Quantity of Free Water Supply		漏损水量 The Lossed Water		家庭用户 Household User		
居民家庭用水 The Quantity of Water for Household Use	其他用水 The Quantity of Water for Other Purposes		生活用水 Domestic Water Use					
120.80	3.70			31.00	17560	17560	6.77	突泉县
76.40	1.70	14.00		21.00	15000	9200	2.43	阿巴嘎旗
45.55	22.07	8.46		13.24	8011	6697	1.53	苏尼特左旗
77.93	0.92	177.25	16.68	36.00	23121	22400	4.67	苏尼特右旗
111.41	19.46			41.86	21192	18270	2.60	东乌珠穆沁旗
99.65	8.08	61.03		22.00	28101	23969	3.59	西乌珠穆沁旗
91.00	5.00			22.00	24252	23129	6.65	太仆寺旗
41.74	1.41	4.00		6.50	7850	7426	3.13	镶黄旗
47.00	0.16	15.14	5.15	0.40	9067	7805	3.15	正镶白旗
134.02	13.03	0.08		35.80	23352	15178	3.70	正蓝旗
227.00				33.59	19470	18435	6.29	多伦县
342.00		83.15		786.41	76053	66701	11.08	阿拉善左旗
50.50	13.86			12.98	9606	7854	1.36	阿拉善右旗
66.25	52.59			16.85	13170	10465	1.83	额济纳旗
6807.78	**536.31**	**494.16**	**72.80**	**4269.01**	**1024219**	**918797**	**208.13**	**辽　宁**
263.98	5.08	4.53		238.44	39657	33539	8.60	康平县
333.25	101.13	12.00		321.20	58918	51882	15.90	法库县
93.01		36.03		51.17	20958	19259	3.85	长海县
332.50	10.59	145.00		261.73	65252	60930	9.29	台安县
303.81	26.46	1.00		215.40	48063	41627	14.00	岫岩满族自治县
								抚顺县
181.54		1.60		99.00	25900	23800	6.34	新宾满族自治县
275.00	75.00	99.00	61.00	151.00	33980	26600	6.50	清原满族自治县
334.00	25.00	12.00	7.00	296.00	58254	50457	7.75	本溪满族自治县
470.00	20.00			404.00	62400	54000	9.03	桓仁满族自治县
395.00		40.00		278.00	50100	44810	11.30	宽甸满族自治县
343.00	40.00			155.00	42500	42500	13.00	黑山县
489.00	21.00	42.00		79.00	45000	41000	9.10	义　县
168.00	51.00			129.00	31549	29129	5.25	阜新蒙古族自治县
215.00		18.00		63.00	32000	28000	5.00	彰武县
638.00	37.00	2.00		257.00	69900	67000	15.00	辽阳县
147.10	5.40			104.12	27120	22781	6.65	盘山县
								铁岭县
307.00	23.00			238.00	37900	34260	8.27	西丰县
382.00	20.00	30.00		176.00	70776	59192	11.50	昌图县
59.95	0.40			11.95	12647	12032	3.33	朝阳县
299.64	75.25	35.00		203.00	50598	47499	15.12	建平县
150.00				58.00	36000	31500	7.10	喀喇沁左翼蒙古族自治县
389.00				201.00	63747	60000	10.90	绥中县
238.00		16.00	4.80	278.00	41000	37000	5.35	建昌县

5-5 续表 7

县名称 Name of Counties	综合生产能力(万立方米/日) Integrated Production Capacity ($10,000m^3$/day)	地下水 Underground Water	水厂个数(个) Number of Water Plants (unit)	地下水 Underground Water	供水管道长度(公里) Length of Water Supply Pipelines (km)	供水总量(万立方米) 合计 Total	售水量 小计 Subtotal	生产运营用水 The Quantity of Water for Production and Operation	公共服务用水 The Quantity of Water for Public Service
吉 林	**46.5**	**10.8**	**23**	**10**	**2887.63**	**10190.07**	**7298.36**	**1208.14**	**1032.58**
农安县	4.4		1		571.38	1087.80	1070.00	321.00	32.00
永吉县					130.00	570.00	350.00	63.00	64.00
梨树县	0.8	0.8	1	1	42.07	273.36	196.52		9.82
伊通满族自治县	1.0	1.0	1	1	188.64	371.32	310.32		
东丰县	3.7		2		136.18	459.10	386.77	9.45	107.30
东辽县	2.0		1		14.53	261.30	159.65	9.47	26.86
通化县	3.0		1		145.67	514.80	255.20	71.00	46.20
辉南县	3.1		1		164.00	1003.00	803.00	185.00	95.00
柳河县	2.0		1		181.00	570.00	409.00	52.00	125.00
抚松县	4.0		1		48.16	614.99	409.99	71.01	48.18
靖宇县	1.3	1.3	2	2	148.00	474.50	233.00	14.00	25.00
长白朝鲜族自治县	2.0		2		49.00	618.99	438.24	47.19	150.00
前郭县	5.0		1		40.75	750.09	469.16	44.62	128.22
长岭县	1.2	1.2	1	1	141.16	195.77	171.56		17.20
乾安县	1.5	1.5	2	2	137.00	297.00	257.00	20.00	30.00
镇赉县	3.0	3.0	2	2	326.02	386.00	313.00	44.00	55.00
通榆县	2.0	2.0	1	1	172.00	578.05	338.05	108.00	
汪清县	5.0		1		198.07	644.00	366.40	41.20	31.00
安图县	1.5		1		54.00	520.00	361.50	107.20	41.80
黑龙江	**98.5**	**74.7**	**63**	**54**	**6023.77**	**17377.25**	**13747.80**	**2282.26**	**1689.77**
依兰县	2.0	2.0	1	1	146.49	540.00	390.00	70.00	40.00
方正县	1.5	1.5	1	1	55.50	330.00	253.29	1.42	35.21
宾 县	2.0		1		82.24	535.80	459.80	95.00	30.00
巴彦县	1.5	1.5	1	1	153.23	397.00	366.98	75.10	31.80
木兰县	1.0	1.0	2	2	43.10	365.00	344.00	24.00	5.00
通河县	1.0	1.0	1	1	110.00	270.00	210.00	16.10	23.90
延寿县	1.2	0.1	1	1	120.70	416.50	300.00	50.00	8.00
龙江县	4.0	4.0	1	1	173.92	620.00	310.37	37.20	22.70
依安县	2.0	2.0	1	1	121.17	385.00	346.50	103.95	20.00
泰来县	2.0	2.0	2	2	80.67	280.00	211.10		51.77
甘南县	3.0	3.0	1	1	154.97	272.31	231.40	6.50	28.00
富裕县	0.9	0.9	1	1	180.74	172.50	148.00		22.16
克山县	1.8	1.8	3	3	262.00	322.59	223.32	29.78	8.50
克东县	0.5	0.5	1	1	230.00	194.00	174.00	35.00	17.00
拜泉县	1.2	1.2	1	1	189.90	292.00	186.00		39.00
鸡东县	3.5	0.5	3	2	51.00	445.00	294.00	42.00	63.00

continued

Total Quantity of Water Supply(10,000m³)					用水户数(户)		用水人口(万人)	县名称
Water Sold		免费供水量		漏损水量		家庭用户		
居民家庭用水 The Quantity of Water for Household Use	其他用水 The Quantity of Water for Other Purposes	The Quantity of Free Water Supply	生活用水 Domestic Water Use	The Lossed Water	Number of Households with Access to Water Supply (unit)	Household User	Population with Access to Water Supply (10,000 persons)	Name of Counties
4361.15	**696.49**	**526.39**	**68.00**	**2365.32**	**677958**	**616064**	**159.04**	**吉　林**
696.00	21.00			17.80	632	632	21.00	农安县
223.00		20.00		200.00	53287	49239	10.00	永吉县
163.12	23.58			76.84	39368	34669	8.00	梨树县
227.52	82.80			61.00	57258	50236	8.35	伊通满族自治县
270.02		11.80		60.53	37854	32469	10.15	东丰县
67.68	55.64	36.32		65.33	16858	14954	3.10	东辽县
130.70	7.30	7.60		252.00	29000	28200	5.90	通化县
347.00	176.00			200.00	53047	46675	11.69	辉南县
232.00				161.00	50261	46035	6.50	柳河县
152.16	138.64			205.00	28431	25753	5.07	抚松县
186.00	8.00	97.00		144.50	37000	35000	6.00	靖宇县
213.60	27.45	5.20	5.20	175.55	10741	10741	3.65	长白朝鲜族自治县
219.49	76.83	86.06	38.00	194.87	55323	50039	10.80	前郭县
154.36		0.81		23.40	39207	39011	10.69	长岭县
205.00	2.00			40.00	18020	17777	6.20	乾安县
211.00	3.00			73.00	50613	44612	7.54	镇赉县
200.00	30.05	95.00		145.00	47000	43000	8.90	通榆县
290.00	4.20	123.60	20.00	154.00	26960	23230	9.00	汪清县
172.50	40.00	43.00	4.80	115.50	27098	23792	6.50	安图县
9323.86	**451.91**	**617.69**	**163.02**	**3011.76**	**1538337**	**1354510**	**345.06**	**黑龙江**
280.00				150.00	39000	36600	9.20	依兰县
206.80	9.86	6.21		70.50	15000	14000	5.05	方正县
319.80	15.00	15.00	15.00	61.00	42464	38974	11.29	宾　县
260.08		0.02		30.00	51830	37865	9.78	巴彦县
315.00				21.00	20565	16940	5.40	木兰县
160.00	10.00			60.00	19310	17310	7.20	通河县
222.00	20.00	51.00	19.70	65.50	23815	20327	7.00	延寿县
250.00	0.47	116.13		193.50	62440	61364	11.97	龙江县
214.90	7.65			38.50	20118	19097	6.91	依安县
147.33	12.00	8.00	8.00	60.90	35094	30739	7.11	泰来县
188.00	8.90	7.50	7.50	33.41	30347	29798	7.90	甘南县
118.64	7.20			24.50	33403	30401	7.00	富裕县
160.14	24.90	3.20	3.00	96.07	36244	33252	9.49	克山县
120.00	2.00			20.00	19004	17000	4.50	克东县
138.00	9.00			106.00	38784	30402	7.90	拜泉县
181.00	8.00			151.00	36177	23963	5.50	鸡东县

5-5 续表 8

县名称 Name of Counties	综合生产能力(万立方米/日) Integrated Production Capacity (10,000m³/day)	地下水 Under-ground Water	水厂个数(个) Number of Water Plants (unit)	地下水 Under-ground Water	供水管道长度(公里) Length of Water Supply Pipelines (km)	供水总量(万立方米) 合计 Total	售水量 小计 Subtotal	生产运营用水 The Quantity of Water for Production and Operation	公共服务用水 The Quantity of Water for Public Service
萝北县	3.0	3.0	2	2	112.19	186.00	151.86	12.28	10.83
绥滨县	3.0	3.0	2	2	75.13	212.50	173.50	20.00	27.50
集贤县	1.6	1.6	1	1	133.12	558.35	434.50	148.92	15.83
友谊县	1.5	1.5	1	1	170.00	300.00	277.50	4.00	12.00
宝清县	3.0	3.0	2	2	292.90	800.00	720.45	30.00	151.16
饶河县	0.7	0.7	1	1	176.00	144.00	120.66	12.90	32.77
肇州县	1.5	1.5	1	1	82.65	435.00	300.00	6.00	55.00
肇源县	1.1	1.1	1	1	87.26	414.00	310.00	11.60	35.00
林甸县	2.0	2.0	1	1	130.00	300.00	235.00	5.89	63.90
杜尔伯特蒙古族自治县	2.0	2.0	1	1	169.00	330.45	288.65	126.00	11.00
嘉荫县	1.0	1.0	1	1	87.08	188.23	154.98	12.00	53.00
汤旺县	1.8	1.8	3	3	145.14	361.30	344.30	82.50	56.10
丰林县	1.9	1.9	3	2	253.62	389.90	339.20	139.90	26.50
大箐山县	0.5	0.5	1	1	97.19	146.80	98.80	7.80	22.00
南岔县	7.2		1		102.00	667.00	620.00	320.00	35.00
桦南县	3.0	3.0	1	1	120.98	478.22	402.72	127.80	98.44
桦川县	2.0	2.0	1	1	129.29	411.00	238.00		
汤原县	2.0	2.0	2	2	133.53	272.00	239.00	28.00	33.00
勃利县	1.7	1.7	1	1	172.16	427.00	246.00	39.00	2.00
林口县	3.0		1		156.00	375.00	258.75	51.75	36.20
逊克县	1.0	1.0	1	1	107.00	220.00	163.00	24.00	15.00
孙吴县	2.0		1		169.39	217.80	163.77	43.77	5.00
望奎县	1.0	1.0	1	1	77.00	290.00	246.90	20.60	27.50
兰西县	3.5	1.0	2	1	98.39	510.00	398.00	68.00	120.00
青冈县	3.0	3.0	1	1	150.00	480.00	345.00	45.00	27.00
庆安县	3.9	3.9	2	2	90.20	649.00	590.00	140.00	105.00
明水县	2.0	2.0	1	1	68.62	192.00	138.00	10.00	10.00
绥棱县	3.0		1		60.00	485.00	388.00	10.00	90.00
呼玛县	0.7	0.7	1	1	62.30	182.50	148.50	16.50	36.00
塔河县	1.4	1.4	1		70.00	150.00	110.00	4.00	10.00
加格达奇区	4.6	4.6	1	1	90.00	766.50	654.00	128.00	21.00
江　苏	**257.7**	**4.7**	**25**	**1**	**11527.45**	**47164.15**	**40614.59**	**10233.83**	**6085.68**
丰　县	20.0		1		482.46	2223.00	2026.51	535.90	481.26
沛　县	20.0		1		703.82	2757.94	2156.74	549.20	47.32
睢宁县	15.0		1		742.00	2044.19	2010.00	44.00	482.00
如东县	10.0		1	1	1514.90	3832.00	3701.00	1600.00	586.00
东海县	5.0		1		646.72	1705.76	1460.30	443.00	72.00
灌云县	5.0		1		821.63	1755.60	1563.60	780.00	185.60
灌南县	8.0		2		300.00	1207.00	997.00	110.00	342.00

continued

Total Quantity of Water Supply($10,000m^3$)					用水户数(户) Number of Households with Access to Water Supply (unit)		用水人口(万人) Population with Access to Water Supply (10,000 persons)	县名称 Name of Counties
Water Sold		免费供水量 The Quantity of Free Water Supply		漏损水量 The Lossed Water		家庭用户 Household User		
居民家庭用水 The Quantity of Water for Household Use	其他用水 The Quantity of Water for Other Purposes		生活用水 Domestic Water Use					
126.63	2.12	8.10	6.10	26.04	24767	21245	4.15	萝北县
125.30	0.70	22.00		17.00	28526	26754	4.90	绥滨县
210.35	59.40	0.50		123.35	49915	46540	7.81	集贤县
261.50				22.50	13200	10290	3.48	友谊县
532.51	6.78			79.55	51113	43812	11.83	宝清县
72.86	2.13	0.04	0.02	23.30	16196	14070	3.65	饶河县
225.00	14.00			135.00	26708	25354	9.50	肇州县
263.40		21.00	3.00	83.00	30468	29100	8.58	肇源县
141.51	23.70	25.00		40.00	21900	21000	6.96	林甸县
151.65		7.70	7.70	34.10	29804	24538	6.86	杜尔伯特蒙古族自治县
75.98	14.00			33.25	7242	6466	2.45	嘉荫县
188.60	17.10	1.50	1.50	15.50	15219	14174	2.27	汤旺县
165.00	7.80	12.00	12.00	38.70	32739	30435	9.20	丰林县
69.00				48.00	10120	10092	3.00	大箐山县
230.00	35.00	17.00		30.00	40120	27230	9.90	南岔县
176.48		1.09		74.41	62189	60734	11.00	桦南县
238.00		128.60		44.40	25322	23663	6.50	桦川县
176.00	2.00	20.00		13.00	40762	33817	6.95	汤原县
174.00	31.00	22.00		159.00	30890	30390	8.99	勃利县
150.10	20.70			116.25	55800	35810	7.30	林口县
102.00	22.00	8.00	3.00	49.00	20657	18084	4.20	逊克县
115.00		10.00	0.50	44.03	24903	22697	3.01	孙吴县
198.80		3.10		40.00	49800	48500	9.60	望奎县
210.00		72.00	72.00	40.00	37100	30200	9.10	兰西县
273.00				135.00	58000	45000	14.90	青冈县
343.00	2.00	2.00		57.00	42156	41025	10.00	庆安县
113.00	5.00			54.00	17800	17740	6.80	明水县
288.00		9.00		88.00	59100	51000	11.37	绥棱县
90.50	5.50	10.00	4.00	24.00	8844	8434	2.30	呼玛县
80.00	16.00			40.00	15382	14284	3.80	塔河县
475.00	30.00	10.00		102.50	68000	64000	11.50	加格达奇区
22204.32	**2090.76**	**1114.82**	**501.80**	**5434.74**	**2337141**	**2131374**	**523.07**	**江 苏**
981.09	28.26	1.67	1.67	194.82	116799	108129	28.63	丰 县
1498.26	61.96			601.20	98782	93553	41.58	沛 县
1484.00		2.29		31.90	156527	126527	27.78	睢宁县
845.00	670.00			131.00	97754	95330	24.08	如东县
748.30	197.00			245.46	85700	76540	28.93	东海县
575.50	22.50			192.00	66789	60110	26.39	灌云县
520.00	25.00			210.00	69437	69216	21.55	灌南县

5-5 续表 9

县名称 Name of Counties	综合生产能力(万立方米/日) Integrated Production Capacity ($10,000m^3$/day)	地下水 Underground Water	水厂个数(个) Number of Water Plants (unit)	地下水 Underground Water	供水管道长度(公里) Length of Water Supply Pipelines (km)	供水总量(万立方米) 合计 Total	售水量 小计 Subtotal	生产运营用水 The Quantity of Water for Production and Operation	公共服务用水 The Quantity of Water for Public Service
涟水县	20.0		1		631.50	2765.50	2007.70	624.10	182.60
盱眙县	12.5		1		481.02	2492.30	2198.94	682.96	96.85
金湖县	10.0		1		325.00	2214.64	1926.64	553.00	302.60
响水县	5.0		1		352.50	1504.07	1351.07	243.55	341.42
滨海县	12.0		1		504.20	1905.87	1594.40	159.50	343.00
阜宁县	15.0		2		369.98	2833.00	2332.00	756.00	422.00
射阳县	10.0		2		362.75	1816.16	1743.98	123.61	394.27
建湖县	15.0		2		1510.13	2465.00	1980.90	360.00	194.90
宝应县	13.0		1		647.02	2473.13	1807.73	414.13	350.68
沭阳县	25.0		1		586.29	4456.96	3902.60	723.00	164.00
泗阳县	15.0		2		241.00	4053.90	3605.00	1128.00	845.00
泗洪县	22.2	4.7	2		304.53	2658.13	2248.48	403.88	252.18
浙　江	**344.3**		**55**		**17448.45**	**65227.82**	**56190.19**	**19829.84**	**5053.41**
桐庐县	10.0		1		625.46	2220.30	2100.30	450.30	480.00
淳安县	8.0		2		381.55	1152.26	973.65	338.81	124.20
象山县	23.0		3		1320.81	4378.02	3442.18	1245.30	318.31
宁海县	23.0		1		856.88	3553.58	2992.91	966.48	197.00
永嘉县	4.0		1		283.24	493.17	450.50		36.26
平阳县	15.0		1		260.48	1930.90	1748.10	419.50	59.00
苍南县	13.0		3		491.21	3400.10	2898.00	850.00	260.00
文成县	1.4		1		90.95	501.04	444.76	21.36	13.84
泰顺县	3.0		1		101.11	742.50	666.00	75.00	64.00
嘉善县	21.0		1		330.53	2698.00	2419.00	921.00	317.00
海盐县	21.0		2		617.40	4421.43	3922.51	2850.41	84.41
德清县	14.5		2		905.00	3021.16	2491.83	646.05	378.33
长兴县	15.0		2		1203.52	3929.92	3412.60	802.26	725.15
安吉县	15.0		3		314.14	4039.18	3240.26	953.69	174.79
新昌县	14.0		3		2858.11	3450.40	2954.50	1351.22	21.82
武义县	14.0		2		592.92	3288.89	2858.89	1411.13	190.55
浦江县	21.0		2		882.00	3494.00	3177.38	1402.00	69.00
磐安县	3.0		2		176.10	492.44	442.07	154.35	50.09
常山县	9.8		5		494.00	1977.29	1699.99	926.10	143.70
开化县	10.0		1		200.86	709.36	600.56	256.75	145.81
龙游县	7.0		1		560.94	1664.95	1425.95	842.61	59.00
岱山县	5.8		2		174.60	491.83	457.02	152.64	49.91
嵊泗县	2.8		3		124.00	254.90	241.65		41.65
三门县	8.0		1		466.84	1490.12	1356.37	187.47	181.52
天台县	10.0		1		319.92	2602.18	2166.20	433.70	313.20
仙居县	5.0		1		1080.76	2186.00	1974.60	704.00	24.80
青田县	10.0		1		123.64	1294.18	1165.02	293.27	179.34

continued

Total Quantity of Water Supply($10,000m^3$)					用水户数(户) Number of Households with Access to Water Supply (unit)		用水人口(万人) Population with Access to Water Supply (10,000 persons)	县名称 Name of Counties
Water Sold		免费供水量 The Quantity of Free Water Supply		漏损水量 The Lossed Water		家庭用户 Household User		
居民家庭用水 The Quantity of Water for Household Use	其他用水 The Quantity of Water for Other Purposes		生活用水 Domestic Water Use					
1180.00	21.00	283.10	90.00	474.70	163296	156533	28.10	涟水县
1077.17	341.96			293.36	130654	118746	25.52	盱眙县
853.01	218.03			288.00	86560	82530	11.60	金湖县
664.10	102.00	12.00	7.00	141.00	36877	36877	12.92	响水县
1091.50	0.40	104.60	60.20	206.87	120011	116933	25.52	滨海县
1153.00	1.00	55.00		446.00	157089	152589	32.30	阜宁县
1189.30	36.80			72.18	94256	94256	25.59	射阳县
1426.00		75.00	65.00	409.10	150243	140776	23.63	建湖县
930.19	112.73	238.98	238.98	426.42	137000	129000	26.53	宝应县
2982.60	33.00	214.94	15.61	339.42	228782	226899	48.45	沭阳县
1485.00	147.00	123.90	20.00	325.00	173148	156340	36.49	泗阳县
1520.30	72.12	3.34	3.34	406.31	167437	90490	27.48	泗洪县
27951.55	**3355.39**	**1756.52**	**24.69**	**7281.11**	**2282741**	**2023722**	**449.10**	**浙　江**
1080.00	90.00			120.00	90971	80201	19.87	桐庐县
466.14	44.50			178.61	72321	54870	10.55	淳安县
1463.07	415.50	386.27		549.57	136234	125397	21.25	象山县
1818.24	11.19	25.66		535.01	132281	116672	24.26	宁海县
395.92	18.32	32.39	4.34	10.28	26611	25463	10.22	永嘉县
1209.10	60.50	2.70		180.10	46050	40862	15.56	平阳县
1678.00	110.00			502.10	88361	87205	17.60	苍南县
399.67	9.89			56.28	26373	23915	6.07	文成县
462.00	65.00	2.60	2.00	73.90	22355	19235	7.71	泰顺县
1177.00	4.00			279.00	193609	178712	21.17	嘉善县
960.75	26.94	108.92		390.00	68631	55610	16.09	海盐县
742.81	724.64	31.98	3.20	497.35	92052	78191	15.90	德清县
1867.52	17.67	5.88	1.55	511.44	148376	132605	30.45	长兴县
1630.86	480.92	127.29		671.63	83148	68792	25.45	安吉县
1433.74	147.72	74.50		421.40	110535	91788	22.17	新昌县
1257.19	0.02	173.39	0.70	256.61	89582	80157	21.44	武义县
1675.00	31.38	36.62		280.00	130688	104212	23.49	浦江县
227.56	10.07	1.95	1.95	48.42	14373	13265	4.14	磐安县
630.19				277.30	35000	30000	8.26	常山县
198.00		87.00		21.80	49052	45579	11.10	开化县
524.34		74.00		165.00	41215	31967	11.91	龙游县
249.49	4.98	0.67	0.67	34.14	29356	25420	7.75	岱山县
183.00	17.00	2.75	2.75	10.50	21057	17972	4.15	嵊泗县
699.14	288.24			133.75	82935	77354	11.32	三门县
1023.10	396.20	192.31		243.67	118666	115096	13.56	天台县
1176.50	69.30			211.40	85754	80646	15.67	仙居县
640.35	52.06	6.65	6.65	122.51	24265	20710	10.01	青田县

5-5 续表 10

县名称 Name of Counties	综合生产能力(万立方米/日) Integrated Production Capacity ($10,000m^3$/day)	地下水 Underground Water	水厂个数(个) Number of Water Plants (unit)	地下水 Underground Water	供水管道长度(公里) Length of Water Supply Pipelines (km)	供水总量(万立方米) 合计 Total	售水量 小计 Subtotal	生产运营用水 The Quantity of Water for Production and Operation	公共服务用水 The Quantity of Water for Public Service
缙云县	5.0		1		186.45	1081.99	949.54	308.47	91.05
遂昌县	8.0		1		482.33	909.05	818.03	364.29	21.60
松阳县	10.0		1		425.67	1136.71	940.54	152.89	35.62
云和县	6.0		1		195.00	623.38	563.23	125.03	46.44
庆元县	4.0		1		190.14	1026.57	687.00	215.00	34.60
景宁县	4.0		1		131.89	572.02	509.05	8.76	121.42
安　徽	**304.2**	**46.7**	**78**	**18**	**16879.31**	**63789.37**	**54434.51**	**11873.53**	**6646.75**
长丰县	6.0		1		573.80	986.00	876.00	155.00	147.00
肥西县					736.86	2428.30	2003.00	340.00	238.00
肥东县	20.0		1		892.70	2818.00	2357.00	644.00	290.00
庐江县	13.0		2		484.00	2302.16	1662.06	409.53	81.90
南陵县	10.0		1		294.30	1881.20	1516.57	272.98	70.00
怀远县	5.1		3		199.90	1786.00	1766.00	110.00	120.00
五河县	8.5		2		237.92	1118.50	1017.00	41.00	162.00
固镇县	5.0		1		257.00	870.00	768.50	171.24	89.52
凤台县	5.5		1		166.40	1326.00	970.60	54.50	182.20
寿　县	4.0		1		524.67	1479.00	1258.00	239.00	187.00
当涂县	6.0		1		217.30	1240.42	987.14	130.43	171.41
含山县	10.0		2		125.00	1394.00	1310.00	287.00	312.00
和　县	10.0		1		384.69	1113.94	1094.06	282.11	163.36
濉溪县	4.2	4.2	2	2	422.00	750.00	708.00	20.00	38.00
枞阳县	5.0		1		308.00	636.00	521.52	106.20	58.78
怀宁县	2.0		1		497.88	1017.78	862.25	330.39	37.86
太湖县	4.5		1		527.50	850.00	773.00	145.00	55.00
宿松县	6.5		2		537.14	1313.35	921.35	273.12	57.44
望江县	6.0		1		460.13	1079.90	943.40	355.30	17.00
岳西县	4.5		3		494.50	607.00	548.00	179.77	28.41
歙　县	8.0		2		277.32	1162.00	1062.00	480.00	70.00
休宁县	3.0		2		126.15	680.00	535.02	110.14	60.00
黟　县	2.0		2		99.71	355.56	319.34	50.44	75.00
祁门县	2.0		1		127.00	454.70	359.45	95.11	50.00
来安县	5.0		3		401.64	1775.72	1583.68	738.07	88.22
全椒县	10.0		1		460.00	1946.52	1493.80	265.40	238.75
定远县	13.0		3		421.00	1560.00	1260.00	250.00	200.00
凤阳县	6.0		1		350.00	1400.00	1273.00	350.00	160.00
临泉县	4.5	4.5	1	1	276.63	1445.00	1364.00	610.00	70.00
太和县	5.4	5.4	3	3	583.16	1196.43	1060.00	42.00	64.47
阜南县	4.5	4.5	1	1	199.00	1416.41	1141.18	108.87	104.19
颍上县	4.5	4.5	1	1	410.08	2476.63	1848.08	455.25	384.23
砀山县	5.0	5.0	2	2	310.00	1280.00	1154.00	139.00	150.50

continued

Total Quantity of Water Supply(10,000m^3)					用水户数(户) Number of Households with Access to Water Supply (unit)		用水人口(万人) Population with Access to Water Supply (10,000 persons)	县名称 Name of Counties
Water Sold		免费供水量 The Quantity of Free Water Supply		漏损水量 The Lossed Water		家庭用户 Household User		
居民家庭用水 The Quantity of Water for Household Use	其他用水 The Quantity of Water for Other Purposes		生活用水 Domestic Water Use					
531.92	18.10	38.24	0.58	94.21	44638	38824	7.93	缙云县
432.14		0.30	0.30	90.72	38593	35207	6.39	遂昌县
511.78	240.25	98.95		97.22	47850	47850	7.65	松阳县
391.76				60.15	36617	31788	6.43	云和县
436.40	1.00	237.50		102.07	35396	30593	7.56	庆元县
378.87		8.00		54.97	19796	17564	6.02	景宁县
33910.34	**2003.89**	**1805.89**	**168.91**	**7548.97**	**3080258**	**2720986**	**831.15**	**安　徽**
483.00	91.00	50.00		60.00	71210	67020	27.55	长丰县
1187.00	238.00			425.30	110000	89216	33.10	肥西县
1290.00	133.00			461.00	146526	108563	25.68	肥东县
1170.63		0.16	0.16	639.94	110435	91259	16.90	庐江县
1082.60	90.99	33.40		331.23	59193	51128	14.37	南陵县
1516.00	20.00			20.00	52100	48200	20.10	怀远县
783.00	31.00			101.50	66273	56150	20.88	五河县
467.40	40.34	0.50	0.50	101.00	35942	33926	12.58	固镇县
647.80	86.10	240.00		115.40	38028	34685	16.00	凤台县
796.00	36.00	8.00	8.00	213.00	41910	40851	18.27	寿　县
642.60	42.70	87.34		165.94	61894	53201	14.54	当涂县
681.00	30.00	10.00	8.00	74.00	27950	27650	11.90	含山县
622.48	26.11			19.88	47859	46308	15.94	和　县
625.00	25.00			42.00	50900	48900	18.00	濉溪县
356.54				114.48	51616	45423	10.40	枞阳县
487.55	6.45	0.24		155.29	68656	53076	9.20	怀宁县
558.00	15.00	2.00		75.00	48900	44850	14.00	太湖县
590.79				392.00	60256	52414	12.00	宿松县
571.10				136.50	48155	41842	11.81	望江县
333.41	6.41			59.00	44189	38779	14.00	岳西县
500.00	12.00			100.00	45730	45000	11.54	歙　县
305.39	59.49	50.00		94.98	20567	19882	5.70	休宁县
192.41	1.49	0.88		35.34	21347	16322	4.91	黟　县
211.20	3.14			95.25	30697	27362	5.67	祁门县
711.01	46.38	17.01	2.90	175.03	60013	54799	15.02	来安县
947.55	42.10	125.52	4.90	327.20	137926	122173	20.39	全椒县
760.00	50.00	10.00		290.00	101000	82000	15.00	定远县
725.00	38.00	5.00		122.00	80100	51020	22.65	凤阳县
669.00	15.00	1.00	1.00	80.00	86800	76500	28.00	临泉县
953.53		11.45		124.98	116908	100100	22.63	太和县
777.56	150.56	105.26	1.70	169.97	110688	103443	18.28	阜南县
956.30	52.30	572.35	62.60	56.20	75272	69950	26.10	颍上县
864.50		20.00		106.00	53612	47916	22.07	砀山县

5-5 续表 11

县名称 Name of Counties	综合生产能力(万立方米/日) Integrated Production Capacity (10,000m³/day)	地下水 Under-ground Water	水厂个数(个) Number of Water Plants (unit)	地下水 Under-ground Water	供水管道长度(公里) Length of Water Supply Pipelines (km)	供水总量(万立方米) 合计 Total	售水量 小计 Subtotal	生产运营用水 The Quantity of Water for Production and Operation	公共服务用水 The Quantity of Water for Public Service
萧　县	3.0	3.0	2	2	305.00	994.30	875.60	196.00	357.60
灵璧县	5.0	5.0	2	2	267.70	1558.20	1441.50	246.80	193.00
泗　县	5.0	1.2	1	1	168.15	1101.18	973.68	150.20	92.20
霍邱县	7.0		1		403.15	1106.69	987.29	76.00	104.89
舒城县	12.0		2		224.29	1601.10	1405.30	271.80	117.60
金寨县	8.0		2		263.53	1380.91	1227.91	505.44	12.40
霍山县	8.0		2		316.50	1537.20	1377.00	466.00	378.00
涡阳县	6.3	6.3	1	1	323.93	1560.00	1257.00	102.00	148.00
蒙城县	9.0	1.4	2	1	334.00	1960.00	1755.00	159.00	450.00
利辛县	5.7	1.7	2	1	367.00	1337.88	1255.88	294.82	75.27
东至县	4.5		2		168.46	827.00	733.00	176.00	68.00
石台县	1.0		1		50.81	265.00	219.00	32.00	14.00
青阳县	4.0		1		214.55	994.00	793.00	215.00	40.00
郎溪县	4.0		1		270.15	1056.00	945.50	255.78	164.90
泾　县	5.0		1		250.92	1396.70	1038.26	329.10	56.06
绩溪县	4.0		2		404.80	602.03	503.99	101.74	73.59
旌德县	4.0		2		162.99	364.66	328.60	55.00	79.00
福　建	**266.9**	**9.4**	**76**	**9**	**11350.54**	**48420.21**	**39077.63**	**5889.03**	**5633.28**
闽侯县	28.0		3		561.00	2523.33	1977.98	563.86	440.61
连江县	8.8		2		173.92	2136.08	1398.99	33.47	484.46
罗源县	16.0		4		292.00	1350.41	1207.65		382.03
闽清县	6.0		3		118.72	648.58	522.76	69.52	117.09
永泰县	7.5		3		181.50	678.21	508.54	94.43	46.21
仙游县	8.0		2		395.50	1913.00	1490.00	74.90	143.00
明溪县	1.5		1		105.66	476.51	394.17	78.02	80.27
清流县	1.8		1		100.09	321.79	303.56	9.63	73.60
宁化县	3.0		1		345.10	943.80	756.32	53.85	150.91
大田县	5.0		1		147.00	620.00	567.78	3.80	162.48
尤溪县	4.8	4.8	2		186.04	1076.47	930.26	248.00	203.57
沙　县	5.5		3		296.54	1560.29	1324.56	219.75	416.45
将乐县	5.1		1		93.68	536.00	455.00	98.00	23.00
泰宁县	1.5		1		223.21	468.95	395.28	86.26	65.20
建宁县	2.5		1		215.99	433.45	361.21	47.00	33.67
惠安县	15.0		2		671.54	1496.00	1271.00	254.00	387.00
安溪县	13.0		1		477.00	2751.90	2359.80	54.10	494.80
永春县	6.0		1		233.00	1892.00	1451.41	70.69	13.74
德化县	14.5		2		353.27	2074.21	1672.84	313.55	407.43
云霄县	5.0		1		348.82	1909.28	1624.53	200.37	29.02
漳浦县	10.0		1		319.87	2325.59	1687.78	599.68	69.47
诏安县	5.0		2		161.85	1110.00	887.00	119.00	84.00

continued

Total Quantity of Water Supply(10,000m³) Water Sold 居民家庭用水 The Quantity of Water for Household Use	其他用水 The Quantity of Water for Other Purposes	免费供水量 The Quantity of Free Water Supply	生活用水 Domestic Water Use	漏损水量 The Lossed Water	用水户数(户) Number of Households with Access to Water Supply (unit)	家庭用户 Household User	用水人口(万人) Population with Access to Water Supply (10,000 persons)	县名称 Name of Counties
322.00		1.00		117.70	58000	54000	17.70	萧　县
877.70	124.00	0.70		116.00	52545	49145	22.88	灵璧县
721.72	9.56	0.18	0.18	127.32	68000	62300	20.13	泗　县
780.00	26.40	25.35		94.05	69265	69200	17.50	霍邱县
919.90	96.00	8.90	8.90	186.90	64883	54765	20.17	舒城县
644.43	65.64			153.00	48410	46538	18.08	金寨县
490.00	43.00	2.20	1.00	158.00	56940	54060	16.57	霍山县
987.00	20.00	30.00		273.00	112559	103016	29.70	涡阳县
1060.00	86.00	11.00	11.00	194.00	90000	87440	37.10	蒙城县
884.43	1.36	20.00		62.00	45206	38152	19.30	利辛县
477.00	12.00	7.00		87.00	23269	23024	9.80	东至县
169.00	4.00	14.00	14.00	32.00	12140	11140	2.62	石台县
492.00	46.00	111.00	39.00	90.00	37094	34862	10.00	青阳县
517.09	7.73	0.50	0.30	110.00	37185	34875	13.95	郎溪县
642.06	11.04	219.03	4.71	139.41	63709	56731	10.14	泾　县
268.46	60.20	4.86		93.18	37556	32273	5.41	绩溪县
192.20	2.40	0.06	0.06	36.00	20845	19557	4.92	旌德县
25386.46	**2168.86**	**1876.35**	**36.42**	**7466.23**	**1871066**	**1642605**	**480.48**	**福　建**
971.79	1.72	66.55		478.80	78551	73353	21.09	闽侯县
881.06		468.70		268.39	51192	41160	17.15	连江县
780.11	45.51	4.86		137.90	34672	31576	7.20	罗源县
335.83	0.32	48.68		77.14	25244	23115	7.03	闽清县
367.90		56.00		113.67	45000	39800	9.54	永泰县
1272.00	0.10	90.00		333.00	94381	78969	27.31	仙游县
235.46	0.42	9.23		73.11	19546	16741	4.05	明溪县
219.84	0.49	0.10		18.13	17471	14773	4.08	清流县
538.30	13.26	36.92		150.56	46262	42000	11.03	宁化县
396.00	5.50	26.00		26.22	35978	26840	9.50	大田县
478.12	0.57	1.99	1.99	144.22	44818	37085	6.79	尤溪县
674.40	13.96	10.28		225.45	74357	66599	12.16	沙　县
312.00	22.00	23.00		58.00	30965	26876	7.15	将乐县
242.98	0.84	1.92	1.92	71.75	21308	19162	5.59	泰宁县
280.54		0.34		71.90	20006	17420	6.50	建宁县
622.00	8.00	25.00	1.00	200.00	82468	65351	15.04	惠安县
1771.40	39.50	17.60	3.10	374.50	104964	95864	25.60	安溪县
1260.98	106.00	94.73		345.86	62476	57173	22.80	永春县
935.50	16.36	59.63	5.93	341.74	82721	73288	22.99	德化县
1341.94	53.20			284.75	63152	61391	24.30	云霄县
1014.51	4.12	256.03		381.78	45000	41085	13.65	漳浦县
684.00		47.00		176.00	41213	38598	11.68	诏安县

5-5 续表 12

县名称 Name of Counties	综合生产能力(万立方米/日) Integrated Production Capacity (10,000m³/day)	地下水 Under-ground Water	水厂个数(个) Number of Water Plants (unit)	地下水 Under-ground Water	供水管道长度(公里) Length of Water Supply Pipelines (km)	供水总量(万立方米) 合计 Total	售水量 小计 Subtotal	生产运营用水 The Quantity of Water for Production and Operation	公共服务用水 The Quantity of Water for Public Service
长泰县	5.0		1		125.50	898.00	733.00	213.00	145.00
东山县	7.5		2		1247.00	1014.30	455.90	108.90	29.70
南靖县	3.0		1		119.61	679.20	572.92	29.45	79.73
平和县	4.0		1		159.00	1131.00	1031.00	330.00	50.00
华安县	2.0		1		51.40	276.13	227.27	34.34	74.68
顺昌县	2.0		1		178.84	498.80	426.80	35.00	35.00
浦城县	6.0		2		228.80	1249.40	1073.30	433.00	79.30
光泽县	3.5		2		398.37	483.11	403.93	25.40	3.00
松溪县	4.0		2		105.00	461.62	421.50	68.00	40.00
政和县	3.0		1		174.23	506.39	414.47	28.49	94.26
长汀县	5.8	2.8	7	6	286.80	1506.50	1244.70	259.50	138.70
上杭县	6.5		2		721.93	1579.44	1277.49	191.00	5.50
武平县	4.0		2		121.00	839.84	696.58	125.80	172.48
连城县	4.8	1.8	3	3	105.00	1140.00	741.00	328.00	
霞浦县	7.0		1		213.48	1799.73	1524.31	61.00	21.19
古田县	5.0		1		205.12	992.00	829.00	124.00	17.00
屏南县	2.4		2		75.40	468.50	392.34	17.84	9.50
寿宁县	2.0		1		80.24	377.00	297.00	37.00	61.00
周宁县	4.0		2		129.70	460.85	382.00	0.20	48.00
柘荣县	2.0		1		90.45	415.08	404.96	35.33	
平潭县	10.0		1		532.37	2397.47	1979.74	111.90	221.23
江　西	**378.1**	**32.0**	**117**	**11**	**16685.96**	**67470.61**	**56868.86**	**13609.57**	**5945.99**
南昌县	25.0	25.0	2		1329.80	7368.59	5642.96	2126.00	616.96
安义县	5.0		1		110.75	1850.50	1598.50	885.60	153.50
进贤县	12.0		1		110.00	1879.00	1176.80	118.50	113.10
浮梁县	6.0		2		342.84	610.00	546.00	250.00	64.00
莲花县	2.5		2		137.50	503.94	403.25		53.00
上栗县	2.0		1		177.60	475.00	390.00		70.00
芦溪县	5.0		1		191.79	406.94	361.00	31.00	18.00
武宁县	6.0		1		286.00	1215.79	998.44	157.39	106.46
修水县	11.0		9		375.74	1348.82	1253.32	268.35	75.17
永修县	8.0		2		128.24	645.80	597.00	120.00	86.00
德安县	5.0		1		224.66	1117.15	955.90	410.10	6.85
都昌县	4.7		1		76.46	1000.00	830.00	124.50	49.80
湖口县	6.0		2		300.00	1037.00	927.80	200.80	100.46
彭泽县	3.0		1		87.60	1198.00	592.00	71.00	41.00
分宜县	6.0	0.5	2		332.06	1334.98	1225.98	486.75	12.84
信丰县	10.0		1		860.00	2595.70	2183.24	606.30	116.23
大余县	5.0		1		283.15	875.37	802.67	200.54	223.09
上犹县	5.0		1		252.16	1005.75	850.75	190.54	38.75

continued

Total Quantity of Water Supply(10,000m³)					用水户数(户) Number of Households with Access to Water Supply (unit)		用水人口(万人) Population with Access to Water Supply (10,000 persons)	县名称 Name of Counties
Water Sold		免费供水量 The Quantity of Free Water Supply		漏损水量 The Lossed Water		家庭用户 Household User		
居民家庭用水 The Quantity of Water for Household Use	其他用水 The Quantity of Water for Other Purposes		生活用水 Domestic Water Use					
375.00		25.00	1.00	140.00	10800	10750	4.68	长泰县
266.10	51.20	1.40	0.80	557.00	90685	88452	4.60	东山县
459.27	4.47	13.28	0.34	93.00	40584	23425	6.61	南靖县
611.00	40.00	20.00		80.00	29302	29039	8.69	平和县
113.75	4.50	3.60		45.26	5867	5567	2.75	华安县
326.80	30.00			72.00	36428	30796	6.90	顺昌县
483.60	77.40	6.50		169.60	55012	46397	13.40	浦城县
308.50	67.03	6.71	4.20	72.47	27678	23317	7.57	光泽县
253.50	60.00			40.12	19201	18662	5.20	松溪县
291.10	0.62	23.02	2.59	68.90	21532	18565	7.91	政和县
720.10	126.40	6.50	3.00	255.30	31700	27765	15.44	长汀县
773.67	307.32	58.93		243.02	29800	25200	12.64	上杭县
397.34	0.96	10.00		133.26	38493	31026	8.92	武平县
413.00		231.00		168.00	36000	36000	7.09	连城县
1034.34	407.78	32.04	0.31	243.38	50790	47442	19.40	霞浦县
688.00				163.00	55000	44565	8.50	古田县
365.00				76.16	26672	24889	5.15	屏南县
179.00	20.00	60.00	10.00	20.00	10405	9825	4.95	寿宁县
333.80				78.85	23827	20884	5.66	周宁县
356.18	13.45	9.60		0.52	19409	17896	5.14	柘荣县
1020.75	625.86	24.21	0.24	393.52	90136	73924	27.05	平潭县
33927.78	**3385.52**	**1942.40**	**248.79**	**8659.35**	**3135253**	**2734724**	**815.34**	**江　西**
2900.00				1725.63	274448	247326	27.45	南昌县
550.90	8.50			252.00	41196	34740	17.50	安义县
792.90	152.30	2.00		700.20	114997	105091	27.20	进贤县
230.00	2.00	24.00		40.00	49590	44580	4.55	浮梁县
196.71	153.54	19.00		81.69	25916	21772	6.10	莲花县
320.00		70.00	60.00	15.00	22596	19620	7.89	上栗县
281.00	31.00	10.00		35.94	18150	18150	4.65	芦溪县
682.12	52.47	96.30		121.05	68409	59341	9.23	武宁县
849.90	59.90	1.50		94.00	149942	110966	17.99	修水县
371.00	20.00	3.60	3.00	45.20	27840	22320	9.12	永修县
531.92	7.03			161.25	38650	34156	8.14	德安县
622.50	33.20			170.00	58359	46687	16.50	都昌县
525.58	100.96	8.37		100.83	50000	49900	10.63	湖口县
451.00	29.00	600.00		6.00	32380	31550	7.70	彭泽县
726.39		1.00		108.00	62408	59282	11.95	分宜县
1069.95	390.76	2.46	0.20	410.00	91563	89545	35.80	信丰县
364.04	15.00	0.50		72.20	37370	31054	10.75	大余县
476.55	144.91			155.00	43170	42343	11.68	上犹县

5-5 续表 13

县名称 Name of Counties	综合生产能力(万立方米/日) Integrated Production Capacity ($10,000m^3$/day)	地下水 Under-ground Water	水厂个数(个) Number of Water Plants (unit)	地下水 Under-ground Water	供水管道长度(公里) Length of Water Supply Pipelines (km)	供水总量(万立方米) 合计 Total	售水量 小计 Subtotal	生产运营用水 The Quantity of Water for Production and Operation	公共服务用水 The Quantity of Water for Public Service
崇义县	2.0		1		119.00	528.14	436.75	118.80	37.30
安远县	4.0		3		208.80	573.26	514.18	61.07	62.13
定南县	4.0		1		278.00	792.00	780.00	194.00	50.00
全南县	4.0		1		145.20	642.83	537.60	142.40	15.00
宁都县	8.0		2		521.61	1947.30	1809.11	380.55	159.92
于都县	13.0		2		854.00	2105.44	1816.74	315.75	275.28
兴国县	10.0	1.0	2	1	435.00	1675.20	1502.00	230.00	285.00
会昌县	4.0		2		211.37	1365.37	1200.00	88.34	166.69
寻乌县	8.9		2		196.43	1309.11	994.49	178.23	37.11
石城县	5.0		1		174.30	692.50	566.90	27.82	42.68
吉安县	8.0		1		160.37	1205.73	1101.86	330.56	165.28
吉水县	6.1		3		296.97	1535.39	1360.39	646.65	115.82
峡江县	3.0		2		52.96	380.00	340.00	78.00	60.00
新干县	5.0		1		306.59	936.00	842.68	274.00	193.00
永丰县	7.0	3.0	2	1	362.00	792.00	517.00	20.00	95.00
泰和县	7.0		2		390.85	1128.64	1007.65	500.35	7.72
遂川县	6.0		2		250.00	687.00	548.00	128.00	9.00
万安县	3.0		2		218.90	613.00	542.00	231.00	80.00
安福县	7.0	2.0	2	1	149.75	427.00	382.80	47.22	61.81
永新县	4.5		2		397.83	792.82	674.02	8.24	259.00
奉新县	8.5		1		68.10	605.51	538.51	15.60	12.70
万载县	9.0		2		295.46	1519.24	1163.58	357.34	110.40
上高县	9.0		2		236.00	1598.91	1426.51	16.20	20.18
宜丰县	8.0		4		624.07	726.15	581.15	13.10	112.80
靖安县	2.5		2		152.70	522.00	458.00	120.00	35.00
铜鼓县	2.1		1		64.18	430.02	343.32	120.78	20.60
南城县	9.0		2		202.00	1605.00	1453.00	79.00	81.00
黎川县	2.5		1		203.54	493.61	417.61	49.19	14.00
南丰县	3.5		2		167.70	1073.60	904.40	132.00	166.00
崇仁县	4.0		2		221.70	1047.00	832.00	38.00	265.00
乐安县	6.5		2		106.20	1010.00	887.00	136.00	56.00
宜黄县	5.5		3		103.80	490.00	479.80	101.50	18.00
金溪县	4.5		2		161.40	697.00	578.00	115.00	53.00
资溪县	4.0		2		68.32	373.11	325.33	64.99	10.26
广昌县	3.8		1		262.85	825.50	719.90	122.60	153.15
玉山县	12.0		2		450.80	1514.00	1264.00	410.00	114.00
铅山县	4.0		1		399.24	532.01	443.00	40.00	22.00
横峰县	6.0		2		105.00	610.00	532.00	144.00	50.00
弋阳县	6.0		1		235.00	995.00	854.00	261.00	84.58
余干县	7.0		2		149.32	1053.00	947.00	369.60	66.70

continued

Total Quantity of Water Supply(10,000m³)					用水户数(户) Number of Households with Access to Water Supply (unit)		用水人口(万人) Population with Access to Water Supply (10,000 persons)	县名称 Name of Counties
Water Sold		免费供水量 The Quantity of Free Water Supply		漏损水量 The Lossed Water		家庭用户 Household User		
居民家庭用水 The Quantity of Water for Household Use	其他用水 The Quantity of Water for Other Purposes		生活用水 Domestic Water Use					
280.60	0.05	0.03	0.03	91.36	22368	17450	5.65	崇义县
384.52	6.46	4.20	2.10	54.88	40056	30814	11.27	安远县
521.00	15.00	7.00	6.00	5.00	45362	44141	10.42	定南县
339.20	41.00	65.05		40.18	32388	32301	7.61	全南县
1259.64	9.00	10.00	10.00	128.19	84799	73101	24.40	宁都县
815.71	410.00	5.70		283.00	83889	77029	27.45	于都县
886.00	101.00	22.00	3.30	151.20	57190	57040	29.35	兴国县
706.76	238.21	19.40	19.40	145.97	47623	34618	13.10	会昌县
779.15		78.23		236.39	36098	32369	12.30	寻乌县
473.10	23.30	0.20	0.20	125.40	30854	27410	10.45	石城县
539.91	66.11			103.87	56698	48421	13.00	吉安县
586.46	11.46	22.00		153.00	69691	62497	22.33	吉水县
192.00	10.00	10.00		30.00	17268	16421	3.68	峡江县
375.68				93.32	44174	38452	10.24	新干县
400.00	2.00	205.00		70.00	54900	49000	16.80	永丰县
494.50	5.08			120.99	55867	48435	22.37	泰和县
382.00	29.00	62.00	56.00	77.00	30358	28264	14.12	遂川县
213.00	18.00	63.00		8.00	27363	24031	11.09	万安县
256.93	16.84	2.87	1.65	41.33	24003	18241	9.53	安福县
406.78				118.80	62101	43505	14.00	永新县
505.69	4.52	7.20		59.80	36979	30158	13.80	奉新县
665.26	30.58	30.58		325.08	47900	40165	14.20	万载县
851.80	538.33	20.00		152.40	63261	57204	22.10	上高县
418.25	37.00	30.00	0.50	115.00	57912	52737	8.89	宜丰县
265.00	38.00	13.00		51.00	29800	27200	5.35	靖安县
200.84	1.10	43.72	17.36	42.98	20012	17599	3.52	铜鼓县
1223.00	70.00	28.00	10.00	124.00	49212	49002	19.20	南城县
338.42	16.00	14.00	7.00	62.00	56281	48290	12.38	黎川县
549.00	57.40	15.50	4.80	153.70	39719	36347	11.10	南丰县
529.00		82.00	41.30	133.00	52100	51000	11.79	崇仁县
672.00	23.00	33.00		90.00	32450	30017	12.08	乐安县
360.00	0.30	0.20		10.00	24302	23648	6.35	宜黄县
380.00	30.00	26.00		93.00	31216	28401	12.33	金溪县
249.21	0.87	6.28	0.05	41.50	20594	18396	3.33	资溪县
432.63	11.52	23.00	5.00	82.60	53918	45688	8.29	广昌县
630.00	110.00	130.00		120.00	63500	39753	14.40	玉山县
373.00	8.00	0.01		89.00	39493	34759	12.44	铅山县
268.00	70.00	3.00		75.00	27058	25726	8.95	横峰县
503.42	5.00	20.00		121.00	36000	31700	12.56	弋阳县
453.00	57.70			106.00	57260	41635	18.05	余干县

5-5 续表 14

县名称 Name of Counties	综合生产能力(万立方米/日) Integrated Production Capacity (10,000m³/day)	地下水 Under-ground Water	水厂个数(个) Number of Water Plants (unit)	地下水 Under-ground Water	供水管道长度(公里) Length of Water Supply Pipelines (km)	供水总量(万立方米) 合计 Total	售水量 小计 Subtotal	生产运营用水 The Quantity of Water for Production and Operation	公共服务用水 The Quantity of Water for Public Service
鄱阳县	8.0		2		230.00	1530.00	1510.00	387.00	253.00
万年县	2.0	0.5	9	8	416.30	1018.00	892.16	111.35	14.80
婺源县	4.0		1		426.00	604.89	508.81	156.97	89.87
山　东	**300.8**	**91.0**	**136**	**70**	**11303.95**	**60805.61**	**53867.38**	**15484.69**	**5606.50**
平阴县	3.0	3.0	2	2	179.97	1069.00	922.00	395.00	55.00
商河县	3.0		1		303.95	774.98	654.19	120.90	233.11
桓台县	5.0	5.0	2	2	222.00	1624.00	1398.00	69.90	209.70
高青县	5.0		2		171.40	575.00	502.15	130.80	48.50
沂源县	4.0	3.0	4	3	234.00	1269.00	1193.00	596.00	
利津县	19.0		3		267.48	2033.68	1912.43	1437.98	20.90
广饶县	3.5	3.5	2	2	197.40	823.37	705.94	152.32	70.00
临朐县	5.0		1		203.48	1784.00	1530.70	136.00	471.30
昌乐县	10.5		2		249.07	2438.16	2358.97	1481.54	0.92
微山县	2.2	2.2	1	1	130.35	846.00	670.00	80.00	120.00
鱼台县	3.0	2.5	2	1	120.00	777.70	601.70	87.17	38.48
金乡县	3.2	2.5	3	2	544.00	1062.00	880.00	93.00	70.00
嘉祥县	5.0	5.0	2	2	104.20	977.32	809.17	129.86	48.16
汶上县	5.0	5.0	4	4	313.00	1243.00	975.00	370.25	26.90
泗水县	5.0	5.0	8	8	131.07	1033.05	856.02	310.29	50.91
梁山县	1.5	1.5	1	1	138.00	798.00	604.00	100.00	91.00
宁阳县	3.0	3.0	2	2	272.90	738.00	637.37	130.01	40.00
东平县	3.1	3.1	3	3	364.48	968.40	836.82	245.69	53.96
五莲县	5.7		4		213.61	1023.94	944.66	370.31	145.48
莒　县	18.0		3		268.00	3496.00	3171.00	2031.00	427.00
沂南县	5.0		2		222.27	1670.00	1425.00	534.00	204.00
郯城县	6.0	6.0	3	3	198.40	1292.52	1175.52	99.08	87.86
沂水县	12.6	5.6	16	5	410.02	2664.40	2399.00	1262.00	
兰陵县	18.4	8.9	5	4	301.00	3212.14	3049.44	764.60	328.50
费　县	8.0		3		350.30	1376.59	1265.99	472.99	65.00
平邑县	6.0	6.0	2	2	276.00	1168.00	991.80	133.60	154.20
莒南县	7.1		3		414.01	1734.82	1522.38	371.25	119.10
蒙阴县	3.2	0.4	5	2	129.33	583.00	517.00	81.00	98.00
临沭县	5.5		2		215.03	1650.96	1416.96	421.00	33.00
宁津县	7.0		2		198.90	656.40	569.80	159.80	85.30
庆云县	3.0		1		130.00	492.00	445.00	59.00	61.00
临邑县	7.0		2		213.17	1416.19	1271.28	601.25	204.25
齐河县	6.0	6.0	4	4	163.80	1390.00	1223.00	96.00	156.00
平原县	3.0		1		140.10	903.90	742.00	142.00	122.34
夏津县	5.0		1		196.00	821.63	721.63		273.18
武城县	4.0		1		261.50	546.04	495.36	59.00	49.00

continued

Total Quantity of Water Supply($10,000m^3$)					用水户数（户）		用水人口（万人）	县名称
Water Sold		免费供水量		漏损水量		家庭用户		
居民家庭用水 The Quantity of Water for Household Use	其他用水 The Quantity of Water for Other Purposes	免费供水量 The Quantity of Free Water Supply	生活用水 Domestic Water Use	漏损水量 The Lossed Water	用水户数（户） Number of Households with Access to Water Supply (unit)	家庭用户 Household User	用水人口（万人） Population with Access to Water Supply (10,000 persons)	县名称 Name of Counties
855.00	15.00			20.00	74600	59600	23.50	鄱阳县
714.46	51.55			125.84	41356	32679	15.75	万年县
255.40	6.57	1.50	0.90	94.58	50296	41057	10.99	婺源县
30882.45	**1893.74**	**555.71**	**85.67**	**6382.52**	**2313177**	**2176354**	**960.24**	**山　东**
472.00				147.00	23585	21910	15.00	平阴县
300.18				120.79	10680	8947	10.83	商河县
1118.40				226.00	43800	42800	13.15	桓台县
279.95	42.90			72.85	37306	32143	9.85	高青县
537.00	60.00			76.00	38375	38375	14.98	沂源县
453.55				121.25	27845	27743	8.46	利津县
483.35	0.27	12.00		105.43	11911	10155	16.22	广饶县
862.30	61.10	13.00		240.30	69815	69095	28.40	临朐县
875.03	1.48			79.19	1385	1090	25.36	昌乐县
470.00		52.00		124.00	43433	43070	15.83	微山县
445.05	31.00	52.00		124.00	30172	29670	10.85	鱼台县
690.00	27.00	11.00		171.00	62677	46000	19.93	金乡县
631.15		6.43	6.43	161.72	34156	33069	16.16	嘉祥县
565.10	12.75	65.00		203.00	86596	84590	16.37	汶上县
486.33	8.49	11.00		166.03	58346	56337	16.90	泗水县
413.00		58.00		136.00	28247	27148	16.01	梁山县
467.36		47.48	30.00	53.15	40800	38550	14.61	宁阳县
531.09	6.08	29.08		102.50	68578	64391	19.92	东平县
427.93	0.94			79.28	56546	56125	15.34	五莲县
713.00				325.00	65000	65000	22.79	莒　县
575.00	112.00			245.00	35537	33048	16.47	沂南县
988.58				117.00	51275	14683	20.51	郯城县
738.00	399.00	6.40		259.00	78540	73050	29.22	沂水县
1956.34		13.80	12.80	148.90	151639	151639	47.78	兰陵县
650.00	78.00			110.60	50420	42970	22.10	费　县
649.40	54.60	36.00		140.20	45000	44700	22.75	平邑县
1030.68	1.35	6.00		206.44	24657	21903	27.46	莒南县
329.00	9.00	19.00		47.00	38571	38371	13.43	蒙阴县
946.96	16.00	24.00	9.00	210.00	54044	53894	22.67	临沭县
324.70				86.60	50679	44606	16.45	宁津县
298.00	27.00			47.00	44206	44206	14.80	庆云县
351.24	114.54	7.10	3.00	137.81	53271	47560	25.00	临邑县
971.00				167.00	88250	88100	27.70	齐河县
477.66				161.90	30683	30683	15.75	平原县
331.41	117.04			100.00	34365	30081	20.00	夏津县
387.36				50.68	35466	35065	10.64	武城县

5-5 续表 15

县名称 Name of Counties	综合生产能力(万立方米/日) Integrated Production Capacity ($10,000m^3$/day)	地下水 Under-ground Water	水厂个数(个) Number of Water Plants (unit)	地下水 Under-ground Water	供水管道长度(公里) Length of Water Supply Pipelines (km)	供水总量(万立方米) 合计 Total	售水量 小计 Subtotal	生产运营用水 The Quantity of Water for Production and Operation	公共服务用水 The Quantity of Water for Public Service
阳谷县	4.0	3.5	1	1	220.00	1283.00	1215.00		20.00
莘　县	2.0		1	1	163.37	601.03	560.23	28.00	13.50
东阿县	3.0	3.0	2	2	132.78	653.15	532.47	20.11	102.88
冠　县	2.0	2.0	2	2	188.56	684.00	629.00	103.00	1.00
高唐县	10.0		1		156.08	830.00	755.00	68.00	95.00
惠民县	3.0		1		118.20	727.40	659.32	11.20	68.80
阳信县	8.0		2		126.99	763.75	687.78	307.84	78.11
无棣县	7.5		2		197.51	947.00	874.40	333.53	5.45
博兴县	5.8	0.8	9	8	95.35	753.41	669.49	27.72	53.56
曹　县	7.5		1		203.30	1552.58	1394.37	26.30	287.05
单　县	5.0		1		327.57	697.00	592.50	27.40	119.10
成武县	1.0	1.0	1	1	70.11	224.95	192.14		5.00
巨野县	5.0		1		158.70	952.00	850.00	115.00	98.00
郓城县	9.5	3.5	3	2	422.39	1120.00	960.00	180.00	60.00
鄄城县	2.0		1		122.00	563.15	536.40	142.00	62.00
东明县	6.0		2		152.85	1520.00	1365.00	370.00	275.00
河　南	**407.9**	**179.8**	**151**	**89**	**13524.60**	**71010.06**	**61818.62**	**9127.66**	**7536.42**
中牟县	10.5	3.0	3	2	150.12	854.78	751.68	19.30	50.90
杞　县	1.6	1.6	1	1	87.30	495.00	445.57	55.57	75.00
通许县	3.5	3.5	1	1	109.20	562.36	496.62	11.52	30.97
尉氏县	1.5	1.5	2	2	140.00	369.00	360.00	60.00	30.00
兰考县	4.5	4.5	1	1	349.80	1047.60	888.00	308.00	69.00
孟津县	4.7	4.7	3	2	168.77	826.00	701.00	221.00	81.00
新安县	3.5	3.5	2	2	89.66	822.75	708.00		128.00
栾川县	4.5		4		209.00	688.00	615.00	142.00	10.00
嵩　县	3.0	3.0	2	2	34.60	820.00	689.80	89.70	43.50
汝阳县	4.0	4.0	2		100.00	718.00	544.00	66.00	95.00
宜阳县	4.5	4.5	5	5	323.35	1011.56	860.23		245.80
洛宁县	3.3	3.3	2	2	52.00	473.80	426.50	57.01	23.60
伊川县	3.0	3.0	2	2	119.12	774.29	684.28		156.48
宝丰县	2.4		1		91.00	1022.00	925.00	82.30	226.60
叶　县	5.8		1		53.21	967.89	877.89	181.89	72.20
鲁山县	5.0	2.0	2	1	109.02	1075.00	960.00	461.00	92.00
郏　县	6.0		3	2	205.00	1006.00	898.00	27.00	96.00
安阳县									
汤阴县	4.0		2	1	117.74	545.00	463.50	20.00	15.00
滑　县	5.5		1		164.62	1422.00	1283.00	124.00	289.00
内黄县	3.4	3.4	3	3	88.07	797.00	658.00	90.00	56.00
浚　县	4.0	1.0	2	1	150.90	952.39	848.41	14.45	50.30
淇　县	3.5		1		76.00	643.94	574.14		

continued

Total Quantity of Water Supply(10,000m³) Water Sold 居民家庭用水 The Quantity of Water for Household Use	其他用水 The Quantity of Water for Other Purposes	免费供水量 The Quantity of Free Water Supply	生活用水 Domestic Water Use	漏损水量 The Lossed Water	用水户数(户) Number of Households with Access to Water Supply (unit)	家庭用户 Household User	用水人口(万人) Population with Access to Water Supply (10,000 persons)	县名称 Name of Counties
1014.00	181.00			68.00	13709	11634	11.04	阳谷县
352.53	166.20	0.80		40.00	44096	41053	15.76	莘　县
336.76	72.72	29.85	9.42	90.83	35009	34545	12.12	东阿县
525.00				55.00	51428	49396	18.00	冠　县
592.00				75.00	51400	49000	20.37	高唐县
579.32				68.08	42000	40000	19.38	惠民县
301.70	0.13			75.97	22542	22542	9.03	阳信县
535.42				72.60	22680	22581	11.79	无棣县
582.46	5.75			83.92	61582	61582	17.10	博兴县
1081.02				158.21	69152	67498	27.40	曹　县
434.00	12.00	15.00	3.00	89.50	18378	17563	20.00	单　县
187.14		12.25		20.56	5199	3940	11.20	成武县
612.00	25.00	8.00		94.00	54590	51174	26.96	巨野县
700.00	20.00	20.00	12.00	140.00	71031	69008	31.80	郓城县
332.00	0.40	0.52	0.02	26.23	7925	7536	11.49	鄄城县
490.00	230.00			155.00	36600	36535	17.11	东明县
40645.00	**4509.54**	**1943.91**	**294.17**	**7247.53**	**3996123**	**3384734**	**1324.04**	**河　南**
678.88	2.60	45.80		57.30	54977	53912	12.07	中牟县
315.00				49.43	18836	18529	8.25	杞　县
347.44	106.69	0.75		64.99	32000	30000	9.00	通许县
254.00	16.00			9.00	35812	25625	9.32	尉氏县
511.00		69.00	0.30	90.60	62288	62045	23.97	兰考县
373.00	26.00			125.00	36250	34995	10.00	孟津县
550.00	30.00	10.85		103.90	36065	31348	15.00	新安县
445.00	18.00	22.00	15.00	51.00	12639	11537	11.80	栾川县
547.73	8.87	31.00		99.20	10700	9378	10.58	嵩　县
360.00	23.00	18.00	16.00	156.00	31860	22460	8.60	汝阳县
538.84	75.59			151.33	33721	28663	19.23	宜阳县
345.89				47.30	30482	27282	12.97	洛宁县
434.84	92.96			90.01	21569	13430	15.00	伊川县
607.00	9.10	5.00		92.00	28100	23600	15.64	宝丰县
365.60	258.20			90.00	41894	39083	12.20	叶　县
371.00	36.00	35.00	35.00	80.00	48572	46031	16.97	鲁山县
441.00	334.00	18.00		90.00	22736	22525	12.35	郏　县
								安阳县
428.50				81.50	40510	38600	11.50	汤阴县
684.00	186.00	9.00	6.00	130.00	87880	81616	23.08	滑　县
512.00		24.00		115.00	35986	31241	10.51	内黄县
584.20	199.46			103.98	39749	37500	17.40	浚　县
402.54	171.60			69.80	30131	29922	11.24	淇　县

5-5 续表 16

县名称 Name of Counties	综合生产能力(万立方米/日) Integrated Production Capacity (10,000m³/day)	地下水 Under-ground Water	水厂个数(个) Number of Water Plants (unit)	地下水 Under-ground Water	供水管道长度(公里) Length of Water Supply Pipelines (km)	供水总量(万立方米) 合计 Total	售水量 小计 Subtotal	生产运营用水 The Quantity of Water for Production and Operation	公共服务用水 The Quantity of Water for Public Service
新乡县	3.0		1		107.00	210.00	187.00	33.00	5.00
获嘉县	5.0		1	1	130.00	526.27	420.69	21.61	71.00
原阳县	3.0	3.0	1	1	540.75	473.82	409.02	110.41	41.32
延津县	4.5		2	1	101.31	820.30	653.30	351.00	6.00
封丘县	3.0	3.0	1	1	160.90	600.00	500.00		160.00
修武县	4.0		1		117.06	563.95	500.65	122.50	109.55
博爱县	8.0		2		167.60	1214.00	984.00	280.00	141.00
武陟县	5.0	3.0	2	1	147.75	1553.07	1411.53	125.20	78.62
温　县	3.5		1		87.20	715.30	600.57	134.60	22.90
清丰县	9.0	3.5	3	2	161.93	605.00	506.00	70.00	27.00
南乐县	6.7	1.7	2	1	157.92	507.62	440.81	96.21	42.10
范　县	2.5	0.5	2	2	73.49	414.00	410.00	183.00	30.00
台前县	6.2	6.2	2	2	69.36	720.00	658.00	110.00	38.00
濮阳县	4.0		1		221.50	660.15	580.51	31.03	32.05
鄢陵县	6.5	1.5	2	1	190.00	545.67	489.80	12.50	116.30
襄城县	4.1	0.6	2	1	136.71	348.50	307.11		
舞阳县	3.0		1		172.07	666.23	432.16	35.40	
临颍县	6.0		2		155.80	1202.96	1152.26	294.12	
渑池县	6.5	1.6	1	1	69.30	553.00	489.00	196.00	46.00
卢氏县	2.0	2.0	2	2	73.88	580.00	530.00	180.00	
南召县	2.6		2		203.39	600.00	475.00	25.00	65.00
方城县	9.5		2	1	416.50	1120.00	985.00	80.00	210.00
西峡县	3.5		2	2	225.50	915.67	782.72	187.88	195.68
镇平县	8.3		3		181.41	1004.00	870.00	166.00	101.00
内乡县	4.5	1.5	2	1	219.59	960.00	885.00	320.00	120.00
淅川县	5.5	5.5	3	3	205.95	1102.00	1057.00	115.00	225.00
社旗县	2.5	2.5	1	1	166.60	755.00	665.50	131.30	100.80
唐河县	5.0		2		236.51	1758.00	1468.00	88.00	170.00
新野县	7.2	1.3	3	1	101.73	1315.80	1170.50	390.00	290.00
桐柏县	8.5		4		160.50	838.72	724.72	277.92	80.00
民权县	8.5	3.5	3	2	167.35	973.00	878.00	108.00	20.00
睢　县	6.0	6.0	3	3	229.89	1008.00	897.00	195.00	100.00
宁陵县	2.5	2.5	1	1	89.00	628.50	568.50	77.00	86.50
柘城县	5.0	3.0	2	1	93.50	687.60	654.60	95.40	78.20
虞城县	3.0	3.0	2	2	107.00	940.00	778.00	122.00	196.00
夏邑县	6.8	6.8	2	2	110.00	768.00	656.00	60.00	50.00
罗山县	5.0		2		81.10	1296.00	1129.00	290.00	126.00
光山县	10.0		1		305.60	1706.00	1368.20	65.50	72.90
新　县	5.3		1		72.00	970.00	724.80	43.05	54.75
商城县	3.0		2		166.34	632.00	502.00	127.00	71.00

continued

Total Quantity of Water Supply(10,000m³)					用水户数(户)		用水人口(万人)	县名称
Water Sold		免费供水量		漏损水量	Number of Households with Access to Water Supply (unit)		Population with Access to Water Supply (10,000 persons)	Name of Counties
居民家庭用水 The Quantity of Water for Household Use	其他用水 The Quantity of Water for Other Purposes	免费供水量 The Quantity of Free Water Supply	生活用水 Domestic Water Use	漏损水量 The Lossed Water	用水户数(户) Number of Households with Access to Water Supply (unit)	家庭用户 Household User	用水人口(万人) Population with Access to Water Supply (10,000 persons)	县名称 Name of Counties
149.00				23.00	10089	9685	3.45	新乡县
328.08		10.00		95.58	44336	41374	13.00	获嘉县
237.98	19.31			64.80	48747	43227	10.77	原阳县
286.00	10.30	75.00		92.00	24012	20158	9.60	延津县
310.00	30.00			100.00	40000	36167	12.66	封丘县
268.60		7.30		56.00	18650	17531	6.80	修武县
501.00	62.00	73.00		157.00	33319	32074	13.46	博爱县
565.05	642.66			141.54	59311	53634	25.55	武陟县
437.87	5.20			114.73	45023	40597	10.58	温　县
400.00	9.00			99.00	40150	40050	13.05	清丰县
285.60	16.90	2.90		63.91	23050	23000	9.15	南乐县
194.00	3.00			4.00	20234	18998	6.59	范　县
510.00				62.00	31015	30535	10.50	台前县
484.35	33.08			79.64	55000	54750	15.00	濮阳县
356.00	5.00			55.87	30700	28700	13.55	鄢陵县
207.08	100.03			41.39	18240	17107	8.90	襄城县
396.76		124.12	20.00	109.95	37782	36187	12.00	舞阳县
610.85	247.29	0.19		50.51	67116	61776	20.00	临颍县
238.00	9.00			64.00	35363	34432	11.02	渑池县
250.00	100.00			50.00	25800	25800	7.94	卢氏县
350.00	35.00	65.00		60.00	22769	21420	10.30	南召县
686.00	9.00	15.00		120.00	60900	60438	25.50	方城县
391.36	7.80	15.00		117.95	55058	52305	19.98	西峡县
542.00	61.00	27.00		107.00	49453	45913	16.12	镇平县
370.00	75.00	25.00		50.00	35520	33825	14.30	内乡县
693.00	24.00	2.60	0.80	42.40	52760	52026	26.00	淅川县
410.90	22.50	14.50	0.57	75.00	52875	51045	20.07	社旗县
1120.00	90.00	90.00		200.00	71847	71847	24.50	唐河县
400.00	90.50	50.00	30.00	95.30	40342	38948	18.10	新野县
326.80	40.00	46.00	25.00	68.00	45029	34000	10.70	桐柏县
750.00		75.00		20.00	48000	32500	14.46	民权县
602.00		12.50	12.50	98.50	48185	44350	16.73	睢　县
405.00				60.00	15210	14050	7.80	宁陵县
461.00	20.00			33.00	41000	40000	21.00	柘城县
460.00				162.00	30560	30065	15.00	虞城县
546.00		5.00		107.00	60584	58000	18.50	夏邑县
668.00	45.00	35.00		132.00	52891	49568	17.60	罗山县
1222.00	7.80	135.10	27.00	202.70	59668	42852	22.80	光山县
603.45	23.55	145.20		100.00	39800	38700	11.48	新　县
286.00	18.00	60.00		70.00	37659	32326	13.28	商城县

5-5 续表 17

县名称 Name of Counties	综合生产能力(万立方米/日) Integrated Production Capacity ($10,000m^3$/day)	地下水 Under-ground Water	水厂个数(个) Number of Water Plants (unit)	地下水 Under-ground Water	供水管道长度(公里) Length of Water Supply Pipelines (km)	供水总量(万立方米) 合计 Total	售水量 小计 Subtotal	生产运营用水 The Quantity of Water for Production and Operation	公共服务用水 The Quantity of Water for Public Service
固始县	16.0		2		288.79	2170.00	1938.00	198.00	495.00
潢川县	10.0		1		236.09	1220.00	1110.00	8.00	2.00
淮滨县	5.8	5.8	2	2	72.24	648.28	597.36	70.89	39.70
息　县	3.5	3.5	1	1	220.70	626.00	507.00	2.00	2.00
扶沟县	3.0	3.0	1	1	126.83	612.00	552.10	61.10	63.74
西华县	3.0	3.0	1	1	111.09	657.76	562.66	57.60	64.46
商水县	9.0	9.0	3		274.22	615.00	543.20	64.20	75.30
沈丘县	4.3	2.8	1	1	443.00	934.00	818.00	185.00	106.00
郸城县	5.7	5.7	1	1	94.00	371.00	296.00	13.00	63.00
淮阳县	8.1	2.1	1	1	251.28	791.00	692.00	36.00	33.00
太康县	3.0	3.0	1	1	285.81	832.50	680.60	83.00	7.00
鹿邑县	5.2	5.2	1	1	173.00	1265.13	1129.72	1.50	15.00
西平县	5.5	5.5	2	2	150.00	939.00	638.00	58.00	220.00
上蔡县	2.7	2.7	2	2	49.50	746.00	661.00	137.00	34.00
平舆县	3.0	3.0	2	2	109.50	914.50	800.50	243.50	28.50
正阳县	2.8	2.8	1	1	107.12	826.30	744.91	41.00	75.00
确山县	4.0		1		132.74	1208.00	1118.00	95.00	105.00
泌阳县	4.0	4.0	1		193.30	1456.00	1314.00	123.00	298.00
汝南县	4.3	4.3	2	2	149.00	1099.00	994.00	51.00	298.00
遂平县	2.5	2.5	2	2	112.50	625.00	572.00	90.00	80.00
新蔡县	3.2	3.2	1	1	374.42	1101.10	989.00	127.50	115.70
湖　北	**227.2**		**67**	**2**	**7205.27**	**37962.53**	**29880.19**	**6234.81**	**3146.58**
阳新县	20.0		2		174.11	2089.71	1372.71	312.31	31.11
郧西县	3.6		2		64.00	875.00	740.00	120.00	50.00
竹山县	5.0		3		189.00	708.30	590.20	113.00	122.00
竹溪县	3.0		1		286.00	659.00	621.00	26.00	53.00
房　县	5.0		2		95.43	669.19	570.10	83.43	37.90
远安县	5.0		1		238.90	602.00	541.20	186.57	29.00
兴山县	2.0		1		61.41	337.16	278.50	63.32	39.32
秭归县	4.5		3		196.25	774.24	650.36		274.07
长阳土家族自治县	2.4		2		131.02	580.00	518.90	71.60	12.90
五峰土家族自治县	3.0		1		69.12	260.80	216.80	9.30	28.00
南漳县	10.0		2		280.80	1570.00	1400.00	450.00	100.00
谷城县	10.0		1		163.37	1496.00	723.00	102.00	169.00
保康县	1.8		5		65.50	490.40	380.40	3.40	72.00
沙洋县	9.0		1		264.11	1360.29	907.22	235.19	218.81
孝昌县	6.0		1		251.00	1585.00	1330.00	229.00	52.00
大悟县	10.0				220.00	1460.40	1242.40	249.20	304.00

continued

Total Quantity of Water Supply(10,000m³) Water Sold 居民家庭用水 The Quantity of Water for Household Use	其他用水 The Quantity of Water for Other Purposes	免费供水量 The Quantity of Free Water Supply	生活用水 Domestic Water Use	漏损水量 The Lossed Water	用水户数(户) Number of Households with Access to Water Supply (unit)	家庭用户 Household User	用水人口(万人) Population with Access to Water Supply (10,000 persons)	县名称 Name of Counties
1243.00	2.00	60.00		172.00	75422	74953	38.60	固始县
800.00	300.00	20.00	20.00	90.00	76881	73981	38.54	潢川县
457.92	28.85			50.92	54449	54406	13.78	淮滨县
501.00	2.00	50.00		69.00	36641	34691	18.38	息　县
396.38	30.88	2.00		57.90	53907	50930	10.80	扶沟县
378.80	61.80			95.10	41380	38492	9.90	西华县
403.70				71.80	74667	73637	24.60	商水县
465.00	62.00	10.00	10.00	106.00	48000	46200	22.54	沈丘县
206.00	14.00	42.00		33.00	9358	9320	5.60	郸城县
620.00	3.00	20.00	5.00	79.00	55689	54486	18.78	淮阳县
571.50	19.10	37.00		114.90	62600	61300	21.86	太康县
1108.02	5.20	11.10		124.31	100307	99149	34.66	鹿邑县
350.00	10.00	220.00		81.00	72148	64300	19.00	西平县
475.00	15.00			85.00	48000	47750	19.00	上蔡县
448.50	80.00			114.00	68305	59657	25.37	平舆县
613.91	15.00			81.39	26907	23826	18.20	正阳县
728.00	190.00			90.00	406200	38000	12.84	确山县
833.00	60.00	71.00	71.00	71.00	46332	40305	21.24	泌阳县
557.00	88.00			105.00	69263	67304	23.82	汝南县
377.00	25.00			53.00	56523	55308	19.88	遂平县
704.08	41.72	2.00		110.10	92340	87457	32.18	新蔡县
19081.64	**1417.16**	**2277.49**	**442.60**	**5804.85**	**1459207**	**1263957**	**434.81**	**湖　北**
696.69	332.60	2.00		715.00	90000	70000	15.93	阳新县
540.00	30.00	53.00	21.00	82.00	30660	29447	9.85	郧西县
316.00	39.20	51.20	18.40	66.90	35966	26348	10.25	竹山县
527.00	15.00	10.00		28.00	42300	42000	8.73	竹溪县
426.96	21.81	18.25		80.84	28801	23558	12.34	房　县
318.62	7.01	16.49		44.31	20525	20005	4.90	远安县
175.86		29.85		28.81	15956	5461	4.12	兴山县
375.76	0.53	10.71		113.17	30431	29131	12.90	秭归县
434.40		8.90		52.20	17221	17221	8.66	长阳土家族自治县
165.50	14.00	13.00		31.00	11414	11156	4.22	五峰土家族自治县
850.00		10.00		160.00	49528	27735	14.78	南漳县
452.00		450.00		323.00	53315	52522	17.10	谷城县
290.00	15.00			110.00	13206	13190	5.56	保康县
447.22	6.00	234.34	0.09	218.73	35481	32220	12.90	沙洋县
991.00	58.00	64.00	64.00	191.00	75172	45394	17.73	孝昌县
651.20	38.00	20.00	13.00	198.00	46324	45236	13.20	大悟县

5-5 续表 18

县名称 Name of Counties	综合生产能力(万立方米/日) Integrated Production Capacity ($10,000m^3$/day)	地下水 Underground Water	水厂个数(个) Number of Water Plants (unit)	地下水 Underground Water	供水管道长度(公里) Length of Water Supply Pipelines (km)	供水总量(万立方米) 合计 Total	售水量 小计 Subtotal	生产运营用水 The Quantity of Water for Production and Operation	公共服务用水 The Quantity of Water for Public Service
云梦县	10.0		2		283.00	1908.00	1629.00	475.00	20.00
公安县	13.0		3		220.90	1710.50	1413.50	371.00	13.50
江陵县	5.0		1		189.99	761.25	605.17	170.81	73.20
团风县	5.0		2		103.00	1162.00	932.00	320.00	145.00
红安县	4.2		2		239.00	1918.00	1382.00	450.00	135.00
罗田县	10.0		3		220.03	1039.30	907.80	251.00	73.30
英山县	2.0		1		214.99	585.87	465.39		
浠水县	6.5		2		192.10	1928.42	1272.76	101.82	280.01
蕲春县	8.5		2		267.00	1579.00	1109.00	450.00	30.00
黄梅县	8.0		2	2	552.50	1325.50	1192.80	436.00	79.60
嘉鱼县	6.0		1		243.02	1162.77	1007.17	106.92	195.38
通城县	7.0		2		121.30	1020.12	891.40	104.30	58.10
崇阳县	6.0		2		135.00	1344.00	1121.00	158.00	112.00
通山县	6.5		2		544.50	870.00	745.00	12.00	30.00
随　县	2.4		1		156.33	342.71	298.71	56.76	3.69
建始县	5.0		2		198.90	912.00	470.00	35.00	50.00
巴东县	4.0		1		104.60	536.70	411.00	112.08	94.79
咸丰县	4.9		2		83.10	542.00	416.00	87.00	65.00
来凤县	6.0		2		163.50	720.00	600.00	127.00	14.00
鹤峰县	2.0		1		65.93	340.00	260.00	17.00	18.00
宣恩县	3.5		2		130.56	519.70	469.00	117.00	51.00
神农架林区	1.5		1		26.00	217.20	198.70	21.80	11.90
湖　南	**452.9**	**22.5**	**115**	**10**	**22044.03**	**98632.81**	**79807.77**	**15508.63**	**7085.54**
长沙县	33.0		3		1070.77	15095.05	12565.04	4060.00	1235.00
望城区	20.0		1		632.98	5828.55	4957.65	2158.49	72.94
攸　县	7.5		2		540.70	1789.00	1512.00	43.50	68.50
茶陵县	10.0		2		1465.80	1854.07	1331.70	121.10	121.10
炎陵县	2.0		1		200.60	499.00	378.00	70.00	64.00
湘潭县	11.0		2		465.06	2148.78	1775.98	798.73	
衡阳县	10.2		2		1338.00	1641.50	1290.20	363.00	17.20
衡南县	6.0		1		184.00	490.00	401.00	55.00	76.00
衡山县	3.0		1		156.00	1126.77	830.31	306.00	69.88
衡东县	5.0		1		84.00	1364.50	938.69	78.20	100.50
祁东县	6.0		3		679.00	2171.00	1283.00	102.00	40.00
南岳区	3.1		2		104.95	496.80	334.00		80.00
新邵县	7.5		4		326.80	1165.54	843.68	61.96	160.09
邵阳县	6.0		1		240.00	810.00	761.00	95.00	81.00
隆回县	16.0		3		138.31	1565.51	1372.73	201.77	306.00
洞口县	6.0		1		218.00	951.88	739.48	123.28	64.01
绥宁县	2.0		1		188.00	561.00	497.00	75.00	45.00

continued

Total Quantity of Water Supply(10,000m³)					用水户数(户) Number of Households with Access to Water Supply (unit)		用水人口(万人) Population with Access to Water Supply (10,000 persons)	县名称 Name of Counties
Water Sold		免费供水量 The Quantity of Free Water Supply		漏损水量 The Lossed Water		家庭用户 Household User		
居民家庭用水 The Quantity of Water for Household Use	其他用水 The Quantity of Water for Other Purposes		生活用水 Domestic Water Use					
1122.00	12.00	10.00		269.00	62000	58700	17.60	云梦县
605.00	424.00	50.00		247.00	60558	58698	19.80	公安县
357.53	3.63	2.64		153.44	23329	22629	5.80	江陵县
460.00	7.00	42.00	42.00	188.00	19860	19860	8.10	团风县
772.00	25.00	380.00	164.00	156.00	50388	48230	15.00	红安县
577.00	6.50	21.50		110.00	42132	41522	11.32	罗田县
352.93	112.46	9.01		111.47	26795	21435	10.00	英山县
890.93		21.50		634.16	60818	60031	22.07	浠水县
629.00		90.00		380.00	74578	74578	21.12	蕲春县
660.00	17.20	15.30		117.40	74785	73872	13.35	黄梅县
700.89	3.98			155.60	46027	4099	14.58	嘉鱼县
681.80	47.20	48.20	33.00	80.52	48259	46175	17.82	通城县
823.00	28.00	7.00	2.50	216.00	48124	46254	15.50	崇阳县
670.00	33.00	58.00	41.23	67.00	43643	40782	15.64	通山县
230.56	7.70	1.00		43.00	17048	16818	4.00	随　县
345.00	40.00	354.00	10.00	88.00	21642	19401	9.71	建始县
202.79	1.34	72.00	1.38	53.70	37634	29242	7.30	巴东县
229.00	35.00	51.00	20.00	75.00	31995	25564	9.09	咸丰县
444.00	15.00	15.00		105.00	29282	27556	8.01	来凤县
207.00	18.00	20.00	12.00	60.00	9825	9562	6.60	鹤峰县
298.00	3.00	1.00		49.70	24000	21200	6.04	宣恩县
165.00		16.60		1.90	10185	7125	3.19	神农架林区
53393.40	**3820.20**	**6186.66**	**1015.33**	**12638.38**	**3831854**	**2941754**	**1166.78**	**湖　南**
5670.00	1600.04	750.01	50.00	1780.00	37047	34435	68.16	长沙县
2718.27	7.95	2.21	1.27	868.69	118222	100489	66.95	望城区
1400.00		13.00	13.00	264.00	64700	63700	27.83	攸　县
992.20	97.30	170.80	11.80	351.57	49634	47697	19.53	茶陵县
244.00		35.00	4.00	86.00	25851	23113	4.90	炎陵县
967.37	9.88	6.58	6.58	366.22	92000	81550	15.13	湘潭县
772.00	138.00	227.00	119.00	124.30	59739	52838	17.50	衡阳县
230.00	40.00	7.50	0.35	81.50	55700	48350	8.77	衡南县
449.50	4.93	122.46	1.13	174.00	22991	17382	20.26	衡山县
759.00	0.99	235.41	0.99	190.40	39969	39169	17.00	衡东县
1108.00	33.00	506.00	5.00	382.00	80868	68463	29.18	祁东县
254.00		75.80	35.00	87.00	11674	5000	6.60	南岳区
621.63		35.00	9.00	286.86	42547	41578	16.17	新邵县
580.00	5.00	13.00	3.30	36.00	42000	42000	14.53	邵阳县
660.96	204.00			192.78	76334	44710	27.10	隆回县
548.80	3.39	137.00	5.50	75.40	45075	44703	12.69	洞口县
325.00	52.00	28.00	18.00	36.00	27977	19551	7.20	绥宁县

5-5 续表 19

县名称 Name of Counties	综合生产能力(万立方米/日) Integrated Production Capacity (10,000m³/day)	地下水 Underground Water	水厂个数(个) Number of Water Plants (unit)	地下水 Underground Water	供水管道长度(公里) Length of Water Supply Pipelines (km)	供水总量(万立方米) 合计 Total	售水量 小计 Subtotal	生产运营用水 The Quantity of Water for Production and Operation	公共服务用水 The Quantity of Water for Public Service
新宁县	4.0		1		441.01	614.70	576.70	11.70	81.00
城步苗族自治县	3.0		1		126.00	435.70	347.70	18.00	42.00
岳阳县	4.5		2		139.20	1374.38	1151.76	289.89	22.95
华容县	12.0		1		227.00	1958.20	1640.40	330.30	81.30
湘阴县	5.0	5.0	3	3	418.90	1557.40	1223.10	297.70	
平江县	16.5		2		194.43	1724.00	1557.00	185.00	50.00
安乡县	5.0		1		192.00	903.07	823.07	40.00	56.00
汉寿县	9.0	3.0	2	1	347.00	1982.00	1387.00	18.00	80.00
澧　县	11.1		3	2	332.00	1971.28	1395.00	208.00	98.00
临澧县	5.3		2		883.59	917.00	765.50	155.00	36.50
桃源县	6.0		1		315.50	1548.66	1368.28	264.37	65.97
石门县	10.0		1		250.00	1535.00	1370.00		150.00
慈利县	5.0		1		271.00	753.20	642.50	87.50	
桑植县	3.0		2		489.00	633.00	527.00	109.00	18.00
南　县	7.0	7.0	2	2	347.24	1458.36	1409.76	233.00	70.91
桃江县	5.0		2		306.44	1334.51	990.51	169.75	33.34
安化县	4.0		2		95.00	1020.00	775.00	155.00	155.00
大通湖区	1.0	1.0	1	1	75.21	244.62	226.30	34.81	6.03
桂阳县	10.0		2		390.00	2198.00	1782.00	512.00	202.00
宜章县	6.0		2		196.06	1187.00	1069.00	22.00	240.00
永兴县	5.0		1		298.00	1182.00	967.00	217.00	71.00
嘉禾县	4.0		1		229.00	589.75	457.90	40.20	27.10
临武县	5.0		1		265.00	1403.00	1016.00	167.00	71.00
汝城县	8.0		2		296.00	528.00	466.00	7.70	24.60
桂东县	1.3		2		148.00	355.68	328.50	16.00	62.00
安仁县	4.5		2		260.00	626.00	526.00	60.00	70.00
祁阳县	15.0		4		655.90	2993.00	2004.50	467.60	255.30
东安县	4.5		1		280.00	1359.00	1180.40	186.00	22.00
双牌县	3.0		1		91.80	553.25	466.94	40.43	29.56
道　县	5.0		1		386.00	1302.00	1032.00	73.90	92.00
江永县	3.0		1		118.39	529.72	427.40	8.55	12.82
宁远县	6.0		3		445.20	2098.59	1819.00	210.00	240.00
蓝山县	2.8		2		460.00	677.15	616.50	125.00	97.85
新田县	9.0		2		184.13	1066.32	950.85	130.45	238.16
江华瑶族自治县	8.5		2		498.10	1391.40	906.60	89.20	155.50
中方县	5.0		1		103.60	1170.74	1078.24	229.50	71.07
沅陵县	7.5		2		257.00	1250.10	1025.50	224.70	8.80
辰溪县	4.2		1		127.00	1068.00	763.00	206.00	45.00
溆浦县	4.0		1		110.00	969.00	782.00		92.00
会同县	3.0		1		141.00	581.10	478.00	4.00	164.10

continued

Total Quantity of Water Supply($10,000m^3$)					用水户数(户) Number of Households with Access to Water Supply (unit)		用水人口(万人) Population with Access to Water Supply (10,000 persons)	县名称 Name of Counties
Water Sold		免费供水量 The Quantity of Free Water Supply		漏损水量 The Lossed Water		家庭用户 Household User		
居民家庭用水 The Quantity of Water for Household Use	其他用水 The Quantity of Water for Other Purposes		生活用水 Domestic Water Use					
475.00	9.00	6.00	0.50	32.00	3876	3876	16.00	新宁县
280.00	7.70	53.00	3.40	35.00	22000	18000	13.70	城步苗族自治县
825.93	12.99	17.88	14.68	204.74	49785	43127	14.00	岳阳县
1163.80	65.00	160.10	93.70	157.70	64221	60254	20.63	华容县
915.30	10.10	6.30	6.30	328.00	53287	48284	12.29	湘阴县
1277.00	45.00	95.00	30.00	72.00	68089	68039	16.20	平江县
727.00	0.07			80.00	586060	46760	16.30	安乡县
1249.00	40.00	238.00	6.80	357.00	69359	62423	15.50	汉寿县
943.00	146.00	258.28	88.00	318.00	95282	94482	25.49	澧　县
558.00	16.00	3.50	3.50	148.00	32658	26654	11.32	临澧县
987.11	50.83	84.39	60.32	95.99	43018	42988	14.70	桃源县
1220.00		80.00	42.00	85.00	63000	53000	19.00	石门县
555.00		37.00	4.00	73.70	47123	34015	15.27	慈利县
395.00	5.00	39.00	13.00	67.00	25314	24731	12.75	桑植县
783.25	322.60	26.77	9.55	21.83	53492	50365	18.08	南　县
696.97	90.45	7.00		337.00	48012	47473	13.83	桃江县
465.00		81.00	25.00	164.00	47000	41770	15.60	安化县
163.70	21.76	0.32	0.32	18.00	20650	19995	5.15	大通湖区
1036.00	32.00	267.00	86.00	149.00	110118	97100	33.63	桂阳县
807.00		40.00	0.55	78.00	38541	29754	14.60	宜章县
675.00	4.00	70.00	5.00	145.00	85777	74500	14.80	永兴县
378.90	11.70	84.00	28.50	47.85	26500	25000	11.55	嘉禾县
767.00	11.00	201.00	10.00	186.00	36500	30000	11.30	临武县
422.26	11.44	6.00	6.00	56.00	20000	16000	10.00	汝城县
225.50	25.00	13.00	13.00	14.18	16615	15940	6.35	桂东县
396.00		60.00		40.00	39000	36000	14.95	安仁县
1273.00	8.60	698.90	5.30	289.60	60875	60336	29.38	祁阳县
967.40	5.00	44.00	0.30	134.60	56680	50750	20.38	东安县
358.44	38.51	32.89	2.36	53.42	17456	16803	8.71	双牌县
790.28	75.82	94.00	1.77	176.00	52378	41867	17.90	道　县
393.21	12.82	50.86	2.70	51.46	21000	13157	8.00	江永县
1336.00	33.00	99.59	24.00	180.00	89404	80845	25.80	宁远县
364.65	29.00	2.00	2.00	58.65	29300	28400	14.18	蓝山县
551.48	30.76	37.72	19.12	77.75	43000	40000	13.50	新田县
655.40	6.50	256.80	34.50	228.00	29086	28444	12.67	江华瑶族自治县
553.30	224.37	10.00	7.00	82.50	19228	18445	7.94	中方县
786.90	5.10	41.30	5.10	183.30	72893	72336	19.10	沅陵县
506.00	6.00	77.00	0.30	228.00	51358	45963	11.56	辰溪县
690.00		96.00	9.00	91.00	61000	55000	16.40	溆浦县
307.10	2.80	16.10	1.10	87.00	25146	2000	8.28	会同县

5-5 续表 20

县名称 Name of Counties	综合生产能力(万立方米/日) Integrated Production Capacity ($10,000m^3$/day)	地下水 Underground Water	水厂个数(个) Number of Water Plants (unit)	地下水 Underground Water	供水管道长度(公里) Length of Water Supply Pipelines (km)	供水总量(万立方米) 合计 Total	售水量 小计 Subtotal	生产运营用水 The Quantity of Water for Production and Operation	公共服务用水 The Quantity of Water for Public Service
麻阳苗族自治县	4.0		1		302.00	816.00	657.00	12.00	39.00
新晃侗族自治县	4.0		1		195.00	598.00	496.00	30.00	3.00
芷江侗族自治县	2.0		1		85.60	639.50	528.40	11.00	37.40
通道县	1.5		1		113.60	441.70	367.01	3.36	102.21
靖州县	5.0		1		146.00	833.20	675.00	68.00	35.00
双峰县	7.0		2		362.20	1368.00	1182.00	123.00	62.00
新化县	4.0		1	1	397.28	1583.80	1279.80	55.80	312.00
泸溪县	3.0		1		91.50	565.43	443.69	30.49	60.85
凤凰县	4.5		1		206.88	877.00	775.00	255.00	
花垣县	6.0		2		168.00	921.75	761.50	238.50	81.00
保靖县	2.0	1.5	1		69.70	554.00	440.00	79.20	44.00
古丈县	1.9		2		88.80	299.10	237.00	44.00	13.00
永顺县	5.0	5.0	1		117.80	1052.00	652.00	34.00	136.00
龙山县	8.0		2		276.00	1480.50	1182.00	167.00	220.00
广　东	**217.1**		**56**		**10515.89**	**47811.19**	**39927.48**	**7478.81**	**3463.95**
始兴县	3.5		1		95.00	866.29	740.34	242.34	3.71
仁化县	4.0		1		179.80	532.86	514.52	91.00	12.00
翁源县	5.5		2		42.36	724.68	681.68	140.00	211.00
乳源瑶族自治县	7.0		1		514.58	1637.90	1341.12	593.93	115.09
新丰县	4.5		2		213.00	640.00	576.00	17.30	11.50
南澳县	8.8		4		450.00	362.00	284.00	30.00	18.00
遂溪县	5.0		1		320.00	1141.00	961.00	71.00	135.00
徐闻县	3.8		2		524.00	1346.00	1076.00	333.00	
广宁县	6.0		1		187.00	774.38	680.88	20.43	40.85
怀集县	5.0		1		244.71	1219.92	1026.20	300.40	222.34
封开县	5.0		1		119.80	596.00	551.00	63.00	134.00
德庆县	4.0		1		135.80	1067.56	955.98	142.73	83.00
博罗县	19.5		6		1111.56	4771.48	4055.34	1337.46	114.12
惠东县	10.0		1		472.80	3329.27	2849.19	765.38	180.62
龙门县	8.0		1		133.15	1184.00	1078.00	113.00	141.00
大埔县	4.0		1		131.02	1337.12	881.15	123.01	39.57
丰顺县	6.0		1		226.25	1224.42	998.76	254.17	7.29
五华县	6.0		1		160.00	2633.00	1621.00	261.00	153.00
平远县	2.0		1		174.39	665.00	554.00	71.71	2.28
蕉岭县	5.0		1		250.00	809.21	731.68	128.50	
海丰县	15.0		2		826.62	3206.00	2779.00	106.00	518.00
陆河县	3.0		1		159.00	720.00	570.00	50.00	
紫金县	9.0		2		121.00	1123.00	782.00	69.00	160.00
龙川县	7.7		4		225.00	1471.70	1386.20	134.50	10.70
连平县	3.0		1		75.63	421.95	414.49	70.44	

continued

Total Quantity of Water Supply(10,000m³) Water Sold 居民家庭用水 The Quantity of Water for Household Use	其他用水 The Quantity of Water for Other Purposes	免费供水量 The Quantity of Free Water Supply	生活用水 Domestic Water Use	漏损水量 The Lossed Water	用水户数(户) Number of Households with Access to Water Supply (unit)	家庭用户 Household User	用水人口(万人) Population with Access to Water Supply (10,000 persons)	县名称 Name of Counties
606.00		75.00		84.00	53153	52683	12.13	麻阳苗族自治县
460.00	3.00	2.00	1.00	100.00	36000	33403	8.71	新晃侗族自治县
477.00	3.00	1.10	1.10	110.00	53500	53500	13.42	芷江侗族自治县
261.44		10.10	0.44	64.59	20125	15926	5.70	通道县
572.00		1.20	1.20	157.00	37200	28500	11.38	靖州县
962.00	35.00	31.00	20.00	155.00	33700	32682	15.15	双峰县
904.00	8.00	6.00	6.00	298.00	80777	72672	44.30	新化县
340.35	12.00	63.44		58.30	32909	20000	8.00	泸溪县
520.00		10.00	1.90	92.00	37964	37964	11.00	凤凰县
402.00	40.00	78.25	8.60	82.00	21850	20700	9.25	花垣县
308.00	8.80	20.00	15.00	94.00	33900	33000	8.40	保靖县
168.00	12.00	3.10	3.10	59.00	21035	20503	7.04	古丈县
441.00	41.00	9.00	6.40	391.00	32214	30813	11.64	永顺县
750.00	45.00	20.00	2.00	278.50	51118	49804	14.37	龙山县
26192.06	**2792.66**	**901.63**	**57.76**	**6982.08**	**1537386**	**1334573**	**471.22**	**广　东**
348.51	145.78	0.16	0.16	125.79	23008	19057	8.01	始兴县
400.14	11.38	0.70		17.64	19125	12943	6.00	仁化县
319.68	11.00			43.00	42331	38603	12.00	翁源县
613.20	18.90			296.78	35995	32048	7.60	乳源瑶族自治县
518.40	28.80			64.00	41538	37688	10.00	新丰县
236.00		30.00		48.00	15796	13582	4.20	南澳县
750.00	5.00			180.00	51300	42420	18.10	遂溪县
367.00	376.00	1.00	1.00	269.00	32304	28919	22.62	徐闻县
391.51	228.09	8.32	8.32	85.18	52268	48608	12.58	广宁县
498.46	5.00	3.00	3.00	190.72	60623	53541	16.00	怀集县
344.00	10.00	20.00	1.00	25.00	25811	20766	7.20	封开县
553.90	176.35			111.58	32347	28012	6.30	德庆县
2453.97	149.79	330.18	0.18	385.96	73845	56485	37.06	博罗县
1896.30	6.89	7.26	7.26	472.82	76670	63817	39.00	惠东县
747.00	77.00			106.00	60940	52865	7.75	龙门县
638.47	80.10			455.97	62348	54731	11.00	大埔县
733.82	3.48	1.77		223.89	36647	31110	13.93	丰顺县
1102.00	105.00			1012.00	63206	52610	21.00	五华县
444.42	35.59			111.00	25659	21802	8.50	平远县
603.18				77.53	40076	33619	7.92	蕉岭县
1935.00	220.00	112.00		315.00	86550	78602	29.35	海丰县
500.00	20.00	76.00		74.00	14710	14451	8.65	陆河县
550.00	3.00	26.00		315.00	30464	25800	15.00	紫金县
1128.00	113.00	30.50	2.50	55.00	63751	52244	12.87	龙川县
338.08	5.97	7.44	2.34	0.02	19724	19669	7.50	连平县

5-5 续表 21

县名称 Name of Counties	综合生产能力(万立方米/日) Integrated Production Capacity (10,000m³/day)	地下水 Underground Water	水厂个数(个) Number of Water Plants (unit)	地下水 Underground Water	供水管道长度(公里) Length of Water Supply Pipelines (km)	供水总量(万立方米) 合计 Total	售水量 小计 Subtotal	生产运营用水 The Quantity of Water for Production and Operation	公共服务用水 The Quantity of Water for Public Service
和平县	5.0		1		120.46	1130.69	840.59		
东源县					40.00	561.04	490.64		10.09
阳西县	7.5		2		260.35	1734.12	1540.89	214.34	466.02
阳山县	6.0		2		334.17	1126.34	952.80	12.04	35.51
连山壮族瑶族自治县	1.8		2		55.72	332.00	265.00		21.00
佛冈县	5.0		1		95.18	1615.65	1388.58	261.60	380.32
连南瑶族自治县	2.0		1		149.00	431.69	392.45	5.39	43.35
饶平县	12.0		2		578.30	2228.51	1961.09	679.20	122.59
揭西县	2.0		1		398.69	742.61	690.60	13.00	22.00
惠来县	7.0		1		75.00	865.00	860.00	75.00	50.00
新兴县	5.0		1		1136.55	2452.80	1831.31	608.94	
郁南县	3.5		1		180.00	786.00	624.00	80.00	
广 西	**224.3**	**6.6**	**88**	**14**	**9308.76**	**46111.61**	**39876.92**	**7380.90**	**4291.93**
隆安县	5.0		2		139.23	772.14	657.78	87.72	44.51
马山县	2.5	0.5	3	1	100.00	484.00	425.00	47.00	7.00
上林县	2.0		1		46.40	354.47	322.81	62.73	45.11
宾阳县	7.7	1.1	3	2	210.00	1147.20	982.20	53.00	12.20
横 县	10.6		2		307.66	2819.94	2502.81	1385.68	121.34
柳城县	4.0		1		107.42	1011.77	869.77	481.75	18.50
鹿寨县	4.0		1		616.98	1659.09	1359.09	160.99	104.18
融安县	5.0		2		116.24	828.57	717.97	24.50	21.32
融水苗族自治县	4.0		1		155.99	1015.54	881.21	60.44	55.11
三江侗族自治县	3.5		2		151.52	620.45	500.23	49.10	27.73
阳朔县	6.6		2		100.19	887.55	652.36	356.78	53.93
灵川县	2.5		1		313.00	584.00	517.00	208.00	58.00
全州县	4.5		2		274.33	932.97	816.10	271.67	11.00
兴安县	4.0		1		179.00	747.00	649.00	113.00	6.50
永福县	3.0		1		106.00	405.78	357.78	119.95	22.46
灌阳县	1.0		1		53.22	300.10	260.10	12.23	25.00
龙胜各族自治县	1.0		1		26.91	264.49	235.98	2.80	70.78
资源县	1.1		2		39.00	274.00	237.00	27.00	7.00
平乐县	3.0		1		197.43	684.21	568.29	65.61	10.30
恭城瑶族自治县	2.0		1		72.00	359.00	320.00	23.00	17.00
苍梧县	0.3	0.0	1	1	32.21	105.38	90.02	1.19	0.92
藤 县	6.5		3	1	274.76	1930.83	1740.03	154.01	721.47
蒙山县	3.0		1		99.71	552.00	511.27	49.93	4.36
合浦县	10.0		1		396.34	1153.00	1013.40	142.00	152.00
上思县	2.0		1		133.32	770.50	651.20	78.50	119.00
灵山县	8.3		2		260.14	1634.00	1379.69	431.63	81.43

continued

Total Quantity of Water Supply(10,000m³)					用水户数(户) Number of Households with Access to Water Supply (unit)	家庭用户 Household User	用水人口(万人) Population with Access to Water Supply (10,000 persons)	县名称 Name of Counties
Water Sold		免费供水量 The Quantity of Free Water Supply		漏损水量 The Lossed Water				
居民家庭用水 The Quantity of Water for Household Use	其他用水 The Quantity of Water for Other Purposes		生活用水 Domestic Water Use					
628.05	212.54	3.77		286.33	34288	27572	8.86	和平县
314.01	166.54	0.04		70.36	34256	31235	6.50	东源县
858.03	2.50			193.23	49861	43093	7.45	阳西县
717.84	187.41	62.57		110.97	44155	41885	12.00	阳山县
235.00	9.00	32.00	32.00	35.00	4632	4360	1.58	连山壮族瑶族自治县
744.89	1.77	4.21		222.86	36628	29619	8.74	佛冈县
293.87	49.84			39.24	17623	11455	3.50	连南瑶族自治县
1151.36	7.94	60.00		207.42	53383	49363	19.50	饶平县
525.60	130.00			52.01	24209	24209	13.50	揭西县
710.00	25.00			5.00	40200	39900	20.00	惠来县
1222.37		42.71		578.78	75265	66064	11.52	新兴县
380.00	164.00	42.00		120.00	35850	31826	7.93	郁南县
27301.31	**902.78**	**491.47**	**75.17**	**5743.22**	**1514710**	**1405848**	**521.83**	**广　西**
512.76	12.79	3.76	3.76	110.60	25880	24792	5.65	隆安县
361.00	10.00			59.00	19132	18195	4.87	马山县
212.34	2.63			31.66	30317	27508	4.79	上林县
917.00				165.00	43008	42802	15.69	宾阳县
976.99	18.80			317.13	56600	54511	20.23	横　县
367.12	2.40	0.57	0.57	141.43	17846	17212	4.94	柳城县
1092.33	1.59	40.00	40.00	260.00	25651	23838	11.00	鹿寨县
659.45	12.70			110.60	29928	29794	12.01	融安县
709.65	56.01	1.00	1.00	133.33	34253	27650	9.92	融水苗族自治县
411.58	11.82	21.22		99.00	18000	18000	5.53	三江侗族自治县
238.56	3.09	149.06	3.01	86.13	19104	16783	4.46	阳朔县
231.00	20.00	10.00	3.00	57.00	34078	28989	9.88	灵川县
530.00	3.43			116.87	50060	47680	11.50	全州县
517.00	12.50	4.00	1.50	94.00	33821	33380	7.72	兴安县
215.37				48.00	23003	22511	5.03	永福县
210.00	12.87			40.00	20356	19832	5.93	灌阳县
162.00	0.40			28.51	18086	18086	3.55	龙胜各族自治县
203.00		7.00		30.00	13245	13142	4.60	资源县
453.82	38.56	6.89	1.02	109.03	20997	16589	7.90	平乐县
280.00				39.00	13180	13130	6.25	恭城瑶族自治县
87.66	0.25	1.03		14.33	2200	2100	2.90	苍梧县
854.29	10.26	0.80	0.80	190.00	38000	35300	12.10	藤　县
283.59	173.39	0.23	0.23	40.50	22368	20117	6.27	蒙山县
709.00	10.40	0.60	0.60	139.00	46000	39000	15.60	合浦县
448.00	5.70	6.00	1.40	113.30	18785	18730	8.14	上思县
862.99	3.64	0.37	0.37	253.94	42644	40574	22.00	灵山县

5-5 续表 22

县名称 Name of Counties	综合生产能力(万立方米/日) Integrated Production Capacity ($10,000m^3$/day)	地下水 Underground Water	水厂个数(个) Number of Water Plants (unit)	地下水 Underground Water	供水管道长度(公里) Length of Water Supply Pipelines (km)	供水总量(万立方米) 合计 Total	售水量 小计 Subtotal	生产运营用水 The Quantity of Water for Production and Operation	公共服务用水 The Quantity of Water for Public Service
浦北县	4.0		1		171.10	889.00	696.00	183.00	10.00
平南县	7.5		1		247.24	2421.01	2069.61	256.29	497.49
容　县	8.0		2		169.85	907.57	839.01	102.30	48.30
陆川县	5.0		1		145.30	1290.00	1095.00	100.00	245.00
博白县	5.0		1		401.00	2100.26	1862.65	446.26	329.84
兴业县	5.8		1		110.80	613.06	551.06	9.00	11.00
田东县	5.0		1		181.10	903.85	768.00	128.50	43.50
德保县	3.5		1		132.05	740.13	676.34	189.25	87.29
那坡县	2.0		2	1	130.22	245.27	203.27	13.00	10.00
凌云县	2.0		1		48.00	342.59	302.00	11.00	83.50
乐业县	0.8		1		87.00	262.40	230.00	25.00	20.00
田林县	2.0		1		69.00	451.55	403.17	182.56	3.11
西林县	1.2		1		77.22	264.86	215.86	20.60	12.11
隆林各族自治县	2.5		1		88.80	572.80	525.20	45.20	50.00
昭平县	3.0		1		101.30	428.05	357.00	11.17	12.63
钟山县	4.5	1.0	2	1	177.87	634.74	572.54	110.98	25.76
富川瑶族自治县	3.0		1		100.58	349.00	301.00	30.00	36.00
南丹县	6.0	1.0	4	1	92.66	585.86	488.08	139.75	37.70
天峨县	3.0		2		42.28	413.73	363.91	63.09	7.80
凤山县	1.5		1		70.68	386.60	317.00	33.55	5.73
东兰县	1.5	1.5	1	1	41.18	312.78	271.80	6.60	4.40
罗城仫佬族自治县	3.0	1.0	3	1	114.14	566.00	476.52	27.32	42.58
环江毛南族自治县	1.1		1		76.50	545.00	475.00	89.80	70.20
巴马瑶族自治县	2.0		1		140.75	605.85	526.80	6.70	133.00
都安瑶族自治县	4.0		1		296.10	917.90	777.61	46.00	54.95
大化瑶族自治县	2.5		2		92.48	565.00	485.00	85.00	60.20
忻城县	2.2		1	1	284.30	520.00	466.60	48.60	35.00
象州县	3.0		1		52.90	449.97	405.78	47.28	7.00
武宣县	4.5	0.5	4	3	125.00	840.00	701.00	140.00	137.00
金秀瑶族自治县	0.4		1		34.80	143.50	129.02	34.53	9.37
扶绥县	5.0		1		393.48	900.54	770.34	19.25	35.45
宁明县	3.5		1		102.30	730.00	655.50	163.88	32.77
龙州县	3.5		1		106.71	876.00	795.00	90.00	100.00
大新县	3.8		1		183.90	751.00	636.00	1.90	169.00
天等县	2.0		1		111.17	287.76	250.16	3.33	6.10
海　南	**51.8**		**17**		**1783.69**	**9426.76**	**7926.75**	**1433.60**	**832.15**
定安县	6.0		1		120.00	947.46	813.12	166.96	66.57
屯昌县	2.5		1		276.69	605.14	496.51		

continued

Total Quantity of Water Supply(10,000m^3) Water Sold 居民家庭用水 The Quantity of Water for Household Use	其他用水 The Quantity of Water for Other Purposes	免费供水量 The Quantity of Free Water Supply	生活用水 Domestic Water Use	漏损水量 The Lossed Water	用水户数(户) Number of Households with Access to Water Supply (unit)	家庭用户 Household User	用水人口(万人) Population with Access to Water Supply (10,000 persons)	县名称 Name of Counties
487.00	16.00	1.00	1.00	192.00	17968	17383	8.29	浦北县
1315.83		69.70		281.70	77051	76113	26.64	平南县
617.10	71.31			68.56	38118	27325	18.44	容　县
749.30	0.70	0.60		194.40	33065	29065	16.23	陆川县
970.13	116.42	77.61		160.00	36581	32600	30.26	博白县
531.06				62.00	28302	27900	10.50	兴业县
596.00				135.85	22842	21302	8.53	田东县
399.80		0.20	0.20	63.59	22873	21593	5.85	德保县
167.27	13.00			42.00	10493	9304	3.97	那坡县
186.00	21.50			40.59	11309	11109	4.82	凌云县
185.00				32.40	11000	9000	3.27	乐业县
209.02	8.48			48.38	15840	15430	4.67	田林县
182.05	1.10			49.00	9066	7781	2.02	西林县
420.00	10.00			47.60	14436	13264	8.46	隆林各族自治县
333.20		8.00		63.05	19610	19490	8.76	昭平县
435.80				62.20	25892	22973	11.15	钟山县
228.00	7.00			48.00	21102	20958	4.48	富川瑶族自治县
304.65	5.98	26.00	2.28	71.78	27965	26535	8.74	南丹县
293.02				49.82	16565	15965	4.07	天峨县
243.67	34.05	7.00		62.60	17950	16930	3.79	凤山县
230.80	30.00	4.10	4.10	36.88	12259	11093	2.95	东兰县
402.32	4.30	6.09	6.09	83.39	15569	14943	7.11	罗城仫佬族自治县
310.00	5.00			70.00	23025	18000	6.96	环江毛南族自治县
381.80	5.30			79.05	25600	20100	6.37	巴马瑶族自治县
659.66	17.00	14.00		126.29	22270	22100	10.47	都安瑶族自治县
334.80	5.00			80.00	28603	25456	11.00	大化瑶族自治县
371.00	12.00			53.40	20103	19935	6.11	忻城县
351.50				44.19	15686	13649	5.28	象州县
354.00	70.00			139.00	37500	36758	7.84	武宣县
85.12				14.48	6718	5714	1.33	金秀瑶族自治县
711.47	4.17	2.14	2.14	128.06	31516	31295	9.55	扶绥县
458.85		1.50	1.50	73.00	20665	20665	8.14	宁明县
600.00	5.00	21.00	0.60	60.00	23026	23026	7.38	龙州县
456.28	8.82			115.00	22500	19949	5.95	大新县
233.31	7.42			37.60	15100	10900	3.99	天等县
5242.12	**418.88**	**137.42**	**59.27**	**1362.59**	**172846**	**159977**	**71.29**	**海　南**
425.98	153.61	0.84		133.50	16849	14123	6.90	定安县
496.51				108.63	15133	15133	6.05	屯昌县

5-5 续表 23

县名称 Name of Counties	综合生产能力(万立方米/日) Integrated Production Capacity (10,000m³/day)	地下水 Under-ground Water	水厂个数(个) Number of Water Plants (unit)	地下水 Under-ground Water	供水管道长度(公里) Length of Water Supply Pipelines (km)	供水总量(万立方米) 合计 Total	售水量 小计 Subtotal	生产运营用水 The Quantity of Water for Production and Operation	公共服务用水 The Quantity of Water for Public Service
澄迈县	5.0		2		145.00	776.17	620.72	98.30	25.05
临高县	2.5		1		66.95	713.43	584.60		8.60
白沙黎族自治县	1.0		1		60.00	379.09	307.12	22.00	24.06
昌江县	8.3		3		315.00	1210.11	994.52	123.76	114.55
乐东县	3.5		1		97.00	614.50	567.50		110.00
陵水县	6.5		2		52.00	626.39	541.36		210.37
保亭县	7.0		3		355.00	1118.08	917.69		92.00
琼中县	2.0		1		42.40	437.50	341.03		86.01
洋浦经济开发区	7.5		1		253.65	1998.89	1742.58	1022.58	94.94
重　庆	**76.6**		**33**		**2314.92**	**14782.38**	**11927.26**	**1715.48**	**971.78**
城口县	2.0		1		124.50	401.37	298.22	35.60	46.16
丰都县	7.2		4		188.20	1625.00	1210.90	41.50	267.70
垫江县	11.6		4		186.30	1921.00	1310.00	410.00	67.00
忠　县	9.7		3		230.11	1455.50	1246.70	304.34	92.40
云阳县	9.0		5		527.71	1758.01	1501.66	134.04	286.06
奉节县	9.0		3		281.93	1747.43	1648.67	398.00	
巫山县	4.0		2		97.30	630.30	545.30	67.00	16.30
巫溪县	4.0		2		70.80	932.41	614.18	114.55	10.20
石柱土家族自治县	5.8		1		86.95	1414.76	1064.13	70.25	69.36
秀山土家族苗族自治县	6.0		2		218.20	1232.10	1073.20		
酉阳土家族苗族自治县	5.8		5		213.00	940.20	718.10	131.00	61.40
彭水苗族土家族自治县	2.5		1		89.92	724.30	696.20	9.20	55.20
四　川	**344.4**	**9.9**	**176**	**11**	**14996.15**	**75946.74**	**63454.57**	**10635.66**	**7002.74**
金堂县	18.0		3		950.01	2795.86	2426.82	551.32	225.51
大邑县	8.0	3.0	2	2	151.56	2512.22	1838.23	337.00	229.00
蒲江县	12.0		1		154.52	995.00	835.00	300.00	
新津县	5.0		1		478.05	2258.51	1902.73	918.25	30.00
荣　县	4.0		1		295.67	1182.37	974.53	178.64	86.74
富顺县	10.0		2		160.37	2416.86	1935.66	31.66	354.55
米易县	2.0		1		119.30	638.47	530.50	40.26	103.91
盐边县	1.2		1		85.00	277.63	238.42	97.50	10.41
泸　县					171.02	1113.40	932.85	118.36	118.46
合江县	3.5		1		248.00	1236.05	1031.72	66.00	47.71
叙永县	4.0		2		114.73	1234.97	1077.48	75.92	233.81
古蔺县	2.0		1		180.60	910.25	754.51	57.19	37.50
中江县	4.5	1.5	1	1	131.50	1390.00	1132.69	68.82	58.87

continued

Total Quantity of Water Supply(10,000m³) Water Sold 居民家庭用水 The Quantity of Water for Household Use	其他用水 The Quantity of Water for Other Purposes	免费供水量 The Quantity of Free Water Supply	生活用水 Domestic Water Use	漏损水量 The Lossed Water	用水户数(户) Number of Households with Access to Water Supply (unit)	家庭用户 Household User	用水人口(万人) Population with Access to Water Supply (10,000 persons)	县名称 Name of Counties
469.75	27.62	25.04		130.41	9081	9081	10.55	澄迈县
469.74	106.26	59.27	59.27	69.56	15018	14657	8.54	临高县
261.06				71.97	11630	11420	2.30	白沙黎族自治县
690.34	65.87	9.07		206.52	18296	17715	6.92	昌江县
457.50				47.00	15000	13000	3.75	乐东县
279.73	51.26			85.03	8742	7259	8.24	陵水县
825.69				200.39	39997	37889	5.66	保亭县
240.86	14.16	43.20		53.27	9000	7700	3.88	琼中县
624.96	0.10			256.31	14100	12000	8.50	洋浦经济开发区
8164.38	**1075.62**	**763.80**		**2091.32**	**862537**	**760505**	**208.54**	**重　庆**
216.46		59.60		43.55	16813	13831	5.82	城口县
901.70		116.10		298.00	114512	99059	22.90	丰都县
770.00	63.00	248.00		363.00	129000	112800	19.43	垫江县
807.50	42.46			208.80	89649	81997	22.26	忠　县
1044.81	36.75	39.10		217.25	135697	122376	35.20	云阳县
912.63	338.04			98.76	109492	96826	21.09	奉节县
458.50	3.50	32.00		53.00	31457	26145	12.02	巫山县
481.28	8.15	160.00		158.23	49708	43122	9.66	巫溪县
770.20	154.32	99.10		251.53	57726	52023	11.62	石柱土家族自治县
779.00	294.20			158.90	53933	47322	19.80	秀山土家族苗族自治县
430.00	95.70	9.90		212.20	37170	30626	13.69	酉阳土家族苗族自治县
592.30	39.50			28.10	37380	34378	15.05	彭水苗族土家族自治县
42677.01	**3139.16**	**2003.03**	**650.03**	**10489.14**	**4168761**	**3610460**	**1130.76**	**四　川**
1633.04	16.95	22.76	22.75	346.28	130770	116992	47.08	金堂县
1014.00	258.23	386.67		287.32	99247	85677	11.00	大邑县
532.00	3.00	8.00		152.00	38466	34101	8.74	蒲江县
954.48				355.78	86089	84343	21.00	新津县
671.47	37.68	12.84		195.00	84556	72038	20.00	荣　县
1548.65	0.80	131.20		350.00	126000	113400	24.00	富顺县
386.33				107.97	17571	16212	6.72	米易县
120.40	10.11	11.28	1.40	27.93	10050	8900	2.00	盐边县
660.33	35.70	1.54		179.01	48043	41174	18.85	泸　县
873.77	44.24	3.47	3.47	200.86	75533	68447	21.00	合江县
767.75		25.18	9.18	132.31	72513	60191	16.21	叙永县
591.54	68.28	21.96	4.10	133.78	45087	42268	14.83	古蔺县
992.00	13.00	6.00		251.31	78682	73650	24.59	中江县

5-5 续表 24

县名称 Name of Counties	综合生产能力(万立方米/日) Integrated Production Capacity (10,000m³/day)	地下水 Underground Water	水厂个数(个) Number of Water Plants (unit)	地下水 Underground Water	供水管道长度(公里) Length of Water Supply Pipelines (km)	供水总量(万立方米) 合计 Total	售水量 小计 Subtotal	生产运营用水 The Quantity of Water for Production and Operation	公共服务用水 The Quantity of Water for Public Service
三台县	6.0		1		293.00	1352.51	1259.48	298.33	126.95
盐亭县	3.0		1		367.00	657.64	539.64	164.19	7.94
梓潼县	3.5		3	1	129.94	746.82	625.95	243.23	
北川羌族自治县	3.0	1.5	1	1	70.50	421.72	393.60	87.95	25.06
平武县	1.6		3		86.00	166.70	133.70	1.80	0.40
旺苍县	4.0		2		155.44	825.00	677.00	196.00	
青川县	1.2		1		54.87	216.20	179.50		46.10
剑阁县	1.6		1		82.99	316.10	261.00	32.00	52.00
苍溪县	4.0		2		185.63	993.65	826.65	133.80	2.00
蓬溪县	3.5		1		327.20	672.50	563.70	27.22	38.70
大英县	5.5		2		277.91	1067.50	902.20	74.00	88.30
威远县	7.8		3		283.89	1732.75	1538.13	202.03	264.98
资中县	5.2		1		173.00	1384.89	1172.20	217.00	80.00
犍为县	3.5		1		113.77	1235.00	1035.00	22.00	197.79
井研县	3.0		1		216.10	846.00	691.00	74.00	46.00
夹江县	3.0		1		112.00	942.00	767.50		79.50
沐川县	2.8		2		47.00	330.00	290.00	23.00	20.00
峨边县	1.1		1		24.00	177.76	150.96	16.50	15.96
马边县	3.0		2		41.00	387.00	335.60	86.00	27.00
南部县	9.0		2		238.00	2502.00	2220.00	565.00	503.00
营山县	10.0		2		185.00	1701.00	1451.00	367.00	197.00
蓬安县	4.0		1		128.00	1285.00	1167.00	393.00	253.00
仪陇县	4.0		1		140.00	1180.00	997.00	233.00	254.00
西充县	4.0		1		156.00	1531.00	1320.00	435.00	280.00
仁寿县	17.0		3		470.00	2663.00	2336.20	659.20	10.00
洪雅县	3.0		1		71.85	555.50	477.76	4.41	122.23
丹棱县	2.0		1		112.13	517.82	345.27	80.51	26.82
青神县	2.8		2		63.05	443.07	368.00	48.88	31.52
江安县	4.5		2		75.51	1204.72	1042.42	266.68	102.04
长宁县	3.5		2		135.00	596.47	557.13	72.75	33.51
高　县	3.0		1		170.12	643.07	518.20	31.45	35.25
珙　县	3.0		1		115.08	795.08	666.43	82.76	7.69
筠连县	1.8		1		40.00	563.00	475.00		
兴文县	3.0		1		222.80	763.72	613.72	64.38	21.50
屏山县	2.2		1		174.60	638.79	527.24	136.00	
岳池县	6.8		1		505.91	1494.04	1209.45	169.58	27.22
武胜县	9.0		2		201.95	1251.64	1059.26	160.00	240.00
邻水县	5.0		1		443.45	1182.71	982.05	71.73	12.57
宣汉县	4.8		2		142.00	1230.00	1043.61	57.20	237.19
开江县	3.0		1		134.22	650.00	540.00	55.00	45.00

continued

Total Quantity of Water Supply(10,000m³)					用水户数(户) Number of Households with Access to Water Supply (unit)		用水人口(万人) Population with Access to Water Supply (10,000 persons)	县名称 Name of Counties
Water Sold		免费供水量 The Quantity of Free Water Supply		漏损水量 The Lossed Water		家庭用户 Household User		
居民家庭用水 The Quantity of Water for Household Use	其他用水 The Quantity of Water for Other Purposes		生活用水 Domestic Water Use					
825.10	9.10	0.03	0.03	93.00	114472	95144	27.00	三台县
364.86	2.65	1.90	0.55	116.10	53608	46407	10.25	盐亭县
361.84	20.88	0.87		120.00	36172	31580	8.09	梓潼县
279.56	1.03	1.03		27.09	15372	14457	3.55	北川羌族自治县
128.00	3.50	1.00	1.00	32.00	9850	8832	3.60	平武县
475.00	6.00			148.00	55454	53100	11.20	旺苍县
128.20	5.20	21.00		15.70	11061	9254	2.76	青川县
174.00	3.00			55.10	19055	16300	4.80	剑阁县
601.75	89.10	12.00	8.00	155.00	68037	62087	16.00	苍溪县
483.72	14.06	36.14		72.66	53449	45637	13.60	蓬溪县
588.70	151.20			165.30	73805	71874	13.83	大英县
770.85	300.27	10.88		183.74	100110	88429	19.71	威远县
866.20	9.00			212.69	87709	80996	25.00	资中县
620.50	194.71			200.00	63903	53760	11.20	犍为县
571.00		15.00		140.00	49945	45717	6.88	井研县
615.40	72.60	102.50		72.00	43000	39000	10.00	夹江县
247.00		20.00		20.00	27427	2230	5.55	沐川县
118.50		2.90		23.90	3172	2963	3.99	峨边县
207.60	15.00	0.10		51.30	9802	9680	4.31	马边县
1152.00		6.00	4.00	276.00	128197	112781	32.60	南部县
887.00				250.00	82702	73780	23.10	营山县
521.00		3.00	2.00	115.00	75818	68704	18.05	蓬安县
510.00		3.00	2.00	180.00	73946	64420	16.95	仪陇县
605.00		6.00	4.00	205.00	72190	63805	16.80	西充县
1422.00	245.00	2.80	2.80	324.00	139660	119500	45.80	仁寿县
172.80	178.32			77.74	37336	37336	7.96	洪雅县
210.14	27.80	124.55	87.00	48.00	18691	16176	6.50	丹棱县
267.25	20.35			75.07	26379	21547	7.47	青神县
673.70				162.30	39571	36715	17.76	江安县
447.35	3.52	7.87	7.82	31.47	45810	36625	11.45	长宁县
441.10	10.40			124.87	44529	32946	15.05	高　县
401.81	174.17			128.65	42430	37828	12.50	珙　县
475.00				88.00	33867	29867	9.84	筠连县
483.27	44.57	10.00		140.00	47616	37785	13.20	兴文县
223.64	167.60			111.55	25892	21676	5.65	屏山县
966.30	46.35	4.61		279.98	92674	80329	21.66	岳池县
650.00	9.26			192.38	84844	77093	14.75	武胜县
796.98	100.77			200.66	108654	97125	25.20	邻水县
704.77	44.45			186.39	86917	75494	18.95	宣汉县
425.00	15.00	40.00		70.00	62520	57220	13.70	开江县

5-5 续表 25

县名称 Name of Counties	综合生产能力(万立方米/日) Integrated Production Capacity (10,000m³/day)		水厂个数(个) Number of Water Plants (unit)		供水管道长度(公里) Length of Water Supply Pipelines (km)	供水总量(万立方米)			
		地下水 Under-ground Water		地下水 Under-ground Water		合计 Total	售水量		
							小计 Subtotal	生产运营用水 The Quantity of Water for Production and Operation	公共服务用水 The Quantity of Water for Public Service
大竹县	7.5		2		248.00	1632.76	1352.76	214.44	
渠　县	8.0		3		192.00	1410.00	1190.00	124.00	264.00
荥经县	2.5		1		174.30	375.67	343.25	33.62	5.00
汉源县	3.0		1		78.00	490.00	404.00	57.00	13.00
石棉县	1.4	0.3	1	1	67.60	391.87	362.75	1.65	26.00
天全县	3.9		3		71.00	391.20	371.20	28.00	50.00
芦山县	1.5		3		48.00	224.97	183.71	53.80	41.60
宝兴县	0.3		1		11.40	100.37	77.17	20.17	17.00
通江县	3.0		1		345.60	893.00	738.00	165.00	123.00
南江县	4.0		1		249.82	789.00	664.00	165.00	123.00
平昌县	6.0		2		344.00	1522.00	1277.00	152.00	114.00
安岳县	8.3		3		300.00	1660.00	1398.00	219.00	312.00
乐至县	4.0		4		195.00	912.65	774.73		
汶川县	0.6		3		84.30	97.00	92.00	3.00	7.00
理　县	1.0		2		24.00	180.00	75.00	10.00	10.00
茂　县	2.0		1		83.20	255.00	235.00		100.00
松潘县	1.0		1		65.00	110.00	93.00	13.00	10.00
九寨沟县	2.0		2		23.80	253.50	226.34	98.41	
金川县	0.5		2		17.00	102.00	84.00	9.00	
小金县	0.8		2		110.00	222.00	206.00	12.00	11.00
黑水县	0.5		1		16.55	97.00	95.00	5.90	7.10
壤塘县	0.7		1		38.00	140.00	8.00		
阿坝县	0.8	0.3	1	1	78.00	174.00	164.00	8.60	4.00
若尔盖县	0.4		1		25.00	148.00	120.00	10.00	
红原县	1.0		1		20.05	238.30	24.22	12.00	5.00
泸定县	1.0		1		19.12	241.35	184.50	5.00	38.50
丹巴县	0.3		2		30.00	120.00	98.00	12.00	12.00
九龙县	0.5		2		30.00	123.00	100.00	4.00	5.00
雅江县	0.3		1		13.80	99.00	80.00	11.00	8.00
道孚县	0.4	0.1	1		85.30	70.80	56.80	3.10	2.20
炉霍县	0.4		2		43.90	103.00	85.00	12.00	20.00
甘孜县	1.0		1		80.00	175.00	145.00	20.00	25.00
新龙县	0.5		2		35.00	93.47	71.47		13.00
德格县	0.8		3		32.50	82.00	66.00	3.00	3.00
白玉县	0.3		3		41.00	115.01	93.01		6.01
石渠县	0.2		1		25.30	45.74	39.74	1.60	2.80
色达县	0.6		2		17.00	86.50	70.50	2.50	11.00
理塘县	1.3		2		112.30	172.48	134.11	1.68	
巴塘县	1.0		1		42.50	51.00	42.00	7.00	4.00
乡城县	0.3		1		22.58	93.40	80.38	10.26	16.38

continued

Total Quantity of Water Supply(10,000m³)					用水户数(户) Number of Households with Access to Water Supply (unit)		用水人口(万人) Population with Access to Water Supply (10,000 persons)	县名称 Name of Counties
Water Sold		免费供水量 The Quantity of Free Water Supply		漏损水量 The Lossed Water		家庭用户 Household User		
居民家庭用水 The Quantity of Water for Household Use	其他用水 The Quantity of Water for Other Purposes		生活用水 Domestic Water Use					
1055.52	82.80			280.00	112755	102100	28.90	大竹县
715.00	87.00	70.00		150.00	100000	80000	36.50	渠　县
219.78	84.85	4.01		28.41	27964	22980	6.57	荥经县
331.00	3.00	6.00	4.00	80.00	23396	19260	4.39	汉源县
305.60	29.50			29.12	15392	14500	4.03	石棉县
280.00	13.20			20.00	23660	21040	4.53	天全县
62.00	26.31	39.13	39.13	2.13	9823	9276	3.30	芦山县
40.00		12.20		11.00	2900	2800	1.00	宝兴县
450.00				155.00	56124	52564	17.50	通江县
376.00				125.00	58901	51821	16.80	南江县
962.00	49.00	30.00		215.00	73050	60590	25.10	平昌县
840.00	27.00	2.00		260.00	96522	45296	30.00	安岳县
774.73		1.00	1.00	136.92	87785	78761	25.82	乐至县
82.00				5.00	5365	5102	2.70	汶川县
30.00	25.00	65.00	35.00	40.00	3506	2890	1.00	理　县
135.00				20.00	6520	6312	3.80	茂　县
70.00		3.00		14.00	3821	2904	1.80	松潘县
110.76	17.17			27.16	5119	4446	2.32	九寨沟县
75.00		4.00	4.00	14.00	8000	7500	2.00	金川县
177.00	6.00	7.00		9.00	4988	3375	1.70	小金县
75.00	7.00	1.80		0.20	4826	4623	1.52	黑水县
4.00	4.00	130.00	130.00	2.00	3210	3100	0.83	壤塘县
146.00	5.40			10.00	5300	4850	2.20	阿坝县
90.00	20.00	20.00	1.00	8.00	5700	5700	1.52	若尔盖县
0.22	7.00	210.40	210.40	3.68	3520	3340	1.18	红原县
136.50	4.50	49.85	45.00	7.00	5100	3411	2.40	泸定县
74.00				22.00	5300	4900	1.86	丹巴县
85.00	6.00			23.00	1120	1120	1.62	九龙县
59.00	2.00	5.00	2.30	14.00	2060	1790	1.45	雅江县
51.50				14.00	4282	4109	1.65	道孚县
50.00	3.00			18.00	2300	2300	1.94	炉霍县
90.00	10.00			30.00	5683	5580	4.10	甘孜县
54.47	4.00	20.00	2.00	2.00	1120	882	0.86	新龙县
59.00	1.00			16.00	1994	1600	0.98	德格县
83.00	4.00			22.00	4510	4500	1.90	白玉县
33.31	2.03			6.00	956	720	0.43	石渠县
57.00				16.00	1890	1440	1.03	色达县
132.43		20.37		18.00	10620	9310	2.61	理塘县
27.00	4.00	3.00		6.00	3113	2215	2.18	巴塘县
38.58	15.16	5.02		8.00	2896	2896	1.16	乡城县

5-5 续表 26

县名称 Name of Counties	综合生产能力(万立方米/日) Integrated Production Capacity (10,000m³/day)	地下水 Under-ground Water	水厂个数(个) Number of Water Plants (unit)	地下水 Under-ground Water	供水管道长度(公里) Length of Water Supply Pipelines (km)	供水总量(万立方米) 合计 Total	售水量 小计 Subtotal	生产运营用水 The Quantity of Water for Production and Operation	公共服务用水 The Quantity of Water for Public Service
稻城县	0.2		1		35.00	86.00	70.00	15.00	10.00
得荣县	0.2	0.1	1		27.21	66.00	54.00	3.00	13.00
普格县	0.7		1		95.00	136.00	103.92	9.65	10.87
木里县	0.7		1		46.00	149.00	113.00	12.00	11.00
盐源县	1.6		1		103.00	384.40	304.40	35.50	35.50
德昌县	4.0		4		143.40	360.00	270.00	10.00	83.00
会理县	4.8		3		236.95	714.00	581.00	110.19	40.67
会东县	1.6	1.6	1	1	95.00	540.00	450.00	62.00	85.00
宁南县	2.5		2		90.00	202.84	160.62	20.10	9.66
布拖县	0.5	0.5	1	1	26.58	127.00	99.00	5.70	4.00
金阳县	0.8		1		7.21	135.83	103.15	0.37	1.61
昭觉县	1.5		2		69.00	269.00	202.30	37.00	46.00
喜德县	0.6		1		45.00	194.50	147.00	35.00	8.00
冕宁县	1.7		3		92.50	298.90	232.30	25.50	15.50
越西县	0.7	0.1	3	1	23.50	167.01	146.97	27.40	3.70
甘洛县	0.8		1		28.10	360.41	275.85	9.60	101.00
美姑县	1.0	1.0	1	1	38.00	100.00	77.74		14.00
雷波县	1.5		2		48.54	348.85	286.99	15.42	5.95
贵 州	**207.3**	**19.6**	**146**	**20**	**10179.28**	**37735.03**	**31366.04**	**4986.67**	**2049.53**
开阳县	3.0		3		194.33	821.80	679.67	62.88	17.96
息烽县	4.0		2		121.00	599.55	468.84		167.86
修文县	2.0	1.5	4	3	442.00	509.20	420.53	152.04	3.45
水城区	0.5		1		259.75	1163.02	978.11	302.21	68.00
六枝特区	9.8		4		524.50	920.00	760.00		39.25
桐梓县	6.5		2		360.30	1247.12	1124.30	160.20	68.90
绥阳县	3.5	0.2	1	1	177.50	614.52	467.70	26.76	20.00
正安县	5.5		3		111.00	435.00	400.00		
道真县	4.5		2		94.20	686.00	552.00	142.00	
务川县	2.3		3		146.93	675.00	507.00	6.00	40.00
凤冈县	1.6		1		93.00	509.00	434.00	66.00	8.00
湄潭县	8.4		2		92.00	1115.97	1005.72	200.00	95.00
余庆县	3.0		2		98.00	495.00	439.19	35.00	30.19
习水县	5.9		5		133.68	1236.24	1073.70	217.50	72.50
普定县	4.7	0.4	4	1	151.77	491.76	399.41	39.25	37.32
镇宁县	3.5	0.5	2		317.00	565.30	470.90	50.00	85.00
关岭县	2.5		4		50.66	301.70	250.60	18.17	17.54
紫云县	4.5	1.0	3	1	163.12	246.56	195.19	1.55	36.80
大方县	3.8	2.5	3		106.36	813.94	609.09	44.66	185.53
黔西县	4.5		2		165.00	1584.10	1229.51	305.44	
金沙县	4.8		3		63.21	935.01	838.00	380.77	

continued

Total Quantity of Water Supply(10,000m^3) Water Sold 居民家庭用水 The Quantity of Water for Household Use	其他用水 The Quantity of Water for Other Purposes	免费供水量 The Quantity of Free Water Supply	生活用水 Domestic Water Use	漏损水量 The Lossed Water	用水户数(户) Number of Households with Access to Water Supply (unit)	家庭用户 Household User	用水人口(万人) Population with Access to Water Supply (10,000 persons)	县名称 Name of Counties
40.00	5.00	1.00	0.80	15.00	1600	1100	1.00	稻城县
38.00				12.00	1447	337	0.51	得荣县
80.49	2.91	7.21	0.30	24.87	7163	5811	2.88	普格县
85.00	5.00	8.00		28.00	4475	3135	2.30	木里县
203.40	30.00	15.00		65.00	15768	11636	6.40	盐源县
163.00	14.00	30.00		60.00	34000	28000	7.00	德昌县
418.07	12.07	13.00	13.00	120.00	27667	22773	12.80	会理县
303.00		15.00		75.00	7800	7465	6.10	会东县
130.86		10.00		32.22	9712	9712	2.87	宁南县
89.30		8.00		20.00	3422	3400	2.98	布拖县
85.91	15.26	17.00		15.68	11300	9318	4.40	金阳县
119.30		22.20		44.50	10120	6284	9.70	昭觉县
100.00	4.00	27.50		20.00	16700	16700	3.00	喜德县
190.80	0.50	6.80		59.80	7082	6952	4.79	冕宁县
97.28	18.59			20.04	14786	12476	6.70	越西县
161.00	4.25	41.46		43.10	6274	632	4.71	甘洛县
61.00	2.74	3.00		19.26	2742	2638	3.60	美姑县
263.55	2.07	5.00	2.00	56.86	7359	6596	3.56	雷波县
23406.20	**923.64**	**679.32**	**132.46**	**5689.67**	**2078808**	**1729553**	**661.31**	**贵　州**
493.20	105.63	4.02		138.11	54454	50344	11.44	开阳县
300.92	0.06	30.71		100.00	33413	29048	8.90	息烽县
265.04				88.67	23523	20609	7.95	修文县
606.15	1.75	8.00		176.91	39190	8784	14.39	水城区
719.00	1.75			160.00	59000	39500	15.30	六枝特区
747.00	148.20			122.82	99623	90065	18.50	桐梓县
397.55	23.39	6.34	6.34	140.48	22554	22554	10.40	绥阳县
350.00	50.00			35.00	45673	33919	12.20	正安县
410.00				134.00	24038	20854	11.00	道真县
461.00		30.00	30.00	138.00	45291	24472	10.70	务川县
360.00				75.00	43134	35606	7.10	凤冈县
710.72				110.25	35630	35530	12.90	湄潭县
351.00	23.00			55.81	24926	24926	9.10	余庆县
763.39	20.31	12.00	12.00	150.54	73526	64007	15.90	习水县
322.84				92.35	24260	21350	11.45	普定县
288.90	47.00	40.00		54.40	29956	25778	8.70	镇宁县
210.70	4.19			51.10	24110	9372	6.11	关岭县
156.84		3.37	3.37	48.00	25453	20662	8.26	紫云县
375.80	3.10	40.00		164.85	47358	43708	12.00	大方县
868.66	55.41			354.59	58960	51990	23.60	黔西县
457.23				97.01	50618	46173	16.10	金沙县

5-5 续表 27

县名称 Name of Counties	综合生产能力(万立方米/日) Integrated Production Capacity (10,000m³/day)	地下水 Underground Water	水厂个数(个) Number of Water Plants (unit)	地下水 Underground Water	供水管道长度(公里) Length of Water Supply Pipelines (km)	供水总量(万立方米) 合计 Total	售水量 小计 Subtotal	生产运营用水 The Quantity of Water for Production and Operation	公共服务用水 The Quantity of Water for Public Service
织金县	4.5	0.8	2	1	130.00	1161.50	842.96	1.03	204.03
纳雍县	2.7		2		334.15	848.00	612.00	64.20	95.30
威宁自治县	4.0	4.0	1	1	205.00	1380.00	1085.52	325.36	
赫章县	1.5		3		48.00	423.22	219.62	0.80	2.60
江口县	3.0		2		177.45	571.00	381.39	104.30	15.30
玉屏县	2.5	0.2	2	1	138.52	410.76	360.40	98.70	
石阡县	4.3	0.2	3	1	137.00	528.23	435.76		
思南县	8.0		3		190.00	578.00	528.00	152.00	36.00
印江县	5.0	1.2	2	1	115.00	548.00	473.00	72.00	30.00
德江县	4.3		4		143.93	1016.38	875.10	220.21	33.51
沿河县	2.0		1	1	104.70	439.66	367.28	30.33	15.00
松桃县	5.0		2		210.00	655.60	587.60	105.20	14.30
普安县	2.5		2		140.20	204.00	170.00	17.00	15.00
晴隆县	3.0		1		219.00	303.60	292.00	93.00	65.00
贞丰县	4.1		3		108.34	438.00	332.22	67.20	54.35
望谟县	1.0		2		71.40	281.82	272.12	25.00	20.00
册亨县	1.5		2		45.00	135.00	125.00	5.00	5.00
安龙县	1.3	1.2	4	3	171.90	406.19	366.59	15.00	55.00
黄平县	1.4		4		48.00	285.00	250.20	10.00	6.40
施秉县	1.3		2		193.50	193.00	164.00		
三穗县	1.0		1		69.00	344.30	283.00	40.00	28.00
镇远县	2.0	2.0	1	1	94.00	360.38	300.05	100.00	
岑巩县	1.5		1		57.27	282.77	244.77		
天柱县	1.5		1		180.68	476.50	463.50	117.50	2.50
锦屏县	1.0		1		53.45	413.20	349.80	58.00	81.90
剑河县	1.1		1		144.60	312.80	283.65	26.26	7.97
台江县	1.0		1		106.00	270.70	218.49		
黎平县	3.2		2		259.90	748.48	602.06	10.00	2.50
榕江县	3.5		2		82.00	735.00	670.00	73.00	
从江县	1.0		1		165.60	232.80	189.20	28.70	14.50
雷山县	1.0		1		72.80	309.65	273.35	67.35	
麻江县	1.0		1		89.12	164.15	148.99	60.40	2.72
丹寨县	1.3		2		63.00	338.43	310.23	123.26	0.52
荔波县	4.0		3		76.00	617.39	535.01	66.89	16.00
贵定县	3.3		3		121.00	898.00	735.00	87.00	24.00
瓮安县	3.6		7		305.46	585.72	500.00	38.00	20.00
独山县	2.2		2		186.00	717.98	597.01	60.00	62.10
平塘县	2.5		2		330.00	310.00	248.90	26.50	7.29
罗甸县	3.5	0.4	2	1	120.00	668.00	570.00	80.00	43.84
长顺县	1.7	0.2	2	1	171.00	422.93	351.41	107.12	23.72

continued

Total Quantity of Water Supply(10,000m³)					用水户数(户)		用水人口(万人)	县名称
Water Sold		免费供水量		漏损水量	Number of Households with Access to Water Supply (unit)	家庭用户	Population with Access to Water Supply (10,000 persons)	Name of Counties
居民家庭用水 The Quantity of Water for Household Use	其他用水 The Quantity of Water for Other Purposes	The Quantity of Free Water Supply	生活用水 Domestic Water Use	The Lossed Water		Household User		
637.90		199.71		118.83	51747	43000	13.10	织金县
446.70	5.80			236.00	32716	29672	14.32	纳雍县
760.16				294.48	35714	35714	20.00	威宁自治县
213.10	3.12	75.80	55.80	127.80	26346	22346	9.48	赫章县
232.70	29.09	106.24	1.60	83.37	32835	23835	9.00	江口县
257.75	3.95	5.12	2.60	45.24	32600	25379	7.30	玉屏县
435.76				92.47	30045	25414	8.41	石阡县
320.00	20.00	30.00	10.00	20.00	38021	30021	11.80	思南县
335.00	36.00	10.00	2.00	65.00	48588	39591	12.40	印江县
610.15	11.23	10.00		131.28	54986	49376	20.67	德江县
321.95		10.00		62.38	28800	26000	10.50	沿河县
461.40	6.70			68.00	50267	42367	16.00	松桃县
135.00	3.00	3.00		31.00	12730	10475	4.50	普安县
104.00	30.00	4.60		7.00	17126	17000	6.09	晴隆县
164.46	46.21	0.61		105.17	22950	19652	8.10	贞丰县
206.12	21.00			9.70	15166	13343	8.27	望谟县
110.00	5.00			10.00	11500	10150	7.00	册亨县
296.59		8.60	8.60	31.00	18933	16593	12.18	安龙县
233.80				34.80	16489	15097	9.20	黄平县
156.00	8.00			29.00	16540	12090	5.10	施秉县
195.00	20.00	32.30		29.00	23500	23500	6.40	三穗县
200.05		0.15	0.15	60.18	20645	17006	8.50	镇远县
191.11	53.66			38.00	17013	14527	5.40	岑巩县
340.50	3.00	1.00		12.00	35885	28957	12.86	天柱县
180.90	29.00			63.40	23432	18372	5.80	锦屏县
221.43	27.99	3.65		25.50	28546	23305	6.50	剑河县
167.77	50.72			52.21	12000	11700	4.50	台江县
586.56	3.00	2.00		144.42	45223	39852	14.80	黎平县
597.00				65.00	39593	30046	12.20	榕江县
141.10	4.90			43.60	17343	13911	6.37	从江县
205.70	0.30			36.30	16275	14473	4.07	雷山县
85.87				15.16	15010	14855	4.03	麻江县
186.45				28.20	17497	15441	4.50	丹寨县
452.12				82.38	15920	12540	6.39	荔波县
624.00				163.00	37243	31562	9.72	贵定县
442.00				85.72	66020	55734	21.40	瓮安县
474.71	0.20			120.97	38059	32148	10.84	独山县
212.13	2.98	2.10		59.00	17600	16500	5.02	平塘县
434.05	12.11			98.00	21600	16200	7.02	罗甸县
220.57				71.52	14128	11756	8.94	长顺县

5-5 续表 28

县名称 Name of Counties	综合生产能力(万立方米/日) Integrated Production Capacity (10,000m³/day)	地下水 Under-ground Water	水厂个数(个) Number of Water Plants (unit)	地下水 Under-ground Water	供水管道长度(公里) Length of Water Supply Pipelines (km)	供水总量(万立方米) 合计 Total	售水量 小计 Subtotal	生产运营用水 The Quantity of Water for Production and Operation	公共服务用水 The Quantity of Water for Public Service
龙里县	9.8	0.3	3		320.00	590.00	500.00	67.00	30.00
惠水县	3.0	3.0	2	2	234.00	779.00	629.50	40.00	13.00
三都水族自治县	2.0		1		82.00	384.10	317.90	92.93	8.88
云　南	**168.3**	**7.3**	**169**	**17**	**11103.95**	**38480.77**	**33107.86**	**6598.55**	**3709.20**
嵩明县	1.8		2		89.00	513.00	402.68	121.41	39.60
富民县	1.7	0.0	3		70.87	255.00	229.50	1.40	1.20
宜良县	2.4	1.2	2	1	158.75	898.71	799.66	209.20	85.45
石林彝族自治县	4.7	3.0	3	2	69.82	1120.00	972.00	131.00	131.00
禄劝彝族苗族自治县	1.7		3	1	60.24	488.38	463.38	17.00	145.41
寻甸县	4.0		2		218.00	641.00	544.00	144.00	82.00
昆明阳宗海风景名胜区	0.8		3		38.00	295.30	295.00	172.00	29.00
陆良县	2.6	0.6	4	3	334.78	974.00	571.20	32.01	33.21
师宗县	3.0		1		98.30	540.29	455.84	7.22	37.20
罗平县	1.5	0.3	1	1	263.28	783.37	655.00	145.00	180.00
富源县	2.2		1		70.35	798.20	560.90	146.30	47.30
会泽县	8.0		2		285.00	1440.00	1256.00	120.00	1.00
通海县	1.9		3	2	101.40	356.77	297.67	115.70	17.30
华宁县	1.2		1		159.70	320.60	272.50	105.90	2.10
易门县	1.5				95.60	391.19	323.52	5.70	123.22
峨山县	1.6		1		46.61	355.59	311.36	69.63	2.00
新平县	2.4	0.5	2	1	121.00	370.00	339.96		119.36
元江县	2.5		2		130.60	341.60	321.50	13.00	26.00
施甸县	2.5		3		130.00	541.00	436.00	105.00	41.00
龙陵县	2.0	0.7	3	2	184.00	239.38	216.88	76.20	3.70
昌宁县	1.9		3		192.60	505.65	419.65	61.23	12.60
鲁甸县	1.8		2		167.20	532.18	482.18	42.00	23.00
巧家县	1.5		2		61.00	467.43	408.94	96.96	2.58
盐津县	0.8		2		36.00	171.15	140.75	39.30	3.12
大关县	0.6		1		23.20	130.18	115.26		2.01
永善县	1.5		1		59.53	310.00	254.00	56.00	85.00
绥江县	2.2		1		147.62	472.19	377.75	71.77	18.89
镇雄县	3.8		2		125.50	1278.87	1162.67	130.02	115.32
彝良县	0.8		1		67.00	391.00	388.00	35.00	68.00
威信县	1.7		3		72.60	451.79	391.22	38.28	95.96
玉龙纳西族自治县					36.89	113.00	95.00	23.00	12.00
永胜县	2.2		1		108.88	328.00	284.00	62.00	42.00
华坪县	3.0		2		180.00	326.00	303.00	50.00	33.00

continued

Total Quantity of Water Supply($10,000m^3$) Water Sold 居民家庭用水 The Quantity of Water for Household Use	其他用水 The Quantity of Water for Other Purposes	免费供水量 The Quantity of Free Water Supply	生活用水 Domestic Water Use	漏损水量 The Lossed Water	用水户数(户) Number of Households with Access to Water Supply (unit)	家庭用户 Household User	用水人口(万人) Population with Access to Water Supply (10,000 persons)	县名称 Name of Counties
403.00				90.00	25000	21380	11.05	龙里县
576.50				149.50	28763	26107	12.21	惠水县
213.20	2.89			66.20	23724	13315	7.37	三都水族自治县
21864.55	**935.56**	**1891.56**	**461.27**	**3481.35**	**1794134**	**1569287**	**616.00**	**云　南**
229.47	12.20	55.91		54.41	25310	24938	6.98	嵩明县
137.20	89.70			25.50	12012	10501	4.90	富民县
501.51	3.50			99.05	17177	15676	10.07	宜良县
710.00		32.00		116.00	22865	18665	11.56	石林彝族自治县
300.97				25.00	9864	9858	6.23	禄劝彝族苗族自治县
300.00	18.00	1.00		96.00	35016	33818	7.42	寻甸县
94.00				0.30	7700	4678	3.85	昆明阳宗海风景名胜区
501.02	4.96	309.20	228.00	93.60	33077	32485	16.02	陆良县
411.42		32.20	0.39	52.25	25988	23880	11.94	师宗县
290.00	40.00	50.00	8.50	78.37	31250	29060	12.75	罗平县
329.30	38.00	150.00	32.00	87.30	19628	19336	9.37	富源县
1135.00		40.00	40.00	144.00	85632	68850	23.00	会泽县
164.21	0.46			59.10	34676	30646	7.50	通海县
164.50				48.10	21729	15500	4.10	华宁县
194.60		29.72	3.00	37.95	27364	25927	4.12	易门县
238.77	0.96	10.03		34.20	19207	16661	3.91	峨山县
219.30	1.30	0.04	0.04	30.00	21296	20349	6.20	新平县
282.50				20.10	18988	16920	4.30	元江县
270.00	20.00	80.00		25.00	22000	21000	7.10	施甸县
134.00	2.98	6.00	4.80	16.50	13966	10643	4.20	龙陵县
321.46	24.36			86.00	23780	20927	8.63	昌宁县
395.18	22.00	10.00	5.00	40.00	25705	25443	11.50	鲁甸县
301.00	8.40	12.58	2.50	45.91	16230	15920	7.80	巧家县
97.20	1.13	28.40	0.82	2.00	9360	8400	4.68	盐津县
111.23	2.02	0.07	0.07	14.85	21019	17164	5.17	大关县
90.00	23.00	10.00	8.00	46.00	23701	1896	8.65	永善县
283.31	3.78	47.69	12.18	46.75	19500	17500	4.65	绥江县
885.33	32.00	12.00	6.00	104.20	48742	47012	28.21	镇雄县
282.00	3.00	2.00	1.00	1.00	17000	16300	10.33	彝良县
255.14	1.84	26.58	20.91	33.99	13501	13304	6.85	威信县
60.00				18.00	4502	3640	3.42	玉龙纳西族自治县
180.00		43.50		0.50	14663	14168	5.82	永胜县
219.00	1.00			23.00	20257	16837	4.90	华坪县

5-5 续表 29

县名称 Name of Counties	综合生产能力(万立方米/日) Integrated Production Capacity (10,000m³/day)	地下水 Underground Water	水厂个数(个) Number of Water Plants (unit)	地下水 Underground Water	供水管道长度(公里) Length of Water Supply Pipelines (km)	供水总量(万立方米) 合计 Total	售水量 小计 Subtotal	生产运营用水 The Quantity of Water for Production and Operation	公共服务用水 The Quantity of Water for Public Service
宁蒗县	3.0		2		102.00	610.27	579.27	76.37	216.00
宁洱哈尼族彝族自治县	2.3		1		142.46	333.86	280.56	80.56	15.00
墨江哈尼族自治县	1.7		2		104.29	349.96	304.02	118.31	46.85
景东彝族自治县	1.0		2		90.49	342.60	288.60	22.00	36.00
景谷傣族彝族自治县	2.2		2		85.18	542.00	388.50	12.23	91.06
镇沅彝族哈尼族拉祜族自治县	0.8		1		56.20	171.00	161.20	6.30	12.90
江城哈尼族彝族自治县	0.6		1		42.00	147.00	121.00	19.00	12.00
孟连傣族拉祜族佤族自治县	1.5	0.5	2	1	40.50	245.00	220.00	3.00	70.00
澜沧拉祜族自治县	2.0		1		166.82	449.91	414.23	136.32	10.05
西盟佤族自治县	1.0		1		46.97	91.13	76.63	13.57	
凤庆县	1.6		2		73.50	445.00	405.00	12.00	28.00
云　县	1.5		2		183.50	514.07	464.60	170.00	35.72
永德县	1.0		1		77.98	197.78	154.82	10.64	26.67
镇康县	1.2		2		99.60	392.55	372.09	93.80	10.00
双江县	1.3		2		103.83	347.15	299.59	10.50	33.00
耿马县	1.2		1		70.00	362.00	330.00	58.00	36.00
沧源县	0.9		3		124.91	157.13	138.97	60.19	
双柏县	1.0		1		118.94	165.53	137.34	10.20	40.80
牟定县	1.6		2		101.20	264.36	224.98	64.28	18.40
南华县	2.7		2		194.22	463.82	395.07	92.59	25.99
姚安县	1.0		2		54.63	137.05	135.25	2.75	12.50
大姚县	1.8		2		157.63	324.90	276.41		86.15
永仁县	1.1		1		118.19	245.75	203.43	49.73	21.31
元谋县	2.0		3		113.86	383.50	346.84	48.60	59.20
武定县	1.6	0.2	2	1	162.00	384.00	348.00	44.00	21.00
禄丰县	3.0		1		131.30	1049.00	765.40	398.00	
屏边县	1.4		1		46.39	209.14	168.06	19.75	23.00
建水县	4.0		1		169.66	1124.32	1025.95	256.49	143.63
石屏县	2.0		1		101.00	455.00	415.00	138.00	
泸西县	3.0		3		353.92	586.46	479.93	173.11	12.17
元阳县	0.6		1		31.21	200.74	165.34	22.13	11.72
红河县	1.0		1		83.53	276.76	256.26	61.11	16.54
金平县	0.7		2		65.05	236.68	231.20	40.00	1.00

continued

Total Quantity of Water Supply(10,000m³) Water Sold 居民家庭用水 The Quantity of Water for Household Use	其他用水 The Quantity of Water for Other Purposes	免费供水量 The Quantity of Free Water Supply	生活用水 Domestic Water Use	漏损水量 The Lossed Water	用水户数(户) Number of Households with Access to Water Supply (unit)	家庭用户 Household User	用水人口(万人) Population with Access to Water Supply (10,000 persons)	县名称 Name of Counties
283.00	3.90			31.00	19631	17533	7.28	宁蒗县
183.00	2.00	20.00		33.30	21599	19984	5.80	宁洱哈尼族彝族自治县
112.16	26.70			45.94	26235	20917	4.99	墨江哈尼族自治县
224.23	6.37	18.00	18.00	36.00	12636	11532	4.68	景东彝族自治县
283.85	1.36	101.10		52.40	19480	18441	6.80	景谷傣族彝族自治县
139.00	3.00			9.80	8032	7450	2.85	镇沅彝族哈尼族拉祜族自治县
90.00		18.00		8.00	10448	8915	3.10	江城哈尼族彝族自治县
144.00	3.00	11.00		14.00	12000	11400	4.25	孟连傣族拉祜族佤族自治县
236.48	31.38	1.39		34.29	20355	16855	3.98	澜沧拉祜族自治县
63.06		9.20		5.30	3328	3080	1.42	西盟佤族自治县
345.00	20.00	20.00	20.00	20.00	18690	18112	10.27	凤庆县
253.78	5.10			49.47	18706	17838	9.25	云　县
116.60	0.91	8.08	4.89	34.88	16380	13590	6.00	永德县
240.39	27.90	1.46	1.46	19.00	12117	8251	3.50	镇康县
231.09	25.00	42.33		5.23	12300	11200	5.90	双江县
220.00	16.00	10.00	6.00	22.00	16450	14660	5.67	耿马县
77.09	1.69	0.04	0.04	18.12	7078	5869	4.50	沧源县
86.00	0.34	3.00		25.19	9854	9834	4.00	双柏县
132.10	10.20	0.08		39.30	14086	13326	5.16	牟定县
273.13	3.36	41.49		27.26	21002	17573	7.52	南华县
120.00		0.80		1.00	7723	7573	3.63	姚安县
188.78	1.48	10.00		38.49	31988	24559	6.29	大姚县
132.19	0.20	13.80		28.52	10250	9625	2.70	永仁县
235.84	3.20	3.60	0.20	33.06	9028	8669	6.02	元谋县
259.00	24.00	7.00	0.05	29.00	11580	10394	4.90	武定县
366.00	1.40	115.00		168.60	13000	12600	6.99	禄丰县
123.00	2.31	5.08	1.00	36.00	10656	8900	3.41	屏边县
615.57	10.26	2.07	2.07	96.30	56840	50019	18.97	建水县
277.00				40.00	16916	14627	6.42	石屏县
286.40	8.25	51.90		54.63	18037	17607	11.80	泸西县
130.19	1.30	20.56		14.84	4351	3921	3.25	元阳县
177.72	0.89	4.50	1.00	16.00	15000	13800	3.77	红河县
190.00	0.20	0.03		5.45	10000	10000	4.50	金平县

5-5 续表 30

县名称 Name of Counties	综合生产能力(万立方米/日) Integrated Production Capacity ($10,000m^3$/day)	地下水 Under-ground Water	水厂个数(个) Number of Water Plants (unit)	地下水 Under-ground Water	供水管道长度(公里) Length of Water Supply Pipelines (km)	供水总量(万立方米) 合计 Total	售水量 小计 Subtotal	生产运营用水 The Quantity of Water for Production and Operation	公共服务用水 The Quantity of Water for Public Service
绿春县	0.7		1		12.50	163.50	148.80	30.57	0.50
河口县	0.8		1		48.10	314.68	310.38	54.64	48.20
砚山县	1.2		1		108.33	415.00	359.00	162.00	36.00
西畴县	0.6		1		61.60	162.38	134.50	53.62	34.65
麻栗坡县	0.6		1		77.00	142.00	117.00	37.00	10.00
马关县	1.6	0.3	2	1	80.50	394.00	364.00	13.00	60.00
丘北县	2.4		2		460.00	500.00	450.00	180.00	6.50
广南县	2.0		2		95.00	461.00	440.00	180.00	25.00
富宁县	1.1		3		120.22	558.49	541.29	81.50	6.81
勐海县	3.0		2		190.50	454.10	353.79	51.00	5.00
勐腊县	2.6		2		95.35	355.25	317.31	40.00	43.49
漾濞彝族自治县	1.1		1		40.00	113.00	109.50	13.23	9.00
祥云县	4.8		3		217.00	847.00	719.00	143.00	82.00
宾川县	2.0		1		144.30	456.00	401.28	51.00	111.20
弥渡县	1.5		2	1	82.70	264.00	256.00	55.00	59.00
南涧彝族自治县	1.0		1		54.00	188.45	168.50	36.20	2.00
巍山彝族回族自治县	1.5		2		77.00	188.90	173.50	28.00	12.50
永平县	1.2		2		118.00	270.03	242.96	67.39	11.47
云龙县	0.5		1		86.60	89.55	85.30	10.52	18.26
洱源县	0.7		1		110.00	181.40	145.00		98.00
剑川县	0.8		2		160.30	205.73	185.73	56.00	19.00
鹤庆县	1.6		2		121.30	385.30	241.98	121.10	
梁河县	0.5		1		22.00	157.00	138.00		5.00
盈江县	1.8		2		567.76	622.28	548.98	235.08	6.00
陇川县	1.5		1		68.30	318.22	306.41	79.00	5.66
福贡县	1.0		2		51.20	192.50	111.17	1.34	58.77
贡山独龙族怒族自治县	0.6		2		26.54	131.77	125.00	18.00	12.00
兰坪白族普米族自治县	2.5		2		91.27	214.10	199.87	3.00	15.00
德钦县	0.6		4		27.30	88.90	73.10	3.60	10.00
维西傈僳族自治县	2.0		2		73.00	300.00	220.00	27.00	65.00
西　藏	**72.6**	**13.4**	**78**	**49**	**1433.37**	**4645.80**	**2858.14**	**326.63**	**238.05**
曲水县	0.2	0.2	1	1	20.00	39.10	30.50	3.00	2.50
当雄县	0.2	0.2	1	1	15.66	50.00	41.00	3.12	5.00
林周县	0.3	0.3	1	1	7.74	98.50	76.00	5.00	8.00
墨竹工卡县	0.4	0.4	2	2	45.22	160.61	136.51	10.65	17.58
尼木县	0.6	0.6	1	1	18.00	50.00	43.40	2.19	9.41

continued

Total Quantity of Water Supply(10,000m³)					用水户数(户) Number of Households with Access to Water Supply (unit)		用水人口(万人) Population with Access to Water Supply (10,000 persons)	县名称 Name of Counties
Water Sold		免费供水量 The Quantity of Free Water Supply		漏损水量 The Lossed Water		家庭用户 Household User		
居民家庭用水 The Quantity of Water for Household Use	其他用水 The Quantity of Water for Other Purposes		生活用水 Domestic Water Use					
116.25	1.48			14.70	10355	10355	2.96	绿春县
176.54	31.00	3.00		1.30	15981	14837	4.90	河口县
113.00	48.00	2.00	1.00	54.00	29350	24666	8.75	砚山县
45.33	0.90	18.28	14.28	9.60	4762	4430	2.25	西畴县
69.00	1.00	1.00	1.00	24.00	14450	11567	6.04	麻栗坡县
290.00	1.00	0.16	0.16	29.84	17251	14721	5.28	马关县
183.50	80.00	10.00	10.00	40.00	28923	20883	11.58	丘北县
230.00	5.00	12.00		9.00	28972	17210	9.20	广南县
450.08	2.90	7.20		10.00	22000	20063	9.20	富宁县
295.69	2.10	0.23	0.23	100.08	13775	8044	7.34	勐海县
205.98	27.84			37.94	14265	13452	5.63	勐腊县
79.27	8.00	3.00		0.50	10405	10405	3.00	漾濞彝族自治县
480.00	14.00	60.00		68.00	31380	30226	12.16	祥云县
239.08				54.72	22134	20053	5.12	宾川县
142.00				8.00	9890	7590	4.26	弥渡县
130.30				19.95	91104	88414	2.82	南涧彝族自治县
129.50	3.50	0.80	0.10	14.60	14246	13522	4.79	巍山彝族回族自治县
163.67	0.43	0.12	0.12	26.95	14500	12800	6.42	永平县
56.52				4.25	4098	3136	1.86	云龙县
42.00	5.00			36.40	14574	13201	3.61	洱源县
110.73				20.00	6385	6385	2.30	剑川县
120.88		125.50		17.82	11552	10592	4.59	鹤庆县
64.00	69.00	11.00		8.00	9200	8700	2.34	梁河县
307.90				73.30	27276	18824	8.20	盈江县
204.00	17.75	5.66	5.66	6.15	17905	11854	5.23	陇川县
39.06	12.00	72.33		9.00	7300	6900	2.72	福贡县
95.00		0.55		6.22	3650	3580	1.05	贡山独龙族怒族自治县
180.00	1.87	5.00	0.80	9.23	8738	7351	2.02	兰坪白族普米族自治县
53.00	6.50	5.30		10.50	1920	1520	0.96	德钦县
128.00		20.00		60.00	9312	7450	3.72	维西傈僳族自治县
2172.52	**120.94**	**1243.49**	**916.05**	**544.17**	**165452**	**152285**	**64.23**	**西　藏**
25.00		0.80	0.80	7.80	1450	1250	0.60	曲水县
32.23	0.65	0.09		8.91	2820	2650	1.06	当雄县
58.80	4.20	7.50		15.00	3800	3800	1.20	林周县
97.80	10.48	0.01	0.01	24.09	3255	3044	1.85	墨竹工卡县
30.17	1.63	1.00	1.00	5.60	2634	2370	0.95	尼木县

5-5 续表 31

县名称 Name of Counties	综合生产能力(万立方米/日) Integrated Production Capacity (10,000m³/day)	地下水 Underground Water	水厂个数(个) Number of Water Plants (unit)	地下水 Underground Water	供水管道长度(公里) Length of Water Supply Pipelines (km)	供水总量(万立方米) 合计 Total	售水量 小计 Subtotal	生产运营用水 The Quantity of Water for Production and Operation	公共服务用水 The Quantity of Water for Public Service
亚东县	0.6	0.1	8	7		226.70			
聂拉木县	0.3		1		24.00	62.00	52.80	1.00	1.00
仲巴县	0.2	0.2	1		13.69	33.80			
定结县	0.1	0.1	1	1	36.68	50.00			
康马县	0.1	0.0	1	1	14.23	36.04	15.04	2.00	3.00
吉隆县	0.2		1		20.00	60.90	11.40	0.30	0.20
萨嘎县	51.0	0.5	3	3	32.92	59.50	51.00	3.00	5.00
谢通门县	0.3	0.3	1	1	3.60	73.00			
萨迦县	0.1		1		38.09	39.99	10.49	1.34	
岗巴县	0.4	0.4	1	1	12.50	81.00			
拉孜县	0.4	0.4	2	2	4.17	135.80	102.20	24.20	8.00
江孜县	0.8	0.8	1	1	27.00	269.10	243.00	123.00	20.00
定日县	0.3	0.3	1	1	38.00	88.00			
南木林县	0.4	0.4	1	1	15.00	146.00	128.20	22.00	18.00
昂仁县	0.4	0.4	1	1	29.28	90.00	76.50	2.00	3.00
白朗县	0.4	0.4	2	2	18.00	106.70	80.20		40.20
仁布县	0.2	0.2	1	1	19.23	36.50			
左贡县	0.1	0.1	1	1	10.00	16.00			
丁青县	0.4		1		14.00	125.86	86.30	2.10	2.20
八宿县	0.6		2		11.96	58.00	47.00	17.00	2.00
江达县	0.6	0.6	1	1	27.99	79.00	68.00	2.30	18.00
洛隆县	0.2		1		15.00	85.00	71.00	2.00	3.00
察雅县	0.5		1	1	10.00	38.00	31.00	2.00	1.00
贡觉县	0.4		1		30.84	72.00	46.00		
边坝县	0.2		1		16.50	58.12	50.62	6.80	3.40
类乌齐县	0.5		2		25.60	73.00	56.00	2.00	2.00
芒康县	0.6		1		22.00	94.00			
朗　县	0.1	0.1	1	1	24.51	51.00	43.50	1.00	3.50
墨脱县	0.6		1		21.20	45.00	39.00	1.00	2.00
工布江达县	0.7		1		15.60	52.10	44.00	2.00	4.00
察隅县	0.4		1		13.00	42.30	36.30	3.00	3.00
波密县	0.7		1		9.50	98.00	75.00	3.00	2.00
米林县	0.4		1		5.96	69.30	57.27	12.18	7.01
错那县	0.4	0.2	2	1	33.00	52.00	25.00	6.00	3.00
浪卡子县	0.4	0.4	1	1	32.50	77.11	62.51	1.61	1.10
贡嘎县	0.6	0.6	1	1	29.00	120.00	104.00	8.00	8.00
加查县	0.3		1		38.10	66.00	54.00	2.00	3.00
桑日县	0.3	0.3	1	1	25.00	118.00	42.00	9.00	6.00
洛扎县	0.2		1		18.50	49.00	40.30	2.00	1.30
琼结县	0.5	0.5	1	1	35.00	73.00	49.00	2.00	3.00

continued

Total Quantity of Water Supply($10,000m^3$)					用水户数(户)		用水人口(万人)	县名称
Water Sold		免费供水量		漏损水量		家庭用户		
居民家庭用水 The Quantity of Water for Household Use	其他用水 The Quantity of Water for Other Purposes	The Quantity of Free Water Supply	生活用水 Domestic Water Use	The Lossed Water	Number of Households with Access to Water Supply (unit)	Household User	Population with Access to Water Supply (10,000 persons)	Name of Counties
		211.70	85.00	15.00	1342	1260	0.76	亚东县
49.80	1.00			9.20	2063	1983	0.80	聂拉木县
		28.80	28.80	5.00	1609	1033	1.00	仲巴县
		48.00	46.00	2.00	1268	1205	0.74	定结县
8.38	1.66	14.00	11.00	7.00	760	760	0.85	康马县
10.00	0.90	45.70	45.00	3.80	2890	2860	1.42	吉隆县
40.00	3.00	6.00	3.51	2.50	1675	1642	0.69	萨嘎县
		64.00	64.00	9.00	3045	2632	1.72	谢通门县
9.15		25.00	25.00	4.50	1723	1625	0.90	萨迦县
		68.00	38.00	13.00	830	800	0.40	岗巴县
60.00	10.00	15.00	15.00	18.60	3600	3000	2.23	拉孜县
100.00		0.10		26.00	3241	3241	1.90	江孜县
		85.00	85.00	3.00	6500	4000	1.00	定日县
72.00	16.20	0.80	0.30	17.00	4082	3420	1.42	南木林县
70.50	1.00			13.50	1920	1800	0.90	昂仁县
40.00		11.00	2.00	15.50	800	800	1.04	白朗县
		31.50	31.50	5.00	1120	1035	0.65	仁布县
		15.00	15.00	1.00	500	500	0.25	左贡县
80.00	2.00	25.00		14.56	2640	2600	1.30	丁青县
28.00		5.00	5.00	6.00	5000	5000	1.40	八宿县
44.00	3.70			11.00	3124	3090	1.40	江达县
62.00	4.00	3.00	3.00	11.00	2832	2760	1.54	洛隆县
27.00	1.00	3.00	3.00	4.00	2200	1400	0.70	察雅县
46.00		14.00		12.00	1354	1354	0.60	贡觉县
37.12	3.30	1.00	1.00	6.50	1400	1400	0.70	边坝县
50.00	2.00	5.00	5.00	12.00	1500	1500	0.80	类乌齐县
		81.00	81.00	13.00	4590	4590	2.50	芒康县
36.00	3.00	1.00		6.50	1020	1020	0.48	朗　县
35.00	1.00			6.00	1830	800	0.36	墨脱县
38.00				8.10	2013	1800	0.42	工布江达县
28.30	2.00			6.00	963	899	0.69	察隅县
70.00		7.00	7.00	16.00	4890	4830	1.90	波密县
33.04	5.04			12.03	1762	1532	0.61	米林县
10.00	6.00	19.00		8.00	500	460	0.50	错那县
58.00	1.80	4.60	4.60	10.00	2600	2560	0.70	浪卡子县
73.00	15.00	4.00	2.00	12.00	12200	10800	2.00	贡嘎县
49.00				12.00	1718	1583	0.83	加查县
23.00	4.00	65.00	55.00	11.00	3000	2620	0.90	桑日县
35.00	2.00	1.00	1.00	7.70	1060	1060	0.50	洛扎县
44.00		16.00	10.00	8.00	1812	1597	0.95	琼结县

5-5 续表 32

县名称 Name of Counties	综合生产能力(万立方米/日) Integrated Production Capacity (10,000m³/day)	地下水 Under-ground Water	水厂个数(个) Number of Water Plants (unit)	地下水 Under-ground Water	供水管道长度(公里) Length of Water Supply Pipelines (km)	供水总量(万立方米) 合计 Total	售水量 小计 Subtotal	生产运营用水 The Quantity of Water for Production and Operation	公共服务用水 The Quantity of Water for Public Service
措美县	0.3		1		13.40	82.00	9.00	7.00	1.00
扎囊县	0.2	0.2	1	1	16.29	53.75	45.75	2.00	5.00
曲松县	0.3	0.3	1	1	18.50	66.49	8.49	5.00	1.49
隆子县	0.3	0.3	1	1	23.70	53.99	39.00	3.00	2.00
聂荣县	0.3	0.3	1		13.78	49.12	5.10	0.50	0.30
双湖县									
嘉黎县	0.1	0.1	1	1	11.00	9.60			
比如县	0.1	0.1	1	1	18.00	38.00	32.00		
尼玛县	0.2	0.2	1	1	20.80	20.00	14.00	3.00	2.00
巴青县	0.3	0.3	1	1	36.99	33.65	20.65	0.25	2.46
申扎县	0.2		1		29.80	65.68	56.81	2.09	3.40
安多县	0.1	0.1	1	1	48.62	41.00			
索　县	0.2	0.2	1		28.50	51.00			
班戈县	0.3	0.3	1		12.00	19.00			
革吉县	0.7	0.7	1	1	29.20	22.00	18.00	4.00	1.00
札达县	0.1	0.1			22.65	43.49	22.00		
日土县	0.1	0.1	1	1	9.74	0.10			
改则县									
葛尔县	1.0	1.0	2		135.00	362.60	336.00	10.00	
普兰县	0.2	0.2	1	1	7.63	29.30	25.30		
措勤县									
陕　西	**119.1**	**63.4**	**122**	**54**	**4861.78**	**22530.05**	**20024.33**	**2907.76**	**2459.79**
蓝田县	2.0	2.0	1	1	77.32	289.89	261.33	35.50	40.62
周至县	2.5	1.7	2	1	60.92	406.73	366.73	37.55	125.53
宜君县	0.4		2		53.24	48.00	41.20	2.12	4.00
凤翔县	2.4		2	1	75.40	497.70	440.70	34.00	39.90
岐山县	2.5	1.1	2	2	36.00	522.60	516.00	208.00	64.00
扶风县	1.5	0.7	8	7	66.10	509.08	433.10	86.10	48.00
眉　县	2.7	1.4	3	2	63.90	388.80	347.80	71.40	32.80
陇　县	3.0	3.0	2	2	90.38	322.33	277.48	15.25	88.30
千阳县	1.2	1.2	1		30.40	258.00	236.00	45.00	78.00
麟游县	0.4		1		19.92	115.00	113.00	34.00	5.00
凤　县	1.2		1		43.40	176.30	148.30	36.00	12.60
太白县	0.5		1		45.22	156.87	140.87		28.93
三原县	4.6	1.0	1	1	115.32	691.50	571.16	133.29	8.70
泾阳县									
乾　县	2.0	2.0	3	3	110.50	496.05	427.74	30.10	13.30
礼泉县	1.3	1.3	1	1	68.50	349.80	307.00	41.00	62.00
永寿县	0.5	0.4	3	2	52.49	235.24	204.82	34.00	61.00
长武县	0.7		1		74.83	265.02	245.98	28.30	47.30

continued

Total Quantity of Water Supply(10,000m³) Water Sold 居民家庭用水 The Quantity of Water for Household Use	其他用水 The Quantity of Water for Other Purposes	免费供水量 The Quantity of Free Water Supply	生活用水 Domestic Water Use	漏损水量 The Lossed Water	用水户数(户) Number of Households with Access to Water Supply (unit)	家庭用户 Household User	用水人口(万人) Population with Access to Water Supply (10,000 persons)	县名称 Name of Counties
1.00		66.00	52.00	7.00	2305	2256	1.15	措美县
37.75	1.00	5.00		3.00	2000	2000	0.80	扎囊县
1.00	1.00	48.00	30.00	10.00	1030	901	0.40	曲松县
32.00	2.00	8.00	3.00	6.99	1400	1269	0.90	隆子县
4.20	0.10	44.00	40.00	0.02	1010	960	0.44	聂荣县
					650			双湖县
		9.50	9.50	0.10	668	668	0.32	嘉黎县
31.00	1.00			6.00	5123	5000	2.00	比如县
8.00	1.00	3.00	3.00	3.00	1300	800	0.38	尼玛县
15.78	2.16	10.00	10.00	3.00	1589	1589	0.62	巴青县
47.20	4.12	1.87	0.94	7.00	1370	1030	0.75	申扎县
		36.00	30.00	5.00	2356	2301	1.20	安多县
		46.00	46.00	5.00	2100	2100	0.80	索　县
		17.00	17.00	2.00	820	800	0.30	班戈县
12.00	1.00			4.00	1250	1200	0.53	革吉县
22.00		15.43		6.06	1056	956	0.43	札达县
		0.09	0.09	0.01	412	412	0.18	日土县
								改则县
326.00				26.60	24060	24060	6.00	葛尔县
24.30	1.00			4.00	2018	2018	0.92	普兰县
								措勤县
13509.11	**1147.67**	**470.93**	**97.86**	**2034.79**	**1172020**	**1077693**	**479.10**	**陕　西**
184.13	1.08			28.56	23315	22214	7.04	蓝田县
202.75	0.90	14.00		26.00	25856	16872	7.70	周至县
33.50	1.58	2.80	0.35	4.00	1778	1257	1.76	宜君县
346.80	20.00	11.00	10.00	46.00	20596	18901	9.20	凤翔县
206.00	38.00	0.60		6.00	13445	12000	4.82	岐山县
249.00	50.00	25.98		50.00	9200	5500	5.45	扶风县
243.60		4.50	4.00	36.50	23548	23146	8.44	眉　县
173.93		10.00		34.85	2822	2472	8.05	陇　县
88.00	25.00	12.00	7.00	10.00	18000	16600	5.26	千阳县
57.00	17.00	1.00		1.00	12000	12000	2.50	麟游县
96.00	3.70	14.00	8.00	14.00	6230	6122	2.83	凤　县
76.53	35.41	5.80	5.80	10.20	3887	3679	1.53	太白县
411.73	17.44	9.49	9.49	110.85	41023	40751	13.85	三原县
								泾阳县
376.88	7.46	23.92	22.50	44.39	31890	31100	11.99	乾　县
182.00	22.00	1.30	1.20	41.50	32728	25011	9.25	礼泉县
102.30	7.52	1.42	1.42	29.00	10198	9539	4.43	永寿县
143.67	26.71	0.42	0.28	18.62	13018	12396	5.37	长武县

5-5 续表 33

县名称 Name of Counties	综合生产能力(万立方米/日) Integrated Production Capacity (10,000m³/day)	地下水 Underground Water	水厂个数(个) Number of Water Plants (unit)	地下水 Underground Water	供水管道长度(公里) Length of Water Supply Pipelines (km)	供水总量(万立方米) 合计 Total	售水量 小计 Subtotal	生产运营用水 The Quantity of Water for Production and Operation	公共服务用水 The Quantity of Water for Public Service
旬邑县	1.6		1		24.20	133.65	123.95	13.50	21.25
淳化县	0.4	0.4	4	4	30.40	119.16	92.94	5.50	12.44
武功县	2.1	1.1	4	3	62.24	486.63	422.00	105.00	22.00
潼关县	3.0	3.0	1	1	60.20	276.20	246.90	21.00	23.00
大荔县	3.0	3.0	1	1	121.20	616.00	564.00	7.00	70.00
合阳县	3.9	2.0	2	1	107.20	490.21	411.21	85.21	18.00
澄城县	2.8	0.9	2	1	50.21	414.50	359.50	65.00	55.00
蒲城县	4.5	4.5	2	2	196.99	730.60	659.00	173.18	20.49
白水县	1.0	1.0	1	1	58.51	256.00	230.00	44.00	42.00
富平县	3.0	3.0	1	1	155.00	688.00	679.00	60.00	102.00
延长县	1.1		2		38.00	209.00	191.85	3.51	65.50
延川县	0.4		1		37.00	135.00	128.00	10.00	46.30
志丹县	1.1	1.1	1	1	57.00	336.00	299.10	26.40	123.70
吴起县	1.2	1.2	2	2	51.80	394.00	347.00	135.00	30.00
甘泉县	0.6		1		58.00	133.75	114.35	6.00	31.55
富　县	1.0		2		45.27	284.51	224.81	10.50	24.50
洛川县	1.5		1		91.64	236.00	210.00	35.00	33.00
宜川县	0.6		1		45.40	146.50	131.40	10.00	11.00
黄龙县	0.5		1		60.00	80.00	70.00	4.80	19.10
黄陵县	1.0		2		83.83	201.12	182.21	9.91	59.40
城固县	2.0	1.4	1	1	49.10	600.20	524.00	51.00	55.00
洋　县	3.2	1.2	2	1	47.90	458.70	382.00	1.00	35.00
西乡县	2.2		1		65.80	336.00	289.00	40.00	61.00
勉　县	3.6	3.6	2	2	74.11	1000.60	896.10	98.20	75.30
宁强县	1.5		3		85.30	257.00	219.00	32.00	29.00
略阳县	2.0	1.7	2		60.00	349.00	314.00	56.00	15.00
镇巴县	0.8		1		66.00	248.44	226.73	41.50	27.00
留坝县	0.3		1		8.80	86.40	55.71	13.61	6.95
佛坪县	0.6		2		36.00	56.00	51.00		16.00
府谷县	5.0	5.0	1	1	110.00	598.34	573.34	70.30	21.54
靖边县	2.6	2.6	1	1	150.66	668.00	651.00	120.00	50.00
定边县	0.7	0.7	2	1	235.00	251.50	230.56	62.13	12.43
绥德县	2.2	2.2	1	1	121.54	315.00	281.50	7.20	34.30
米脂县	0.8	0.8	1	1	64.80	184.00	172.00	32.20	13.50
佳　县	0.4	0.4			20.40	33.00	29.00	0.90	0.90
吴堡县	0.4		1		40.00	97.51	88.10	1.20	9.10
清涧县	0.4	0.4	1	1	44.00	130.00	117.00	6.00	9.00
子洲县	0.5		1		55.80	115.70	96.70	16.20	3.00
汉阴县	0.8	0.2	5		64.55	285.40	262.60	32.00	5.30
石泉县	1.3		3		54.80	438.00	295.91	57.08	

continued

Total Quantity of Water Supply(10,000m³)					用水户数(户)	家庭用户	用水人口(万人)	县名称
Water Sold		免费供水量	生活用水	漏损水量				
居民家庭用水 The Quantity of Water for Household Use	其他用水 The Quantity of Water for Other Purposes	The Quantity of Free Water Supply	Domestic Water Use	The Lossed Water	Number of Households with Access to Water Supply (unit)	Household User	Population with Access to Water Supply (10,000 persons)	Name of Counties
85.20	4.00	1.20	0.85	8.50	7029	7003	3.37	旬邑县
72.00	3.00	4.07	1.85	22.15	8510	7850	3.32	淳化县
282.00	13.00	8.63	8.00	56.00	34000	31100	9.09	武功县
194.90	8.00	2.30	1.00	27.00	22976	22976	5.63	潼关县
374.00	113.00			52.00	21060	19240	9.40	大荔县
256.00	52.00	23.00	8.95	56.00	13259	13032	5.30	合阳县
236.50	3.00	10.00		45.00	25428	24861	10.64	澄城县
459.20	6.13	0.86		70.74	25490	13910	13.00	蒲城县
141.00	3.00			26.00	20646	20542	6.27	白水县
360.00	157.00	4.00		5.00	29500	27500	11.85	富平县
106.49	16.35	2.15	0.36	15.00	12860	10800	5.34	延长县
55.00	16.70			7.00	10343	9600	6.38	延川县
149.00		2.90		34.00	3167	2966	5.48	志丹县
163.00	19.00	9.50		37.50	20544	20544	7.10	吴起县
75.50	1.30	2.00		17.40	6435	6020	3.01	甘泉县
187.81	2.00	5.50		54.20	12350	12350	5.30	富　县
127.00	15.00	10.00		16.00	9340	8944	7.50	洛川县
106.20	4.20			15.10	9577	9168	4.55	宜川县
40.90	5.20			10.00	3650	2850	2.20	黄龙县
112.90		14.00		4.91	10941	9700	3.81	黄陵县
410.00	8.00	17.20		59.00	39531	39285	13.81	城固县
314.00	32.00	6.00		70.70	21848	21487	9.72	洋　县
158.00	30.00	7.00		40.00	21020	18340	6.49	西乡县
721.90	0.70			104.50	53485	45762	15.98	勉　县
157.00	1.00	23.00		15.00	23183	22371	6.96	宁强县
212.00	31.00			35.00	19000	16020	8.00	略阳县
157.00	1.23	0.71	0.71	21.00	13507	11617	5.50	镇巴县
35.10	0.05	19.85		10.84	4005	3627	1.35	留坝县
35.00				5.00	2912	2452	0.87	佛坪县
480.00	1.50			25.00	30925	30725	15.45	府谷县
335.00	146.00			17.00	23461	23128	23.56	靖边县
131.00	25.00			20.94	18163	16014	10.17	定边县
235.20	4.80			33.50	31101	27448	9.30	绥德县
126.00	0.30			12.00	7892	7710	4.84	米脂县
27.00	0.20			4.00	4900	4800	1.00	佳　县
75.80	2.00	0.11	0.10	9.30	8320	8076	3.01	吴堡县
96.00	6.00			13.00	10972	10836	3.82	清涧县
72.00	5.50			19.00	10885	10500	4.00	子洲县
206.00	19.30	0.20	0.20	22.60	16800	15800	8.50	汉阴县
237.87	0.96	89.57		52.52	19498	16303	7.25	石泉县

5-5 续表 34

县名称 Name of Counties	综合生产能力(万立方米/日) Integrated Production Capacity (10,000m³/day)	地下水 Under-ground Water	水厂个数(个) Number of Water Plants (unit)	地下水 Under-ground Water	供水管道长度(公里) Length of Water Supply Pipelines (km)	供水总量(万立方米) 合计 Total	售水量 小计 Subtotal	生产运营用水 The Quantity of Water for Production and Operation	公共服务用水 The Quantity of Water for Public Service
宁陕县	0.4		2		29.69	73.30	65.00	3.02	4.96
紫阳县	1.0		2		16.27	334.00	302.35	50.40	5.30
岚皋县	0.8		2		89.30	240.70	214.00	25.00	33.00
平利县	2.8		1		43.20	216.65	193.00	50.00	51.00
镇坪县	1.0		3		51.23	85.15	72.65	4.50	5.50
旬阳县	2.5		1		131.00	437.06	390.64	45.00	24.50
白河县	1.3		2		64.20	220.00	190.75	41.50	6.00
洛南县	3.0		2		106.00	727.90	639.50	49.60	39.60
丹凤县	5.7	5.7			80.65	312.60	275.50	38.00	40.00
商南县	1.2		1		66.30	331.20	303.60	46.50	49.90
山阳县	1.4	0.9	4	3	69.45	570.96	501.66	64.60	85.50
镇安县	1.4		1		82.00	217.00	202.00	19.00	35.00
柞水县	2.0		1		60.00	159.00	152.00	30.00	10.00
甘　肃	**84.8**	**30.3**	**87**	**35**	**4987.07**	**15631.61**	**13793.05**	**1973.09**	**1993.98**
永登县	1.3	0.8	1	1	132.00	300.00	257.80	4.30	29.10
皋兰县	2.4		2		128.43	284.28	242.08	75.20	71.20
榆中县	3.5		1		90.00	310.74	271.35	90.00	
永昌县	2.0		2	1	63.20	250.00	224.99	35.00	30.99
靖远县	3.2		1		135.33	360.70	314.50	27.00	47.50
会宁县	2.5		1		65.00	376.50	347.50	8.00	135.00
景泰县	2.0		1		91.88	225.00	203.00	1.50	6.60
清水县	2.0		2		84.67	256.07	239.54	35.73	74.20
秦安县	1.3	1.3	1	1	69.00	336.08	305.76	37.94	58.76
甘谷县	2.3	0.6	1	1	72.16	410.31	335.30	33.30	47.70
武山县	1.0	1.0	1	1	83.00	270.00	260.00	21.00	20.00
张家川回族自治县	0.6		2	1	18.21	326.40	159.40	28.40	32.00
民勤县	4.3	4.3	1	1	289.40	407.14	365.56	70.20	91.66
古浪县	1.0		2		182.77	233.83	173.10		52.30
天祝藏族自治县	1.5		1		76.60	230.42	192.31	63.39	3.00
肃南县	1.2		1		31.30	153.80	126.06	14.73	0.80
民乐县	2.5	2.5	2	1	186.23	428.06	364.70	3.04	44.32
临泽县	1.0	1.0	1	1	123.00	239.00	206.10	43.64	41.17
高台县	1.4	1.4	1	1	102.68	326.80	295.24	9.80	40.81
山丹县	1.7	1.0	2	1	103.84	455.05	418.53	41.27	21.44
泾川县	1.2	1.0	1	1	83.87	410.30	378.40	206.80	11.60
灵台县	0.6	0.6	1	1	72.70	228.20	206.80	24.00	25.80
崇信县	0.6	0.6	2	2	71.00	166.51	155.95	31.67	37.60
庄浪县	1.2		1		65.00	315.50	291.09	60.00	71.00
静宁县	1.6		1	1	67.55	363.57	321.39	89.16	4.93

continued

Total Quantity of Water Supply(10,000m³)					用水户数(户)		用水人口(万人)	县名称
Water Sold		免费供水量		漏损水量		家庭用户		
居民家庭用水	其他用水		生活用水					
The Quantity of Water for Household Use	The Quantity of Water for Other Purposes	The Quantity of Free Water Supply	Domestic Water Use	The Lossed Water	Number of Households with Access to Water Supply (unit)	Household User	Population with Access to Water Supply (10,000 persons)	Name of Counties
49.49	7.53			8.30	4458	4235	1.93	宁陕县
245.00	1.65	5.65		26.00	20021	16940	5.89	紫阳县
155.00	1.00			26.70	12624	12620	3.95	岚皋县
79.00	13.00	0.50		23.15	13890	13290	5.00	平利县
62.00	0.65	3.30	3.30	9.20	4200	4000	1.42	镇坪县
318.14	3.00	0.50	0.50	45.92	21271	21218	10.34	旬阳县
143.25				29.25	13200	12566	4.25	白河县
532.60	17.70	5.40		83.00	35480	33950	13.76	洛南县
195.00	2.50	1.10		36.00	23250	22250	9.68	丹凤县
207.20				27.60	5311	4268	6.79	商南县
287.14	64.42	50.50		18.80	20825	20315	9.00	山阳县
145.00	3.00			15.00	11943	11724	6.00	镇安县
110.00	2.00	2.00	2.00	5.00	7500	7500	3.50	柞水县
9100.81	**725.17**	**460.40**	**23.02**	**1378.16**	**1008356**	**906451**	**383.56**	**甘　肃**
202.00	22.40	12.20		30.00	26700	26009	10.00	永登县
73.24	22.44			42.20	5292	1846	6.86	皋兰县
181.35				39.39	26844	25851	5.40	榆中县
131.00	28.00	0.01	0.01	25.00	21857	18657	3.61	永昌县
220.00	20.00	16.00		30.20	28210	27096	10.59	靖远县
178.50	26.00			29.00	38500	34000	13.81	会宁县
185.00	9.90			22.00	6300	5800	10.00	景泰县
128.66	0.95			16.53	12185	11913	6.80	清水县
207.06	2.00	1.00	0.50	29.32	38650	37159	12.50	秦安县
254.30		17.72		57.29	26968	24698	12.47	甘谷县
211.00	8.00			10.00	17500	15500	7.33	武山县
56.00	43.00	165.00		2.00	5240	5240	6.23	张家川回族自治县
200.00	3.70	1.10		40.48	27450	25551	6.27	民勤县
92.80	28.00	36.10		24.63	18181	14070	4.50	古浪县
102.95	22.97	25.45	1.42	12.66	15271	15271	7.90	天祝藏族自治县
110.53		27.54		0.20	5480	4921	0.96	肃南县
232.18	85.16	3.59		59.77	31184	26823	9.21	民乐县
121.20	0.09	4.00	4.00	28.90	8885	7483	5.19	临泽县
224.43	20.20	0.08		31.48	34308	20626	7.70	高台县
352.67	3.15	0.23		36.29	26386	24799	8.24	山丹县
155.60	4.40	2.20		29.70	21085	16387	7.00	泾川县
154.00	3.00			21.40	10918	8456	3.60	灵台县
82.68	4.00			10.56	12220	12000	3.60	崇信县
158.00	2.09			24.41	21500	15162	4.64	庄浪县
223.20	4.10			42.18	12863	10815	7.39	静宁县

5-5 续表 35

县名称 Name of Counties	综合生产能力(万立方米/日) Integrated Production Capacity (10,000m³/day)	地下水 Under-ground Water	水厂个数(个) Number of Water Plants (unit)	地下水 Under-ground Water	供水管道长度(公里) Length of Water Supply Pipelines (km)	供水总量(万立方米) 合计 Total	售水量 小计 Subtotal	生产运营用水 The Quantity of Water for Production and Operation	公共服务用水 The Quantity of Water for Public Service
金塔县	1.6	1.6	1	1	74.89	259.89	235.80	38.20	30.00
瓜州县	1.6	1.6	1	1	76.22	446.49	403.31	21.46	121.26
肃北蒙古族自治县	0.3	0.3	1	1	45.00	80.00	79.90	22.90	9.50
阿克塞哈萨克族自治县	0.2		1		56.00	70.00	61.82	14.54	3.50
庆城县	1.3		1		80.00	192.30	169.05	14.23	33.82
环　县	1.4		2	1	122.20	352.31	317.43	48.72	28.09
华池县	0.7		2		64.70	148.00	138.00	15.00	40.00
合水县	0.6		2		90.00	121.54	111.54	16.17	16.39
正宁县	0.8		2		50.45	93.14	78.14	9.11	22.82
宁　县	0.5	0.5	2	2	31.50	111.13	110.73	22.30	8.00
镇原县	1.1	0.7	2	2	33.90	141.08	127.67	23.22	34.57
通渭县	0.8		1		124.00	148.83	138.73	45.16	
陇西县	3.9	1.6	1		165.50	747.00	680.00	180.00	68.00
渭源县	0.8		1		56.70	230.00	183.00	63.00	30.00
临洮县	1.1	1.1	1	1	80.84	396.22	357.07	37.10	19.88
漳　县	1.0	1.0	1	1	54.40	108.00	96.00	1.00	1.00
岷　县	1.7	1.7	1	1	69.00	247.70	232.70	16.00	10.00
成　县	3.5		2		108.05	312.43	249.40	0.80	41.00
文　县	0.6	0.6	1	1	32.00	180.00	160.00	21.00	21.00
宕昌县	1.5		1		75.26	102.43	97.60	6.00	4.80
康　县	0.5		1		56.90	71.91	59.09	0.09	7.50
西和县	1.2	0.1	3	1	121.00	246.80	215.80	22.00	5.00
礼　县	0.6	0.6	1	1	85.00	191.50	166.50	7.50	26.50
徽　县	0.8	0.8	3		60.00	201.10	183.60	2.58	51.93
两当县	0.3		2		22.17	52.66	47.66	1.20	2.26
临夏县	1.2		1		49.47	166.90	147.90	32.00	4.60
康乐县	1.0		1		51.00	231.57	213.97	3.20	55.51
永靖县	2.0		1		70.00	680.00	623.00	72.00	91.00
广河县	1.1		1		33.23	231.15	213.10	30.20	28.90
和政县	0.8		2		62.21	220.42	196.92	26.00	10.00
东乡县	0.7		1		75.00	120.50	120.40	20.60	25.80
积石山县	0.5		2		23.32	210.90	185.10	15.20	20.00
临潭县	0.6		1	1	61.80	117.80	108.00	5.40	1.32
卓尼县	0.6		1		59.54	83.09	76.29	5.28	8.72
舟曲县	1.1	1.1	1	1	47.80	221.87	186.97		22.28
迭部县	0.4	0.2	2	2	39.90	165.94	124.00	24.00	35.00
玛曲县	2.2	0.0	1		27.30	83.65	73.91	1.56	3.05
碌曲县	0.2	0.2	1		27.00	71.10	61.50	18.30	11.50
夏河县	0.5	0.5	1	1	35.00	110.00	105.00	15.00	40.00

continued

Total Quantity of Water Supply(10,000m³) Water Sold 居民家庭用水 The Quantity of Water for Household Use	其他用水 The Quantity of Water for Other Purposes	免费供水量 The Quantity of Free Water Supply	生活用水 Domestic Water Use	漏损水量 The Lossed Water	用水户数(户) Number of Households with Access to Water Supply (unit)	家庭用户 Household User	用水人口(万人) Population with Access to Water Supply (10,000 persons)	县名称 Name of Counties
166.30	1.30			24.09	20100	16482	6.54	金塔县
153.61	106.98			43.18	23104	20876	4.62	瓜州县
38.00	9.50			0.10	2710	2710	0.87	肃北蒙古族自治县
38.00	5.78	0.03	0.03	8.15	4000	4000	1.46	阿克塞哈萨克族自治县
114.10	6.90	10.00		13.25	16900	16230	6.80	庆城县
238.62	2.00			34.88	28520	28280	7.23	环　县
80.70	2.30			10.00	4935	4034	3.20	华池县
73.98	5.00			10.00	16320	15000	4.53	合水县
41.20	5.01			15.00	12635	12635	3.48	正宁县
75.50	4.93			0.40	9100	8350	3.94	宁　县
67.92	1.96			13.41	9635	8452	3.86	镇原县
92.15	1.42			10.10	26000	20000	6.22	通渭县
382.00	50.00			67.00	35382	34210	23.06	陇西县
80.00	10.00	20.00		27.00	9800	8150	3.65	渭源县
293.79	6.30			39.15	33145	33145	15.22	临洮县
93.00	1.00			12.00	5249	4288	5.78	漳　县
205.10	1.60			15.00	16742	16742	9.98	岷　县
175.00	32.60	20.53		42.50	33010	29110	7.80	成　县
108.00	10.00			20.00	10335	10015	4.16	文　县
85.80	1.00	3.00	2.00	1.83	8923	8521	3.28	宕昌县
51.50		4.82		8.00	6230	5228	2.72	康　县
187.00	1.80	6.00		25.00	8620	7505	6.65	西和县
131.00	1.50	2.00		23.00	13182	12428	6.22	礼　县
129.09				17.50	13140	12948	5.70	徽　县
43.20	1.00	0.40		4.60	3059	2956	1.28	两当县
95.00	16.30	13.00	13.00	6.00	6742	5636	2.96	临夏县
154.06	1.20			17.60	14129	13135	5.97	康乐县
452.00	8.00	10.00		47.00	31237	29236	7.80	永靖县
148.10	5.90	8.60	0.46	9.45	13963	13537	4.42	广河县
160.72	0.20			23.50	10723	10710	5.68	和政县
68.80	5.20			0.10	4543	4543	3.26	东乡县
137.90	12.00	16.00		9.80	7000	6750	5.14	积石山县
95.43	5.85	1.60	1.00	8.20	8200	7980	3.26	临潭县
58.00	4.29	0.50	0.30	6.30	7700	7700	3.10	卓尼县
164.69		2.00		32.90	12900	9900	4.06	舟曲县
42.00	23.00	27.00		14.94	4446	3998	2.19	迭部县
66.50	2.80	0.10	0.10	9.64	4300	4080	1.80	玛曲县
29.70	2.00	2.60	0.20	7.00	2720	2318	1.01	碌曲县
45.00	5.00			5.00	9000	8500	2.86	夏河县

5-5 续表 36

县名称 Name of Counties	综合生产能力(万立方米/日) Integrated Production Capacity (10,000m³/day)	地下水 Underground Water	水厂个数(个) Number of Water Plants (unit)	地下水 Underground Water	供水管道长度(公里) Length of Water Supply Pipelines (km)	供水总量(万立方米) 合计 Total	售水量 小计 Subtotal	生产运营用水 The Quantity of Water for Production and Operation	公共服务用水 The Quantity of Water for Public Service
青 海	**39.6**	**9.6**	**40**	**11**	**1938.76**	**4922.64**	**4211.74**	**508.48**	**798.31**
大通县	6.0		1	1	142.00	477.05	470.50	30.00	138.00
湟源县	0.9	0.9	1	1	125.55	282.11	226.62	35.39	34.35
民和县	1.5		2		187.00	327.60	251.80		48.70
互助县	6.0	1.0	2	1	97.42	528.00	420.00	1.80	77.00
化隆县	3.8		2		152.10	346.50	235.50	26.00	17.90
循化县	0.7		1		77.00	160.20	111.40	17.80	28.60
门源县	1.0		2		93.70	229.00	194.00	11.00	31.00
祁连县	0.6	0.3	1	1	75.00	119.41	104.41	17.50	23.00
海晏县	0.7	0.7	1	1	43.90	101.00	99.00	4.00	9.00
刚察县	0.2		1	1	32.20	66.40	56.44	4.90	25.25
西海镇	2.0	2.0	1	1	51.00	81.00	74.14	32.00	6.69
尖扎县	1.1		1		22.00	108.00	91.00	18.00	16.00
泽库县	0.4		1		22.00	73.00	67.00	20.00	18.00
河南县	0.5		1		11.20	102.36	92.20	20.20	25.00
共和县	2.0	2.0	1	1	94.56	426.70	382.91	84.87	82.18
同德县	0.5		1		18.40	90.69	81.69	12.60	16.80
贵德县	0.9	0.7	1		85.71	198.06	178.83	27.08	28.94
兴海县	1.5		1		35.13	81.30	73.56	5.45	16.04
贵南县	0.4		1		19.63	68.55	60.90	2.90	1.00
班玛县	0.2		1		19.00	33.16	31.80	3.50	1.30
久治县	0.2		1		25.00	36.90	32.90	10.00	8.90
甘德县	0.2		2		53.00	58.77	56.57	8.26	16.31
玛沁县	0.5		1		96.97	128.90	125.70	36.00	42.90
达日县	0.3		1		38.30	34.32	33.43	8.13	8.00
玛多县	1.0		1		21.00	43.90	43.00	8.00	8.00
杂多县	1.2		1		9.37	79.40	71.00	3.50	1.80
称多县	0.6		1		34.84	62.82	56.80	0.70	0.80
治多县	0.8		1		10.00	65.20	51.20	4.10	14.00
囊谦县	1.2		1		28.55	70.50	62.50	2.50	3.80
曲麻莱县	0.5	0.5	1	1	10.00	41.80	39.10	1.00	4.00
乌兰县	0.3		2		19.60	100.80	82.00	4.80	10.00
都兰县	0.6		1		58.14	82.30	73.00	16.00	19.00
天峻县	0.8	0.8	1	1	100.96	111.19	84.09	1.84	0.12
大柴旦行委	0.7	0.7	1	1	28.53	105.75	96.75	28.66	15.93
宁 夏	**40.3**	**24.3**	**22**	**12**	**1879.23**	**7261.29**	**6339.29**	**1034.92**	**969.94**
永宁县	1.6	1.6	1	1	38.88	691.22	560.62	148.13	107.63
贺兰县	6.5	6.5	2	1	358.93	2007.87	1816.24	408.27	406.48
平罗县	2.8	2.2	1	1	201.00	996.96	859.28	63.97	76.80

continued

Total Quantity of Water Supply($10,000m^3$)								
Water Sold		免费供水量 The Quantity of Free Water Supply		漏损水量 The Lossed Water	用水户数(户) Number of Households with Access to Water Supply (unit)		用水人口(万人) Population with Access to Water Supply (10,000 persons)	县名称 Name of Counties
居民家庭用水 The Quantity of Water for Household Use	其他用水 The Quantity of Water for Other Purposes		生活用水 Domestic Water Use			家庭用户 Household User		
2677.80	**227.15**	**273.17**	**8.21**	**437.73**	**296969**	**253969**	**108.61**	**青　海**
300.00	2.50	1.00	1.00	5.55	30778	30440	20.09	大通县
124.95	31.93	11.28		44.21	26336	13038	7.00	湟源县
194.50	8.60	62.30		13.50	38365	25402	7.77	民和县
296.00	45.20	57.00	2.60	51.00	25771	24767	9.02	互助县
171.60	20.00	69.00		42.00	16594	16203	6.61	化隆县
63.60	1.40	40.00		8.80	12193	11061	4.10	循化县
152.00				35.00	13580	13110	5.47	门源县
62.00	1.91			15.00	11080	10600	2.20	祁连县
80.00	6.00			2.00	5715	5139	2.58	海晏县
26.29				9.96	4239	4052	1.79	刚察县
29.89	5.56	0.86	0.13	6.00	6702	6302	2.29	西海镇
47.00	10.00	10.00		7.00	6500	6200	2.01	尖扎县
29.00		1.00		5.00	2600	2550	1.50	泽库县
47.00		0.36		9.80	3667	3373	1.67	河南县
165.44	50.42	5.00		38.79	12500	12300	4.54	共和县
46.41	5.88	0.50		8.50	7000	5565	1.86	同德县
120.71	2.10	1.65		17.58	10355	9671	3.42	贵德县
42.67	9.40	1.50		6.24	6600	5100	1.65	兴海县
57.00		0.60		7.05	6229	6150	2.13	贵南县
27.00				1.36	1540	1540	0.57	班玛县
14.00				4.00	1530	1530	0.50	久治县
32.00				2.20	1484	1322	0.57	甘德县
46.80				3.20	5070	4983	3.50	玛沁县
17.30				0.89	1364	1146	0.83	达日县
27.00				0.90	1291	1260	0.40	玛多县
63.20	2.50			8.40	4290	4227	2.45	杂多县
54.90	0.40	0.22	0.22	5.80	2150	1940	1.27	称多县
33.10		5.00		9.00	2983	2550	1.74	治多县
56.00	0.20			8.00	4800	4370	2.60	囊谦县
34.10				2.70	1915	1610	1.25	曲麻莱县
58.20	9.00	5.60	4.26	13.20	8600	4310	1.42	乌兰县
38.00		0.30		9.00	5512	4857	1.90	都兰县
82.13				27.10	4500	4200	0.73	天峻县
38.01	14.15			9.00	3136	3101	1.18	大柴旦行委
3691.25	**643.18**	**72.14**	**16.50**	**849.86**	**455108**	**373023**	**114.07**	**宁　夏**
289.16	15.70			130.60	32846	27526	5.65	永宁县
720.56	280.93			191.63	92589	70887	17.88	贺兰县
576.00	142.51	22.00	11.30	115.68	84236	63967	14.21	平罗县

5-5 续表 37

县名称 Name of Counties	综合生产能力(万立方米/日) Integrated Production Capacity ($10,000m^3$/day)	地下水 Underground Water	水厂个数(个) Number of Water Plants (unit)	地下水 Underground Water	供水管道长度(公里) Length of Water Supply Pipelines (km)	供水总量(万立方米) 合计 Total	售水量 小计 Subtotal	生产运营用水 The Quantity of Water for Production and Operation	公共服务用水 The Quantity of Water for Public Service
盐池县	3.5	1.5	1		303.20	543.38	494.17	98.20	60.40
同心县	1.2	1.2	2	2	230.34	460.30	414.91	153.52	6.22
红寺堡区	6.2	1.2	2	1	141.24	239.51	215.20	3.00	100.10
西吉县	4.5	4.5	1		76.90	307.40	239.80	42.80	12.00
隆德县	1.8		3		71.18	296.34	227.50	14.00	88.90
泾源县	1.7		2		40.50	132.00	120.00	7.60	31.90
彭阳县	1.5	1.5	2	2	79.00	244.80	226.00	7.52	33.85
中宁县	4.0	4.0	2	2	106.66	921.31	805.87	12.21	35.66
海原县	5.0	0.2	3	2	231.40	420.20	359.70	75.70	10.00
新　疆	**150.2**	**85.4**	**97**	**68**	**7642.21**	**29553.06**	**26527.90**	**3535.60**	**3822.91**
鄯善县	12.5	2.5	3	3	297.46	1710.00	1541.00	833.00	158.00
托克逊县	1.4	1.4	1	1	88.22	537.00	495.00	55.00	215.00
巴里坤哈萨克自治县	0.8	0.8	2	2	61.62	194.38	153.95		7.22
伊吾县	0.4	0.4	1	1	43.92	110.90	103.90		28.20
呼图壁县	3.7	1.7	3	2	150.41	553.66	519.36	193.91	90.25
玛纳斯县	4.5	4.5	2	2	102.71	369.00	343.17	9.41	18.00
奇台县	4.8	4.8	2	2	144.32	904.12	828.05	107.05	99.50
吉木萨尔县	2.5	1.0	1	1	104.19	455.00	413.20	43.00	1.00
木垒哈萨克自治县	1.1		1		102.59	270.00	237.70	81.05	68.00
精河县	1.6	0.8	2	1	103.00	645.64	581.66	56.70	312.92
温泉县	0.5	0.5	1	1	65.30	84.36	76.00	7.60	6.08
轮台县	0.9	0.9	1	1	124.84	335.00	285.00	30.00	15.00
尉犁县					32.00	185.00	165.50		15.00
若羌县	2.0	2.0	1	1	139.00	139.40	114.14	10.00	10.00
且末县	1.0	1.0	1	1	56.28	165.00	150.00	10.00	40.00
焉耆回族自治县	3.3	3.3	1	1	65.00	400.00	356.00	81.00	55.00
和静县	3.5	3.5	1	1	78.92	829.00	787.00		98.30
和硕县	1.0	1.0	1		70.35	195.00	179.50	12.60	25.70
博湖县	0.4	0.4	1	1	21.89	93.50	85.80		12.30
温宿县	3.0	3.0	1	1	117.80	410.25	373.55	14.05	185.00
沙雅县	3.5	3.5	2	2	176.00	980.00	935.00	6.00	58.00
新和县	1.0	1.0	2	2	130.00	352.21	344.85	30.00	88.50
拜城县	1.2	1.2	1	1	68.50	294.10	278.00	2.00	23.00
乌什县	0.9	0.9	2	2	34.74	240.32	190.19	25.00	35.00
阿瓦提县	1.5		1		70.00	390.00	325.00	42.00	30.00
柯坪县	0.7		1		28.00	115.10	113.70	5.50	39.00
阿克陶县	1.5	1.5	1	1	78.22	512.00	464.70	1.70	73.00
阿合奇县	0.6	0.6	3	3	34.46	121.00	107.00	15.00	19.00

continued

Total Quantity of Water Supply(10,000m³)					用水户数(户) Number of Households with Access to Water Supply (unit)		用水人口(万人) Population with Access to Water Supply (10,000 persons)	县名称 Name of Counties
Water Sold		免费供水量 The Quantity of Free Water Supply		漏损水量 The Lossed Water		家庭用户 Household User		
居民家庭用水 The Quantity of Water for Household Use	其他用水 The Quantity of Water for Other Purposes		生活用水 Domestic Water Use					
281.31	54.26			49.21	39119	30172	6.62	盐池县
219.34	35.83			45.39	15992	13266	10.77	同心县
79.20	32.90	2.00		22.31	9608	7399	3.96	红寺堡区
185.00				67.60	28525	24948	11.08	西吉县
124.60		48.14	5.20	20.70	21592	17338	6.34	隆德县
75.30	5.20			12.00	10649	9849	3.47	泾源县
127.08	57.55			18.80	19532	16131	5.71	彭阳县
740.00	18.00			115.44	63000	57000	16.97	中宁县
273.70	0.30			60.50	37420	34540	11.41	海原县
15778.46	**3390.93**	**866.78**	**263.68**	**2158.38**	**1242826**	**1143262**	**374.34**	**新　疆**
360.00	190.00	40.00	2.00	129.00	30280	25999	7.67	鄯善县
162.00	63.00	2.00	0.50	40.00	27064	23580	7.22	托克逊县
89.24	57.49	26.43		14.00	9940	9571	1.32	巴里坤哈萨克自治县
32.20	43.50			7.00	3528	3350	0.49	伊吾县
233.90	1.30			34.30	21501	15763	4.85	呼图壁县
315.76				25.83	34397	33950	6.70	玛纳斯县
396.00	225.50	1.57	1.57	74.50	53420	53420	10.18	奇台县
368.00	1.20	0.80	0.80	41.00	17140	16430	4.30	吉木萨尔县
88.65		2.00	0.10	30.30	12250	11380	2.06	木垒哈萨克自治县
160.64	51.40			63.98	27876	24107	4.09	精河县
58.00	4.32			8.36	4230	3820	1.27	温泉县
240.00		20.00	10.00	30.00	14950	14850	7.10	轮台县
150.50		2.00		17.50	11350	10550	3.41	尉犁县
92.14	2.00	9.50	1.00	15.76	11948	10982	2.95	若羌县
95.00	5.00			15.00	12045	11050	2.47	且末县
220.00				44.00	29496	22445	4.90	焉耆回族自治县
148.70	540.00			42.00	20500	20300	5.99	和静县
95.90	45.30			15.50	9300	5200	3.78	和硕县
73.50				7.70	7169	7079	1.71	博湖县
172.00	2.50			36.70	34333	34333	10.30	温宿县
607.00	264.00			45.00	31982	31982	9.09	沙雅县
200.00	26.35			7.36	21229	21105	6.72	新和县
230.00	23.00	0.10		16.00	27578	23397	7.43	拜城县
130.19		16.00		34.13	13840	8240	3.35	乌什县
253.00		30.00		35.00	12250	11250	4.90	阿瓦提县
69.00	0.20	0.60	0.60	0.80	5770	4620	2.40	柯坪县
390.00				47.30	9649	9522	6.50	阿克陶县
68.00	5.00			14.00	4687	4687	1.51	阿合奇县

5-5 续表 38

县名称 Name of Counties	综合生产能力(万立方米/日) Integrated Production Capacity (10,000m³/day)	地下水 Underground Water	水厂个数(个) Number of Water Plants (unit)	地下水 Underground Water	供水管道长度(公里) Length of Water Supply Pipelines (km)	供水总量(万立方米) 合计 Total	售水量 小计 Subtotal	生产运营用水 The Quantity of Water for Production and Operation	公共服务用水 The Quantity of Water for Public Service
乌恰县	5.0		1		131.54	159.05	141.05		83.05
疏附县	1.7	1.7	1	1	100.76	535.00	486.00	15.00	29.00
疏勒县	3.0	3.0	2	2	119.36	730.00	628.00	251.00	38.00
英吉沙县	3.2	3.2	1	1	161.08	598.54	577.66	1.00	29.19
泽普县	2.8	2.0	1	1	179.60	713.00	680.00	105.00	245.00
莎车县	4.1	4.1	2	2	207.00	1491.40	1476.40	178.00	100.00
叶城县	4.5	1.0	3	2	136.68	818.00	749.00	56.00	58.00
麦盖提县	2.3	2.3	1	1	108.00	638.00	577.00	45.00	17.00
岳普湖县	3.0	3.0	2	2	107.90	360.00	331.20	100.80	36.00
伽师县	1.6	1.6	1	1	125.65	565.90	496.40	13.50	27.00
巴楚县	3.0		2		319.00	638.70	630.50	85.00	125.50
塔什库尔干塔吉克自治县	1.8		2		107.85	120.00	109.00	8.00	10.00
和田县									
墨玉县	4.0	4.0	1	1	144.85	1042.00	949.00	152.00	78.00
皮山县	2.1	2.1	1	1	119.62	294.00	267.54	37.28	12.80
洛浦县	1.2	1.2	1	1	120.04	387.50	366.86	3.20	121.72
策勒县	0.6	0.3	1	1	103.42	290.90	271.40	8.90	11.50
于田县	1.2	1.2	1	1	76.30	330.00	307.30		82.70
民丰县	1.3	1.3	1	1	35.05	112.92	97.24	0.02	8.22
伊宁县	2.7		1		197.00	352.09	294.09	80.50	80.59
察布查尔县	3.3	3.3	2	1	133.29	360.00	330.00	16.60	
霍城县	1.6	1.6	1	1	77.25	376.45	340.75	23.00	20.00
巩留县	3.1	1.3	2	1	452.10	559.96	386.10	20.31	20.87
新源县	4.8		1		82.82	1150.00	722.52	148.12	54.56
昭苏县	5.0		2		174.00	482.90	425.30	20.30	147.00
特克斯县	2.0	1.0	3	2	308.00	319.30	280.00	10.00	20.00
尼勒克县	2.0	2.0	2	2	99.00	273.00	256.00	20.00	15.70
额敏县	0.7	0.7	1	1	200.84	269.40	269.30		40.00
沙湾县	6.0		3	1	217.00	1410.00	1270.00	145.00	146.00
托里县	1.0	0.2	4	3	140.58	255.00	232.50	34.10	49.10
裕民县	1.6		1		62.20	491.00	428.00	167.00	98.00
和布克赛尔蒙古自治县	0.5	0.5	1	1	58.60	127.00	118.20	7.00	15.50
布尔津县	1.8	0.9	2	1	112.84	329.18	290.43	0.90	39.81
富蕴县	2.5		1		27.17	382.13	276.74	12.00	23.05
福海县	1.1		1		94.00	269.90	259.00	26.00	12.00
哈巴河县	1.5		1		85.08	403.90	360.30	9.70	16.18
青河县	1.8		2		40.00	178.00	172.00	47.40	42.90
吉木乃县	1.2		1	1	87.00	148.00	127.20	16.40	43.00

continued

Total Quantity of Water Supply(10,000m^3)					用水户数(户) Number of Households with Access to Water Supply (unit)		用水人口(万人) Population with Access to Water Supply (10,000 persons)	县名称 Name of Counties
Water Sold		免费供水量 The Quantity of Free Water Supply		漏损水量 The Lossed Water		家庭用户 Household User		
居民家庭用水 The Quantity of Water for Household Use	其他用水 The Quantity of Water for Other Purposes		生活用水 Domestic Water Use					
58.00		7.00		11.00	11630	9530	1.91	乌恰县
243.00	199.00			49.00	15500	15350	6.20	疏附县
329.00	10.00	30.00	1.00	72.00	17530	17126	9.56	疏勒县
530.00	17.47	1.00	1.00	19.88	27728	27316	5.31	英吉沙县
275.00	55.00			33.00	17500	17000	6.95	泽普县
1198.40				15.00	61000	61000	35.00	莎车县
619.00	16.00	59.00		10.00	32580	32500	16.40	叶城县
412.00	103.00			61.00	18080	16111	8.00	麦盖提县
147.60	46.80	7.20		21.60	13743	12933	4.87	岳普湖县
455.90				69.50	28000	19600	10.01	伽师县
420.00				8.20	82965	78245	14.90	巴楚县
70.00	21.00	2.00		9.00	7996	7260	2.27	塔什库尔干塔吉克自治县
								和田县
645.00	74.00			93.00	16134	14825	9.57	墨玉县
201.80	15.66			26.46	16224	15224	3.69	皮山县
196.82	45.12			20.64	15015	14810	4.52	洛浦县
220.00	31.00			19.50	10210	10033	2.91	策勒县
188.30	36.30			22.70	13620	13214	6.50	于田县
76.00	13.00	9.68	2.00	6.00	7778	5593	2.11	民丰县
132.00	1.00	3.00	2.00	55.00	9765	9677	5.67	伊宁县
224.00	89.40			30.00	22312	22312	6.52	察布查尔县
280.75	17.00			35.70	21560	20000	8.20	霍城县
275.12	69.80	124.00		49.86	19163	17256	6.03	巩留县
256.74	263.10	320.53	192.53	106.95	39816	36407	11.69	新源县
207.00	51.00	9.10	5.00	48.50	16500	15000	5.94	昭苏县
250.00		7.00		32.30	20168	17932	5.47	特克斯县
220.00	0.30	2.50	2.00	14.50	11086	9973	4.62	尼勒克县
197.00	32.30			0.10	24203	21218	4.98	额敏县
709.00	270.00			140.00	19410	19410	10.06	沙湾县
129.70	19.60			22.50	8750	8016	2.53	托里县
153.00	10.00	18.00		45.00	13500	8000	1.50	裕民县
95.00	0.70			8.80	3364	3260	1.32	和布克赛尔蒙古自治县
187.91	61.81	5.83		32.92	15109	12645	3.38	布尔津县
131.02	110.67	68.36		37.03	19300	19300	3.40	富蕴县
170.00	51.00			10.90	10350	10350	2.20	福海县
233.02	101.40	34.10	34.10	9.50	15914	13831	2.45	哈巴河县
74.30	7.40			6.00	10890	9312	1.72	青河县
67.76	0.04	7.48	7.48	13.32	8731	8731	1.32	吉木乃县

5-6 2020年按县分列的县城供水(自建设施供水)

县名称 Name of Counties	综合生产能力(万立方米/日) Integrated Production Capacity $(10,000m^3/day)$	地下水 Underground Water	供水管道长度(公里) Length of Water Supply Pipelines (km)	建成区 in Built District	供水总量(万立方米) 合计 Total	生产运营用水 The Quantity of Water for Production and Operation
全　国	**920.9**	**506.3**	**12140.65**	**8850.80**	**122834.54**	**77133.82**
河　北	**54.0**	**45.1**	**1146.23**	**1030.58**	**9918.81**	**7812.42**
灵寿县	0.1	0.1	118.00	118.00	4.75	3.65
高邑县			65.80	65.80		
深泽县	0.9	0.9	16.30	16.30	119.40	84.40
赞皇县	0.3		2.20	2.20	60.00	44.64
滦南县	3.0	3.0	95.00	95.00	479.00	356.00
乐亭县	0.9	0.9	35.00	35.00	312.56	225.40
迁西县	1.1	0.5	22.00	22.00	19.80	14.20
玉田县	2.5	2.5	150.00	130.00	137.15	96.28
昌黎县	1.4	1.4	10.00	10.00	463.30	349.30
馆陶县	3.4	1.4				
柏乡县			21.00	21.00		
隆尧县	0.5	0.5	8.00	8.00	181.20	172.20
宁晋县	1.0		26.0	26.0	316.0	123.0
新河县	1.4				182.0	166.2
博野县	1.2	0.6	15.0	15.0	397.0	279.0
涞水县	0.8	0.8	0.2	0.2	281.2	281.2
白沟新城	0.2	0.2	12.3	4.3	66.0	51.8
定兴县	5.0	5.0			469.1	469.0
唐　县	0.3	0.3	12.0	12.0	90.1	
高阳县	2.8	2.8	62.7	62.7	980.5	898.5
望都县	0.1	0.1	6.0	6.0	7.6	5.5
曲阳县	2.2	2.2	58.0	41.0	360.0	20.0
蠡　县	2.0	2.0	6.0	6.0	540.0	486.0
顺平县	2.0	2.0	5.7	4.0	653.8	484.3
张北县	0.5	0.5	10.5		99.1	99.1
沽源县	0.6	0.6	6.0		196.5	190.0
承德县	1.4	1.4	0.6		511.0	357.9
兴隆县	1.7	1.7	0.3	0.1	525.0	420.0
隆化县	2.0	2.0	4.5	3.2	172.5	150.0
丰宁满族自治县	2.0	2.0	0.7	0.7	600.0	600.0
宽城满族自治县	2.0	0.8	0.3	0.3	660.7	650.7
围场满族蒙古族自治县	0.6	0.6	1.0		166.2	116.5
武强县	2.0	1.5	2.3	2.3	20.0	15.0
饶阳县	1.5	1.5	60.3	10.9		
故城县	1.3	1.3	24.0	24.0	250.0	180.0
景　县	0.5	0.5	45.7	45.7		
阜城县	2.0	2.0	24.0	24.0	127.0	92.7
容城县	1.2	1.2	42.0	42.0	21.4	15.0
雄　县	2.0	0.7	177.0	177.0	449.0	315.0

County Seat Water Supply by County (Suppliers with Self-Built Facilities) (2020)

Total Quantity of Water Supply(10,000m³) 公共服务用水 The Quantity of Water for Public Service	居民家庭用水 The Quantity of Water for Household Use	其他用水 The Quantity of Water for Other Purposes	用水户数(户) Number of Households with Access to Water Supply (unit)	居民家庭 Household User	用水人口(万人) Population with Access to Water Supply (10,000 persons)	县名称 Name of Counties
12614.76	**26358.23**	**6727.73**	**1578919**	**1174539**	**311.44**	**全　国**
642.69	**1373.21**	**90.49**	**78659**	**59889**	**12.55**	**河　北**
1.10			5			灵寿县
						高邑县
35.00			913			深泽县
3.00	12.36		1150	360	0.10	赞皇县
31.00	92.00		2866	2756	0.32	滦南县
15.95	64.20	7.01	1539	1508	0.52	乐亭县
	5.60		1888	1490	0.60	迁西县
5.72	35.13	0.02	8356	7526	1.66	玉田县
32.00	82.00		1912	1401	0.44	昌黎县
						馆陶县
						柏乡县
5.20	3.50	0.30	930	910	0.39	隆尧县
95.5	91.6	5.9	6827.0	6218.0	1.9	宁晋县
	15.8		1905.0	1400.0	0.5	新河县
21.0	75.0	22.0	800.0	300.0	0.2	博野县
			8.0			涞水县
	14.2		366.0	326.0	0.2	白沟新城
	0.1		100.0	100.0	0.0	定兴县
	90.1		2367.0	2367.0	0.7	唐　县
	82.0		1900.0	1100.0	0.3	高阳县
	2.1		300.0	300.0	0.1	望都县
80.0	255.0	5.0	4368.0	3114.0	0.9	曲阳县
27.0	22.0	5.0	1600.0	1200.0	0.5	蠡　县
27.8	110.0	31.8	18600.0	15340.0	0.6	顺平县
			16.0			张北县
6.5			14.0			沽源县
153.1			10.0			承德县
	105.0		2100.0	2100.0	0.5	兴隆县
10.0	10.0	2.5	500.0	400.0	0.1	隆化县
			200.0			丰宁满族自治县
	10.0		435.0	427.0	0.1	宽城满族自治县
49.7			16.0			围场满族蒙古族自治县
	5.0		125.0	125.0	0.1	武强县
						饶阳县
10.0	55.0	5.0	2600.0	2500.0	0.8	故城县
						景　县
2.0	29.3	3.0	785.0	613.0	0.2	阜城县
1.2	5.2		658.0	658.0	0.2	容城县
30.0	101.0	3.0	12500.0	5350.0	0.6	雄　县

5-6 续表 1

县名称 Name of Counties	综合生产能力(万立方米/日) Integrated Production Capacity ($10,000m^3$/day)	地下水 Underground Water	供水管道长度(公里) Length of Water Supply Pipelines (km)	建成区 in Built District	供水总量(万立方米) 合计 Total	生产运营用水 The Quantity of Water for Production and Operation
山 西	**47.2**	**43.6**	**1480.8**	**1074.4**	**8781.1**	**3931.7**
阳高县	0.4	0.4			146.0	
天镇县	0.1	0.1	11.9	6.1	33.9	16.6
广灵县	0.6	0.5	34.5	30.4	161.5	82.0
浑源县	0.8	0.8	10.1	10.1	196.0	100.0
左云县	0.4	0.2	97.0	67.0	37.6	19.0
平定县	2.4	2.0	160.0		806.7	152.0
盂 县	2.7	2.7	195.9	185.9	736.5	232.0
黎城县	0.9	0.8	3.5	3.5	200.0	120.0
长子县	0.9	0.9	26.0	26.0	139.0	126.0
武乡县	0.7	0.7			134.0	96.0
沁 县	0.4	0.4	3.0		70.6	35.0
沁源县	0.0	0.0	3.0	3.0	6.6	5.0
应 县	1.0	1.0	220.0	210.0	350.0	88.1
右玉县	0.5	0.5	1.8	1.7	84.6	64.6
榆社县	0.5	0.5	73.0	73.0	168.7	168.0
寿阳县	1.2	1.1	55.5	55.5	293.8	
太谷区	0.0	0.0			1.6	0.2
祁 县	0.2	0.2	8.0	8.0	55.0	40.0
临猗县	3.0	3.0	8.1	8.1	877.2	844.0
万荣县	2.0	2.0	30.0	30.0	128.9	28.9
闻喜县	2.1	1.8	30.0	30.0	468.0	140.0
稷山县	2.8	2.8	115.0	115.0	288.0	2.2
绛 县	1.5	1.5	5.0	5.0	318.1	288.1
垣曲县	0.8	0.8			75.0	75.0
夏 县	0.2	0.2	28.0	28.0	40.0	28.0
平陆县	0.8	0.4	33.0	33.0	219.9	46.9
芮城县	0.8	0.8			200.7	195.6
定襄县	1.3	1.0	12.0		382.5	305.0
五台县	0.6		13.4	13.4	216.5	97.4
代 县	0.6	0.6			165.0	
繁峙县	10.0	10.0	6.0		406.8	35.0
静乐县	1.0		4.5	2.0	40.0	15.0
神池县	0.5	0.5	55.5		80.0	57.0
五寨县	0.3	0.3	3.5		65.0	50.0
曲沃县	0.1	0.1			0.1	
翼城县	0.8	0.8	27.0		240.0	204.0
古 县	0.3				39.1	19.4
浮山县	0.5	0.5	33.4	33.4	105.0	15.0
大宁县	0.1	0.1	2.3	2.3	28.0	18.3
蒲 县	0.4	0.4	76.0	76.0	135.3	10.0

continued

Total Quantity of Water Supply(10,000m³)			用水户数(户) Number of Households with Access to Water Supply (unit)		用水人口(万人) Population with Access to Water Supply (10,000 persons)	县名称 Name of Counties
公共服务用水 The Quantity of Water for Public Service	居民家庭用水 The Quantity of Water for Household Use	其他用水 The Quantity of Water for Other Purposes		居民家庭 Household User		
873.0	**3755.7**	**220.7**	**179696.0**	**159539.0**	**34.4**	**山　西**
	146.0		3000.0	3000.0	0.9	阳高县
7.1	6.5	3.6	135.0	135.0	0.1	天镇县
19.1	56.8	3.6	707.0	596.0	0.3	广灵县
10.0	84.0	2.0	3140.0	2750.0	0.6	浑源县
5.3	12.3	1.0	3802.0	3230.0	0.7	左云县
50.8	602.7	1.2	2795.0	2703.0	0.1	平定县
51.0	450.0	3.5	27000.0	22000.0	0.7	盂　县
40.0	20.0	20.0	1200.0	1100.0	0.5	黎城县
3.0	3.0	7.0	925.0	885.0	0.1	长子县
15.0	23.0		2620.0	1710.0	0.5	武乡县
18.0	15.6	2.0	3513.0	2650.0	1.3	沁　县
1.5	0.1		180.0	180.0	0.0	沁源县
15.6	202.0	44.3	2600.0	2600.0	0.8	应　县
0.2	9.8	10.1	3490.0	3396.0	0.6	右玉县
0.7	0.0		66.0	66.0	0.0	榆社县
78.0	193.8	22.0	4777.0	3427.0	1.5	寿阳县
		1.5				太谷区
10.0	5.0		3200.0	3200.0	2.6	祁　县
15.2	18.0		2830.0	2790.0	1.3	临猗县
8.0	88.9	3.0	7300.0	7300.0	2.9	万荣县
50.5	264.0	13.5	12440.0	12440.0	6.4	闻喜县
2.8	260.0	23.0	14585.0	11258.0	3.0	稷山县
	30.0		525.0	490.0	0.2	绛　县
			400.0			垣曲县
2.0	8.0	2.0	2800.0	2100.0	0.2	夏　县
1.5	171.5		4326.0	3918.0	0.2	平陆县
	5.1		556.0	556.0	0.2	芮城县
55.0	10.5	12.0	4050.0	3710.0	0.6	定襄县
75.3	20.0	23.9	1153.0	300.0	0.1	五台县
	165.0		2124.0	1529.0	0.3	代　县
203.5	168.3		2406.0	2343.0	0.8	繁峙县
12.0	3.0	10.0	140.0	114.0	0.1	静乐县
14.0	9.0		2351.0	2345.0	0.1	神池县
15.0			10.0			五寨县
0.1		0.0				曲沃县
36.0			269.0			翼城县
	19.7		2156.0	2000.0	0.2	古　县
3.0	87.0		5360.0	3800.0	0.4	浮山县
5.9	3.4	0.4	986.0	753.0	0.2	大宁县
35.0	79.0	11.2	9647.0	8486.0	0.1	蒲　县

5-6 续表 2

县名称 Name of Counties	综合生产能力(万立方米/日) Integrated Production Capacity ($10,000m^3$/day)	地下水 Underground Water	供水管道长度(公里) Length of Water Supply Pipelines (km)	建成区 in Built District	供水总量(万立方米) 合计 Total	生产运营用水 The Quantity of Water for Production and Operation
汾西县	0.2	0.2	15.0		39.0	8.7
文水县	1.3	1.3			226.0	80.0
临　县	0.1	0.1	2.0	2.0	22.7	15.2
石楼县	0.1	0.1	16.0	16.0	48.0	5.0
岚　县	1.0	1.0	53.0		259.4	3.4
交口县	0.4	0.4	9.0		45.0	
内蒙古	**36.3**	**35.5**	**363.4**	**299.3**	**7158.8**	**4766.6**
清水河县	0.1	0.1	8.5	7.8	51.0	
固阳县	0.9	0.9	30.2	30.2	26.8	20.4
阿鲁科尔沁旗	1.0	1.0	5.5	5.5	286.4	195.0
巴林左旗	0.9	0.9	0.1		299.0	190.0
巴林右旗	0.3	0.3	3.8	3.8	109.5	109.5
林西县	0.3	0.3	6.0	6.0	72.7	54.7
翁牛特旗	4.5	4.5	10.0	8.9	402.5	374.8
喀喇沁旗	0.9	0.9	2.9	2.9	335.8	77.2
宁城县	2.5	2.5			862.0	862.0
敖汉旗	1.5	1.5	6.8	6.8	522.0	356.0
科左中旗	1.5	1.5	2.0	2.0	105.0	45.0
科左后旗	1.0	1.0	5.0		229.5	109.5
开鲁县	4.0	4.0	20.0		750.0	510.0
奈曼旗	1.5	1.5	10.0	10.0	176.0	45.0
扎鲁特旗	1.5	1.5	10.0	10.0	400.0	300.0
达拉特旗	0.1	0.1	5.0	5.0	16.6	6.8
乌审旗	0.7	0.7			5.5	4.7
阿荣旗	0.9	0.9			327.0	246.2
莫　旗	2.1	2.1			388.0	364.0
鄂伦春旗	1.0	1.0			20.0	
陈巴尔虎旗	0.0	0.0			1.6	
新右旗	0.1	0.1			1.9	
五原县	0.1				28.9	2.5
磴口县	0.7	0.7			160.2	136.0
乌拉特前旗	2.0	2.0			200.0	134.0
杭锦后旗	1.4	1.4	2.9	2.9	190.0	190.0
凉城县	0.0	0.0	2.0	2.0	6.5	6.5
察右前旗	0.6	0.5	37.4	0.1	90.3	71.3
察右中旗	0.9	0.9	61.0	61.0	175.2	10.0
科右中旗	0.8	0.2			286.6	286.6
扎赉特旗	1.1	1.1	129.3	129.3	295.4	
突泉县	0.5	0.5	5.0	5.0	177.0	59.0
太仆寺旗	0.8	0.8			160.0	

continued

Total Quantity of Water Supply(10,000m^3)			用　水 户　数 (户) Number of Households with Access to Water Supply (unit)		用　水 人　口 (万人) Population with Access to Water Supply (10,000 persons)	县名称 Name of Counties
公共服务 用　水 The Quantity of Water for Public Service	居民家庭 用　水 The Quantity of Water for Household Use	其　他 用　水 The Quantity of Water for Other Purposes		居　民 家　庭 Household User		
5.0	25.3		2300.0	2000.0	0.5	汾西县
	146.0		13040.0	13000.0	2.5	文水县
	7.5		132.0	71.0	0.0	临　县
8.0	35.0		8000.0	8000.0	2.1	石楼县
	256.0		16000.0	16000.0	0.5	岚　县
	45.0		660.0	608.0	0.3	交口县
928.3	**854.2**	**609.7**	**38332.0**	**20056.0**	**6.2**	**内蒙古**
24.0	17.0	10.0	731.0	29.0	0.3	清水河县
3.5	2.9		120.0	85.0	0.0	固阳县
6.4	85.0		630.0	545.0	0.5	阿鲁科尔沁旗
28.0	33.0	48.0	36.0	5.0	0.0	巴林左旗
			4.0			巴林右旗
18.0			10.0			林西县
10.8	15.0	2.0	5303.0	5044.0	1.3	翁牛特旗
164.5	23.5	70.5	1000.0	1000.0	0.4	喀喇沁旗
						宁城县
6.5	159.5		325.0	255.0	0.1	敖汉旗
	45.0	15.0	380.0	350.0	0.1	科左中旗
50.0	20.0	50.0	548.0	480.0	0.2	科左后旗
240.0			24.0			开鲁县
40.0	66.0	25.0	8340.0	5890.0	1.8	奈曼旗
70.0	30.0		1120.0	1000.0	0.3	扎鲁特旗
1.8	7.0	1.0	350.0	348.0	0.1	达拉特旗
	0.8		428.0	348.0	0.2	乌审旗
73.0	7.8		2000.0	1000.0	0.2	阿荣旗
24.0			24.0			莫　旗
	20.0		400.0	350.0	0.2	鄂伦春旗
	1.6		249.0	249.0	0.1	陈巴尔虎旗
	1.9		280.0	280.0	0.1	新右旗
26.4						五原县
24.2			17.0			磴口县
		66.0	5.0			乌拉特前旗
			4.0			杭锦后旗
			1.0			凉城县
3.6	11.6	3.8	14331.0	1369.0	0.1	察右前旗
6.0	157.2	2.0	600.0	400.0	0.1	察右中旗
						科右中旗
77.1	141.9	76.4	632.0	589.0	0.2	扎赉特旗
30.5	7.5	80.0	440.0	440.0	0.1	突泉县
		160.0				太仆寺旗

5-6 续表 3

县名称 Name of Counties	综合生产能力(万立方米/日) Integrated Production Capacity (10,000m³/day)	地下水 Underground Water	供水管道长度(公里) Length of Water Supply Pipelines (km)	建成区 in Built District	供水总量(万立方米) 合计 Total	生产运营用水 The Quantity of Water for Production and Operation
辽　宁	**3.8**	**3.8**	**155.2**	**133.2**	**304.0**	**151.0**
法库县	2.8	2.8	120.0	98.0	109.0	
宽甸满族自治县						
建平县	0.9	0.9	34.7	34.7	186.0	148.0
喀喇沁左翼蒙古族自治县	0.1	0.1	0.5	0.5	9.0	3.0
吉　林	**6.5**	**5.1**	**110.8**	**100.6**	**909.5**	**492.7**
农安县	0.2	0.1	0.7		0.3	0.2
永吉县	0.0	0.0			2.1	0.4
梨树县	0.1	0.1			16.5	
东丰县	0.1	0.1			6.0	3.9
东辽县	0.0	0.0			0.2	
柳河县	0.8		40.0	40.0	129.0	5.0
长白朝鲜族自治县	1.0	0.9	9.6		35.5	25.1
长岭县	1.6	1.6	39.6	39.6	79.0	14.0
乾安县	1.5	1.5	19.0	19.0	369.0	300.8
镇赉县	0.2	0.2			69.0	58.0
通榆县	0.5	0.5			157.5	42.0
汪清县	0.5	0.1	2.0	2.0	45.5	43.3
黑龙江	**15.7**	**15.7**	**183.7**	**118.6**	**1449.8**	**920.9**
方正县	0.0	0.0			4.0	0.8
宾　县	0.1	0.1			17.7	13.1
木兰县			43.1			
延寿县	0.3	0.3	120.7	103.7	0.3	
龙江县	0.3	0.3			89.5	69.5
依安县	4.0	4.0			76.7	76.7
泰来县	0.2	0.2	0.4	0.4	25.5	7.3
甘南县	0.2	0.2			75.0	75.0
富裕县	0.1	0.1			18.8	8.7
克山县	0.5	0.5			68.0	68.0
克东县	0.5	0.5			4.2	4.2
拜泉县	0.5	0.5	3.5	3.5	118.1	
绥滨县	4.0	4.0				
集贤县	0.1	0.1	5.0		32.0	27.0
肇源县	0.9	0.9	6.0	6.0	222.0	19.0
桦南县	0.1	0.1			21.9	21.0
桦川县	0.8	0.8	5.0	5.0	70.0	40.0
汤原县	0.4	0.4			54.0	54.0
勃利县	0.8	0.8			280.0	200.0
庆安县	1.0	1.0			203.0	203.0
明水县	1.0	1.0			45.2	10.0
绥棱县	0.1	0.1			24.1	23.9

continued

Total Quantity of Water Supply(10,000m^3)			用水户数(户)		用水人口(万人)	县名称
公共服务用水 The Quantity of Water for Public Service	居民家庭用水 The Quantity of Water for Household Use	其他用水 The Quantity of Water for Other Purposes	Number of Households with Access to Water Supply (unit)	居民家庭 Household User	Population with Access to Water Supply (10,000 persons)	Name of Counties
43.7	**109.3**		**6238.0**	**6050.0**	**3.1**	**辽　宁**
	109.0		6000.0	6000.0	2.8	法库县
			156.0			宽甸满族自治县
37.7	0.3		75.0	50.0	0.3	建平县
6.0			7.0			喀喇沁左翼蒙古族自治县
75.4	**231.6**	**109.9**	**25262.0**	**23202.0**	**6.3**	**吉　林**
	0.1	0.0	1345.0	1315.0	0.3	农安县
1.6						永吉县
	12.9	3.6	2182.0	1150.0	0.4	梨树县
		2.1				东丰县
		0.2	2.0			东辽县
4.0	118.0	2.0	9100.0	8642.0	0.5	柳河县
9.8	0.6		554.0	554.0	0.1	长白朝鲜族自治县
8.0	32.0	25.0	3908.0	3908.0	0.8	长岭县
2.2	64.0	2.0	7991.0	7578.0	3.7	乾安县
6.0		5.0	35.0			镇赉县
41.5	4.0	70.0	112.0	55.0	0.5	通榆县
2.2			33.0			汪清县
332.0	**115.5**	**81.4**	**17593.0**	**15063.0**	**0.6**	**黑龙江**
		3.2	17.0			方正县
4.6						宾　县
						木兰县
	0.3		14662.0	13880.0	0.1	延寿县
20.0			12.0			龙江县
						依安县
18.2			2.0			泰来县
			8.0			甘南县
3.1		7.0	4.0			富裕县
						克山县
			5.0			克东县
	108.0	10.1	477.0	403.0	0.2	拜泉县
						绥滨县
	5.0		337.0	280.0	0.1	集贤县
148.0		55.0	1058.0			肇源县
		0.9				桦南县
30.0			19.0			桦川县
						汤原县
80.0			23.0			勃利县
			19.0			庆安县
28.0	2.2	5.0	950.0	500.0	0.2	明水县
		0.2				绥棱县

5-6 续表 4

县名称 Name of Counties	综合生产能力(万立方米/日) Integrated Production Capacity ($10,000m^3$/day)	地下水 Underground Water	供水管道长度(公里) Length of Water Supply Pipelines (km)	建成区 in Built District	供水总量(万立方米) 合计 Total	生产运营用水 The Quantity of Water for Production and Operation
江　苏	**34.4**	**11.3**	**349.6**	**299.5**	**4643.9**	**2917.4**
丰　县	3.0	1.0	53.3	34.7	246.3	240.4
沛　县	8.0	0.2	182.0	182.0	1872.5	323.0
睢宁县	3.0	3.0	25.0		230.4	220.1
涟水县	10.7	0.2	0.5	0.5	85.3	85.3
盱眙县	0.1	0.1	1.0		1.2	1.1
金湖县	0.3	0.0			91.3	91.3
射阳县	2.0	2.0	1.5		124.6	77.9
宝应县	0.9	0.4	10.1	10.1	282.5	282.5
沭阳县	1.4	0.1	68.0	68.0	495.0	466.0
泗阳县	1.2	0.3	4.3	4.3	392.1	358.0
泗洪县	4.0	4.0	4.0		822.8	772.0
浙　江	**22.2**	**0.2**	**102.0**	**7.0**	**1822.3**	**1362.3**
桐庐县	0.2	0.0			75.2	75.2
长兴县	4.0				1121.2	1121.2
武义县	1.5	0.1	7.0	7.0	165.9	165.9
浦江县	16.5		95.0		460.0	
安　徽	**48.7**	**40.1**	**614.8**	**342.2**	**12226.8**	**9317.2**
庐江县	0.3				102.0	102.0
怀远县	3.6	2.3	75.0	75.0	752.0	190.0
五河县	1.6	1.6	3.0	3.0	578.1	391.0
固镇县	2.8	2.8	2.1	2.1	100.4	50.0
凤台县	2.1	1.4	6.3		756.6	727.0
寿　县	1.0		126.0	126.0	180.0	137.0
濉溪县	5.0	5.0	17.0		1760.0	1725.0
怀宁县	0.2				39.8	39.8
歙　县	0.3	0.3	1.3		64.0	64.0
来安县	5.0	1.0	54.3	54.3	1605.3	1151.3
临泉县	3.5	3.5	16.0	16.0	370.0	275.5
太和县	5.3	5.3	21.0		1932.0	1607.0
阜南县	1.5	1.5	9.0	9.0	362.0	260.0
颍上县	2.6	2.5	8.1	8.1	900.0	710.0
砀山县	2.4	2.4	23.0	23.0	460.8	340.6
萧　县	0.6	0.6	5.0	5.0	190.1	121.1
灵璧县	1.0	1.0	12.0	12.0	82.0	59.0
泗　县	2.0	2.0	8.7	8.7	446.3	353.4
霍邱县	2.0	2.0			407.0	20.0
舒城县	0.1				1.0	1.0
霍山县	1.1	0.1	7.0		162.5	162.5
涡阳县	1.0	1.0	10.0		60.0	60.0
蒙城县	3.0	3.0	14.0		785.0	700.0
利辛县	1.0	1.0	196.0		130.0	70.0

continued

Total Quantity of Water Supply(10,000m^3)			用水户数(户) Number of Households with Access to Water Supply (unit)		用水人口(万人) Population with Access to Water Supply (10,000 persons)	县名称 Name of Counties
公共服务用水 The Quantity of Water for Public Service	居民家庭用水 The Quantity of Water for Household Use	其他用水 The Quantity of Water for Other Purposes		居民家庭 Household User		
421.8	**1188.9**	**115.8**	**9341.0**	**6662.0**	**1.0**	**江　苏**
5.9			43.0			丰　县
364.0	1159.3	26.2	5835.0	5648.0	0.8	沛　县
8.4	0.2	1.7	21.0	12.0	0.0	睢宁县
			5.0			涟水县
0.1	0.1		45.0	15.0	0.0	盱眙县
						金湖县
7.7	29.4	9.8	1379.0	987.0	0.2	射阳县
			23.0			宝应县
29.0			1900.0			沭阳县
		34.1	24.0			泗阳县
6.8		44.0	66.0			泗洪县
460.0			**97.0**			**浙　江**
						桐庐县
						长兴县
			10.0			武义县
460.0			87.0			浦江县
686.3	**1605.5**	**617.8**	**99331.0**	**92676.0**	**30.4**	**安　徽**
						庐江县
90.0	452.0	20.0	24333.0	22335.0	8.1	怀远县
150.0	19.1	18.0	730.0	721.0	0.1	五河县
23.0	24.4	3.0	6100.0	5645.0	1.9	固镇县
5.0	11.0	13.6	1840.0	1358.0	0.4	凤台县
16.0	10.0	17.0	298.0	268.0	0.1	寿　县
	35.0		485.0	455.0	0.2	濉溪县
			1.0			怀宁县
			3.0			歙　县
		454.0	16.0			来安县
60.0	34.5		9000.0	8500.0	3.5	临泉县
107.0	203.0	15.0	10564.0	10021.0	2.2	太和县
20.0	82.0		3010.0	2930.0	0.9	阜南县
45.0	110.0	35.0	10190.0	9500.0	2.9	颍上县
29.0	65.2	26.0	4930.0	4930.0	1.2	砀山县
9.4	59.3	0.3	4780.0	4780.0	1.6	萧　县
12.0	10.0	1.0	9040.0	7600.0	2.2	灵璧县
92.9						泗　县
2.0	370.0	15.0	9010.0	8973.0	3.0	霍邱县
			2.0			舒城县
			6.0			霍山县
			83.0			涡阳县
25.0	60.0		400.0	340.0	0.2	蒙城县
	60.0		4510.0	4320.0	1.9	利辛县

5-6 续表 5

县名称 Name of Counties	综合生产能力(万立方米/日) Integrated Production Capacity (10,000m³/day)	地下水 Underground Water	供水管道长度(公里) Length of Water Supply Pipelines (km)	建成区 in Built District	供水总量(万立方米) 合计 Total	生产运营用水 The Quantity of Water for Production and Operation
福　建	**8.5**	**0.4**	**56.4**	**3.0**	**608.9**	**414.8**
仙游县	0.6	0.4	5.5		90.0	18.0
尤溪县	2.0		2.3		148.0	143.0
泰宁县	1.0		43.6	3.0	216.9	128.0
建宁县	1.0		5.0		152.0	124.3
华安县	0.4				2.0	1.5
光泽县	3.5					
江　西	**27.0**	**19.8**	**199.0**	**182.5**	**752.4**	**199.0**
芦溪县	5.0				281.0	
修水县	0.2		1.3	1.2	36.3	28.8
吉安县	0.2	0.1	3.0	3.0	72.2	72.2
吉水县	0.8	0.8	131.4	131.4	110.2	3.1
永丰县	0.8	0.6	15.3	12.5	106.0	18.6
万安县	0.5	0.2	10.3	10.3	18.0	9.0
奉新县	1.5		24.1	24.1	43.7	22.1
上高县	18.0	18.0	13.6		85.1	45.2
弋阳县	0.1	0.1				
山　东	**131.5**	**98.1**	**1519.4**	**1151.9**	**26991.5**	**20175.3**
平阴县	2.2	2.2			240.0	240.0
商河县	1.0	1.0			20.3	20.3
沂源县	0.4	0.3	41.0		135.1	135.1
广饶县	6.0	6.0			922.5	922.5
临朐县	9.0	5.0	87.8	75.3	3261.4	3060.1
昌乐县	7.3	0.5	13.6		2677.3	2527.3
微山县	1.7	1.7	11.8	11.8	373.0	231.0
鱼台县	5.0	2.0	4.3	4.3	480.0	302.0
金乡县	1.5	1.2	9.0		460.0	460.0
嘉祥县	1.6	1.6	3.5	3.5	560.0	432.0
汶上县	1.7	1.4	4.0	4.0	498.0	370.0
泗水县	0.6	0.2	72.0	72.0	209.7	196.0
梁山县	2.8	2.8	78.0	78.0	480.0	318.0
宁阳县	2.7	1.0	49.0	49.0	972.0	738.0
东平县	3.0	2.0	29.0	29.0	335.8	251.9
沂南县	1.7	1.7	3.8		380.6	260.4
郯城县	2.9	2.9	4.9	4.9	601.7	449.7
沂水县	7.7	6.7	65.0	5.0	1312.0	784.0
兰陵县	0.3	0.3	45.9		93.3	92.3
费　县	0.3	0.3	86.0	4.8	122.5	29.9
平邑县	2.7	2.7	23.0	23.0	991.5	758.5
莒南县	4.7	0.0	28.2	18.5	1402.8	1038.2

continued

Total Quantity of Water Supply($10,000m^3$)			用水户数(户)		用水人口(万人)	县名称
公共服务用水 The Quantity of Water for Public Service	居民家庭用水 The Quantity of Water for Household Use	其他用水 The Quantity of Water for Other Purposes	Number of Households with Access to Water Supply (unit)	居民家庭 Household User	Population with Access to Water Supply (10,000 persons)	Name of Counties
70.4	**118.8**	**4.9**	**4114.0**	**3018.0**	**1.1**	**福　建**
32.0	37.0	3.0	3000.0	2760.0	1.0	仙游县
	5.0		400.0	23.0	0.0	尤溪县
38.0	49.0	1.9	255.0	15.0	0.0	泰宁县
0.4	27.3		199.0	140.0	0.1	建宁县
	0.5		260.0	80.0	0.0	华安县
						光泽县
20.3	**515.8**	**17.4**	**18796.0**	**18061.0**	**2.3**	**江　西**
	281.0		11567.0	11567.0	0.1	芦溪县
4.6	2.8		82.0	62.0	0.0	修水县
			1.0			吉安县
	102.2	4.9	1962.0	1803.0	0.5	吉水县
	77.1	10.3	2415.0	2113.0	0.6	永丰县
	6.9	2.1	321.0	172.0	0.1	万安县
8.1	13.5		1020.0	980.0	0.2	奉新县
7.6	32.2	0.1	1428.0	1364.0	0.7	上高县
						弋阳县
1523.0	**3567.7**	**1725.6**	**234522.0**	**157501.0**	**69.4**	**山　东**
			380.0			平阴县
			1.0			商河县
			101.0			沂源县
			62.0			广饶县
188.4	12.9		1100.0	750.0	0.4	临朐县
	150.0		2000.0	1900.0	1.6	昌乐县
59.0	33.0	50.0	2039.0	1899.0	0.7	微山县
118.0	51.0	9.0	1147.0	1044.0	0.4	鱼台县
			92.0			金乡县
83.0	2.0	43.0	219.0	208.0	0.1	嘉祥县
30.0		98.0	240.0			汶上县
	13.7		410.0	392.0	0.1	泗水县
70.0	45.0	47.0	1593.0	1520.0	0.5	梁山县
60.0	24.0	150.0	53.0	30.0	0.5	宁阳县
36.0	27.4	20.6	609.0	609.0	1.5	东平县
70.0	4.2	46.0	2400.0	1785.0	0.8	沂南县
3.5	147.0	1.5	10096.0	9956.0	4.2	郯城县
35.0	463.0	30.0	24320.0	18280.0	7.3	沂水县
	1.0		7812.0	7812.0	2.5	兰陵县
10.3	82.4		10719.0	10702.0	3.3	费　县
25.0	208.0		11247.0	9400.0	5.0	平邑县
132.8	57.0	174.8	2961.0	2170.0	0.8	莒南县

5-6 续表 6

县名称 Name of Counties	综合生产能力(万立方米/日) Integrated Production Capacity ($10,000m^3$/day)	地下水 Underground Water	供水管道长度(公里) Length of Water Supply Pipelines (km)	建成区 in Built District	供水总量(万立方米) 合计 Total	生产运营用水 The Quantity of Water for Production and Operation
蒙阴县	3.0	3.0	9.3	9.3	786.4	291.0
临沭县	5.0	5.0	7.0	1.0	560.0	392.0
宁津县	4.0	4.0			33.1	32.0
庆云县	0.1	0.1			21.0	16.3
临邑县	3.1	2.0	3.0	3.0	65.6	45.6
齐河县	2.0	2.0	63.0	63.0	100.0	70.0
平原县	4.0	2.0	330.0	330.0	900.0	630.0
夏津县	0.1	0.1	1.2		38.6	38.6
武城县	3.0	2.4			274.2	195.0
阳谷县	4.0	4.0	79.0	70.0	845.0	764.0
莘　县	1.3	1.3	33.9		426.6	289.6
冠　县	0.5	0.5	63.0	63.0	175.3	152.6
高唐县	12.0	12.0	69.0	62.0	582.9	571.2
曹　县	2.1	2.1	98.0	98.0	751.5	616.4
单　县	6.0		9.0	9.0	2053.0	460.0
成武县	2.4	2.0	2.5	2.5	330.0	231.0
巨野县	0.3	0.3	10.0	10.0	89.0	77.0
郓城县	3.6	3.6	12.6	11.9	377.0	230.0
鄄城县	5.0	5.0	33.0		1213.0	756.0
东明县	3.5	3.5	36.0	36.0	840.1	700.0
河　南	**186.5**	**96.6**	**1423.7**	**1062.7**	**22780.9**	**13196.1**
中牟县	10.5	3.0	18.3	16.9	237.7	126.0
杞　县	1.2	1.2	32.1		228.0	25.0
通许县	1.2	1.2	9.2	9.2	367.6	213.0
尉氏县	1.5	1.5	30.5	30.5	430.0	60.0
兰考县	1.1	1.1	139.0	139.0	340.0	175.0
新安县	2.2	2.2	33.0	33.0	373.4	180.2
栾川县	1.0		23.0	23.0	99.0	24.0
嵩　县	0.5	0.5	2.0	2.0	182.5	171.5
汝阳县	0.5	0.5	23.3	23.3	100.0	65.0
宜阳县	1.0	1.0	2.2	2.2	200.0	131.0
洛宁县	3.0	3.0	1.6	1.6	250.1	168.1
伊川县	0.1	0.1	3.5	3.5	15.6	5.3
鲁山县	0.6	0.6	17.2		194.8	49.2
郏　县	0.7	0.7	2.2		77.3	
汤阴县	2.0	2.0	16.0	16.0	584.0	476.0
滑　县	2.0	2.0	168.0	168.0	100.0	91.0
内黄县	0.5	0.5	6.0		164.0	72.0
浚　县	1.5	1.5	9.0		428.0	428.0
新乡县	1.0	1.0	19.0	19.0	277.0	160.0
获嘉县	1.9		70.0	70.0	690.0	300.0

continued

Total Quantity of Water Supply(10,000m³)			用水户数(户) Number of Households with Access to Water Supply (unit)		用水人口(万人) Population with Access to Water Supply (10,000 persons)	县名称 Name of Counties
公共服务用水 The Quantity of Water for Public Service	居民家庭用水 The Quantity of Water for Household Use	其他用水 The Quantity of Water for Other Purposes		居民家庭 Household User		
5.4	488.0	2.0	7413.0	7314.0	2.6	蒙阴县
38.0	80.0	50.0	4485.0	1930.0	1.2	临沭县
	1.1		1088.0	478.0	0.2	宁津县
4.8			2.0			庆云县
	20.0		8000.0	3500.0	1.2	临邑县
10.0	20.0		1395.0	820.0	0.3	齐河县
70.0		200.0	3400.0			平原县
			30842.0			夏津县
28.1	48.7	2.4	13500.0	12400.0	2.5	武城县
19.0	22.0	40.0	8750.0	6000.0	2.5	阳谷县
36.5	90.3	10.3	6552.0	6028.0	2.1	莘　县
11.6	11.0		1428.0	1428.0	0.5	冠　县
11.7			68.0			高唐县
28.0	107.1		14384.0	8030.0	5.6	曹　县
20.0	973.0	600.0	10000.0	5000.0	4.5	单　县
99.0			3260.0			成武县
5.0	5.0	2.0	408.0	27.0	0.0	巨野县
59.0	77.0	11.0	11300.0	10400.0	5.8	郓城县
106.0	273.0	78.0	16231.0	16094.0	9.5	鄄城县
50.0	30.1	60.0	12415.0	9595.0	1.4	东明县
4206.4	**4247.1**	**1131.3**	**244241.0**	**197311.0**	**67.4**	**河　南**
30.3	44.5	37.0	4793.0	3812.0	1.2	中牟县
12.0	186.0	5.0	8989.0	8876.0	3.0	杞　县
78.0	61.0	15.6	4140.0	3986.0	0.8	通许县
30.0	324.0	16.0	28012.0	23976.0	7.9	尉氏县
65.0	75.0	25.0	7377.0	7132.0	1.6	兰考县
0.3	105.0	87.9	14110.0	2821.0	1.8	新安县
35.0	40.0		350.0	350.0	0.3	栾川县
11.0			723.0			嵩　县
35.0			15.0			汝阳县
37.5	21.0	10.5	3160.0	1510.0	1.0	宜阳县
60.0	10.0	12.0	600.0	600.0	0.2	洛宁县
8.1	1.2	1.0	10.0	3.0	0.1	伊川县
46.0	99.6		2223.0	2031.0	0.7	鲁山县
	77.3		2089.0	2089.0	0.6	郏　县
76.0	32.0		3650.0	3600.0	0.9	汤阴县
9.0			895.0			滑　县
30.0	52.0	10.0	4353.0	4109.0	1.2	内黄县
			113.0			浚　县
37.0	55.0	25.0	6080.0	4541.0	1.6	新乡县
240.0	90.0	60.0	1420.0	1390.0	0.5	获嘉县

5-6 续表 7

县名称 Name of Counties	综合生产能力(万立方米/日) Integrated Production Capacity (10,000m³/day)	地下水 Underground Water	供水管道长度(公里) Length of Water Supply Pipelines (km)	建成区 in Built District	供水总量(万立方米) 合计 Total	生产运营用水 The Quantity of Water for Production and Operation
原阳县	3.7	3.7	22.0		1092.0	425.0
延津县	1.0	1.0	10.0		298.0	253.0
封丘县	3.0	3.0	20.0	20.0	644.0	500.0
修武县	1.5	1.5	14.0	14.0	300.2	220.0
博爱县	2.8	2.8	52.0		800.0	641.0
武陟县	2.0	2.0	7.3	7.3	383.0	320.0
温　县	2.0	2.0	39.3	39.3	163.4	136.0
清丰县	1.0	1.0	16.0		120.0	40.0
南乐县	1.1	1.1			400.0	400.0
范　县	1.2	1.2	8.0	8.0	269.2	185.0
台前县	0.6	0.6	5.0	4.0	22.0	10.0
濮阳县	4.9	4.9	48.0		340.0	120.0
鄢陵县	1.6	1.6	11.0		92.0	92.0
襄城县	0.5	0.5	32.8		183.0	57.0
舞阳县	3.0	3.0	26.0		675.2	188.5
临颍县	1.6	1.6	20.1	20.1	522.4	402.3
渑池县	0.5	0.5	5.0	4.0	119.3	43.5
卢氏县	1.3	1.3	3.2	3.2	25.6	21.0
南召县	0.7	0.5	3.0	3.0	105.0	65.0
方城县	0.7	0.7	3.5	3.5	185.0	135.0
西峡县	1.5		26.0	26.0	432.0	380.0
镇平县	1.1	1.1	17.0	17.0	329.4	291.0
内乡县	2.0	1.8	22.8	21.1	649.0	522.0
淅川县	1.0	1.0	3.2	3.2	314.0	133.0
社旗县	1.0	1.0	6.0	6.0	345.0	184.0
唐河县	0.2	0.2	2.1	2.1	45.0	27.3
新野县	1.5	1.5	6.5	6.5	304.5	233.0
桐柏县	0.9	0.9	7.5	6.5	122.0	72.0
民权县	2.1	2.1	3.4	3.4	74.8	50.6
睢　县	0.5	0.5	7.3	7.3	197.1	
宁陵县	0.8	0.8	6.3	6.3	112.0	
柘城县	0.4	0.4	5.0	5.0	144.0	30.0
虞城县	0.4	0.4	5.6	5.6	140.0	
夏邑县	0.3	0.3	4.8	4.8	32.0	13.0
新　县	0.1	0.1	1.8	1.8	19.0	19.0
商城县	0.3	0.3	5.0	5.0	45.0	32.0
固始县	1.0	0.8	8.0	8.0	198.0	70.0
潢川县	1.1	0.7	12.0	11.0	374.0	271.0
淮滨县	0.1	0.1	3.0	3.0	46.3	33.2
息　县	5.0	5.0	14.9	14.9	1460.0	1150.7
扶沟县	0.4	0.4	3.4		104.0	80.0

continued

Total Quantity of Water Supply(10,000m³)			用水户数(户) Number of Households with Access to Water Supply (unit)		用水人口(万人) Population with Access to Water Supply (10,000 persons)	县名称 Name of Counties
公共服务用水 The Quantity of Water for Public Service	居民家庭用水 The Quantity of Water for Household Use	其他用水 The Quantity of Water for Other Purposes		居民家庭 Household User		
325.0	318.0	24.0	5450.0	4800.0	1.5	原阳县
25.0		20.0	18.0			延津县
139.0		5.0	25.0			封丘县
15.4	19.8	45.0	1612.0	1519.0	0.3	修武县
9.0		150.0	115.0			博爱县
63.0			3987.0			武陟县
6.4	20.0	1.0	2250.0	2000.0	0.6	温　县
50.0	10.0	20.0	880.0	880.0	0.4	清丰县
						南乐县
79.0	5.2		1702.0	1370.0	0.3	范　县
8.0	4.0		1300.0	1300.0	0.4	台前县
40.0	170.0	10.0	1620.0	1400.0	0.8	濮阳县
			46.0			鄢陵县
62.0	62.0	2.0	6489.0	6220.0	3.0	襄城县
90.0	396.8		3128.0	3056.0	0.8	舞阳县
10.0	0.9	109.3	56.0	40.0	0.0	临颍县
7.1	68.7		1807.0	1689.0	0.7	渑池县
2.4	2.2		620.0	398.0	0.2	卢氏县
30.0	10.0		1500.0	150.0	0.1	南召县
20.0	30.0		1710.0	1700.0	0.5	方城县
32.0	20.0		1430.0	1390.0	0.6	西峡县
22.0	11.0	5.4	1176.0	1034.0	0.4	镇平县
32.0	35.0	60.0	1821.0	1580.0	2.8	内乡县
69.0	70.0	42.0	3650.0	3280.0	1.8	淅川县
38.0	118.0	5.0	874.0	710.0	0.4	社旗县
11.6	4.5	1.6	150.0	98.0	0.0	唐河县
42.0	17.0	12.5	1300.0	825.0	0.4	新野县
40.0	2.0	8.0	215.0	187.0	0.6	桐柏县
	24.2		760.0	750.0	0.3	民权县
	197.1		4000.0	4000.0	1.6	睢　县
	64.0	48.0	6335.0	6213.0	2.2	宁陵县
80.0	34.0		1900.0	1700.0	0.9	柘城县
	140.0		4000.0	4000.0	1.7	虞城县
6.5	12.5		450.0	450.0	0.2	夏邑县
			37.0			新　县
	13.0		630.0	610.0	0.2	商城县
50.0	70.0	8.0	3600.0	3000.0	1.0	固始县
72.0	31.0		360.0	290.0	0.2	潢川县
1.7	9.4	2.0	2200.0	1800.0	0.8	淮滨县
50.4	244.5	14.4	9222.0	8994.0	2.6	息　县
19.0	5.0		751.0	490.0	0.2	扶沟县

5-6 续表 8

县名称 Name of Counties	综合生产能力(万立方米/日) Integrated Production Capacity ($10,000m^3$/day)	地下水 Underground Water	供水管道长度(公里) Length of Water Supply Pipelines (km)	建成区 in Built District	供水总量(万立方米) 合计 Total	生产运营用水 The Quantity of Water for Production and Operation
西华县	0.8	0.8	10.8	10.8	225.9	160.0
沈丘县	1.6	1.5	6.8	6.8	310.0	230.0
郸城县	2.3	2.3	21.0	15.0	211.7	172.7
淮阳县	1.2	1.2	134.0	134.0	349.0	1.7
太康县	1.5	1.5	9.2	9.2	359.2	165.0
鹿邑县	1.1	1.1	5.3	5.3	172.0	53.0
西平县	0.6	0.6	11.7	8.5	197.5	132.0
上蔡县	2.0	2.0	6.1		570.6	121.4
平舆县	2.0	2.0	13.0		256.0	89.0
正阳县	2.8	2.8	50.0	20.0	574.0	91.0
确山县	0.4	0.1	1.8		40.0	
泌阳县	1.3	1.0	5.1	5.1	377.4	5.0
汝南县	1.2	0.8	6.2		395.1	158.0
遂平县	76.0				561.0	435.0
新蔡县	1.7	1.7			616.2	616.2
湖　北	**7.8**	**0.9**	**65.5**	**27.0**	**635.4**	**244.3**
竹溪县	0.1		3.0		11.5	0.5
房　县	0.3	0.3			115.0	
兴山县	1.0		13.0	13.0	52.7	37.8
秭归县	0.5		5.0	5.0	180.0	180.0
谷城县	0.3	0.3	21.9		80.0	
保康县	0.3	0.3	2.0	2.0	44.2	2.0
红安县	5.1		7.0	7.0	85.0	24.0
通城县	0.2		13.6		67.0	
湖　南	**34.3**	**6.6**	**723.3**	**701.7**	**3789.6**	**1163.2**
湘潭县			402.3	402.3		
衡阳县	1.3	1.0	4.5	4.2	321.0	160.0
衡南县	0.2	0.2	5.0	5.0	0.3	0.1
衡山县	1.0	0.4	54.9	54.9	264.2	30.5
邵阳县	0.3		3.9	3.9	83.3	39.1
隆回县	10.6		107.7	92.1	1244.8	277.8
绥宁县	0.3		3.6	3.6	10.2	0.6
新宁县	0.7	0.3	7.4	7.4	218.6	158.6
平江县	1.0	1.0	5.0		300.0	
汉寿县	0.2	0.2			42.4	42.4
澧　县	1.2	1.2			150.0	27.8
临澧县	1.0	0.6			365.0	325.0
安仁县	0.3	0.3			30.0	
溆浦县	11.5					
新化县	2.0		56.5	56.5	184.0	5.0
凤凰县	0.0				7.0	7.0
保靖县	2.0	1.5	69.7	69.7	554.0	79.2
永顺县	0.8		2.8	2.2	14.9	10.1

continued

Total Quantity of Water Supply(10,000m³)			用水户数（户）Number of Households with Access to Water Supply (unit)		用水人口（万人）Population with Access to Water Supply (10,000 persons)	县名称 Name of Counties
公共服务用水 The Quantity of Water for Public Service	居民家庭用水 The Quantity of Water for Household Use	其他用水 The Quantity of Water for Other Purposes		居民家庭 Household User		
38.6	19.3	8.0	2163.0	1893.0	0.8	西华县
42.0		38.0	90.0			沈丘县
19.6	18.8	0.6	433.0	255.0	0.2	郸城县
259.0	84.4	4.0	16917.0	14014.0	5.5	淮阳县
78.0	113.2	3.0	6063.0	3610.0	1.9	太康县
84.0	24.0	11.0	3586.0	3036.0	1.4	鹿邑县
13.6	49.0	2.9	2690.0	650.0	0.8	西平县
431.5	1.1	16.6	3280.0	3030.0	1.1	上蔡县
147.0	20.0		4900.0	3800.0	1.5	平舆县
175.0	293.0	15.0	26907.0	23826.0	0.2	正阳县
40.0			354.0			确山县
315.4	50.0	7.0	1150.0	1150.0	0.5	泌阳县
175.0	61.0	1.1	3310.0	3298.0	1.6	汝南县
		126.0	120.0			遂平县
						新蔡县
155.1	**188.2**	**47.8**	**16485.0**	**14408.0**	**3.2**	**湖　北**
9.5	1.5		1100.0	1100.0	0.3	竹溪县
115.0			9.0			房　县
7.6	6.3	1.0	2400.0	2230.0	0.6	兴山县
			5.0			秭归县
12.0	58.0	10.0	1851.0	1720.0	0.2	谷城县
3.0	39.2		2772.0	2510.0	0.6	保康县
8.0	41.0	12.0	2720.0	2630.0	0.9	红安县
	42.2	24.8	5628.0	4218.0	0.6	通城县
656.9	**1681.5**	**288.1**	**215162.0**	**91301.0**	**11.9**	**湖　南**
			92000.0			湘潭县
20.0	140.0	1.0	3000.0	2000.0	1.2	衡阳县
0.1	0.1		300.0	300.0	0.1	衡南县
30.5	192.0	11.2	5738.0	5604.0	1.9	衡山县
9.3	25.0	9.9	932.0	814.0	0.7	邵阳县
306.0	661.0		56953.0	27413.0	3.0	隆回县
1.5	8.1		1010.0	895.0	0.6	绥宁县
3.5	54.5	2.0	2226.0	2226.0	0.9	新宁县
200.0	100.0		1000.0	1000.0	0.5	平江县
			10.0			汉寿县
		122.2	15.0			澧　县
40.0			21.0			临澧县
	20.0	10.0	10000.0	10000.0	0.7	安仁县
						溆浦县
2.0	168.0	9.0	7800.0	7800.0	1.5	新化县
						凤凰县
44.0	308.0	122.8	33900.0	33000.0	0.1	保靖县
	4.8		257.0	249.0	0.8	永顺县

5-6 续表 9

县名称 Name of Counties	综合生产能力(万立方米/日) Integrated Production Capacity (10,000m³/day)	地下水 Underground Water	供水管道长度(公里) Length of Water Supply Pipelines (km)	建成区 in Built District	供水总量(万立方米) 合计 Total	生产运营用水 The Quantity of Water for Production and Operation
广 东	**15.4**		**196.9**	**33.0**	**322.3**	**44.3**
遂溪县	0.9		48.0	28.0	230.0	8.0
蕉岭县	0.5		43.0		54.5	28.1
紫金县	9.0		5.0	5.0	37.8	8.2
和平县	5.0		100.9			
广 西	**32.4**	**13.7**	**113.6**	**113.6**	**3432.0**	**2620.4**
柳城县	0.7	0.1	6.1	6.1	77.6	77.6
鹿寨县	10.0		15.0	15.0	347.0	345.0
融水苗族自治县	0.1	0.1	8.0	8.0	2.7	0.1
全州县	2.0	0.3	11.0	11.0	170.0	138.0
兴安县	0.3	0.2	4.0	4.0	6.1	4.3
资源县	1.5	1.0	10.0	10.0	134.1	30.0
合浦县	7.9	7.9	10.0	10.0	1752.1	1263.0
灵山县	2.5	2.5	15.0	15.0	160.0	120.0
容 县	0.1	0.1	5.2	5.2	36.5	
博白县	0.8	0.8	2.0	2.0	166.2	116.4
南丹县	0.7		4.3	4.3	70.0	49.7
罗城仫佬族自治县	0.4	0.4	8.9	8.9	126.1	109.7
忻城县	0.2	0.2	0.2	0.2	21.1	9.1
武宣县	2.2	0.1	5.0	5.0	22.0	17.0
扶绥县	1.4		2.0	2.0	126.6	126.6
宁明县	1.5		4.0	4.0	206.9	206.9
天等县	0.2	0.2	3.0	3.0	7.0	7.0
海 南	**119.3**	**11.7**	**524.5**	**399.0**	**5087.8**	**942.3**
定安县	6.0		120.0	120.0	947.5	193.7
临高县	97.5	11.7	67.0	67.0	754.2	
昌江县	8.3				1543.1	123.8
乐东县	3.5		97.0	97.0	1249.8	624.9
保亭县	4.0		240.5	115.0	593.3	
四 川	**13.8**	**6.0**	**200.0**	**121.7**	**2482.3**	**1630.5**
金堂县	2.9	0.4	11.6	11.6	935.1	915.5
合江县	3.0		4.0	4.0	154.0	
中江县	2.4	2.4	18.0	18.0	760.0	459.0
三台县	2.7	2.7	8.0	8.0	130.7	101.6
资中县	0.4		10.0	10.0	140.2	92.9
洪雅县	0.0	0.0	2.7	2.7	6.4	6.4
青神县	0.2	0.2	22.9		65.7	23.5
宝兴县	0.3		11.4	11.4	87.2	5.8
乐至县	0.1	0.1	3.0	3.0	18.3	18.3

continued

Total Quantity of Water Supply(10,000m³)			用水户数(户) Number of Households with Access to Water Supply (unit)		用水人口(万人) Population with Access to Water Supply (10,000 persons)	县名称 Name of Counties
公共服务用水 The Quantity of Water for Public Service	居民家庭用水 The Quantity of Water for Household Use	其他用水 The Quantity of Water for Other Purposes		居民家庭 Household User		
43.0	**229.1**	**5.9**	**35608.0**	**2903.0**	**1.1**	**广　东**
35.0	185.0	2.0	1000.0	850.0	0.5	遂溪县
8.0	17.5	0.9	2100.0	1600.0	0.2	蕉岭县
	26.6	3.0	508.0	453.0	0.4	紫金县
			32000.0			和平县
43.3	**654.2**	**114.1**	**28175.0**	**27680.0**	**9.5**	**广　西**
			3.0			柳城县
0.9		1.1				鹿寨县
0.1	2.4	0.1	220.0	220.0	0.1	融水苗族自治县
1.0	30.0	1.0	6420.0	6260.0	0.7	全州县
0.8	1.0		42.0	40.0	0.0	兴安县
10.0	87.1	7.0	1952.0	1865.0	0.7	资源县
	391.0	98.1	11007.0	10808.0	3.5	合浦县
10.0	30.0		3155.0	3155.0	0.9	灵山县
	36.5		2.0	2.0	0.6	容　县
11.0	32.0	6.9	4150.0	4150.0	2.6	博白县
	20.3		633.0	633.0	0.3	南丹县
5.0	11.4		351.0	320.0	0.1	罗城仫佬族自治县
	12.0		230.0	222.0	0.0	忻城县
4.5	0.5		7.0	5.0	0.0	武宣县
			1.0			扶绥县
			1.0			宁明县
			1.0			天等县
395.8	**2855.8**	**893.8**	**72138.0**	**63907.0**	**0.1**	**海　南**
77.2	494.1	182.4	16849.0	14123.0	0.0	定安县
64.9	689.3		15018.0	13817.0	0.0	临高县
114.6	690.3	614.4	18296.0	17715.0	0.0	昌江县
15.0	512.9	97.0	12000.0	10000.0	0.0	乐东县
124.2	469.1		9975.0	8252.0	0.0	保亭县
191.9	**609.8**	**50.0**	**24163.0**	**22546.0**	**6.9**	**四　川**
19.5		0.1	5.0			金堂县
14.0	140.0		7200.0	6330.0	2.1	合江县
91.0	207.0	3.0	9510.0	9510.0	3.2	中江县
20.6	6.9	1.7	60.0	20.0	0.0	三台县
	47.3		614.0	556.0	0.2	资中县
						洪雅县
17.6	24.6		420.0	280.0	0.2	青神县
3.1	62.3	16.0	3000.0	2900.0	0.1	宝兴县
			10.0			乐至县

5-6 续表 10

县名称 Name of Counties	综合生产能力(万立方米/日) Integrated Production Capacity (10,000m³/day)	地下水 Underground Water	供水管道长度(公里) Length of Water Supply Pipelines (km)	建成区 in Built District	供水总量(万立方米) 合计 Total	生产运营用水 The Quantity of Water for Production and Operation
红原县	0.0	0.0	6.9		3.7	3.1
丹巴县	0.0		1.0	1.0	1.1	
石渠县	0.6		25.3	25.3	23.0	3.5
色达县	0.1		31.0	21.0		
冕宁县	0.2	0.2	4.3	4.3	46.1	
甘洛县	0.1	0.1	1.5	1.4	2.9	1.0
美姑县	1.0		38.3		108.0	
贵　州	**0.2**	**0.1**	**19.2**	**0.5**	**29.7**	**3.7**
开阳县	0.1	0.1	5.0	0.4	14.2	2.8
六枝特区	0.1	0.1	14.1		14.4	
丹寨县	0.0		0.1	0.1	1.1	0.9
云　南	**8.6**	**4.7**	**269.9**	**224.4**	**1002.6**	**365.2**
嵩明县	0.4	0.4				
宜良县	0.8	0.6	38.0	33.0	241.7	33.5
禄劝彝族苗族自治县	0.4	0.4	18.9	18.9	0.4	0.3
昆明阳宗海风景	1.4	1.3	33.8	33.8	176.0	103.0
罗平县	0.3	0.3			45.1	36.5
新平县	0.5		12.0	10.0	0.8	
龙陵县	0.7	0.7	5.8	5.8	61.2	
鲁甸县			1.7	1.7		
彝良县	0.1	0.1	2.6	2.6	0.1	
宁洱哈尼族彝族自治县	0.1		3.3	3.3	21.9	0.8
江城哈尼族彝族自治县	0.0		6.3	6.3	6.2	4.3
澜沧拉祜族自治县	0.5	0.5	6.5	6.5	33.8	23.7
凤庆县	0.5	0.2	19.5	16.5	163.5	98.6
双江县	0.6		11.1	9.0	0.2	
双柏县	0.1	0.1	19.2	19.2	3.7	
牟定县	0.0	0.0			3.0	2.4
大姚县	0.0	0.0	3.8	2.6	8.8	6.5
祥云县						
宾川县	0.2	0.2	18.4	18.4	18.0	14.0
弥渡县			2.0	1.8		
陇川县			1.0	1.0		
贡山独龙族怒族自治县	0.6		15.3		8.0	
兰坪白族普米族自治县	1.5		50.7	34.0	210.3	41.6
西　藏	**12.8**	**6.5**	**189.8**	**162.1**	**628.1**	**81.0**
江孜县	0.4	0.4	0.6	0.6	60.7	0.7

continued

Total Quantity of Water Supply($10,000m^3$)			用水户数(户) Number of Households with Access to Water Supply (unit)		用水人口(万人) Population with Access to Water Supply (10,000 persons)	县名称 Name of Counties
公共服务用水 The Quantity of Water for Public Service	居民家庭用水 The Quantity of Water for Household Use	其他用水 The Quantity of Water for Other Purposes		居民家庭 Household User		
	0.6		143.0	129.0	0.1	红原县
0.2	0.6	0.3	50.0	50.0	0.0	丹巴县
3.2	12.6	3.8	956.0	720.0	0.5	石渠县
						色达县
	46.1		56.0	56.0	0.3	冕宁县
0.8	0.9	0.2	86.0	46.0	0.3	甘洛县
22.0	61.0	25.0	2053.0	1949.0	0.1	美姑县
4.8	**15.9**	**5.2**	**2612.0**	**1368.0**	**2.7**	**贵　州**
4.8	6.5		1258.0	15.0	2.3	开阳县
	9.4	5.0	1353.0	1353.0	0.4	六枝特区
		0.2	1.0			丹寨县
105.5	**496.9**	**35.0**	**35969.0**	**18600.0**	**9.7**	**云　南**
						嵩明县
7.5	196.3	4.4	982.0	936.0	2.9	宜良县
0.0	0.0		592.0	592.0	0.2	禄劝彝族苗族自治县
18.0	45.0	10.0	318.0	318.0	0.8	昆明阳宗海风景
8.7						罗平县
	0.8		622.0	622.0	0.2	新平县
	54.0	7.2	3854.0	3602.0	1.2	龙陵县
						鲁甸县
	0.1		46.0	46.0	0.0	彝良县
0.9	16.1	4.1	550.0	295.0	0.1	宁洱哈尼族彝族自治县
	1.7	0.2	300.0	230.0	0.1	江城哈尼族彝族自治县
	10.1		1120.0	1120.0	0.4	澜沧拉祜族自治县
54.7	4.2	6.0	320.0	261.0	0.2	凤庆县
	0.2		260.0	180.0	0.6	双江县
	3.7		560.0	560.0	0.2	双柏县
0.6			16.0			牟定县
0.7	1.6		135.0	122.0	0.1	大姚县
			13863.0			祥云县
2.0	2.0		1567.0	1265.0	0.2	宾川县
						弥渡县
						陇川县
	8.0		2126.0	1100.0	0.4	贡山独龙族怒族自治县
12.4	153.1	3.2	8738.0	7351.0	2.1	兰坪白族普米族自治县
52.2	**466.8**	**28.1**	**22702.0**	**20645.0**	**7.5**	**西　藏**
10.0	40.0	10.0	971.0	960.0	0.2	江孜县

5-6 续表 11

县名称 Name of Counties	综合生产能力(万立方米/日) Integrated Production Capacity (10,000m^3/day)	地下水 Underground Water	供水管道长度(公里) Length of Water Supply Pipelines (km)	建成区 in Built District	供水总量(万立方米) 合计 Total	生产运营用水 The Quantity of Water for Production and Operation
左贡县	6.0		17.0	17.0	71.5	35.0
类乌齐县	0.5	0.5			7.0	4.0
聂荣县	0.6	0.6	2.0	2.0	43.0	2.0
双湖县	0.1	0.1			9.1	1.0
嘉黎县	0.2	0.2			20.0	
比如县	0.4	0.4	23.5	23.5	86.2	2.5
巴青县	0.3	0.3	37.0	37.0	33.7	1.3
申扎县	0.3		29.8	29.8	10.5	
安多县	0.2	0.2	48.6	48.6	26.3	7.0
索　县	0.2	0.2			64.0	
班戈县	0.2	0.2			44.3	6.0
革吉县	0.6	0.6	27.7		24.0	4.0
日土县	0.8	0.8			27.0	2.5
改则县	1.2	1.2			43.8	3.0
普兰县	0.2	0.2	3.6	3.6	17.0	7.0
措勤县	0.6	0.6			40.0	5.0
陕　西	**38.7**	**27.4**	**658.8**	**437.6**	**4794.4**	**2860.1**
蓝田县	1.7	1.7	49.0		355.3	247.6
周至县	1.5	1.0	60.9	6.9	133.5	37.6
凤翔县	0.2	0.2	6.5	5.2	18.0	12.3
岐山县	1.4	1.4	14.0	14.0	191.0	134.0
扶风县	0.8	0.7	3.7	3.7	249.0	165.1
眉　县	0.1	0.1	35.0	35.0	30.0	20.7
陇　县	0.5	0.5	3.5	3.5	4.1	2.6
三原县	1.2	1.2	6.1	6.1	139.6	98.9
礼泉县	1.1	1.1	11.0	10.0	224.7	157.2
永寿县	0.5	0.5			13.4	13.4
淳化县	0.4	0.4	3.0	3.0	24.0	19.0
武功县	0.1	0.1	1.1	0.9	29.0	21.8
大荔县	0.5	0.5	23.2	23.2	68.2	
合阳县	1.4	1.4	13.2	11.4	85.3	61.4
澄城县	0.6	0.6	8.7	8.7	182.5	132.0
蒲城县	0.0	0.0	0.9	0.9	4.0	3.2
富平县	1.5	1.5	36.0		179.5	125.4
城固县	2.0	1.4	49.1	47.5	524.0	51.0
洋　县	3.2		12.1	11.0	415.0	395.0
西乡县	2.2		48.3	30.2	384.0	253.0
勉　县	1.7		37.0	30.0	297.0	266.0
宁强县	1.8		8.0	5.0	174.0	170.0
靖边县	0.1	0.1	5.0	5.0	21.9	21.9
定边县	1.1	0.7	2.0	2.0	393.8	33.7

continued

Total Quantity of Water Supply(10,000m³)			用水户数(户) Number of Households with Access to Water Supply (unit)		用水人口(万人) Population with Access to Water Supply (10,000 persons)	县名称 Name of Counties
公共服务用水 The Quantity of Water for Public Service	居民家庭用水 The Quantity of Water for Household Use	其他用水 The Quantity of Water for Other Purposes		居民家庭 Household User		
	34.5	2.0	1021.0	825.0	0.5	左贡县
	3.0		150.0	150.0	0.0	类乌齐县
1.5	36.4	3.1	1340.0	960.0	0.9	聂荣县
0.8	7.3		470.0	450.0	0.1	双湖县
2.0	18.0		960.0	501.0	0.2	嘉黎县
2.7	81.0		4030.0	3960.0	1.7	比如县
5.4	25.8	1.2	1733.0	1432.0	0.3	巴青县
1.4	7.5	1.7	1200.0	1000.0	0.3	申扎县
2.0	17.0	0.3	1100.0	1010.0	0.2	安多县
5.6	58.0	0.4	2100.0	2100.0	0.3	索　县
4.8	32.8	0.7	1000.0	1000.0	0.8	班戈县
3.0	15.0	2.0	296.0	296.0	0.2	革吉县
4.5	17.5	2.5	650.0	620.0	0.4	日土县
3.5	36.0	1.3	1125.0	1125.0	0.7	改则县
	9.0	1.0	3056.0	3056.0	0.3	普兰县
5.0	28.0	2.0	1500.0	1200.0	0.6	措勤县
541.5	**1252.0**	**140.8**	**155569.0**	**140268.0**	**22.2**	**陕　西**
14.6	89.0	4.1	5380.0	5257.0	1.6	蓝田县
25.0	70.0	0.9	13045.0	12750.0	0.3	周至县
4.1	1.6		1032.0	1008.0	0.4	凤翔县
18.0	30.0	9.0	3102.0	2509.0	0.8	岐山县
29.0	44.5	10.5	1768.0	1308.0	0.4	扶风县
0.3	8.3	0.8	666.0	398.0	0.2	眉　县
0.6	0.8	0.1	250.0	240.0	0.2	陇　县
40.7			67.0			三原县
28.0	37.0	2.5	1463.0	326.0	0.1	礼泉县
						永寿县
	5.0		80.0	80.0	0.0	淳化县
1.6	5.2	0.5	892.0	786.0	0.3	武功县
51.2	17.0		4020.0	3760.0	1.2	大荔县
5.6	14.2	4.2	2417.0	1042.0	0.4	合阳县
8.0	38.5	4.0	6250.0	5750.0	1.6	澄城县
0.4	0.2	0.3	38.0	30.0	0.0	蒲城县
3.0	51.1		13249.0	12822.0	4.0	富平县
55.0	410.0	8.0	37300.0	37065.0	0.5	城固县
19.0	1.0		133.0	130.0	0.0	洋　县
61.0	40.0	30.0	15378.0	12780.0	3.7	西乡县
	29.0	2.0	1976.0	1776.0	0.8	勉　县
3.0	1.0		107.0	105.0	0.0	宁强县
			32.0			靖边县
145.0	157.8	57.3	20516.0	16014.0	0.1	定边县

5-6 续表 12

县名称 Name of Counties	综合生产能力(万立方米/日) Integrated Production Capacity ($10,000m^3$/day)	地下水 Underground Water	供水管道长度(公里) Length of Water Supply Pipelines (km)	建成区 in Built District	供水总量(万立方米) 合计 Total	生产运营用水 The Quantity of Water for Production and Operation
绥德县	10.8	10.8	5.6	5.6	125.7	96.0
米脂县	0.8	0.8	57.0	50.0	92.0	65.0
吴堡县	0.1	0.1	7.6	6.0	8.4	5.4
清涧县	0.2	0.2	1.0	1.0	11.1	8.0
子洲县	0.2	0.2	10.0	10.0	38.0	25.0
汉阴县	0.7		60.3	59.6	250.8	121.9
石泉县	0.1	0.1	1.3	1.3	34.3	27.8
紫阳县	0.1	0.0	6.8	5.0	16.1	11.5
平利县	0.1		2.3	1.0	22.0	15.5
丹凤县	0.1	0.1	6.5		18.8	13.5
山阳县	0.1	0.1	3.2		36.4	27.8
柞水县			60.0	35.0		
甘　肃	**4.6**	**3.4**	**188.1**	**129.3**	**583.3**	**254.1**
临泽县	0.5	0.5	5.0	5.0	86.0	34.4
高台县	0.2	0.2			51.7	24.7
山丹县	0.8	0.8	38.0	38.0	220.0	
宁　县	0.2	0.2	27.8	27.8	1.0	
陇西县			52.5	52.5		
临洮县			55.2			
成　县	0.0	0.0	0.0	0.0	3.6	2.6
徽　县	0.0				3.5	0.5
广河县	1.8	1.8	9.6	6.0		
和政县	1.0				159.1	150.0
积石山县	0.2				58.4	42.0
青　海	**0.5**	**0.5**	**7.0**	**7.0**	**88.0**	**85.0**
互助县	0.5	0.5	7.0	7.0	88.0	85.0
宁　夏	**4.5**	**4.5**	**106.9**	**91.1**	**1122.4**	**903.8**
永宁县	1.3	1.3	88.7	73.0	361.0	361.0
贺兰县	2.8	2.8	12.6	12.6	737.9	522.0
平罗县	0.2	0.2			0.2	
中宁县	0.3	0.3	5.5	5.5	23.3	20.8
新　疆	**5.5**	**5.2**	**1172.3**	**597.3**	**488.0**	**278.6**
鄯善县	0.4		42.0	42.0	63.2	5.2
焉耆回族自治县	3.3	3.3	5.0	5.0	155.0	140.0
和静县			18.0	18.0		
新和县	0.0	0.0			2.4	2.0
疏勒县	0.8	0.8	16.5	16.5	45.1	32.1
叶城县	0.3	0.3	30.0	23.0	32.0	4.0
巩留县			904.0	336.0		
额敏县	0.8	0.8	156.8	156.8	190.3	95.2

continued

Total Quantity of Water Supply($10,000m^3$)			用水户数(户) Number of Households with Access to Water Supply (unit)		用水人口(万人) Population with Access to Water Supply (10,000 persons)	县名称 Name of Counties
公共服务用水 The Quantity of Water for Public Service	居民家庭用水 The Quantity of Water for Household Use	其他用水 The Quantity of Water for Other Purposes		居民家庭 Household User		
12.3	12.1	5.3	2039.0	1926.0	1.0	绥德县
1.0	26.0		3000.0	2800.0	0.8	米脂县
0.6	2.4		274.0	263.0	0.1	吴堡县
1.0	2.0		835.0	810.0	0.4	清涧县
3.0	9.0	1.0	1425.0	1325.0	0.6	子洲县
8.0	120.9		11250.0	10210.0	0.2	汉阴县
	6.6		405.0	318.0	0.1	石泉县
0.5	3.9	0.2	1010.0	820.0	0.3	紫阳县
	6.5		1900.0	1750.0	0.4	平利县
0.7	4.3	0.3	1650.0	1630.0	0.8	丹凤县
1.4	7.2		2620.0	2480.0	1.1	山阳县
						柞水县
79.5	**105.9**	**143.8**	**2925.0**	**2560.0**	**1.0**	**甘　肃**
51.6						临泽县
12.4		14.6	127.0			高台县
	100.1	119.9	2003.0	2003.0	0.8	山丹县
	1.0		500.0	500.0	0.2	宁　县
						陇西县
						临洮县
0.5	0.6		68.0	36.0	0.0	成　县
3.0			16.0			徽　县
						广河县
3.5		5.6	178.0			和政县
8.5	4.2	3.7	33.0	21.0	0.0	积石山县
		3.0				**青　海**
		3.0				互助县
2.5		**216.0**	**239.0**			**宁　夏**
			11.0			永宁县
		215.9	18.0			贺兰县
		0.2				平罗县
2.5			210.0			中宁县
59.7	**118.7**	**31.0**	**10950.0**	**9325.0**	**1.2**	**新　疆**
7.1	22.2	28.7	3769.0	2913.0	0.7	鄯善县
9.0	5.0	1.0	95.0	50.0	0.1	焉耆回族自治县
						和静县
0.0	0.0	0.3	295.0	199.0	0.1	新和县
11.5	1.5		310.0	300.0	0.1	疏勒县
22.0	5.0	1.0	300.0	300.0	0.1	叶城县
						巩留县
10.1	85.0		6181.0	5563.0	0.2	额敏县

六、县城节约用水

6. County Seat Water Conservation

简要说明

本部分主要反映县城节约用水情况，只统计设有节约用水管理机构的县城，汇总量均不代表全社会。主要包括设有节约用水管理机构县城的计划用水量、实际用水量、节约用水量等内容。

Brief Introduction

This section mainly demonstrates status of county seat water conservation. Statistics only covers county with water conservation authorities, therefore the data does not represent the situation of the whole society. Main indicators include planned households supplied, actual quantity of water used, quantity of water saved, etc..

6 全国历年县城节约用水情况(2000-2020)
National County Seat Water Conservation in Past Years(2000-2020)

计量单位：万立方米 Measurement Unit:10,000m^3

年份 Year	计划用水量 Planned Quantity of Water Use	新水取用量 Fresh Water Used	工业用水重复利用量 Quantity of Industrial Water Recycled	节约用水量 Water Saved
2000	115591	109069	95763	20322
2001	161795	133634	24206	28161
2002	110702	91610	26321	19092
2003	120551	94938	24815	25613
2004	123176	98004	25790	25163
2005	155933	118727	32852	37206
2006		122700	32523	21546
2007		127318	99648	22675
2008		122275	53278	20480
2009		139735	130864	23135
2010		157563	133337	35963
2011		119923	95932	26165
2012		180603	52051	30853
2013		136223	159152	22286
2014		140966	164833	30029
2015		126923	173337	32419
2016		115707	165369	23086
2017		106174	167080	24873
2018		111385	189581	26618
2019		140990	169218	28609
2020		188350	104108	48132

注：自2006年起，不统计计划用水量指标。
Note: From 2006, "Planned Quantity of Water Use" has not been counted.

6-1 2020年按省分列的全国县城节约用水

计量单位：万立方米

地区名称 Name of Regions	计划用水户数（户） Planned Water Consumers (unit)	自备水计划用水户数 Planned Self-produced Water Consumers	计划用水户实际用水量 合计 Total	工业 Industry	新水取用量 Fresh Water Used	工业 Industry	重复利用量 Water Reused
全国	**1506530**	**63731**	**310999**	**165668**	**188350**	**61559**	**122649**
河北	27495	37	760	129	717	86	43
山西	205561	4858	14176	3336	12036	1927	2141
内蒙古	80200	5	983	206	704	140	279
辽宁	10600	61	2191	756	1787	496	404
吉林	58	20	830	99	753	47	77
黑龙江	45276		336	133	317	114	19
江苏	2209	171	35888	26098	15600	7884	20288
浙江	2768	216	13080	9077	7671	4420	5409
安徽							
福建	4935	9	4693	1969	3549	1394	1144
江西			1034	375	517	200	517
山东	41786	12312	59006	46631	17782	9302	41225
河南	80319	20104	24998	10851	19734	7360	5264
湖北	12850	920	15141	1738	13922	1617	1219
湖南	24290	5375	19369	2609	15993	2423	3376
广东	232341	2047	9668	248	9570	236	98
广西							
海南	27735	56	13791	10566	13781	10556	10
重庆	93	60	6569	1911	3257	289	3312
四川	308691	840	10852	4199	9402	3276	1450
贵州	239	41	10086	2996	8280	1531	1806
云南	49033	6550	14857	1151	14136	682	721
西藏	796	796	591		591		
陕西	68090	7274	41001	37605	8728	5478	32273
甘肃	79185	1852	2716	682	1867	186	848
青海							
宁夏	58	20	3352	1701	3047	1396	305
新疆	201922	107	5029	601	4609	520	421

County Seat Water Conservation by Province(2020)

Measurement Unit:10,000m^3

Actual Quantity of Water Used				节约用水量		节水措施投资总额(万元)	地区名称
工业 Industry	超计划定额用水量 Water Quantity Consumed in Excess of Quota	重复利用率(%) Reuse Rate (%)	工业 Industry	Water Saved	工业 Industry	Total Investment in Water-Saving Measures (10,000 RMB)	Name of Regions
104108	**3783**	**39.44**	**62.84**	**48132**	**34557**	**65797**	**全 国**
43	10	5.72	33.58	43	43	540	河 北
1409	173	15.10	42.22	851	343	15641	山 西
66		28.38	32.04	44	21	715	内蒙古
260		18.46	34.44	439	275	551	辽 宁
51		9.29	52.10	140	51	40	吉 林
19		5.65	14.29	16		1000	黑龙江
18214		56.53	69.79	14459	12432	17283	江 苏
4657	164	41.35	51.30	1018	529	2280	浙 江
							安 徽
575	56	24.38	29.20	135	118	10	福 建
175		50.02	46.60				江 西
37330	48	69.86	80.05	8663	7885	4308	山 东
3491	904	21.06	32.18	4976	3081	1991	河 南
121		8.05	6.96	932	121	65	湖 北
186		17.43	7.13	3207	82	2591	湖 南
12		1.01	4.84	25	14	31	广 东
							广 西
10		0.07	0.09	2379	2095	28	海 南
1622	2244	50.42	84.86	3500	1622	4600	重 庆
924	37	13.36	21.99	949	811	433	四 川
1465		17.91	48.90	1538	1456	120	贵 州
469	87	4.85	40.77	245	144	976	云 南
						3	西 藏
32127	59	78.71	85.43	2847	2638	3942	陕 西
496	2	31.24	72.68	758	486	920	甘 肃
							青 海
305		9.11	17.95	723	309	66	宁 夏
81		8.36	13.51	244	1	7665	新 疆

6-2 2020年按县分列的全国县城节约用水

计量单位：万立方米

县名称 Name of Counties	计划用水户数（户） Planned Water Consumers (unit)	自备水计划用水户数 Planned Self-produced Water Consumers	计划用水户实际用水量 合计 Total	 工业 Industry	 新水取用量 Fresh Water Used	 工业 Industry	 重复利用量 Water Reused
全　国	**1506530**	**63731**	**310999**	**165668**	**188350**	**61559**	**122649**
河　北	**27495**	**37**	**760**	**129**	**717**	**86**	**43**
无极县	27490	32	704	73	674	43	30
高阳县	5	5	56	56	43	43	13
山　西	**205561**	**4858**	**14176**	**3336**	**12036**	**1927**	**2141**
阳高县	26280		167	38	139	30	28
天镇县	332	22	100	38	55	5	45
广灵县	9250	682	99	44	76	32	23
浑源县	17254	20	603	12	506	9	97
左云县	22000	302	180	29	171	20	9
长子县	92	26	76	76	38	38	38
武乡县	185	13	67		47		20
沁　县	110	10	110	70	80	40	30
沁水县	13084		343	23	343	23	
阳城县	780		470		470		
陵川县	10		12		10		2
应　县	27600	2600	276	61	276	61	
寿阳县	16	16	90	28	90	28	
太谷区	11	11	2	0	2	0	0
祁　县	78	4	221	77	194	50	27
灵石县	2035		340		340		
临猗县	58		146	101	139	94	7
万荣县	79		19		19		
闻喜县	15		827	748	379	303	448
稷山县	107		429		401		28
新绛县	330		155	80	85	30	70
绛　县	96	50	50	35	25	15	25
夏　县	2015		120	12	120	12	
平陆县	15	7	3	3	2	2	1
定襄县	122	31	232	125	160	78	72
五台县	690		143	143	68	68	75
代　县	180		260	190	120	120	140
繁峙县	165	15	16	6	13	3	3
静乐县	3369		256				256
岢岚县	16620						
保德县	27000		330		330		
曲沃县	25	1	7285	1396	6755	866	530
翼城县	335	12	96		72		24
浮山县	300						
隰　县	110		31		9		22
交城县	55	36					
兴　县	21720		328		328		
石楼县	8000	1000					
方山县	38		175		175		
交口县	5000		121				121

County Seat Water Conservation by County(2020)

Measurement Unit:10,000m^3

Actual Quantity of Water Used				节　约 用水量		节水措施 投资总额 (万元)	县名称
工　业 Industry	超计划定额 用　水　量 Water Quantity Consumed in Excess of Quota	重　复 利用率 (%) Reuse Rate (%)	工　业 Industry	Water Saved	工　业 Industry	Total Investment in Water-Saving Measures (10,000 RMB)	Name of Counties
104108	**3783**	**39.44**	**62.84**	**48132**	**34557**	**65797**	**全　国**
43	**10**	**5.72**	**33.58**	**43**	**43**	**540**	**河　北**
30	10	4.26	41.10	30	30	260	无极县
13		23.85	23.85	13	13	280	高阳县
1409	**173**	**15.10**	**42.22**	**851**	**343**	**15641**	**山　西**
8		16.77	21.05	90	7		阳高县
33		45.00	86.84	80	53	112	天镇县
12		23.29	27.88	44		10	广灵县
3	40	16.09	25.00	50	3		浑源县
9		5.00	31.03	9		40	左云县
38		50.00	50.00	9	9	7	长子县
	20	29.85					武乡县
30	1	27.27	42.86	11	8		沁　县
				0		9	沁水县
							阳城县
		16.67		4		84	陵川县
				25	8	10	应　县
				60	20		寿阳县
0		0.62	5.88				太谷区
27	1	12.22	35.06	65	11	1	祁　县
							灵石县
7	8	4.93	7.14	7	7	1	临猗县
	9					18	万荣县
445		54.17	59.49				闻喜县
		6.53		27	15		稷山县
50	70	45.16	62.50	2	2	1	新绛县
20	20	50.00	57.14	5	5	30	绛　县
				5		260	夏　县
1		33.33	33.33	1	1	6	平陆县
47	1	31.03	37.60	32	30	7	定襄县
75		52.45	52.45	45	38		五台县
70	1	53.85	36.84	120	110	7	代　县
3	1	18.75	50.00	1	1	4	繁峙县
		100.00					静乐县
						15000	岢岚县
				37		35	保德县
530		7.28	37.96				曲沃县
		25.00		42			翼城县
							浮山县
		72.13		7			隰　县
							交城县
				8			兴　县
				15	15		石楼县
				50			方山县
		100.00					交口县

6-2 续表 1

计量单位：万立方米

县名称 Name of Counties	计划用水户数(户) Planned Water Consumers (unit)	自备水计划用水户数 Planned Self-produced Water Consumers	计划用水户实际用水量 合计 Total	工业 Industry	新水取用量 Fresh Water Used	工业 Industry	重复利用量 Water Reused
内蒙古	**80200**	**5**	**983**	**206**	**704**	**140**	**279**
巴林左旗	30000	5	469	156	190	90	279
敖汉旗	48000		270	50	270	50	
卓资县	2200		110		110		
科右中旗			134		134		
辽　宁	**10600**	**61**	**2191**	**756**	**1787**	**496**	**404**
本溪满族自治县	54	38	917	317	697	241	220
桓仁满族自治县	8400						
昌图县	2100		858	70	858	70	
建平县	16	16	364	364	182	182	182
喀喇沁左翼蒙古族自治县	30	7	52	5	50	3	2
吉　林	**58**	**20**	**830**	**99**	**753**	**47**	**77**
永吉县	11	11	2	0	2	0	
东丰县	46	9	167	98	90	47	77
东辽县	1		661		661		
黑龙江	**45276**		**336**	**133**	**317**	**114**	**19**
绥滨县	28526						
丰林县	16750		336	133	317	114	19
江　苏	**2209**	**171**	**35888**	**26098**	**15600**	**7884**	**20288**
丰　县	31	30	4345	1002	3583	240	761
沛　县	92	34	2692	2692	1632	1632	1060
睢宁县	21	21	7554	3682	2761	650	4793
如东县	320		3986	3346	2438	1798	1548
灌云县	350		405	30	375	30	30
灌南县	265		266	133	208	90	58
涟水县	100	5	5922	5753	1729	1560	4193
金湖县	182	19	517	209	409	114	108
响水县	540		957	767	415	225	542
宝应县	45	23	402	402	197	197	205
泗阳县	221	24	8247	7817	1502	1172	6744
泗洪县	42	15	595	265	350	175	245
浙　江	**2768**	**216**	**13080**	**9077**	**7671**	**4420**	**5409**
桐庐县	460	2	783	365	783	365	
淳安县	299		958	198	689	198	269
嘉善县	325		2035	1515	137	25	1897
海盐县	298		1103	886	1103	886	
长兴县	178		4714	3700	1754	740	2960
新昌县	62		913	722	913	722	
岱山县	310		318	250	303	240	15
嵊泗县	87		62	16	50	13	12
三门县	167		857	638	852	633	5

continued

Measurement Unit:10,000m^3

Actual Quantity of Water Used				节约用水量		节水措施投资总额(万元)	县名称
工业 Industry	超计划定额用水量 Water Quantity Consumed in Excess of Quota	重复利用率(%) Reuse Rate (%)	工业 Industry	Water Saved	工业 Industry	Total Investment in Water-Saving Measures (10,000 RMB)	Name of Counties
66		**28.38**	**32.04**	**44**	**21**	**715**	**内蒙古**
66		59.49	42.31	20	19	700	巴林左旗
				8	2	15	敖汉旗
				16			卓资县
							科右中旗
260		**18.46**	**34.44**	**439**	**275**	**551**	**辽 宁**
76		24.00	24.00	220	76	76	本溪满族自治县
				35	15	35	桓仁满族自治县
							昌图县
182		50.00	50.00	182	182	440	建平县
2		4.58	44.44	2	2		喀喇沁左翼蒙古族自治县
51		**9.29**	**52.10**	**140**	**51**	**40**	**吉 林**
							永吉县
51		46.19	52.30	51	51	40	东丰县
				89			东辽县
19		**5.65**	**14.29**	**16**		**1000**	**黑龙江**
						1000	绥滨县
19		5.65	14.29	16			丰林县
18214		**56.53**	**69.79**	**14459**	**12432**	**17283**	**江 苏**
761		17.52	76.00	761	761	4680	丰 县
1060		39.38	39.38	80	80		沛 县
3032		63.45	82.35	4793	3032	182	睢宁县
1548		38.84	46.26	431	431	2200	如东县
		7.41		30	28	19	灌云县
43		21.80	32.33	158	68	30	灌南县
4193		70.81	72.89	912	911	4100	涟水县
95		20.90	45.58				金湖县
542		56.64	70.66	400	328	190	响水县
205		51.00	51.00	132	132	202	宝应县
6644		81.78	85.00	6744	6644	5000	泗阳县
90		41.18	33.96	18	16	680	泗洪县
4657	**164**	**41.35**	**51.30**	**1018**	**529**	**2280**	**浙 江**
				94	94		桐庐县
	25	28.08		269		200	淳安县
1491	81	93.25	98.38			539	嘉善县
	14					8	海盐县
2960	2	62.79	80.00	101	75	451	长兴县
						50	新昌县
10	30	4.72	4.00	30	22	25	岱山县
3	1	19.35	18.75	19	9	20	嵊泗县
5		0.58	0.78	107	7	85	三门县

6-2 续表 2

计量单位：万立方米

县名称 Name of Counties	计划用水户数(户) Planned Water Consumers (unit)	自备水计划用水户数 Planned Self-produced Water Consumers	计划用水户实际用水量 合计 Total	工业 Industry	新水取用量 Fresh Water Used	工业 Industry	重复利用量 Water Reused
天台县	214	214	702	460	514	272	188
缙云县	26		48		48		
遂昌县	88		179	101	179	101	
松阳县	54		197	103	197	103	
云和县	29		52	52	52	52	
庆元县	141		95	70	95	70	
景宁县	30		62				62
福　建	**4935**	**9**	**4693**	**1969**	**3549**	**1394**	**1144**
仙游县	4870		184		165		19
宁化县			756	54	756	54	
沙　县	29	9	3748	1915	2623	1340	1125
华安县	36		5	0	5	0	
江　西			**1034**	**375**	**517**	**200**	**517**
万年县			1034	375	517	200	517
山　东	**41786**	**12312**	**59006**	**46631**	**17782**	**9302**	**41225**
平阴县	34	34	4914	4129	1260	475	3654
高青县	141	74	7379	6356	2019	996	5360
沂源县	101	12	10711	9891	1730	910	8981
广饶县	62	62	9139	9030	923	903	8216
临朐县	21		1784	456	1382	54	402
昌乐县	232	158	2150	2150	1614	1614	536
金乡县	92	92	460	6	275	5	185
嘉祥县	69	47	282	157	153	41	129
汶上县	23	23	27	9	21	6	6
泗水县	31	31	1414	1400	210	196	1204
东平县	519	15	1290	1110	312	215	978
五莲县	900		3750	520	780	520	2970
莒　县	1042		3171	2236	1350	850	1821
庆云县	2	2	441	243	336	138	105
临邑县	90	40	1700	545	1430	310	270
平原县	9	5	695	695	510	510	185
成武县	180	180	503	304	352	213	151
巨野县	238	237	9101	7361	3065	1325	6036
郓城县	38000	11300	96	33	60	20	36
河　南	**80319**	**20104**	**24998**	**10851**	**19734**	**7360**	**5264**
孟津县	12686		269	32	265	28	4
嵩　县	70	12	4		2		2
汝阳县	16	15	412	234	232	78	180
宜阳县	63	30	260	205	255	205	5
洛宁县	12	12	350	25	250	12	100
伊川县	62		256		85		171
宝丰县	243	216	710	310	710	310	
鲁山县	130	112	570	319	515	264	55
郏　县	60	35	216	147	162	103	54

continued

Measurement Unit:10,000m³

Actual Quantity of Water Used 工 业 Industry	超计划定额用水量 Water Quantity Consumed in Excess of Quota	重复利用率(%) Reuse Rate (%)	工 业 Industry	节约用水量 Water Saved	工 业 Industry	节水措施投资总额(万元) Total Investment in Water-Saving Measures (10,000 RMB)	县名称 Name of Counties
188		26.78	40.87	280	264	224	天台县
	11			6		300	缙云县
				19	12		遂昌县
				67	29	358	松阳县
				6	6		云和县
				16	11	14	庆元县
		100.00		5		6	景宁县
575	**56**	**24.38**	**29.20**	**135**	**118**	**10**	**福 建**
	56	10.33				10	仙游县
							宁化县
575		30.02	30.03	135	118		沙 县
							华安县
175		**50.02**	**46.60**				**江 西**
175		50.02	46.60				万年县
37330	**48**	**69.86**	**80.05**	**8663**	**7885**	**4308**	**山 东**
3654		74.36	88.50	485	105	1100	平阴县
5360	7	72.64	84.33	148	115	305	高青县
8981		83.85	90.80	83	83	860	沂源县
8127	30	89.90	90.00	103	95		广饶县
402		22.53	88.11	45	40	30	临朐县
536		24.93	24.93	500	480	1000	昌乐县
1		40.22	20.00	64	1	28	金乡县
116		45.74	73.79	129	116	32	嘉祥县
2		21.92	28.28			50	汶上县
1204	0	85.17	86.00				泗水县
895		75.81	80.66	394	371	248	东平县
		79.20		80		49	五莲县
1386	11	57.43	61.99	35	32		莒 县
105		23.82	43.14				庆云县
235		15.88	43.12	250	230	432	临邑县
185		26.62	26.62				平原县
91		30.00	30.00	201	122		成武县
6036		66.32	82.00	6036	6036	126	巨野县
13		37.50	39.39	110	60	48	郓城县
3491	**904**	**21.06**	**32.18**	**4976**	**3081**	**1991**	**河 南**
4	1	1.49	12.50	9	7		孟津县
		50.00		4			嵩 县
156		43.69	66.67	27	27	3	汝阳县
		1.92		19	14		宜阳县
13	200	28.57	52.00	50	7		洛宁县
		66.80		79	40		伊川县
	1			13	8	29	宝丰县
55		9.65	17.27	65	59		鲁山县
44		25.00	29.93	60			郏 县

6-2 续表 3

计量单位：万立方米

县名称 Name of Counties	计划用水户实际用水量						
	计划用水户数（户） Planned Water Consumers (unit)	自备水计划用水户数 Planned Self-produced Water Consumers	合计 Total	工业 Industry	新水取用量 Fresh Water Used	工业 Industry	重复利用量 Water Reused
浚　县	113	79	576	130	576	130	
淇　县	30	30	1010	1003	731	728	279
新乡县	10000	5650	540	207	400	85	140
获嘉县	53	53	816	736	816	736	
原阳县	4410	343	1256	213	1203	182	53
延津县	16700	15	1100	566	1057	523	43
封丘县	52		1490	251	1370	146	120
南乐县	23	23	33	15	20	8	13
鄢陵县	26	8	53	3	53	3	
襄城县	92	92	257	100	240	83	17
渑池县	152	53	830	241	260	86	570
南召县	150	150	217	180	162	135	55
方城县	350	45	990	360	705	185	285
西峡县	503	382	782	592	692	580	90
镇平县	131	47	1282	597	1164	503	118
内乡县	620	110	590	410	430	260	160
淅川县	302	302	517	424	415	328	102
社旗县	680	132	876	416	775	315	101
唐河县	150	150	751	300	190	95	561
新野县	610	190	1139	650	739	280	400
桐柏县	34	15	138	53	115	32	23
民权县	3690	97	508	504	8	4	500
宁陵县	15210	6335	107	75	76	45	31
虞城县	106	106	4	4	3	3	1
扶沟县	101	55	217	46	205	41	12
西华县	6732	983	110	25	90	13	20
商水县	625		90	14	89	13	1
沈丘县	225	35	1277	374	1108	207	169
郸城县	45	26	518	210	420	159	98
鹿邑县	11		150		120		30
上蔡县	424	402	514	51	470	7	44
平舆县	4288	3521	935	75	920	66	15
确山县	22	22	28	23	20	16	8
汝南县	21	10	599	31	568	22	31
遂平县	114	96	1294	690	692	330	602
新蔡县	182	115	357	11	357	11	
湖　北	**12850**	**920**	**15141**	**1738**	**13922**	**1617**	**1219**
竹溪县	12000	900	890	44	600	44	290
云梦县	830		1250		1250		
嘉鱼县	20	20	13001	1694	12072	1573	929
湖　南	**24290**	**5375**	**19369**	**2609**	**15993**	**2423**	**3376**
长沙县	300		2356	2203	2268	2173	88
湘潭县	71	71	5306	88	5306	88	

continued

Measurement Unit:10,000m³

Actual Quantity of Water Used 工业 Industry	超计划定额用水量 Water Quantity Consumed in Excess of Quota	重复利用率(%) Reuse Rate (%)	工业 Industry	节约用水量 Water Saved	工业 Industry	节水措施投资总额(万元) Total Investment in Water-Saving Measures (10,000 RMB)	县名称 Name of Counties
	5						浚　县
275		27.62	27.42				淇　县
122		25.93	58.94	850	550		新乡县
				259	254		获嘉县
31		4.22	14.55	176	176	80	原阳县
43		3.91	7.60				延津县
105		8.05	41.83	40	13	33	封丘县
7		39.39	46.67				南乐县
				35	12	40	鄢陵县
17		6.61	17.00	17	17	7	襄城县
155		68.67	64.32	23	17	18	渑池县
45	76	25.35	25.00	75	60	100	南召县
175		28.79	48.61	340	250	95	方城县
12		11.51	2.03	99	85		西峡县
94		9.20	15.75	136	109	1	镇平县
150		27.12	36.59	140	125	12	内乡县
96		19.73	22.64	158	120	18	淅川县
101	66	11.53	24.28	140	101	27	社旗县
205		74.70	68.33	568	420	45	唐河县
370	410	35.12	56.92	350	310	810	新野县
21	96	16.67	39.62	14		25	桐柏县
500		98.43	99.21	95	30	100	民权县
30		28.97	40.00	3	3		宁陵县
1		25.00	25.00				虞城县
5	15	5.53	10.87	160	26	5	扶沟县
12		18.18	48.00	14		1	西华县
1	8	1.11	7.14	40	13		商水县
167		13.23	44.65	83	24	81	沈丘县
51		18.92	24.29	68	68		郸城县
		20.00		12		8	鹿邑县
44	5	8.53	86.74	572	17		上蔡县
9		1.60	12.00	15	9		平舆县
7		30.00	30.43				确山县
9		5.22	27.78	27	10	453	汝南县
360		46.52	52.17				遂平县
	20			142	100		新蔡县
121		**8.05**	**6.96**	**932**	**121**	**65**	**湖　北**
		32.58		3			竹溪县
							云梦县
121		7.14	7.14	929	121	65	嘉鱼县
186		**17.43**	**7.13**	**3207**	**82**	**2591**	**湖　南**
30		3.74	1.36	135	37	1800	长沙县
				11	3		湘潭县

6-2 续表 4

计量单位：万立方米

县名称 Name of Counties	计划用水户数（户） Planned Water Consumers (unit)	自备水计划用水户数 Planned Self-produced Water Consumers	计划用水户实际用水量 合计 Total	工业 Industry	新水取用量 Fresh Water Used	工业 Industry	重复利用量 Water Reused
衡阳县	4000	3000	363	220	163	100	200
汉寿县	10	10	58	15			58
澧　县	15	15	109	28	109	28	
慈利县	179	179	10098	55	7068	34	3030
桂东县	16615		320		320		
安仁县	3100	2100	759		759		
广　东	**232341**	**2047**	**9668**	**248**	**9570**	**236**	**98**
翁源县	40000		825		825		
新丰县	41538		576	55	576	55	
平远县	48	47	3609	81	3609	81	
蕉岭县	27001	2000	450	12	450	12	
海丰县	86550		3208		3208		
紫金县	2916		1000	100	902	88	98
和平县	34288						
海　南	**27735**	**56**	**13791**	**10566**	**13781**	**10556**	**10**
屯昌县	3694						
临高县	8	8	129		129		
昌江县	48	48	4472	2800	4462	2790	10
保亭县	9985		878	32	878	32	
洋浦经济开发区	14000		8313	7734	8313	7734	
重　庆	**93**	**60**	**6569**	**1911**	**3257**	**289**	**3312**
垫江县	14		199	109	199	109	
秀山土家族苗族自治县	79	60	6370	1802	3058	180	3312
四　川	**308691**	**840**	**10852**	**4199**	**9402**	**3276**	**1450**
金堂县	5	5	935	916	935	916	
大邑县	103	29	751	270	682	201	69
蒲江县	48		186	95	22	11	164
新津县	93	21	1655	1567	1257	1199	398
富顺县	16520		315	63	315	63	
三台县	187	60	1326	332	1193	233	133
珙　县							
邻水县	104211		1215	78	1215	78	
渠　县	100000		1251	158	1251	158	
宝兴县	3000		87		81		6
南江县	58901		741		741		
安岳县	580		1187	560	690	330	497
乐至县	3130		410	148	330	82	80
理　县	3506		200		200		
泸定县	5100		194		194		
丹巴县	5300	50	99		99		
甘孜县	2350						
白玉县	1492		91		5		86

continued

Measurement Unit:10,000m^3

Actual Quantity of Water Used				节约用水量		节水措施投资总额(万元)	县名称
工业 Industry	超计划定额用水量 Water Quantity Consumed in Excess of Quota	重复利用率(%) Reuse Rate (%)	工业 Industry	Water Saved	工业 Industry	Total Investment in Water-Saving Measures (10,000 RMB)	Name of Counties
120		55.10	54.55			300	衡阳县
15		100.00	100.00				汉寿县
							澧　县
21		30.01	38.18	3030	21	470	慈利县
							桂东县
				31	21	21	安仁县
12		**1.01**	**4.84**	**25**	**14**	**31**	**广　东**
							翁源县
				12	6	6	新丰县
				13	8		平远县
							蕉岭县
						25	海丰县
12		9.80	12.00				紫金县
							和平县
10		**0.07**	**0.09**	**2379**	**2095**	**28**	**海　南**
							屯昌县
				174		28	临高县
10		0.22	0.36	5	5		昌江县
							保亭县
				2200	2090		洋浦经济开发区
1622	**2244**	**50.42**	**84.86**	**3500**	**1622**	**4600**	**重　庆**
							垫江县
1622	2244	51.99	90.01	3500	1622	4600	秀山土家族苗族自治县
924	**37**	**13.36**	**21.99**	**949**	**811**	**433**	**四　川**
							金堂县
69		9.19	25.56	69	69		大邑县
83		88.00	88.00				蒲江县
368		24.06	23.49	398	368		新津县
							富顺县
99		10.00	29.95	183	157	13	三台县
				101	101		珙　县
							邻水县
							渠　县
		6.73					宝兴县
							南江县
230	7	41.87	41.11	105	75		安岳县
66		19.51	44.59	50	34		乐至县
							理　县
							泸定县
							丹巴县
							甘孜县
	5	94.51					白玉县

6-2 续表 5

计量单位：万立方米

县名称 Name of Counties	计划用水户数(户) Planned Water Consumers (unit)	自备水计划用水户数 Planned Self-produced Water Consumers	计划用水户实际用水量 合计 Total	工业 Industry	新水取用量 Fresh Water Used	工业 Industry	重复利用量 Water Reused
石渠县	1750	650	32	3	32	3	
稻城县	40	25					
木里县	2330		70	5	65		5
冕宁县	45		5	4	3	2	2
美姑县			101		91		10
贵　州	**239**	**41**	**10086**	**2996**	**8280**	**1531**	**1806**
桐梓县	4	3	4227	2751	2839	1363	1388
安龙县	55		30	3	15	1	15
雷山县	36		4810	40	4770		40
独山县	46	23	459	192	431	164	28
长顺县	98	15	560	9	226	2	335
云　南	**49033**	**6550**	**14857**	**1151**	**14136**	**682**	**721**
嵩明县	82		39		39		
富民县	82		415		415		
宜良县	1300	980					
石林彝族自治县	118	5	483	85	426	44	57
昆明阳宗海风景	22	10	12560	810	12040	480	520
罗平县	6200	5235	502	108	480	98	22
绥江县	19500		372	58	350	40	22
凤庆县	12300	320	260	90	160	20	100
牟定县							
兰坪白族普米族自治县	9429		226		226		
西　藏	**796**	**796**	**591**		**591**		
亚东县	596	596	516		516		
安多县	200	200	15		15		
札达县			60		60		
陕　西	**68090**	**7274**	**41001**	**37605**	**8728**	**5478**	**32273**
扶风县	10	10	180	134	87	41	93
陇　县	700	10	24	9	16	3	8
三原县	67	67	490	429	140	99	350
乾　县	32		269	112	251	94	18
永寿县	6	6	13	13			13
长武县	17	16	1769	1463	1384	1077	385
旬邑县	168		145	91	121	78	24
淳化县	2	2	11	11	9	9	2
合阳县	23	5	19	13	11	9	8
澄城县	20580	6250	617	217	575	175	42
蒲城县	30	30	33	8	28	3	5
白水县	13990		252	49	212	38	40
延长县	360		99	18	55	10	45
延川县	1128		100	28	100	28	
志丹县	3100		334		334		
宜川县	4156		131		131		

continued

Measurement Unit:10,000m^3

Actual Quantity of Water Used				节约用水量 Water Saved		节水措施投资总额（万元） Total Investment in Water-Saving Measures (10,000 RMB)	县名称 Name of Counties
工业 Industry	超计划定额用水量 Water Quantity Consumed in Excess of Quota	重复利用率(%) Reuse Rate (%)	工业 Industry		工业 Industry		
	23			20		22	石渠县
						10	稻城县
5		7.14	100.00	20	5	23	木里县
2	2	40.38	50.00	2	2	365	冕宁县
		10.08					美姑县
1465		**17.91**	**48.90**	**1538**	**1456**	**120**	**贵　州**
1388		32.84	50.45	1388	1388		桐梓县
2		50.40	68.35				安龙县
40		0.83	100.00			100	雷山县
28		6.17	14.43	150	68	20	独山县
7		59.71	73.81				长顺县
469	**87**	**4.85**	**40.77**	**245**	**144**	**976**	**云　南**
	3			6			嵩明县
							富民县
							宜良县
41	28	11.80	48.47	41	18	30	石林彝族自治县
330		4.14	40.74	30	25	20	昆明阳宗海风景
10	56	4.38	9.26	50	15	20	罗平县
18		5.91	31.03	12	12	1	绥江县
70		38.46	77.78	100	70	800	凤庆县
				6	4	105	牟定县
							兰坪白族普米族自治县
						3	**西　藏**
						3	亚东县
							安多县
							札达县
32127	**59**	**78.71**	**85.43**	**2847**	**2638**	**3942**	**陕　西**
93	2	51.53	69.29	76	31	368	扶风县
6		33.33	71.11	3	2	51	陇　县
330		71.49	76.94	350	330	85	三原县
18	7	6.69	16.11				乾　县
13		100.00	100.00	7	6	6	永寿县
385		21.77	26.34	385	385		长武县
13		16.32	14.29	33	9	150	旬邑县
2	1	20.35	20.35	4	3	26	淳化县
4	9	42.11	30.77	8	4	8	合阳县
42	10	6.81	19.35	75	58	2500	澄城县
5	1	15.15	62.50	9	6	10	蒲城县
11	13	15.86	22.45	40	10	120	白水县
8		44.91	44.91	45	8		延长县
							延川县
							志丹县
				0			宜川县

6-2 续表 6

计量单位：万立方米

县名称 Name of Counties	计划用水户数（户） Planned Water Consumers (unit)	自备水计划用水户数 Planned Self-produced Water Consumers	计划用水户实际用水量 合计 Total	工业 Industry	新水取用量 Fresh Water Used	工业 Industry	重复利用量 Water Reused
略阳县	33	28	30200	30182	700	682	29500
靖边县	149	32	3725	3725	2775	2775	950
石泉县	3		296	7	296	7	
紫阳县	5300	580	207	96	151	78	56
平利县	12800	210	187	33	172	24	15
山阳县	36	28	1900	968	1180	248	720
柞水县	5400						
甘　肃	**79185**	**1852**	**2716**	**682**	**1867**	**186**	**848**
皋兰县	1846	1846	204	86	183	81	20
榆中县			271		271		
民勤县	27450		406		376		30
临泽县	25	6	784	551	248	72	536
金塔县	20100		260	10	250		10
瓜州县	23104		628	21	446	21	182
肃北蒙古族自治县	2660		95	14	80	12	15
阿克塞哈萨克族自治县	4000		68		12		56
宁　夏	**58**	**20**	**3352**	**1701**	**3047**	**1396**	**305**
永宁县	34	2	672	645	366	339	305
贺兰县	18	18	2404	1056	2404	1056	
盐池县							
西吉县			269		269		
彭阳县	6		8		8		
新　疆	**201922**	**107**	**5029**	**601**	**4609**	**520**	**421**
鄯善县	22060		1401	320	1188	320	213
托克逊县	27064		537		495		42
若羌县	11948		242		242		
焉耆回族自治县	150	10	121	10	120	10	1
和静县	10						
新和县	8022	95	159	21	155	20	4
阿合奇县	3977		234	20	234	20	
乌恰县	11630		172		172		
巴楚县	810		804	67	804	67	
塔什库尔干塔吉克自治县							
霍城县	21560		440	19	380	19	60
新源县	200		160	110	60	30	100
昭苏县	13500	2	2	1	1	1	1
特克斯县	20000						
额敏县	26582		210	33	210	33	
布尔津县	15109		296		296		
富蕴县	19300		251		251		

continued

Measurement Unit:10,000m³

Actual Quantity of Water Used				节约用水量		节水措施投资总额(万元)	县名称
工业 Industry	超计划定额用水量 Water Quantity Consumed in Excess of Quota	重复利用率(%) Reuse Rate (%)	工业 Industry	Water Saved	工业 Industry	Total Investment in Water-Saving Measures (10,000 RMB)	Name of Counties
29500	1	97.68	97.74	85	85	165	略阳县
950		25.50	25.50	950	950		靖边县
				1		4	石泉县
18	2	27.05	18.75	45	21	280	紫阳县
9	13	8.02	27.27	11	9	140	平利县
720		37.89	74.38	720	720	29	山阳县
							柞水县
496	**2**	**31.24**	**72.68**	**758**	**486**	**920**	**甘　肃**
5		10.00	5.91	5	5	42	皋兰县
							榆中县
		7.39		25		500	民勤县
479		68.37	86.93	538	478	350	临泽县
10	1	3.66	100.00				金塔县
		28.93		182			瓜州县
2	0	15.79	15.00	9	3	28	肃北蒙古族自治县
	0	82.31					阿克塞哈萨克族自治县
305		**9.11**	**17.95**	**723**	**309**	**66**	**宁　夏**
305		45.46	47.37	305	305		永宁县
				416	4	16	贺兰县
						50	盐池县
							西吉县
				2			彭阳县
81		**8.36**	**13.51**	**244**	**1**	**7665**	**新　疆**
		15.20					鄯善县
		7.82					托克逊县
							若羌县
		0.83					焉耆回族自治县
							和静县
1		2.52	4.76	9	1	8	新和县
							阿合奇县
							乌恰县
				49			巴楚县
				10			塔什库尔干塔吉克自治县
		13.64		62		7657	霍城县
80		62.50	72.73	50			新源县
0		35.48	16.67				昭苏县
				64			特克斯县
							额敏县
							布尔津县
							富蕴县

七、县城燃气

7. County Seat Gas

简要说明

县城燃气指符合《城镇燃气设计规范》的规定，供县城生产和生活作燃料使用的人工煤气、天然气和液化石油气等气体能源。

本部分分人工煤气、天然气和液化石油气三部分，主要包括县城燃气的供应能力、供应量、服务情况等内容。

Brief Introduction

County seat gas is a general designation describing gaseous energy such as man-made coal gas, natural gas and LPG, which is provided for county seat production and domestic use according to Urban Gas Design Code.

This section includes three parts: statistics on man-made coal gas, statistics on natural gas and statistics on LPG. Indicators such as supply capacity, quantity of gas supplied, service, etc. are used.

7 全国历年县城燃气情况(2000-2020)

年份 Year	人工煤气 Man-Made Coal Gas				天然气	
	供气总量(亿立方米) Total Gas Supplied (100 Million m^3)	居民家庭 Households	用气人口(万人) Population with Access to Gas (10,000 persons)	管道长度(公里) Length of Gas Supply Pipeline (km)	供气总量(亿立方米) Total Gas Supplied (100 Million m^3)	居民家庭 Households
2000	1.72	1.63	73.10	615	3.31	2.25
2001	2.14	1.85	89.85	424	4.37	2.71
2002	1.19	1.13	68.30	493	6.36	3.30
2003	0.73	0.60	51.33	519	7.67	4.16
2004	1.80	1.51	81.91	551	10.97	5.43
2005	3.04	2.01	127.35	830	18.12	5.83
2006	1.26	0.49	54.58	745	16.47	7.11
2007	1.44	0.51	58.52	1158	24.45	7.01
2008	2.68	1.84	72.22	1426	23.26	9.00
2009	1.78	0.97	69.12	1459	32.16	13.79
2010	4.06	1.03	69.97	1520	39.98	17.09
2011	9.51	1.14	66.53	1458	53.87	22.83
2012	8.57	1.08	53.58	1255	70.14	28.11
2013	7.65	2.24	63.15	1345	81.58	31.55
2014	8.49	2.12	56.05	1542	92.65	34.50
2015	8.21	2.29	55.50	1376	102.60	37.97
2016	7.18	1.03	60.08	1366	105.70	39.25
2017	7.41	1.38	65.65	1296	137.96	48.00
2018	6.22	3.31	68.90	1869	171.04	57.61
2019	3.62	1.69	70.20	2671	201.87	67.21
2020	4.17	1.92	69.50	2761	214.53	72.13

注：自2006年起，燃气普及率指标按县城人口和县城暂住人口合计为分母计算。

National County Seat Gas in Past Years(2000-2020)

Natural Gas		液化石油气 LPG				燃气普及率 (%)
用气人口 (万人) Population with Access to Gas (10,000 persons)	管道长度 (公里) Length of Gas Supply Pipeline (km)	供气总量 (万吨) Total Gas Supplied (10,000 ton)	居民家庭 Households	用气人口 (万人) Population with Access to Gas (10,000 persons)	管道长度 (公里) Length of Gas Supply Pipeline (km)	Gas Coverage Rate (%)
237	5268	110.84	98.23	2723	96	54.41
274	6400	127.55	109.90	3653	674	44.55
316	7398	142.42	124.23	4025	760	49.69
361	8397	174.45	140.17	4508	1033	53.28
437	9881	188.94	156.37	4961	1172	56.87
519	12602	185.90	147.10	5151	1203	57.80
780	17487	195.04	147.07	5405	1728	52.45
943	21882	203.22	158.60	6217	2355	57.33
1123	27110	202.14	160.60	6504	2899	59.11
1404	34214	212.58	171.00	6776	3136	61.66
1835	42156	218.50	174.97	7098	3053	64.89
2414	52450	242.17	205.23	7058	2594	66.52
2926	66697	256.94	212.13	7241	2773	68.50
3555	77122	241.07	196.89	7208	2236	70.91
4165	88862	235.32	198.38	7242	2538	73.24
4715	106466	230.01	192.99	7081	2068	75.90
5096	105966	219.22	184.36	6919	1579	78.19
6186	126539	215.48	183.50	6458	1504	81.35
6848	144314	214.06	181.31	6243	1829	83.85
7520	167650	217.10	177.81	6128	1865	86.47
8170	186244	199.54	170.15	5874	1461	89.07

Note: Since 2006, gas coverage rate has been calculated based on denominator which combines both permanent and temporary residents in county seat areas.

7-1-1 2020年按省分列的县城人工煤气

地区名称 Name of Regions	生产能力(万立方米/日) Production Capacity (10,000 m^3/day)	储气能力(万立方米) Gas Storage Capacity (10,000 m^3)	供气管道长度(公里) Length of Gas Supply Pipeline (km)	自制气量(万立方米) Self-Produced Gas (10,000 m^3)	供气总量(万立方米) 合计 Total
全　国	**35**	**615**	**2761**	**3000**	**41714**
河　北		7	690		13618
山　西	35	25	2021	3000	24011
内蒙古					
辽　宁					
吉　林					
黑龙江					
江　苏					
浙　江					
安　徽					
福　建					
江　西					
山　东		3			3068
河　南					
湖　北					
湖　南					
广　东					
广　西					
海　南					
重　庆					
四　川		390			390
贵　州					
云　南		189			0
西　藏					
陕　西					
甘　肃					
青　海					
宁　夏					
新　疆		1	50		627

County Seat Man-made Coal Gas by Province(2020)

Total Gas Supplied (10,000 m^3) 销售气量 Quantity Sold	居民家庭 Households	燃气损失量 Loss Amount	用气户数(户) Number of Households with Access to Gas (unit)	居民家庭 Household User	用气人口(万人) Population with Access to Gas (10,000 persons)	地区名称 Name of Regions
40589	**19248**	**1125**	**280166**	**275367**	**70**	**全　国**
13567	3758	51	56995	56707	19	河　北
22997	14786	1015	202289	199213	46	山　西
						内蒙古
						辽　宁
						吉　林
						黑龙江
						江　苏
						浙　江
						安　徽
						福　建
						江　西
3010		58	37			山　东
						河　南
						湖　北
						湖　南
						广　东
						广　西
						海　南
						重　庆
390	390		3640	3640	1	四　川
						贵　州
0	0	0	7216	6228	3	云　南
						西　藏
						陕　西
						甘　肃
						青　海
						宁　夏
625	314	2	9989	9579	1	新　疆

7-1-2 2020年按县分列的县城人工煤气

县名称 Name of Counties	生产能力 (万立方米/日) Production Capacity (10,000 m^3/day)	储气能力 (万立方米) Gas Storage Capacity (10,000 m^3)	供气管道长度 (公里) Length of Gas Supply Pipeline (km)	自制气量 (万立方米) Self-Produced Gas (10,000 m^3)	供气总量(万立方米) 合计 Total
全　国	**35.00**	**614.92**	**2760.61**	**3000.00**	**41714.08**
河　北		**7.00**	**690.31**		**13617.52**
滦南县			32.90		8397.52
涉　县		7.00	657.41		5220.00
山　西	**35.00**	**25.00**	**2020.80**	**3000.00**	**24011.15**
清徐县			278.00		5500.00
平定县		5.00	787.00		10854.00
襄垣县	35.00	5.00	375.30	3000.00	2420.00
灵石县		7.00	367.00		2760.00
襄汾县		3.00	90.00		828.00
古　县		3.00	98.50		886.00
柳林县		2.00	25.00		713.15
中阳县					50.00
山　东		**3.00**			**3068.00**
临朐县		3.00			3068.00
四　川		**390.00**			**390.00**
甘孜县		390.00			390.00
云　南		**189.42**			**0.41**
宜良县		189.42			0.41
新　疆		**0.50**	**49.50**		**627.00**
和硕县		0.50	49.50		627.00

County Seat Man-made Coal Gas by County(2020)

Total Gas Supplied (10,000 m^3) 销售气量 Quantity Sold	居民家庭 Households	燃气损失量 Loss Amount	用气户数(户) Number of Household with Access to Gas (unit)	居民家庭 Household User	用气人口(万人) Population with Access to Gas (10,000 persons)	县名称 Name of Counties
40588.79	**19248.29**	**1125.29**	**280166**	**275367**	**69.50**	**全　国**
13566.84	**3757.86**	**50.68**	**56995**	**56707**	**18.99**	**河　北**
8348.00		49.52	10			滦南县
5218.84	3757.86	1.16	56985	56707	18.99	涉　县
22996.55	**14786.34**	**1014.60**	**202289**	**199213**	**46.04**	**山　西**
5000.00	4638.34	500.00	33913	33535	9.45	清徐县
10528.00	6249.00	326.00	75858	75390	7.31	平定县
2330.00	1050.00	90.00	29547	29197	6.94	襄垣县
2726.00	1450.00	34.00	34685	33582	12.14	灵石县
824.00	701.00	4.00	16035	15615	4.10	襄汾县
860.00	648.00	26.00	9984	9634	3.90	古　县
678.55		34.60	7			柳林县
50.00	50.00		2260	2260	2.20	中阳县
3010.00		**58.00**	**37**			**山　东**
3010.00		58.00	37			临朐县
390.00	**390.00**		**3640**	**3640**	**1.10**	**四　川**
390.00	390.00		3640	3640	1.10	甘孜县
0.40	**0.09**	**0.01**	**7216**	**6228**	**2.56**	**云　南**
0.40	0.09	0.01	7216	6228	2.56	宜良县
625.00	**314.00**	**2.00**	**9989**	**9579**	**0.81**	**新　疆**
625.00	314.00	2.00	9989	9579	0.81	和硕县

7-2-1 2020年按省分列的县城天然气

地区名称 Name of Regions	储气能力(万立方米) Gas Storage Capacity ($10,000\ m^3$)	供气管道长度(公里) Length of Gas Supply Pipeline (km)	供气总量(万立方米) 合计 Total	销售气量 Quantity Sold	居民家庭 Households	集中供热 Central Heating
全　国	**13685.50**	**186243.63**	**2145337.47**	**2111506.66**	**721334.18**	**152320.78**
河　北	1148.43	21790.68	209961.99	206820.67	91428.43	25760.81
山　西	533.50	10063.37	199978.92	197416.68	48645.14	16203.60
内蒙古	312.37	3396.58	57927.27	57014.50	12739.27	4991.29
辽　宁	147.70	2664.41	27244.06	26713.77	4368.28	624.38
吉　林	343.18	1230.03	8194.53	8103.36	2992.10	252.00
黑龙江	184.03	1537.80	10912.77	10752.72	4203.07	1034.67
江　苏	427.67	8377.94	72864.71	71986.91	31485.41	1720.00
浙　江	604.12	7515.14	125076.60	123944.24	9711.25	
安　徽	572.85	12541.18	110887.45	108676.73	33845.73	58.90
福　建	702.87	4884.90	48769.38	47976.38	6266.99	
江　西	755.43	7450.52	84075.15	83396.34	17948.84	1436.52
山　东	625.49	19478.14	231025.60	228981.56	63093.18	12286.26
河　南	549.94	10957.69	160739.86	158198.83	63776.00	5656.46
湖　北	191.73	7128.50	41687.53	40971.39	19413.92	136.00
湖　南	1753.92	10335.70	66780.96	65671.83	32961.78	619.25
广　东	344.82	3121.15	24198.15	24001.21	9144.85	
广　西	275.27	1848.07	14184.18	14040.71	3767.73	
海　南	121.70	918.46	5123.63	5065.21	1217.73	
重　庆	69.03	2847.71	27785.34	27026.21	18087.60	
四　川	224.34	24637.58	195764.16	187932.92	115212.04	89.10
贵　州	702.52	3691.53	24558.47	24344.95	5696.38	126.13
云　南	661.25	2965.00	18597.09	18315.51	4357.20	137.00
西　藏			3.20	3.00	1.50	
陕　西	1216.06	7044.67	134143.41	132377.86	44166.73	39065.36
甘　肃	492.21	2015.04	40612.02	40153.81	9114.07	6820.37
青　海	56.30	693.21	30862.70	30253.67	11715.36	9417.67
宁　夏	31.95	1772.18	45043.28	44752.71	14137.24	3232.68
新　疆	636.82	5336.45	128335.06	126612.98	41836.36	22652.33

County Seat Natural Gas by Province(2020)

Total Gas Supplied (10,000 m^3)		用气户数(户)		用气人口(万人)	天然气汽车加气站(座)	地区名称
燃气汽车 Gas-Powered Automobiles	燃气损失量 Loss Amount	Number of Household with Access to Gas (unit)	居民家庭 Household User	Population with Access to Gas (10,000 persons)	Gas Stations for CNG-Fueled Motor Vehicles (unit)	Name of Regions
345487.84	**33830.81**	**27997794**	**26599281**	**8170.08**	**1745**	**全国**
20587.84	3141.32	2719344	2637732	772.91	160	河北
81179.14	2562.24	1252943	1236656	375.04	113	山西
22307.26	912.77	559825	528112	165.50	134	内蒙古
6718.30	530.29	345469	336993	96.39	51	辽宁
3942.96	91.17	292049	283611	74.90	29	吉林
4145.46	160.05	287371	276222	80.72	63	黑龙江
6647.23	877.80	1325046	1291242	369.11	38	江苏
1465.84	1132.36	760706	734048	221.17	11	浙江
20877.02	2210.72	1863781	1741771	563.79	70	安徽
979.09	793.00	561703	550840	183.88	11	福建
740.99	678.81	896548	868469	301.44	8	江西
15144.08	2044.04	2764588	2707780	842.84	148	山东
18120.08	2541.03	2562208	2467615	851.75	142	河南
2714.22	716.14	830176	808680	233.77	32	湖北
6892.86	1109.13	1633405	1472777	511.13	39	湖南
423.24	196.94	398802	376687	117.82	7	广东
234.56	143.47	226046	221267	75.53	2	广西
2078.12	58.42	226676	143903	19.60	6	海南
3024.16	759.13	771090	741459	183.95	15	重庆
17720.10	7831.24	3788188	3603930	971.83	69	四川
2647.05	213.52	376882	355521	154.52	26	贵州
889.36	281.58	210245	203940	84.37	19	云南
	0.20	1300	912	0.40		西藏
20159.30	1765.55	1294205	1134786	350.03	152	陕西
20575.29	458.21	404445	358803	145.24	81	甘肃
2347.76	609.03	159743	141447	48.24	14	青海
10316.85	290.57	343321	327434	64.86	53	宁夏
52609.68	1722.08	1141689	1046644	309.35	252	新疆

7-2-2 2020年按县分列的县城天然气

县名称 Name of Counties	储气能力(万立方米) Gas Storage Capacity (10,000 m^3)	供气管道长度(公里) Length of Gas Supply Pipeline (km)	供气总量(万立方米)			
			合计 Total	销售气量 Quantity Sold	居民家庭 Households	集中供热 Central Heating
全　国	**13685.50**	**186243.63**	**2145337.47**	**2111506.66**	**721334.18**	**152320.78**
河　北	**1148.43**	**21790.68**	**209961.99**	**206820.67**	**91428.43**	**25760.81**
井陉县	7.68	62.60	3754.57	3753.97	605.43	
正定县		461.77	3710.32	3565.97	2971.89	209.08
行唐县		132.03	725.35	691.51	379.32	
灵寿县		80.60	1192.00	1158.00	1100.00	32.00
高邑县		589.00	8821.00	8742.00	1568.00	456.42
深泽县	15.00	170.00	613.00	600.70	115.90	2.70
赞皇县	9.80	94.47	93.64	93.54	37.94	
无极县		118.00	2322.55	2210.43	445.00	1481.49
平山县	7.70	120.38	622.00	612.10	250.00	
元氏县		394.26	4182.34	4180.22	901.05	3121.42
赵　县	2.00	111.77	2120.72	2102.09	818.79	66.95
滦南县		57.57	1021.07	1018.97	1018.97	
乐亭县	1.60	189.66	557.54	553.53	392.28	68.00
迁西县		154.27	2743.71	2740.00	205.00	
玉田县		150.99	5094.40	5021.55	1891.97	779.29
曹妃甸区	6.00	356.77	7311.54	7281.67	312.41	75.00
青龙满族自治县	50.00	101.50	407.48	395.90	215.78	26.18
昌黎县	4.00	374.90	835.00	816.00	447.20	317.80
卢龙县	0.40	10.45	65.00	62.00	62.00	
临漳县		660.00	2530.00	2498.49	1286.00	198.50
成安县	12.00	1185.00	9878.00	9688.00	1520.00	274.00
大名县	10.00	510.00	3536.00	3461.00	2700.00	746.00
涉　县	3.53	1.80	2577.00	2573.30	26.44	43.03
磁　县		257.00	2200.00	2099.00	1560.00	
邱　县		75.00	1138.42	1128.96	1128.96	
鸡泽县	3.00	366.70	2701.00	2636.00	940.00	530.00
广平县	3.00	180.00	781.00	780.00	780.00	
馆陶县	99.10	41.00	420.00	410.00	162.00	142.00
魏　县	94.00	152.73	2200.00	2199.57	2122.59	16.98
曲周县	45.00	56.00	1104.60	1102.30	842.30	256.00
临城县	11.14	320.00	1288.15	1280.00	655.73	
内丘县	6.00	217.50	2510.27	2510.07	600.00	458.06
柏乡县		78.50	874.00	853.50	649.00	
隆尧县	50.00	150.00	1180.40	1179.00	1159.00	
宁晋县		1991.88	4271.27	4175.04	2112.22	
巨鹿县	7.00	153.00	2417.00	2367.00	1100.00	313.00
新河县		67.70	257.00	256.00	242.00	
广宗县		400.00	2043.97	1945.85	94.00	20.00
平乡县		138.30	1394.00	1392.00	892.00	75.00
威　县		105.00	1005.50	1005.00	1005.00	
清河县	12.00	927.90	5629.30	5626.30	3593.72	
临西县	7.50	184.76	710.79	707.42	231.30	

County Seat Natural Gas by County(2020)

Total Gas Supplied ($10,000\ m^3$) 燃气汽车 Gas-Powered Automobiles	燃气损失量 Loss Amount	用气户数(户) Number of Household with Access to Gas (unit)	居民家庭 Household User	用气人口(万人) Population with Access to Gas (10,000 persons)	天然气汽车加气站(座) Gas Stations for CNG-Fueled Motor Vehicles (unit)	县名称 Name of Counties
345487.84	**33830.81**	**27997794**	**26599281**	**8170.08**	**1745**	**全　国**
20587.84	**3141.32**	**2719344**	**2637732**	**772.91**	**160**	**河　北**
1737.18	0.60	22285	22223	4.15	8	井陉县
385.00	144.35	91728	90363	18.02	11	正定县
312.19	33.84	17110	14526	4.98	4	行唐县
	34.00	15000	14935	4.56	3	灵寿县
735.00	79.00	32000	31000	5.76	8	高邑县
	12.30	12876	12700	6.60		深泽县
55.60	0.10	869	843	0.35	1	赞皇县
	112.12	16500	15700	7.20		无极县
355.10	9.90	26886	26820	11.65	2	平山县
98.42	2.12	19704	19672	7.78	2	元氏县
104.48	18.63	37535	37388	12.36	5	赵　县
	2.10	46253	46253	15.03		滦南县
	4.01	42468	42102	12.97		乐亭县
422.20	3.71	25640	25605	11.50	3	迁西县
	72.85	65952	65619	16.42		玉田县
5958.09	29.87	48015	47994	10.51	7	曹妃甸区
100.60	11.58	19788	19624	6.00	1	青龙满族自治县
51.00	19.00	35956	35780	11.28	1	昌黎县
	3.00	8961	8961	3.13		卢龙县
	31.51	28165	27890	11.25		临漳县
	190.00	51024	51000	10.53		成安县
15.00	75.00	52869	52860	21.62	3	大名县
2503.83	3.70	3463	3443	1.21	3	涉　县
	101.00	58610	58247	15.34		磁　县
	9.46	28400	28400	8.52		邱　县
118.20	65.00	29674	29467	11.98	1	鸡泽县
	1.00	18390	18390	7.37		广平县
96.00	10.00	10462	10403	4.85	1	馆陶县
60.00	0.43	84000	79853	33.60	3	魏　县
4.00	2.30	24284	22857	8.00	2	曲周县
361.53	8.15	17183	17149	2.80	1	临城县
32.43	0.20	25530	24989	8.20	2	内丘县
70.00	20.50	13720	13657	4.85	1	柏乡县
20.00	1.40	25990	25950	8.62	2	隆尧县
13.89	96.23	55531	54865	20.73	10	宁晋县
104.00	50.00	33300	30100	11.56	3	巨鹿县
	1.00	16211	16200	5.42		新河县
965.00	98.12	11651	11081	3.15	2	广宗县
	2.00	28000	27723	7.92		平乡县
	0.50	25100	25100	10.80		威　县
140.00	3.00	30723	30600	10.90	3	清河县
194.09	3.37	28100	28000	8.20	5	临西县

7-2-2 续表 1

县名称 Name of Counties	储气能力(万立方米) Gas Storage Capacity (10,000 m^3)	供气管道长度(公里) Length of Gas Supply Pipeline (km)	供气总量(万立方米)			
			合计 Total	销售气量 Quantity Sold	居民家庭 Households	集中供热 Central Heating
博野县		113.73	1308.50	1304.40	369.00	935.40
涞水县	5.00	349.50	890.24	850.62	734.50	
阜平县	18.00	44.80	640.96	610.44	199.60	220.40
白沟新城		329.50	3402.00	3347.00	1682.00	58.90
定兴县	7.00	75.50	2280.00	2200.00	1100.00	
唐　县		312.16	2560.00	2536.00	1889.00	647.00
高阳县		117.00	4080.25	4035.13	960.01	
涞源县	8.50	46.56	595.88	595.40	39.53	
望都县		130.00	2067.60	2002.85	1973.85	
易　县	6.00	63.00	396.85	395.86	395.86	
曲阳县	3.00	127.28	229.50	225.00	142.31	
蠡　县		164.00	4427.27	4407.27	672.00	3697.00
顺平县		63.91	2863.00	2805.00	536.00	87.00
张北县	19.00	85.80	3927.98	3907.98	98.47	88.64
康保县	6.00	64.00	248.69	226.08	141.12	
沽源县	6.00	83.21	118.50	115.00	57.00	11.00
尚义县	3.00	32.00	120.00	119.70	119.70	
蔚　县	9.00	174.65	299.74	299.54	183.04	41.64
阳原县	5.20	11.84	436.38	424.38	424.38	
怀安县	3.30	35.87	9.62	9.42	0.87	
怀来县	12.88	170.06	945.77	932.59	462.50	457.50
涿鹿县	3.00	65.00	550.60	544.60	306.71	23.60
赤城县	6.10	29.60	57.04	56.04	26.20	8.24
承德县	9.00	69.00	590.00	583.00	156.00	
兴隆县	0.60	13.00	37.50	37.00	37.00	
滦平县	5.00	14.50	342.00	340.00	40.00	300.00
隆化县	3.00	93.00	260.00	252.20	252.20	
丰宁满族自治县	10.00	93.55	750.00	726.00	586.00	140.00
宽城满族自治县	43.20	68.16	695.16	693.50	24.10	7.62
围场满族蒙古族自治县	6.00	90.00	403.00	389.00	325.00	
青　县	29.00	620.65	3088.40	2958.40	736.40	
东光县	1.50	1334.40	3176.80	3023.50	2537.82	
海兴县	100.00	47.40	177.23	172.73	125.25	28.08
盐山县	3.00	178.90	2460.00	2458.80	1013.45	390.00
肃宁县	10.00	98.70	800.00	799.85	595.00	25.93
南皮县	6.80	321.07	1787.19	1786.69	861.67	829.83
吴桥县	10.00	217.06	2321.04	2287.87	1428.69	743.43
献　县	5.00	238.58	818.82	817.22	755.00	
孟村回族自治县	18.00	166.80	2200.00	2100.00	365.00	
固安县	100.00	692.00	6260.93	6176.93	2805.93	3371.00
永清县		319.95	7544.40	7468.20	2767.04	
香河县		483.70	5520.80	5520.20	2725.60	
大城县		169.02	8309.00	8180.00	7500.00	465.00

continued

Total Gas Supplied ($10,000 m^3$)		用气户数（户）		用气人口（万人）	天然气汽车加气站（座）	县名称
燃气汽车 Gas-Powered Automobiles	燃气损失量 Loss Amount	Number of Household with Access to Gas (unit)	居民家庭 Household User	Population with Access to Gas (10,000 persons)	Gas Stations for CNG-Fueled Motor Vehicles (unit)	Name of Counties
	4.10	11056	10963	1.50		博野县
14.07	39.62	10806	10550	3.30	1	涞水县
190.44	30.52	5280	5229	1.90	1	阜平县
	55.00	52446	52214	7.61		白沟新城
110.00	80.00	40000	31000	9.00	1	定兴县
	24.00	24980	24948	8.70		唐　县
	45.12	21000	20050	6.05		高阳县
	0.48	8042	8012	3.13		涞源县
29.00	64.75	43200	42000	7.54	1	望都县
	0.99	26000	26000	7.50		易　县
	4.50	21236	21132	8.02		曲阳县
38.27	20.00	23000	14000	5.50	1	蠡　县
	58.00	12000	11338	4.15		顺平县
2428.99	20.00	23923	23880	8.40	6	张北县
	22.61	13185	13067	3.66		康保县
47.00	3.50	19850	19767	5.59	1	沽源县
	0.30	8100	8100	2.43		尚义县
	0.20	23447	23349	7.70		蔚　县
	12.00	18133	18133	5.44		阳原县
	0.20	3383	3381	1.01		怀安县
12.59	13.18	59887	51556	9.65	2	怀来县
55.39	6.00	25698	25559	7.71	2	涿鹿县
	1.00	4203	4170	1.25		赤城县
30.00	7.00	13500	13000	3.00	1	承德县
	0.50	6000	6000	1.62		兴隆县
	2.00	3150	2500	1.41		滦平县
	7.80	19000	19000	4.68		隆化县
	24.00	30031	29845	7.40		丰宁满族自治县
	1.66	1824	1815	0.73	2	宽城满族自治县
63.50	14.00	28403	28299	9.00	1	围场满族蒙古族自治县
103.00	130.00	42636	39303	11.15	2	青　县
182.70	153.30	32357	32167	9.92	2	东光县
19.40	4.50	14268	14018	4.00	1	海兴县
320.00	1.20	29800	29000	7.86	3	盐山县
178.92	0.15	12285	12276	7.94	2	肃宁县
70.25	0.50	28000	27000	7.00	1	南皮县
115.75	33.17	31261	31003	10.21	2	吴桥县
62.22	1.60	31760	31750	10.90	5	献　县
83.00	100.00	15000	14500	4.50	1	孟村回族自治县
	84.00	75996	67700	19.81		固安县
316.00	76.20	32204	29660	4.58	7	永清县
	0.60	130273	129208	11.49		香河县
	129.00	25712	25580	7.02		大城县

7-2-2 续表 2

县名称 Name of Counties	储气能力(万立方米) Gas Storage Capacity (10,000 m^3)	供气管道长度(公里) Length of Gas Supply Pipeline (km)	供气总量(万立方米) 合计 Total	销售气量 Quantity Sold	居民家庭 Households	集中供热 Central Heating
文安县	38.00	210.00	7200.00	7100.00	6100.00	
大厂回族自治县		245.80	1424.75	1422.84	1223.26	
枣强县	5.00	215.13	531.56	525.25	470.40	13.70
武邑县	2.00	79.74	5050.00	5040.00	700.00	460.00
武强县	12.00	7.50	600.10	600.00	82.20	0.90
饶阳县		39.10	2310.00	2300.00	152.00	2055.00
安平县	90.00	330.00	6400.00	6200.00	1997.00	
故城县	2.00	93.00	515.00	513.00	343.00	90.00
景　县	18.00	180.00	2350.00	2332.00	900.00	12.00
阜城县	25.00	121.00	416.00	413.00	253.00	41.10
容城县	4.00	75.29	880.00	850.00	100.00	
雄　县	1.90	129.95	2075.04	1972.24	1260.58	
安新县	2.00	95.00	1370.00	1357.00	555.00	802.00
山　西	**533.50**	**10063.37**	**199978.92**	**197416.68**	**48645.14**	**16203.60**
清徐县						
阳曲县	1.30	326.71	4036.12	4020.71	1415.09	
娄烦县		16.00	20.00	19.99	19.99	
阳高县	2.00	87.56	226.98	222.70	117.00	
天镇县	0.30	48.73	79.31	77.41	59.55	
广灵县	91.00	32.90	99.23	99.13	10.12	17.36
灵丘县		165.00	800.00	799.90	230.00	300.00
浑源县	2.00	59.18	60395.12	60383.84	118.10	20.00
左云县	3.80	35.90	385.44	385.11	105.47	
云州区		74.00	363.85	363.10	319.32	
平定县	40.00	240.86	14398.00	14295.00	231.00	
盂　县		360.00	3072.00	3012.00	1060.00	330.00
襄垣县						
平顺县	0.40	96.15	110.00	109.60	109.60	
黎城县		167.63	434.56	432.88	388.00	
壶关县		302.50	767.00	765.00	765.00	
长子县		90.00	3903.00	3889.39	121.10	
武乡县	1.30	94.56	216.52	216.00	191.35	
沁　县	3.60	34.96	195.69	195.43	160.00	35.43
沁源县	49.38	14.14	390.78	389.38	30.84	
沁水县		134.10	4095.25	4088.00	1051.00	3037.00
阳城县		498.70	3813.06	3806.26	2134.37	
陵川县	3.00	210.00	458.60	457.10	339.40	35.00
山阴县	1.46	55.60	564.00	556.00	334.00	
应　县	50.00	185.00	2013.00	1912.40	824.00	
右玉县	1.60	29.49	308.00	305.70	43.74	
榆社县	6.00	24.34	22.25	22.00	20.00	
左权县	45.00	265.74	1203.91	1179.71	276.42	10.56
和顺县		69.10	870.60	860.00	400.00	
昔阳县	3.00	156.47	1052.00	1048.00	999.64	

continued

Total Gas Supplied (10,000 m^3) 燃气汽车 Gas-Powered Automobiles	燃气损失量 Loss Amount	用气户数(户) Number of Household with Access to Gas (unit)	居民家庭 Household User	用气人口(万人) Population with Access to Gas (10,000 persons)	天然气汽车加气站(座) Gas Stations for CNG-Fueled Motor Vehicles (unit)	县名称 Name of Counties
	100.00	26500	26100	6.23		文安县
60.47	1.91	39241	37963	7.57	1	大厂回族自治县
	6.31	27658	27508	10.31		枣强县
510.00	10.00	19720	19670	5.90	2	武邑县
36.50	0.10	12300	12120	4.66	1	武强县
93.00	10.00	4300	4180	1.27	2	饶阳县
120.00	200.00	42900	41613	13.20	3	安平县
80.00	2.00	36000	30000	9.92	2	故城县
68.00	18.00	31000	30564	7.69	1	景　县
118.40	3.00	29344	28170	8.51	3	阜城县
	30.00	13000	12800	6.18		容城县
18.15	102.80	34568	34368	5.90	1	雄　县
	13.00	14592	14322	6.94		安新县
81179.14	**2562.24**	**1252943**	**1236656**	**375.04**	**113**	**山　西**
						清徐县
189.36	15.41	28759	28174	3.86	1	阳曲县
	0.01	2600	2600	0.70		娄烦县
6.60	4.28	18914	18822	5.10	1	阳高县
11.06	1.90	12010	11935	4.47	1	天镇县
71.65	0.10	1567	1563	0.59	1	广灵县
50.00	0.10	18000	17600	6.50	1	灵丘县
60245.74	11.28	6499	5990	3.05	2	浑源县
274.62	0.33	4950	4900	1.48	2	左云县
43.71	0.75	8820	8562	5.10	1	云州区
1563.59	103.00	4735	4675	2.34	5	平定县
180.00	60.00	31500	30142	6.90	9	盂　县
						襄垣县
	0.40	4720	4720	1.89		平顺县
	1.68	10477	10393	3.35		黎城县
	2.00	16701	16701	5.10		壶关县
	13.61	10423	10367	5.50		长子县
	0.52	8920	8870	4.99		武乡县
	0.26	10513	10498	3.20		沁　县
	1.40	3302	3291	2.50		沁源县
	7.25	19504	19205	6.10		沁水县
66.00	6.80	89173	88642	12.00	2	阳城县
82.70	1.50	15075	14922	5.50	1	陵川县
222.00	8.00	6001	6000	2.70	2	山阴县
	100.60	34000	33600	9.02		应　县
	2.30	9960	9908	4.98	1	右玉县
	0.25	6180	6176	2.16		榆社县
291.97	24.20	22000	21905	4.80	1	左权县
	10.60	18000	17850	5.20		和顺县
	4.00	27000	26500	6.56		昔阳县

7-2-2 续表 3

县名称 Name of Counties	储气能力(万立方米) Gas Storage Capacity (10,000 m^3)	供气管道长度(公里) Length of Gas Supply Pipeline (km)	供气总量(万立方米) 合计 Total	销售气量 Quantity Sold	居民家庭 Households	集中供热 Central Heating
寿阳县		74.00	525.89	525.59	248.91	
太谷区		408.80	5492.45	5434.45	2034.40	
祁　县		203.96	6398.45	6161.71	3391.18	
平遥县		239.28	5843.00	5648.00	2756.00	183.00
灵石县			2451.40	2443.50	358.70	705.59
临猗县		260.70	2000.00	1972.00	460.00	
万荣县	22.00	90.68	2479.73	2479.23	998.00	502.70
闻喜县		419.00	2380.00	2377.00	2120.00	
稷山县		287.90	8745.12	8461.10	2482.11	
新绛县		103.80	2218.50	2050.00	2037.69	
绛　县		155.24	2599.50	2590.41	1157.50	410.00
垣曲县		46.40	1376.88	1368.88	391.36	
夏　县		344.63	1610.00	1530.00	1200.00	330.00
平陆县		133.32	751.00	739.00	680.00	
芮城县	6.00	132.00	2009.18	1915.37	1325.66	280.00
定襄县		79.34	860.00	852.00	110.00	60.00
五台县		46.32	115.70	114.72	114.72	
代　县		59.20	550.00	540.00	45.00	
繁峙县	11.60	73.40	329.00	328.10	79.80	115.90
宁武县		21.00	40.00	38.00	37.00	
静乐县	11.00	22.00	11.00	10.40	10.40	
神池县						
五寨县		93.20	405.00	404.70	198.50	55.50
岢岚县		14.30	20.53	20.52	16.98	
河曲县	0.60	37.51	210.10	209.80	165.89	
保德县		96.73	11188.00	10728.00	920.00	808.00
偏关县		26.22				
曲沃县		349.37	6175.00	6160.00	360.00	
翼城县		53.00	739.00	707.00	677.00	
襄汾县	4.00	75.80	718.10	699.40	569.30	
洪洞县		588.48	5078.20	5070.00	3030.30	
古　县		10.00	7.00	6.90	6.90	
安泽县		112.10	780.12	780.00	252.00	528.00
浮山县	25.56	21.00	25.56	25.19	16.00	
吉　县	0.30	12.40	2622.10	2533.19	390.16	
乡宁县		209.30	712.38	700.68	389.86	
大宁县	9.00	41.59	1143.50	1124.48	4.12	1065.20
隰　县		31.29	59.18	59.00	58.40	
永和县		37.29	1073.19	1073.09	84.51	988.58
蒲　县	4.50	107.89	93.71	90.00	65.00	
汾西县	2.00	35.00	43.80	41.96	39.42	
文水县		143.30	1030.00	1025.50	712.00	
交城县		48.30	1117.86	1117.00	192.00	688.00
兴　县	100.00	68.58	4700.60	4662.00	789.50	3546.80

continued

Total Gas Supplied (10,000 m³)		用气户数(户) Number of Household with Access to Gas (unit)		用气人口(万人) Population with Access to Gas (10,000 persons)	天然气汽车加气站(座) Gas Stations for CNG-Fueled Motor Vehicles (unit)	县名称 Name of Counties
燃气汽车 Gas-Powered Automobiles	燃气损失量 Loss Amount		居民家庭 Household User			
	0.30	16002	15932	5.13	1	寿阳县
56.27	58.00	73416	73369	12.79	7	太谷区
16.12	236.74	39443	37099	10.01	1	祁　县
106.00	195.00	52518	52253	12.42	5	平遥县
27.25	7.90	6654	6626	1.05	10	灵石县
25.00	28.00	16900	16780	8.05	2	临猗县
978.53	0.50	23800	23600	7.54	4	万荣县
257.00	3.00	25300	25000	8.50	3	闻喜县
55.62	284.02	32717	31842	10.00	4	稷山县
	168.50	28402	28375	10.90		新绛县
44.00	9.09	18629	17802	5.30	1	绛　县
501.00	8.00	14756	14565	6.70	1	垣曲县
	80.00	18768	18410	3.50		夏　县
7.80	12.00	14565	14491	4.35	1	平陆县
215.90	93.81	28077	27850	7.65	1	芮城县
120.00	8.00	6050	5530	3.22	2	定襄县
	0.98	12000	12000	3.34		五台县
17.00	10.00	6900	6860	2.07	1	代　县
	0.90	12100	12050	3.77		繁峙县
	2.00	1200	1085	0.35	3	宁武县
	0.60	1151	1151	0.35		静乐县
						神池县
150.70	0.30	15150	15140	4.97	3	五寨县
3.54	0.01	2800	2798	0.84	4	岢岚县
43.91	0.30	11952	11910	4.18	1	河曲县
9000.00	460.00	19144	18906	7.75	2	保德县
						偏关县
5800.00	15.00	17000	16880	6.61	5	曲沃县
22.00	32.00	26334	26280	7.90	1	翼城县
130.10	18.70	25976	25806	6.49	6	襄汾县
237.25	8.20	51462	50505	12.50	3	洪洞县
	0.10	460	460	0.17		古　县
	0.12	9800	9782	2.60		安泽县
	0.37	1312	1295	0.50	1	浮山县
	88.91	9315	9241	2.50		吉　县
62.61	11.70	15092	14772	6.00	1	乡宁县
	19.02	2487	1950	0.95		大宁县
	0.18	1973	1953	0.98	2	隰　县
	0.10	2308	1884	0.60		永和县
	3.71	6161	6111	2.80	1	蒲　县
2.54	1.84	1366	1278	0.50	1	汾西县
	4.50	24590	24467	11.50		文水县
	0.86	9763	9761	3.59	3	交城县
	38.60	18187	18055	9.80		兴　县

7-2-2 续表 4

县名称 Name of Counties	储气能力(万立方米) Gas Storage Capacity (10,000 m^3)	供气管道长度(公里) Length of Gas Supply Pipeline (km)	供气总量(万立方米) 合计 Total	销售气量 Quantity Sold	居民家庭 Households	集中供热 Central Heating
临　县	17.00	408.50	2022.61	2014.76	978.76	1036.00
柳林县	9.00	218.23	4355.12	4139.56	4139.56	
石楼县		20.00	1097.28	1096.78	26.80	1069.98
岚　县		28.55	834.00	802.80	118.00	45.00
方山县	0.10	9.20	14.51	14.47	7.13	
中阳县	0.20	22.00	464.00	452.00	452.00	
交口县	5.50	67.95	167.40	166.70	72.52	
内蒙古	**312.37**	**3396.58**	**57927.27**	**57014.50**	**12739.27**	**4991.29**
土左旗		150.00	4417.59	4417.52	617.87	3657.84
托　县		130.00	452.00	450.00	224.00	15.00
和林县		312.20	1540.00	1539.90	152.00	
清水河县	1.50	18.10	109.66	109.46	70.43	
武川县	1.70	22.80	229.30	227.00	13.80	
土右旗	4.50	188.00	8550.00	8460.00	1500.00	200.00
固阳县	9.60	128.85	2518.60	2516.00	93.26	40.10
达尔罕茂明安联合旗	3.00	15.00	363.00	359.00	180.00	
阿鲁科尔沁旗	2.03	60.54	355.35	353.25	214.00	48.00
巴林左旗	0.80	31.90	134.30	132.50	57.50	
巴林右旗						
林西县	5.20	28.43	289.26	288.56	15.75	29.69
克什克腾旗	1.20	27.98	683.17	679.77	70.70	
翁牛特旗	0.50	11.11	124.00	123.80	37.47	
喀喇沁旗	5.00		180.00	176.83		
宁城县	0.90	7.80	39.96	39.66	1.24	8.40
敖汉旗	6.00	23.00	140.00	137.50	12.00	
科左中旗	5.00	49.80	160.00	155.50	45.90	
科左后旗	2.00	30.00	126.88	126.87	76.87	
开鲁县	20.70	113.80	536.50	536.00	125.00	86.00
库伦旗	0.27	13.60	52.26	49.26		
奈曼旗	5.00	50.00	88.40	86.00	61.49	
扎鲁特旗	12.50	26.09	45.44	45.43	32.77	
达拉特旗		193.50	5656.00	5426.00	1700.00	
准格尔旗		91.71	475.90	474.29	73.30	
鄂托克前旗		110.70	4047.00	4043.50	998.53	165.70
鄂托克旗		61.35	687.00	680.00	150.00	30.00
杭锦旗		55.89	3710.35	3400.49	1270.00	523.09
乌审旗		291.20	1390.73	1388.63	920.00	
伊金霍洛旗		385.00	2912.00	2861.00	1189.00	
阿荣旗	11.00	163.85	450.00	430.00	116.00	
莫　旗	5.00	42.85	290.00	289.00	11.80	
鄂伦春旗						
鄂温克旗	15.86	42.00	407.29	392.07	207.97	
陈巴尔虎旗	7.50	3.80	42.94	37.34		
新左旗						

continued

Total Gas Supplied ($10,000\ m^3$)		用气户数(户) Number of Household with Access to Gas (unit)		用气人口(万人) Population with Access to Gas (10,000 persons)	天然气汽车加气站(座) Gas Stations for CNG-Fueled Motor Vehicles (unit)	县名称 Name of Counties
燃气汽车 Gas-Powered Automobiles	燃气损失量 Loss Amount		居民家庭 Household User			
	7.85	30353	30153	12.06		临　县
	215.56	24200	24200	8.40		柳林县
	0.50	2630	2509	1.11		石楼县
	31.20	5245	5193	2.08		岚　县
	0.04	779	776	0.31		方山县
	12.00	12257	12257	2.20	1	中阳县
	0.70	5196	5153	2.52		交口县
22307.26	**912.77**	**559825**	**528112**	**165.50**	**134**	**内蒙古**
141.80	0.07	21969	21460	5.50	1	土左旗
	2.00	4670	4415	1.10		托　县
69.00	0.10	20463	19991	5.01	1	和林县
20.27	0.20	7171	7088	2.10	1	清水河县
131.00	2.30	5057	5008	1.26	1	武川县
320.00	90.00	35300	35020	10.50	4	土右旗
295.56	2.60	16017	15706	6.85	1	固阳县
179.00	4.00	6000	5800	2.62	3	达尔罕茂明安联合旗
91.25	2.10	9054	9000	3.30	1	阿鲁科尔沁旗
75.00	1.80	4063	4058	1.50	1	巴林左旗
						巴林右旗
243.12	0.70	2213	2196	0.88	2	林西县
421.87	3.40	3940	3922	1.18	2	克什克腾旗
85.13	0.20	410	173	0.20	1	翁牛特旗
176.83	3.17	30			2	喀喇沁旗
30.02	0.30	261	260	0.08	1	宁城县
56.00	2.50	2700	2265	0.90	1	敖汉旗
109.50	4.50	4600	4513	1.94	1	科左中旗
50.00	0.01	4335	4255	1.30	2	科左后旗
325.00	0.50	23600	20507	8.10	2	开鲁县
49.26	3.00	160			1	库伦旗
1.70	2.40	13270	13226	4.73	1	奈曼旗
10.98	0.01	5570	5566	1.66	1	扎鲁特旗
1750.00	230.00	41694	41674	14.15	5	达拉特旗
400.60	1.61	3433	3428	1.11	2	准格尔旗
522.30	3.50	19122	17715	4.23	2	鄂托克前旗
98.00	7.00	13149	12774	3.83	2	鄂托克旗
1607.40	309.86	19513	19013	4.60	4	杭锦旗
175.00	2.10	27443	24699	5.70	4	乌审旗
658.00	51.00	50979	50661	14.86	6	伊金霍洛旗
210.00	20.00	12900	12150	3.85	3	阿荣旗
33.20	1.00	5310	4920	1.82	1	莫　旗
						鄂伦春旗
184.10	15.22	9326	9262	2.55	2	鄂温克旗
20.62	5.60	80			1	陈巴尔虎旗
						新左旗

7-2-2 续表 5

县名称 Name of Counties	储气能力(万立方米) Gas Storage Capacity (10,000 m^3)	供气管道长度(公里) Length of Gas Supply Pipeline (km)	供气总量(万立方米) 合计 Total	销售气量 Quantity Sold	居民家庭 Households	集中供热 Central Heating
新右旗						
五原县	12.17	39.57	1887.50	1870.00	66.00	
磴口县	12.00	30.93	7700.00	7670.00	210.00	23.00
乌拉特前旗	1.00	24.30	110.22	110.17	85.91	
乌拉特中旗	0.85	12.13	243.62	243.61	79.67	
乌拉特后旗	1.79	12.50	162.55	162.05	18.25	
杭锦后旗		27.57	718.22	702.37	49.47	
卓资县	0.62	12.00	33.50	33.05		
化德县	24.00	107.80	182.00	171.00	144.00	
商都县	6.00	24.00	280.76	276.98	205.48	
兴和县	10.00	10.00	436.00	435.99	266.00	
凉城县	2.00	27.20	110.00	109.20	40.00	68.20
察右前旗	13.00	28.16	580.00	573.26	436.85	96.27
察右中旗	0.90	25.00	121.90	120.34	30.10	
察右后旗	7.00	3.16	78.25	76.00	7.00	
四子王旗			191.00	190.92		
科尔沁右翼前旗	3.50	10.83	211.00	209.00	6.00	
科右中旗	2.19		54.02	54.00		
扎赉特旗	3.10		647.89	630.50		
突泉县	2.00	7.00	15.00	14.70		
阿巴嘎旗						
苏尼特左旗						
苏尼特右旗	0.40		87.00	85.00		
东乌珠穆沁旗	3.00		165.00	150.00		
西乌珠穆沁旗	6.60		393.40	391.40		
太仆寺旗	3.00	5.99	5.73	5.48	3.98	
镶黄旗						
正镶白旗						
正蓝旗	55.69	11.27	55.70	51.28	14.95	
多伦县	3.40	17.62	197.90	193.30	27.80	
阿拉善左旗	11.00	78.70	1404.23	1402.83	790.16	
阿拉善右旗	0.40		650.00	649.94	19.00	
额济纳旗						
辽　宁	**147.70**	**2664.41**	**27244.06**	**26713.77**	**4368.28**	**624.38**
康平县	1.00	145.67	286.00	285.00	145.00	
法库县	20.00	74.00	230.00	229.00	130.32	
长海县						
台安县	0.60	132.50	8873.99	8570.78	160.00	
岫岩满族自治县	6.00	80.00	330.00	330.00	200.00	130.00
抚顺县						
新宾满族自治县	0.70	45.77	96.03	92.24	20.64	
清原满族自治县	0.50	87.05	303.12	302.09	155.69	
本溪满族自治县	3.00	17.54	350.00	349.57	38.51	
桓仁满族自治县	3.60	34.50	342.00	340.00	54.00	45.00

continued

Total Gas Supplied (10,000 m³) 燃气汽车 Gas-Powered Automobiles	燃气损失量 Loss Amount	用气户数(户) Number of Household with Access to Gas (unit)	居民家庭 Household User	用气人口(万人) Population with Access to Gas (10,000 persons)	天然气汽车加气站(座) Gas Stations for CNG-Fueled Motor Vehicles (unit)	县名称 Name of Counties
						新右旗
1804.00	17.50	12060	11860	3.82	13	五原县
7437.00	30.00	11704	11700	4.23	12	磴口县
5.00	0.05	13513	13492	5.15	2	乌拉特前旗
163.94	0.01	8957	8941	3.20	1	乌拉特中旗
143.30	0.50	3536	3520	1.06	2	乌拉特后旗
602.63	15.85	7179	7158	3.50	4	杭锦后旗
33.05	0.45	118			2	卓资县
27.00	11.00	15385	15167	4.47	2	化德县
71.50	3.78	610	580	0.17	1	商都县
169.99	0.01	14070	14020	5.61	3	兴和县
1.00	0.80	2500	2250	0.60	2	凉城县
	6.74	11138	11056	0.50		察右前旗
88.62	1.56	8200	8098	3.39	1	察右中旗
69.00	2.25	241	239	0.09	1	察右后旗
190.92	0.08	377			1	四子王旗
203.00	2.00	5800	5000	1.00	2	科尔沁右翼前旗
54.00	0.02	100			1	科右中旗
630.50	17.39	1950			6	扎赉特旗
14.70	0.30	13502			2	突泉县
						阿巴嘎旗
						苏尼特左旗
85.00	2.00	75			1	苏尼特右旗
150.00	15.00	300			1	东乌珠穆沁旗
391.40	2.00	130			4	西乌珠穆沁旗
1.50	0.25	265	207	0.80	1	太仆寺旗
						镶黄旗
						正镶白旗
36.33	4.42	3584	3578	1.25	1	正蓝旗
150.10	4.60	5510	5500	0.98	1	多伦县
612.67	1.40	24289	24131	8.00	2	阿拉善左旗
629.60	0.06	930	890	0.27	2	阿拉善右旗
						额济纳旗
6718.30	**530.29**	**345469**	**336993**	**96.39**	**51**	**辽 宁**
140.00	1.00	11633	11223	3.10	3	康平县
98.68	1.00	32625	32585	10.00	2	法库县
						长海县
2162.59	303.21	18575	18475	5.27	6	台安县
		6070	6000	1.80	4	岫岩满族自治县
						抚顺县
43.83	3.79	3619	3566	1.07	1	新宾满族自治县
146.40	1.03	10754	8314	2.34	2	清原满族自治县
102.62	0.43	4782	4382	1.38	3	本溪满族自治县
80.00	2.00	8573	8500	2.55	1	桓仁满族自治县

7-2-2 续表 6

县名称 Name of Counties	储气能力(万立方米) Gas Storage Capacity (10,000 m^3)	供气管道长度(公里) Length of Gas Supply Pipeline (km)	供气总量(万立方米) 合计 Total	销售气量 Quantity Sold	居民家庭 Households	集中供热 Central Heating
宽甸满族自治县						
黑山县	10.00	290.90	2339.00	2328.00	287.00	
义　县	1.00	74.60	110.00	104.39	85.30	
阜新蒙古族自治县	1.00	70.80	740.00	725.00	446.00	
彰武县	3.80	87.72	389.57	388.77	63.13	61.09
辽阳县	25.00	306.00	5692.00	5592.00	1576.00	
盘山县	23.92	546.74	2580.56	2562.33	193.06	160.00
铁岭县						
西丰县	5.60	37.10	246.90	246.00	16.00	
昌图县	4.00	149.11	1301.00	1285.00	141.00	
朝阳县	3.62	5.00	235.30	233.60		
建平县	15.00	130.37	730.99	710.04	164.59	
喀喇沁左翼蒙古族自治县	6.30	76.42	524.57	516.70	30.04	
绥中县	11.66	185.62	1262.53	1243.26	252.00	228.29
建昌县	1.40	87.00	280.50	280.00	210.00	
吉　林	**343.18**	**1230.03**	**8194.53**	**8103.36**	**2992.10**	**252.00**
农安县	5.58	137.00	1322.50	1320.50	380.00	
永吉县	10.00	69.00	839.00	835.00	51.00	150.00
梨树县		148.11	360.00	352.00	175.00	
伊通满族自治县	2.50		506.10	506.00	103.00	
东丰县	4.30	33.00	335.50	335.00		
东辽县	30.00	9.86	18.00	17.40		17.00
通化县	4.40	194.60	620.00	600.00	270.00	50.00
辉南县		27.00				
柳河县		95.00	590.00	580.00	365.00	35.00
抚松县	0.80	72.48	222.00	221.95	148.95	
靖宇县						
长白朝鲜族自治县	5.20	8.50	1.20	1.19		
前郭县		185.00	989.00	979.00	521.00	
长岭县	268.00	79.98	1016.29	1000.13	392.90	
乾安县						
镇赉县	0.60	73.50	569.80	568.30	240.30	
通榆县	4.30	50.00	749.84	731.94	290.00	
汪清县	7.50	47.00	55.30	54.95	54.95	
安图县						
黑龙江	**184.03**	**1537.80**	**10912.77**	**10752.72**	**4203.07**	**1034.67**
依兰县	12.00	62.90	810.98	810.00	445.00	
方正县	2.40	18.40	65.80	65.47	60.47	
宾　县						
巴彦县	1.20	55.97	34.00	33.95	33.95	
木兰县	0.65	15.30	47.24	46.44	14.60	
通河县	2.30	38.74	199.95	199.70	71.00	
延寿县	6.00	26.82	156.32	155.97	56.75	

continued

Total Gas Supplied (10,000 m³)		用气户数(户) Number of Household with Access to Gas (unit)		用气人口(万人) Population with Access to Gas (10,000 persons)	天然气汽车加气站(座) Gas Stations for CNG-Fueled Motor Vehicles (unit)	县名称 Name of Counties
燃气汽车 Gas-Powered Automobiles	燃气损失量 Loss Amount		居民家庭 Household User			
						宽甸满族自治县
4.00	11.00	51727	51527	11.50	1	黑山县
	5.61	14040	14000	7.40		义　县
279.00	15.00	8300	6300	1.80	3	阜新蒙古族自治县
15.46	0.80	11301	11203	2.30	1	彰武县
1356.00	100.00	14100	14008	4.20	4	辽阳县
117.54	18.23	34944	33646	6.65	1	盘山县
						铁岭县
135.00	0.90	2180	2100	0.65	1	西丰县
867.00	16.00	25732	25496	10.00	4	昌图县
233.60	1.70				1	朝阳县
8.61	20.95	28319	27941	8.38	4	建平县
120.00	7.87	7650	7500	2.62	2	喀喇沁左翼蒙古族自治县
762.97	19.27	30742	30527	9.58	6	绥中县
45.00	0.50	19803	19700	3.80	1	建昌县
3942.96	**91.17**	**292049**	**283611**	**74.90**	**29**	**吉　林**
843.50	2.00	32898	32862	13.46	5	农安县
365.00	4.00	6265	6162	1.50	1	永吉县
	8.00	27751	27081	8.10		梨树县
263.00	0.10	10251	10008	3.90	4	伊通满族自治县
335.00	0.50	800			1	东丰县
	0.60	8				东辽县
280.00	20.00	17850	17450	4.98	1	通化县
						辉南县
180.00	10.00	45000	44500	6.00	1	柳河县
73.00	0.05	2498	2497	0.75	1	抚松县
						靖宇县
1.19	0.01	210			1	长白朝鲜族自治县
458.00	10.00	49956	48950	10.30	2	前郭县
374.83	16.16	35150	34980	10.52	6	长岭县
						乾安县
328.00	1.50	28842	27121	6.10	2	镇赉县
441.44	17.90	28570	26000	7.80	3	通榆县
	0.35	6000	6000	1.49	1	汪清县
						安图县
4145.46	**160.05**	**287371**	**276222**	**80.72**	**63**	**黑龙江**
365.00	0.98	9971	9928	2.63	2	依兰县
	0.33	8120	8092	2.40		方正县
						宾　县
	0.05	1221	1221	0.37		巴彦县
24.97	0.80	1405	1400	0.35	1	木兰县
91.00	0.25	6000	5817	1.75	1	通河县
0.80	0.35	8384	8330	2.50	1	延寿县

7-2-2 续表 7

县名称 Name of Counties	储气能力(万立方米) Gas Storage Capacity (10,000 m^3)	供气管道长度(公里) Length of Gas Supply Pipeline (km)	供气总量(万立方米) 合计 Total	销售气量 Quantity Sold	居民家庭 Households	集中供热 Central Heating
龙江县	6.85	50.80	265.00	262.93	128.00	39.68
依安县	0.15		72.04	71.04		
泰来县	6.40	12.30	557.53	546.93	15.40	493.71
甘南县			10.10	10.00		
富裕县	3.00	17.88	277.37	273.03	21.00	130.40
克山县	6.00	22.00	66.50	63.18	9.00	
克东县	3.00		1173.00	1162.00	5.00	
拜泉县	10.16		182.39	175.00	0.12	28.38
鸡东县	7.20		35.10	35.07		
萝北县						
绥滨县	0.75	56.55	121.55	121.31	17.75	
集贤县	6.50	77.78	131.20	131.10	73.50	
友谊县	3.00	11.82	150.32	150.02	14.41	
宝清县	3.00	37.42	905.00	902.00	802.00	
饶河县	1.00	41.16	41.00	40.50	24.00	1.50
肇州县	8.00	91.20	1091.50	1081.00	562.00	190.00
肇源县	2.00	35.30	850.00	815.00	277.00	
林甸县	5.01	35.50	426.61	418.90	12.25	90.95
杜尔伯特蒙古族自治县	6.40	60.92	331.09	330.24	109.54	
嘉荫县						
汤旺县						
丰林县	0.30	47.00	13.09	12.65	9.50	
大箐山县						
南岔县						
桦南县	4.50	108.68	170.50	170.00	158.00	
桦川县	1.00	99.95	133.00	131.50	81.00	
汤原县	0.63	80.91	123.28	120.20	105.41	
勃利县	19.50	75.76	182.30	178.00	80.00	
林口县	3.00	10.00	90.00	89.50	10.95	
逊克县	3.60	22.00	24.99	24.06	18.01	6.05
孙吴县	5.60	40.06	47.50	44.60	15.00	
望奎县	1.63		230.40	226.72		
兰西县		9.70	700.00	685.00		
青冈县	3.00	65.00	420.00	400.00	350.00	
庆安县	18.00	131.28	567.25	566.00	506.00	54.00
明水县	14.15	38.00	40.00	39.80	19.20	
绥棱县						
呼玛县	0.15	6.00	4.00	3.90	3.90	
塔河县						
加格达奇区	6.00	34.70	164.87	160.01	93.36	
江　苏	**427.67**	**8377.94**	**72864.71**	**71986.91**	**31485.41**	**1720.00**
丰　县	52.00	252.60	4110.16	4047.00	1788.60	150.00
沛　县	36.00	384.60	4171.60	4090.60	3805.50	

continued

Total Gas Supplied (10,000 m^3)		用气户数(户)		用气人口(万人)	天然气汽车加气站(座)	县名称
燃气汽车 Gas-Powered Automobiles	燃气损失量 Loss Amount	Number of Household with Access to Gas (unit)	居民家庭 Household User	Population with Access to Gas (10,000 persons)	Gas Stations for CNG-Fueled Motor Vehicles (unit)	Name of Counties
95.25	2.07	16020	15960	5.12	1	龙江县
71.04	1.00	350			1	依安县
37.82	10.60	643	642	0.60	2	泰来县
10.00	0.10	3600			1	甘南县
117.29	4.34	3400	3219	0.78	1	富裕县
51.00	3.32	1530	1523	0.60	2	克山县
21.00	11.00	1205	1200	0.40	2	克东县
146.50	7.39	800	16	0.08	4	拜泉县
35.07	0.03	223			1	鸡东县
						萝北县
103.56	0.24	9865	9826	2.95	1	绥滨县
57.26	0.10	10765	9955	2.95	1	集贤县
135.61	0.30	2651	2632	0.79	1	友谊县
100.00	3.00	18772	18212	4.28	1	宝清县
15.00	0.50	4018	4000	1.40	1	饶河县
329.00	10.50	18700	18553	4.43	1	肇州县
538.00	35.00	17200	17165	4.80	4	肇源县
315.70	7.71	1870	1821	0.69	5	林甸县
208.00	0.85	14608	14570	4.40	4	杜尔伯特蒙古族自治县
						嘉荫县
					1	汤旺县
	0.44	1878	1843	0.55		丰林县
						大箐山县
						南岔县
12.00	0.50	30747	30539	8.06	1	桦南县
5.00	1.50	16895	16688	5.00	1	桦川县
14.79	3.08	10047	9919	2.30	1	汤原县
89.00	4.30	13001	12950	3.20	1	勃利县
78.55	0.50	2000	1998	0.60	1	林口县
	0.93	2995	2986	0.90		逊克县
29.60	2.90	1570	1567	0.41	1	孙吴县
226.00	3.68				3	望奎县
685.00	15.00	1850			3	兰西县
50.00	20.00	20000	19500	9.60	6	青冈县
	1.25	13577	13561	2.65		庆安县
20.00	0.20	2700	1850	0.63	4	明水县
						绥棱县
	0.10	900	900	0.20		呼玛县
						塔河县
66.65	4.86	7890	7839	2.35	1	加格达奇区
6647.23	**877.80**	**1325046**	**1291242**	**369.11**	**38**	**江　苏**
144.00	63.16	80689	80302	27.95	2	丰　县
	81.00	112668	110620	37.26		沛　县

7-2-2 续表 8

县名称 Name of Counties	储气能力(万立方米) Gas Storage Capacity (10,000 m³)	供气管道长度(公里) Length of Gas Supply Pipeline (km)	供气总量(万立方米) 合计 Total	销售气量 Quantity Sold	居民家庭 Households	集中供热 Central Heating
睢宁县	30.00	359.00	2800.00	2785.00	2518.00	
如东县	15.60	237.00	2428.00	2404.00	369.60	
东海县	0.55	381.35	3067.29	3024.80	1200.00	50.00
灌云县	46.12	293.00	2864.00	2796.00	694.00	
灌南县	4.40	460.68	2144.88	2084.13	1257.13	
涟水县	32.00	374.60	3531.00	3520.00	2013.00	
盱眙县	22.00	625.00	5285.28	5285.00	3169.00	
金湖县	22.00	420.00	2850.00	2849.99	1000.00	
响水县	14.70	55.41	1214.31	1210.31	460.00	
滨海县	26.00	96.91	2493.00	2451.00	891.00	1520.00
阜宁县	30.60	229.00	2400.00	2280.00	800.00	
射阳县	7.00	250.17	1533.67	1518.65	866.02	
建湖县	1.20	581.67	5270.00	5250.00	1930.00	
宝应县	8.50	846.37	10383.88	10383.33	1635.56	
沭阳县	35.00	1676.00	6070.64	5810.00	3650.00	
泗阳县	15.00	306.10	4667.00	4635.00	2087.00	
泗洪县	29.00	548.48	5580.00	5562.10	1351.00	
浙　江	**604.12**	**7515.14**	**125076.60**	**123944.24**	**9711.25**	
桐庐县	19.00	498.19	3015.29	3010.94	524.42	
淳安县	22.80	140.35	1531.10	1531.00	459.00	
象山县	21.00	331.28	1790.88	1790.10	361.79	
宁海县	35.70	464.33	6910.94	6747.00	606.47	
永嘉县		41.07	298.80	297.60	106.80	
平阳县	18.50	39.75	635.20	622.50	252.00	
苍南县	25.00	54.10	518.80	518.00	518.00	
文成县						
泰顺县	12.00	20.00	16.78	16.77	0.10	
嘉善县	36.00	661.35	4300.00	4190.00	769.56	
海盐县	7.20	410.47	11386.00	11376.00	710.45	
德清县	0.85	316.46	3917.70	3821.70	972.75	
长兴县	44.15	916.77	25007.64	24818.20	1301.50	
安吉县	20.00	1306.31	8182.88	8178.65	843.07	
新昌县	22.00	420.18	7889.92	7864.04	555.17	
武义县	66.65	445.00	14003.79	13999.78	194.31	
浦江县	21.60	188.65	3353.00	3344.00	218.45	
磐安县						
常山县	2.52	140.00	1710.00	1690.00	54.00	
开化县	3.10	39.00	211.10	211.00	211.00	
龙游县	10.80	201.84	6742.00	6607.00	251.00	
岱山县	41.00	53.50	461.00	453.00	100.00	
嵊泗县						
三门县	0.01	163.00	3652.17	3620.75	136.00	
天台县	21.00	116.61	2225.40	2198.00	285.86	
仙居县	18.75	209.16	1783.00	1778.00	101.00	

continued

Total Gas Supplied (10,000 m^3)		用气户数(户)		用气人口(万人)	天然气汽车加气站(座)	县名称
燃气汽车 Gas-Powered Automobiles	燃气损失量 Loss Amount	Number of Household with Access to Gas (unit)	居民家庭 Household User	Population with Access to Gas (10,000 persons)	Gas Stations for CNG-Fueled Motor Vehicles (unit)	Name of Counties
267.00	15.00	50875	50770	15.33	2	睢宁县
402.08	24.00	38439	38249	11.20	3	如东县
123.00	42.49	58602	58400	23.44	1	东海县
90.00	68.00	52661	43971	16.39	1	灌云县
	60.75	52740	52240	8.35		灌南县
207.00	11.00	75645	75545	22.30	1	涟水县
1350.00	0.28	66584	66126	14.64	4	盱眙县
10.20	0.01	48000	47700	10.66	2	金湖县
539.31	4.00	26107	25993	9.60	1	响水县
38.00	42.00	42898	42672	14.02	2	滨海县
	120.00	63400	63000	17.50		阜宁县
150.00	15.02	59318	59126	17.15	2	射阳县
720.00	20.00	67000	66740	14.83	3	建湖县
65.64	0.55	86081	85308	20.32	4	宝应县
2160.00	260.64	170818	168665	36.15	6	沭阳县
94.00	32.00	89350	75735	29.06	1	泗阳县
287.00	17.90	83171	80080	22.96	3	泗洪县
1465.84	**1132.36**	**760706**	**734048**	**221.17**	**11**	**浙　江**
151.20	4.35	45417	44947	12.57	1	桐庐县
146.00	0.10	47090	36659	7.55	1	淳安县
219.14	0.78	37850	37611	11.20	1	象山县
	163.94	46932	46466	11.66		宁海县
	1.20	8440	8215	4.01		永嘉县
	12.70	19509	19446	5.83		平阳县
	0.80	16100	16100	5.18		苍南县
						文成县
	0.01	1871	1870	0.65		泰顺县
	110.00	66716	66380	20.17		嘉善县
370.70	10.00	56410	56196	14.74	2	海盐县
	96.00	50345	49880	14.70		德清县
157.72	189.44	85435	82773	30.02	2	长兴县
	4.23	57858	57425	18.83		安吉县
145.20	25.88	37401	36829	10.99	1	新昌县
	4.01	36575	29486	9.36		武义县
	9.00	33050	32904	9.18		浦江县
						磐安县
	20.00	14590	14510	4.37		常山县
	0.10	3657	3657	1.20		开化县
	135.00	25505	25116	7.00		龙游县
60.00	8.00	11069	11000	2.79	1	岱山县
						嵊泗县
143.56	31.42	11295	11152	3.52	1	三门县
72.32	27.40	19679	19440	6.20	1	天台县
	5.00	9720	8154	3.67		仙居县

7-2-2 续表 9

县名称 Name of Counties	储气能力(万立方米) Gas Storage Capacity (10,000 m^3)	供气管道长度(公里) Length of Gas Supply Pipeline (km)	供气总量(万立方米) 合计 Total	销售气量 Quantity Sold	居民家庭 Households	集中供热 Central Heating
青田县	21.00	88.16	2945.50	2910.50	38.21	
缙云县	5.13	43.00	500.20	500.00	80.00	
遂昌县	15.00	50.00	3600.00	3599.66	13.80	
松阳县	54.00	83.51	6748.00	6513.00	0.53	
云和县	10.00	40.00	1629.44	1629.00	37.23	
庆元县	9.36	20.60	107.00	106.38	8.50	
景宁县	20.00	12.50	3.07	1.67	0.28	
安　徽	**572.85**	**12541.18**	**110887.45**	**108676.73**	**33845.73**	**58.90**
长丰县		109.49	1201.00	1178.00	506.90	
肥西县	7.03	1195.01	1232.57	1226.67	1096.08	
肥东县	40.00	826.10	15452.86	15000.00	2400.00	
庐江县	40.00	375.54	4318.50	4226.00	1350.00	
南陵县	3.00	340.02	2565.66	2430.47	1132.42	
怀远县	23.00	140.00	720.10	718.10	375.50	
五河县	16.00	287.65	1057.21	1053.13	1053.13	
固镇县	22.00	155.48	889.37	863.47	618.47	
凤台县	13.00	142.53	1120.95	1100.95	598.76	
寿　县	0.41	205.96	935.48	918.89	609.19	
当涂县		257.00	2750.00	2677.00	867.32	
含山县	11.00	135.00	1850.00	1835.00	410.00	
和　县	8.00	301.16	1643.00	1642.53	264.00	
濉溪县			1150.00	1100.00	1100.00	
枞阳县	10.00	84.00	858.00	857.00	197.00	
怀宁县	7.60	376.00	2446.00	2353.67	462.41	
太湖县	4.00	184.32	872.17	860.89	256.95	
宿松县	5.00	260.50	520.00	505.00	283.00	
望江县	21.00	98.30	504.20	504.00	257.00	
岳西县	7.00	136.06	400.00	380.00	124.00	
歙　县	3.00	80.00	919.21	915.27	140.00	
休宁县	4.80	96.00	217.74	216.84	88.22	
黟　县	3.20	13.80	37.50	37.40	37.40	
祁门县	8.40	100.00	371.17	367.68	44.63	
来安县	6.00	346.33	3252.99	3092.88	570.00	
全椒县		280.11	2873.00	2845.00	924.00	
定远县	2.82	594.45	1899.00	1807.00	1641.00	
凤阳县	102.00	648.00	22115.00	22000.00	2271.00	
临泉县	6.00	132.20	1486.00	1475.00	1235.00	
太和县	5.90	180.24	2041.26	2037.14	788.23	
阜南县	4.30	114.00	1550.00	1545.00	500.00	
颍上县	4.90	187.00	1750.00	1725.00	710.00	
砀山县	9.00	188.62	1180.00	1138.00	1096.00	
萧　县	10.00	230.00	1256.00	1241.00	1043.00	
灵璧县	15.00	71.60	815.00	807.00	405.00	
泗　县	18.30	178.79	621.95	609.15	572.45	

continued

Total Gas Supplied (10,000 m^3) 燃气汽车 Gas-Powered Automobiles	燃气损失量 Loss Amount	用气户数(户) Number of Household with Access to Gas (unit)	居民家庭 Household User	用气人口(万人) Population with Access to Gas (10,000 persons)	天然气汽车加气站(座) Gas Stations for CNG-Fueled Motor Vehicles (unit)	县名称 Name of Counties
	35.00	4834	4793	1.44		青田县
	0.20	6103	6003	2.44		缙云县
	0.34	1457	1411	0.43		遂昌县
	235.00	460	350	0.12		松阳县
	0.44	3351	3303	0.75		云和县
	0.62	970	960	0.25		庆元县
	1.40	1017	1012	0.35		景宁县
20877.02	**2210.72**	**1863781**	**1741771**	**563.79**	**70**	**安　徽**
55.00	23.00	56690	49768	23.50	1	长丰县
130.59	5.90	49118	48902	14.88	3	肥西县
12598.00	452.86	173736	92429	19.30	16	肥东县
287.50	92.50	64810	64560	11.70	1	庐江县
71.43	135.19	55838	55269	12.99	4	南陵县
340.60	2.00	45733	40211	17.98	1	怀远县
	4.08	46132	46132	16.14		五河县
245.00	25.90	33712	32640	11.53	2	固镇县
294.48	20.00	31782	30792	11.90	2	凤台县
26.00	16.59	41511	41277	12.20	1	寿　县
	73.00	45980	45637	13.50		当涂县
180.00	15.00	30410	29605	9.51	1	含山县
117.00	0.47	19500	19010	6.33	1	和　县
	50.00	43000	43000	17.97		濉溪县
77.00	1.00	19995	19783	4.95	1	枞阳县
536.80	92.33	28147	27940	8.13	2	怀宁县
	11.28	25143	24770	8.67		太湖县
	15.00	23280	23037	5.94		宿松县
58.90	0.20	20332	19960	5.73	1	望江县
32.00	20.00	11367	11232	3.75	1	岳西县
	3.94	19227	17212	6.00		歙　县
	0.90	7398	7176	1.45		休宁县
	0.10	3230	3230	0.94		黟　县
	3.49	5833	5741	1.93		祁门县
620.33	160.11	55106	49979	12.71	2	来安县
120.00	28.00	60529	60347	20.39	1	全椒县
154.00	92.00	64362	64000	15.00	2	定远县
1380.00	115.00	49705	49000	19.12	2	凤阳县
240.00	11.00	43723	43400	21.86	1	临泉县
198.12	4.12	61952	61584	17.20	1	太和县
210.00	5.00	32000	30157	11.14	2	阜南县
349.00	25.00	67815	67428	22.08	1	颍上县
42.00	42.00	24500	24000	9.45	1	砀山县
198.00	15.00	20700	20464	7.10	1	萧　县
220.00	8.00	20125	15450	9.25	1	灵璧县
36.70	12.80	61700	61415	16.30	2	泗　县

7-2-2 续表 10

县名称 Name of Counties	储气能力(万立方米) Gas Storage Capacity ($10,000\ m^3$)	供气管道长度(公里) Length of Gas Supply Pipeline (km)	供气总量(万立方米) 合计 Total	销售气量 Quantity Sold	居民家庭 Households	集中供热 Central Heating
霍邱县	6.14	571.04	1047.49	1013.22	714.85	
舒城县	2.26	311.11	2776.62	2776.39	549.08	
金寨县	22.00	192.70	2577.00	2512.00	517.05	
霍山县	27.60	264.54	3759.00	3741.60	551.34	
涡阳县	1.00	279.96	2277.90	2150.00	914.20	
蒙城县	6.00	597.00	3470.00	3270.00	2335.00	
利辛县	13.00	511.90	2400.00	2330.00	1139.00	
东至县	1.00	64.00	125.05	123.42	58.02	
石台县	0.39	19.30	47.00	46.90	20.00	
青阳县	2.40	159.52	545.00	536.60	346.00	
郎溪县	28.00	334.15	4830.00	4770.00	440.00	
泾　县	4.50	96.70	750.39	750.28	99.62	58.90
绩溪县	13.40	43.00	1100.31	1058.99	61.51	
旌德县	3.50	45.00	308.80	307.20	72.00	
福　建	**702.87**	**4884.90**	**48769.38**	**47976.38**	**6266.99**	
闽侯县	0.80	228.95	839.30	823.83	540.01	
连江县	20.70	478.27	6171.67	6144.92	618.77	
罗源县	37.20	137.48	5404.62	5371.48	524.43	
闽清县	100.00	167.64	7574.41	7347.37	58.90	
永泰县	3.15	44.98	295.30	292.50	53.82	
仙游县	0.50	177.00	1315.00	1305.00	236.62	
明溪县		47.92				
清流县	1.10	57.11	27.50	27.00	27.00	
宁化县	10.00	140.00	180.00	175.00	120.00	
大田县	14.00	75.49	196.67	195.77	65.89	
尤溪县	1.20	21.00	69.38	68.39	68.39	
沙　县	27.06	194.70	1002.17	1001.17	366.00	
将乐县	6.00	103.88	305.44	305.42	290.88	
泰宁县	3.62	65.00	163.54	163.04	41.93	
建宁县	3.80	7.60	18.21	18.20	10.80	
惠安县	7.05	405.00	1788.00	1780.00	208.00	
安溪县	16.00	201.00	1974.52	1971.32	409.69	
永春县	13.30	125.90	2126.00	2111.00	81.00	
德化县	72.00	524.80	6627.28	6369.32	353.94	
云霄县	2.40	99.11	587.41	587.23	107.26	
漳浦县	36.00	129.29	1119.40	1113.77	184.51	
诏安县	5.00	70.00	58.50	58.00	21.00	
长泰县	50.00	134.00	3220.00	3200.00	35.00	
东山县	9.00	97.11	61.94	61.93	40.93	
南靖县	64.67	83.00	992.54	990.54	877.04	
平和县	7.30	70.73	267.26	266.46	34.00	
华安县	0.44	6.13	11.40	11.04	10.95	
顺昌县	2.30	11.98	15.29	15.14	5.24	
浦城县	0.80	23.10	133.34	132.22	5.68	

continued

Total Gas Supplied (10,000 m³) 燃气汽车 Gas-Powered Automobiles	燃气损失量 Loss Amount	用气户数（户） Number of Household with Access to Gas (unit)	居民家庭 Household User	用气人口（万人） Population with Access to Gas (10,000 persons)	天然气汽车加气站（座） Gas Stations for CNG-Fueled Motor Vehicles (unit)	县名称 Name of Counties
270.67	34.27	35747	35322	7.00	2	霍邱县
251.00	0.23	47990	47795	16.22	2	舒城县
389.60	65.00	31104	30730	10.42	1	金寨县
158.10	17.40	33097	32712	7.56	1	霍山县
172.00	127.90	52233	51687	23.60	1	涡阳县
283.00	200.00	74120	73470	29.00	1	蒙城县
56.00	70.00	51203	50120	16.70	1	利辛县
39.00	1.63	4727	4697	1.28	1	东至县
	0.10	2549	2500	0.75		石台县
	8.40	20855	20550	6.07	1	青阳县
120.00	60.00	26139	25920	10.80	1	郎溪县
141.11	0.11	9060	9012	2.41	1	泾　县
163.99	41.32	5225	5178	1.86	1	绩溪县
14.10	1.60	5611	5541	1.60	1	旌德县
979.09	**793.00**	**561703**	**550840**	**183.88**	**11**	**福　建**
54.97	15.47	56177	56030	18.49	1	闽侯县
	26.75	54297	53870	14.04		连江县
	33.14	39452	35322	5.21		罗源县
	227.04	7571	7292	3.60		闽清县
	2.80	7887	7837	2.74		永泰县
	10.00	24730	24380	11.85		仙游县
						明溪县
	0.50	2671	2671	1.30		清流县
	5.00	17180	17000	4.70		宁化县
	0.90	7287	7051	2.40		大田县
	0.99	3531	3531	1.06		尤溪县
57.00	1.00	39323	38868	8.25	2	沙　县
3.88	0.02	14198	13872	5.54	1	将乐县
	0.50	4155	4050	2.85		泰宁县
	0.01	850	843	0.50		建宁县
290.00	8.00	29016	28850	10.00	1	惠安县
83.00	3.20	40849	40597	13.44	1	安溪县
	15.00	10787	10606	4.18		永春县
	257.96	29773	28855	8.66		德化县
	0.18	13583	13462	7.18		云霄县
52.43	5.63	29476	28997	8.70	1	漳浦县
	0.50	6153	6034	2.96		诏安县
	20.00	6000	5800	0.66		长泰县
21.00	0.01	4205	4146	1.80	1	东山县
113.50	2.00	8800	8600	2.60	1	南靖县
	0.80	4650	4505	3.10		平和县
	0.36	1420	1396	0.38		华安县
	0.15	865	862	0.26		顺昌县
	1.12	957	927	0.35		浦城县

7-2-2 续表 11

县名称 Name of Counties	储气能力(万立方米) Gas Storage Capacity (10,000 m^3)	供气管道长度(公里) Length of Gas Supply Pipeline (km)	供气总量(万立方米) 合计 Total	销售气量 Quantity Sold	居民家庭 Households	集中供热 Central Heating
光泽县	2.70	5.90	207.19	207.18	4.87	
松溪县		10.00				
政和县	1.00	23.00	30.10	30.00	30.00	
长汀县	17.40	108.00	1085.00	1073.00	97.00	
上杭县	18.00	180.80	1035.00	1015.00	205.00	
武平县	18.00	87.00	405.00	404.40	134.00	
连城县	90.00	24.80	870.00	850.00		
霞浦县	12.00	122.50	1342.00	1282.00	72.00	
古田县	7.98	45.00	90.25	89.68	42.50	
屏南县						
寿宁县	7.00	3.20	663.00	650.00	1.00	
周宁县	0.13	31.00	1.33	1.32	1.32	
柘荣县						
平潭县	13.27	315.53	494.42	466.74	281.62	
江　西	**755.43**	**7450.52**	**84075.15**	**83396.34**	**17948.84**	**1436.52**
南昌县	75.00	980.56	3922.00	3774.00	3774.00	
安义县	11.18	164.89	12421.24	12400.00	916.70	
进贤县	14.00	200.00	2007.00	1985.00	1985.00	
浮梁县	31.14	312.26	9795.89	9749.59	347.03	
莲花县	3.43	16.50	30.25	29.80	29.80	
上栗县	13.50	9.80	0.33	0.32		
芦溪县	30.00	8.00	8300.00	8200.00	760.00	
武宁县	12.00	71.00	446.12	445.58	67.00	
修水县	13.60	156.02	725.63	722.02	425.59	
永修县	1.10	62.53	36.30	36.00	36.00	
德安县		49.00	212.90	203.50	133.50	
都昌县	5.00	64.00	184.00	183.90	183.90	
湖口县		100.00	2266.01	2266.00	247.00	
彭泽县	2.25	37.80	7.34	7.30	7.30	
分宜县	25.00	135.20	3332.00	3298.00	430.00	
信丰县	35.00	391.84	1332.98	1326.49	400.55	
大余县	7.20	46.60	559.38	557.13	75.57	
上犹县	42.90	47.00	1150.00	1140.00	105.70	
崇义县		28.00	18.20	18.00	7.20	
安远县	6.00	155.15	193.88	193.00	155.00	
定南县	60.00	109.00	252.00	249.00	102.00	
全南县	10.80	44.70	184.74	183.76	89.03	
宁都县	12.00	43.65	16.24	16.04	16.04	
于都县	8.20	214.00	178.00	172.00	172.00	
兴国县	6.00	368.00	305.50	304.80	179.20	
会昌县	6.40	65.00	127.95	127.43	50.48	
寻乌县	8.12	50.32	175.12	175.11	175.11	
石城县	8.00	51.70	122.00	121.94	93.53	
吉安县	10.00	457.22	2506.85	2493.56	398.76	

continued

Total Gas Supplied (10,000 m^3)		用气户数(户) Number of Household with Access to Gas (unit)		用气人口(万人) Population with Access to Gas (10,000 persons)	天然气汽车加气站(座) Gas Stations for CNG-Fueled Motor Vehicles (unit)	县名称 Name of Counties
燃气汽车 Gas-Powered Automobiles	燃气损失量 Loss Amount		居民家庭 Household User			
202.31	0.01	454	453	0.05	1	光泽县
						松溪县
	0.10	1140	1140	0.57		政和县
	12.00	10568	10369	5.00		长汀县
	20.00	20110	19715	8.10		上杭县
	0.60	14880	14650	4.35		武平县
	20.00	1				连城县
	60.00	14000	13800	5.60		霞浦县
	0.57	3040	3025	0.90		古田县
						屏南县
	13.00	468	450	0.18		寿宁县
	0.01	211	211	0.06		周宁县
						柘荣县
101.00	27.68	30988	30773	12.27	1	平潭县
740.99	**678.81**	**896548**	**868469**	**301.44**	**8**	**江　西**
	148.00	78364	78364	20.35		南昌县
110.10	21.24	14139	13961	9.59	2	安义县
	22.00	66000	66000	19.80		进贤县
	46.30	19337	18998	4.40		浮梁县
	0.45	1245	1245	0.37		莲花县
	0.01	1				上栗县
	100.00	18685	18600	1.20		芦溪县
	0.54	10500	10395	3.67		武宁县
	3.61	26773	26437	5.83		修水县
	0.30	4065	4065	1.20		永修县
	9.40	7513	7402	2.19		德安县
	0.10	6200	6200	3.11		都昌县
	0.01	18190	18000	9.00		湖口县
	0.04	5810	5810	5.63		彭泽县
19.11	34.00	31130	31009	9.99	1	分宜县
121.00	6.49	87052	66758	26.70	1	信丰县
	2.25	11780	10796	3.25		大余县
	10.00	4130	4100	1.49		上犹县
	0.20	855	848	0.28		崇义县
	0.88	12451	12374	4.02		安远县
	3.00	10300	10015	3.38		定南县
	0.98	8314	8276	3.62		全南县
	0.20	1353	1353	0.38		宁都县
	6.00	13508	13508	5.40		于都县
	0.70	20050	19910	12.05		兴国县
	0.52	3200	3146	1.57		会昌县
	0.01	3850	3850	1.28		寻乌县
	0.06	5239	5225	1.78		石城县
	13.29	32328	31829	11.06		吉安县

7-2-2 续表 12

县名称 Name of Counties	储气能力(万立方米) Gas Storage Capacity (10,000 m^3)	供气管道长度(公里) Length of Gas Supply Pipeline (km)	供气总量(万立方米) 合计 Total	销售气量 Quantity Sold	居民家庭 Households	集中供热 Central Heating
吉水县	30.00	252.28	2830.46	2816.31	223.02	
峡江县	15.00	51.54	400.00	399.97	61.00	
新干县	7.20	180.50	818.00	804.12	75.21	728.91
永丰县	12.00	120.91	611.24	608.10	111.76	
泰和县	54.00	312.00	752.42	747.87	195.92	
遂川县						
万安县	0.59	38.10	48.90	48.84	48.84	
安福县	3.30	68.00	59.30	59.23	41.25	1.78
永新县	3.00	45.00	51.00	50.00	50.00	
奉新县	18.00	135.00	4206.00	4199.00	584.00	
万载县	7.40	78.70	225.70	224.60	152.30	
上高县	14.50	110.00	4545.00	4506.00	791.00	
宜丰县	18.00	120.00	4580.00	4561.00	839.50	
靖安县	1.20	38.67	641.02	637.66	64.32	
铜鼓县	6.00	78.00	172.80	171.80	164.00	
南城县	6.00	147.00	492.00	491.80	210.00	
黎川县	14.50	102.71	3796.39	3762.74	209.95	
南丰县	10.00	58.00	701.54	700.54	323.56	
崇仁县	6.00	48.60	608.00	606.30	76.00	
乐安县	7.02	60.00	105.73	105.51	105.51	
宜黄县	2.80	41.09	361.02	358.72	82.69	
金溪县	3.00	85.30	291.00	280.00	280.00	
资溪县	3.00	15.00	1.87	1.86	1.86	
广昌县	3.00	33.80	352.66	351.46	85.09	
玉山县	8.40	168.80	1450.00	1414.00	178.00	
铅山县	3.00	107.00	1600.00	1586.00	90.00	
横峰县	1.10	39.94	661.40	658.22	7.50	
弋阳县	12.00	122.34	810.72	797.02	91.19	705.83
余干县	3.00	45.00	1083.73	1073.00	1073.00	
鄱阳县	12.00	47.30	327.10	324.10	238.30	
万年县	3.00	75.00	447.00	440.00	66.48	
婺源县	9.60	185.20	233.30	231.30	64.60	
山　东	**625.49**	**19478.14**	**231025.60**	**228981.56**	**63093.18**	**12286.26**
平阴县	36.00	473.01	5300.00	5297.34	743.18	
商河县		234.00	3420.00	3401.00	613.00	2661.00
桓台县	37.20	517.00	1416.00	1392.00	1337.50	
高青县		873.79	4794.10	4743.07	446.88	
沂源县	6.30	155.47	4825.51	4798.82	416.94	
利津县	4.00	358.71	1852.00	1777.92	1702.00	
广饶县	31.50	349.59	12119.60	12074.63	986.83	
临朐县	24.50	608.26	14806.00	14638.00	598.00	151.00
昌乐县	13.00	178.73	3961.00	3769.00	1006.00	484.00
微山县	25.60	219.43	999.93	999.50	493.72	
鱼台县	1.04	74.00	573.02	565.02	478.02	

continued

Total Gas Supplied (10,000 m^3) 燃气汽车 Gas-Powered Automobiles	燃气损失量 Loss Amount	用气户数(户) Number of Household with Access to Gas (unit)	居民家庭 Household User	用气人口(万人) Population with Access to Gas (10,000 persons)	天然气汽车加气站(座) Gas Stations for CNG-Fueled Motor Vehicles (unit)	县名称 Name of Counties
	14.15	22910	22653	8.90		吉水县
	0.03	5337	5250	1.42		峡江县
	13.88	7481	7430	2.99		新干县
	3.14	14116	13907	6.97		永丰县
	4.55	23053	22985	6.30		泰和县
						遂川县
	0.06	2591	2591	1.18		万安县
	0.07	4085	4064	0.35		安福县
	1.00	1600	1600	2.40		永新县
	7.00	13000	12638	5.44		奉新县
	1.10	9700	9585	4.26		万载县
93.00	39.00	41410	41000	15.00	1	上高县
	19.00	22303	22098	5.93		宜丰县
	3.36	3801	3762	0.80		靖安县
7.80	1.00	7500	7488	1.75	1	铜鼓县
	0.20	17000	16967	6.78		南城县
	33.65	18223	18091	7.05		黎川县
376.98	1.00	20970	20734	6.20	1	南丰县
	1.70	5932	5886	2.35		崇仁县
	0.22	16450	16450	6.58		乐安县
	2.30	10271	10127	3.40		宜黄县
	11.00	6226	6226	1.15		金溪县
	0.01	300	300	0.12		资溪县
	1.20	7945	7848	2.75		广昌县
	36.00	12300	12150	2.50		玉山县
13.00	14.00	14870	14765	5.11	1	铅山县
	3.18	3864	3830	1.35		横峰县
	13.70	7394	7223	2.89		弋阳县
	10.73	11020	11020	4.40		余干县
	3.00	27440	26728	5.52		鄱阳县
	7.00	6347	6100	5.72		万年县
	2.00	8747	8499	1.29		婺源县
15144.08	**2044.04**	**2764588**	**2707780**	**842.84**	**148**	**山　东**
66.56	2.66	62235	61991	14.04	1	平阴县
20.00	19.00	48111	47930	9.75	1	商河县
54.50	24.00	53749	53589	12.92	1	桓台县
587.71	51.03	36000	35952	9.24	5	高青县
93.59	26.69	32415	29542	13.02	2	沂源县
50.50	74.08	35503	35338	7.12	3	利津县
129.71	44.97	76688	76562	15.90	2	广饶县
1258.00	168.00	79088	79063	19.80	4	临朐县
	192.00	94523	94062	24.60		昌乐县
62.00	0.43	44293	44227	13.54	1	微山县
79.00	8.00	12501	12330	6.80	3	鱼台县

7-2-2 续表 13

县名称 Name of Counties	储气能力(万立方米) Gas Storage Capacity (10,000 m^3)	供气管道长度(公里) Length of Gas Supply Pipeline (km)	供气总量(万立方米) 合计 Total	销售气量 Quantity Sold	居民家庭 Households	集中供热 Central Heating
金乡县	50.00	666.80	5639.87	5610.42	662.70	
嘉祥县	3.30	166.60	251.00	240.00	225.00	
汶上县	2.00	140.00	1600.00	1598.00	1400.00	100.00
泗水县	3.00	228.44	1968.96	1924.14	446.03	280.86
梁山县	16.00	434.00	4061.00	4049.00	300.00	50.00
宁阳县	9.70	558.00	5450.00	5449.90	1560.00	1210.00
东平县		160.00	2127.89	2084.42	629.86	517.53
五莲县	6.00	322.60	2710.00	2700.00	1030.00	345.00
莒　县		477.00	7796.00	7740.00	707.00	360.00
沂南县	5.00	669.89	1212.00	1200.00	1097.00	
郯城县	6.00	372.15	7990.97	7979.59	372.78	124.30
沂水县	10.00	383.53	10071.23	10055.92	839.30	
兰陵县	10.30	171.26	5982.00	5979.31	717.91	
费　县		480.00	11660.00	11650.00	628.19	
平邑县		433.40	1285.50	1285.40	820.90	
莒南县	30.00	674.50	2378.12	2365.59	987.71	
蒙阴县		236.69	1539.05	1532.17	361.25	159.65
临沭县		276.70	4991.14	4978.76	702.30	
宁津县		203.29	2872.00	2832.00	1974.90	357.10
庆云县	2.90	78.38	1914.00	1873.00	1568.50	
临邑县	20.00	754.00	8753.80	8583.80	4091.00	
齐河县		293.60	6523.00	6516.00	1542.00	325.00
平原县	3.50	638.05	4628.50	4434.50	1785.10	1898.30
夏津县	1.50	188.65	2501.65	2481.65	1114.49	36.00
武城县	2.90	398.64	2405.50	2300.00	1680.00	268.00
阳谷县		247.50	4650.75	4638.87	1141.60	14.40
莘　县	2.09	236.94	1703.00	1647.00	1285.00	157.00
东阿县	48.00	348.89	4671.00	4645.50	1638.00	
冠　县		486.57	6345.05	6338.52	1694.90	420.00
高唐县	2.00	975.50	7482.24	7334.56	2358.77	1432.00
惠民县		90.13	2461.00	2399.70	597.00	12.00
阳信县	0.76	234.73	5235.65	5158.20	4126.56	
无棣县		223.57	2753.00	2748.00	2241.00	190.00
博兴县		67.00	1708.00	1682.00	1681.90	
曹　县		212.10	792.20	786.78	514.00	
单　县	30.00	249.03	2216.50	2205.00	1893.00	50.00
成武县	19.00	428.50	2320.10	2278.10	804.96	40.00
巨野县	3.10	106.00	1917.56	1914.79	1859.05	
郓城县	9.30	651.00	5243.75	5182.61	3336.63	517.62
鄄城县	150.00	457.00	2818.30	2796.10	358.00	125.50
东明县		1015.52	16327.16	16325.96	1496.82	
河　南	**549.94**	**10957.69**	**160739.86**	**158198.83**	**63776.00**	**5656.46**
中牟县		405.00	3525.00	3445.00	1256.00	2135.00
杞　县	4.00	61.58	1080.00	1060.00	660.00	90.00

continued

Total Gas Supplied (10,000 m^3) 燃气汽车 Gas-Powered Automobiles	燃气损失量 Loss Amount	用气户数(户) Number of Household with Access to Gas (unit)	居民家庭 Household User	用气人口(万人) Population with Access to Gas (10,000 persons)	天然气汽车加气站(座) Gas Stations for CNG-Fueled Motor Vehicles (unit)	县名称 Name of Counties
120.20	29.45	66333	65838	18.16	5	金乡县
11.00	11.00	32500	29822	14.32	2	嘉祥县
98.00	2.00	30000	29000	9.21	3	汶上县
75.75	44.82	43497	42878	15.60	1	泗水县
146.00	12.00	40583	40323	11.60	1	梁山县
420.00	0.10	37200	35216	13.37	4	宁阳县
72.00	43.47	64086	63697	21.28	2	东平县
68.50	10.00	46800	45500	13.60	5	五莲县
3118.00	56.00	67602	67194	18.07	7	莒　县
91.00	12.00	40000	38824	11.10	1	沂南县
192.07	11.38	47205	46961	16.21	3	郯城县
337.23	15.31	84407	83757	25.50	3	沂水县
119.80	2.69	72750	71891	29.10	2	兰陵县
152.96	10.00	57196	56540	23.53	2	费　县
263.50	0.10	61371	53393	19.95	3	平邑县
143.00	12.53	85147	84475	22.95	4	莒南县
368.00	6.88	28446	28306	11.32	6	蒙阴县
191.03	12.38	52281	52041	19.68	2	临沭县
500.00	40.00	42420	42000	15.50	2	宁津县
16.18	41.00	41071	37010	14.80	2	庆云县
283.00	170.00	103677	101498	25.21	8	临邑县
2142.00	7.00	73906	73440	25.62	7	齐河县
103.10	194.00	59542	59023	13.84	1	平原县
155.00	20.00	34664	34201	17.53	9	夏津县
352.00	105.50	36650	35110	7.33	2	武城县
182.50	11.88	47821	47577	11.81	4	阳谷县
205.00	56.00	36746	36359	13.56	3	莘　县
43.90	25.50	55133	55078	11.23	3	东阿县
36.11	6.53	44948	44433	15.24	1	冠　县
42.71	147.68	64750	64250	18.00	2	高唐县
66.87	61.30	60410	60150	19.38	3	惠民县
	77.45	22542	22035	9.03		阳信县
315.00	5.00	60989	60553	11.44	3	无棣县
	26.00	66703	66519	14.83		博兴县
16.90	5.42	43146	42915	18.70	1	曹　县
262.00	11.50	74090	67801	19.20	4	单　县
145.40	42.00	33173	32787	8.95	3	成武县
55.74	2.77	51594	51457	26.95	3	巨野县
1328.36	61.14	79081	69980	33.90	3	郓城县
	22.20	31668	31545	12.81		鄄城县
502.70	1.20	67354	65817	16.70	5	东明县
18120.08	**2541.03**	**2562208**	**2467615**	**851.75**	**142**	**河　南**
52.00	80.00	41866	31002	10.35	1	中牟县
310.00	20.00	22100	20800	8.69	4	杞　县

7-2-2 续表 14

县名称 Name of Counties	储气能力(万立方米) Gas Storage Capacity ($10,000\ m^3$)	供气管道长度(公里) Length of Gas Supply Pipeline (km)	供气总量(万立方米) 合计 Total	销售气量 Quantity Sold	居民家庭 Households	集中供热 Central Heating
通许县	6.00	78.15	908.00	902.00	602.00	
尉氏县	4.00	63.00	3315.00	3264.00	2372.00	
兰考县	24.00	412.87	2960.21	2949.75	1518.50	601.00
孟津县		129.00	875.00	859.70	859.70	
新安县	2.30	241.27	9000.00	8950.00	783.00	
栾川县						
嵩　县	8.85	50.10	398.60	390.10	156.00	5.00
汝阳县	3.00	37.10	103.20	101.50	80.00	
宜阳县	10.00	297.87	2966.55	2824.00	544.93	324.63
洛宁县	6.50	68.80	1540.00	1539.97	110.00	550.00
伊川县		250.60	12055.00	12034.00	1200.00	60.00
宝丰县		46.80	539.00	502.00	480.00	
叶　县	1.00	204.70	2694.66	2624.66	253.04	120.00
鲁山县		78.20	640.00	635.50	256.00	70.00
郏　县		126.00	2397.00	2306.00	193.30	
安阳县						
汤阴县		138.00	6150.72	6141.97	1520.00	
滑　县	11.00	466.04	5496.17	5482.78	2030.05	
内黄县		110.76	1500.00	1490.00	1300.00	
浚　县		200.38	2193.16	2192.66	718.00	0.53
淇　县		177.00	2049.00	2037.00	981.00	
新乡县	2.00	154.50	1200.00	1173.00	580.00	
获嘉县	1.90	281.99	2353.00	2253.00	1850.00	
原阳县		71.90	1854.00	1820.00	574.00	
延津县	1.85	75.50	484.75	460.75	240.75	68.00
封丘县	1.50	45.00	522.42	513.22	325.62	
修武县		316.18	4234.00	4229.00	370.00	
博爱县	1.25	206.00	2508.40	2462.00	626.00	80.00
武陟县	48.92	100.70	4115.62	3954.15	1826.52	
温　县	2.00	120.00	3600.00	3456.00	1070.00	
清丰县	0.81	207.50	2680.00	2582.00	1650.00	
南乐县	3.00	460.00	4617.33	4546.33	574.00	
范　县		64.22	1408.66	1408.00	720.00	560.00
台前县		42.07	991.70	990.00	530.00	
濮阳县		321.66	2702.00	2586.00	2465.00	
鄢陵县	1.92	168.70	1606.00	1600.00	990.00	
襄城县	1.00	122.20	1232.00	1221.00	816.00	270.00
舞阳县	0.30	68.34	1525.51	1515.51	790.05	
临颍县		82.23	3629.00	3628.50	1904.00	
渑池县	0.80	115.00	4951.20	4945.10	101.21	
卢氏县	21.60	23.83	577.00	567.00	36.00	
南召县	50.00	124.16	447.00	445.98	347.00	
方城县	8.80	98.60	930.00	917.00	814.00	
西峡县	12.00	64.01	1812.48	1812.00	160.00	

continued

Total Gas Supplied (10,000 m³)		用气户数（户）Number of Household with Access to Gas (unit)		用气人口（万人）Population with Access to Gas (10,000 persons)	天然气汽车加气站（座）Gas Stations for CNG-Fueled Motor Vehicles (unit)	县名称 Name of Counties
燃气汽车 Gas-Powered Automobiles	燃气损失量 Loss Amount		居民家庭 Household User			
300.00	6.00	23906	23770	5.70	1	通许县
284.00	51.00	71400	70200	15.14	1	尉氏县
23.22	10.46	66036	65824	24.54	2	兰考县
	15.30	32000	32000	10.50	4	孟津县
2088.00	50.00	46000	44500	14.85	2	新安县
						栾川县
38.00	8.50	11000	10650	3.20	1	嵩　县
	1.70	8120	8062	1.52		汝阳县
	142.55	31800	31514	11.20		宜阳县
102.40	0.03	6354	6254	3.80	2	洛宁县
16.00	21.00	35500	34600	13.90	3	伊川县
	37.00	17988	12996	7.13		宝丰县
7.90	70.00	22928	22081	8.00	3	叶　县
	4.50	19359	19248	7.70		鲁山县
144.70	91.00	16618	16489	1.94	1	郏　县
						安阳县
1080.87	8.75	40100	34000	9.52	6	汤阴县
250.94	13.39	86762	86124	22.90	2	滑　县
	10.00	31500	30872	9.60		内黄县
192.30	0.50	28605	28234	16.28	1	浚　县
129.00	12.00	38490	37239	11.23	4	淇　县
300.00	27.00	15700	14600	5.15	4	新乡县
403.00	100.00	39500	38900	11.00	2	获嘉县
461.46	34.00	27113	26771	5.61	4	原阳县
152.00	24.00	15324	15298	4.86	2	延津县
187.60	9.20	14603	14303	6.05	3	封丘县
50.00	5.00	14500	13960	5.78	1	修武县
125.00	46.40	32454	31582	10.00	6	博爱县
642.25	161.47	63154	62516	25.40	1	武陟县
40.00	144.00	23564	22620	8.10	2	温　县
923.00	98.00	40686	40330	13.01	1	清丰县
1.60	71.00	34849	34404	9.25	1	南乐县
128.00	0.66	27248	20980	6.90	2	范　县
240.00	1.70	18600	18205	6.26	6	台前县
121.00	116.00	53820	51879	15.85	1	濮阳县
104.00	6.00	29600	29000	10.70	2	鄢陵县
104.00	11.00	24981	24871	7.26	1	襄城县
34.87	10.00	42528	42253	11.00	1	舞阳县
73.00	0.50	48377	47693	18.26	2	临颍县
143.00	6.10	13318	13119	4.20	1	渑池县
170.00	10.00	5354	5287	2.10	1	卢氏县
98.98	1.02	12650	12550	6.15	2	南召县
103.00	13.00	46000	45704	14.20	2	方城县
912.80	0.48	16314	16128	5.00	3	西峡县

7-2-2 续表 15

县名称 Name of Counties	储气能力(万立方米) Gas Storage Capacity (10,000 m³)	供气管道长度(公里) Length of Gas Supply Pipeline (km)	供气总量(万立方米) 合计 Total	销售气量 Quantity Sold	居民家庭 Households	集中供热 Central Heating
镇平县	3.74	57.00	1078.00	1058.00	156.00	
内乡县	40.00	67.00	651.10	650.00	350.00	
淅川县	22.40	82.29	459.00	457.00	237.80	
社旗县	0.65	50.03	135.60	130.20	129.96	
唐河县	14.40	316.00	2623.00	2617.05	1187.90	
新野县	0.50	153.72	504.00	495.00	252.00	
桐柏县						
民权县	15.20	205.00	1819.00	1768.00	1549.00	16.00
睢　县	9.80	79.50	861.20	855.40	302.00	197.40
宁陵县		35.00	438.10	429.30	109.50	24.30
柘城县	1.50	63.20	980.00	960.00	765.00	63.60
虞城县	10.50	252.00	3120.00	2960.00	1050.00	
夏邑县	10.00	106.00	1310.00	1269.00	1220.00	
罗山县		36.00	929.00	927.00	506.00	
光山县	8.00	92.00	1546.80	1521.00	994.00	120.00
新　县		35.00	121.00	117.00	20.00	
商城县		57.00	123.70	122.20	112.78	
固始县	3.00	254.20	6012.00	6002.00	2315.00	
潢川县	0.90	61.00	1280.00	1263.00	255.20	
淮滨县		84.81	980.00	965.00	515.00	
息　县		103.00	855.00	853.00	673.00	
扶沟县		73.06	893.55	863.35	774.23	
西华县		63.97	2245.21	2232.27	1384.48	
商水县		32.50	903.40	897.20	780.90	
沈丘县	2.00	240.30	1200.20	1200.00	450.00	300.00
郸城县	99.00	51.30	14.33	14.27	12.22	1.00
淮阳县		183.38	1917.00	1862.00	1435.00	
太康县	2.00	159.60	1694.86	1644.06	986.44	
鹿邑县	1.00	214.00	2026.60	2026.20	1582.20	
西平县	0.55	55.20	2210.00	2099.70	1053.02	
上蔡县	0.40	60.00	1045.00	979.12	417.98	
平舆县	32.00	92.90	1507.97	1413.95	730.02	
正阳县		50.00	1460.00	1458.00	600.00	
确山县		90.37	1061.57	1040.46	840.00	
泌阳县		101.19	878.00	850.00	800.00	
汝南县	32.10	126.00	965.16	959.86	532.56	
遂平县		65.47	1626.77	1529.71	881.14	
新蔡县		131.19	895.40	891.40	582.00	
湖　北	**191.73**	**7128.50**	**41687.53**	**40971.39**	**19413.92**	**136.00**
阳新县	9.00	350.00	2240.90	2196.90	504.70	
郧西县	3.00	28.74	62.00	61.90	61.90	
竹山县	3.00	18.00	57.80	57.10	37.00	
竹溪县	30.00	78.00	28.70	28.00	28.00	
房　县	3.64	8.29	22.25	22.24	22.24	

continued

Total Gas Supplied (10,000 m³) 燃气汽车 Gas-Powered Automobiles	燃气损失量 Loss Amount	用气户数(户) Number of Household with Access to Gas (unit)	居民家庭 Household User	用气人口(万人) Population with Access to Gas (10,000 persons)	天然气汽车加气站(座) Gas Stations for CNG-Fueled Motor Vehicles (unit)	县名称 Name of Counties
141.00	20.00	15261	15000	5.25	2	镇平县
	1.10	16230	15200	7.10		内乡县
219.20	2.00	5432	5322	2.19	3	淅川县
0.24	5.40	14050	13800	5.05	2	社旗县
1317.50	5.95	48375	46030	19.35	2	唐河县
65.00	9.00	35671	35543	17.11	1	新野县
						桐柏县
203.00	51.00	38870	37200	12.30	1	民权县
179.00	5.80	32000	29700	8.60	1	睢　县
	8.80	7980	7910	3.19		宁陵县
125.00	20.00	25700	24300	8.67	1	柘城县
950.00	160.00	34810	34510	12.10	5	虞城县
49.00	41.00	45000	31500	8.30	3	夏邑县
8.00	2.00	32217	30932	9.60	1	罗山县
121.00	25.80	38856	38593	15.20	1	光山县
	4.00	1400	1380	0.53		新　县
8.67	1.50	6890	6835	2.46	1	商城县
1410.00	10.00	54232	52345	30.60	5	固始县
215.42	17.00	25198	24998	9.80	1	潢川县
450.00	15.00	24300	24065	6.01	1	淮滨县
180.00	2.00	38403	38127	18.28	1	息　县
75.00	30.20	30442	29710	9.27	1	扶沟县
141.73	12.94	39836	39829	10.45	2	西华县
116.30	6.20	37862	37145	13.20	2	商水县
340.00	0.20	21000	20500	10.00	2	沈丘县
1.00	0.06	523	342	0.18	3	郸城县
135.00	55.00	51624	50597	20.44	1	淮阳县
112.00	50.80	59590	58983	17.60	1	太康县
165.00	0.40	41893	41374	13.00	2	鹿邑县
313.00	110.30	59777	59245	19.70	3	西平县
123.20	65.88	38558	38258	11.56	1	上蔡县
	94.02	67435	67121	19.78		平舆县
	2.00	23838	23645	9.45		正阳县
	21.11	27263	27039	6.75		确山县
	28.00	31975	30970	11.72		泌阳县
84.93	5.30	26193	25920	10.27	1	汝南县
121.00	97.06	53232	43092	17.00	1	遂平县
212.00	4.00	51623	51143	19.91	1	新蔡县
2714.22	**716.14**	**830176**	**808680**	**233.77**	**32**	**湖　北**
273.50	44.00	31909	30500	8.40	1	阳新县
	0.10	10000	10000	5.20		郧西县
	0.70	4308	3973	1.40		竹山县
	0.70	7800	7800	2.51	1	竹溪县
	0.01	4449	4449	1.57		房　县

7-2-2 续表 16

县名称 Name of Counties	储气能力(万立方米) Gas Storage Capacity (10,000 m^3)	供气管道长度(公里) Length of Gas Supply Pipeline (km)	供气总量(万立方米) 合计 Total	销售气量 Quantity Sold	居民家庭 Households	集中供热 Central Heating
远安县	0.84	219.84	508.60	507.50	454.86	
兴山县	3.00	30.00	318.30	317.80	33.22	
秭归县	20.00	85.00	1570.00	1530.00	235.00	
长阳土家族自治县	0.50	478.36	1373.00	1335.10	1335.10	
五峰土家族自治县	3.00	46.20	314.73	314.23	110.15	
南漳县	2.00	170.00	1292.67	1279.83	437.50	
谷城县	1.60	162.25	4106.49	4064.81	707.42	
保康县	2.80	17.00	328.00	326.00	58.00	90.00
沙洋县	1.30	370.85	1299.35	1281.36	377.98	
孝昌县		471.31	4842.09	4801.38	2040.58	
大悟县	2.10	50.50	540.50	528.50	483.00	
云梦县	2.10	74.00	189.20	189.00	187.00	
公安县	7.00	122.00	2014.00	1964.00	1681.00	
江陵县	2.00	91.87	826.00	815.00	650.50	
团风县	1.80	174.00	1079.50	1070.83	421.58	
红安县	1.50	280.00	3600.00	3581.50	428.40	
罗田县		41.20	450.33	448.57	360.00	
英山县	4.36	291.00	713.50	692.20	345.30	
浠水县		707.25	1814.00	1800.00	1672.66	
蕲春县	1.50	1035.24	2502.35	2444.57	1485.15	
黄梅县		311.00	1650.00	1600.00	1120.00	
嘉鱼县	4.20	100.00	1498.00	1439.00	457.00	
通城县	12.00	60.00	576.00	574.00	150.60	
崇阳县	0.55	17.00	6.52	6.48	6.48	
通山县	3.50	50.00	341.00	326.00	277.32	46.00
随　县	7.00	192.54	1002.80	980.96	225.00	
建始县	1.80	162.72	866.09	865.11	286.30	
巴东县	36.00	38.00	139.30	138.50	137.30	
咸丰县	1.50	473.56	1440.00	1384.00	1167.00	
来凤县		160.00	1312.00	1246.40	1046.00	
鹤峰县	0.14	16.85	16.50	16.30	16.30	
宣恩县	1.00	105.95	482.83	475.26	318.56	
神农架林区	18.00	39.98	262.23	261.06	47.82	
湖　南	**1753.92**	**10335.70**	**66780.96**	**65671.83**	**32961.78**	**619.25**
长沙县	1201.80	584.26	20227.92	19797.43	6661.42	
望城区	26.50	280.00	4893.50	4893.00	621.00	
攸　县	13.00	311.69	1030.00	1027.00	647.70	69.00
茶陵县	12.00	228.00	580.00	576.00	334.00	
炎陵县	5.40	194.00	203.00	199.50	141.10	
湘潭县		550.00	4194.00	4163.80	1452.00	
衡阳县	10.00	399.00	901.00	900.00	900.00	
衡南县	4.00	112.86	450.50	438.00	429.00	
衡山县		34.90	832.00	808.95	800.40	
衡东县	21.00	320.00	697.00	675.00	343.71	

continued

Total Gas Supplied (10,000 m^3) 燃气汽车 Gas-Powered Automobiles	燃气损失量 Loss Amount	用气户数(户) Number of Household with Access to Gas (unit)	居民家庭 Household User	用气人口(万人) Population with Access to Gas (10,000 persons)	天然气汽车加气站(座) Gas Stations for CNG-Fueled Motor Vehicles (unit)	县名称 Name of Counties
51.54	1.10	17154	16984	1.15	1	远安县
257.46	0.50	3845	3825	1.00	1	兴山县
82.00	40.00	29800	29500	9.90	1	秭归县
	37.90	30558	30558	9.00		长阳土家族自治县
24.88	0.50	4570	4521	1.66	1	五峰土家族自治县
68.83	12.84	26488	26068	7.80	1	南漳县
96.86	41.68	39148	38498	11.25	1	谷城县
	2.00	5802	4030	2.74		保康县
70.07	17.99	21625	21298	8.44	1	沙洋县
374.90	40.71	42658	42335	14.60	2	孝昌县
2.10	12.00	15136	13275	7.00	1	大悟县
1.00	0.20	4910	4660	4.68	2	云梦县
283.00	50.00	46720	45620	9.00	1	公安县
48.43	11.00	17598	17439	2.00	1	江陵县
	8.67	24000	23700	5.64		团风县
169.12	18.50	31696	31433	9.36	1	红安县
	1.76	21617	21009	7.23		罗田县
136.30	21.30	24710	24377	8.53	1	英山县
127.34	14.00	60000	59500	20.00	1	浠水县
46.38	57.78	58988	57508	19.26	1	蕲春县
204.80	50.00	62300	60200	12.00	1	黄梅县
	59.00	27200	25800	3.75	1	嘉鱼县
19.22	2.00	10000	9932	3.17	1	通城县
	0.04	1052	1052	0.40		崇阳县
2.68	15.00	16570	16500	4.90	1	通山县
46.50	21.84	14717	14030	3.06	1	随　县
65.42	0.98	17316	15128	5.20	1	建始县
1.20	0.80	7500	7200	1.40	2	巴东县
217.00	56.00	32052	31358	8.30	1	咸丰县
	65.60	33665	32911	5.80		来凤县
	0.20	540	540	0.27		鹤峰县
24.00	7.57	17028	16599	4.90	1	宣恩县
19.69	1.17	4747	4570	1.30	2	神农架林区
6892.86	**1109.13**	**1633405**	**1472777**	**511.13**	**39**	**湖　南**
3234.16	430.49	262424	252424	64.15	4	长沙县
	0.50	136662	13261	44.88		望城区
110.00	3.00	32811	32396	9.95	2	攸　县
145.00	4.00	18526	18278	6.30	2	茶陵县
	3.50	9400	9289	2.90		炎陵县
105.07	30.20	56000	55100	11.93	2	湘潭县
	1.00	37000	37000	13.00		衡阳县
9.00	12.50	17000	16600	6.68	1	衡南县
8.55	23.05	20228	18021	3.78	1	衡山县
	22.00	32656	32532	5.13		衡东县

7-2-2 续表 17

县名称 Name of Counties	储气能力（万立方米） Gas Storage Capacity (10,000 m^3)	供气管道长度（公里） Length of Gas Supply Pipeline (km)	供气总量(万立方米) 合计 Total	销售气量 Quantity Sold	居民家庭 Households	集中供热 Central Heating
祁东县	20.00	430.00	1300.00	1278.00	690.06	
南岳区		146.00	500.00	487.00	420.00	
新邵县	3.00	137.00	380.00	378.11	32.60	
邵阳县	12.00	30.00	300.02	300.00	298.80	
隆回县	3.06	111.79	486.67	486.54	402.90	
洞口县	12.00	115.00	354.00	350.00	218.00	
绥宁县	6.25	28.00	18.78	18.74	18.74	
新宁县	10.00	218.00	956.00	949.00	549.00	
城步苗族自治县	3.20	25.00	4.00	0.51	0.51	
岳阳县	1.00	195.80	1200.00	1190.00	654.30	
华容县	10.00	208.46	902.91	896.22	820.65	
湘阴县	8.00	156.27	1238.85	1218.25	657.58	
平江县	10.00	168.10	1637.20	1627.00	882.00	340.25
安乡县	1.00	325.00	605.00	597.00	480.00	
汉寿县		667.17	1300.00	1282.00	706.00	
澧　县	40.00	192.00	1993.00	1900.00	1200.00	
临澧县	3.00	232.06	880.00	865.00	740.00	
桃源县	3.00	144.20	1560.00	1500.00	510.00	
石门县	18.00	275.00	1550.00	1476.00	1220.00	135.00
慈利县	6.20	230.01	980.00	967.20	754.20	
桑植县	12.50	66.00	340.00	332.00	332.00	
南　县	12.00	200.65	1103.00	1088.00	630.00	75.00
桃江县	0.80	85.70	1255.23	1227.38	815.44	
安化县	0.01	12.74	174.87	168.96	15.66	
大通湖区	0.36	20.10	45.00	43.50	43.50	
桂阳县	30.00	499.15	3135.00	3123.00	1076.00	
宜章县	16.00	80.00	138.74	138.73	138.70	
永兴县	38.40	66.60	1380.00	1376.50	1321.00	
嘉禾县	4.50	68.30	250.60	245.00	245.00	
临武县	6.60	90.44	371.00	366.00	223.00	
汝城县	12.00	103.29	500.00	498.00	498.00	
桂东县	3.00	52.30	54.08	54.00	54.00	
安仁县	4.04	59.60	237.81	222.31	93.45	
祁阳县	6.80	289.00	510.02	507.02	350.00	
东安县						
双牌县	3.70	63.73	57.82	53.68	51.87	
道　县						
江永县	1.50	25.30	6.00	5.80	5.80	
宁远县	6.00	68.00	222.97	220.84	220.84	
蓝山县	0.25	31.20	106.90	106.88	73.66	
新田县	6.00	46.00	4.19	3.99	3.78	
江华瑶族自治县	18.00	87.35	627.10	626.60	64.84	
中方县	3.00	18.58	173.30	169.90	28.50	
沅陵县	10.00	73.80	251.00	250.75	250.75	

continued

Total Gas Supplied (10,000 m³) 燃气汽车 Gas-Powered Automobiles	燃气损失量 Loss Amount	用气户数(户) Number of Household with Access to Gas (unit)	居民家庭 Household User	用气人口(万人) Population with Access to Gas (10,000 persons)	天然气汽车加气站(座) Gas Stations for CNG-Fueled Motor Vehicles (unit)	县名称 Name of Counties
123.81	22.00	42153	41650	17.26	1	祁东县
	13.00	11365	11285	4.90		南岳区
	1.89	20185	20112	4.50		新邵县
1.20	0.02	9700	9500	4.06	1	邵阳县
	0.13	27973	27738	12.90		隆回县
80.00	4.00	15291	15132	3.60	1	洞口县
	0.04	1030	1030	0.31		绥宁县
400.00	7.00	23925	23610	7.96	1	新宁县
	3.49	385	385	0.20		城步苗族自治县
117.30	10.00	32330	32022	9.00	1	岳阳县
75.56	6.69	37663	37227	11.80	2	华容县
36.56	20.60	35096	34691	8.35	1	湘阴县
133.00	10.20	37330	37033	8.30	1	平江县
116.00	8.00	22990	22780	6.00	1	安乡县
195.00	18.00	43255	42863	13.37	1	汉寿县
450.00	93.00	65000	64450	22.00	1	澧　县
125.00	15.00	21200	19802	6.75	1	临澧县
150.00	60.00	23700	21800	8.70	1	桃源县
121.00	74.00	47998	47740	16.01	2	石门县
213.00	12.80	29535	28615	8.50	1	慈利县
	8.00	23000	23000	9.05		桑植县
362.80	15.00	29235	28173	11.90	1	南　县
81.29	27.85	29087	28134	9.20	1	桃江县
153.30	5.91	815	656	0.21	1	安化县
	1.50	5500	5500	2.20		大通湖区
155.00	12.00	50025	43612	12.25	1	桂阳县
0.03	0.01	3252	3228	1.30	2	宜章县
34.00	3.50	32000	31890	11.22	1	永兴县
	5.60	7800	7800	2.34		嘉禾县
	5.00	13133	13028	5.50		临武县
	2.00	18800	18800	7.30		汝城县
	0.08	2800	2800	1.50		桂东县
	15.50	9781	7486	2.99		安仁县
157.02	3.00	35632	35457	14.18	2	祁阳县
						东安县
	4.14	4880	4716	2.18		双牌县
						道　县
	0.20	883	883	0.45		江永县
	2.13	17178	17178	6.86		宁远县
	0.02	4141	4102	1.64		蓝山县
0.21	0.20	12600	12150	4.62	1	新田县
	0.50	4185	4099	2.05		江华瑶族自治县
	3.40	187	177	0.06		中方县
	0.25	12600	12600	3.78		沅陵县

7-2-2 续表 18

县名称 Name of Counties	储气能力(万立方米) Gas Storage Capacity (10,000 m³)	供气管道长度(公里) Length of Gas Supply Pipeline (km)	供气总量(万立方米) 合计 Total	销售气量 Quantity Sold	居民家庭 Households	集中供热 Central Heating
辰溪县	12.00	40.80	29.65	29.30	18.67	
溆浦县	6.25	38.12	63.82	63.81	63.81	
会同县	6.00	19.00	39.14	38.84	38.84	
麻阳苗族自治县	6.00	37.91	149.50	149.00	117.00	
新晃侗族自治县	10.00	28.77	41.00	40.50	40.50	
芷江侗族自治县						
通道县	3.00	104.00	142.40	138.40	118.84	
靖州县	8.40	180.00	390.00	380.00	380.00	
双峰县	10.00	169.00	520.00	518.00	260.00	
新化县	12.00	110.00	1005.00	990.00	880.14	
泸溪县	6.00	43.00	44.50	43.49	0.70	
凤凰县	2.80	33.00	58.00	56.00	56.00	
花垣县	3.60	48.00	150.00	149.98	17.00	
保靖县	6.00	40.00	180.00	175.00	24.00	
古丈县	3.00	28.50	17.97	17.67	17.07	
永顺县						
龙山县		258.20	850.00	807.75	807.75	
广　东	**344.82**	**3121.15**	**24198.15**	**24001.21**	**9144.85**	
始兴县	6.50	113.40	148.10	145.42	94.76	
仁化县	0.03	114.20	809.92	801.91	801.91	
翁源县						
乳源瑶族自治县	30.00	70.00	177.00	176.50	122.00	
新丰县	18.40	83.30	68.82	68.40	21.90	
南澳县						
遂溪县						
徐闻县	2.80	58.79	368.80	361.60	39.00	
广宁县	12.00	83.50	1065.00	1050.00	148.00	
怀集县	12.00	72.88	705.00	700.00	214.00	
封开县	3.60	18.00	143.00	140.00	44.00	
德庆县	0.36	53.10	410.51	408.53	81.69	
博罗县	7.20	413.00	3926.00	3920.50	3920.50	
惠东县						
龙门县	7.00	40.00	290.00	275.00	60.00	
大埔县	3.00	74.72	235.84	235.00	195.00	
丰顺县	6.00	198.05	681.00	680.00	135.00	
五华县	12.20	192.77	328.88	328.47	221.54	
平远县	6.00	118.31	350.19	349.39	137.62	
蕉岭县	0.03	63.20	229.00	228.00	227.00	
海丰县	11.00	145.99	880.00	875.00	620.00	
陆河县	3.00	87.24	99.00	95.00	51.06	
紫金县	10.80	45.54				
龙川县	5.70	92.34	687.87	679.24	536.57	
连平县	4.20	13.00	8.26	7.58		
和平县	12.60	32.00	565.88	561.52	206.68	

continued

Total Gas Supplied ($10,000\ m^3$) 燃气汽车 Gas-Powered Automobiles	燃气损失量 Loss Amount	用气户数（户） Number of Household with Access to Gas (unit)	居民家庭 Household User	用气人口（万人） Population with Access to Gas (10,000 persons)	天然气汽车加气站（座） Gas Stations for CNG-Fueled Motor Vehicles (unit)	县名称 Name of Counties
	0.35	2760	2728	0.86		辰溪县
	0.01	12542	12542	4.38		溆浦县
	0.30	2759	2759	1.00		会同县
	0.50	11503	10508	5.02		麻阳苗族自治县
	0.50	6366	6366	3.50		新晃侗族自治县
						芷江侗族自治县
	4.00	6709	6610	2.54		通道县
	10.00	16000	16000	6.30		靖州县
	2.00	25200	24500	6.35		双峰县
	15.00	25110	24862	13.45		新化县
	1.01	605	600	0.20		泸溪县
	2.00	2024	2024	0.70		凤凰县
	0.02	1130	1106	0.60		花垣县
	5.00	1737	1705	0.68		保靖县
	0.30	2805	2802	0.98		古丈县
						永顺县
	42.25	27830	27830	8.62		龙山县
423.24	**196.94**	**398802**	**376687**	**117.82**	**7**	**广　东**
	2.68	7855	7815	3.13		始兴县
	8.01	16770	16770	4.80		仁化县
						翁源县
	0.50	7572	7530	2.41		乳源瑶族自治县
	0.42	2027	2023	0.85		新丰县
						南澳县
						遂溪县
182.00	7.20	3965	3874	0.99	1	徐闻县
	15.00	12300	12215	2.88		广宁县
	5.00	15428	15326	4.59	1	怀集县
59.00	3.00	5255	5202	0.19	1	封开县
53.26	1.98	5823	5762	2.03	1	德庆县
	5.50	34256	34256	11.13	1	博罗县
						惠东县
	15.00	5322	5235	1.72		龙门县
	0.84	14363	14313	5.72		大埔县
	1.00	31254	31111	12.32		丰顺县
	0.41	17064	16977	5.40	1	五华县
128.98	0.80	14055	13974	5.59	1	平远县
	1.00	17492	17304	5.20		蕉岭县
	5.00	37713	37473	14.99		海丰县
	4.00	1080	1064	0.64		陆河县
						紫金县
	8.63	36247	36014	12.67		龙川县
	0.68	19729				连平县
	4.36	11707	11636	4.75		和平县

7-2-2 续表 19

县名称 Name of Counties	储气能力(万立方米) Gas Storage Capacity (10,000 m^3)	供气管道长度(公里) Length of Gas Supply Pipeline (km)	供气总量(万立方米) 合计 Total	 销售气量 Quantity Sold	 居民家庭 Households	 集中供热 Central Heating
东源县	18.00	65.61	1111.57	1100.47	285.50	
阳西县	10.20	365.00	690.40	688.00	130.00	
阳山县	3.00	23.00	34.00	33.00	25.00	
连山壮族瑶族自治县						
佛冈县	9.20	130.00	5538.00	5500.00	96.19	
连南瑶族自治县	10.00	25.00	22.20	22.19	13.82	
饶平县	90.00	21.21	765.91	725.49	34.11	
揭西县						
惠来县						
新兴县	24.00	253.00	3570.00	3558.00	580.00	
郁南县	6.00	55.00	288.00	287.00	102.00	
广　西	**275.27**	**1848.07**	**14184.18**	**14040.71**	**3767.73**	
隆安县	2.00	50.00	55.00	53.00	53.00	
马山县						
上林县	0.60	26.86	37.20	36.30	36.30	
宾阳县	12.00	150.00	351.00	350.00	350.00	
横　县	3.00	56.80	150.00	149.80	149.80	
柳城县						
鹿寨县	18.00	23.02	162.00	160.80	122.00	
融安县	6.00	12.00	65.00	64.92	64.92	
融水苗族自治县	6.25	43.56	108.00	107.10	105.55	
三江侗族自治县	3.00	63.70	151.76	147.76	117.00	
阳朔县	2.00	40.00	20.00	19.94	19.94	
灵川县		185.00	554.80	542.80	433.30	
全州县						
兴安县	13.50	142.40	321.10	315.60	249.32	
永福县		9.00				
灌阳县	72.00	25.00	56.00	54.50	54.50	
龙胜各族自治县						
资源县	4.00	13.00	38.00	36.50	36.50	
平乐县						
恭城瑶族自治县						
苍梧县						
藤　县	16.80		9312.87	9236.92	139.00	
蒙山县		7.94				
合浦县	7.50	58.18	133.50	132.90	92.60	
上思县	0.90	17.14	2.30	2.26	2.26	
灵山县	14.00	35.30	144.60	141.00	137.00	
浦北县	0.22	20.00	13.31	12.88	12.88	
平南县	3.36	52.57	159.21	158.20	113.71	
容　县	2.80	18.00	25.00	24.30	24.30	
陆川县						
博白县	4.74	117.18	660.24	647.17	418.61	
兴业县	3.13	19.10	60.00	59.92	59.92	

continued

Total Gas Supplied (10,000 m^3)		用气户数（户）		用气人口（万人）	天然气汽车加气站（座）	县名称
燃气汽车 Gas-Powered Automobiles	燃气损失量 Loss Amount	Number of Household with Access to Gas (unit)	居民家庭 Household User	Population with Access to Gas (10,000 persons)	Gas Stations for CNG-Fueled Motor Vehicles (unit)	Name of Counties
	11.10	16709	16607	4.85		东源县
	2.40	10001	9881	2.35		阳西县
	1.00	1513	1500	0.45		阳山县
						连山壮族瑶族自治县
	38.00	8530	8433	2.53		佛冈县
	0.01	1146	1136	0.34		连南瑶族自治县
	40.42	5024	4934	0.20		饶平县
						揭西县
						惠来县
	12.00	31554	31322	3.00		新兴县
	1.00	7048	7000	2.10		郁南县
234.56	**143.47**	**226046**	**221267**	**75.53**	**2**	**广　西**
	2.00	2300	2300	0.70		隆安县
						马山县
	0.90	3455	3455	1.03		上林县
	1.00	20500	20500	4.30		宾阳县
	0.20	6500	6500	2.60		横　县
						柳城县
	1.20	7119	6533	1.30		鹿寨县
	0.08	2935	2935	1.02		融安县
	0.90	3970	3955	1.58		融水苗族自治县
	4.00	7854	5057	1.10		三江侗族自治县
	0.06	920	920	0.37		阳朔县
	12.00	21514	21405	5.99		灵川县
						全州县
	5.50	17244	17098	4.83		兴安县
						永福县
	1.50	4800	4800	1.16		灌阳县
						龙胜各族自治县
	1.50	1000	1000	0.40		资源县
						平乐县
						恭城瑶族自治县
						苍梧县
	75.95	8855	8788	3.35		藤　县
						蒙山县
	0.60	4026	4002	1.20		合浦县
	0.04	317	317	0.10		上思县
	3.60	13265	13160	5.30		灵山县
	0.43	1208	1208	0.36		浦北县
	1.01	9966	9897	2.96		平南县
	0.70	2025	2025	0.21		容　县
						陆川县
228.56	13.07	12729	12529	6.30	1	博白县
	0.08	4010	4010	1.20		兴业县

7-2-2 续表 20

县名称 Name of Counties	储气能力(万立方米) Gas Storage Capacity (10,000 m^3)	供气管道长度(公里) Length of Gas Supply Pipeline (km)	供气总量(万立方米) 合计 Total	销售气量 Quantity Sold	居民家庭 Households	集中供热 Central Heating
田东县		30.10	229.30	224.00	107.70	
德保县	6.00	5.63	12.27	12.00	12.00	
那坡县	0.17	26.28	6.27	5.97	5.97	
凌云县						
乐业县						
田林县	0.40	27.50	35.10	34.26	34.26	
西林县						
隆林各族自治县	3.30	38.32	294.48	294.18	76.23	
昭平县	7.20	122.30	48.00	47.20	47.20	
钟山县	2.40	20.70	55.60	55.00	2.00	
富川瑶族自治县	1.28	9.38	6.72	6.69	4.92	
南丹县	3.00	32.00	68.00	66.00	47.45	
天峨县	0.60	3.20	0.33	0.32	0.32	
凤山县		9.67				
东兰县						
罗城仫佬族自治县	0.50	2.50	5.10	4.97	4.97	
环江毛南族自治县	7.45	19.10	0.41	0.40	0.40	
巴马瑶族自治县	1.40	19.00	83.00	82.50	35.00	
都安瑶族自治县	6.38	43.49	68.46	67.66	61.66	
大化瑶族自治县	0.70	30.00	48.88	48.48	48.48	
忻城县	1.70	9.87	13.34	13.01	13.01	
象州县	3.20	29.17	100.58	100.02	100.02	
武宣县	3.20	65.32	150.73	150.00	150.00	
金秀瑶族自治县						
扶绥县	18.00	52.53	272.36	269.98	148.73	
宁明县						
龙州县	6.00	17.76	68.00	67.50	52.00	
大新县	0.30	20.50				
天等县	6.29	28.00	36.36	36.00	23.00	
海　南	**121.70**	**918.46**	**5123.63**	**5065.21**	**1217.73**	
定安县		21.79	77.30	76.60	3.51	
屯昌县	4.00	30.00	2.31	2.22	2.22	
澄迈县	4.00	111.58	830.30	829.24	422.24	
临高县	5.96	62.72	1105.20	1101.20	117.65	
白沙黎族自治县	3.75	71.00	53.28	48.28	48.28	
昌江县	12.80	66.85	2058.44	2049.80	46.80	
乐东县	0.20	50.00	15.10	15.00	15.00	
陵水县	2.10	138.86	621.00	590.00	328.00	
保亭县	0.74	18.35	11.23	10.69	10.11	
琼中县	8.15	87.31	116.47	112.18	23.92	
洋浦经济开发区	80.00	260.00	233.00	230.00	200.00	
重　庆	**69.03**	**2847.71**	**27785.34**	**27026.21**	**18087.60**	
城口县	9.70	42.00	340.00	339.40	255.00	
丰都县		172.37	5439.71	5321.52	1958.78	

continued

Total Gas Supplied (10,000 m^3)						
燃气汽车 Gas-Powered Automobiles	燃气损失量 Loss Amount	用气户数(户) Number of Household with Access to Gas (unit)	居民家庭 Household User	用气人口(万人) Population with Access to Gas (10,000 persons)	天然气汽车加气站(座) Gas Stations for CNG-Fueled Motor Vehicles (unit)	县名称 Name of Counties
	5.30	5548	5503	1.50		田东县
	0.27	480	480	0.12		德保县
	0.30	1177	1177	0.43		那坡县
						凌云县
						乐业县
	0.84	3131	3131	0.98		田林县
						西林县
	0.30	6597	6593	3.00		隆林各族自治县
	0.80	1400	1400	0.90		昭平县
	0.60	392	384	0.07		钟山县
	0.03	234	232	0.10		富川瑶族自治县
	2.00	3600	3550	1.06		南丹县
	0.01	47	47	0.01		天峨县
						凤山县
						东兰县
	0.13	612	612	0.22		罗城仫佬族自治县
	0.01	20	20	0.01		环江毛南族自治县
	0.50	1686	1420	2.00		巴马瑶族自治县
6.00	0.80	4280	4279	1.51	1	都安瑶族自治县
	0.40	4150	4150	1.40		大化瑶族自治县
	0.33	1500	1500	0.75		忻城县
	0.56	5111	5111	2.43		象州县
	0.73	9310	9310	4.23		武宣县
						金秀瑶族自治县
	2.38	13059	12956	4.76		扶绥县
						宁明县
	0.50	4100	4058	1.64		龙州县
						大新县
	0.36	3100	2960	1.05		天等县
2078.12	**58.42**	**226676**	**143903**	**19.60**	**6**	**海　南**
60.12	0.70	1459	1457	0.43	1	定安县
	0.09	900	900	0.30	2	屯昌县
	1.06	88178	88066	5.30		澄迈县
90.00	4.00	17532	17518	3.88	1	临高县
	5.00	1200	1200	0.48		白沙黎族自治县
1898.00	8.64	7338	7320	2.58	1	昌江县
	0.10	3000	3000	0.38		乐东县
	31.00	88593	7184	2.40		陵水县
	0.54	3571	3570	0.47		保亭县
	4.29	3905	3888	0.78		琼中县
30.00	3.00	11000	9800	2.60	1	洋浦经济开发区
3024.16	**759.13**	**771090**	**741459**	**183.95**	**15**	**重　庆**
	0.60	12875	12790	4.45		城口县
342.31	118.19	88107	75370	22.02	2	丰都县

7-2-2 续表 21

县名称 Name of Counties	储气能力(万立方米) Gas Storage Capacity (10,000 m^3)	供气管道长度(公里) Length of Gas Supply Pipeline (km)	供气总量(万立方米) 合计 Total	销售气量 Quantity Sold	居民家庭 Households	集中供热 Central Heating
垫江县	6.40	488.23	3952.02	3826.79	3492.35	
忠　县		199.88	3327.27	3259.64	1741.64	
云阳县	14.60	292.67	4310.02	4096.06	2879.32	
奉节县	10.40	321.09	2588.18	2553.00	2143.47	
巫山县	6.00	290.93	1518.84	1461.64	1098.71	
巫溪县	5.00	75.50	149.43	146.50	146.50	
石柱土家族自治县	1.50	118.98	2506.00	2441.00	2116.00	
秀山土家族苗族自治县	5.00	424.97	1364.52	1358.67	884.85	
酉阳土家族苗族自治县	7.50	233.00	1167.74	1157.06	682.68	
彭水苗族土家族自治县	2.93	188.09	1121.61	1064.93	688.30	
四　川	**224.34**	**24637.58**	**195764.16**	**187932.92**	**115212.04**	**89.10**
金堂县		931.74	14385.00	13571.90	3857.00	
大邑县	5.20	447.50	5330.00	5280.00	3128.40	
蒲江县		265.00	2829.13	2801.10	1842.10	
新津县	5.00	582.26	10000.00	9900.00	3200.00	
荣　县		377.20	3400.00	3050.00	2550.00	
富顺县	4.00	885.37	5655.00	4790.00	4199.00	
米易县	6.00	69.34	152.46	152.24	65.72	
盐边县	3.60	3.05	20.20	19.82	8.78	
泸　县		174.41	6768.00	6525.00	1940.00	
合江县		366.54	2773.00	2705.00	1831.00	
叙永县	3.00	209.10	2550.74	2378.22	2036.18	
古蔺县	2.25	94.00	796.00	790.00	690.00	
中江县	30.00	423.00	4608.00	4519.00	2143.00	
三台县		902.46	6130.22	5929.40	4671.42	
盐亭县	1.26	218.47	2500.00	2485.00	1790.00	
梓潼县		2900.00	2820.00	2700.00	2230.00	
北川羌族自治县		79.00	840.00	835.00	500.00	
平武县	0.75	385.95	898.02	896.15	797.73	
旺苍县		265.00	2750.00	2747.20	2395.00	
青川县	1.80	42.87	768.50	768.40	354.00	
剑阁县		36.58	1597.63	1589.58	450.00	
苍溪县		526.00	2987.00	2900.00	2552.00	
蓬溪县	0.64	274.20	2807.69	2772.00	2100.00	
大英县		366.32	4268.55	4239.38	1820.07	
威远县	1.89	1077.00	4412.00	4319.40	2191.97	
资中县	4.80	298.61	3917.27	3819.97	2681.21	
犍为县		286.00	2773.16	2636.37	1973.35	
井研县		301.26	2336.00	2146.00	1331.00	
夹江县		892.70	2500.00	2467.00	1733.90	
沐川县	0.20	54.10	1563.77	1550.59	732.18	

continued

Total Gas Supplied ($10,000\ m^3$)		用气户数(户)		用气人口(万人)	天然气汽车加气站(座)	县名称
燃气汽车 Gas-Powered Automobiles	燃气损失量 Loss Amount	Number of Household with Access to Gas (unit)	居民家庭 Household User	Population with Access to Gas (10,000 persons)	Gas Stations for CNG-Fueled Motor Vehicles (unit)	Name of Counties
334.44	125.23	132931	124638	18.02	2	垫江县
412.81	67.63	108069	105413	21.01	2	忠　县
650.08	213.96	122379	121169	33.65	2	云阳县
409.53	35.18	65700	64960	18.91	1	奉节县
124.00	57.20	42977	42449	10.02	1	巫山县
	2.93	12464	12464	4.36		巫溪县
325.00	65.00	51986	51884	10.45	2	石柱土家族自治县
105.99	5.85	62054	61157	17.37	2	秀山土家族苗族自治县
	10.68	30566	29737	11.52		酉阳土家族苗族自治县
320.00	56.68	40982	39428	12.17	1	彭水苗族土家族自治县
17720.10	**7831.24**	**3788188**	**3603930**	**971.83**	**69**	**四　川**
1498.50	813.10	176918	171133	48.16	5	金堂县
	50.00	69760	66810	10.30		大邑县
211.29	28.03	38220	36092	8.74	1	蒲江县
1100.00	100.00	63455	44810	21.00	5	新津县
	350.00	75000	71000	21.38	3	荣　县
591.00	865.00	178840	158667	26.42	4	富顺县
	0.22	11909	11830	3.60		米易县
	0.38	708	703	0.20		盐边县
234.00	243.00	49044	43032	18.92	1	泸　县
560.00	68.00	75963	74020	22.20	1	合江县
342.00	172.52	57095	56000	14.76	1	叙永县
	6.00	28379	28252	12.93		古蔺县
672.00	89.00	50672	50355	22.30	2	中江县
	200.82	147154	144966	25.74		三台县
695.00	15.00	60730	59114	10.55	2	盐亭县
470.00	120.00	27200	26200	8.85	2	梓潼县
	5.00	14518	14078	3.71		北川羌族自治县
98.42	1.87	15612	15334	3.17	1	平武县
	2.80	58550	56420	11.06	1	旺苍县
	0.10	8135	8032	2.20		青川县
200.00	8.05	28892	25580	4.50	2	剑阁县
190.00	87.00	71418	66379	15.87	1	苍溪县
672.00	35.69	52097	50478	13.60	2	蓬溪县
	29.17	73075	71849	13.48		大英县
823.30	92.60	96393	94588	19.49	2	威远县
437.70	97.30	79642	74282	23.80	1	资中县
	136.79	64927	63505	11.12		犍为县
	190.00	42102	41256	6.68	1	井研县
	33.00	52793	51493	9.70	3	夹江县
109.52	13.18	22057	21402	4.92	1	沐川县

7-2-2 续表 22

县名称 Name of Counties	储气能力(万立方米) Gas Storage Capacity (10,000 m^3)	供气管道长度(公里) Length of Gas Supply Pipeline (km)	供气总量(万立方米) 合计 Total	销售气量 Quantity Sold	居民家庭 Households	集中供热 Central Heating
峨边县	5.80	13.48	4.41	4.40	4.30	
马边县	0.38	88.20	350.00	322.00	322.00	
南部县	3.00	240.00	3297.00	3155.00	2300.00	
营山县	5.00	176.00	2671.88	2564.83	1906.44	
蓬安县	1.00	137.00	2317.00	2234.00	1682.00	
仪陇县	1.50	149.00	1937.00	1856.00	1262.54	
西充县	2.05	150.00	1799.00	1725.00	1104.00	
仁寿县	2.00	315.50	5013.00	4842.00	3437.00	
洪雅县		140.27	3082.29	3021.79	1350.00	
丹棱县	0.60	288.00	7537.72	7432.21	1678.00	
青神县	13.60	155.00	2385.00	2384.96	611.74	
江安县		177.76	1968.05	1903.17	1279.14	
长宁县	3.50	109.00	2278.50	2124.20	986.00	
高　县		1345.00	3393.83	3328.83	1164.68	
珙　县		881.60	1910.90	1748.90	1525.15	
筠连县		212.76	2380.00	1900.00	1800.00	
兴文县	2.00	185.00	2013.15	1971.15	1691.86	
屏山县	0.50	282.70	1693.95	1598.08	766.58	
岳池县	3.40	825.27	4204.00	4141.00	2743.00	
武胜县	1.80	260.00	3406.66	3271.86	2182.57	
邻水县	26.00	805.21	5138.12	4936.25	4936.25	
宣汉县		412.00	2860.00	2702.00	2602.00	
开江县		220.25	2362.42	2319.73	1835.24	
大竹县	6.40	164.32	5568.37	5331.90	3135.81	
渠　县	1.25	207.56	2449.91	2389.65	1871.64	
荥经县		141.72	616.99	583.77	551.67	
汉源县	1.00	50.00	70.00	68.00	61.00	
石棉县						
天全县		137.11	650.00	594.00	589.00	
芦山县		113.43	386.25	372.35	333.50	
宝兴县	0.60	53.00	162.20	136.50	50.10	
通江县	0.20	542.89	2518.25	2401.35	1964.39	
南江县	3.50	355.00	2470.10	2341.10	1607.50	
平昌县	4.00	526.30	4192.50	3961.50	3830.00	
安岳县	6.00	535.64	4063.00	3656.00	2206.00	
乐至县	5.00	103.00	2176.00	2046.00	1636.00	
汶川县	3.28	36.00	70.00	69.00	30.00	
理　县						
茂　县	0.60	76.10	189.74	188.64	103.64	
松潘县						
九寨沟县	18.00	78.00	266.00	249.71	87.00	
金川县	6.00	24.00	30.20	30.00	30.00	
小金县						
黑水县						

continued

Total Gas Supplied ($10,000\ m^3$)		用气户数（户）		用气人口（万人）	天然气汽车加气站（座）	县名称
燃气汽车 Gas-Powered Automobiles	燃气损失量 Loss Amount	Number of Household with Access to Gas (unit)	居民家庭 Household User	Population with Access to Gas (10,000 persons)	Gas Stations for CNG-Fueled Motor Vehicles (unit)	Name of Counties
	0.01	50	40	0.09		峨边县
	28.00	6569	6569	3.00	1	马边县
760.00	142.00	124290	109040	31.50	3	南部县
658.39	107.05	76602	69487	22.68	2	营山县
372.00	83.00	65033	60318	16.50	1	蓬安县
360.00	81.00	54805	52777	15.83	2	仪陇县
420.00	74.00	60346	55233	15.70	1	西充县
886.00	171.00	137849	136162	45.60	3	仁寿县
	60.50	33679	32397	8.15		洪雅县
93.00	105.51	36868	35190	5.80	1	丹棱县
110.00	0.04	25553	25053	6.30	1	青神县
185.63	64.88	48356	43413	17.61	1	江安县
418.30	154.30	26545	26118	9.55	1	长宁县
2164.15	65.00	43721	42826	14.36	1	高　县
	162.00	50500	49899	12.79		珙　县
	480.00	39500	38753	10.52		筠连县
	42.00	27312	25141	13.12		兴文县
139.54	95.87	25537	24699	5.58	1	屏山县
459.00	63.00	149043	145442	20.46	1	岳池县
	134.80	82372	80689	14.75		武胜县
	201.87	142154	142154	25.00		邻水县
	158.00	85120	72110	19.07	1	宣汉县
187.00	42.69	54360	53080	13.90	1	开江县
792.36	236.47	103680	98900	28.92	2	大竹县
	60.26	79479	77333	36.30		渠　县
	33.22	16549	16127	5.79		荥经县
	2.00	3135	3052	1.25		汉源县
						石棉县
	56.00	18849	18819	4.33		天全县
	13.90	8921	8235	2.10		芦山县
	25.70	1599	1547	0.62		宝兴县
	116.90	60474	59031	15.70		通江县
	129.00	48348	46560	15.60		南江县
	231.00	71400	69100	24.95		平昌县
400.00	407.00	104200	100300	30.08	1	安岳县
410.00	130.00	49918	48633	23.94	1	乐至县
	1.00	2790	2390	1.11		汶川县
						理　县
	1.10	5404	4943	3.00		茂　县
						松潘县
	16.29	5139	4492	1.72		九寨沟县
	0.20	812	812	0.33		金川县
						小金县
						黑水县

7-2-2 续表 23

县名称 Name of Counties	储气能力(万立方米) Gas Storage Capacity (10,000 m^3)	供气管道长度(公里) Length of Gas Supply Pipeline (km)	供气总量(万立方米) 合计 Total	销售气量 Quantity Sold	居民家庭 Households	集中供热 Central Heating
壤塘县						
阿坝县						
若尔盖县						
红原县	6.17	22.60	97.40	97.30	8.20	89.10
泸定县						
丹巴县						
九龙县						
雅江县						
道孚县	1.50	21.00	10.10	10.09	10.09	
炉霍县						
甘孜县						
新龙县						
德格县						
白玉县						
石渠县						
色达县						
理塘县						
巴塘县	6.25	17.70	1.50	1.49	1.49	
乡城县						
稻城县		3.50				
得荣县						
普格县						
木里县						
盐源县						
德昌县	1.60	5.80	1.52	1.51	1.51	
会理县	10.02	98.00	540.00	539.98	97.00	
会东县						
宁南县						
布拖县						
金阳县	0.45	17.23	76.11	76.00	25.00	
昭觉县		3.65	16.80	16.00	16.00	
喜德县						
冕宁县						
越西县						
甘洛县						
美姑县						
雷波县						
贵州	**702.52**	**3691.53**	**24558.47**	**24344.95**	**5696.38**	**126.13**
开阳县	37.00	76.50	371.78	371.30	370.00	
息烽县	6.50	124.90	730.00	727.39	84.08	
修文县	4.20	182.90	4286.72	4264.00	151.00	
水城区	11.20	137.75	501.52	495.80	219.70	
六枝特区	3.75	258.90	718.50	716.10	511.30	
桐梓县	13.80	87.76	1253.21	1251.81	336.00	

continued

Total Gas Supplied (10,000 m³)		用气户数(户) Number of Household with Access to Gas (unit)		用气人口(万人) Population with Access to Gas (10,000 persons)	天然气汽车加气站(座) Gas Stations for CNG-Fueled Motor Vehicles (unit)	县名称 Name of Counties
燃气汽车 Gas-Powered Automobiles	燃气损失量 Loss Amount		居民家庭 Household User			
						壤塘县
						阿坝县
						若尔盖县
	0.10	304	283	0.12	1	红原县
						泸定县
						丹巴县
						九龙县
						雅江县
	0.01	910	910	1.19		道孚县
						炉霍县
						甘孜县
						新龙县
						德格县
						白玉县
						石渠县
						色达县
						理塘县
	0.01	60	60	0.01		巴塘县
						乡城县
						稻城县
						得荣县
						普格县
						木里县
						盐源县
	0.01	583	583	0.23		德昌县
	0.02	16552	16340	6.25		会理县
						会东县
						宁南县
						布拖县
	0.11	860	430	0.44		金阳县
	0.80	800	800	0.64		昭觉县
						喜德县
						冕宁县
						越西县
						甘洛县
						美姑县
						雷波县
2647.05	**213.52**	**376882**	**355521**	**154.52**	**26**	**贵州**
1.30	0.48	32000	31020	6.68	1	开阳县
	2.61	3527	3522	1.23		息烽县
86.00	22.72	7427	7165	2.87	1	修文县
	5.72	29920	19658	10.47		水城区
200.00	2.40	9213	8885	2.30	1	六枝特区
621.76	1.40	23824	23014	3.42	2	桐梓县

7-2-2 续表 24

县名称 Name of Counties	储气能力(万立方米) Gas Storage Capacity (10,000 m^3)	供气管道长度(公里) Length of Gas Supply Pipeline (km)	供气总量(万立方米) 合计 Total	销售气量 Quantity Sold	居民家庭 Households	集中供热 Central Heating
绥阳县	3.34	22.35	185.70	184.40	83.29	
正安县		44.36	749.60	736.90	382.13	
道真县	3.80	37.00	50.30	48.80	36.50	
务川县	6.00	49.50	366.00	365.00	260.00	
凤冈县	6.00	43.88	245.00	236.00	80.90	
湄潭县	3.32	28.00	246.00	245.90	245.90	
余庆县	6.75	35.30	129.02	126.60	43.00	
习水县	50.00	75.00	5328.00	5312.00	260.00	59.00
普定县	2.50	171.10	620.84	598.17	200.61	19.23
镇宁县						
关岭县	3.50	38.00	125.00	121.00	14.00	
紫云县		20.00				
大方县						
黔西县	8.00	78.70	137.21	128.11	90.10	
金沙县	42.00	24.69	64.08	62.64	51.53	
织金县						
纳雍县	1.00	27.00	87.01	87.00	87.00	
威宁自治县	6.00	73.00	260.00	259.99	130.00	
赫章县		19.40				
江口县	3.30	68.95	37.80	36.40	18.65	
玉屏县	19.00	58.00	24.00	21.00	21.00	
石阡县	3.30	12.50	141.05	141.00		
思南县	3.00	107.70	140.45	132.00	47.00	
印江县	13.50	78.00	19.80	17.20	17.20	
德江县	7.50	54.00	0.50	0.49	0.49	
沿河县	20.00	51.10	248.58	241.34	95.06	
松桃县	5.00	43.93	432.81	402.81	402.81	
普安县		3.50				
晴隆县		5.10				
贞丰县	12.60	129.55	611.00	605.00	34.00	
望谟县						
册亨县	0.06	12.40	4.11	3.60	3.60	
安龙县						
黄平县	3.50	42.50	48.80	48.56	48.56	
施秉县						
三穗县						
镇远县						
岑巩县	3.00	36.30	10.00	9.90	0.23	
天柱县						
锦屏县						
剑河县						
台江县	12.00	5.00	10.01	10.00		
黎平县						
榕江县						

continued

Total Gas Supplied (10,000 m^3) 燃气汽车 Gas-Powered Automobiles	燃气损失量 Loss Amount	用气户数（户） Number of Household with Access to Gas (unit)	居民家庭 Household User	用气人口（万人） Population with Access to Gas (10,000 persons)	天然气汽车加气站（座） Gas Stations for CNG-Fueled Motor Vehicles (unit)	县名称 Name of Counties
101.10	1.30	11723	11549	4.93	1	绥阳县
136.11	12.70	22154	21462	11.86	1	正安县
3.20	1.50	4710	4695	4.59	1	道真县
105.00	1.00	13000	12600	5.37	1	务川县
117.50	9.00	6990	6710	6.84	1	凤冈县
	0.10	9500	9500	3.72		湄潭县
	2.42	5197	5024	7.58		余庆县
190.00	16.00	23800	22300	8.73	2	习水县
111.91	22.67	13191	12716	4.42	1	普定县
						镇宁县
107.00	4.00	830	30	0.30	1	关岭县
						紫云县
						大方县
	9.10	5010	4880	1.99		黔西县
	1.44	2840	2798	1.13		金沙县
						织金县
	0.01	258	258	0.07		纳雍县
	0.01	12800	12700	3.80		威宁自治县
						赫章县
	1.40	1232	1194	0.49		江口县
	3.00	269	269	0.08		玉屏县
0.17	0.05	2			1	石阡县
	8.45	3624	3518	1.40	1	思南县
	2.60	1291	1291	0.58		印江县
	0.01	280	280	0.11		德江县
53.00	7.24	9138	8758	3.90	1	沿河县
	30.00	10560	10560	4.70	1	松桃县
						普安县
						晴隆县
	6.00	4888	3539	2.40		贞丰县
						望谟县
	0.51	274	274	0.11		册亨县
						安龙县
	0.24	5159	5159	3.89	1	黄平县
						施秉县
						三穗县
						镇远县
	0.10	145	143	0.06	1	岑巩县
						天柱县
						锦屏县
						剑河县
	0.01	3				台江县
						黎平县
						榕江县

7-2-2 续表 25

县名称 Name of Counties	储气能力(万立方米) Gas Storage Capacity (10,000 m³)	供气管道长度(公里) Length of Gas Supply Pipeline (km)	供气总量(万立方米) 合计 Total	 销售气量 Quantity Sold	 居民家庭 Households	 集中供热 Central Heating
从江县		20.40				
雷山县						
麻江县						
丹寨县	269.00	130.00	269.70	269.00	25.00	
荔波县	0.50	56.50	20.10	20.00	9.56	
贵定县	28.10	112.42	361.22	347.33	180.42	47.90
瓮安县	42.00	559.07	913.57	913.47	473.44	
独山县	3.00	46.82	100.90	98.13	34.90	
平塘县	0.50	45.00	17.74	16.64	11.42	
罗甸县	6.00	44.00	15.90	15.30	13.60	
长顺县	6.80	101.83	194.00	186.00	45.00	
龙里县	12.00	130.97	2780.78	2770.87	466.74	
惠水县	10.20	80.00	1700.16	1700.00	110.66	
三都水族自治县						
云　南	**661.25**	**2965.00**	**18597.09**	**18315.51**	**4357.20**	**137.00**
嵩明县	3.00	107.80	75.80	75.79	75.79	
富民县	100.00	60.00	2735.44	2689.44	9.16	
宜良县	67.00	78.89	425.00	424.50	262.00	127.80
石林彝族自治县	8.34	107.45	416.42	413.04	115.00	
禄劝彝族苗族自治县	18.00	57.10	200.80	199.80	27.50	
寻甸县	3.30	92.20	380.00	379.00	117.00	
昆明阳宗海风景名胜区	90.00	149.00	3000.10	3000.00	0.35	
陆良县	11.37	254.80	1091.63	1070.23	36.70	
师宗县	12.00	38.00	15.00	14.30	14.00	
罗平县	7.50	32.30	163.12	156.15	8.10	
富源县		9.98				
会泽县	12.00	76.50	1170.00	1155.00	855.00	
通海县		23.20				
华宁县	0.05	23.00	0.08	0.06		
易门县	5.70	60.34	1150.00	1146.20	1146.20	
峨山县		21.60				
新平县	3.00	24.77	15.11	15.01	15.01	
元江县						
施甸县	3.00	50.50	70.00	69.45	4.85	
龙陵县	0.10	38.00	22.68	22.48	2.38	
昌宁县						
鲁甸县	21.00	51.00	33.90	33.00	21.70	9.20
巧家县	3.60	47.50	21.50	21.00	20.00	
盐津县	5.02	116.00	806.56	778.37	167.90	
大关县	0.30	20.00	58.85	58.80	9.80	
永善县	1.20	70.22	85.77	83.63	48.36	
绥江县	3.00	36.93	210.41	201.39	161.45	
镇雄县	0.60	33.10	4.67	4.62	4.62	

continued

Total Gas Supplied (10,000 m^3)		用气户数(户)		用气人口(万人)	天然气汽车加气站(座)	县名称
燃气汽车 Gas-Powered Automobiles	燃气损失量 Loss Amount	Number of Household with Access to Gas (unit)	居民家庭 Household User	Population with Access to Gas (10,000 persons)	Gas Stations for CNG-Fueled Motor Vehicles (unit)	Name of Counties
						从江县
						雷山县
						麻江县
37.00	0.70	1378	1356	0.46	1	丹寨县
	0.10	5780	5416	3.85		荔波县
105.12	13.89	9885	9639	2.97	1	贵定县
440.03	0.10	35792	35221	15.91	1	瓮安县
	2.77	6103	6040	4.02		独山县
	1.10	1100	1089	0.68		平塘县
	0.60	1568	1523	0.71	1	罗甸县
	8.00	1574	1550	5.96		长顺县
147.85	9.91	14738	14407	5.04	1	龙里县
83.00	0.16	24185	23809	4.90	1	惠水县
						三都水族自治县
889.36	**281.58**	**210245**	**203940**	**84.37**	**19**	**云　南**
	0.01	9062	9062	5.42		嵩明县
45.12	46.00	1164	1124	0.34	1	富民县
30.80	0.50	8125	7850	1.68	1	宜良县
	3.38	5850	5762	5.22		石林彝族自治县
	1.00	5127	5057	2.00		禄劝彝族苗族自治县
55.90	1.00	13114	13030	3.50	1	寻甸县
	0.10	3716	3120	1.27		昆明阳宗海风景名胜区
69.67	21.40	5250	4703	2.60	1	陆良县
	0.70	2834	2300	1.15		师宗县
81.19	6.97	1366	1311	0.54	1	罗平县
						富源县
300.00	15.00	61527	60052	18.80	1	会泽县
						通海县
	0.02	3				华宁县
	3.80	742	742	0.56		易门县
						峨山县
	0.10	1526	1526	0.53		新平县
						元江县
	0.55	468	432	0.17		施甸县
	0.20	1376	1338	0.42		龙陵县
						昌宁县
	0.90	2200	2192	0.80		鲁甸县
	0.50	1686	1673	0.72		巧家县
	28.19	3208	3084	1.21	2	盐津县
49.00	0.05	245	244	0.03	1	大关县
	2.14	6202	6088	5.06		永善县
	9.02	4620	4442	1.33		绥江县
	0.05	505	505	0.62		镇雄县

7-2-2 续表 26

县名称 Name of Counties	储气能力(万立方米) Gas Storage Capacity ($10,000\ m^3$)	供气管道长度(公里) Length of Gas Supply Pipeline (km)	供气总量(万立方米) 合计 Total	销售气量 Quantity Sold	居民家庭 Households	集中供热 Central Heating
彝良县	3.50	17.00	7.20	6.80	6.80	
威信县						
玉龙纳西族自治县		33.80	170.40	168.90	162.40	
永胜县	4.00	71.88	20.94	19.39	19.39	
华坪县	30.00	22.10	24.30	24.00	17.40	
宁蒗县						
宁洱哈尼族彝族自治县	3.60	20.00	4.70	4.69	4.69	
墨江哈尼族自治县						
景东彝族自治县						
景谷傣族彝族自治县	3.00	16.79	1.56	1.50	1.00	
镇沅彝族哈尼族拉祜族自治县						
江城哈尼族彝族自治县						
孟连傣族拉祜族佤族自治县						
澜沧拉祜族自治县						
西盟佤族自治县						
凤庆县	12.50	27.65	27.45	27.40	27.40	
云　县	5.80	14.75	99.32	99.29	9.52	
永德县	8.76	1.97	4.20	4.09	4.09	
镇康县	3.00	11.73	0.90	0.89	0.89	
双江县		4.50				
耿马县						
沧源县						
双柏县	0.50	26.56	6.88	6.78	6.78	
牟定县	30.00	18.00	25.62	25.57	19.88	
南华县	0.45	59.00	1995.66	1911.23	197.10	
姚安县	0.40	18.42	20.12	19.80	19.80	
大姚县	0.06	25.50	84.50	84.00	73.50	
永仁县						
元谋县						
武定县	18.00	35.01	225.00	224.00	177.00	
禄丰县	4.14	38.86	2244.08	2219.08	25.00	
屏边县						
建水县	12.00	45.33	167.86	167.56	167.56	
石屏县	3.50	19.55	32.35	32.14	3.30	
泸西县	3.00	21.94	15.05	14.05	14.00	
元阳县						
红河县						
金平县						
绿春县						
河口县	6.00	26.50	93.77	93.27	10.60	

continued

Total Gas Supplied (10,000 m^3)		用气户数(户) Number of Household with Access to Gas (unit)		用气人口(万人) Population with Access to Gas (10,000 persons)	天然气汽车加气站(座) Gas Stations for CNG-Fueled Motor Vehicles (unit)	县名称 Name of Counties
燃气汽车 Gas-Powered Automobiles	燃气损失量 Loss Amount		居民家庭 Household User			
	0.40	503	503	0.21		彝良县
						威信县
6.50	1.50	12305	12205	3.29	2	玉龙纳西族自治县
	1.55	1950	1950	0.78		永胜县
6.60	0.30	6200	5650	2.56	1	华坪县
						宁蒗县
	0.01	87	87	0.03		宁洱哈尼族彝族自治县
						墨江哈尼族自治县
						景东彝族自治县
	0.06	177	167	0.07		景谷傣族彝族自治县
						镇沅彝族哈尼族拉祜族自治县
						江城哈尼族彝族自治县
						孟连傣族拉祜族佤族自治县
						澜沧拉祜族自治县
						西盟佤族自治县
	0.05	1382	1382	0.78		凤庆县
	0.03	1593	1580	0.52		云　县
	0.11	212	212	0.06		永德县
	0.01	19	19	0.01		镇康县
						双江县
						耿马县
						沧源县
	0.10	353	353	0.11		双柏县
	0.05	1380	1350	0.53		牟定县
	84.43	7888	7801	3.10		南华县
	0.32	750	750	0.25		姚安县
	0.50	4035	3615	1.30		大姚县
						永仁县
						元谋县
47.00	1.00	4120	4007	2.01	1	武定县
45.76	25.00	960	940	0.92	1	禄丰县
						屏边县
	0.30	6656	6656	2.00		建水县
	0.21	97	58	0.01		石屏县
	1.00	1114	1100	1.20		泸西县
						元阳县
						红河县
						金平县
						绿春县
62.10	0.50	2262	2195	0.96	1	河口县

7-2-2 续表 27

县名称 Name of Counties	储气能力(万立方米) Gas Storage Capacity (10,000 m^3)	供气管道长度(公里) Length of Gas Supply Pipeline (km)	供气总量(万立方米) 合计 Total	销售气量 Quantity Sold	居民家庭 Households	集中供热 Central Heating
砚山县	6.02	32.70	52.20	51.90	35.00	
西畴县	3.00	28.10	0.42	0.41	0.41	
麻栗坡县						
马关县	6.00	18.85	4.60	4.59	4.59	
丘北县	60.00	82.00	140.00	139.90	139.90	
广南县	5.50	30.50	123.05	122.25	11.86	
富宁县	3.64	16.00	83.00	81.70	0.60	
勐海县	8.62	24.18	23.79	23.76	0.19	
勐腊县						
漾濞彝族自治县						
祥云县	4.00	36.00	309.00	302.00	1.00	
宾川县	1.20	53.38	48.00	47.52	2.00	
弥渡县	1.50	35.98	15.34	15.32	3.82	
南涧彝族自治县	5.00	39.85	10.00	9.50	0.50	
巍山彝族回族自治县	5.00	61.00	220.00	219.99	0.50	
永平县	0.01	26.20	0.75	0.66	0.66	
云龙县	0.85	14.37	1.25	1.20	0.30	
洱源县	3.00	10.00				
剑川县	6.00	25.11	14.40	13.80	13.80	
鹤庆县	0.91	59.90	67.48	65.17	1.90	
梁河县						
盈江县	3.20	64.98	50.57	42.00	41.05	
陇川县	0.11	18.58	4.31	4.20	4.20	
福贡县						
贡山独龙族怒族自治县						
兰坪白族普米族自治县	6.40	30.30	4.23	3.95	3.95	
德钦县						
维西傈僳族自治县						
西　藏			**3.20**	**3.00**	**1.50**	
曲水县						
当雄县						
林周县						
墨竹工卡县						
尼木县						
亚东县						
聂拉木县						
仲巴县						
定结县						
康马县						
吉隆县						
萨嘎县						
谢通门县						

continued

Total Gas Supplied (10,000 m^3) 燃气汽车 Gas-Powered Automobiles	燃气损失量 Loss Amount	用气户数(户) Number of Household with Access to Gas (unit)	居民家庭 Household User	用气人口(万人) Population with Access to Gas (10,000 persons)	天然气汽车加气站(座) Gas Stations for CNG-Fueled Motor Vehicles (unit)	县名称 Name of Counties
	0.30	2257	2163	0.86		砚山县
	0.01	60	60	0.02		西畴县
						麻栗坡县
	0.01	1500	1500	0.45		马关县
	0.10	4100	4100	3.95	1	丘北县
89.70	0.80	1650	1500	0.75	1	广南县
	1.30	150	90	0.04		富宁县
	0.03	69	65	0.02		勐海县
						勐腊县
						漾濞彝族自治县
	7.00	310	304	0.16		祥云县
	0.48	219	210	0.30		宾川县
	0.02	501	460	0.27		弥渡县
	0.50	61	51	0.01		南涧彝族自治县
	0.01	113	52	0.01		巍山彝族回族自治县
	0.09	75	75	0.02		永平县
0.02	0.05	130	118	0.30	1	云龙县
						洱源县
	0.60	923	923	0.24		剑川县
	2.31	1465	1445	0.43		鹤庆县
						梁河县
	8.57	1762	1666	0.62	1	盈江县
	0.11	644	644	0.25		陇川县
						福贡县
						贡山独龙族怒族自治县
	0.28	297	297	1.00		兰坪白族普米族自治县
						德钦县
						维西傈僳族自治县
	0.20	**1300**	**912**	**0.40**		**西　藏**
						曲水县
						当雄县
						林周县
						墨竹工卡县
						尼木县
						亚东县
						聂拉木县
						仲巴县
						定结县
						康马县
						吉隆县
						萨嘎县
						谢通门县

7-2-2 续表 28

县名称 Name of Counties	储气能力(万立方米) Gas Storage Capacity (10,000 m^3)	供气管道长度(公里) Length of Gas Supply Pipeline (km)	供气总量(万立方米) 合计 Total	销售气量 Quantity Sold	居民家庭 Households	集中供热 Central Heating
萨迦县						
岗巴县						
拉孜县						
江孜县						
定日县						
南木林县						
昂仁县						
白朗县						
仁布县						
左贡县						
丁青县						
八宿县						
江达县						
洛隆县						
察雅县						
贡觉县						
边坝县						
类乌齐县						
芒康县						
朗　县						
墨脱县						
工布江达县						
察隅县						
波密县						
米林县						
错那县						
浪卡子县						
贡嘎县						
加查县						
桑日县						
洛扎县						
琼结县						
措美县						
扎囊县						
曲松县						
隆子县						
聂荣县						
双湖县						
嘉黎县						
比如县						
尼玛县						
巴青县						
申扎县						
安多县						

continued

Total Gas Supplied (10,000 m³) 燃气汽车 Gas-Powered Automobiles	燃气损失量 Loss Amount	用气户数(户) Number of Household with Access to Gas (unit)	居民家庭 Household User	用气人口(万人) Population with Access to Gas (10,000 persons)	天然气汽车加气站(座) Gas Stations for CNG-Fueled Motor Vehicles (unit)	县名称 Name of Counties
						萨迦县
						岗巴县
						拉孜县
						江孜县
						定日县
						南木林县
						昂仁县
						白朗县
						仁布县
						左贡县
						丁青县
						八宿县
						江达县
						洛隆县
						察雅县
						贡觉县
						边坝县
						类乌齐县
						芒康县
						朗　县
						墨脱县
						工布江达县
						察隅县
						波密县
						米林县
						错那县
						浪卡子县
						贡嘎县
						加查县
						桑日县
						洛扎县
						琼结县
						措美县
						扎囊县
						曲松县
						隆子县
						聂荣县
						双湖县
						嘉黎县
						比如县
						尼玛县
						巴青县
						申扎县
						安多县

7-2-2 续表 29

县名称 Name of Counties	储气能力(万立方米) Gas Storage Capacity ($10,000\ m^3$)	供气管道长度(公里) Length of Gas Supply Pipeline (km)	供气总量(万立方米) 合计 Total	销售气量 Quantity Sold	居民家庭 Households	集中供热 Central Heating
索县						
班戈县						
革吉县						
札达县						
日土县						
改则县						
葛尔县						
普兰县						
措勤县			3.20	3.00	1.50	
陕西	**1216.06**	**7044.67**	**134143.41**	**132377.86**	**44166.73**	**39065.36**
蓝田县	3.70	124.73	2788.11	2667.16	1214.86	
周至县	6.20	168.00	3631.45	3629.45	920.00	200.00
宜君县	25.00	27.00	966.50	965.10	287.00	
凤翔县	7.20	507.86	2800.00	2764.00	1604.00	800.00
岐山县	6.00	164.70	2800.00	2776.00	810.00	
扶风县	3.00	70.00	2210.00	2198.00	950.00	289.60
眉县	0.80	65.90	375.00	372.80	291.00	
陇县	3.50	71.90	1124.35	1122.16	665.46	337.70
千阳县		66.00	466.00	465.00	166.00	7.00
麟游县	0.80	25.00	163.87	159.87	84.42	40.45
凤县	3.80	27.48	237.95	237.93	112.31	94.89
太白县		57.43	469.80	468.31	102.97	291.96
三原县	10.00	58.60	9143.00	9128.00	2546.95	625.00
泾阳县						
乾县	0.43	242.00	4569.12	4561.00	1346.00	865.00
礼泉县	38.00	378.00	3660.00	3499.00	1340.00	1830.00
永寿县	4.00	82.90	2010.00	1997.00	340.00	766.00
长武县	1.31	26.51	211.18	211.16	75.95	
旬邑县	23.00	15.50	320.04	320.00	52.00	
淳化县	2.00	39.20	1372.95	1359.95	326.00	870.74
武功县		53.95	1522.66	1521.46	933.58	88.56
潼关县	10.00	33.00	1720.00	1715.00	475.00	1070.00
大荔县	0.85	103.35	1739.80	1737.60	1290.00	437.00
合阳县	15.00	123.00	3515.66	3498.00	1008.00	2080.00
澄城县	10.00	85.98	2950.00	2861.50	562.48	771.50
蒲城县	0.63	102.65	1410.00	1389.00	390.00	
白水县	1.00	18.85	383.57	383.35	80.69	252.66
富平县	10.20	315.00	8775.00	8635.00	1940.00	850.00
延长县	0.83	34.36	2787.34	2759.32	547.35	1682.99
延川县	1.00	35.62	2330.92	2330.86	726.19	1518.23
志丹县	1.92	84.00	4560.32	4558.27	1047.02	3096.38
吴起县	0.43	69.37	3967.90	3957.90	296.40	3224.60
甘泉县	1.60	208.30	1581.00	1556.00	536.00	
富县		57.00	2751.15	2750.00	1908.26	

continued

Total Gas Supplied (10,000 m³)		用气户数(户) Number of Household with Access to Gas (unit)		用气人口(万人) Population with Access to Gas (10,000 persons)	天然气汽车加气站(座) Gas Stations for CNG-Fueled Motor Vehicles (unit)	县名称 Name of Counties
燃气汽车 Gas-Powered Automobiles	燃气损失量 Loss Amount		居民家庭 Household User			
						索　县
						班戈县
						革吉县
						札达县
						日土县
						改则县
						葛尔县
						普兰县
	0.20	1300	912	0.40		措勤县
20159.30	**1765.55**	**1294205**	**1134786**	**350.03**	**152**	**陕　西**
445.91	120.95	30226	26544	7.70	1	蓝田县
1383.00	2.00	23054	22950	6.20	4	周至县
	1.40	6500	6000	1.73		宜君县
360.00	36.00	48550	48150	10.28	2	凤翔县
540.00	24.00	18510	18240	5.50	3	岐山县
250.00	12.00	25323	24985	5.40	1	扶风县
12.00	2.20	22235	21130	8.10	2	眉　县
119.00	2.19	16932	14231	6.41	2	陇　县
52.00	1.00	11422	11260	4.50	1	千阳县
35.00	4.00	7327	7142	1.70	1	麟游县
30.73	0.02	8265	8057	2.42	1	凤　县
	1.49	4886	4659	1.30		太白县
93.50	15.00	54269	53620	12.90	11	三原县
						泾阳县
1492.60	8.12	30698	30359	10.92	4	乾　县
329.00	161.00	35670	33760	9.28	2	礼泉县
78.00	13.00	8674	8650	3.45	5	永寿县
135.21	0.02	7883	7821	3.90	2	长武县
244.10	0.04	6800	6200	2.17	3	旬邑县
163.21	13.00	7092	7050	2.79	2	淳化县
60.77	1.20	20004	19623	7.10	1	武功县
170.00	5.00	10850	10317	4.52	1	潼关县
10.00	2.20	28807	28680	8.50	2	大荔县
187.00	17.66	21012	20942	4.72	3	合阳县
1451.00	88.50	18950	16909	5.52	8	澄城县
310.00	21.00	40542	31460	8.00	7	蒲城县
50.00	0.22	6615	6530	3.00	1	白水县
1600.00	140.00	52300	40500	15.26	3	富平县
57.40	28.02	14651	14397	4.47	3	延长县
86.44	0.06	17200	16700	3.28	3	延川县
122.40	2.05	21941	21900	5.30	3	志丹县
396.88	10.00	21090	20714	6.30	1	吴起县
52.00	25.00	11273	11253	2.95	3	甘泉县
23.70	1.15	18749	18609	5.50	4	富　县

7-2-2 续表 30

县名称 Name of Counties	储气能力(万立方米) Gas Storage Capacity ($10,000\ m^3$)	供气管道长度(公里) Length of Gas Supply Pipeline (km)	供气总量(万立方米) 合计 Total	销售气量 Quantity Sold	居民家庭 Households	集中供热 Central Heating
洛川县	1.00	30.10	1767.00	1765.00	1629.00	
宜川县	1.40	71.64	2319.79	2314.31	1907.20	286.38
黄龙县	24.00	66.40	1060.20	1054.00	779.00	
黄陵县	1.00	390.10	1880.00	1810.00	756.00	850.00
城固县	96.00	94.00	868.00	866.70	538.00	110.00
洋　县	0.18	35.71	791.10	791.00	285.16	387.65
西乡县		26.95	628.40	628.00	410.00	45.00
勉　县	60.00	27.43	1259.20	1258.30	183.50	
宁强县	13.20	120.90	1519.49	1516.40	315.02	
略阳县						
镇巴县	0.67	10.00	20.00	19.25	4.12	
留坝县		20.20	289.53	289.03	25.09	239.49
佛坪县	0.50	4.86	50.20	50.00	50.00	
府谷县		76.50	2660.81	2544.80	1851.35	245.50
靖边县		926.24	11941.00	11514.00	3413.55	7780.45
定边县	635.00	394.60	9000.00	8955.00	1489.94	2625.00
绥德县	0.36	243.35	2498.50	2474.90	1013.00	
米脂县		88.00	3511.00	3494.00	861.00	396.00
佳　县	2.00	220.00	5420.00	5400.00	310.00	2217.00
吴堡县	1.22	20.00	352.10	350.00	228.00	
清涧县	1.40	40.00	1058.00	1045.00	760.00	
子洲县	30.00	101.13	1840.00	1790.00	150.00	1542.00
汉阴县	82.00	21.90	142.98	142.86	127.86	
石泉县	4.35	74.29	1130.63	1125.54	1023.34	20.00
宁陕县	3.80	14.00	40.01	40.00	40.00	
紫阳县	6.80	9.30	69.60	69.30	39.00	
岚皋县	0.47	15.72	42.89	42.88	24.06	2.40
平利县	3.75	29.40	37.01	37.00	37.00	
镇坪县	30.00	10.10				
旬阳县	15.60	38.61	430.00	427.80	344.80	
白河县	2.10	9.98	25.00	24.80	8.35	
洛南县	1.50	42.00	334.10	330.00	260.50	
丹凤县		95.00				
商南县	1.06	64.00	1466.60	1286.60	173.00	99.00
山阳县	4.50	50.32	375.63	366.24	154.00	129.23
镇安县		18.80				
柞水县						
甘　肃	**492.21**	**2015.04**	**40612.02**	**40153.81**	**9114.07**	**6820.37**
永登县	0.24	8.70	1537.00	1522.00	54.00	1112.00
皋兰县	0.37	9.78	299.43	296.53	239.63	
榆中县		20.00	904.09	892.01	4.48	427.53
永昌县	9.38		2787.51	2786.65		
靖远县	35.00	85.82	2234.70	2216.00	234.00	87.00
会宁县	5.75	49.68	369.75	367.23	185.78	

continued

Total Gas Supplied (10,000 m^3) 燃气汽车 Gas-Powered Automobiles	燃气损失量 Loss Amount	用气户数(户) Number of Household with Access to Gas (unit)	居民家庭 Household User	用气人口(万人) Population with Access to Gas (10,000 persons)	天然气汽车加气站(座) Gas Stations for CNG-Fueled Motor Vehicles (unit)	县名称 Name of Counties
134.00	2.00	20529	19658	6.89	3	洛川县
120.73	5.48	17840	17606	4.60	4	宜川县
	6.20	11000	10000	2.10	3	黄龙县
204.00	70.00	16096	16003	3.62	9	黄陵县
115.00	1.30	23908	23815	8.10	1	城固县
118.19	0.10	21868	21812	4.36	1	洋　县
173.00	0.40	14778	14496	6.01	1	西乡县
153.00	0.90	15003	14053	5.25	1	勉　县
851.66	3.09	16478	15873	5.36	4	宁强县
						略阳县
13.13	0.75	680	620	0.30	1	镇巴县
	0.50	2000	1962	0.89		留坝县
	0.20	1100	1100	0.50		佛坪县
156.35	116.01	51178	50733	13.00	1	府谷县
320.00	427.00	81290	73387	21.62	5	靖边县
630.00	45.00	133125	31973	9.19	3	定边县
192.00	23.60	24082	22013	9.58	2	绥德县
2216.00	17.00	19502	19015	5.48	4	米脂县
2870.00	20.00	7640	7346	2.22	2	佳　县
50.00	2.10	5140	4751	1.52	4	吴堡县
	13.00	16120	16034	4.82		清涧县
98.00	50.00	14164	13066	4.80	1	子洲县
15.00	0.12	8652	8612	3.90	1	汉阴县
77.11	5.09	20252	19904	6.75	2	石泉县
	0.01	2600	2600	0.78		宁陕县
30.30	0.30	2460	2406	0.43	1	紫阳县
16.42	0.01	1514	1507	0.60	1	岚皋县
	0.01	5312	5312	3.00		平利县
						镇坪县
81.00	2.20	8430	8400	3.00	1	旬阳县
16.45	0.20	1281	587	1.59	1	白河县
69.50	4.10	27380	27100	9.90	1	洛南县
						丹凤县
1014.60	180.00	10003	10000	2.60	3	商南县
83.01	9.39	14500	13700	6.20	1	山阳县
						镇安县
						柞水县
20575.29	**458.21**	**404445**	**358803**	**145.24**	**81**	**甘　肃**
177.00	15.00	7382	7380	2.90	1	永登县
56.90	2.90	9638	9587	3.85	1	皋兰县
460.00	12.08	3110	386	0.50	2	榆中县
2786.65	0.86				3	永昌县
413.00	18.70	8260	8145	4.18	2	靖远县
181.45	2.52	12162	12077	4.38	2	会宁县

7-2-2 续表 31

县名称 Name of Counties	储气能力(万立方米) Gas Storage Capacity (10,000 m^3)	供气管道长度(公里) Length of Gas Supply Pipeline (km)	供气总量(万立方米) 合计 Total	销售气量 Quantity Sold	居民家庭 Households	集中供热 Central Heating
景泰县	0.38	76.77	1120.00	1119.95	775.95	88.00
清水县	1.50	15.00	108.51	108.18	11.26	6.46
秦安县	2.20	72.50	820.00	780.00	475.00	190.00
甘谷县	10.32	72.10	1689.79	1687.84	166.79	526.91
武山县	1.70	51.80	445.00	441.00	160.00	281.00
张家川回族自治县	15.60		15.80	15.70	9.30	
民勤县	12.04	27.00	270.30	270.28	88.20	
古浪县	6.80	55.20	830.19	825.00	137.00	
天祝藏族自治县	10.60	49.00	1407.00	1384.00	270.00	
肃南县						
民乐县	3.00		120.00	118.00		
临泽县	12.00	70.00	4000.00	3987.00	19.80	2.70
高台县	15.00	13.80	2750.00	2742.43		
山丹县	20.19	45.00	1986.35	1946.62	103.97	
泾川县	2.00	33.20	943.70	940.60	175.53	511.31
灵台县	1.30	10.46	145.24	139.90	81.10	11.23
崇信县	5.00	16.00	25.54	25.46	24.97	0.49
庄浪县	9.37	46.50	245.70	244.00	51.50	48.50
静宁县	1.40	28.34	1038.61	1034.92	778.34	58.00
金塔县	6.80	22.80	517.00	516.50	107.70	
瓜州县	6.00	38.25	431.56	419.54	154.25	
肃北蒙古族自治县	3.10	8.00	30.00	29.99	29.99	
阿克塞哈萨克族自治县	3.00	24.70	384.70	365.50	91.32	191.20
庆城县	20.00	6.10	562.00	558.00	146.00	
环　县						
华池县	2.20	52.60	214.00	207.00	45.00	
合水县	52.00	14.00	126.00	125.99	53.99	
正宁县	0.50		143.55	143.50		
宁　县	0.40	15.40	85.50	85.00	80.00	
镇原县	12.00	25.34	121.00	118.90	94.60	
通渭县	2.50	24.50	2.50	2.46	2.06	
陇西县	1.20	98.00	2414.00	2310.00	550.00	
渭源县	10.00	26.92	277.43	268.76	3.17	33.72
临洮县	16.63	31.98	20.67	20.50	20.32	
漳　县	9.60	12.00	176.00	166.00	50.82	3.20
岷　县	4.50		149.10	146.00		
成　县	3.00	36.00	1000.00	998.20	293.20	630.00
文　县	6.00	30.00	65.00	64.00	62.00	
宕昌县	8.00	10.00	45.00	44.96	8.73	2.90
康　县		60.00	197.51	195.61	56.21	
西和县	11.50	69.40	146.43	145.71	71.00	
礼　县	1.80	45.00	410.00	400.00	120.00	280.00
徽　县	1.50	25.00	103.68	102.78	55.81	

continued

Total Gas Supplied (10,000 m^3)		用气户数(户)		用气人口(万人)	天然气汽车加气站(座)	县名称
燃气汽车 Gas-Powered Automobiles	燃气损失量 Loss Amount	Number of Household with Access to Gas (unit)	居民家庭 Household User	Population with Access to Gas (10,000 persons)	Gas Stations for CNG-Fueled Motor Vehicles (unit)	Name of Counties
256.00	0.05	24830	24651	7.40	3	景泰县
55.00	0.33	1824	1594	0.80	1	清水县
79.00	40.00	19300	15200	7.90	1	秦安县
993.68	1.95	8439	8359	4.30	3	甘谷县
	4.00	5503	5300	2.80		武山县
6.30	0.10	5000	3500	1.50	1	张家川回族自治县
129.12	0.02	14820	12950	3.60	1	民勤县
688.00	5.19	10249	10155	3.96	1	古浪县
1114.00	23.00	14493	14388	5.58	2	天祝藏族自治县
						肃南县
118.00	2.00	1			2	民乐县
3964.50	13.00	2352	2322	0.54	2	临泽县
2742.43	7.57	1389			4	高台县
1842.65	39.73	9716	7798	4.20	5	山丹县
253.76	3.10	7603	3826	2.48	1	泾川县
47.48	5.34	6081	6034	1.83	1	灵台县
	0.08	2564	2552	0.77		崇信县
144.00	1.70	6725	6176	2.69	1	庄浪县
198.58	3.69	18428	17000	4.76	1	静宁县
363.30	0.50	8086	7973	3.23	2	金塔县
144.58	12.02	15239	15027	3.22	1	瓜州县
	0.01	2710	2710	0.87		肃北蒙古族自治县
82.98	19.20	3818	3589	1.46	1	阿克塞哈萨克族自治县
412.00	4.00	9258	9229	3.46	2	庆城县
						环　县
162.00	7.00	3354	2758	1.02	2	华池县
72.00	0.01	4815	4770	1.69	1	合水县
80.00	0.05	973			1	正宁县
	0.50	1790	1785	0.95		宁　县
24.30	2.10	7644	7483	2.28	1	镇原县
0.40	0.04	6100	6080	2.60	1	通渭县
340.00	104.00	24100	15560	9.60	1	陇西县
227.51	8.67	443	442	0.20	1	渭源县
0.18	0.17	4966	3386	9.50	2	临洮县
111.98	10.00	1530	1500	0.65	1	漳　县
146.00	3.10	2278			2	岷　县
75.00	1.80	5250	5200	2.10	1	成　县
	1.00	3300	3200	1.12		文　县
31.20	0.04	1325	1165	0.52	1	宕昌县
	1.90	2500	2483	0.85		康　县
74.71	0.72	12000	11500	3.60	2	西和县
	10.00	5550	5430	2.00		礼　县
46.97	0.90	8019	7000	2.10	1	徽　县

7-2-2 续表 32

县名称 Name of Counties	储气能力(万立方米) Gas Storage Capacity (10,000 m^3)	供气管道长度(公里) Length of Gas Supply Pipeline (km)	供气总量(万立方米) 合计 Total	销售气量 Quantity Sold	居民家庭 Households	集中供热 Central Heating
两当县	6.00	14.00	86.60	85.70	30.85	20.57
临夏县		99.30	363.56	361.36	67.56	30.31
康乐县	0.45	22.00	420.00	410.00	198.00	80.00
永靖县	80.00	65.00	4036.00	4019.00	1550.00	1850.00
广河县	3.52	42.80	404.60	397.80	352.80	
和政县	14.00	40.79	305.00	290.00	144.00	99.00
东乡县	0.09	145.00	852.00	840.00	540.00	160.00
积石山县	3.00	12.00	269.19	268.19	33.65	65.34
临潭县	6.00	5.81	60.29	57.95	1.37	
卓尼县						
舟曲县	8.20	6.80	81.10	81.00	37.00	23.00
迭部县	5.00	11.00	8.66	8.58	8.58	
玛曲县	2.58	11.00	5.88	5.77	5.23	
碌曲县						
夏河县		6.90	2.30	2.26	2.26	
青　海	**56.30**	**693.21**	**30862.70**	**30253.67**	**11715.36**	**9417.67**
大通县	0.80	186.00	11062.64	10972.64	2673.81	1771.25
湟源县		36.80	3522.45	3522.00	598.56	1380.56
民和县		125.00	4820.00	4605.00	2507.00	1758.00
互助县	18.00	84.30	4857.81	4837.81	3648.80	980.50
化隆县	23.30	35.90	491.56	490.91	238.26	176.00
循化县	6.20	56.00	260.00	251.00	172.40	30.40
门源县						
祁连县	5.00		57.87	51.25		
海晏县						
刚察县						
西海镇	3.00		21.80	21.77		
尖扎县						
泽库县						
河南县						
共和县		38.31	3030.51	2939.59	615.70	2218.71
同德县						
贵德县		93.00	1375.96	1348.61	1110.47	97.61
兴海县						
贵南县						
班玛县						
久治县						
甘德县						
玛沁县						
达日县						
玛多县						
杂多县						
称多县						
治多县						

continued

Total Gas Supplied (10,000 m³) 燃气汽车 Gas-Powered Automobiles	燃气损失量 Loss Amount	用气户数(户) Number of Household with Access to Gas (unit)	居民家庭 Household User	用气人口(万人) Population with Access to Gas (10,000 persons)	天然气汽车加气站(座) Gas Stations for CNG-Fueled Motor Vehicles (unit)	县名称 Name of Counties
34.28	0.90	2315	2203	0.68	1	两当县
263.49	2.20	4602	1640	1.63	4	临夏县
130.00	10.00	2360	2280	1.30	1	康乐县
619.00	17.00	34830	30860	6.90	3	永靖县
45.00	6.80	7681	7426	2.34	1	广河县
	15.00	2856	2418	1.39		和政县
140.00	12.00	7414	7000	2.75	1	东乡县
169.20	1.00	999	972	1.60	1	积石山县
50.71	2.34	304	301	0.12	2	临潭县
						卓尼县
21.00	0.10	4000	3900	1.90	2	舟曲县
	0.08	1429	1429	0.43		迭部县
	0.11	438	424	0.14		玛曲县
						碌曲县
	0.04	300	300	0.12		夏河县
2347.76	**609.03**	**159743**	**141447**	**48.24**	**14**	**青 海**
1180.00	90.00	34100	33955	16.03	2	大通县
466.24	0.45	12473	12470	4.98	1	湟源县
	215.00	40000	36000	7.20		民和县
208.50	20.00	27600	25043	7.40	1	互助县
76.00	0.65	4060	4048	1.86	1	化隆县
40.20	9.00	7030	6530	2.94	2	循化县
						门源县
51.25	6.62	86			1	祁连县
						海晏县
						刚察县
21.77	0.03	90			1	西海镇
						尖扎县
						泽库县
						河南县
105.18	90.92	11043	10766	3.70	2	共和县
						同德县
140.53	27.35	11077	9235	3.13	1	贵德县
						兴海县
						贵南县
						班玛县
						久治县
						甘德县
						玛沁县
						达日县
						玛多县
						杂多县
						称多县
						治多县

7-2-2 续表 33

县名称 Name of Counties	储气能力(万立方米) Gas Storage Capacity (10,000 m^3)	供气管道长度(公里) Length of Gas Supply Pipeline (km)	供气总量(万立方米) 合计 Total	销售气量 Quantity Sold	居民家庭 Households	集中供热 Central Heating
囊谦县						
曲麻莱县						
乌兰县		37.90	1361.44	1212.44	150.36	1004.64
都兰县						
天峻县			0.66	0.65		
大柴旦行委						
宁 夏	**31.95**	**1772.18**	**45043.28**	**44752.71**	**14137.24**	**3232.68**
永宁县		123.00	2598.00	2547.00	2119.00	
贺兰县		848.00	13052.00	13011.00	4751.00	1536.00
平罗县		201.00	5230.00	5215.00	3811.00	
盐池县		150.30	3237.80	3229.55	901.00	398.96
同心县	5.63	16.80	1279.00	1258.60	5.00	
红寺堡区		31.82	805.57	802.96	215.64	76.22
西吉县	5.00	95.70	950.44	947.20	329.68	
隆德县						
泾源县	9.60	14.96	178.30	178.00	21.50	33.50
彭阳县		42.04	567.55	557.55	171.51	
中宁县		201.46	16786.40	16656.40	1789.53	1182.00
海原县	11.72	47.10	358.22	349.45	22.38	6.00
新 疆	**636.82**	**5336.45**	**128335.06**	**126612.98**	**41836.36**	**22652.33**
鄯善县	1.80	186.82	3450.00	3435.00	1671.00	36.00
托克逊县	30.20	182.40	6820.97	6765.08	251.21	40.88
巴里坤哈萨克自治县	6.00	22.00	1507.02	1504.02	111.08	
伊吾县	4.80	13.55	34.54	34.32	21.84	
呼图壁县	1.50	355.00	1625.00	1592.50	693.00	
玛纳斯县		62.84	1331.00	1294.00	635.30	24.70
奇台县	11.20	81.88	2664.50	2634.50	560.00	
吉木萨尔县	12.00	90.00	820.00	817.60	430.00	
木垒哈萨克自治县	7.00	25.60	1163.56	1162.16	245.18	
精河县	9.68	33.82	586.85	584.18	144.75	
温泉县	0.50	21.70	116.43	115.27	94.02	
轮台县		82.00	6003.00	6000.00	650.00	2100.00
尉犁县		128.47	1960.00	1910.00	1345.00	105.00
若羌县	1.00	134.00	168.00	160.00	158.88	
且末县	3.00	14.00	376.50	371.00	290.00	
焉耆回族自治县	7.40	59.05	3269.00	3229.00	1240.56	74.36
和静县	2.70	708.20	3884.16	3808.00	1800.00	158.00
和硕县	0.45	37.00	2551.00	2513.00	464.00	531.00
博湖县		34.76	730.00	705.87	386.90	
温宿县	90.00	97.50	12135.34	12005.34	2278.34	3103.00
沙雅县	10.00	218.60	7282.00	7162.00	1250.00	2552.00
新和县	95.00	75.33	5287.90	5275.50	1081.20	1657.90
拜城县		260.00	6910.00	6621.00	1110.00	1593.00
乌什县	0.80	34.00	620.00	590.00	140.00	

continued

Total Gas Supplied (10,000 m³) 燃气汽车 Gas-Powered Automobiles	燃气损失量 Loss Amount	用气户数(户) Number of Household with Access to Gas (unit)	居民家庭 Household User	用气人口(万人) Population with Access to Gas (10,000 persons)	天然气汽车加气站(座) Gas Stations for CNG-Fueled Motor Vehicles (unit)	县名称 Name of Counties
						囊谦县
						曲麻莱县
57.44	149.00	12183	3400	1.00	1	乌兰县
						都兰县
0.65	0.01	1			1	天峻县
						大柴旦行委
10316.85	**290.57**	**343321**	**327434**	**64.86**	**53**	**宁　夏**
110.00	51.00	46000	45000	5.65	1	永宁县
2061.00	41.00	135000	130000	17.80	8	贺兰县
796.00	15.00	67203	60200	11.20	16	平罗县
1929.59	8.25	23660	22496	5.56	5	盐池县
1253.60	20.40	575	570	0.18	5	同心县
191.86	2.61	4950	4830	2.23	2	红寺堡区
617.52	3.24	14550	13798	4.64	1	西吉县
						隆德县
123.00	0.30	1755	1723	0.50	1	泾源县
284.03	10.00	7898	7422	3.00	1	彭阳县
2669.18	130.00	38800	38500	12.90	10	中宁县
281.07	8.77	2930	2895	1.20	3	海原县
52609.68	**1722.08**	**1141689**	**1046644**	**309.35**	**252**	**新　疆**
842.00	15.00	32057	25360	7.78	17	鄯善县
6058.02	55.89	19166	18430	6.50	15	托克逊县
1392.22	3.00	9323	9201	1.12	5	巴里坤哈萨克自治县
12.48	0.22	2475	2412	0.49	1	伊吾县
547.00	32.50	37742	36381	4.29	2	呼图壁县
634.00	37.00	34200	33950	6.67	2	玛纳斯县
2074.50	30.00	32819	32517	9.70	8	奇台县
340.00	2.40	19000	18800	4.08	3	吉木萨尔县
916.94	1.40	8905	8856	1.46	7	木垒哈萨克自治县
439.43	2.67	12967	12906	3.20	3	精河县
21.25	1.16	5773	5770	0.70	1	温泉县
1950.00	3.00	20800	16000	6.80	15	轮台县
460.00	50.00	17435	17215	3.38	2	尉犁县
1.12	8.00	6185	6083	2.78	2	若羌县
81.00	5.50	9900	9760	1.97	1	且末县
544.20	40.00	30077	27568	4.72	3	焉耆回族自治县
1850.00	76.16	38540	37952	5.68	2	和静县
1518.00	38.00	12854	12355	1.70	6	和硕县
253.57	24.13	9332	8725	1.61	2	博湖县
6424.00	130.00	55110	48688	10.00	14	温宿县
3360.00	120.00	28666	28000	8.25	4	沙雅县
1847.95	12.40	22862	22802	5.98	4	新和县
3606.00	289.00	26232	25511	6.23	4	拜城县
450.00	30.00	8055	7955	3.22	2	乌什县

7-2-2 续表 34

县名称 Name of Counties	储气能力(万立方米) Gas Storage Capacity (10,000 m^3)	供气管道长度(公里) Length of Gas Supply Pipeline (km)	供气总量(万立方米) 合计 Total	销售气量 Quantity Sold	居民家庭 Households	集中供热 Central Heating
阿瓦提县	2.00	37.71	1980.00	1918.80	400.00	
柯坪县	1.50	38.40	1801.00	1800.00	78.30	
阿克陶县	0.40	100.00	1052.00	1017.00	717.00	60.00
阿合奇县	0.70	15.00	232.97	229.67	136.62	
乌恰县		182.31	3303.00	3294.00	436.00	2697.00
疏附县		36.80	1257.24	1227.78	527.53	206.28
疏勒县	21.00	38.80	3111.28	3062.46	1695.89	
英吉沙县	3.00	78.00	961.00	928.00	263.00	305.00
泽普县		220.00	2110.00	2100.00	1580.00	420.00
莎车县		452.47	4032.70	4012.70	2504.25	68.50
叶城县		81.58	8501.00	8377.00	4403.00	2424.00
麦盖提县	0.40	123.40	1388.30	1356.30	686.30	
岳普湖县		35.40	830.00	810.00	400.00	
伽师县		55.00	1857.99	1849.04	803.14	336.96
巴楚县		35.82	1125.00	1100.00	750.00	
塔什库尔干塔吉克自治县	5.00	3.24	4.80	4.70	4.70	
和田县						
墨玉县	0.30	95.14	4400.00	4390.00	3300.00	
皮山县	24.00	26.27	3014.84	2977.91	1082.13	1290.15
洛浦县		58.50	3383.40	3335.90	1522.40	1048.50
策勒县		24.20	1210.00	1209.53	335.80	431.00
于田县	7.20	33.00	850.32	835.32	444.22	112.40
民丰县	12.00	45.96	1384.47	1383.39	200.66	810.00
伊宁县	56.00	20.30	382.68	378.78	72.78	
察布查尔县	10.20	29.30	733.80	720.30	146.96	
霍城县	10.38	70.90	408.80	395.23	110.55	
巩留县	6.90	18.00	447.27	442.23	57.00	
新源县	9.70	11.92	609.60	600.08	246.05	
昭苏县	2.00		436.00	434.00	34.00	
特克斯县	5.60	11.90	475.70	475.35	168.35	
尼勒克县	2.00	18.80	587.94	587.84	95.00	
额敏县	22.00	46.00	496.88	487.00	200.00	
沙湾县	0.70	158.00	2049.00	1997.00	631.00	465.00
托里县	8.60	8.17	217.07	207.07	17.32	
裕民县	3.00	5.80	164.37	164.00	32.00	
和布克赛尔蒙古自治县	1.20	6.10	251.90	250.80	63.63	
布尔津县	5.06	37.00	445.00	433.00	116.80	
富蕴县	5.22	26.43	291.80	289.45	140.78	
福海县	5.51	14.00	474.00	467.00	122.00	
哈巴河县	5.00	40.73	280.15	280.14	112.43	
青河县	5.22	11.58	204.95	204.87	73.51	
吉木乃县	100.00	26.00	290.07	290.00	73.00	1.70

continued

Total Gas Supplied (10,000 m³)		用气户数(户)		用气人口(万人)	天然气汽车加气站(座)	县名称
燃气汽车 Gas-Powered Automobiles	燃气损失量 Loss Amount	Number of Household with Access to Gas (unit)	居民家庭 Household User	Population with Access to Gas (10,000 persons)	Gas Stations for CNG-Fueled Motor Vehicles (unit)	Name of Counties
800.34	61.20	15000	13440	4.30	7	阿瓦提县
1516.00	1.00	4800	4621	2.11	4	柯坪县
240.00	35.00	18500	16000	6.40	1	阿克陶县
93.05	3.30	5674	4550	1.46	1	阿合奇县
161.00	9.00	10798	10472	1.83	1	乌恰县
493.97	29.46	18607	18040	5.56	2	疏附县
294.42	48.82	45342	26212	8.56	7	疏勒县
360.00	33.00	10497	10303	4.80	3	英吉沙县
100.00	10.00	25647	24963	6.63	7	泽普县
708.96	20.00	43965	42843	30.00	8	莎车县
881.00	124.00	58021	54300	15.60	9	叶城县
670.00	32.00	19815	18915	7.25	4	麦盖提县
375.00	20.00	13825	13123	3.29	4	岳普湖县
708.94	8.95	19167	18543	8.49	3	伽师县
350.00	25.00	30122	13100	10.00	10	巴楚县
	0.10	528	528	0.19		塔什库尔干塔吉克自治县
						和田县
800.00	10.00	28450	23210	9.16	2	墨玉县
605.63	36.93	17862	16500	2.80	1	皮山县
765.00	47.50	23006	21926	4.30	1	洛浦县
428.53	0.47	7003	6996	2.00	1	策勒县
263.70	15.00	16600	15700	5.98	1	于田县
372.73	1.08	5283	5280	1.53	1	民丰县
306.00	3.90	8522	8360	3.10	4	伊宁县
573.34	13.50	10466	9976	4.55	4	察布查尔县
271.11	13.57	20105	19247	6.15	10	霍城县
385.23	5.04	5310	4800	4.00	2	巩留县
354.03	9.52	15237	14608	6.05	3	新源县
400.00	2.00	5542	5480	1.60	2	昭苏县
307.00	0.35	6736	3701	1.34	2	特克斯县
492.84	0.10	9596	9593	3.25	2	尼勒克县
287.00	9.88	22900	21910	4.50	3	额敏县
849.00	52.00	31400	31118	8.70	5	沙湾县
189.75	10.00	2427	2426	1.21	1	托里县
132.00	0.37	3220	3210	0.97	1	裕民县
185.79	1.10	4600	3500	1.19	1	和布克赛尔蒙古自治县
293.30	12.00	9700	9586	2.80	2	布尔津县
111.97	2.35	11881	11774	3.20	3	富蕴县
345.00	7.00	10800	10721	1.34	1	福海县
167.71	0.01	10280	9976	2.10	1	哈巴河县
131.36	0.08	6595	6565	1.55	1	青河县
215.30	0.07	7385	7331	1.20	1	吉木乃县

7-3-1 2020年按省分列的县城液化石油气

地区名称 Name of Regions	储气能力(吨) Gas Storage Capacity (ton)	供气管道长度(公里) Length of Gas Supply Pipeline (km)	供气总量(吨) 合计 Total	销售气量 Quantity Sold	居民家庭 Households
全　国	**318687.19**	**1461.38**	**1995410.63**	**1977974.84**	**1701549.46**
河　北	11673.80	199.36	77555.00	76642.07	68200.69
山　西	9193.65	32.72	41107.01	40703.72	21980.42
内蒙古	8812.00	59.97	46738.21	46354.82	39561.66
辽　宁	5745.50	30.85	30324.75	30171.77	27128.37
吉　林	2922.40	81.08	21779.08	21677.50	18281.05
黑龙江	5846.10	9.60	30822.30	30488.97	27487.45
江　苏	18310.50	0.80	90444.47	89518.38	64742.96
浙　江	13788.56	47.71	152544.67	151894.38	121104.23
安　徽	18325.66	31.29	110922.86	110392.09	98178.18
福　建	10674.59	17.78	89201.07	88766.51	78834.90
江　西	22983.70	155.55	165565.94	164145.33	147517.71
山　东	17845.10	143.83	77723.16	77148.22	64855.08
河　南	15489.67	1.55	158419.93	155886.45	135672.40
湖　北	9759.55	19.17	53558.43	53015.30	50627.04
湖　南	40765.96	333.34	225210.56	223265.10	197817.20
广　东	17383.85	82.01	187333.23	186341.99	156868.82
广　西	11448.96	0.50	140203.24	138619.75	131454.22
海　南	1470.50		24209.10	23975.49	21984.74
重　庆	5313.00		13804.34	13705.93	10348.79
四　川	10084.32	12.64	28384.50	27983.50	23790.39
贵　州	8345.85		58156.65	57718.35	47314.84
云　南	19867.00	107.00	60053.01	59512.28	52666.40
西　藏	2707.60	21.55	13618.16	13558.95	12306.47
陕　西	13682.77	4.10	36117.57	35665.61	33415.49
甘　肃	5327.29	15.53	25926.87	25554.44	22323.92
青　海	2174.20	0.08	4309.83	4229.17	3366.48
宁　夏	3578.31	0.06	7542.74	7453.44	6085.74
新　疆	5166.80	53.31	23833.95	23585.33	17633.82

County Seat LPG Supply by Province(2020)

Total Gas Supplied (Ton) 燃气汽车 Gas-Powered Automobiles	燃气损失量 Loss Amount	用气户数(户) Number of Household with Access to Gas (unit)	居民家庭 Household User	用气人口(万人) Population with Access to Gas (10,000 persons)	液化气汽车加气站(座) Gas Stations for LPG- Fueled Motor Vehicles (unit)	地区名称 Name of Regions
40624.23	**17435.79**	**17668396**	**16827512**	**5874.10**	**164**	**全　国**
0.50	912.93	807273	772078	241.21	5	河　北
15000.00	403.29	327502	308619	113.38	6	山　西
3109.40	383.39	886339	843590	293.40	14	内蒙古
413.40	152.98	409102	367854	90.13	12	辽　宁
940.00	101.58	232407	213769	80.26	6	吉　林
1948.54	333.33	494237	450483	144.03	18	黑龙江
1080.00	926.09	619829	559189	154.79	1	江　苏
	650.29	932078	834448	227.93		浙　江
320.00	530.77	892559	855077	283.56	8	安　徽
	434.56	781491	763983	291.79		福　建
1201.00	1420.61	1339412	1317971	493.00	3	江　西
	574.94	549049	522863	172.51		山　东
7271.00	2533.48	1154797	1117638	426.17	19	河　南
1225.01	543.13	587010	509317	194.34	4	湖　北
698.15	1945.46	1920036	1885967	589.88	6	湖　南
	991.24	1073008	1058499	372.80	2	广　东
	1583.49	1278190	1246779	452.00		广　西
70.00	233.61	204737	202524	48.85	1	海　南
	98.41	98734	85843	22.84		重　庆
382.00	401.00	229100	210527	86.67	7	四　川
	438.30	939709	904158	403.51	4	贵　州
	540.73	728291	688719	268.54		云　南
502.00	59.21	116233	106766	49.66	5	西　藏
80.00	451.96	318776	306596	114.26	2	陕　西
1879.56	372.43	394826	359789	162.88	12	甘　肃
	80.66	55307	47909	21.93		青　海
1278.46	89.30	68857	67755	22.68	2	宁　夏
3225.21	248.62	229507	218802	51.10	27	新　疆

7-3-2 2020年按县分列的县城液化石油气

县名称 Name of Counties	储气能力(吨) Gas Storage Capacity (ton)	供气管道长度(公里) Length of Gas Supply Pipeline (km)	供气总量(吨) 合计 Total	销售气量 Quantity Sold	居民家庭 Households
全　国	**318687.19**	**1461.38**	**1995410.63**	**1977974.84**	**1701549.46**
河　北	**11673.80**	**199.36**	**77555.00**	**76642.07**	**68200.69**
井陉县	139.00		1780.00	1779.50	1779.00
正定县	55.00		457.00	436.00	412.00
行唐县	125.00		3726.50	3678.50	887.00
灵寿县	98.00		1670.00	1669.00	1250.00
高邑县	65.00		315.00	311.00	311.00
深泽县	80.00		730.00	726.00	726.00
赞皇县	60.00		890.30	890.20	858.20
无极县	3660.00		3769.80	3660.00	3660.00
平山县	123.00	0.56	553.03	553.00	349.07
元氏县	50.00		412.18	411.32	384.11
赵　县					
滦南县	50.00		283.00	273.00	273.00
乐亭县	40.00		400.00	383.00	383.00
迁西县	120.00		800.00	780.00	765.00
玉田县	105.00		219.00	218.00	100.00
曹妃甸区	265.00		6615.80	6603.00	6053.00
青龙满族自治县	85.00		669.50	665.00	625.00
昌黎县	80.00		312.00	310.00	252.00
卢龙县	50.00		700.00	695.00	695.00
临漳县	50.00	45.00	1300.00	1250.00	950.00
成安县	150.00		75.00	68.00	68.00
大名县	30.00	2.18	661.50	660.00	660.00
涉　县	75.00		690.00	686.00	686.00
磁　县	32.10		1598.00	1550.00	1550.00
邱　县	75.00		925.82	918.46	918.46
鸡泽县					
广平县	25.00		563.00	562.00	562.00
馆陶县	49.00		1468.00	1464.00	1464.00
魏　县	50.00		190.58	180.58	180.58
曲周县	50.00		1142.00	1141.87	1141.87
临城县	52.00		820.81	820.50	820.00
内丘县					
柏乡县					
隆尧县	30.00		320.00	312.00	280.00
宁晋县	700.00		1132.00	1100.00	1100.00
巨鹿县	136.00		553.20	552.50	552.50
新河县					
广宗县	62.00		1550.00	1529.47	1529.47
平乡县					
威　县	155.00		1960.00	1955.00	1955.00
清河县	300.00		1328.25	1321.32	1170.00
临西县	75.00		157.00	150.00	150.00

County Seat LPG Supply by County(2020)

Total Gas Supplied (ton)		用气户数(户)		用气人口(万人)	液化气汽车加气站(座)	县名称
燃气汽车 Gas-Powered Automobiles	燃气损失量 Loss Amount	Number of Household with Access to Gas (unit)	居民家庭 Household User	Population with Access to Gas (10,000 persons)	Gas Stations for LPG- Fueled Motor Vehicles (unit)	Name of Counties
40624.23	**17435.79**	**17668396**	**16827512**	**5874.10**	**164**	**全　国**
0.50	**912.93**	**807273**	**772078**	**241.21**	**5**	**河　北**
	0.50	11600	11400	5.95		井陉县
	21.00	3900	3900	2.20		正定县
	48.00	8202	7890	2.46		行唐县
	1.00	12200	10200	4.30	3	灵寿县
	4.00	1463	1463	0.46		高邑县
	4.00	6500	6500	2.60		深泽县
	0.10	14809	13636	4.92		赞皇县
	109.80	16500	16500	2.44		无极县
	0.03	2400	2100	1.00		平山县
	0.86	4862	4783	1.94		元氏县
						赵　县
	10.00	4177	4177	0.81		滦南县
	17.00	5470	5470	1.70		乐亭县
	20.00	16700	7210	3.00		迁西县
	1.00	5000	1600	0.52		玉田县
	12.80	25170	24870	3.25		曹妃甸区
	4.50	7700	7437	2.14		青龙满族自治县
	2.00	3762	3473	1.06		昌黎县
	5.00	9897	9897	3.47		卢龙县
	50.00	4210	4150	0.98		临漳县
	7.00	15	15	0.02	1	成安县
	1.50	5500	5500	2.23		大名县
	4.00	6200	6200	1.96		涉　县
	48.00	15967	15967	6.85		磁　县
	7.36	13166	13166	3.95		邱　县
						鸡泽县
	1.00	4577	4577	1.83		广平县
	4.00	24860	24860	7.51		馆陶县
	10.00	7000	7000	2.80		魏　县
	0.13	10943	10943	3.83		曲周县
0.50	0.31	10000	10000	4.20	1	临城县
						内丘县
						柏乡县
	8.00	6100	6100	0.98		隆尧县
	32.00	18205	18205	1.05		宁晋县
	0.70	5552	5552	2.02		巨鹿县
						新河县
	20.53	14800	14800	4.78		广宗县
						平乡县
	5.00	47811	47811	11.00		威　县
	6.93	29851	28165	13.64		清河县
	7.00	1800	1800	0.72		临西县

7-3-2 续表 1

县名称 Name of Counties	储气能力(吨) Gas Storage Capacity (ton)	供气管道长度(公里) Length of Gas Supply Pipeline (km)	供气总量(吨) 合计 Total	销售气量 Quantity Sold	居民家庭 Households
博野县	48.00		813.00	781.00	781.00
涞水县	36.00		1277.50	1277.00	1202.00
阜平县	36.50		529.40	521.00	517.72
白沟新城					
定兴县			580.00	560.00	490.00
唐　县	80.00		82.00	80.00	80.00
高阳县	48.00		955.00	935.00	935.00
涞源县	65.00		320.00	319.00	318.00
望都县	12.00		100.00	96.00	96.00
易　县	45.00		1301.26	1300.00	1300.00
曲阳县	137.00		993.00	992.00	830.00
蠡　县	165.00		1476.00	1441.00	1341.00
顺平县	150.00		1152.00	1150.00	1030.00
张北县	175.00		604.50	603.00	603.00
康保县	18.00		116.00	115.50	101.00
沽源县	45.00		91.00	90.00	90.00
尚义县	39.00	32.00	88.30	85.20	85.20
蔚　县	40.00	8.00	300.00	299.50	299.50
阳原县	60.00	8.90	191.72	190.22	190.22
怀安县	400.00	6.70	400.00	387.00	387.00
怀来县	65.00	0.12	997.00	985.00	985.00
涿鹿县	38.00		204.10	203.10	183.06
赤城县	80.00		755.56	753.00	714.00
承德县	135.00	44.50	2250.00	2200.00	1800.00
兴隆县	143.00	40.00	1200.00	1185.00	1185.00
滦平县	100.00	5.00	1607.50	1600.00	1100.00
隆化县	108.00	6.00	687.00	686.90	666.90
丰宁满族自治县	85.00		705.00	703.00	560.00
宽城满族自治县	95.00		1100.00	1099.00	1099.00
围场满族蒙古族自治县	195.00		1050.00	1048.00	700.00
青　县			390.00	388.00	388.00
东光县	200.00		200.01	200.00	200.00
海兴县	50.00		420.90	420.00	420.00
盐山县			998.05	998.00	995.00
肃宁县			1166.00	1100.00	1100.00
南皮县					
吴桥县					
献　县			789.60	789.60	616.00
孟村回族自治县					
固安县	20.00	0.40	400.00	390.00	390.00
永清县					
香河县					
大城县					
文安县					

continued

Total Gas Supplied (ton) 燃气汽车 Gas-Powered Automobiles	燃气损失量 Loss Amount	用气户数(户) Number of Household with Access to Gas (unit)	居民家庭 Household User	用气人口(万人) Population with Access to Gas (10,000 persons)	液化气汽车加气站(座) Gas Stations for LPG- Fueled Motor Vehicles (unit)	县名称 Name of Counties
	32.00	13010	13010	4.50		博野县
	0.50	20000	19970	4.50		涞水县
	8.40	8730	8600	2.20		阜平县
						白沟新城
	20.00	3000	3000	0.83		定兴县
	2.00	1200	1200	0.50		唐　县
	20.00	9800	9800	2.92		高阳县
	1.00	15500	15500	5.00		涞源县
	4.00	270	270	0.08		望都县
	1.26	12000	12000	2.40		易　县
	1.00	6916	6502	1.67		曲阳县
	35.00	13100	7451	1.80		蠡　县
	2.00	8537	7580	2.85		顺平县
	1.50	11168	11168	3.77		张北县
	0.50	10000	9100	2.40		康保县
	1.00	2000	2000	0.60		沽源县
	3.10	7630	7630	2.29		尚义县
	0.50	1700	1700	0.47		蔚　县
	1.50	2377	2377	0.71		阳原县
	13.00	16795	16795	5.04		怀安县
	12.00	8512	8512	0.25		怀来县
	1.00	3336	3051	1.00		涿鹿县
	2.56	11886	11886	5.31		赤城县
	50.00	16000	15400	4.40		承德县
	15.00	19400	19400	6.00		兴隆县
	7.50	16700	15900	7.43		滦平县
	0.10	11000	11000	3.62		隆化县
	2.00	5200	5200	1.24		丰宁满族自治县
	1.00	18300	18300	7.17		宽城满族自治县
	2.00	4500	4000	0.85		围场满族蒙古族自治县
	2.00	2740	2740	0.87		青　县
	0.01	2500	2500	2.00		东光县
	0.90	3964	3964	1.27		海兴县
	0.05	4250	4242	0.39		盐山县
	66.00	3000	3000	1.20		肃宁县
						南皮县
						吴桥县
		4130	4000	1.20		献　县
						孟村回族自治县
	10.00	5000	5000	2.00		固安县
						永清县
						香河县
						大城县
						文安县

7-3-2 续表 2

县名称 Name of Counties	储气能力(吨) Gas Storage Capacity (ton)	供气管道长度(公里) Length of Gas Supply Pipeline (km)	供气总量(吨) 合计 Total	销售气量 Quantity Sold	居民家庭 Households
大厂回族自治县					
枣强县	115.00		640.00	637.00	540.00
武邑县	90.00		940.00	935.00	935.00
武强县	55.00		900.00	890.00	780.00
饶阳县	60.00		1581.00	1580.50	1450.50
安平县	145.00		890.00	880.00	880.00
故城县	12.00		2000.00	1995.00	1995.00
景　县	320.00		873.33	870.33	870.33
阜城县	9.20		661.00	656.00	651.00
容城县	500.00		200.00	194.00	170.00
雄　县	108.00		1840.00	1770.00	650.00
安新县					
山　西	**9193.65**	**32.72**	**41107.01**	**40703.72**	**21980.42**
清徐县	100.00		115.00	115.00	115.00
阳曲县	175.00		285.00	280.00	280.00
娄烦县	160.00		88.00	87.50	87.50
阳高县					
天镇县					
广灵县		14.00	444.00	430.00	430.00
灵丘县	150.00		98.00	97.90	97.90
浑源县	85.00		120.00	120.00	120.00
左云县	46.00	17.50	333.20	316.72	302.52
云州区					
平定县					
盂　县					
襄垣县	100.00		472.00	470.00	470.00
平顺县	80.00		380.00	375.00	375.00
黎城县	75.00		350.00	340.00	340.00
壶关县	220.00		660.00	659.00	659.00
长子县	110.00	0.20	720.00	710.00	710.00
武乡县	50.00		332.00	330.00	230.00
沁　县	49.00		424.11	416.42	388.42
沁源县	100.00		143.00	140.00	140.00
沁水县	20.00		288.00	288.00	
阳城县					
陵川县	100.00		375.00	370.00	370.00
山阴县	1350.00		1350.00	1300.00	1300.00
应　县	50.00		180.00	176.00	176.00
右玉县					
榆社县	55.00		134.00	134.00	120.00
左权县	20.00		132.00	125.00	125.00
和顺县	40.00		200.00	200.00	200.00
昔阳县	25.00	0.34	88.00	86.00	86.00
寿阳县	84.10	0.28	500.00	488.00	355.00

continued

Total Gas Supplied (ton)		用气户数(户)		用气人口(万人)	液化气汽车加气站(座)	县名称
燃气汽车 Gas-Powered Automobiles	燃气损失量 Loss Amount	Number of Household with Access to Gas (unit)	居民家庭 Household User	Population with Access to Gas (10,000 persons)	Gas Stations for LPG- Fueled Motor Vehicles (unit)	Name of Counties
						大厂回族自治县
	3.00	10700	8700	3.80		枣强县
	5.00	15400	15400	4.42		武邑县
	10.00	14000	12800	2.90		武强县
	0.50	19810	19810	6.02		饶阳县
	10.00	4000	4000	1.93		安平县
	5.00	21000	21000	7.00		故城县
	3.00	14183	14183	4.06		景　县
	5.00	12330	10850	3.28		阜城县
	6.00	2300	2000	1.50		容城县
	70.00	2530	2270	1.00		雄　县
						安新县
15000.00	**403.29**	**327502**	**308619**	**113.38**	**6**	**山　西**
		780	780	0.26		清徐县
	5.00	310	310	0.21		阳曲县
	0.50	2900	2900	1.00		娄烦县
						阳高县
						天镇县
	14.00	5095	5095	4.91		广灵县
	0.10	860	860	0.26		灵丘县
		1342	1342	0.45		浑源县
	16.48	3175	3120	1.68		左云县
						云州区
						平定县
						盂　县
	2.00	2900	2900	0.89		襄垣县
	5.00	9680	9680	1.90		平顺县
	10.00	3879	3879	1.66		黎城县
	1.00	5126	5126	1.72		壶关县
	10.00	8000	8000	2.70		长子县
	2.00	3500	3250	1.09		武乡县
	7.69	6109	6017	2.12		沁　县
	3.00	7000	7000	2.00		沁源县
						沁水县
						阳城县
	5.00	2300	2300	0.80		陵川县
	50.00	11900	11900	3.69		山阴县
	4.00	3000	3000	1.00		应　县
						右玉县
		3300	3000	1.15		榆社县
	7.00	4000	4000	1.20		左权县
		1500	1500	0.18		和顺县
	2.00	300	300	0.09		昔阳县
	12.00	4310	4310	1.98		寿阳县

7-3-2 续表 3

县名称 Name of Counties	储气能力(吨) Gas Storage Capacity (ton)	供气管道长度(公里) Length of Gas Supply Pipeline (km)	供气总量(吨) 合计 Total	销售气量 Quantity Sold	居民家庭 Households
太谷区	100.00		510.00	510.00	510.00
祁　县					
平遥县	50.00	0.30	1200.00	1200.00	200.00
灵石县	23.00		219.00	210.00	
临猗县	28.00		1590.00	1570.00	1280.00
万荣县	1100.00		1180.00	1130.00	1130.00
闻喜县	60.00		280.00	279.00	270.00
稷山县	150.00		715.00	700.00	500.00
新绛县					
绛　县	45.00		115.00	114.80	114.80
垣曲县	40.00		350.00	350.00	320.00
夏　县	177.00		463.00	460.00	190.00
平陆县	80.00		1100.00	1094.00	1094.00
芮城县	200.00		180.00	175.30	175.30
定襄县	30.00		320.00	316.00	290.00
五台县	108.00		477.00	472.00	338.00
代　县	259.35		334.00	333.78	333.78
繁峙县	60.00		297.00	297.00	297.00
宁武县	750.00		720.00	700.00	700.00
静乐县	78.00		200.00	135.00	135.00
神池县	59.00		75.00	75.00	72.00
五寨县	25.00		391.00	387.00	344.00
岢岚县	30.00		360.00	358.00	335.00
河曲县	67.20		100.00	100.00	100.00
保德县	40.00		300.00	300.00	250.00
偏关县	100.00		200.00	197.00	187.00
曲沃县	45.00		302.00	300.00	0.70
翼城县	50.00		150.00	149.00	130.00
襄汾县					
洪洞县	42.00		160.00	156.00	156.00
古　县	50.00		173.00	171.00	162.00
安泽县	45.00		20.00	20.00	20.00
浮山县	100.00		260.00	260.00	260.00
吉　县	36.00		612.00	606.00	520.00
乡宁县					
大宁县	42.00		209.00	206.80	115.50
隰　县	450.00		286.00	275.00	275.00
永和县	450.00		550.00	549.50	315.00
蒲　县			60.00	60.00	20.00
汾西县	100.00				
文水县					
交城县	300.00		17200.00	17200.00	2200.00
兴　县	140.00		482.10	480.00	480.00
临　县	100.00		30.00	30.00	30.00

continued

Total Gas Supplied (ton)		用气户数(户) Number of Household with Access to Gas (unit)		用气人口(万人) Population with Access to Gas (10,000 persons)	液化气汽车加气站(座) Gas Stations for LPG- Fueled Motor Vehicles (unit)	县名称 Name of Counties
燃气汽车 Gas-Powered Automobiles	燃气损失量 Loss Amount		居民家庭 Household User			
		1605	1605	0.08		太谷区
						祁　县
		700	200	0.28		平遥县
	9.00	2100				灵石县
	20.00	12460	12160	6.21		临猗县
	50.00	17280	17280	3.70		万荣县
	1.00	1500	1500	0.40		闻喜县
	15.00	6000	6000	2.40		稷山县
						新绛县
	0.20	2000	2000	0.60		绛　县
		4500	4000	2.00		垣曲县
	3.00	3000	2600	1.00		夏　县
	6.00	13200	13200	2.51		平陆县
	4.70	2321	2321	0.80		芮城县
	4.00	4600	4500	3.20		定襄县
	5.00	4193	2700	1.08		五台县
	0.22	9334	9334	2.80		代　县
		13090	13090	3.92		繁峙县
	20.00	14500	14500	5.50		宁武县
	65.00	18483	18483	4.59		静乐县
		12312	12098	3.85		神池县
	4.00	5100	3000	1.00		五寨县
	2.00	8800	5500	2.50		岢岚县
		3780	3780	1.32		河曲县
		2833	2833	0.85		保德县
	3.00	11300	9264	3.40		偏关县
	2.00	75	10	0.01		曲沃县
	1.00	1800	1200	0.50		翼城县
						襄汾县
	4.00	1493	1493	0.34		洪洞县
	2.00	1587	853	0.33		古　县
		826	826	0.29		安泽县
		5000	5000	4.00		浮山县
	6.00	3542	3520	2.11		吉　县
						乡宁县
	2.20	3823	2567	1.66		大宁县
	11.00	2960	2960	2.60		隰　县
	0.50	6654	4658	1.80		永和县
		600	400	0.20	1	蒲　县
						汾西县
						文水县
15000.00		13255	13255	5.90	3	交城县
	2.10	8000	8000	2.00		兴　县
		60	60	0.02		临　县

7-3-2 续表 4

县名称 Name of Counties	储气能力(吨) Gas Storage Capacity (ton)	供气管道长度(公里) Length of Gas Supply Pipeline (km)	供气总量(吨) 合计 Total	销售气量 Quantity Sold	居民家庭 Households
柳林县					
石楼县	100.00		480.00	477.00	470.00
岚　县	150.00	0.10	89.60	89.00	27.00
方山县					
中阳县	90.00		156.00	156.00	156.00
交口县					
内蒙古	**8812.00**	**59.97**	**46738.21**	**46354.82**	**39561.66**
土左旗					
托　县					
和林县					
清水河县	3.00		125.94	125.94	11.70
武川县	40.00		253.00	250.00	45.00
土右旗	49.00		385.00	384.00	18.30
固阳县	39.00		233.00	233.00	233.00
达尔罕茂明安联合旗	60.00		209.00	208.00	208.00
阿鲁科尔沁旗	48.50		790.00	790.00	790.00
巴林左旗	247.50		1218.85	1218.50	904.00
巴林右旗	185.00	13.50	816.00	816.00	816.00
林西县	400.00	8.44	930.00	910.00	910.00
克什克腾旗	415.00		1535.00	1535.00	1535.00
翁牛特旗	70.00	18.00	3421.00	3406.00	3405.50
喀喇沁旗	185.00		1415.00	1400.00	1382.00
宁城县	80.00		1480.00	1477.00	1342.00
敖汉旗	135.00	20.00	885.00	882.00	825.00
科左中旗	580.00		564.00	560.00	560.00
科左后旗	56.00		200.00	200.00	200.00
开鲁县					
库伦旗	106.00		1340.00	1320.00	960.00
奈曼旗	42.00		670.00	660.00	600.00
扎鲁特旗	210.00		675.00	660.00	656.00
达拉特旗	21.00		620.00	590.00	590.00
准格尔旗	90.00		2948.50	2940.70	2453.00
鄂托克前旗	55.00		160.00	159.00	159.00
鄂托克旗	40.00		140.00	140.00	140.00
杭锦旗	120.00		400.08	400.00	400.00
乌审旗	400.00		382.00	379.00	379.00
伊金霍洛旗	60.00		522.00	507.00	98.00
阿荣旗	25.00		620.00	600.00	600.00
莫　旗	50.00		300.00	298.00	270.00
鄂伦春旗	96.00		820.00	800.00	800.00
鄂温克旗	220.00		910.00	909.97	826.00
陈巴尔虎旗	49.00		385.00	385.00	385.00
新左旗	50.00		270.00	270.00	255.00
新右旗			303.20	291.00	291.00

continued

Total Gas Supplied (ton) 燃气汽车 Gas-Powered Automobiles	燃气损失量 Loss Amount	用气户数(户) Number of Household with Access to Gas (unit)	居民家庭 Household User	用气人口(万人) Population with Access to Gas (10,000 persons)	液化气汽车加气站(座) Gas Stations for LPG- Fueled Motor Vehicles (unit)	县名称 Name of Counties
						柳林县
	3.00	7000	7000	2.10		石楼县
	0.60	1570	1300	0.39	2	岚　县
						方山县
		3000	3000	2.20		中阳县
						交口县
3109.40	**383.39**	**886339**	**843590**	**293.40**	**14**	**内蒙古**
						土左旗
						托　县
						和林县
		914	320	0.22		清水河县
	3.00	1748	1368	0.40		武川县
	1.00	567	345	0.03		土右旗
		1239	1239	0.53		固阳县
	1.00	4400	4400	1.20		达尔罕茂明安联合旗
		32000	32000	9.20		阿鲁科尔沁旗
	0.35	22395	21390	10.15		巴林左旗
		26600	26600	7.75		巴林右旗
	20.00	24300	24300	9.77		林西县
		19060	19060	6.71		克什克腾旗
	15.00	45706	45706	16.20		翁牛特旗
	15.00	29872	26596	7.91		喀喇沁旗
135.00	3.00	35000	35000	14.80	1	宁城县
	3.00	40602	38262	12.06		敖汉旗
	4.00	12322	12322	4.50		科左中旗
		23033	23033	6.91		科左后旗
						开鲁县
	20.00	23160	23160	5.79		库伦旗
	10.00	13058	12878	5.48		奈曼旗
3.40	15.00	32000	31000	9.06	1	扎鲁特旗
	30.00	3500	3500	1.11		达拉特旗
	7.80	48126	43558	15.32		准格尔旗
	1.00	720	720	0.30		鄂托克前旗
		700	700	0.20		鄂托克旗
	0.08	8000	8000	0.22		杭锦旗
	3.00	1115	1115	0.19		乌审旗
	15.00	2160	1280	0.24		伊金霍洛旗
	20.00	10010	10010	3.27		阿荣旗
22.00	2.00	11410	10920	6.28	2	莫　旗
	20.00	9680	9680	4.50		鄂伦春旗
	0.03	6500	5900	2.94		鄂温克旗
		6090	6090	1.85		陈巴尔虎旗
15.00		3875	3246	1.57	1	新左旗
	12.20	5643	5643	2.09		新右旗

7-3-2 续表 5

县名称 Name of Counties	储气能力(吨) Gas Storage Capacity (ton)	供气管道长度(公里) Length of Gas Supply Pipeline (km)	供气总量(吨) 合计 Total	销售气量 Quantity Sold	居民家庭 Households
五原县	50.00		304.00	301.00	301.00
磴口县	150.00	0.03	413.80	410.00	410.00
乌拉特前旗			3245.00	3210.00	3210.00
乌拉特中旗	10.00		380.00	379.99	300.00
乌拉特后旗	50.00		540.50	540.00	540.00
杭锦后旗	100.00		564.00	558.20	558.20
卓资县			151.00	149.50	149.50
化德县	50.00		258.60	255.60	255.60
商都县	36.00		428.00	428.00	410.00
兴和县	10.00		1269.00	1268.00	1268.00
凉城县	25.00		1215.00	1200.00	1050.00
察右前旗			1218.99	1217.61	714.18
察右中旗	30.00		95.30	95.00	95.00
察右后旗			445.00	432.00	365.00
四子王旗	40.00		120.00	120.00	120.00
科尔沁右翼前旗	245.00		247.00	239.00	239.00
科右中旗	200.00		360.13	360.00	360.00
扎赉特旗	1345.00		900.86	900.05	690.18
突泉县	350.00		1600.00	1600.00	1450.00
阿巴嘎旗	124.00		120.00	120.00	120.00
苏尼特左旗	40.00		220.00	220.00	220.00
苏尼特右旗	300.00		300.00	290.00	290.00
东乌珠穆沁旗	58.00		795.00	784.00	784.00
西乌珠穆沁旗	150.00		3263.00	3261.00	477.00
太仆寺旗	105.00		376.00	371.00	371.00
镶黄旗	111.00		450.00	449.50	449.50
正镶白旗	320.00		85.00	85.00	85.00
正蓝旗	50.00		120.00	117.00	117.00
多伦县	210.00		210.00	200.00	200.00
阿拉善左旗	56.00		719.00	706.00	706.00
阿拉善右旗	90.00		81.00	81.00	81.00
额济纳旗	280.00		316.46	301.26	128.00
辽　宁	**5745.50**	**30.85**	**30324.75**	**30171.77**	**27128.37**
康平县	240.00	2.50	1785.00	1785.00	1084.00
法库县	543.00	27.30	1989.00	1989.00	1989.00
长海县	60.00		430.00	420.00	410.00
台安县	225.00		1985.00	1947.00	1657.00
岫岩满族自治县	500.00		2550.00	2550.00	2000.00
抚顺县					
新宾满族自治县	380.00		340.30	338.00	338.00
清原满族自治县	300.00		600.00	600.00	360.00
本溪满族自治县	220.00		745.25	745.07	741.67
桓仁满族自治县	469.00		512.20	502.20	484.20
宽甸满族自治县	195.00	1.05	2210.00	2210.00	2210.00

continued

Total Gas Supplied (ton) 燃气汽车 Gas-Powered Automobiles	燃气损失量 Loss Amount	用气户数(户) Number of Household with Access to Gas (unit)	居民家庭 Household User	用气人口(万人) Population with Access to Gas (10,000 persons)	液化气汽车加气站(座) Gas Stations for LPG- Fueled Motor Vehicles (unit)	县名称 Name of Counties
	3.00	11030	11030	6.13		五原县
	3.80	3100	3100	0.91		磴口县
	35.00	17800	17800	4.47		乌拉特前旗
	0.01	2900	2700	0.85		乌拉特中旗
	0.50	9219	9219	2.76		乌拉特后旗
	5.80	19732	19732	6.91		杭锦后旗
	1.50	15800	15800	4.76		卓资县
	3.00	4138	4138	1.84		化德县
		20000	15000	10.30		商都县
	1.00	11500	11500	4.41		兴和县
	15.00	17210	16550	6.50		凉城县
	1.38	13498	11468	5.05		察右前旗
	0.30	4450	4450	1.82		察右中旗
	13.00	9154	8993	5.05		察右后旗
		32525	32525	6.70		四子王旗
	8.00	7750	7750	2.45	2	科尔沁右翼前旗
	0.13	21500	21500	7.70		科右中旗
	0.81	50028	34776	6.56	6	扎赉特旗
150.00		15647	13947	5.16	1	突泉县
		6300	6300	2.00		阿巴嘎旗
		3500	3500	1.40		苏尼特左旗
	10.00	7250	7250	2.90		苏尼特右旗
	11.00	6280	6280	2.15		东乌珠穆沁旗
2784.00	2.00	14060	14060	3.20		西乌珠穆沁旗
	5.00	9910	9910	4.06		太仆寺旗
	0.50	6825	6825	3.06		镶黄旗
		4160	4160	2.55		正镶白旗
	3.00	3400	3400	2.40		正蓝旗
	10.00	12300	12300	5.30		多伦县
	13.00	13000	13000	2.95		阿拉善左旗
		856	856	0.70		阿拉善右旗
	15.20	6012	4430	1.65		额济纳旗
413.40	**152.98**	**409102**	**367854**	**90.13**	**12**	**辽　宁**
		21079	16008	3.80		康平县
		54731	54731	6.00	6	法库县
	10.00	10450	10100	3.55		长海县
290.00	38.00	12069	11869	3.85	2	台安县
		35000	30000	11.00		岫岩满族自治县
						抚顺县
	2.30	18000	18000	5.40		新宾满族自治县
		11000	9000	3.00		清原满族自治县
3.40	0.18	25876	21063	5.97	1	本溪满族自治县
18.00	10.00	31080	30180	3.00	1	桓仁满族自治县
		21250	21250	10.00		宽甸满族自治县

7-3-2 续表 6

县名称 Name of Counties	储气能力(吨) Gas Storage Capacity (ton)	供气管道长度(公里) Length of Gas Supply Pipeline (km)	供气总量(吨) 合计 Total	销售气量 Quantity Sold	居民家庭 Households
黑山县	100.00		530.00	530.00	530.00
义　县	223.00		760.00	760.00	760.00
阜新蒙古族自治县	116.00		710.00	692.00	692.00
彰武县	125.00		950.00	950.00	800.00
辽阳县	840.00		5860.00	5810.00	5810.00
盘山县					
铁岭县					
西丰县	60.00		812.50	810.00	735.00
昌图县	10.00		302.00	299.00	132.00
朝阳县					
建平县	550.00		1336.00	1336.00	1004.00
喀喇沁左翼蒙古族自治县	150.00		1049.00	1049.00	1022.00
绥中县	367.50		4051.00	4032.50	3619.50
建昌县	72.00		817.50	817.00	750.00
吉　林	**2922.40**	**81.08**	**21779.08**	**21677.50**	**18281.05**
农安县	170.00		2993.00	2987.50	2026.00
永吉县	647.00		2200.00	2190.00	1840.00
梨树县					
伊通满族自治县	100.00		1550.00	1530.00	765.00
东丰县	186.40		1500.00	1500.00	1500.00
东辽县	70.00	9.86	130.00	129.00	0.05
通化县	40.00		165.28	165.00	165.00
辉南县	300.00	68.90	5020.00	5000.00	4800.00
柳河县	240.00		386.00	380.00	380.00
抚松县	30.00		360.00	357.00	350.00
靖宇县	230.00		600.00	589.00	450.00
长白朝鲜族自治县	20.00		103.00	102.00	102.00
前郭县	250.00		338.00	333.00	333.00
长岭县	109.00		300.00	298.00	190.00
乾安县	190.00		2413.10	2412.00	2270.00
镇赉县	35.00		280.70	280.00	280.00
通榆县	80.00		200.00	200.00	200.00
汪清县	75.00	2.32	2400.00	2395.00	1800.00
安图县	150.00		840.00	830.00	830.00
黑龙江	**5846.10**	**9.60**	**30822.30**	**30488.97**	**27487.45**
依兰县	75.00		580.30	580.00	580.00
方正县	40.00		328.05	325.00	321.00
宾　县	142.00		1905.00	1880.00	1880.00
巴彦县	170.00		650.00	645.50	600.00
木兰县	60.00		675.50	675.00	625.00
通河县	50.00		610.80	610.00	610.00
延寿县	85.00		232.60	225.00	120.00
龙江县	100.00		726.00	722.51	595.97
依安县	120.00		275.00	272.00	153.00

continued

Total Gas Supplied (ton)		用气户数(户) Number of Household with Access to Gas (unit)		用气人口(万人) Population with Access to Gas (10,000 persons)	液化气汽车加气站(座) Gas Stations for LPG- Fueled Motor Vehicles (unit)	县名称 Name of Counties
燃气汽车 Gas-Powered Automobiles	燃气损失量 Loss Amount		居民家庭 Household User			
		5700	5700	1.80		黑山县
		23000	23000	2.01		义　县
	18.00	10600	10600	3.05		阜新蒙古族自治县
		9500	9500	3.00		彰武县
	50.00	35690	35690	7.00		辽阳县
						盘山县
						铁岭县
	2.50	8000	7700	2.15		西丰县
	3.00	28010	7010	1.50		昌图县
		6900	6835	2.70		朝阳县
75.00		13800	13400	4.02	1	建平县
27.00		18000	17500	4.50	1	喀喇沁左翼蒙古族自治县
	18.50	4067	3768	1.23		绥中县
	0.50	5300	4950	1.60		建昌县
940.00	**101.58**	**232407**	**213769**	**80.26**	**6**	**吉　林**
6.00	5.50	23742	23263	10.42	1	农安县
	10.00	28000	19000	8.70		永吉县
						梨树县
	20.00	11000	9500	4.25		伊通满族自治县
		22000	22000	6.50		东丰县
	1.00	7000	3000	1.00	1	东辽县
	0.28	2780	2780	0.68		通化县
200.00	20.00	22610	20300	10.67	2	辉南县
	6.00	4100	4100	1.00		柳河县
	3.00	15600	15600	4.68		抚松县
139.00	11.00	18560	18560	5.56	1	靖宇县
	1.00	2782	2782	0.85		长白朝鲜族自治县
	5.00	1756	1756	0.52		前郭县
	2.00	2100	1300	0.40		长岭县
	1.10	25577	25528	8.00		乾安县
	0.70	3000	3000	1.10		镇赉县
		6000	6000	2.00		通榆县
595.00	5.00	15800	15300	7.33	1	汪清县
	10.00	20000	20000	6.60		安图县
1948.54	**333.33**	**494237**	**450483**	**144.03**	**18**	**黑龙江**
	0.30	6900	6900	2.07		依兰县
	3.05	3330	3270	1.61		方正县
	25.00	31020	31020	9.10		宾　县
	4.50	44661	36951	9.03		巴彦县
	0.50	6890	6431	4.75		木兰县
	0.80	10100	10100	2.30	1	通河县
	7.60	6800	6000	1.75		延寿县
126.54	3.49	12239	7162	3.40	1	龙江县
119.00	3.00	2700	2550	2.00	1	依安县

7-3-2 续表 7

县名称 Name of Counties	储气能力(吨) Gas Storage Capacity (ton)	供气管道长度(公里) Length of Gas Supply Pipeline (km)	供气总量(吨) 合计 Total	销售气量 Quantity Sold	居民家庭 Households
泰来县	190.00		1069.00	1068.80	813.50
甘南县	25.00		703.00	700.00	610.00
富裕县	200.00		88.90	84.80	74.80
克山县	140.00		222.00	220.00	210.00
克东县	50.00		230.00	229.68	229.68
拜泉县	60.00		187.05	187.00	184.00
鸡东县	100.00		600.00	578.38	410.00
萝北县	190.00	1.50	826.25	820.00	820.00
绥滨县	50.00		97.00	93.00	88.00
集贤县	500.00		265.30	261.00	261.00
友谊县	100.00		365.00	361.00	133.00
宝清县	240.00		905.00	861.00	743.00
饶河县	120.00		664.00	658.00	448.00
肇州县	60.00		1460.00	1450.00	1450.00
肇源县	142.00		1200.00	1194.40	1194.40
林甸县	301.00	8.10	2283.30	2261.00	2261.00
杜尔伯特蒙古族自治县	218.00		480.20	480.00	480.00
嘉荫县	64.00		320.00	310.00	288.00
汤旺县	215.00		718.00	708.00	708.00
丰林县	380.00		941.00	900.00	900.00
大箐山县	50.00		150.00	150.00	150.00
南岔县	30.00		2066.00	2066.00	1900.00
桦南县	125.00		1120.50	1120.00	480.00
桦川县	140.00		635.50	630.00	350.00
汤原县	100.00		300.15	300.00	100.00
勃利县	222.00		564.00	557.00	557.00
林口县	80.00		1000.00	990.00	990.00
逊克县	50.00		200.20	200.00	200.00
孙吴县	36.00		37.00	34.50	12.00
望奎县	125.00		628.00	624.20	598.90
兰西县	34.00		506.00	501.00	501.00
青冈县	100.10		210.00	200.00	197.00
庆安县	100.00		430.00	429.00	424.00
明水县	90.00		330.00	329.00	329.00
绥棱县	50.00		448.50	437.00	389.00
呼玛县	50.00		53.00	52.00	52.00
塔河县	87.00		643.00	626.00	584.00
加格达奇区	190.00		1892.20	1882.20	1882.20
江　苏	**18310.50**	**0.80**	**90444.47**	**89518.38**	**64742.96**
丰　县	206.00		1400.00	1385.50	354.60
沛　县	92.00		1330.58	1328.80	1230.00
睢宁县	820.00		5100.00	5060.00	5060.00
如东县	1009.00		10475.00	10418.00	8375.00
东海县	1028.00		11000.00	10770.00	4350.00

continued

Total Gas Supplied (ton) 燃气汽车 Gas-Powered Automobiles	燃气损失量 Loss Amount	用气户数(户) Number of Household with Access to Gas (unit)	居民家庭 Household User	用气人口(万人) Population with Access to Gas (10,000 persons)	液化气汽车加气站(座) Gas Stations for LPG- Fueled Motor Vehicles (unit)	县名称 Name of Counties
	0.20	11466	10166	3.05		泰来县
1.00	3.00	7120	6850	2.00	1	甘南县
10.00	4.10	816	816	0.26	1	富裕县
10.00	2.00	9780	8600	3.60	1	克山县
	0.32	2800	2800	1.90		克东县
3.00	0.05	3000	3000	2.00	1	拜泉县
	21.62	6785	6512	3.16		鸡东县
	6.25	9850	9850	3.30		萝北县
	4.00	1148	858	0.49		绥滨县
	4.30	4150	4150	1.72		集贤县
228.00	4.00	10750	10300	2.60	1	友谊县
118.00	44.00	30840	25566	7.53	1	宝清县
210.00	6.00	4645	4333	2.22	1	饶河县
	10.00	28160	28160	4.19		肇州县
	5.60	31000	31000	3.68		肇源县
	22.30	16199	16199	5.68		林甸县
	0.20	7000	7000	2.15		杜尔伯特蒙古族自治县
	10.00	5930	4800	1.85		嘉荫县
	10.00	8625	8625	4.00		汤旺县
	41.00	19450	19450	7.50		丰林县
		3116	3116	1.20		大箐山县
		35000	27500	8.50		南岔县
640.00	0.50	8000	8000	2.60	2	桦南县
280.00	5.50	2460	2380	0.91	1	桦川县
200.00	0.15	1600	1200	0.34	4	汤原县
	7.00	3060	3060	1.19		勃利县
	10.00	10100	10100	6.00		林口县
	0.20	2000	2000	0.20		逊克县
	2.50	1000	350	0.34		孙吴县
	3.80	9890	9890	3.50		望奎县
	5.00	14803	14803	3.70		兰西县
3.00	10.00	2000	1500	0.45	1	青冈县
	1.00	12624	6635	2.16		庆安县
	1.00	3000	3000	1.04		明水县
	11.50	3400	2400	0.72		绥棱县
	1.00	1030	1030	0.59		呼玛县
	17.00	11600	8700	3.50		塔河县
	10.00	25400	25400	8.20		加格达奇区
1080.00	**926.09**	**619829**	**559189**	**154.79**	**1**	**江　苏**
	14.50	4650	1970	0.63		丰　县
	1.78	32184	15100	5.10		沛　县
	40.00	30000	30000	12.45		睢宁县
	57.00	61330	55836	12.88		如东县
	230.00	15685	13768	5.49		东海县

7-3-2 续表 8

县名称 Name of Counties	储气能力(吨) Gas Storage Capacity (ton)	供气管道长度(公里) Length of Gas Supply Pipeline (km)	供气总量(吨) 合计 Total	销售气量 Quantity Sold	居民家庭 Households
灌云县	220.00		5182.00	5128.00	4963.00
灌南县	203.00		1860.00	1800.00	1800.00
涟水县	7000.00		2680.00	2660.00	2200.00
盱眙县	469.00	0.80	7470.00	7467.00	3006.00
金湖县	820.00		5210.00	5200.00	4200.00
响水县	87.50		3600.00	3588.00	2870.00
滨海县	250.00		2600.00	2550.00	2450.00
阜宁县	2521.00		8000.00	7760.00	5200.00
射阳县	1000.00		3526.08	3519.08	2768.36
建湖县	382.00		6570.00	6490.00	4300.00
宝应县	700.00		3076.41	3076.00	1424.00
沭阳县	675.00		4348.00	4330.00	4235.00
泗阳县	388.00		3109.00	3100.00	3085.00
泗洪县	440.00		3907.40	3888.00	2872.00
浙　江	**13788.56**	**47.71**	**152544.67**	**151894.38**	**121104.23**
桐庐县	500.00		6837.70	6835.60	5855.60
淳安县	210.00		1701.00	1700.70	1190.00
象山县	268.00		9243.00	9243.00	5696.00
宁海县	750.00		17688.60	17628.60	12788.50
永嘉县	81.00		2012.00	2012.00	2012.00
平阳县	155.00		2601.00	2596.00	2196.00
苍南县	170.00		5511.00	5468.00	5010.00
文成县	125.00	3.10	3419.53	3417.68	3075.91
泰顺县		17.01	2765.00	2765.00	2158.00
嘉善县	300.00		1189.00	1189.00	625.00
海盐县	4785.00		3500.00	3500.00	850.00
德清县	310.00		4116.00	4095.00	650.00
长兴县	378.00		665.00	645.00	490.00
安吉县	450.00		5760.00	5760.00	4608.00
新昌县	740.00		6544.20	6544.19	6544.19
武义县	200.00		3952.85	3948.00	3865.00
浦江县	445.00		11739.00	11609.00	5513.00
磐安县	600.00	27.00	5220.00	5023.00	3208.00
常山县	335.00		3500.00	3500.00	3450.00
开化县	200.00		4056.50	4056.50	4056.50
龙游县	450.00		6103.55	6096.82	6096.82
岱山县	270.00		2540.00	2540.00	2040.00
嵊泗县	100.00		1730.00	1730.00	1053.00
三门县	255.00		5800.00	5793.20	4350.00
天台县	388.00		8962.00	8936.00	8679.00
仙居县	250.00		3718.00	3703.00	3703.00
青田县	200.00		7450.00	7404.00	7404.00
缙云县	135.00		1632.08	1632.00	1520.00
遂昌县	150.00		3816.00	3815.00	3815.00

continued

Total Gas Supplied (ton)		用气户数（户）		用气人口（万人）	液化气汽车加气站（座）	县名称
燃气汽车 Gas-Powered Automobiles	燃气损失量 Loss Amount	Number of Household with Access to Gas (unit)	居民家庭 Household User	Population with Access to Gas (10,000 persons)	Gas Stations for LPG- Fueled Motor Vehicles (unit)	Name of Counties
	54.00	45000	26000	10.00		灌云县
	60.00	28600	28600	13.20		灌南县
	20.00	28000	27170	5.80		涟水县
	3.00	10056	9309	10.89		盱眙县
	10.00	45000	44000	1.03		金湖县
	12.00	29850	29250	3.32		响水县
	50.00	42000	39000	11.50		滨海县
1080.00	240.00	62000	61800	14.80	1	阜宁县
	7.00	33759	31658	8.65		射阳县
	80.00	51000	50500	8.80		建湖县
	0.41	18697	16372	6.00		宝应县
	18.00	41000	39000	12.30		沭阳县
	9.00	23229	22941	7.43		泗阳县
	19.40	17789	16915	4.52		泗洪县
	650.29	**932078**	**834448**	**227.93**		**浙　江**
	2.10	48368	46954	7.30		桐庐县
	0.30	15200	14100	3.00		淳安县
		38659	26333	10.05		象山县
	60.00	54149	54149	12.60		宁海县
		18436	18436	6.21		永嘉县
	5.00	27600	23500	9.73		平阳县
	43.00	44660	43660	12.42		苍南县
	1.85	14536	12217	6.07		文成县
		23050	17110	7.06		泰顺县
		7910	4840	1.00		嘉善县
		3570	2517	1.35		海盐县
	21.00	3220	3050	1.20		德清县
	20.00	4013	3009	0.43		长兴县
		39345	32439	6.62		安吉县
	0.01	40054	40054	11.18		新昌县
	4.85	47110	46060	12.08		武义县
	130.00	95766	42872	14.31		浦江县
	197.00	14373	14373	4.14		磐安县
		15800	15800	3.89		常山县
		15500	15500	9.90		开化县
	6.73	23000	23000	4.91		龙游县
		12651	11551	4.96		岱山县
		12116	11973	4.15		嵊泗县
	6.80	30124	29894	7.80		三门县
	26.00	112047	110506	7.36		天台县
	15.00	30000	30000	12.00		仙居县
	46.00	21000	21000	8.57		青田县
	0.08	13794	13794	5.49		缙云县
	1.00	21529	21529	5.96		遂昌县

7-3-2 续表 9

县名称 Name of Counties	储气能力(吨) Gas Storage Capacity (ton)	供气管道长度(公里) Length of Gas Supply Pipeline (km)	供气总量(吨) 合计 Total	销售气量 Quantity Sold	居民家庭 Households
松阳县	180.00		3935.45	3934.20	3934.20
云和县	240.00		1780.41	1749.00	1749.00
庆元县	121.00		1585.50	1562.71	1462.71
景宁县	47.56	0.60	1470.30	1462.18	1455.80
安　徽	**18325.66**	**31.29**	**110922.86**	**110392.09**	**98178.18**
长丰县	240.00		1448.96	1448.80	1298.00
肥西县	360.00		5100.00	5100.00	5100.00
肥东县	2834.00		9849.50	9844.58	8228.00
庐江县	2079.00		2490.00	2490.00	2490.00
南陵县	250.00		1585.00	1580.00	1575.00
怀远县	300.00		3500.00	3500.00	3500.00
五河县	300.00		2516.00	2516.00	2516.00
固镇县	180.00		3300.00	3291.00	3067.00
凤台县	200.00		1360.00	1360.00	1230.00
寿　县	43.50		650.00	647.00	640.00
当涂县	150.00	0.30	5025.00	5025.00	2600.00
含山县			2272.00	2267.00	2267.00
和　县	195.00		1248.00	1226.00	1222.00
濉溪县	164.00		1250.00	1250.00	90.00
枞阳县	200.00		1000.00	998.00	900.00
怀宁县	60.10		555.00	555.00	530.00
太湖县	80.00		1490.00	1465.00	1465.00
宿松县	300.00		3405.00	3393.00	3393.00
望江县	206.00		750.00	750.00	500.00
岳西县	245.00		1280.00	1270.00	1100.00
歙　县	280.00	4.00	1401.00	1400.00	1400.00
休宁县	100.00		1650.00	1648.00	900.00
黟　县	85.00		1171.00	1170.00	890.00
祁门县	90.00		1165.00	1165.00	1165.00
来安县	320.00	0.10	550.80	550.00	530.00
全椒县	700.00		1200.00	1200.00	680.00
定远县	110.00		225.20	223.20	223.20
凤阳县	100.00		2170.00	2100.00	1650.00
临泉县	250.00		4800.00	4760.00	4760.00
太和县	200.00		1642.00	1638.00	1638.00
阜南县	200.00		1000.00	1000.00	950.00
颍上县	593.70		1150.00	1147.62	1077.69
砀山县	450.00		2100.00	2095.00	1950.00
萧　县	1000.00		5214.00	5212.00	5212.00
灵璧县	310.00		4850.00	4740.00	2680.00
泗　县	205.00		1402.60	1401.40	1401.40
霍邱县	515.00		3955.00	3950.00	3950.00
舒城县	1450.00		4267.00	4266.89	4266.89
金寨县	180.00		2000.00	1983.00	1892.00

continued

Total Gas Supplied (ton)		用气户数（户）		用气人口（万人）	液化气汽车加气站（座）	县名称
燃气汽车 Gas-Powered Automobiles	燃气损失量 Loss Amount	Number of Household with Access to Gas (unit)	居民家庭 Household User	Population with Access to Gas (10,000 persons)	Gas Stations for LPG- Fueled Motor Vehicles (unit)	Name of Counties
	1.25	44346	44346	7.53		松阳县
	31.41	12020	12020	5.68		云和县
	22.79	11936	11711	7.31		庆元县
	8.12	16196	16151	5.67		景宁县
320.00	**530.77**	**892559**	**855077**	**283.56**	**8**	**安　徽**
	0.16	12321	11978	2.91		长丰县
		46000	46000	18.01		肥西县
	4.92	41430	34892	7.05		肥东县
		10400	10400	5.40		庐江县
	5.00	5550	5450	1.38		南陵县
		22885	22885	9.43		怀远县
		15257	15257	5.49		五河县
	9.00	8949	8764	3.32		固镇县
		16120	16120	4.30		凤台县
	3.00	11000	11000	6.78		寿　县
		3359	2610	0.98		当涂县
	5.00	11889	11889	2.55		含山县
	22.00	20635	18955	9.88		和　县
		350	350	0.13		濉溪县
	2.00	10100	9800	4.43		枞阳县
		3190	3190	1.05		怀宁县
	25.00	18000	18000	7.60		太湖县
	12.00	29080	29080	4.60		宿松县
		14636	14636	4.17		望江县
	10.00	25100	25100	7.60		岳西县
	1.00	14000	14000	5.30		歙　县
	2.00	10129	10000	4.25		休宁县
	1.00	14556	10523	3.79		黟　县
		12590	12590	3.74		祁门县
	0.80	9457	9333	2.55		来安县
		4325	2662	0.86		全椒县
	2.00	1200	1200	0.35	6	定远县
	70.00	15320	15320	2.45		凤阳县
	40.00	20500	20500	8.01		临泉县
	4.00	13250	13250	5.30		太和县
		12350	10970	4.15		阜南县
	2.38	21200	21200	5.83		颍上县
	5.00	32000	32000	12.65		砀山县
	2.00	36640	36640	13.80		萧　县
	110.00	49120	40520	15.84		灵璧县
	1.20	12162	12162	3.83		泗　县
	5.00	40001	40001	12.80		霍邱县
	0.11	41570	41570	3.95		舒城县
	17.00	30000	28200	7.08		金寨县

7-3-2 续表 10

县名称 Name of Counties	储气能力(吨) Gas Storage Capacity (ton)	供气管道长度(公里) Length of Gas Supply Pipeline (km)	供气总量(吨)		
			合计 Total	销售气量 Quantity Sold	居民家庭 Households
霍山县	850.00		4505.00	4500.00	4500.00
涡阳县	150.00		951.00	950.00	950.00
蒙城县	385.00		2265.30	2195.30	1500.00
利辛县	300.00		1369.50	1351.70	1109.60
东至县	138.00		3020.00	3020.00	3020.00
石台县	30.00		470.00	468.20	426.00
青阳县	120.00		1195.00	1175.00	855.00
郎溪县	480.00		1710.00	1665.00	1665.00
泾　县	152.36	26.89	1991.00	1987.40	1987.40
绩溪县	145.00		938.00	935.00	720.00
旌德县	50.00		520.00	518.00	518.00
福　建	**10674.59**	**17.78**	**89201.07**	**88766.51**	**78834.90**
闽侯县			1057.00	1057.00	771.00
连江县	2000.00		895.00	894.95	894.95
罗源县	89.00	0.15	1570.00	1570.00	895.00
闽清县	146.00		662.30	659.00	554.00
永泰县	200.00		2750.00	2750.00	2470.00
仙游县	93.00		4050.00	4040.00	3950.00
明溪县	72.60		476.20	474.30	474.30
清流县	30.00		182.00	176.00	176.00
宁化县	374.00	1.04	775.00	775.00	775.00
大田县	175.00		911.00	906.40	677.00
尤溪县	200.00		1020.30	1020.20	1020.20
沙　县	220.00		986.00	973.00	925.00
将乐县	900.00		480.23	476.21	389.61
泰宁县	35.00		650.00	646.00	646.00
建宁县	82.00		602.50	600.00	550.00
惠安县	210.00		1190.00	1176.00	990.00
安溪县	260.00		3943.12	3920.34	3418.10
永春县	120.00		5034.00	5021.00	5021.00
德化县	99.27		7853.00	7853.00	3700.00
云霄县	392.00		2950.37	2942.25	2942.25
漳浦县	300.00		3810.00	3803.73	2930.56
诏安县	148.00		2384.00	2380.00	2380.00
长泰县	84.00		3000.00	2999.00	2900.00
东山县	1930.00	1.88	840.00	838.00	600.00
南靖县	518.00		1904.00	1880.00	1124.00
平和县	126.00		1905.00	1900.00	1900.00
华安县	50.00	7.61	1997.00	1982.00	1982.00
顺昌县	95.00		850.00	834.00	795.00
浦城县	175.00		3955.41	3951.00	3951.00
光泽县	50.00		1300.00	1250.00	1250.00
松溪县	220.00		997.00	990.00	990.00
政和县	100.00		1356.00	1341.00	1182.00

continued

Total Gas Supplied (ton)		用气户数(户)		用气人口(万人)	液化气汽车加气站(座)	县名称
燃气汽车 Gas-Powered Automobiles	燃气损失量 Loss Amount	Number of Household with Access to Gas (unit)	居民家庭 Household User	Population with Access to Gas (10,000 persons)	Gas Stations for LPG- Fueled Motor Vehicles (unit)	Name of Counties
	5.00	30120	30120	8.02		霍山县
	1.00	15000	15000	6.00		涡阳县
	70.00	24700	21700	7.20		蒙城县
	17.80	13900	13280	6.60		利辛县
		25505	25505	8.89		东至县
	1.80	4700	4200	1.53		石台县
320.00	20.00	12133	7605	3.91	2	青阳县
	45.00	13100	13100	3.45		郎溪县
	3.60	20400	20400	7.83		泾　县
	3.00	7820	6610	3.55		绩溪县
	2.00	8560	8560	2.99		旌德县
	434.56	**781491**	**763983**	**291.79**		**福　建**
		3672	3207	0.96		闽侯县
	0.05	9980	9980	3.01		连江县
		7575	7538	1.99		罗源县
	3.30	8171	7886	3.38		闽清县
		25100	24900	6.80		永泰县
	10.00	36500	36300	16.00		仙游县
	1.90	9436	9436	3.73		明溪县
	6.00	8635	8635	2.61		清流县
		12916	12916	5.99		宁化县
	4.60	18670	15900	7.00		大田县
	0.10	17560	17560	5.61		尤溪县
	13.00	11780	11060	3.66		沙　县
	4.02	3330	3030	1.28		将乐县
	4.00	16500	16500	2.51		泰宁县
	2.50	11050	10000	6.00		建宁县
	14.00	13450	13250	5.24		惠安县
	22.78	32487	30576	12.14		安溪县
	13.00	57430	57430	18.65		永春县
		28448	28095	14.51		德化县
	8.12	25187	25187	17.12		云霄县
	6.27	18552	18135	4.94		漳浦县
	4.00	20130	20130	7.59		诏安县
	1.00	10688	10680	4.00		长泰县
	2.00	6800	6667	2.00		东山县
	24.00	18060	18060	4.01		南靖县
	5.00	16400	16400	5.59		平和县
	15.00	5600	5600	2.35		华安县
	16.00	14830	13125	6.85		顺昌县
	4.41	41130	41130	13.28		浦城县
	50.00	7753	7753	7.40		光泽县
	7.00	17650	17650	5.20		松溪县
	15.00	12694	12478	7.20		政和县

7-3-2 续表 11

县名称 Name of Counties	储气能力(吨) Gas Storage Capacity (ton)	供气管道长度(公里) Length of Gas Supply Pipeline (km)	供气总量(吨) 合计 Total	销售气量 Quantity Sold	居民家庭 Households
长汀县	150.00		2179.00	2154.00	1896.00
上杭县	113.97	0.90	2602.41	2598.29	2598.29
武平县	80.00		1805.00	1800.00	1800.00
连城县	130.00		1150.00	1120.00	1000.00
霞浦县	100.00		8304.00	8215.00	8175.00
古田县	77.00		1308.20	1303.40	1230.00
屏南县	199.75	6.20	1115.42	1113.92	1041.12
寿宁县	50.00		1791.00	1790.00	1500.00
周宁县	61.00		3150.00	3150.00	3150.00
柘荣县	54.00		1229.28	1219.52	1200.52
平潭县	165.00		2230.33	2223.00	2020.00
江　西	**22983.70**	**155.55**	**165565.94**	**164145.33**	**147517.71**
南昌县	220.00		5000.00	4955.00	3160.00
安义县	708.00	148.00	7450.00	7389.00	6178.60
进贤县	365.00		2008.00	1992.00	1992.00
浮梁县	120.00		1200.00	1200.00	1200.00
莲花县	250.00	0.30	864.00	857.15	857.15
上栗县	245.00		5412.42	5409.62	5409.62
芦溪县	46.00		744.00	740.00	740.00
武宁县	670.00		1194.00	1194.00	1194.00
修水县	208.00		3960.00	3915.00	3915.00
永修县	141.00		1956.90	1950.00	1950.00
德安县	200.00	7.25	2824.00	2818.00	2818.00
都昌县	150.00		3000.00	2995.00	2995.00
湖口县	370.00		1875.00	1874.70	1874.70
彭泽县	30.60		240.40	240.36	240.10
分宜县	200.00		1757.00	1745.00	1732.00
信丰县			1594.51	1585.00	1585.00
大余县	160.00		837.50	832.00	832.00
上犹县	250.00		2055.00	2050.00	2050.00
崇义县	70.00		816.00	808.00	808.00
安远县	165.00		1721.00	1693.00	1665.00
定南县	424.00		2889.00	2875.00	2875.00
全南县	102.50		1708.37	1706.37	1686.30
宁都县	515.00		4865.95	4865.00	4865.00
于都县	360.00		5500.00	5300.00	5300.00
兴国县	250.00		2520.00	2511.00	2511.00
会昌县	406.00		3008.00	2896.00	2896.00
寻乌县	96.00		1798.07	1798.00	1798.00
石城县	250.00		1325.50	1325.00	1215.00
吉安县	201.00		917.00	898.00	898.00
吉水县	300.00		6925.00	6800.00	6800.00
峡江县	82.00		472.00	471.00	456.00
新干县	231.00		2509.00	2413.00	2413.00

continued

Total Gas Supplied (ton)		用气户数（户）		用气人口（万人）	液化气汽车加气站（座）	县名称
燃气汽车 Gas-Powered Automobiles	燃气损失量 Loss Amount	Number of Household with Access to Gas (unit)	居民家庭 Household User	Population with Access to Gas (10,000 persons)	Gas Stations for LPG- Fueled Motor Vehicles (unit)	Name of Counties
	25.00	29093	24634	10.20		长汀县
	4.12	8337	8337	4.36		上杭县
	5.00	5280	5280	4.58		武平县
	30.00	12860	12650	6.50		连城县
	89.00	58000	57900	14.01		霞浦县
	4.80	15350	14200	7.60		古田县
	1.50	11568	11564	5.15		屏南县
	1.00	11256	10825	4.79		寿宁县
		22668	22668	5.56		周宁县
	9.76	13159	13001	5.14		柘荣县
	7.33	45756	45730	15.30		平潭县
1201.00	**1420.61**	**1339412**	**1317971**	**493.00**	**3**	**江　西**
	45.00	16000	15986	4.63		南昌县
1201.00	61.00	13675	13102	5.80	2	安义县
	16.00	13600	13600	4.79		进贤县
		15300	15300	0.62		浮梁县
	6.85	7687	7687	4.85		莲花县
	2.80	22000	22000	6.90		上栗县
	4.00	6800	6800	3.28		芦溪县
		13500	13500	5.70		武宁县
	45.00	33860	33860	12.16		修水县
	6.90	17100	17100	8.90		永修县
	6.00	20711	20711	5.95		德安县
	5.00	36230	36230	13.50		都昌县
	0.30	5423	5423	1.63		湖口县
	0.04	1560	1510	1.03		彭泽县
	12.00	16502	16502	1.60		分宜县
	9.51	19823	19823	6.70		信丰县
	5.50	13800	13800	7.38		大余县
	5.00	13026	13026	10.15		上犹县
	8.00	16602	16602	5.22		崇义县
	28.00	18679	15415	7.26		安远县
	14.00	22800	22800	7.05		定南县
	2.00	14846	14010	3.91		全南县
	0.95	59950	59950	24.40		宁都县
	200.00	57350	57350	21.70		于都县
	9.00	37480	37480	17.92		兴国县
	112.00	26522	26522	11.25		会昌县
	0.07	29239	29239	10.95		寻乌县
	0.50	26151	19968	8.65		石城县
	19.00	4960	4960	1.64		吉安县
	125.00	85000	85000	14.44		吉水县
	1.00	5077	5016	1.87		峡江县
	96.00	20157	20157	7.66		新干县

7-3-2 续表 12

县名称 Name of Counties	储气能力(吨) Gas Storage Capacity (ton)	供气管道长度(公里) Length of Gas Supply Pipeline (km)	供气总量(吨) 合计 Total	销售气量 Quantity Sold	居民家庭 Households
永丰县	360.00		3950.00	3938.00	3650.00
泰和县	191.00		1038.59	1037.08	1037.08
遂川县	126.00		1927.18	1911.50	1911.50
万安县	25.00		2251.00	2210.00	2210.00
安福县	4981.00		5024.00	5024.00	5024.00
永新县	400.00		1680.00	1666.80	1666.80
奉新县	420.00		4621.10	4588.00	2049.00
万载县	1185.00		11000.00	10800.00	7900.00
上高县	135.00		2043.00	2041.00	1928.00
宜丰县	510.00		1716.00	1707.90	1707.90
靖安县	550.00		1125.00	1100.00	1100.00
铜鼓县	300.00		869.00	867.50	867.50
南城县	98.00		2230.45	2230.15	2226.00
黎川县	723.00		480.00	478.50	478.50
南丰县	144.00		850.00	850.00	850.00
崇仁县	136.00		1845.00	1844.50	1500.00
乐安县	100.00		860.00	859.20	859.20
宜黄县	140.00		1070.00	1070.00	750.00
金溪县	480.00		14480.00	14480.00	12260.00
资溪县	45.00		1709.00	1709.00	1515.16
广昌县	310.00		710.00	710.00	710.00
玉山县	650.00		3580.00	3580.00	3580.00
铅山县	1245.00		4173.00	4132.00	4132.00
横峰县	260.00		1420.00	1410.00	1400.00
弋阳县	243.60		1910.00	1907.00	1907.00
余干县	450.00		7458.00	7296.00	2842.60
鄱阳县	198.00		1532.00	1530.00	1480.00
万年县	687.00		1500.00	1500.00	1500.00
婺源县	105.00		1566.00	1566.00	1566.00
山　东	**17845.10**	**143.83**	**77723.16**	**77148.22**	**64855.08**
平阴县	120.00		432.00	423.36	360.00
商河县	40.00		541.00	540.00	520.00
桓台县	20.00		1074.20	1068.00	290.00
高青县	75.00		3008.10	3000.00	400.00
沂源县	50.00		1771.00	1760.00	1186.00
利津县	20.00		600.10	600.00	600.00
广饶县	1180.00	22.86	1180.00	1171.00	1171.00
临朐县	1720.00		4646.00	4546.00	4546.00
昌乐县	190.00		2600.00	2560.00	2560.00
微山县	60.00		301.06	288.68	281.70
鱼台县	320.00		650.00	646.00	623.00
金乡县	90.00		1600.00	1578.00	1578.00
嘉祥县	550.00	26.20	3100.00	3050.00	1587.00
汶上县	380.00	13.00	2750.00	2740.00	2650.00

continued

Total Gas Supplied (ton)		用气户数(户) Number of Household with Access to Gas (unit)		用气人口(万人) Population with Access to Gas (10,000 persons)	液化气汽车加气站(座) Gas Stations for LPG- Fueled Motor Vehicles (unit)	县名称 Name of Counties
燃气汽车 Gas-Powered Automobiles	燃气损失量 Loss Amount		居民家庭 Household User			
	12.00	17775	16883	10.34		永丰县
	1.51	30337	30337	14.61		泰和县
	15.68	20548	20548	13.97		遂川县
	41.00	20015	20015	8.91		万安县
		22361	22361	9.44		安福县
	13.20	25830	25830	11.54		永新县
	33.10	19200	18640	7.89		奉新县
	200.00	30100	28000	9.23		万载县
	2.00	20328	19241	7.18		上高县
	8.10	14860	14860	2.95		宜丰县
	25.00	14301	14301	4.55		靖安县
	1.50	6850	6850	1.66		铜鼓县
	0.30	36100	36100	12.32		南城县
	1.50	7875	7875	5.30		黎川县
		14377	14377	4.94	1	南丰县
	0.50	47450	46750	9.36		崇仁县
	0.80	13640	13640	5.53		乐安县
		9872	9068	2.95		宜黄县
		35520	34250	11.25		金溪县
		10852	10682	3.19		资溪县
		11730	11730	5.53		广昌县
		36885	36885	12.00		玉山县
	41.00	33250	33250	7.50		铅山县
	10.00	13996	13996	7.61		横峰县
	3.00	21480	21480	9.10		弋阳县
	162.00	30758	28134	11.18		余干县
	2.00	16702	16449	13.80		鄱阳县
		30000	30000	10.00		万年县
		15010	15010	9.68		婺源县
	574.94	**549049**	**522863**	**172.51**		**山　东**
	8.64	4240	4000	0.96		平阴县
	1.00	4000	3980	1.08		商河县
	6.20	1400	600	0.23		桓台县
	8.10	3900	3400	0.61		高青县
	11.00	8260	7100	1.96		沂源县
	0.10	4330	4330	1.30		利津县
	9.00	2870	2870	0.30		广饶县
	100.00	38926	38926	8.00		临朐县
	40.00	14100	14100	2.36		昌乐县
	12.38	6587	4462	1.56		微山县
	4.00	9581	8881	4.23		鱼台县
	22.00	5100	5100	1.50		金乡县
	50.00	10005	4563	1.90		嘉祥县
	10.00	25000	25000	7.00		汶上县

7-3-2 续表 13

县名称 Name of Counties	储气能力(吨) Gas Storage Capacity (ton)	供气管道长度(公里) Length of Gas Supply Pipeline (km)	供气总量(吨) 合计 Total	销售气量 Quantity Sold	居民家庭 Households
泗水县	83.00		369.10	368.00	251.00
梁山县	300.00		3460.00	3438.00	3438.00
宁阳县	40.00		1400.00	1392.00	1392.00
东平县	120.00		20.05	20.00	20.00
五莲县	127.60		680.25	680.00	680.00
莒　县	1600.00		6000.00	5980.00	5920.00
沂南县	620.00		1840.00	1830.00	1010.00
郯城县	380.00	30.00	1737.00	1733.00	1733.00
沂水县	200.00		4900.00	4870.00	2600.00
兰陵县	601.00		3462.00	3446.00	3446.00
费　县	50.00		1500.00	1496.00	1496.00
平邑县	715.00		1210.00	1200.00	1080.00
莒南县	232.00		1686.00	1679.00	934.00
蒙阴县	306.00		3400.00	3399.00	2200.00
临沭县	300.00		3850.00	3840.00	3840.00
宁津县	41.00		400.00	393.00	388.00
庆云县					
临邑县			640.20	636.60	300.00
齐河县			906.00	900.00	900.00
平原县	1200.00		736.48	726.48	726.48
夏津县	4.00		3000.00	2990.00	2580.00
武城县	240.00		1015.00	1011.00	990.00
阳谷县	73.50		368.50	363.50	357.20
莘　县	80.00		1100.57	1085.10	1085.10
东阿县	66.00		560.00	553.00	553.00
冠　县	400.00		1250.00	1230.00	1230.00
高唐县	241.00	0.77	632.50	632.00	632.00
惠民县					
阳信县					
无棣县	2.00		200.20	200.00	200.00
博兴县	100.00		270.00	261.90	261.90
曹　县	1908.00		2917.15	2914.00	2914.00
单　县	420.00		1060.00	1057.90	760.00
成武县	300.00		742.00	739.70	739.70
巨野县					
郓城县	915.00	51.00	670.00	637.00	589.00
鄄城县	410.00		386.70	380.00	380.00
东明县	955.00		1100.00	1095.00	876.00
河　南	**15489.67**	**1.55**	**158419.93**	**155886.45**	**135672.40**
中牟县	80.00		5245.00	5055.00	3000.00
杞　县	130.00		1700.00	1660.00	1660.00
通许县	690.00		2940.00	2800.00	2800.00
尉氏县	130.00		2534.00	2530.00	2207.00
兰考县	45.00		414.00	399.00	399.00

continued

Total Gas Supplied (ton)		用气户数(户) Number of Household with Access to Gas (unit)		用气人口(万人) Population with Access to Gas (10,000 persons)	液化气汽车加气站(座) Gas Stations for LPG- Fueled Motor Vehicles (unit)	县名称 Name of Counties
燃气汽车 Gas-Powered Automobiles	燃气损失量 Loss Amount		居民家庭 Household User			
	1.10	3295	3260	1.30		泗水县
	22.00	15000	15000	4.52		梁山县
	8.00	4488	4488	1.28		宁阳县
	0.05	290	290	0.09		东平县
	0.25	5000	5000	1.40		五莲县
	20.00	21126	19242	4.81		莒　县
	10.00	12629	11234	6.12		沂南县
	4.00	20683	20683	8.15		郯城县
	30.00	36867	35600	11.03		沂水县
	16.00	50375	50375	20.15		兰陵县
	4.00	5150	5150	1.82		费　县
	10.00	10800	10800	6.05		平邑县
	7.00	11625	11525	4.87		莒南县
	1.00	25000	24000	4.53		蒙阴县
	10.00	9000	9000	3.96		临沭县
	7.00	2000	2000	0.50		宁津县
						庆云县
	3.60	7046	5021	2.84		临邑县
	6.00	7000	7000	2.50		齐河县
	10.00	8025	8025	1.90		平原县
	10.00	32280	27800	3.00		夏津县
	4.00	14125	13500	5.65		武城县
	5.00	4500	3850	1.73		阳谷县
	15.47	9765	9765	2.91		莘　县
	7.00	1650	1650	0.53		东阿县
	20.00	9315	9315	3.26		冠　县
	0.50	3800	3800	1.33		高唐县
						惠民县
						阳信县
	0.20	2000	2000	0.35		无棣县
	8.10	3000	3000	2.27		博兴县
	3.15	37086	37086	12.98		曹　县
	2.10	4700	4500	1.80		单　县
	2.30	5270	5270	3.17		成武县
						巨野县
	33.00	7396	6358	3.26		郓城县
	6.70	13964	13964	7.66		鄄城县
	5.00	6500	6000	1.80		东明县
7271.00	**2533.48**	**1154797**	**1117638**	**426.17**	**19**	**河　南**
	190.00	18100	14707	2.89		中牟县
	40.00	6350	6350	2.52		杞　县
	140.00	16320	16320	3.90		通许县
	4.00	8500	8500	2.00		尉氏县
	15.00	2280	2280	0.78		兰考县

7-3-2 续表 14

县名称 Name of Counties	储气能力(吨) Gas Storage Capacity (ton)	供气管道长度(公里) Length of Gas Supply Pipeline (km)	供气总量(吨) 合计 Total	销售气量 Quantity Sold	居民家庭 Households
孟津县	29.12		86.00	84.00	84.00
新安县	255.00		1520.00	1512.00	1350.00
栾川县					
嵩　县	70.00		1106.00	1096.00	1096.00
汝阳县	270.00		3300.00	3299.50	2600.00
宜阳县	140.00		1280.00	1270.00	950.00
洛宁县	48.00		1120.00	1119.98	1119.98
伊川县	25.00		801.00	800.00	799.00
宝丰县	460.00		1575.00	1545.00	1545.00
叶　县	298.00		3000.01	2860.01	1500.77
鲁山县	250.00		3150.00	3150.00	2450.00
郏　县	100.00	1.55	1683.11	1681.11	1681.11
安阳县					
汤阴县			890.00	889.00	765.00
滑　县					
内黄县	17.50		750.00	749.00	710.00
浚　县	275.00		877.00	857.00	857.00
淇　县	80.00		183.00	178.00	99.00
新乡县	80.00		940.00	900.00	900.00
获嘉县	50.00		3964.00	3950.00	2100.00
原阳县	265.00		1208.00	1202.00	1202.00
延津县	330.00		2955.50	2953.60	2953.60
封丘县	100.00		1610.00	1609.00	1370.00
修武县	50.00		265.00	265.00	265.00
博爱县	60.00		1456.00	1416.00	1416.00
武陟县					
温　县	77.00		600.00	583.00	583.00
清丰县					
南乐县					
范　县					
台前县					
濮阳县					
鄢陵县	100.00		450.00	450.00	420.00
襄城县	150.00		955.30	952.00	875.00
舞阳县	320.00		2552.50	2550.00	750.00
临颍县	114.00		707.00	706.50	460.00
渑池县	50.00		975.00	970.00	966.00
卢氏县	70.00		763.65	762.00	740.80
南召县	50.00		1115.00	1113.00	1113.00
方城县	223.00		2900.00	2850.00	2650.00
西峡县	315.00		3380.00	3350.00	3350.00
镇平县	50.00		1699.00	1696.00	1696.00
内乡县	490.00		9536.00	9527.00	8200.00
淅川县	190.00		7580.00	7340.00	5400.00

continued

Total Gas Supplied (ton)		用气户数(户)		用气人口(万人)	液化气汽车加气站(座)	县名称
燃气汽车 Gas-Powered Automobiles	燃气损失量 Loss Amount	Number of Household with Access to Gas (unit)	居民家庭 Household User	Population with Access to Gas (10,000 persons)	Gas Stations for LPG- Fueled Motor Vehicles (unit)	Name of Counties
	2.00	700	700	0.21		孟津县
	8.00	9230	8846	3.15		新安县
						栾川县
	10.00	18000	18000	7.95		嵩　县
	0.50	21000	18000	7.00		汝阳县
	10.00	19500	15500	5.90		宜阳县
	0.02	18606	18606	6.62		洛宁县
	1.00	6000	6000	1.80		伊川县
	30.00	7610	7610	5.22		宝丰县
940.00	140.00	16958	14275	4.20	1	叶　县
605.00		28460	25728	9.27	2	鲁山县
	2.00	17258	17258	8.39		郏　县
						安阳县
	1.00	7330	6130	1.89		汤阴县
						滑　县
	1.00	11583	6152	1.85		内黄县
	20.00	9021	9021	2.30		浚　县
79.00	5.00	827	798	0.30	2	淇　县
	40.00	3800	3800	1.10		新乡县
1850.00	14.00	6250	6250	2.50	2	获嘉县
	6.00	11800	11800	5.90		原阳县
	1.90	10667	10667	3.97		延津县
	1.00	14222	14201	4.66		封丘县
		2300	2300	1.00		修武县
	40.00	9000	9000	3.00		博爱县
						武陟县
	17.00	7520	7520	2.76		温　县
						清丰县
						南乐县
						范　县
						台前县
						濮阳县
		7000	7000	2.45		鄢陵县
	3.30	7000	7000	2.46		襄城县
1800.00	2.50	5238	5238	1.81	4	舞阳县
	0.50	7320	7274	1.71		临颍县
	5.00	8871	8723	5.91		渑池县
	1.65	12837	12345	4.64		卢氏县
	2.00	12000	12000	4.60		南召县
	50.00	26160	25780	10.50		方城县
	30.00	27000	27000	13.38		西峡县
	3.00	27799	27799	9.73		镇平县
1327.00	9.00	29880	29700	10.46	3	内乡县
	240.00	33200	33000	16.60		淅川县

7-3-2 续表 15

县名称 Name of Counties	储气能力(吨) Gas Storage Capacity (ton)	供气管道长度(公里) Length of Gas Supply Pipeline (km)	供气总量(吨) 合计 Total	销售气量 Quantity Sold	居民家庭 Households
社旗县	762.00		6663.00	6364.00	6364.00
唐河县	468.00		460.00	459.54	459.54
新野县	275.00		762.00	750.00	750.00
桐柏县	300.00		1081.00	1078.30	1078.30
民权县	120.00		1690.00	1676.00	1520.00
睢　县	160.00		1793.00	1788.50	1788.50
宁陵县	62.00		1973.00	1950.00	1550.00
柘城县	120.00		3526.00	3500.00	3106.00
虞城县	120.00		1930.00	1910.00	1300.00
夏邑县	230.00		3208.00	3200.00	3200.00
罗山县	140.00		1990.00	1990.00	1990.00
光山县	440.00		2286.00	2212.00	1980.00
新　县	100.00		3200.00	3190.00	3190.00
商城县	360.00		2358.00	2303.00	2248.00
固始县	230.00		2910.00	2860.00	2740.00
潢川县	200.00		10233.50	10123.50	9820.00
淮滨县	105.00		1832.00	1799.00	1634.00
息　县	500.00		730.00	715.00	660.00
扶沟县	50.00		968.00	955.00	772.00
西华县	45.00		447.00	434.00	434.00
商水县	40.00		976.00	970.00	970.00
沈丘县	53.00		399.05	399.00	399.00
郸城县	1100.00		1168.00	1156.00	1156.00
淮阳县	270.00		1146.00	1146.00	1046.00
太康县	100.00		2820.00	2820.00	2820.00
鹿邑县	450.00		3989.00	3955.00	3955.00
西平县	293.00		1450.00	1448.00	1020.00
上蔡县	70.00		480.00	474.80	474.80
平舆县	870.00		2500.00	2465.00	2415.00
正阳县	100.00		1792.00	1788.00	1771.00
确山县	100.00		1552.50	1549.80	1500.00
泌阳县	90.00		1550.00	1500.00	1500.00
汝南县	50.05		6433.31	5926.31	2675.00
遂平县	550.00		654.00	651.00	603.00
新蔡县	40.00		1703.50	1700.00	1700.00
湖　北	**9759.55**	**19.17**	**53558.43**	**53015.30**	**50627.04**
阳新县	160.00		2599.00	2590.00	2350.00
郧西县	220.00		1108.00	1099.00	1099.00
竹山县	300.00		1500.00	1490.00	1490.00
竹溪县	250.00		966.00	930.00	930.00
房　县	390.00		810.00	806.00	780.00
远安县	398.00		1044.51	1043.61	1043.61
兴山县	60.00		400.00	398.00	367.00
秭归县	49.50		936.00	917.30	917.30

continued

Total Gas Supplied (ton)		用气户数(户) Number of Household with Access to Gas (unit)		用气人口(万人) Population with Access to Gas (10,000 persons)	液化气汽车加气站(座) Gas Stations for LPG- Fueled Motor Vehicles (unit)	县名称 Name of Counties
燃气汽车 Gas-Powered Automobiles	燃气损失量 Loss Amount		居民家庭 Household User			
	299.00	37000	37000	14.65		社旗县
	0.46	6000	6000	2.96		唐河县
	12.00	7347	7347	1.29		新野县
	2.70	16632	16632	8.31		桐柏县
	14.00	12230	11930	2.63		民权县
	4.50	14000	14000	4.24		睢　县
400.00	23.00	10600	8800	4.02	2	宁陵县
	26.00	14700	11800	5.50		柘城县
	20.00	11300	10800	5.20		虞城县
	8.00	23000	23000	8.00		夏邑县
		19530	19530	5.95		罗山县
	74.00	18240	18200	6.90		光山县
	10.00	29890	29890	10.58		新　县
	55.00	23510	23500	10.12		商城县
	50.00	20130	19100	10.00		固始县
	110.00	79257	77257	28.59		潢川县
165.00	33.00	18900	18010	7.27	1	淮滨县
55.00	15.00	7000	6770	2.51	1	息　县
	13.00	4025	3820	1.20		扶沟县
	13.00	4738	4738	2.32		西华县
	6.00	4152	4152	2.31		商水县
	0.05	3500	3500	1.65		沈丘县
	12.00	10100	10100	5.08		郸城县
		12530	11800	3.89		淮阳县
		27650	27650	7.10		太康县
	34.00	65200	65200	21.00		鹿邑县
	2.00	2869	2840	0.79		西平县
	5.20	7780	7780	6.50		上蔡县
50.00	35.00	19571	19571	4.33	1	平舆县
	4.00	19780	19234	8.02		正阳县
	2.70	23400	22890	5.37		确山县
	50.00	19310	19310	6.99		泌阳县
	507.00	23378	23258	9.29		汝南县
	3.00	8000	7000	3.02		遂平县
	3.50	16051	16051	11.31		新蔡县
1225.01	**543.13**	**587010**	**509317**	**194.34**	**4**	**湖　北**
	9.00	23000	18000	7.10		阳新县
	9.00	17000	17000	4.65		郧西县
	10.00	11645	11645	5.80		竹山县
	36.00	10000	10000	5.33	1	竹溪县
	4.00	66474	9424	11.60		房　县
	0.90	10900	10900	3.77		远安县
	2.00	13900	5963	3.84		兴山县
	18.70	10000	10000	2.80		秭归县

7-3-2 续表 16

县名称 Name of Counties	储气能力(吨) Gas Storage Capacity (ton)	供气管道长度(公里) Length of Gas Supply Pipeline (km)	供气总量(吨) 合计 Total	销售气量 Quantity Sold	居民家庭 Households
长阳土家族自治县	77.00		420.50	412.00	412.00
五峰土家族自治县	50.00		634.00	630.00	630.00
南漳县	180.00		1800.20	1800.00	1800.00
谷城县	182.00		1520.00	1517.25	1517.25
保康县	110.00		401.00	400.00	400.00
沙洋县	100.00		1545.80	1542.80	1542.80
孝昌县	502.00		1022.23	1019.22	1019.22
大悟县	220.00	11.00	3832.00	3669.00	3403.00
云梦县	280.00		2880.24	2880.00	2760.00
公安县	100.00		909.00	900.00	900.00
江陵县	114.00		468.00	460.00	322.00
团风县	148.80		538.00	535.86	532.96
红安县	400.00		2150.00	2100.00	2100.00
罗田县	123.00		441.20	439.15	389.00
英山县	122.50		765.00	759.20	525.00
浠水县			2648.00	2643.00	1875.00
蕲春县	110.00		1058.90	1054.80	1054.80
黄梅县	40.00		220.00	218.00	218.00
嘉鱼县	1000.00	8.00	4002.00	3937.00	3808.00
通城县	3048.00		3606.05	3605.00	3605.00
崇阳县	85.50		3800.00	3798.57	3461.56
通山县	135.00		4154.00	4124.00	4124.00
随　县	100.00	0.17	506.00	500.00	500.00
建始县	72.25		543.52	528.52	528.52
巴东县	69.00		2342.00	2339.20	2339.20
咸丰县	110.00		405.00	400.00	400.00
来凤县	26.00		268.00	267.00	267.00
鹤峰县	150.00		855.50	820.00	800.00
宣恩县	125.00		160.78	155.82	155.82
神农架林区	152.00		298.00	286.00	260.00
湖　南	**40765.96**	**333.34**	**225210.56**	**223265.10**	**197817.20**
长沙县	1305.80		15886.70	15884.00	1878.00
望城区	546.00		9496.00	9496.00	9496.00
攸　县	2546.00		1800.00	1764.00	1764.00
茶陵县	707.00		3890.00	3850.00	3240.00
炎陵县	260.00		251.00	250.80	244.00
湘潭县	689.00		2920.50	2920.00	2007.50
衡阳县	925.00		1500.00	1500.00	1500.00
衡南县	5000.00		2605.00	2475.00	2355.00
衡山县	90.72		1357.78	1348.70	1207.58
衡东县	486.00		5705.90	5649.40	5439.60
祁东县	1330.00		6500.00	6478.00	6478.00
南岳区			105.00	103.00	50.00
新邵县	750.00		4850.00	4834.24	4834.24

continued

Total Gas Supplied (ton)		用气户数(户)		用气人口(万人)	液化气汽车加气站(座)	县名称
燃气汽车 Gas-Powered Automobiles	燃气损失量 Loss Amount	Number of Household with Access to Gas (unit)	居民家庭 Household User	Population with Access to Gas (10,000 persons)	Gas Stations for LPG- Fueled Motor Vehicles (unit)	Name of Counties
	8.50	2100	2100	0.54		长阳土家族自治县
	4.00	4600	4600	2.55		五峰土家族自治县
	0.20	15165	15165	6.84		南漳县
	2.75	14650	14650	6.05		谷城县
	1.00	13214	13214	2.90		保康县
	3.00	12743	12743	4.46		沙洋县
	3.01	6348	6348	3.10		孝昌县
	163.00	21045	19244	7.00		大悟县
	0.24	25800	25600	12.80		云梦县
	9.00	11000	11000	3.50		公安县
	8.00	3774	3582	3.85		江陵县
	2.14	4520	4520	1.70		团风县
	50.00	26500	26500	7.30		红安县
	2.05	8795	8795	5.12		罗田县
	5.80	14858	14858	2.91		英山县
768.00	5.00	15200	13997	2.00	1	浠水县
	4.10	10016	10016	3.17		蕲春县
	2.00	3500	3500	1.10		黄梅县
120.00	65.00	30523	30523	10.71	1	嘉鱼县
	1.05	36958	36958	15.14		通城县
337.01	1.43	53225	50088	14.50	1	崇阳县
	30.00	34920	34920	10.47		通山县
	6.00	2100	2100	0.89		随　县
	15.00	7170	7170	3.72		建始县
	2.80	24000	24000	5.90		巴东县
	5.00	2100	2100	0.63		咸丰县
	1.00	3800	3800	1.75		来凤县
	35.50	6455	5882	5.98		鹤峰县
	4.96	2112	2112	1.05		宣恩县
	12.00	6900	6300	1.82		神农架林区
698.15	**1945.46**	**1920036**	**1885967**	**589.88**	**6**	**湖　南**
	2.70	11794	9560	3.10		长沙县
		44896	44896	12.85		望城区
	36.00	35000	35000	17.88		攸　县
	40.00	32200	31400	12.90		茶陵县
	0.20	3960	3855	1.58		炎陵县
	0.50	12000	12000	3.00		湘潭县
		12000	12000	4.20		衡阳县
	130.00	7800	7800	2.30		衡南县
141.12	9.08	33241	19433	14.05	2	衡山县
	56.50	54300	54300	12.00		衡东县
	22.00	51248	51248	9.98		祁东县
	2.00	2300	2200	0.70		南岳区
	15.76	62500	62500	11.67		新邵县

7-3-2 续表 17

县名称 Name of Counties	储气能力(吨) Gas Storage Capacity (ton)	供气管道长度(公里) Length of Gas Supply Pipeline (km)	供气总量(吨)		
			合计 Total	销售气量 Quantity Sold	居民家庭 Households
邵阳县	310.00		6056.00	6045.50	6045.50
隆回县	625.26		4284.00	4080.00	3978.00
洞口县	599.00		3793.00	3758.00	3758.00
绥宁县	140.00		310.00	300.00	300.00
新宁县	155.00		3500.00	3498.00	2998.00
城步苗族自治县	71.22		1468.25	1466.38	1452.38
岳阳县	360.00		1080.00	1080.00	1035.00
华容县	132.00		4210.00	4208.00	3510.00
湘阴县	174.00		5100.80	5100.00	5100.00
平江县	170.00		4056.20	4051.00	4023.00
安乡县	1254.00	320.00	7829.00	7719.00	7550.00
汉寿县	500.00		1341.00	1308.00	960.00
澧　县	660.00		960.00	912.00	912.00
临澧县	372.00		2180.00	2100.00	2100.00
桃源县	240.00		2520.00	2430.00	2300.00
石门县	500.00		2065.00	2020.00	2020.00
慈利县	460.56		6497.45	6489.25	6489.25
桑植县	480.00		5280.00	5130.00	5090.00
南　县	321.60		1448.70	1381.80	1321.00
桃江县	200.00		1976.00	1968.00	1964.00
安化县	700.00		5810.00	5810.00	5810.00
大通湖区	195.00		318.00	318.00	214.00
桂阳县	4500.00		3245.00	3080.00	3080.00
宜章县	510.00		2112.08	2112.06	2112.00
永兴县	210.00		2410.00	2308.00	2308.00
嘉禾县	348.00		3180.00	3180.00	3180.00
临武县	706.80		1075.00	1075.00	1075.00
汝城县	500.00		3150.00	3140.00	620.00
桂东县	75.00	0.34	512.80	512.00	512.00
安仁县	545.00	10.00	1690.00	1683.00	1670.00
祁阳县	860.00		4510.00	4487.02	3500.00
东安县	750.00		4208.00	4110.00	3624.00
双牌县	280.00		989.20	989.20	951.40
道　县	380.00		5296.00	5296.00	4211.00
江永县	65.00		4566.00	4566.00	4566.00
宁远县	335.00		8200.00	8187.00	7850.00
蓝山县	538.00		3308.00	3308.00	2650.00
新田县	600.00		3710.00	3710.00	3710.00
江华瑶族自治县	627.00		3115.00	3115.00	3115.00
中方县			4258.00	4243.00	4243.00
沅陵县	250.00	3.00	2669.00	2668.90	2668.90
辰溪县	125.00		2197.20	2197.20	2187.20
溆浦县	295.00		2100.00	2100.00	2100.00
会同县	150.00		1300.00	1300.00	1300.00

continued

Total Gas Supplied (ton)		用气户数(户)		用气人口(万人)	液化气汽车加气站(座)	县名称
燃气汽车 Gas-Powered Automobiles	燃气损失量 Loss Amount	Number of Household with Access to Gas (unit)	居民家庭 Household User	Population with Access to Gas (10,000 persons)	Gas Stations for LPG- Fueled Motor Vehicles (unit)	Name of Counties
	10.50	20026	20026	10.12		邵阳县
	204.00	51000	49980	16.32		隆回县
	35.00	33000	33000	8.70		洞口县
	10.00	9800	9800	4.83		绥宁县
	2.00	22743	22743	9.10		新宁县
	1.87	20508	16210	10.22		城步苗族自治县
		19856	19856	3.27		岳阳县
	2.00	36200	36010	10.80		华容县
	0.80	21000	21000	5.00		湘阴县
	5.20	35714	34340	8.11		平江县
169.00	110.00	35230	35230	10.62	1	安乡县
	33.00	3305	3305	0.86		汉寿县
	48.00	7900	7900	2.20		澧　县
	80.00	34650	34650	3.50		临澧县
	90.00	15300	15000	6.50		桃源县
	45.00	6680	6680	2.18		石门县
	8.20	18900	18900	5.17		慈利县
	150.00	5530	5530	3.23		桑植县
	66.90	17298	17298	5.79		南　县
	8.00	17448	17426	4.65		桃江县
		51260	51260	15.78		安化县
		9090	4010	2.40		大通湖区
	165.00	78000	78000	21.00		桂阳县
0.03	0.02	37800	37800	12.30	2	宜章县
	102.00	7794	7794	2.73		永兴县
		32498	32498	8.65		嘉禾县
		1400	1400	1.04		临武县
	10.00	3850	3300	1.49		汝城县
	0.80	5950	5950	1.16		桂东县
	7.00	26000	26000	9.10		安仁县
	22.98	35230	33560	13.80		祁阳县
388.00	98.00	39670	38200	20.50	1	东安县
		12365	11892	5.78		双牌县
		65235	65134	18.12		道　县
		18957	18957	7.20		江永县
	13.00	130000	130000	17.66		宁远县
		73574	73100	13.80		蓝山县
		15600	15600	7.65		新田县
		22550	22550	10.50		江华瑶族自治县
	15.00	25691	25691	6.78		中方县
	0.10	49000	49000	10.36		沅陵县
		16000	16000	8.40		辰溪县
		30428	30428	10.65		溆浦县
		13525	13525	6.50		会同县

7-3-2 续表 18

县名称 Name of Counties	储气能力(吨) Gas Storage Capacity (ton)	供气管道长度(公里) Length of Gas Supply Pipeline (km)	供气总量(吨) 合计 Total	销售气量 Quantity Sold	居民家庭 Households
麻阳苗族自治县	210.00		2000.00	2000.00	2000.00
新晃侗族自治县	65.00		810.00	809.00	809.00
芷江侗族自治县	180.00		3400.00	3200.00	3200.00
通道县	352.00		900.00	900.00	900.00
靖州县	150.00		1800.00	1780.00	1780.00
双峰县	380.00		3000.00	3000.00	2790.00
新化县	2000.00		8200.00	8200.00	7600.00
泸溪县	75.00		1050.00	1040.00	1040.00
凤凰县	200.00		400.00	400.00	260.00
花垣县	450.00		2285.00	2284.00	2284.00
保靖县	95.00		1070.00	1054.70	1054.70
古丈县	200.00		465.00	464.95	464.95
永顺县	384.00		2258.00	2258.00	2196.00
龙山县	120.00		820.00	781.00	781.00
广　东	**17383.85**	**82.01**	**187333.23**	**186341.99**	**156868.82**
始兴县	320.00		1988.00	1920.00	1890.00
仁化县	180.00		1700.00	1681.00	1681.00
翁源县	450.00		3433.00	3340.00	3290.00
乳源瑶族自治县	1200.00		2075.00	2070.00	1714.00
新丰县	250.00		1717.07	1717.07	1557.07
南澳县	2100.00	13.00	1580.00	1580.00	1580.00
遂溪县	1200.00		14480.00	14360.00	14360.00
徐闻县	348.00		5040.00	5040.00	5040.00
广宁县	350.00	0.63	2893.55	2882.00	2372.00
怀集县	200.00	0.03	2354.00	2350.00	2350.00
封开县	90.00		1365.00	1355.00	1355.00
德庆县	335.00		2247.99	2242.25	2242.25
博罗县	500.00		12000.00	12000.00	12000.00
惠东县	318.00	58.00	15273.00	15273.00	15273.00
龙门县	300.00		3965.00	3965.00	3305.60
大埔县	50.00	0.50	1828.00	1428.00	1428.00
丰顺县	2500.00		2450.00	2450.00	2450.00
五华县	220.00		2100.00	2090.00	2090.00
平远县	500.00		1952.60	1952.60	1952.60
蕉岭县	228.00		3482.00	3480.00	3480.00
海丰县			7920.00	7920.00	7920.00
陆河县	190.00		2092.00	2092.00	1660.00
紫金县	700.00		4100.00	4100.00	4100.00
龙川县	355.00	0.45	4870.00	4869.89	4721.00
连平县	1800.00	3.50	1726.50	1706.50	1606.50
和平县	191.25		1946.01	1938.97	1938.97
东源县	70.00		4208.00	4200.00	4192.00
阳西县	195.00		3505.50	3505.50	3505.50
阳山县	250.00		6022.80	6021.00	6021.00

continued

Total Gas Supplied (ton)		用气户数(户) Number of Household with Access to Gas (unit)		用气人口(万人) Population with Access to Gas (10,000 persons)	液化气汽车加气站(座) Gas Stations for LPG- Fueled Motor Vehicles (unit)	县名称 Name of Counties
燃气汽车 Gas-Powered Automobiles	燃气损失量 Loss Amount		居民家庭 Household User			
		14800	14800	5.92		麻阳苗族自治县
	1.00	10000	10000	4.12		新晃侗族自治县
	200.00	29800	29800	13.30		芷江侗族自治县
		6500	6500	2.40		通道县
	20.00	16000	16000	5.30		靖州县
		28800	28800	8.59		双峰县
		102680	102680	33.35		新化县
	10.00	17334	17334	7.49		泸溪县
		28000	28000	11.00		凤凰县
	1.00	15890	15890	7.10		花垣县
	15.30	15050	15050	3.10		保靖县
	0.05	6677	6677	3.44		古丈县
		19311	19311	9.80		永顺县
	39.00	12400	12400	4.24		龙山县
	991.24	**1073008**	**1058499**	**372.80**	**2**	**广　东**
	68.00	21600	21534	5.40		始兴县
	19.00	7905	7905	1.11		仁化县
	93.00	44000	43500	12.56		翁源县
	5.00	18290	18290	5.91		乳源瑶族自治县
		25531	25403	10.67		新丰县
		12899	12899	4.34		南澳县
	120.00	46400	46400	18.35		遂溪县
		126268	126268	22.00		徐闻县
	11.55	25384	20562	9.71		广宁县
	4.00	1750	1750	10.50	1	怀集县
	10.00	20611	20611	7.01		封开县
	5.74	13750	13750	3.88		德庆县
		33040	33040	25.94		博罗县
		106900	106900	39.00		惠东县
		21082	19782	6.01		龙门县
	400.00	6130	6130	4.10		大埔县
		17213	17213	2.00		丰顺县
	10.00	50130	50130	19.12	1	五华县
		19918	19918	3.00		平远县
	2.00	14000	14000	2.90		蕉岭县
		43500	43500	14.00		海丰县
		14880	14880	8.91		陆河县
		26320	26320	14.81		紫金县
	0.11	19460	19270	4.30		龙川县
	20.00	18900	18700	7.57		连平县
	7.04	51134	51134	5.87		和平县
	8.00	6500	6000	2.82		东源县
		17000	17000	5.10		阳西县
	1.80	36100	36100	11.78		阳山县

7-3-2 续表 19

县名称 Name of Counties	储气能力(吨) Gas Storage Capacity (ton)	供气管道长度(公里) Length of Gas Supply Pipeline (km)	供气总量(吨) 合计 Total	销售气量 Quantity Sold	居民家庭 Households
连山壮族瑶族自治县	100.00		1700.00	1500.00	1450.00
佛冈县	125.00		2490.00	2490.00	2490.00
连南瑶族自治县	206.60		1703.21	1703.21	1581.33
饶平县	300.00	5.90	11050.00	11050.00	9760.00
揭西县	360.00		11610.00	11610.00	11610.00
惠来县	200.00		28350.00	28347.00	3500.00
新兴县	450.00		6657.00	6655.00	5945.00
郁南县	252.00		3458.00	3457.00	3457.00
广　西	**11448.96**	**0.50**	**140203.24**	**138619.75**	**131454.22**
隆安县	75.00		835.00	819.00	725.00
马山县	100.00		1388.40	1388.30	1388.30
上林县	300.00		1960.00	1954.00	1600.00
宾阳县	712.00		5100.00	5092.00	5082.00
横　县	172.00		3576.00	3569.00	3569.00
柳城县			1109.46	1095.00	996.50
鹿寨县	200.00		2217.00	2205.00	2005.00
融安县	164.40		2530.00	2527.00	2527.00
融水苗族自治县	200.00		2090.50	2062.30	2062.30
三江侗族自治县	42.00		1112.00	1099.00	1099.00
阳朔县	90.00		950.00	947.00	850.00
灵川县	300.00		2890.00	2853.00	1987.00
全州县	500.00		3280.00	3250.00	2980.00
兴安县	250.00		2091.30	2089.80	1200.00
永福县	40.00		843.00	841.00	841.00
灌阳县	135.00		1083.00	1082.00	1082.00
龙胜各族自治县	100.00		1000.00	990.00	990.00
资源县	110.00		763.80	762.00	553.00
平乐县	180.00		2105.00	2100.00	2100.00
恭城瑶族自治县			1750.00	1739.00	1739.00
苍梧县	50.00		980.00	975.00	893.00
藤　县	225.00		3566.39	3481.78	3481.78
蒙山县	100.00		1865.00	1853.00	1853.00
合浦县	250.00		6012.00	6009.00	6009.00
上思县	82.00		2690.00	2689.97	2650.00
灵山县	294.00		5370.70	5365.00	5095.00
浦北县	145.00		2525.00	2523.00	2523.00
平南县	315.00		4550.00	4549.00	3845.00
容　县	500.00		5475.00	5429.00	5221.00
陆川县	300.00		4830.00	4829.50	4829.50
博白县	280.00		9938.00	9527.00	9010.00
兴业县	437.00		4236.70	4212.75	4212.75
田东县	84.00		2010.20	1981.60	1975.60
德保县	150.00		1386.00	1374.00	1374.00
那坡县	130.00		827.00	825.21	825.21

continued

Total Gas Supplied (ton) 燃气汽车 Gas-Powered Automobiles	燃气损失量 Loss Amount	用气户数（户） Number of Household with Access to Gas (unit)	居民家庭 Household User	用气人口（万人） Population with Access to Gas (10,000 persons)	液化气汽车加气站（座） Gas Stations for LPG- Fueled Motor Vehicles (unit)	县名称 Name of Counties
	200.00	4300	4300	1.65		连山壮族瑶族自治县
		18520	18520	6.20		佛冈县
		12286	12086	3.34		连南瑶族自治县
		41739	41739	19.08		饶平县
		40356	40356	13.84		揭西县
	3.00	40200	39900	25.97		惠来县
	2.00	30012	23709	8.30		新兴县
	1.00	19000	19000	5.75		郁南县
	1583.49	**1278190**	**1246779**	**452.00**		**广　西**
	16.00	8100	7880	3.43		隆安县
	0.10	17030	17030	4.80		马山县
	6.00	18022	16022	3.76		上林县
	8.00	39533	39533	11.39		宾阳县
	7.00	59357	59357	17.44		横　县
	14.46	12325	12325	4.94		柳城县
	12.00	31050	30550	9.70		鹿寨县
	3.00	37074	37074	10.99		融安县
	28.20	28906	28906	8.42		融水苗族自治县
	13.00	10660	10660	4.40		三江侗族自治县
	3.00	11453	11453	4.05		阳朔县
	37.00	12088	11875	3.89		灵川县
	30.00	27900	26521	11.99		全州县
	1.50	13680	9080	2.90		兴安县
	2.00	12011	12011	5.03		永福县
	1.00	16792	16792	4.77		灌阳县
	10.00	11323	11323	3.51		龙胜各族自治县
	1.80	15326	14323	4.80		资源县
	5.00	18800	18800	7.90		平乐县
	11.00	19048	19048	6.18		恭城瑶族自治县
	5.00	9175	9175	2.75		苍梧县
	84.61	22903	22903	8.72		藤　县
	12.00	19024	19024	6.26		蒙山县
	3.00	54885	54885	17.83		合浦县
	0.03	19052	18250	7.99		上思县
	5.70	52172	51224	17.60		灵山县
	2.00	15500	15500	7.79		浦北县
	1.00	64006	58411	23.68		平南县
	46.00	55826	55114	18.82		容　县
	0.50	37090	37090	16.10		陆川县
	411.00	61800	59037	26.52		博白县
	23.95	31033	31033	9.30		兴业县
	28.60	21410	21382	7.03		田东县
	12.00	18908	18908	5.72		德保县
	1.79	8949	8949	3.54		那坡县

7-3-2 续表 20

县名称 Name of Counties	储气能力(吨) Gas Storage Capacity (ton)	供气管道长度(公里) Length of Gas Supply Pipeline (km)	供气总量(吨) 合计 Total	销售气量 Quantity Sold	居民家庭 Households
凌云县	42.20		988.00	955.00	955.00
乐业县	44.31		508.00	506.20	506.20
田林县	400.00		730.54	719.60	719.60
西林县	200.00		600.00	599.00	598.00
隆林各族自治县	100.00		1450.80	1447.70	1447.70
昭平县	200.00		1931.00	1865.00	1748.00
钟山县	210.00		3878.00	3761.00	2985.00
富川瑶族自治县	280.00		2150.00	2130.00	2130.00
南丹县	249.00		1585.00	1557.00	1491.38
天峨县	196.00		1004.72	986.00	986.00
凤山县	42.00		949.00	939.00	843.00
东兰县	44.00		1206.03	1206.00	1008.00
罗城仫佬族自治县	39.10		2901.00	2897.00	2897.00
环江毛南族自治县	48.00	0.50	1024.00	1014.70	906.00
巴马瑶族自治县	297.00		980.00	970.20	970.20
都安瑶族自治县	175.95		1635.00	1625.00	1605.00
大化瑶族自治县	200.00		1841.00	1810.00	1810.00
忻城县	200.00		3000.00	2993.78	2993.78
象州县	75.00		1550.00	1540.00	1540.00
武宣县	150.00		2156.00	2155.00	2155.00
金秀瑶族自治县	100.00		419.33	416.50	416.50
扶绥县	467.00		2688.00	2676.00	2676.00
宁明县	100.00		2578.00	2470.00	2005.00
龙州县	92.00		2322.00	2321.99	1952.00
大新县	285.00		4601.00	4400.00	4400.00
天等县	200.00		590.37	568.87	535.92
海　南	**1470.50**		**24209.10**	**23975.49**	**21984.74**
定安县	370.00		3935.00	3935.00	3510.00
屯昌县	468.00		4300.00	4300.00	4300.00
澄迈县	70.00		3410.00	3356.00	2590.00
临高县	69.00		2900.00	2863.00	2713.00
白沙黎族自治县	22.50		1211.00	1108.00	1072.00
昌江县	72.00		1756.00	1735.00	1301.25
乐东县	45.00		2680.00	2680.00	2680.00
陵水县	50.00		828.00	820.00	740.00
保亭县	82.00		2149.00	2148.49	2048.49
琼中县	180.00		240.10	240.00	240.00
洋浦经济开发区	42.00		800.00	790.00	790.00
重　庆	**5313.00**		**13804.34**	**13705.93**	**10348.79**
城口县	84.00		369.00	353.00	340.00
丰都县	87.00		369.34	368.01	280.00
垫江县	168.00		270.00	265.00	80.00
忠　县			1195.00	1187.80	714.00
云阳县	174.00		894.79	891.59	228.38

continued

Total Gas Supplied (ton)		用气户数(户) Number of Household with Access to Gas (unit)		用气人口(万人) Population with Access to Gas (10,000 persons)	液化气汽车加气站(座) Gas Stations for LPG- Fueled Motor Vehicles (unit)	县名称 Name of Counties
燃气汽车 Gas-Powered Automobiles	燃气损失量 Loss Amount		居民家庭 Household User			
	33.00	15905	15905	4.77		凌云县
	1.80	8180	8180	3.05		乐业县
	10.94	11663	11663	3.62		田林县
	1.00	4219	4219	2.02		西林县
	3.10	16420	16420	5.44		隆林各族自治县
	66.00	19426	17826	7.85		昭平县
	117.00	25107	24793	11.08		钟山县
	20.00	15775	15775	4.38		富川瑶族自治县
	28.00	20039	18175	7.96		南丹县
	18.72	13300	13300	3.99		天峨县
	10.00	12983	11848	3.52		凤山县
	0.03	9628	9572	2.82		东兰县
	4.00	12316	12316	7.02		罗城仫佬族自治县
	9.30	19548	14673	6.76		环江毛南族自治县
	9.80	12650	12650	4.20		巴马瑶族自治县
	10.00	11350	11050	8.93		都安瑶族自治县
	31.00	21098	21098	9.60		大化瑶族自治县
	6.22	15325	15325	5.40		忻城县
	10.00	6856	6856	2.75		象州县
	1.00	12528	12528	4.01		武宣县
	2.83	4430	4430	1.33		金秀瑶族自治县
	12.00	11120	11120	4.79		扶绥县
	108.00	18307	18307	8.14		宁明县
	0.01	19370	19370	5.74		龙州县
	201.00	19000	19000	5.95		大新县
	21.50	9436	8932	2.94		天等县
70.00	**233.61**	**204737**	**202524**	**48.85**	**1**	**海　南**
		21912	20712	6.00		定安县
		19500	19500	6.53		屯昌县
	54.00	28500	28500	5.20		澄迈县
	37.00	18245	18245	4.12		临高县
	103.00	18360	17500	2.10		白沙黎族自治县
	21.00	7469	7316	4.12		昌江县
		35000	35000	3.20		乐东县
70.00	8.00	21194	21194	5.10	1	陵水县
	0.51	14757	14757	5.08		保亭县
	0.10	5800	5800	2.40		琼中县
	10.00	14000	14000	5.00		洋浦经济开发区
	98.41	**98734**	**85843**	**22.84**		**重　庆**
	16.00	3639	3446	0.95		城口县
	1.33	3500	3100	1.02		丰都县
	5.00	1800	530	1.30		垫江县
	7.20	5799	5086	1.34		忠　县
	3.20	8300	2080	0.50		云阳县

7-3-2 续表 21

县名称 Name of Counties	储气能力(吨) Gas Storage Capacity (ton)	供气管道长度(公里) Length of Gas Supply Pipeline (km)	供气总量(吨) 合计 Total	销售气量 Quantity Sold	居民家庭 Households
奉节县	150.00		1460.00	1457.00	920.00
巫山县	200.00		946.00	945.79	587.00
巫溪县	140.00		1410.00	1409.20	1409.20
石柱土家族自治县	150.00		1916.61	1914.94	1612.21
秀山土家族苗族自治县	3640.00		2505.60	2495.60	1938.00
酉阳土家族苗族自治县	320.00		1700.00	1650.00	1650.00
彭水苗族土家族自治县	200.00		768.00	768.00	590.00
四　川	**10084.32**	**12.64**	**28384.50**	**27983.50**	**23790.39**
金堂县	105.00		1803.95	1803.95	594.00
大邑县	235.00	0.54	1359.65	1337.00	1062.40
蒲江县					
新津县	100.00		1860.00	1860.00	1860.00
荣　县					
富顺县					
米易县	75.00		529.00	529.00	398.00
盐边县			427.90	423.07	371.66
泸　县	25.00		59.00	58.00	58.00
合江县	85.00		90.00	89.00	89.00
叙永县	200.00		60.45	59.25	55.24
古蔺县	60.00		110.56	110.37	78.68
中江县	400.00		1675.00	1637.00	1315.00
三台县			330.50	325.70	325.70
盐亭县	44.00	0.15	100.00	97.80	94.00
梓潼县	45.00		250.00	250.00	
北川羌族自治县	30.00		46.00	45.92	45.00
平武县	37.80	0.32	102.00	102.00	102.00
旺苍县					
青川县	500.00		241.50	240.90	190.60
剑阁县			185.50	180.50	151.30
苍溪县			29.00	27.87	18.43
蓬溪县	77.70		120.86	120.00	
大英县					
威远县	88.00		575.00	548.00	548.00
资中县	59.16		132.66	132.54	132.54
犍为县			95.00	95.00	95.00
井研县			210.00	200.00	200.00
夹江县	300.00		240.00	240.00	240.00
沐川县	200.00		450.00	450.00	450.00
峨边县			55.12	55.00	12.00
马边县			150.00	150.00	150.00
南部县	85.00	1.30	1296.00	1248.00	1205.00
营山县	50.00	1.00	888.00	857.00	836.00
蓬安县	60.00	1.00	1035.26	1012.06	960.00

continued

Total Gas Supplied (ton)		用气户数(户)		用气人口(万人)	液化气汽车加气站(座)	县名称
燃气汽车 Gas-Powered Automobiles	燃气损失量 Loss Amount	Number of Household with Access to Gas (unit)	居民家庭 Household User	Population with Access to Gas (10,000 persons)	Gas Stations for LPG- Fueled Motor Vehicles (unit)	Name of Counties
	3.00	4230	4200	2.18		奉节县
	0.21	8013	6813	2.06		巫山县
	0.80	23410	23410	5.11		巫溪县
	1.67	5743	4778	0.87		石柱土家族自治县
	10.00	8300	7900	2.43		秀山土家族苗族自治县
	50.00	15000	15000	2.20		酉阳土家族苗族自治县
		11000	9500	2.88		彭水苗族土家族自治县
382.00	**401.00**	**229100**	**210527**	**86.67**	**7**	**四　川**
		2792	2214	0.67		金堂县
	22.65	10616	9211	0.98		大邑县
						蒲江县
		1830	1830	0.24		新津县
						荣　县
						富顺县
		6925	6807	2.10		米易县
	4.83	4698	4442	1.31		盐边县
	1.00	1300	1300	0.14		泸　县
	1.00	1110	1110	0.96		合江县
	1.20	180	110	0.38		叙永县
	0.19	1635	873	0.75		古蔺县
	38.00	7964	7746	3.24		中江县
	4.80	2933	2933	1.06		三台县
	2.20	3630	624	0.22		盐亭县
		1450				梓潼县
	0.08	80	79	0.02		北川羌族自治县
		810	810	0.25		平武县
						旺苍县
	0.60	2428	1511	0.60		青川县
	5.00	1180	1090	0.28		剑阁县
	1.13	97	78	0.04		苍溪县
	0.86					蓬溪县
						大英县
	27.00	2773	2773	1.04		威远县
	0.12	1497	1497	0.57	1	资中县
		709	709	0.08		犍为县
	10.00	1750	1750	0.20		井研县
		1500	1500	0.42		夹江县
		1500	1500	0.50	1	沐川县
	0.12	151	56	0.19		峨边县
		1600	1600	0.50		马边县
	48.00	4340	4152	1.20	3	南部县
	31.00	2458	2316	0.70		营山县
	23.20	3026	2986	1.03		蓬安县

7-3-2 续表 22

县名称 Name of Counties	储气能力(吨) Gas Storage Capacity (ton)	供气管道长度(公里) Length of Gas Supply Pipeline (km)	供气总量(吨) 合计 Total	销售气量 Quantity Sold	居民家庭 Households
仪陇县	85.00		100.00	100.00	100.00
西充县	65.00	1.00	1220.00	1170.00	1114.00
仁寿县	170.00		140.00	138.00	120.00
洪雅县	50.00		55.90	54.90	54.90
丹棱县	50.00		68.00	66.50	66.50
青神县	35.00		230.00	228.00	228.00
江安县	200.00		186.00	180.42	180.42
长宁县	125.00		638.52	635.00	253.00
高　县					
珙　县					
筠连县					
兴文县	47.30		156.00	156.00	130.00
屏山县	450.00		100.00	100.00	100.00
岳池县	100.00		78.20	78.20	78.20
武胜县					
邻水县					
宣汉县	100.00	0.09	146.00	145.00	145.00
开江县					
大竹县					
渠　县					
荥经县					
汉源县	279.50		212.50	210.80	163.30
石棉县	103.00		109.88	106.00	12.11
天全县			145.33	143.80	143.80
芦山县	180.00		73.00	71.50	31.00
宝兴县	62.00		295.00	293.00	185.00
通江县					
南江县			160.00	160.00	160.00
平昌县					
安岳县	490.00	0.45	508.00	498.00	375.00
乐至县	316.00		196.00	194.00	194.00
汶川县	48.00		185.00	184.50	184.50
理　县			760.80	760.00	735.80
茂　县	45.00		82.00	81.60	81.60
松潘县	46.20	2.00	150.00	149.00	149.00
九寨沟县	58.00		188.50	188.00	187.50
金川县	41.00		340.00	335.00	335.00
小金县	44.00		580.00	580.00	508.00
黑水县	40.00		73.00	70.00	70.00
壤塘县	31.00		130.00	128.00	120.00
阿坝县	20.00		193.00	191.40	191.40
若尔盖县	50.00		201.10	200.00	200.00
红原县	70.00	0.39	215.00	214.88	214.88

continued

Total Gas Supplied (ton) 燃气汽车 Gas-Powered Automobiles	燃气损失量 Loss Amount	用气户数(户) Number of Household with Access to Gas (unit)	居民家庭 Household User	用气人口(万人) Population with Access to Gas (10,000 persons)	液化气汽车加气站(座) Gas Stations for LPG- Fueled Motor Vehicles (unit)	县名称 Name of Counties
		500	500	0.80	1	仪陇县
	50.00	4161	3920	1.10		西充县
	2.00	1700	1600	0.55		仁寿县
	1.00	815	815	0.38		洪雅县
	1.50	2600	2600	0.69		丹棱县
	2.00	2310	2310	0.68		青神县
	5.58	1360	1360	0.21		江安县
382.00	3.52	3475	3210	2.10	1	长宁县
						高　县
						珙　县
						筠连县
		2231	952	0.56		兴文县
		3100	3100	0.60		屏山县
		3800	3800	0.81		岳池县
						武胜县
						邻水县
	1.00	420	420	0.10		宣汉县
						开江县
						大竹县
						渠　县
						荥经县
	1.70	2169	1569	0.68		汉源县
	3.88	683	592	0.17		石棉县
	1.53	925	925	0.13		天全县
	1.50	4753	4753	1.02		芦山县
	2.00	1599	1599	0.42		宝兴县
						通江县
		790	790	0.26		南江县
						平昌县
	10.00	4510	4420	1.25		安岳县
	2.00	1735	1735	0.57		乐至县
	0.50	450	450	1.15		汶川县
	0.80	3300	3300	1.11		理　县
	0.40	942	942	0.88		茂　县
	1.00	3512	3512	1.24		松潘县
	0.50	1550	1450	1.00		九寨沟县
	5.00	2300	2300	1.45		金川县
		3789	3256	1.41		小金县
	3.00	910	910	0.55		黑水县
	2.00	2401	2360	0.60		壤塘县
	1.60	5823	5823	0.97		阿坝县
	1.10	2865	2865	0.90		若尔盖县
	0.12	3785	3785	1.04		红原县

7-3-2 续表 23

县名称 Name of Counties	储气能力(吨) Gas Storage Capacity (ton)	供气管道长度(公里) Length of Gas Supply Pipeline (km)	供气总量(吨) 合计 Total	销售气量 Quantity Sold	居民家庭 Households
泸定县	500.00		296.00	295.00	295.00
丹巴县	130.00		125.00	125.00	125.00
九龙县	22.00		120.00	120.00	96.00
雅江县	400.00		370.00	365.00	365.00
道孚县	7.50		4.69	4.69	4.69
炉霍县	75.00		74.20	74.20	74.20
甘孜县	270.00		230.00	230.00	215.00
新龙县	52.70		66.70	56.70	56.70
德格县	190.00		174.00	168.00	168.00
白玉县	50.00		134.99	134.99	134.99
石渠县	418.00		656.00	634.00	523.00
色达县	182.00		171.00	170.00	170.00
理塘县	40.00		103.00	103.00	103.00
巴塘县	50.00		50.00	49.99	49.99
乡城县	150.00		13.50	13.00	13.00
稻城县	25.00	2.40	100.00	100.00	100.00
得荣县			30.90	30.00	30.00
普格县	90.00		100.00	100.00	30.00
木里县	100.80		195.00	192.00	185.00
盐源县	75.00		173.00	168.00	130.00
德昌县	75.00		350.00	350.00	300.00
会理县	185.00		552.00	552.00	552.00
会东县	140.00		180.00	180.00	150.00
宁南县	4.00		320.00	320.00	260.00
布拖县	75.00		350.00	350.00	350.00
金阳县	37.66		90.10	90.00	81.56
昭觉县	130.00	2.00	120.00	120.00	120.00
喜德县	27.00		81.00	81.00	81.00
冕宁县	61.50		178.55	174.20	103.00
越西县	210.00		259.00	258.00	232.00
甘洛县	28.00		26.00	23.80	23.80
美姑县	20.50		53.33	53.10	51.00
雷波县			211.90	201.40	168.00
贵　州	**8345.85**		**58156.65**	**57718.35**	**47314.84**
开阳县			1103.00	1103.00	1103.00
息烽县			840.00	840.00	310.00
修文县			1200.00	1200.00	1200.00
水城区	90.00		700.00	680.00	280.00
六枝特区			1200.00	1200.00	1200.00
桐梓县	80.00		1385.00	1385.00	1385.00
绥阳县			485.00	462.00	443.00
正安县					
道真县	70.00		380.00	370.00	320.00

continued

Total Gas Supplied (ton) 燃气汽车 Gas-Powered Automobiles	燃气损失量 Loss Amount	用气户数(户) Number of Household with Access to Gas (unit)	居民家庭 Household User	用气人口(万人) Population with Access to Gas (10,000 persons)	液化气汽车加气站(座) Gas Stations for LPG- Fueled Motor Vehicles (unit)	县名称 Name of Counties
	1.00	5000	5000	1.83		泸定县
		2300	2300	1.30		丹巴县
		1200	1100	0.90		九龙县
	5.00	2100	2100	1.45		雅江县
		291	291	0.20		道孚县
		850	850	1.20		炉霍县
		6400	6350	1.10		甘孜县
	10.00	610	610	0.09		新龙县
	6.00	1200	1200	0.80		德格县
		4700	4700	1.88		白玉县
	22.00	2912	2184	0.61		石渠县
	1.00	1551	1551	0.78		色达县
		4182	4182	0.93		理塘县
	0.01	459	459	1.51		巴塘县
	0.50	745	745	0.54		乡城县
		600	600	0.80		稻城县
	0.90	165	165	0.39		得荣县
		350	180	1.60		普格县
	3.00	4625	4625	2.16		木里县
	5.00	2480	2360	1.23		盐源县
		4500	3000	3.50		德昌县
		9000	9000	1.80		会理县
		8200	8000	3.20		会东县
		2135	1820	0.84		宁南县
		2000	2000	0.80		布拖县
	0.10	1640	1640	0.66		金阳县
		1300	1300	1.20		昭觉县
		1824	1824	0.73		喜德县
	4.35	1550	1052	1.24		冕宁县
	1.00	1400	1350	0.58		越西县
	2.20	223	223	1.23		甘洛县
	0.23	563	491	1.23		美姑县
	10.50	3820	1745	3.31		雷波县
	438.30	**939709**	**904158**	**403.51**	**4**	**贵　州**
		6168	6168	6.68		开阳县
		9000	8000	7.00		息烽县
		7680	7680	4.10		修文县
	20.00	5000	4100	1.75		水城区
		43000	43000	14.00		六枝特区
		48530	48530	14.55		桐梓县
	23.00	6468	6468	4.91		绥阳县
						正安县
	10.00	6200	3800	5.86		道真县

7-3-2 续表 24

县名称 Name of Counties	储气能力(吨) Gas Storage Capacity (ton)	供气管道长度(公里) Length of Gas Supply Pipeline (km)	供气总量(吨) 合计 Total	销售气量 Quantity Sold	居民家庭 Households
务川县	150.00		600.00	590.00	590.00
凤冈县					
湄潭县	12.00		395.00	395.00	395.00
余庆县	42.00		276.00	275.00	248.00
习水县	100.00		705.00	700.00	670.00
普定县	100.00		365.00	365.00	232.00
镇宁县	20.00		359.00	357.50	180.00
关岭县			248.00	248.00	248.00
紫云县	120.00		513.00	513.00	332.00
大方县	172.00		344.00	343.00	339.00
黔西县	450.00		2930.00	2930.00	2250.00
金沙县	80.00		890.00	890.00	890.00
织金县	150.00		1480.00	1442.30	1442.00
纳雍县	130.00		1600.00	1599.20	1599.20
威宁自治县	820.00		2050.00	2048.44	2048.44
赫章县	780.00		3000.00	2755.00	1100.00
江口县			650.00	650.00	550.00
玉屏县	440.00		750.00	745.00	745.00
石阡县	320.00		1650.00	1650.00	1350.00
思南县	25.00		720.00	715.00	350.00
印江县	100.00		285.00	280.00	276.00
德江县			2200.00	2190.00	2190.00
沿河县	38.00		525.00	525.00	525.00
松桃县	120.00		380.00	380.00	380.00
普安县	90.00		578.00	578.00	578.00
晴隆县	770.00		535.00	530.00	490.00
贞丰县	70.00		351.00	350.00	180.00
望谟县	150.00		1017.60	1017.60	1017.60
册亨县	25.00		380.00	380.00	380.00
安龙县	88.35		803.00	800.50	246.00
黄平县	198.00		594.00	594.00	594.00
施秉县	70.00		370.00	370.00	365.00
三穗县	222.00		400.00	400.00	400.00
镇远县			720.00	720.00	720.00
岑巩县	113.00		495.50	495.50	385.20
天柱县	120.00		2478.00	2478.00	2478.00
锦屏县	167.00		868.00	868.00	868.00
剑河县	100.00		900.00	900.00	900.00
台江县	130.00		829.00	829.00	829.00
黎平县	290.00		2497.00	2497.00	2497.00
榕江县	100.00		1050.00	1049.50	1049.50
从江县	230.00		489.00	482.80	482.80
雷山县			450.00	450.00	450.00

continued

Total Gas Supplied (ton)		用气户数(户) Number of Household with Access to Gas (unit)		用气人口(万人) Population with Access to Gas (10,000 persons)	液化气汽车加气站(座) Gas Stations for LPG- Fueled Motor Vehicles (unit)	县名称 Name of Counties
燃气汽车 Gas-Powered Automobiles	燃气损失量 Loss Amount		居民家庭 Household User			
	10.00	18500	18500	5.50		务川县
						凤冈县
		10110	10110	9.30		湄潭县
	1.00	4300	4160	1.30		余庆县
	5.00	8000	7000	6.70	2	习水县
		4011	3264	1.70		普定县
	1.50	4790	3500	2.00		镇宁县
		1780	1780	3.00	1	关岭县
		2267	1825	3.00		紫云县
	1.00	14350	14160	6.40		大方县
		48960	46200	18.80		黔西县
		31300	31300	12.52		金沙县
	37.70	24500	24500	10.98		织金县
	0.80	30500	30500	12.20		纳雍县
	1.56	47500	47500	19.00		威宁自治县
	245.00	20800	15200	8.32		赫章县
		17100	14600	5.90		江口县
	5.00	40000	40000	5.80		玉屏县
		24500	23500	6.50		石阡县
	5.00	35950	33363	8.90		思南县
	5.00	20100	20100	8.20		印江县
	10.00	35000	35000	15.00		德江县
		8512	8512	4.05		沿河县
		16700	16700	7.51		松桃县
		9000	9000	3.89		普安县
	5.00	12000	11000	5.20		晴隆县
	1.00	5600	4000	4.80		贞丰县
		15575	15575	7.35		望谟县
		8500	8500	5.50		册亨县
	2.50	34043	30298	11.92		安龙县
		6948	6948	2.96	1	黄平县
		9600	8860	4.66		施秉县
		12680	12680	5.22		三穗县
		15310	15310	6.91		镇远县
		7576	7274	3.93		岑巩县
		23700	23700	11.61		天柱县
		8100	8100	5.56		锦屏县
		10725	10725	4.69		剑河县
		9707	9707	4.15		台江县
		36100	36100	12.63		黎平县
	0.50	16618	16618	9.22		榕江县
	6.20	7869	7869	6.06		从江县
		9387	9387	3.75		雷山县

7-3-2 续表 25

县名称 Name of Counties	储气能力(吨) Gas Storage Capacity (ton)	供气管道长度(公里) Length of Gas Supply Pipeline (km)	供气总量(吨) 合计 Total	销售气量 Quantity Sold	居民家庭 Households
麻江县	22.50		365.00	365.00	365.00
丹寨县	110.00		222.00	220.00	80.00
荔波县			433.34	415.80	415.80
贵定县	40.00		721.71	721.71	510.00
瓮安县	60.00		2701.50	2700.00	600.00
独山县	68.00		2700.00	2700.00	1660.00
平塘县	250.00		245.00	245.00	245.00
罗甸县	400.00		1420.00	1420.00	1420.00
长顺县	3.00		400.00	399.90	160.00
龙里县			935.00	934.60	598.30
惠水县			1700.00	1700.00	900.00
三都水族自治县	50.00		300.00	280.00	280.00
云　南	**19867.00**	**107.00**	**60053.01**	**59512.28**	**52666.40**
嵩明县	70.00		628.00	624.00	624.00
富民县	343.00		818.92	812.80	773.40
宜良县					
石林彝族自治县	124.00	2.00	83.90	83.10	67.34
禄劝彝族苗族自治县	147.00	0.50	994.01	993.01	993.01
寻甸县	860.30		850.90	848.50	848.40
昆明阳宗海风景名胜区					
陆良县	250.00		346.60	345.92	345.92
师宗县	600.00		305.00	300.40	296.00
罗平县	90.00	1.20	1390.00	1386.00	360.00
富源县	1020.00		1692.00	1640.00	1640.00
会泽县	400.00		1300.00	1297.00	1297.00
通海县	43.00		1718.00	1700.00	1700.00
华宁县	1489.00		1539.00	1530.00	1128.00
易门县	100.00		630.00	630.00	630.00
峨山县	27.00		360.40	360.30	360.20
新平县	50.00		480.00	478.50	258.00
元江县			178.00	175.00	175.00
施甸县	350.00		583.80	571.94	253.30
龙陵县	410.00		412.00	410.00	410.00
昌宁县	25.00		496.00	492.80	492.80
鲁甸县	350.00		54.46	54.40	25.20
巧家县	610.00		760.00	755.00	755.00
盐津县	50.00		532.00	530.00	530.00
大关县	58.00		241.00	240.00	240.00
永善县	150.00		298.00	280.00	256.00
绥江县	130.00		352.00	350.00	350.00
镇雄县	31.20	62.00	453.00	430.00	418.00
彝良县	230.00		800.00	765.00	765.00
威信县	65.00		502.00	492.00	486.00

continued

Total Gas Supplied (ton)		用气户数(户) Number of Household with Access to Gas (unit)		用气人口(万人) Population with Access to Gas (10,000 persons)	液化气汽车加气站(座) Gas Stations for LPG- Fueled Motor Vehicles (unit)	县名称 Name of Counties
燃气汽车 Gas-Powered Automobiles	燃气损失量 Loss Amount		居民家庭 Household User			
		4935	4935	4.18		麻江县
	2.00	8541	8400	4.56		丹寨县
	17.54	2485	2485	1.28		荔波县
		3100	2000	4.80		贵定县
	1.50	3550	1300	1.40		瓮安县
		12350	12100	4.20		独山县
		2600	2600	3.60		平塘县
		9264	9264	4.21		罗甸县
	0.10	1302	1302	0.44		长顺县
	0.40	5863	4372	3.70		龙里县
		24185	23809	4.50		惠水县
	20.00	920	920	5.20		三都水族自治县
	540.73	**728291**	**688719**	**268.54**		**云　南**
	4.00	2628	2628	0.89		嵩明县
	6.12	3435	3318	1.96		富民县
						宜良县
	0.80	2413	1121	0.21		石林彝族自治县
	1.00	10526	10526	4.21		禄劝彝族苗族自治县
	2.40	9182	9182	4.20		寻甸县
						昆明阳宗海风景名胜区
	0.68	3271	3271	0.82		陆良县
	4.60	5249	4900	2.40		师宗县
	4.00	5680	3400	1.66		罗平县
	52.00	12979	12979	5.28		富源县
	3.00	10900	10900	2.20		会泽县
	18.00	16500	16500	4.00		通海县
	9.00	17600	13800	4.28		华宁县
		9450	9450	3.36		易门县
	0.10	5430	5232	2.20		峨山县
	1.50	4050	3214	1.54		新平县
	3.00	2870	2870	1.30		元江县
	11.86	6262	2080	2.03		施甸县
	2.00	3912	3912	1.56		龙陵县
	3.20	8000	8000	3.60		昌宁县
	0.06	3381	3097	1.20		鲁甸县
	5.00	4125	4125	1.17		巧家县
	2.00	4800	4800	1.95		盐津县
	1.00	3800	3800	2.30		大关县
	18.00	4800	4650	1.93		永善县
	2.00	4000	4000	1.20		绥江县
	23.00	10225	7012	5.05		镇雄县
	35.00	18500	18500	7.00		彝良县
	10.00	8913	8735	4.10		威信县

7-3-2 续表 26

县名称 Name of Counties	储气能力(吨) Gas Storage Capacity (ton)	供气管道长度(公里) Length of Gas Supply Pipeline (km)	供气总量(吨) 合计 Total	销售气量 Quantity Sold	居民家庭 Households
玉龙纳西族自治县					
永胜县	800.00		950.00	915.00	915.00
华坪县	70.00	22.10	713.00	705.00	705.00
宁蒗县			1318.00	1315.00	1315.00
宁洱哈尼族彝族自治县	100.00		1203.62	1203.00	1103.00
墨江哈尼族自治县	28.00	8.00	465.00	460.00	460.00
景东彝族自治县	45.00		702.00	691.00	680.00
景谷傣族彝族自治县	160.00		451.81	451.45	451.45
镇沅彝族哈尼族拉祜族自治县	265.00		252.70	252.50	252.50
江城哈尼族彝族自治县	45.00		360.10	360.00	310.00
孟连傣族拉祜族佤族自治县	60.00		420.00	411.60	411.60
澜沧拉祜族自治县	55.00		820.00	804.00	804.00
西盟佤族自治县	20.00		143.70	143.60	120.00
凤庆县	20.00		498.80	498.60	498.60
云　县	520.00		690.30	690.00	635.00
永德县	90.00		350.40	349.65	349.65
镇康县	50.00		155.00	155.00	70.00
双江县	56.50		570.00	569.85	569.85
耿马县	90.00		615.00	605.00	605.00
沧源县	32.00		282.00	270.00	270.00
双柏县	550.00		609.00	608.70	608.70
牟定县	77.00		650.00	649.38	628.00
南华县	150.00	1.80	446.58	442.68	442.68
姚安县	300.00		522.70	520.00	520.00
大姚县	125.00		948.00	946.00	946.00
永仁县	130.00		423.50	410.00	230.00
元谋县	72.00		590.12	589.13	322.57
武定县	712.50		603.20	602.00	376.00
禄丰县	350.70		1735.94	1722.74	1378.42
屏边县	20.00		234.00	232.00	232.00
建水县	150.00		1348.00	1299.00	1299.00
石屏县	460.00		692.00	687.00	137.40
泸西县	50.00		237.20	236.20	236.20
元阳县	30.00		142.60	141.48	43.61
红河县	200.00		98.59	96.66	18.42
金平县	200.00		795.00	788.00	775.00
绿春县	55.00		435.00	428.00	428.00
河口县	160.00		664.12	660.12	660.12
砚山县	163.00		156.00	154.00	154.00
西畴县	93.00		212.80	206.00	206.00
麻栗坡县	60.00	3.60	315.00	314.50	255.00

continued

Total Gas Supplied (ton)		用气户数(户)		用气人口(万人)	液化气汽车加气站(座)	县名称
燃气汽车 Gas-Powered Automobiles	燃气损失量 Loss Amount	Number of Household with Access to Gas (unit)	居民家庭 Household User	Population with Access to Gas (10,000 persons)	Gas Stations for LPG- Fueled Motor Vehicles (unit)	Name of Counties
						玉龙纳西族自治县
	35.00	26000	26000	5.00		永胜县
	8.00	5689	5689	2.24		华坪县
	3.00	27000	27000	6.90		宁蒗县
	0.62	16690	16362	5.26		宁洱哈尼族彝族自治县
	5.00	9800	9800	3.98		墨江哈尼族自治县
	11.00	10872	10872	4.58		景东彝族自治县
	0.36	12930	12930	5.93		景谷傣族彝族自治县
	0.20	8905	8905	2.65		镇沅彝族哈尼族拉祜族自治县
	0.10	5800	4020	2.50		江城哈尼族彝族自治县
	8.40	8500	8500	3.30		孟连傣族拉祜族佤族自治县
	16.00	14269	14269	4.22		澜沧拉祜族自治县
	0.10	3380	2680	1.22		西盟佤族自治县
	0.20	6500	6500	8.25		凤庆县
	0.30	16200	10050	7.11		云　县
	0.75	3056	3056	4.09		永德县
		1078	760	0.41		镇康县
	0.15	6000	6000	3.05		双江县
	10.00	9980	9980	4.32		耿马县
	12.00	3311	3311	1.74		沧源县
	0.30	11166	11166	3.35		双柏县
	0.62	9760	9695	3.49		牟定县
	3.90	7245	7245	2.49		南华县
	2.70	6450	6450	1.94		姚安县
	2.00	14400	14400	4.70		大姚县
	13.50	4200	2800	1.50		永仁县
	0.99	9081	8398	3.35		元谋县
	1.20	5920	5447	2.34		武定县
	13.20	10705	10705	5.37		禄丰县
	2.00	3837	3837	1.52		屏边县
	49.00	36000	36000	8.20		建水县
	5.00	9122	8122	2.56		石屏县
	1.00	4200	4200	1.50		泸西县
	1.12	1331	317	1.58		元阳县
	1.93	232	165	0.09		红河县
	7.00	10000	5000	2.50		金平县
	7.00	360	360	0.25		绿春县
	4.00	9921	9921	3.55		河口县
	2.00	8692	8692	3.30		砚山县
	6.80	3060	3060	1.82		西畴县
	0.50	5600	5600	2.30		麻栗坡县

7-3-2 续表 27

县名称 Name of Counties	储气能力(吨) Gas Storage Capacity (ton)	供气管道长度(公里) Length of Gas Supply Pipeline (km)	供气总量(吨) 合计 Total	销售气量 Quantity Sold	居民家庭 Households
马关县	880.00		648.60	647.00	647.00
丘北县	65.00		1666.00	1665.10	1665.10
广南县	250.00		650.20	650.00	650.00
富宁县	1653.60		3864.20	3838.80	2944.92
勐海县	100.00		2406.26	2406.26	1336.37
勐腊县	180.00		2005.00	2005.00	2005.00
漾濞彝族自治县	2.20		148.00	147.50	137.00
祥云县	780.00		820.00	818.00	818.00
宾川县	29.00	5.80	593.30	585.00	585.00
弥渡县	80.00		450.08	450.00	110.16
南涧彝族自治县	60.00		186.00	179.00	179.00
巍山彝族回族自治县			389.84	389.84	159.00
永平县	50.00		360.00	360.00	360.00
云龙县			181.87	173.25	173.25
洱源县	60.00		210.00	206.00	206.00
剑川县	110.00		457.00	457.00	457.00
鹤庆县	75.00		462.30	462.30	462.30
梁河县			85.12	83.52	41.76
盈江县			265.27	265.00	265.00
陇川县			221.10	217.10	217.10
福贡县	350.00		310.00	310.00	310.00
贡山独龙族怒族自治县			99.30	98.20	98.20
兰坪白族普米族自治县	380.00		968.50	968.00	968.00
德钦县	20.00		203.00	200.00	200.00
维西傈僳族自治县	55.00		782.30	770.90	770.90
西　藏	**2707.60**	**21.55**	**13618.16**	**13558.95**	**12306.47**
曲水县	110.00		200.00	200.00	200.00
当雄县	50.00		128.20	126.00	126.00
林周县	30.00		235.00	235.00	235.00
墨竹工卡县	40.00		360.14	360.00	360.00
尼木县	24.00		115.00	111.55	111.45
亚东县	20.00		230.80	230.00	230.00
聂拉木县	12.00		150.89	150.50	120.20
仲巴县	30.00		121.73	121.70	90.00
定结县	20.00		100.00	100.00	100.00
康马县	83.00		81.00	81.00	63.00
吉隆县	16.50		160.00	160.00	82.00
萨嘎县	58.00		90.00	90.00	82.50
谢通门县	30.00		208.01	208.00	190.00
萨迦县	35.00		198.02	198.00	177.12
岗巴县	15.00		65.00	65.00	33.50
拉孜县	20.00		300.00	300.00	200.00
江孜县	80.00		200.00	190.00	180.00

continued

Total Gas Supplied (ton)		用气户数(户)		用气人口(万人)	液化气汽车加气站(座)	县名称
燃气汽车 Gas-Powered Automobiles	燃气损失量 Loss Amount	Number of Household with Access to Gas (unit)	居民家庭 Household User	Population with Access to Gas (10,000 persons)	Gas Stations for LPG- Fueled Motor Vehicles (unit)	Name of Counties
	1.60	5870	5870	2.80		马关县
	0.90	22100	22100	4.59		丘北县
	0.20	6500	6500	5.50		广南县
	25.40	18008	16236	7.10		富宁县
		8230	8012	5.25		勐海县
		12580	12580	5.41		勐腊县
	0.50	2265	1750	0.54		漾濞彝族自治县
	2.00	12580	12580	4.22		祥云县
	8.30	6910	6910	3.10		宾川县
	0.08	2100	1910	1.02		弥渡县
	7.00	1500	1500	0.85		南涧彝族自治县
		2340	1430	0.56		巍山彝族回族自治县
		2000	2000	0.70		永平县
	8.62	3996	3996	1.40		云龙县
	4.00	10200	10200	3.10		洱源县
		4632	4632	1.46		剑川县
		5150	5150	2.06		鹤庆县
	1.60	590	480	0.14		梁河县
	0.27	5800	5800	1.75		盈江县
	4.00	2732	2732	1.03		陇川县
		3600	3600	1.80		福贡县
	1.10	420	420	0.31		贡山独龙族怒族自治县
	0.50	4250	4250	1.50		兰坪白族普米族自治县
	3.00	2315	2315	0.85		德钦县
	11.40	11500	11500	3.45		维西傈僳族自治县
502.00	**59.21**	**116233**	**106766**	**49.66**	**5**	**西　藏**
		900	900	0.36		曲水县
	2.20	706	706	0.50		当雄县
		2197	2197	0.95		林周县
	0.14	1800	1800	1.00		墨竹工卡县
	3.45	1600	1600	0.92		尼木县
	0.80	2562	2562	0.48		亚东县
	0.39	2109	1928	0.93		聂拉木县
	0.03	1020	864	0.45		仲巴县
		950	950	0.40		定结县
		485	435	0.23		康马县
		576	243	1.31		吉隆县
		912	800	0.34		萨嘎县
	0.01	3600	2880	0.90		谢通门县
	0.02	3310	2950	0.81		萨迦县
		840	700	0.40		岗巴县
		3716	3564	1.44		拉孜县
	10.00	3437	2945	1.49		江孜县

7-3-2 续表 28

县名称 Name of Counties	储气能力(吨) Gas Storage Capacity (ton)	供气管道长度(公里) Length of Gas Supply Pipeline (km)	供气总量(吨) 合计 Total	销售气量 Quantity Sold	居民家庭 Households
定日县	30.00		400.00	400.00	210.00
南木林县	100.00		470.00	470.00	470.00
昂仁县	14.00		420.00	400.00	400.00
白朗县	14.00		70.00	70.00	45.00
仁布县	20.00		92.00	92.00	92.00
左贡县	20.80	0.32	182.28	182.28	182.28
丁青县	50.00		224.00	224.00	224.00
八宿县	17.00		110.00	110.00	110.00
江达县	15.00		147.00	147.00	147.00
洛隆县	28.00		119.00	117.00	115.00
察雅县	30.00	0.20	50.00	45.00	45.00
贡觉县	20.00		66.38	64.28	64.28
边坝县	23.00		45.70	45.70	45.70
类乌齐县	30.00		400.00	400.00	400.00
芒康县	83.00		260.00	260.00	260.00
朗　县	14.00		114.00	113.75	60.80
墨脱县					
工布江达县	14.00		62.00	62.00	62.00
察隅县	12.00		39.00	39.00	35.00
波密县	59.00		116.00	116.00	107.00
米林县	22.30		191.00	191.00	182.00
错那县	20.00		120.00	115.20	115.20
浪卡子县	50.00		177.00	177.00	177.00
贡嘎县	32.00		620.00	620.00	620.00
加查县	40.00		350.00	350.00	350.00
桑日县	30.00		60.00	60.00	60.00
洛扎县	28.00		240.00	240.00	240.00
琼结县	40.00		58.00	58.00	58.00
措美县	30.00		225.00	225.00	195.00
扎囊县	65.00		438.00	435.50	435.50
曲松县	17.00		187.01	187.00	187.00
隆子县	50.00		185.00	185.00	185.00
聂荣县	14.00		202.00	202.00	200.00
双湖县	30.00		60.00	60.00	35.00
嘉黎县	25.00		200.00	200.00	200.00
比如县	31.00		80.00	80.00	80.00
尼玛县	30.00		240.00	234.60	214.00
巴青县	25.00		252.00	252.00	252.00
申扎县	45.00		40.00	40.00	40.00
安多县	10.00		51.00	51.00	50.00
索　县	30.00	0.80	490.00	489.94	289.94
班戈县	30.00	0.23	68.00	67.95	67.00
革吉县	44.00		187.00	187.00	187.00

continued

Total Gas Supplied (ton)		用 气 户 数 (户) Number of Household with Access to Gas (unit)		用 气 人 口 (万人) Population with Access to Gas (10,000 persons)	液化气汽车加 气 站 (座) Gas Stations for LPG- Fueled Motor Vehicles (unit)	县名称 Name of Counties
燃 气 汽 车 Gas-Powered Automobiles	燃 气 损失量 Loss Amount		居 民 家 庭 Household User			
		3470	3412	0.80		定日县
		4082	4082	1.27		南木林县
	20.00	800	800	0.70		昂仁县
		896	768	0.30		白朗县
		600	600	0.36		仁布县
		1920	1920	0.45		左贡县
		871	871	0.59		丁青县
		860	860	0.40		八宿县
		1300	1300	0.66		江达县
	2.00	1700	1700	0.71		洛隆县
	5.00	2050	2050	0.50		察雅县
	2.10	985	985	0.40		贡觉县
		1400	1400	0.42		边坝县
		1125	1125	0.45		类乌齐县
		1950	1950	2.00		芒康县
	0.25	683	578	0.18		朗 县
						墨脱县
		1800	1800	0.39		工布江达县
		963	899	0.69		察隅县
		2050	2050	1.27		波密县
		793	674	0.42		米林县
	4.80	1000	1000	0.45		错那县
		850	850	0.49		浪卡子县
		3725	3725	1.72		贡嘎县
		1700	1700	0.83		加查县
		3150	3150	0.95		桑日县
		1060	1060	0.47		洛扎县
		2530	2530	0.64		琼结县
		1865	1224	0.51		措美县
	2.50	1500	1500	0.70		扎囊县
	0.01	652	652	0.35		曲松县
		730	730	0.48		隆子县
2.00		3150	3150	0.94	1	聂荣县
		185	180	0.09		双湖县
		650	650	0.38		嘉黎县
		3606	3606	1.70		比如县
	5.40	623	623	0.25		尼玛县
		1926	1926	0.60		巴青县
		440	440	0.57		申扎县
		430	430	0.20		安多县
200.00	0.06	2100	2100	1.13	3	索 县
	0.05	1400	1400	0.90		班戈县
		965	965	0.35		革吉县

7-3-2 续表 29

县名称 Name of Counties	储气能力(吨) Gas Storage Capacity (ton)	供气管道长度(公里) Length of Gas Supply Pipeline (km)	供气总量(吨) 合计 Total	销售气量 Quantity Sold	居民家庭 Households
札达县	30.00	20.00	200.00	200.00	200.00
日土县	50.00		180.00	180.00	150.00
改则县	200.00		180.00	180.00	180.00
葛尔县	240.00		1555.00	1555.00	1250.00
普兰县	80.00		201.00	201.00	201.00
措勤县	102.00		250.00	250.00	250.00
陕　西	**13682.77**	**4.10**	**36117.57**	**35665.61**	**33415.49**
蓝田县	238.00	1.00	1087.50	1055.00	975.00
周至县	260.00		1810.20	1810.00	1800.00
宜君县			3.00	2.99	2.80
凤翔县	30.00		168.60	168.00	168.00
岐山县	100.00		550.00	546.00	87.00
扶风县	24.50		78.45	76.50	76.50
眉　县					
陇　县			576.00	570.70	501.50
千阳县			214.00	204.00	204.00
麟游县			17.28	17.16	17.16
凤　县			108.77	108.00	107.80
太白县			58.00	57.92	56.00
三原县	245.80		1480.00	1479.98	1479.98
泾阳县					
乾　县					
礼泉县	320.00		292.32	286.12	265.34
永寿县	222.87		223.18	221.30	198.07
长武县					
旬邑县	223.00		374.02	374.01	338.00
淳化县	50.00	0.10	24.50	24.00	24.00
武功县	60.00		477.00	475.95	441.20
潼关县	45.00		113.00	110.00	109.00
大荔县	1.10		555.00	545.00	485.00
合阳县	30.00		214.61	213.05	189.28
澄城县	380.00		922.00	919.50	890.00
蒲城县	225.00		900.00	879.00	830.00
白水县	160.00		430.33	428.14	427.85
富平县	77.00		391.00	376.35	346.00
延长县	120.00		33.12	31.80	30.50
延川县	65.00		624.56	616.28	616.28
志丹县	30.00		102.00	100.00	96.00
吴起县	45.00		223.00	219.00	219.00
甘泉县	6.30		58.60	56.00	48.70
富　县	32.00		21.61	21.00	21.00
洛川县	145.00		179.00	176.00	147.00
宜川县	60.00		56.50	55.00	55.00

continued

Total Gas Supplied (ton)		用气户数(户)		用气人口(万人)	液化气汽车加气站(座)	县名称
燃气汽车 Gas-Powered Automobiles	燃气损失量 Loss Amount	Number of Household with Access to Gas (unit)	居民家庭 Household User	Population with Access to Gas (10,000 persons)	Gas Stations for LPG- Fueled Motor Vehicles (unit)	Name of Counties
		1117	1117	0.25		札达县
		625	625	0.38		日土县
		1125	1125	0.64		改则县
300.00		14011	8360	6.80	1	葛尔县
		2800	2800	0.60		普兰县
		1300	1300	0.42		措勤县
80.00	**451.96**	**318776**	**306596**	**114.26**	**2**	**陕　西**
	32.50	3769	3746	0.98		蓝田县
	0.20	5192	5192	1.21		周至县
	0.01	30	30	0.01		宜君县
	0.60	2500	2500	0.50		凤翔县
	4.00	400	400	0.10		岐山县
	1.95	330	330	0.11		扶风县
						眉　县
	5.30	2003	1836	0.36		陇　县
	10.00	2000	2000	0.60		千阳县
	0.12	220	220	0.10		麟游县
	0.77	1364	1364	0.54		凤　县
	0.08	610	581	0.28		太白县
	0.02	5700	5700	1.40		三原县
						泾阳县
						乾　县
	6.20	3520	3520	0.61		礼泉县
	1.88	2664	2430	1.20		永寿县
						长武县
	0.01	3055	3010	1.05		旬邑县
	0.50	240	240	0.14		淳化县
	1.05	3428	3428	1.09		武功县
	3.00	1739	1739	0.79		潼关县
	10.00	6500	6500	0.80		大荔县
	1.56	2801	2013	0.71		合阳县
	2.50	14500	14500	6.75		澄城县
	21.00	17800	13100	4.20		蒲城县
	2.19	7130	7130	3.27		白水县
	14.65	2103	2003	0.96		富平县
	1.32	520	460	0.25		延长县
	8.28	6780	6780	3.20		延川县
	2.00	1996	1230	0.48		志丹县
	4.00	2110	2110	1.00		吴起县
	2.60	496	496	0.22		甘泉县
	0.61	150	150	0.05		富　县
	3.00	2019	1342	0.61		洛川县
	1.50	380	380	0.23		宜川县

7-3-2 续表 30

县名称 Name of Counties	储气能力(吨) Gas Storage Capacity (ton)	供气管道长度(公里) Length of Gas Supply Pipeline (km)	供气总量(吨) 合计 Total	销售气量 Quantity Sold	居民家庭 Households
黄龙县	18.50		35.00	34.70	10.00
黄陵县	180.00		100.00	99.00	99.00
城固县	980.00		628.50	627.00	617.10
洋　县	220.00		1800.00	1790.00	1555.00
西乡县	160.00		406.00	403.00	403.00
勉　县	5000.00		3200.00	3160.00	3160.00
宁强县	25.00		107.00	106.60	106.60
略阳县	230.00		290.00	289.50	289.50
镇巴县	88.00		782.00	781.00	781.00
留坝县					
佛坪县			161.20	160.00	160.00
府谷县			400.00	381.00	381.00
靖边县			712.00	680.00	680.00
定边县	98.00		295.00	294.90	294.15
绥德县			252.10	251.50	251.50
米脂县	46.00		80.10	80.00	30.00
佳　县	45.00		32.00	31.99	10.00
吴堡县	40.00		30.02	30.00	28.00
清涧县					
子洲县	78.00		601.30	600.00	600.00
汉阴县	200.00		700.00	698.50	698.50
石泉县	100.00		223.50	221.00	221.00
宁陕县	30.70		507.00	505.50	504.00
紫阳县	95.00		2200.00	2185.00	2185.00
岚皋县			195.00	190.00	185.00
平利县	910.00		3050.00	2979.49	2250.00
镇坪县	60.00		650.00	646.80	646.80
旬阳县	98.00		3050.00	2993.00	2936.00
白河县	902.00	3.00	726.50	725.38	725.38
洛南县	165.00		551.30	545.00	540.00
丹凤县	235.00		635.00	625.00	595.00
商南县	218.00		488.00	468.00	456.00
山阳县					
镇安县	110.00		581.00	579.00	564.00
柞水县	155.00		280.90	280.00	200.00
甘　肃	**5327.29**	**15.53**	**25926.87**	**25554.44**	**22323.92**
永登县	66.00	0.15	333.00	331.70	247.00
皋兰县	0.30	9.73	123.65	123.21	123.21
榆中县	219.00		952.90	950.00	820.00
永昌县	95.20		617.84	613.00	613.00
靖远县	73.00		163.00	161.80	161.00
会宁县	89.09		494.40	493.75	493.75
景泰县	386.00		386.00	380.00	180.00

continued

Total Gas Supplied (ton)		用气户数(户) Number of Household with Access to Gas (unit)		用气人口(万人) Population with Access to Gas (10,000 persons)	液化气汽车加气站(座) Gas Stations for LPG- Fueled Motor Vehicles (unit)	县名称 Name of Counties
燃气汽车 Gas-Powered Automobiles	燃气损失量 Loss Amount		居民家庭 Household User			
	0.30	710	320	0.20		黄龙县
	1.00	915	915	0.28		黄陵县
	1.50	7190	7130	2.34		城固县
	10.00	15630	14566	5.11		洋　县
	3.00	6546	6546	3.87		西乡县
	40.00	37332	37332	11.38		勉　县
	0.40	1067	1067	0.52		宁强县
	0.50	4300	4300	1.40		略阳县
	1.00	9250	9250	4.09		镇巴县
						留坝县
	1.20	600	600	0.28		佛坪县
	19.00	2011	2011	0.43		府谷县
	32.00	2960	2960	0.87		靖边县
	0.10	3130	3130	0.90		定边县
	0.60	3114	3114	0.74		绥德县
	0.10	200	100	0.04		米脂县
	0.01	40	30	0.01		佳　县
	0.02	346	251	0.13		吴堡县
						清涧县
	1.30	2140	2140	0.25		子洲县
	1.50	9918	9918	5.22		汉阴县
	2.50	2860	2860	0.83		石泉县
	1.50	4010	4010	1.27		宁陕县
	15.00	13140	13140	4.83		紫阳县
	5.00	6000	5800	1.76		岚皋县
	70.51	8005	8005	2.81		平利县
	3.20	4165	4165	1.21		镇坪县
	57.00	17450	16150	7.20		旬阳县
	1.12	7971	7971	2.60		白河县
	6.30	8820	8670	3.67		洛南县
	10.00	10430	9800	5.80	1	丹凤县
	20.00	10400	10400	3.00		商南县
						山阳县
	2.00	9277	8685	4.42		镇安县
80.00	0.90	4800	4800	3.00	1	柞水县
1879.56	**372.43**	**394826**	**359789**	**162.88**	**12**	**甘　肃**
	1.30	8000	7610	2.80		永登县
	0.44	9365	9365	2.81		皋兰县
	2.90	15960	10240	5.30		榆中县
	4.84	2542	2542	1.40		永昌县
	1.20	2680	2421	1.23		靖远县
	0.65	12100	12100	5.10		会宁县
	6.00	800	140	0.24		景泰县

7-3-2 续表 31

县名称 Name of Counties	储气能力(吨) Gas Storage Capacity (ton)	供气管道长度(公里) Length of Gas Supply Pipeline (km)	供气总量(吨) 合计 Total	销售气量 Quantity Sold	居民家庭 Households
清水县	20.00		404.60	385.69	385.69
秦安县	105.00		450.00	430.00	430.00
甘谷县	52.20		314.00	306.00	300.00
武山县	30.00		77.00	74.00	56.00
张家川回族自治县	350.00		300.00	300.00	200.00
民勤县	40.00	0.30	365.00	363.00	363.00
古浪县	18.00	0.15	81.90	78.90	78.90
天祝藏族自治县	55.00		372.02	371.52	371.52
肃南县	41.00		189.00	187.40	165.00
民乐县	80.00		1610.00	1604.00	1124.00
临泽县	100.00		971.00	960.00	850.00
高台县	30.00		1226.00	1216.00	1167.00
山丹县	110.00		365.07	363.57	328.57
泾川县	126.00		325.70	310.00	310.00
灵台县	20.00		170.00	169.00	148.00
崇信县	16.50		42.00	40.00	40.00
庄浪县	150.00		215.00	211.00	207.00
静宁县	98.00		360.00	350.00	335.50
金塔县	35.00		218.00	216.40	180.00
瓜州县	40.00		332.00	330.00	330.00
肃北蒙古族自治县					
阿克塞哈萨克族自治县					
庆城县	11.50		1863.20	1825.30	1373.80
环　县	45.00		855.00	853.00	705.00
华池县	70.00		335.00	333.00	329.00
合水县	400.00		400.00	398.00	398.00
正宁县	10.00		631.15	630.50	592.80
宁　县	26.00		292.50	291.00	290.00
镇原县	2.00		360.00	359.38	357.60
通渭县	33.00		1333.05	1279.19	428.57
陇西县	170.00	5.20	1000.00	983.55	983.55
渭源县	18.00		393.00	391.10	390.20
临洮县	270.00		466.88	455.88	455.88
漳　县	14.00		310.50	308.00	200.00
岷　县	300.00		1053.00	1048.00	1048.00
成　县	170.00		166.50	166.40	156.00
文　县	30.00		360.00	343.00	330.00
宕昌县	30.00		720.00	713.00	683.00
康　县	30.00		117.23	116.84	78.50
西和县	29.00		145.00	142.99	108.72
礼　县	55.00		350.00	345.00	340.00
徽　县	12.50		74.09	73.00	71.00
两当县	18.00		134.20	131.20	131.20

continued

Total Gas Supplied (ton)		用气户数(户)		用气人口(万人)	液化气汽车加气站(座)	县名称
燃气汽车 Gas-Powered Automobiles	燃气损失量 Loss Amount	Number of Household with Access to Gas (unit)	居民家庭 Household User	Population with Access to Gas (10,000 persons)	Gas Stations for LPG- Fueled Motor Vehicles (unit)	Name of Counties
	18.91	3235	3235	1.52		清水县
	20.00	4720	4720	2.30		秦安县
	8.00	4920	4920	1.83		甘谷县
	3.00	760	640	0.38		武山县
100.00		6000	400	2.00	1	张家川回族自治县
	2.00	4205	4205	2.13		民勤县
	3.00	900	900	0.37		古浪县
	0.50	5957	5957	2.32		天祝藏族自治县
	1.60	2549	2549	0.96		肃南县
480.00	6.00	25640	25350	9.21	3	民乐县
110.00	11.00	12410	12269	4.65	1	临泽县
49.00	10.00	22500	19550	7.70	1	高台县
35.00	1.50	11256	5473	4.10	2	山丹县
	15.70	4656	4656	1.50		泾川县
	1.00	2887	2425	0.88		灵台县
	2.00	200	200	2.00		崇信县
	4.00	2110	2110	0.64		庄浪县
14.50	10.00	3500	3380	1.50	1	静宁县
	1.60	10500	7880	3.31		金塔县
	2.00	5010	5010	1.40		瓜州县
						肃北蒙古族自治县
						阿克塞哈萨克族自治县
348.20	37.90	13956	13653	2.88	2	庆城县
	2.00	11120	9850	5.40		环　县
	2.00	3433	3390	1.06		华池县
	2.00	5485	5485	1.92		合水县
	0.65	7810	7810	2.95		正宁县
	1.50	6000	4717	2.73		宁　县
	0.62	4149	4149	1.31		镇原县
742.86	53.86	7300	7300	3.00	1	通渭县
	16.45	15200	15200	11.35		陇西县
	1.90	6400	6150	3.42		渭源县
	11.00	7598	7598	6.06		临洮县
	2.50	4400	4400	4.24		漳　县
	5.00	17435	17435	7.50		岷　县
	0.10	16520	15020	5.60		成　县
	17.00	5200	5150	3.04		文　县
	7.00	8126	8026	2.53		宕昌县
	0.39	2885	2230	0.73		康　县
	2.01	11500	10205	5.80		西和县
	5.00	5234	5080	2.40		礼　县
	1.09	3010	2005	2.01		徽　县
	3.00	1265	1265	0.35		两当县

7-3-2 续表 32

县名称 Name of Counties	储气能力(吨) Gas Storage Capacity (ton)	供气管道长度(公里) Length of Gas Supply Pipeline (km)	供气总量(吨) 合计 Total	销售气量 Quantity Sold	居民家庭 Households
临夏县	22.00		187.00	180.00	173.00
康乐县	50.00		335.00	328.00	328.00
永靖县	29.00		80.02	80.00	80.00
广河县	60.00		317.90	315.00	260.00
和政县	16.00		220.00	210.00	155.00
东乡县	60.00		38.00	37.97	36.50
积石山县	80.00		110.00	106.50	103.00
临潭县	150.00		320.57	320.50	298.00
卓尼县	400.00		380.00	377.60	376.60
舟曲县	15.00		118.80	112.00	104.00
迭部县	21.00		242.20	241.80	241.80
玛曲县	200.00		305.00	296.00	276.00
碌曲县	20.00		153.00	148.00	143.06
夏河县	15.00		300.00	293.80	290.00
青　海	**2174.20**	**0.08**	**4309.83**	**4229.17**	**3366.48**
大通县	82.00		581.20	565.00	565.00
湟源县			151.60	151.10	151.10
民和县					
互助县					
化隆县	140.00		176.50	174.00	165.00
循化县			185.00	184.70	87.00
门源县	30.00		185.00	177.00	53.00
祁连县	20.00		416.17	415.25	220.00
海晏县	17.00		48.00	46.00	46.00
刚察县	18.00		112.00	106.00	28.00
西海镇	20.00		96.19	91.39	23.50
尖扎县	245.00		203.50	194.00	190.00
泽库县	160.00		147.00	144.00	144.00
河南县	240.00		258.20	248.00	248.00
共和县	25.00		160.00	157.00	80.00
同德县	4.00		31.98	30.00	30.00
贵德县					
兴海县	10.00		32.08	31.30	25.09
贵南县	8.00		40.14	39.21	38.47
班玛县	205.00		124.49	124.00	124.00
久治县	152.20		148.00	148.00	145.00
甘德县			72.00	72.00	61.00
玛沁县	201.00		202.00	201.00	201.00
达日县	120.00		114.83	114.57	114.57
玛多县	100.00		95.30	91.70	2.80
杂多县	63.00		105.00	104.60	104.60
称多县	60.00		120.90	120.30	120.30
治多县	60.00		64.00	63.00	63.00

continued

Total Gas Supplied (ton)		用气户数(户) Number of Household with Access to Gas (unit)		用气人口(万人) Population with Access to Gas (10,000 persons)	液化气汽车加气站(座) Gas Stations for LPG- Fueled Motor Vehicles (unit)	县名称 Name of Counties
燃气汽车 Gas-Powered Automobiles	燃气损失量 Loss Amount		居民家庭 Household User			
	7.00	3500	2375	1.23		临夏县
	7.00	4560	4560	1.60		康乐县
	0.02	1275	1275	0.45		永靖县
	2.90	2894	2361	0.93		广河县
	10.00	987	792	0.49		和政县
	0.03	214	214	0.08		东乡县
	3.50	1230	1200	0.70		积石山县
	0.07	7793	7685	2.34		临潭县
	2.40	7255	7255	2.55		卓尼县
	6.80	1800	1800	0.80		舟曲县
	0.40	4030	4030	1.21		迭部县
	9.00	2730	2725	1.51		玛曲县
	5.00	1420	1402	0.83		碌曲县
	6.20	5750	5750	2.30		夏河县
	80.66	**55307**	**47909**	**21.93**		**青　海**
	16.20	6130	6130	2.12		大通县
	0.50	1950	1950	1.14		湟源县
						民和县
						互助县
	2.50	4460	4300	1.80		化隆县
	0.30	1353	1123	0.63		循化县
	8.00	9730	3563	1.62		门源县
	0.92	719	520	0.09		祁连县
	2.00	398	398	0.20		海晏县
	6.00	100	82	0.07		刚察县
	4.80	96	68	0.04		西海镇
	9.50	3150	3150	1.17		尖扎县
	3.00	2200	2200	1.09		泽库县
	10.20	3810	3810	1.10		河南县
	3.00	280	240	0.16		共和县
	1.98	420	420	0.21		同德县
						贵德县
	0.78	514	418	0.26		兴海县
	0.93	632	632	0.31		贵南县
	0.49	710	710	0.29		班玛县
		240	240	0.10		久治县
		540	470	0.14		甘德县
	1.00	3312	3312	0.96		玛沁县
	0.26	494	494	0.19		达日县
	3.60	631	631	0.30		玛多县
	0.40	2877	2877	1.67		杂多县
	0.60	2335	2335	1.35		称多县
	1.00	1943	1943	1.26		治多县

7-3-2 续表 33

县名称 Name of Counties	储气能力(吨) Gas Storage Capacity (ton)	供气管道长度(公里) Length of Gas Supply Pipeline (km)	供气总量(吨) 合计 Total	销售气量 Quantity Sold	居民家庭 Households
囊谦县	71.00		150.00	149.50	149.50
曲麻莱县	60.00		78.35	77.75	77.75
乌兰县			40.00	39.50	39.50
都兰县	23.00		46.00	45.00	45.00
天峻县			4.40	4.30	4.30
大柴旦行委	40.00	0.08	120.00	120.00	20.00
宁　夏	**3578.31**	**0.06**	**7542.74**	**7453.44**	**6085.74**
永宁县					
贺兰县					
平罗县	700.00		2567.14	2566.34	2566.00
盐池县			445.00	440.00	440.00
同心县	30.00		470.00	467.30	380.00
红寺堡区	50.00	0.06	311.00	308.00	308.00
西吉县	112.00		64.00	63.20	63.20
隆德县	150.00		395.60	390.70	389.10
泾源县	35.00		79.00	78.90	78.90
彭阳县	70.00		155.00	148.00	148.00
中宁县	2400.00		1115.00	1100.00	1100.00
海原县	31.31		1941.00	1891.00	612.54
新　疆	**5166.80**	**53.31**	**23833.95**	**23585.33**	**17633.82**
鄯善县	85.00		245.00	236.00	236.00
托克逊县	75.00		344.88	344.50	344.50
巴里坤哈萨克自治县	32.50	0.18	320.00	319.00	319.00
伊吾县					
呼图壁县	40.00		370.00	360.00	360.00
玛纳斯县	50.00		5.50	5.30	5.30
奇台县	75.00	0.55	174.00	173.40	53.00
吉木萨尔县	220.00		185.00	183.00	183.00
木垒哈萨克自治县			180.00	180.00	180.00
精河县	93.00		505.20	505.00	505.00
温泉县			90.00	90.00	90.00
轮台县	45.20		203.00	200.00	200.00
尉犁县	60.00		35.00	34.00	34.00
若羌县	100.00		136.00	133.00	133.00
且末县	100.00		771.50	770.00	770.00
焉耆回族自治县					
和静县	10.00		361.00	357.00	227.00
和硕县	0.30	49.50	626.00	624.00	314.00
博湖县	98.00		82.00	81.85	81.85
温宿县			231.20	225.60	225.60
沙雅县	50.00		550.01	550.00	550.00
新和县	4.80		2013.20	2005.00	259.00
拜城县	45.00	1.00	1150.00	1144.00	1144.00

continued

Total Gas Supplied (ton)		用气户数(户) Number of Household with Access to Gas (unit)		用气人口(万人) Population with Access to Gas (10,000 persons)	液化气汽车加气站(座) Gas Stations for LPG- Fueled Motor Vehicles (unit)	县名称 Name of Counties
燃气汽车 Gas-Powered Automobiles	燃气损失量 Loss Amount		居民家庭 Household User			
	0.50	2798	2798	1.90		囊谦县
	0.60	2423	2423	1.45		曲麻莱县
	0.50	160	160	0.05		乌兰县
	1.00	410	410	0.17		都兰县
	0.10	52	52	0.01		天峻县
		440	50	0.08		大柴旦行委
1278.46	**89.30**	**68857**	**67755**	**22.68**	**2**	**宁　夏**
						永宁县
						贺兰县
	0.80	8003	8003	2.00		平罗县
	5.00	2800	2800	0.50		盐池县
	2.70	9050	8540	3.84		同心县
	3.00	5142	5142	1.48		红寺堡区
	0.80	1500	1500	0.45		西吉县
	4.90	10020	9428	4.10		隆德县
	0.10	3942	3942	1.90		泾源县
	7.00	6400	6400	2.10		彭阳县
	15.00	14800	14800	3.58		中宁县
1278.46	50.00	7200	7200	2.73	2	海原县
3225.21	**248.62**	**229507**	**218802**	**51.10**	**27**	**新　疆**
	9.00	1100	1100	0.22		鄯善县
	0.38	2650	2650	0.22		托克逊县
	1.00	1300	1300	0.20		巴里坤哈萨克自治县
						伊吾县
	10.00	1853	1853	0.56		呼图壁县
	0.20	100	100	0.03		玛纳斯县
	0.60	868	333	0.38		奇台县
	2.00	725	725	0.22		吉木萨尔县
		2605	2605	0.60		木垒哈萨克自治县
	0.20	2500	2500	0.60	3	精河县
		1496	1496	0.58		温泉县
	3.00	3267	3267	0.28		轮台县
	1.00	160	160	0.03		尉犁县
	3.00	412	412	0.12		若羌县
	1.50	4000	4000	0.50		且末县
						焉耆回族自治县
130.00	4.00	2000	1850	0.25	1	和静县
217.00	2.00	9989	9579	1.30	2	和硕县
	0.15	344	344	0.10		博湖县
	5.60	1014	1014	0.30		温宿县
	0.01	2600	2600	0.78		沙雅县
	8.20	6015	4055	0.80		新和县
	6.00	8000	8000	1.20		拜城县

7-3-2 续表 34

县名称 Name of Counties	储气能力(吨) Gas Storage Capacity (ton)	供气管道长度(公里) Length of Gas Supply Pipeline (km)	供气总量(吨) 合计 Total	销售气量 Quantity Sold	居民家庭 Households
乌什县	30.00		29.85	29.22	29.22
阿瓦提县	100.00		420.50	420.00	420.00
柯坪县	100.00		130.10	128.10	128.10
阿克陶县	100.00		170.00	170.00	
阿合奇县	20.00		16.00	15.50	15.00
乌恰县	18.00		12.00	11.98	11.98
疏附县	45.00		564.00	561.00	402.00
疏勒县	200.00		997.00	995.80	568.50
英吉沙县	255.00		1145.00	1115.00	630.00
泽普县	65.00		209.00	204.00	204.00
莎车县	490.00		1200.00	1198.00	752.00
叶城县	240.00		301.80	300.00	130.00
麦盖提县	100.00		171.00	166.00	166.00
岳普湖县	100.00		344.00	343.50	320.00
伽师县	50.00		300.00	298.42	200.00
巴楚县	60.00		613.30	611.00	580.00
塔什库尔干塔吉克自治县	35.00		310.00	297.00	297.00
和田县					
墨玉县	75.00		201.00	200.90	200.00
皮山县	45.00	0.61	450.00	445.00	200.00
洛浦县	670.00		885.00	855.50	36.00
策勒县	93.00		518.37	515.09	183.25
于田县	30.00		400.00	391.00	391.00
民丰县	70.00		354.65	352.15	312.00
伊宁县	30.00		257.30	249.50	172.00
察布查尔县			531.87	531.67	531.67
霍城县	46.00		100.00	98.00	98.00
巩留县	35.00		165.00	162.00	162.00
新源县	300.00		806.00	795.00	795.00
昭苏县	29.00	0.25	100.00	99.98	99.98
特克斯县	46.00		253.52	250.00	236.50
尼勒克县	30.00		278.00	276.00	255.00
额敏县	48.00	0.10	600.00	599.00	599.00
沙湾县	127.00	1.00	1020.00	1000.00	1000.00
托里县	25.00		204.00	201.00	201.00
裕民县	45.00		111.00	108.00	108.00
和布克赛尔蒙古自治县	40.00		42.00	40.00	40.00
布尔津县	30.00		185.20	185.00	180.00
富蕴县	26.00		262.00	258.50	258.50
福海县	25.00		208.00	203.00	203.00
哈巴河县	50.00		111.00	110.00	30.00
青河县	30.00		148.00	144.00	144.00
吉木乃县	30.00	0.12	130.00	129.87	129.87

continued

Total Gas Supplied (ton)		用气户数（户）		用气人口（万人）	液化气汽车加气站（座）	县名称
燃气汽车 Gas-Powered Automobiles	燃气损失量 Loss Amount	Number of Household with Access to Gas (unit)	居民家庭 Household User	Population with Access to Gas (10,000 persons)	Gas Stations for LPG- Fueled Motor Vehicles (unit)	Name of Counties
	0.63	265	265	0.10		乌什县
	0.50	4820	4820	0.60		阿瓦提县
	2.00	2100	2100	0.28		柯坪县
20.00					1	阿克陶县
0.50	0.50	137	137	0.03	1	阿合奇县
	0.02	100	100	0.05		乌恰县
159.00	3.00	7487	6687	0.70	1	疏附县
427.30	1.20	7843	5310	1.01	2	疏勒县
485.00	30.00	2000	1950	0.40	2	英吉沙县
	5.00	4200	4200	0.32		泽普县
14.00	2.00	5800	5800	4.40	1	莎车县
170.00	1.80	2323	1032	0.31	2	叶城县
	5.00	1685	1685	0.67		麦盖提县
23.00	0.50	3025	3025	1.47	1	岳普湖县
98.42	1.58	12858	12858	1.52	2	伽师县
31.00	2.30	6100	5866	4.00	1	巴楚县
	13.00	3612	3612	1.99		塔什库尔干塔吉克自治县
						和田县
	0.10	1020	1020	0.40		墨玉县
245.00	5.00	3900	3000	0.90	1	皮山县
819.50	29.50	420	390	0.16	2	洛浦县
331.84	3.28	2583	2069	0.78	2	策勒县
	9.00	1125	1125	0.49		于田县
40.15	2.50	4446	4446	0.60	1	民丰县
	7.80	9500	9100	1.95		伊宁县
	0.20	2775	2775	0.78		察布查尔县
	2.00	2985	2985	1.20		霍城县
	3.00	3850	3850	1.50		巩留县
	11.00	7492	7492	2.47		新源县
	0.02	14000	14000	4.60		昭苏县
13.50	3.52	4364	3894	2.31	1	特克斯县
	2.00	1720	1535	0.84		尼勒克县
	1.00	38000	38000	0.73		额敏县
	20.00	5000	5000	1.13		沙湾县
	3.00	2100	2100	1.10		托里县
	3.00	1493	1493	0.45		裕民县
	2.00	180	180	0.07		和布克赛尔蒙古自治县
	0.20	900	900	0.27		布尔津县
	3.50	1102	1102	0.20		富蕴县
	5.00	1956	1956	0.76		福海县
	1.00	333	90	0.10		哈巴河县
	4.00	500	500	0.08		青河县
	0.13	410	410	0.11		吉木乃县

八、县城集中供热

8. County Seat Central Heating

简要说明

县城供热指向热用户供应热能的活动，可分为集中供热和分散供热。本部分只包括集中供热，集中供热指从一个或多个热源通过热网向城市的热用户供给生产和生活热能的方式，要求具有一定的规模。

Brief Introduction

County seat heating is to supply heat energy to urban users in two ways: central heating and individual heating. This section is only about central heating, which is to deliver heat from one or more heat sources through network to urban end-users for industrial and domestic purposes.

8 全国历年县城集中供热情况(2000–2020)
National County Seat Central Heating in Past Years(2000-2020)

年份 Year	供热能力 Heating Capacity		供热总量 Total Heat Supplied		管道长度(公里) Length of Pipelines (km)		集中供热面积(万平方米) Heated Area (10,000 m²)
	蒸汽(吨/小时) Steam (ton/hour)	热水(兆瓦) Hot Water (mega watts)	蒸汽(万吉焦) Steam (10,000 gigajoules)	热水(万吉焦) Hot Water (10,000 gigajoules)	蒸汽 Steam	热水 Hot Water	
2000	4418	11548	1409	9076	1144	4187	0.67
2001	3647	11180	1872	20568	658	4478	0.92
2002	4848	14103	2627	27245	881	4778	1.45
2003	5283	19446	2871	22286	904	6136	1.73
2004	5524	20891	3194	21847	991	7094	1.72
2005	8837	20835	8781	18736	1176	8048	2.06
2006	9193	26917	8520	23535	1367	9450	2.37
2007	13461	35794	15780	39071	1564	12795	3.17
2008	12370	44082	14708	75161	1612	14799	3.74
2009	16675	62330	12519	56013	1874	18899	4.81
2010	15091	68858	16729	103005	1773	23737	6.09
2011	14738	81348	8475	63264	1665	28577	7.81
2012	13914	97281	8358	51943	1965	31901	9.05
2013	13285	107498	6413	68193	2929	37169	10.33
2014	13011	129447	5693	63928	2733	41209	11.42
2015	13680	125788	10957	96566	3283	43013	12.31
2016	10206	130430	5130	67488	2767	44168	13.12
2017	14853	137222	8106	148237		60793	14.63
2018	16790	139943	8585	76441		66831	16.18
2019	17466	153330	9810	78592		75068	17.48
2020	18085	158186	9958	84808		81366	18.57

注：2000年蒸汽供热总量计量单位为万吨。
Note: Heating capacity through steam in 2000 is measured with the unit of 10,000 tons.

8-1 2020年按省分列的县城集中供热

地区名称 Name of Regions	蒸汽 Steam 供热能力 (吨/小时) Heating Capacity (ton/hour)	热电厂供热 Heating by Co-Generation	锅炉房供热 Heating by Boilers	供热总量 (万吉焦) Total Heat Supplied (10,000gcal)	热电厂供热 Heating by Co-Generation	锅炉房供热 Heating by Boilers	供热能力 (兆瓦) Heating Capacity (mega watts)	热电厂供热 Heating by Co-Generation
全　国	**18085**	**14800**	**1979**	**9958**	**7887**	**1106**	**158186**	**61828**
河　北	2522	1944	484	1293	940	163	27981	5238
山　西	2271	2089	182	1346	1060	286	20611	8741
内蒙古	2101	1966	135	1033	902	131	27333	14371
辽　宁	1395	945	450	710	535	115	13612	9162
吉　林				221			6389	288
黑龙江	2977	2391	350	1855	1624	179	11278	5072
江　苏	110			11				
浙　江								
安　徽	60	20	40	35	5	30	90	90
福　建								
江　西								
山　东	4849	4579	250	2400	2232	168	13497	11001
河　南	1214	320	29	505	197	17	3414	2445
湖　北								
湖　南								
广　东								
广　西								
海　南								
重　庆								
四　川				4			90	8
贵　州								
云　南								
西　藏	40		40	7		6	314	92
陕　西	547	547		393	393		3683	1234
甘　肃				145			10090	1308
青　海			19			10	1968	195
宁　夏							4655	387
新　疆							13183	2197

County Seat Central Heating by Province(2020)

锅炉房供热 Heating By Boilers	热水 Hot Water 供热总量（万吉焦） Total Heat Supplied (10,000gcal)	热电厂供热 Heating by Co-Generation	锅炉房供热 Heating by Boilers	管道长度（公里） Length of Pipelines (km)	一级管网 First Class	二级管网 Second Class	供热面积（万平方米） Heated Area (10,000 m^2)	住宅 Housing	公共建筑 Public Building	地区名称 Name of Regions
78826	**84808**	**26880**	**49248**	**81366**	**29633**	**51733**	**185655**	**134565**	**34478**	**全　国**
12661	13452	2964	8399	14350	5244	9106	32496	24888	4552	河　北
9523	12547	3573	5620	11012	3463	7549	26113	19517	4487	山　西
12242	13388	4912	8027	11548	4236	7312	25444	17577	5460	内蒙古
4094	4501	1636	2603	4921	1316	3604	9332	6354	1892	辽　宁
6101	4298	191	4107	4751	1477	3274	9069	6454	2248	吉　林
5629	7585	3340	3869	6121	1883	4238	16923	12409	4193	黑龙江
	76			93	93		193	193		江　苏
										浙　江
	8	8		141	41	101	839	58	8	安　徽
										福　建
										江　西
1416	7683	6160	1070	12532	5006	7527	23456	19792	2555	山　东
468	1867	519	359	2302	873	1429	4901	3324	789	河　南
										湖　北
										湖　南
										广　东
										广　西
										海　南
										重　庆
59	36	3	20	153	48	105	87	21	66	四　川
										贵　州
										云　南
55	122	40	46	465	168	297	231	70	132	西　藏
1959	2100	923	962	1177	636	541	4803	3281	408	陕　西
8777	6806	948	5855	3326	1545	1781	12475	8489	2394	甘　肃
1747	1076	58	993	1073	531	542	2012	1182	830	青　海
4188	2443	275	2168	2290	1239	1050	4563	3362	610	宁　夏
9908	6820	1330	5152	5111	1834	3277	12716	7593	3855	新　疆

8-2 2020年按县分列的县城集中供热

县名称 Name of Counties	蒸汽 Steam								
	供热能力			供热总量			供热能力		
	(吨/小时) Heating Capacity (ton/hour)	热电厂供热 Heating by Co-Generation	锅炉房供热 Heating by Boilers	(万吉焦) Total Heat Supplied (10,000gcal)	热电厂供热 Heating by Co-Generation	锅炉房供热 Heating by Boilers	(兆瓦) Heating Capacity (mega watts)	热电厂供热 Heating by Co-Generation	锅炉房供热 Heating by Boilers
全　国	**18085**	**14800**	**1979**	**9958**	**7887**	**1106**	**158186**	**61828**	**78826**
河　北	**2522**	**1944**	**484**	**1293**	**940**	**163**	**27981**	**5238**	**12661**
井陉县							300	300	
正定县	370	370		280	280		398	311	87
行唐县							168		
灵寿县							157		130
高邑县							58		
深泽县							336		336
赞皇县							162		162
无极县							130		130
平山县							389		
元氏县							226		226
赵　县									
滦南县							347	347	
乐亭县							280		280
迁西县							230		
玉田县							280		280
曹妃甸区							1287		
青龙满族自治县							268		268
昌黎县							497		497
卢龙县							87		87
临漳县							45		45
成安县							70		70
大名县							116		53
涉　县							150	150	
磁　县	150	150		46	46		181	181	
邱　县							119	28	91
鸡泽县							59		59
馆陶县	36	36		4	4		10		9
魏　县							316		
曲周县							139		139
临城县									
内丘县	65	65		47	47		50		50
隆尧县							260		260
宁晋县	324		324	53		53	107	50	
巨鹿县				93			116		
广宗县	53	53		41	41				
平乡县							29	29	
威　县							340	340	
清河县							86		86
临西县							180		180

County Seat Central Heating by County(2020)

热水 Hot Water 供热总量 (万吉焦) Total Heat Supplied (10,000gcal)	热电厂供热 Heating by Co-Generation	锅炉房供热 Heating by Boilers	管道长度 (公里) Length of Pipelines (km)	一级管网 First Class	二级管网 Second Class	供热面积 (万平方米) Heated Area (10,000 m²)	住宅 Housing	公共建筑 Public Building	县名称 Name of Counties
84808	**26880**	**49248**	**81366**	**29633**	**51733**	**185655.1**	**134564.8**	**34478.3**	**全　国**
13452	**2964**	**8399**	**14350**	**5244**	**9106**	**32495.7**	**24888.1**	**4552.0**	**河　北**
126	126		105	65	40	285.0	234.0	51.0	井陉县
283	276	7	430	147	284	1007.7	758.6	249.2	正定县
189			94	76	18	307.0	257.8	49.2	行唐县
157		130	100	47	53	240.0	24.1		灵寿县
28			24	17	7	83.0			高邑县
176		176	8	3	5	285.0	177.0		深泽县
107		107	181	45	136	292.0	236.0	29.2	赞皇县
160		160	47	32	15	250.0	160.0	19.0	无极县
230			102	32	70	590.0	455.0		平山县
148		148	196	56	140	410.0	349.0		元氏县
			120	68	52	377.0	336.0	41.0	赵　县
219	219		82	29	53	432.0	260.6	171.4	滦南县
290		290	317	48	269	660.6	535.8	124.8	乐亭县
170			187	60	128	539.8	391.2	148.7	迁西县
179		179	193	25	168	514.6	465.6	49.0	玉田县
380			368	148	220	885.4	552.2	331.2	曹妃甸区
190		190	480	37	443	416.0	302.6	113.4	青龙满族自治县
303		303	313	72	241	800.0	619.8		昌黎县
67		67	241	71	170	174.8	133.1	41.7	卢龙县
37		37	74	29	45	83.0	56.0		临漳县
			80	76	4	167.4	151.3	16.1	成安县
45		15	53	53		133.7	133.7		大名县
110	110		188	38	150	353.0	340.0	13.0	涉　县
213	213		48	22	26	405.0	284.0	121.0	磁　县
98	23	75	60	60		181.6			邱　县
62		62	30		30	113.9	89.7	24.2	鸡泽县
10		9	8	3	5	39.7	37.9		馆陶县
136			65	65		340.0	277.0		魏　县
81		81	20	20		253.6	242.2		曲周县
			53	30	23				临城县
97		97	89	49	40	362.4			内丘县
150		147	95	45	50	225.0	167.0	48.0	隆尧县
64	52		86	60	26	350.5	139.3		宁晋县
93			267	87	180	424.9	350.9	74.0	巨鹿县
			27	27		106.0	106.0		广宗县
26	26		17	17		90.4	78.1	12.3	平乡县
165	165		70	70		390.0	331.7	58.3	威　县
310		310	293	118	175	236.0	212.4	23.6	清河县
138		138	55	25	30	295.0	260.0	35.0	临西县

8-2 续表 1

县名称 Name of Counties	蒸汽 Steam								
	供热能力 (吨/小时) Heating Capacity (ton/hour)	热电厂供热 Heating by Co-Generation	锅炉房供热 Heating by Boilers	供热总量 (万吉焦) Total Heat Supplied (10,000gcal)	热电厂供热 Heating by Co-Generation	锅炉房供热 Heating by Boilers	供热能力 (兆瓦) Heating Capacity (mega watts)	热电厂供热 Heating by Co-Generation	锅炉房供热 Heating by Boilers
博野县							100		
涞水县							440		440
阜平县							409	210	
白沟新城							430		430
定兴县	160		160	110		110	70		70
唐　县							138	138	
涞源县	300	300		121	121				
望都县							138		138
易　县							157		157
曲阳县							600		58
蠡　县							127		127
顺平县							110	110	
张北县							848		848
康保县							260		260
沽源县							351		351
尚义县							576		576
蔚　县							1200	1200	
阳原县							232		232
怀安县							393	393	
怀来县							781		781
涿鹿县	94			97			399		399
赤城县							174		174
承德县							260	260	
兴隆县	580	580		265	265				
滦平县							350		
隆化县							210	210	
丰宁满族自治县							338		322
宽城满族自治县							392		392
围场满族蒙古族自治县							256		256
青　县							343		343
东光县							115		70
海兴县							80		80
盐山县							174	174	
肃宁县									
南皮县							92		92
吴桥县							95	95	
献　县									
孟村回族自治县							58		58
固安县							464		464
香河县							1070		1070
大城县							2500		

continued

热水 Hot Water 供热总量 (万吉焦) Total Heat Supplied (10,000gcal)	热电厂供热 Heating by Co-Generation	锅炉房供热 Heating by Boilers	管道长度 (公里) Length of Pipelines (km)	一级管网 First Class	二级管网 Second Class	供热面积 (万平方米) Heated Area (10,000 m²)	住宅 Housing	公共建筑 Public Building	县名称 Name of Counties
135			23	8	15	350.0	229.0		博野县
196		196	158	61	97	450.0	365.3	38.4	涞水县
170	94		365	63	302	271.2	165.0	79.9	阜平县
350		350	215	65	150	650.0	442.0	208.0	白沟新城
68		68	232	53	179	395.3	255.0		定兴县
94	94		153	32	121	241.5	198.0	16.9	唐　县
			43	21	22	370.5	290.5		涞源县
86		86	77	51	26	273.5	228.5	45.0	望都县
139		139	202	84	118	435.0	359.0	76.0	易　县
183		23	221	59	162	387.0	320.0	67.0	曲阳县
66		66	45		45	170.0	162.0		蠡　县
110	110		16	15	1	240.0	140.0	100.0	顺平县
594		594	498	131	367	1006.0	779.0	227.0	张北县
175		175	130	48	82	320.0	250.0	70.0	康保县
184		184	134	72	63	438.8	313.1	125.6	沽源县
120		120	148	45	104	212.7	190.7	22.0	尚义县
395	395		683	65	618	580.0	464.0		蔚　县
150		150	71	30	41	263.8	206.7		阳原县
120	120		74	74		282.0	200.0	82.0	怀安县
200		200	392	237	155	479.0	390.0	88.9	怀来县
243		243	116	55	61	630.9	498.5	132.4	涿鹿县
149		149	53	53		270.0	207.0	50.2	赤城县
290	290		140	35	105	448.0	340.0	63.5	承德县
			210	136	74	405.0	300.0		兴隆县
324		324	185	45	140	475.0	387.0		滦平县
127	127		135	37	99	373.4	286.4	87.0	隆化县
224		224	212	98	114	638.3	366.2	163.4	丰宁满族自治县
272		272	170	56	114	464.2	264.0	200.2	宽城满族自治县
212		212	220	40	180	456.1	325.6	130.5	围场满族蒙古族自治县
356		356	151	128	23	583.0	480.0	82.0	青　县
121		74	87	87		380.0	380.0		东光县
46		46	61	23	38	154.1	123.9	30.2	海兴县
132	132		368	93	275	383.6	357.6	26.0	盐山县
			66	66		128.7	118.2	10.5	肃宁县
63		63	89	32	58	187.3	152.7	34.6	南皮县
65	65		126	94	32	209.7	179.3		吴桥县
			71	71		407.4	359.0	48.4	献　县
35		35	24	24		115.2	88.8	26.4	孟村回族自治县
248		248	270	129	141	419.7	328.3	91.5	固安县
314		314	762	114	648	628.7	526.1	102.7	香河县
120			72	18	54	120.0	80.0		大城县

8-2 续表 2

县名称 Name of Counties	蒸汽 Steam								
	供热能力（吨/小时） Heating Capacity (ton/hour)	热电厂供热 Heating by Co-Generation	锅炉房供热 Heating by Boilers	供热总量（万吉焦） Total Heat Supplied (10,000gcal)	热电厂供热 Heating by Co-Generation	锅炉房供热 Heating by Boilers	供热能力（兆瓦） Heating Capacity (mega watts)	热电厂供热 Heating by Co-Generation	锅炉房供热 Heating by Boilers
大厂回族自治县							404		404
枣强县							461	270	191
武邑县							140		140
武强县							58		58
饶阳县							291	291	
安平县							241		
故城县							3500	64	60
景　县	390	390		136	136				
阜城县							87	87	
容城县									
雄　县									
安新县							96		96
山　西	**2271**	**2089**	**182**	**1346**	**1060**	**286**	**20611**	**8741**	**9523**
清徐县							140	140	
阳曲县							268		268
娄烦县							174		174
阳高县							560	560	
天镇县							232		232
广灵县							189	172	
灵丘县							232		232
浑源县							224		224
左云县							256		256
平定县							3750	3750	
盂　县							403		403
襄垣县	585	585		284	284				
平顺县							280		280
黎城县							232		232
壶关县							232		232
长子县							348		216
武乡县							254	254	
沁　县							116	116	
沁源县	450	450		315	315				
沁水县							360		360
阳城县							223	223	
陵川县							328		174
应　县							322		322
右玉县							232		
榆社县							400		
左权县							400	400	
和顺县	182		182	286		286	92		92
昔阳县							250	250	
寿阳县							342	342	

continued

热 水 Hot Water 供热总量 (万吉焦) Total Heat Supplied (10,000gcal)	热电厂供热 Heating by Co-Generation	锅炉房供热 Heating by Boilers	管道长度 (公里) Length of Pipelines (km)	一级管网 First Class	二级管网 Second Class	供热面积 (万平方米) Heated Area (10,000 m²)	住宅 Housing	公共建筑 Public Building	县名称 Name of Counties
236		236	227	30	197	493.5	429.2	64.3	大厂回族自治县
265	68	197	333	130	204	624.4	549.4		枣强县
156		156	103	36	67	305.6	245.1		武邑县
88		88	96	16	80	225.3	220.8	4.5	武强县
157	157		81	55	26	224.2	221.6		饶阳县
64			113	40	74	207.0	170.8	2.0	安平县
220	30	2	105	37	69	505.0	455.0	50.0	故城县
			243	180	63	328.3	242.0	26.4	景　县
72	72		207	39	168	157.0	144.0	13.0	阜城县
			13	9	3	135.1	130.0	5.1	容城县
			76	54	22	335.0	335.0		雄　县
82		82	21	4	17	159.8	143.4	16.4	安新县
12547	**3573**	**5620**	**11012**	**3463**	**7549**	**26113.1**	**19516.5**	**4486.5**	**山　西**
133	133		193	60	133	354.5	258.2		清徐县
125		125	71	23	48	266.5	48.5	45.8	阳曲县
113		113	45	19	26	218.0	177.0	41.0	娄烦县
140	140		114	57	57	306.0	260.6	45.4	阳高县
156		156	56	21	35	294.0	216.0		天镇县
115	115		100	100		270.0	180.0	90.0	广灵县
221		221	86	40	46	348.5	241.8		灵丘县
191		191	80	31	49	352.0	295.0	57.0	浑源县
138		138	56	22	34	235.6	179.3	56.2	左云县
224	224		446	45	400	758.1	618.8	139.3	平定县
212		212				460.0	360.0		盂　县
			191	48	143	678.1	509.4	168.7	襄垣县
109		109	144	24	120	185.0	143.0	42.0	平顺县
132		132	108	52	56	364.0	250.0	57.0	黎城县
140		140	73	23	50	301.0	248.0	53.0	壶关县
150		150	144	69	75	444.7	338.9	105.8	长子县
120	120		98	41	57	257.0	180.0		武乡县
80	80		40	20	20	173.0	135.0	38.0	沁　县
			246	97	150	392.0	233.0	159.0	沁源县
130		130	171	30	141	290.0			沁水县
212	212		708	80	628	685.0	603.0	82.0	阳城县
219		29	496	38	458	389.7	336.9	52.8	陵川县
346		346	194	91	103	499.8	445.8	54.0	应　县
235			239	70	169	373.0	280.0	93.0	右玉县
180			248	76	172	286.2	231.5	48.8	榆社县
205	205		133	66	67	338.0	263.0		左权县
145		145				379.8	284.8	95.0	和顺县
140	140		123	47	76	421.4	332.1	89.3	昔阳县
300	300		191	56	135	683.0	519.0	164.0	寿阳县

8-2 续表 3

县名称 Name of Counties	蒸汽 Steam								
	供热能力（吨/小时） Heating Capacity (ton/hour)	热电厂供热 Heating by Co-Generation	锅炉房供热 Heating by Boilers	供热总量（万吉焦） Total Heat Supplied (10,000gcal)	热电厂供热 Heating by Co-Generation	锅炉房供热 Heating by Boilers	供热能力（兆瓦） Heating Capacity (mega watts)	热电厂供热 Heating by Co-Generation	锅炉房供热 Heating by Boilers
太谷区							436	320	116
祁　县							230		
平遥县									
灵石县	280	280		84	84		232	232	
临猗县							176	134	
万荣县							87	87	
闻喜县							450		
垣曲县							174		174
平陆县	110	110		90	90				
定襄县	130	130		82	82		91		
五台县							220		220
代　县							335		335
繁峙县							408		408
宁武县							348		348
静乐县							190	190	
神池县							260		260
五寨县							460		460
岢岚县							142	57	61
河曲县							481	365	116
保德县							401		401
偏关县							92		92
曲沃县	300	300		65	65		115		
翼城县							232		232
襄汾县							295		295
洪洞县							426		426
古　县							116	116	
安泽县							82		82
浮山县							116		116
吉　县							128		128
乡宁县							174		174
大宁县							65		65
隰　县							116		116
永和县							69		69
蒲　县							240		
汾西县							58		58
文水县							300	300	
交城县	94	94		50	50		191	191	
兴　县							476		476
临　县							308	210	98
柳林县							220		
石楼县							112	112	
岚　县							232		232

continued

热水 Hot Water 供热总量 (万吉焦) Total Heat Supplied (10,000gcal)	热电厂供热 Heating by Co-Generation	锅炉房供热 Heating by Boilers	管道长度 (公里) Length of Pipelines (km)	一级管网 First Class	二级管网 Second Class	供热面积 (万平方米) Heated Area (10,000 m²)	住宅 Housing	公共建筑 Public Building	县名称 Name of Counties
488	423	65	431	189	243	984.8	621.6	353.6	太谷区
140			166	47	120	411.5	293.0	118.5	祁　县
			671	137	534	720.0	603.0	117.0	平遥县
214	214		350	55	295	614.0	480.0	134.0	灵石县
204	139		87	87		514.9	478.9	36.0	临猗县
44	44		36	13	23	155.3	130.1	25.2	万荣县
1620			102	51	50	306.0	260.0		闻喜县
130		130	69	44	25	364.0	324.0	40.0	垣曲县
			56	56		217.0	168.0	49.0	平陆县
81			93	37	57	295.0	228.9	66.2	定襄县
143		143	188	114	74	277.0	239.0	38.0	五台县
155		155	113	51	62	355.0	231.8	123.2	代　县
180		180	170	86	84	456.0	360.4	95.6	繁峙县
198		198	102	62	40	345.0	241.0	104.0	宁武县
130	130		89	23	66	237.9	203.7	34.2	静乐县
130		130	124	42	83	194.0	144.0	50.0	神池县
121		121	115	34	81	321.5	291.7	29.8	五寨县
100	80	1	165	78	88	204.0	168.0	36.0	岢岚县
145	80	66	79	34	45	264.7	187.4	77.3	河曲县
179		179	123	37	87	470.1	372.4	97.7	保德县
90		90	81	25	56	135.3	71.2	43.0	偏关县
60			324	53	271	314.0	279.0	35.0	曲沃县
186		186	190	59	131	467.0	420.0	47.0	翼城县
200		200	153	38	116	468.0	388.0	80.0	襄汾县
298		298	147	65	82	594.7	517.6	72.0	洪洞县
80	80		118	20	98	172.3	127.6	44.7	古　县
82		82	58	22	36	162.4	117.4	45.0	安泽县
92		92	138	39	99	182.5	155.0	27.5	浮山县
59		59	6	1	5	10.4	6.2	4.1	吉　县
112		112	90	42	48	290.1	226.7	63.4	乡宁县
51		51	65	23	42	101.0	70.0	31.0	大宁县
80		80	141	32	109	215.7	164.7	51.0	隰　县
33		33	30	15	15	79.3	54.4	21.9	永和县
92			142	56	86	161.5	107.5	54.1	蒲　县
72		72	117	17	100	132.0	110.0	22.0	汾西县
234	234		82	50	32	612.1	494.1	118.0	文水县
228	228		138	42	96	510.0	420.0		交城县
180		180	122	13	109	282.0	216.5	65.5	兴　县
319	192	127	132	22	111	481.1	379.9	101.2	临　县
334			332	73	259	590.0	428.9	70.0	柳林县
60	60								石楼县
125		125	55	24	31	302.0	205.0		岚　县

8-2 续表 4

县名称 Name of Counties	蒸汽 Steam 供热能力(吨/小时) Heating Capacity (ton/hour)	热电厂供热 Heating by Co-Generation	锅炉房供热 Heating by Boilers	供热总量(万吉焦) Total Heat Supplied (10,000gcal)	热电厂供热 Heating by Co-Generation	锅炉房供热 Heating by Boilers	供热能力(兆瓦) Heating Capacity (mega watts)	热电厂供热 Heating by Co-Generation	锅炉房供热 Heating by Boilers
方山县							268		268
中阳县							220	220	
交口县	140	140		90	90				
内蒙古	**2101**	**1966**	**135**	**1033**	**902**	**131**	**27333**	**14371**	**12242**
土左旗							134		134
托　县							300		
和林县							242		242
清水河县							98		98
武川县							297		297
土右旗							1050	1050	
固阳县							145	145	
达尔罕茂明安							154	145	
阿鲁科尔沁旗							718		718
巴林左旗							558	558	
巴林右旗	502	502		227	227				
林西县	60		60	66		66	273		273
克什克腾旗							389		389
翁牛特旗							400		400
喀喇沁旗	75		75	65		65	202		202
宁城县							541		541
敖汉旗							393	43	350
科左中旗							174		174
科左后旗							390	1	389
开鲁县							345	70	275
库伦旗							241		241
奈曼旗							143		143
扎鲁特旗							409		409
达拉特旗							930	930	
准格尔旗							310	310	
鄂托克前旗							227		227
鄂托克旗							275		275
杭锦旗							210		210
乌审旗							331	330	
伊金霍洛旗							1090	74	1016
阿荣旗							484		476
莫　旗							380		380
鄂伦春旗							145		145
鄂温克旗							290	290	
陈巴尔虎旗							145	145	
新左旗							145		145
新右旗							113		113
五原县	87	87		51	51		590	110	480

continued

热水 Hot Water 供热总量 (万吉焦) Total Heat Supplied (10,000gcal)	热电厂供热 Heating by Co-Generation	锅炉房供热 Heating by Boilers	管道长度 (公里) Length of Pipelines (km)	一级管网 First Class	二级管网 Second Class	供热面积 (万平方米) Heated Area (10,000 m²)	住宅 Housing	公共建筑 Public Building	县名称 Name of Counties
131		131	91	52	39	293.3	242.3	51.0	方山县
338			74	49	25	689.0			中阳县
			64	14	50	156.0	119.0	37.0	交口县
13388	**4912**	**8027**	**11548**	**4236**	**7312**	**25444.3**	**17577.1**	**5460.2**	**内蒙古**
159		159	89	41	48	232.0	162.0	69.6	土左旗
180			90	90		300.0	190.0		托 县
101		101	165	139	26	302.0	258.5	43.5	和林县
67		67	18	18		115.0	87.0	28.0	清水河县
150		150	72	20	52	230.0	174.0	56.0	武川县
185	185		242	69	172	355.0	249.0	106.0	土右旗
138	138		186	119	67	250.0	160.0	90.0	固阳县
151	151		64	25	39	272.0	192.0	51.0	达尔罕茂明安
370		370	432	153	279	537.0	330.0	202.0	阿鲁科尔沁旗
252	252		230	52	178	592.1	413.1	179.0	巴林左旗
						477.0	307.0		巴林右旗
188		188	282	40	242	380.0	280.0	100.0	林西县
414		414	269	269		410.5	356.5	54.0	克什克腾旗
147		147	120	60	60	415.0	294.0	121.0	翁牛特旗
101		101	186	70	116	343.5	173.3	110.2	喀喇沁旗
594		594	192	73	119	461.0	344.0	117.0	宁城县
242	20	222	267	107	161	577.9	403.7	174.2	敖汉旗
151		151	152	55	97	227.2	161.0	66.2	科左中旗
237	1	236	294	135	160	348.0	285.0	63.0	科左后旗
276	97	176	143	47	96	345.0	237.0		开鲁县
167		167	134	61	73	240.0	166.6		库伦旗
68		68	61	31	30	221.0	187.0		奈曼旗
213		213	195	94	101	474.0	350.0	124.0	扎鲁特旗
510	510		551	146	405	850.0	586.1	263.9	达拉特旗
310	310		149	100	49	1052.5	712.3		准格尔旗
120		120	309	39	270	257.0	189.5	67.5	鄂托克前旗
425		425	387	74	313	348.9	265.1	83.8	鄂托克旗
163		163	84	84		257.9	170.2		杭锦旗
272	272		191	80	111	461.0	320.0	141.0	乌审旗
899	46	853	586	255	332	1209.4	935.2	274.2	伊金霍洛旗
316		316	56		56	587.7	208.5	35.6	阿荣旗
230		230	101	26	75	470.0	305.0	165.0	莫 旗
67		67	119	41	77	164.0	106.2	57.8	鄂伦春旗
169	169		120	44	76	598.5	335.5	263.0	鄂温克旗
95	95		47	21	26	125.1	82.3	42.8	陈巴尔虎旗
60		60	59	38	21	120.0			新左旗
223		223	55	20	35	150.0	100.9	45.0	新右旗
311	51	260	252	49	203	600.0	437.0	163.0	五原县

8-2 续表 5

县名称 Name of Counties	蒸汽 Steam								
	供热能力 (吨/小时) Heating Capacity (ton/hour)	热电厂供热 Heating by Co-Generation	锅炉房供热 Heating by Boilers	供热总量 (万吉焦) Total Heat Supplied (10,000gcal)	热电厂供热 Heating by Co-Generation	锅炉房供热 Heating by Boilers	供热能力 (兆瓦) Heating Capacity (mega watts)	热电厂供热 Heating by Co-Generation	锅炉房供热 Heating by Boilers
磴口县							700	700	
乌拉特前旗							531	531	
乌拉特中旗							273		273
乌拉特后旗	62	62		80	80				
杭锦后旗	375	375		224	224		290	116	174
卓资县							400	400	
化德县							373		373
商都县	260	260		140	140		406	91	315
兴和县							595	595	
凉城县							266		266
察右前旗							198	198	
察右中旗							221		221
察右后旗							491		491
四子王旗							306		306
科尔沁右翼前旗	680	680		180	180		234		234
科右中旗							208	208	
扎赉特旗							319		319
突泉县							46		46
阿巴嘎旗							123		
苏尼特左旗							168		168
苏尼特右旗							349	349	
东乌珠穆沁旗							316	158	158
西乌珠穆沁旗							340	340	
太仆寺旗							280		
镶黄旗							74	74	
正镶白旗							156		156
正蓝旗							4800	4800	
多伦县							452	452	
阿拉善左旗							965	965	
阿拉善右旗							77	77	
额济纳旗							116	116	
辽 宁	**1395**	**945**	**450**	**710**	**535**	**115**	**13612**	**9162**	**4094**
康平县							420	420	
法库县							238	238	
长海县							183		183
台安县							325	325	
岫岩满族自治县							356		
新宾满族自治县							140		140
清原满族自治县	120	120		90	90		128	128	
本溪满族自治县	100		100	54		54	280		280
桓仁满族自治县							354	325	29
宽甸满族自治县							270		270

continued

热 水 Hot Water 供热总量 (万吉焦) Total Heat Supplied (10,000gcal)	热电厂供 热 Heating by Co-Generation	锅炉房供 热 Heating by Boilers	管 道 长 度 (公里) Length of Pipelines (km)	一级管网 First Class	二级管网 Second Class	供热面积 (万平方米) Heated Area (10,000 m^2)	住 宅 Housing	公共建筑 Public Building	县名称 Name of Counties
140	140		110	33	78	273.8	213.4	57.9	磴口县
412	412		135	75	60	739.1	540.9	198.2	乌拉特前旗
191		191	193	58	135	335.0	230.0	52.0	乌拉特中旗
			115	26	89	200.0	152.0		乌拉特后旗
242	105	137	145	72	73	727.0	565.5	161.5	杭锦后旗
136	136		105	30	75	264.0	179.8	84.2	卓资县
197		197	83	36	47	330.9	200.9		化德县
130	70	60	127	29	98	487.0	411.0	76.0	商都县
170	170		95		95	355.0	318.0	37.0	兴和县
117		117	130	36	94	323.0	302.0	21.0	凉城县
97	97		110	30	80				察右前旗
96		96	70	36	34	221.0	175.0		察右中旗
133		133	68	45	23	226.3	177.6	48.7	察右后旗
219		219	203	85	118	437.2	291.4	145.8	四子王旗
			124	58	66	522.0	413.0	108.7	科尔沁右翼前旗
157	157		104	38	66	300.0	189.6		科右中旗
310		310	352	72	280	519.8	379.7	140.2	扎赉特旗
82		82	105	22	83	250.5			突泉县
45			76	24	52	150.0	90.0	60.0	阿巴嘎旗
60		60	75	12	63	113.5	60.1	53.4	苏尼特左旗
123	123		137	69	68	293.0	230.0	63.0	苏尼特右旗
169	85	84	67	24	43	282.9	169.9	113.0	东乌珠穆沁旗
111	100		166	26	140	334.0	210.0		西乌珠穆沁旗
210			89	38	50	322.0	205.0	83.0	太仆寺旗
84	84		93	20	73	130.0	77.0	27.0	镶黄旗
100		100	85	48	37	152.0	92.0	60.0	正镶白旗
135	135		210	64	146	291.4	187.7	103.5	正蓝旗
207	207		411	118	292	384.8	292.3		多伦县
417	417		603	93	510	831.0	550.0	281.0	阿拉善左旗
82	82		154	128	26	119.0	69.0	50.0	阿拉善右旗
96	96		61	9	52	172.0	90.0	78.0	额济纳旗
4501	**1636**	**2603**	**4921**	**1316**	**3604**	**9331.6**	**6354.2**	**1892.5**	**辽 宁**
176	176		149	95	53	495.6	319.5	176.1	康平县
196	196		48	17	31				法库县
46		46	87	24	63	75.0	52.0	23.0	长海县
302	302		266	36	230	395.0	320.0		台安县
262			270	63	207	460.0			岫岩满族自治县
83		83	195	22	174	240.4	188.4	52.0	新宾满族自治县
68	68		273	42	231	406.8	294.9	111.8	清原满族自治县
218		218	382	17	365	465.0	348.0	117.0	本溪满族自治县
253	223	30	294	34	260	549.9	385.6	164.4	桓仁满族自治县
240		240	173	17	156	460.0	335.0	125.0	宽甸满族自治县

8-2 续表 6

县名称 Name of Counties	蒸汽 Steam 供热能力 (吨/小时) Heating Capacity (ton/hour)	热电厂供热 Heating by Co-Generation	锅炉房供热 Heating by Boilers	供热总量 (万吉焦) Total Heat Supplied (10,000gcal)	热电厂供热 Heating by Co-Generation	锅炉房供热 Heating by Boilers	供热能力 (兆瓦) Heating Capacity (mega watts)	热电厂供热 Heating by Co-Generation	锅炉房供热 Heating by Boilers
黑山县							450		450
义　县							280		280
阜新蒙古族自治县							230	230	
彰武县	150	150		150	150		80	80	
辽阳县	220	220		169	109				
盘山县	415	415		171	171		11	11	
西丰县							280		280
昌图县							462		462
朝阳县							7405	7405	
建平县	390	40	350	76	15	61	250		250
喀喇沁左翼蒙古族自治县							319		319
绥中县							688		688
建昌县							463		463
吉　林				**221**			**6389**	**288**	**6101**
农安县				221			794		794
永吉县							506		506
梨树县							358		358
伊通满族自治县							345		345
东丰县							443		443
东辽县							177		177
通化县							364		364
辉南县							350		350
柳河县							297		297
抚松县							182		182
靖宇县							182		182
长白朝鲜族自治县							104	104	
前郭县							511		511
长岭县							216		216
乾安县							235		235
镇赉县							284		284
通榆县							441		441
汪清县							416		416
安图县							184	184	
黑龙江	**2977**	**2391**	**350**	**1855**	**1624**	**179**	**11278**	**5072**	**5629**
依兰县							346		279
方正县							254		254
宾　县	455	455		308	308				
巴彦县	200	200		199	199		203	128	
木兰县	150	150		107	107				
通河县							270	270	

continued

热 水 Hot Water			管 道 长 度 (公里) Length of Pipelines (km)	一级管网 First Class	二级管网 Second Class	供热面积 (万平方米) Heated Area (10,000 m^2)	住 宅 Housing	公共建筑 Public Building	县名称 Name of Counties
供热总量 (万吉焦) Total Heat Supplied (10,000gcal)	热电厂供 热 Heating by Co-Generation	锅炉房供 热 Heating by Boilers							
210		210	199	199		351.0	264.0	87.0	黑山县
270		270	179	42	137	440.0	338.0	102.0	义 县
230	230		141	33	108	422.0	272.0	150.0	阜新蒙古族自治县
40	40		296	29	267	424.0	244.0		彰武县
			244	44	200	334.4	264.2	70.2	辽阳县
22	22		219	70	149	280.3	175.9	104.4	盘山县
165		165	354	34	320	391.0	287.0	104.0	西丰县
290		290	237	58	179	680.0	550.0	130.0	昌图县
380	380		151	125	27	368.3	277.7	90.6	朝阳县
132		132	72	25	47	510.0	400.0	104.0	建平县
340		340	187	61	126	550.0	360.0		喀喇沁左翼蒙古族自治县
370		370	321	48	273	592.0	448.0	144.0	绥中县
209		209	183	183		440.9	230.0	37.0	建昌县
4298	**191**	**4107**	**4751**	**1477**	**3274**	**9069.4**	**6454.4**	**2247.8**	**吉 林**
221		221	660	233	427	996.0	727.0	269.0	农安县
275		275	254	163	91	575.0	470.0		永吉县
221		221	270	69	202	504.9	424.2	76.7	梨树县
377		377	364	144	220	552.5	272.5	114.3	伊通满族自治县
267		267	346	81	265	542.0	434.0	108.0	东丰县
71		71	84	30	54	200.4	160.0	31.3	东辽县
224		224	219	57	162	448.1	302.9	144.9	通化县
350		350	419	90	329	540.0	430.0	110.0	辉南县
244		244	434	50	384	585.2	406.6	178.6	柳河县
176		176	73	48	25	255.0	197.0	58.0	抚松县
146		146	204	74	130	340.9	268.6	72.4	靖宇县
66	66		44	8	36	146.1	108.5	37.6	长白朝鲜族自治县
378		378	201	32	169	605.0	373.2	148.8	前郭县
263		263	239	91	148	530.6	404.1	126.5	长岭县
138		138	271	88	183	382.0	134.0	248.0	乾安县
188		188	130	33	97	555.6	386.9	168.7	镇赉县
274		274	277	61	216	552.0	382.0	170.0	通榆县
294		294	202	88	114	488.0	365.0	123.0	汪清县
125	125		60	39	21	270.0	207.9	62.1	安图县
7585	**3340**	**3869**	**6121**	**1883**	**4238**	**16923.0**	**12409.0**	**4193.3**	**黑龙江**
248		184	131	41	90	455.0	375.0	80.0	依兰县
228		228	143	59	85	330.0	234.0	96.0	方正县
			275	47	228	668.3	531.7	136.6	宾 县
12			220	64	156	452.4	404.3	48.1	巴彦县
			136	45	90	223.9	176.0	47.9	木兰县
200	200		147	33	114	390.0	310.0		通河县

8-2 续表 7

县名称 Name of Counties	蒸汽 Steam								
	供热能力 (吨/小时) Heating Capacity (ton/hour)	热电厂供热 Heating by Co-Generation	锅炉房供热 Heating by Boilers	供热总量 (万吉焦) Total Heat Supplied (10,000gcal)	热电厂供热 Heating by Co-Generation	锅炉房供热 Heating by Boilers	供热能力 (兆瓦) Heating Capacity (mega watts)	热电厂供热 Heating by Co-Generation	锅炉房供热 Heating by Boilers
延寿县							358	358	
龙江县							512		512
依安县							308		308
泰来县	225			52			112		
甘南县							234		234
富裕县	235	235		140	140		124	116	8
克山县							301	168	25
克东县							174		174
拜泉县							296	296	
鸡东县							243	243	
萝北县							320	320	
绥滨县	203	203		127	127				
集贤县							476	476	
友谊县							159		159
宝清县							438	438	
饶河县							205	205	
肇州县							276		276
肇源县							270		56
林甸县							230		230
杜尔伯特蒙古族自治县							327		327
嘉荫县	145	145		67	67		58	58	
汤旺县	110		110	10		10	140		140
丰林县	105	105		67	67		262	80	182
大箐山县							102	102	
南岔县							215	215	
桦南县							454	260	194
桦川县							168	64	104
汤原县							318		318
勃利县							317	260	57
林口县							290	195	95
逊克县							335	335	
孙吴县							257	257	
望奎县							287		287
兰西县							424		424
青冈县	251		240	169		169	194		194
庆安县							228	228	
明水县							333		333
绥棱县							364		364
呼玛县	130	130		70	70				
塔河县	200	200		143	143				
加格达奇区	568	568		397	397		96		96

continued

热水 Hot Water 供热总量 (万吉焦) Total Heat Supplied (10,000gcal)	热电厂供热 Heating by Co-Generation	锅炉房供热 Heating by Boilers	管道长度(公里) Length of Pipelines (km)	一级管网 First Class	二级管网 Second Class	供热面积(万平方米) Heated Area (10,000 m²)	住宅 Housing	公共建筑 Public Building	县名称 Name of Counties
135	135		129	54	75	348.0	254.0	92.0	延寿县
227		227	122	75	47	454.8	315.4	139.4	龙江县
220		220	128	43	86	406.0	308.0	98.0	依安县
95			135	27	108	293.0	254.5	38.6	泰来县
198		198	103	37	66	305.0	214.8		甘南县
49	46	3	210		210	389.8	324.0	47.0	富裕县
178	160	18	130	72	58	355.0	224.0	131.0	克山县
154		154	57	14	43	290.9	204.0	82.8	克东县
181	181		160	82	78	383.0	279.0	104.0	拜泉县
176	176		61	27	35	348.5	254.5	94.0	鸡东县
162	162		97	43	54	240.5	170.4	70.1	萝北县
			74	13	61	227.0	156.8	70.2	绥滨县
345	345		189	66	123	524.3	412.6	81.0	集贤县
110		110	109	18	91	204.0	134.0	70.0	友谊县
290	290		81	28	53	535.4	437.9	97.5	宝清县
122	122		67	28	40	194.0	134.0	60.0	饶河县
211		211	88	22	66	458.0	336.0	122.0	肇州县
235		30	326	56	270	470.0	295.0	175.0	肇源县
143		143	174	64	110	365.0	286.2	78.8	林甸县
176		176	110	21	89	351.0	216.0	43.0	杜尔伯特蒙古族自治县
20	20		100	14	86	165.0	103.0	62.0	嘉荫县
49		49	75	25	50	221.4	169.4	52.1	汤旺县
279	153	126	128	72	56	262.5	204.5	58.0	丰林县
55	55		43	43		92.7	79.4	13.3	大箐山县
154	154		97	20	77	270.0	190.0	80.0	南岔县
252	162	90	249	51	198	506.2	348.4	157.9	桦南县
100	43	57	64	20	44	238.2	169.9	68.3	桦川县
230		230	107	26	82	383.0	278.0	102.0	汤原县
271	224	47	141	42	100	402.5	296.7	105.8	勃利县
226	152	74	160	69	91	350.0	262.9	87.1	林口县
160	160		112	20	92	235.0	146.0	89.0	逊克县
167	167		110	28	82	262.0	158.0	104.0	孙吴县
348		348	125	47	78	518.8	330.8	188.0	望奎县
288		288	147	45	102	495.0	404.0	91.0	兰西县
103		103	75	30	45	422.0	303.0	119.0	青冈县
233	233		101	26	75	565.0	400.0	165.0	庆安县
243		243	101	33	68	480.0	360.0	120.0	明水县
245		245	317	99	218	375.0	266.0	109.0	绥棱县
			33	33		103.0	69.0	34.0	呼玛县
			63	21	42	157.0	105.0	52.0	塔河县
67		67	171	43	128	756.0	523.0	233.0	加格达奇区

8-2 续表 8

县名称 Name of Counties	蒸汽 Steam								
	供热能力 (吨/小时) Heating Capacity (ton/hour)	热电厂供热 Heating by Co-Generation	锅炉房供热 Heating by Boilers	供热总量 (万吉焦) Total Heat Supplied (10,000gcal)	热电厂供热 Heating by Co-Generation	锅炉房供热 Heating by Boilers	供热能力 (兆瓦) Heating Capacity (mega watts)	热电厂供热 Heating by Co-Generation	锅炉房供热 Heating by Boilers
江　苏	**110**			**11**					
丰　县	110			11					
安　徽	**60**	**20**	**40**	**35**	**5**	**30**	**90**	**90**	
肥东县	20	20		5	5				
全椒县	40		40	30		30			
砀山县							90	90	
山　东	**4849**	**4579**	**250**	**2400**	**2232**	**168**	**13497**	**11001**	**1416**
平阴县	286	286		95	95		136		
商河县							263	263	
桓台县	170	170		110	110		175		175
高青县							570	570	
沂源县	320	320		136	136		210	210	
利津县							500		116
广饶县	615	615		245	245				
临朐县	25		25	5		5	480	234	246
昌乐县							318	318	
微山县							430	230	200
鱼台县							85	85	
金乡县							244		244
嘉祥县	42	22		19	19		2080	2080	
汶上县							80	80	
泗水县							287	287	
梁山县	60	60		62	62		186	186	
宁阳县							226	226	
东平县	225		225	163		163	87		87
五莲县	410	410		144	144				
莒　县	315	315		300	300		190	190	
沂南县							400	400	
郯城县							74	74	
沂水县							754	754	
兰陵县							351	351	
费　县	110	110		65	65		343	343	
平邑县							520	520	
莒南县							320	320	
蒙阴县							150	150	
临沭县							295	295	
宁津县							140	140	
庆云县	260	260		55	55				
临邑县	277	277		275	275				
齐河县							367	70	

continued

热水 Hot Water 供热总量 (万吉焦) Total Heat Supplied (10,000gcal)	热电厂供热 Heating by Co-Generation	锅炉房供热 Heating by Boilers	管道长度 (公里) Length of Pipelines (km)	一级管网 First Class	二级管网 Second Class	供热面积 (万平方米) Heated Area (10,000 m^2)	住宅 Housing	公共建筑 Public Building	县名称 Name of Counties
76			**93**	**93**		**193.5**	**193.5**		**江　苏**
76			93	93		193.5	193.5		丰　县
8	**8**		**141**	**41**	**101**	**839.4**	**57.8**	**7.8**	**安　徽**
			9		9	20.0	16.0	4.0	肥东县
			17	17		803.8	30.0		全椒县
8	8		115	24	92	15.6	11.8	3.8	砀山县
7683	**6160**	**1070**	**12532**	**5006**	**7527**	**23456.4**	**19792.1**	**2555.0**	**山　东**
154			442	43	399	499.0	444.0	55.0	平阴县
86	86		180	100	80	254.7	203.3	51.4	商河县
75		75	167	54	113	500.0	453.8	46.2	桓台县
190	190		114	37	77	479.0	405.0	74.0	高青县
210	210		297	126	171	658.0	504.0	154.0	沂源县
150		76	435	133	302	310.0	230.0	80.0	利津县
			150	68	82	723.0	587.0	136.0	广饶县
322	107	215	810	230	580	1088.0	940.9	147.1	临朐县
277	277		258	184	74	620.3	553.7	66.6	昌乐县
214	74	140	369	112	257	410.0	386.0	24.0	微山县
58	58		78	30	48	185.0	180.0	5.0	鱼台县
253		253	707	124	582	500.5	466.5	34.0	金乡县
160	160		217	97	120	290.0	260.0	30.0	嘉祥县
197	197		150	90	60	600.0	510.0	90.0	汶上县
135	135		216	88	128	382.0	354.0	28.0	泗水县
182	182		374	121	253	398.0	359.0	39.0	梁山县
180	180		284	109	175	290.0	178.9	10.5	宁阳县
85		85	179	85	94	600.0	570.0	30.0	东平县
			659	115	544	347.7	321.9	25.8	五莲县
176	176		260	260		790.0	39.0	197.0	莒　县
190	190		331	51	280	628.0	614.0	14.0	沂南县
130	130		151	82	69	530.0	390.0	40.0	郯城县
512	512		115	65	50	940.0	879.0	61.0	沂水县
450	450		218	53	165	750.0	398.0	52.0	兰陵县
176	176		150	99	51	426.0	365.0	60.0	费　县
365	365		240	165	75	585.0	555.0	30.0	平邑县
253	253		339	129	210	810.0	765.0	45.0	莒南县
157	157		171	45	126	478.2	451.0	27.2	蒙阴县
267	267		221	105	116	854.6	812.9	41.7	临沭县
90	90		92	59	33	230.0	194.2	35.8	宁津县
			273	66	207	185.0	154.9	30.1	庆云县
			319	94	226	521.7	454.1	67.5	临邑县
223	57		285	98	187	516.9	427.8	89.1	齐河县

8-2 续表 9

县名称 Name of Counties	蒸汽 Steam 供热能力 (吨/小时) Heating Capacity (ton/hour)	热电厂供热 Heating by Co-Generation	锅炉房供热 Heating by Boilers	供热总量 (万吉焦) Total Heat Supplied (10,000gcal)	热电厂供热 Heating by Co-Generation	锅炉房供热 Heating by Boilers	供热能力 (兆瓦) Heating Capacity (mega watts)	热电厂供热 Heating by Co-Generation	锅炉房供热 Heating by Boilers
平原县	216	216		79	79		96	96	
夏津县	145	145		116	116				
武城县	160	160		27	27		180	180	
阳谷县							202	202	
莘　县							230	230	
东阿县							280	280	
冠　县							447	447	
高唐县	630	630		220	220				
惠民县	235	235		130	130				
阳信县							250	250	
无棣县	225	225		89	89		116	116	
博兴县							364	364	
曹　县							87		87
单　县	32	32		15	15		235	203	
成武县							145		145
巨野县							93	93	
郓城县	31	31		35	35		90	90	
鄄城县							116		116
东明县	60	60		16	16		305	75	
河　南	**1214**	**320**	**29**	**505**	**197**	**17**	**3414**	**2445**	**468**
中牟县							253		253
杞　县							64		64
尉氏县							2		
兰考县							182		
孟津县							200		
新安县	185	185		105	105				
嵩　县									
汝阳县							58		58
宜阳县	201			9			320	320	
洛宁县									
伊川县							381	381	
叶　县							270	270	
汤阴县									
浚　县							497	497	
淇　县							546	546	
新乡县							40		
延津县	29		29	17		17			
修武县	329			17					
武陟县	135	135		77	77				
南乐县				15	15				
范　县							48		48

continued

热水 Hot Water 供热总量 (万吉焦) Total Heat Supplied (10,000gcal)	热电厂供热 Heating by Co-Generation	锅炉房供热 Heating by Boilers	管道长度(公里) Length of Pipelines (km)	一级管网 First Class	二级管网 Second Class	供热面积(万平方米) Heated Area (10,000 m^2)	住宅 Housing	公共建筑 Public Building	县名称 Name of Counties
64	64		300	96	204	343.6	282.2	61.3	平原县
			243	105	138	247.0	201.0	46.0	夏津县
128	128		107	82	25	436.8	407.9	28.9	武城县
169	169		142	142		450.0	412.8	37.2	阳谷县
162	162		107	107		321.6	235.0	68.4	莘　县
217	217		100	100		361.9	331.1	30.8	东阿县
150	150		158	66	92	330.2	276.5	53.7	冠　县
			106	81	25	586.6	533.6	53.0	高唐县
			181	95	86	415.6	360.4	55.2	惠民县
28	28		39	22	17	55.0	35.3	19.7	阳信县
58	58		154	137	17	344.5	319.0	25.5	无棣县
195	195		153	153		486.6	419.3	67.3	博兴县
82		82	178	90	88	163.6	155.5	8.1	曹　县
121	106		136	68	68	190.0	190.0		单　县
81		81	300	100	200	150.0	120.0	30.0	成武县
97	97		88	38	50	220.0	190.0	19.5	巨野县
40	40		275	90	185	231.0	217.5	12.6	郓城县
63		63	73	41	32	381.0	378.2	2.8	鄄城县
113	69		444	77	367	361.0	319.0	18.0	东明县
1867	**519**	**359**	**2302**	**873**	**1429**	**4901.3**	**3324.0**	**789.1**	**河　南**
117		117	118	30	88	274.1	271.2	2.2	中牟县
132		132	84		84	234.0	206.0	28.0	杞　县
25						70.0	70.0		尉氏县
258			75	52	24	592.5	193.0	12.0	兰考县
100			163	52	111	200.0	152.0	48.0	孟津县
			170	68	102	310.0	283.0	25.0	新安县
1	1		3		3	3.6	3.6		嵩　县
42		42	19	19		80.0	70.0	10.0	汝阳县
64	64		114	55	60	165.0	119.0	46.0	宜阳县
20	20		143	24	119	65.0	50.0	15.0	洛宁县
130	130		87	39	48	196.0	136.6		伊川县
11	11		38	18	20	24.9	19.5		叶　县
			1	1					汤阴县
32	32		65	65		47.4	46.9	0.5	浚　县
23	23		39	23	16	52.0	41.0	11.0	淇　县
40			44	29	15	125.0	125.0		新乡县
26			36		36	100.0	94.0	6.0	延津县
			23	23		35.7	25.1	10.6	修武县
			144	47	97	110.5	91.9	18.6	武陟县
			60	52	8	35.1	35.1		南乐县
27		27	62	6	57	60.2	27.0		范　县

8-2 续表 10

县名称 Name of Counties	蒸汽 Steam								
	供热能力 (吨/小时) Heating Capacity (ton/hour)	热电厂供热 Heating by Co-Generation	锅炉房供热 Heating by Boilers	供热总量 (万吉焦) Total Heat Supplied (10,000gcal)	热电厂供热 Heating by Co-Generation	锅炉房供热 Heating by Boilers	供热能力 (兆瓦) Heating Capacity (mega watts)	热电厂供热 Heating by Co-Generation	锅炉房供热 Heating by Boilers
台前县							121	121	
濮阳县									
临颍县	110			65					
渑池县							154	154	
卢氏县							16		16
民权县							156	156	
睢　县									
虞城县							29		29
鹿邑县	225			200			76		
遂平县									
四　川				**4**			**90**	**8**	**59**
松潘县							21		21
壤塘县							12		10
阿坝县							21		
若尔盖县				4			28		28
红原县							8	8	
西　藏	**40**		**40**	**7**		**6**	**314**	**92**	**55**
当雄县							3		
岗巴县									
丁青县	40		40	6		6	7		7
工布江达县							27		27
错那县							110		
浪卡子县				1			4		
尼玛县							28	28	
申扎县							12	12	
日土县									
改则县							21		21
葛尔县							52	52	
措勤县							50		
陕　西	**547**	**547**		**393**	**393**		**3683**	**1234**	**1959**
周至县							6		
宜君县							15		15
凤翔县	140	140		77	77				
岐山县							112		112
扶风县							305		
眉　县							110		110
陇　县							184		184
千阳县							110		110
麟游县							72		72
凤　县							58		58
太白县							50		50

continued

热水 Hot Water 供热总量 (万吉焦) Total Heat Supplied (10,000gcal)	热电厂供热 Heating by Co-Generation	锅炉房供热 Heating by Boilers	管道长度 (公里) Length of Pipelines (km)	一级管网 First Class	二级管网 Second Class	供热面积 (万平方米) Heated Area (10,000 m²)	住宅 Housing	公共建筑 Public Building	县名称 Name of Counties
63	63		67	36	31	155.0	155.0		台前县
440			333	107	226	830.0	600.0	230.0	濮阳县
			32	6	26	95.0	21.0	74.0	临颍县
130	130		123	31	92	200.0	180.0	20.0	渑池县
10		10	3	3		17.4	5.7	11.7	卢氏县
39	39		81	20	61	112.0	94.5	17.5	民权县
7	7		59	3	56	11.0	8.0	3.0	睢　县
31		31	75	25	50	100.0	100.0		虞城县
100			20	20		600.0	100.0	200.0	鹿邑县
			20	20					遂平县
36	**3**	**20**	**153**	**48**	**105**	**87.0**	**21.1**	**65.9**	**四　川**
8		8	38	10	28	26.5	6.0	20.5	松潘县
10		8	33	13	20	15.4	1.6	13.8	壤塘县
11			37	11	26	22.0	10.0	12.0	阿坝县
4		4	26	8	18	15.1	1.5	13.6	若尔盖县
3	3		19	6	13	8.0	2.0	6.0	红原县
122	**40**	**46**	**465**	**168**	**297**	**231.2**	**70.0**	**131.6**	**西　藏**
5						11.1		11.1	当雄县
			25	1	24	9.5	3.8	5.7	岗巴县
3		3	10	10		14.0	4.0	10.0	丁青县
28		28	50	1	49	42.7	17.1	25.6	工布江达县
8			78	25	53	17.9	8.0	9.9	错那县
3			13	13		8.3	8.3		浪卡子县
9	9		4		4	20.0	5.2	2.5	尼玛县
10	10		43	43		17.5	5.8	11.7	申扎县
7			49	46	3	17.2			日土县
15		15	63	12	51	23.0		23.0	改则县
21	21		131	18	113	31.0	12.0	19.0	葛尔县
13						19.0	5.8	13.0	措勤县
2100	**923**	**962**	**1177**	**636**	**541**	**4802.6**	**3280.6**	**408.0**	**陕　西**
7			3	3		14.0	11.1		周至县
7		7	21		21	15.0	11.8	3.1	宜君县
			91	66	25	180.0	142.0		凤翔县
43		43	24	11	13	135.0	115.0		岐山县
75			26	15	11	119.2	99.5	19.7	扶风县
53		53	21	21		110.0	96.5	11.5	眉　县
68		68	61	29	32	120.0	101.0	19.0	陇　县
67		67	21	21		129.0	103.2	25.9	千阳县
51		45	24	6	18	102.0			麟游县
44		44	22	11	11	68.9	47.5		凤　县
20		20	18	13	5	35.0	20.0		太白县

8-2 续表 11

县名称 Name of Counties	蒸汽 Steam								
	供热能力			供热总量			供热能力		
	(吨/小时) Heating Capacity (ton/hour)	热电厂供热 Heating by Co-Generation	锅炉房供热 Heating by Boilers	(万吉焦) Total Heat Supplied (10,000gcal)	热电厂供热 Heating by Co-Generation	锅炉房供热 Heating by Boilers	(兆瓦) Heating Capacity (mega watts)	热电厂供热 Heating by Co-Generation	锅炉房供热 Heating by Boilers
乾　县							32		32
礼泉县							35	35	
永寿县							58	58	
长武县							206	106	
旬邑县	47	47		47	47				
淳化县							58		58
武功县							75		
潼关县							13		13
大荔县							145		145
合阳县							86		86
澄城县							82	82	
蒲城县							210	210	
白水县	140	140		84	84				
富平县							16	16	
延长县							146		146
延川县							110		110
志丹县							22		19
吴起县							580	580	
洛川县							116		116
宜川县							200		200
黄龙县							10		10
黄陵县							218		218
洋　县							12	12	
留坝县							31		31
府谷县	220	220		184	184		135	135	
定边县							38		38
清涧县							28		28
山阳县									
甘　肃				**145**			**10090**	**1308**	**8777**
永登县							302		302
皋兰县				145			251		251
榆中县							277		277
永昌县							289		289
靖远县							349	349	
会宁县							336		336
景泰县							202	202	
清水县							238		238
秦安县							29	29	
甘谷县							78		78
武山县							165		165
张家川回族自治县							98		98

continued

热水 Hot Water 供热总量 (万吉焦) Total Heat Supplied (10,000gcal)	热电厂供热 Heating by Co-Generation	锅炉房供热 Heating by Boilers	管道长度 (公里) Length of Pipelines (km)	一级管网 First Class	二级管网 Second Class	供热面积 (万平方米) Heated Area (10,000 m²)	住宅 Housing	公共建筑 Public Building	县名称 Name of Counties
26		26	18	10	8	64.1	54.2	9.0	乾　县
9	9		4	1	3	18.0	15.0		礼泉县
40	40		10	6	4	80.0	59.2	20.8	永寿县
44	32		16	16		126.8	119.1	7.7	长武县
			16	4	12	130.0	85.0	45.0	旬邑县
35		35	15	5	10	53.0	45.0		淳化县
80			35	24	11	151.1	121.0		武功县
13		13	42	25	17	28.2			潼关县
34		34	28	19	10	72.0	50.0		大荔县
73		73	32	32		136.0	104.8		合阳县
130	130		42	42		284.4	239.7	44.7	澄城县
193	193		83	20	63	440.0			蒲城县
			22	15	7	147.0	102.8		白水县
170	170		55	33	22	302.0	260.0	42.0	富平县
58		58	18	10	8	115.0	75.0		延长县
48		48	23	20	3	71.0	60.9		延川县
23		19	26	3	23	62.2	22.2		志丹县
265	265					390.0	278.0	32.9	吴起县
86		86	42	31	11	150.0	110.0		洛川县
89		79	21	21		182.0	152.8		宜川县
3		3	2	2		7.1		7.1	黄龙县
104		104	45	9	36	231.0	160.0	4.4	黄陵县
3	3		29		29	4.8	4.8		洋　县
14		14	25		25	21.6	11.8	9.8	留坝县
81	81		154	65	88	438.0	339.9	98.1	府谷县
38		16	6		6	55.0	55.0		定边县
6		6	12	4	9	14.3	6.8	7.4	清涧县
			26	23	3				山阳县
6806	**948**	**5855**	**3326**	**1545**	**1781**	**12475.3**	**8489.3**	**2394.2**	**甘　肃**
198		198	98	98		397.0			永登县
145		145	27	13	14	612.0	255.0	51.0	皋兰县
190		190	113	63	50	450.0	293.4	83.3	榆中县
122		122	54	12	42	239.0	166.6	53.0	永昌县
135	135		73		73	269.6	200.2	69.4	靖远县
182		182	94	58	37	396.8	311.2	85.6	会宁县
156	156		76	76		290.0	252.0	38.0	景泰县
111		111	47	24	23	310.0	200.0	108.0	清水县
38	38		35	15	20	124.0	90.0	34.0	秦安县
91		91	38	25	13	145.3	113.1	32.2	甘谷县
118		118	32	26	6	201.0	188.0	12.0	武山县
53		53				85.3	42.0	41.0	张家川回族自治县

8-2 续表 12

县名称 Name of Counties	蒸汽 Steam								
	供热能力 (吨/小时) Heating Capacity (ton/hour)	热电厂供热 Heating by Co-Generation	锅炉房供热 Heating by Boilers	供热总量 (万吉焦) Total Heat Supplied (10,000gcal)	热电厂供热 Heating by Co-Generation	锅炉房供热 Heating by Boilers	供热能力 (兆瓦) Heating Capacity (mega watts)	热电厂供热 Heating by Co-Generation	锅炉房供热 Heating by Boilers
民勤县							200		200
古浪县							196		195
天祝藏族自治县							256		256
肃南县							85		85
民乐县							200		200
临泽县							160		160
高台县							232		232
山丹县							336		336
泾川县							175		175
灵台县							109	109	
崇信县							128		128
庄浪县							202		202
静宁县							268		268
金塔县							156		156
瓜州县							225		225
肃北蒙古族自治县							58		58
阿克塞哈萨克族自治县							70		70
庆城县							290		290
环 县							318		318
华池县							180		180
合水县							174		174
正宁县							58		58
宁 县							215		215
镇原县							87		87
通渭县							187		187
陇西县							425		425
渭源县							205		205
临洮县							350		350
漳 县							176	176	
岷 县							116		116
康 县							14	14	
西和县							180	180	
礼 县							63	63	
徽 县							87		87
临夏县							78		78
康乐县							223		223
永靖县							101		100
广河县							85		85
和政县							178		178
东乡县							25	25	

continued

热 水 Hot Water 供热总量 (万吉焦) Total Heat Supplied (10,000gcal)	热电厂供热 Heating by Co-Generation	锅炉房供热 Heating by Boilers	管道长度(公里) Length of Pipelines (km)	一级管网 First Class	二级管网 Second Class	供热面积 (万平方米) Heated Area (10,000 m²)	住宅 Housing	公共建筑 Public Building	县名称 Name of Counties
200		200	118	32	87	290.0	210.0	30.0	民勤县
84		84	32	32		210.0	153.0	45.0	古浪县
180		180	72	16	55	270.0	180.0	90.0	天祝藏族自治县
33		33	22	7	15	69.0	40.9	28.1	肃南县
212		212	62	62		430.0	279.5	150.5	民乐县
85		85	74	19	54	262.0	191.3	41.0	临泽县
173		173	102	44	59	334.0	223.0	111.0	高台县
252		252	23	3	20	396.0	347.0	49.0	山丹县
112		112	91	36	55	235.8	200.8	35.0	泾川县
103	103		61	37	24	170.0	120.0	50.0	灵台县
62		62	55	29	26	152.0	108.5		崇信县
150		150	46	25	21	245.0	197.4	47.4	庄浪县
268		268	120	78	42	416.3	280.0		静宁县
120		120	77	40	37	174.0	120.0		金塔县
228		228	131	53	78	280.0	168.0	82.0	瓜州县
40		40	38	13	25	62.6	37.9	24.6	肃北蒙古族自治县
35		35	70	21	49	62.9	39.8	23.1	阿克塞哈萨克族自治县
92		92	27	15	12	295.0	210.0	85.0	庆城县
182		182	73	43	29	304.9	189.3	86.0	环 县
73		73	67	24	43	188.4	92.9	52.3	华池县
110		110	42	21	21	169.6	130.0	39.6	合水县
49		49	43	15	28	116.3	90.3		正宁县
77		77	76	26	49	222.4	186.5	36.0	宁 县
74		74	51	16	35	136.3	89.2	44.3	镇原县
130		130	44	21	23	223.0	171.0	52.0	通渭县
254		254	137	34	103	430.8	329.6	101.2	陇西县
155		155	75	33	43	230.0	150.0	55.0	渭源县
540	270	270	190	50	140	619.0	446.0	173.0	临洮县
43	43		20	12	8	64.5	43.8		漳 县
88		88	64	21	43	220.0	140.0		岷 县
18	18		26	8	17	32.0	22.0		康 县
72	72					231.0	184.8	46.2	西和县
45	45		24	12	12	70.0	50.0		礼 县
90		90	23	23		164.0	140.0	14.0	徽 县
76		76	16	11	5	134.0	108.0		临夏县
112		112	23	21	3	165.0	106.4	58.6	康乐县
45		45	28	4	24	122.7	98.4	24.3	永靖县
38		38	14	12	2	66.0	51.2		广河县
87		87	33	33		191.8	157.6	9.1	和政县
25	25		150	60	90	45.0	20.0		东乡县

8-2 续表 13

县名称 Name of Counties	蒸汽 Steam 供热能力 (吨/小时) Heating Capacity (ton/hour)	热电厂供热 Heating by Co-Generation	锅炉房供热 Heating by Boilers	供热总量 (万吉焦) Total Heat Supplied (10,000gcal)	热电厂供热 Heating by Co-Generation	锅炉房供热 Heating by Boilers	供热能力 (兆瓦) Heating Capacity (mega watts)	热电厂供热 Heating by Co-Generation	锅炉房供热 Heating by Boilers
积石山县							141		141
临潭县							56		56
卓尼县							162	162	
舟曲县							14		14
迭部县							45		45
玛曲县							46		46
碌曲县							42		39
夏河县							100		100
青　海			**19**			**10**	**1968**	**195**	**1747**
大通县							288		287
湟源县							56		55
互助县							80		80
化隆县							42		42
循化县							60		60
门源县							176		176
祁连县							40		40
海晏县							47		47
刚察县							82		82
西海镇							42		42
尖扎县							20		20
泽库县							28		28
河南县							7		7
共和县							144		144
同德县							67		67
兴海县							67		67
贵南县							55		55
班玛县							26		26
久治县							76		76
甘德县							56		56
玛沁县							62		46
达日县							23		23
玛多县			19			10	30		21
杂多县							8		8
称多县							7		7
治多县							5		5
囊谦县							10		10
曲麻莱县							8		8
乌兰县							45	45	
都兰县							91		91
天峻县							150	150	
大柴旦行委							70		70

continued

热 水 Hot Water 供热总量 (万吉焦) Total Heat Supplied (10,000gcal)	热电厂供热 Heating by Co-Generation	锅炉房供热 Heating by Boilers	管道长度 (公里) Length of Pipelines (km)	一级管网 First Class	二级管网 Second Class	供热面积 (万平方米) Heated Area (10,000 m²)	住宅 Housing	公共建筑 Public Building	县名称 Name of Counties
198		198							积石山县
42		42	16	8	8	72.0	37.8		临潭县
43	43		56	32	24	115.0	69.0	11.2	卓尼县
5		5	6	4	2	11.3	4.7	2.8	舟曲县
58		58	39	14	25	85.0	54.0	31.0	迭部县
39		39	43	10	33	57.0	48.2	8.2	玛曲县
30		27	24		24	47.0	21.0	24.0	碌曲县
43		43	17	5	12	67.0	39.0	26.5	夏河县
1076	**58**	**993**	**1073**	**531**	**542**	**2012.4**	**1181.7**	**829.9**	**青 海**
144		144	22	22		225.5	130.0	95.5	大通县
57		56	8	5	3	95.0	46.0	49.0	湟源县
2		2	15	6	9	3.9	0.8	3.1	互助县
4		4	20	10	10	6.0	5.0	1.0	化隆县
63		62	3	1	2	120.0	119.6	0.4	循化县
137		137	131	40	91	267.0	204.0	63.0	门源县
55		55	80	31	49	146.9	85.5	61.4	祁连县
48		48	17	7	10	70.0	28.0	42.0	海晏县
21		21	55	30	25	65.0	37.0	28.1	刚察县
40		40	46	23	23	102.0	50.0	52.0	西海镇
25		25	15	10	5	44.0	15.0	29.0	尖扎县
30		30	21	15	6	50.3	10.3	40.0	泽库县
10		10	21	16	5	21.0	2.5	18.0	河南县
41		41	82	62	20	80.4	74.0	6.4	共和县
29		29	49	23	26	50.0	32.0	18.0	同德县
26		26	39	17	22	49.8	29.7	20.1	兴海县
23		23	21	11	10	49.5	30.0	19.5	贵南县
30		9	36	30	6	61.0	33.8	27.2	班玛县
23		23	27	19	8	40.0	20.0	20.0	久治县
16		16	15	11	5	27.1	10.1	16.9	甘德县
38		38	26	18	8	65.0	35.0	30.0	玛沁县
23		23	19	12	6	38.9	25.4	13.5	达日县
11		10	33	20	13	20.3	11.6	8.7	玛多县
10		10	5	2	3	15.0		15.0	杂多县
20		20	19	17	2	33.3	3.4	29.9	称多县
15		15	20	14	6	25.0	6.0	19.0	治多县
11		11	26	6	20	16.4	5.6	10.8	囊谦县
4		4	25	12	13	12.7		12.7	曲麻莱县
20	20		25	6	19	29.0	25.2	3.8	乌兰县
46		46	33	15	18	75.7	50.0	25.7	都兰县
38	38		82	13	69	68.3	44.9	23.4	天峻县
15		15	36	8	28	38.4	11.4	26.8	大柴旦行委

8-2 续表 14

县名称 Name of Counties	蒸汽 Steam 供热能力 (吨/小时) Heating Capacity (ton/hour)	热电厂供热 Heating by Co-Generation	锅炉房供热 Heating by Boilers	供热总量 (万吉焦) Total Heat Supplied (10,000gcal)	热电厂供热 Heating by Co-Generation	锅炉房供热 Heating by Boilers	供热能力 (兆瓦) Heating Capacity (mega watts)	热电厂供热 Heating by Co-Generation	锅炉房供热 Heating by Boilers
宁　夏							**4655**	**387**	**4188**
永宁县							145	145	
贺兰县							779		779
平罗县							242	242	
盐池县							299		299
同心县							483		483
红寺堡区							224		224
西吉县							565		565
隆德县							330		330
泾源县							103		103
彭阳县							254		254
中宁县							815		815
海原县							416		336
新　疆							**13183**	**2197**	**9908**
鄯善县							172		172
托克逊县							650		
巴里坤哈萨克自治县							248	248	
伊吾县							75		75
呼图壁县							600	600	
玛纳斯县							250	250	
奇台县							360	360	
吉木萨尔县							525		525
木垒哈萨克自治县							323		322
精河县							212		212
温泉县							57		57
轮台县									
尉犁县							121		20
若羌县							157		
且末县							92		92
焉耆回族自治县							196		195
和静县							327		327
和硕县							102	15	87
博湖县							71		
温宿县							129		129
沙雅县							90		90
新和县							64		64
拜城县							343		343
乌什县							122		122
阿瓦提县							100		100
柯坪县							66		66

continued

热 水 Hot Water			管 道 长 度 (公里) Length of Pipelines (km)	一级管网 First Class	二级管网 Second Class	供热面积 (万平方米) Heated Area (10,000 m^2)	住 宅 Housing	公共建筑 Public Building	县名称 Name of Counties
供热总量 (万吉焦) Total Heat Supplied (10,000gcal)	热电厂供 热 Heating by Co-Generation	锅炉房供 热 Heating by Boilers							
2443	**275**	**2168**	**2290**	**1239**	**1050**	**4562.7**	**3362.3**	**609.5**	**宁 夏**
94	94		74	10	64	257.3	177.2	80.2	永宁县
552		552	742	595	147	1043.7	904.3	139.1	贺兰县
181	181		236	136	100	340.0	253.0	87.0	平罗县
300		300	218	65	153	440.0	303.6	34.0	盐池县
183		183	103	96	7	401.0	265.6	87.2	同心县
165		165	83	27	56	254.1	149.3	49.9	红寺堡区
161		161	385	70	315	288.0	206.0		西吉县
155		155	127	38	89	238.9	149.7	60.2	隆德县
83		83	18	7	11	129.7	88.8	41.0	泾源县
143		143	45	25	20	226.0	141.8		彭阳县
147		147	98	98		482.0	416.0		中宁县
280		280	161	72	89	462.0	307.0	31.0	海原县
6820	**1330**	**5152**	**5111**	**1834**	**3277**	**12716.1**	**7593.3**	**3855.1**	**新 疆**
98		98	92	21	71	239.2	145.2	94.0	鄯善县
104			62	19	43	260.0	208.0	52.0	托克逊县
85	85		58	6	52	140.0	75.0	65.0	巴里坤哈萨克自治县
30		30	24	10	14	49.9	22.6	27.2	伊吾县
258	258		209	47	162	513.6	323.2	190.4	呼图壁县
216	216		121	31	90	431.1	262.1	169.0	玛纳斯县
468	468		123	74	49	701.5	462.7	238.8	奇台县
211		211	248	35	213	413.0	214.0	182.0	吉木萨尔县
136		136	68	32	37	210.0	124.5		木垒哈萨克自治县
140		103	235	36	199	205.0	190.0	15.0	精河县
34		34							温泉县
			82	47	35	85.5	37.0	48.2	轮台县
62		5	54	49	5	97.0	35.5	12.0	尉犁县
60			63	24	39	93.0	56.0	37.0	若羌县
46		46	64	23	41	94.0	59.0	35.0	且末县
68		67	70		70	172.0	87.9		焉耆回族自治县
95		95	143	76	67	279.4	162.8		和静县
56	3	53	95	20	75	126.3	78.0	48.3	和硕县
40			24	7	17	80.0	43.0	37.0	博湖县
84		84	23	10	13	262.8	233.9		温宿县
44		44	15	15		78.3	34.4	33.5	沙雅县
101		101	51	29	22	181.0	127.7	53.4	新和县
153		153	79	44	35	253.0	150.0		拜城县
78		78	45	36	9	125.0	62.4	15.6	乌什县
50		50	31	16	15	144.0	76.0	65.0	阿瓦提县
33		33	32	20	12	64.8	32.4		柯坪县

8-2 续表 15

县名称 Name of Counties	蒸汽 Steam 供热能力 (吨/小时) Heating Capacity (ton/hour)	热电厂供热 Heating by Co-Generation	锅炉房供热 Heating by Boilers	供热总量 (万吉焦) Total Heat Supplied (10,000gcal)	热电厂供热 Heating by Co-Generation	锅炉房供热 Heating by Boilers	供热能力 (兆瓦) Heating Capacity (mega watts)	热电厂供热 Heating by Co-Generation	锅炉房供热 Heating by Boilers
阿克陶县							216		216
阿合奇县							71		71
乌恰县							185		185
疏附县							172		172
疏勒县							184		184
英吉沙县							163		163
泽普县							158		158
莎车县							734		734
叶城县							245		245
麦盖提县							217		217
岳普湖县							150		150
伽师县							206		206
巴楚县							219		219
塔什库尔干塔吉克自治县							64		64
皮山县							143	143	
洛浦县							102		102
策勒县							105		102
于田县							40		40
民丰县							86	86	
伊宁县							220	135	85
察布查尔县							220	220	
霍城县							198		198
巩留县							162		162
新源县							403		403
昭苏县							140	140	
特克斯县							162		162
尼勒克县									
额敏县							314		314
沙湾县							931		931
托里县							195		195
裕民县							94		
和布克赛尔蒙古自治县							116		116
布尔津县							165		165
富蕴县							182		182
福海县							280		280
哈巴河县							138		138
青河县							212		212
吉木乃县							140		140

continued

热 水 Hot Water 供热总量 (万吉焦) Total Heat Supplied (10,000gcal)	热电厂供 热 Heating by Co-Generation	锅炉房供 热 Heating by Boilers	管 道 长 度 (公里) Length of Pipelines (km)	一级管网 First Class	二级管网 Second Class	供热面积 (万平方米) Heated Area (10,000 m²)	住 宅 Housing	公共建筑 Public Building	县名称 Name of Counties
81		81	73	28	46	167.4	109.4	58.0	阿克陶县
53		53	21	6	15	110.0	65.0	45.0	阿合奇县
94		94	56	15	41	157.0	87.0	70.0	乌恰县
82		82	51	14	37	160.0	90.0	70.0	疏附县
67		67	71	29	42	183.0	125.5	49.5	疏勒县
84		84	128	37	91	203.0	138.0	65.0	英吉沙县
85		85	124	49	76	160.6	89.5	71.1	泽普县
355		355	127	62	65	530.0	320.0	210.0	莎车县
103		103	94	9	85	164.0	164.0		叶城县
126		126	145	55	90	255.0	180.0	75.0	麦盖提县
80		80	70	37	33	161.0	90.0	71.0	岳普湖县
177		177	107	32	75	337.5	238.1	71.0	伽师县
187		186	373	112	261	312.0	211.0	98.0	巴楚县
51		51	61	10	51	88.0	78.0	9.5	塔什库尔干塔吉克自治县
48	48		27	24	3	85.0	33.4	51.6	皮山县
20		20	17		17	34.0	17.5		洛浦县
55		55				80.0	56.1	23.9	策勒县
15		15	32	2	30	29.0	20.0		于田县
35	35		50	10	40	61.0	31.0	30.0	民丰县
109	66	43	60	59	2	209.8	109.5	86.6	伊宁县
100	100		77	38	39	220.0			察布查尔县
134		134	60	25	35	169.0	116.0		霍城县
102		102	96	78	18	209.0	116.0	93.0	巩留县
197		197	230	55	175	401.8	253.5	148.3	新源县
52	52		73	24	49	153.0	102.5		昭苏县
125		125	40	15	25	208.0	112.0	95.2	特克斯县
			50	50		191.0			尼勒克县
163		163	127	27	100	314.0	220.3	93.8	额敏县
461		461	138	59	79	700.0	420.0	280.0	沙湾县
70		70	58	34	24	126.0	70.0	56.0	托里县
38						86.0		41.0	裕民县
69		69	28	26	2	119.0	53.0	47.0	和布克赛尔蒙古自治县
113		113	43	11	33	171.0	111.3	59.7	布尔津县
120		120	42	33	9	216.6	130.0	82.3	富蕴县
78		78	83	20	63	208.0	95.0	113.0	福海县
116		116	60	12	48	172.0	97.5	74.5	哈巴河县
144		144	52	6	46	146.0	88.0	58.0	青河县
82		82	57	8	49	119.0	52.0	39.8	吉木乃县

居民出行数据

Data by Residents Travel

九、县城道路和桥梁

9. County Seat Road and Bridge

简要说明

县城道路指城市供车辆、行人通行的，具备一定技术条件的道路、桥梁、隧道及其附属设施。县城道路由车行道和人行道等组成。在统计时只统计路面宽度在3.5米（含3.5米）以上的各种铺装道路，包括开放型工业区和住宅区道路在内。

本部分包括县城道路、桥梁和防洪，主要包括道路长度和面积、防洪堤长度等内容。

Brief Introduction

County seat roads refer to roads, bridges, tunnels and auxiliary facilities that are provided for vehicles and passengers for transportation. County seat roads consist of drive lanes and sidewalks. In the statistics, only paved roads with width of 3.5m or above are counted, including roads in open industrial parks and residential communities.

This section includes statistics on roads, bridges and flood control, employing such indicators as length of roads, surface area of roads, length of flood control dikes, etc.

9 全国历年县城道路和桥梁情况(2000–2020)
National County Seat Road and Bridge in Past Years (2000-2020)

年份 Year	道路长度 (万公里) Length of Roads (10,000 km)	道路面积 (亿平方米) Surface Area of Roads (100 million m^2)	防洪堤长度 (万公里) Length of Flood Control Dikes (10,000 km)	人均道路面积 (平方米) Road Surface Area Per Capita (m^2)
2000	5.04	6.24	0.93	11.20
2001	5.10	7.67	0.90	8.51
2002	5.32	8.31	0.96	9.37
2003	5.77	9.06	0.93	9.82
2004	6.24	9.92	1.00	10.30
2005	6.68	10.83	0.98	10.80
2006	7.36	12.26	1.32	10.30
2007	8.38	13.44	1.17	10.70
2008	8.88	14.60	1.33	11.21
2009	9.50	15.98	1.19	11.95
2010	10.59	17.60	1.25	12.68
2011	10.86	19.24	1.37	13.42
2012	11.80	21.02	1.38	14.09
2013	12.52	22.69		14.86
2014	13.04	24.08		15.39
2015	13.35	24.95		15.98
2016	13.16	25.35		16.41
2017	14.08	26.84		17.18
2018	14.48	27.82		17.73
2019	15.16	29.01		18.29
2020	15.94	29.97		18.92

注：1.自2006年起，人均道路面积按县城人口和县城暂住人口合计为分母计算。
2.自2013年起，不再统计防洪堤长度数据。

Note: 1. Since 2006, road surface per capita has been calculated based on denominator which combines both permanent and temporary residents in county seat areas.
2. Starting from 2013, the data on the length of flood prevention dike has been unavailable.

9-1 2020年按省分列的县城道路和桥梁

地区名称 Name of Regions	道路长度(公里) Length of Roads (km)	建成区 in Built District	道路面积(万平方米) Surface Area of Roads (10,000 m^2)	人行道面积 Surface Area of Sidewalks	建成区 in Built District	桥梁数(座) Number of Bridges (unit)
全　国	**159436.13**	**143609.36**	**299745.22**	**74764.56**	**274386.60**	**17298**
河　北	12633.72	12256.59	25637.29	7171.99	24703.06	774
山　西	5491.56	5256.16	10533.69	2577.60	10008.75	526
内蒙古	7199.58	6824.24	15165.49	4132.60	14463.29	329
辽　宁	1934.07	1664.97	3289.41	870.12	2796.43	221
吉　林	1484.41	1424.80	2584.46	712.80	2514.97	148
黑龙江	4165.85	4025.00	5022.68	1103.60	4718.19	280
江　苏	5430.07	4623.34	11249.25	2334.71	9394.78	793
浙　江	6481.86	5591.41	10885.55	2500.28	9687.72	1575
安　徽	9138.03	8115.45	21026.15	5091.08	18388.36	1311
福　建	5682.50	4941.67	8953.25	2027.95	8085.64	594
江　西	9106.03	8302.46	17516.28	4102.56	15605.10	711
山　东	11317.35	9633.93	22848.95	4704.30	20667.62	1614
河　南	11976.89	10837.62	27669.25	6553.44	24961.55	1754
湖　北	4057.23	3824.93	8364.70	2248.41	7899.94	458
湖　南	10889.20	9121.20	17499.54	4753.30	16546.09	562
广　东	4641.73	4013.86	6808.05	1745.40	5997.39	358
广　西	6044.13	5905.25	11211.55	2721.74	10903.19	748
海　南	1004.80	748.99	1863.27	466.59	1559.08	78
重　庆	1226.31	1200.48	2176.05	669.83	2172.42	285
四　川	8553.41	7995.69	16359.62	4527.61	15503.04	1109
贵　州	8005.35	6683.59	13110.82	3189.79	11313.57	709
云　南	5880.26	5403.58	10650.07	2761.04	10021.21	682
西　藏	1117.67	802.32	1340.63	398.86	957.41	133
陕　西	4724.46	4335.94	8063.46	2367.53	7536.16	544
甘　肃	3218.14	2888.03	5690.94	1512.31	4955.76	464
青　海	1523.93	1401.33	2506.31	612.04	2425.19	150
宁　夏	1393.79	1313.96	2919.26	935.16	2775.78	76
新　疆	5113.80	4472.57	8799.25	1971.92	7824.91	312

County Seat Road and Bridge by Province (2020)

大桥及特大桥 Great Bridge and Grand Bridge	立交桥 Intersection	道路照明灯盏数（盏） Number of Road Lamps (unit)	安装路灯道路长度（公里） Length of The Road with Street Lamp (km)	地下综合管廊长度（公里） Length of The Utility Tunnel (km)	新建地下综合管廊长度（公里） Length of the New-built Utility Tunnel (km)
2163	**444**	**8965336**	**114567.82**	**1041.05**	**468.84**
101	57	577002	8984.37	78.90	10.16
103	37	309024	3623.27	21.91	23.41
37	11	391064	4928.14	30.10	15.30
5	3	129276	1386.91	2.80	0.30
21	8	113458	975.02		
25	19	166621	2439.51		
151	14	394281	4745.16	6.25	6.25
140	32	303620	4989.67	3.13	2.06
50	27	544474	7478.81	99.73	3.31
86	23	350840	3930.57	79.09	9.54
147	25	546905	6963.90	13.81	15.85
58	38	569055	8015.02	45.74	13.85
48	27	625050	8698.89	6.95	6.45
83	9	203902	3748.51	28.96	13.26
168	15	552043	7494.53	5.22	5.22
72		310840	3977.75		
54	8	395875	4159.93	1.16	1.16
9		56422	637.75		
54	9	123374	1104.78	24.61	21.11
247	13	583358	6545.04	230.25	150.87
86	9	434784	4117.72	151.53	81.01
81	8	411098	4488.59	132.05	36.94
18	4	32919	648.49	72.15	46.28
190	29	264362	3242.53	3.37	4.64
76	17	155045	2300.35	0.47	
14		60763	702.63	1.87	1.87
22		72346	994.29		
17	2	287535	3245.69	1.00	

9-2 2020年按县分列的县城道路和桥梁

县名称 Name of Counties	道路长度(公里) Length of Roads (km)	建成区 in Built District	道路面积(万平方米) Surface Area of Roads (10,000 m²)	人行道面积 Surface Area of Sidewalks	建成区 in Built District
全　国	**159436.13**	**143609.36**	**299745.22**	**74764.56**	**274386.60**
河　北	**12633.72**	**12256.59**	**25637.29**	**7171.99**	**24703.06**
井陉县	119.01	119.01	182.62	40.83	182.62
正定县	231.44	231.44	540.58	104.94	540.58
行唐县	73.08	61.60	210.82	70.92	181.89
灵寿县	113.06	113.06	209.70	69.90	209.70
高邑县	96.34	96.34	195.60	44.82	195.60
深泽县	78.91	78.91	187.39	49.50	187.39
赞皇县	54.66	54.66	133.70	39.84	133.70
无极县	100.77	100.70	287.14	130.01	182.40
平山县	109.23	108.86	206.00	51.50	206.00
元氏县	132.70	132.70	241.29	69.87	241.29
赵　县	126.34	126.34	287.60	62.86	287.60
滦南县	198.33	195.78	344.70	80.49	341.64
乐亭县	143.38	143.38	290.58	98.81	290.58
迁西县	140.58	140.58	247.27	83.07	247.27
玉田县	190.88	179.88	377.81	73.50	329.75
曹妃甸区	222.72	222.72	587.97	194.48	587.97
青龙满族自治县	126.82	126.82	153.44	82.04	150.94
昌黎县	140.51	140.51	289.97	61.99	289.97
卢龙县	96.14	96.14	192.81	54.24	192.81
临漳县	211.23	211.23	435.22	83.22	435.22
成安县	169.00	168.00	357.00	109.00	357.20
大名县	286.48	286.48	484.43	139.34	484.43
涉　县	378.18	378.18	535.00	171.75	535.00
磁　县	226.50	226.50	590.18	276.18	590.18
邱　县	173.77	168.17	365.09	106.35	352.57
鸡泽县	134.39	134.39	311.47	117.91	311.47
广平县	199.74	199.40	393.84	131.14	393.84
馆陶县	126.64	126.09	316.96	95.40	316.96
魏　县	277.99	277.99	623.26	256.90	568.34
曲周县	150.52	150.52	296.40	67.45	296.40
临城县	86.20	86.20	178.65	49.82	178.65
内丘县	93.60	92.80	163.60	32.40	163.60
柏乡县	113.17	113.17	187.54	39.03	187.54
隆尧县	132.15	132.15	262.11	68.66	262.11
宁晋县	194.20	194.20	611.16	227.50	611.16
巨鹿县	137.65	137.65	331.08	105.02	331.08
新河县	84.00	84.00	184.00	25.00	184.00
广宗县	73.40	73.40	174.94	41.76	174.94
平乡县	117.94	117.94	232.90	58.52	232.90
威　县	152.87	150.30	436.01	137.77	373.52
清河县	208.67	208.67	443.73	226.42	443.73
临西县	101.68	101.68	217.67	77.33	217.67

County Seat Road and Bridge by County(2020)

桥梁数 (座) Number of Bridges (unit)	大桥及特大桥 Great Bridge and Grand Bridge	立交桥 Intersection	道路照明灯盏数 (盏) Number of Road Lamps (unit)	安装路灯道路长度 (公里) Length of The Road with Street Lamp (km)	地下综合管廊长度 (公里) Length of The Utility Tunnel (km)	新建地下综合管廊长度 (公里) Length of the New-built Utility Tunnel (km)
17298	**2163**	**444**	**8965336**	**114568**	**1041.1**	**468.8**
774	**101**	**57**	**577002**	**8984**	**78.9**	**10.2**
17	2		5857	42		
18	1	4	8001	161	40.0	2.6
16	2	4	3773	34		
11			4522	113		
3		3	7035	76		
			2350	42		
4	1	1	2605	46		
			2695	67		
3			3683	86		
6	2	2	5884	93		
5	1		5128	77		
6		2	9204	79		
15			9268	106		
10	1		8539	67		
10		6	3975	81		
25	19	3	7963	172	11.4	
20			2490	95		
25		5	6493	109		
7			7143	54		
			10850	178		
			7046	168		
18			5859	223		
13	2		18245	378		
26		3	6900	168		
7			7766	132		
			4568	114		
15			3520	88		
			9486	118		
			30500	241		
26			5148	119		
5			6325	86		
			3365	56		
5			4618	48		
1			7454	119		
			10679	117		
8			9165	127		
			1725	43		
3			1856	46		
			5776	152		
12			10926	136		
			12010	182		
			3480	84		

9-2 续表 1

县名称 Name of Counties	道路长度(公里) Length of Roads (km)	建成区 in Built District	道路面积(万平方米) Surface Area of Roads ($10,000\ m^2$)	人行道面积 Surface Area of Sidewalks	建成区 in Built District
博野县	71.00	69.80	164.70	44.60	164.70
涞水县	104.91	104.91	205.42	40.39	205.42
阜平县	75.42	75.42	114.99	5.65	96.63
白沟新城	129.00	129.00	215.00	28.00	215.00
定兴县	117.29	116.79	252.62	148.69	252.51
唐　县	86.97	86.30	204.41	44.24	178.29
高阳县	125.03	125.03	244.98	89.80	244.98
涞源县	121.83	117.27	225.00	63.00	225.00
望都县	103.31	103.31	203.98	28.12	203.98
易　县	62.70	62.70	197.80	29.60	197.80
曲阳县	145.61	145.61	254.05	72.99	254.05
蠡　县	101.40	97.40	186.40	5.40	169.20
顺平县	83.82	80.76	173.10	35.23	131.08
张北县	182.00	182.00	329.10	43.57	329.10
康保县	88.57	88.57	215.69	56.78	215.69
沽源县	60.85	60.85	171.85	51.37	171.85
尚义县	76.63	76.63	137.17	32.34	137.17
蔚　县	141.30	119.89	228.27	59.30	193.45
阳原县	86.33	86.33	145.89	43.02	145.89
怀安县	73.98	73.98	169.87	50.09	169.87
怀来县	135.72	135.72	249.72	41.00	249.72
涿鹿县	73.00	73.00	237.74	41.97	237.74
赤城县	71.50	71.50	106.24	40.44	106.24
承德县	82.55	75.95	154.84	53.56	117.24
兴隆县	150.23	84.10	175.63	21.58	140.36
滦平县	119.00	80.00	153.70	60.10	124.00
隆化县	80.27	79.97	155.37	53.81	154.51
丰宁满族自治县	106.07	78.60	175.09	45.88	147.83
宽城满族自治县	108.26	108.26	183.02	56.27	183.02
围场满族蒙古族自治县	65.00	65.00	125.00	16.54	125.00
青　县	180.97	180.97	324.50	100.18	324.50
东光县	109.44	109.44	174.48	56.69	174.48
海兴县	67.53	67.53	183.88	44.42	183.88
盐山县	129.02	129.02	269.70	73.18	269.70
肃宁县	128.00	128.00	245.10	66.18	245.10
南皮县	113.50	113.50	213.40	65.00	213.40
吴桥县	105.84	105.84	271.33	62.83	271.33
献　县	129.15	116.15	273.37	76.87	246.69
孟村回族自治县	75.82	75.82	146.38	32.85	146.38
固安县	134.18	134.18	243.00	29.78	243.00
永清县	93.20	93.20	150.23	42.13	150.23
香河县	200.25	200.25	259.00	41.00	259.00
大城县	82.64	82.64	170.06	45.56	170.06
文安县	61.18	61.18	144.80	37.99	144.80

continued

桥梁数(座) Number of Bridges (unit)	大桥及特大桥 Great Bridge and Grand Bridge	立交桥 Intersection	道路照明灯盏数(盏) Number of Road Lamps (unit)	安装路灯道路长度(公里) Length of The Road with Street Lamp (km)	地下综合管廊长度(公里) Length of The Utility Tunnel (km)	新建地下综合管廊长度(公里) Length of the New-built Utility Tunnel (km)
			3813	60		
			8979	57		
18	5		3068	45		
			18346	127		
4		4	4147	88	0.5	
25			4346	43		
3			2373	58		
			2384	37	19.4	
11			2990	77		
4			2732	60		
11			4724	42		
7			2840	71		
4			2500	39		
7	5	2	6230	182		
			2258	31		
3	3		4522	61		
11	11		979	30		
			9445	109		
			3298	64		
9		9	5133	74		
12	12		6390	134		
			6722	57		
			2068	51		
			5230	67		
9	3		3799	61	1.0	1.0
9			5574	31	2.5	2.5
16	7		2946	67		
24			4200	75		
7	6		4233	65		
7			2904	55		
19	16	3	10849	111		
14		3	4155	68		
3			4643	47		
10			6364	60		
14			6983	57		
2	2		8924	98		
14		3	4344	89		
22			8725	98		
9			5600	73		
12			5721	134		
			2650	55		
11			5945	93		
9			3655	71		
2			1716	35		

9-2 续表 2

县名称 Name of Counties	道路长度(公里) Length of Roads (km)	建成区 in Built District	道路面积(万平方米) Surface Area of Roads (10,000 m^2)	人行道面积 Surface Area of Sidewalks	建成区 in Built District
大厂回族自治县	142.34	142.34	277.44	68.82	277.44
枣强县	194.36	194.35	258.76	83.67	257.26
武邑县	119.31	117.82	244.19	84.83	233.51
武强县	122.98	31.00	206.26	38.11	76.46
饶阳县	187.43	186.63	290.63	69.04	202.34
安平县	138.95	138.95	382.78	112.80	382.78
故城县	224.27	187.65	647.56	130.76	569.62
景　县	159.96	159.96	467.34	127.04	467.34
阜城县	136.00	136.00	360.00	100.00	360.00
容城县	72.52	72.52	123.73	30.95	123.73
雄　县	92.46	92.46	186.50	25.50	186.50
安新县	78.00	56.00	67.00	15.00	54.00
山　西	**5491.56**	**5256.16**	**10533.69**	**2577.60**	**10008.75**
清徐县	52.37	52.37	165.48	60.84	165.48
阳曲县	32.86	32.86	77.73	14.57	77.30
娄烦县	42.43	42.43	51.41	10.06	51.41
阳高县	92.00	92.00	161.99	0.99	162.09
天镇县	129.84	129.84	102.20	15.09	99.64
广灵县	82.61	81.31	148.96	52.00	144.19
灵丘县	70.10	67.55	165.05	50.27	20.04
浑源县	112.81	112.81	205.28	46.67	205.28
左云县	57.92	49.38	103.37	30.66	94.53
云州区	100.12	99.80	113.05	30.36	113.04
平定县	35.77	35.77	69.65	32.03	69.65
盂　县	33.39	28.13	111.70	28.99	111.70
襄垣县	122.89	122.89	331.05	79.17	331.05
平顺县	42.12	42.12	100.74	21.94	100.74
黎城县	55.10	55.10	104.50	14.00	102.50
壶关县	104.66	104.66	196.30	64.00	196.30
长子县	89.74	89.74	218.46	54.25	218.46
武乡县	37.51	37.25	68.48	24.43	67.96
沁　县	49.38	49.38	91.00	31.22	91.00
沁源县	46.61	45.39	84.02	19.01	83.10
沁水县	97.70	97.70	108.69	17.34	108.69
阳城县	92.58	71.75	175.66	37.94	169.32
陵川县	55.70	38.90	88.35	30.80	72.00
山阴县	89.83	89.83	141.74	32.37	107.80
应　县	149.28	149.28	180.78	35.71	180.78
右玉县	51.54	49.15	146.07	23.22	140.25
榆社县	85.79	85.03	108.28	31.40	108.28
左权县	88.20	70.20	175.00	35.00	174.00
和顺县	61.79	26.16	146.13	39.63	146.13
昔阳县	57.60	57.60	100.89	31.90	100.89
寿阳县	96.29	96.29	218.40	54.68	218.40

continued

桥梁数（座） Number of Bridges (unit)	大桥及特大桥 Great Bridge and Grand Bridge	立交桥 Intersection	道路照明灯盏数（盏） Number of Road Lamps (unit)	安装路灯道路长度（公里） Length of The Road with Street Lamp (km)	地下综合管廊长度（公里） Length of The Utility Tunnel (km)	新建地下综合管廊长度（公里） Length of the New-built Utility Tunnel (km)
4			9420	117		
15			7585	178	2.5	2.5
3			4500	80	1.6	1.6
16			4950	85		
			4480	73		
11			11867	139		
29			4213	140		
6			5589	87		
5			4800	118		
			1838	41		
3			1742	39		
			2696	56		
526	**103**	**37**	**309024**	**3623**	**21.9**	**23.4**
			4311	52		
3	1		5304	66		
4	4		1147	26		
			1924	46		
6			2038	44		
6			614	9		
			736	12		
			5120	46		
2	2		3950	52		
			2350	30		
14			2570	49		
4			10800	127		
27			5980	85		
18	17	1				
3			1526	40		
1			4255	46		
3	3		10818	90	10.1	10.1
5	5		2149	25		
2			1572	38		
18	6		2500	43		
28			5384	107		
30	10	1	6079	67		1.5
2	2		1585	48		
			2566	57		
6			3795	49		
9		3	4397	88		
12			3396	50		
6			4500	54		
15			3658	51		
16			2482	31	4.7	4.7

9-2 续表 3

县名称 Name of Counties	道路长度(公里) Length of Roads (km)	建成区 in Built District	道路面积(万平方米) Surface Area of Roads ($10,000\ m^2$)	人行道面积 Surface Area of Sidewalks	建成区 in Built District
太谷区	89.16	82.82	255.60	50.29	239.78
祁　县	82.77	82.77	134.01	31.46	131.70
平遥县	194.57	178.39	388.89	108.46	288.32
灵石县	51.85	51.85	127.54	27.54	127.54
临猗县	98.04	98.04	291.21	68.49	291.21
万荣县	59.65	59.65	229.19	46.23	229.19
闻喜县	113.59	113.59	169.05	33.57	169.05
稷山县	68.11	65.31	153.39	51.33	153.39
新绛县	111.10	111.10	202.98	48.42	202.98
绛　县	30.24	30.24	116.33	29.93	116.33
垣曲县	77.39	75.18	190.09	41.46	187.19
夏　县	31.82	31.82	108.84	27.10	108.85
平陆县	65.95	65.95	92.63	26.40	92.63
芮城县	68.94	68.94	171.35	50.21	171.35
定襄县	59.39	56.99	108.50	31.70	102.90
五台县	48.76	48.76	135.11	19.59	135.11
代　县	66.65	66.65	109.89	24.37	109.89
繁峙县	111.82	111.82	127.38	25.87	127.38
宁武县	54.85	54.85	56.30	26.70	56.39
静乐县	88.13	85.53	104.09	27.29	99.76
神池县	53.31	53.31	117.76	46.60	117.76
五寨县	93.05	92.00	110.50	27.72	94.70
岢岚县	71.18	60.75	83.03	8.06	71.18
河曲县	84.83	84.83	162.26	46.29	162.26
保德县	73.59	70.89	125.93	33.46	119.81
偏关县	50.01	50.01	56.87	9.84	56.87
曲沃县	47.67	45.37	136.25	33.50	136.25
翼城县	50.68	50.68	158.08	36.06	158.08
襄汾县	60.87	60.87	139.51	30.63	139.51
洪洞县	67.92	67.92	201.78	43.26	201.78
古　县	18.97	18.97	39.85	16.89	39.85
安泽县	23.82	23.82	48.33	13.00	48.33
浮山县	46.18	44.18	72.88	16.58	72.88
吉　县	25.70	25.70	34.10	10.20	34.10
乡宁县	66.90	66.90	131.70	28.88	131.70
大宁县	24.33	24.33	39.57	10.58	39.57
隰　县	45.81	45.81	82.84	23.65	82.84
永和县	28.99	28.99	29.22	1.72	29.22
蒲　县	36.70	36.70	66.02	10.26	66.02
汾西县	50.18	50.18	75.61	18.81	75.61
文水县	87.02	87.02	215.06	47.11	215.06
交城县	108.84	108.84	153.34	45.25	153.34
兴　县	83.00	53.90	174.63	45.18	124.11
临　县	56.50	56.00	100.92	6.42	96.00

continued

桥梁数 (座) Number of Bridges (unit)	大桥及特大桥 Great Bridge and Grand Bridge	立交桥 Intersection	道路照明灯盏数 (盏) Number of Road Lamps (unit)	安装路灯道路长度 (公里) Length of The Road with Street Lamp (km)	地下综合管廊长度 (公里) Length of The Utility Tunnel (km)	新建地下综合管廊长度 (公里) Length of the New-built Utility Tunnel (km)
13		13	13970	89		
1	1		8657	80		
5	1	4	13835	74		
1	1		6112	36		
1		1	5908	58		
			3842	52		
15		3	4569	38		
1			2015	29		
			2863	30		
11			2622	57		
7			2946	29		
			3104	34		
			4618	33		
			2403	35		
3			2836	43		
6			2051	23		
1	1		5085	90		
1	1		2888	48		
5	5		1544	56		
			2134	42		
10		1	1350	34		
			2669	82		
			4390	39		
20			8149	74		
3			1519	47		
			3872	35		
			5962	50		
10	1	8	3600	32		
7	6	1	13337	68		
3	3		1872	15		
			2300	17		
			2000	42		
10	1		1860	15		
10	1		6500	38		
3			2168	21		
11	1		2285	27		
10			1650	13		
28			6262	37	7.2	7.2
			2218	20		
6			8000	52		
5	5		6568	70		
5	5		2558	61		
5			4023	49		

9-2 续表 4

县名称 Name of Counties	道路长度(公里) Length of Roads (km)	建成区 in Built District	道路面积(万平方米) Surface Area of Roads ($10,000\ m^2$)	人行道面积 Surface Area of Sidewalks	建成区 in Built District
柳林县	48.18	47.85	108.50	32.53	108.49
石楼县	12.30	12.30	23.20	8.90	23.20
岚　县	44.67	44.67	87.70	25.50	87.70
方山县	33.11	33.11	62.91	11.17	62.91
中阳县	55.60	15.00	82.88	25.28	7.00
交口县	52.34	52.34	79.68	17.32	79.68
内蒙古	**7199.58**	**6824.24**	**15165.49**	**4132.60**	**14463.29**
土左旗	51.20	51.00	145.00	38.00	143.00
托　县	59.53	57.00	148.85	27.55	140.00
和林县	42.50	42.50	39.50	5.60	39.50
清水河县	67.22	64.82	79.14	43.22	66.80
武川县	48.34	40.20	140.32	60.00	110.32
土右旗	118.36	118.36	293.61	93.10	292.72
固阳县	99.40	94.60	285.00	94.80	228.30
达尔罕茂明安联合旗	33.00	33.00	85.80	21.00	85.80
阿鲁科尔沁旗	110.98	96.18	331.63	85.91	331.63
巴林左旗	101.97	101.97	336.28	97.19	336.28
巴林右旗	81.77	81.77	248.01	35.43	246.86
林西县	153.97	153.97	265.58	56.76	265.58
克什克腾旗	41.18	41.18	96.55	18.76	96.55
翁牛特旗	186.00	186.00	553.00	111.00	558.00
喀喇沁旗	70.19	70.19	140.64	24.04	140.64
宁城县	72.75	72.75	240.92	48.18	240.92
敖汉旗	128.44	121.78	509.47	90.00	490.12
科左中旗	67.11	66.61	174.18	83.86	143.68
科左后旗	174.01	131.12	246.60	95.60	128.17
开鲁县	108.96	108.96	258.18	80.94	258.18
库伦旗	106.12	106.12	124.01	49.01	124.01
奈曼旗	100.59	100.59	229.81	76.80	229.81
扎鲁特旗	87.10	87.10	115.49	28.49	115.49
达拉特旗	174.38	174.38	470.59	146.85	470.59
准格尔旗	166.74	163.53	477.83	139.13	477.83
鄂托克前旗	96.59	95.53	252.55	74.47	252.55
鄂托克旗	60.81	60.81	179.11	57.58	179.11
杭锦旗	64.30	64.30	227.72	60.30	227.72
乌审旗	146.80	146.80	393.64	98.01	393.64
伊金霍洛旗	310.69	246.31	1124.09	257.46	1124.09
阿荣旗	197.30	192.60	264.77	56.21	264.77
莫　旗	102.94	102.94	194.24	42.96	194.24
鄂伦春旗	89.00	84.30	95.00	30.00	95.00
鄂温克旗	162.21	162.21	212.50	54.83	212.50
陈巴尔虎旗	59.48	59.48	79.53	18.72	79.53
新左旗	36.00	32.00	56.00	10.00	50.00
新右旗	42.02	39.82	84.81		84.81

continued

桥梁数（座） Number of Bridges (unit)	大桥及特大桥 Great Bridge and Grand Bridge	立交桥 Intersection	道路照明灯盏数（盏） Number of Road Lamps (unit)	安装路灯道路长度（公里） Length of The Road with Street Lamp (km)	地下综合管廊长度（公里） Length of The Utility Tunnel (km)	新建地下综合管廊长度（公里） Length of the New-built Utility Tunnel (km)
7			3182	38		
5		1	1070	12		
8	8		3632	34		
8			980	20		
15	12		1650	34		
26			1890	46		
329	**37**	**11**	**391064**	**4928**	**30.1**	**15.3**
5	2		2080	47		
5			5442	33		
12			712	11		
2			3740	35		
			13554	74		
9			3200	75		
6	6		1180	24		
17	2		6297	110		
7			3122	48		
11			2080	57		
3			4341	97		
5			1002	41		
11			3638	52		
15	7		2235	39		
3	1	2	2703	53		
12			2560	75		
6	4	2	3062	64		
4			4279	65		
2		2	3659	79		
1			2370	32		
			5301	91		
3			14112	84		
			9065	164		
18			12269	125		
			2654	65		
4			5098	76		
			5787	43		
			6077	133		
23	1	1	29897	252	14.8	
7			4169	75		
2			2131	21		
2	2		14605	85		
			2204	36		
			3600	24		
			1384	32		

9-2 续表 5

县名称 Name of Counties	道路长度（公里） Length of Roads (km)	建成区 in Built District	道路面积（万平方米） Surface Area of Roads (10,000 m²)	人行道面积 Surface Area of Sidewalks	建成区 in Built District
五原县	242.42	225.88	297.31	80.65	216.51
磴口县	89.24	86.00	145.00	33.49	136.72
乌拉特前旗	109.77	109.77	283.55	95.90	283.55
乌拉特中旗	101.80	86.53	203.48	47.20	172.96
乌拉特后旗	51.15	41.00	147.72	47.88	118.18
杭锦后旗	174.03	168.38	300.75	128.39	292.69
卓资县	78.65	78.65	232.81	45.06	232.81
化德县	123.30	123.00	149.10	22.20	150.10
商都县	157.32	157.32	316.63	96.78	316.63
兴和县	169.71	169.71	303.86	98.45	293.06
凉城县	206.39	206.39	240.79	74.81	240.79
察右前旗	113.79	111.93	234.55	91.97	221.09
察右中旗	67.82	67.82	129.54	37.98	129.54
察右后旗	65.55	65.55	154.45	15.60	154.45
四子王旗	239.08	164.29	303.50	84.16	177.64
科尔沁右翼前旗	77.94	56.22	290.24	29.91	190.95
科右中旗	110.55	110.55	197.11	84.67	197.11
扎赉特旗	77.63	77.63	163.77	33.93	163.77
突泉县	91.98	91.98	143.14	27.74	143.14
阿巴嘎旗	45.00	45.00	79.10	35.60	78.60
苏尼特左旗	34.49	34.49	63.40	21.00	63.04
苏尼特右旗	80.68	80.68	137.23	32.01	137.23
东乌珠穆沁旗	54.74	54.74	93.63	19.21	93.63
西乌珠穆沁旗	114.23	114.23	189.86	79.32	189.86
太仆寺旗	80.66	80.66	131.17	57.09	131.17
镶黄旗	73.83	73.83	95.18	31.50	95.18
正镶白旗	26.00	26.00	54.15	13.79	30.00
正蓝旗	63.65	63.65	115.47	40.22	115.34
多伦县	150.30	110.30	162.35	44.35	173.00
阿拉善左旗	211.00	211.00	427.89	130.60	427.00
阿拉善右旗	21.86	3.21	54.06	14.15	54.06
额济纳旗	75.07	75.07	124.75	25.23	124.75
辽　宁	**1934.07**	**1664.97**	**3289.41**	**870.12**	**2796.43**
康平县	140.92	140.92	248.43	52.91	248.43
法库县	159.00	49.00	327.00	111.00	112.00
长海县	19.90	19.90	20.85	5.53	20.85
台安县	105.48	63.83	188.01	19.74	134.09
岫岩满族自治县	60.66	60.66	109.72	29.00	109.72
抚顺县					
新宾满族自治县	35.83	35.83	60.22	19.38	60.22
清原满族自治县	47.56	47.56	92.63	23.75	90.63
本溪满族自治县	92.30	92.30	118.29	28.97	118.29
桓仁满族自治县	87.80	74.59	183.27	37.03	174.36
宽甸满族自治县	81.74	81.74	101.40	26.50	101.40

continued

桥梁数（座）Number of Bridges (unit)	大桥及特大桥 Great Bridge and Grand Bridge	立交桥 Intersection	道路照明灯盏数（盏）Number of Road Lamps (unit)	安装路灯道路长度（公里）Length of The Road with Street Lamp (km)	地下综合管廊长度（公里）Length of The Utility Tunnel (km)	新建地下综合管廊长度（公里）Length of the New-built Utility Tunnel (km)
			6364	212		
5	3	2	5464	89		
6			9400	99		
6			7524	102		
11			2105	51		
6			8211	137		
11			11577	70		
1		1	3501	30		
			4394	100		
4			4210	106		
8			5120	80		
			2965	29		
7			2010	39		
3			5442	45		
3			8260	95		
6	6		13125	54		
5	2	1	12173	98		
14			5968	60		
1	1		4499	55	15.3	15.3
2			1181	41		
			3565	31		
			3423	54		
			2205	55		
1			2174	64		
9			3409	75		
4			1588	39		
5			1400	26		
2			6482	62		
14			11253	147		
			30404	124		
			863	184		
			11196	56		
221	**5**	**3**	**129276**	**1387**	**2.8**	**0.3**
			3186	71		
21			8001	150		
			635	20		
13			4177	67		
12			2238	48		
8			4477	42		
5			3507	48		
6			11667	87		
14			14951	76		
5			4095	40		

9-2 续表 6

县名称 Name of Counties	道路长度(公里) Length of Roads (km)	建成区 in Built District	道路面积(万平方米) Surface Area of Roads (10,000 m²)	人行道面积 Surface Area of Sidewalks	建成区 in Built District
黑山县	99.83	94.24	192.62	81.35	110.77
义　县	59.83	59.83	116.40	28.95	116.40
阜新蒙古族自治县	56.74	56.74	105.89	29.60	67.60
彰武县	48.64	48.02	65.05	27.55	61.30
辽阳县	83.60	83.60	152.00	36.73	152.00
盘山县	138.14	119.49	207.25	60.34	195.25
铁岭县					
西丰县	38.00	38.00	46.50	8.00	46.00
昌图县	143.19	143.19	255.43	52.26	255.43
朝阳县	98.36	31.35	126.39	13.87	65.50
建平县	79.66	67.29	135.78	50.30	119.91
喀喇沁左翼蒙古族自治县	95.09	95.09	184.97	57.05	184.97
绥中县	62.98	62.98	116.70	36.51	116.70
建昌县	98.82	98.82	134.61	33.80	134.61
吉　林	**1484.41**	**1424.80**	**2584.46**	**712.80**	**2514.97**
农安县	109.81	109.81	294.72	44.21	294.72
永吉县	85.96	85.96	131.00	42.00	131.00
梨树县	73.40	67.52	149.06	26.56	149.06
伊通满族自治县	72.68	60.58	199.21	91.72	164.20
东丰县	64.22	64.22	201.77	62.53	201.77
东辽县	50.40	48.87	93.94	18.15	93.94
通化县	75.56	75.56	97.31	29.01	97.31
辉南县	60.26	60.26	130.36	35.43	130.36
柳河县	39.18	37.80	62.39	18.62	58.10
抚松县	60.71	60.71	120.56	30.10	120.56
靖宇县	62.38	61.20	104.96	31.57	104.96
长白朝鲜族自治县	37.80	37.80	34.24	7.52	34.24
前郭县	61.27	60.27	161.23	56.88	160.67
长岭县	140.05	140.05	173.45	39.16	173.45
乾安县	74.83	74.83	139.04	45.14	132.00
镇赉县	216.27	179.73	156.98	43.78	134.39
通榆县	73.61	73.61	119.00	26.00	119.00
汪清县	78.62	78.62	136.76	41.16	136.76
安图县	47.40	47.40	78.48	23.26	78.48
黑龙江	**4165.85**	**4025.00**	**5022.68**	**1103.60**	**4718.19**
依兰县	129.76	129.58	159.16	31.48	157.94
方正县	88.56	88.56	99.87	11.88	99.87
宾　县	136.10	136.10	135.40	27.90	135.40
巴彦县	189.35	187.35	157.44	6.10	149.35
木兰县	128.35	128.00	103.74	22.91	73.20
通河县	93.14	93.14	94.62	13.57	94.62
延寿县	147.70	147.70	181.08	52.47	181.08
龙江县	101.98	101.96	192.96	45.87	191.93
依安县	100.35	100.35	137.25	35.06	137.25

continued

桥梁数 (座) Number of Bridges (unit)	大桥及特大桥 Great Bridge and Grand Bridge	立交桥 Intersection	道路照明灯盏数 (盏) Number of Road Lamps (unit)	安装路灯道路长度 (公里) Length of The Road with Street Lamp (km)	地下综合管廊长度 (公里) Length of The Utility Tunnel (km)	新建地下综合管廊长度 (公里) Length of the New-built Utility Tunnel (km)
20			3324	75		
			3778	53		
2		1	4029	37		
4			1690	41		
8			5359	55		
15			13893	95		
10			5859	38		
22		2	9509	50		
10	5		539	13	2.8	0.3
5			4304	70		
14			7567	86		
10			6120	55		
17			6371	71		
148	**21**	**8**	**113458**	**975**		
4		1	12643	88		
12	6		3100	75		
9			12739	69		
11						
12	10	2	5279	27		
4	4		5600	49		
15			8342	32		
7		2	6026	60		
12			5711	33		
6	1		2968	40		
14			6540	37		
5			6069	33		
			3994	45		
			14710	81		
7			2829	65		
1		1	6569	70		
1		1	3525	50		
15			4004	74		
13		1	2810	47		
280	**25**	**19**	**166621**	**2440**		
2	2		10017	91		
4			4508	51		
18	18		4459	57		
4			2871	37		
6			5123	34		
			2298	15		
30			3254	139		
11		2	4580	99		
			4196	44		

9-2 续表 7

县名称 Name of Counties	道路长度(公里) Length of Roads (km)	建成区 in Built District	道路面积(万平方米) Surface Area of Roads (10,000 m²)	人行道面积 Surface Area of Sidewalks	建成区 in Built District
泰来县	54.37	54.37	106.31	44.24	87.31
甘南县	59.12	59.12	96.91	14.19	96.91
富裕县	64.00	64.00	88.35	6.85	88.35
克山县	60.49	58.49	74.49	10.12	74.49
克东县	37.00	37.00	55.40	8.00	55.40
拜泉县	54.58	54.58	65.58	7.00	65.58
鸡东县	65.78	63.06	74.06	12.95	74.06
萝北县	78.04	78.04	109.58	28.26	109.58
绥滨县	61.90	50.90	83.10	30.54	83.10
集贤县	108.30	108.30	132.83	27.95	132.83
友谊县	43.54	43.54	85.95	25.15	85.95
宝清县	179.59	162.19	178.92	22.72	162.73
饶河县	65.43	62.90	67.80	11.42	67.60
肇州县	53.80	53.80	74.70	24.58	74.60
肇源县	67.23	67.23	100.80	45.80	100.80
林甸县	127.00	127.00	142.00	55.00	142.00
杜尔伯特蒙古族自治县	80.69	80.69	169.18	55.65	164.51
嘉荫县	38.48	38.48	42.86	10.71	42.86
汤旺县	95.76	95.76	74.75	17.91	74.75
丰林县	159.21	159.21	140.62	45.24	140.62
大箐山县	47.26	47.26	40.08	2.96	40.08
南岔县	182.18	182.18	167.17	46.00	167.17
桦南县	85.90	85.90	105.40	17.60	105.40
桦川县	83.66	82.80	117.11	33.07	117.11
汤原县	78.39	5.60	144.14	35.37	10.50
勃利县	95.76	95.76	96.10	22.74	95.76
林口县	127.41	125.06	202.40	23.83	193.51
逊克县	46.84	46.84	56.84	12.86	56.84
孙吴县	42.42	36.20	51.40	11.84	30.13
望奎县	91.21	88.65	138.74	25.42	129.24
兰西县	74.51	72.71	91.74	11.93	89.74
青冈县	118.41	117.34	128.51	32.42	128.51
庆安县	50.55	50.55	61.82	8.02	62.88
明水县	61.30	61.30	69.65	12.97	70.85
绥棱县	83.34	83.34	92.65	12.01	92.62
呼玛县	40.00	40.00	34.00	4.00	34.00
塔河县	82.91	67.91	67.33	5.73	17.29
加格达奇区	104.20	104.20	131.89	33.31	131.89
江　苏	**5430.07**	**4623.34**	**11249.25**	**2334.71**	**9394.78**
丰　县	243.41	171.24	580.42	169.56	401.13
沛　县	359.51	281.13	919.06	194.33	542.70
睢宁县	210.00	193.50	557.30	131.70	474.90
如东县	272.81	263.60	644.46	140.18	622.00
东海县	362.65	206.03	818.22	76.66	418.55

continued

桥梁数(座) Number of Bridges (unit)	大桥及特大桥 Great Bridge and Grand Bridge	立交桥 Intersection	道路照明灯盏数(盏) Number of Road Lamps (unit)	安装路灯道路长度(公里) Length of The Road with Street Lamp (km)	地下综合管廊长度(公里) Length of The Utility Tunnel (km)	新建地下综合管廊长度(公里) Length of the New-built Utility Tunnel (km)
4		4	3408	50		
4			2987	45		
1			4094	52		
10			3799	59		
			3080	37		
1			1110	17		
23			1716	53		
			1730	66		
			1870	33		
9		1	3372	52		
			2987	41		
			2844	97		
3			4373	52		
			2625	49		
			3354	55		
1		1	1341	21		
3		2	2261	54		
1			1260	26		
12	2		2084	41		
8			3719	69		
5			682	9		
7			2980	40		
1		1	10061	82		
5			5239	83		
9		1	5910	60		
16		1	6312	95		
46		3	3053	44		
3			3273	46		
10			2535	40		
			5225	46		
2	2		2250	23		
			5269	60		
2			2113	40		
3			4211	39		
			3888	49		
1	1		1165	21		
2		2	1922	40		
13		1	5213	91		
793	**151**	**14**	**394281**	**4745**	**6.3**	**6.3**
30			15113	166		
35	7	4	15800	243		
76	6		24574	206		
63	8		20423	270		
30		6	20622	240		

9-2 续表 8

县名称 Name of Counties	道路长度（公里） Length of Roads (km)	建成区 in Built District	道路面积（万平方米） Surface Area of Roads (10,000 m^2)	人行道面积 Surface Area of Sidewalks	建成区 in Built District
灌云县	215.10	162.90	456.68	115.42	337.39
灌南县	243.52	243.52	543.48	40.43	503.05
涟水县	390.19	300.14	627.88	94.17	368.00
盱眙县	262.74	262.74	509.69	57.93	509.69
金湖县	271.09	271.09	318.34	81.40	318.35
响水县	128.66	110.77	240.16	72.05	230.17
滨海县	195.97	195.97	615.48	134.10	615.48
阜宁县	233.04	113.02	521.83	155.53	359.48
射阳县	307.72	215.36	478.44	127.36	347.56
建湖县	215.55	136.40	454.55	116.14	399.56
宝应县	271.64	271.64	522.30	145.40	522.30
沭阳县	511.03	506.20	1057.05	225.54	1057.03
泗阳县	353.03	353.03	673.27	161.97	673.27
泗洪县	382.41	365.06	710.64	94.84	694.17
浙　江	**6481.86**	**5591.41**	**10885.55**	**2500.28**	**9687.72**
桐庐县	210.52	200.37	315.52	86.98	315.00
淳安县	178.24	104.93	269.90	67.34	227.76
象山县	492.37	427.63	880.17	213.41	706.21
宁海县	468.66	458.66	762.35	117.36	762.35
永嘉县	101.15	73.16	133.76	37.85	100.99
平阳县	104.45	87.60	124.77	42.05	102.10
苍南县	163.46	145.61	322.00	77.64	272.00
文成县	34.62	24.61	56.26	11.90	52.92
泰顺县	47.45	45.21	82.44	13.01	78.60
嘉善县	323.79	314.72	527.54	135.93	511.82
海盐县	223.19	208.48	553.75	163.62	447.60
德清县	317.58	314.98	751.09	178.40	745.79
长兴县	384.96	384.15	1006.08	215.04	1005.84
安吉县	528.48	295.89	857.47	117.37	488.45
新昌县	341.69	306.01	449.99	95.69	371.04
武义县	454.87	221.37	496.04	93.66	372.37
浦江县	204.26	202.26	447.25	123.48	441.76
磐安县	61.61	59.46	83.52	19.66	81.32
常山县	190.72	190.71	256.37	54.22	249.98
开化县	149.39	144.65	165.91	50.24	156.23
龙游县	130.29	129.24	150.27	53.00	148.91
岱山县	99.46	85.23	174.28	20.70	140.52
嵊泗县	15.89	15.89	26.88	4.30	26.51
三门县	142.71	126.00	215.43	53.25	215.43
天台县	151.37	151.37	350.44	80.43	350.44
仙居县	151.18	150.94	269.28	105.98	268.87
青田县	96.45	90.29	131.15	22.91	111.30
缙云县	109.05	90.11	182.56	42.00	154.20
遂昌县	167.15	121.07	235.01	36.41	192.96

continued

桥梁数(座) Number of Bridges (unit)			道路照明灯盏数(盏) Number of Road Lamps (unit)	安装路灯道路长度(公里) Length of The Road with Street Lamp (km)	地下综合管廊长度(公里) Length of The Utility Tunnel (km)	新建地下综合管廊长度(公里) Length of the New-built Utility Tunnel (km)
	大桥及特大桥 Great Bridge and Grand Bridge	立交桥 Intersection				
50		3	23568	206		
10			11048	204		
28	6		12756	283	6.3	6.3
9			20474	260		
36			16560	270		
16	3		8700	126		
44			10173	196		
23	6		23037	230		
18			19128	281		
105	105		16196	215		
70			18720	272		
45			70702	491		
31			24712	277		
74	10	1	21975	310		
1575	**140**	**32**	**303620**	**4990**	**3.1**	**2.1**
6	5		16251	135		
20	3		16385	99		
141			12229	323	0.5	
55	4		29964	419		
30	1	14	3487	89		
147		2	3865	95		
61	2		6174	125		
26			2362	29		
2			4399	46		
188	1	4	11809	191		
120			8863	223		
64	6	1	21397	218		
131	1	4	17245	382		
32		1	18532	312	1.6	1.6
47	8	1	8437	190		
42	14	1	12157	302		
41			9700	203		0.4
17			4536	51	1.0	
16	5		18500	159		
51	51		4328	73		
12	5		6880	130		
16			2862	57		
			1937	16		
42		1	5497	131		
61		1	8711	119		
20	8	1	6055	147		
13	5		9724	96		
17			5160	108		
53	14	1	7291	120		

9-2 续表 9

县名称 Name of Counties	道路长度（公里） Length of Roads (km)	建成区 in Built District	道路面积（万平方米） Surface Area of Roads (10,000 m^2)	人行道面积 Surface Area of Sidewalks	建成区 in Built District
松阳县	128.61	126.88	168.34	40.29	162.93
云和县	128.90	120.56	208.50	51.50	201.95
庆元县	99.21	94.17	136.04	53.00	128.59
景宁县	80.13	79.20	95.19	21.66	94.98
安　徽	**9138.03**	**8115.45**	**21026.15**	**5091.08**	**18388.36**
长丰县	179.23	128.01	363.72	50.68	300.07
肥西县	318.60	198.41	638.04	146.61	433.61
肥东县	121.82	121.26	342.97	75.74	342.97
庐江县	222.56	202.53	601.85	128.07	481.75
南陵县	231.67	201.32	446.30	32.26	389.00
怀远县	253.99	253.99	380.32	83.32	380.32
五河县	188.05	188.05	451.27	105.72	451.27
固镇县	159.75	159.75	363.42	82.55	363.42
凤台县	129.98	102.25	226.13	52.24	173.53
寿　县	167.03	120.22	387.29	89.85	275.76
当涂县	127.45	127.05	298.49	56.00	298.40
含山县	113.81	100.81	265.40	55.40	188.54
和　县	106.16	90.80	233.48	53.16	202.76
濉溪县	188.57	188.57	428.21	170.01	428.21
枞阳县	100.33	99.57	190.88	48.45	189.81
怀宁县	125.33	112.15	356.08	115.16	290.89
太湖县	87.34	84.80	284.00	99.00	284.00
宿松县	216.35	191.35	295.00	90.20	263.00
望江县	127.49	95.10	278.21	71.97	203.10
岳西县	43.02	33.33	77.44	34.42	60.00
歙　县	128.45	127.77	204.77	28.00	203.00
休宁县	72.71	72.71	128.61	48.23	128.61
黟　县	71.22	48.01	187.59	51.95	157.10
祁门县	49.14	49.14	80.39	22.11	80.39
来安县	299.37	259.72	610.37	168.76	549.97
全椒县	224.95	224.95	509.67	174.39	509.67
定远县	312.03	263.60	709.92	139.24	560.29
凤阳县	298.45	298.45	720.83	264.87	720.83
临泉县	290.79	277.59	599.43	100.60	541.93
太和县	229.35	229.35	821.90	195.92	821.90
阜南县	182.10	180.10	410.39	75.04	410.30
颍上县	474.96	361.27	968.28	256.46	678.27
砀山县	240.10	215.21	676.86	93.93	471.19
萧　县	289.00	288.00	802.33	202.78	802.33
灵璧县	224.90	181.90	601.55	130.62	472.94
泗　县	320.67	208.10	713.01	174.24	364.48
霍邱县	148.21	122.76	392.99	56.44	284.58
舒城县	172.15	161.87	450.80	58.63	445.34
金寨县	229.60	210.11	604.08	127.83	553.00

continued

桥梁数（座） Number of Bridges (unit)	大桥及特大桥 Great Bridge and Grand Bridge	立交桥 Intersection	道路照明灯盏数（盏） Number of Road Lamps (unit)	安装路灯道路长度（公里） Length of The Road with Street Lamp (km)	地下综合管廊长度（公里） Length of The Utility Tunnel (km)	新建地下综合管廊长度（公里） Length of the New-built Utility Tunnel (km)
3	3		6451	125		
34	1		4261	129		
56	3		3557	68		
11			4614	79		
1311	**50**	**27**	**544474**	**7479**	**99.7**	**3.3**
16	9		7548	131		
17			15999	113	13.6	0.3
5		1	21768	106		
31	3	4	19203	240		
38			13843	152		
10	1	9	4950	85		
33			7534	155		
17	4	3	6110	140		
9	2		10422	108		
16			13832	167		
18	1	1	5003	127		
11	4		3467	95		
5			8237	84		
16			20680	125		
8			8731	64		
40		2	10569	131		
9			4000	82	2.5	
1			7477	118		
11			10858	109		
6	5	2	8130	19		
15			5800	60		
6			4659	72		
12			3700	49		
16	2	1	2176	49		
22	2		11584	208		
26			15480	236		
27			20920	321		
19			14500	260		
69			19311	270	11.9	3.0
56			20423	229		
44		1	7460	137		
95	4		26300	455		
45	1		15209	159		
39	3	1	11086	328		
26	2		16372	159		
54	2		12279	254	0.4	
7			10168	143		
23			11682	142		
22	3		19647	164	71.3	

9-2 续表 10

县名称 Name of Counties	道路长度(公里) Length of Roads (km)	建成区 in Built District	道路面积(万平方米) Surface Area of Roads ($10,000\ m^2$)	人行道面积 Surface Area of Sidewalks	建成区 in Built District
霍山县	188.50	188.50	446.02	107.41	446.02
涡阳县	318.45	261.73	763.93	187.72	645.12
蒙城县	291.44	289.11	872.45	270.94	872.45
利辛县	202.60	150.12	467.59	107.70	341.54
东至县	105.09	99.16	207.01	42.10	195.14
石台县	38.29	38.29	49.31	8.26	49.31
青阳县	116.09	116.09	253.71	57.89	253.71
郎溪县	133.63	133.63	336.12	105.14	336.12
泾　县	96.24	96.24	245.15	97.05	245.15
绩溪县	124.08	110.77	188.00	58.52	162.48
旌德县	56.94	51.88	94.59	37.50	84.79
福　建	**5682.50**	**4941.67**	**8953.25**	**2027.95**	**8085.64**
闽侯县	115.91	103.42	277.56	71.69	222.51
连江县	145.88	145.88	220.62	56.60	223.14
罗源县	105.75	74.12	169.13	42.35	118.40
闽清县	77.98	77.98	98.93	35.79	98.93
永泰县	95.42	95.42	131.54	34.24	131.54
仙游县	242.80	242.00	445.10	105.80	437.20
明溪县	63.40	60.70	106.45	25.34	86.45
清流县	59.30	59.30	124.33	31.75	124.33
宁化县	139.38	139.38	244.70	55.39	240.70
大田县	68.30	68.30	99.20	32.70	99.20
尤溪县	79.48	79.48	88.40	23.95	93.54
沙　县	258.15	258.15	414.34	129.82	414.34
将乐县	88.30	88.30	162.25	36.45	158.10
泰宁县	66.30	63.59	121.48	17.92	117.65
建宁县	68.12	68.12	99.54	11.63	99.54
惠安县	176.14	173.14	361.91	52.10	301.74
安溪县	482.48	247.80	871.93	120.73	375.90
永春县	287.98	283.95	260.20	92.30	257.07
德化县	537.00	250.00	413.13	76.70	413.13
云霄县	189.70	189.70	403.78	58.07	403.78
漳浦县	129.22	129.22	254.20	64.85	254.20
诏安县	110.80	110.80	239.00	43.00	239.00
长泰县	60.65	60.15	98.80	28.88	97.30
东山县	52.48	44.32	101.95	27.85	101.95
南靖县	114.12	114.12	140.11	45.13	136.43
平和县	122.80	110.80	184.11	43.18	140.00
华安县	68.50	57.50	81.70	23.00	75.70
顺昌县	63.51	63.31	97.81	24.37	97.13
浦城县	90.52	90.52	123.50	19.13	122.80
光泽县	58.26	58.26	79.27	18.37	79.27
松溪县	72.00	65.00	130.00	39.00	116.00
政和县	41.00	40.00	71.55	24.95	71.55

continued

桥梁数 (座) Number of Bridges (unit)	大桥及特大桥 Great Bridge and Grand Bridge	立交桥 Intersection	道路照明灯盏数 (盏) Number of Road Lamps (unit)	安装路灯道路长度 (公里) Length of The Road with Street Lamp (km)	地下综合管廊长度 (公里) Length of The Utility Tunnel (km)	新建地下综合管廊长度 (公里) Length of the New-built Utility Tunnel (km)
13			9940	122		
97	2	2	8990	294		
87			21906	253		
77			9731	178		
23			2977	79		
6			1985	38		
15			4319	113		
2			7235	92		
20			5980	96		
17			8985	120		
14			5309	47		
594	**86**	**23**	**350840**	**3931**	**79.1**	**9.5**
14	8		9105	90		
25	3		13968	146		
15			6250	92		
9	7		2432	54		
13	5		2415	45		
9	5		30857	162		
10			2605	44		
7			3172	58		
17	6	1	6296	127	9.9	0.1
11			3707	63		
20	8		4350	76		
15	5	3	8490	212		
6			4744	88		
13			3755	53		
8			2500	48		
3			7000	124		
27	10	6	33659	213		
24		2	21633	215		
36		3	17671	135		
4	2		7676	102		
18	1	1	9446	129	5.1	5.1
7			4000	84		
3			2684	60		
			4644	35		
8			6181	114		
11			9866	104		
10	8	1	2220	55		
10			8120	57		
8	8		5600	85		
9	8		1910	41		
9			1500	36		
8			2173	38		

9-2 续表 11

县名称 Name of Counties	道路长度(公里) Length of Roads (km)	建成区 in Built District	道路面积(万平方米) Surface Area of Roads (10,000 m^2)	人行道面积 Surface Area of Sidewalks	建成区 in Built District
长汀县	226.86	223.86	353.97	45.56	370.50
上杭县	132.50	132.50	281.02	85.34	281.02
武平县	156.02	84.92	180.25	47.50	180.25
连城县	95.00	95.00	160.74	34.62	146.20
霞浦县	107.29	104.52	249.24	45.05	239.79
古田县	83.89	83.89	118.64	15.12	118.64
屏南县	86.86	86.46	73.67	14.47	73.47
寿宁县	32.70	32.70	48.27	10.31	48.27
周宁县	91.19	91.19	114.52	19.70	114.52
柘荣县	61.40	61.40	84.00	13.50	84.00
平潭县	277.16	232.50	572.41	183.75	480.46
江　西	**9106.03**	**8302.46**	**17516.28**	**4102.56**	**15605.10**
南昌县	349.41	249.35	566.86	31.91	450.61
安义县	109.88	89.93	296.50	112.10	236.20
进贤县	132.18	125.00	261.90	24.38	250.00
浮梁县	131.85	65.58	138.41	16.31	108.39
莲花县	89.37	68.65	145.67	37.44	144.22
上栗县	159.40	118.25	244.75	80.25	183.43
芦溪县	62.31	59.40	156.00	38.00	160.02
武宁县	97.20	96.85	267.08	76.46	267.08
修水县	180.23	175.26	338.89	67.60	329.63
永修县	100.93	93.74	219.80	39.61	191.61
德安县	147.51	118.17	271.06	61.46	197.13
都昌县	189.00	122.30	338.90	78.60	178.30
湖口县	45.36	45.36	109.54	24.07	109.12
彭泽县	81.19	68.00	158.97	38.05	145.00
分宜县	85.07	85.07	229.71	60.81	229.71
信丰县	339.71	339.71	618.49	95.19	488.82
大余县	136.57	136.57	219.95	35.80	219.95
上犹县	173.12	169.96	221.88	75.96	134.58
崇义县	64.77	57.57	100.00	22.26	105.47
安远县	116.52	116.52	209.20	58.04	209.20
定南县	107.59	101.93	176.81	40.46	159.07
全南县	96.32	96.32	156.90	28.30	157.62
宁都县	332.02	288.63	398.55	93.22	385.24
于都县	260.30	248.80	502.60	143.60	496.60
兴国县	293.00	292.00	564.00	172.00	546.00
会昌县	173.69	173.69	248.96	62.57	248.96
寻乌县	129.96	129.96	211.67	73.91	211.67
石城县	131.65	131.65	188.01	45.34	188.01
吉安县	190.50	157.69	421.40	146.15	403.64
吉水县	243.55	243.55	315.39	101.22	315.39
峡江县	61.00	56.27	185.10	57.57	169.58
新干县	102.31	102.31	287.00	74.00	287.00

continued

桥梁数（座） Number of Bridges (unit)	大桥及特大桥 Great Bridge and Grand Bridge	立交桥 Intersection	道路照明灯盏数（盏） Number of Road Lamps (unit)	安装路灯道路长度（公里） Length of The Road with Street Lamp (km)	地下综合管廊长度（公里） Length of The Utility Tunnel (km)	新建地下综合管廊长度（公里） Length of the New-built Utility Tunnel (km)
13			15054	108		
13			24260	133		
10			6613	84		
17			6543	86		
31			12043	66		
23		3	4257	54		
30			2502	44		
18			1511	31		
17			2381	60		
11			2921	19		
24	2	3	22126	263	64.1	4.4
711	**147**	**25**	**546905**	**6964**	**13.8**	**15.9**
16	1	4	18176	320	2.9	2.9
			5071	82		
1		1	7300	110		
4	4		9566	132		
9	9		9833	67	2.0	
14			7203	112		
12			1928	48		
21		1	5636	90		
21	3	1	7900	117		
6		3	2638	44		
18	1	2	7702	128		
4			8610	155		
4			1822	45		
			4271	79		
5		5	6100	81		
18	15		14889	197		
37			5627	118		
22			11583	173		
18			9250	65		
13			7656	116		
38			5470	100		
13	5		9506	91		
24	7		13340	162		
4	4		14187	199		
25			6280	165		
10			15867	160		
17			8051	92		
21	8		6484	124		
6			8306	163		
13	3		11396	58		
			3016	49		
11	8		11810	102	2.6	2.6

9-2 续表 12

县名称 Name of Counties	道路长度 (公里) Length of Roads (km)	建成区 in Built District	道路面积 (万平方米) Surface Area of Roads (10,000 m²)	人行道面积 Surface Area of Sidewalks	建成区 in Built District
永丰县	177.43	134.96	327.07	55.11	223.16
泰和县	217.41	214.22	468.86	108.16	456.66
遂川县	151.87	126.50	249.60	83.90	196.00
万安县	141.60	141.60	282.40	63.10	282.40
安福县	101.00	89.00	226.70	46.50	166.90
永新县	120.83	118.23	379.09	92.89	365.25
奉新县	141.52	141.52	275.80	44.50	275.80
万载县	136.81	136.81	239.26	64.74	239.26
上高县	169.74	169.74	447.01	64.83	447.01
宜丰县	75.87	72.16	186.93	20.50	186.93
靖安县	106.19	90.98	208.10	60.33	153.48
铜鼓县	67.80	53.00	104.78	18.78	104.78
南城县	186.00	186.00	261.00	84.60	261.00
黎川县	166.40	166.40	250.50	95.50	250.50
南丰县	97.67	92.20	257.90	69.96	248.90
崇仁县	210.34	210.34	707.88	201.20	707.88
乐安县	111.01	98.50	203.91	38.91	195.00
宜黄县	72.16	69.96	103.72	31.70	103.72
金溪县	188.80	158.60	180.40	56.80	154.00
资溪县	51.02	41.23	139.32	36.07	136.85
广昌县	96.20	95.20	195.02	42.02	195.56
玉山县	259.90	201.60	771.90	121.30	361.60
铅山县	162.50	135.00	300.00	70.00	210.00
横峰县	54.43	53.21	122.71	35.34	119.37
弋阳县	260.75	260.58	407.57	74.58	407.57
余干县	116.69	106.16	405.07	74.37	356.17
鄱阳县	231.72	231.72	463.70	73.00	390.70
万年县	206.60	176.50	355.63	115.63	283.00
婺源县	112.30	106.50	224.50	45.60	218.40
山　东	**11317.35**	**9633.93**	**22848.95**	**4704.30**	**20667.62**
平阴县	97.15	87.45	210.24	41.97	196.64
商河县	138.62	117.12	317.64	70.09	270.34
桓台县	170.79	162.64	358.99	92.79	357.46
高青县	136.80	136.80	274.77	42.90	274.77
沂源县	241.53	241.53	514.21	102.52	514.21
利津县	121.65	121.65	286.45	67.98	286.45
广饶县	147.07	147.07	371.18	67.49	371.18
临朐县	252.62	225.96	672.53	173.20	609.03
昌乐县	295.96	164.37	599.83	103.55	392.44
微山县	170.81	156.19	412.60	80.32	412.60
鱼台县	136.92	122.64	300.23	37.79	300.23
金乡县	194.96	194.40	467.16	111.81	466.40
嘉祥县	188.54	188.54	333.20	95.56	333.00
汶上县	167.34	167.34	254.33	52.89	254.33

continued

桥梁数 (座) Number of Bridges (unit)			道路照明灯盏数 (盏) Number of Road Lamps (unit)	安装路灯道路长度 (公里) Length of The Road with Street Lamp (km)	地下综合管廊长度 (公里) Length of The Utility Tunnel (km)	新建地下综合管廊长度 (公里) Length of the New-built Utility Tunnel (km)
	大桥及特大桥 Great Bridge and Grand Bridge	立交桥 Intersection				
17	2		9518	141		
6	1	1	13125	133		
6			6854	145		
			6189	95	2.4	2.4
10			5270	93		
7			4823	105		
5	5		28142	141		
17			12503	129		
9		2	8921	79		
			9851	73		
15			9574	97		
10	10		3175	68		
16	16		25311	159		
7	3		8850	84		
5	5		5948	114		
4			14872	140		
14			6742	110		
9	9		7622	72		
20			15740	111		
12	5		6635	51		
20	5		7162	95		
10			9760	198	4.0	8.0
21	5	1	7100	142		
1	1		3296	42		
5	3		11825	167		
3	3		10584	117		
2			15322	232		
29		4				
6	6		5717	89		
1614	**58**	**38**	**569055**	**8015**	**45.7**	**13.9**
38			7196	97		
22	3		6255	88		
12			5196	122	5.1	
12			4284	56	2.2	2.2
10	9	1	6409	127		
31			12665	90		
13			10344	143		
39	6		20269	253	2.4	1.0
49	2	14	18844	288		
29			17940	155		
9			11000	80	2.0	
17			5655	133		
18			11464	175		
26			10723	81		

9-2 续表 13

县名称 Name of Counties	道路长度(公里) Length of Roads (km)	建成区 in Built District	道路面积(万平方米) Surface Area of Roads (10,000 m^2)	人行道面积 Surface Area of Sidewalks	建成区 in Built District
泗水县	191.12	156.56	288.54	45.29	271.15
梁山县	166.58	164.66	328.50	61.08	328.50
宁阳县	146.56	146.56	381.38	90.16	381.38
东平县	300.22	300.22	517.41	216.19	517.41
五莲县	175.05	112.43	397.62	80.68	270.49
莒　县	249.33	249.33	511.46	49.84	511.46
沂南县	207.92	203.94	430.02	93.35	418.70
郯城县	235.62	226.55	521.40	120.82	461.02
沂水县	569.26	539.48	668.42	175.42	650.14
兰陵县	532.35	366.00	756.16	203.66	473.40
费　县	216.98	216.59	307.87	46.09	307.57
平邑县	305.21	305.21	455.79	174.07	455.79
莒南县	320.01	207.33	656.06	98.34	354.65
蒙阴县	143.95	129.45	236.63	46.03	227.06
临沭县	134.74	103.97	296.64	53.33	214.59
宁津县	112.10	112.10	242.58	14.14	242.58
庆云县	198.18	192.22	277.50	94.00	267.50
临邑县	567.41	250.92	711.20	162.55	705.40
齐河县	435.28	365.33	869.61	147.77	707.50
平原县	219.39	169.38	427.83	84.05	416.59
夏津县	177.86	175.00	622.99	107.14	622.99
武城县	167.47	167.47	352.93	121.92	352.93
阳谷县	112.13	112.13	287.53	75.87	287.53
莘　县	236.40	235.90	448.65	59.30	447.15
东阿县	121.78	121.78	242.35	56.99	242.35
冠　县	394.27	100.69	564.61	64.35	281.31
高唐县	168.36	133.46	493.03	70.89	436.50
惠民县	128.01	101.69	230.74	50.27	230.74
阳信县	154.05	154.05	427.03	67.97	422.65
无棣县	151.03	139.33	466.32	90.34	387.02
博兴县	163.75	163.75	374.48	42.67	374.48
曹　县	278.95	232.91	553.82	49.66	501.90
单　县	216.87	216.87	669.07	115.51	669.07
成武县	175.51	148.45	345.25	68.43	309.20
巨野县	159.31	120.64	496.31	92.07	366.08
郓城县	281.44	278.25	800.14	169.55	794.14
鄄城县	172.73	110.22	383.90	80.61	285.80
东明县	169.41	169.41	433.82	123.04	433.82
河　南	**11976.89**	**10837.62**	**27669.25**	**6553.44**	**24961.55**
中牟县	163.42	152.51	382.74	105.73	351.67
杞　县	121.59	116.05	307.53	69.22	293.39
通许县	96.16	93.70	216.57	51.58	211.56
尉氏县	162.44	114.12	402.76	109.11	321.69
兰考县	388.71	336.63	637.81	176.24	573.54

continued

桥梁数 (座) Number of Bridges (unit)	大桥及特大桥 Great Bridge and Grand Bridge	立交桥 Intersection	道路照明灯盏数 (盏) Number of Road Lamps (unit)	安装路灯道路长度 (公里) Length of The Road with Street Lamp (km)	地下综合管廊长度 (公里) Length of The Utility Tunnel (km)	新建地下综合管廊长度 (公里) Length of the New-built Utility Tunnel (km)
28	3	1	8771	143	1.9	1.9
12			7480	82	1.5	
21			14760	122		
26	2		8417	147		
16			8454	107	3.8	
94			15284	235	15.4	5.1
28			12117	199		
50			25211	230		
27	8		22495	420		
44			10225	209		
33			11466	151		
34			15268	272		
42	4		18190	282		
22			17877	108		
35	2		12316	125	3.3	3.3
34			9580	103		
14			4386	100		
23			6119	270		
86		5	19817	152	2.2	0.1
52		8	8631	123	2.1	0.1
21			6194	172	1.0	
48			6593	167		
94			11243	96		
12			15816	221	1.0	0.1
15			5222	106	1.7	
23			12307	159		
19			7785	80		
29			12109	127		
17			4740	153		
22			8110	111		
29	13	2	5682	113		
29			15339	117		
30	1		10584	91		
43			8953	179		
16	4	3	3973	95		
28			13185	279		
38			4205	114		
55	1	4	11907	167		
1754	**48**	**27**	**625050**	**8699**	**7.0**	**6.5**
12		5	10890	162		
17			3623	74		
20			4760	89		
49			6100	116		
30	2	1	15003	149		

9-2 续表 14

县名称 Name of Counties	道路长度(公里) Length of Roads (km)	建成区 in Built District	道路面积(万平方米) Surface Area of Roads ($10,000\ m^2$)	人行道面积 Surface Area of Sidewalks	建成区 in Built District
孟津县	87.87	87.10	208.80	59.72	205.12
新安县	126.10	105.89	219.77	60.12	192.69
栾川县	83.59	81.90	157.72	36.41	149.94
嵩　县	64.05	63.00	179.40	43.40	176.60
汝阳县	71.90	61.20	167.27	27.15	135.59
宜阳县	175.02	175.02	422.22	122.31	422.22
洛宁县	74.04	73.50	205.94	66.43	149.50
伊川县	74.42	62.40	218.64	62.15	182.84
宝丰县	63.20	48.55	172.83	37.16	132.65
叶　县	94.59	71.77	366.46	27.53	217.11
鲁山县	87.47	75.40	182.02	61.74	149.23
郏　县	130.71	101.57	291.20	80.99	232.92
安阳县					
汤阴县	151.35	151.35	407.64	72.69	407.64
滑　县	233.52	233.52	562.99	120.97	538.36
内黄县	142.23	138.60	315.82	50.35	306.00
浚　县	102.94	102.94	246.13	56.34	240.67
淇　县	86.20	86.20	209.86	52.56	209.86
新乡县	55.31	46.08	140.85	33.13	122.26
获嘉县	139.68	124.10	285.75	48.92	249.33
原阳县	97.56	80.00	214.70	54.67	160.00
延津县	87.83	85.00	258.13	66.13	230.00
封丘县	100.23	90.62	271.00	88.17	242.09
修武县	111.46	111.46	249.59	50.84	246.00
博爱县	108.40	98.00	247.48	58.30	234.00
武陟县	202.04	191.04	371.67	71.64	357.37
温　县	108.10	105.70	251.27	46.22	246.00
清丰县	123.95	123.95	303.72	61.17	303.72
南乐县	84.09	84.09	246.49	68.08	246.49
范　县	64.66	64.66	156.10	40.26	156.10
台前县	108.41	103.68	246.55	71.49	237.67
濮阳县	176.82	162.81	389.90	69.41	300.86
鄢陵县	155.91	120.20	327.16	61.35	302.65
襄城县	132.10	102.07	349.59	97.60	290.69
舞阳县	122.36	97.29	227.40	34.02	171.54
临颍县	244.47	237.80	476.49	93.81	458.03
渑池县	74.49	71.28	175.00	25.38	157.10
卢氏县	80.19	59.19	193.13	39.82	167.13
南召县	151.52	125.12	284.22	65.76	248.24
方城县	195.56	195.56	409.75	112.44	409.75
西峡县	146.35	146.35	415.73	122.81	415.73
镇平县	161.60	134.08	493.25	152.42	390.36
内乡县	140.28	109.84	355.85	88.19	290.17
淅川县	102.27	101.97	223.99	75.82	223.99

continued

桥梁数 (座) Number of Bridges (unit)	大桥及特大桥 Great Bridge and Grand Bridge	立交桥 Intersection	道路照明灯盏数 (盏) Number of Road Lamps (unit)	安装路灯道路长度 (公里) Length of The Road with Street Lamp (km)	地下综合管廊长度 (公里) Length of The Utility Tunnel (km)	新建地下综合管廊长度 (公里) Length of the New-built Utility Tunnel (km)
2			6102	66		
3	2	1	3614	70		
20			9883	83		
8			4214	30		
16	3		4435	62		
16			32122	167		
8			5997	58		
12			12417	66		
14			3594	49		
32			2778	33		
37		1	4645	85		
14			7998	120		
26			6848	140		
40			10447	234		
5			5644	99		
16			3636	89		
5		3	4918	82		
7			5171	30		
19	1	3	9600	80		
19			6450	95		
18			5904	63		
14			3325	28		
15		3	5338	109		
23			2520	61		
12			5257	109		
10			3238	71		
13			6653	112		
8			4458	72		
1	1		3296	60		
24			4277	87		
17			10903	116		
17			8414	85		
2			5258	74		
			4554	98		
5			11256	234		
8			1899	33		
13			1920	25	1.2	0.7
24			4402	79		
20			6882	172		
36			4746	118		
53			10731	116		
18			11192	100		
39	3		10174	84		

9-2 续表 15

县名称 Name of Counties	道路长度(公里) Length of Roads (km)	建成区 in Built District	道路面积(万平方米) Surface Area of Roads (10,000 m²)	人行道面积 Surface Area of Sidewalks	建成区 in Built District
社旗县	224.55	224.55	396.58	90.08	396.58
唐河县	210.96	210.96	603.98	154.02	603.46
新野县	143.24	134.51	354.12	133.51	354.12
桐柏县	120.59	119.80	263.88	30.34	257.13
民权县	171.46	171.46	395.41	47.58	396.46
睢　县	105.10	90.10	320.90	61.20	280.00
宁陵县	93.91	26.01	228.42	40.90	176.26
柘城县	120.74	91.10	245.62	34.74	185.38
虞城县	115.76	95.76	280.30	63.60	253.64
夏邑县	154.45	154.45	382.34	80.82	382.34
罗山县	102.43	84.77	247.70	40.26	208.91
光山县	77.00	58.45	149.92	31.67	110.90
新　县	87.02	84.16	168.02	51.44	165.15
商城县	97.36	67.60	181.23	53.93	107.53
固始县	328.56	323.76	590.49	72.16	590.49
潢川县	140.63	121.08	409.68	92.88	319.85
淮滨县	187.49	153.78	444.97	118.49	384.50
息　县	111.95	103.56	278.93	94.76	262.85
扶沟县	178.46	150.62	387.06	143.34	353.42
西华县	116.73	116.73	244.22	29.70	254.22
商水县	145.58	138.00	237.33	73.29	190.02
沈丘县	147.98	147.41	251.97	42.33	256.80
郸城县	227.09	183.06	615.91	138.42	433.95
淮阳县	234.45	234.45	518.75	160.10	518.75
太康县	164.92	150.72	367.83	96.98	347.94
鹿邑县	360.22	360.00	874.99	236.36	877.01
西平县	160.51	130.35	368.09	67.59	294.91
上蔡县	207.48	108.38	444.54	96.18	357.92
平舆县	220.61	178.47	493.52	121.55	358.31
正阳县	143.39	119.21	344.76	71.75	328.25
确山县	211.33	194.18	530.01	97.48	467.58
泌阳县	164.80	162.34	478.10	91.05	474.70
汝南县	214.85	214.85	401.91	134.51	243.38
遂平县	165.33	165.33	344.95	79.50	344.95
新蔡县	262.80	262.80	775.94	233.18	765.83
湖　北	**4057.23**	**3824.93**	**8364.70**	**2248.41**	**7899.94**
阳新县	211.30	211.30	260.00	80.00	260.00
郧西县	63.60	63.60	120.00	40.00	120.00
竹山县	60.30	58.33	92.44	29.06	92.44
竹溪县	79.45	73.15	105.00	26.00	105.00
房　县	98.65	97.35	159.13	24.69	159.13
远安县	93.27	93.27	129.47	34.59	129.47
兴山县	74.04	37.04	65.85	17.40	33.33
秭归县	105.20	105.20	165.28	59.97	165.28

continued

桥梁数(座) Number of Bridges (unit)	大桥及特大桥 Great Bridge and Grand Bridge	立交桥 Intersection	道路照明灯盏数(盏) Number of Road Lamps (unit)	安装路灯道路长度(公里) Length of The Road with Street Lamp (km)	地下综合管廊长度(公里) Length of The Utility Tunnel (km)	新建地下综合管廊长度(公里) Length of the New-built Utility Tunnel (km)
8			8528	150		
39			11938	164		
21			6166	130		
44			6394	113		
36		3	21827	163		
17			13553	104		
89			5868	81		
5			12995	110		
28			5000	88		
3			4049	69		
29			6896	94		
32			5429	77		
51			5777	83		
17			2949	55		
8			11469	164		
12	6		7780	111		
4	1	3	8108	148		
16	1		9026	93		
11			3619	37		
10	10		11048	107		
26			5070	122		
6	2		4402	101		
14			8799	100		
44			10531	141		
23			8832	142		
69	3		20557	275		
23			15411	160		
39			5085	123	2.3	2.3
47			10013	122		
23			1713	45		
4	1	4	4453	100		
39	5		4148	104		
37	7		7741	176		
12			6396	153	3.5	3.5
31			15994	263		
458	**83**	**9**	**203902**	**3749**	**29.0**	**13.3**
3	2	1	16680	522		
18			5830	58		
12			6952	50		
13			3963	68		
6		1	4934	92		
25	3		5173	93		
3	3		4526	72	1.0	1.0
12	4		4377	86	18.5	

9-2 续表 16

县名称 Name of Counties	道路长度（公里） Length of Roads (km)	建成区 in Built District	道路面积（万平方米） Surface Area of Roads (10,000 m^2)	人行道面积 Surface Area of Sidewalks	建成区 in Built District
长阳土家族自治县	49.16	49.16	86.04	33.46	86.04
五峰土家族自治县	53.39	49.32	63.30	16.20	57.30
南漳县	78.47	78.47	191.49	60.42	191.49
谷城县	232.05	176.75	426.68	115.76	355.18
保康县	52.60	52.60	40.38	15.98	40.38
沙洋县	136.70	120.07	318.12	61.13	284.00
孝昌县	127.16	126.91	250.61	70.03	251.04
大悟县	148.00	146.00	342.60	106.30	322.20
云梦县	121.60	112.00	234.34	27.24	218.00
公安县	132.18	120.00	226.78	57.08	226.78
江陵县	71.23	69.84	125.67	44.34	123.97
团风县	98.35	98.35	219.08	58.01	219.08
红安县	94.50	83.50	309.50	137.00	268.00
罗田县	250.16	250.16	611.48	175.23	607.48
英山县	191.93	162.07	449.09	138.38	415.78
浠水县	161.44	161.44	391.65	100.58	391.65
蕲春县	210.18	210.18	570.40	81.26	567.80
黄梅县	164.57	160.93	596.52	106.33	593.64
嘉鱼县	111.84	111.84	257.31	102.74	257.31
通城县	112.58	101.80	254.02	85.70	114.16
崇阳县	89.70	84.38	264.30	73.60	238.04
通山县	126.20	112.14	224.68	52.56	224.52
随　县	41.50	41.20	129.55	53.74	119.45
建始县	65.32	62.74	144.68	42.84	134.39
巴东县	93.16	89.46	104.87	14.50	98.32
咸丰县	60.20	60.13	133.88	38.22	133.88
来凤县	83.84	83.84	140.04	25.95	140.04
鹤峰县	39.80	39.80	57.71	10.94	57.71
宣恩县	38.61	38.61	50.76	11.18	50.66
神农架林区	35.00	32.00	52.00	20.00	47.00
湖　南	**10889.20**	**9121.20**	**17499.54**	**4753.30**	**16546.09**
长沙县	729.28	729.28	1611.72	334.15	1611.72
望城区	1374.00	1231.00	1170.00	345.00	2315.00
攸　县	225.90	185.19	615.51	149.31	335.04
茶陵县	83.33	79.20	225.35	78.25	221.22
炎陵县	61.60	54.70	63.33	16.25	51.80
湘潭县	203.82	203.82	437.77	78.66	437.77
衡阳县	163.65	163.65	286.03	52.33	286.03
衡南县	109.20	75.00	174.00	62.00	146.00
衡山县	119.95	119.95	377.94	143.34	377.90
衡东县	151.39	118.37	285.84	97.55	221.95
祁东县	249.00	126.00	403.85	135.12	287.62
南岳区	125.75	30.85	154.17	43.18	105.17
新邵县	309.50	61.50	332.30	46.30	158.30

continued

桥梁数 (座) Number of Bridges (unit)	大桥及特大桥 Great Bridge and Grand Bridge	立交桥 Intersection	道路照明灯盏数 (盏) Number of Road Lamps (unit)	安装路灯道路长度 (公里) Length of The Road with Street Lamp (km)	地下综合管廊长度 (公里) Length of The Utility Tunnel (km)	新建地下综合管廊长度 (公里) Length of the New-built Utility Tunnel (km)
5	3		7449	49	0.8	
21	1		6388	44		
19			3010	65		
6	6		8500	156		
5			1497	38		
28	1		6059	99		
9	4		3968	93		
17	6		3345	37		
15		4	9668	96		
11			4721	130		
7			3714	71		
6	4		4886	171		
5			3600	90		
12			5233	212		
5	4		4106	159		
			6159	108		
10	3		6365	147		3.6
25	25		7413	171		
13			8669	81	8.7	8.7
9			3158	91		
6			8990	88		
22			4410	110		
3			1185	30		
12			5931	65		
31	8	2	4200	69		
33	1		5002	56		
3			7092	82		
9	1		2367	29		
8	4	1	1582	36		
11			2800	34		
562	**168**	**15**	**552043**	**7495**	**5.2**	**5.2**
37	23	1	39250	397		
3	2	1	14850	148		
26	5		13812	229		
6			8700	82		
15			3820	45		
23	1	3	10425	156		
3			10189	89		
1	1		8641	91		
			6209	93		
			26213	353		
21	2	3	9734	102		
			5153	113		
8	2		10928	62		

9-2 续表 17

县名称 Name of Counties	道路长度（公里） Length of Roads (km)	建成区 in Built District	道路面积（万平方米） Surface Area of Roads ($10,000\ m^2$)	人行道面积 Surface Area of Sidewalks	建成区 in Built District
邵阳县	78.76	69.60	112.96	38.40	112.96
隆回县	116.57	95.88	277.69	105.52	222.87
洞口县	88.50	84.50	140.31	35.06	127.61
绥宁县	72.20	57.62	99.64	36.73	92.22
新宁县	112.98	44.60	135.27	40.60	136.20
城步苗族自治县	81.14	81.14	125.88	28.66	49.52
岳阳县	160.89	160.89	370.92	88.27	370.92
华容县	95.49	93.98	327.70	89.38	321.22
湘阴县	142.00	130.00	298.00	88.00	240.00
平江县	265.00	250.00	230.00	48.00	190.80
安乡县	161.10	135.81	245.78	90.33	245.78
汉寿县	94.70	88.72	182.57	49.90	182.57
澧　县	180.50	180.50	469.30	180.50	469.30
临澧县	106.97	90.34	259.60	78.08	213.95
桃源县	177.96	177.96	228.59	80.09	228.59
石门县	156.05	150.84	368.29	124.11	368.29
慈利县	67.65	61.86	133.06	38.74	118.34
桑植县	56.50	52.00	72.30	12.30	42.00
南　县	193.45	90.75	388.10	168.30	220.80
桃江县	165.00	158.00	322.61	57.00	322.61
安化县	68.43	68.43	77.13	23.75	77.13
大通湖区	57.90	42.50	54.10	17.60	37.70
桂阳县	359.11	359.11	448.79	89.53	448.79
宜章县	37.00	35.00	88.00	30.00	61.00
永兴县	86.50	81.50	162.02	56.70	151.00
嘉禾县	86.44	80.71	204.24	80.03	199.25
临武县	71.62	69.00	113.00	11.00	100.00
汝城县	142.44	47.76	160.19	48.10	95.34
桂东县	52.00	35.00	61.30	10.80	39.70
安仁县	63.80	61.00	130.10	51.80	112.50
祁阳县	366.69	366.69	549.96	119.18	549.96
东安县	226.21	96.80	225.05	23.49	189.52
双牌县	88.46	68.59	170.42	45.80	146.26
道　县	234.70	195.32	461.70	123.82	433.60
江永县	53.00	46.00	113.00	35.00	106.00
宁远县	342.65	260.27	461.82	75.76	302.66
蓝山县	122.24	117.99	161.22	45.07	161.18
新田县	116.65	107.35	142.44	30.27	132.00
江华瑶族自治县	100.20	100.20	183.02	46.27	183.02
中方县	47.00	47.00	145.00	52.00	94.50
沅陵县	70.28	56.78	122.69	18.42	90.35
辰溪县	46.89	46.89	92.83	27.93	92.83
溆浦县	118.21	116.01	212.63	62.43	205.33
会同县	65.06	64.06	78.20	24.80	78.20

continued

桥梁数（座） Number of Bridges (unit)	大桥及特大桥 Great Bridge and Grand Bridge	立交桥 Intersection	道路照明灯盏数（盏） Number of Road Lamps (unit)	安装路灯道路长度（公里） Length of The Road with Street Lamp (km)	地下综合管廊长度（公里） Length of The Utility Tunnel (km)	新建地下综合管廊长度（公里） Length of the New-built Utility Tunnel (km)
			2656	39		
5			3160	79		
5			7825	71		
9			4375	68		
6			8913	107		
1			2552	62		
2			11522	254		
20	4		6200	397		
3		1	6568	109		
7			5600	160		
4			4523	107		
4			7489	91		
6			11325	181		
3	3		11518	106		
7	1		6175	119		
3	3		5562	97		
14	3		7311	65		
12	12		7400	46		
5	4	1	3958	96		
8	2	1	11320	225		
			4190	64		
4			3100	37		
			6296	40		
8	1		16513	105		
5	5		8149	65		
1			7790	44		
18	18		4474	79		
28			6546	77		
27			3420	33		
7	3		11698	101		
4	3	1	16986	162	4.2	4.2
11			5296	95		
1			3574	65		
5			8130	202		
8			7583	48		
8	6	2	24346	342		
			4631	115		
9	1		4556	100		
3			8561	88		
9	1		4289	88		
5	3		11826	65		
3	2	1	3350	37		
5	5		4789	85		
10			2960	77		

9-2 续表 18

县名称 Name of Counties	道路长度(公里) Length of Roads (km)	建成区 in Built District	道路面积(万平方米) Surface Area of Roads (10,000 m^2)	人行道面积 Surface Area of Sidewalks	建成区 in Built District
麻阳苗族自治县	90.96	88.06	188.64	47.00	175.00
新晃侗族自治县	60.90	60.90	75.07	5.87	75.07
芷江侗族自治县	107.43	96.00	169.60	50.60	152.00
通道县	75.60	71.00	90.60	22.60	76.00
靖州县	103.32	78.46	184.87	30.91	123.65
双峰县	155.00	155.00	244.82	74.00	244.82
新化县	349.10	156.90	493.82	190.95	302.87
泸溪县	36.86	36.86	30.68	9.18	28.68
凤凰县	84.50	84.50	70.94	22.69	67.09
花垣县	124.41	122.19	153.90	27.00	153.70
保靖县	93.52	68.23	82.08	16.86	75.10
古丈县	16.72	16.67	22.91	9.20	22.91
永顺县	34.32	32.27	51.52	13.41	45.82
龙山县	53.30	50.70	94.86	24.07	83.49
广　东	**4641.73**	**4013.86**	**6808.05**	**1745.40**	**5997.39**
始兴县	36.13	29.08	49.69	14.94	40.51
仁化县	57.13	57.13	107.11	26.96	107.11
翁源县	72.27	72.27	109.63	16.48	109.63
乳源瑶族自治县	56.25	56.25	150.90	66.50	148.69
新丰县	112.15	77.72	106.14	27.46	106.14
南澳县	159.86	32.96	84.21	6.68	84.21
遂溪县	140.88	140.88	184.70	51.30	184.70
徐闻县	100.95	100.95	223.06	91.40	223.06
广宁县	118.91	118.91	296.09	118.27	296.09
怀集县	188.62	127.00	224.38	109.78	169.40
封开县	54.62	53.32	88.00	20.00	76.36
德庆县	79.55	72.68	127.59	43.56	127.59
博罗县	598.00	598.00	724.18	147.06	403.07
惠东县	472.50	472.50	690.28	120.28	690.28
龙门县	53.61	53.61	112.92	33.14	112.92
大埔县	161.53	155.72	158.85	19.58	136.14
丰顺县	109.38	109.38	129.76	19.38	129.76
五华县	101.53	101.53	247.18	47.72	247.18
平远县	65.00	40.10	88.06	8.51	80.42
蕉岭县	49.50	41.00	101.00	42.00	86.00
海丰县	177.85	177.85	501.83	100.48	501.83
陆河县	62.10	46.50	139.35	40.00	102.00
紫金县	368.22	109.33	363.55	158.57	51.79
龙川县	95.10	41.46	115.85	18.57	115.85
连平县	60.66	60.66	161.49	22.45	158.49
和平县	88.33	72.00	162.03	15.20	142.00
东源县	45.77	45.77	137.22	72.47	137.22
阳西县	231.94	231.94	279.14	43.63	279.14
阳山县	56.44	56.44	130.20	30.36	130.20

continued

桥梁数(座) Number of Bridges (unit)	大桥及特大桥 Great Bridge and Grand Bridge	立交桥 Intersection	道路照明灯盏数(盏) Number of Road Lamps (unit)	安装路灯道路长度(公里) Length of The Road with Street Lamp (km)	地下综合管廊长度(公里) Length of The Utility Tunnel (km)	新建地下综合管廊长度(公里) Length of the New-built Utility Tunnel (km)
8	1		5040	48		
11			7697	62		
4	4		5800	36		
14	14		1300	13		
10	10		4621	82		
			5964	71		
13	4		9003	215	1.0	1.0
			5073	37		
15	2		3380	43		
15			2570	60		
9	9		5623	62		
9	6		3320	32		
			3465	32		
8	2		2258	52		
358	**72**		**310840**	**3978**		
5	3		7543	36		
3	2		6680	47		
1	1		6981	38		
7			5185	48		
8	3		7300	85		
4			4790	158		
			6300	96		
5			10000	100		
20			9384	116		
7	7		14551	172		
2			4811	53		
			6260	70		
26			23377	269		
7	2		18500	473		
52	3		9110	150		
13	13		18760	213		
2			540	9		
8	8		12244	102		
16			5213	64		
11	11		19000	50		
25	6		12774	144		
			3998	62		
22			11085	277		
12			4270	42		
24			5820	30		
32	3		7304	122		
3			1817	46		
			11847	277		
7			7900	84		

9-2 续表 19

县名称 Name of Counties	道路长度(公里) Length of Roads (km)	建成区 in Built District	道路面积(万平方米) Surface Area of Roads (10,000 m^2)	人行道面积 Surface Area of Sidewalks	建成区 in Built District
连山壮族瑶族自治县	31.71	28.18	52.32	16.35	52.32
佛冈县	48.55	46.05	85.92	20.74	83.92
连南瑶族自治县	38.91	38.91	53.02	9.40	53.02
饶平县	46.63	46.63	73.95	24.79	73.95
揭西县	154.13	154.13	132.41	30.41	132.41
惠来县	79.50	79.50	71.55	28.55	79.50
新兴县	189.74	189.74	198.40	59.46	198.40
郁南县	77.78	77.78	146.09	22.97	146.09
广　西	**6044.13**	**5905.25**	**11211.55**	**2721.74**	**10903.19**
隆安县	53.10	46.17	119.16	51.30	95.43
马山县	71.81	71.81	139.25	56.43	139.25
上林县	109.70	109.70	163.15	38.29	163.15
宾阳县	244.95	244.95	435.29	100.86	435.29
横　县	286.53	286.53	589.87	166.11	589.87
柳城县	55.24	55.24	106.28	33.75	106.28
鹿寨县	115.32	115.32	235.87	60.79	235.87
融安县	101.68	101.68	229.16	39.71	229.16
融水苗族自治县	107.39	107.39	196.19	50.73	196.19
三江侗族自治县	70.16	70.16	66.30	10.14	66.30
阳朔县	79.29	79.29	170.50	43.41	170.50
灵川县	82.88	82.88	226.01	64.69	226.01
全州县	210.15	210.15	311.07	64.22	311.07
兴安县	140.22	124.70	271.05	71.78	255.94
永福县	32.82	32.82	74.10	29.54	74.10
灌阳县	67.91	67.91	128.93	43.78	128.93
龙胜各族自治县	37.02	37.02	42.85	9.13	42.85
资源县	55.76	55.76	97.48	22.44	97.48
平乐县	70.85	70.85	141.17	21.34	141.17
恭城瑶族自治县	58.84	58.84	106.34	28.29	106.34
苍梧县	25.05	13.67	65.50	9.72	36.14
藤　县	162.81	162.81	300.31	59.53	300.31
蒙山县	70.90	60.90	94.25	14.97	84.45
合浦县	301.55	301.55	346.92	75.45	346.92
上思县	63.98	57.91	110.97	31.10	96.54
灵山县	212.62	176.18	549.05	131.35	421.28
浦北县	92.40	77.31	210.38	54.66	180.23
平南县	237.31	237.31	315.91	75.98	315.91
容　县	172.82	162.28	330.59	68.69	310.59
陆川县	167.20	167.20	336.66	87.74	336.66
博白县	271.40	271.40	711.93	160.98	711.93
兴业县	134.37	134.37	200.09	34.14	200.09
田东县	126.80	126.80	274.18	70.00	274.18
德保县	61.85	59.73	77.67	19.53	73.39
那坡县	55.31	43.31	53.68	9.58	44.68

continued

桥梁数(座) Number of Bridges (unit)	大桥及特大桥 Great Bridge and Grand Bridge	立交桥 Intersection	道路照明灯盏数(盏) Number of Road Lamps (unit)	安装路灯道路长度(公里) Length of The Road with Street Lamp (km)	地下综合管廊长度(公里) Length of The Utility Tunnel (km)	新建地下综合管廊长度(公里) Length of the New-built Utility Tunnel (km)
7			4835	33		
2			7092	137		
7			4281	31		
			4925	39		
7	4		3138	55		
			7000	35		
12	6		12237	160		
1			3988	56		
748	**54**	**8**	**395875**	**4160**	**1.2**	**1.2**
2			3500	45		
7			9032	70		
18			3906	99		
			14084	205		
4			9730	119		
4			2351	47	1.2	1.2
4		1	6385	74		
5			14565	74		
11		1	6490	69		
18			3154	40		
12	1		7880	64		
8			9270	48		
8			11375	121		
35	1	2	8507	130		
7		2	2150	33		
13			7521	34		
9			2728	17		
11			3165	38		
5	4	1	5540	66		
3			3122	45		
4			1282	20		
4	1		30125	162		
23	3		4472	60		
69			12585	165		
4	1		3098	45		
27			17713	152		
7			4684	60		
4	3		13278	126		
13			7317	110		
34			5560	142		
6			9310	140		
12			5354	48		
14			16216	105		
19			3283	59		
31			4240	43		

9-2 续表 20

县名称 Name of Counties	道路长度（公里） Length of Roads (km)	建成区 in Built District	道路面积（万平方米） Surface Area of Roads (10,000 m^2)	人行道面积 Surface Area of Sidewalks	建成区 in Built District
凌云县	56.42	56.42	76.14	15.81	76.14
乐业县	45.21	43.86	54.16	12.21	51.41
田林县	41.39	41.39	62.64	10.43	62.64
西林县	34.37	34.37	41.47	8.14	41.47
隆林各族自治县	84.17	84.17	167.51	31.40	167.51
昭平县	67.33	67.33	114.34	30.80	114.34
钟山县	157.68	157.68	340.85	95.14	340.85
富川瑶族自治县	113.29	113.29	155.16	24.58	155.16
南丹县	64.74	64.74	140.95	38.49	140.95
天峨县	43.83	43.83	72.49	20.73	72.49
凤山县	49.64	49.64	69.57	21.36	69.57
东兰县	35.05	35.05	36.83	11.32	36.83
罗城仫佬族自治县	58.67	58.67	105.30	29.32	105.30
环江毛南族自治县	69.93	58.49	142.75	32.73	120.77
巴马瑶族自治县	69.17	69.17	109.00	22.00	109.00
都安瑶族自治县	105.83	105.83	140.37	28.44	140.37
大化瑶族自治县	127.62	127.62	163.00	53.54	163.00
忻城县	58.88	58.88	66.35	15.56	66.35
象州县	34.06	34.06	60.43	11.67	60.43
武宣县	103.59	103.59	198.45	36.72	198.45
金秀瑶族自治县	19.80	19.80	15.97	2.00	15.97
扶绥县	134.56	134.56	362.36	70.89	362.36
宁明县	52.65	52.65	190.91	61.59	190.91
龙州县	82.13	82.13	201.34	46.07	201.34
大新县	57.89	57.89	162.46	42.13	162.46
天等县	68.24	68.24	132.64	38.52	132.64
海　南	**1004.80**	**748.99**	**1863.27**	**466.59**	**1559.08**
定安县	87.00	72.00	195.00	67.00	161.00
屯昌县	47.30	47.00	167.00	45.00	167.00
澄迈县	61.49	61.49	141.00	34.50	141.00
临高县	255.06	55.00	157.40	27.10	115.00
白沙黎族自治县	52.38	51.62	79.40	19.77	51.72
昌江县	126.03	110.00	249.33	71.05	220.00
乐东县	45.31	45.31	112.57	25.77	112.57
陵水县	105.39	100.22	237.51	50.00	227.59
保亭县	49.38	48.00	96.65	32.70	96.00
琼中县	52.44	52.00	78.00	23.00	43.00
洋浦经济开发区	123.02	106.35	349.41	70.70	224.20
重　庆	**1226.31**	**1200.48**	**2176.05**	**669.83**	**2172.42**
城口县	46.29	38.26	63.34	13.92	54.76
丰都县	95.29	95.29	199.84	65.96	199.84
垫江县	123.62	123.62	352.62	101.54	352.62
忠　县	116.69	116.69	191.52	74.99	191.52
云阳县	147.93	147.93	299.21	101.61	299.21

continued

桥梁数（座） Number of Bridges (unit)			道路照明灯盏数（盏） Number of Road Lamps (unit)	安装路灯道路长度（公里） Length of The Road with Street Lamp (km)	地下综合管廊长度（公里） Length of The Utility Tunnel (km)	新建地下综合管廊长度（公里） Length of the New-built Utility Tunnel (km)
	大桥及特大桥 Great Bridge and Grand Bridge	立交桥 Intersection				
22	22		4624	52		
19			8060	40		
10			3208	41		
8			5511	29		
12			2841	54		
9	2		4623	61		
11	3		4891	112		
7			4840	31		
17		1	3620	56		
8	2		5101	38		
16			7057	38		
16			2427	33		
2			5417	57		
9	1		3236	63		
10			7097	48		
15	4		3058	41		
8			7583	55		
13			6710	44		
2	2		2943	23		
4	4		4513	78		
17			2898	17		
2			10441	107		
2			1947	36		
37			2156	26		
8			4281	55		
9			3820	55		
78	**9**		**56422**	**638**		
17			4350	108		
7			5700	39		
2	2		3468	46		
4			4865	45		
4			2557	24		
17	2		3919	125		
5			7867	45		
3	1		8350	21		
14			3926	51		
4	3		2120	21		
1	1		9300	112		
285	**54**	**9**	**123374**	**1105**	**24.6**	**21.1**
11			2331	46	0.6	0.6
7	7		7978	59		
51			12993	87	14.0	11.7
14	4	1	7075	105		
19	3	4	19498	143		

9-2 续表 21

县名称 Name of Counties	道路长度(公里) Length of Roads (km)	建成区 in Built District	道路面积(万平方米) Surface Area of Roads (10,000 m^2)	人行道面积 Surface Area of Sidewalks	建成区 in Built District
奉节县	132.44	132.44	201.42	57.92	201.42
巫山县	58.18	58.18	87.88	21.63	92.83
巫溪县	104.09	104.09	90.97	36.18	90.97
石柱土家族自治县	85.62	67.82	126.82	31.74	126.82
秀山土家族苗族自治县	167.73	167.73	325.21	106.98	325.21
酉阳土家族苗族自治县	84.24	84.24	131.13	27.87	131.13
彭水苗族土家族自治县	64.19	64.19	106.09	29.49	106.09
四 川	**8553.41**	**7995.69**	**16359.62**	**4527.61**	**15503.04**
金堂县	488.17	488.17	1067.93	215.11	1067.93
大邑县	157.37	157.37	325.64	72.40	325.64
蒲江县	65.98	65.98	126.44	41.33	126.44
新津县	326.85	326.85	653.70	108.20	545.50
荣 县	183.90	156.10	335.70	87.20	320.30
富顺县	434.28	429.20	470.10	124.05	456.06
米易县	52.75	52.50	71.71	23.76	71.71
盐边县	24.00	24.00	32.00	7.00	32.00
泸 县	106.66	106.66	284.91	80.47	284.91
合江县	108.64	108.64	184.39	55.11	184.39
叙永县	75.80	75.80	98.62	25.87	98.62
古蔺县	42.78	42.78	114.58	29.61	114.58
中江县	125.67	125.67	358.05	130.14	358.05
三台县	130.90	123.36	345.57	123.09	311.40
盐亭县	77.10	77.10	144.27	35.00	144.27
梓潼县	89.07	89.07	212.85	70.52	212.85
北川羌族自治县	40.00	40.00	65.00	10.00	65.00
平武县	33.08	33.08	52.53	9.92	52.53
旺苍县	88.13	87.45	152.09	53.21	150.69
青川县	21.72	21.72	42.30	16.52	42.30
剑阁县	34.12	34.12	88.05	25.50	88.05
苍溪县	103.03	103.03	215.88	64.30	215.83
蓬溪县	137.38	137.38	278.09	66.53	278.90
大英县	141.15	141.15	278.10	111.99	278.10
威远县	113.50	105.50	320.80	56.30	317.30
资中县	187.29	185.40	380.55	86.21	365.25
犍为县	70.58	70.58	165.10	47.79	165.10
井研县	72.40	72.40	93.80	30.72	93.80
夹江县	81.00	81.00	160.17	56.03	160.17
沐川县	43.74	43.74	81.28	19.32	81.28
峨边县	25.40	25.40	15.00	3.00	15.00
马边县	31.33	31.33	47.80	14.54	47.80
南部县	269.00	269.00	511.00	144.00	511.00
营山县	100.80	100.80	301.40	87.96	301.40
蓬安县	73.00	73.00	209.60	67.00	209.60

continued

桥梁数 (座) Number of Bridges (unit)			道路照明灯盏数 (盏) Number of Road Lamps (unit)	安装路灯道路长度 (公里) Length of The Road with Street Lamp (km)	地下综合管廊长度 (公里) Length of The Utility Tunnel (km)	新建地下综合管廊长度 (公里) Length of the New-built Utility Tunnel (km)
	大桥及特大桥 Great Bridge and Grand Bridge	立交桥 Intersection				
37	12	1	11800	132		
10	1		5199	58		
18			12089	104	7.3	7.3
46	13		12578	85	1.5	1.5
18	7		11924	143		
32		3	7195	77	1.2	
22	7		12714	64		
1109	**247**	**13**	**583358**	**6545**	**230.3**	**150.9**
63	62	1	20341	311	11.7	7.0
21	2		16988	133		
21	9		7754	63	0.5	
9			15305	327	2.0	
10			6260	68		
7	4	3	10446	456	10.7	10.7
6	1		3144	52		
5			2179	24		
8			6269	107		
5			7530	105		
16	3	1	4580	48		
26	3	1	3316	38		
23	10		7752	120		
9		1	18136	123		
11			5242	50		
4			15029	89		
4	4		4989	40		
7	4		4575	30		
6	6		4715	88		
9			2542	22		
4	1		1883	33		
28	4		6699	96	15.0	
11			14003	82		
21			5288	119		
18	10		8988	80	2.9	2.9
5			8081	89	11.7	
4	4		16024	70		
12			2979	43		
17			12442	80		
18			9118	36		
9	1		728	12		
8			5529	31		
18	2	2	17808	269	21.9	1.8
21	2	2	7034	105	4.2	1.2
12			4824	73	5.0	1.0

9-2 续表 22

县名称 Name of Counties	道路长度(公里) Length of Roads (km)	建成区 in Built District	道路面积(万平方米) Surface Area of Roads (10,000 m^2)	人行道面积 Surface Area of Sidewalks	建成区 in Built District
仪陇县	72.60	72.60	204.00	59.00	204.00
西充县	108.00	108.00	290.00	80.00	290.00
仁寿县	231.00	231.00	717.14	217.36	717.14
洪雅县	69.34	69.34	148.11	22.16	148.11
丹棱县	46.87	46.87	85.72	31.13	85.72
青神县	84.61	52.92	125.06	31.12	84.96
江安县	99.00	99.00	214.50	55.00	214.50
长宁县	83.92	83.92	170.30	71.70	170.30
高　县	100.90	100.90	211.43	85.38	211.43
珙　县	65.78	63.28	175.80	53.71	120.00
筠连县	42.54	42.54	85.41	38.37	85.41
兴文县	65.97	65.62	128.97	22.69	126.31
屏山县	57.39	51.43	122.30	34.10	122.30
岳池县	177.11	176.71	358.02	139.95	357.26
武胜县	140.20	140.20	254.46	85.80	254.46
邻水县	169.60	138.10	213.34	56.96	160.00
宣汉县	169.10	143.70	315.86	104.50	275.36
开江县	55.93	55.93	122.53	42.72	122.53
大竹县	110.90	110.90	277.25	69.31	277.25
渠　县	154.00	154.00	335.00	79.87	335.00
荥经县	57.93	57.93	99.56	32.87	99.56
汉源县	40.87	39.27	63.71	22.00	60.80
石棉县	45.64	45.64	62.69	20.38	62.69
天全县	58.26	58.26	104.15	32.60	81.35
芦山县	52.02	43.41	51.87	14.03	48.22
宝兴县	19.50	19.40	17.75	13.00	17.00
通江县	143.00	115.00	240.84	73.00	226.74
南江县	174.00	143.20	287.27	21.45	243.55
平昌县	147.00	110.00	363.00	116.00	274.00
安岳县	172.11	172.11	244.28	47.58	222.38
乐至县	138.20	138.20	419.72	125.80	419.72
汶川县	19.40	5.00	19.49	2.39	2.39
理　县	15.00	15.00	15.00	3.00	15.00
茂　县	38.11	38.11	59.90	11.63	59.90
松潘县	70.44	70.44	83.00	9.40	83.00
九寨沟县	48.50	48.50	72.00	19.40	72.00
金川县	23.71	13.00	19.21	3.83	7.80
小金县	12.90	12.90	14.37	1.37	14.37
黑水县	12.70	9.00	12.28	2.54	8.50
壤塘县	5.00	3.00	4.70	1.50	3.00
阿坝县	21.02	2.20	23.72	4.93	8.73
若尔盖县	19.20	18.25	17.78	1.28	20.70
红原县	25.98	15.31	42.74	17.72	25.53

continued

桥梁数（座） Number of Bridges (unit)	大桥及特大桥 Great Bridge and Grand Bridge	立交桥 Intersection	道路照明灯盏数（盏） Number of Road Lamps (unit)	安装路灯道路长度（公里） Length of The Road with Street Lamp (km)	地下综合管廊长度（公里） Length of The Utility Tunnel (km)	新建地下综合管廊长度（公里） Length of the New-built Utility Tunnel (km)
8	2		4870	73		
9	2	1	6528	108	8.2	0.6
43	3		26789	177		
17	4		4000	67		
10			2392	40		
4	4		3320	52		
7	1	1	11632	90	17.0	17.0
15			3655	84	8.0	8.0
8			12562	80	12.8	12.8
9	2		3132	63	10.7	10.7
8			4490	43	7.8	7.8
5			2434	59	19.0	19.0
6	1		2600	51	10.2	10.2
23			7336	147	5.2	5.2
4			10362	83	2.0	2.0
15			6034	121	0.9	0.9
3			21450	164		
25			3385	53		
2			24914	75		
4	4		5285	73	10.0	10.0
9			2809	50		
3	3		3663	36		
12	6		1473	34		
14			6268	56		
8	8		5403	37		
12			814	16		
17			1800	61	12.5	12.5
16	13		3800	60	5.6	5.6
11	3		4022	102	13.0	4.0
33	2		7691	65		
15			3875	77		
10			713	11		
8			3160	10		
8	4		7272	29		
12	9		762	5		
7			8000	43		
6			625	12		
13			930	11		
8			1359	7		
2			460	10		
6	4		3500	14		
6	6		2232	12		
5						

9-2 续表 23

县名称 Name of Counties	道路长度（公里） Length of Roads (km)	建成区 in Built District	道路面积（万平方米） Surface Area of Roads ($10,000\ m^2$)	人行道面积 Surface Area of Sidewalks	建成区 in Built District
泸定县	38.58	23.60	33.54	13.54	33.54
丹巴县	6.13	6.13	6.34	1.71	6.14
九龙县	10.60	10.60	11.10	2.50	8.60
雅江县	25.18	3.50	31.12	10.48	3.58
道孚县	64.23	43.78	36.98	0.06	25.05
炉霍县	18.39	7.00	22.60	4.30	18.00
甘孜县	26.10	13.60	23.20	8.20	14.00
新龙县	20.60	8.25	15.10	5.55	7.35
德格县	15.20	8.00	13.05	3.80	2.80
白玉县	8.40	8.40	30.30	10.00	30.30
石渠县	21.80	15.90	25.70	9.80	10.80
色达县	24.70	13.00	25.81	7.01	13.50
理塘县	35.59	35.59	19.59	3.00	18.59
巴塘县	37.50	37.50	36.00	12.50	36.00
乡城县	3.49	3.49	4.14	1.35	3.79
稻城县	15.70	7.90	22.14	3.24	22.14
得荣县	5.00	5.00	8.00	3.00	8.00
普格县	8.10	8.10	10.46	4.00	10.46
木里县	30.50	4.00	23.60	9.00	6.00
盐源县	49.21	39.62	80.79	22.64	61.73
德昌县	72.52	71.20	114.41	48.92	112.32
会理县	97.85	96.24	178.91	50.68	178.90
会东县	30.00	26.00	45.86	15.56	35.28
宁南县	29.37	29.37	50.81	15.25	50.81
布拖县	11.50	10.50	43.50	11.00	42.85
金阳县	10.43	10.30	8.96	1.26	9.00
昭觉县	30.50	24.00	65.00	21.00	53.00
喜德县	33.80	15.00	43.00	8.00	25.00
冕宁县	40.02	35.40	50.15	18.95	45.84
越西县	33.20	29.20	31.38	4.83	31.38
甘洛县	28.00	13.00	26.80	8.60	14.30
美姑县	6.40	4.10	3.43	1.03	3.27
雷波县	43.00	23.00	38.62	8.62	28.00
贵　州	**8005.35**	**6683.59**	**13110.82**	**3189.79**	**11313.57**
开阳县	116.10	112.61	171.36	47.00	170.36
息烽县	82.65	82.00	158.24	24.24	158.00
修文县	157.86	115.00	367.00	70.00	206.00
水城区	212.15	212.15	499.50	128.11	499.50
六枝特区	339.76	339.76	400.51	151.39	400.51
桐梓县	207.59	196.01	319.21	70.26	305.78
绥阳县	191.28	139.20	286.72	79.00	196.33
正安县	120.11	120.11	210.28	17.92	210.28
道真县	142.53	100.83	228.87	37.50	183.11

continued

桥梁数（座） Number of Bridges (unit)	大桥及特大桥 Great Bridge and Grand Bridge	立交桥 Intersection	道路照明灯盏数（盏） Number of Road Lamps (unit)	安装路灯道路长度（公里） Length of The Road with Street Lamp (km)	地下综合管廊长度（公里） Length of The Utility Tunnel (km)	新建地下综合管廊长度（公里） Length of the New-built Utility Tunnel (km)
5			620	24		
4	1		1500	4		
3			978	9		
4	4		1065	21		
2			1432	10		
7			823	15		
5			1700	32		
6	6		715	16		
15			320	11		
4			2973	8		
8			2615	16		
1			590	13		
			1054	16		
4			795	30		
1	1		1800	5		
2	1		920	19		
7	7		154	5		
			514	8		
2			380	10		
4	4		2570	43		
8			4931	62		
31			15310	24		
9			2278	18		
1	1		2635	22		
2			850	11		
			308	10		
2			622	12		
6	6		800	20		
7			2354	22	1.8	
3	1		1702	13		
5	2		572	7		
9			487	13		
			670	28		
709	**86**	**9**	**434784**	**4118**	**151.5**	**81.0**
5			7291	62		
10			3063	51		
41			10522	218		
3		3	17095	127	5.0	10.0
9			14289	41	3.1	
14			20088	108		
16			7173	75		
8		1	13910	26		
14			1920	58		

9-2 续表 24

县名称 Name of Counties	道路长度 (公里) Length of Roads (km)	建成区 in Built District	道路面积 (万平方米) Surface Area of Roads (10,000 m^2)	人行道面积 Surface Area of Sidewalks	建成区 in Built District
务川县	119.51	119.51	191.21	20.00	191.21
凤冈县	124.10	124.10	243.23	68.19	243.23
湄潭县	145.19	136.00	338.90	45.00	320.00
余庆县	80.25	77.84	162.35	42.68	153.91
习水县	174.48	153.30	374.88	116.46	312.70
普定县	95.28	80.00	242.20	61.80	111.20
镇宁县	62.24	62.24	151.53	26.09	151.53
关岭县	70.00	46.00	48.90	11.00	15.40
紫云县	73.43	73.43	244.38	34.18	244.38
大方县	120.50	120.50	123.09	27.39	123.09
黔西县	237.50	168.87	385.70	53.40	319.78
金沙县	107.33	84.93	235.14	47.00	213.67
织金县	249.04	174.77	393.50	45.97	233.96
纳雍县	88.00	72.00	124.00	35.00	121.00
威宁自治县	208.55	208.55	413.65	116.79	413.65
赫章县	72.03	72.03	109.08	24.60	73.03
江口县	75.46	75.46	154.79	45.80	154.79
玉屏县	90.37	82.30	162.02	63.22	148.52
石阡县	93.39	89.58	151.88	48.60	144.25
思南县	175.48	175.48	254.60	55.20	254.60
印江县	101.47	101.47	143.56	35.97	143.56
德江县	190.27	190.27	377.49	97.37	377.49
沿河县	95.26	95.26	144.14	65.39	144.14
松桃县	156.10	156.10	241.93	48.39	241.93
普安县	71.71	71.71	78.32	19.30	78.32
晴隆县	68.30	55.00	121.00	42.50	69.50
贞丰县	105.01	86.20	185.61	10.05	158.00
望谟县	105.31	79.84	144.07	31.05	102.80
册亨县	83.43	83.43	114.32	33.77	114.32
安龙县	196.86	179.85	344.00	74.80	467.40
黄平县	92.53	70.95	199.38	45.70	163.36
施秉县	55.98	39.00	102.86	16.86	64.50
三穗县	86.11	76.01	133.36	40.06	126.03
镇远县	107.22	105.22	106.82	31.37	100.82
岑巩县	67.08	64.00	126.37	31.45	122.32
天柱县	102.90	98.00	194.60	53.10	179.00
锦屏县	43.07	43.07	74.32	25.67	47.00
剑河县	47.20	47.20	55.34	16.68	55.34
台江县	56.51	53.51	53.20	13.42	53.20
黎平县	63.59	63.59	150.62	54.48	131.92
榕江县	108.91	79.33	214.57	68.17	147.06
从江县	182.40	114.23	114.23	52.00	114.00
雷山县	59.60	55.20	62.21	20.24	67.25

continued

桥梁数（座） Number of Bridges (unit)	大桥及特大桥 Great Bridge and Grand Bridge	立交桥 Intersection	道路照明灯盏数（盏） Number of Road Lamps (unit)	安装路灯道路长度（公里） Length of The Road with Street Lamp (km)	地下综合管廊长度（公里） Length of The Utility Tunnel (km)	新建地下综合管廊长度（公里） Length of the New-built Utility Tunnel (km)
11	1		3850	43		
15			10343	10		
17			9600	72		
10			3151	53		
9		1	7982	152		
14			12140	117		
18		2	4023	42		
			2350	40		
			3904	19		
3			10850	65		
37			18952	100		
23			10480	89	11.7	
12			22135	75		
7	2		6684	69		
8			12644	63	0.5	0.2
6			2971	39		
16	5		3519	67	8.6	2.0
7	7		4082	124	0.9	
16	16		12098	63	10.7	
5	5					
18	18		7705	143	4.4	0.3
22			8670	188	6.7	0.2
2	2		3235	35		
14	1		2556	40		
			2812	47	0.4	0.4
1			2120	42		
			3425	32		
7			5060	86		
24	2		2300	63		
1			17572	161	55.0	55.0
23			7750	72		
9			4642	31	6.5	
23			11460	39		
17			2974	50		
9			2147	31	10.4	10.4
7			2551	59		
7	3					
15	2		1863	47		
9			4408	36		
7	1		5202	45		
4	1		6100	40		
12	3		3100	39		
21			3004	48		

9-2 续表 25

县名称 Name of Counties	道路长度（公里） Length of Roads (km)	建成区 in Built District	道路面积（万平方米） Surface Area of Roads (10,000 m^2)	人行道面积 Surface Area of Sidewalks	建成区 in Built District
麻江县	40.85	39.12	75.40	15.10	38.00
丹寨县	37.33	37.33	43.60	12.50	43.60
荔波县	138.76	94.00	146.92	36.24	98.24
贵定县	100.03	100.03	117.67	35.15	117.67
瓮安县	308.35	139.21	442.90	90.24	243.50
独山县	177.33	139.75	415.78	42.95	353.86
平塘县	56.19	55.29	110.83	20.61	89.04
罗甸县	75.25	57.14	90.88	20.88	74.08
长顺县	97.01	47.88	78.00	30.43	58.00
龙里县	240.32	124.55	332.42	44.42	175.81
惠水县	377.31	159.33	459.89	220.70	336.86
三都水族自治县	77.64	66.96	167.49	78.99	141.88
云　南	**5880.26**	**5403.58**	**10650.07**	**2761.04**	**10021.21**
嵩明县	73.15	73.15	137.47	39.45	136.92
富民县	44.68	42.20	62.94	19.32	59.70
宜良县	67.50	66.33	192.28	29.85	192.28
石林彝族自治县	81.25	81.25	234.24	57.67	263.30
禄劝彝族苗族自治县	83.70	76.70	84.12	2.52	84.12
寻甸县	40.89	40.89	98.70	14.31	98.70
昆明阳宗海风景名胜区	25.43	25.43	53.03	9.25	53.03
陆良县	146.05	145.68	316.16	74.12	306.51
师宗县	137.05	112.00	224.40	78.75	189.40
罗平县	192.17	192.17	333.96	73.87	285.19
富源县	108.28	108.28	211.64	94.01	211.64
会泽县	179.50	179.50	433.60	85.60	433.60
通海县	76.28	55.00	107.98	29.24	97.45
华宁县	40.60	40.60	94.45	18.26	78.64
易门县	45.62	38.62	86.36	31.00	59.04
峨山县	40.12	40.12	84.70	23.03	84.70
新平县	51.10	51.08	100.86	40.35	100.86
元江县	40.23	37.91	90.00	32.42	85.10
施甸县	66.82	66.82	137.98	29.28	116.04
龙陵县	56.82	56.82	69.75	15.19	69.75
昌宁县	81.95	81.95	237.45	54.26	105.40
鲁甸县	65.86	65.86	121.67	43.01	99.87
巧家县	37.50	37.50	74.19	22.89	73.00
盐津县	46.30	46.30	53.94	8.56	53.94
大关县	39.20	39.20	31.36	3.54	31.36
永善县	39.81	39.81	53.09	9.29	53.09
绥江县	69.14	69.14	90.47	27.89	90.47
镇雄县	106.09	46.08	144.50	32.64	134.50
彝良县	75.00	61.00	115.00	23.00	115.00
威信县	40.17	40.17	55.95	8.00	55.95

continued

桥梁数 (座) Number of Bridges (unit)	大桥及特大桥 Great Bridge and Grand Bridge	立交桥 Intersection	道路照明灯盏数 (盏) Number of Road Lamps (unit)	安装路灯道路长度 (公里) Length of The Road with Street Lamp (km)	地下综合管廊长度 (公里) Length of The Utility Tunnel (km)	新建地下综合管廊长度 (公里) Length of the New-built Utility Tunnel (km)
			2092	41		
1	1		6990	54		
5	5		3308	79		
13			6814	82		
8	1	1	6994	43		
			3188	82	14.0	1.0
11			3402	11		
13	5		8795	72	8.2	
			3916	63		
30	5	1	7920	42	4.0	
11			8100	62	1.5	1.5
11			5500	48		
682	**81**	**8**	**411098**	**4489**	**132.1**	**36.9**
5			8126	61		
4			1433	36		
			4458	50		
14	14		4571	81	6.0	6.0
18	18		5798	77		
			1282	16		
15			11016	145		
			8840	74		
1		1	34087	179		
18			11142	105	19.0	
15			13891	173		
3			3296	60	1.6	1.6
9			2671	47		
			6142	45		
			5910	38		
12			9779	50	1.2	
4	2		2470	38	5.4	
20			2123	62	22.5	
			7429	53	4.3	1.4
13			7810	41	2.5	1.4
10			5140	65		
			4970	49		
5			1500	38		
2	2		826	39		
2	1		2730	30		
8	3		2022	69		
1	1		4440	91		
14			1200	30		
			2640	38		

9-2 续表 26

县名称 Name of Counties	道路长度(公里) Length of Roads (km)	建成区 in Built District	道路面积(万平方米) Surface Area of Roads (10,000 m^2)	人行道面积 Surface Area of Sidewalks	建成区 in Built District
玉龙纳西族自治县	73.16	73.16	221.50	52.60	221.50
永胜县	47.90	47.90	104.30	23.00	104.30
华坪县	50.24	48.24	119.70	39.70	115.40
宁蒗县	16.93	16.73	46.00	9.00	45.00
宁洱哈尼族彝族自治县	61.03	61.03	111.62	30.35	107.45
墨江哈尼族自治县	67.60	57.40	106.10	20.50	103.62
景东彝族自治县	76.25	76.25	93.14	18.44	93.14
景谷傣族彝族自治县	75.17	75.17	123.90	100.17	123.90
镇沅彝族哈尼族拉祜族自治县	41.89	39.70	64.62	18.66	64.52
江城哈尼族彝族自治县	36.37	36.36	64.73	17.12	63.73
孟连傣族拉祜族佤族自治县	33.14	24.98	66.88	21.10	58.37
澜沧拉祜族自治县	55.30	55.30	97.25	28.76	104.19
西盟佤族自治县	16.63	16.63	22.49	4.60	16.63
凤庆县	68.81	67.61	114.71	28.50	114.71
云　县	132.70	67.78	149.73	40.68	142.08
永德县	29.70	29.70	52.29	11.43	52.29
镇康县	31.79	31.79	98.50	9.50	89.00
双江县	51.26	51.26	90.70	28.20	90.70
耿马县	40.69	40.69	96.36	41.78	96.36
沧源县	36.18	33.58	95.42	18.40	83.42
双柏县	57.60	40.78	75.43	14.47	64.93
牟定县	37.34	35.66	75.08	20.73	66.31
南华县	74.39	68.78	124.89	33.01	112.11
姚安县	35.00	33.72	71.91	15.10	70.57
大姚县	63.40	61.72	138.29	50.31	137.87
永仁县	63.30	58.33	94.60	22.42	87.15
元谋县	77.62	71.50	141.14	26.13	133.90
武定县	57.72	50.01	128.30	41.00	121.50
禄丰县	76.18	76.18	159.45	28.35	147.90
屏边县	32.87	32.87	45.29	11.81	45.29
建水县	162.97	162.97	296.87	56.97	296.87
石屏县	60.74	60.74	117.29	37.78	117.29
泸西县	160.53	160.15	297.20	95.98	310.75
元阳县	34.75	26.01	61.39	17.19	51.03
红河县	39.35	39.35	52.62	14.11	25.03
金平县	34.99	34.99	50.07	7.63	50.07
绿春县	23.66	23.66	20.99	5.35	20.99
河口县	39.20	39.20	69.55	23.46	69.55
砚山县	141.79	58.79	174.53	29.10	173.21
西畴县	22.58	21.85	45.36	7.86	39.28
麻栗坡县	42.59	31.44	51.43	5.35	24.45

continued

桥梁数（座） Number of Bridges (unit)	大桥及特大桥 Great Bridge and Grand Bridge	立交桥 Intersection	道路照明灯盏数（盏） Number of Road Lamps (unit)	安装路灯道路长度（公里） Length of The Road with Street Lamp (km)	地下综合管廊长度（公里） Length of The Utility Tunnel (km)	新建地下综合管廊长度（公里） Length of the New-built Utility Tunnel (km)
30	3		4048	71		
16			3965	51		
4						
15			3363	41		
1			2780	35		
7			8236	53		
5			9273	46	1.1	1.1
6	1		2105	23		
20			2149	36		
11			3036	32		
21	6	1	3896	31	0.5	0.5
3			743	14	1.2	
12	1		10196	68	3.7	
13	3		4146	59		
			1892	29		
1			2870	23		
12			1450	35		
2	2		3615	41		
			4070	34		
6	2		1922	33	6.1	0.9
2			2897	33	6.5	5.0
			3570	64	2.7	1.5
			3961	35	4.9	4.9
14	7		5207	61	6.9	3.2
7			3901	63	4.1	0.2
8			4916	31	1.0	
21	1		3538	48	5.5	0.8
9			3876	76	2.5	2.3
5	5		2327	27		
21			11319	152		
			5604	59		
10	9	1	10250	77		
6			3519	31		
			2025	24		
7			2202	35		
			1029	23		
2			2042	32		
			4175	48		
			1175	20		
24			1630	36	1.5	1.5

9-2 续表 27

县名称 Name of Counties	道路长度（公里） Length of Roads (km)	建成区 in Built District	道路面积（万平方米） Surface Area of Roads (10,000 m^2)	人行道面积 Surface Area of Sidewalks	建成区 in Built District
马关县	68.17	68.17	128.16	58.53	128.16
丘北县	72.02	54.90	146.58	27.08	108.60
广南县	103.00	103.00	160.00	29.00	168.00
富宁县	78.40	74.50	156.00	46.80	151.32
勐海县	49.97	49.97	119.93	33.95	119.93
勐腊县	47.55	45.80	78.79	17.02	74.64
漾濞彝族自治县	20.50	11.20	26.85	6.24	22.29
祥云县	146.12	146.12	273.60	48.26	273.60
宾川县	44.23	44.23	111.33	34.54	111.27
弥渡县	30.86	30.86	61.81	17.28	56.58
南涧彝族自治县	25.86	25.86	59.36	18.56	59.36
巍山彝族回族自治县	49.63	49.63	85.74	13.59	85.74
永平县	62.43	54.73	115.01	31.12	100.38
云龙县	28.08	28.08	29.66	8.23	29.66
洱源县	37.04	37.04	62.69	18.90	62.69
剑川县	27.77	23.28	64.64	26.22	56.54
鹤庆县	49.47	49.47	92.86	22.87	92.17
梁河县	20.42	16.41	41.97	15.16	39.17
盈江县	76.52	35.64	170.06	53.00	131.43
陇川县	64.96	63.43	88.96	24.08	86.21
福贡县	14.60	14.60	22.00	4.00	11.68
贡山独龙族怒族自治县	9.62	9.62	18.73	3.16	7.70
兰坪白族普米族自治县	75.57	75.54	69.00	24.00	69.00
德钦县	32.30	28.38	30.68	5.89	28.38
维西傈僳族自治县	65.60	65.60	71.80	16.39	71.80
西　藏	**1117.67**	**802.32**	**1340.63**	**398.86**	**957.41**
曲水县	13.00	13.00	19.50	7.50	19.50
当雄县	9.55		16.34	6.34	
林周县	7.65	7.65	9.07	3.60	9.07
墨竹工卡县	27.50	27.50	34.31	6.51	30.52
尼木县	9.02	9.02	14.48	2.70	14.48
亚东县	18.90	12.20	18.20	3.04	10.20
聂拉木县	16.00	3.00	19.20	5.80	3.60
仲巴县	13.97	5.80	14.60	3.85	13.50
定结县	11.91	8.00	14.43	4.33	8.00
康马县	27.29	19.84	34.76	10.91	25.07
吉隆县	3.20	3.20	3.16		3.16
萨嘎县	7.94	4.46	7.90	2.98	7.90
谢通门县	9.00	5.00	11.00	3.30	6.00
萨迦县	15.32	15.32	12.60	2.80	12.60
岗巴县	10.30	10.00	13.20	5.50	13.20
拉孜县	35.00	23.00	27.30	7.80	27.00
江孜县	48.99	22.60	58.79	23.52	27.12

continued

桥梁数 (座) Number of Bridges (unit)			道路照明灯盏数 (盏) Number of Road Lamps (unit)	安装路灯道路长度 (公里) Length of The Road with Street Lamp (km)	地下综合管廊长度 (公里) Length of The Utility Tunnel (km)	新建地下综合管廊长度 (公里) Length of the New-built Utility Tunnel (km)
	大桥及特大桥 Great Bridge and Grand Bridge	立交桥 Intersection				
2		2	4992	45	1.0	1.0
			3329	45		
			5626	52	2.7	0.5
13			3602	43		
6			2304	30		
18			2325	24		
8			1401	12		
3		3	6976	69		
5			3527	41	1.6	0.3
4			3672	31		
3			5205	26	1.2	1.2
			2750	53		
16			3593	32	13.3	
5			2684	17		
13			2423	29		
10			2051	28		
9			5036	44	1.7	1.7
5			1253	17		
9			6931	63		
			2598	34		
2						
			654	10		
14			3478	49		
12			995	22		
11			3033	65		
133	**18**	**4**	**32919**	**648**	**72.2**	**46.3**
			521	10		
3	2		288	7		
1			270	7		
1			835	20		
			923	8		
11	4		320	8		
2			500	14		
			325	8		
			480	12		
11			516	13		
			180	3		
4			312	6		
1			500	1		
6			950	24		
			400	10		
1			660	17		
1			900	17		

9-2 续表 28

县名称 Name of Counties	道路长度（公里） Length of Roads (km)	建成区 in Built District	道路面积（万平方米） Surface Area of Roads ($10,000\ m^2$)	人行道面积 Surface Area of Sidewalks	建成区 in Built District
定日县	84.00	40.00			1.70
南木林县	60.01	29.05	68.80	20.32	33.38
昂仁县	13.13	10.29	10.29	0.51	10.19
白朗县					
仁布县	10.00	10.00	10.48	4.00	10.48
左贡县	9.34	8.39	13.48	3.16	12.18
丁青县	5.25	5.25	6.00	2.00	6.00
八宿县	19.27	19.27	22.17	5.64	22.17
江达县	20.32	5.13	21.95	8.43	5.63
洛隆县	3.79	2.79	2.10	0.50	2.10
察雅县	30.00	18.00	27.00	6.00	15.00
贡觉县	13.92	9.35	15.35	2.00	9.35
边坝县	5.60	5.60	4.93	0.91	5.15
类乌齐县	25.20	24.20	17.38	3.47	16.18
芒康县	13.01	12.99	26.42	9.35	26.42
朗　县	4.90	4.90	6.10	1.50	6.10
墨脱县	17.35	17.35	16.62	5.33	16.62
工布江达县	8.58	6.42	9.00	3.00	6.70
察隅县	12.56	12.56	13.08	3.92	13.08
波密县	16.93	16.93	13.45	2.40	8.50
米林县	17.82	17.60	18.05	5.48	18.05
错那县	16.80	16.80	26.80	10.00	26.80
浪卡子县	16.80	16.80	26.80	10.00	16.80
贡嘎县	20.90	17.30	27.60	10.30	27.60
加查县	16.60	16.60	18.27	4.57	18.26
桑日县	14.50	14.50	23.20	8.70	20.20
洛扎县	14.00	14.00	16.80	5.60	16.80
琼结县	15.65	15.65	25.06	9.46	25.06
措美县	16.70	12.00	17.20	5.00	12.00
扎囊县	35.86	35.86	82.30	28.60	82.30
曲松县	25.28	21.00	26.20	7.70	28.00
隆子县	9.38	7.38	11.61	2.90	10.63
聂荣县	11.00	10.00	8.00	3.00	22.30
双湖县	9.30	9.30	9.30	2.00	9.30
嘉黎县	16.72	16.20	19.47	4.42	18.47
比如县	16.30	9.80	35.10	9.10	21.10
尼玛县	6.30	6.30	13.20	5.20	13.20
巴青县	18.97	8.80	50.04	10.01	18.34
申扎县	8.84	8.84	9.48	2.03	9.48
安多县	9.00	9.00	14.00	5.00	7.00
索　县	9.06	9.06	8.78	1.23	8.78
班戈县	7.60	7.60	9.44	1.84	9.44
革吉县	4.80	4.80	5.28	2.16	5.28

continued

桥梁数 (座) Number of Bridges (unit)	大桥及特大桥 Great Bridge and Grand Bridge	立交桥 Intersection	道路照明灯盏数 (盏) Number of Road Lamps (unit)	安装路灯道路长度 (公里) Length of The Road with Street Lamp (km)	地下综合管廊长度 (公里) Length of The Utility Tunnel (km)	新建地下综合管廊长度 (公里) Length of the New-built Utility Tunnel (km)
6	3		1800	40		
3			1138	28		
			370	8		
3			158	4		
4			483	6		
			290	3		
4			630	11		
10			614	5		
2			235	2		
3			920	18		
5			480	6		
4			503	6		
			500	11		
			560	13		
3			396	5		
			400	10		
4	2		435	5		
3			692	9		
2	2		400	10		
1	1		929	18		
			425	7		
			680	17		
			384	8		
2	2		542	14		
			700	14		
3			322	8		
4			480	12		
			26	0		
1			1093	27		
5			870	16		
1			270	6		
1			977	10		
			950	15		
6	2	4	51	1		
1			300	6		
			345	8		
			531	9		
			200	3		
			450	5		
			150	5		

9-2 续表 29

县名称 Name of Counties	道路长度(公里) Length of Roads (km)	建成区 in Built District	道路面积(万平方米) Surface Area of Roads (10,000 m^2)	人行道面积 Surface Area of Sidewalks	建成区 in Built District
札达县	4.39	4.39	6.61	1.32	6.61
日土县	25.10	13.68	16.48	4.00	10.26
改则县	11.30	10.00	15.12	4.32	11.50
葛尔县	60.00		140.00	42.00	
普兰县	7.00	7.00	12.00	4.00	12.00
措勤县	14.00	14.00	15.00	6.00	14.00
陕 西	**4724.46**	**4335.94**	**8063.46**	**2367.53**	**7536.16**
蓝田县	76.46	59.67	138.79	59.29	96.51
周至县	48.36	48.36	99.08	34.94	88.00
宜君县	26.00	26.00	32.29	8.11	32.29
凤翔县	64.85	52.79	120.89	50.54	90.37
岐山县	27.25	22.25	101.41	33.00	81.16
扶风县	70.67	67.97	148.90	37.70	145.70
眉 县	96.47	92.41	198.65	68.67	184.21
陇 县	44.22	37.55	108.39	35.41	92.26
千阳县	26.24	19.89	39.07	14.20	27.54
麟游县	24.71	24.71	53.90	21.54	53.90
凤 县	27.00	27.00	38.70	4.50	37.73
太白县	19.62	19.62	37.29	10.11	12.90
三原县	143.29	128.00	286.25	95.79	283.50
泾阳县					
乾 县	81.57	79.13	216.10	79.55	201.42
礼泉县	91.58	81.00	193.00	70.00	190.00
永寿县	55.99	55.99	101.59	26.37	100.69
长武县	63.13	61.52	113.47	37.00	112.25
旬邑县	31.01	29.00	57.68	20.32	54.50
淳化县	45.30	45.30	53.93	13.76	53.23
武功县	76.06	48.39	161.99	41.45	129.83
潼关县	59.17	53.47	167.34	69.23	162.88
大荔县	119.62	115.88	234.36	65.84	228.88
合阳县	43.35	42.83	112.42	36.97	110.01
澄城县	72.58	69.93	165.43	58.56	160.41
蒲城县	237.45	236.00	494.23	111.74	491.73
白水县	51.70	46.85	127.75	58.00	122.06
富平县	121.18	115.98	204.70	55.94	199.30
延长县	28.61	19.49	30.71	5.00	21.46
延川县	22.62	20.00	22.21	9.01	20.00
志丹县	65.90	65.90	86.64	22.51	85.76
吴起县	63.03	63.03	95.09	32.95	95.09
甘泉县	26.60	26.60	42.40	14.70	4.60
富 县	47.10	46.10	45.85	15.56	45.80
洛川县	33.27	21.66	67.64	25.62	65.50
宜川县	21.30	21.30	34.55	11.55	34.55

continued

桥梁数 (座) Number of Bridges (unit)	大桥及特大桥 Great Bridge and Grand Bridge	立交桥 Intersection	道路照明灯盏数 (盏) Number of Road Lamps (unit)	安装路灯道路长度 (公里) Length of The Road with Street Lamp (km)	地下综合管廊长度 (公里) Length of The Utility Tunnel (km)	新建地下综合管廊长度 (公里) Length of the New-built Utility Tunnel (km)
			400	4	3.2	3.2
			499	13	3.6	3.6
			449	6	3.7	3.7
6			892	25	54.0	33.1
3			120	5	2.7	2.7
1				4	5.0	
544	**190**	**29**	**264362**	**3243**	**3.4**	**4.6**
8			2232	49		
6			5737	48		
1		1	686	17		
			2026	33		
			1293	25		
4	1		2484	45		
4			2820	52		
9			1901	42		
3	2		1786	25		
13			1138	23		
10		1	1579	27		
14			1306	19		
4	4		3210	77		
5	2	1	4147	65		
3	1		3900	60		
			2019	31		
5		5	1478	26		
			1762	30		2.7
7			1615	17		
10	1	5	4125	71		
			3681	56		
			8664	79		
4			4079	41	1.0	1.0
			2281	54		
			17581	137		
4	3		7674	49		
14		4	9350	116		
7	5		886	18		
11	11		1741	19		
12	5		7349	62		
15	2	2	1976	28		
7	5		812	6		
8	2		1089	21		
2	2		2185	28		
16	1		1987	21		

9-2 续表 30

县名称 Name of Counties	道路长度(公里) Length of Roads (km)	建成区 in Built District	道路面积(万平方米) Surface Area of Roads (10,000 m^2)	人行道面积 Surface Area of Sidewalks	建成区 in Built District
黄龙县	33.81	32.31	44.00	19.20	52.60
黄陵县	46.55	46.55	108.09	18.16	107.99
城固县	117.47	109.69	233.91	92.11	225.71
洋　县	82.92	75.21	124.12	31.24	116.09
西乡县	140.16	138.20	190.49	38.89	185.12
勉　县	141.07	134.38	267.35	83.27	251.98
宁强县	91.92	77.02	103.67	18.27	101.69
略阳县	49.00	46.00	71.62	22.67	67.90
镇巴县	50.00	43.32	72.34	25.34	63.84
留坝县	14.74	14.41	19.16	3.67	18.12
佛坪县	15.19	14.06	20.04	4.81	17.88
府谷县	77.90	68.50	79.18	10.18	75.00
靖边县	160.38	160.38	420.33	132.13	414.90
定边县	149.65	141.09	249.25	58.37	238.08
绥德县	139.81	136.31	140.00	21.13	107.96
米脂县	53.69	39.60	66.10	14.10	52.11
佳　县	24.90	23.00	24.90	3.00	23.00
吴堡县	30.70	24.00	73.36	25.95	62.56
清涧县	28.56	28.06	38.00	9.28	37.08
子洲县	34.53	24.79	58.00	15.00	53.50
汉阴县	94.99	94.30	146.60	45.60	151.90
石泉县	46.59	43.89	80.03	24.67	76.43
宁陕县	24.46	23.20	20.89	6.31	19.50
紫阳县	91.70	91.70	76.87	15.51	76.87
岚皋县	43.45	43.45	41.57	9.68	41.57
平利县	39.60	37.60	53.44	18.30	51.44
镇坪县	19.35	18.55	16.88	2.46	15.24
旬阳县	112.08	100.40	185.60	41.80	180.00
白河县	65.61	42.30	67.43		64.92
洛南县	97.00	97.00	123.69	38.94	123.69
丹凤县	156.80	85.13	150.00	55.00	85.13
商南县	51.50	51.50	135.00	34.00	135.00
山阳县	77.02	73.96	115.44	27.92	115.12
镇安县	66.10	65.51	93.42	16.14	91.22
柞水县	102.00	99.00	120.00	29.00	119.00
甘　肃	**3218.14**	**2888.03**	**5690.94**	**1512.31**	**4955.76**
永登县	44.58	39.78	121.96	42.04	121.96
皋兰县	36.29	28.73	58.54	16.69	58.54
榆中县	60.59	57.24	175.15	51.00	170.22
永昌县	62.15	62.15	74.37	16.80	74.37
靖远县	53.50	53.50	72.37	24.14	72.37
会宁县	71.36	71.36	191.65	50.53	191.65
景泰县	47.95	45.95	83.48	26.05	75.00

continued

桥梁数 (座) Number of Bridges (unit)	大桥及特大桥 Great Bridge and Grand Bridge	立交桥 Intersection	道路照明灯盏数 (盏) Number of Road Lamps (unit)	安装路灯道路长度 (公里) Length of The Road with Street Lamp (km)	地下综合管廊长度 (公里) Length of The Utility Tunnel (km)	新建地下综合管廊长度 (公里) Length of the New-built Utility Tunnel (km)
25	18		850	8		
19			3673	40		
2		1	10509	105		
9	4		8769	82		
3		1	4240	90		
3	3		5890	73		
17	5	2	2066	41		
14	1		7800	46		
15	15		2670	41		
11			1166	12		
4	4		1108	15		
6	4		9989	52		
5	4	1	21073	160		
3	1		8093	87	1.0	1.0
17	6		2746	64		
1			1740	19		
4	2	1	1945	24		
6			936	17		
17	13		786	8		
13	2		1127	18		
8	7	1	3660	90		
11	3	2	2940	45		
18			1041	20		
6	6		5223	32		
8	7		1649	37		
5			5600	35		
8	8		1439	19		
8	8		3590	70		
10			1538	31	1.4	
17	13	1	2650	52		
7	5		8150	68		
			2625	51		
37	3		4030	66		
			2352	56		
1	1		2120	53		
464	**76**	**17**	**155045**	**2300**	**0.5**	
4	1		3666	39		
9			1435	29		
3			2958	53		
3			1186	27		
13			2641	38		
9			3333	55		
2			1415	47		

9-2 续表 31

县名称 Name of Counties	道路长度（公里） Length of Roads (km)	建成区 in Built District	道路面积（万平方米） Surface Area of Roads (10,000 m^2)	人行道面积 Surface Area of Sidewalks	建成区 in Built District
清水县	62.44	33.71	96.89	32.03	61.56
秦安县	76.70	76.50	167.00	58.00	65.00
甘谷县	60.72	60.72	155.68	31.84	155.68
武山县	36.00	33.00	78.51	20.17	74.91
张家川回族自治县	48.56	41.00	63.70	18.30	51.80
民勤县	75.60	75.60	98.70	40.80	96.70
古浪县	31.12	31.12	77.20	30.68	77.34
天祝藏族自治县	39.11	39.11	69.55	21.38	69.55
肃南县	18.54	18.54	16.82	2.00	16.82
民乐县	65.90	54.57	102.51	17.35	99.54
临泽县	49.39	48.58	107.58	33.68	106.45
高台县	69.20	49.30	119.98	30.01	67.33
山丹县	74.63	23.26	102.97	30.01	25.65
泾川县	58.64	58.64	102.65	31.29	102.65
灵台县	39.11	39.11	81.69	16.31	81.69
崇信县	38.32	38.32	68.20	14.41	76.28
庄浪县	58.14	57.90	121.89	23.35	117.92
静宁县	60.84	60.84	150.60	34.49	150.60
金塔县	68.90	68.90	135.97	42.70	135.97
瓜州县	72.40	72.40	124.33	15.73	119.07
肃北蒙古族自治县	13.60	8.20	31.83	5.24	22.00
阿克塞哈萨克族自治县	38.79	37.79	54.01	21.57	54.01
庆城县	41.83	38.43	74.40	18.60	71.30
环　县	40.91	38.10	99.39	30.43	88.35
华池县	41.28	34.46	65.49	22.97	53.94
合水县	34.18	33.32	103.94	32.74	101.70
正宁县	46.52	46.29	84.45	13.22	76.32
宁　县	35.17	34.17	99.43	36.90	96.43
镇原县	56.60	56.60	106.13	30.74	101.23
通渭县	52.60	51.80	75.62	23.30	75.62
陇西县	101.96	101.96	220.00	38.80	220.00
渭源县	45.65	43.02	69.58	9.75	67.04
临洮县	132.00	132.00	172.50	44.75	172.50
漳　县	29.70	29.70	59.60	19.31	31.62
岷　县	42.30	42.30	89.20	14.90	88.46
成　县	50.01	44.71	70.43	11.73	64.07
文　县	29.60	28.80	20.14	4.64	20.14
宕昌县	62.91	62.91	73.98	18.82	73.60
康　县	50.70	32.96	42.90	7.43	4.09
西和县	72.90	72.90	108.00	23.59	108.00
礼　县	65.40	54.00	115.20	42.00	89.50
徽　县	62.11	29.15	86.00	13.96	70.83
两当县	40.86	40.71	39.19	5.79	38.97

continued

桥梁数 (座) Number of Bridges (unit)	大桥及特大桥 Great Bridge and Grand Bridge	立交桥 Intersection	道路照明灯盏数 (盏) Number of Road Lamps (unit)	安装路灯道路长度 (公里) Length of The Road with Street Lamp (km)	地下综合管廊长度 (公里) Length of The Utility Tunnel (km)	新建地下综合管廊长度 (公里) Length of the New-built Utility Tunnel (km)
20		1	1870	43		
10			3875	45		
7		3	2651	55		
11	3	8	1968	26		
10	10		720	17		
1			2208	51	0.5	
6	3	3	1892	25		
7	5	1	2489	39		
9			747	17		
5	1		6174	61		
7	4		3057	48		
			2385	42		
7			2425	59		
5			3252	55		
10			1536	33		
10			1700	31		
11		1	1821	36		
6			2799	56		
			3681	69		
			4675	63		
2			1156	9		
			1555	20		
1	1		1325	30		
10			2251	23		
14			1845	16		
1	1		957	22		
			1367	33		
1			1078	23		
5	5		2924	44		
10			1314	28		
10			15488	79		
6			1391	35		
			1920	44		
3	3		927	20		
13			1586	38		
6	5		3200	39		
8	6		908	16		
13			2525	58		
27			4547	46		
10			6441	36		
9			4640	65		
21			6436	56		
8			1305	17		

9-2 续表 32

县名称 Name of Counties	道路长度(公里) Length of Roads (km)	建成区 in Built District	道路面积(万平方米) Surface Area of Roads (10,000 m^2)	人行道面积 Surface Area of Sidewalks	建成区 in Built District
临夏县	49.63	41.07	94.30	12.36	81.56
康乐县	39.03	39.03	89.02	24.62	82.86
永靖县	83.71	74.51	152.95	41.45	124.19
广河县	45.54	29.53	86.49	23.45	45.94
和政县	62.92	58.45	99.70	31.25	7.06
东乡县	17.40	5.50	50.60	11.10	6.70
积石山县	63.00	55.00	64.00	16.00	58.80
临潭县	18.62	7.62	56.94	17.25	53.15
卓尼县	52.64	33.92	73.73	29.64	64.20
舟曲县	15.00	8.00	15.40	3.60	9.60
迭部县	32.77	32.77	27.71	6.93	27.71
玛曲县	30.65	30.65	52.00	19.39	52.00
碌曲县	23.47	23.47	27.62	7.15	19.10
夏河县	15.50	14.40	19.13	5.16	16.55
青　海	**1523.93**	**1401.33**	**2506.31**	**612.04**	**2425.19**
大通县	52.64	51.62	86.06	27.82	81.97
湟源县	97.03	97.03	102.01	23.56	102.01
民和县	62.47	62.47	102.55	18.42	102.55
互助县	68.08	68.08	162.07	45.11	162.07
化隆县	61.80	61.80	104.85	24.20	104.85
循化县	20.90	20.40	52.10	15.20	51.20
门源县	55.30	51.57	73.00	23.00	66.00
祁连县	55.00	50.00	79.84	36.50	73.34
海晏县	24.10	22.19	47.42	13.24	45.85
刚察县	25.61	25.61	48.33	13.31	48.33
西海镇	46.96	46.96	42.83	12.74	42.83
尖扎县	19.52	19.52	40.00	7.00	40.00
泽库县	21.00	21.00	30.00	7.00	30.00
河南县	20.50	20.50	30.14	5.00	30.14
共和县	116.93	116.93	217.56	52.93	217.56
同德县	41.75	41.75	52.67	11.68	52.67
贵德县	65.25	65.25	115.96	32.70	139.04
兴海县	32.18	32.18	67.30	24.83	67.30
贵南县	46.77	46.77	107.58	25.94	107.58
班玛县	42.09	17.80	35.00	10.00	26.00
久治县	17.28	17.28	33.93	9.73	33.93
甘德县	37.96	37.96	45.51	12.84	45.51
玛沁县	83.64	68.28	233.00	25.00	204.36
达日县	31.98	26.40	49.02	7.32	26.00
玛多县	18.50	14.75	25.13	4.57	23.00
杂多县	12.99	12.99	28.17	5.65	28.17
称多县	27.15	27.15	27.29	5.00	27.29
治多县	41.95	41.95	46.52	11.31	46.52

continued

桥梁数 (座) Number of Bridges (unit)			道路照明灯盏数 (盏) Number of Road Lamps (unit)	安装路灯道路长度 (公里) Length of The Road with Street Lamp (km)	地下综合管廊长度 (公里) Length of The Utility Tunnel (km)	新建地下综合管廊长度 (公里) Length of the New-built Utility Tunnel (km)
	大桥及特大桥 Great Bridge and Grand Bridge	立交桥 Intersection				
6	2		782	18		
17			2567	39		
9	1		3214	71		
13	12		2134	46		
1			1292	23		
			560	5		
3			1000	19		
12			680	12		
8	8		660	13		
8			756	15		
4	4		1129	25		
4			3171	27		
3	1		810	20		
13			645	15		
150	**14**		**60763**	**703**	**1.9**	**1.9**
6			4028	42		
16			2515	36		
5			3648	9		
12			7141	63		
4			2062	24		
5	5		1060	16		
2			1100	25		
4			986	9		
2			707	6		
3			563	12		
3			893	11		
4			1264	14		
			1800	21		
2			1020	9		
21			3287	53		
7	2		1041	18		
11			2743	43	1.9	1.9
			1737	22		
1			1080	16		
3			520	8		
6			1150	14		
3	3		980	29		
13			1258	28		
2			518	12		
2			544	7		
4	4		588	7		
1			770	12		
2			810	14		

9-2 续表 33

县名称 Name of Counties	道路长度 (公里) Length of Roads (km)	建成区 in Built District	道路面积 (万平方米) Surface Area of Roads (10,000 m²)	人行道面积 Surface Area of Sidewalks	建成区 in Built District
囊谦县	37.34	37.34	59.14	5.76	59.14
曲麻莱县	43.82	43.82	38.60	5.27	38.60
乌兰县	23.73	23.73	25.08	6.11	25.08
都兰县	44.19	44.19	142.00	31.00	134.10
天峻县	88.00	44.20	95.53	40.00	95.53
大柴旦行委	39.52	21.86	60.12	12.30	46.67
宁　夏	**1393.79**	**1313.96**	**2919.26**	**935.16**	**2775.78**
永宁县	167.98	124.26	230.60	68.45	225.91
贺兰县	153.50	153.50	486.53	202.09	486.53
平罗县	94.87	88.73	314.00	87.42	306.85
盐池县	121.10	117.84	257.29	59.35	184.00
同心县	144.39	144.39	273.05	87.72	270.91
红寺堡区	83.77	83.27	186.88	48.28	186.88
西吉县	99.34	99.34	128.93	33.72	128.93
隆德县	38.40	29.23	69.27	27.83	52.19
泾源县	37.20	37.20	68.10	23.90	68.10
彭阳县	65.19	65.19	199.09	48.58	199.09
中宁县	205.51	205.51	362.20	120.10	362.20
海原县	182.54	165.50	343.32	127.72	304.19
新　疆	**5113.80**	**4472.57**	**8799.25**	**1971.92**	**7824.91**
鄯善县	329.86	321.86	472.96	87.02	448.96
托克逊县	53.14	39.43	114.83	31.14	84.71
巴里坤哈萨克自治县	29.13	23.23	48.36	5.63	48.36
伊吾县	29.02	22.12	49.09	12.46	35.77
呼图壁县	70.11	64.22	180.94	19.54	176.10
玛纳斯县	93.47	93.47	219.77	29.53	219.78
奇台县	172.99	172.98	272.55	28.61	272.55
吉木萨尔县	90.87	90.87	91.99	18.70	91.99
木垒哈萨克自治县	45.95	24.48	75.74	26.66	69.39
精河县	39.36	39.36	65.52	15.62	64.52
温泉县	25.01	24.00	25.60	4.10	22.00
轮台县	76.80	69.00	120.00	19.00	89.50
尉犁县	52.35	24.98	102.88	17.51	51.79
若羌县	144.65	56.00	149.82	29.76	142.33
且末县	24.80	24.80	30.00	5.40	29.55
焉耆回族自治县	60.03	60.03	147.44	28.98	130.00
和静县	88.00	80.85	127.29	34.01	128.29
和硕县	92.60	80.00	68.91	8.40	70.00
博湖县	24.93	24.93	32.31	10.21	32.31
温宿县	140.30	140.30	442.80	79.32	442.80
沙雅县	115.45	115.45	275.36	49.00	200.00
新和县	130.26	130.25	202.00	54.00	202.00
拜城县	58.09	56.69	142.00	35.00	142.00

continued

桥梁数（座）Number of Bridges (unit)	大桥及特大桥 Great Bridge and Grand Bridge	立交桥 Intersection	道路照明灯盏数（盏）Number of Road Lamps (unit)	安装路灯道路长度（公里）Length of The Road with Street Lamp (km)	地下综合管廊长度（公里）Length of The Utility Tunnel (km)	新建地下综合管廊长度（公里）Length of the New-built Utility Tunnel (km)
			1403	23		
			1130	8		
			1586	19		
			1479	27		
			5054	27		
6			4298	19		
76	**22**		**72346**	**994**		
16			10446	57		
5			9150	129		
12	12		6237	83		
2			4711	64		
9	9		9347	103		
			4915	83		
10			4772	86		
7			3345	38		
4			1529	30		
10			5270	65		
1	1		6717	115		
			5907	140		
312	**17**	**2**	**287535**	**3246**	**1.0**	
10			7819	165		
3			2605	27		
3			3787	27		
5			3108	23		
2		2	18231	65		
1			11812	57		
19			8409	144		
6	6		7960	56		
			9820	42		
4						
1			900	23		
8	3		2740	55		
3			4053	42		
3			2314	38		
8			572	14		
10			11214	60		
			10999	75		
			2510	19		
3	3		5228	12		
17			4387	108		
			3890	97		
10			7665	40		
7			5400	58		

9-2 续表 34

县名称 Name of Counties	道路长度 (公里) Length of Roads (km)	建成区 in Built District	道路面积 (万平方米) Surface Area of Roads (10,000 m^2)	人行道面积 Surface Area of Sidewalks	建成区 in Built District
乌什县	52.80	52.80	94.69	29.64	94.69
阿瓦提县	51.50	40.50	96.69	26.53	73.10
柯坪县	27.30	22.20	30.64	6.30	24.04
阿克陶县	42.60	42.60	70.86	8.00	70.86
阿合奇县	59.79	33.94	51.79	14.40	32.95
乌恰县	29.72	28.00	26.39	4.39	21.00
疏附县	55.76	55.76	84.60	34.32	84.60
疏勒县	77.46	27.30	164.41	35.33	136.50
英吉沙县	64.37	50.39	120.20	34.39	95.12
泽普县	73.01	66.50	150.66	42.19	137.99
莎车县	429.57	351.71	1169.30	323.40	787.40
叶城县	210.13	195.03	359.82	87.82	357.62
麦盖提县	72.29	72.29	136.90	47.90	125.20
岳普湖县	61.02	49.00	139.33	33.02	141.00
伽师县	95.70	75.10	100.58	24.46	70.98
巴楚县	129.90	122.90	157.80	58.46	122.32
塔什库尔干塔吉克自治县	44.53	43.73	62.80	19.14	43.73
和田县					
墨玉县	139.59	71.73	196.22	51.70	143.21
皮山县	93.52	93.52	84.34	21.00	84.34
洛浦县	32.98	15.06	58.47	20.00	58.47
策勒县	29.10	29.10	50.20	24.20	50.20
于田县	37.00	36.00	72.00	22.00	70.00
民丰县	15.73	15.53	40.45	10.30	44.45
伊宁县	85.24	83.04	97.82	27.14	97.82
察布查尔县	48.50	48.50	121.71	26.65	121.71
霍城县	57.00	57.00	60.00	9.00	60.00
巩留县	115.28	115.28	145.81	25.50	155.62
新源县	120.41	120.41	211.59	25.70	211.59
昭苏县	73.86	71.61	78.14	9.25	79.63
特克斯县	83.71	83.71	104.44	18.30	104.44
尼勒克县	66.92	24.33	134.23	37.59	118.55
额敏县	79.90	78.50	80.60	14.45	80.10
沙湾县	113.98	113.98	261.56	50.91	261.56
托里县	36.56	36.56	62.34	11.98	50.36
裕民县	63.70	26.70	60.00	5.00	60.00
和布克赛尔蒙古自治县	23.61	23.61	38.37	7.75	23.61
布尔津县	47.43	35.16	82.38	15.31	66.44
富蕴县	43.08	43.08	68.25	12.00	68.25
福海县	55.69	55.69	68.50	13.00	67.00
哈巴河县	39.14	39.14	78.73	17.45	67.45
青河县	19.25	18.28	29.93	8.45	28.76
吉木乃县	28.00	28.00	37.55	8.00	37.55

continued

桥梁数 (座) Number of Bridges (unit)	大桥及特大桥 Great Bridge and Grand Bridge	立交桥 Intersection	道路照明灯 盏 数 (盏) Number of Road Lamps (unit)	安装路灯道路长度 (公里) Length of The Road with Street Lamp (km)	地下综合管廊长度 (公里) Length of The Utility Tunnel (km)	新建地下综合管廊长度 (公里) Length of the New-built Utility Tunnel (km)
			2010	29		
6			4273	33		
			630	13		
2			2396	28		
2	2		964	22		
			4281	30		
			2348	26		
20			3408	52		
			2927	63		
4			3310	34		
16			19258	340		
7			6441	61		
7			3910	68		
			4427	61		
5			3267	35		
11			3500	85		
			2800	42		
8			2471	38		
5			3000	61		
15			1481	24		
8			4308	29		
			2030	19	1.0	
1			2360	14		
			11278	61		
			3870	44		
			2798	41		
15			7651	68		
			3771	71		
3			1978	59		
2			3270	39		
8			4293	47		
2			1139	26		
23	1		2681	60		
			1483	25		
2			1210	25		
			2531	23		
4			5027	47		
3			2065	43		
			1997	32		
2	2		4156	38		
4			3094	16		
4			2020	28		

环境卫生数据

Data by Environmental Health

十、县城排水和污水处理

10. County Seat Drainage and Wastewater Treatment

简要说明

县城排水指由县城排水系统收集、输送、处理和排放县城污水（生活污水、工业废水）和雨水的方式。

县城污水处理指对县城污水通过排水系统集中于一个或几个处所，并利用污水处理设施进行净化处理，最终使处理后的污水和污泥达到规定要求后排放水体或再利用。

县城污水处理设施包括两类，一是污水处理厂，二是污水处理装置。

Brief Introduction

County seat drainage refers to the collection, delivery, treatment and discharge of wastewater (domestic wastewater and industrial wastewater) and rainwater through county seat drainage system.

County seat wastewater treatment refers to purifying centralized wastewater through wastewater treatment facilities to make wastewater and sludge meet discharge or recycling standards.

County seat wastewater treatment facilities include wastewater treatment plants and wastewater treatment devices.

10 全国历年县城排水和污水处理情况(2000–2020)
National County Seat Drainage and Wastewater Treatment in Past Years(2000-2020)

年份 Year	排水管道长度 (万公里) Length of Drainage Pipelines (10,000 km)	污水年排放量 (亿立方米) Annual Quantity of Wastewater Discharged (100 Million m^3)	污水处理厂 Wastewater Treatment Plant 座数 (座) Number (unit)	污水处理厂 Wastewater Treatment Plant 处理能力 (万立方米/日) Treatment Capacity (10,000m^3/day)	污水年处理量 (亿立方米) Annual Treatment Capacity (100 Million m^3)	污水处理率 (%) Wastewater Treatment Rate (%)
2000	4.00	43.20	54	55	3.26	7.55
2001	4.40	40.14	54	455	3.31	8.24
2002	4.44	43.58	97	310	3.18	11.02
2003	5.32	41.87	93	426	4.14	9.88
2004	6.01	46.33	117	273	5.20	11.23
2005	6.04	47.40	158	357	6.75	14.23
2006	6.86	54.63	204	496	6.00	13.63
2007	7.68	60.10	322	725	14.10	23.38
2008	8.39	62.29	427	961	19.70	31.58
2009	9.63	65.70	664	1412	27.36	41.64
2010	10.89	72.02	1052	2040	43.30	60.12
2011	12.18	79.52	1303	2409	55.99	70.41
2012	13.67	85.28	1416	2623	62.18	75.24
2013	14.88	88.09	1504	2691	69.13	78.47
2014	16.03	90.47	1555	2882	74.29	82.12
2015	16.79	92.65	1599	2999	78.95	85.22
2016	17.19	92.72	1513	3036	81.02	87.38
2017	18.98	95.07	1572	3218	85.77	90.21
2018	19.98	99.43	1598	3367	90.64	91.16
2019	21.34	102.30	1669	3587	95.71	93.55
2020	22.39	103.76	1708	3770	98.62	95.05

10-1 2020年按省分列的县城排水和污水处理

地区名称 Name of Regions	污水排放量（万立方米）Annual Quantity of Wastewater Discharged ($10,000\ m^3$)	排水管道长度（公里）Length of Drainage Pipelines (km)					污水处理厂 Wastewater Treatment Plant			
			污水管道 Sewers	雨水管道 Rainwater Drainage Pipeline	雨污合流管道 Combined Drainage Pipeline	建成区 in Built District	座数（座）Number of Wastewater Treatment Plant (unit)	二、三级处理 Secondary and Tertiary Treatment	处理能力（万立方米/日）Treatment Capacity ($10,000\ m^3$/day)	二、三级处理 Secondary and Tertiary Treatment
全　国	**1037607**	**223919**	**104035**	**77296**	**42587**	**200224**	**1708**	**1428**	**3770.0**	**3187.8**
河　北	72910	13916	7256	6086	575	13543	109	97	354.7	320.2
山　西	34108	8165	3937	2397	1831	7449	85	74	129.1	111.0
内蒙古	28680	8981	4485	3013	1482	8414	69	58	106.5	90.4
辽　宁	20995	2455	883	774	798	2253	31	15	81.6	38.3
吉　林	12823	2240	1012	911	317	2233	20	10	49.5	27.0
黑龙江	19486	3872	1528	730	1614	3673	49	49	76.9	76.9
江　苏	43475	9534	3383	4874	1277	8696	32	30	134.1	130.6
浙　江	53764	11351	6622	4053	675	9764	44	44	169.1	169.1
安　徽	66786	17729	7858	7826	2046	14693	62	59	235.8	225.8
福　建	42408	8110	4034	3309	767	7546	45	44	143.1	142.1
江　西	47813	13357	6023	4345	2988	12186	73	46	145.6	92.6
山　东	79203	16725	7398	7975	1353	15200	83	83	364.5	364.5
河　南	83093	19035	8066	6420	4550	17320	125	88	402.0	292.2
湖　北	36585	5456	2323	1443	1690	5041	41	36	118.6	95.1
湖　南	92784	14315	6031	4342	3942	12388	84	55	277.3	162.0
广　东	36642	4540	1543	1294	1703	3798	41	35	106.6	91.9
广　西	39194	8386	3688	2399	2299	8030	66	63	108.9	105.6
海　南	4861	1114	570	391	153	579	11	4	15.6	8.8
重　庆	13834	2857	1714	1003	140	2786	22	17	49.0	35.0
四　川	63373	12889	6084	4335	2470	11841	145	106	198.4	153.9
贵　州	28055	7256	4347	2082	827	4765	96	96	85.7	85.7
云　南	34328	10576	5702	3391	1484	9423	101	96	112.7	108.1
西　藏	3922	1317	356	235	725	1091	20	14	6.0	4.1
陕　西	26981	5779	2687	1507	1585	4971	71	68	100.9	98.6
甘　肃	15509	4963	2771	1401	792	4421	65	61	59.3	55.8
青　海	5591	1816	783	551	482	1730	36	27	21.5	17.6
宁　夏	7618	1764	163	200	1401	1589	15	14	32.0	31.0
新　疆	22784	5421	2789	10	2622	4802	67	39	85.4	54.1

County Seat Drainage and Wastewater Treatment by Province(2020)

污水处理厂 Wastewater Treatment Plant				其他污水处理设施 Other Wastewater Treatment Facilities		污水处理总量	市政再生水 Recycled Water			
处理量（万立方米） Quantity of Wastewater Treated (10,000 m³)	二、三级处理 Secondary and Tertiary Treated	干污泥产生量（吨） Quantity of Dry Sludge Produced (ton)	干污泥处置量（吨） Quantity of Dry Sludge Treated (ton)	处理能力（万立方米/日） Treatment Capacity (10,000 m³/day)	处理量（万立方米） Quantity of Wastewater Treated (10,000 m³)	（万立方米） Total Quantity of Wastewater Treated (10,000 m³)	生产能力（万立方米/日） Recycled Water Production Capacity (10,000 m³/day)	利用量（万立方米） Annual Quantity of Wastewater Recycled and Reused (10,000 m³)	管道长度（公里） Length of Pipelines (km)	地区名称 Name of Regions
979709	**829505**	**1699187**	**1619994**	**97.1**	**6485**	**986194**	**811.0**	**123212**	**4209**	**全　国**
71746	65734	134953	132182			71746	171.1	27343	503	河　北
32840	28867	99885	94650	0.3	74	32914	58.3	7658	322	山　西
27600	23674	85466	83599			27600	60.3	9430	1172	内蒙古
20131	10484	34195	32456	0.2	19	20150	9.2	1206	21	辽　宁
12193	7194	17727	17727	2.0	1	12194	3.0	67	32	吉　林
18410	18410	21150	20690	0.3	0	18410	5.3	119	28	黑龙江
39509	38806	67638	63248	4.5	225	39734	58.2	8043	141	江　苏
52308	52308	58202	58202	5.5	76	52384	35.4	6515	104	浙　江
64133	60881	75896	73917	3.8	102	64235	37.3	6988	117	安　徽
40314	40023	60202	60200			40314	3.0	3	2	福　建
43101	26659	64484	63485	4.1	670	43771	1.9	376		江　西
77423	77423	182121	182000			77423	183.1	29656	356	山　东
80605	59489	181656	165083			80605	46.3	10383	192	河　南
34219	27072	35422	35398			34219	8.1	484	3	湖　北
88999	52409	118257	114334	18.1	601	89600	12.4	346	115	湖　南
33639	29034	44341	30720	0.2	4	33643	2.1	49		广　东
34707	33627	16404	15799	26.9	3078	37785				广　西
4349	1992	13806	12001	0.1	2	4351	2.1	103	17	海　南
13706	9529	19306	550			13706	4.1	285	12	重　庆
56329	44386	80329	80230	13.7	1591	57919	17.2	2409	43	四　川
25588	25588	17263	16738	2.3	19	25607	5.2	1070	18	贵　州
32563	31136	44024	43142	7.5	22	32584	4.2	105	50	云　南
1233	829	3497	3450	0.1	0	1233				西　藏
25037	24616	98486	97632	2.2	1	25038	15.9	1012	25	陕　西
14643	13552	41911	41911			14643	15.7	2046	183	甘　肃
5072	4271	7318	7170			5072	1.0	572	41	青　海
7470	7197	19677	18636			7470	7.1	614	73	宁　夏
21843	14314	55571	54847	5.3	1	21844	43.7	6328	638	新　疆

10-2 2020年按县分列的县城排水和污水处理

县名称 Name of Counties	污水排放量(万立方米) Annual Quantity of Wastewater Discharged (10,000 m^3)	排水管道长度(公里) Length of Drainage Pipelines (km)	污水管道 Sewers	雨水管道 Rainwater Drainage Pipeline	雨污合流管道 Combined Drainage Pipeline	建成区 in Built District	污水处理厂 Wastewater Treatment Plant: 座数(座) Number of Wastewater Treatment Plant (unit)	二、三级处理 Secondary and Tertiary Treatment	处理能力(万立方米/日) Treatment Capacity (10,000 m^3/day)	二、三级处理 Secondary and Tertiary Treatment
全 国	**1037607**	**223918.6**	**104035.4**	**77295.9**	**42587.3**	**200223.7**	**1708**	**1428**	**3770.0**	**3187.8**
河 北	**72910**	**13916.3**	**7256.0**	**6085.7**	**574.7**	**13542.7**	**109**	**97**	**354.7**	**320.2**
井陉县	612	116.1	77.3	38.8		116.1	1	1	2.0	2.0
正定县	2413	460.2	211.9	248.3		460.2	1	1	10.0	10.0
行唐县	588	94.7	50.1	44.6		94.7	1	1	3.0	3.0
灵寿县	871	87.6	51.5	36.1		87.6	1	1	4.0	4.0
高邑县	449	102.1	50.7	51.4		102.1	1	1	2.0	2.0
深泽县	638	54.8	27.4	27.4		54.8	1	1	4.0	4.0
赞皇县	588	45.8	41.8	4.0		45.8	1	1	2.0	2.0
无极县	581	108.2	54.1	54.1		108.2	1	1	8.0	8.0
平山县	745	139.6	69.8	69.8		139.6	1	1	3.0	3.0
元氏县	828	106.5	57.9	48.6		104.5	1		4.0	
赵 县	870	130.3	65.1	65.1		130.3	1	1	10.0	10.0
滦南县	1444	141.3	79.0	62.3		137.9	1	1	4.0	4.0
乐亭县	1150	139.5	62.4	77.1		139.5	1	1	4.0	4.0
迁西县	508	121.3	64.7	56.6		121.3	1	1	3.0	3.0
玉田县	1456	89.0	46.5	42.5		89.0	1	1	4.0	4.0
曹妃甸区	1626	294.3	117.0	100.3	77.1	293.2	1	1	5.0	5.0
青龙满族自治县	472	85.5	44.7	40.8		85.5	1	1	2.0	2.0
昌黎县	1030	152.9	96.1	56.8		152.9	1	1	6.0	6.0
卢龙县	301	85.7	40.8	44.9		85.7	1		2.0	
临漳县	828	205.7	113.0	92.7		205.7	1	1	3.0	3.0
成安县	579	174.7	101.1	57.7	15.9	20.0	1	1	3.0	3.0
大名县	652	165.0	81.6	83.4		165.0	1	1	2.0	2.0
涉 县	873	682.8	368.7	314.1		682.8	1	1	2.5	2.5
磁 县	1143	208.2	107.7	100.5		208.2	2	2	6.0	6.0
邱 县	703	239.5	126.0	113.5		229.5	1	1	3.0	3.0
鸡泽县	608	150.9	80.7	70.3		150.9	1	1	2.5	2.5
广平县	434	177.5	79.9	97.6		177.5	1	1	3.0	3.0
馆陶县	768	192.5	83.4	91.7	17.4	192.5	1	1	3.0	3.0
魏 县	1443	207.6	90.3	97.7	19.5	207.6	2	2	4.5	4.5
曲周县	462	165.9	93.1	72.8		165.9	1	1	3.0	3.0
临城县	237	88.9	64.8	24.2		88.9	1	1	2.0	2.0
内丘县	322	82.1	43.4	38.7		82.1	1	1	1.5	1.5
柏乡县	274	73.3	46.7	26.7		73.3	1	1	2.0	2.0
隆尧县	380	168.8	81.1	87.8		168.8	1		2.5	
宁晋县	983	262.7	163.5	99.2		262.7	1		3.5	

County Seat Drainage and Wastewater Treatment by County (2020)

污水处理厂 Wastewater Treatment Plant				其他污水处理设施 Other Wastewater Treatment Facilities		污水处理总量	再生水 Recycled Water			
处理量(万立方米) Quantity of Wastewater Treated (10,000 m³)	二、三级处理 Secondary and Tertiary Treated	干污泥产生量(吨) Quantity of Dry Sludge Produced (ton)	干污泥处置量(吨) Quantity of Dry Sludge Treated (ton)	处理能力(万立方米/日) Treatment Capacity (10,000 m³/day)	处理量(万立方米) Quantity of Wastewater Treated (10,000 m³)	(万立方米) Total Quantity of Wastewater Treated (10,000 m³)	生产能力(万立方米/日) Recycled Water Production Capacity (10,000 m³/day)	利用量(万立方米) Annual Quantity of Wastewater Recycled and Reused (10,000 m³)	管道长度(公里) Length of Pipelines (km)	县名称 Name of Counties
979709	**829505**	**1699187**	**1619994**	**97.1**	**6485**	**986194**	**811.0**	**123212**	**4208.8**	**全　国**
71746	**65734**	**134953**	**132182**			**71746**	**171.1**	**27343**	**503.1**	**河　北**
611	611	629	629			611	2.0	611		井陉县
2401	2401	4772	4772			2401	2.2	801		正定县
584	584	2897	2897			584		187		行唐县
868	868	900	900			868	1.0	265	6.0	灵寿县
448	448	3383	3383			448		152		高邑县
633	633	2184	2184			633				深泽县
572	572	342	342			572	1.0	178	8.0	赞皇县
566	566	1890	1890			566		566		无极县
730	730	1617	1617			730	2.0	720	10.0	平山县
815		1904	1904			815	4.0	252	10.5	元氏县
870	870	19366	19366			870				赵　县
1443	1443	2253	2253			1443	3.5	750	17.0	滦南县
1149	1149	1976	1976			1149	3.8	346	14.4	乐亭县
507	507	304	304			507	2.6	240	0.5	迁西县
1442	1442	2288	2288			1442	3.2	447	18.3	玉田县
1623	1623	942	942			1623	2.0	505		曹妃甸区
462	462	821	821			462		7		青龙满族自治县
1030	1030	1596	1596			1030		309		昌黎县
301		1821	1821			301		10		卢龙县
826	826	973	973			826	2.8	580	2.0	临漳县
579	579	1141	1141			579	3.0	461		成安县
652	652	1159	1159			652	2.0	326		大名县
840	840	555	555			840	4.5	661	16.1	涉　县
1142	1142	1340	1340			1142	5.0	963	15.0	磁　县
703	703	499	499			703	2.0	252	3.5	邱　县
608	608	630	630			608	2.5	598	25.0	鸡泽县
434	434	156	156			434	1.0	177	3.5	广平县
767	767	487	487			767	1.0	310	16.0	馆陶县
1427	1427	1239	1239			1427		498		魏　县
462	462	510	510			462	2.4	175	0.3	曲周县
220	220	1650	1650			220		69		临城县
320	320	182	182			320	1.2	97	5.0	内丘县
263	263	93	93			263	0.7	161	10.0	柏乡县
375		462	462			375	0.9	225	20.0	隆尧县
949		400	400			949	2.4	480	71.0	宁晋县

10-2 续表 1

县名称 Name of Counties	污水排放量（万立方米） Annual Quantity of Wastewater Discharged ($10,000\ m^3$)	排水管道长度（公里） Length of Drainage Pipelines (km)	污水管道 Sewers	雨水管道 Rainwater Drainage Pipeline	雨污合流管道 Combined Drainage Pipeline	建成区 in Built District	污水处理厂 Wastewater Treatment Plant 座数（座） Number of Wastewater Treatment Plant (unit)	二、三级处理 Secondary and Tertiary Treatment	处理能力（万立方米/日） Treatment Capacity ($10,000\ m^3$/day)	二、三级处理 Secondary and Tertiary Treatment
巨鹿县	549	260.4	131.2	129.2		260.4	1	1	2.0	2.0
新河县	440	98.2	42.3	31.3	24.6	98.2	1	1	2.0	2.0
广宗县	284	89.0	44.5	44.5		89.0	1	1	2.0	2.0
平乡县	765	249.5	130.5	119.0		238.5	1	1	3.0	3.0
威　县	705	321.4	156.7	164.7		299.8	2		7.0	
清河县	1669	305.3	140.4	164.9		305.3	2	1	6.2	2.2
临西县	493	231.0	113.9	117.1		231.0	1	1	2.0	2.0
博野县	760	96.4	48.5	47.9		96.4	1	1	4.0	4.0
涞水县	761	124.3	72.9	51.4		124.3	1	1	2.1	2.1
阜平县	364	107.0	65.6	41.4		106.0	1		1.6	
白沟新城	1655	123.0	108.0	15.0		123.0	1	1	6.5	6.5
定兴县	1075	145.3	85.3	60.1		145.3	2	2	4.6	4.6
唐　县	492	103.5	47.4	56.2		76.7	1	1	2.0	2.0
高阳县	1449	150.1	86.1	64.0		150.1	1	1	26.0	26.0
涞源县	357	111.9	83.6	28.3		111.9	1	1	2.5	2.5
望都县	641	80.7	44.3	36.4		80.7	1	1	3.0	3.0
易　县	711	61.2	61.2			61.2	2	2	5.0	5.0
曲阳县	1457	100.0	82.3	17.7		82.3	1	1	5.0	5.0
蠡　县	901	82.4	38.2	44.2		82.0	1	1	3.0	3.0
顺平县	980	116.5	62.1	54.4		113.0	1	1	4.0	4.0
张北县	1037	133.3	60.1	73.2		133.3	1	1	3.0	3.0
康保县	334	52.5	29.2	23.3		52.5	1		1.6	
沽源县	340	49.6	32.6	17.1		49.6	1	1	1.0	1.0
尚义县	147	53.4	39.0	14.4		53.4	1	1	0.8	0.8
蔚　县	365	129.2	100.0	29.2		99.3	1	1	1.5	1.5
阳原县	287	95.9	70.1	25.8		91.3	1	1	2.0	2.0
怀安县	404	119.0	79.1	39.9		118.8	1		1.8	
怀来县	673	181.8	94.6	87.2		181.8	1	1	3.0	3.0
涿鹿县	556	87.3	44.1	33.1	10.1	87.3	1	1	3.0	3.0
赤城县	215	66.5	37.3	29.1		61.6	1	1	2.0	2.0
承德县	746	82.9	40.5	42.4		82.3	1	1	3.0	3.0
兴隆县	840	88.7	47.2	41.5		57.4	1	1	2.5	2.5
滦平县	622	114.1	87.3	26.8		114.1	1	1	6.0	6.0
隆化县	561	77.6	47.6	30.0		77.6	1	1	2.0	2.0
丰宁满族自治县	1092	85.0	52.1	32.9		75.9	1	1	3.5	3.5
宽城满族自治县	1077	104.2	56.3	47.9		101.3	1	1	4.0	4.0
围场满族蒙古族	497	131.5	63.2	68.3		131.5	1		5.0	

continued

污水处理厂 Wastewater Treatment Plant				其他污水处理设施 Other Wastewater Treatment Facilities		污水处理总量	再生水 Recycled Water			县名称
处理量(万立方米) Quantity of Wastewater Treated (10,000 m^3)	二、三级处理 Secondary and Tertiary Treated	干污泥产生量(吨) Quantity of Dry Sludge Produced (ton)	干污泥处置量(吨) Quantity of Dry Sludge Treated (ton)	处理能力(万立方米/日) Treatment Capacity (10,000 m^3/day)	处理量(万立方米) Quantity of Wastewater Treated (10,000 m^3)	(万立方米) Total Quantity of Wastewater Treated (10,000 m^3)	生产能力(万立方米/日) Recycled Water Production Capacity (10,000 m^3/day)	利用量(万立方米) Annual Quantity of Wastewater Recycled and Reused (10,000 m^3)	管道长度(公里) Length of Pipelines (km)	Name of Counties
547	547	389	389			547	1.9	328	2.0	巨鹿县
425	425	138	138			425	0.4	145	10.0	新河县
269	269	1755	1755			269		120		广宗县
734	734	769	769			734	3.0	437	0.3	平乡县
663		425	425			663	3.0	643	48.1	威　县
1637	680	2338	2338			1637	2.2	680	4.2	清河县
463	463	1784	1784			463	2.0	309	5.6	临西县
750	750	436	436			750	4.0	225	0.1	博野县
758	758	683	683			758	2.0	235	2.0	涞水县
362		20	20			362	1.0	116		阜平县
1620	1620	1751	1751			1620	5.9	646		白沟新城
1073	1073	2756	2600			1073	1.8	639		定兴县
482	482	948	948			482	1.8	55	1.0	唐　县
1447	1447	3959	3959			1447	4.0	442	3.6	高阳县
354	354	976	976			354	0.3	107		涞源县
628	628	578	578			628	3.0	189	3.7	望都县
690	690	972	972			690				易　县
1413	1413	1132	1132			1413	3.7	454		曲阳县
892	892	4081	4081			892	3.0	269	10.0	蠡　县
965	965	2615				965		675		顺平县
957	957	3687	3687			957				张北县
309		798	798			309	1.6	309	8.8	康保县
313	313	155	155			313				沽源县
135	135	206	206			135	0.3	116	5.6	尚义县
336	336	915	915			336	1.0	49	12.0	蔚　县
276	276	356	356			276				阳原县
377		349	349			377	1.0	114	3.5	怀安县
668	668	1897	1897			668	2.4	12	4.9	怀来县
551	551	1105	1105			551	0.6	180	7.2	涿鹿县
210	210	127	127			210				赤城县
700	700	1300	1300			700				承德县
837	837	1653	1653			837	2.3	260	0.5	兴隆县
610	610	1120	1120			610				滦平县
533	533	320	320			533				隆化县
1083	1083	1183	1183			1083	3.3	140	9.0	丰宁满族自治县
1058	1058	637	637			1058	1.5	95	0.4	宽城满族自治县
483		2232	2232			483				围场满族蒙古族

10-2 续表 2

县名称 Name of Counties	污水排放量（万立方米） Annual Quantity of Wastewater Discharged ($10,000 m^3$)	排水管道长度（公里） Length of Drainage Pipelines (km)	污水管道 Sewers	雨水管道 Rainwater Drainage Pipeline	雨污合流管道 Combined Drainage Pipeline	建成区 in Built District	污水处理厂 Wastewater Treatment Plant 座数（座） Number of Wastewater Treatment Plant (unit)	二、三级处理 Secondary and Tertiary Treatment	处理能力（万立方米/日） Treatment Capacity ($10,000 m^3$/day)	二、三级处理 Secondary and Tertiary Treatment
自治县										
青　县	1168	119.5	39.7	57.8	22.0	119.5	2	2	4.0	4.0
东光县	398	115.4	27.6	74.8	13.0	115.4	1	1	3.0	3.0
海兴县	369	99.5	50.5	49.0		99.5	1	1	2.0	2.0
盐山县	553	149.8	67.1	67.8	14.9	149.8	1	1	3.0	3.0
肃宁县	657	193.9	93.3	90.9	9.6	193.9	1	1	2.0	2.0
南皮县	331	107.6	40.5	41.3	25.8	107.6	1	1	3.0	3.0
吴桥县	350	243.9	148.3	95.6		243.9	1	1	3.0	3.0
献　县	690	188.0	69.2	118.8		187.3	1	1	4.5	4.5
孟村回族自治县	269	84.2	42.6	30.8	10.8	84.2	1	1	2.0	2.0
固安县	2707	138.3	54.0	64.0	20.2	138.3	2	2	12.6	12.6
永清县	448	71.9	35.7	36.2		71.9	1		1.5	
香河县	1466	82.3	29.7	25.0	27.7	82.3	1	1	4.0	4.0
大城县	386	80.6	36.0	36.9	7.7	80.6	1	1	4.0	4.0
文安县	611	63.2	21.6	22.0	19.6	58.4	1	1	2.0	2.0
大厂回族自治县	346	178.6	83.7	94.9		178.6	2	2	2.7	2.7
枣强县	570	218.3	96.5	100.5	21.3	218.3	2	2	4.5	4.5
武邑县	610	140.3	72.3	53.7	14.3	140.3	1	1	3.0	3.0
武强县	627	56.0	24.1	19.6	12.2	54.3	1	1	2.0	2.0
饶阳县	559	76.3	43.5	32.8		76.3	2	2	3.0	3.0
安平县	1210	306.4	144.3	70.1	92.0	306.4	1	1	5.0	5.0
故城县	990	200.4	98.4	102.0		200.4	1	1	3.0	3.0
景　县	962	219.3	111.2	108.1		219.3	1	1	4.0	4.0
阜城县	702	161.0	89.2	58.3	13.5	133.0	1	1	2.0	2.0
容城县	675	65.0		15.0	50.0	65.0	1	1	2.0	2.0
雄　县	680	48.3	19.9	20.1	8.3	48.3	1	1	2.0	2.0
安新县	420	97.9	58.5	12.2	27.2	95.7	1	1	2.8	2.8
山　西	**34108**	**8165.3**	**3937.3**	**2397.1**	**1830.9**	**7449.2**	**85**	**74**	**129.1**	**111.0**
清徐县	790	132.3	58.7	73.7		132.3	1	1	3.0	3.0
阳曲县	336	83.5	42.2	31.3	10.0	74.0	1	1	2.0	2.0
娄烦县	224	185.8	93.5	87.0	5.3	185.8	1	1	0.8	0.8
阳高县	600						1		2.5	
天镇县	406	82.0			82.0	82.0	1	1	1.5	1.5
广灵县	452	154.5	113.0	41.5		18.0	1	1	1.0	1.0
灵丘县	578	306.5	235.0	71.5		152.6	1	1	2.0	2.0
浑源县	579	151.6	32.5	23.3	95.7	151.6	1	1	2.0	2.0
左云县	157	118.7	59.8	48.9	9.9	98.9	1	1	0.4	0.4

continued

污水处理厂 Wastewater Treatment Plant				其他污水处理设施 Other Wastewater Treatment Facilities		污水处理总量	再生水 Recycled Water			
处理量(万立方米) Quantity of Wastewater Treated (10,000 m^3)	二、三级处理 Secondary and Tertiary Treated	干污泥产生量(吨) Quantity of Dry Sludge Produced (ton)	干污泥处置量(吨) Quantity of Dry Sludge Treated (ton)	处理能力(万立方米/日) Treatment Capacity (10,000 m^3/day)	处理量(万立方米) Quantity of Wastewater Treated (10,000 m^3)	(万立方米) Total Quantity of Wastewater Treated (10,000 m^3)	生产能力(万立方米/日) Recycled Water Production Capacity (10,000 m^3/day)	利用量(万立方米) Annual Quantity of Wastewater Recycled and Reused (10,000 m^3)	管道长度(公里) Length of Pipelines (km)	县名称 Name of Counties
										自治县
1162	1162	2446	2446			1162	1.3	349	1.0	青　县
397	397	590	590			397	2.0	256		东光县
363	363	90	90			363	0.3	109	5.0	海兴县
552	552	765	765			552	1.2	171	14.5	盐山县
641	641	1095	1095			641	1.8	230	0.3	肃宁县
321	321	385	385			321	1.0	159	7.0	南皮县
338	338	186	186			338	2.5	122	4.0	吴桥县
688	688	2673	2673			688	2.0	298	10.6	献　县
264	264	259	259			264	1.0	86	0.5	孟村回族自治县
2677	2677	4746	4746			2677	6.5	910	8.0	固安县
423		321	321			423	1.3	140		永清县
1437	1437	1356	1356			1437	4.0	438		香河县
385	385	924	924			385	4.0	153	0.5	大城县
598	598	445	445			598	2.0	209	0.5	文安县
339	339	336	336			339	2.7	108	0.3	大厂回族自治县
565	565	1573	1573			565	1.5	259	0.1	枣强县
595	595	546	546			595	2.5	191	0.5	武邑县
623	623	382	382			623		268		武强县
558	558	473	473			558	1.4	174	3.0	饶阳县
1210	1210	643	643			1210	5.0	399	10.0	安平县
989	989	652	652			989	1.1	301	1.0	故城县
962	962	1847	1847			962	4.0	462	10.1	景　县
698	698	851	851			698	0.3	244	0.5	阜城县
670	670	597	597			670	2.0	481	6.7	容城县
665	665	658	658			665	1.4	204	3.0	雄　县
398	398	206	206			398	2.8	254	1.5	安新县
32840	**28867**	**99885**	**94650**	**0.3**	**74**	**32914**	**58.3**	**7658**	**322.5**	**山　西**
786	786	7377	7377			786		22		清徐县
336	336	892	892			336				阳曲县
217	217	533	533			217	0.5	201	34.0	娄烦县
600		448	448			600				阳高县
406	406	403	403			406				天镇县
366	366	737	737			366		60		广灵县
548	548	1073	1073			548	1.5			灵丘县
568	568	682	682			568				浑源县
142	142	191	191			142		36		左云县

10-2 续表 3

县名称 Name of Counties	污水排放量（万立方米） Annual Quantity of Wastewater Discharged (10,000 m^3)	排水管道长度（公里） Length of Drainage Pipelines (km)	污水管道 Sewers	雨水管道 Rainwater Drainage Pipeline	雨污合流管道 Combined Drainage Pipeline	建成区 in Built District	污水处理厂 Wastewater Treatment Plant 座数（座） Number of Wastewater Treatment Plant (unit)	二、三级处理 Secondary and Tertiary Treatment	处理能力（万立方米/日） Treatment Capacity (10,000 m^3/day)	二、三级处理 Secondary and Tertiary Treatment
云州区	189	65.6	35.1	13.5	17.0	65.6	1	1	0.5	0.5
平定县	1177	108.6	71.3	15.3	22.0	108.6	1	1	3.2	3.2
盂　县	677	56.6	37.3		19.3	56.6	1	1	2.0	2.0
襄垣县	559	63.9	13.0	17.6	33.3	63.9	1	1	1.5	1.5
平顺县	197	62.0	28.7	8.0	25.3	62.0	1	1	1.0	1.0
黎城县	306	99.5	80.0	4.5	15.0	99.5	1	1	0.8	0.8
壶关县	427	56.5	17.4	17.4	21.7	56.5	1	1	2.5	2.5
长子县	456	69.7	24.5	30.6	14.7	69.7	1	1	1.5	1.5
武乡县	293	47.9	12.7	4.1	31.2	47.4	1	1	0.8	0.8
沁　县	223	39.8	16.8	9.5	13.6	39.8	1	1	0.8	0.8
沁源县	339	44.6	18.5	7.1	19.0	44.6	1	1	1.0	1.0
沁水县	325	80.6	39.4	30.6	10.6	30.6	1	1	1.0	1.0
阳城县	922	105.9	34.1	58.2	13.6	105.9	1	1	2.2	2.2
陵川县	143	124.0	91.0	19.4	13.6	123.4	1		0.6	
山阴县	380	155.7	64.4	47.6	43.7	155.7	1		1.5	
应　县	697	140.7	71.5	23.0	46.2	140.7	1	1	2.0	2.0
右玉县	439	101.6	16.5	21.0	64.1	82.4	2		2.0	
榆社县	315	117.9	49.3	30.0	38.6	117.9	1	1	1.5	1.5
左权县	330	123.5	63.0	51.0	9.5	123.5	1	1	1.5	1.5
和顺县	210	109.6	67.6	17.4	24.6	109.6	1		1.0	
昔阳县	303	131.8	77.7	29.3	24.8	110.8	1	1	1.5	1.5
寿阳县	703	181.7	83.8	83.8	14.1	181.7	1		3.2	
太谷区	577	172.3	63.0	77.0	32.3	162.3	2		3.8	
祁　县	640	128.4	77.3	16.4	34.8	123.7	1		2.0	
平遥县	747	89.8	41.6	41.3	6.9		1	1	3.0	3.0
灵石县	664	101.6	44.9	24.9	31.9	98.5	2	2	2.0	2.0
临猗县	1234	110.9	64.5	23.0	23.4	110.9	1	1	4.0	4.0
万荣县	350	140.5	52.2	42.6	45.8	140.5	1	1	2.0	2.0
闻喜县	450	83.6	32.4	24.8	26.5	83.6	1	1	3.0	3.0
稷山县	533	87.2	27.4	23.8	36.0	87.2	1	1	3.0	3.0
新绛县	284	98.8	53.9	29.5	15.5	98.8	1	1	1.4	1.4
绛　县	409	106.4	55.5	34.6	16.4	106.4	1	1	1.5	1.5
垣曲县	625	187.7	50.5	103.5	33.8	187.7	1	1	2.0	2.0
夏　县	267	92.9	37.4	36.6	18.8	92.9	1	1	1.3	1.3
平陆县	647	133.2	31.0	66.2	36.0	133.2	2	2	2.0	2.0
芮城县	420	127.7	53.7	50.4	23.6	127.7	1	1	2.5	2.5
定襄县	632	101.6	79.7	13.9	8.0	96.5	1	1	2.0	2.0

continued

污水处理厂 Wastewater Treatment Plant				其他污水处理设施 Other Wastewater Treatment Facilities		污水处理总量	再生水 Recycled Water			县名称
处理量(万立方米) Quantity of Wastewater Treated (10,000 m^3)	二、三级处理 Secondary and Tertiary Treated	干污泥产生量(吨) Quantity of Dry Sludge Produced (ton)	干污泥处置量(吨) Quantity of Dry Sludge Treated (ton)	处理能力(万立方米/日) Treatment Capacity (10,000 m^3/day)	处理量(万立方米) Quantity of Wastewater Treated (10,000 m^3)	(万立方米) Total Quantity of Wastewater Treated (10,000 m^3)	生产能力(万立方米/日) Recycled Water Production Capacity (10,000 m^3/day)	利用量(万立方米) Annual Quantity of Wastewater Recycled and Reused (10,000 m^3)	管道长度(公里) Length of Pipelines (km)	Name of Counties
134	134	161	161			134				云州区
1177	1177	3370	3370			1177	3.0	216	12.6	平定县
610	610	950				610				盂　县
534	534	781	781			534	1.5	523	3.8	襄垣县
183	183	194	194			183	0.8	24	4.0	平顺县
284	284	218				284	0.6		6.8	黎城县
401	401	372	372			401	1.5	140		壶关县
439	439	555	555			439	0.7	142	5.1	长子县
282	282	653	653			282	0.8	207		武乡县
218	218	228	228			218	0.4	112	6.1	沁　县
325	325	414				325	0.8	78	6.0	沁源县
364	364	457	457			364	0.3	76	5.0	沁水县
905	905	8039	8039			905	2.2	119	2.5	阳城县
143		314	314			143				陵川县
370		726	726			370	1.5	288	18.0	山阴县
685	685	4424	4424			685	1.6	119	21.6	应　县
429		805	805			429	0.8	83	20.0	右玉县
309	309	680	680			309	1.5	309	5.2	榆社县
318	318	280	280			318	0.8	94	4.0	左权县
196		406	406			196		61		和顺县
293	293	439	439			293	1.2	22	4.0	昔阳县
674		1387	1387			674		141	22.0	寿阳县
550		1901	1901			550	1.6	128	5.0	太谷区
630		703	703			630	2.0	630	12.0	祁　县
692	692	3770	3770			692	1.9	62	17.8	平遥县
631	631	887	887			631	1.7	61	5.8	灵石县
1111	1111	1704	1704			1111	1.0	220	3.0	临猗县
343	343	400	400			343	0.9	146	15.0	万荣县
426	426	660	660			426	3.0	72		闻喜县
526	526	1559	1559			526				稷山县
276	276	670	670			276	0.8	110	5.0	新绛县
376	376	469	469			376	0.4	87	1.0	绛　县
625	625	588	588			625	1.5	433	1.1	垣曲县
267	267	135	135			267	0.6	67	7.8	夏　县
642	642	907	607			642	0.1	53	0.4	平陆县
399	399	382	382			399	1.3	138	7.0	芮城县
585	585	432	432			585	0.6	118	0.0	定襄县

10-2 续表 4

县名称 Name of Counties	污水排放量(万立方米) Annual Quantity of Wastewater Discharged ($10{,}000\ m^3$)	排水管道长度(公里) Length of Drainage Pipelines (km)	污水管道 Sewers	雨水管道 Rainwater Drainage Pipeline	雨污合流管道 Combined Drainage Pipeline	建成区 in Built District	污水处理厂 Wastewater Treatment Plant 座数(座) Number of Wastewater Treatment Plant (unit)	二、三级处理 Secondary and Tertiary Treatment	处理能力(万立方米/日) Treatment Capacity ($10{,}000\ m^3$/day)	二、三级处理 Secondary and Tertiary Treatment
五台县	443	109.3	73.9	35.5		109.3	1	1	2.5	2.5
代　县	397	89.5	40.0	34.1	15.3	89.5	1	1	1.0	1.0
繁峙县	577	117.1	55.3	31.8	30.0	117.1	1	1	1.5	1.5
宁武县	409	93.9	57.9	23.1	12.9	93.9	1	1	0.8	0.8
静乐县	300	82.0	53.6	15.3	13.1	54.1	1	1	0.8	0.8
神池县	199	99.8	23.7	33.1	43.0	99.8	1	1	0.8	0.8
五寨县	278	87.9	43.1	10.7	34.2	85.6	1	1	1.2	1.2
岢岚县	172	111.1	57.0	29.9	24.3	111.1	1	1	0.6	0.6
河曲县	227	136.6	83.8	52.3	0.5	136.6	1	1	1.0	1.0
保德县	252	88.8	57.1	17.3	14.5	77.3	1	1	1.5	1.5
偏关县	133	56.3	38.6	17.1	0.6	56.3	1	1	0.8	0.8
曲沃县	467	108.2	55.4	33.2	19.6	108.2	1	1	1.6	1.6
翼城县	572	141.5	59.3	44.9	37.3	141.5	1	1	2.0	2.0
襄汾县	361	108.0	53.6	46.5	7.9	108.0	1	1	2.0	2.0
洪洞县	1132	107.1	29.3	19.6	58.1	97.4	1	1	3.0	3.0
古　县	242	43.9	14.8	14.8	14.2	43.9	1	1	1.0	1.0
安泽县	185	41.2	18.5	7.3	15.4	41.2	1	1	0.6	0.6
浮山县	165	47.5	2.7	2.2	42.7	47.5	1	1	1.0	1.0
吉　县	191	129.3	87.3	29.0	13.0	118.2	1	1	0.7	0.7
乡宁县	412	115.2	51.6	26.7	36.9	115.2	1	1	1.0	1.0
大宁县	98	57.5	28.9	16.1	12.6	57.5	1	1	0.3	0.3
隰　县	236	118.4	55.7	56.5	6.2	118.4	1	1	1.0	1.0
永和县	88	37.7	20.6	17.1		37.7	1	1	0.5	0.5
蒲　县	177	106.0	63.0	35.0	8.0	106.0	1	1	1.0	1.0
汾西县	169	113.3	56.7	49.4	7.3	113.3	1	1	1.0	1.0
文水县	754	106.2	56.0	22.2	28.0	106.2	1	1	3.0	3.0
交城县	564	88.5	51.0	14.2	23.3	88.5	1	1	2.0	2.0
兴　县	404	82.5	7.8		74.7	82.5	1		1.5	
临　县	355	122.2	70.7	29.6	22.0	72.5	1	1	1.5	1.5
柳林县	543	113.6	73.0	26.1	14.5	113.6	1	1	2.0	2.0
石楼县	251	36.7			36.7	36.7	1	1	1.0	1.0
岚　县	468	55.6	18.0	23.7	13.9		1	1	2.0	2.0
方山县	158	52.4	25.7	20.6	6.1	52.4	1	1	0.6	0.6
中阳县	371	24.6	12.3	2.9	9.5		1	1	1.5	1.5
交口县	148	71.0	28.9	35.0	7.1	71.0	1	1	0.6	0.6
内蒙古	**28680**	**8980.5**	**4485.2**	**3013.1**	**1482.2**	**8413.6**	**69**	**58**	**106.5**	**90.4**
土左旗	294	146.0	58.0	52.0	36.0	146.0	1	1	1.0	1.0

continued

污水处理厂 Wastewater Treatment Plant				其他污水处理设施 Other Wastewater Treatment Facilities		污水处理总量	再生水 Recycled Water			
处理量(万立方米) Quantity of Wastewater Treated ($10,000\ m^3$)	二、三级处理 Secondary and Tertiary Treated	干污泥产生量(吨) Quantity of Dry Sludge Produced (ton)	干污泥处置量(吨) Quantity of Dry Sludge Treated (ton)	处理能力(万立方米/日) Treatment Capacity ($10,000\ m^3$/day)	处理量(万立方米) Quantity of Wastewater Treated ($10,000\ m^3$)	(万立方米) Total Quantity of Wastewater Treated ($10,000\ m^3$)	生产能力(万立方米/日) Recycled Water Production Capacity ($10,000\ m^3$/day)	利用量(万立方米) Annual Quantity of Wastewater Recycled and Reused ($10,000\ m^3$)	管道长度(公里) Length of Pipelines (km)	县名称 Name of Counties
437	437	346	346			437	1.5	111	0.2	五台县
396	396	915	915			396	1.0	31	1.0	代　县
563	563	1250	1250			563	0.6	168	0.4	繁峙县
328	328	490	490	0.3	74	401	0.8	20		宁武县
285	285	325	325			285	0.8	71		静乐县
190	190	161	161			190	0.5	111	2.5	神池县
270	270	373	373			270	0.6	77	0.8	五寨县
170	170	447	447			170	0.5	53	0.0	岢岚县
209	209	266	266			209	0.6	52	5.0	河曲县
235	235	428	428			235				保德县
128	128	149	149			128	0.4	32	1.2	偏关县
467	467	902	902			467	1.2	400	12.5	曲沃县
550	550	1889	1889			550				翼城县
361	361	1157	1157			361				襄汾县
1132	1132	2550				1132	0.5	183	3.0	洪洞县
242	242	1166	1166			242		10		古　县
185	185	859	859			185				安泽县
164	164	443	443			164				浮山县
181	181	677	677			181				吉　县
412	412	977	977			412	0.7	248	16.3	乡宁县
95	95	103	103			95				大宁县
231	231	1013	1013			231	0.6	37	2.0	隰　县
84	84	1215	412			84				永和县
177	177	302	302			177	0.5	0	3.0	蒲　县
169	169	364	364			169	0.8	3		汾西县
717	717	1958	1958			717	1.0	115	8.0	文水县
538	538	9984	9984			538	1.0			交城县
382		766	766			382	1.0	51	3.2	兴　县
345	345	2048	2048			345	1.0			临　县
516	516	5313	5313			516		434		柳林县
251	251	743	743			251				石楼县
468	468	1957	1957			468	2.0	34	0.0	岚　县
146	146	460	460			146				方山县
359	359	4390	4390			359	1.0			中阳县
139	139	145	145			139	0.4	16	1.7	交口县
27600	**23674**	**85466**	**83599**			**27600**	**60.3**	**9430**	**1172.0**	**内蒙古**
294	294	376	376			294	1.0	51	19.0	土左旗

10-2 续表 5

县名称 Name of Counties	污水排放量 (万立方米) Annual Quantity of Wastewater Discharged ($10,000\ m^3$)	排水管道长度 (公里) Length of Drainage Pipelines (km)	污水管道 Sewers	雨水管道 Rainwater Drainage Pipeline	雨污合流管道 Combined Drainage Pipeline	建成区 in Built District	污水处理厂 Wastewater Treatment Plant 座数 (座) Number of Wastewater Treatment Plant (unit)	二、三级处理 Secondary and Tertiary Treatment	处理能力 (万立方米/日) Treatment Capacity ($10,000\ m^3$/day)	二、三级处理 Secondary and Tertiary Treatment
托　县	135	110.0	54.0	56.0			1	1	1.0	1.0
和林县	117						1	1	1.0	1.0
清水河县	137	49.4	34.8	14.6		49.4	1		1.0	
武川县	272	113.1	44.2	64.2	4.8	113.1	1	1	1.0	1.0
土右旗	325	175.4	80.0	95.4		175.4	1	1	2.0	2.0
固阳县	205	105.3	63.6	41.7		105.3	1	1	0.6	0.6
达尔罕茂明安联合旗	127	67.0	44.0	23.0		67.0	1	1	0.6	0.6
阿鲁科尔沁旗	640	220.6	154.2	48.4	18.0	220.6	1	1	2.0	2.0
巴林左旗	1010	105.7	64.1	21.7	19.9	105.7	1	1	5.0	5.0
巴林右旗	885	84.0	22.7	28.3	32.9	84.0	1	1	3.0	3.0
林西县	516	61.1	4.2	16.4	40.5	59.9	1	1	3.0	3.0
克什克腾旗	430	51.0	34.0		17.0	50.0	1	1	1.5	1.5
翁牛特旗	960	130.9	39.3	19.3	72.3		1	1	3.0	3.0
喀喇沁旗	879	67.7	26.8	18.7	22.2	67.7	1	1	2.0	2.0
宁城县	1285	76.0	3.0	3.0	70.0	76.0	1	1	4.0	4.0
敖汉旗	1007	136.4	78.2	22.5	35.7	136.4	1	1	3.0	3.0
科左中旗	186	141.7	51.0	88.6	2.1	133.1	1	1	0.8	0.8
科左后旗	473	194.3	121.2	73.1		194.3	1		2.0	
开鲁县	1170	193.8	82.3	111.6		193.8	1	1	4.0	4.0
库伦旗	158	93.5	64.5	29.0		89.0	1	1	0.4	0.4
奈曼旗	316	113.2	71.8	41.5		113.2	1	1	1.5	1.5
扎鲁特旗	737	131.6	79.4	52.2		131.6	1	1	3.0	3.0
达拉特旗	752	182.5	98.5	39.0	45.0	182.5	1	1	3.0	3.0
准格尔旗	964	358.5	204.7	144.9	8.9	214.9	1	1	4.0	4.0
鄂托克前旗	120	128.7	55.5	54.3	18.9	128.7	1	1	0.4	0.4
鄂托克旗	143	135.3	77.2	58.1		135.3	1	1	0.5	0.5
杭锦旗	211	118.0	82.0	36.0		118.0	1	1	0.7	0.7
乌审旗	238	226.8	125.6	101.2		226.8	1		1.5	
伊金霍洛旗	770	579.4	259.9	318.0	1.5	579.4	1		2.6	
阿荣旗	735	136.0	130.0	6.0		130.0	1	1	2.0	2.0
莫　旗	621	127.8	77.3	50.6		127.8	1	1	2.0	2.0
鄂伦春旗	215	33.1	22.8		10.3	32.3	1	1	0.6	0.6
鄂温克旗	300	239.5	70.5	169.1		239.5				
陈巴尔虎旗	106	58.6	26.8	31.8		58.6	1	1	0.4	0.4
新左旗	59	36.0	25.0	11.0		36.0	1	1	0.3	0.3
新右旗	133	67.6	38.1	29.6		62.6	1	1	0.5	0.5

continued

污水处理厂 Wastewater Treatment Plant 处理量(万立方米) Quantity of Wastewater Treated (10,000 m³)	二、三级处理 Secondary and Tertiary Treated	干污泥产生量(吨) Quantity of Dry Sludge Produced (ton)	干污泥处置量(吨) Quantity of Dry Sludge Treated (ton)	其他污水处理设施 Other Wastewater Treatment Facilities 处理能力(万立方米/日) Treatment Capacity (10,000 m³/day)	处理量(万立方米) Quantity of Wastewater Treated (10,000 m³)	污水处理总量(万立方米) Total Quantity of Wastewater Treated (10,000 m³)	再生水 Recycled Water 生产能力(万立方米/日) Recycled Water Production Capacity (10,000 m³/day)	利用量(万立方米) Annual Quantity of Wastewater Recycled and Reused (10,000 m³)	管道长度(公里) Length of Pipelines (km)	县名称 Name of Counties
135	135	400				135				托　县
116	116	49				116				和林县
136		268	268			136	0.4	2		清水河县
204	204	383	383			204				武川县
304	304	2428	2428			304				土右旗
168	168	1176	1176			168	0.6	161	22.2	固阳县
121	121	220	220			121	0.6			达尔罕茂明安联合旗
621	621	4128	4128			621	1.0	160	6.5	阿鲁科尔沁旗
972	972	1167	1167			972	3.5	219	47.1	巴林左旗
838	838	704	704			838	2.0			巴林右旗
515	515	683	683			515	1.0	7	23.0	林西县
418	418	490	490			418				克什克腾旗
809	809	5788	5788			809	2.0	109	16.2	翁牛特旗
809	809	800	800			809	2.0	181	0.5	喀喇沁旗
1278	1278	1603	1603			1278	2.0	8	14.0	宁城县
926	926	1640	1640			926	1.0	141	33.3	敖汉旗
179	179	797	797			179				科左中旗
466		826	826			466	1.0		2.0	科左后旗
1135	1135	1850	1850			1135	1.8	40	14.1	开鲁县
147	147	3603	3603			147	0.4	130	1.0	库伦旗
313	313	390	39			313				奈曼旗
729	729	728	728			729	3.0	251	9.6	扎鲁特旗
706	706	641	641			706	2.9	567	32.0	达拉特旗
964	964	2977	2977			964	4.0	781		准格尔旗
117	117	781	781			117		48	25.7	鄂托克前旗
134	134	396	396			134	0.5	115	11.6	鄂托克旗
210	210	2409	2409			210	0.6	201	51.3	杭锦旗
226		857	857			226	0.8	201	31.0	乌审旗
764		3549	3549			764	2.6	719	357.0	伊金霍洛旗
705	705	824	824			705	1.9	57	10.0	阿荣旗
600	600	753				600				莫　旗
209	209	256	256			209				鄂伦春旗
288	288					288				鄂温克旗
101	101	127	127			101				陈巴尔虎旗
59	59	314	314			59		59	5.6	新左旗
127	127	299	299			127				新右旗

10-2 续表 6

县名称 Name of Counties	污水排放量(万立方米) Annual Quantity of Wastewater Discharged (10,000 m³)	排水管道长度(公里) Length of Drainage Pipelines (km)	污水管道 Sewers	雨水管道 Rainwater Drainage Pipeline	雨污合流管道 Combined Drainage Pipeline	建成区 in Built District	污水处理厂 Wastewater Treatment Plant 座数(座) Number of Wastewater Treatment Plant (unit)	二、三级处理 Secondary and Tertiary Treatment	处理能力(万立方米/日) Treatment Capacity (10,000 m³/day)	二、三级处理 Secondary and Tertiary Treatment
五原县	798	151.0			151.0	151.0	1	1	2.2	2.2
磴口县	382	79.7			79.7	58.0	1	1	2.0	2.0
乌拉特前旗	613	189.2	97.3	6.1	85.8	185.0	1	1	2.0	2.0
乌拉特中旗	296	107.3			107.3	91.2	1		1.0	
乌拉特后旗	202	83.0	22.9	36.9	23.2	78.8	1	1	0.6	0.6
杭锦后旗	725	260.2	96.4	97.2	66.6	260.2	1	1	2.0	2.0
卓资县	235	48.4	38.0	7.3	3.1	48.4	1		1.2	
化德县	206	69.9	11.0	2.4	56.5	69.9	1	1	1.0	1.0
商都县	470	136.2	37.3	25.6	73.3	136.2	1	1	1.5	1.5
兴和县	330	151.8	113.3	38.5		151.8	1	1	1.0	1.0
凉城县	228	104.9	72.7	32.1		104.9	1	1	1.0	1.0
察右前旗	334	40.9	37.0	2.7	1.3	38.4	1	1	1.6	1.6
察右中旗	300	75.8	7.7	10.2	57.9	75.8	1		1.0	
察右后旗	221	38.4	27.3	5.1	6.0	34.7	1	1	2.0	2.0
四子王旗	342	171.3	90.9	80.1	0.3	171.3	1	1	1.0	1.0
科尔沁右翼前旗	370	237.4	113.4	124.0		237.4	1	1	1.2	1.2
科右中旗	621	102.2	42.7	44.5	15.0	102.2	1	1	2.0	2.0
扎赉特旗	360	289.5	119.2	170.3		190.9	1	1	1.5	1.5
突泉县	281	102.7	39.2	58.1	5.5	102.7	1	1	1.5	1.5
阿巴嘎旗	125	65.3	58.5	6.8		65.3	1	1	0.5	0.5
苏尼特左旗	94	30.0	30.0			30.0	1	1	0.5	0.5
苏尼特右旗	322	59.0	24.6		34.4	59.0	1	1	1.0	1.0
东乌珠穆沁旗	260	126.3	59.5	64.4	2.5	126.3	1	1	1.0	1.0
西乌珠穆沁旗	251	146.4	109.4	37.0		146.4	1	1	1.5	1.5
太仆寺旗	269	101.4	31.9	40.0	29.5	101.4	1	1	1.0	1.0
镶黄旗	89	68.2	11.6		56.6	68.2	1	1	0.5	0.5
正镶白旗	105	53.0	40.0	13.0		53.0	1	1	0.3	0.3
正蓝旗	266	143.9	137.5	6.4		143.9	1	1	1.2	1.2
多伦县	332	214.2	91.2	111.0	12.0	214.0	1	1	1.3	1.3
阿拉善左旗	1317	300.7	147.9	21.9	130.9	300.7	2		5.0	
阿拉善右旗	89	52.0	33.0	1.0	18.0	48.0	1		0.3	
额济纳旗	215	185.0	175.0		10.0	185.0	1		0.5	
辽　宁	**20995**	**2455.2**	**883.3**	**773.8**	**798.1**	**2252.8**	**31**	**15**	**81.6**	**38.3**
康平县	859	150.0	50.8	62.7	36.5	150.0	2		4.0	
法库县	997	128.9	32.8	49.6	46.5	128.9	1	1	5.0	5.0
长海县	67	23.5	10.6	12.9		23.5	1		0.2	
台安县	1543	126.4	41.4	59.9	25.1	114.0	3	1	7.5	2.0

continued

污水处理厂 Wastewater Treatment Plant				其他污水处理设施 Other Wastewater Treatment Facilities		污水处理总量	再生水 Recycled Water			
处理量（万立方米） Quantity of Wastewater Treated (10,000 m³)	二、三级处理 Secondary and Tertiary Treated	干污泥产生量（吨） Quantity of Dry Sludge Produced (ton)	干污泥处置量（吨） Quantity of Dry Sludge Treated (ton)	处理能力（万立方米/日） Treatment Capacity (10,000 m³/day)	处理量（万立方米） Quantity of Wastewater Treated (10,000 m³)	（万立方米） Total Quantity of Wastewater Treated (10,000 m³)	生产能力（万立方米/日） Recycled Water Production Capacity (10,000 m³/day)	利用量（万立方米） Annual Quantity of Wastewater Recycled and Reused (10,000 m³)	管道长度（公里） Length of Pipelines (km)	县名称 Name of Counties
798	798	9555	9555			798	2.0	693	17.0	五原县
382	382	802	802			382	2.0	381	30.3	磴口县
613	613	1998	1998			613	1.7	605	33.0	乌拉特前旗
278		587	587			278	1.0	228	59.0	乌拉特中旗
190	190	751	751			190	0.6	176	40.2	乌拉特后旗
718	718	1088	1088			718	2.0	705	15.0	杭锦后旗
233		407	407			233				卓资县
199	199	420	360			199		100		化德县
455	455	1367	1367			455	1.2	75	77.0	商都县
318	318	324	324			318	0.9	2		兴和县
221	221	982	982			221	0.9	178	24.0	凉城县
321	321	483	483			321	0.5	1	10.1	察右前旗
289		470	470			289	1.0	15	6.5	察右中旗
215	215	400	400			215				察右后旗
338	338	803	803			338	0.8	216	31.0	四子王旗
370	370	728	728			370				科尔沁右翼前旗
621	621	286	286			621				科右中旗
354	354	1260	1260			354				扎赉特旗
270	270	254				270				突泉县
123	123	325	325			123	0.5	98		阿巴嘎旗
91	91	464	464			91				苏尼特左旗
312	312	57	57			312	1.0	265	9.3	苏尼特右旗
252	252	305	305			252	1.0	30	6.4	东乌珠穆沁旗
245	245	472	472			245	1.0	98	17.6	西乌珠穆沁旗
265	265	898	898			265				太仆寺旗
85	85	42	42			85				镶黄旗
95	95	364	364			95				正镶白旗
259	259	1557	1557			259	0.7	130	7.4	正蓝旗
314	314	740	740			314	0.8			多伦县
1229		12204	12204			1229	3.8	987	48.6	阿拉善左旗
89		232	232			89		22	1.8	阿拉善右旗
215		162	162			215	0.5	215	5.0	额济纳旗
20131	**10484**	**34195**	**32456**	**0.2**	**19**	**20150**	**9.2**	**1206**	**21.1**	**辽　宁**
859		817	817			859				康平县
848	848	71	71			848				法库县
66		1351	875			66				长海县
1486	641	4581	4581			1486				台安县

10-2 续表 7

县名称 Name of Counties	污水排放量（万立方米） Annual Quantity of Wastewater Discharged ($10,000\ m^3$)	排水管道长度（公里） Length of Drainage Pipelines (km)	污水管道 Sewers	雨水管道 Rainwater Drainage Pipeline	雨污合流管道 Combined Drainage Pipeline	建成区 in Built District	污水处理厂 Wastewater Treatment Plant 座数（座） Number of Wastewater Treatment Plant (unit)	二、三级处理 Secondary and Tertiary Treatment	处理能力（万立方米/日） Treatment Capacity ($10,000\ m^3$/day)	二、三级处理 Secondary and Tertiary Treatment
岫岩满族自治县	1203	72.3	18.3	6.2	47.8	72.3	1		4.0	
抚顺县										
新宾满族自治县	383	56.7	33.3	23.4		56.7	1		1.5	
清原满族自治县	695	37.3	0.5		36.8	37.3	1		2.0	
本溪满族自治县	729	72.7	23.4	21.4	28.0	60.9	1	1	2.0	2.0
桓仁满族自治县	976	190.0	96.0	59.0	35.0	147.0	1	1	4.0	4.0
宽甸满族自治县	1209	41.5	2.5	2.2	36.7	41.5	2	2	6.0	6.0
黑山县	953	155.2	17.2	49.0	89.1	155.2	1		3.0	
义　县	690	89.9	23.0	31.1	35.8	87.9	1	1	2.0	2.0
阜新蒙古族自治县	1000	89.5	11.3	18.2	60.0	77.8	1	1	5.0	5.0
彰武县	769	83.9	73.0	3.9	7.0	83.7	1	1	2.0	2.0
辽阳县	1750	246.6	97.4	117.2	32.0	214.6	1	1	3.5	3.5
盘山县	462	147.7	66.0	81.5	0.3	84.7	4	2	3.1	0.5
铁岭县										
西丰县	820	48.5			48.5	48.5	2		3.5	
昌图县	1098	189.6	166.2		23.5	184.2	1		8.0	
朝阳县	30	55.6	26.3	29.2		55.6	1	1	0.3	0.3
建平县	1036	105.2	18.0	36.5	50.7	96.6	1	1	3.0	3.0
喀喇沁左翼蒙古族自治县	750	101.7	21.9	34.5	45.3	101.7	1		3.0	
绥中县	1897	84.5	14.3	8.3	61.9	84.5	1		6.0	
建昌县	1080	158.3	39.3	67.1	51.8	145.9	1	1	3.0	3.0
吉　林	**12823**	**2240.4**	**1012.0**	**911.3**	**317.1**	**2232.8**	**20**	**10**	**49.5**	**27.0**
农安县	1004	125.7	49.0	49.0	27.7	125.7	3		4.5	
永吉县	765	160.6	67.7	91.9	1.0	158.6	1		3.0	
梨树县	667	223.8	87.5	103.5	32.7	223.8	1	1	3.0	3.0
伊通满族自治县	704	90.4	48.1	33.0	9.3	90.4	1		3.0	
东丰县	409	142.2	65.5	62.5	14.2	142.2	1		2.0	
东辽县	339	78.3	38.9	39.4		78.3	1	1	2.0	2.0
通化县	546	64.9	43.9	21.0		64.9	1		1.5	
辉南县	1191	112.3	52.7	53.4	6.2	112.3	1	1	5.0	5.0
柳河县	513	125.1	42.5	74.6	8.0	125.1	1		3.0	
抚松县	904	74.0	23.1	34.2	16.7	74.0	1	1	2.0	2.0
靖宇县	791	89.3	46.2	35.5	7.6	89.3	1		2.5	
长白朝鲜族自治县	557	49.7	24.2	20.2	5.3	49.7	1	1	2.0	2.0
前郭县	638	96.9	35.9	54.3	6.7	96.9				
长岭县	787	193.8	117.0	39.9	36.9	193.8	1	1	3.0	3.0

continued

污水处理厂 Wastewater Treatment Plant				其他污水处理设施 Other Wastewater Treatment Facilities		污水处理总量	再生水 Recycled Water			
处理量（万立方米） Quantity of Wastewater Treated (10,000 m³)	二、三级处理 Secondary and Tertiary Treated	干污泥产生量（吨） Quantity of Dry Sludge Produced (ton)	干污泥处置量（吨） Quantity of Dry Sludge Treated (ton)	处理能力（万立方米/日） Treatment Capacity (10,000 m³/day)	处理量（万立方米） Quantity of Wastewater Treated (10,000 m³)	（万立方米） Total Quantity of Wastewater Treated (10,000 m³)	生产能力（万立方米/日） Recycled Water Production Capacity (10,000 m³/day)	利用量（万立方米） Annual Quantity of Wastewater Recycled and Reused (10,000 m³)	管道长度（公里） Length of Pipelines (km)	县名称 Name of Counties
1203		935	935			1203				岫岩满族自治县
										抚顺县
383		420	420			383				新宾满族自治县
676		323	323			676				清原满族自治县
729	729	364	364			729				本溪满族自治县
976	976	583	583			976	2.0	511	0.4	桓仁满族自治县
1209	1209	4620	4620			1209				宽甸满族自治县
953		2108	2108			953		33	5.0	黑山县
690	690	770	770			690				义　县
1000	1000	1683	1683			1000	3.0	212	2.0	阜新蒙古族自治县
769	769	1031	1031			769				彰武县
1510	1510	1713	1713			1510	2.4	51	7.3	辽阳县
407	25	2059	796	0.2	19	426				盘山县
										铁岭县
820		246	246			820				西丰县
1098		2623	2623			1098				昌图县
30	30	12	12			30	0.3			朝阳县
1036	1036	2765	2765			1036	1.5	399	6.4	建平县
750		750	750			750				喀喇沁左翼蒙古族自治县
1612		1450	1450			1612				绥中县
1022	1022	2920	2920			1022				建昌县
12193	**7194**	**17727**	**17727**	**2.0**	**1**	**12194**	**3.0**	**67**	**32.1**	**吉　林**
979		6384	6384			979				农安县
664		977	977			664				永吉县
667	667	1444	1444			667		64	8.6	梨树县
704		1270	1270			704				伊通满族自治县
373		182	182			373				东丰县
319	319	574	574	2.0	1	320				东辽县
546		366	366			546				通化县
1103	1103	1358	1358			1103				辉南县
513		985	985			513				柳河县
829	829	698	698			829	2.0	1	0.2	抚松县
752		229	229			752				靖宇县
511	511	908	908			511				长白朝鲜族自治县
638	638					638				前郭县
768	768	1032	1032			768			15.0	长岭县

10-2 续表 8

县名称 Name of Counties	污水排放量（万立方米） Annual Quantity of Wastewater Discharged (10,000 m^3)	排水管道长度（公里） Length of Drainage Pipelines (km)	污水管道 Sewers	雨水管道 Rainwater Drainage Pipeline	雨污合流管道 Combined Drainage Pipeline	建成区 in Built District	污水处理厂 Wastewater Treatment Plant 座数（座） Number of Wastewater Treatment Plant (unit)	二、三级处理 Secondary and Tertiary Treatment	处理能力（万立方米/日） Treatment Capacity (10,000 m^3/day)	二、三级处理 Secondary and Tertiary Treatment
乾安县	507	160.1	69.2	62.2	28.7	160.1	1	1	3.0	3.0
镇赉县	694	136.0	51.7	22.5	61.8	130.4	1	1	3.0	3.0
通榆县	521	155.4	66.2	49.7	39.5	155.4	1		3.0	
汪清县	792	111.5	58.6	45.9	7.0	111.5	1	1	2.5	2.5
安图县	494	50.7	24.4	18.6	7.8	50.7	1	1	1.5	1.5
黑龙江	**19486**	**3872.1**	**1528.0**	**729.9**	**1614.1**	**3672.8**	**49**	**49**	**76.9**	**76.9**
依兰县	764	117.9			117.9	117.9	1	1	2.0	2.0
方正县	467	86.1	29.6	13.4	43.1	86.1	1	1	1.6	1.6
宾　县	528	72.0	33.7		38.3	72.0	1	1	2.0	2.0
巴彦县	591	83.7	20.1	10.1	53.6	59.1	1	1	2.5	2.5
木兰县	399	91.7	23.5	3.6	64.6	26.4	1	1	1.0	1.0
通河县	285	66.4	32.9		33.5	33.5	1	1	1.0	1.0
延寿县	520	102.2	69.3	32.9		102.2	1	1	2.0	2.0
龙江县	497	150.0	70.4	79.6		150.0	1	1	2.0	2.0
依安县	660	57.7			57.7	57.7	1	1	3.5	3.5
泰来县	285	67.0	37.0	30.0		51.9	1	1	2.0	2.0
甘南县	385	100.6	40.1	3.0	57.5	77.6	1	1	1.0	1.0
富裕县	138	131.9	54.6	77.4		131.9	1	1	2.0	2.0
克山县	460	80.3	14.1	3.6	62.6	80.3	1	1	1.5	1.5
克东县	344	54.4			54.4	54.4	1	1	2.0	2.0
拜泉县	290	94.4			94.4	94.4	1	1	2.0	2.0
鸡东县	609	63.6	19.4		44.2	63.6	1	1	1.5	1.5
萝北县	357	78.3	22.8	24.8	30.7	74.6	1	1	1.0	1.0
绥滨县	208	45.8	10.7	2.9	32.2	45.8	1	1	1.5	1.5
集贤县	438	91.8	43.1	26.2	22.5	91.8				
友谊县	265	48.1	13.9	34.2		44.0	1	1	1.0	1.0
宝清县	680	179.9	79.0	76.0	24.9	179.9	1	1	2.0	2.0
饶河县	110	53.4	21.0	1.5	30.9	53.4	1	1	1.0	1.0
肇州县	353	50.4			50.4	50.4	1	1	2.0	2.0
肇源县	484	76.7	7.4		69.4	76.7	1	1	2.0	2.0
林甸县	265	67.1	29.1		38.0	67.1	1	1	2.0	2.0
杜尔伯特蒙古族自治县	251	103.2	82.5	20.7		103.2	1	1	1.0	1.0
嘉荫县	164	47.6	33.7	5.7	8.2	47.3	1	1	0.6	0.6
汤旺县	292	69.1	23.6		45.5	69.1	2	2	1.1	1.1
丰林县	275	103.3	25.8	33.4	44.0	103.3	3	3	1.4	1.4
大箐山县	124	23.4	7.7	5.6	10.1	23.4	1	1	0.5	0.5

continued

污水处理厂 Wastewater Treatment Plant: 处理量(万立方米) Quantity of Wastewater Treated (10,000 m³)	污水处理厂 Wastewater Treatment Plant: 二、三级处理 Secondary and Tertiary Treated	污水处理厂 Wastewater Treatment Plant: 干污泥产生量(吨) Quantity of Dry Sludge Produced (ton)	污水处理厂 Wastewater Treatment Plant: 干污泥处置量(吨) Quantity of Dry Sludge Treated (ton)	其他污水处理设施 Other Wastewater Treatment Facilities: 处理能力(万立方米/日) Treatment Capacity (10,000 m³/day)	其他污水处理设施 Other Wastewater Treatment Facilities: 处理量(万立方米) Quantity of Wastewater Treated (10,000 m³)	污水处理总量(万立方米) Total Quantity of Wastewater Treated (10,000 m³)	再生水 Recycled Water: 生产能力(万立方米/日) Recycled Water Production Capacity (10,000 m³/day)	再生水 Recycled Water: 利用量(万立方米) Annual Quantity of Wastewater Recycled and Reused (10,000 m³)	再生水 Recycled Water: 管道长度(公里) Length of Pipelines (km)	县名称 Name of Counties
493	493	258	258			493				乾安县
673	673	285	285			673	1.0	2	8.3	镇赉县
469		329	329			469				通榆县
738	738	228	228			738				汪清县
455	455	220	220			455				安图县
18410	**18410**	**21150**	**20690**	**0.3**	**0**	**18410**	**5.3**	**119**	**27.7**	**黑龙江**
670	670	1164	1164			670				依兰县
453	453	745	745			453			4.4	方正县
506	506	218	218			506				宾　县
578	578	1159	1159			578				巴彦县
347	347	641	641			347				木兰县
285	285	290	58			285				通河县
463	463	308	308			463				延寿县
250	250	265	265			250				龙江县
597	597	346	346			597				依安县
271	271	495	495			271				泰来县
339	339	584	584			339				甘南县
119	119	61	61			119	1.5		2.5	富裕县
415	415	217	217			415				克山县
330	330	295	295			330				克东县
250	250	200	200			250				拜泉县
609	609	602	602			609				鸡东县
329	329	128	128			329				萝北县
198	198	235	235			198				绥滨县
412	412					412				集贤县
252	252	143	143			252				友谊县
670	670	402	402			670				宝清县
108	108	12	12			108				饶河县
347	347	84	84			347				肇州县
484	484	224	224			484				肇源县
265	265	168	168			265				林甸县
250	250	116	116			250				杜尔伯特蒙古族自治县
164	164	131	131			164				嘉荫县
285	285	265	265	0.3	0	285				汤旺县
270	270	245	130			270				丰林县
121	121	39	39			121				大箐山县

10-2 续表 9

县名称 Name of Counties	污水排放量（万立方米） Annual Quantity of Wastewater Discharged ($10,000\ m^3$)	排水管道长度（公里） Length of Drainage Pipelines (km)					污水处理厂 Wastewater Treatment Plant			
			污水管道 Sewers	雨水管道 Rainwater Drainage Pipeline	雨污合流管道 Combined Drainage Pipeline	建成区 in Built District	座数（座） Number of Wastewater Treatment Plant (unit)	二、三级处理 Secondary and Tertiary Treatment	处理能力（万立方米/日） Treatment Capacity ($10,000\ m^3$/day)	二、三级处理 Secondary and Tertiary Treatment
南岔县	275	30.0	18.4	1.6	10.0	30.0	1	1	1.0	1.0
桦南县	470	132.1	22.7	30.8	78.6	132.1	1	1	1.5	1.5
桦川县	746	83.3	18.3	2.1	63.0	83.3	1	1	2.0	2.0
汤原县	248	84.8	40.0	1.0	43.8	76.3	1	1	1.0	1.0
勃利县	676	82.0	28.0	16.0	38.0	82.0	1	1	2.0	2.0
林口县	685	138.7	93.6	36.7	8.5	138.4	1	1	2.0	2.0
逊克县	160	44.9	20.7	12.9	11.3	44.9	1	1	1.0	1.0
孙吴县	238	49.1	6.3	0.3	42.5	49.1	1	1	1.0	1.0
望奎县	290	94.1	15.1	5.1	74.0	79.5	1	1	2.0	2.0
兰西县	484	68.2	44.4	11.9	11.9	61.4	1	1	2.0	2.0
青冈县	836	133.1	76.0	3.0	54.1	133.1	1	1	3.0	3.0
庆安县	806	119.7	73.1	46.6		119.7	1	1	4.0	4.0
明水县	307	95.0	45.0	20.0	30.0	95.0	1	1	2.0	2.0
绥棱县	552	92.1	72.1		20.1	92.1	1	1	2.0	2.0
呼玛县	106	43.3	35.5	7.8		43.3	1	1	0.5	0.5
塔河县	91	33.8	33.8			33.8	1	1	0.3	0.3
加格达奇区	1030	89.9	40.2	49.7		89.9	1	1	3.0	3.0
江　苏	**43475**	**9534.4**	**3383.5**	**4873.6**	**1277.3**	**8695.5**	**32**	**30**	**134.1**	**130.6**
丰　县	2419	392.8	141.1	220.5	31.3	248.0	1	1	6.0	6.0
沛　县	3478	818.5	137.5	465.0	216.0	620.0	2	2	8.0	8.0
睢宁县	2186	334.1	100.6	187.5	46.0	230.0	3	3	8.3	8.3
如东县	3311	770.0	257.4	475.9	36.7	768.4	2	2	9.5	9.5
东海县	1450	477.3	161.3	220.3	95.7	324.3	2	2	4.0	4.0
灌云县	1650	345.0	116.9	30.7	197.4	265.1	1	1	5.0	5.0
灌南县	838	339.9	45.7	88.0	206.2	339.9	2		3.5	
涟水县	2335	473.2	162.7	295.5	15.0	431.4	2	2	8.0	8.0
盱眙县	1869	346.4	110.2	224.8	11.4	346.4	2	2	6.0	6.0
金湖县	1980	419.5	203.5	176.1	40.0	419.5	1	1	6.0	6.0
响水县	1193	274.0	70.0	168.5	35.5	274.0	1	1	3.0	3.0
滨海县	1333	591.4	202.7	351.7	37.0	591.4	1	1	4.5	4.5
阜宁县	2271	589.9	236.1	156.3	197.5	563.7	1	1	8.0	8.0
射阳县	1727	355.7	134.5	221.2		341.6	1	1	5.0	5.0
建湖县	2270	671.5	329.0	342.5		616.3	3	3	7.5	7.5
宝应县	2284	377.6	155.7	155.4	66.6	377.6	1	1	8.0	8.0
沭阳县	4204	881.6	445.8	435.8		881.6	2	2	12.0	12.0
泗阳县	3824	425.7	209.0	187.6	29.1	406.1	2	2	13.5	13.5
泗洪县	2852	650.4	163.9	470.5	16.0	650.4	2	2	8.3	8.3

continued

污水处理厂 Wastewater Treatment Plant 处理量(万立方米) Quantity of Wastewater Treated (10,000 m^3)	二、三级处理 Secondary and Tertiary Treated	干污泥产生量(吨) Quantity of Dry Sludge Produced (ton)	干污泥处置量(吨) Quantity of Dry Sludge Treated (ton)	其他污水处理设施 Other Wastewater Treatment Facilities 处理能力(万立方米/日) Treatment Capacity (10,000 m^3/day)	处理量(万立方米) Quantity of Wastewater Treated (10,000 m^3)	污水处理总量(万立方米) Total Quantity of Wastewater Treated (10,000 m^3)	再生水 Recycled Water 生产能力(万立方米/日) Recycled Water Production Capacity (10,000 m^3/day)	利用量(万立方米) Annual Quantity of Wastewater Recycled and Reused (10,000 m^3)	管道长度(公里) Length of Pipelines (km)	县名称 Name of Counties
275	275	270	270			275				南岔县
400	400	1010	1010			400				桦南县
746	746	2884	2884			746				桦川县
214	214	162	162			214				汤原县
667	667	620	620			667	2.0	92	7.0	勃利县
685	685	936	936			685	1.0		3.8	林口县
150	150	16	16			150				逊克县
220	220	1040	1040			220				孙吴县
289	289	392	392			289				望奎县
478	478	533	533			478				兰西县
836	836	1368	1368			836	0.8	27	10.0	青冈县
756	756	450	450			756				庆安县
307	307	615	615			307				明水县
552	552	322	208			552				绥棱县
106	106	42	42			106				呼玛县
83	83	44	44			83				塔河县
1010	1010	665	665			1010				加格达奇区
39509	**38806**	**67638**	**63248**	**4.5**	**225**	**39734**	**58.2**	**8043**	**141.3**	**江　苏**
2250	2250	1495	1495			2250	6.0	366	11.0	丰　县
3161	3161	2841	2841			3161	3.0	710	20.0	沛　县
2006	2006	8440	8349			2006	2.4	876	3.0	睢宁县
2772	2772	2555	2555	1.5	175	2947	2.0	558		如东县
1335	1335	1258	1258			1335	4.0	287		东海县
1542	1542	4543	4543			1542	1.3	330	12.0	灌云县
704		2905	2905			704	4.0	152		灌南县
2035	2035	2395	2395			2035	1.4	496	0.0	涟水县
1638	1638	1955	1955			1638	1.2	359		盱眙县
1711	1711	3084				1711	4.7	356		金湖县
1024	1024	821		3.0	50	1074	0.5	160		响水县
1187	1187	1354	1049			1187	0.7	253		滨海县
2022	2022	4700	4700			2022	7.0	22		阜宁县
1502	1502	4256	4166			1502	1.0	226	15.0	射阳县
2069	2069	7990	7990			2069	7.5	575		建湖县
2210	2210	2679	2679			2210				宝应县
3913	3913	4066	4066			3913	5.0	840	67.0	沭阳县
3679	3679	6541	6541			3679	5.0	928	10.0	泗阳县
2748	2748	3761	3761			2748	1.6	549	3.3	泗洪县

10-2 续表 10

县名称 Name of Counties	污水排放量（万立方米） Annual Quantity of Wastewater Discharged (10,000 m³)	排水管道长度（公里） Length of Drainage Pipelines (km)	污水管道 Sewers	雨水管道 Rainwater Drainage Pipeline	雨污合流管道 Combined Drainage Pipeline	建成区 in Built District	污水处理厂 Wastewater Treatment Plant 座数（座） Number of Wastewater Treatment Plant (unit)	二、三级处理 Secondary and Tertiary Treatment	处理能力（万立方米/日） Treatment Capacity (10,000 m³/day)	二、三级处理 Secondary and Tertiary Treatment
浙　江	**53764**	**11350.8**	**6622.3**	**4053.4**	**675.1**	**9763.5**	**44**	**44**	**169.1**	**169.1**
桐庐县	2066	388.7	231.6	153.7	3.5	383.4	1	1	6.0	6.0
淳安县	945	305.5	154.7	150.8		302.8	3	3	3.0	3.0
象山县	3269	724.6	354.0	330.7	40.0	488.0	2	2	9.2	9.2
宁海县	3348	1021.8	525.6	189.9	306.2	994.7	2	2	10.5	10.5
永嘉县	444	118.8	78.3	39.7	0.7	80.2	1	1	1.5	1.5
平阳县	1468	112.4	81.4	30.5	0.5	42.2	1	1	6.0	6.0
苍南县	2480	295.6	77.6	110.2	107.8	75.8	1	1	9.0	9.0
文成县	398	70.1	42.0	23.1	5.0	62.5	1	1	1.0	1.0
泰顺县	654	108.4	61.6	30.1	16.7	99.8	1	1	2.0	2.0
嘉善县	2158	475.1	276.5	198.6		446.8				
海盐县	3140	460.4	320.6	139.8		266.9	1	1	10.0	10.0
德清县	2861	518.4	261.0	257.5		513.9	3	3	9.5	9.5
长兴县	3604	774.9	440.0	303.8	31.0	774.9	3	3	12.0	12.0
安吉县	3477	523.2	345.6	177.6		456.1	2	2	14.8	14.8
新昌县	2760	509.7	219.1	286.1	4.5	456.4				
武义县	2478	576.3	416.6	127.6	32.1	413.4	2	2	8.0	8.0
浦江县	2768	721.3	461.4	259.8		474.4	1	1	11.0	11.0
磐安县	394	124.5	76.0	48.5		124.5	1	1	3.0	3.0
常山县	1387	343.2	193.8	143.6	5.8	343.2	1	1	4.0	4.0
开化县	635	263.4	166.0	80.5	16.9	228.5	1	1	2.0	2.0
龙游县	1498	359.6	301.3	58.3		359.6	1	1	4.0	4.0
岱山县	394	137.5	88.6	46.9	2.0	123.6	1	1	1.0	1.0
嵊泗县	229	46.3	35.2	11.1		45.7	1	1	0.7	0.7
三门县	1048	318.5	176.8	99.2	42.4	279.2	1	1	4.0	4.0
天台县	2333	313.1	207.8	99.3	6.0	313.1	1	1	8.0	8.0
仙居县	1785	520.1	314.2	205.9		481.6	1	1	8.8	8.8
青田县	1049	183.7	127.7	35.0	21.1	149.6	2	2	4.0	4.0
缙云县	960	152.6	82.4	61.0	9.2	152.6	1	1	4.0	4.0
遂昌县	727	187.6	105.8	71.8	10.0	159.5	1	1	2.0	2.0
松阳县	1023	216.4	109.2	101.9	5.4	191.5	1	1	4.5	4.5
云和县	554	126.7	84.8	35.0	6.9	126.7	1	1	1.5	1.5
庆元县	915	192.2	116.9	74.6	0.7	192.2	3	3	2.7	2.7
景宁县	515	160.4	88.3	71.3	0.8	160.4	1	1	1.5	1.5
安　徽	**66786**	**17729.3**	**7858.0**	**7825.6**	**2045.8**	**14692.8**	**62**	**59**	**235.8**	**225.8**
长丰县	722	639.5	329.4	289.3	20.7	301.4	1	1	2.0	2.0
肥西县	2067	539.0	237.9	182.2	118.9	477.9	1	1	4.8	4.8

continued

污水处理厂 Wastewater Treatment Plant				其他污水处理设施 Other Wastewater Treatment Facilities		污水处理总量	再生水 Recycled Water			
处理量(万立方米) Quantity of Wastewater Treated (10,000 m^3)	二、三级处理 Secondary and Tertiary Treated	干污泥产生量(吨) Quantity of Dry Sludge Produced (ton)	干污泥处置量(吨) Quantity of Dry Sludge Treated (ton)	处理能力(万立方米/日) Treatment Capacity (10,000 m^3/day)	处理量(万立方米) Quantity of Wastewater Treated (10,000 m^3)	(万立方米) Total Quantity of Wastewater Treated (10,000 m^3)	生产能力(万立方米/日) Recycled Water Production Capacity (10,000 m^3/day)	利用量(万立方米) Annual Quantity of Wastewater Recycled and Reused (10,000 m^3)	管道长度(公里) Length of Pipelines (km)	县名称 Name of Counties
52308	**52308**	**58202**	**58202**	**5.5**	**76**	**52384**	**35.4**	**6515**	**104.3**	**浙　江**
1963	1963	2148	2148			1963	4.6	302		桐庐县
918	918	994	994			918	0.4	270	25.0	淳安县
3181	3181	2912	2912	0.2	12	3193	2.5	920	47.0	象山县
3315	3315	4219	4219			3315	3.6	563	3.9	宁海县
416	416	825	825	0.7	10	427	0.5	135	4.2	永嘉县
1416	1416	3619	3619			1416				平阳县
2388	2388	2168	2168			2388				苍南县
382	382	295	295			382				文成县
628	628	417	417			628	1.5	101		泰顺县
2089	2089					2089				嘉善县
3061	3061	843	843			3061				海盐县
2817	2817	2801	2801			2817	4.0	458	10.0	德清县
3550	3550	5439	5439			3550	6.0	1378	2.7	长兴县
3409	3409	2421	2421			3409	1.0	513	7.5	安吉县
2651	2651					2651		444		新昌县
2403	2403	3693	3693			2403	0.9	346		武义县
2692	2692	4185	4185			2692	7.3	572		浦江县
387	387	383	383			387	1.8	135	1.0	磐安县
1358	1358	1551	1551	4.0		1358	0.6	208		常山县
620	620	827	827			620		94		开化县
1463	1463	939	939			1463				龙游县
333	333	720	720	0.2	24	357				岱山县
211	211	221	221			211				嵊泗县
1032	1032	2386	2386			1032				三门县
2306	2306	4105	4105			2306				天台县
1725	1725	1619	1619			1725	0.5	1	3.0	仙居县
1028	1028	894	894			1028				青田县
940	940	1613	1613			940				缙云县
683	683	1923	1923	0.4	30	712				遂昌县
1002	1002	1607	1607			1002				松阳县
544	544	1409	1409			544				云和县
895	895	468	468			895				庆元县
504	504	555	555			504	0.2	76		景宁县
64133	**60881**	**75896**	**73917**	**3.8**	**102**	**64235**	**37.3**	**6988**	**116.5**	**安　徽**
707	707	405	405			707				长丰县
2003	2003	1967	1967			2003				肥西县

10-2 续表 11

县名称 Name of Counties	污水排放量（万立方米） Annual Quantity of Wastewater Discharged ($10,000\ m^3$)	排水管道 长度（公里） Length of Drainage Pipelines (km)	污水管道 Sewers	雨水管道 Rainwater Drainage Pipeline	雨污合流管道 Combined Drainage Pipeline	建成区 in Built District	污水处理厂 Wastewater Treatment Plant 座数（座） Number of Wastewater Treatment Plant (unit)	二、三级处理 Secondary and Tertiary Treatment	处理能力（万立方米/日） Treatment Capacity ($10,000\ m^3$/day)	二、三级处理 Secondary and Tertiary Treatment
肥东县	2506	252.9	130.0	122.9		252.9	1	1	10.0	10.0
庐江县	2358	469.5	192.5	277.0		469.5	2	2	6.0	6.0
南陵县	1317	342.8	145.5	122.6	74.7	342.7	1	1	4.0	4.0
怀远县	2116	271.1	124.8	98.3	48.0	271.1	2	2	8.0	8.0
五河县	1543	290.4	114.2	146.9	29.3	283.7	1	1	5.0	5.0
固镇县	680	342.6	170.4	130.7	41.5	342.6	1	1	5.0	5.0
凤台县	1935	138.7	46.6	74.8	17.3	54.1	1	1	5.0	5.0
寿　县	1400	334.9	148.6	155.2	31.0	113.4	1	1	4.0	4.0
当涂县	1454	345.0	133.0	197.2	14.8	345.0	1		6.0	
含山县	1500	208.9	107.2	91.7	10.0	134.0	1	1	4.0	4.0
和　县	829	228.1	53.2	82.5	92.5	212.0	1	1	2.5	2.5
濉溪县	2423	233.5	76.0	121.5	36.0	233.5	2	2	11.0	11.0
枞阳县	562	256.0	97.3	152.4	6.3	97.3	1	1	2.0	2.0
怀宁县	1098	240.2	130.1	110.0		219.2	1	1	3.0	3.0
太湖县	791	280.0	149.0	96.0	35.0	123.0	1	1	3.5	3.5
宿松县	944	184.0	52.0	67.0	65.0	144.0	1	1	4.0	4.0
望江县	788	238.0	123.7	86.5	27.8	226.9	1	1	7.0	7.0
岳西县	601	112.5	47.8	36.8	28.0	87.0	1	1	2.5	2.5
歙　县	1063	175.7	70.0	105.0	0.7	167.4	1		3.0	
休宁县	565	113.5	54.3	46.7	12.4	113.5				
黟　县	349	125.1	78.4	44.3	2.4	122.2	1	1	1.0	1.0
祁门县	318	100.7	39.1	27.2	34.4	100.7	1		1.0	
来安县	2870	582.4	276.5	228.3	77.6	574.2	2	2	8.3	8.3
全椒县	1655	441.6	235.7	190.7	15.2	441.6	1	1	5.0	5.0
定远县	1326	816.7	376.0	380.7	60.0	633.6	1	1	5.0	5.0
凤阳县	1211	713.2	338.8	344.9	29.5	675.9	1	1	5.0	5.0
临泉县	1448	467.8	197.0	160.9	110.0	432.2	1	1	7.0	7.0
太和县	2439	946.2	367.1	396.3	182.9	794.0	2	2	8.0	8.0
阜南县	1903	388.4	139.6	134.9	113.9	370.0	2	2	7.0	7.0
颍上县	2856	802.9	215.5	407.0	180.4	602.7	3	3	9.0	9.0
砀山县	1666	414.5	175.1	188.0	51.4	414.5	2	2	6.0	6.0
萧　县	1468	327.4	158.9	134.0	34.6	137.5	1	1	6.0	6.0
灵璧县	1149	428.8	198.4	144.2	86.2	226.7	1	1	5.0	5.0
泗　县	1340	503.3	247.0	243.9	12.4	313.6	1	1	4.0	4.0
霍邱县	1350	318.5	107.2	170.3	41.0	201.0	1	1	4.0	4.0
舒城县	1130	386.2	200.8	166.1	19.3	366.1	1	1	4.2	4.2
金寨县	1052	465.3	248.0	200.3	17.0	368.1	2	2	4.0	4.0

continued

污水处理厂 Wastewater Treatment Plant				其他污水处理设施 Other Wastewater Treatment Facilities		污水处理总量	再生水 Recycled Water			
处理量（万立方米） Quantity of Wastewater Treated (10,000 m^3)	二、三级处理 Secondary and Tertiary Treated	干污泥产生量（吨） Quantity of Dry Sludge Produced (ton)	干污泥处置量（吨） Quantity of Dry Sludge Treated (ton)	处理能力（万立方米/日） Treatment Capacity (10,000 m^3/day)	处理量（万立方米） Quantity of Wastewater Treated (10,000 m^3)	（万立方米） Total Quantity of Wastewater Treated (10,000 m^3)	生产能力（万立方米/日） Recycled Water Production Capacity (10,000 m^3/day)	利用量（万立方米） Annual Quantity of Wastewater Recycled and Reused (10,000 m^3)	管道长度（公里） Length of Pipelines (km)	县名称 Name of Counties
2431	2431	6191	6191			2431				肥东县
2295	2295	3619	3619			2295		23	8.0	庐江县
1251	1251	1152	1152			1251				南陵县
2011	2011	1725	1725			2011				怀远县
1495	1495	1497	1497	0.3	15	1510				五河县
656	656	807	807			656				固镇县
1897	1897	1239				1897	2.5	328	2.6	凤台县
1360	1360	492	492			1360				寿　县
1411		720	720			1411				当涂县
1424	1424	1015	1015			1424				含山县
788	788	2350	2350			788				和　县
2304	2304	1913	1913	2.0	84	2388	2.5	950	12.0	濉溪县
545	545	331	331			545				枞阳县
1075	1075	967	967			1075				怀宁县
757	757	489	489			757				太湖县
897	897	1326	1326			897				宿松县
749	749	523	523			749				望江县
589	589	319	319			589				岳西县
1011		3347	3347			1011				歙　县
538						538				休宁县
330	330	321	321			330				黟　县
292		296	296	0.0	3	295				祁门县
2782	2782	1745	1745	1.5		2782	7.0	752	17.0	来安县
1629	1629	682	682			1629	5.0	1620	15.0	全椒县
1274	1274	806	806			1274				定远县
1177	1177	740				1177				凤阳县
1375	1375	7579	7579			1375	4.0	1000	1.0	临泉县
2335	2335	1988	1988			2335				太和县
1828	1828	1414	1414			1828	3.3	430	8.0	阜南县
2683	2683	1661	1661			2683	1.0	365	6.7	颍上县
1583	1583	4121	4121			1583	4.0	1281	2.2	砀山县
1400	1400	2175	2175			1400				萧　县
1107	1107	443	443			1107				灵璧县
1313	1313	1995	1995			1313				泗　县
1285	1285	1002	1002			1285				霍邱县
1083	1083	2130	2130			1083				舒城县
1011	1011	2366	2366			1011				金寨县

10-2 续表 12

县名称 Name of Counties	污水排放量（万立方米）Annual Quantity of Wastewater Discharged (10,000 m^3)	排水管道长度（公里）Length of Drainage Pipelines (km)	污水管道 Sewers	雨水管道 Rainwater Drainage Pipeline	雨污合流管道 Combined Drainage Pipeline	建成区 in Built District	污水处理厂 Wastewater Treatment Plant：座数（座）Number of Wastewater Treatment Plant (unit)	二、三级处理 Secondary and Tertiary Treatment	处理能力（万立方米/日）Treatment Capacity (10,000 m^3/day)	二、三级处理 Secondary and Tertiary Treatment
霍山县	1330	340.8	197.1	132.5	11.3	340.8	2	2	6.0	6.0
涡阳县	2250	483.4	193.9	269.7	19.8	393.7	2	2	8.0	8.0
蒙城县	3031	515.9	259.9	233.0	23.0	515.9	2	2	8.0	8.0
利辛县	1195	523.3	255.9	244.4	23.0	362.0	1	1	8.0	8.0
东至县	554	218.3	116.2	57.0	45.0	183.0	1	1	2.0	2.0
石台县	206	67.6	40.1	18.5	9.0	67.6	1	1	1.0	1.0
青阳县	704	234.6	101.5	106.0	27.2	234.6	1	1	2.0	2.0
郎溪县	791	344.9	128.5	207.7	8.7	344.9	1	1	2.0	2.0
泾　县	1234	222.9	81.0	74.2	67.6	215.1	1	1	4.0	4.0
绩溪县	421	191.6	97.5	77.1	17.1	163.7	1	1	1.5	1.5
旌德县	280	120.3	53.8	50.3	16.2	85.0	1	1	1.5	1.5
福　建	**42408**	**8109.9**	**4034.1**	**3308.5**	**767.2**	**7546.5**	**45**	**44**	**143.1**	**142.1**
闽侯县	2109	161.9	66.2	92.5	3.2	138.5	1	1	3.0	3.0
连江县	2029	332.2	141.7	184.9	5.5	332.2	1	1	8.0	8.0
罗源县	986	84.9	32.4	42.5	10.0	84.9	1	1	3.0	3.0
闽清县	455	81.9	41.6	26.6	13.6	78.2	1	1	1.0	1.0
永泰县	475	155.5	72.4	71.6	11.5	155.5	1	1	2.0	2.0
仙游县	1843	443.6	191.0	225.9	26.7	398.6	1	1	5.0	5.0
明溪县	255	117.8	60.5	51.8	5.5	117.5	1	1	1.0	1.0
清流县	225	101.0	68.8	30.2	2.0	101.0	1	1	1.0	1.0
宁化县	689	205.9	143.2	57.8	5.0	205.9	1	1	4.0	4.0
大田县	484	107.0	66.0	20.0	21.0	97.0	1	1	2.5	2.5
尤溪县	979	108.8	63.9	21.7	23.3	92.8	1	1	4.0	4.0
沙　县	1194	361.6	172.9	139.3	49.5	361.6	1	1	3.0	3.0
将乐县	377	181.4	83.0	65.3	33.1	181.4	1	1	1.0	1.0
泰宁县	579	118.2	85.6	28.6	4.0	118.2	1	1	2.0	2.0
建宁县	592	155.7	96.9	55.8	3.0	155.7	1	1	2.5	2.5
惠安县	1868	159.6	97.0	62.6		159.6	1	1	7.0	7.0
安溪县	2066	210.8	78.5	76.3	56.0	195.5	1	1	6.0	6.0
永春县	2083	323.4	214.5	78.9	30.0	309.0	1	1	6.0	6.0
德化县	1587	430.2	205.2	208.0	17.0	430.2	1	1	6.0	6.0
云霄县	1479	330.4	167.8	105.7	57.0	330.4	1	1	5.0	5.0
漳浦县	1721	288.0	148.0	136.8	3.2	288.0	1	1	6.0	6.0
诏安县	1186	185.8	63.8	99.7	22.3	185.8	1	1	4.0	4.0
长泰县	893	137.6	51.1	84.0	2.6	101.2	1	1	3.0	3.0
东山县	1699	114.7	63.7	24.8	26.2	109.8	1	1	3.8	3.8
南靖县	608	179.1	87.1	90.1	1.9	149.5	1	1	1.5	1.5

continued

污水处理厂 Wastewater Treatment Plant				其他污水处理设施 Other Wastewater Treatment Facilities		污水处理总量	再生水 Recycled Water			县名称
处理量(万立方米) Quantity of Wastewater Treated (10,000 m^3)	二、三级处理 Secondary and Tertiary Treated	干污泥产生量(吨) Quantity of Dry Sludge Produced (ton)	干污泥处置量(吨) Quantity of Dry Sludge Treated (ton)	处理能力(万立方米/日) Treatment Capacity (10,000 m^3/day)	处理量(万立方米) Quantity of Wastewater Treated (10,000 m^3)	(万立方米) Total Quantity of Wastewater Treated (10,000 m^3)	生产能力(万立方米/日) Recycled Water Production Capacity (10,000 m^3/day)	利用量(万立方米) Annual Quantity of Wastewater Recycled and Reused (10,000 m^3)	管道长度(公里) Length of Pipelines (km)	Name of Counties
1268	1268	1087	1087			1268				霍山县
2140	2140	2571	2571			2140	1.5			涡阳县
2884	2884	1277	1277			2884	2.5	4	36.0	蒙城县
1137	1137	2314	2314			1137	4.0	235	8.0	利辛县
530	530	216	216			530				东至县
196	196	235	235			196				石台县
665	665	1086	1086			665				青阳县
781	781	878	878			781				郎溪县
1184	1184	1242	1242			1184				泾　县
401	401	566	566			401				绩溪县
266	266	565	565			266				旌德县
40314	**40023**	**60202**	**60200**			**40314**	**3.0**	**3**	**1.8**	**福　建**
2010	2010	1810	1809			2010				闽侯县
1943	1943	4305	4305			1943				连江县
945	945	964	964			945	3.0			罗源县
431	431	200	200			431				闽清县
455	455	380	380			455				永泰县
1734	1734	1969	1969			1734				仙游县
242	242	459	459			242				明溪县
214	214	16	16			214				清流县
655	655	491	491			655				宁化县
460	460	360	359			460				大田县
930	930	949	949			930				尤溪县
1135	1135	1504	1504			1135				沙　县
359	359	818	818			359				将乐县
551	551	647	647			551				泰宁县
569	569	266	266			569				建宁县
1766	1766	3042	3042			1766				惠安县
1927	1927	3157	3157			1927				安溪县
1958	1958	1668	1668			1958				永春县
1498	1498	2270	2270			1498				德化县
1371	1371	2206	2206			1371				云霄县
1642	1642	1761	1761			1642	0.0	3	1.8	漳浦县
1166	1166	2052	2052			1166				诏安县
863	863	1091	1091			863				长泰县
1583	1583	783	783			1583				东山县
580	580	898	898			580				南靖县

10-2 续表 13

县名称 Name of Counties	污水排放量（万立方米） Annual Quantity of Wastewater Discharged ($10,000\ m^3$)	排水管道长度（公里） Length of Drainage Pipelines (km)	污水管道 Sewers	雨水管道 Rainwater Drainage Pipeline	雨污合流管道 Combined Drainage Pipeline	建成区 in Built District	污水处理厂 Wastewater Treatment Plant：座数（座） Number of Wastewater Treatment Plant (unit)	二、三级处理 Secondary and Tertiary Treatment	处理能力（万立方米/日） Treatment Capacity ($10,000\ m^3$/day)	二、三级处理 Secondary and Tertiary Treatment
平和县	1009	195.0	102.0	59.0	34.0	159.0	1	1	4.0	4.0
华安县	55	70.5	40.0	22.5	8.0	69.5	1	1	0.5	0.5
顺昌县	349	93.6	27.3	48.3	18.0	30.4	1	1	1.0	1.0
浦城县	880	131.3	52.5	47.5	31.2	131.3	1	1	3.0	3.0
光泽县	483	93.6	41.0	17.6	35.0	93.6	1	1	1.3	1.3
松溪县	398	118.3	68.9	45.0	4.4	118.3	1	1	1.0	1.0
政和县	386	85.5	44.5	21.0	20.0	85.5	1	1	1.0	1.0
长汀县	1350	133.4	82.4	24.0	27.1	124.7	1	1	4.0	4.0
上杭县	1295	231.5	93.1	128.6	9.8	231.5	1	1	6.0	6.0
武平县	760	410.1	184.6	212.5	13.0	190.1	1	1	2.0	2.0
连城县	912	178.7	90.4	60.5	27.7	178.7	1	1	4.0	4.0
霞浦县	1345	189.4	89.5	61.9	38.0	185.7	1	1	4.0	4.0
古田县	1450	145.4	63.2	59.8	22.4	145.4	1	1	4.0	4.0
屏南县	356	84.8	46.3	27.5	11.0	84.8	1	1	1.0	1.0
寿宁县	359	82.3	53.0	19.5	9.8	81.2	1	1	1.0	1.0
周宁县	381	163.6	84.7	70.0	8.9	163.6	1	1	1.0	1.0
柘荣县	291	115.1	63.5	51.6		115.1	1		1.0	
平潭县	1889	511.1	244.5	250.5	16.0	480.4	3	3	12.0	12.0
江　西	**47813**	**13356.5**	**6023.0**	**4345.2**	**2988.4**	**12185.6**	**73**	**46**	**145.6**	**92.6**
南昌县	2913	172.7	62.6	60.4	49.8	172.7	2	2	13.5	13.5
安义县	1324	63.4	25.2	37.5	0.7	63.4	2		3.5	
进贤县	1423	63.0	7.0	34.0	22.0	63.0	1	1	4.0	4.0
浮梁县	427	147.9	66.1	51.8	30.0	105.0	1	1	1.0	1.0
莲花县	826	108.6	53.8	35.9	18.9	96.8	1		2.1	
上栗县	532	236.9	75.3	81.3	80.3	236.1	1	1	1.5	1.5
芦溪县	529	138.2	74.8	59.4	4.0	136.8	1	1	1.5	1.5
武宁县	850	183.9	74.5	87.7	21.7	145.8	1	1	2.0	2.0
修水县	1049	241.1	101.9	16.6	122.6	240.0	1	1	3.0	3.0
永修县	562	120.6	85.9	26.7	8.0	112.6	1	1	2.0	2.0
德安县	838	271.5	74.6	65.7	131.2	210.3	1	1	1.5	1.5
都昌县	756	180.9	40.1	30.1	110.7	131.9	1	1	2.0	2.0
湖口县	799	143.0	89.7	27.6	25.7	143.0	2	2	3.0	3.0
彭泽县	591	83.2	36.5	36.5	10.2	10.6	1	1	1.5	1.5
分宜县	934	140.1	110.1	27.0	3.0	135.0	1	1	3.0	3.0
信丰县	1817	554.7	229.8	165.9	159.0	520.0	2	1	4.5	3.0
大余县	613	207.3	131.4	71.5	4.4	175.7	1		2.0	
上犹县	704	239.6	106.6	97.7	35.3	239.6	2	2	2.5	2.5

continued

污水处理厂 Wastewater Treatment Plant				其他污水处理设施 Other Wastewater Treatment Facilities		污水处理总量	再生水 Recycled Water			
处理量(万立方米) Quantity of Wastewater Treated (10,000 m³)	二、三级处理 Secondary and Tertiary Treated	干污泥产生量(吨) Quantity of Dry Sludge Produced (ton)	干污泥处置量(吨) Quantity of Dry Sludge Treated (ton)	处理能力(万立方米/日) Treatment Capacity (10,000 m³/day)	处理量(万立方米) Quantity of Wastewater Treated (10,000 m³)	(万立方米) Total Quantity of Wastewater Treated (10,000 m³)	生产能力(万立方米/日) Recycled Water Production Capacity (10,000 m³/day)	利用量(万立方米) Annual Quantity of Wastewater Recycled and Reused (10,000 m³)	管道长度(公里) Length of Pipelines (km)	县名称 Name of Counties
999	999	1735	1735			999				平和县
51	51	30	30			51				华安县
328	328	485	485			328				顺昌县
828	828	605	605			828				浦城县
459	459	1091	1091			459				光泽县
375	375	575	575			375				松溪县
364	364	245	245			364				政和县
1283	1283	1810	1810			1283				长汀县
1231	1231	2037	2037			1231				上杭县
723	723	521	521			723				武平县
868	868	834	834			868				连城县
1266	1266	4164	4164			1266				霞浦县
1374	1374	1422	1422			1374				古田县
337	337	1718	1718			337				屏南县
342	342	760	760			342				寿宁县
348	348	1101	1101			348				周宁县
291		366	366			291				柘荣县
1860	1860	6638	6638			1860				平潭县
43101	**26659**	**64484**	**63485**	**4.1**	**670**	**43771**	**1.9**	**376**		**江　西**
2534	2534	17276	17276			2534				南昌县
1101		6610	6610			1101				安义县
1281	1281	315	315			1281				进贤县
364	364	309	309			364				浮梁县
762		1695	1695			762				莲花县
510	510	639	639			510				上栗县
503	503	639	639			503	1.0	364		芦溪县
728	728	522	522			728				武宁县
944	944	910	910			944				修水县
516	516	412	41			516				永修县
533	533	266	266		233	766				德安县
717	717	367	367			717				都昌县
765	765	582	582			765		12		湖口县
526	526	965	965			526				彭泽县
871	871	1043	1043			871				分宜县
1683	1150	1475	1467			1683				信丰县
567		550	550			567				大余县
652	652	664	664			652				上犹县

10-2 续表 14

县名称 Name of Counties	污水排放量(万立方米) Annual Quantity of Wastewater Discharged (10,000 m^3)	排水管道长度(公里) Length of Drainage Pipelines (km)	污水管道 Sewers	雨水管道 Rainwater Drainage Pipeline	雨污合流管道 Combined Drainage Pipeline	建成区 in Built District	污水处理厂 Wastewater Treatment Plant 座数(座) Number of Wastewater Treatment Plant (unit)	二、三级处理 Secondary and Tertiary Treatment	处理能力(万立方米/日) Treatment Capacity (10,000 m^3/day)	二、三级处理 Secondary and Tertiary Treatment
崇义县	393	135.4	79.8	11.2	44.4	128.8	1		1.0	
安远县	401	249.4	112.3	84.8	52.3	249.4	2	2	1.3	1.3
定南县	626	311.2	178.3	123.4	9.5	196.4	3	1	3.0	1.8
全南县	450	180.7	74.2	44.4	62.1	172.7	2	2	1.5	1.5
宁都县	1363	372.4	179.2	110.3	83.0	372.4	1		3.0	
于都县	1730	415.4	149.4	130.0	136.0	415.4	2		6.0	
兴国县	1165	447.0	158.0	126.0	163.0	385.0	2	2	3.0	3.0
会昌县	956	222.7	82.6	113.2	26.9	213.4	1	1	2.5	2.5
寻乌县	731	202.5	115.9	36.8	49.8	202.5	2	2	3.0	3.0
石城县	584	208.2	94.5	108.2	5.5	208.2	1	1	1.5	1.5
吉安县	1050	388.0	187.0	198.9	2.2	356.7	1		2.5	
吉水县	1205	330.4	198.7	68.2	63.5	312.5	1	1	3.1	3.1
峡江县	267	114.6	52.6	23.8	38.3	107.7	1	1	0.9	0.9
新干县	660	264.4	156.7	66.7	41.0	8.6	1		2.0	
永丰县	720	264.4	103.2	91.2	70.0	259.9	1	1	1.0	1.0
泰和县	828	268.7	139.0	80.2	49.5	258.2	1		2.2	
遂川县	484	180.5	89.4	82.8	8.3	180.5	1	1	0.9	0.9
万安县	442	155.4	84.0	46.4	25.0	116.5	1	1	1.0	1.0
安福县	380	169.0	80.0	49.0	40.0	150.0	1	1	1.0	1.0
永新县	485	182.5	86.2	76.1	20.2	181.2	1	1	2.0	2.0
奉新县	762	305.3	54.4	154.6	96.4	301.6	1		2.0	
万载县	1065	280.5	137.5	73.0	70.0	257.4	1	1	3.0	3.0
上高县	1201	384.8	109.7	37.8	237.3	384.8	1		4.5	
宜丰县	580	141.0	66.8	17.5	56.7	141.0	1	1	2.3	2.3
靖安县	388	192.2	92.0	82.0	18.2	188.1	1		1.0	
铜鼓县	302	155.5	107.0	48.5		155.5	1	1	1.0	1.0
南城县	1371	221.0	88.0	80.0	53.0	221.0	1		4.0	
黎川县	366	221.0	96.4	93.1	31.6	221.0	1		1.5	
南丰县	767	161.4	46.3	52.0	63.1	99.6	1		2.0	
崇仁县	733	312.4	76.7	94.4	141.3	262.1	1		2.0	
乐安县	790	165.0	66.5	58.5	40.0	165.0	1		2.0	
宜黄县	352	168.3	80.4	69.4	18.5	168.3	1		1.5	
金溪县	488	144.7	35.6	9.8	99.3	144.7	1		1.5	
资溪县	261	62.1	32.1	5.5	24.5	56.5	1		1.0	
广昌县	578	154.3	97.8	33.3	23.2	154.3	1		1.5	
玉山县	769	279.6	141.5	91.4	46.7	257.3	1	1	2.0	2.0
铅山县	372	249.0	141.0	55.5	52.5	200.0	1		1.5	

continued

污水处理厂 Wastewater Treatment Plant				其他污水处理设施 Other Wastewater Treatment Facilities		污水处理总量	再生水 Recycled Water			
处理量（万立方米） Quantity of Wastewater Treated (10,000 m^3)	二、三级处理 Secondary and Tertiary Treated	干污泥产生量（吨） Quantity of Dry Sludge Produced (ton)	干污泥处置量（吨） Quantity of Dry Sludge Treated (ton)	处理能力（万立方米/日） Treatment Capacity (10,000 m^3/day)	处理量（万立方米） Quantity of Wastewater Treated (10,000 m^3)	（万立方米） Total Quantity of Wastewater Treated (10,000 m^3)	生产能力（万立方米/日） Recycled Water Production Capacity (10,000 m^3/day)	利用量（万立方米） Annual Quantity of Wastewater Recycled and Reused (10,000 m^3)	管道长度（公里） Length of Pipelines (km)	县名称 Name of Counties
360		438	438			360				崇义县
372	372	381	379			372				安远县
608	510	296	294			608				定南县
412	412	220	220	0.1	6	418				全南县
1295		2502	2502			1295				宁都县
1587		1513	1513			1587				于都县
1075	1075	1337	1337			1075				兴国县
885	885	414	414			885				会昌县
677	677	430	427	0.0	7	684				寻乌县
552	552	573	573	0.6	9	561				石城县
855		513	513			855				吉安县
1132	1132	547	311			1132				吉水县
259	259	172	172			259				峡江县
632		270	270			632				新干县
366	366	334	334	1.8	353	719				永丰县
784		420	42			784				泰和县
398	398	482	482	0.5	62	460				遂川县
402	402	295	295			402				万安县
302	302	186	186	1.0		302				安福县
418	418	288	288			418				永新县
685		2497	2497			685				奉新县
966	966	1111	1111			966				万载县
1098		898	898			1098				上高县
545	545	1446	1446			545				宜丰县
355		120	120			355	0.9			靖安县
269	269	237	237			269				铜鼓县
1314		1031	1031			1314				南城县
333		73	73			333				黎川县
729		538	538			729				南丰县
700		630	630			700				崇仁县
743		740	740			743				乐安县
331		294	294			331				宜黄县
470		441	441			470				金溪县
248		171	171			248				资溪县
545		1073	1073			545				广昌县
685	685	1033	1033			685				玉山县
317		672	672			317				铅山县

10-2 续表 15

县名称 Name of Counties	污水排放量（万立方米）Annual Quantity of Wastewater Discharged ($10,000 m^3$)	排水管道长度（公里）Length of Drainage Pipelines (km)	污水管道 Sewers	雨水管道 Rainwater Drainage Pipeline	雨污合流管道 Combined Drainage Pipeline	建成区 in Built District	污水处理厂 Wastewater Treatment Plant 座数（座）Number of Wastewater Treatment Plant (unit)	二、三级处理 Secondary and Tertiary Treatment	处理能力（万立方米/日）Treatment Capacity ($10,000 m^3$/day)	二、三级处理 Secondary and Tertiary Treatment
横峰县	429	198.3	79.3	119.0		198.3	1	1	1.0	1.0
弋阳县	698	374.2	174.8	166.1	33.3	374.2	1	1	2.0	2.0
余干县	766	160.5	82.5	78.0		160.5	1	1	2.0	2.0
鄱阳县	1133	184.1	69.1	70.0	45.0	184.1	1	1	4.0	4.0
万年县	811	263.8	177.7	86.1		263.8	1	1	4.0	4.0
婺源县	424	218.5	123.1	85.2	10.2	212.5	1	1	2.0	2.0
山　东	**79203**	**16725.0**	**7397.9**	**7974.6**	**1352.6**	**15200.4**	**83**	**83**	**364.5**	**364.5**
平阴县	1224	151.2	81.0	35.0	35.2	151.2	1	1	4.0	4.0
商河县	764	185.3	57.6	95.7	32.0	185.3	1	1	2.0	2.0
桓台县	1236	200.6	74.5	123.2	2.9	200.6	1	1	5.0	5.0
高青县	489	255.8	133.4	113.9	8.6	255.8	1	1	8.0	8.0
沂源县	1230	292.6	145.5	129.7	17.4	292.6	2	2	8.0	8.0
利津县	1975	343.7	201.7	117.6	24.4	343.7	1	1	6.0	6.0
广饶县	1650	275.9	131.8	144.1		275.9	1	1	7.5	7.5
临朐县	4541	497.6	278.9	118.3	100.5	334.9	2	2	16.0	16.0
昌乐县	4365	527.1	225.5	301.6		316.8	3	3	13.0	13.0
微山县	1090	358.4	134.8	221.6	2.0	253.7	1	1	6.0	6.0
鱼台县	1070	109.9	42.3	58.8	8.8	108.1	1	1	3.0	3.0
金乡县	1338	350.2	140.3	197.9	12.0	349.6	3	3	9.0	9.0
嘉祥县	1340	302.9	149.9	135.2	17.8	302.9	1	1	8.0	8.0
汶上县	1480	195.3	108.6	74.7	12.0	195.3	2	2	7.0	7.0
泗水县	1112	350.2	120.0	221.2	9.0	327.3	1	1	6.0	6.0
梁山县	1270	356.6	148.6	201.7	6.3	342.7	1	1	5.0	5.0
宁阳县	1710	282.4	139.6	121.2	21.5	282.4	1	1	6.0	6.0
东平县	1269	337.2	113.7	155.3	68.2	296.6	2	2	7.0	7.0
五莲县	1019	462.8	193.8	253.8	15.2	462.8	2	2	5.0	5.0
莒　县	3371	495.9	190.0	291.4	14.5	484.1	4	4	16.0	16.0
沂南县	1675	425.4	177.2	248.3		411.2	2	2	6.0	6.0
郯城县	1705	286.7	160.5	75.0	51.2	279.0	2	2	6.0	6.0
沂水县	3376	569.1	229.2	285.2	54.7	432.9	2	2	16.0	16.0
兰陵县	2938	238.2	100.2	109.0	29.0	238.2	3	3	12.0	12.0
费　县	1202	230.6	99.3	90.3	41.0	225.2	1	1	4.0	4.0
平邑县	2090	396.0	167.2	172.8	56.0	396.0	1	1	6.0	6.0
莒南县	2888	523.4	238.9	270.8	13.7	312.6	3	3	11.0	11.0
蒙阴县	1193	194.8	78.0	99.5	17.3	194.8	1	1	7.0	7.0
临沭县	1879	423.6	132.6	226.2	64.8	311.9	1	1	7.0	7.0
宁津县	586	266.8	126.0	126.1	14.8	266.8	2	2	7.0	7.0

continued

污水处理厂 Wastewater Treatment Plant: 处理量（万立方米） Quantity of Wastewater Treated (10,000 m^3)	二、三级处理 Secondary and Tertiary Treated	干污泥产生量（吨） Quantity of Dry Sludge Produced (ton)	干污泥处置量（吨） Quantity of Dry Sludge Treated (ton)	其他污水处理设施 Other Wastewater Treatment Facilities: 处理能力（万立方米/日） Treatment Capacity (10,000 m^3/day)	处理量（万立方米） Quantity of Wastewater Treated (10,000 m^3)	污水处理总量（万立方米） Total Quantity of Wastewater Treated (10,000 m^3)	再生水 Recycled Water: 生产能力（万立方米/日） Recycled Water Production Capacity (10,000 m^3/day)	利用量（万立方米） Annual Quantity of Wastewater Recycled and Reused (10,000 m^3)	管道长度（公里） Length of Pipelines (km)	县名称 Name of Counties
387	387	1253	1253			387				横峰县
617	617	325	325			617				弋阳县
700	700	935	935			700				余干县
994	994	1287	1287			994				鄱阳县
781	781	631	631			781				万年县
364	364	200	200			364				婺源县
77423	**77423**	**182121**	**182000**			**77423**	**183.1**	**29656**	**356.1**	**山　东**
1200	1200	2227	2227			1200	4.0	397	1.0	平阴县
752	752	1462	1462			752	1.8	219		商河县
1215	1215	3183	3183			1215	5.0	600	8.5	桓台县
481	481	4256	4256			481	4.0	240	0.1	高青县
1208	1208	3984	3984			1208	4.0	603	4.7	沂源县
1932	1932	3236	3236			1932	2.0	150	0.3	利津县
1625	1625	11786	11786			1625				广饶县
4471	4471	22617	22617			4471	16.0	2906	2.0	临朐县
4299	4299	13686	13686			4299	8.0	2044	11.3	昌乐县
1063	1063	1612	1612			1063	6.0	530	8.5	微山县
1050	1050	1789	1789			1050	2.0	365	8.5	鱼台县
1305	1305	1271	1270			1305	5.6	650	5.0	金乡县
1308	1308	3148	3148			1308	6.0	784	2.0	嘉祥县
1443	1443	3792	3792			1443	5.5	720	15.0	汶上县
1084	1084	2300	2300			1084	6.0	355	5.0	泗水县
1238	1238	2817	2817			1238	5.0	583	60.0	梁山县
1663	1663	3325	3325			1663	5.0	555	29.1	宁阳县
1234	1234	1600	1600			1234	3.5	617		东平县
992	992	1786	1786			992	2.5	496		五莲县
3292	3292	3883	3883			3292	4.6	215	12.3	莒　县
1626	1626	642	642			1626	3.0	530	4.5	沂南县
1657	1657	2215	2215			1657	1.0	180	8.0	郯城县
3309	3309	7757	7757			3309	10.0	1728	10.0	沂水县
2881	2881	2044	2044			2881	3.0	751	2.0	兰陵县
1178	1178	809	809			1178				费　县
1986	1986	1865	1865			1986	6.0	936	2.0	平邑县
2829	2829	2865	2865			2829	2.0	730	5.0	莒南县
1158	1158	2125	2125			1158	3.5	550		蒙阴县
1830	1830	1176	1176			1830	4.0	995	7.0	临沭县
574	574	2671	2671			574	2.0	309	4.4	宁津县

10-2 续表 16

县名称 Name of Counties	污水排放量（万立方米） Annual Quantity of Wastewater Discharged (10,000 m³)	排水管道长度（公里） Length of Drainage Pipelines (km)	污水管道 Sewers	雨水管道 Rainwater Drainage Pipeline	雨污合流管道 Combined Drainage Pipeline	建成区 in Built District	污水处理厂 Wastewater Treatment Plant 座数（座） Number of Wastewater Treatment Plant (unit)	二、三级处理 Secondary and Tertiary Treatment	处理能力（万立方米/日） Treatment Capacity (10,000 m³/day)	二、三级处理 Secondary and Tertiary Treatment
庆云县	490	233.1	75.4	77.7	80.1	233.1	2	2	6.0	6.0
临邑县	1316	209.1	90.4	64.9	53.8	209.1	2	2	6.0	6.0
齐河县	1241	380.6	144.4	198.2	38.0	321.9	3	3	7.0	7.0
平原县	1735	321.7	137.7	134.3	49.7	321.7	1	1	6.0	6.0
夏津县	855	168.8	80.8	42.0	46.0	168.8	2	2	5.0	5.0
武城县	738	247.4	88.0	117.7	41.7	247.4	1	1	3.0	3.0
阳谷县	1865	231.4	95.3	92.1	44.0	231.3	1	1	8.0	8.0
莘　县	972	228.0	93.0	97.7	37.4	228.0	1	1	4.0	4.0
东阿县	614	206.7	63.5	114.3	28.9	206.7	1	1	4.0	4.0
冠　县	820	338.0	128.0	188.3	21.7	275.4	1	1	8.0	8.0
高唐县	1342	356.4	143.6	192.6	20.2	329.3	1	1	8.0	8.0
惠民县	618	274.9	135.1	139.7		274.9	2	2	6.0	6.0
阳信县	649	231.1	126.7	104.4		231.1	1	1	4.5	4.5
无棣县	805	284.0	118.8	165.2		284.0	1	1	6.0	6.0
博兴县	640	255.9	131.2	124.7		184.3	1	1	8.0	8.0
曹　县	1958	447.3	214.3	232.0	1.0	417.8	2	2	8.0	8.0
单　县	2750	538.8	319.0	184.5	35.3	538.8	2	2	8.0	8.0
成武县	510	220.6	108.6	102.0	10.0	220.6	2	2	6.0	6.0
巨野县	909	367.0	130.7	212.3	24.0	304.0	1	1	4.0	4.0
郓城县	1452	565.6	241.1	294.5	30.0	565.6	1	1	4.0	4.0
鄄城县	1493	463.5	281.5	173.0	9.0	345.6	1	1	4.0	4.0
东明县	2355	269.1	130.6	107.4	31.2	230.4	3	3	11.5	11.5
河　南	**83093**	**19034.7**	**8065.6**	**6419.6**	**4549.5**	**17320.2**	**125**	**88**	**402.0**	**292.2**
中牟县	819	321.7	130.2	131.3	60.2	285.5				
杞　县	521	216.7	94.7	76.0	46.0	172.6	1	1	2.5	2.5
通许县	837	200.0	88.5	52.9	58.5	198.1	1	1	2.5	2.5
尉氏县	719	284.9	88.9	89.6	106.4	282.3	1		2.5	
兰考县	1221	505.6	241.9	190.5	73.2	457.6	3		12.5	
孟津县	686	82.0	44.5	25.5	12.0	82.0	2	2	3.0	3.0
新安县	1015	98.2	48.3	42.0	8.0	85.3	1	1	3.0	3.0
栾川县	757	96.5	60.5	22.0	14.0	82.0	2	2	4.0	4.0
嵩　县	711	115.6	70.3	44.3	1.0	106.0	1	1	3.0	3.0
汝阳县	730	65.8	45.4	18.3	2.0	65.4	1	1	2.0	2.0
宜阳县	1090	135.7	89.1	46.6		135.7	2	2	4.0	4.0
洛宁县	664	68.0	36.2	31.7		67.0	1	1	2.0	2.0
伊川县	775	250.0	163.5	86.5		226.0	1	1	4.0	4.0
宝丰县	986	155.7	83.4	46.0	26.3	125.4	1	1	4.0	4.0

continued

污水处理厂 Wastewater Treatment Plant				其他污水处理设施 Other Wastewater Treatment Facilities		污水处理总量	再生水 Recycled Water			县名称
处理量(万立方米) Quantity of Wastewater Treated (10,000 m^3)	二、三级处理 Secondary and Tertiary Treated	干污泥产生量(吨) Quantity of Dry Sludge Produced (ton)	干污泥处置量(吨) Quantity of Dry Sludge Treated (ton)	处理能力(万立方米/日) Treatment Capacity (10,000 m^3/day)	处理量(万立方米) Quantity of Wastewater Treated (10,000 m^3)	(万立方米) Total Quantity of Wastewater Treated (10,000 m^3)	生产能力(万立方米/日) Recycled Water Production Capacity (10,000 m^3/day)	利用量(万立方米) Annual Quantity of Wastewater Recycled and Reused (10,000 m^3)	管道长度(公里) Length of Pipelines (km)	Name of Counties
482	482	1265	1265			482	1.6	328	1.0	庆云县
1290	1290	4392	4392			1290	2.0	631	7.9	临邑县
1217	1217	2540	2540			1217	2.5	580	3.4	齐河县
1709	1709	1631	1631			1709	2.0	720	20.7	平原县
842	842	3136	3136			842	2.0	500	11.0	夏津县
724	724	2753	2753			724	1.5	274	2.0	武城县
1827	1827	2596	2596			1827	4.0	977	1.4	阳谷县
952	952	4898	4898			952	3.0	588		莘　县
602	602	1339	1339			602	3.0	503	9.0	东阿县
793	793	5263	5263			793	4.0	465	13.9	冠　县
1302	1302	4626	4626			1302	6.0	1024	6.0	高唐县
609	609	1325	1325			609	2.0	423		惠民县
637	637	1004	1004			637	4.5	318		阳信县
789	789	541	541			789	3.0	375	3.9	无棣县
631	631	8080	8080			631	1.0		6.1	博兴县
1909	1909	2352	2352			1909	1.0	329	3.5	曹　县
2700	2700	3828	3828			2700	1.0	226	29.7	单　县
490	490	1666	1546			490			3.6	成武县
885	885	2336	2336			885	2.0	389	8.0	巨野县
1410	1410	1568	1568			1410	1.0	178	2.0	郓城县
1442	1442	2049	2049			1442	1.0	230	2.0	鄄城县
2295	2295	5004	5004			2295	4.0	860	4.9	东明县
80605	**59489**	**181656**	**165083**			**80605**	**46.3**	**10383**	**192.2**	**河　南**
808	808					808				中牟县
475	475	584	584			475				杞　县
766	766	1568	1568			766				通许县
685		1484	1484			685				尉氏县
1164		6594	2690			1164	0.3	100	15.3	兰考县
686	686	1830	1830			686				孟津县
984	984	2457	2457			984				新安县
755	755	3784	3784			755				栾川县
711	711	1405	1405			711				嵩　县
720	720	1800	1800			720	0.7	59	6.0	汝阳县
1073	1073	1498	1498			1073				宜阳县
651	651	2000	2000			651				洛宁县
770	770	4918	4918			770				伊川县
972	972	1278	1278			972				宝丰县

10-2 续表 17

县名称 Name of Counties	污水排放量(万立方米) Annual Quantity of Wastewater Discharged (10,000 m^3)	排水管道长度(公里) Length of Drainage Pipelines (km)	污水管道 Sewers	雨水管道 Rainwater Drainage Pipeline	雨污合流管道 Combined Drainage Pipeline	建成区 in Built District	污水处理厂 Wastewater Treatment Plant: 座数(座) Number of Wastewater Treatment Plant (unit)	二、三级处理 Secondary and Tertiary Treatment	处理能力(万立方米/日) Treatment Capacity (10,000 m^3/day)	二、三级处理 Secondary and Tertiary Treatment
叶　县	870	156.4	58.1	27.7	70.6	137.7	1		4.0	
鲁山县	1203	128.9	65.4	37.8	25.8	93.6	1	1	6.0	6.0
郏　县	1029	309.1	154.6	154.6		274.5	2	2	3.0	3.0
安阳县										
汤阴县	1080	336.2	140.3	111.1	84.7	336.2	1	1	2.5	2.5
滑　县	1241	390.3	155.8	182.9	51.7	390.3	1	1	3.0	3.0
内黄县	768	219.5	70.7	76.8	72.0	218.0	1	1	3.0	3.0
浚　县	1140	155.4	73.4	48.0	34.0	152.6	3		4.3	
淇　县	456	144.9	50.9	11.6	82.5	144.9	1	1	9.0	9.0
新乡县	480	84.8	52.2	16.6	16.0	81.1				
获嘉县	1200	129.2	53.8	12.3	63.0	126.0	1	1	6.0	6.0
原阳县	1520	245.4	101.1	144.3		193.0	1		5.0	
延津县	1103	213.3	64.0	29.3	120.0	213.3	1	1	5.0	5.0
封丘县	1130	161.6	82.0	65.4	14.2	161.4	2	1	5.0	2.0
修武县	780	250.4	111.3	131.1	8.0	250.4	1	1	4.0	4.0
博爱县	1624	180.2	78.6	81.6	20.0	177.0	1	1	5.0	5.0
武陟县	1655	270.8	176.6	89.2	5.0	229.0	2	2	6.0	6.0
温　县	822	203.8	36.9	14.9	152.0	200.3	2	1	7.0	3.0
清丰县	690	173.3	95.6	56.6	21.1	173.3	2	2	5.0	5.0
南乐县	896	156.2	51.9	62.4	42.0	156.2	1	1	8.0	8.0
范　县	613	183.4	78.2	83.4	21.8	150.1	1	1	2.5	2.5
台前县	700	223.4	95.3	83.1	45.0	209.7	1	1	5.2	5.2
濮阳县	880	401.1	113.4	169.7	118.0	330.9	1	1	5.0	5.0
鄢陵县	570	161.9	64.3	97.6		161.9	2	2	5.0	5.0
襄城县	456	161.6	57.4	37.8	66.3	161.6	1	1	5.0	5.0
舞阳县	1164	170.7	51.2	36.4	83.0	148.3	2	2	4.0	4.0
临颍县	1500	231.2	71.7	63.4	96.1	214.6	2	2	9.0	9.0
渑池县	599	87.4	34.3	28.7	24.4	51.3	2		5.0	
卢氏县	540	128.2	71.4	50.8	6.0	93.8	1		1.5	
南召县	702	360.8	190.2	162.8	7.8	358.2	1	1	3.0	3.0
方城县	1278	492.8	263.2	186.6	43.0	492.8	2		5.5	
西峡县	1251	301.4	154.9	24.8	121.6	301.4	1	1	5.0	5.0
镇平县	1316	328.9	175.1	102.5	51.3	321.4	1		4.5	
内乡县	1555	249.0	89.5	71.8	87.8	207.2	3	3	7.0	7.0
淅川县	1330	187.0	71.9	43.1	72.0	187.0	1	1	6.5	6.5
社旗县	901	293.0	111.6	81.5	99.9	290.8	1	1	3.5	3.5
唐河县	1551	354.7	107.2	172.9	74.6	354.7	1	1	5.5	5.5

continued

污水处理厂 Wastewater Treatment Plant				其他污水处理设施 Other Wastewater Treatment Facilities		污水处理总量	再生水 Recycled Water			县名称
处理量(万立方米) Quantity of Wastewater Treated (10,000 m^3)	二、三级处理 Secondary and Tertiary Treated	干污泥产生量(吨) Quantity of Dry Sludge Produced (ton)	干污泥处置量(吨) Quantity of Dry Sludge Treated (ton)	处理能力(万立方米/日) Treatment Capacity (10,000 m^3/day)	处理量(万立方米) Quantity of Wastewater Treated (10,000 m^3)	(万立方米) Total Quantity of Wastewater Treated (10,000 m^3)	生产能力(万立方米/日) Recycled Water Production Capacity (10,000 m^3/day)	利用量(万立方米) Annual Quantity of Wastewater Recycled and Reused (10,000 m^3)	管道长度(公里) Length of Pipelines (km)	Name of Counties
870		1948	1948			870				叶　县
1201	1201	2620	2620			1201	3.0	38	5.0	鲁山县
1017	1017	1179				1017				郏　县
										安阳县
1054	1054	1205	1205			1054				汤阴县
1199	1199	2187	2187			1199	2.5	866	1.0	滑　县
740	740	760				740				内黄县
1116		2956	2956			1116			2.8	浚　县
455	455	1274	1274			455				淇　县
457						457				新乡县
1130	1130	3000	3000			1130				获嘉县
1480		372	372			1480				原阳县
1086	1086	3600	3600			1086			5.0	延津县
1107	465	662	662			1107				封丘县
740	740	1865	1864			740	3.0	340	10.6	修武县
1554	1554	4037	4037			1554				博爱县
1653	1653	2773	2773			1653				武陟县
778	227	6280	6280			778				温　县
688	688	1916	1916			688	2.0	552	2.0	清丰县
882	882	2526	2526			882				南乐县
593	593	739	739			593				范　县
699	699	710	710			699	2.5			台前县
870	870	3058	3058			870	5.0	1517	4.4	濮阳县
566	566	1256	1256			566		450	20.1	鄢陵县
442	442	3055	3055			442				襄城县
987	987	1200	1200			987				舞阳县
1498	1498	7130				1498	2.9	1026	14.6	临颍县
587		2983	2983			587	3.0	568	13.0	渑池县
531		629	629			531				卢氏县
698	698	1600				698				南召县
1253		2791	2791			1253				方城县
1240	1240	1396	1326			1240				西峡县
1280		2112	2112			1280	3.0	1080	7.5	镇平县
1443	1443	1520	1470			1443	5.0	450	12.8	内乡县
1308	1308	2629	2629			1308				淅川县
831	831	1465	1465			831	1.6	482	11.0	社旗县
1499	1499	2204	2204			1499				唐河县

10-2 续表 18

县名称 Name of Counties	污水排放量（万立方米） Annual Quantity of Wastewater Discharged (10,000 m^3)	排水管道长度（公里） Length of Drainage Pipelines (km)	污水管道 Sewers	雨水管道 Rainwater Drainage Pipeline	雨污合流管道 Combined Drainage Pipeline	建成区 in Built District	污水处理厂 Wastewater Treatment Plant 座数（座） Number of Wastewater Treatment Plant (unit)	二、三级处理 Secondary and Tertiary Treatment	处理能力（万立方米/日） Treatment Capacity (10,000 m^3/day)	二、三级处理 Secondary and Tertiary Treatment
新野县	1216	263.5	127.1	66.4	70.0	259.1	2		5.0	
桐柏县	855	198.9	100.8	58.1	40.0	166.2	1	1	4.0	4.0
民权县	1030	251.7	164.6	87.1		251.7	1	1	7.5	7.5
睢　县	1200	80.8	26.6	13.2	41.0	80.8	2	2	6.0	6.0
宁陵县	720	112.6	62.7	20.0	30.0	105.6	3	2	6.0	4.0
柘城县	746	201.0	15.0	17.0	169.0	201.0	2		6.0	
虞城县	1050	235.7	107.2	83.5	45.0	235.7	3	3	10.0	10.0
夏邑县	673	107.1	34.0	21.1	52.0	80.0	2		7.0	
罗山县	1030	104.7	27.5	10.3	66.9	91.7	1		5.0	
光山县	1618	199.9	85.9	45.0	69.0	175.3	2	2	5.5	5.5
新　县	779	197.8	111.8	11.0	75.0	128.0	1	1	2.5	2.5
商城县	659	107.2	42.4	22.8	42.0	93.4	2	2	4.0	4.0
固始县	2322	433.6	165.0	156.5	112.0	403.1	2	2	7.5	7.5
潢川县	1284	233.1	161.6	71.6		157.5	3		7.0	
淮滨县	616	235.2	85.5	78.7	71.0	229.9	2	2	5.0	5.0
息　县	1480	305.8	122.7	134.4	48.7	238.1	2	2	4.0	4.0
扶沟县	547	89.8	20.5	23.3	46.0	86.8	1	1	2.5	2.5
西华县	839	259.5	73.7	56.9	129.0	253.8	2	2	4.0	4.0
商水县	549	130.8	61.1	58.7	11.0	81.0	1	1	3.0	3.0
沈丘县	1080	244.2	111.3	25.5	107.4	234.9	1	1	3.5	3.5
郸城县	520	173.7	27.3	24.4	122.0	24.4	1	1	9.0	9.0
淮阳县	1100	422.0	206.9	190.8	24.3	422.0	1	1	4.0	4.0
太康县	1164	285.0	83.1	73.9	128.0	224.7	2	2	8.0	8.0
鹿邑县	1100	573.8	252.3	195.5	126.0	563.0	1		8.0	
西平县	1031	389.4	121.4	245.0	23.0	389.4	3	3	7.5	7.5
上蔡县	922	253.3	86.8	70.8	95.6	108.7	1		4.0	
平舆县	1051	381.9	158.8	94.1	129.0	323.5	3		6.0	
正阳县	1100	156.9	68.0	55.6	33.3	141.7	2	2	5.0	5.0
确山县	1160	158.3	85.9	55.6	16.8	158.3	1	1	4.0	4.0
泌阳县	1650	258.9	86.8	77.9	94.2	205.1	2		5.0	
汝南县	1173	356.7	95.1	135.5	126.1	339.7	1	1	5.0	5.0
遂平县	1160	194.1	61.0	60.6	72.5	145.9	2		3.0	
新蔡县	1545	615.7	266.1	324.7	25.0	605.0	2	2	6.0	6.0
湖　北	**36585**	**5455.9**	**2323.0**	**1443.1**	**1689.8**	**5041.2**	**41**	**36**	**118.6**	**95.1**
阳新县	1680	169.6	108.6	61.0		150.0	2	2	7.5	7.5
郧西县	808	112.0	39.0		73.0	112.0	1	1	5.0	5.0
竹山县	724	124.1	58.4	34.5	31.3	124.1	1	1	3.0	3.0

continued

污水处理厂 Wastewater Treatment Plant 处理量(万立方米) Quantity of Wastewater Treated (10,000 m^3)	二、三级处理 Secondary and Tertiary Treated	干污泥产生量(吨) Quantity of Dry Sludge Produced (ton)	干污泥处置量(吨) Quantity of Dry Sludge Treated (ton)	其他污水处理设施 Other Wastewater Treatment Facilities 处理能力(万立方米/日) Treatment Capacity (10,000 m^3/day)	处理量(万立方米) Quantity of Wastewater Treated (10,000 m^3)	污水处理总量(万立方米) Total Quantity of Wastewater Treated (10,000 m^3)	再生水 Recycled Water 生产能力(万立方米/日) Recycled Water Production Capacity (10,000 m^3/day)	利用量(万立方米) Annual Quantity of Wastewater Recycled and Reused (10,000 m^3)	管道长度(公里) Length of Pipelines (km)	县名称 Name of Counties
1167		2440	2440			1167				新野县
841	841	1531	1531			841				桐柏县
1019	1019	1981	1981			1019	2.0	470	40.0	民权县
1193	1193	2100	2100			1193				睢　县
708	610	1372	1372			708				宁陵县
693		1966	1966			693				柘城县
1050	1050	2940	2840			1050				虞城县
671		4970	4970			671				夏邑县
910		1100	1100			910				罗山县
1524	1524	521	521			1524				光山县
721	721	1834	1834			721				新　县
612	612	1248	1248			612				商城县
2266	2266	4650	4650			2266				固始县
1229		3871	3871			1229				潢川县
607	607	4875	4875			607				淮滨县
1362	1362	1677				1362				息　县
543	543	914	914			543				扶沟县
822	822	2288	2288			822				西华县
547	547	1360	1360			547				商水县
972	972	2789	2789			972	0.3	0	3.0	沈丘县
500	500	768	768			500				郸城县
1080	1080	1216	1216			1080				淮阳县
1150	1150	4765	4765			1150				太康县
1092		1470	1470			1092				鹿邑县
1023	1023	1063	1060			1023			3.5	西平县
896		1640	1640			896	3.9	1420	6.6	上蔡县
1037		1748	1748			1037		328		平舆县
1069	1069	1200	1200			1069				正阳县
1136	1136	3294	3294			1136	3.6	212	5.0	确山县
1584		2831	2831			1584				泌阳县
1160	1160	3461	3461			1160				汝南县
1122		1340	1241			1122				遂平县
1545	1545	1596	1596			1545	2.0	426	3.0	新蔡县
34219	**27072**	**35422**	**35398**			**34219**	**8.1**	**484**	**2.5**	**湖　北**
1680	1680	722	722			1680				阳新县
760	760	460	460			760				郧西县
685	685	820	820			685				竹山县

10-2 续表 19

县名称 Name of Counties	污水排放量（万立方米） Annual Quantity of Wastewater Discharged (10,000 m^3)	排水管道长度（公里） Length of Drainage Pipelines (km)	污水管道 Sewers	雨水管道 Rainwater Drainage Pipeline	雨污合流管道 Combined Drainage Pipeline	建成区 in Built District	污水处理厂 Wastewater Treatment Plant 座数（座） Number of Wastewater Treatment Plant (unit)	二、三级处理 Secondary and Tertiary Treatment	处理能力（万立方米/日） Treatment Capacity (10,000 m^3/day)	二、三级处理 Secondary and Tertiary Treatment
竹溪县	1235	173.0	119.0	49.0	5.0	15.0	1	1	3.0	3.0
房　县	813	74.8	9.5	4.0	61.3	74.8	1	1	3.0	3.0
远安县	1028	143.2	61.2	15.3	66.7	143.2	1	1	3.0	3.0
兴山县	425	112.4	72.5	39.9		67.6	1	1	1.5	1.5
秭归县	908	197.0	111.0	86.0		197.0	1	1	3.0	3.0
长阳土家族自治县	406	60.5	15.8	9.8	34.9	56.0	1	1	1.5	1.5
五峰土家族自治县	301	58.0	42.0		16.0	54.1	1	1	1.0	1.0
南漳县	1474	163.3	61.3	77.0	25.0	163.3	1	1	3.0	3.0
谷城县	1938	260.6	25.0	20.7	214.9	260.6	1	1	5.0	5.0
保康县	722	102.6	82.9	8.7	11.0	102.6	1	1	2.0	2.0
沙洋县	1156	239.7	113.8	125.8		198.9	1	1	3.0	3.0
孝昌县	1427	233.4	84.1	113.2	36.1	233.4	1	1	4.0	4.0
大悟县	1412	162.4	28.8	131.5	2.1	158.7	1		4.6	
云梦县	1810	106.7	13.2	13.5	80.0	100.0	1	1	5.0	5.0
公安县	2043	154.6	52.1	10.3	92.2	138.1	1		6.0	
江陵县	674	174.1	51.5	122.6		142.8	1	1	1.9	1.9
团风县	978	123.2	71.7	42.6	9.0	119.0	1	1	3.0	3.0
红安县	1950	208.6	72.0	65.6	71.0	208.6	1		4.9	
罗田县	1211	192.3	81.9	18.8	91.6	192.3	1	1	5.0	5.0
英山县	440	173.8	79.6	51.1	43.1	172.8	1	1	1.5	1.5
浠水县	1330	222.5	31.5	44.0	147.0	222.5	1		3.0	
蕲春县	1106	132.1	27.0	13.1	92.0	129.1	1	1	3.0	3.0
黄梅县	1221	160.5	16.6	0.8	143.1	158.3	1	1	3.2	3.2
嘉鱼县	1138	249.2	160.0	47.2	42.0	239.2	1	1	4.0	4.0
通城县	984	145.5	145.5			143.5	1		5.0	
崇阳县	1157	117.4	42.6		74.8	99.4	1	1	3.0	3.0
通山县	613	113.1	61.1	22.2	29.8	103.6	1	1	1.5	1.5
随　县	298	115.9	38.8	75.0	2.1	106.5	1	1	1.0	1.0
建始县	820	130.8	82.0	16.8	32.0	128.3	2	2	3.5	3.5
巴东县	599	78.9	38.2	36.7	4.0	78.9	2	2	2.7	2.7
咸丰县	382	172.0	98.6	37.9	35.5	172.0	1	1	2.0	2.0
来凤县	530	115.2	34.0	6.2	75.0	115.2	1	1	1.5	1.5
鹤峰县	277	52.3	27.8	5.1	19.4	51.4	1	1	1.0	1.0
宣恩县	375	48.6	20.4	14.3	14.0	48.6	1	1	3.0	3.0
神农架林区	193	82.0	44.0	23.0	15.0	60.0	1	1	0.8	0.8

continued

污水处理厂 Wastewater Treatment Plant				其他污水处理设施 Other Wastewater Treatment Facilities		污水处理总量	再生水 Recycled Water			
处理量(万立方米) Quantity of Wastewater Treated (10,000 m^3)	二、三级处理 Secondary and Tertiary Treated	干污泥产生量(吨) Quantity of Dry Sludge Produced (ton)	干污泥处置量(吨) Quantity of Dry Sludge Treated (ton)	处理能力(万立方米/日) Treatment Capacity (10,000 m^3/day)	处理量(万立方米) Quantity of Wastewater Treated (10,000 m^3)	(万立方米) Total Quantity of Wastewater Treated (10,000 m^3)	生产能力(万立方米/日) Recycled Water Production Capacity (10,000 m^3/day)	利用量(万立方米) Annual Quantity of Wastewater Recycled and Reused (10,000 m^3)	管道长度(公里) Length of Pipelines (km)	县名称 Name of Counties
1167	1167	1306	1306			1167				竹溪县
765	765	473	473			765				房　县
1028	1028	546	546			1028				远安县
408	408	419	419			408	1.1	4	0.3	兴山县
893	893	1614	1614			893				秭归县
350	350	531	531			350				长阳土家族自治县
301	301	9	9			301				五峰土家族自治县
1344	1344	340	340			1344				南漳县
1750	1750	1626	1626			1750				谷城县
672	672	620	620			672				保康县
1071	1071	530	530			1071				沙洋县
1331	1331	559	559			1331	4.0			孝昌县
1345		1203	1203			1345				大悟县
1810	1810	1963	1963			1810				云梦县
1852		6802	6802			1852				公安县
674	674	494	478			674				江陵县
832	832	2792	2792			832				团风县
1789		2930	2930			1789				红安县
1055	1055	1559	1559			1055				罗田县
415	415	359	359			415				英山县
1207		634	634			1207				浠水县
895	895	500	500			895				蕲春县
1136	1136	226	226			1136				黄梅县
1103	1103	842	842			1103		5		嘉鱼县
955		390	390			955	1.8	447	0.2	通城县
1042	1042	855	855			1042				崇阳县
586	586	326	326			586				通山县
294	294	602	602			294				随　县
783	783	246	246			783				建始县
569	569	425	425			569				巴东县
351	351	480	480			351	1.0	7		咸丰县
510	510	220	220			510				来凤县
264	264	170	170			264				鹤峰县
358	358	168	160			358				宣恩县
190	190	662	662			190	0.2	20	2.0	神农架林区

10-2 续表 20

县名称 Name of Counties	污水排放量（万立方米） Annual Quantity of Wastewater Discharged ($10,000\ m^3$)	排水管道长度（公里） Length of Drainage Pipelines (km)	污水管道 Sewers	雨水管道 Rainwater Drainage Pipeline	雨污合流管道 Combined Drainage Pipeline	建成区 in Built District	污水处理厂 Wastewater Treatment Plant：座数（座） Number of Wastewater Treatment Plant (unit)	二、三级处理 Secondary and Tertiary Treatment	处理能力（万立方米/日） Treatment Capacity ($10,000\ m^3$/day)	二、三级处理 Secondary and Tertiary Treatment
湖　南	**92784**	**14314.8**	**6031.5**	**4341.5**	**3941.8**	**12388.0**	**84**	**55**	**277.3**	**162.0**
长沙县	17220	690.0	100.0	90.0	500.0	535.0	4		52.0	
望城区	6021	1131.0	560.0	351.0	220.0	1045.0	1	1	18.0	18.0
攸　县	1335	556.2	194.5	109.0	252.7	526.2	1		5.0	
茶陵县	1255	230.3	72.2	135.0	23.1	187.5	1	1	4.0	4.0
炎陵县	359	111.0	23.0	23.0	65.0	85.5	1		1.0	
湘潭县	2852	353.6	153.9	139.7	60.0		1	1	9.8	9.8
衡阳县	1375	225.3	92.9	19.0	113.5	225.3	1	1	4.0	4.0
衡南县	358	198.0	58.0	88.0	52.0	196.0	1	1	1.0	1.0
衡山县	990	134.1	34.3	33.3	66.5	134.1	1	1	4.0	4.0
衡东县	1138	155.5	41.7	97.2	16.7	152.5	1	1	3.0	3.0
祁东县	1520	438.0	231.0	106.0	101.0	287.0	1		4.0	
南岳区	577	129.0	61.0	56.0	12.0	117.0	1	1	1.6	1.6
新邵县	919	74.9	49.6	17.5	7.8	47.5	1	1	3.0	3.0
邵阳县	810	84.1	26.2	25.8	32.2	82.0	1		2.0	
隆回县	2347	239.7	65.1	86.0	88.6	79.3	1	1	6.1	6.1
洞口县	1081	178.5	77.5	54.5	46.5	172.0	1	1	3.0	3.0
绥宁县	783	67.8	53.8	10.6	3.4	63.9	1	1	1.9	1.9
新宁县	1419	233.0	107.0	109.0	17.0	196.0	1	1	3.0	3.0
城步苗族自治县	672	55.6	10.2	12.5	32.9	50.4	1	1	3.0	3.0
岳阳县	972	187.0	65.0	51.0	71.0	183.0	1		2.0	
华容县	1801	369.0	169.0	77.0	123.0	366.0	2		6.0	
湘阴县	1419	236.0	136.0	53.0	47.0	236.0	1		4.0	
平江县	1460	230.3	92.0	47.0	91.3	230.3	1		4.0	
安乡县	896	194.3	73.1	41.3	79.8	194.3	1		2.0	
汉寿县	1544	159.8	73.5	66.5	19.7	159.8	1		4.0	
澧　县	1491	459.0	185.0	215.0	59.0	459.0	1	1	3.0	3.0
临澧县	1085	245.1	125.0	108.2	12.0	182.4	2	2	3.0	3.0
桃源县	1239	136.5	53.5	70.1	12.9	128.5	2	2	3.5	3.5
石门县	1108	253.1	123.6	97.9	31.6	218.0	1	1	3.0	3.0
慈利县	1069	170.8	73.8	38.0	59.0	170.8	2	2	3.0	3.0
桑植县	808	112.7	56.0	45.0	11.7	27.0	1	1	2.0	2.0
南　县	840	219.6	78.6	51.5	89.5	165.0	2	2	4.0	4.0
桃江县	1106	246.0	178.0	25.0	43.0	246.0	1	1	3.0	3.0
安化县	714	172.2	115.2	46.5	10.5	172.2	1	1	2.0	2.0
大通湖区	244	92.0	30.2	5.0	56.8	56.7	1	1	1.0	1.0
桂阳县	2340	157.8	74.2	74.2	9.5	157.8	2	2	6.0	6.0

continued

污水处理厂 Wastewater Treatment Plant				其他污水处理设施 Other Wastewater Treatment Facilities		污水处理总量	再生水 Recycled Water			
处理量（万立方米） Quantity of Wastewater Treated ($10,000\ m^3$)	二、三级处理 Secondary and Tertiary Treated	干污泥产生量（吨） Quantity of Dry Sludge Produced (ton)	干污泥处置量（吨） Quantity of Dry Sludge Treated (ton)	处理能力（万立方米/日） Treatment Capacity ($10,000\ m^3$/day)	处理量（万立方米） Quantity of Wastewater Treated ($10,000\ m^3$)	（万立方米） Total Quantity of Wastewater Treated ($10,000\ m^3$)	生产能力（万立方米/日） Recycled Water Production Capacity ($10,000\ m^3$/day)	利用量（万立方米） Annual Quantity of Wastewater Recycled and Reused ($10,000\ m^3$)	管道长度（公里） Length of Pipelines (km)	县名称 Name of Counties
88999	**52409**	**118257**	**114334**	**18.1**	**601**	**89600**	**12.4**	**346**	**115.0**	**湖　南**
17007		17506	17506			17007	0.5	100	110.0	长沙县
6021	6021	2560	2128			6021				望城区
1310		2592	2592			1310				攸　县
1211	1211	3295	3295			1211				茶陵县
286		129	129	0.2	46	332				炎陵县
2743	2743	5064	5064			2743	1.0	21		湘潭县
1303	1303	2093	2093	4.0	50	1353				衡阳县
330	330	500	500	0.1	12	342				衡南县
943	943	1988	1988			943				衡山县
1031	1031	5195	5195	3.0	50	1081				衡东县
1475		237	237			1475				祁东县
562	562	2182	2182	2.0		562				南岳区
836	836	2940	2940			836				新邵县
715		770		0.4	33	748		36		邵阳县
2135	2135	3003	2803			2135				隆回县
1015	1015	538	538			1015				洞口县
701	701	1752	1752			701				绥宁县
1326	1326	1326	1326	0.2	40	1366				新宁县
656	656	1851	1851	3.0	2	658	3.0			城步苗族自治县
923		2530	2528			923				岳阳县
1794		4400	4400			1794				华容县
1352		1620	1580			1352				湘阴县
1420		4395	4395			1420				平江县
879		707				879				安乡县
1463		5312	5312			1463				汉寿县
1418	1418	685	685			1418				澧　县
1070	1070	975	975			1070				临澧县
1189	1189	2505	1679			1189				桃源县
1058	1058	1142	1142			1058				石门县
1022	1022	1332	1332			1022		98		慈利县
768	768	480	480			768				桑植县
815	815	1218	1147			815	2.9			南　县
1072	1072	658	658			1072				桃江县
693	693	1460	1460			693				安化县
240	240	246				240				大通湖区
2268	2268	1823	1823			2268				桂阳县

10-2 续表 21

县名称 Name of Counties	污水排放量（万立方米） Annual Quantity of Wastewater Discharged ($10,000\ m^3$)	排水管道长度（公里） Length of Drainage Pipelines (km)	污水管道 Sewers	雨水管道 Rainwater Drainage Pipeline	雨污合流管道 Combined Drainage Pipeline	建成区 in Built District	污水处理厂 Wastewater Treatment Plant 座数（座） Number of Wastewater Treatment Plant (unit)	二、三级处理 Secondary and Tertiary Treatment	处理能力（万立方米/日） Treatment Capacity ($10,000\ m^3$/day)	二、三级处理 Secondary and Tertiary Treatment
宜章县	1274	141.2	73.0	48.0	20.2		1	1	4.0	4.0
永兴县	1321	209.2	93.5	112.5	3.2	202.6	2		6.0	
嘉禾县	384	242.1	100.6	82.0	59.6	242.1	1	1	1.0	1.0
临武县	606	164.4	59.6	59.6	45.2	120.0	1		2.0	
汝城县	370	161.4	65.0	53.2	43.2	142.6	1		1.8	
桂东县	396	125.0	33.0	39.0	53.0	125.0	1		1.5	
安仁县	423	113.2	43.2	48.0	22.0	72.0	1		1.0	
祁阳县	2261	601.0	281.0	308.0	12.0	601.0	1	1	8.0	8.0
东安县	1540	207.3	113.3	72.0	22.0	207.3	1	1	5.0	5.0
双牌县	326	78.1	41.7	20.8	15.6	78.1	1		1.0	
道　县	1496	356.2	121.1	74.8	160.3	316.5	1	1	4.0	4.0
江永县	494	81.0	68.0	10.0	3.0	66.0	1	1	2.0	2.0
宁远县	1490	381.7	267.7	106.3	7.7	376.3	2	2	4.5	4.5
蓝山县	487	157.0	67.0	69.0	21.0	157.0	1		3.0	
新田县	747	78.0	28.3	27.3	22.4	78.0	1	1	2.0	2.0
江华瑶族自治县	1045	111.0	25.0	34.0	52.0	111.0	2	2	3.5	3.5
中方县	1513	49.7	26.5	21.2	2.0	49.7	1	1	4.5	4.5
沅陵县	975	142.2	77.0	50.0	15.2	81.0	1	1	2.0	2.0
辰溪县	748	103.9	35.8	36.9	31.2	103.9	1	1	1.0	1.0
溆浦县	802	134.2	74.5	24.6	35.1	134.2	1	1	2.0	2.0
会同县	538	83.4	30.2	11.9	41.3	82.5	1	1	2.0	2.0
麻阳苗族自治县	693	146.9	46.6	43.1	57.2	146.9	1	1	2.0	2.0
新晃侗族自治县	534	58.6	11.7	11.7	35.2	58.6	1	1	1.5	1.5
芷江侗族自治县	450	137.8	79.3	40.0	18.5	90.5	1	1	1.1	1.1
通道县	651	50.7	23.2	14.7	12.7	50.7	1	1	2.0	2.0
靖州县	590	100.1	33.0	3.5	63.6	67.2	1	1	1.5	1.5
双峰县	1259	193.0	97.0	66.0	30.0	193.0	1		5.0	
新化县	1347	175.3	48.0	48.0	79.3	153.7	1	1	5.0	5.0
泸溪县	425	75.9	15.3		60.5	75.9	1		1.0	
凤凰县	1053	141.0	60.0	75.0	6.0	102.0	1	1	2.5	2.5
花垣县	714	112.0	55.0	21.0	36.0	111.0	1		2.0	
保靖县	339	68.7	33.7	32.5	2.5	66.2	1	1	1.0	1.0
古丈县	322	82.2	23.6		58.6	82.2	1	1	1.0	1.0
永顺县	881	90.3	64.8		25.5	78.6	1		2.0	
龙山县	1124	234.8	1.9	1.9	231.0	230.0	2		3.0	
广　东	**36642**	**4540.3**	**1543.3**	**1294.2**	**1702.8**	**3798.0**	**41**	**35**	**106.6**	**91.9**
始兴县	648	57.0	6.2	0.4	50.4	45.5	1	1	2.0	2.0

continued

污水处理厂 Wastewater Treatment Plant				其他污水处理设施 Other Wastewater Treatment Facilities		污水处理总量	再生水 Recycled Water			
处理量(万立方米) Quantity of Wastewater Treated (10,000 m³)	二、三级处理 Secondary and Tertiary Treated	干污泥产生量(吨) Quantity of Dry Sludge Produced (ton)	干污泥处置量(吨) Quantity of Dry Sludge Treated (ton)	处理能力(万立方米/日) Treatment Capacity (10,000 m³/day)	处理量(万立方米) Quantity of Wastewater Treated (10,000 m³)	(万立方米) Total Quantity of Wastewater Treated (10,000 m³)	生产能力(万立方米/日) Recycled Water Production Capacity (10,000 m³/day)	利用量(万立方米) Annual Quantity of Wastewater Recycled and Reused (10,000 m³)	管道长度(公里) Length of Pipelines (km)	县名称 Name of Counties
1231	1231	1006	1006			1231				宜章县
1255		1374	1374			1255				永兴县
357	357	36	36			357				嘉禾县
575		500	500			575				临武县
360		78				360				汝城县
381		130	130			381				桂东县
380		139	139	1.0		380				安仁县
2244	2244	815	815			2244				祁阳县
1467	1467	838	838			1467				东安县
322		86	86			322				双牌县
1490	1490	1503	1503			1490				道　县
473	473	566	538			473			5.0	江永县
1484	1484	2021	2021			1484				宁远县
479		16	16			479				蓝山县
720	720	1261	1261			720				新田县
1006	1006	194	194			1006				江华瑶族自治县
1459	1459	8146	8146			1459		11		中方县
824	824	201	201	2.0	13	837				沅陵县
319	319	171	171	1.2	354	673				辰溪县
746	746	256	256			746				溆浦县
506	506	523	523			506				会同县
687	687	2164	2164			687				麻阳苗族自治县
486	486	204	204			486		80		新晃侗族自治县
402	402	50	50			402				芷江侗族自治县
642	642	1066	1066			642				通道县
543	543	337	337			543				靖州县
1198		1053	1053			1198		0		双峰县
1281	1281	2170	2170			1281	5.0			新化县
408		404		1.0	1	409				泸溪县
983	983	120				983				凤凰县
685		1347	1347			685				花垣县
326	326	36	36			326				保靖县
311	311	111	111			311				古丈县
846		1563	1563			846				永顺县
1077		763	763			1077				龙山县
33639	**29034**	**44341**	**30720**	**0.2**	**4**	**33643**	**2.1**	**49**		**广　东**
648	648	38	38			648				始兴县

10-2 续表 22

县名称 Name of Counties	污水排放量（万立方米） Annual Quantity of Wastewater Discharged ($10,000 m^3$)	排水管道长度（公里） Length of Drainage Pipelines (km)	污水管道 Sewers	雨水管道 Rainwater Drainage Pipeline	雨污合流管道 Combined Drainage Pipeline	建成区 in Built District	污水处理厂 Wastewater Treatment Plant 座数（座） Number of Wastewater Treatment Plant (unit)	二、三级处理 Secondary and Tertiary Treatment	处理能力（万立方米/日） Treatment Capacity ($10,000 m^3$/day)	二、三级处理 Secondary and Tertiary Treatment
仁化县	426	98.2	30.1	5.0	63.2	93.2	1	1	2.0	2.0
翁源县	580	83.7	28.0	25.0	30.7	83.7	1	1	1.5	1.5
乳源瑶族自治县	591	83.2	39.2	6.0	38.0	83.2	1	1	1.5	1.5
新丰县	553	108.7	23.4	47.3	38.0	47.3	1	1	1.5	1.5
南澳县	369	47.5	12.1	9.2	26.2	47.5	1		1.2	
遂溪县	987	124.5	8.0	5.0	111.5	124.5	1	1	3.0	3.0
徐闻县	1095	80.9			80.9	80.9	1		3.0	
广宁县	542	255.5	178.5	56.0	21.0	56.5	1	1	1.5	1.5
怀集县	854	114.0	24.0	35.0	55.0	114.0	1	1	2.0	2.0
封开县	434	82.5	39.0		43.5	59.2	1	1	1.0	1.0
德庆县	1116	61.7	8.0	8.7	45.0	45.0	1	1	3.0	3.0
博罗县	3092	423.0	210.1	173.0	39.9	423.0	3	2	9.0	6.0
惠东县	2631	232.0	46.8	28.6	156.6	232.0	2	2	6.9	6.9
龙门县	345	176.1	68.4	60.0	47.7	119.5	1	1	2.0	2.0
大埔县	703	200.1	100.8	75.3	24.0	124.1	1	1	2.0	2.0
丰顺县	1476	29.0	23.1	5.9		29.0	1	1	4.0	4.0
五华县	1565	150.9	30.1	20.9	100.0	130.0	1	1	4.0	4.0
平远县	754	108.3	31.1		77.2	39.4	1	1	2.0	2.0
蕉岭县	699	95.4	50.4	5.5	39.5	50.0	1	1	2.0	2.0
海丰县	2789	282.5	74.9	134.4	73.2	282.5	1	1	8.0	8.0
陆河县	598	44.9	23.9		21.0	44.9	1	1	1.5	1.5
紫金县	915	29.8	29.8			29.8	1	1	2.5	2.5
龙川县	1129	76.0	14.6	17.6	43.8	76.0	1	1	4.0	4.0
连平县	515	11.6	11.6			11.6	1		1.5	
和平县	1057	127.0	49.0	63.0	15.0	15.0	1	1	3.0	3.0
东源县	395	57.2	57.2			57.2	1	1	1.5	1.5
阳西县	1150	314.1	74.2	222.8	17.1	314.1	1	1	4.0	4.0
阳山县	788	127.1	48.2	56.3	22.6	127.1	1		2.0	
连山壮族瑶族自治县	306	44.9	10.7	4.4	29.8	44.9	1	1	1.0	1.0
佛冈县	1293	113.4	18.0	0.8	94.6	113.4	1	1	3.0	3.0
连南瑶族自治县	440	54.3	23.2	10.0	21.2	54.3	1	1	1.5	1.5
饶平县	1330	52.1	4.7	2.4	45.0	46.4	1	1	4.0	4.0
揭西县	1391	40.4	38.4	2.0		40.4	1		4.0	
惠来县	608	146.6	33.6	10.0	103.0	146.6	1	1	2.0	2.0
新兴县	1717	243.1	43.0	167.1	33.0	206.5	2	2	6.0	6.0
郁南县	760	163.2	31.3	36.6	95.3	159.9	1	1	2.0	2.0

continued

污水处理厂 Wastewater Treatment Plant				其他污水处理设施 Other Wastewater Treatment Facilities		污水处理总量	再生水 Recycled Water			县名称
处理量（万立方米） Quantity of Wastewater Treated ($10,000\ m^3$)	二、三级处理 Secondary and Tertiary Treated	干污泥产生量（吨） Quantity of Dry Sludge Produced (ton)	干污泥处置量（吨） Quantity of Dry Sludge Treated (ton)	处理能力（万立方米/日） Treatment Capacity ($10,000\ m^3$/day)	处理量（万立方米） Quantity of Wastewater Treated ($10,000\ m^3$)	（万立方米） Total Quantity of Wastewater Treated ($10,000\ m^3$)	生产能力（万立方米/日） Recycled Water Production Capacity ($10,000\ m^3$/day)	利用量（万立方米） Annual Quantity of Wastewater Recycled and Reused ($10,000\ m^3$)	管道长度（公里） Length of Pipelines (km)	Name of Counties
402	402	13	13			402				仁化县
534	534	38	38			534				翁源县
535	535	421	421			535				乳源瑶族自治县
553	553	27	27			553				新丰县
369		1678	1678			369				南澳县
925	925	972	972			925				遂溪县
942		8732				942				徐闻县
496	496	309	309			496				广宁县
754	754	2611	2611			754				怀集县
154	154	83	80			154				封开县
1044	1044	864	864	0.2	4	1048				德庆县
2897	2103	2690				2897				博罗县
2409	2409	1513	1513			2409				惠东县
314	314	53	53			314				龙门县
703	703	1904	1904			703				大埔县
1476	1476	496	496			1476				丰顺县
1409	1409	586				1409	2.0			五华县
754	754	504	504			754				平远县
691	691	535	535			691				蕉岭县
2571	2571	1318	1318			2571				海丰县
578	578	413	413			578				陆河县
787	787	239	239			787				紫金县
963	963	597	597			963				龙川县
474		490	490			474				连平县
973	973	1609				973				和平县
343	343	212	212			343	0.1	49		东源县
1150	1150	792	792			1150				阳西县
714		575	575			714				阳山县
268	268	607	607			268				连山壮族瑶族自治县
1151	1151	1398	1398			1151				佛冈县
427	427	4	4			427				连南瑶族自治县
1144	1144	413	412			1144				饶平县
1312		645	645			1312				揭西县
518	518	112	112			518				惠来县
1540	1540	9303	9303			1540				新兴县
718	718	1550	1550			718				郁南县

10-2 续表 23

县名称 Name of Counties	污水排放量（万立方米） Annual Quantity of Wastewater Discharged ($10,000 m^3$)	排水管道长度（公里） Length of Drainage Pipelines (km)	污水管道 Sewers	雨水管道 Rainwater Drainage Pipeline	雨污合流管道 Combined Drainage Pipeline	建成区 in Built District	污水处理厂 Wastewater Treatment Plant 座数（座） Number of Wastewater Treatment Plant (unit)	二、三级处理 Secondary and Tertiary Treatment	处理能力（万立方米/日） Treatment Capacity ($10,000 m^3$/day)	二、三级处理 Secondary and Tertiary Treatment
广　西	**39194**	**8386.2**	**3687.9**	**2399.4**	**2298.9**	**8030.1**	**66**	**63**	**108.9**	**105.6**
隆安县	543	85.3	40.0	2.4	42.9	85.3	1	1	3.0	3.0
马山县	341	30.5	9.4	9.1	12.0	30.5	1	1	0.6	0.6
上林县	266	147.1	57.8	87.8	1.4	134.3	1	1	0.6	0.6
宾阳县	866	253.6	172.2	14.6	66.7	204.9	1	1	2.0	2.0
横　县	2425	231.5	107.4	71.8	52.3	231.5	2	2	4.0	4.0
柳城县	835	40.4	6.8	10.9	22.7	40.4	1	1	2.0	2.0
鹿寨县	1437	114.3	84.0	13.1	17.2	114.2	2	2	3.0	3.0
融安县	964	99.1	7.0		92.1	99.1	1	1	3.0	3.0
融水苗族自治县	735	112.3	45.6	25.5	41.2	109.2	1	1	2.0	2.0
三江侗族自治县	500	74.2	22.0	10.6	41.6	50.4	2	2	1.4	1.4
阳朔县	710	94.9	40.6	49.4	4.9	94.9	1	1	4.0	4.0
灵川县	475	49.6	10.6	3.0	36.0	49.6	1	1	1.0	1.0
全州县	882	472.5	245.4	198.7	28.4	472.2	1		2.5	
兴安县	597	221.6	125.3	48.3	48.0	221.6	1	1	2.5	2.5
永福县	288	131.3	73.5	51.9	6.0	131.3	1	1	1.0	1.0
灌阳县	299	144.2	57.6	46.8	39.8	144.2	1	1	1.0	1.0
龙胜各族自治县	192	33.1	17.9	8.1	7.1	27.7	1	1	0.5	0.5
资源县	287	93.0	53.0	30.0	10.0	82.3	1	1	0.6	0.6
平乐县	493	135.0	62.9	15.5	56.6	135.0	1	1	1.0	1.0
恭城瑶族自治县	256	97.3	67.9	24.4	5.0	97.3	1	1	1.0	1.0
苍梧县	84	47.4	10.7	11.9	24.8	47.4	1		0.3	
藤　县	1526	200.7	63.4	67.2	70.0	199.6	1	1	3.0	3.0
蒙山县	469	135.7	38.6	53.4	43.7	133.4	1	1	1.0	1.0
合浦县	2072	361.5	98.9	89.9	172.7	361.5	1	1	5.0	5.0
上思县	548	120.9	64.4	31.5	25.0	118.4	1	1	1.5	1.5
灵山县	1790	451.4	208.7	158.7	84.1	451.4	1	1	5.0	5.0
浦北县	701	91.8	26.6	38.7	26.5	91.8	1	1	2.0	2.0
平南县	1937	129.6	44.5	15.1	70.0	129.6	2	2	6.0	6.0
容　县	727	229.6	32.5	80.1	117.1	210.7	1	1	3.0	3.0
陆川县	1109	238.3	88.3	25.5	124.5	238.3	1	1	2.5	2.5
博白县	1587	253.8	92.3	111.5	50.0	220.8	1	1	4.5	4.5
兴业县	490	114.7	16.5	22.2	76.0	114.7	1	1	2.0	2.0
田东县	723	266.1	132.8	104.0	29.3	242.4	1	1	2.0	2.0
德保县	592	98.8	48.5	50.0	0.3	91.0	1	1	1.5	1.5
那坡县	205	88.3	81.3	7.0		88.3	1		0.5	
凌云县	274	132.6	60.2	66.3	6.0	126.6	1	1	1.0	1.0

continued

污水处理厂 Wastewater Treatment Plant				其他污水处理设施 Other Wastewater Treatment Facilities		污水处理	再生水 Recycled Water			
处理量 (万立方米) Quantity of Wastewater Treated (10,000 m^3)	二、三级处理 Secondary and Tertiary Treated	干污泥产生量 (吨) Quantity of Dry Sludge Produced (ton)	干污泥处置量 (吨) Quantity of Dry Sludge Treated (ton)	处理能力 (万立方米/日) Treatment Capacity (10,000 m^3/day)	处理量 (万立方米) Quantity of Wastewater Treated (10,000 m^3)	总量 (万立方米) Total Quantity of Wastewater Treated (10,000 m^3)	生产能力 (万立方米/日) Recycled Water Production Capacity (10,000 m^3/day)	利用量 (万立方米) Annual Quantity of Wastewater Recycled and Reused (10,000 m^3)	管道长度 (公里) Length of Pipelines (km)	县名称 Name of Counties
34707	**33627**	**16404**	**15799**	**26.9**	**3078**	**37785**				**广　西**
463	463	77	77			463				隆安县
327	327	266	266			327				马山县
253	253	97	96			253				上林县
803	803	504	504	0.5	55	858				宾阳县
1471	1471	1317	1317	10.0	889	2360				横　县
821	821	219	127			821				柳城县
958	958	354	354	7.0	478	1436				鹿寨县
964	964	870	870			964				融安县
677	677	260	260			677				融水苗族自治县
499	499	53				499				三江侗族自治县
690	690	102	102			690				阳朔县
474	474	320	320			474				灵川县
872		381	381			872				全州县
591	591	208	208			591				兴安县
258	258	15	15			258				永福县
298	298	177				298				灌阳县
190	190	102	102			190				龙胜各族自治县
192	192	31	31			192				资源县
175	175	115	115	0.8	254	429				平乐县
222	222	265	265			222				恭城瑶族自治县
4		3				4				苍梧县
824	824	212	212	2.0	669	1492				藤　县
462	462	181	181			462				蒙山县
1926	1926	1106	1106	0.4	141	2067				合浦县
539	539	261	261			539				上思县
1754	1754	1036	1036			1754				灵山县
690	690	414	414			690				浦北县
1922	1922	1128	1083			1922				平南县
724	724	419	419			724				容　县
1080	1080	632	632			1080				陆川县
1541	1541	740	740			1541				博白县
488	488	123	123			488				兴业县
706	706	180	180			706				田东县
591	591	148	140			591				德保县
203		85	85			203				那坡县
270	270	54	54			270				凌云县

10-2 续表 24

县名称 Name of Counties	污水排放量 (万立方米) Annual Quantity of Wastewater Discharged (10,000 m^3)	排水管道长度 (公里) Length of Drainage Pipelines (km)	污水管道 Sewers	雨水管道 Rainwater Drainage Pipeline	雨污合流管道 Combined Drainage Pipeline	建成区 in Built District	污水处理厂 Wastewater Treatment Plant 座数 (座) Number of Wastewater Treatment Plant (unit)	二、三级处理 Secondary and Tertiary Treatment	处理能力 (万立方米/日) Treatment Capacity (10,000 m^3/day)	二、三级处理 Secondary and Tertiary Treatment
乐业县	192	110.2	73.4	9.8	27.0	110.2	1	1	0.5	0.5
田林县	361	87.2	32.1	19.5	35.6	87.2	1	1	1.0	1.0
西林县	212	43.4	33.8	4.3	5.3	43.4	1	1	0.5	0.5
隆林各族自治县	402	145.2	101.2	30.4	13.6	141.4	1	1	1.0	1.0
昭平县	342	62.5	7.0	9.2	46.3	61.9	1	1	1.0	1.0
钟山县	508	230.9	118.7	93.5	18.7	230.9	1	1	1.5	1.5
富川瑶族自治县	279	151.5	56.1	35.0	60.4	132.4	1	1	1.0	1.0
南丹县	706	77.8	26.1	7.5	44.2	77.8	1	1	2.0	2.0
天峨县	317	74.1	25.4	0.7	48.0	74.1	1	1	1.0	1.0
凤山县	318	102.5	33.6	21.2	47.7	102.5	1	1	0.8	0.8
东兰县	250	53.9	28.4	24.8	0.7	53.9	1	1	0.8	0.8
罗城仫佬族自治县	607	148.7	79.4	21.6	47.7	144.0	1	1	1.5	1.5
环江毛南族自治县	451	113.7	56.2	26.7	30.8	61.7	1	1	1.5	1.5
巴马瑶族自治县	555	142.0	76.9	54.3	10.8	93.3	1	1	3.0	3.0
都安瑶族自治县	716	108.9	37.0	18.4	53.5	108.9	1	1	1.5	1.5
大化瑶族自治县	463	92.5	26.1	5.5	60.8	92.5	1	1	1.5	1.5
忻城县	393	57.2	18.9	17.7	20.7	52.0	1	1	1.0	1.0
象州县	360	73.1	21.2	16.6	35.4	73.1	1	1	1.5	1.5
武宣县	612	167.6	78.4	49.1	40.0	167.5	2	2	1.6	1.6
金秀瑶族自治县	129	18.4	14.0	1.0	3.4	18.4	1	1	0.3	0.3
扶绥县	719	279.9	129.3	141.5	9.0	279.9	1	1	2.0	2.0
宁明县	656	87.4	50.2	31.2	6.0	84.7	1	1	1.0	1.0
龙州县	675	154.4	96.6	26.9	31.0	144.4	1	1	2.0	2.0
大新县	533	80.9	18.6	37.5	24.8	73.3	1	1	1.5	1.5
天等县	212	101.2	34.3	40.9	26.1	99.8	1	1	0.5	0.5
海　南	**4861**	**1113.5**	**569.7**	**391.0**	**152.8**	**578.8**	**11**	**4**	**15.6**	**8.8**
定安县	484	89.3		78.5	10.9		1	1	1.5	1.5
屯昌县	422	173.5	65.9	105.9	1.7	65.0	1		0.9	
澄迈县	637	186.0	87.0		99.1	186.0	1	1	3.0	3.0
临高县	579	112.4	80.8		31.6		1		1.5	
白沙黎族自治县	261	54.2	54.2				1		0.7	
昌江县	791	117.5	60.7	56.8		117.5	1	1	3.0	3.0
乐东县	375						1		1.0	
陵水县	460	69.4	39.1	30.0	0.3		1		1.5	
保亭县	276	90.0	62.0	28.0		90.0	1		0.5	
琼中县	268	43.5	16.0	18.3	9.3	13.7	1		0.7	
洋浦经济开发区	308	177.6	104.1	73.5		106.6	1	1	1.3	1.3

continued

污水处理厂 Wastewater Treatment Plant				其他污水处理设施 Other Wastewater Treatment Facilities		污水处理总量	再生水 Recycled Water			
处理量（万立方米） Quantity of Wastewater Treated (10,000 m^3)	二、三级处理 Secondary and Tertiary Treated	干污泥产生量（吨） Quantity of Dry Sludge Produced (ton)	干污泥处置量（吨） Quantity of Dry Sludge Treated (ton)	处理能力（万立方米/日） Treatment Capacity (10,000 m^3/day)	处理量（万立方米） Quantity of Wastewater Treated (10,000 m^3)	（万立方米） Total Quantity of Wastewater Treated (10,000 m^3)	生产能力（万立方米/日） Recycled Water Production Capacity (10,000 m^3/day)	利用量（万立方米） Annual Quantity of Wastewater Recycled and Reused (10,000 m^3)	管道长度（公里） Length of Pipelines (km)	县名称 Name of Counties
171	171	34	34			171				乐业县
354	354	152	152			354				田林县
202	202	193	193			202				西林县
398	398	154	154			398				隆林各族自治县
303	303	30	30			303				昭平县
506	506	66	66			506				钟山县
244	244	95	95			244				富川瑶族自治县
694	694	142	142			694				南丹县
273	273	111	111			273				天峨县
293	293	152				293				凤山县
233	233	131	131			233				东兰县
601	601	118	118			601				罗城仫佬族自治县
448	448	183	183			448				环江毛南族自治县
546	546	240	240			546				巴马瑶族自治县
714	714	521	521			714				都安瑶族自治县
407	407	289	289			407				大化瑶族自治县
384	384	89	89			384				忻城县
307	307	166	90			307				象州县
398	398	123	123	1.5	140	538				武宣县
115	115	30	30			115				金秀瑶族自治县
592	592	338	338	2.0	121	713				扶绥县
368	368	165	165	1.0	250	618				宁明县
645	645	122	122			645				龙州县
407	407	200	200	1.4	75	481				大新县
184	184	108	108	0.4	7	191				天等县
4349	**1992**	**13806**	**12001**	**0.1**	**2**	**4351**	**2.1**	**103**	**16.8**	**海　南**
415	415	2232	2232			415				定安县
338		237	237			338	0.1			屯昌县
637	637	2849	2849			637				澄迈县
579		1179	1179			579		6		临高县
223		211	211			223	1.4	16		白沙黎族自治县
677	677	2390	2390			677	0.1			昌江县
375		1413	1413			375	0.2	1	16.8	乐东县
429		643	643			429				陵水县
195		1805				195				保亭县
217		465	465			217				琼中县
263	263	382	382	0.1	2	265	0.2	79		洋浦经济开发区

10-2 续表 25

县名称 Name of Counties	污水排放量（万立方米）Annual Quantity of Wastewater Discharged (10,000 m³)	排水管道长度（公里）Length of Drainage Pipelines (km)	污水管道 Sewers	雨水管道 Rainwater Drainage Pipeline	雨污合流管道 Combined Drainage Pipeline	建成区 in Built District	污水处理厂 Wastewater Treatment Plant 座数（座）Number of Wastewater Treatment Plant (unit)	二、三级处理 Secondary and Tertiary Treatment	处理能力（万立方米/日）Treatment Capacity (10,000 m³/day)	二、三级处理 Secondary and Tertiary Treatment
重　庆	**13834**	**2856.7**	**1713.6**	**1003.0**	**140.1**	**2786.0**	**22**	**17**	**49.0**	**35.0**
城口县	498	87.0	58.5	28.1	0.4	87.0	1	1	2.0	2.0
丰都县	1178	291.0	180.0	111.0		291.0	2		4.0	
垫江县	1902	408.9	208.3	161.5	39.2	405.5	1	1	6.0	6.0
忠　县	1139	243.4	178.2	63.7	1.4	234.9	2	1	5.0	2.0
云阳县	1707	297.9	134.9	163.0		297.9	5	4	5.4	1.4
奉节县	1702	261.8	164.9	96.9		254.9	4	4	9.0	9.0
巫山县	1320	162.9	88.3	51.4	23.1	136.0	1	1	3.5	3.5
巫溪县	923	175.5	103.7	48.4	23.3	160.3	1	1	2.5	2.5
石柱土家族自治县	1132	214.0	141.9	51.5	20.6	204.0	1	1	3.0	3.0
秀山土家族苗族自治县	1045	405.7	227.7	173.0	5.0	405.7	2	1	3.3	0.3
酉阳土家族苗族自治县	745	183.4	150.6	32.8		183.4	1	1	3.0	3.0
彭水苗族土家族自治县	543	125.4	76.6	21.8	27.0	125.4	1	1	2.3	2.3
四　川	**63373**	**12889.3**	**6084.1**	**4335.1**	**2470.1**	**11841.0**	**145**	**106**	**198.4**	**153.9**
金堂县	2984	649.8	259.2	266.6	124.0	649.8	7	7	8.3	8.3
大邑县	2463	269.3	101.1	94.9	73.4	269.3	2	2	5.9	5.9
蒲江县	719	117.3	58.4	46.9	12.0	117.3	1	1	3.0	3.0
新津县	1597	600.8	388.8	212.0		600.8	7	7	6.1	6.1
荣　县	1078	261.2	177.1	65.8	18.2	261.2	1	1	3.5	3.5
富顺县	1693	258.0	67.0	67.0	124.0	195.0	1		5.0	
米易县	447	61.1	33.9	27.2		58.6	1	1	1.0	1.0
盐边县	206	40.5			40.5	30.3	1		0.7	
泸　县	875	245.7	126.5	119.1		245.7				
合江县	1003	180.0	55.0	110.0	15.0	180.0	1	1	2.0	2.0
叙永县	1058	107.9	47.1	16.6	44.2	107.9	1	1	4.0	4.0
古蔺县	669	74.9	20.1	21.0	33.8	74.9	1	1	1.8	1.8
中江县	1576	334.0	116.0	173.8	44.2	334.0	2	2	4.0	4.0
三台县	1226	259.0	95.1	75.4	88.5	250.2	1	1	5.0	5.0
盐亭县	470	118.8	55.9	63.0		118.8	1	1	1.5	1.5
梓潼县	600	166.7	50.9	51.7	64.0	140.0	1		1.5	
北川羌族自治县	473	104.0	57.0	47.0		104.0	1	1	2.0	2.0
平武县	119	63.4	34.3	29.1		63.4	1	1	0.8	0.8
旺苍县	586	149.7	39.6	17.5	92.6	140.5	1	1	3.0	3.0

continued

污水处理厂 Wastewater Treatment Plant				其他污水处理设施 Other Wastewater Treatment Facilities		污水处理总量	再生水 Recycled Water			
处理量(万立方米) Quantity of Wastewater Treated (10,000 m^3)	二、三级处理 Secondary and Tertiary Treated	干污泥产生量(吨) Quantity of Dry Sludge Produced (ton)	干污泥处置量(吨) Quantity of Dry Sludge Treated (ton)	处理能力(万立方米/日) Treatment Capacity (10,000 m^3/day)	处理量(万立方米) Quantity of Wastewater Treated (10,000 m^3)	(万立方米) Total Quantity of Wastewater Treated (10,000 m^3)	生产能力(万立方米/日) Recycled Water Production Capacity (10,000 m^3/day)	利用量(万立方米) Annual Quantity of Wastewater Recycled and Reused (10,000 m^3)	管道长度(公里) Length of Pipelines (km)	县名称 Name of Counties
13706	**9529**	**19306**	**550**			**13706**	**4.1**	**285**	**11.6**	**重　庆**
485	485	428				485				城口县
1117		1893				1117	0.2	73	3.2	丰都县
2172	2172	2409				2172				垫江县
1094	548	2144				1094	2.8	58	1.2	忠　县
1657	132	2869				1657				云阳县
1699	1699	2190				1699	0.1	30	3.0	奉节县
1264	1264	3187				1264	0.5	60	1.0	巫山县
880	880	918				880	0.2	23	2.0	巫溪县
1076	1076	870				1076	0.3	41	1.2	石柱土家族自治县
998	9	1163				998				秀山土家族苗族自治县
745	745	687				745				酉阳土家族苗族自治县
520	520	550	550			520				彭水苗族土家族自治县
56329	**44386**	**80329**	**80230**	**13.7**	**1591**	**57919**	**17.2**	**2409**	**43.1**	**四　川**
1842	1842	3347	3347	3.0	903	2745				金堂县
2266	2266	1908	1908			2266				大邑县
652	652	1821	1821			652	2.0	49		蒲江县
1480	1480	2959	2959			1480				新津县
979	979	1576	1576			979				荣　县
1638		2905	2905			1638				富顺县
333	333	471	471	1.0	49	382		58		米易县
179		46	46			179		93		盐边县
789	789					789				泸　县
734	734	1842	1842	4.0	150	885		8		合江县
919	919	271	271			919		2		叙永县
639	639	688	688			639		4		古蔺县
1233	1233	1912	1912	1.0	109	1342				中江县
1119	1119	1814	1814			1119	0.0	11		三台县
418	418	902	902			418	1.5	82	18.0	盐亭县
530		770	770			530	0.2	91		梓潼县
408	408	811	811			408	2.0	77		北川羌族自治县
105	105	185	185			105				平武县
546	546	270	270			546				旺苍县

10-2 续表 26

县名称 Name of Counties	污水排放量（万立方米） Annual Quantity of Wastewater Discharged (10,000 m^3)	排水管道长度（公里） Length of Drainage Pipelines (km)	污水管道 Sewers	雨水管道 Rainwater Drainage Pipeline	雨污合流管道 Combined Drainage Pipeline	建成区 in Built District	污水处理厂 Wastewater Treatment Plant 座数（座） Number of Wastewater Treatment Plant (unit)	二、三级处理 Secondary and Tertiary Treatment	处理能力（万立方米/日） Treatment Capacity (10,000 m^3/day)	二、三级处理 Secondary and Tertiary Treatment
青川县	153	58.1	30.3	27.7		58.1	1	1	0.5	0.5
剑阁县	435	107.6	49.9	47.4	10.3	107.6	1	1	1.0	1.0
苍溪县	732	303.3	181.7	95.6	26.0	234.1	2	2	2.7	2.7
蓬溪县	518	196.2	85.0	76.1	35.0	185.5	2	2	1.5	1.5
大英县	748	243.1	113.2	110.9	19.0	243.1	1	1	2.0	2.0
威远县	1330	317.5	125.6	109.9	82.0	213.3	2	2	3.0	3.0
资中县	1240	138.3	105.0	33.0	0.3	102.0	1	1	4.0	4.0
犍为县	1067	163.4	56.4	50.9	56.0	150.5	2	2	3.0	3.0
井研县	785	42.5			42.5	42.5	2	1	3.5	1.0
夹江县	772	138.7	70.6	40.6	27.5	138.7	1	1	2.0	2.0
沐川县	264	47.0	25.0	6.0	16.0	42.0	1	1	1.0	1.0
峨边县	152	22.9	22.9			22.9	1	1	0.8	0.8
马边县	352	48.5	19.3	16.3	13.0	48.5	1	1	1.0	1.0
南部县	1835	319.0	127.0	116.0	76.0	319.0	1		7.0	
营山县	1533	239.0	108.6	99.4	31.0	239.0	6	6	4.3	4.3
蓬安县	972	145.0	67.0	51.0	27.0	145.0	1	1	3.5	3.5
仪陇县	885	138.0	63.0	47.0	28.0	138.0	1		2.0	
西充县	1130	173.0	69.0	55.0	49.0	173.0	1	1	3.0	3.0
仁寿县	2155	350.0	122.0	98.0	130.0	350.0	2	2	5.5	5.5
洪雅县	393	117.2	63.1	34.2	20.0	117.2	1		1.0	
丹棱县	486	57.8	34.1	23.8		57.8	1	1	1.3	1.3
青神县	383	76.1	53.9	22.3		72.0	1	1	1.0	1.0
江安县	917	77.4	32.5	32.5	12.4	77.4	1	1	3.0	3.0
长宁县	418	89.5	14.5	23.9	51.2	80.8	1	1	1.5	1.5
高　县	450	231.5	85.9	88.9	56.7	231.5	2	2	1.3	1.3
珙　县	687	56.7	34.9	20.6	1.2	48.8	1		2.0	
筠连县	451	77.6	13.2	2.0	62.4	77.6	2	2	1.0	1.0
兴文县	671	131.9	69.4	54.2	8.3	128.9	1	1	2.0	2.0
屏山县	459	130.0	65.0	65.0		74.3	1	1	1.5	1.5
岳池县	1463	318.9	187.8	95.1	36.0	301.3	2		5.5	
武胜县	1176	123.3	72.4	39.9	11.1	114.0	2	1	5.0	3.0
邻水县	975	202.5	85.6	69.6	47.3	201.6	3	3	3.9	3.9
宣汉县	950	265.4	142.3	123.1		205.0	1	1	2.5	2.5
开江县	488	161.9	76.5	63.8	21.5	161.9	1	1	1.5	1.5
大竹县	1143	207.0	143.0	47.0	17.0	207.0	1	1	4.0	4.0
渠　县	1441	344.0	168.0	176.0		344.0	1	1	6.0	6.0
荥经县	275	43.5	15.2	8.3	20.0	43.5	1	1	1.0	1.0

continued

污水处理厂 Wastewater Treatment Plant				其他污水处理设施 Other Wastewater Treatment Facilities		污水处理总量	再生水 Recycled Water			县名称
处理量(万立方米) Quantity of Wastewater Treated ($10,000\ m^3$)	二、三级处理 Secondary and Tertiary Treated	干污泥产生量(吨) Quantity of Dry Sludge Produced (ton)	干污泥处置量(吨) Quantity of Dry Sludge Treated (ton)	处理能力(万立方米/日) Treatment Capacity ($10,000\ m^3$/day)	处理量(万立方米) Quantity of Wastewater Treated ($10,000\ m^3$)	(万立方米) Total Quantity of Wastewater Treated ($10,000\ m^3$)	生产能力(万立方米/日) Recycled Water Production Capacity ($10,000\ m^3$/day)	利用量(万立方米) Annual Quantity of Wastewater Recycled and Reused ($10,000\ m^3$)	管道长度(公里) Length of Pipelines (km)	Name of Counties
143	143	206	206			143	0.0	0	5.0	青川县
421	421	283	283			421				剑阁县
718	718	877	877			718				苍溪县
493	493	921	921			493		80		蓬溪县
700	700	548	548	1.0	18	719		146		大英县
1000	1000	1253	1253	0.7	237	1238				威远县
1153	1153	1651	1651			1153	0.0	8	0.3	资中县
949	949	981	981			949				犍为县
765	223	1146	1146			765	1.8	542		井研县
686	686	786	786			686				夹江县
233	233	209	209			233				沐川县
137	137	199	199			137				峨边县
347	347	118	118			347				马边县
1830		2131	2131			1830				南部县
1502	1502	4905	4905			1502	3.0	180	2.2	营山县
936	936	2230	2230			936				蓬安县
845		1505	1505			845				仪陇县
1120	1120	1294	1294			1120				西充县
2027	2027	1721	1623			2027		406		仁寿县
354		465	465			354		26		洪雅县
458	458	184	184	1.3	1	459	1.0	56	6.0	丹棱县
368	368	559	559			368	1.0	7		青神县
847	847	1747	1747			847				江安县
399	399	265	265			399				长宁县
414	414	427	427			414				高　县
632		419	419			632	1.5	105	2.5	珙　县
418	418	378	378			418				筠连县
643	643	581	581			643				兴文县
422	422	514	514			422				屏山县
1452		977	977			1452				岳池县
1167	841	2286	2286			1167				武胜县
954	954	2769	2769			954				邻水县
945	945	1071	1071			945		171		宣汉县
417	417	1761	1761			417				开江县
977	977	1140	1140	0.4	89	1066				大竹县
1435	1435	4482	4482			1435				渠　县
270	270	354	354			270				荥经县

10-2 续表 27

县名称 Name of Counties	污水排放量(万立方米) Annual Quantity of Wastewater Discharged ($10,000\ m^3$)	排水管道长度(公里) Length of Drainage Pipelines (km)	污水管道 Sewers	雨水管道 Rainwater Drainage Pipeline	雨污合流管道 Combined Drainage Pipeline	建成区 in Built District	污水处理厂 Wastewater Treatment Plant 座数(座) Number of Wastewater Treatment Plant (unit)	二、三级处理 Secondary and Tertiary Treatment	处理能力(万立方米/日) Treatment Capacity ($10,000\ m^3$/day)	二、三级处理 Secondary and Tertiary Treatment
汉源县	390	86.0	38.0	38.0	10.0	70.7	1	1	1.0	1.0
石棉县	289	77.8	36.3	41.5		77.8	1	1	1.3	1.3
天全县	276	154.4	78.6	70.3	5.5	148.0	2	2	1.2	1.2
芦山县	242	30.1	12.4	13.4	4.4	22.0	1	1	1.0	1.0
宝兴县	135	17.4	9.8	7.7		6.0	1		0.3	
通江县	1022	60.0	25.0		35.0	57.0	1	1	3.0	3.0
南江县	732	246.4	122.9	90.3	33.3	122.9	2	1	3.0	2.0
平昌县	1215	117.9	94.2	11.7	12.0	112.5	2		4.0	
安岳县	1328	123.0	73.3	33.3	16.5	123.0	1	1	4.1	4.1
乐至县	730	187.4	110.2	59.2	18.0	187.4	1	1	4.5	4.5
汶川县	72	36.6	17.6	13.0	6.0	36.6	1		0.4	
理　县	126	14.6	6.3	4.0	4.3	12.3	1	1	0.4	0.4
茂　县	178	108.0	59.1	48.9		108.0	1	1	0.6	0.6
松潘县	77	53.0	14.0	10.0	29.0	53.0	1		0.4	
九寨沟县	267	25.1	25.1			25.1	1		1.5	
金川县	71	37.9	2.5		35.4	0.9	1	1	0.3	0.3
小金县	167	31.9		1.3	30.6	30.6	2	2	0.8	0.8
黑水县	77	15.0	10.0	5.0		15.0	1	1	0.2	0.2
壤塘县	98	13.5	6.0	4.2	3.3	10.0	1	1	0.1	0.1
阿坝县	140	20.2	6.4	13.2	0.6	15.0	1		0.4	
若尔盖县	118	33.0	31.9		1.1	33.0	1		0.4	
红原县	130	73.7	26.4	43.8	3.5	62.5	1		0.3	
泸定县	171	26.0			26.0	26.0	1	1	0.8	0.8
丹巴县	85	29.0	20.0	9.0		29.0	1	1	0.3	0.3
九龙县	86	16.0			16.0	16.0	1		0.2	
雅江县	69	47.7	38.3	4.4	5.0	47.7	1	1	0.2	0.2
道孚县	72	56.0	29.3	19.5	7.2	18.4	1	1	0.2	0.2
炉霍县	72	43.3	29.6	5.0	8.7	30.2	1		0.2	
甘孜县	123	6.7			6.7	6.7	1		0.3	
新龙县	84	12.7	5.5	5.4	1.9	12.0	1	1	0.2	0.2
德格县	62	20.0	12.0	8.0		20.0	1		0.2	
白玉县	81	12.0	8.1	3.9		12.0	1		0.2	
石渠县	50	44.3	24.6	13.3	6.4	44.3	1		0.2	
色达县	63	31.4	25.5	4.8	1.1	20.0	1		0.2	
理塘县	131	41.6	23.3	10.3	8.0	41.6	1	1	0.4	0.4
巴塘县	46	14.0	7.0	7.0		14.0	1		0.3	
乡城县	76	21.6	16.0	5.6		20.6	1	1	0.2	0.2

continued

污水处理厂 Wastewater Treatment Plant				其他污水处理设施 Other Wastewater Treatment Facilities		污水处理总量	再生水 Recycled Water			
处理量（万立方米） Quantity of Wastewater Treated (10,000 m^3)	二、三级处理 Secondary and Tertiary Treated	干污泥产生量（吨） Quantity of Dry Sludge Produced (ton)	干污泥处置量（吨） Quantity of Dry Sludge Treated (ton)	处理能力（万立方米/日） Treatment Capacity (10,000 m^3/day)	处理量（万立方米） Quantity of Wastewater Treated (10,000 m^3)	（万立方米） Total Quantity of Wastewater Treated (10,000 m^3)	生产能力（万立方米/日） Recycled Water Production Capacity (10,000 m^3/day)	利用量（万立方米） Annual Quantity of Wastewater Recycled and Reused (10,000 m^3)	管道长度（公里） Length of Pipelines (km)	县名称 Name of Counties
359	359	445	445			359	0.1	5	0.5	汉源县
285	285	2322	2322			285				石棉县
273	273	255	255			273				天全县
225	225	530	530			225				芦山县
84		200	200	0.3	32	116				宝兴县
948	948	179	179			948				通江县
705	621	2160	2160			705	2.0	103		南江县
1035		1480	1480			1035				平昌县
1274	1274	749	749			1274				安岳县
730	730	1406	1406			730	1.0	75	8.6	乐至县
62		0	0			62				汶川县
104	104	5	5			104				理　县
117	117	103	103			117				茂　县
32		14	14			32				松潘县
257		1				257				九寨沟县
25	25	0	0			25				金川县
142	142	170	170			142				小金县
61	61	1	1			61				黑水县
49	49	1	1			49				壤塘县
115		1	1			115				阿坝县
98		20	20			98				若尔盖县
111		9	9			111				红原县
150	150	150	150			150				泸定县
74	74	74	74			74				丹巴县
75		75	75			75				九龙县
60	60	60	60			60				雅江县
61	61	61	61			61				道孚县
62		62	62			62	0.0	12		炉霍县
105		105	105			105				甘孜县
71	71	71	71			71				新龙县
53		53	53			53				德格县
70		70	70			70				白玉县
13		13	13			13				石渠县
54		54	54			54				色达县
11	11	11	11			11				理塘县
40		40	40			40				巴塘县
64	64	64	64			64				乡城县

10-2 续表 28

县名称 Name of Counties	污水排放量(万立方米) Annual Quantity of Wastewater Discharged ($10,000\ m^3$)	排水管道长度(公里) Length of Drainage Pipelines (km)	污水管道 Sewers	雨水管道 Rainwater Drainage Pipeline	雨污合流管道 Combined Drainage Pipeline	建成区 in Built District	污水处理厂 Wastewater Treatment Plant 座数(座) Number of Wastewater Treatment Plant (unit)	二、三级处理 Secondary and Tertiary Treatment	处理能力(万立方米/日) Treatment Capacity ($10,000\ m^3$/day)	二、三级处理 Secondary and Tertiary Treatment
稻城县	60	30.8	16.6	14.2		14.8	1	1	0.2	0.2
得荣县	46	30.3	29.2		1.1	8.6	1		0.2	
普格县	108	25.7	13.7	12.0		25.7	1		0.4	
木里县	135	30.4	13.0	2.0	15.4	6.5	1	1	0.5	0.5
盐源县	355	124.8	77.5		47.3	63.3	1		1.0	
德昌县	322	128.3	35.0	18.9	74.4	119.3	1	1	1.0	1.0
会理县	500	162.4	86.5	41.0	34.9	162.4	1	1	1.3	1.3
会东县	380	32.0	7.0	3.0	22.0	22.0	1	1	0.8	0.8
宁南县	143	90.6	73.8	13.8	3.0	34.2	1		0.5	
布拖县	90	28.0	6.0		22.0	26.5	1	1	0.4	0.4
金阳县	101	18.5	7.4	3.0	8.1	10.1	1		0.5	
昭觉县	331	19.1	16.0	2.1	1.0	15.0	1		0.6	
喜德县	150	30.9	16.0	6.5	8.4	26.2	1		0.4	
冕宁县	281	71.8	35.4	24.3	12.1	65.2	1	1	0.6	0.6
越西县	280	27.3	10.3	8.0	9.0	27.3	1		0.6	
甘洛县	293	63.0			63.0	63.0	1		0.5	
美姑县	221	16.2	12.0	4.2		16.2	1	1	0.6	0.6
雷波县	300	8.9	2.1	2.0	4.8	8.0	1		0.5	
贵　州	**28055**	**7255.7**	**4347.0**	**2081.7**	**827.0**	**4765.5**	**96**	**96**	**85.7**	**85.7**
开阳县	613	74.7	59.3	15.4		39.9	1	1	1.8	1.8
息烽县	458	109.0	51.3	39.2	18.6	39.2	1	1	1.4	1.4
修文县	279	183.0	90.0	88.0	5.0	126.9	1	1	1.0	1.0
水城区	750	477.3	243.0	228.8	5.4	477.3	1	1	0.0	0.0
六枝特区	736	191.6	123.3	20.9	47.4	191.6	1	1	1.8	1.8
桐梓县	998	369.6	204.9	145.7	19.0		2	2	2.3	2.3
绥阳县	544	126.6	27.0		99.6	99.6	1	1	1.5	1.5
正安县	321	35.8	29.8		6.0	29.8	1	1	1.1	1.1
道真县	549	94.7	69.5	10.0	15.2		1	1	1.5	1.5
务川县	496	114.6	60.0	53.0	1.6		1	1	1.5	1.5
凤冈县	407	103.1	52.3	50.4	0.4	67.0	2	2	1.2	1.2
湄潭县	805	260.4	114.4	123.0	23.0	260.4	2	2	2.0	2.0
余庆县	351	119.3	73.0	26.0	20.3	73.0	1	1	1.0	1.0
习水县	590	144.4	142.0		2.4	142.0	1	1	2.5	2.5
普定县	393	224.9	118.4	104.7	1.8	214.5	1	1	1.5	1.5
镇宁县	474	173.1	104.3	67.9	1.0	173.1	1	1	1.8	1.8
关岭县	243	75.8	51.2	5.1	19.6	75.8	3	3	1.4	1.4
紫云县	185	195.9	99.7	96.2		195.9	2	2	0.6	0.6

continued

污水处理厂 Wastewater Treatment Plant				其他污水处理设施 Other Wastewater Treatment Facilities		污水处理总量	再生水 Recycled Water			
处理量（万立方米） Quantity of Wastewater Treated (10,000 m^3)	二、三级处理 Secondary and Tertiary Treated	干污泥产生量（吨） Quantity of Dry Sludge Produced (ton)	干污泥处置量（吨） Quantity of Dry Sludge Treated (ton)	处理能力（万立方米/日） Treatment Capacity (10,000 m^3/day)	处理量（万立方米） Quantity of Wastewater Treated (10,000 m^3)	（万立方米） Total Quantity of Wastewater Treated (10,000 m^3)	生产能力（万立方米/日） Recycled Water Production Capacity (10,000 m^3/day)	利用量（万立方米） Annual Quantity of Wastewater Recycled and Reused (10,000 m^3)	管道长度（公里） Length of Pipelines (km)	县名称 Name of Counties
49	49	49	49			49				稻城县
40		40	40			40				得荣县
98		50	50			98				普格县
125	125	25	25			125		12		木里县
265		504	504			265				盐源县
296	296	60	60			296				德昌县
450	450	100	100			450				会理县
307	307	277	277			307				会东县
143		129	129			143				宁南县
53	53	12	12			53				布拖县
79		23	23			79				金阳县
285		60	60			285				昭觉县
60		12	12	0.4		60				喜德县
205	205	45	45	0.6		205				冕宁县
200		42	42			200				越西县
60		12	12			60				甘洛县
138	138	28	28			138				美姑县
36		8	8			36				雷波县
25588	**25588**	**17263**	**16738**	**2.3**	**19**	**25607**	**5.2**	**1070**	**17.9**	**贵　州**
588	588	245				588				开阳县
435	435	301	301			435				息烽县
250	250	157	157			250				修文县
712	712	2				712				水城区
683	683	546	546			683	0.8		11.8	六枝特区
898	898	470	470			898				桐梓县
507	507	495	495			507		507		绥阳县
290	290	363	363			290				正安县
514	514	632	632			514				道真县
451	451	402	402			451	0.3	106		务川县
360	360	39	38			360				凤冈县
732	732	537	537			732	0.0	5		湄潭县
326	326	120	120			326	0.2	23	0.3	余庆县
550	550	430	430			550				习水县
368	368	182	182			368				普定县
442	442	328	328			442				镇宁县
221	221	12	11			221				关岭县
171	171	46	46			171				紫云县

10-2 续表 29

县名称 Name of Counties	污水排放量（万立方米）Annual Quantity of Wastewater Discharged ($10,000\ m^3$)	排水管道长度（公里）Length of Drainage Pipelines (km)	污水管道 Sewers	雨水管道 Rainwater Drainage Pipeline	雨污合流管道 Combined Drainage Pipeline	建成区 in Built District	污水处理厂 Wastewater Treatment Plant：座数（座）Number of Wastewater Treatment Plant (unit)	二、三级处理 Secondary and Tertiary Treatment	处理能力（万立方米/日）Treatment Capacity ($10,000\ m^3$/day)	二、三级处理 Secondary and Tertiary Treatment
大方县	570	196.0	77.7	107.5	10.9	74.3	2	2	2.1	2.1
黔西县	1267	177.0	78.0	74.0	25.0	145.0	2	2	3.0	3.0
金沙县	748	83.9	28.8	10.0	45.1	83.9	2	2	2.7	2.7
织金县	858	35.0	35.0			35.0	1	1	2.2	2.2
纳雍县	433	114.9	114.9			114.9	3	3	1.6	1.6
威宁自治县	1271	187.7	186.0	1.7		187.7	2	2	4.0	4.0
赫章县	380	90.2	47.7		42.5	74.5	1	1	1.0	1.0
江口县	425	69.8	43.5	23.0	3.3		1	1	1.4	1.4
玉屏县	310	70.0	54.0	16.0			1	1	1.0	1.0
石阡县	370	101.7	79.0	19.0	3.7		1	1	1.0	1.0
思南县	460	128.0	52.0	56.0	20.0		2	2	1.1	1.1
印江县	438	72.0	72.0			72.0	2	2	1.2	1.2
德江县	966	84.6	54.6	30.0		84.6	3	3	3.1	3.1
沿河县	310	101.6	50.8	13.3	37.5		1	1	1.4	1.4
松桃县	524	104.2	70.6	21.0	12.6	65.6	1	1	1.4	1.4
普安县	146	43.8	28.5	12.5	2.8	43.8	1	1	0.7	0.7
晴隆县	140	81.2	34.2	35.0	12.0		1	1	0.4	0.4
贞丰县	350	99.6	62.2	37.5		70.6	1	1	0.8	0.8
望谟县	225	30.5	20.2	7.3	3.0		2	2	1.1	1.1
册亨县	108	40.0	25.0	15.0		40.0	1	1	0.4	0.4
安龙县	325	106.0	80.0	11.0	15.0	106.0	2	2	1.6	1.6
黄平县	284	34.7	34.7				2	2	0.8	0.8
施秉县	135	48.0	20.0		28.0	48.0	1	1	0.4	0.4
三穗县	243	101.0	79.0	22.0			1	1	1.0	1.0
镇远县	239	101.9	84.0	14.9	3.0	101.9	1	1	1.0	1.0
岑巩县	175	34.2	29.2		5.0	34.2	1	1	0.5	0.5
天柱县	334	116.9	60.1	40.2	16.7	76.0	1	1	1.2	1.2
锦屏县	120	93.5	46.2	37.3	10.0		1	1	0.3	0.3
剑河县	219	55.0	55.0				1	1	0.6	0.6
台江县	190	33.1	23.1	4.0	6.0	23.1	1	1	0.3	0.3
黎平县	483	58.0	58.0				2	2	1.3	1.3
榕江县	515	82.8	54.3	28.5			2	2	1.3	1.3
从江县	163	22.1	22.1				1	1	0.4	0.4
雷山县	111	34.5	32.5	2.0			1	1	0.3	0.3
麻江县	131	112.2	54.0	52.1	6.0		2	2	0.6	0.6
丹寨县	256	85.5	85.5			85.5	2	2	0.8	0.8
荔波县	500	68.6	55.0		13.6	68.6	3	3	1.5	1.5

continued

污水处理厂 Wastewater Treatment Plant				其他污水处理设施 Other Wastewater Treatment Facilities		污水处理总量	再生水 Recycled Water			县名称
处理量（万立方米） Quantity of Wastewater Treated (10,000 m^3)	二、三级处理 Secondary and Tertiary Treated	干污泥产生量（吨） Quantity of Dry Sludge Produced (ton)	干污泥处置量（吨） Quantity of Dry Sludge Treated (ton)	处理能力（万立方米/日） Treatment Capacity (10,000 m^3/day)	处理量（万立方米） Quantity of Wastewater Treated (10,000 m^3)	（万立方米） Total Quantity of Wastewater Treated (10,000 m^3)	生产能力（万立方米/日） Recycled Water Production Capacity (10,000 m^3/day)	利用量（万立方米） Annual Quantity of Wastewater Recycled and Reused (10,000 m^3)	管道长度（公里） Length of Pipelines (km)	Name of Counties
519	519	180	180			519	1.4	30	3.1	大方县
1172	1172	1746	1746			1172				黔西县
711	711	156	156			711				金沙县
790	790	562	562			790				织金县
383	383	548	548			383				纳雍县
1200	1200	766	766			1200	1.0	286	1.0	威宁自治县
335	335	260	260			335				赫章县
365	365	131	131			365				江口县
266	266	247	247			266				玉屏县
317	317	148	148			317				石阡县
397	397	395	395			397				思南县
402	402	182	182			402				印江县
919	919	545	545			919				德江县
269	269	147	147			269				沿河县
475	475	336	336			475				松桃县
126	126	40	40			126				普安县
121	121	68	68			121				晴隆县
303	303	313	313			303				贞丰县
192	192	71	16			192				望谟县
96	96	110	110			96				册亨县
296	296	60				296		109		安龙县
265	265	163	163			265				黄平县
116	116	48	48			116				施秉县
214	214	149	149			214	0.0	1		三穗县
217	217	75	75			217				镇远县
151	151	144	144			151				岑巩县
284	284	197	197			284				天柱县
105	105	380	380			105				锦屏县
188	188	226	226			188				剑河县
88	88	34	34			88				台江县
417	417	169	169			417				黎平县
442	442	193	193			442				榕江县
144	144	187	187			144				从江县
109	109	50	50			109				雷山县
122	122	174	174			122		1		麻江县
237	237	115	115			237				丹寨县
464	464	160				464				荔波县

10-2 续表 30

县名称 Name of Counties	污水排放量（万立方米） Annual Quantity of Wastewater Discharged (10,000 m^3)	排水管道长度（公里） Length of Drainage Pipelines (km)	污水管道 Sewers	雨水管道 Rainwater Drainage Pipeline	雨污合流管道 Combined Drainage Pipeline	建成区 in Built District	污水处理厂 Wastewater Treatment Plant 座数（座） Number of Wastewater Treatment Plant (unit)	二、三级处理 Secondary and Tertiary Treatment	处理能力（万立方米/日） Treatment Capacity (10,000 m^3/day)	二、三级处理 Secondary and Tertiary Treatment
贵定县	514	108.0	77.0		31.0	76.0	1	1	1.5	1.5
瓮安县	558	268.5	139.2	127.3	2.0	268.5	3	3	1.7	1.7
独山县	347	138.0	60.0	6.0	72.0	138.0	3	3	1.5	1.5
平塘县	244	82.3	36.6	24.1	21.6	82.3	1	1	1.0	1.0
罗甸县	617	110.0	60.0	40.0	10.0	81.0	1	1	2.0	2.0
长顺县	298	106.6	8.6	42.5	55.5	55.5	2	2	0.9	0.9
龙里县	647	93.0	67.0	20.0	6.0	80.0	2	2	2.7	2.7
惠水县	610	128.0	65.0	42.0	21.0	95.0	2	2	2.2	2.2
三都水族自治县	306	48.0	33.0	15.0		48.0	1	1	0.9	0.9
云　南	**34328**	**10576.1**	**5701.6**	**3390.8**	**1483.7**	**9422.8**	**101**	**96**	**112.7**	**108.1**
嵩明县	359	182.6	85.6	50.2	46.8	182.6	1	1	1.0	1.0
富民县	281	98.4	60.8	31.7	5.9	98.4	1		0.8	
宜良县	1141	139.8	65.7	53.8	20.2	129.9	2	2	4.0	4.0
石林彝族自治县	807	238.3	160.7	77.6		238.3	1		2.0	
禄劝彝族苗族自治县	452	66.6	27.9	20.3	18.3	64.3	1	1	1.2	1.2
寻甸县	507	190.9	126.7	64.2		190.9	1	1	2.4	2.4
昆明阳宗海风景名胜区	377	145.5	123.0	22.0	0.5	85.3	1	1	1.5	1.5
陆良县	853	230.8	94.1	29.6	107.2	225.3	2	2	3.5	3.5
师宗县	385	154.2	65.6	62.6	26.0	117.6	1	1	1.5	1.5
罗平县	702	197.4	108.4	43.2	45.9	197.4	2	2	4.5	4.5
富源县	685	128.2	48.2	24.0	56.0	108.7	1	1	4.0	4.0
会泽县	1090	331.3	161.3	150.4	19.6	331.3	1	1	4.0	4.0
通海县	285	146.3	91.8	16.5	38.0	126.0	1	1	1.0	1.0
华宁县	384	73.3	32.6	21.7	19.0	73.3	1	1	1.0	1.0
易门县	312	121.5	54.7	37.6	29.3	48.9	1	1	1.0	1.0
峨山县	319	69.9	35.7	23.6	10.7	68.9	1	1	1.0	1.0
新平县	296	74.1	31.0	31.3	11.8	74.0	1	1	1.0	1.0
元江县	271	112.4	45.2	35.9	31.3	103.4	1	1	1.0	1.0
施甸县	380	145.1	69.3	52.8	23.0	130.1	1	1	1.0	1.0
龙陵县	337	44.9	26.7	16.3	2.0	44.9	1	1	1.0	1.0
昌宁县	369	105.5	50.4	41.5	13.7	105.5	1	1	1.0	1.0
鲁甸县	452	173.1	81.1	50.0	42.0	173.1	1	1	1.5	1.5
巧家县	330	117.4	65.9	49.5	2.0	102.1	1	1	1.0	1.0
盐津县	184	68.1	53.1		15.0	68.0	2	2	0.5	0.5
大关县	133	94.6	82.7	11.9		94.6	1	1	0.4	0.4
永善县	250	84.4	55.4	24.7	4.2	84.4	1	1	1.0	1.0

continued

污水处理厂 Wastewater Treatment Plant: 处理量(万立方米) Quantity of Wastewater Treated (10,000 m^3)	二、三级处理 Secondary and Tertiary Treated	干污泥产生量(吨) Quantity of Dry Sludge Produced (ton)	干污泥处置量(吨) Quantity of Dry Sludge Treated (ton)	其他污水处理设施 Other Wastewater Treatment Facilities: 处理能力(万立方米/日) Treatment Capacity (10,000 m^3/day)	处理量(万立方米) Quantity of Wastewater Treated (10,000 m^3)	污水处理总量(万立方米) Total Quantity of Wastewater Treated (10,000 m^3)	再生水 Recycled Water: 生产能力(万立方米/日) Recycled Water Production Capacity (10,000 m^3/day)	利用量(万立方米) Annual Quantity of Wastewater Recycled and Reused (10,000 m^3)	管道长度(公里) Length of Pipelines (km)	县名称 Name of Counties
494	494	112	112			494				贵定县
526	526	125	125	2.0	12	538				瓮安县
316	316	42	42			316				独山县
216	216	178	178	0.3	7	223				平塘县
567	567	843	843			567	1.5	2	1.7	罗甸县
287	287	227	227			287				长顺县
628	628	374	374			628				龙里县
558	558	482	482			558				惠水县
282	282	101	101			282				三都水族自治县
32563	**31136**	**44024**	**43142**	**7.5**	**22**	**32584**	**4.2**	**105**	**49.7**	**云　南**
325	325	313	313			325				嵩明县
253		182	182			253				富民县
997	997	574	574	4.0		997				宜良县
727		136	136			727	1.8	8		石林彝族自治县
394	394	508	508	1.2		394				禄劝彝族苗族自治县
482	482	301	301			482				寻甸县
348	348	1785	1785			348				昆明阳宗海风景名胜区
852	852	1179	1179			852				陆良县
362	362	217	217			362				师宗县
668	668	370	370			668				罗平县
638	638	255	255			638				富源县
1045	1045	565	565			1045				会泽县
271	271	379	379			271				通海县
369	369	444	444			369				华宁县
282	282	366	366			282				易门县
292	292	275	275	1.0	1	293				峨山县
273	273	121	121			273				新平县
251	251	149	149			251				元江县
361	361	358	358			361				施甸县
337	337	336	336			337				龙陵县
369	369	399	399			369				昌宁县
430	430	573	573			430				鲁甸县
305	305	2567	2567			305				巧家县
172	172	1053	1053			172				盐津县
132	132	243	243			132				大关县
236	236	587	587			236				永善县

10-2 续表 31

县名称 Name of Counties	污水排放量（万立方米） Annual Quantity of Wastewater Discharged ($10,000\ m^3$)	排水管道长度（公里） Length of Drainage Pipelines (km)	污水管道 Sewers	雨水管道 Rainwater Drainage Pipeline	雨污合流管道 Combined Drainage Pipeline	建成区 in Built District	污水处理厂 Wastewater Treatment Plant 座数（座） Number of Wastewater Treatment Plant (unit)	二、三级处理 Secondary and Tertiary Treatment	处理能力（万立方米/日） Treatment Capacity ($10,000\ m^3$/day)	二、三级处理 Secondary and Tertiary Treatment
绥江县	401	207.3	119.7	87.6		207.3	1	1	1.0	1.0
镇雄县	1201	143.5	70.8	72.5	0.2	143.5	1	1	2.5	2.5
彝良县	277	65.1	37.0	18.9	9.2	55.0	1	1	0.8	0.8
威信县	331	91.0	59.8	17.0	14.2	91.0	1	1	1.0	1.0
玉龙纳西族自治县	79	209.0	103.8	105.2		209.0				
永胜县	365	60.1	34.3	14.0	11.8	60.1	1	1	1.0	1.0
华坪县	316	66.5	66.5			66.5	1	1	1.4	1.4
宁蒗县	354	101.0	76.0	25.0		72.0	1	1	1.3	1.3
宁洱哈尼族彝族自治县	356	103.7	55.0	23.5	25.2	91.5	1	1	1.0	1.0
墨江哈尼族自治县	267	58.4	33.2	12.7	12.5	51.7	1	1	1.0	1.0
景东彝族自治县	335	86.8	57.2	18.0	11.5	86.8	1	1	1.0	1.0
景谷傣族彝族自治县	447	130.1	57.5	54.6	18.0	130.1	1	1	1.0	1.0
镇沅彝族哈尼族拉祜族自治县	137	66.2	41.8	23.4	1.0	56.1	1	1	0.5	0.5
江城哈尼族彝族自治县	130	50.0	42.0	2.0	6.0	50.0	1	1	0.4	0.4
孟连傣族拉祜族佤族自治县	218	85.0	53.1	21.8	10.1	71.8	1	1	0.8	0.8
澜沧拉祜族自治县	403	92.7	41.2	28.4	23.2	92.7	1	1	1.1	1.1
西盟佤族自治县	82	30.5	19.5	11.0		28.0	1	1	0.3	0.3
凤庆县	482	116.2	78.0	37.3	0.9	111.2	1	1	1.5	1.5
云　县	468	67.3	61.3	1.5	4.5	67.3	1	1	1.4	1.4
永德县	205	42.0	24.9	15.1	2.0	42.0	1	1	0.7	0.7
镇康县	285	69.7	39.7	29.9		69.7	1	1	0.8	0.8
双江县	295	53.6	26.1	4.6	22.9	42.5	1	1	1.0	1.0
耿马县	294	105.6	67.3	28.3	10.0	71.5	1	1	1.0	1.0
沧源县	242	156.3	90.4	62.5	3.4	98.2	1	1	0.8	0.8
双柏县	136	66.3	41.5	21.8	3.0	66.3	1	1	1.0	1.0
牟定县	252	82.4	35.8	32.2	14.5	68.7	1	1	1.2	1.2
南华县	397	128.6	59.6	65.4	3.6	123.5	1	1	1.5	1.5
姚安县	119	62.4	25.4	20.2	16.8	62.4	1	1	1.0	1.0
大姚县	316	111.8	59.6	49.3	3.0	100.1	1	1	1.0	1.0

continued

污水处理厂 Wastewater Treatment Plant				其他污水处理设施 Other Wastewater Treatment Facilities		污水处理总量	再生水 Recycled Water			
处理量（万立方米） Quantity of Wastewater Treated (10,000 m^3)	二、三级处理 Secondary and Tertiary Treated	干污泥产生量（吨） Quantity of Dry Sludge Produced (ton)	干污泥处置量（吨） Quantity of Dry Sludge Treated (ton)	处理能力（万立方米/日） Treatment Capacity (10,000 m^3/day)	处理量（万立方米） Quantity of Wastewater Treated (10,000 m^3)	（万立方米） Total Quantity of Wastewater Treated (10,000 m^3)	生产能力（万立方米/日） Recycled Water Production Capacity (10,000 m^3/day)	利用量（万立方米） Annual Quantity of Wastewater Recycled and Reused (10,000 m^3)	管道长度（公里） Length of Pipelines (km)	县名称 Name of Counties
394	394	409	409			394				绥江县
1186	1186	744	744			1186				镇雄县
271	271	400	400			271				彝良县
324	324	213	213			324				威信县
78	78					78				玉龙纳西族自治县
352	352	116	116			352				永胜县
306	306	988	988			306				华坪县
329	329	182	182			329	0.9			宁蒗县
352	352	326	326			352				宁洱哈尼族彝族自治县
263	263	297	297			263				墨江哈尼族自治县
332	332	374	374			332				景东彝族自治县
426	426	455	455			426				景谷傣族彝族自治县
132	132	46	46			132				镇沅彝族哈尼族拉祜族自治县
128	128	145	145			128				江城哈尼族彝族自治县
215	215	193	193			215				孟连傣族拉祜族佤族自治县
385	385	335	335			385				澜沧拉祜族自治县
78	78	65	65			78				西盟佤族自治县
482	482	473	473			482				凤庆县
458	458	869	869			458				云　县
200	200	528	528			200				永德县
283	283	640	640			283				镇康县
293	293	617	617			293				双江县
294	294	580	580			294				耿马县
242	242	597	597			242				沧源县
136	136	164	164			136				双柏县
242	242	117	117			242				牟定县
378	378	375	375			378				南华县
109	109	59	59			109	0.6	80	1.0	姚安县
308	308	160	160			308	0.5		18.9	大姚县

10-2 续表 32

县名称 Name of Counties	污水排放量（万立方米） Annual Quantity of Wastewater Discharged (10,000 m^3)	排水管道长度（公里） Length of Drainage Pipelines (km)	污水管道 Sewers	雨水管道 Rainwater Drainage Pipeline	雨污合流管道 Combined Drainage Pipeline	建成区 in Built District	污水处理厂 Wastewater Treatment Plant 座数（座） Number of Wastewater Treatment Plant (unit)	二、三级处理 Secondary and Tertiary Treatment	处理能力（万立方米/日） Treatment Capacity (10,000 m^3/day)	二、三级处理 Secondary and Tertiary Treatment
永仁县	173	74.4	35.4	22.0	17.0	74.4	1	1	0.5	0.5
元谋县	460	108.5	62.5	33.0	13.0	92.7	1	1	1.5	1.5
武定县	310	34.1	7.3	22.0	4.9	31.9	1	1	1.0	1.0
禄丰县	930	124.9	51.9	34.0	39.0	117.0	1	1	2.8	2.8
屏边县	226	63.8	37.8	15.2	10.9	63.8	1	1	0.6	0.6
建水县	787	373.4	133.0	149.7	90.7	373.4	1	1	2.5	2.5
石屏县	732	170.8	110.0	60.0	0.8	170.8	1	1	2.0	2.0
泸西县	685	370.5	248.4	122.1		182.7	1	1	2.0	2.0
元阳县	147	58.8	35.6	11.7	11.5	58.8	1	1	0.5	0.5
红河县	194	71.2	30.2	13.0	28.1	71.2	1	1	0.5	0.5
金平县	196	88.9	57.9	26.0	5.0	81.1	1	1	0.8	0.8
绿春县	164	51.1	30.7	18.4	2.0	51.1	1	1	0.5	0.5
河口县	305	45.2	11.0	7.2	27.0	45.2	1	1	1.0	1.0
砚山县	564	183.5	83.3	92.0	8.2	83.3	1	1	1.5	1.5
西畴县	114	66.2	3.1	3.1	60.0	66.2	1	1	0.3	0.3
麻栗坡县	137	42.1	25.8	10.3	6.0	35.6	1	1	0.4	0.4
马关县	341	128.3	41.8	45.7	40.8	123.6	1	1	1.0	1.0
丘北县	351	106.2	31.0	28.0	47.2	50.0	1	1	0.7	0.7
广南县	323	206.0	108.0	98.0		206.0	1	1	0.8	0.8
富宁县	408	76.0	36.0	30.0	10.0	65.0	1	1	1.0	1.0
勐海县	332	67.7	36.4	20.8	10.5	62.0	1	1	1.0	1.0
勐腊县	345	37.9	24.0	12.9	1.0	33.3	1	1	1.0	1.0
漾濞彝族自治县	85	22.7	19.0	3.7		22.7	1	1	0.5	0.5
祥云县	594	176.5	79.6	84.7	12.2	176.5	1	1	2.0	2.0
宾川县	410	160.5	86.5	33.5	40.5	160.5	1	1	1.5	1.5
弥渡县	211	103.1	63.8	19.2	20.1	103.1	1	1	1.2	1.2
南涧彝族自治县	151	105.3	50.6	50.2	4.5	38.1	1		0.5	
巍山彝族回族自治县	132	52.3	31.4	15.8	5.1	51.0	1	1	0.5	0.5
永平县	216	85.5	58.0	22.5	5.0	84.8	1	1	0.8	0.8
云龙县	63	87.0	57.1	3.0	27.0	57.1	1		0.5	
洱源县	390	87.0	44.0	43.0		74.0	2	2	1.4	1.4
剑川县	163	75.4	40.9	27.6	6.9	63.9	1	1	0.5	0.5
鹤庆县	270	111.9	66.6	39.5	5.8	103.6	1		0.8	
梁河县	136	60.5	36.3	24.2		56.5	1	1	0.5	0.5
盈江县	938	262.5	121.8	84.1	56.6	184.0	2	2	2.4	2.4
陇川县	226	79.5	54.9	24.6		72.2	1	1	0.5	0.5

continued

污水处理厂 Wastewater Treatment Plant				其他污水处理设施 Other Wastewater Treatment Facilities		污水处理总量	再生水 Recycled Water			
处理量(万立方米) Quantity of Wastewater Treated (10,000 m^3)	二、三级处理 Secondary and Tertiary Treated	干污泥产生量(吨) Quantity of Dry Sludge Produced (ton)	干污泥处置量(吨) Quantity of Dry Sludge Treated (ton)	处理能力(万立方米/日) Treatment Capacity (10,000 m^3/day)	处理量(万立方米) Quantity of Wastewater Treated (10,000 m^3)	(万立方米) Total Quantity of Wastewater Treated (10,000 m^3)	生产能力(万立方米/日) Recycled Water Production Capacity (10,000 m^3/day)	利用量(万立方米) Annual Quantity of Wastewater Recycled and Reused (10,000 m^3)	管道长度(公里) Length of Pipelines (km)	县名称 Name of Counties
156	156	201	201			156				永仁县
417	417	167	167			417				元谋县
290	290	146	146			290	0.3	17	1.8	武定县
930	930	649	649			930				禄丰县
215	215	736	736			215				屏边县
741	741	1278	1278			741				建水县
708	708	749	749			708				石屏县
660	660	3000	3000			660				泸西县
143	143	117	117			143				元阳县
183	183	103	103			183				红河县
186	186	155	155			186				金平县
156	156	198	198			156				绿春县
288	288	257	257			288				河口县
564	564	735	735			564				砚山县
105	105	56	56			105				西畴县
124	124	125	125			124				麻栗坡县
331	331	1703	1703			331				马关县
313	313	267	267			313	0.1		28.0	丘北县
291	291	402	402			291				广南县
368	368	169	169			368				富宁县
316	316	1423	1423			316				勐海县
328	328	335	335			328				勐腊县
75	75	62	62			75				漾濞彝族自治县
565	565	469				565				祥云县
369	369	1384	1384			369				宾川县
210	210	235	235			210				弥渡县
146		164	164			146				南涧彝族自治县
120	120	155	155			120				巍山彝族回族自治县
202	202	201	196			202				永平县
41		41	41	0.0	5	46				云龙县
386	386	1397	1396	1.0		386				洱源县
152	152	143	143			152				剑川县
260		243	243			260				鹤庆县
116	116	86	86			116				梁河县
837	837	770	770			837				盈江县
194	194	112	112			194				陇川县

10-2 续表 33

县名称 Name of Counties	污水排放量(万立方米) Annual Quantity of Wastewater Discharged ($10,000\ m^3$)	排水管道长度(公里) Length of Drainage Pipelines (km)	污水管道 Sewers	雨水管道 Rainwater Drainage Pipeline	雨污合流管道 Combined Drainage Pipeline	建成区 in Built District	污水处理厂 Wastewater Treatment Plant 座数(座) Number of Wastewater Treatment Plant (unit)	二、三级处理 Secondary and Tertiary Treatment	处理能力(万立方米/日) Treatment Capacity ($10,000\ m^3$/day)	二、三级处理 Secondary and Tertiary Treatment
福贡县	161	17.1			17.1	17.1	1	1	0.3	0.3
贡山独龙族怒族自治县	104	34.1	17.8	16.3		25.6	1	1	0.3	0.3
兰坪白族普米族自治县	335	128.0	64.0	40.0	24.0	124.0	1	1	1.0	1.0
德钦县	105	42.7	29.0	13.7		24.3	1	1	0.3	0.3
维西傈僳族自治县	285	91.4	58.0	24.0	9.4	91.4	1	1	0.8	0.8
西　藏	**3922**	**1317.1**	**356.4**	**235.4**	**725.3**	**1091.1**	**20**	**14**	**6.0**	**4.1**
曲水县	30	13.0			13.0					
当雄县	35	14.0			14.0	14.0				
林周县	69	10.9	2.2	2.2	6.5	10.9	1	1	0.1	0.1
墨竹工卡县	116	10.5	0.1	0.1	10.3		1		0.9	
尼木县	35	8.5	8.5			8.5	1	1	0.2	0.2
亚东县	159	27.6	6.8	6.8	14.0	25.0	1	1	0.2	0.2
聂拉木县	44	9.5	2.8	2.0	4.7					
仲巴县	28	16.3			16.3	16.3				
定结县	36	20.0			20.0	20.0				
康马县	28	51.3	12.4		38.9	42.1				
吉隆县	36	6.1			6.1	6.1	1	1	0.1	0.1
萨嘎县	43	11.5			11.5	11.5				
谢通门县	53	7.5	6.0	0.5	1.0	7.5				
萨迦县	30	10.0			10.0					
岗巴县	57	12.9			12.9	10.3				
拉孜县	104	42.7	15.0	14.4	13.3	29.5	1	1	0.3	0.3
江孜县	280	33.0	9.0	9.0	15.0	33.0				
定日县	52	56.0	28.0		28.0	35.0				
南木林县	105	52.8	11.8		41.0	52.8				
昂仁县	66	13.9	6.9	6.9			1	1	0.2	0.2
白朗县	75									
仁布县	70	21.1	4.5	6.5	10.2	21.1				
左贡县	51	35.5	25.1	10.4		20.0	1		0.2	
丁青县	92	3.0			3.0	3.0	1		0.3	
八宿县	41	51.7	7.4	30.5	13.8	51.7				
江达县	65	43.4	24.5	18.9		32.3	1		0.2	
洛隆县	62	12.4	4.5	3.7	4.3	12.4				
察雅县	27	8.0	4.0	2.0	2.0	5.0				

continued

污水处理厂 Wastewater Treatment Plant 处理量(万立方米) Quantity of Wastewater Treated (10,000 m³)	二、三级处理 Secondary and Tertiary Treated	干污泥产生量(吨) Quantity of Dry Sludge Produced (ton)	干污泥处置量(吨) Quantity of Dry Sludge Treated (ton)	其他污水处理设施 Other Wastewater Treatment Facilities 处理能力(万立方米/日) Treatment Capacity (10,000 m³/day)	处理量(万立方米) Quantity of Wastewater Treated (10,000 m³)	污水处理总量(万立方米) Total Quantity of Wastewater Treated (10,000 m³)	再生水 Recycled Water 生产能力(万立方米/日) Recycled Water Production Capacity (10,000 m³/day)	利用量(万立方米) Annual Quantity of Wastewater Recycled and Reused (10,000 m³)	管道长度(公里) Length of Pipelines (km)	县名称 Name of Counties
138	138	405		0.3	16	154				福贡县
104	104	15	15			104				贡山独龙族怒族自治县
312	312	387	387			312				兰坪白族普米族自治县
103	103	1				103				德钦县
276	276	80	80			276				维西傈僳族自治县
1233	**829**	**3497**	**3450**	**0.1**	**0**	**1233**				**西　藏**
										曲水县
										当雄县
46	46	0	0			46				林周县
109		4	4			109				墨竹工卡县
35	35	1	1			35				尼木县
89	89	0				89				亚东县
										聂拉木县
										仲巴县
										定结县
										康马县
29	29	151	151			29				吉隆县
										萨嘎县
										谢通门县
										萨迦县
										岗巴县
76	76	25	25			76				拉孜县
										江孜县
										定日县
										南木林县
30	30	0				30				昂仁县
										白朗县
										仁布县
35		17	14			35				左贡县
82		120	120			82				丁青县
										八宿县
57		11				57				江达县
										洛隆县
										察雅县

10-2 续表 34

县名称 Name of Counties	污水排放量(万立方米) Annual Quantity of Wastewater Discharged ($10,000\ m^3$)	排水管道长度(公里) Length of Drainage Pipelines (km)	污水管道 Sewers	雨水管道 Rainwater Drainage Pipeline	雨污合流管道 Combined Drainage Pipeline	建成区 in Built District	污水处理厂 Wastewater Treatment Plant 座数(座) Number of Wastewater Treatment Plant (unit)	二、三级处理 Secondary and Tertiary Treatment	处理能力(万立方米/日) Treatment Capacity ($10,000\ m^3$/day)	二、三级处理 Secondary and Tertiary Treatment
贡觉县	51	6.6			6.6	6.6				
边坝县	43	21.6	13.0	2.6	6.0	18.1				
类乌齐县	62	42.3			42.3	42.3				
芒康县	75	18.4	18.4			18.4				
朗　县	41	18.4	7.5	7.4	3.4	18.4	1	1	0.2	0.2
墨脱县	33	9.3			9.3	7.8				
工布江达县	44	10.6			10.6	10.6	1	1	0.3	0.3
察隅县	30	13.0	1.0	3.0	9.0	8.0				
波密县	72	16.0	10.0	6.0		16.0	1	1	0.3	0.3
米林县	53	26.8	16.0	9.7	1.2	24.1	1	1	0.3	0.3
错那县	25	10.0			10.0	10.0				
浪卡子县	54	33.0			33.0	28.0				
贡嘎县	99						1		0.2	
加查县	50	8.0			8.0	8.0				
桑日县	110	8.0			8.0					
洛扎县	34	10.0			10.0	10.0				
琼结县	52	16.5	8.5	7.5	0.5		1	1	0.2	0.2
措美县	70	24.0	24.0			24.0				
扎囊县	45						1	1	0.2	0.2
曲松县	47	44.2	15.3	14.8	14.1	15.3	1	1	0.2	0.2
隆子县	43	55.0	12.0	21.0	22.0	55.0	1		0.1	
聂荣县	38	13.1	1.2	2.2	9.7	11.2				
双湖县	7	7.3			7.3	7.3				
嘉黎县	21	14.6	10.2	4.4		14.6				
比如县	88	35.3	16.6	18.8		35.3				
尼玛县	18	28.3			28.3	28.3				
巴青县	50	39.6	12.9	12.4	14.4	26.8				
申扎县	54	22.4	6.9	6.9	8.7	22.4				
安多县	65	4.0		4.0						
索　县	58	8.8	1.5		7.3	8.8				
班戈县	33	6.3			6.3	6.1				
革吉县	39	3.6			3.6	3.5				
札达县	56	4.9	1.9	1.0	2.0	4.3				
日土县	20	9.6			9.6	9.6				
改则县	31	21.5			21.5	21.5				
葛尔县	259	60.0			60.0	60.0	1	1	1.6	1.6
普兰县	32	3.0			3.0	3.0				
措勤县	32	39.9			39.9	39.9				

continued

污水处理厂 Wastewater Treatment Plant				其他污水处理设施 Other Wastewater Treatment Facilities		污水处理总量	再生水 Recycled Water			县名称
处理量（万立方米） Quantity of Wastewater Treated (10,000 m^3)	二、三级处理 Secondary and Tertiary Treated	干污泥产生量（吨） Quantity of Dry Sludge Produced (ton)	干污泥处置量（吨） Quantity of Dry Sludge Treated (ton)	处理能力（万立方米/日） Treatment Capacity (10,000 m^3/day)	处理量（万立方米） Quantity of Wastewater Treated (10,000 m^3)	（万立方米） Total Quantity of Wastewater Treated (10,000 m^3)	生产能力（万立方米/日） Recycled Water Production Capacity (10,000 m^3/day)	利用量（万立方米） Annual Quantity of Wastewater Recycled and Reused (10,000 m^3)	管道长度（公里） Length of Pipelines (km)	Name of Counties
										贡觉县
										边坝县
										类乌齐县
										芒康县
34	34	15	15			34				朗　县
										墨脱县
38	38	38	38			38				工布江达县
										察隅县
36	36	2700	2700			36				波密县
45	45	13	13			45				米林县
										错那县
										浪卡子县
85		43	43			85				贡嘎县
										加查县
										桑日县
										洛扎县
43	43	10				43				琼结县
										措美县
39	39	5				39				扎囊县
40	40	33	15			40				曲松县
37		51	51	0.1	0	37				隆子县
										聂荣县
										双湖县
										嘉黎县
										比如县
										尼玛县
										巴青县
										申扎县
										安多县
										索　县
										班戈县
										革吉县
										札达县
										日土县
										改则县
248	248	261	261			248				葛尔县
										普兰县
										措勤县

10-2 续表 35

县名称 Name of Counties	污水排放量（万立方米）Annual Quantity of Wastewater Discharged ($10,000\ m^3$)	排水管道长度（公里）Length of Drainage Pipelines (km)	污水管道 Sewers	雨水管道 Rainwater Drainage Pipeline	雨污合流管道 Combined Drainage Pipeline	建成区 in Built District	污水处理厂 Wastewater Treatment Plant：座数（座）Number of Wastewater Treatment Plant (unit)	二、三级处理 Secondary and Tertiary Treatment	处理能力（万立方米/日）Treatment Capacity ($10,000\ m^3$/day)	二、三级处理 Secondary and Tertiary Treatment
陕　西	**26981**	**5779.0**	**2686.5**	**1507.3**	**1585.1**	**4970.9**	**71**	**68**	**100.9**	**98.6**
蓝田县	544	97.5	27.6	17.6	52.3	49.7	1	1	3.0	3.0
周至县	525	64.1	34.5	21.6	8.0	39.9	1	1	2.6	2.6
宜君县	42	50.0	22.0	5.0	23.0	20.0	1	1	0.2	0.2
凤翔县	524	63.3	2.3	3.0	58.0	55.0	1	1	1.8	1.8
岐山县	541	40.0	20.8	9.2	10.0	24.0	1	1	2.0	2.0
扶风县	746	70.7	6.4	1.1	63.3	70.7	1	1	2.0	2.0
眉　县	386	131.0	35.8	23.1	72.1	120.4	1	1	1.5	1.5
陇　县	432	96.4	37.6	7.7	51.2	84.1	1	1	2.0	2.0
千阳县	257	74.6	25.9	13.1	35.7	61.9	1	1	1.0	1.0
麟游县	113	55.3	30.8	23.5	1.0		1	1	0.3	0.3
凤　县	120	38.4	22.7	10.6	5.1	34.0	1	1	0.3	0.3
太白县	149	53.4	24.9	17.0	11.5	53.4	1	1	0.4	0.4
三原县	1487	136.7	10.6	4.2	121.9	135.2	1	1	5.0	5.0
泾阳县										
乾　县	437	128.1	28.5	32.1	67.5	120.5	1	1	2.0	2.0
礼泉县	460	140.2	65.4	31.7	43.2	79.0	1	1	3.3	3.3
永寿县	209	57.5	19.5	9.0	29.0	54.8	1	1	1.6	1.6
长武县	325	84.8	29.8	31.6	23.4	84.8	1	1	1.2	1.2
旬邑县	110	36.1	18.5	15.5	2.1	36.1	1	1	1.0	1.0
淳化县	106	62.0	51.1	0.3	10.6	62.0	1	1	0.8	0.8
武功县	503	96.6	40.8	20.7	35.1	62.3	1	1	2.0	2.0
潼关县	214	62.1	13.8	2.2	46.1	48.9	1	1	1.4	1.4
大荔县	676	104.4	29.2	27.1	48.1	97.5	1	1	3.0	3.0
合阳县	508	78.8	11.7	19.0	48.1	76.2	1	1	1.5	1.5
澄城县	424	133.0	39.2	40.7	53.0	128.0	1	1	2.0	2.0
蒲城县	677	101.1	22.4	25.8	52.9	96.3	1	1	1.8	1.8
白水县	209	64.2	39.5	9.8	15.0	54.0	1	1	0.5	0.5
富平县	706	156.7	114.0	37.0	5.8	152.7	2	2	4.0	4.0
延长县	156	50.7	41.4	9.3		30.5	1	1	0.4	0.4
延川县	190	26.9	14.9	0.2	11.9	5.0	1	1	0.8	0.8
志丹县	453	73.0	56.1	12.0	4.9	69.0	1	1	1.2	1.2
吴起县	431	52.2	39.0		13.2	52.2	1	1	1.5	1.5
甘泉县	189	56.8	31.9	13.9	11.1	33.1	1	1	0.7	0.7
富　县	242	58.7	22.4	16.5	19.8	58.7	1	1	0.5	0.5
洛川县	190	45.5	23.7	12.2	9.6	45.5	1	1	0.6	0.6

continued

污水处理厂 Wastewater Treatment Plant				其他污水处理设施 Other Wastewater Treatment Facilities		污水处理总量	再生水 Recycled Water			
处理量（万立方米） Quantity of Wastewater Treated ($10,000\ m^3$)	二、三级处理 Secondary and Tertiary Treated	干污泥产生量（吨） Quantity of Dry Sludge Produced (ton)	干污泥处置量（吨） Quantity of Dry Sludge Treated (ton)	处理能力（万立方米/日） Treatment Capacity ($10,000\ m^3$/day)	处理量（万立方米） Quantity of Wastewater Treated ($10,000\ m^3$)	（万立方米） Total Quantity of Wastewater Treated ($10,000\ m^3$)	生产能力（万立方米/日） Recycled Water Production Capacity ($10,000\ m^3$/day)	利用量（万立方米） Annual Quantity of Wastewater Recycled and Reused ($10,000\ m^3$)	管道长度（公里） Length of Pipelines (km)	县名称 Name of Counties
25037	**24616**	**98486**	**97632**	**2.2**	**1**	**25038**	**15.9**	**1012**	**25.3**	**陕　西**
447	447	1772	1327			447				蓝田县
463	463	8877	8877			463	0.1	1		周至县
38	38	23	23			38	0.1	13	0.5	宜君县
510	510	280	280			510				凤翔县
503	503	241	241			503	0.7	75	2.0	岐山县
727	727	2234	2234			727				扶风县
357	357	836	836			357				眉　县
406	406	243	243			406				陇　县
235	235	110	110			235				千阳县
104	104	328	328			104				麟游县
109	109	64	56			109				凤　县
132	132	168	168			132				太白县
1451	1451	12994	12994			1451				三原县
										泾阳县
420	420	884	884			420				乾　县
426	426	434	434			426	1.0	181	2.2	礼泉县
187	187	395	395			187				永寿县
319	319	1712	1712			319				长武县
97	97	154	154			97				旬邑县
99	99	163	163			99				淳化县
462	462	200	200			462				武功县
203	203	203	203			203				潼关县
626	626	1490	1490			626				大荔县
475	475	831	831			475				合阳县
393	393	200	200			393				澄城县
633	633	1010	1010			633				蒲城县
188	188	202	202			188				白水县
636	636	2728	2640			636	4.0	620	10.0	富平县
138	138	180	180			138	0.4	5		延长县
177	177	417	417			177	0.4	8	1.0	延川县
400	400	4985	4985			400	0.2	48		志丹县
420	420	4751	4751	1.5		420				吴起县
170	170	3720	3720			170				甘泉县
210	210	1523	1523			210				富　县
170	170	860	860			170				洛川县

10-2 续表 36

县名称 Name of Counties	污水排放量(万立方米) Annual Quantity of Wastewater Discharged ($10,000\ m^3$)	排水管道长度(公里) Length of Drainage Pipelines (km)	污水管道 Sewers	雨水管道 Rainwater Drainage Pipeline	雨污合流管道 Combined Drainage Pipeline	建成区 in Built District	污水处理厂 Wastewater Treatment Plant 座数(座) Number of Wastewater Treatment Plant (unit)	二、三级处理 Secondary and Tertiary Treatment	处理能力(万立方米/日) Treatment Capacity ($10,000\ m^3$/day)	二、三级处理 Secondary and Tertiary Treatment
宜川县	208	23.0	18.4	4.6		23.0	1	1	1.0	1.0
黄龙县	85	50.7	47.7		3.0	48.7	1		0.5	
黄陵县	177	104.2	52.8	29.6	21.9	45.9	1	1	0.5	0.5
城固县	963	139.8	68.1	40.3	31.4	135.7	1	1	3.0	3.0
洋　县	733	102.7	81.4	19.3	2.0	97.3	1	1	2.0	2.0
西乡县	791	159.5	70.9	65.2	23.4	155.6	1	1	3.0	3.0
勉　县	944	88.0	26.1	28.5	33.3	80.2	1	1	3.2	3.2
宁强县	410	96.1	59.0	32.0	5.0	96.1	1	1	1.3	1.3
略阳县	330	29.3	10.0	11.5	7.8	27.0	1	1	1.2	1.2
镇巴县	234	43.0	25.9	8.8	8.3	40.2	1	1	0.8	0.8
留坝县	67	32.0	18.5	9.8	3.8	26.5	1	1	0.4	0.4
佛坪县	112	29.6	16.8	5.8	7.0	27.8	1	1	0.4	0.4
府谷县	686	66.9	58.8	5.2	2.9	66.9	1	1	3.5	3.5
靖边县	1292	402.6	179.6	185.0	38.0	375.0	1	1	3.0	3.0
定边县	676	148.2	89.5	32.2	26.5	126.8	1	1	3.0	3.0
绥德县	366	113.9	35.3	78.7		103.4	1	1	1.0	1.0
米脂县	261	154.3	91.3	43.0	20.0	151.3	1		1.0	
佳　县	29	29.7	14.0	13.0	2.7	29.0	1	1	0.3	0.3
吴堡县	76	40.5	10.9	20.6	9.0	34.6	1	1	0.2	0.2
清涧县	139	36.6	34.2	1.2	1.2	23.2	1	1	0.6	0.6
子洲县	123	37.2	20.0	14.0	3.2	36.2	1	1	0.3	0.3
汉阴县	385	117.4	40.4	31.0	46.0	117.0	1	1	1.0	1.0
石泉县	439	64.0	46.0	8.9	9.0	60.5	1	1	1.1	1.1
宁陕县	98	40.3	31.3	0.5	8.5	40.3	1	1	0.3	0.3
紫阳县	273	44.9	30.7	6.0	8.2	43.9	1	1	0.8	0.8
岚皋县	254	78.5	52.4	20.0	6.0	65.3	1	1	0.7	0.7
平利县	223	41.9	32.4	5.0	4.5	37.9	1	1	0.8	0.8
镇坪县	73	42.4	34.6	6.4	1.4	42.4	1	1	0.5	0.5
旬阳县	398	104.7	25.0	17.2	62.5	84.3	1	1	1.5	1.5
白河县	314	60.0	14.0	6.0	40.0	59.0	1	1	1.0	1.0
洛南县	539	76.4	46.6	24.8	5.0	76.4	1	1	3.0	3.0
丹凤县	503	163.9	68.9	55.0	40.0	125.8	1	1	1.3	1.3
商南县	438	95.7	56.2	39.5		95.7	1	1	1.0	1.0
山阳县	454	98.1	37.3	60.7		98.1	1	1	2.0	2.0
镇安县	496	59.6	27.2	15.2	17.2	57.6	1	1	1.0	1.0
柞水县	116	123.0	60.0	40.0	23.0	21.0	1		0.8	

continued

污水处理厂 Wastewater Treatment Plant				其他污水处理设施 Other Wastewater Treatment Facilities		污水处理总量	再生水 Recycled Water			
处理量（万立方米） Quantity of Wastewater Treated (10,000 m^3)	二、三级处理 Secondary and Tertiary Treated	干污泥产生量（吨） Quantity of Dry Sludge Produced (ton)	干污泥处置量（吨） Quantity of Dry Sludge Treated (ton)	处理能力（万立方米/日） Treatment Capacity (10,000 m^3/day)	处理量（万立方米） Quantity of Wastewater Treated (10,000 m^3)	（万立方米） Total Quantity of Wastewater Treated (10,000 m^3)	生产能力（万立方米/日） Recycled Water Production Capacity (10,000 m^3/day)	利用量（万立方米） Annual Quantity of Wastewater Recycled and Reused (10,000 m^3)	管道长度（公里） Length of Pipelines (km)	县名称 Name of Counties
187	187	670	670			187	0.5	19	0.3	宜川县
75		585	585	0.5		75	0.3	3		黄龙县
154	154	380	380			154				黄陵县
905	905	4366	4366			905				城固县
656	656	1390	1390			656				洋　县
711	711	840	840			711				西乡县
919	919	1420	1420			919				勉　县
372	372	1069	1069			372				宁强县
300	300	410	410	0.2	1	301				略阳县
229	229	340	340			229				镇巴县
65	65	66	66			65				留坝县
108	108	80	80			108				佛坪县
645	645	12031	12031			645				府谷县
1204	1204	2310	2310			1204	3.0	10	0.2	靖边县
647	647	1709	1709			647	3.0			定边县
344	344	248	248			344				绥德县
235		800	800			235				米脂县
26	26	10				26				佳　县
68	68	86				68				吴堡县
135	135	384	384			135	0.2	20	1.5	清涧县
111	111	180	180			111			6.7	子洲县
361	361	2270	2270			361				汉阴县
387	387	2673	2673			387		8		石泉县
93	93	84	84			93				宁陕县
252	252	255	255			252				紫阳县
241	241	1365	1365			241	0.7	1		岚皋县
196	196	220	220			196				平利县
69	69	165	165			69				镇坪县
384	384	145	145			384				旬阳县
288	288	1802	1802			288	0.3		1.0	白河县
497	497	490	490			497				洛南县
460	460	1486	1486			460				丹凤县
425	425	1082	1082			425				商南县
409	409	418	418			409	1.0	1		山阳县
434	434	216				434				镇安县
111		1230	1230			111				柞水县

10-2 续表 37

县名称 Name of Counties	污水排放量（万立方米）Annual Quantity of Wastewater Discharged (10,000 m^3)	排水管道长度（公里）Length of Drainage Pipelines (km)	污水管道 Sewers	雨水管道 Rainwater Drainage Pipeline	雨污合流管道 Combined Drainage Pipeline	建成区 in Built District	污水处理厂 Wastewater Treatment Plant 座数（座）Number of Wastewater Treatment Plant (unit)	二、三级处理 Secondary and Tertiary Treatment	处理能力（万立方米/日）Treatment Capacity (10,000 m^3/day)	二、三级处理 Secondary and Tertiary Treatment
甘　肃	**15509**	**4963.3**	**2770.8**	**1400.7**	**791.8**	**4420.8**	**65**	**61**	**59.3**	**55.8**
永登县	300	49.0	9.3	6.5	33.2	49.0	1	1	1.5	1.5
皋兰县	199	78.9	32.0	32.8	14.1	31.0	1	1	1.0	1.0
榆中县	261	143.8	71.1	62.2	10.4	139.3	1	1	1.5	1.5
永昌县	323	78.1	70.1	8.0		45.5	1	1	2.0	2.0
靖远县	309	86.9	48.8	31.5	6.6	86.6	1	1	1.0	1.0
会宁县	320	132.0	69.3	50.6	12.1	132.0	1	1	1.0	1.0
景泰县	179	64.3	39.0	13.1	12.2	59.2	1	1	0.8	0.8
清水县	410	64.9	25.9	19.2	19.8	52.6	1	1	1.0	1.0
秦安县	330	64.4	59.9	2.0	2.5	58.9	1	1	1.5	1.5
甘谷县	355	90.9	53.5	37.4		90.9	1	1	1.3	1.3
武山县	249	72.0	42.0	13.6	16.5	37.9	1	1	0.9	0.9
张家川回族自治县	233	36.8	14.6		22.2	34.8	1	1	0.9	0.9
民勤县	335	119.9	40.0	9.6	70.4	119.9	1	1	2.0	2.0
古浪县	182	47.9	5.9	11.4	30.5	40.9	1	1	0.6	0.6
天祝藏族自治县	265	91.7	61.7	30.1		73.9	1	1	1.2	1.2
肃南县	117	24.7	17.4	7.3		20.4	1	1	0.6	0.6
民乐县	304	86.4	20.6	20.5	45.4	73.2	1	1	1.2	1.2
临泽县	317	86.9	27.7	24.2	35.0	78.4	1	1	1.6	1.6
高台县	415	83.8	30.7	8.1	45.0	63.2	1	1	1.2	1.2
山丹县	670	161.2	74.8	31.8	54.6	103.3	1		2.4	
泾川县	393	138.8	55.2	70.0	13.6	138.8	1	1	2.0	2.0
灵台县	188	105.8	74.4	26.3	5.2	105.8	1	1	0.8	0.8
崇信县	140	58.8	47.6	7.2	4.0	58.8	1	1	0.6	0.6
庄浪县	372	99.7	64.9	17.4	17.5	99.7	1	1	1.5	1.5
静宁县	613	168.3	122.8	35.2	10.3	168.3	1	1	2.0	2.0
金塔县	259	73.6	53.2		20.4	73.6	1	1	1.0	1.0
瓜州县	207	65.1			65.1	65.1	1	1	0.8	0.8
肃北蒙古族自治县	51	36.5			36.5	36.5	1	1	0.3	0.3
阿克塞哈萨克族自治县	59	36.2	9.3		26.9	29.8	1	1	0.2	0.2
庆城县	230	70.6	41.2	29.4		67.5	1	1	1.0	1.0
环　县	548	48.8	23.6	8.7	16.5	40.6	1	1	1.4	1.4
华池县	185	55.5	32.7	18.7	4.1	55.5	1	1	0.5	0.5
合水县	89	70.9	26.0	45.0		70.9	1	1	0.6	0.6
正宁县	74	70.2	33.4	36.8		62.1	1	1	0.5	0.5
宁　县	110	63.8	32.0	29.8	2.0	51.2	1	1	0.5	0.5
镇原县	99	86.7	52.1	23.6	11.0	79.9	1	1	0.7	0.7

continued

污水处理厂 Wastewater Treatment Plant				其他污水处理设施 Other Wastewater Treatment Facilities		污水处理总量	再生水 Recycled Water			县名称
处理量(万立方米) Quantity of Wastewater Treated (10,000 m^3)	二、三级处理 Secondary and Tertiary Treated	干污泥产生量(吨) Quantity of Dry Sludge Produced (ton)	干污泥处置量(吨) Quantity of Dry Sludge Treated (ton)	处理能力(万立方米/日) Treatment Capacity (10,000 m^3/day)	处理量(万立方米) Quantity of Wastewater Treated (10,000 m^3)	(万立方米) Total Quantity of Wastewater Treated (10,000 m^3)	生产能力(万立方米/日) Recycled Water Production Capacity (10,000 m^3/day)	利用量(万立方米) Annual Quantity of Wastewater Recycled and Reused (10,000 m^3)	管道长度(公里) Length of Pipelines (km)	Name of Counties
14643	**13552**	**41911**	**41911**			**14643**	**15.7**	**2046**	**183.5**	**甘　肃**
295	295	686	686			295				永登县
197	197	581	581			197				皋兰县
248	248	2498	2498			248				榆中县
303	303	1638	1638			303	2.0	303	12.1	永昌县
290	290	540	540			290				靖远县
301	301	917	917			301			23.5	会宁县
154	154	528	528			154				景泰县
385	385	751	751			385	0.8	36	10.2	清水县
330	330	900	900			330	0.2			秦安县
343	343	777	777			343				甘谷县
249	249	120	120			249				武山县
217	217	2221	2221			217				张家川回族自治县
321	321	1056	1056			321	2.0	314	32.6	民勤县
176	176	422	422			176				古浪县
255	255	485	485			255				天祝藏族自治县
116	116	133	133			116	0.2	46		肃南县
267	267	896	896			267	0.6	103	2.1	民乐县
314	314	1045	1045			314	1.6	361	5.7	临泽县
399	399	945	945			399	1.2	196	15.0	高台县
670		1280	1280			670	2.4	138	0.5	山丹县
373	373	204	204			373	0.5	0	2.0	泾川县
182	182	506	506			182				灵台县
135	135	271	271			135			8.2	崇信县
357	357	1893	1893			357				庄浪县
583	583	1166	1166			583				静宁县
237	237	1454	1454			237	1.0	43	4.5	金塔县
189	189	546	546			189	0.8	182	14.0	瓜州县
50	50	8	8			50	0.2	49	1.3	肃北蒙古族自治县
58	58	178	178			58	0.1	58	12.0	阿克塞哈萨克族自治县
215	215	783	783			215				庆城县
548	548	2202	2202			548	0.5	157	16.8	环　县
180	180	2021	2021			180				华池县
79	79	33	33			79				合水县
71	71	32	32			71				正宁县
110	110	371	371			110				宁　县
95	95	138	138			95				镇原县

10-2 续表 38

县名称 Name of Counties	污水排放量(万立方米) Annual Quantity of Wastewater Discharged ($10,000\ m^3$)	排水管道长度(公里) Length of Drainage Pipelines (km)	污水管道 Sewers	雨水管道 Rainwater Drainage Pipeline	雨污合流管道 Combined Drainage Pipeline	建成区 in Built District	污水处理厂 Wastewater Treatment Plant 座数(座) Number of Wastewater Treatment Plant (unit)	二、三级处理 Secondary and Tertiary Treatment	处理能力(万立方米/日) Treatment Capacity ($10,000\ m^3$/day)	二、三级处理 Secondary and Tertiary Treatment
通渭县	195	108.0	68.0	35.0	5.0	108.0	1	1	0.8	0.8
陇西县	598	200.3	150.0	48.2	2.1	200.3	1	1	2.0	2.0
渭源县	198	63.3	41.3	21.0	1.0	57.9	1	1	0.8	0.8
临洮县	435	103.5	68.9	34.6		103.5	1	1	1.5	1.5
漳　县	76	26.8	13.9	10.8	2.1	26.8	1	1	0.4	0.4
岷　县	176	33.0	14.5	18.5		33.0	1	1	0.9	0.9
成　县	472	118.6	63.6	17.5	37.5	118.6	1	1	1.3	1.3
文　县	145	70.1	57.0	13.1		70.1	1	1	0.5	0.5
宕昌县	119	122.5	83.5	36.0	3.0	83.5	1	1	0.4	0.4
康　县	121	69.1	62.2	6.5	0.4	50.0	1	1	0.3	0.3
西和县	324	105.7	78.8	26.9		105.7	1	1	0.8	0.8
礼　县	145	78.5	40.0	23.5	15.0	55.0	1	1	0.8	0.8
徽　县	206	97.3	58.2	34.8	4.2	60.0	1	1	0.6	0.6
两当县	52	20.4	4.7	1.0	14.7	17.5	1	1	0.3	0.3
临夏县	162	125.9	56.2	69.7		98.6	1	1	0.5	0.5
康乐县	166	78.1	39.0	39.0		78.1	1	1	0.5	0.5
永靖县	575	125.0	76.3	48.7		125.0	1	1	2.0	2.0
广河县	184	55.2	21.2	16.7	17.3	34.6	1	1	0.6	0.6
和政县	368	80.6	58.6	22.0		64.2	1	1	0.9	0.9
东乡县	110	31.7	12.1	12.5	7.1	14.5	1	1	0.4	0.4
积石山县	199	42.0	23.0	19.0		42.0	1	1	0.5	0.5
临潭县	219	46.9	25.5	21.4		41.0	1		0.6	
卓尼县	66	38.8	23.3	13.2	2.3	38.8	1	1	0.4	0.4
舟曲县	132	20.8	20.8			20.8	2	1	0.7	0.5
迭部县	155	32.9	21.9	11.0		32.9	1		0.3	
玛曲县	68	68.0	52.9	3.7	11.5	68.0	1	1	0.4	0.4
碌曲县	51	43.8	26.2	17.7		41.0	1	1	0.4	0.4
夏河县	103	42.7	26.7	11.0	5.0	36.7	1	1	0.5	0.5
青　海	**5591**	**1815.9**	**782.8**	**551.2**	**482.0**	**1729.6**	**36**	**27**	**21.5**	**17.6**
大通县	433	55.0	17.0	14.0	24.0	55.0	1	1	3.0	3.0
湟源县	301	86.3	27.3	30.4	28.6	86.3	1	1	1.2	1.2
民和县	574	81.0	49.0	32.0		81.0	1		1.2	
互助县	1494	116.9	53.0	50.5	13.4	94.6	2	2	4.0	4.0
化隆县	246	122.0	43.0	39.0	40.0	122.0	2	2	0.8	0.8
循化县	133	57.0	18.2	2.8	36.0	56.4	1	1	1.0	1.0
门源县	183	57.0	18.7	30.3	8.0	51.4	1	1	0.5	0.5
祁连县	106	40.5	10.9	14.0	15.6	33.7	1	1	0.3	0.3

continued

污水处理厂 Wastewater Treatment Plant				其他污水处理设施 Other Wastewater Treatment Facilities		污水处理总量	再生水 Recycled Water			县名称
处理量(万立方米) Quantity of Wastewater Treated (10,000 m^3)	二、三级处理 Secondary and Tertiary Treated	干污泥产生量(吨) Quantity of Dry Sludge Produced (ton)	干污泥处置量(吨) Quantity of Dry Sludge Treated (ton)	处理能力(万立方米/日) Treatment Capacity (10,000 m^3/day)	处理量(万立方米) Quantity of Wastewater Treated (10,000 m^3)	(万立方米) Total Quantity of Wastewater Treated (10,000 m^3)	生产能力(万立方米/日) Recycled Water Production Capacity (10,000 m^3/day)	利用量(万立方米) Annual Quantity of Wastewater Recycled and Reused (10,000 m^3)	管道长度(公里) Length of Pipelines (km)	Name of Counties
170	170	510	510			170				通渭县
577	577	3854	3854			577				陇西县
193	193	666	666			193				渭源县
417	417	364	364			417				临洮县
67	67	98	98			67				漳　县
174	174	736	736			174				岷　县
438	438	218	218			438	1.3			成　县
70	70	42	42			70				文　县
99	99	50	50			99	0.4	0		宕昌县
61	61	232	232			61				康　县
304	304	429	429			304		46		西和县
139	139	177	177			139				礼　县
175	175	996	996			175				徽　县
51	51	380	380			51		14		两当县
157	157	626	626			157				临夏县
165	165	420	420			165				康乐县
553	553	765	765			553				永靖县
173	173	107	107			173				广河县
343	343	267	267			343				和政县
99	99	156	156			99				东乡县
174	174	158	158			174				积石山县
221		6	6			221			22.4	临潭县
64	64	52	52			64				卓尼县
121	73	160	160			121				舟曲县
152		116	116			152				迭部县
61	61	32	32			61				玛曲县
32	32	10	10			32			0.5	碌曲县
103	103	62	62			103				夏河县
5072	**4271**	**7318**	**7170**			**5072**	**1.0**	**572**	**41.2**	**青　海**
402	402	2044	2044			402				大通县
278	278	204	204			278				湟源县
545		678	678			545		336		民和县
1415	1415	1578	1578			1415	1.0	200	5.0	互助县
223	223	637	623			223				化隆县
126	126	215	215			126				循化县
166	166	32	32			166				门源县
97	97	115	115			97				祁连县

10-2 续表 39

县名称 Name of Counties	污水排放量(万立方米) Annual Quantity of Wastewater Discharged (10,000 m^3)	排水管道长度(公里) Length of Drainage Pipelines (km)	污水管道 Sewers	雨水管道 Rainwater Drainage Pipeline	雨污合流管道 Combined Drainage Pipeline	建成区 in Built District	污水处理厂 Wastewater Treatment Plant 座数(座) Number of Wastewater Treatment Plant (unit)	二、三级处理 Secondary and Tertiary Treatment	处理能力(万立方米/日) Treatment Capacity (10,000 m^3/day)	二、三级处理 Secondary and Tertiary Treatment
海晏县	73	35.2	17.8	7.4	10.0	30.3	1	1	0.2	0.2
刚察县	64	16.5	1.1	6.5	9.0	14.5	1	1	0.2	0.2
西海镇	78	44.8	7.6	15.2	22.0	44.8	1	1	0.2	0.2
尖扎县	95	40.4	13.0	14.4	13.0	40.4	1	1	0.4	0.4
泽库县	51	22.2	11.2	6.0	5.0	22.2	1	1	0.3	0.3
河南县	72	21.1	2.3		18.8	21.1	1		0.3	
共和县	398	178.1	61.3	65.5	51.3	178.1	1	1	1.0	1.0
同德县	73	65.5	25.8	9.5	30.2	65.5	1	1	0.3	0.3
贵德县	189	101.6	46.0	46.0	9.6	101.6	1	1	1.7	1.7
兴海县	70	54.4	18.0	28.4	8.0	49.3	1	1	0.4	0.4
贵南县	60	62.4	37.7	5.2	19.4	62.4	1	1	0.5	0.5
班玛县	29	35.4	19.8	15.6		23.6	1	1	0.1	0.1
久治县	26	12.5	5.3	7.2		12.5	1		0.1	
甘德县	46	64.3	41.9	22.4		64.3	1	1	0.1	0.1
玛沁县	132	59.0	40.0	19.0		59.0	1	1	0.3	0.3
达日县	29	27.1	9.8	17.4		22.1	1	1	0.2	0.2
玛多县	40	26.8	18.8	8.0		23.6	1	1	0.1	0.1
杂多县	56	3.9		2.9	1.0	3.9	1		0.3	
称多县	55	69.6	25.2		44.3	69.6	1		0.2	
治多县	51	60.5	46.4	7.6	6.5	60.4	1		0.6	
囊谦县	57	36.0	21.4	12.6	2.0	36.0	1		0.7	
曲麻莱县	40	48.2	38.4	7.3	2.5	48.2	1		0.1	
乌兰县	83	22.8	3.2		19.6	22.8	1	1	0.3	0.3
都兰县	59	39.4	6.2	13.2	20.0	39.4	1		0.3	
天峻县	105	39.0	18.8		20.2	20.0	1	1	0.5	0.5
大柴旦行委	92	13.6	8.6	1.0	4.0	13.6	1	1	0.2	0.2
宁　夏	**7618**	**1763.8**	**162.6**	**200.2**	**1401.0**	**1589.3**	**15**	**14**	**32.0**	**31.0**
永宁县	903	109.5	0.5	0.5	108.5	91.6	2	2	8.0	8.0
贺兰县	1832	307.0	1.8	1.8	303.5	307.0	1	1	5.0	5.0
平罗县	867	95.8	6.2	3.3	86.3	84.0	1	1	3.0	3.0
盐池县	473	118.8	21.1	7.2	90.5	116.4	1	1	1.5	1.5
同心县	361	153.8			153.8	153.8	1	1	1.0	1.0
红寺堡区	307	226.9			226.9	226.9	1	1	1.0	1.0
西吉县	437	121.4	4.0	26.6	90.8	121.4	1	1	2.0	2.0
隆德县	220	83.8	10.6	15.7	57.5	73.5	1	1	1.0	1.0
泾源县	290	24.0			24.0	24.0	1		1.0	
彭阳县	184	209.8	88.9	120.8		209.8	1	1	1.0	1.0
中宁县	1256	103.1	19.5	13.3	70.4	103.1	2	2	5.0	5.0
海原县	487	210.0	10.0	11.0	189.0	78.0	2	2	2.5	2.5

continued

污水处理厂 Wastewater Treatment Plant				其他污水处理设施 Other Wastewater Treatment Facilities		污水处理总量	再生水 Recycled Water			
处理量（万立方米）Quantity of Wastewater Treated (10,000 m³)	二、三级处理 Secondary and Tertiary Treated	干污泥产生量（吨）Quantity of Dry Sludge Produced (ton)	干污泥处置量（吨）Quantity of Dry Sludge Treated (ton)	处理能力（万立方米/日）Treatment Capacity (10,000 m³/day)	处理量（万立方米）Quantity of Wastewater Treated (10,000 m³)	（万立方米）Total Quantity of Wastewater Treated (10,000 m³)	生产能力（万立方米/日）Recycled Water Production Capacity (10,000 m³/day)	利用量（万立方米）Annual Quantity of Wastewater Recycled and Reused (10,000 m³)	管道长度（公里）Length of Pipelines (km)	县名称 Name of Counties
62	62	17	17			62				海晏县
62	62	50	50			62				刚察县
63	63	9	9			63				西海镇
81	81	47	47			81				尖扎县
43	43	22	22			43				泽库县
65		38	38			65				河南县
388	388	388	388			388				共和县
69	69	101	101			69				同德县
185	185	453	453			185		36	36.2	贵德县
66	66	115	115			66				兴海县
57	57	89				57				贵南县
26	26	16	16			26				班玛县
22		19	19			22				久治县
41	41	19	19			41				甘德县
108	108	129	85			108				玛沁县
26	26	5	3			26				达日县
36	36	32	32			36				玛多县
22		4	4			22				杂多县
49		1	1			49				称多县
16		2	2			16				治多县
15		1	1			15				囊谦县
13		3	3			13				曲麻莱县
79	79	133	133			79				乌兰县
56		85	85			56				都兰县
95	95					95				天峻县
79	79	38	38			79				大柴旦行委
7470	**7197**	**19677**	**18636**			**7470**	**7.1**	**614**	**73.1**	**宁　夏**
888	888	2830	2830			888			3.0	永宁县
1832	1832	4143	4143			1832				贺兰县
867	867	1316	1316			867	3.0	109	16.8	平罗县
419	419	590				419		109		盐池县
321	321	2053	2053			321	1.0	58	10.4	同心县
307	307	865	865			307				红寺堡区
432	432	1937	1937			432				西吉县
220	220	1415	1415			220	0.6	50	0.2	隆德县
273		569	569			273				泾源县
184	184	676	676			184				彭阳县
1256	1256	1380	1380			1256	1.2	177	19.0	中宁县
470	470	1902	1452			470	1.3	112	23.8	海原县

10-2 续表 40

县名称 Name of Counties	污水排放量（万立方米） Annual Quantity of Wastewater Discharged ($10,000\ m^3$)	排水管道长度（公里） Length of Drainage Pipelines (km)	污水管道 Sewers	雨水管道 Rainwater Drainage Pipeline	雨污合流管道 Combined Drainage Pipeline	建成区 in Built District	污水处理厂 Wastewater Treatment Plant 座数（座） Number of Wastewater Treatment Plant (unit)	二、三级处理 Secondary and Tertiary Treatment	处理能力（万立方米/日） Treatment Capacity ($10,000\ m^3$/day)	二、三级处理 Secondary and Tertiary Treatment
新　疆	**22784**	**5420.7**	**2788.7**	**9.9**	**2622.1**	**4802.4**	**67**	**39**	**85.4**	**54.1**
鄯善县	213	147.9	147.9			147.9	1		1.0	
托克逊县	196	27.5	27.5			27.5	1		1.2	
巴里坤哈萨克自治县	68	39.2			39.2	39.2	1	1	0.5	0.5
伊吾县	26	21.9	21.9			21.9	1	1	0.1	0.1
呼图壁县	401	152.9	152.9			125.9	1	1	1.5	1.5
玛纳斯县	332	70.3			70.3	70.3	1	1	2.0	2.0
奇台县	526	219.3			219.3	141.1	1	1	2.5	2.5
吉木萨尔县	348	77.5	77.5			77.5	1	1	1.0	1.0
木垒哈萨克自治县	269	53.9	53.9			53.9	1		1.0	
精河县	465	63.0	63.0			63.0	1		1.5	
温泉县	101	64.6	60.2	4.4		64.6	1	1	0.5	0.5
轮台县	312	80.0	9.0	4.0	67.0	67.0	1	1	1.0	1.0
尉犁县	130	46.6	28.0		18.6	18.6	1		0.5	
若羌县	105	80.0	80.0			52.0	1	1	0.4	0.4
且末县	116	46.0	46.0			42.0	1	1	0.6	0.6
焉耆回族自治县	390	70.0			70.0	70.0	1		2.0	
和静县	584	96.3	30.1		66.2	96.3	1	1	2.0	2.0
和硕县	186	97.0	97.0			97.0	1		2.5	
博湖县	88	22.8	22.8			22.8	1		0.4	
温宿县	352	126.0			126.0	126.0				
沙雅县	846	90.7	7.4		83.3	90.7	1	1	4.0	4.0
新和县	310	67.6			67.6	67.6	1		1.5	
拜城县	214	57.0		1.5	55.5	50.0	1	1	0.8	0.8
乌什县	256	45.0	45.0			45.0	1	1	0.7	0.7
阿瓦提县	320	26.8			26.8	11.7	1		1.5	
柯坪县	116	28.0	28.0			28.0	1	1	0.5	0.5
阿克陶县	619	74.6			74.6	74.6	1		1.5	
阿合奇县	205	18.0			18.0	18.0	2	1	0.7	0.2
乌恰县	150	127.1			127.1	127.1	2	1	1.0	0.5
疏附县	482	109.1			109.1	109.1	1	1	2.0	2.0
疏勒县	628	77.8	56.7		21.1	77.8	1	1	3.0	3.0
英吉沙县	475	124.1			124.1	116.1	1	1	1.5	1.5

continued

污水处理厂 Wastewater Treatment Plant 处理量(万立方米) Quantity of Wastewater Treated (10,000 m^3)	二、三级处理 Secondary and Tertiary Treated	干污泥产生量(吨) Quantity of Dry Sludge Produced (ton)	干污泥处置量(吨) Quantity of Dry Sludge Treated (ton)	其他污水处理设施 Other Wastewater Treatment Facilities 处理能力(万立方米/日) Treatment Capacity (10,000 m^3/day)	处理量(万立方米) Quantity of Wastewater Treated (10,000 m^3)	污水处理总量(万立方米) Total Quantity of Wastewater Treated (10,000 m^3)	再生水 Recycled Water 生产能力(万立方米/日) Recycled Water Production Capacity (10,000 m^3/day)	利用量(万立方米) Annual Quantity of Wastewater Recycled and Reused (10,000 m^3)	管道长度(公里) Length of Pipelines (km)	县名称 Name of Counties
21843	**14314**	**55571**	**54847**	**5.3**	**1**	**21844**	**43.7**	**6328**	**638.4**	**新　疆**
203		206	206			203	1.0	86		鄯善县
187		112	112			187	0.8	78		托克逊县
68	68	92	92			68				巴里坤哈萨克自治县
26	26	4	4			26	0.1	20	1.2	伊吾县
401	401	1875	1875	1.5		401	1.5	300		呼图壁县
332	332	670	670			332	2.0	250	88.0	玛纳斯县
502	502	3061	3061			502	2.5	350		奇台县
345	345	1150	1150			345	1.0	273		吉木萨尔县
269		2010	2010			269	1.0	183		木垒哈萨克自治县
465		152	152			465		285	21.6	精河县
101	101	51	51			101				温泉县
308	308	5110	5110			308				轮台县
129		80				129	0.5	117	6.0	尉犁县
104	104	190	190	0.4	0	104	0.3	70		若羌县
113	113	280	280			113		113	3.8	且末县
359		1665	1665	2.0	0	359	1.5	120	3.0	焉耆回族自治县
578	578	1793	1793			578	2.0	150	8.0	和静县
184		730	730			184		183	11.0	和硕县
87		2560	2560			87	0.2	50	9.0	博湖县
352	352					352				温宿县
846	846	942	942			846	4.0	445	4.0	沙雅县
305		205	205			305	1.5	124	11.0	新和县
214	214	217	217			214	0.8	72	3.5	拜城县
225	225	2				225	1.2	86	8.0	乌什县
300		1460	1460			300	1.5	74	1.6	阿瓦提县
116	116	263	263			116	0.1	46	1.7	柯坪县
619		1955	1955			619				阿克陶县
189	67	22	22			189	0.4	83		阿合奇县
132	113	79				132		30		乌恰县
433	433	110	110			433	2.0	130	12.0	疏附县
601	601	361	361			601	1.5	404	22.5	疏勒县
438	438	1450	1450			438				英吉沙县

10-2 续表 41

县名称 Name of Counties	污水排放量(万立方米) Annual Quantity of Wastewater Discharged (10,000 m^3)	排水管道长度(公里) Length of Drainage Pipelines (km)	污水管道 Sewers	雨水管道 Rainwater Drainage Pipeline	雨污合流管道 Combined Drainage Pipeline	建成区 in Built District	污水处理厂 Wastewater Treatment Plant 座数(座) Number of Wastewater Treatment Plant (unit)	二、三级处理 Secondary and Tertiary Treatment	处理能力(万立方米/日) Treatment Capacity (10,000 m^3/day)	二、三级处理 Secondary and Tertiary Treatment
泽普县	500	99.9	84.9		15.0	86.9	1	1	1.5	1.5
莎车县	1421	183.0			183.0	156.0	1	1	4.0	4.0
叶城县	1058	120.0			120.0	110.3	2	2	3.0	3.0
麦盖提县	546	189.9	99.9		90.0	90.0	1	1	1.5	1.5
岳普湖县	344	124.4			124.4	122.0	1	1	1.5	1.5
伽师县	490	65.0	26.7		38.3	38.3	1	1	2.5	2.5
巴楚县	480	58.6			58.6	58.6	1	1	1.5	1.5
塔什库尔干塔吉克自治县	152	72.0	45.0		27.0	41.0	1	1	0.4	0.4
和田县										
墨玉县	733	89.5	89.5			89.5	1		2.0	
皮山县	248	80.0	80.0			80.0	1		0.8	
洛浦县	329	40.0	40.0			40.0	1		1.0	
策勒县	213	104.5	104.5			80.0	1		1.0	
于田县	305	62.0	62.0			62.0	1		1.2	
民丰县	109	43.5	43.5			43.5	1		0.4	
伊宁县	268	117.2	117.2			117.2	1	1	1.0	1.0
察布查尔县	214	124.5	124.5			124.5	1	1	0.8	0.8
霍城县	264	116.8	31.0		85.8	85.8	1	1	1.6	1.6
巩留县	424	168.0	168.0			168.0	1	1	1.3	1.3
新源县	815	145.0	72.5		72.5	145.0	1	1	2.0	2.0
昭苏县	406	120.0	120.0			120.0	1	1	1.2	1.2
特克斯县	240	65.0			65.0	65.0	1	1	0.6	0.6
尼勒克县	243	97.0	14.8		82.2	82.2	1	1	1.2	1.2
额敏县	957	108.0	108.0			108.0	1		4.2	
沙湾县	526	123.4	123.4			103.4	1	1	3.0	3.0
托里县	180	85.1	41.5		43.7	85.1	1		0.8	
裕民县	118	31.5	31.5			31.5	1	1	0.4	0.4
和布克赛尔蒙古自治县	89	22.6	22.6			22.6	1		0.3	
布尔津县	261	49.7			49.7	30.8	1		0.6	
富蕴县	297	56.0			56.0	52.0	1		1.0	
福海县	208	96.0	48.0		48.0	27.0	1		0.7	
哈巴河县	283	57.5			57.5	49.5	1		0.8	
青河县	125	21.7			21.7	21.7	1		0.4	
吉木乃县	112	35.0	35.0			25.0	1		0.5	

continued

污水处理厂 Wastewater Treatment Plant 处理量(万立方米) Quantity of Wastewater Treated (10,000 m³)	二、三级处理 Secondary and Tertiary Treated	干污泥产生量(吨) Quantity of Dry Sludge Produced (ton)	干污泥处置量(吨) Quantity of Dry Sludge Treated (ton)	其他污水处理设施 Other Wastewater Treatment Facilities 处理能力(万立方米/日) Treatment Capacity (10,000 m³/day)	处理量(万立方米) Quantity of Wastewater Treated (10,000 m³)	污水处理总量(万立方米) Total Quantity of Wastewater Treated (10,000 m³)	再生水 Recycled Water 生产能力(万立方米/日) Recycled Water Production Capacity (10,000 m³/day)	利用量(万立方米) Annual Quantity of Wastewater Recycled and Reused (10,000 m³)	管道长度(公里) Length of Pipelines (km)	县名称 Name of Counties
484	484	720	720			484				泽普县
1360	1360	1095	1095			1360				莎车县
1058	1058	2571	2571			1058	1.3	265	76.2	叶城县
538	538	196	196			538	1.2	110	32.0	麦盖提县
318	318	256	256			318	1.5		106.0	岳普湖县
485	485	4015	4015			485				伽师县
460	460	315	315			460				巴楚县
135	135	92				135				塔什库尔干塔吉克自治县
										和田县
667		400	400			667	2.0		24.0	墨玉县
223		125	125			223				皮山县
314		122				314				洛浦县
199		220	220			199				策勒县
275		70	70			275				于田县
102		2	2			102				民丰县
253	253	3704	3704			253	1.0	63	7.8	伊宁县
214	214	264	264			214	0.1	13	10.0	察布查尔县
224	224	632	632			224	0.6	108	70.0	霍城县
403	403	1800	1800			403		70	0.3	巩留县
723	723	2090	2090			723	1.0	163	0.8	新源县
357	357	128	128			357	1.0	164	10.0	昭苏县
206	206	2200	1851			206		86		特克斯县
230	230	216	216			230	0.3	45	25.5	尼勒克县
957		93	93			957	3.0	383	39.7	额敏县
475	475	1926	1926			475				沙湾县
172		172	172			172				托里县
110	110	144	144	0.4		110				裕民县
89		40	40	0.3	0	89		45		和布克赛尔蒙古自治县
261		1313	1313			261	0.6	209		布尔津县
297		240	240			297	0.4	146	3.7	富蕴县
206		100	100	0.7	1	206	0.7	90	10.0	福海县
283		602	602			283	0.8	120	2.3	哈巴河县
125		800	800			125	0.4	38	4.2	青河县
112		52	52			112	0.4	90		吉木乃县

十一、县城市容环境卫生

11. County Seat Environmental Sanitation

简要说明

本部分主要包括道路清扫保洁，生活垃圾、粪便的清运、处理等内容。

Brief Introduction

This section mainly includes such indicators as the cleaning and maintenance of roads, the transfer and treatment of domestic garbage, night soil, etc.

11 全国历年县城市容环境卫生情况(2000−2020)

National County Seat Environmental Sanitation in Past Years(2000-2020)

年份 Year	生活垃圾 Domestic Garbage 清运量 (万吨) Quantity of Collected and Transported (10,000 ton)	无害化处理场(厂)座数 (座) Number of Harmless Treatment Plants/ Grounds (unit)	无害化处理能力 (吨/日) Harmless Treatment Capacity (ton/day)	无害化处理量 (万吨) Quantity of Harmlessly Treated (10,000 ton)	粪便清运量 (万吨) Volume of Soil Collected and Transported (10,000 ton)	公共厕所 (座) Number of Latrine (unit)	市容环卫专用车辆设备总数 (辆) Number of Vehicles and Equipment Designated for Municipal Environmental Sanitation (unit)	每万人拥有公厕 (座) Number of Latrine per 10,000 Population (unit)
2000	5560	358	18493	782.52	1301	31309	13118	2.21
2001	7851	489	29300	1551.88	1709	31893	13472	3.54
2002	6503	460	31582	1056.61	1659	31282	13817	3.53
2003	7819	380	29546	1159.35	1699	33139	15114	3.59
2004	8182	295	26032	865.13	1256	34104	16144	3.54
2005	9535	203	23049	688.78	1312	34753	17697	3.46
2006	6266	124	15245	414.30	710	34563	17367	2.91
2007	7110	137	18785	496.56	2507	36542	19220	2.90
2008	6794	211	34983	838.69	1151	37718	20947	2.90
2009	8085	286	45430	1220.15	759	39618	22905	2.96
2010	6317	448	69310	1732.51	811	40818	25249	2.94
2011	6743	683	103583	2728.72	751	40096	28045	2.80
2012	6838	848	126747	3690.65	649	41588	31164	2.09
2013	6506	992	151615	4298.28	553	42217	35096	2.77
2014	6657	1129	168131	4766.44	532	43159	38913	2.76
2015	6655	1187	181429	5259.94	489	43480	42702	2.78
2016	6666	1273	190672	5680.47	420	43582	46278	2.82
2017	6747	1300	205417	6139.95		45808	54575	2.93
2018	6660	1324	220696	6212.38		49059	61436	3.13
2019	6871	1378	246729	6609.78		52046	69083	3.28
2020	6810	1428	358319	6691.32		55548	74722	3.51

注：自2006年起，生活垃圾填埋场的统计采用新的认定标准，生活垃圾无害化处理数据与往年不可比。

Note: Since 2006, treatment of domestic garbage through sanitary landfill has adopted new certification standard, so the data of harmless treatmented garbage are not comparable to the past years.

11-1 2020年按省分列的县城市容环境卫生

地区名称 Name of Regions	道路清扫保洁面积（万平方米）Surface Area of Roads Cleaned and Maintained (10,000m^2)	机械化 Mechanization	生活垃圾 清运量（万吨）Collected and Transported (10,000 ton)	处理量（万吨）Volume of Treated (10,000 ton)	无害化处理厂（场）数（座）Number of Harmless Treatment Plants/Grounds (unit)	卫生填埋 Sanitary Landfill	焚烧 Incineration	其他 other	无害化处理能力（吨/日）Harmless Treatment Capacity (ton/day)	卫生填埋 Sanitary Landfill
全　国	**285054**	**210661**	**6809.76**	**6762.64**	**1428**	**1227**	**156**	**45**	**358319**	**256682**
河　北	22782	20224	448.11	447.92	90	85	3	2	101437	96937
山　西	12131	9455	307.34	307.16	78	75	2	1	11120	9960
内蒙古	14390	10092	236.72	235.51	68	66		2	7572	7112
辽　宁	4016	2412	115.21	115.21	18	18			3580	3580
吉　林	3124	2215	81.37	81.37	14	14			2740	2740
黑龙江	5884	4307	179.42	177.11	45	41	1	3	5710	5044
江　苏	9131	7921	225.85	225.85	27	11	15	1	15643	3788
浙　江	9786	6990	250.87	250.87	42	21	15	6	17525	6342
安　徽	20559	17957	312.84	312.84	45	24	21		18855	5105
福　建	7654	4447	240.61	240.61	40	30	8	2	12343	5208
江　西	18110	13522	411.11	411.11	49	41	7	1	12953	8043
山　东	22000	17931	367.87	367.87	60	26	30	4	25379	6069
河　南	27332	20726	618.17	613.26	79	72	6	1	19621	15621
湖　北	7883	5555	210.71	210.71	37	32	2	3	6546	5811
湖　南	16166	12025	467.87	465.21	59	52	5	2	14470	11352
广　东	7646	3321	273.30	272.60	37	32	4	1	12688	9338
广　西	8944	4318	220.84	220.84	52	45	7		7005	5025
海　南	2043	1490	42.79	42.79	7	7			1073	1073
重　庆	2753	1992	83.35	83.17	13	11	2		2591	2091
四　川	14711	10292	446.68	445.67	98	83	9	6	15330	9898
贵　州	10389	8412	256.93	231.87	76	62	9	5	8937	5657
云　南	10482	7147	295.43	295.08	94	84	6	4	9571	6981
西　藏	975	69	29.47	28.79	64	64			1093	1093
陕　西	7065	5049	223.08	220.13	70	68	2		9278	8378
甘　肃	5609	4278	189.77	189.14	65	63	1	1	6044	5820
青　海	2093	1108	56.97	54.30	29	29			1822	1822
宁　夏	3136	2220	49.28	49.07	12	12			1197	1197
新　疆	8263	5185	167.82	166.58	60	59	1		6198	5598

County Seat Environmental Sanitation by Province(2020)

Domestic Garbage						公共厕所		市容卫生专用车辆设备总数(辆) Number of Vehicles and Equipment Designated for Municipal Environmental Sanitation (unit)	地区名称 Name of Regions
焚烧 Incineration	其他 other	无害化处理量(万吨) Volume of Harmlessly Treated (10,000 ton)	卫生填埋 Sanitary Landfill	焚烧 Incineration	其他 other	(座) Number of Latrines (unit)	三类以上 Grade Ⅲ and Above		
94051	**7587**	**6691.32**	**4852.96**	**1714.90**	**123.45**	**55548**	**37716**	**74722**	**全 国**
3700	800	437.56	380.94	52.35	4.26	4681	3472	6375	河 北
860	300	307.16	283.59	21.09	2.48	2195	1442	4307	山 西
	460	230.80	215.56	3.70	11.54	4694	1978	3616	内蒙古
		104.19	100.08	4.12		1174	359	1083	辽 宁
		81.37	55.77	25.59		617	320	1675	吉 林
200	466	177.11	143.81	19.87	13.43	1823	450	2430	黑龙江
11745	110	225.85	35.53	189.77	0.54	2294	1945	2693	江 苏
10375	808	250.87	121.70	117.49	11.68	1663	1526	2368	浙 江
13750		312.84	103.47	206.84	2.53	2366	1760	3198	安 徽
6975	160	240.61	133.12	107.24	0.25	1766	1366	1839	福 建
4900	10	411.11	300.11	110.97	0.03	2698	2076	5144	江 西
18580	730	367.87	101.94	250.19	15.73	2201	1923	3474	山 东
3700	300	585.86	502.78	78.06	5.01	5300	4123	5189	河 南
410	325	210.71	177.28	29.89	3.54	1118	821	1682	湖 北
2450	668	465.21	339.55	110.92	14.74	2453	1590	3342	湖 南
3050	300	272.60	210.03	57.53	5.04	581	482	2320	广 东
1980		220.84	176.21	44.63		865	711	2425	广 西
		37.37	37.37			310	188	854	海 南
500		82.52	70.61	11.91		683	610	624	重 庆
4722	710	445.67	286.95	149.11	9.61	2569	2039	4642	四 川
2910	370	231.87	162.06	66.26	3.56	1778	1236	3424	贵 州
1640	950	293.18	249.27	25.65	18.27	4036	3154	3432	云 南
		27.26	27.26			1216	325	584	西 藏
900		216.57	210.62	5.83	0.12	2749	1896	2763	陕 西
104	120	189.14	179.89	8.16	1.08	1382	827	1811	甘 肃
		52.17	52.17			628	102	640	青 海
		49.07	37.39	11.67		417	266	525	宁 夏
600		163.95	157.90	6.05		1291	729	2263	新 疆

11-2 2020年按县城分列的县城市容环境卫生

地区名称 Name of Regions	道路清扫保洁面积(万平方米) Surface Area of Roads Cleaned and Maintained ($10,000m^2$)	机械化 Mechanization	生活垃圾 清运量(万吨) Collected and Transported (10,000 ton)	处理量(万吨) Volume of Treated (10,000 ton)	无害化处理厂(场)数(座) Number of Harmless Treatment Plants/Grounds (unit)	卫生填埋 Sanitary Landfill	焚烧 Incineration	其他 other	无害化处理能力(吨/日) Harmless Treatment Capacity (ton/day)	卫生填埋 Sanitary Landfill
全　国	**285054**	**210661**	**6809.76**	**6762.64**	**1428**	**1227**	**156**	**45**	**358319**	**256682**
河　北	**22782**	**20224**	**448.11**	**447.92**	**90**	**85**	**3**	**2**	**101437**	**96937**
井陉县	177	159	3.88	3.88	1		1		1200	
正定县	780	681	6.15	6.15	1		1		1500	
行唐县	302	273	5.10	5.00	1	1			150	150
灵寿县	194	186	3.48	3.48	1	1			180	180
高邑县	214	203	2.03	2.03	1	1			150	150
深泽县	121	90	4.01	4.01						
赞皇县	109	97	3.60	3.60	2	1		1	420	120
无极县	187	173	2.96	2.96	2	2			300	300
平山县	250	187	4.06	4.06						
元氏县	241	222	3.00	3.00	1		1		1000	
赵　县	288	262	4.77	4.77	1	1			200	200
滦南县	261	240	4.51	4.51	1	1			300	300
乐亭县	421	350	8.96	8.96	1	1			200	200
迁西县	250	238	5.48	5.48	1	1			300	300
玉田县	212	191	5.36	5.36	1	1			200	200
曹妃甸区	459	390	6.00	6.00	1	1			200	200
青龙满族自治县	112	100	4.49	4.49	1	1			150	150
昌黎县	303	258	5.88	5.88	1	1			270	270
卢龙县	178	106	2.54	2.54	1	1			105	105
临漳县	320	304	5.97	5.97	1	1			163	163
成安县	217	200	4.10	4.10	1	1			200	200
大名县	381	343	5.92	5.92	1	1			220	220
涉　县	242	232	8.53	8.53	1	1			200	200
磁　县	425	362	7.36	7.36	1	1			200	200
邱　县	173	157	7.62	7.62	1	1			220	220
鸡泽县	235	216	3.83	3.83	1	1			105	105
广平县	394	393	3.47	3.47	2	2			200	200
馆陶县	241	222	7.88	7.88	2	2			79063	79063
魏　县	482	463	10.00	10.00	1	1			300	300
曲周县	296	283	4.56	4.56	1	1			170	170
临城县	159	141	3.03	3.03	1	1			150	150
内丘县	162	139	3.58	3.58	1	1			98	98
柏乡县	145	128	2.39	2.39	1	1			120	120
隆尧县	268	228	2.91	2.91	1	1			220	220
宁晋县	414	352	7.21	7.21	1	1			270	270
巨鹿县	325	281	4.70	4.70	1	1			1500	1500
新河县	203	180	3.74	3.74	1	1			150	150

County Seat Environmental Sanitation by County(2020)

Domestic Garbage						公共厕所 (座) Number of Latrines (unit)		市容卫生专用车辆设备总数（辆） Number of Vehicles and Equipment Designated for Municipal Environmental Sanitation (unit)	地区名称 Name of Regions
焚烧 Incineration	其他 other	无害化处理量（万吨） Volume of Harmlessly Treated (10,000 ton)	卫生填埋 Sanitary Landfill	焚烧 Incineration	其他 other		三类以上 Grade Ⅲ and Above		
94051	**7587**	**6691.32**	**4852.96**	**1714.90**	**123.45**	**55548**	**37716**	**74722**	**全　国**
3700	**800**	**437.56**	**380.94**	**52.35**	**4.26**	**4681**	**3472**	**6375**	**河　北**
1200		3.88		3.88		48	35	67	井陉县
1500		6.15		6.15		72	69	291	正定县
		5.00	5.00			42	42	61	行唐县
		3.48	3.48			44	44	48	灵寿县
		2.03	0.84	1.19		53	53	50	高邑县
		4.01	4.01			18		17	深泽县
	300	3.60	3.60			33	33	34	赞皇县
		2.96	2.96			64	64	51	无极县
		4.06		4.06		59		29	平山县
1000		3.00		3.00		72		350	元氏县
		4.77	4.77			79	68	151	赵　县
		4.51	4.51			40	40	47	滦南县
		8.96	8.96			62	27	49	乐亭县
		5.48	5.48			39	29	59	迁西县
		5.36	5.36			53	29	78	玉田县
		6.00	6.00			91	81	93	曹妃甸区
		4.49	4.49			46	46	33	青龙满族自治县
		5.88	5.88			43	43	53	昌黎县
		2.54	2.54			34	34	41	卢龙县
		5.97	5.97			94	53	67	临漳县
		4.10	4.10			48	48	36	成安县
		5.92	5.92			109		51	大名县
		8.53	8.53			40	40	93	涉　县
		7.36	7.36			38	38	38	磁　县
		7.62	7.62			22	12	36	邱　县
		3.83	3.83			48		37	鸡泽县
		3.47	3.47			77	46	48	广平县
		7.88	7.88			64	64	41	馆陶县
		10.00	10.00			107	98	130	魏　县
		4.56	4.56			44	44	97	曲周县
		3.03	3.03			33	22	92	临城县
		3.58	3.58			27	21	29	内丘县
		2.39	2.39			22	22	27	柏乡县
		2.91	2.91			30	30	59	隆尧县
		7.21	7.21			63	58	51	宁晋县
		4.70	4.70			37		56	巨鹿县
		3.74	3.74			23	4	17	新河县

11-2 续表 1

地区名称 Name of Regions	道路清扫保洁面积(万平方米) Surface Area of Roads Cleaned and Maintained ($10,000m^2$)	机械化 Mechanization	生活垃圾							
			清运量(万吨) Collected and Transported (10,000 ton)	处理量(万吨) Volume of Treated (10,000 ton)	无害化处理厂(场)数(座) Number of Harmless Treatment Plants/ Grounds (unit)	卫生填埋 Sanitary Landfill	焚烧 Incineration	其他 other	无害化处理能力(吨/日) Harmless Treatment Capacity (ton/ day)	卫生填埋 Sanitary Landfill
广宗县	166	144	2.37	2.37	1	1			350	350
平乡县	210	180	2.90	2.90	1	1			209	209
威　县	220	197	7.28	7.28	1	1			300	300
清河县	676	612	5.82	5.82	1	1			350	350
临西县	217	185	3.61	3.61	1	1			150	150
博野县	159	127	1.94	1.94						
涞水县	144	126	3.60	3.60	1	1			165	165
阜平县	153	136	2.47	2.47	1	1			169	169
白沟新城	150	144	5.84	5.84						
定兴县	171	159	5.94	5.94						
唐　县	160	154	3.50	3.50	1			1	500	
高阳县	333	267	5.29	5.29						
涞源县	206	165	5.30	5.30	1	1			400	400
望都县	194	175	2.62	2.62						
易　县	108	102	6.09	6.09	1	1			160	160
曲阳县	241	239	3.80	3.80						
蠡　县	140	119	2.20	2.20	1	1			150	150
顺平县	160	154	5.80	5.80						
张北县	329	304	6.55	6.55	1	1			195	195
康保县	126	107	3.00	3.00	1	1			110	110
沽源县	74	63	4.00	3.92	1	1			110	110
尚义县	140	120	1.62	1.62	1	1			110	110
蔚　县	149	128	5.21	5.21	1	1			270	270
阳原县	204	173	4.22	4.22	1	1			120	120
怀安县	169	147	3.67	3.67	1	1			115	115
怀来县	297	257	5.47	5.47	1	1			230	230
涿鹿县	293	254	3.78	3.78	1	1			100	100
赤城县	81	69	3.69	3.69	1	1			100	100
承德县	89	76	4.20	4.20	1	1			150	150
兴隆县	88	76	3.01	3.01	1	1			150	150
滦平县	146	120	3.80	3.80	1	1			120	120
隆化县	115	92	5.41	5.41	1	1			160	160
丰宁满族自治县	242	154	5.72	5.72	1	1			200	200
宽城满族自治县	194	167	2.90	2.89	1	1			120	120
围场满族蒙古族自治县	126	107	3.79	3.79	1	1			200	200
青　县	221	210	4.16	4.16	1	1			127	127
东光县	240	216	3.52	3.52	1	1			150	150
海兴县	144	122	3.09	3.09	1	1			129	129

continued

Domestic Garbage						公共厕所		市容卫生专用车辆设备总数(辆) Number of Vehicles and Equipment Designated for Municipal Environmental Sanitation (unit)	地区名称 Name of Regions
焚烧 Incineration	其他 other	无害化处理量(万吨) Volume of Harmlessly Treated (10,000 ton)	卫生填埋 Sanitary Landfill	焚烧 Incineration	其他 other	(座) Number of Latrines (unit)	三类以上 Grade Ⅲ and Above		
		2.37	2.37			36	28	60	广宗县
		2.90	2.90			45	45	78	平乡县
		7.28	7.28			53	53	62	威　县
		5.82	5.82			88	88	32	清河县
		3.61	3.61			28	28	17	临西县
						24	21	21	博野县
		3.60	3.60			53	33	13	涞水县
		2.47	2.47			25	12	49	阜平县
		5.84		5.84		27		58	白沟新城
		5.94		5.94		51	51	32	定兴县
	500	3.50			3.50	44		55	唐　县
		5.29		5.29		31	20	99	高阳县
		5.30	5.30			30	30	50	涞源县
						50	49	29	望都县
		6.09	6.09			28		38	易　县
		3.80		3.80		18	16	57	曲阳县
		2.20	2.20			23	1	16	蠡　县
						36	19	53	顺平县
		6.55	6.55			65	52	49	张北县
		3.00	3.00			41		36	康保县
		3.92	3.92			42	32	42	沽源县
		1.62	1.62			63	63	54	尚义县
		5.21	5.21			55	55	63	蔚　县
		4.22	4.22			39	8	41	阳原县
		3.67	3.67			49	49	55	怀安县
		5.47	5.47			83	64	440	怀来县
		3.78	3.78			36	36	245	涿鹿县
		3.69	3.69			46	46	34	赤城县
		4.20	4.20			27	23	24	承德县
		3.01	3.01			73	47	41	兴隆县
		3.80	3.80			45	24	32	滦平县
		5.41	5.41			68	68	40	隆化县
		5.72	5.72			93	10	58	丰宁满族自治县
		2.89	2.89			31	31	29	宽城满族自治县
		3.79	3.79			61	26	103	围场满族蒙古族自治县
		4.16	4.16			67	67	71	青　县
		3.52	3.52			29	26	24	东光县
		3.09	3.09			39	39	16	海兴县

11-2 续表 2

地区名称 Name of Regions	道路清扫保洁面积（万平方米） Surface Area of Roads Cleaned and Maintained ($10,000m^2$)	机械化 Mechanization	生活垃圾 清运量（万吨） Collected and Transported (10,000 ton)	处理量（万吨） Volume of Treated (10,000 ton)	无害化处理厂（场）数（座） Number of Harmless Treatment Plants/ Grounds (unit)	卫生填埋 Sanitary Landfill	焚烧 Incineration	其他 other	无害化处理能力（吨／日） Harmless Treatment Capacity (ton/ day)	卫生填埋 Sanitary Landfill
盐山县	205	175	4.51	4.51	1	1			180	180
肃宁县	218	186	4.01	4.01	1	1			150	150
南皮县	209	179	2.22	2.22	1	1			140	140
吴桥县	277	238	4.31	4.31	1	1			140	140
献　县	291	247	5.10	5.10	1	1			135	135
孟村回族自治县	137	116	2.86	2.86	1	1			150	150
固安县	406	345	6.38	6.38	1	1			1000	1000
永清县	137	121	3.01	3.01	1	1			270	270
香河县	240	216	5.84	5.84	1	1			800	800
大城县	178	158	4.62	4.62	1	1			350	350
文安县	180	154	3.15	3.15	1	1			150	150
大厂回族自治县	248	214	3.01	3.01	1	1			200	200
枣强县	365	364	8.87	8.87	1	1			140	140
武邑县	234	228	4.96	4.96						
武强县	120	110	2.59	2.59	1	1			120	120
饶阳县	198	188	4.75	4.75	1	1			160	160
安平县	383	329	8.37	8.37	1	1			140	140
故城县	235	230	6.25	6.25	1	1			260	260
景　县	467	467	6.00	6.00	1	1			140	140
阜城县	236	217	7.61	7.61	1	1			110	110
容城县	138	138	4.05	4.05						
雄　县	201	178	3.02	3.02	1	1			459	459
安新县	63	53	2.37	2.37						
山　西	**12131**	**9455**	**307.34**	**307.16**	**78**	**75**	**2**	**1**	**11120**	**9960**
清徐县	250	179	15.10	15.10	1	1			200	200
阳曲县	114	96	3.15	3.15						
娄烦县	60	38	2.79	2.79	1	1			85	85
阳高县	146	104	3.46	3.46	1	1			130	130
天镇县	182	121	2.71	2.67	1	1			140	140
广灵县	184	154	6.93	6.93	1	1			190	190
灵丘县	121	63	4.57	4.57	1	1			142	142
浑源县	199	140	4.02	4.02	1	1			200	200
左云县	154	93	2.14	2.14	1	1			120	120
云州区	100	80	1.31	1.31						
平定县	192	144	2.92	2.92	1	1			170	170
盂　县	80	61	8.87	8.87	1	1			300	300
襄垣县	580	500	4.08	4.08	1	1			200	200
平顺县	63	54	2.92	2.92	1	1			85	85
黎城县	70	47	1.10	1.10	1	1			90	90

continued

Domestic Garbage 焚烧 Incineration	其他 other	无害化处理量(万吨) Volume of Harmlessly Treated (10,000 ton)	卫生填埋 Sanitary Landfill	焚烧 Incineration	其他 other	公共厕所(座) Number of Latrines (unit)	三类以上 Grade Ⅲ and Above	市容卫生专用车辆设备总数(辆) Number of Vehicles and Equipment Designated for Municipal Environmental Sanitation (unit)	地区名称 Name of Regions
		4.51	4.51			40	40	29	盐山县
		4.01	4.01			28	18	49	肃宁县
		2.22	2.22			46	34	50	南皮县
		4.31	4.31			58	36	33	吴桥县
		5.10	5.10			64	56	45	献　县
		2.86	2.86			20	20	16	孟村回族自治县
		6.38	6.38			60	51	140	固安县
		3.01	3.01			37	37	44	永清县
		5.84	5.84			65	61	92	香河县
		4.62	4.62			45	34	119	大城县
		3.15	3.15			40	40	36	文安县
		3.01	3.01			50	40	118	大厂回族自治县
		8.87	8.87			63	63	68	枣强县
		4.96		4.96		41	41	31	武邑县
		2.59	2.59			35	35	20	武强县
		4.75	4.75			44	30	32	饶阳县
		8.37	5.11	3.26		79	79	114	安平县
		6.25	6.25			80	60	27	故城县
		6.00	6.00			44	44	43	景　县
		7.61	7.61			50	50	31	阜城县
		4.05	0.68	2.61	0.76	15		113	容城县
		3.02	3.02			7	6	56	雄　县
		2.37		2.37		10		146	安新县
860	**300**	**307.16**	**283.59**	**21.09**	**2.48**	**2195**	**1442**	**4307**	**山　西**
		15.10	15.10			20		67	清徐县
		3.15	3.15			41	41	28	阳曲县
		2.79	2.79			15		14	娄烦县
		3.46	3.46			48	48	218	阳高县
		2.67	2.67			7		53	天镇县
		6.93	6.93			9	9	41	广灵县
		4.57	4.57			9		225	灵丘县
		4.02	4.02			38	9	42	浑源县
		2.14	2.14			15	10	39	左云县
		1.31		1.31		55	17	25	云州区
		2.92	2.92			44	44	30	平定县
		8.87	8.87			13	7	22	盂　县
		4.08	4.08			53	53	85	襄垣县
		2.92	2.92			24	20	20	平顺县
		1.10	1.10			5	5	18	黎城县

11-2 续表 3

地区名称 Name of Regions	道路清扫保洁面积(万平方米) Surface Area of Roads Cleaned and Maintained ($10,000m^2$)	机械化 Mechanization	生活垃圾 清运量(万吨) Collected and Transported (10,000 ton)	处理量(万吨) Volume of Treated (10,000 ton)	无害化处理厂(场)数(座) Number of Harmless Treatment Plants/Grounds (unit)	卫生填埋 Sanitary Landfill	焚烧 Incineration	其他 other	无害化处理能力(吨/日) Harmless Treatment Capacity (ton/day)	卫生填埋 Sanitary Landfill
壶关县	156	149	4.34	4.34	1	1			120	120
长子县	198	158	4.31	4.31	1	1			120	120
武乡县	101	79	2.22	2.22	1	1			120	120
沁　县	78	60	1.32	1.32	1	1			110	110
沁源县	100	69	2.67	2.67	1	1			99	99
沁水县	130	104	3.43	3.43	1	1			68	68
阳城县	183	130	4.38	4.38	1	1			200	200
陵川县	57	42	1.90	1.90	1	1			110	110
山阴县	108	100	5.94	5.94	1	1			278	278
应　县	128	102	5.04	5.04	1	1			192	192
右玉县	146	120	2.47	2.47	1	1			80	80
榆社县	143	69	3.29	3.29	1	1			90	90
左权县	174	167	2.85	2.85	1	1			80	80
和顺县	210	196	3.63	3.63	2	2			180	180
昔阳县	93	80	2.66	2.66	1	1			110	110
寿阳县	168	140	5.07	5.07	2	2			278	278
太谷区	375	289	6.21	6.21	1	1			170	170
祁　县	133	93	5.07	5.07						
平遥县	369	243	13.95	13.95	1	1			380	380
灵石县	229	161	6.91	6.78	1		1		500	
临猗县	250	209	3.78	3.78	1	1			130	130
万荣县	230	190	2.32	2.32	1	1			200	200
闻喜县	130	91	4.93	4.93	1	1			150	150
稷山县	179	175	2.48	2.48	1			1	300	
新绛县	120	78	6.73	6.73	1	1			180	180
绛　县	119	88	2.55	2.55	1	1			95	95
垣曲县	172	122	3.05	3.05	1	1			240	240
夏　县	87	61	1.80	1.80	1	1			200	200
平陆县	93	90	2.70	2.70	1	1			140	140
芮城县	192	163	5.29	5.29	1	1			160	160
定襄县	53	37	2.69	2.69						
五台县	136	124	3.20	3.20	1	1			95	95
代　县	106	72	2.92	2.92	1	1			100	100
繁峙县	108	71	5.86	5.86	1	1			162	162
宁武县	141	92	5.63	5.63	1	1			154	154
静乐县	81	57	3.95	3.95	1	1			80	80
神池县	131	86	2.90	2.90	1	1			73	73
五寨县	92	75	2.63	2.63	1	1			100	100
岢岚县	192	138	3.22	3.22	1	1			120	120

continued

Domestic Garbage						公共厕所		市容卫生专用车辆设备总数(辆) Number of Vehicles and Equipment Designated for Municipal Environmental Sanitation (unit)	地区名称 Name of Regions
焚烧 Incineration	其他 other	无害化处理量(万吨) Volume of Harmlessly Treated (10,000 ton)	卫生填埋 Sanitary Landfill	焚烧 Incineration	其他 other	(座) Number of Latrines (unit)	三类以上 Grade Ⅲ and Above		
		4.34	4.34			6	6	22	壶关县
		4.31	4.31			29	29	64	长子县
		2.22	2.22			24	24	35	武乡县
		1.32	1.32			5	1	15	沁　县
		2.67	2.67			11		22	沁源县
		3.43	3.43			47	47	65	沁水县
		4.38	4.38			77	35	47	阳城县
		1.90	1.90			18	16	35	陵川县
		5.94	5.94			12	7	65	山阴县
		5.04	5.04			2		22	应　县
		2.47	2.47			28	11	28	右玉县
		3.29	3.29			16	2	41	榆社县
		2.85	2.85			17	17	32	左权县
		3.63	3.63			24	13	189	和顺县
		2.66	2.66			29	29	45	昔阳县
		5.07	5.07			47	16	38	寿阳县
		6.21	6.21			43	43	73	太谷区
		5.07		5.07		28	10	76	祁　县
		13.95	13.95			142	142	218	平遥县
500		6.78		6.78		76	60	86	灵石县
		3.78	3.78			27	20	55	临猗县
		2.32	2.32			20	20	4	万荣县
		4.93	4.93			28		14	闻喜县
	300	2.48			2.48	17	17	29	稷山县
		6.73	6.73			14	14	22	新绛县
		2.55	2.55			15		11	绛　县
		3.05	3.05			42	42	21	垣曲县
		1.80	1.80			14		10	夏　县
		2.70	2.70			26	26	14	平陆县
		5.29	5.29			35	13	19	芮城县
		2.69		2.69		23	19	79	定襄县
		3.20	3.20			22	7	55	五台县
		2.92	2.92			20	20	42	代　县
		5.86	5.86			24	13	31	繁峙县
		5.63	5.63			56	40	56	宁武县
		3.95	3.95			16		49	静乐县
		2.90	2.90			24		16	神池县
		2.63	2.63			19	2	19	五寨县
		3.22	3.22			15	2	57	岢岚县

11-2 续表 4

地区名称 Name of Regions	道路清扫保洁面积(万平方米) Surface Area of Roads Cleaned and Maintained ($10,000m^2$)	机械化 Mechanization	生活垃圾 清运量(万吨) Collected and Transported (10,000 ton)	处理量(万吨) Volume of Treated (10,000 ton)	无害化处理厂(场)数(座) Number of Harmless Treatment Plants/Grounds (unit)	卫生填埋 Sanitary Landfill	焚烧 Incineration	其他 other	无害化处理能力(吨/日) Harmless Treatment Capacity (ton/day)	卫生填埋 Sanitary Landfill
河曲县	179	161	2.35	2.35	1	1			110	110
保德县	182	137	3.60	3.60	1	1			99	99
偏关县	58	38	1.66	1.66	1	1			75	75
曲沃县	114	90	2.90	2.90	1	1			120	120
翼城县	179	161	3.74	3.74	1	1			280	280
襄汾县	147	110	4.69	4.69	1	1			165	165
洪洞县	169	113	5.25	5.25	1		1		360	
古　县	45	31	0.98	0.98	1	1			100	100
安泽县	72	53	1.31	1.31	1	1			75	75
浮山县	72	48	2.40	2.40	1	1			150	150
吉　县	36	33	1.79	1.79	1	1			75	75
乡宁县	177	159	2.78	2.78	1	1			150	150
大宁县	39	27	1.18	1.18	1	1			80	80
隰　县	90	62	2.20	2.20	1	1			95	95
永和县	36	29	1.74	1.74	1	1			55	55
蒲　县	62	42	2.39	2.39	1	1			66	66
汾西县	54	36	2.19	2.19	1	1			90	90
文水县	349	279	6.57	6.57	1	1			180	180
交城县	246	190	4.48	4.48	1	1			122	122
兴　县	252	170	5.40	5.40	1	1			160	160
临　县	135	116	3.61	3.61	1	1			100	100
柳林县	461	441	4.38	4.38						
石楼县	75	57	7.40	7.40	1	1			120	120
岚　县	153	124	3.24	3.24	1	1			90	90
方山县	70	63	1.89	1.89	1	1			52	52
中阳县	175	150	3.36	3.36	1	1			92	92
交口县	118	94	1.54	1.54	1	1			44	44
内蒙古	**14390**	**10092**	**236.72**	**235.51**	**68**	**66**		**2**	**7572**	**7112**
土左旗	130	80	4.80	4.80	1	1			150	150
托　县	156	155	4.39	4.39	1	1			120	120
和林县	127	83	2.33	2.33	1	1			80	80
清水河县	70	35	1.59	1.59	1	1			45	45
武川县	128	45	2.19	2.19	1	1			60	60
土右旗	293	139	3.70	3.70						
固阳县	181	43	4.00	4.00	1	1			110	110
达尔罕茂明安联合旗	104	65	1.71	1.71	1	1			47	47
阿鲁科尔沁旗	261	192	4.74	4.74	1	1			100	100
巴林左旗	260	169	4.02	4.02	1	1			110	110

continued

Domestic Garbage						公共厕所		市容卫生专用车辆设备总数(辆)	地区名称
焚烧 Incineration	其他 other	无害化处理量(万吨) Volume of Harmlessly Treated (10,000 ton)	卫生填埋 Sanitary Landfill	焚烧 Incineration	其他 other	(座) Number of Latrines (unit)	三类以上 Grade Ⅲ and Above	Number of Vehicles and Equipment Designated for Municipal Environmental Sanitation (unit)	Name of Regions
		2.35	2.35			21	21	37	河曲县
		3.60	3.60			72		37	保德县
		1.66	1.66			29	29	47	偏关县
		2.90	2.90			22	22	61	曲沃县
		3.74	3.74			30	16	238	翼城县
		4.69	4.69			21	21	47	襄汾县
360		5.25		5.25		59	59	54	洪洞县
		0.98	0.98			13	13	8	古　县
		1.31	1.31			27	6	66	安泽县
		2.40	2.40			16	16	19	浮山县
		1.79	1.79			14	14		吉　县
		2.78	2.78			28	28	71	乡宁县
		1.18	1.18			14	10	10	大宁县
		2.20	2.20			19	19	26	隰　县
		1.74	1.74			16	11	21	永和县
		2.39	2.39			17	15	48	蒲　县
		2.19	2.19			7	7	83	汾西县
		6.57	6.57			19		42	文水县
		4.48	4.48			12	12	34	交城县
		5.40	5.40			63	20	33	兴　县
		3.61	3.61			59	32	42	临　县
		4.38	4.38					181	柳林县
		7.40	7.40			13	10	29	石楼县
		3.24	3.24			25	19	167	岚　县
		1.89	1.89			10	8	17	方山县
		3.36	3.36			23		105	中阳县
		1.54	1.54			12	8	36	交口县
	460	**230.80**	**215.56**	**3.70**	**11.54**	**4694**	**1978**	**3616**	**内蒙古**
		4.80	4.80			120		64	土左旗
		4.39	4.39			22		43	托　县
		2.33	2.33			47	47	33	和林县
		1.59	1.59			46	46	23	清水河县
		2.19	2.19			100		30	武川县
		3.70		3.70		98	48	43	土右旗
		4.00	4.00			59	19	104	固阳县
		1.71	1.71			29	13	24	达尔罕茂明安联合旗
		4.74	4.74			36	23	74	阿鲁科尔沁旗
		4.02	4.02			46	29	54	巴林左旗

11-2 续表 5

地区名称 Name of Regions	道路清扫保洁面积(万平方米) Surface Area of Roads Cleaned and Maintained ($10,000m^2$)	机械化 Mechanization	生活垃圾 清运量(万吨) Collected and Transported (10,000 ton)	处理量(万吨) Volume of Treated (10,000 ton)	无害化处理厂(场)数(座) Number of Harmless Treatment Plants/ Grounds (unit)	卫生填埋 Sanitary Landfill	焚烧 Incineration	其他 other	无害化处理能力(吨/日) Harmless Treatment Capacity (ton/ day)	卫生填埋 Sanitary Landfill
巴林右旗	165	132	4.80	4.80	1	1			200	200
林西县	267	214	3.85	3.85	1	1			90	90
克什克腾旗	102	75	4.93	4.93	1	1			150	150
翁牛特旗	515	488	6.12	6.12	1	1			170	170
喀喇沁旗	104	69	4.23	4.23	1	1			130	130
宁城县	240	160	5.48	5.48	1	1			150	150
敖汉旗	438	294	5.84	5.84	1	1			150	150
科左中旗	220	91	4.26	4.26	1	1			86	86
科左后旗	268	102	6.12	6.12	1	1			170	170
开鲁县	283	170	4.38	4.38	1	1			120	120
库伦旗	140	67	2.19	2.19	1	1			80	80
奈曼旗	212	169	5.44	5.44	1	1			150	150
扎鲁特旗	115	65	3.60	3.60	1	1			150	150
达拉特旗	500	375	8.03	8.03	1	1			180	180
准格尔旗	437	340	11.05	11.05	1			1	350	
鄂托克前旗	249	175	2.21	2.21	1	1			60	60
鄂托克旗	179	146	1.90	1.90	1	1			52	52
杭锦旗	167	101	2.44	2.43	1	1			67	67
乌审旗	524	514	3.86	3.83	1	1			200	200
伊金霍洛旗	1103	1038	3.69	3.69	1	1			600	600
阿荣旗	275	160	4.80	4.80	1	1			120	120
莫　旗	150	95	4.30	4.28	1	1			120	120
鄂伦春旗	65	36	2.00	2.00	1	1			61	61
鄂温克旗	265	207	2.22	2.20	1	1			100	100
陈巴尔虎旗	79	45	2.82	2.82						
新左旗	55	33	1.29	1.29	1	1			40	40
新右旗	84	51	2.36	2.35	1	1			50	50
五原县	345	276	4.23	4.23	1	1			116	116
磴口县	140	98	2.77	2.77	1	1			85	85
乌拉特前旗	280	202	4.40	4.40	1	1			120	120
乌拉特中旗	203	173	2.40	2.37	1	1			60	60
乌拉特后旗	148	113	1.81	1.80	1	1			85	85
杭锦后旗	301	180	3.74	3.70	1	1			100	100
卓资县	165	100	1.38	1.38	1	1			80	80
化德县	98	61	2.92	2.87	1	1			80	80
商都县	223	134	4.95	4.84	1	1			130	130
兴和县	228	136	5.20	5.01	1	1			140	140
凉城县	210	137	3.52	3.47	1	1			210	210
察右前旗	150	98	2.64	2.59	1	1			68	68

continued

Domestic Garbage						公共厕所		市容卫生专用车辆设备总数(辆)	地区名称
焚 烧 Incineration	其 他 other	无害化处理量(万吨) Volume of Harmlessly Treated (10,000 ton)	卫 生 填 埋 Sanitary Landfill	焚 烧 Incineration	其 他 other	(座) Number of Latrines (unit)	三 类 以 上 Grade Ⅲ and Above	Number of Vehicles and Equipment Designated for Municipal Environmental Sanitation (unit)	Name of Regions
		4.80	4.80			58	14	67	巴林右旗
		3.85	3.85			76	43	50	林西县
		4.93	4.93			58	9	22	克什克腾旗
		6.12	6.12			45	45	24	翁牛特旗
		4.23	4.23			46	13	16	喀喇沁旗
		5.48	5.48			71	71	32	宁城县
		5.84	5.84			53	26	52	敖汉旗
		4.26	4.26			8		26	科左中旗
		6.12	6.12			40		73	科左后旗
		4.38	4.38			38	26	35	开鲁县
		2.19	2.19			23	12	8	库伦旗
		5.44	5.44			77		30	奈曼旗
		3.60	3.60			21		23	扎鲁特旗
		8.03	8.03			204	76	71	达拉特旗
	350	11.05			11.05	33	33	57	准格尔旗
		2.21	2.21			167	135	38	鄂托克前旗
		1.90	1.90			122	98	43	鄂托克旗
		2.43	2.43			84	57	50	杭锦旗
		3.83	3.83			125		67	乌审旗
		3.69	3.69			190	150	115	伊金霍洛旗
		4.80	4.80			13		36	阿荣旗
		4.28	4.28			27	6	46	莫　旗
		2.00	2.00			6	6	27	鄂伦春旗
		2.20	2.20			16	16	66	鄂温克旗
						7	7	24	陈巴尔虎旗
		1.29	1.29			5		24	新左旗
		2.35	2.35			38		30	新右旗
		4.23	4.23			137		63	五原县
		2.77	2.77			100	91	21	磴口县
		4.40	4.40			133	76	47	乌拉特前旗
		2.37	2.37			101	81	328	乌拉特中旗
		1.80	1.80			28	28	61	乌拉特后旗
		3.70	3.70			112	96	46	杭锦后旗
		1.38	1.38			101		47	卓资县
		2.87	2.87			50	10	26	化德县
		4.84	4.84			106		20	商都县
		5.01	5.01			162		82	兴和县
		3.47	3.47			131	15	65	凉城县
		2.59	2.59			115	28	56	察右前旗

11-2 续表 6

地区名称 Name of Regions	道路清扫保洁面积(万平方米) Surface Area of Roads Cleaned and Maintained (10,000m²)		生活垃圾							
		机械化 Mechanization	清运量(万吨) Collected and Transported (10,000 ton)	处理量(万吨) Volume of Treated (10,000 ton)	无害化处理厂(场)数(座) Number of Harmless Treatment Plants/Grounds (unit)	卫生填埋 Sanitary Landfill	焚烧 Incineration	其他 other	无害化处理能力(吨/日) Harmless Treatment Capacity (ton/day)	卫生填埋 Sanitary Landfill
察右中旗	146	107	2.23	2.17	1	1			60	60
察右后旗	151	113	2.89	2.82	1	1			80	80
四子王旗	178	121	3.20	3.01	1	1			90	90
科尔沁右翼前旗	270	149	1.64	1.64	2	2			100	100
科右中旗	197	132	3.89	3.89	1	1			107	107
扎赉特旗	237	66	3.84	3.84	1	1			180	180
突泉县	150	105	3.98	3.98	1	1			110	110
阿巴嘎旗	50	39	1.68	1.68	1	1			45	45
苏尼特左旗	49	41	0.88	0.88	1	1			40	40
苏尼特右旗	176	84	1.69	1.69	1	1			60	60
东乌珠穆沁旗	94	78	2.38	2.38	1			1	110	
西乌珠穆沁旗	179	109	2.45	2.44	1	1			90	90
太仆寺旗	125	118	4.32	4.32	1	1			120	120
镶黄旗	57	43	1.54	1.54	1	1			60	60
正镶白旗	71	48	1.29	1.18	1	1			50	50
正蓝旗	125	85	1.49	1.49	1	1			68	68
多伦县	263	200	2.36	2.30	1	1			90	90
阿拉善左旗	278	205	4.84	4.75	1	1			150	150
阿拉善右旗	69	48	0.89	0.89	1	1			25	25
额济纳旗	123	76	1.59	1.59	1	1			45	45
辽　宁	**4016**	**2412**	**115.21**	**115.21**	**18**	**18**			**3580**	**3580**
康平县	296	220	9.07	9.07	1	1			406	406
法库县	254	62	5.98	5.98	1	1			300	300
长海县	26	9	1.65	1.65	1	1			50	50
台安县	196	110	5.59	5.59	1	1			150	150
岫岩满族自治县	156	62	5.48	5.48	1	1			150	150
抚顺县										
新宾满族自治县	135	89	2.92	2.92						
清原满族自治县	82	27	4.00	4.00	1	1			150	150
本溪满族自治县	180	99	3.39	3.39	1	1			120	120
桓仁满族自治县	194	117	5.11	5.11	1	1			120	120
宽甸满族自治县	120	100	8.10	8.10						
黑山县	170	100	7.30	7.30	1	1			200	200
义　县	130	45	4.14	4.14	1	1			309	309
阜新蒙古族自治县	170	60	4.38	4.38						
彰武县	150	10	4.13	4.13	1	1			190	190
辽阳县	201	170	7.11	7.11						
盘山县	187	147	1.70	1.70						

continued

		Domestic Garbage				公共厕所		市容卫生专用车辆设备总数(辆)	
焚烧 Incineration	其他 other	无害化处理量(万吨) Volume of Harmlessly Treated (10,000 ton)	卫生填埋 Sanitary Landfill	焚烧 Incineration	其他 other	(座) Number of Latrines (unit)	三类以上 Grade Ⅲ and Above	Number of Vehicles and Equipment Designated for Municipal Environmental Sanitation (unit)	地区名称 Name of Regions
		2.17	2.17			67	15	38	察右中旗
		2.82	2.82			92		29	察右后旗
		3.01	3.01			96	14	56	四子王旗
		1.64	1.64			18	12	30	科尔沁右翼前旗
		3.89	3.89			19	8	53	科右中旗
		3.84	3.84			19	19	11	扎赉特旗
		3.98	3.98			30		53	突泉县
		1.68	1.68			33	17	30	阿巴嘎旗
		0.88	0.88			53	23	25	苏尼特左旗
		1.69	1.69			77	16	42	苏尼特右旗
	110	0.49			0.49	71	18	84	东乌珠穆沁旗
		2.44	2.44			60	60	14	西乌珠穆沁旗
		4.32	4.32			68	21	137	太仆寺旗
		1.54	1.54			52	20	25	镶黄旗
		1.18	1.18			46	23	59	正镶白旗
		1.49	1.49			61	33	47	正蓝旗
		2.30	2.30			63	29	172	多伦县
		4.75	4.75			156	108	120	阿拉善左旗
		0.89	0.89			49	24	21	阿拉善右旗
		1.59	1.59			34	25	64	额济纳旗
		104.19	**100.08**	**4.12**		**1174**	**359**	**1083**	**辽 宁**
		9.07	9.07			19	15	48	康平县
		5.98	5.98			38	8	28	法库县
		1.65	1.65			6	6	12	长海县
		5.59	5.59			30	10	49	台安县
		5.48	5.48			109		50	岫岩满族自治县
									抚顺县
						20	9	21	新宾满族自治县
		4.00	4.00			30	6	32	清原满族自治县
		3.39	3.39			15	11	28	本溪满族自治县
		5.11	5.11			41	24	55	桓仁满族自治县
						109	17	73	宽甸满族自治县
		7.30	7.30			108		75	黑山县
		4.14	4.14			29		35	义 县
		4.38	0.26	4.12		90		35	阜新蒙古族自治县
		4.13	4.13			85	85	51	彰武县
		7.11	7.11			3		60	辽阳县
		1.70	1.70			25	16	38	盘山县

11-2 续表 7

地区名称 Name of Regions	道路清扫保洁面积（万平方米） Surface Area of Roads Cleaned and Maintained ($10,000m^2$)	机械化 Mechanization	生活垃圾 清运量（万吨） Collected and Transported (10,000 ton)	处理量（万吨） Volume of Treated (10,000 ton)	无害化处理厂(场)数（座） Number of Harmless Treatment Plants/ Grounds (unit)	卫生填埋 Sanitary Landfill	焚烧 Incineration	其他 other	无害化处理能力（吨／日） Harmless Treatment Capacity (ton/ day)	卫生填埋 Sanitary Landfill
铁岭县										
西丰县	46	32	2.56	2.56	1	1			120	120
昌图县	144	122	4.38	4.38	1	1			240	240
朝阳县	110	65	1.89	1.89	1	1			270	270
建平县	337	292	7.00	7.00	1	1			210	210
喀喇沁左翼蒙古族自治县	322	280	6.57	6.57	1	1			185	185
绥中县	169	145	9.13	9.13	1	1			260	260
建昌县	240	51	3.65	3.65	1	1			150	150
吉　林	**3124**	**2215**	**81.37**	**81.37**	**14**	**14**			**2740**	**2740**
农安县	351	230	7.65	7.65	1	1			250	250
永吉县	147	85	2.16	2.16						
梨树县	300	254	16.91	16.91	1	1			375	375
伊通满族自治县	140	133	2.71	2.71						
东丰县	213	159	4.85	4.85						
东辽县	200	190	0.94	0.94	1	1			180	180
通化县	110	95	2.61	2.61	1	1			200	200
辉南县	102	102	2.70	2.70	1	1			180	180
柳河县	26	23	4.79	4.79						
抚松县	110	106	2.92	2.92	1	1			150	150
靖宇县	153	78	3.43	3.43	1	1			150	150
长白朝鲜族自治县	72	58	1.72	1.72	1	1			110	110
前郭县	283	177	3.82	3.82						
长岭县	230	104	6.20	6.20	1	1			300	300
乾安县	138		4.33	4.33	1	1			150	150
镇赉县	208	102	3.78	3.78	1	1			180	180
通榆县	119	119	5.29	5.29	1	1			175	175
汪清县	168	146	2.09	2.09	1	1			240	240
安图县	54	54	2.45	2.45	1	1			100	100
黑龙江	**5884**	**4307**	**179.42**	**177.11**	**45**	**41**	**1**	**3**	**5710**	**5044**
依兰县	255	230	6.40	6.40	2	2			185	185
方正县	114	98	3.65	3.65	1			1	150	
宾　县	141	115	3.17	3.17						
巴彦县	147	74	3.61	3.61	1			1	156	
木兰县	120	90	3.10	3.10	1	1			85	85
通河县	95	90	3.23	3.23	1		1		200	
延寿县	190	120	3.20	3.20	1	1			130	130
龙江县	175	140	5.29	5.29	1	1			245	245

continued

Domestic Garbage						公共厕所		市容卫生专用车辆设备总数	
焚烧 Incineration	其他 other	无害化处理量（万吨） Volume of Harmlessly Treated (10,000 ton)	卫生填埋 Sanitary Landfill	焚烧 Incineration	其他 other	（座） Number of Latrines (unit)	三类以上 Grade Ⅲ and Above	（辆） Number of Vehicles and Equipment Designated for Municipal Environmental Sanitation (unit)	地区名称 Name of Regions
									铁岭县
		2.56	2.56			39	39	38	西丰县
		4.38	4.38			56	26	63	昌图县
		1.89	1.89					54	朝阳县
		7.00	7.00			80	33	74	建平县
		6.57	6.57			82	53	69	喀喇沁左翼蒙古族自治县
		9.13	9.13			96	1	55	绥中县
		3.65	3.65			64		40	建昌县
		81.37	**55.77**	**25.59**		**617**	**320**	**1675**	**吉　林**
		7.65	7.65			56	42	629	农安县
		2.16		2.16		21	7	34	永吉县
		16.91	13.70	3.21		27	7	113	梨树县
		2.71		2.71		21	21	30	伊通满族自治县
		4.85		4.85		61	55	49	东丰县
		0.94		0.94		11	11	39	东辽县
		2.61	2.61			23	16	61	通化县
		2.70	2.70			61	36	97	辉南县
		4.79		4.79		36	4	30	柳河县
		2.92	2.92			19	12	52	抚松县
		3.43	3.43			6	6	35	靖宇县
		1.72	1.72			5	5	21	长白朝鲜族自治县
		3.82		3.82		25	15	71	前郭县
		6.20	6.20			24	24	49	长岭县
		4.33	1.23	3.10		13		24	乾安县
		3.78	3.78			62	37	116	镇赉县
		5.29	5.29			47	7	128	通榆县
		2.09	2.09			38	15	58	汪清县
		2.45	2.45			61		39	安图县
200	**466**	**177.11**	**143.81**	**19.87**	**13.43**	**1823**	**450**	**2430**	**黑龙江**
		6.40	6.40			68	4	72	依兰县
	150	3.65		3.65		19		20	方正县
		3.17		3.17		40	6	58	宾　县
	156	3.61			3.61	10		8	巴彦县
		3.10	3.10			13		40	木兰县
200		3.23		3.23		8	8	67	通河县
		3.20	3.20			23	5	37	延寿县
		5.29	5.29			120		57	龙江县

11-2 续表 8

地区名称 Name of Regions	道路清扫保洁面积(万平方米) Surface Area of Roads Cleaned and Maintained (10,000m²)		生活垃圾							
		机械化 Mechanization	清运量(万吨) Collected and Transported (10,000 ton)	处理量(万吨) Volume of Treated (10,000 ton)	无害化处理厂(场)数(座) Number of Harmless Treatment Plants/Grounds (unit)	卫生填埋 Sanitary Landfill	焚烧 Incineration	其他 other	无害化处理能力(吨/日) Harmless Treatment Capacity (ton/day)	卫生填埋 Sanitary Landfill
依安县	146	88	3.07	3.07	1	1			150	150
泰来县	151	95	3.22	3.22	1	1			120	120
甘南县	105	64	5.40	5.40	1	1			120	120
富裕县	200	120	3.55	3.55	1	1			120	120
克山县	65	39	3.29	3.29	1	1			100	100
克东县	65	46	4.75	4.75	1	1			110	110
拜泉县	68	58	4.20	4.20	1	1			144	144
鸡东县	67	50	3.24	3.24						
萝北县	59	36	2.00	1.92	1	1			77	77
绥滨县	53	32	2.56	2.56	1	1			105	105
集贤县	147	106	3.63	3.63						
友谊县	86	60	1.47	1.47	1	1			65	65
宝清县	160	112	5.20	5.20	1	1			183	183
饶河县	82	62	2.52	2.52	2	2			140	140
肇州县	151	120	4.17	4.17	1	1			170	170
肇源县	130	85	6.50	6.50	1	1			195	195
林甸县	175	160	3.65	2.97	1	1			100	100
杜尔伯特蒙古族自治县	150	105	3.41	3.41	1	1			110	110
嘉荫县	60	40	1.20	1.20	1	1			89	89
汤旺县	93	70	2.58	2.55	2	2			100	100
丰林县	217	154	4.60	4.55	2	2			125	125
大箐山县	14	9	1.66	1.66	1	1			50	50
南岔县	261	209	4.70	4.30	1	1			102	102
桦南县	108	90	7.30	7.30	1	1			200	200
桦川县	105	103	2.46	2.46	1	1			200	200
汤原县	173	116	3.04	3.04	1	1			110	110
勃利县	200	120	4.80	4.80	1	1			180	180
林口县	166	104	3.38	3.38	1	1			150	150
逊克县	72	52	1.95	1.95	1	1			63	63
孙吴县	96	60	1.23	1.23	1	1			120	120
望奎县	138	120	5.58	5.53	1			1	160	
兰西县	130	114	4.38	4.29						
青冈县	165	139	6.28	6.28	1	1			200	200
庆安县	62	61	4.20	4.12						
明水县	150	96	4.67	4.60	1	1			300	300
绥棱县	134	83	4.38	4.03	1	1			110	110
呼玛县	35	26	2.56	2.56	1	1			70	70
塔河县	78	47	2.52	2.52						
加格达奇区	132	102	8.50	8.07	1	1			221	221

continued

Domestic Garbage						公共厕所		市容卫生专用车辆设备总数(辆) Number of Vehicles and Equipment Designated for Municipal Environmental Sanitation (unit)	地区名称 Name of Regions
焚烧 Incineration	其他 other	无害化处理量(万吨) Volume of Harmlessly Treated (10,000 ton)	卫生填埋 Sanitary Landfill	焚烧 Incineration	其他 other	(座) Number of Latrines (unit)	三类以上 Grade Ⅲ and Above		
		3.07	3.07			53		28	依安县
		3.22	3.22			104	98	45	泰来县
		5.40	5.40			69		53	甘南县
		3.55	3.55			65		59	富裕县
		3.29	3.29			85	6	66	克山县
		4.75	4.75			51	18	43	克东县
		4.20	4.20			84	7	118	拜泉县
		3.24		3.24		20		30	鸡东县
		1.92	1.92			6		34	萝北县
		2.56	2.56			13		30	绥滨县
		3.63	3.63			61	13	65	集贤县
		1.47	1.47			35	5	31	友谊县
		5.20	5.20			9		76	宝清县
		2.52	2.52			6	6	39	饶河县
		4.17	4.17			81	15	67	肇州县
		6.50	6.50			76	40	50	肇源县
		2.97	2.97			16		30	林甸县
		3.41	3.41			30	26	31	杜尔伯特蒙古族自治县
		1.20	1.20			16	8	53	嘉荫县
		2.55	2.55			44	12	53	汤旺县
		4.55	4.55			47	8	53	丰林县
		1.66	1.66			14	9	17	大箐山县
		4.30	4.30			50	8	17	南岔县
		7.30	7.30			21	15	104	桦南县
		2.46		2.46		22	16	120	桦川县
		3.04	3.04			30	30	85	汤原县
		4.80	4.80			62	1	41	勃利县
		3.38	3.38			53		41	林口县
		1.95	1.95			37	14	29	逊克县
		1.23	1.23			7	3	41	孙吴县
	160	5.53			5.53	24	8	112	望奎县
		4.29			4.29	15	15	35	兰西县
		6.28	6.28			29	21	107	青冈县
		4.12		4.12		9	5	43	庆安县
		4.60	4.60			25		68	明水县
		4.03	4.03			47	4	41	绥棱县
		2.56	2.56			27	4	21	呼玛县
		2.52	2.52			40	8	40	塔河县
		8.07	8.07			39	4	55	加格达奇区

11-2 续表 9

地区名称 Name of Regions	道路清扫保洁面积(万平方米) Surface Area of Roads Cleaned and Maintained (10,000m²)		生活垃圾							
		机械化 Mechanization	清运量(万吨) Collected and Transported (10,000 ton)	处理量(万吨) Volume of Treated (10,000 ton)	无害化处理厂(场)数(座) Number of Harmless Treatment Plants/Grounds (unit)	卫生填埋 Sanitary Landfill	焚烧 Incineration	其他 other	无害化处理能力(吨/日) Harmless Treatment Capacity (ton/day)	卫生填埋 Sanitary Landfill
江　苏	**9131**	**7921**	**225.85**	**225.85**	**27**	**11**	**15**	**1**	**15643**	**3788**
丰　县	354	322	10.29	10.29	2	1	1		1700	700
沛　县	570	514	18.89	18.89	1		1		800	
睢宁县	550	510	12.43	12.43	2	1	1		1180	480
如东县	500	390	7.23	7.23	1		1		1800	
东海县	534	490	10.14	10.14	1	1			480	480
灌云县	340	292	8.23	8.23	1		1		500	
灌南县	550	490	8.22	8.22	1		1		416	
涟水县	655	524	12.31	12.31	1		1		800	
盱眙县	285	252	15.38	15.38	1		1		925	
金湖县	318	313	7.82	7.82						
响水县	285	240	5.48	5.48	1	1			350	350
滨海县	320	270	8.61	8.61	2	1	1		1100	300
阜宁县	442	376	9.63	9.63	2	1	1		1000	400
射阳县	470	304	10.57	10.57	1	1			28	28
建湖县	490	441	10.30	10.30	1		1		304	
宝应县	352	286	15.24	15.24	3	2	1		800	300
沭阳县	930	836	20.35	20.35	3	1	1	1	1810	500
泗阳县	588	531	23.43	23.43	1		1		600	
泗洪县	598	541	11.28	11.28	2	1	1		1050	250
浙　江	**9786**	**6990**	**250.87**	**250.87**	**42**	**21**	**15**	**6**	**17525**	**6342**
桐庐县	317	250	8.81	8.81						
淳安县	236	165	6.41	6.41	2	1	1		550	200
象山县	721	543	10.58	10.58	1	1			820	820
宁海县	769	568	26.06	26.06	1	1			800	800
永嘉县	97	68	4.39	4.39	1		1		750	
平阳县	169	110	5.25	5.25	1		1		1350	
苍南县	189	125	13.03	13.03	1		1		1400	
文成县	79	52	2.64	2.64	2	1	1		600	100
泰顺县	162	140	3.46	3.46	2	1	1		450	150
嘉善县	346	248	13.86	13.86	1		1		1250	
海盐县	355	235	7.27	7.27	1		1		875	
德清县	453	385	9.56	9.56	2		1	1	700	
长兴县	671	570	15.66	15.66	3		1	2	1200	
安吉县	593	504	13.19	13.19	2		1	1	750	
新昌县	373	311	10.06	10.06	2	1		1	540	490
武义县	364	147	8.66	8.66	1		1		900	
浦江县	473	320	6.95	6.95	1	1			440	440

continued

Domestic Garbage						公共厕所		市容卫生专用车辆设备总数(辆)	地区名称
焚烧 Incineration	其他 other	无害化处理量(万吨) Volume of Harmlessly Treated (10,000 ton)	卫生填埋 Sanitary Landfill	焚烧 Incineration	其他 other	(座) Number of Latrines (unit)	三类以上 Grade Ⅲ and Above	Number of Vehicles and Equipment Designated for Municipal Environmental Sanitation (unit)	Name of Regions
11745	**110**	**225.85**	**35.53**	**189.77**	**0.54**	**2294**	**1945**	**2693**	**江　苏**
1000		10.29	8.65	1.64		104	50	60	丰　县
800		18.89		18.89		165	68	63	沛　县
700		12.43		12.43		183	183	103	睢宁县
1800		7.23		7.23		52	52	60	如东县
		10.14	10.14			95	86	70	东海县
500		8.23		8.23		200	190	71	灌云县
416		8.22		8.22		102	102	68	灌南县
800		12.31		12.31		238	105	86	涟水县
925		15.38		15.38		100	69	58	盱眙县
		7.82		7.82		113	110	583	金湖县
		5.48	5.48			60	55	143	响水县
800		8.61		8.61		123	123	89	滨海县
600		9.63		9.63		168	168	111	阜宁县
		10.57	10.57			107	107	116	射阳县
304		10.30		10.30		68	61	126	建湖县
500		15.24		15.24		102	102	53	宝应县
1200	110	20.35		19.80	0.54	63	63	168	沭阳县
600		23.43		23.43		138	138	547	泗阳县
800		11.28	0.70	10.58		113	113	118	泗洪县
10375	**808**	**250.87**	**121.70**	**117.49**	**11.68**	**1663**	**1526**	**2368**	**浙　江**
		8.81		8.81		43	43	85	桐庐县
350		6.41		6.41		56	56	113	淳安县
		10.58	10.58			65	53	137	象山县
		26.06	26.06			87	44	83	宁海县
750		4.39		4.39		32	32	25	永嘉县
1350		5.25		5.25		25	25	26	平阳县
1400		13.03		13.03		25	25	57	苍南县
500		2.64	2.45	0.18		22	3	167	文成县
300		3.46	2.63	0.83		31	20	61	泰顺县
1250		13.86		13.43	0.42	56	56	95	嘉善县
875		7.27		7.27		80	80	65	海盐县
600	100	9.56		7.32	2.24	64	64	115	德清县
750	450	15.66		9.48	6.18	64	64	202	长兴县
550	200	13.19		11.67	1.52	65	65	61	安吉县
	50	10.06	8.96		1.10	113	113	85	新昌县
900		8.66		8.66		157	142	79	武义县
		6.95	6.95			33	33	59	浦江县

11-2 续表 10

地区名称 Name of Regions	道路清扫保洁面积(万平方米) Surface Area of Roads Cleaned and Maintained (10,000m²)	机械化 Mechanization	生活垃圾 清运量(万吨) Collected and Transported (10,000 ton)	处理量(万吨) Volume of Treated (10,000 ton)	无害化处理厂(场)数(座) Number of Harmless Treatment Plants/Grounds (unit)	卫生填埋 Sanitary Landfill	焚烧 Incineration	其他 other	无害化处理能力(吨/日) Harmless Treatment Capacity (ton/day)	卫生填埋 Sanitary Landfill
磐安县	120	86	1.60	1.60	1	1			350	350
常山县	171	120	6.80	6.80	1		1		200	
开化县	249	127	3.15	3.15	1		1		300	
龙游县	150	98	5.38	5.38	2	1	1		540	240
岱山县	169	81	4.27	4.27	2	1		1	168	160
嵊泗县	36	15	2.03	2.03	1	1			200	200
三门县	332	226	6.08	6.08	1	1			330	330
天台县	511	348	12.37	12.37	1	1			330	330
仙居县	345	235	9.04	9.04	1	1			200	200
青田县	220	123	6.60	6.60	1	1			439	439
缙云县	86	56	4.17	4.17	1	1			290	290
遂昌县	254	175	5.99	5.99	1	1			200	200
松阳县	214	141	3.00	3.00	1	1			200	200
云和县	228	163	5.59	5.59	1	1			153	153
庆元县	174	114	6.05	6.05	1	1			150	150
景宁县	162	142	2.90	2.90	1	1			100	100
安　徽	**20559**	**17957**	**312.84**	**312.84**	**45**	**24**	**21**		**18855**	**5105**
长丰县	578	551	6.24	6.24	1		1		1000	
肥西县	629	555	16.67	16.67	1		1		2000	
肥东县	485	420	10.08	10.08						
庐江县	638	585	6.66	6.66	2	1	1		804	304
南陵县	588	520	5.03	5.03						
怀远县	200	180	10.20	10.20	1		1		450	
五河县	414	290	6.84	6.84	1		1		500	
固镇县	231	197	6.33	6.33	1	1			266	266
凤台县	381	369	6.14	6.14						
寿　县	548	400	6.19	6.19	1		1		600	
当涂县	292	209	5.21	5.21	1	1			235	235
含山县	269	187	3.34	3.34	1	1			150	150
和　县	196	192	6.73	6.73	1	1			200	200
濉溪县	175	170	7.88	7.88						
枞阳县	239	175	2.75	2.75	1	1			180	180
怀宁县	576	520	3.49	3.49						
太湖县	150	120	8.29	8.29	1	1			174	174
宿松县	396	326	4.66	4.66	1	1			317	317
望江县	281	267	3.68	3.68						
岳西县	81	74	7.76	7.76						
歙　县	244	207	3.85	3.85						
休宁县	188	169	1.83	1.83						

continued

Domestic Garbage						公共厕所		市容卫生专用车辆设备总数(辆) Number of Vehicles and Equipment Designated for Municipal Environmental Sanitation (unit)	地区名称 Name of Regions
焚烧 Incineration	其他 other	无害化处理量(万吨) Volume of Harmlessly Treated (10,000 ton)	卫生填埋 Sanitary Landfill	焚烧 Incineration	其他 other	(座) Number of Latrines (unit)	三类以上 Grade Ⅲ and Above		
		1.60	1.60			19	19	47	磐安县
200		6.80		6.80		36	36	23	常山县
300		3.15		3.15		54	54	74	开化县
300		5.38	0.67	4.71		32	32	15	龙游县
	8	4.27		4.15	0.11	42	42	60	岱山县
		2.03		1.93	0.10	23	19	55	嵊泗县
		6.08	6.08			36	29	61	三门县
		12.37	12.37			53	53	56	天台县
		9.04	9.04			39	39	25	仙居县
		6.60	6.60			63	63	86	青田县
		4.17	4.17			63	63	58	缙云县
		5.99	5.99			48	48	96	遂昌县
		3.00	3.00			27	27	27	松阳县
		5.59	5.59			35	35	62	云和县
		6.05	6.05			38	38	28	庆元县
		2.90	2.90			37	11	80	景宁县
13750		**312.84**	**103.47**	**206.84**	**2.53**	**2366**	**1760**	**3198**	**安　徽**
1000		6.24		6.24		43	11	112	长丰县
2000		16.67		16.67		31	31	43	肥西县
		10.08	10.08			38	38	117	肥东县
500		6.66	4.06	2.60		11	11	70	庐江县
		5.03		4.65	0.39	39	39	51	南陵县
450		10.20		10.20		84	64	45	怀远县
500		6.84		6.84		15	15	28	五河县
		6.33	6.33			42	8	26	固镇县
		6.14		5.98	0.17	25	25	143	凤台县
600		6.19		5.89	0.31	80	60	56	寿　县
		5.21	1.12	3.80	0.28	57	57	95	当涂县
		3.34	3.13		0.21	28	19	8	含山县
		6.73	6.45		0.29	29	29	18	和　县
		7.88		7.19	0.69	56		35	濉溪县
		2.75	2.75			52	52	17	枞阳县
		3.49		3.29	0.20	20	20	280	怀宁县
		8.29	8.29			26	14	56	太湖县
		4.66	4.66			16	16	40	宿松县
		3.68		3.68		17	17	41	望江县
		7.76		7.76		21	5	45	岳西县
		3.85		3.85		31	31	31	歙　县
		1.83		1.83		71	31	13	休宁县

11-2 续表 11

地区名称 Name of Regions	道路清扫保洁面积(万平方米) Surface Area of Roads Cleaned and Maintained ($10,000m^2$)		生活垃圾						无害化处理能力(吨/日)	
		机械化 Mechanization	清运量(万吨) Collected and Transported (10,000 ton)	处理量(万吨) Volume of Treated (10,000 ton)	无害化处理厂(场)数(座) Number of Harmless Treatment Plants/Grounds (unit)	卫生填埋 Sanitary Landfill	焚烧 Incineration	其他 other	无害化处理能力(吨/日) Harmless Treatment Capacity (ton/day)	卫生填埋 Sanitary Landfill
黟　县	75	70	1.77	1.77	1	1			83	83
祁门县	100	86	2.38	2.38	1	1			110	110
来安县	476	451	5.41	5.41						
全椒县	535	467	6.67	6.67						
定远县	440	374	5.00	5.00	1		1		500	
凤阳县	492	474	6.83	6.83	2	1	1		769	369
临泉县	787	693	8.99	8.99	1		1		600	
太和县	859	773	10.95	10.95	1		1		900	
阜南县	421	360	6.15	6.15	1		1		500	
颍上县	432	388	8.76	8.76	2	1	1		850	250
砀山县	685	590	7.67	7.67	1		1		400	
萧　县	687	573	4.95	4.95	1		1		800	
灵璧县	526	506	9.35	9.35	2	1	1		700	300
泗　县	698	607	6.12	6.12	2	1	1		822	222
霍邱县	492	394	6.27	6.27	2	1	1		1035	235
舒城县	600	540	6.20	6.20						
金寨县	900	870	5.82	5.82	1		1		600	
霍山县	530	468	6.01	6.01	2	1	1		700	300
涡阳县	830	790	10.67	10.67	1	1			281	281
蒙城县	671	663	16.10	16.10	1		1		700	
利辛县	417	275	7.92	7.92	2	1	1		733	233
东至县	111	66	3.80	3.80	1	1			200	200
石台县	49	42	1.12	1.12	1	1			102	102
青阳县	249	163	5.09	5.09	1	1			180	180
郎溪县	247	212	4.58	4.58						
泾　县	230	195	4.38	4.38	1	1			105	105
绩溪县	112	97	2.35	2.35	1	1			260	260
旌德县	127	85	1.70	1.70	1	1			49	49
福　建	**7654**	**4447**	**240.61**	**240.61**	**40**	**30**	**8**	**2**	**12343**	**5208**
闽侯县	344	187	5.44	5.44	1		1		600	
连江县	214	133	15.59	15.59	1		1		1000	
罗源县	171	93	3.26	3.26						
闽清县	64	52	9.02	9.02	1	1			275	275
永泰县	160	128	4.83	4.83						
仙游县	458	307	6.05	6.05	1		1		600	
明溪县	180	33	2.58	2.58	2	1		1	110	100
清流县	91	31	1.52	1.52	1	1			150	150
宁化县	215	77	6.82	6.82	1	1			200	200
大田县	70	33	2.91	2.91	1	1			150	150

continued

Domestic Garbage						公共厕所		市容卫生专用车辆设备总数	地区名称
焚烧 Incineration	其他 other	无害化处理量(万吨) Volume of Harmlessly Treated (10,000 ton)	卫生填埋 Sanitary Landfill	焚烧 Incineration	其他 other	(座) Number of Latrines (unit)	三类以上 Grade III and Above	(辆) Number of Vehicles and Equipment Designated for Municipal Environmental Sanitation (unit)	Name of Regions
		1.77	1.77			21	21	16	黟　县
		2.38	2.38			20	4	27	祁门县
		5.41		5.41		50	50	75	来安县
		6.67		6.67		32	32	34	全椒县
500		5.00		5.00		84	84	58	定远县
400		6.83		6.83		49	49	50	凤阳县
600		8.99		8.99		29	29	93	临泉县
900		10.95		10.95		40	40	106	太和县
500		6.15		6.15		35	35	31	阜南县
600		8.76	0.29	8.46		114	113	84	颍上县
400		7.67		7.67		39	39	143	砀山县
800		4.95		4.95		63	63	55	萧　县
400		9.35	9.35			70	35	86	灵璧县
600		6.12	0.17	5.95		91	42	58	泗　县
800		6.27	4.23	2.04		90	60	37	霍邱县
		6.20		6.20		29	29	73	舒城县
600		5.82		5.82		104	79	67	金寨县
400		6.01	6.01			54	33	32	霍山县
		10.67	10.67			45	35	101	涡阳县
700		16.10		16.10		240	70	90	蒙城县
500		7.92	5.42	2.50		36	36	43	利辛县
		3.80	3.80			18	18	10	东至县
		1.12	1.12			10	10	256	石台县
		5.09	5.09			32	32	21	青阳县
		4.58		4.58		25	25	27	郎溪县
		4.38	2.23	2.15		60	60	39	泾　县
		2.35	2.35			18	18	28	绩溪县
		1.70	1.70			36	26	88	旌德县
6975	**160**	**240.61**	**133.12**	**107.24**	**0.25**	**1766**	**1366**	**1839**	**福　建**
600		5.44		5.44		66	16	107	闽侯县
1000		15.59		15.59		128	55	107	连江县
		3.26		3.26		31	31	75	罗源县
		9.02	9.02			39	39	28	闽清县
		4.83	1.32	3.51		40	40	53	永泰县
600		6.05		6.05		73	73	89	仙游县
	10	2.58	2.45		0.12	21	21	17	明溪县
		1.52	1.52			23	23	25	清流县
		6.82	6.82			42	42	28	宁化县
		2.91	2.91			38	38	25	大田县

11-2 续表 12

地区名称 Name of Regions	道路清扫保洁面积（万平方米） Surface Area of Roads Cleaned and Maintained ($10,000m^2$)	机械化 Mechanization	生活垃圾 清运量（万吨） Collected and Transported (10,000 ton)	处理量（万吨） Volume of Treated (10,000 ton)	无害化处理厂（场）数（座） Number of Harmless Treatment Plants/Grounds (unit)	卫生填埋 Sanitary Landfill	焚烧 Incineration	其他 other	无害化处理能力（吨／日） Harmless Treatment Capacity (ton/day)	卫生填埋 Sanitary Landfill
尤溪县	121	110	3.00	3.00	1	1			130	130
沙　县	136	98	5.15	5.15						
将乐县	119	54	4.19	4.19	1	1			150	150
泰宁县	99	68	4.34	4.34	1	1			119	119
建宁县	111	80	2.92	2.92	1	1			130	130
惠安县	106	74	6.31	6.31	1		1		1200	
安溪县	314	230	24.95	24.95	1		1		1350	
永春县	100	65	10.24	10.24	1	1			280	280
德化县	450	167	7.63	7.63	1	1			230	230
云霄县	339	203	5.78	5.78	1	1			300	300
漳浦县	254	237	6.64	6.64	1		1		925	
诏安县	216	160	5.10	5.10	1		1		400	
长泰县	148	102	2.05	2.05	1	1			60	60
东山县	138	80	6.57	6.57						
南靖县	190	150	2.19	2.19						
平和县	162	63	3.30	3.30						
华安县	50	40	1.19	1.19	1	1			90	90
顺昌县	83	36	4.20	4.20	1	1			120	120
浦城县	147	75	8.35	8.35	1	1			229	229
光泽县	74	20	3.06	3.06	1	1			160	160
松溪县	115	40	3.66	3.66	1	1			120	120
政和县	70	33	3.70	3.70	1	1			200	200
长汀县	264	184	6.94	6.94	1	1			185	185
上杭县	204	142	4.43	4.43	1	1			200	200
武平县	187	125	3.95	3.95	1	1			200	200
连城县	.210	82	4.41	4.41	1	1			150	150
霞浦县	216	171	7.46	7.46	1	1			320	320
古田县	147	100	5.95	5.95	1	1			400	400
屏南县	85	64	4.92	4.92	1	1			160	160
寿宁县	48	34	3.98	3.98	1	1			100	100
周宁县	73	41	4.07	4.07	2	2			200	200
柘荣县	91	46	3.51	3.51	1	1			100	100
平潭县	622	200	8.45	8.45	2		1	1	1050	
江　西	**18110**	**13522**	**411.11**	**411.11**	**49**	**41**	**7**	**1**	**12953**	**8043**
南昌县	1066	1060	16.00	16.00						
安义县	236	184	4.30	4.30						
进贤县	322	195	16.04	16.04	1		1		1200	
浮梁县	203	190	3.50	3.50						
莲花县	145	85	2.57	2.57	1	1			25	25

continued

Domestic Garbage						公共厕所 (座) Number of Latrines (unit)		市容卫生专用车辆设备总数 (辆) Number of Vehicles and Equipment Designated for Municipal Environmental Sanitation (unit)	地区名称 Name of Regions
焚烧 Incineration	其他 other	无害化处理量 (万吨) Volume of Harmlessly Treated (10,000 ton)	卫生填埋 Sanitary Landfill	焚烧 Incineration	其他 other		三类以上 Grade Ⅲ and Above		
		3.00	3.00			60	38	23	尤溪县
		5.15		5.15		61	61	28	沙　县
		4.19	4.19			36	36	16	将乐县
		4.34	4.34			29	10	23	泰宁县
		2.92	2.92			21	21	18	建宁县
1200		6.31		6.31		46	46	34	惠安县
1350		24.95		24.95		50	14	68	安溪县
		10.24	10.24			36	6	22	永春县
		7.63	7.63			73	73	35	德化县
		5.78	0.93	4.85		52	47	19	云霄县
925		6.64		6.64		74	74	19	漳浦县
400		5.10		5.10		34	34	237	诏安县
		2.05	2.05			43	43	58	长泰县
		6.57		6.57		15		119	东山县
		2.19		2.19		27	27	25	南靖县
		3.30		3.30		48	40	24	平和县
		1.19	1.19			25	24	17	华安县
		4.20	4.20			29	29	12	顺昌县
		8.35	8.35			22	22	106	浦城县
		3.06	3.06			30	30	17	光泽县
		3.66	3.66			29	25	10	松溪县
		3.70	3.70			35	35	9	政和县
		6.94	6.94			56	56	18	长汀县
		4.43	4.43			74	74	14	上杭县
		3.95	3.95			37	37	20	武平县
		4.41	4.41			47		23	连城县
		7.46	7.46			42		87	霞浦县
		5.95	5.95			28	28	24	古田县
		4.92	4.92			32	27	15	屏南县
		3.98	3.98			11	11	15	寿宁县
		4.07	4.07			20	13	15	周宁县
		3.51	3.51			6	6	38	柘荣县
900	150	8.45		8.32	0.13	37	1	77	平潭县
4900	**10**	**411.11**	**300.11**	**110.97**	**0.03**	**2698**	**2076**	**5144**	**江　西**
		16.00	0.48	15.52		47	47	316	南昌县
		4.30	2.69	1.61		15	7	64	安义县
1200		16.04		16.04		26	26	33	进贤县
		3.50		3.50		16		55	浮梁县
		2.57	2.57			24	17	114	莲花县

11-2 续表 13

地区名称 Name of Regions	道路清扫保洁面积(万平方米) Surface Area of Roads Cleaned and Maintained (10,000m²)	机械化 Mechanization	生活垃圾 清运量(万吨) Collected and Transported (10,000 ton)	处理量(万吨) Volume of Treated (10,000 ton)	无害化处理厂(场)数(座) Number of Harmless Treatment Plants/Grounds (unit)	卫生填埋 Sanitary Landfill	焚烧 Incineration	其他 other	无害化处理能力(吨/日) Harmless Treatment Capacity (ton/day)	卫生填埋 Sanitary Landfill
上栗县	187	169	2.39	2.39						
芦溪县	145	124	2.96	2.96						
武宁县	223	189	5.75	5.75						
修水县	426	340	13.95	13.95						
永修县	315	155	6.79	6.79						
德安县	375	319	4.38	4.38						
都昌县	310	190	10.80	10.80						
湖口县	146	102	4.38	4.38						
彭泽县	360	328	5.59	5.59						
分宜县	276	240	4.90	4.90	1	1			117	117
信丰县	737	445	10.88	10.88	1		1		800	
大余县	309	241	7.00	7.00	1	1			300	300
上犹县	281	246	3.76	3.76	1	1			200	200
崇义县	135	121	2.38	2.38	1	1			180	180
安远县	234	204	6.57	6.57	1	1			150	150
定南县	239	156	4.82	4.82	1	1			150	150
全南县	175	140	3.33	3.33	1	1			140	140
宁都县	465	308	9.31	9.31	1	1			180	180
于都县	457	398	8.77	8.77	1	1			260	260
兴国县	510	269	15.21	15.21	1	1			412	412
会昌县	371	341	5.23	5.23	1	1			360	360
寻乌县	212	193	4.50	4.50	1	1			150	150
石城县	193	136	4.15	4.15	1	1			165	165
吉安县	307	262	7.59	7.59	1	1			120	120
吉水县	218	148	9.14	9.14						
峡江县	183	131	2.44	2.44	1	1			111	111
新干县	420	288	10.75	10.75	1	1			295	295
永丰县	350	270	7.71	7.71	1	1			170	170
泰和县	390	290	7.15	7.15	1	1			196	196
遂川县	218	197	5.07	5.07	1	1			235	235
万安县	100	46	3.44	3.44	1	1			110	110
安福县	270	154	3.58	3.58	1	1			145	145
永新县	219	187	8.65	8.65	1	1			200	200
奉新县	284	170	6.23	6.23	2	1	1		740	140
万载县	190	120	5.50	5.50	2	1	1		1100	300
上高县	271	214	8.49	8.49	2	1	1		620	220
宜丰县	248	210	5.35	5.35	1	1			180	180
靖安县	153	121	3.31	3.31						
铜鼓县	94	66	2.91	2.91	1	1			120	120

continued

Domestic Garbage						公共厕所		市容卫生专用车辆设备总数 (辆) Number of Vehicles and Equipment Designated for Municipal Environmental Sanitation (unit)	地区名称 Name of Regions
焚 烧 Incineration	其 他 other	无害化处理量 (万吨) Volume of Harmlessly Treated (10,000 ton)	卫 生 填 埋 Sanitary Landfill	焚 烧 Incineration	其 他 other	(座) Number of Latrines (unit)	三 类 以 上 Grade Ⅲ and Above		
		2.39		2.39		29	13	157	上栗县
		2.96		2.96		29	29	39	芦溪县
		5.75	5.75			60	60	35	武宁县
		13.95	13.95			66		36	修水县
		6.79	6.79			71	71	65	永修县
		4.38	4.38			72	53	73	德安县
		10.80	10.80			56		51	都昌县
		4.38	4.38			34	34	26	湖口县
		5.59	5.59			37	30	181	彭泽县
		4.90	4.90			34		60	分宜县
800		10.88		10.88		81	81	69	信丰县
		7.00	7.00			39	34	152	大余县
		3.76	3.76			36	36	230	上犹县
		2.38	2.38			17	17	40	崇义县
		6.57	6.57			38	38	53	安远县
		4.82	4.82			34	34	38	定南县
		3.33	3.33			21	21	194	全南县
		9.31	9.31			68	68	109	宁都县
		8.77	8.77			85	85	274	于都县
		15.21	15.21			58	57	107	兴国县
		5.23	5.23			42	26	54	会昌县
		4.50	4.50			42	42	40	寻乌县
		4.15	4.15			37	37	57	石城县
		7.59	7.59			28	28	53	吉安县
		9.14		9.14		29	10	60	吉水县
		2.44	2.44			18	17	20	峡江县
		10.75	10.75			40	40	35	新干县
		7.71	7.71			90	90	109	永丰县
		7.15	7.15			23	23	134	泰和县
		5.07	5.07			33	33	105	遂川县
		3.44	3.44			30	30	30	万安县
		3.58	3.58			21	21	30	安福县
		8.65	8.65			36	36	23	永新县
600		6.23	1.98	4.25		43	43	123	奉新县
800		5.50	3.66	1.84		32	32	30	万载县
400		8.49		8.49		39	39	51	上高县
		5.35	0.40	4.95		23	23	64	宜丰县
		3.31	1.92	1.39		61	34	39	靖安县
		2.91	2.91			20	19	24	铜鼓县

11-2 续表 14

地区名称 Name of Regions	道路清扫保洁面积(万平方米) Surface Area of Roads Cleaned and Maintained ($10,000m^2$)	机械化 Mechanization	生活垃圾 清运量(万吨) Collected and Transported (10,000 ton)	处理量(万吨) Volume of Treated (10,000 ton)	无害化处理厂(场)数(座) Number of Harmless Treatment Plants/ Grounds (unit)	卫生填埋 Sanitary Landfill	焚烧 Incineration	其他 other	无害化处理能力(吨/日) Harmless Treatment Capacity (ton/day)	卫生填埋 Sanitary Landfill
南城县	337	176	7.68	7.68	1	1			226	226
黎川县	262	119	4.84	4.84	1	1			105	105
南丰县	344	295	4.91	4.91	1	1			196	196
崇仁县	340	230	5.22	5.22	1	1			177	177
乐安县	236	119	5.27	5.27	1	1			201	201
宜黄县	103	54	2.57	2.57	1	1			120	120
金溪县	264	224	4.86	4.86						
资溪县	106	43	1.37	1.37	1	1			180	180
广昌县	195	141	3.68	3.68	2	1		1	170	160
玉山县	473	426	9.89	9.89						
铅山县	315	208	9.88	9.88	1	1			217	217
横峰县	34	29	4.35	4.35						
弋阳县	318	275	8.29	8.29	2	1	1		720	120
余干县	405	356	5.30	5.30	1	1			500	500
鄱阳县	383	345	26.95	26.95	1	1			390	390
万年县	565	150	8.82	8.82	1		1		500	
婺源县	460	391	9.75	9.75	1	1			120	120
山　东	**22000**	**17931**	**367.87**	**367.87**	**60**	**26**	**30**	**4**	**25379**	**6069**
平阴县	300	259	6.25	6.25	1	1			160	160
商河县	295	270	3.27	3.27	1	1			260	260
桓台县	252	228	4.99	4.99						
高青县	328	172	5.16	5.16	1			1	200	
沂源县	288	183	4.69	4.69	2	1	1		800	400
利津县	242	189	2.50	2.50						
广饶县	340	309	7.21	7.21						
临朐县	783	767	9.26	9.26	1		1		600	
昌乐县	590	535	10.22	10.22	1			1	420	
微山县	425	346	5.10	5.10	2	1	1		720	120
鱼台县	362	282	5.18	5.18	2	1	1		520	120
金乡县	667	405	8.47	8.47	1		1		800	
嘉祥县	343	312	9.28	9.28	1		1		1000	
汶上县	366	340	6.27	6.27						
泗水县	360	310	5.48	5.48	1		1		400	
梁山县	480	456	6.57	6.57						
宁阳县	378	297	4.64	4.64	1		1		500	
东平县	472	380	7.00	7.00	1	1			500	500
五莲县	421	245	5.46	5.46	1		1		300	
莒　县	571	568	8.14	8.14	3	1	1	1	910	300
沂南县	496	400	6.49	6.49	1		1		600	

continued

Domestic Garbage						公共厕所		市容卫生专用车辆设备总数(辆)	地区名称
焚烧 Incineration	其他 other	无害化处理量(万吨) Volume of Harmlessly Treated (10,000 ton)	卫生填埋 Sanitary Landfill	焚烧 Incineration	其他 other	(座) Number of Latrines (unit)	三类以上 Grade Ⅲ and Above	Number of Vehicles and Equipment Designated for Municipal Environmental Sanitation (unit)	Name of Regions
		7.68	7.68			96	46	97	南城县
		4.84	4.84			20	20	22	黎川县
		4.91	4.91			53	23	61	南丰县
		5.22	5.22			49	14	67	崇仁县
		5.27	5.27			30	30	31	乐安县
		2.57	2.57			32	28	42	宜黄县
		4.86		4.86		54	54	46	金溪县
		1.37	0.14	1.23		28	24	48	资溪县
	10	3.68	3.65		0.03	28	28	129	广昌县
		9.89	8.71	1.18		129	34	199	玉山县
		9.88	9.85	0.03		66	66	114	铅山县
		4.35	0.74	3.61		26	26	30	横峰县
600		8.29		8.29		52	52	101	弋阳县
		5.30	5.30			73		32	余干县
		26.95	26.95			84	52	37	鄱阳县
500		8.82		8.82		35	35	413	万年县
		9.75	9.75			63	63	23	婺源县
18580	**730**	**367.87**	**101.94**	**250.19**	**15.73**	**2201**	**1923**	**3474**	**山　东**
		6.25	6.25			47	40	129	平阴县
		3.27	3.27			69	69	138	商河县
		4.99		4.55	0.44	26	26	58	桓台县
	200	5.16		4.82	0.34	42	42	114	高青县
400		4.69	3.87	0.45	0.37	16	16	44	沂源县
		2.50		2.38	0.12	80	80	75	利津县
		7.21		6.98	0.24	63	63	69	广饶县
600		9.26		9.26		19	19	64	临朐县
	420	10.22			10.22	67	67	52	昌乐县
600		5.10	4.41	0.69		24	24	34	微山县
400		5.18	1.14	4.03		33	32	49	鱼台县
800		8.47		8.47		36	36	40	金乡县
1000		9.28		9.28		35	35	43	嘉祥县
		6.27		6.27		29	29	76	汶上县
400		5.48		5.48		34	34	51	泗水县
		6.57		6.57		15	15	70	梁山县
500		4.64		4.64		65	65	52	宁阳县
		7.00	7.00			80	72	89	东平县
300		5.46		5.33	0.13	13	13	79	五莲县
600	10	8.14	1.64	6.41	0.09	28	5	129	莒　县
600		6.49		6.49		43	36	77	沂南县

11-2 续表 15

地区名称 Name of Regions	道路清扫保洁面积（万平方米） Surface Area of Roads Cleaned and Maintained (10,000m²)	机械化 Mechanization	生活垃圾 清运量（万吨） Collected and Transported (10,000 ton)	处理量（万吨） Volume of Treated (10,000 ton)	无害化处理厂(场)数（座） Number of Harmless Treatment Plants/ Grounds (unit)	卫生填埋 Sanitary Landfill	焚烧 Incineration	其他 other	无害化处理能力（吨／日） Harmless Treatment Capacity (ton/ day)	卫生填埋 Sanitary Landfill
郯城县	457	388	8.15	8.15	1		1		800	
沂水县	820	790	13.19	13.19	2	1	1		900	300
兰陵县	402	321	15.46	15.46	1		1		280	
费　县	350	260	5.50	5.50	2	1	1		830	230
平邑县	446	436	7.10	7.10	1	1			280	280
莒南县	820	523	12.29	12.29	2	1	1		800	200
蒙阴县	310	220	6.37	6.37	1	1			200	200
临沭县	321	234	9.01	9.01	2	1	1		700	200
宁津县	224	193	6.42	6.42	1	1			240	240
庆云县	293	280	2.65	2.65	1	1			170	170
临邑县	360	354	5.54	5.54	2	1	1		1129	329
齐河县	671	498	5.59	5.59	1		1		500	
平原县	353	318	3.07	3.07	1	1			160	160
夏津县	335	283	10.36	10.36	2	1	1		820	220
武城县	287	287	3.01	3.01						
阳谷县	327	306	5.55	5.55	1		1		600	
莘　县	663	583	6.33	6.33						
东阿县	317	245	4.75	4.75	1	1			200	200
冠　县	573	220	7.06	7.06	3	1	1	1	900	200
高唐县	723	460	5.86	5.86	2	1	1		860	260
惠民县	235	212	6.32	6.32	1		1		600	
阳信县	318	230	2.92	2.92	1	1			120	120
无棣县	401	201	4.89	4.89	1	1			200	200
博兴县	309	297	5.75	5.75						
曹　县	326	287	8.36	8.36	2		2		1200	
单　县	600	510	8.93	8.93	1		1		800	
成武县	290	260	5.40	5.40	2	1	1		450	150
巨野县	421	407	11.33	11.33						
郓城县	443	304	19.45	19.45	1		1		1800	
鄄城县	433	385	8.24	8.24	2	1	1		800	200
东明县	413	388	11.39	11.39	1	1			350	350
河　南	**27332**	**20726**	**618.17**	**613.26**	**79**	**72**	**6**	**1**	**19621**	**15621**
中牟县	468	451	9.75	9.75						
杞　县	284	236	4.86	4.86	1	1			180	180
通许县	225	218	4.23	4.23	1	1			160	160
尉氏县	500	490	6.21	6.21	1	1			170	170
兰考县	700	670	7.78	7.78	1		1		600	
孟津县	265	225	3.53	3.53						
新安县	257	240	5.52	5.51	1	1			130	130

continued

Domestic Garbage						公共厕所 (座) Number of Latrines (unit)		市容卫生专用车辆设备总数 (辆) Number of Vehicles and Equipment Designated for Municipal Environmental Sanitation (unit)	地区名称 Name of Regions
		无害化处理量 (万吨) Volume of Harmlessly Treated (10,000 ton)							
焚烧 Incineration	其他 other		卫生填埋 Sanitary Landfill	焚烧 Incineration	其他 other		三类以上 Grade III and Above		
800		8.15		7.86	0.29	67	41	47	郯城县
600		13.19		13.19		157	87	147	沂水县
280		15.46		15.46		52	52	86	兰陵县
600		5.50		5.50		71	71	55	费　县
		7.10	7.10			74	32	54	平邑县
600		12.29		12.07	0.22	69	59	117	莒南县
		6.37	6.37			47	47	55	蒙阴县
500		9.01		8.69	0.32	70	70	77	临沭县
		6.42	6.42			41	41	48	宁津县
		2.65	2.65			34	34	46	庆云县
800		5.54	5.20	0.34		18	18	52	临邑县
500		5.59		5.59		46	46	76	齐河县
		3.07	2.83		0.24	26	26	41	平原县
600		10.36	9.61	0.75		27	23	70	夏津县
		3.01		2.75	0.26	17	17	76	武城县
600		5.55		4.81	0.74	39	39	73	阳谷县
		6.33		5.80	0.54	37	30	58	莘　县
		4.75	4.50		0.25	15	15	37	东阿县
600	100	7.06	0.89	5.50	0.66	29	29	51	冠　县
600		5.86	3.76	1.84	0.26	34	34	88	高唐县
600		6.32		6.32		20	19	42	惠民县
		2.92	2.92			19	19	24	阳信县
		4.89	4.89			44	44	40	无棣县
		5.75		5.75		33	33	47	博兴县
1200		8.36		8.36		14	14	113	曹　县
800		8.93		8.93		114	48	52	单　县
300		5.40	1.18	4.22		23	23	60	成武县
		11.33		11.33		50	50	64	巨野县
1800		19.45		19.45		25	19	55	郓城县
600		8.24	4.65	3.59		9	9	64	鄄城县
		11.39	11.39			16	16	27	东明县
3700	**300**	**585.86**	**502.78**	**78.06**	**5.01**	**5300**	**4123**	**5189**	**河　南**
		9.75		9.75		34	32	121	中牟县
		4.86	4.86			64	18	48	杞　县
		4.23	4.23			32	28	69	通许县
		6.21	6.21			51	46	170	尉氏县
600		7.78		7.78		108	108	77	兰考县
		3.53		3.53		48	48	48	孟津县
		5.51	5.51			83	63	76	新安县

11-2 续表 16

地区名称 Name of Regions	道路清扫保洁面积（万平方米） Surface Area of Roads Cleaned and Maintained (10,000m²)	机械化 Mechanization	生活垃圾 清运量（万吨） Collected and Transported (10,000 ton)	处理量（万吨） Volume of Treated (10,000 ton)	无害化处理厂(场)数（座） Number of Harmless Treatment Plants/Grounds (unit)	卫生填埋 Sanitary Landfill	焚烧 Incineration	其他 other	无害化处理能力（吨/日） Harmless Treatment Capacity (ton/day)	卫生填埋 Sanitary Landfill
栾川县	172	135	6.95	5.85	1	1			190	190
嵩　县	187	133	4.95	4.95	1	1			185	185
汝阳县	120	90	3.36	3.36	1	1			120	120
宜阳县	618	231	8.40	8.40	1	1			130	130
洛宁县	307	241	4.95	4.93	1	1			110	110
伊川县	200	190	7.86	7.86	1	1			250	250
宝丰县	255	245	5.00	5.00	1	1			150	150
叶　县	351	200	7.89	7.89	1	1			150	150
鲁山县	243	231	8.64	8.64	1	1			150	150
郏　县	320	214	5.94	5.94	1	1			110	110
安阳县										
汤阴县	408	380	4.80	4.80	1	1			250	250
滑　县	568	248	6.75	6.75	1	1			350	350
内黄县	316	175	4.30	4.30	1	1			145	145
浚　县	320	260	6.95	6.95	1	1			130	130
淇　县	213	209	4.59	4.59	1	1			200	200
新乡县	190	95	5.95	5.95	1	1			140	140
获嘉县	254	221	5.84	5.48	1	1			150	150
原阳县	320	288	6.00	6.00	1	1			170	170
延津县	270	185	4.39	4.39	1	1			150	150
封丘县	227	122	4.87	4.87	1	1			160	160
修武县	325	95	2.71	2.71						
博爱县	336		5.62	5.62	1	1			132	132
武陟县	280	250	7.99	7.99						
温　县	235	211	4.91	4.90	1	1			130	130
清丰县	402	206	7.41	7.41	2	2			770	770
南乐县	327	190	3.48	3.37	1	1			100	100
范　县	202	199	3.40	3.30	1	1			120	120
台前县	285	235	4.34	4.14	1	1			120	120
濮阳县	580	535	10.59	10.59	1	1			300	300
鄢陵县	258	238	5.01	5.01	1			1	300	
襄城县	480	310	5.58	5.58						
舞阳县	275	185	4.75	4.75	1	1			130	130
临颍县	464	288	8.05	8.05	1	1			220	220
渑池县	204	160	7.31	7.31	1	1			150	150
卢氏县	125	113	3.57	3.57	1	1			120	120
南召县	142	113	4.80	4.80	1	1			300	300
方城县	320	265	17.93	17.93	1	1			145	145
西峡县	327	316	6.18	6.18	1	1			210	210

continued

Domestic Garbage						公共厕所		市容卫生专用车辆设备总数(辆)	地区名称
焚烧 Incineration	其他 other	无害化处理量(万吨) Volume of Harmlessly Treated (10,000 ton)	卫生填埋 Sanitary Landfill	焚烧 Incineration	其他 other	(座) Number of Latrines (unit)	三类以上 Grade Ⅲ and Above	Number of Vehicles and Equipment Designated for Municipal Environmental Sanitation (unit)	Name of Regions
		5.85	5.85			40	34	188	栾川县
		4.95	4.95			19		55	嵩　县
		3.36	3.36			38		40	汝阳县
		8.40	8.40			100	76	83	宜阳县
		4.93	4.93			59	59	25	洛宁县
		7.86	7.86			57	18	189	伊川县
		5.00	5.00			56	56	71	宝丰县
		7.89	7.89			26	26	38	叶　县
		8.64	8.64			67	59	45	鲁山县
		5.94	5.94			53	53	43	郏　县
									安阳县
		4.80	4.80			129	42	30	汤阴县
		6.75	6.75			178	178	52	滑　县
		4.30	4.30			18	9	9	内黄县
		6.95	6.95			41	41	81	浚　县
		4.59	4.59			35		99	淇　县
		5.95	5.95			8	8	15	新乡县
		5.48	5.48			42	42	42	获嘉县
		6.00	6.00			46	46	58	原阳县
		4.39	4.39			38	38	46	延津县
		4.87	4.87			33	33	25	封丘县
		2.71	2.71			25	25	25	修武县
		5.62	5.62			38	38	41	博爱县
		7.99	7.99			34	34	62	武陟县
		4.90	4.90			38	31	56	温　县
		7.41	7.41			56	56	40	清丰县
		3.37	3.37			13	4	24	南乐县
		3.30	3.30			30	30	20	范　县
		4.14	4.14			29	29	23	台前县
		10.59	10.59			49	42	100	濮阳县
	300	5.01			5.01	26	26	39	鄢陵县
		5.58		5.58		51	51	36	襄城县
		4.75	4.75			78	78	31	舞阳县
		8.05	8.05			57	57	55	临颍县
		7.31	7.31			64	31	37	渑池县
		3.57	3.57			35	25	26	卢氏县
		4.80	4.80			63	63	38	南召县
		17.93	17.93			77	42	123	方城县
		6.18	6.18			65	65	57	西峡县

11-2 续表 17

地区名称 Name of Regions	道路清扫保洁面积（万平方米） Surface Area of Roads Cleaned and Maintained ($10,000m^2$)	机械化 Mechanization	生活垃圾 清运量（万吨） Collected and Transported (10,000 ton)	处理量（万吨） Volume of Treated (10,000 ton)	无害化处理厂(场)数（座） Number of Harmless Treatment Plants/ Grounds (unit)	卫生填埋 Sanitary Landfill	焚烧 Incineration	其他 other	无害化处理能力（吨/日） Harmless Treatment Capacity (ton/ day)	卫生填埋 Sanitary Landfill
镇平县	387	382	6.73	6.73	1	1			170	170
内乡县	301	271	5.45	5.45	1	1			140	140
淅川县	201	197	8.53	8.26	1	1			190	190
社旗县	371	172	6.92	6.60	1	1			122	122
唐河县	518	415	1.09	1.06	1	1			380	380
新野县	262	250	12.24	12.04	1	1			241	241
桐柏县	263	250	4.08	4.08	1	1			178	178
民权县	396	392	6.33	6.22	1	1			385	385
睢　县	480	318	4.81	4.80	3	1	2		757	157
宁陵县	270	22	4.21	3.73	1	1			100	100
柘城县	355	147	7.50	7.32	1	1			560	560
虞城县	390	230	7.30	7.30	1	1			150	150
夏邑县	415	320	10.95	10.95	1	1			640	640
罗山县	320	210	6.80	6.80	1	1			210	210
光山县	165		14.62	14.62	1		1		1200	
新　县	238	135	4.97	4.97	1	1			345	345
商城县	173	96	5.98	5.73	1	1			140	140
固始县	343	331	12.35	12.35	1	1			300	300
潢川县	404	384	14.34	14.13	1	1			400	400
淮滨县	350	260	6.58	6.58	1	1			304	304
息　县	270	250	12.30	12.20	1	1			130	130
扶沟县	238	152	4.84	4.75						
西华县	328	308	20.98	20.98	1		1		600	
商水县	327	302	9.62	9.62						
沈丘县	277	257	9.15	9.15	1	1			210	210
郸城县	152	110	8.02	7.62	1	1			216	216
淮阳县	474	440	8.28	8.28	1	1			538	538
太康县	290	180	10.59	10.59	1		1		700	
鹿邑县	732	695	13.99	13.99	1	1			280	280
西平县	435	304	8.29	8.29	1	1			500	500
上蔡县	550	525	27.15	27.15	1	1			628	628
平舆县	220	200	11.82	11.82	2	2			250	250
正阳县	430	360	5.82	5.53	1	1			160	160
确山县	430	340	7.60	7.60	1	1			180	180
泌阳县	450	430	7.10	7.10	1	1			160	160
汝南县	250		8.13	8.12	1	1			140	140
遂平县	202	160	6.28	6.21						
新蔡县	550	400	12.60	12.60	1	1			140	140

continued

Domestic Garbage						公共厕所		市容卫生专用车辆设备总数(辆)	地区名称
焚 烧	其 他	无害化处理量(万吨)	卫 生 填 埋	焚 烧	其 他	(座)	三 类 以 上	Number of Vehicles and Equipment Designated for Municipal Environmental Sanitation	地区名称
Incinera-tion	other	Volume of Harm-lessly Treated (10,000 ton)	Sanitary Landfill	Incinera-tion	other	Number of Latrines (unit)	Grade Ⅲ and Above	(unit)	Name of Regions
		6.73	6.73			91	76	27	镇平县
		5.45	5.45			77	77	67	内乡县
		8.26	8.26			70	70	56	淅川县
		6.60	6.60			239	69	70	社旗县
		1.06	1.06			130	95	89	唐河县
		12.04	12.04			95	78	117	新野县
		4.08	4.08			52	52	34	桐柏县
		6.22	6.22			95	95	108	民权县
600		4.80		4.80		53	53	58	睢 县
		3.73	3.73			30	3	35	宁陵县
		7.32	7.32			79	39	130	柘城县
		7.30	7.30			91	91	40	虞城县
		10.95	10.95			28	28	35	夏邑县
		6.80	6.80					25	罗山县
1200		14.62		14.62		73	62	46	光山县
		4.97	4.97			45	20	40	新 县
		5.73	5.73			111	100	19	商城县
		12.35	12.35			173		218	固始县
		14.13	0.66	13.47		150	138	185	潢川县
		6.58	6.58			26	25	75	淮滨县
		12.20	12.20			70	37	73	息 县
						72		25	扶沟县
600		13.19		13.19		32	32	70	西华县
						65	45	42	商水县
		9.15	9.15			24	20	22	沈丘县
		7.62	7.62			46	46	15	郸城县
		8.28	8.28			115	89	50	淮阳县
700		5.34		5.34		80	80	45	太康县
		13.99	13.99			95	95	94	鹿邑县
		8.29	8.29			81	81	99	西平县
		27.15	27.15			88	88	67	上蔡县
		11.82	11.82			102	102	38	平舆县
		5.53	5.53			40	33	30	正阳县
		7.60	7.60			52	52	62	确山县
		7.10	7.10			101	101	91	泌阳县
		8.12	8.12			47	47	28	汝南县
		6.21	6.21			81	81	98	遂平县
		12.60	12.60			70	35	90	新蔡县

11-2 续表 18

地区名称 Name of Regions	道路清扫保洁面积(万平方米) Surface Area of Roads Cleaned and Maintained (10,000m²)		生活垃圾							
		机械化 Mechanization	清运量(万吨) Collected and Transported (10,000 ton)	处理量(万吨) Volume of Treated (10,000 ton)	无害化处理厂(场)数(座) Number of Harmless Treatment Plants/Grounds (unit)	卫生填埋 Sanitary Landfill	焚烧 Incineration	其他 other	无害化处理能力(吨/日) Harmless Treatment Capacity (ton/day)	卫生填埋 Sanitary Landfill
湖　北	**7883**	**5555**	**210.71**	**210.71**	**37**	**32**	**2**	**3**	**6546**	**5811**
阳新县	684	486	7.62	7.62	1	1			500	500
郧西县	96	46	3.04	3.04	1	1			160	160
竹山县	154	112	3.59	3.59	1	1			150	150
竹溪县	200	173	3.29	3.29	1	1			158	158
房　县	200	178	6.39	6.39	1	1			170	170
远安县	192	110	3.35	3.35	1	1			150	150
兴山县	75	30	2.15	2.15	1	1			115	115
秭归县	128	107	4.04	4.04	1		1		250	
长阳土家族自治县	68	46	2.88	2.88	1	1			120	120
五峰土家族自治县	91	75	1.50	1.50	1	1			56	56
南漳县	177	143	3.23	3.23	1			1	300	
谷城县	354	325	5.70	5.70	2	1		1	210	200
保康县	66	53	4.58	4.58	1	1			152	152
沙洋县	354	124	4.77	4.77	1	1			223	223
孝昌县	170	129	8.17	8.17	1	1			316	316
大悟县	318	223	11.32	11.32	2	2			310	310
云梦县	280	210	9.42	9.42	1	1			290	290
公安县	278	98	5.97	5.97	1		1		160	
江陵县	186	102	2.59	2.59						
团风县	155	89	4.74	4.74						
红安县	240	201	13.87	13.87	1	1			380	380
罗田县	375	278	4.65	4.65	1	1			135	135
英山县	215	90	5.50	5.50	1	1			158	158
浠水县	300	249	9.58	9.58	1	1			385	385
蕲春县	318	296	9.96	9.96						
黄梅县	330	200	11.79	11.79	1	1			220	220
嘉鱼县	338	303	6.39	6.39	1	1			250	250
通城县	205	102	7.33	7.33						
崇阳县	198	148	11.92	11.92	1	1			300	300
通山县	227	130	7.50	7.50	1	1			235	235
随　县	144	75	4.56	4.56	1	1			113	113
建始县	129	114	4.25	4.25	1	1			110	110
巴东县	130	106	2.85	2.85	1	1			80	80
咸丰县	135	108	3.11	3.11	1	1			100	100
来凤县	198	162	3.37	3.37	1	1			100	100
鹤峰县	61	44	2.17	2.17	1	1			90	90
宣恩县	58	51	2.63	2.63	2	1		1	65	50
神农架林区	55	38	0.96	0.96	1	1			35	35

continued

Domestic Garbage						公共厕所		市容卫生专用车辆设备总数（辆）	地区名称
焚 烧 Incinera-tion	其 他 other	无害化处理量（万吨） Volume of Harm-lessly Treated (10,000 ton)	卫 生 填 埋 Sanitary Landfill	焚 烧 Incinera-tion	其 他 other	（座） Number of Latrines (unit)	三 类 以 上 Grade Ⅲ and Above	Number of Vehicles and Equipment Designated for Municipal Environmental Sanitation (unit)	Name of Regions
410	**325**	**210.71**	**177.28**	**29.89**	**3.54**	**1118**	**821**	**1682**	**湖　北**
		7.62	7.62			42		59	阳新县
		3.04	3.04			85		49	郧西县
		3.59	3.59			36	36	17	竹山县
		3.29	3.29					65	竹溪县
		6.39	6.39			41	11	42	房　县
		3.35	3.35			27	27	37	远安县
		2.15	2.15			11	11	7	兴山县
250		4.04		4.04		25	25	42	秭归县
		2.88	2.88			9	1	16	长阳土家族自治县
		1.50	1.50			14	14	36	五峰土家族自治县
	300	3.23			3.23	39	39	41	南漳县
	10	5.70	5.55		0.14	64	64	97	谷城县
		4.58	4.58			34	34	41	保康县
		4.77	4.77			30	8	49	沙洋县
		8.17	8.17			28	28	60	孝昌县
		11.32	11.32			44	44	48	大悟县
		9.42	9.42			18	18	60	云梦县
160		5.97		5.97		30		55	公安县
		2.59		2.59		41	15	24	江陵县
		4.74	4.74			27	23	38	团风县
		13.87	13.87			27	27	40	红安县
		4.65	4.65			31		34	罗田县
		5.50	5.50			14	10	35	英山县
		9.58	9.58			33	33	56	浠水县
		9.96		9.96		24	24	70	蕲春县
		11.79	11.79			46	46	80	黄梅县
		6.39	6.39			50	41	64	嘉鱼县
		7.33		7.33		20	20	56	通城县
		11.92	11.92			23	23	69	崇阳县
		7.50	7.50			14	14	37	通山县
		4.56	4.56			11	11	18	随　县
		4.25	4.25			42	42	45	建始县
		2.85	2.85			30	30	43	巴东县
		3.11	3.11			38	38	30	咸丰县
		3.37	3.37			20	20	38	来凤县
		2.17	2.17			15	15	25	鹤峰县
	15	2.63	2.46		0.17	27	21	37	宣恩县
		0.96	0.96			8	8	22	神农架林区

11-2 续表 19

地区名称 Name of Regions	道路清扫保洁面积(万平方米) Surface Area of Roads Cleaned and Maintained (10,000m²)	机械化 Mechanization	生活垃圾 清运量(万吨) Collected and Transported (10,000 ton)	处理量(万吨) Volume of Treated (10,000 ton)	无害化处理厂(场)数(座) Number of Harmless Treatment Plants/Grounds (unit)	卫生填埋 Sanitary Landfill	焚烧 Incineration	其他 other	无害化处理能力(吨/日) Harmless Treatment Capacity (ton/day)	卫生填埋 Sanitary Landfill
湖　南	**16166**	**12025**	**467.87**	**465.21**	**59**	**52**	**5**	**2**	**14470**	**11352**
长沙县	1380	1173	28.85	28.85						
望城区	690	365	6.46	6.46	1	1			180	180
攸　县	434	350	8.24	8.24	1			1	268	
茶陵县	310	250	5.96	5.96	1	1			180	180
炎陵县	154	119	2.74	2.74	1	1			100	100
湘潭县	480	440	6.13	6.13	1	1			450	450
衡阳县	400	300	6.90	6.90	1	1			300	300
衡南县	174	92	5.26	5.26	1	1			300	300
衡山县	93	36	6.50	6.50						
衡东县	260	105	6.94	6.94	1	1			180	180
祁东县	420	336	10.80	10.80	1	1			200	200
南岳区	95	76	2.33	2.33						
新邵县	203	72	5.80	5.80						
邵阳县	33	27	7.67	7.67	1	1			300	300
隆回县	26	8	13.65	11.84						
洞口县			5.11	5.11	1	1			139	139
绥宁县	93	10	5.75	5.66						
新宁县	89		6.85	6.85	1	1			450	450
城步苗族自治县	89	2	5.29	5.24	1	1			162	162
岳阳县	240	201	4.20	4.20	1	1			250	250
华容县	282	239	8.21	8.21	1	1			260	260
湘阴县	298	238	5.53	5.53	1		1		600	
平江县	480	340	15.89	15.89	1	1			452	452
安乡县	282	230	7.86	7.86						
汉寿县	253	203	6.57	6.57						
澧　县	327	284	11.17	11.17	2	1	1		1200	400
临澧县	325	290	6.54	6.54	1	1			175	175
桃源县	180	150	6.50	6.50	1			1	400	
石门县	262	237	8.11	8.11	2	1	1		520	320
慈利县	115	102	10.21	10.21	1	1			307	307
桑植县	69	65	5.19	5.19	1	1			125	125
南　县	310	239	7.66	7.66						
桃江县	347	280	5.22	5.22	1	1			180	180
安化县	120	112	7.16	7.16	1	1			450	450
大通湖区	44	33	1.71	1.71	1	1			120	120
桂阳县	484	299	9.86	9.86	1	1			200	200
宜章县	171	141	4.23	4.23	1		1		650	

continued

		Domestic Garbage				公共厕所		市容卫生专用车辆设备总数（辆） Number of Vehicles and Equipment Designated for Municipal Environmental Sanitation (unit)	地区名称 Name of Regions
焚 烧 Incinera-tion	其 他 other	无害化处理量（万吨） Volume of Harm-lessly Treated (10,000 ton)	卫 生 填 埋 Sanitary Landfill	焚 烧 Incinera-tion	其 他 other	（座） Number of Latrines (unit)	三 类 以 上 Grade Ⅲ and Above		
2450	**668**	**465.21**	**339.55**	**110.92**	**14.74**	**2453**	**1590**	**3342**	**湖　南**
		28.85		28.85		110	61	190	长沙县
		6.46	6.46			78	34	36	望城区
	268	8.24			8.24	71	71	51	攸　县
		5.96	5.96			33	2	24	茶陵县
		2.74	2.74			15	15	12	炎陵县
		6.13	6.13			39	39	60	湘潭县
		6.90	6.90			27	27	68	衡阳县
		5.26	5.26			12	10	15	衡南县
		6.50		6.50		18		12	衡山县
		6.94	6.94			11		38	衡东县
		10.80	10.80			40	26	59	祁东县
		2.33		2.33		13	13	48	南岳区
		5.80	5.80			34	34	36	新邵县
		7.67	7.67			17	12	35	邵阳县
		11.84	11.84			22	5	20	隆回县
		5.11	5.11			39	39	215	洞口县
		5.66	5.66			12		29	绥宁县
		6.85	6.85			13		20	新宁县
		5.24	5.24			16		13	城步苗族自治县
		4.20	4.20			33	33	36	岳阳县
		8.21	8.21			48	48	37	华容县
600		5.53		5.53		32	32	62	湘阴县
		15.89	15.89			42	42	49	平江县
		7.86		7.86		29	12	29	安乡县
		6.57		6.57		29	29	52	汉寿县
800		11.17	0.92	10.24		46	36	33	澧　县
		6.54	6.54			15	15	21	临澧县
	400	6.50			6.50	25	25	35	桃源县
200		8.11	2.41	5.70		41	41	63	石门县
		10.21	10.21			31	31	207	慈利县
		5.19	5.19			252		22	桑植县
		7.66		7.66		28	15	80	南　县
		5.22	5.22			24	24	39	桃江县
		7.16	7.16			34		44	安化县
		1.71		1.71		6	3	9	大通湖区
		9.86	9.86			109	109	75	桂阳县
650		4.23		4.23		37	37	103	宜章县

11-2 续表 20

地区名称 Name of Regions	道路清扫保洁面积(万平方米) Surface Area of Roads Cleaned and Maintained (10,000m²)	机械化 Mechanization	生活垃圾 清运量(万吨) Collected and Transported (10,000 ton)	处理量(万吨) Volume of Treated (10,000 ton)	无害化处理厂(场)数(座) Number of Harmless Treatment Plants/Grounds (unit)	卫生填埋 Sanitary Landfill	焚烧 Incineration	其他 other	无害化处理能力(吨/日) Harmless Treatment Capacity (ton/day)	卫生填埋 Sanitary Landfill
永兴县	342	261	8.71	8.71						
嘉禾县	230	197	3.37	3.37						
临武县	284	226	4.02	4.02	1	1			169	169
汝城县	178	143	5.38	5.38	1	1			150	150
桂东县	83	75	2.70	2.70	1	1			80	80
安仁县	349	70	6.50	6.50	1	1			151	151
祁阳县	498	427	8.62	8.62	1	1			465	465
东安县	298	110	6.42	6.42						
双牌县	74	61	3.84	3.84	1	1			200	200
道　县	350	298	8.01	8.01	1	1			350	350
江永县	120	115	2.70	2.70	1	1			120	120
宁远县	495	406	10.59	10.59	1	1			280	280
蓝山县	160	128	4.51	4.51	1	1			150	150
新田县	124	88	6.10	6.10	1	1			300	300
江华瑶族自治县	183	147	4.53	4.53	1	1			360	360
中方县	145	124	2.40	2.40						
沅陵县	76	54	6.46	6.46	1	1			150	150
辰溪县	122	98	5.10	5.10	1	1			150	150
溆浦县	165	136	6.13	5.87	1	1			280	280
会同县	85	68	4.79	4.79						
麻阳苗族自治县	190	152	5.30	5.30	1	1			200	200
新晃侗族自治县	85	68	2.01	2.01	1	1			120	120
芷江侗族自治县	182	150	6.33	6.33	1	1			173	173
通道县	106	65	2.31	2.31	1	1			110	110
靖州县	175	131	4.91	4.91	1	1			122	122
双峰县	368	299	5.25	5.25	1		1		200	
新化县	203	163	20.08	20.08	1	1			250	250
泸溪县	31	25	3.10	3.10	1	1			90	90
凤凰县	79	65	5.16	5.16	1	1			141	141
花垣县	101	56	6.42	6.16	1	1			120	120
保靖县	82	26	2.88	2.88	1	1			80	80
古丈县	23	16	2.98	2.91	1	1			80	80
永顺县	75	45	6.42	6.42	1	1			180	180
龙山县	92	90	4.83	4.71	1	1			150	150
广　东	**7646**	**3321**	**273.30**	**272.60**	**37**	**32**	**4**	**1**	**12688**	**9338**
始兴县	44	35	3.95	3.95	1	1			186	186
仁化县	101	66	3.95	3.95	1	1			110	110
翁源县	244	70	6.92	6.92	1	1			200	200
乳源瑶族自治县	140		4.85	4.85	1	1			133	133

continued

Domestic Garbage						公共厕所		市容卫生专用车辆设备总数（辆） Number of Vehicles and Equipment Designated for Municipal Environmental Sanitation (unit)	地区名称 Name of Regions
焚烧 Incineration	其他 other	无害化处理量（万吨） Volume of Harmlessly Treated (10,000 ton)	卫生填埋 Sanitary Landfill	焚烧 Incineration	其他 other	（座） Number of Latrines (unit)	三类以上 Grade Ⅲ and Above		
		8.71		8.71		14	14	53	永兴县
		3.37		3.37		32	16	38	嘉禾县
		4.02	4.02			33	33	80	临武县
		5.38	5.38			27		46	汝城县
		2.70	2.70			9	9	15	桂东县
		6.50	6.50			24	23	23	安仁县
		8.62	8.62			153	153	137	祁阳县
		6.42		6.42		35	35	59	东安县
		3.84	3.84			23	23	23	双牌县
		8.01	8.01			50	44	83	道　县
		2.70	2.70			20	8	16	江永县
		10.59	10.59			19	19	64	宁远县
		4.51	4.51			46	46	36	蓝山县
		6.10	6.10			57	57	50	新田县
		4.53	4.53			21	12	23	江华瑶族自治县
		2.40	2.40			6	6	8	中方县
		6.46	6.46			26	15	20	沅陵县
		5.10	5.10			19	19	24	辰溪县
		5.87	5.87			40		83	溆浦县
		4.79	4.79			25		52	会同县
		5.30	5.30			32	32	20	麻阳苗族自治县
		2.01	2.01			19	19	22	新晃侗族自治县
		6.33	6.33			24	24	36	芷江侗族自治县
		2.31	2.31			17	17	24	通道县
		4.91	4.91			28	28	20	靖州县
200		5.25		5.25		43	18	48	双峰县
		20.08	20.08			9		55	新化县
		3.10	3.10			11		19	泸溪县
		5.16	5.16			2		37	凤凰县
		6.16	6.16			40		50	花垣县
		2.88	2.88			18		21	保靖县
		2.91	2.91			6		19	古丈县
		6.42	6.42			28		34	永顺县
		4.71	4.71			16		27	龙山县
3050	**300**	**272.60**	**210.03**	**57.53**	**5.04**	**581**	**482**	**2320**	**广　东**
		3.95	3.95			15	15	13	始兴县
		3.95	3.95			10	10	48	仁化县
		6.92	6.92			31	31	49	翁源县
		4.85	4.85			16	15	27	乳源瑶族自治县

11-2 续表 21

地区名称 Name of Regions	道路清扫保洁面积（万平方米） Surface Area of Roads Cleaned and Maintained ($10,000m^2$)	机械化 Mechanization	生活垃圾 清运量（万吨） Collected and Transported (10,000 ton)	处理量（万吨） Volume of Treated (10,000 ton)	无害化处理厂(场)数（座） Number of Harmless Treatment Plants/ Grounds (unit)	卫生填埋 Sanitary Landfill	焚烧 Incineration	其他 other	无害化处理能力（吨／日） Harmless Treatment Capacity (ton/ day)	卫生填埋 Sanitary Landfill
新丰县	86	30	5.16	5.16	1	1			141	141
南澳县	80	75	3.29	2.81	1	1			100	100
遂溪县	186	37	6.97	6.97	1	1			350	350
徐闻县	182	55	14.60	14.60	1	1			500	500
广宁县	127	38	6.75	6.75	1	1			358	358
怀集县	250	44	5.12	5.12	1	1			400	400
封开县	28	1	1.93	1.93	1	1			100	100
德庆县	124	75	3.35	3.35	1	1			100	100
博罗县	717	487	14.84	14.84	2	1	1		1145	95
惠东县	690	570	51.10	51.10	1	1			1400	1400
龙门县	138	80	12.72	12.72	1		1		600	
大埔县	178	80	4.07	4.07	1		1		1000	
丰顺县	195	45	8.50	8.29	1	1			397	397
五华县	350	175	5.64	5.64	1	1			350	350
平远县	150	80	2.40	2.40	1	1			180	180
蕉岭县	117	6	3.57	3.57	1	1			110	110
海丰县	467	197	15.04	15.04						
陆河县	169	10	4.05	4.05	1	1			300	300
紫金县	319	5	4.92	4.92	1	1			347	347
龙川县	315	10	14.28	14.28	1	1			400	400
连平县	135		4.35	4.33	1	1			178	178
和平县	209	60	5.04	5.04	1			1	300	
东源县	137	51	5.48	5.48	1	1			300	300
阳西县	383	124	5.59	5.59	1	1			400	400
阳山县	120	102	3.40	3.40	1	1			150	150
连山壮族瑶族自治县	84	33	1.60	1.60	1	1			100	100
佛冈县	255	95	11.68	11.68	1	1			409	409
连南瑶族自治县	67	47	1.10	1.10	1	1			100	100
饶平县	135	66	8.20	8.20	1		1		400	
揭西县	202	135	4.82	4.82	1	1			414	414
惠来县	154	152	5.66	5.66	1	1			450	450
新兴县	222	87	5.97	5.97	1	1			200	200
郁南县	146	98	2.43	2.43	1	1			380	380
广　西	**8944**	**4318**	**220.84**	**220.84**	**52**	**45**	**7**		**7005**	**5025**
隆安县	146		2.20	2.20	1	1			120	120
马山县	93		1.87	1.87	1	1			180	180
上林县	139	76	2.48	2.48	1	1			90	90
宾阳县	226	136	7.70	7.70	1		1		300	

continued

Domestic Garbage						公共厕所 (座) Number of Latrines (unit)		市容卫生专用车辆设备总数 (辆) Number of Vehicles and Equipment Designated for Municipal Environmental Sanitation (unit)	地区名称 Name of Regions
焚烧 Incineration	其他 other	无害化处理量 (万吨) Volume of Harmlessly Treated (10,000 ton)	卫生填埋 Sanitary Landfill	焚烧 Incineration	其他 other		三类以上 Grade III and Above		
		5.16	5.16			13		24	新丰县
		2.81		2.81		12	12	134	南澳县
		6.97	6.97			4		29	遂溪县
		14.60	14.60			11		24	徐闻县
		6.75	6.75			14	13	128	广宁县
		5.12	3.64	1.48		13	13	36	怀集县
		1.93	1.93			18	18	17	封开县
		3.35		3.35		21	21	60	德庆县
1050		14.84	1.39	13.45		6		52	博罗县
		51.10	51.10			28	28	50	惠东县
600		12.72		12.72		10	10	34	龙门县
1000		4.07	3.60	0.46		8	8	44	大埔县
		8.29	8.29			28	28	68	丰顺县
		5.64	5.64			36	36	317	五华县
		2.40	2.40			18	2	16	平远县
		3.57	3.57					17	蕉岭县
		15.04		15.04		69	69	303	海丰县
		4.05	4.05			7		35	陆河县
		4.92	4.92			8	8	52	紫金县
		14.28	14.28			16	13	33	龙川县
		4.33	4.33			8		14	连平县
	300	5.04			5.04	20	14	60	和平县
		5.48	5.48			14	14	8	东源县
		5.59	5.59			9		56	阳西县
		3.40	3.40			13	13	10	阳山县
		1.60	1.60			15	15	19	连山壮族瑶族自治县
		11.68	11.68			11	11		佛冈县
		1.10	1.10			18	18	24	连南瑶族自治县
400		8.20		8.20		15	15	58	饶平县
		4.82	4.82			8	3	160	揭西县
		5.66	5.66			11	11	195	惠来县
		5.97	5.97			9		88	新兴县
		2.43	2.43			18	18	18	郁南县
1980		**220.84**	**176.21**	**44.63**		**865**	**711**	**2425**	**广 西**
		2.20	2.20			5		86	隆安县
		1.87	1.87			11		10	马山县
		2.48	2.48			13	9	17	上林县
300		7.70		7.70		29	29	56	宾阳县

11-2 续表 22

地区名称 Name of Regions	道路清扫保洁面积(万平方米) Surface Area of Roads Cleaned and Maintained (10,000m²)	机械化 Mechanization	生活垃圾 清运量(万吨) Collected and Transported (10,000 ton)	处理量(万吨) Volume of Treated (10,000 ton)	无害化处理厂(场)数(座) Number of Harmless Treatment Plants/Grounds (unit)	卫生填埋 Sanitary Landfill	焚烧 Incineration	其他 other	无害化处理能力(吨/日) Harmless Treatment Capacity (ton/day)	卫生填埋 Sanitary Landfill
横　县	298	45	6.23	6.23	1	1			200	200
柳城县	96		1.78	1.78	1	1			100	100
鹿寨县	163	60	4.29	4.29	1	1			130	130
融安县	125	113	4.75	4.75	1	1			100	100
融水苗族自治县	237	152	5.62	5.62	1	1			100	100
三江侗族自治县	97	21	3.27	3.27	1	1			60	60
阳朔县	138	69	2.93	2.93						
灵川县	233	168	5.02	5.02						
全州县	243	120	4.75	4.75	1	1			125	125
兴安县	237	81	2.54	2.54	1		1		300	
永福县	74		1.73	1.73	1	1			100	100
灌阳县	80	28	2.17	2.17	1	1			60	60
龙胜各族自治县	29	25	1.35	1.35	1	1			25	25
资源县	50	25	2.18	2.18	1	1			60	60
平乐县	65	15	2.88	2.88						
恭城瑶族自治县	68		2.11	2.11	1	1			110	110
苍梧县	44	37	0.86	0.86						
藤　县	173	60	5.05	5.05	1	1			120	120
蒙山县	92	60	4.15	4.15	1	1			65	65
合浦县	361	220	7.46	7.46						
上思县	132	73	3.62	3.62	1	1			100	100
灵山县	439	168	21.18	21.18	1	1			600	600
浦北县	120	73	7.02	7.02	1	1			100	100
平南县	448	283	7.78	7.78	1	1			200	200
容　县	198	96	4.19	4.19						
陆川县	185	48	4.90	4.90	1	1			170	170
博白县	250	120	6.03	6.03	2	1	1		1000	200
兴业县	98		2.97	2.97						
田东县	300	195	5.24	5.24	1	1			200	200
德保县	92	73	3.94	3.94	1	1			115	115
那坡县	59	3	1.88	1.88	1	1			60	60
凌云县	85	30	1.83	1.83	1		1		100	
乐业县	80	50	1.82	1.82	1	1			33	33
田林县	63	35	2.02	2.02	1	1			70	70
西林县	57	16	1.28	1.28	1	1			30	30
隆林各族自治县	114	91	2.99	2.99	1	1			70	70
昭平县	95	69	1.90	1.90	1	1			60	60
钟山县	246	148	3.29	3.29	1	1			120	120
富川瑶族自治县	100	60	1.82	1.82	1	1			90	90

continued

Domestic Garbage 焚烧 Incineration	Domestic Garbage 其他 other	Domestic Garbage 无害化处理量(万吨) Volume of Harmlessly Treated (10,000 ton)	Domestic Garbage 卫生填埋 Sanitary Landfill	Domestic Garbage 焚烧 Incineration	Domestic Garbage 其他 other	公共厕所(座) Number of Latrines (unit)	三类以上 Grade Ⅲ and Above	市容卫生专用车辆设备总数(辆) Number of Vehicles and Equipment Designated for Municipal Environmental Sanitation (unit)	地区名称 Name of Regions
		6.23	6.23			22	11	26	横　县
		1.78	1.78			8	5	10	柳城县
		4.29	4.29			8	8	71	鹿寨县
		4.75	4.75			9	9	16	融安县
		5.62	5.62			6		37	融水苗族自治县
		3.27	3.27			12	12	72	三江侗族自治县
		2.93		2.93		14	14	18	阳朔县
		5.02		5.02		13	13	59	灵川县
		4.75	4.75			30	30	26	全州县
300		2.54		2.54		39	30	21	兴安县
		1.73	1.73			8	8	8	永福县
		2.17	2.17			9	9	14	灌阳县
		1.35	1.35			15	15	21	龙胜各族自治县
		2.18	2.18			17	17	10	资源县
		2.88		2.88		9	8	16	平乐县
		2.11	2.11			11	3	23	恭城瑶族自治县
		0.86	0.63	0.23		2	1	6	苍梧县
		5.05	4.57	0.48		25	25	16	藤　县
		4.15	4.15			15	15	64	蒙山县
		7.46	7.46			44	44	51	合浦县
		3.62	3.62			5	3	182	上思县
		21.18	21.18			29	29	40	灵山县
		7.02	7.02			9	9	37	浦北县
		7.78	7.78			32	32	33	平南县
		4.19		4.19		22	22	38	容　县
		4.90	4.90			26	26	13	陆川县
800		6.03		6.03		17	8	93	博白县
		2.97		2.97		16	16	21	兴业县
		5.24	5.24			20	20	28	田东县
		3.94	3.94			18		50	德保县
		1.88	1.88			6	6	30	那坡县
100		1.83		1.83		14	14	18	凌云县
		1.82	1.82			7	7	70	乐业县
		2.02	2.02			16	7	13	田林县
		1.28	1.28			9	5	21	西林县
		2.99	2.99			10	10	69	隆林各族自治县
		1.90	1.90			8	7	21	昭平县
		3.29	3.29			15	14	19	钟山县
		1.82	1.82			12		56	富川瑶族自治县

11-2 续表 23

地区名称 Name of Regions	道路清扫保洁面积(万平方米) Surface Area of Roads Cleaned and Maintained ($10,000m^2$)	机械化 Mechanization	生活垃圾 清运量(万吨) Collected and Transported (10,000 ton)	处理量(万吨) Volume of Treated (10,000 ton)	无害化处理厂(场)数(座) Number of Harmless Treatment Plants/ Grounds (unit)	卫生填埋 Sanitary Landfill	焚烧 Incineration	其他 other	无害化处理能力(吨/日) Harmless Treatment Capacity (ton/ day)	卫生填埋 Sanitary Landfill
南丹县	189	105	4.64	4.64	1	1			182	182
天峨县	67	29	2.17	2.17	1	1			60	60
凤山县	75		1.64	1.64	1	1			100	100
东兰县	37	15	1.18	1.18	1	1			50	50
罗城仫佬族自治县	76	20	2.88	2.88	1	1			90	90
环江毛南族自治县	128	48	1.78	1.78						
巴马瑶族自治县	154	90	2.69	2.69	1	1			85	85
都安瑶族自治县	125	53	3.39	3.39	1		1		80	
大化瑶族自治县	170	35	3.44	3.44	1	1			120	120
忻城县	41	11	4.00	4.00	1	1			80	80
象州县	65	37	3.00	3.00	1	1			70	70
武宣县	230	161	3.70	3.70						
金秀瑶族自治县	23	14	0.53	0.53	1	1			50	50
扶绥县	362	285	2.96	2.96	1		1		200	
宁明县	150	33	2.96	2.96						
龙州县	123	77	4.50	4.50	1	1			95	95
大新县	136	88	2.80	2.80	1	1			80	80
天等县	123	75	1.47	1.47	1		1		200	
海　南	**2043**	**1490**	**42.79**	**42.79**	**7**	**7**			**1073**	**1073**
定安县	208	178	10.83	10.83	1	1			300	300
屯昌县	159	135	3.34	3.34	1	1			180	180
澄迈县	196	184	5.42	5.42						
临高县	255	128	3.65	3.65						
白沙黎族自治县	214	62	1.12	1.12	1	1			120	120
昌江县	196	180	3.98	3.98	1	1			200	200
乐东县	130	113	2.40	2.40	1	1			145	145
陵水县	212	153	4.39	4.39						
保亭县	108	87	3.56	3.56	1	1			118	118
琼中县	63	39	1.20	1.20	1	1			10	10
洋浦经济开发区	302	229	2.89	2.89						
重　庆	**2753**	**1992**	**83.35**	**83.17**	**13**	**11**	**2**		**2591**	**2091**
城口县	73	45	3.93	3.93	1	1			60	60
丰都县	176	86	7.21	7.21	1	1			262	262
垫江县	420	342	7.26	7.26	1	1			190	190
忠　县	313	239	9.92	9.92	2	1	1		404	204
云阳县	295	155	10.33	10.33	1	1			400	400
奉节县	210	189	8.51	8.51	1		1		300	

continued

Domestic Garbage						公共厕所		市容卫生专用车辆设备总数(辆)	
焚 烧 Incineration	其 他 other	无害化处理量(万吨) Volume of Harmlessly Treated (10,000 ton)	卫 生 填 埋 Sanitary Landfill	焚 烧 Incineration	其 他 other	(座) Number of Latrines (unit)	三 类 以 上 Grade Ⅲ and Above	Number of Vehicles and Equipment Designated for Municipal Environmental Sanitation (unit)	地区名称 Name of Regions
		4.64	4.64			24	24	26	南丹县
		2.17	2.17			16	7	111	天峨县
		1.64	1.64			4		91	凤山县
		1.18	1.18			5		55	东兰县
		2.88	2.88			8	8	18	罗城仫佬族自治县
		1.78	1.78			16	16	9	环江毛南族自治县
		2.69	2.69			6	6	32	巴马瑶族自治县
80		3.39	3.39			10	1	104	都安瑶族自治县
		3.44	3.44			8		14	大化瑶族自治县
		4.00	4.00			8	8	16	忻城县
		3.00	3.00			11	11	4	象州县
		3.70		3.70		23	23	14	武宣县
		0.53	0.53			11	11	9	金秀瑶族自治县
200		2.96		2.96		19	19	170	扶绥县
		2.96	2.96			9	9	12	宁明县
		4.50	4.50			10	10	18	龙州县
		2.80	2.80			6	2	24	大新县
200		1.47	0.30	1.17		6	6	92	天等县
		37.37	**37.37**			**310**	**188**	**854**	**海　南**
		10.83	10.83			16	16	37	定安县
		3.34	3.34			31	31	143	屯昌县
						39	39	50	澄迈县
		3.65	3.65			64		135	临高县
		1.12	1.12			18		108	白沙黎族自治县
		3.98	3.98			27	27	179	昌江县
		2.40	2.40			20		46	乐东县
		4.39	4.39			39	35	49	陵水县
		3.56	3.56			17	2	29	保亭县
		1.20	1.20			13	12	41	琼中县
		2.89	2.89			26	26	37	洋浦经济开发区
500		**82.52**	**70.61**	**11.91**		**683**	**610**	**624**	**重　庆**
		3.93	3.93			52	40	32	城口县
		7.21	7.21			39	39	41	丰都县
		7.26	7.26			51	51	36	垫江县
200		9.92	3.53	6.40		57	57	91	忠　县
		10.33	10.33			35	35	54	云阳县
300		8.51	3.00	5.51		71	60	91	奉节县

11-2 续表 24

地区名称 Name of Regions	道路清扫保洁面积(万平方米) Surface Area of Roads Cleaned and Maintained (10,000m²)	机械化 Mechanization	生活垃圾 清运量(万吨) Collected and Transported (10,000 ton)	处理量(万吨) Volume of Treated (10,000 ton)	无害化处理厂(场)数(座) Number of Harmless Treatment Plants/Grounds (unit)	卫生填埋 Sanitary Landfill	焚烧 Incineration	其他 other	无害化处理能力(吨/日) Harmless Treatment Capacity (ton/day)	卫生填埋 Sanitary Landfill
巫山县	89	11	9.55	9.55	1	1			250	250
巫溪县	106	59	4.73	4.73	1	1			95	95
石柱土家族自治县	186	141	5.19	5.19	1	1			200	200
秀山土家族苗族自治县	316	210	6.70	6.70	1	1			130	130
酉阳土家族苗族自治县	140	126	4.21	4.03	1	1			120	120
彭水苗族土家族自治县	430	390	5.80	5.80	1	1			180	180
四　川	**14711**	**10292**	**446.68**	**445.67**	**98**	**83**	**9**	**6**	**15330**	**9898**
金堂县	945	609	30.41	30.41						
大邑县	201	153	5.86	5.86	1	1			210	210
蒲江县	224	138	3.06	3.06	1	1			176	176
新津县	120	87	6.42	6.42	2		1	1	1520	
荣　县	171	146	7.38	7.38						
富顺县	265	233	11.29	11.29						
米易县	101	91	2.49	2.49						
盐边县	32	26	1.42	1.42						
泸　县	230	160	8.32	8.32						
合江县	118	86	8.55	8.55	1	1			120	120
叙永县	99	71	6.89	6.89	1	1			150	150
古蔺县	138	98	7.22	7.22	1		1		600	
中江县	330	290	8.85	8.85	1	1			400	400
三台县	290	200	11.72	11.72	1	1			200	200
盐亭县	145	105	4.38	4.38	1	1			100	100
梓潼县	165	99	3.33	3.33	1	1			105	105
北川羌族自治县	125	83	1.60	1.60	1	1			130	130
平武县	53	49	1.52	1.52	1	1			50	50
旺苍县	147	69	4.40	4.40	1	1			120	120
青川县	42	35	1.30	1.30	1	1			45	45
剑阁县	85	42	2.10	2.10						
苍溪县	248	149	4.88	4.88	1	1			100	100
蓬溪县	241	144	5.07	5.07						
大英县	227	147	4.50	4.50	1	1			100	100
威远县	315	293	6.18	6.18	1	1			327	327
资中县	262	189	9.66	9.66	1	1			200	200
犍为县	273	220	3.05	3.05	1	1			221	221
井研县	105	74	3.00	3.00						

continued

Domestic Garbage						公共厕所		市容卫生专用车辆设备总数(辆)	地区名称
焚 烧	其 他	无害化处理量(万吨)	卫 生 填 埋	焚 烧	其 他	(座)	三 类 以 上		
Incineration	other	Volume of Harmlessly Treated (10,000 ton)	Sanitary Landfill	Incineration	other	Number of Latrines (unit)	Grade Ⅲ and Above	Number of Vehicles and Equipment Designated for Municipal Environmental Sanitation (unit)	Name of Regions
		9.55	9.55			62	62	43	巫山县
		4.73	4.73			51	51	44	巫溪县
		4.54	4.54			47	47	36	石柱土家族自治县
		6.70	6.70			94	47	47	秀山土家族苗族自治县
		4.03	4.03			71	71	59	酉阳土家族苗族自治县
		5.80	5.80			53	50	50	彭水苗族土家族自治县
4722	**710**	**445.67**	**286.95**	**149.11**	**9.61**	**2569**	**2039**	**4642**	**四　川**
		30.41		30.41		79	64	440	金堂县
		5.86	5.86			23	23	65	大邑县
		3.06	3.06			18	18	12	蒲江县
1500	20	6.42	5.97	0.04	0.41	27	27	105	新津县
		7.38		7.38		51	51	82	荣　县
		11.29		11.29		45	26	60	富顺县
		2.49		2.49		32	21	44	米易县
		1.42		1.42		11	11	40	盐边县
		8.32		8.32		39	39	29	泸　县
		8.55	2.92	5.63		43	43	76	合江县
		6.89	3.09	3.80		35	22	55	叙永县
600		7.22	2.90	4.32		20		25	古蔺县
		8.85	8.85			50	50	106	中江县
		11.72	11.72			29	29	129	三台县
		4.38	4.38			24	20	28	盐亭县
		3.33	3.33			18	18	33	梓潼县
		1.60	1.60			34	34	19	北川羌族自治县
		1.52	1.52			10	10	43	平武县
		4.40	4.40			24	24	46	旺苍县
		1.30	1.30			12	9	15	青川县
		2.10		2.10		17	17	38	剑阁县
		4.88	4.88			43	43	43	苍溪县
		5.07		5.07		56	56	38	蓬溪县
		4.50	4.50			33	21	29	大英县
		6.18	6.18			42	42	60	威远县
		9.66	3.98	5.68		24	2	68	资中县
		3.05	3.05			37	37	28	犍为县
		3.00	3.00			13	6	35	井研县

11-2 续表 25

地区名称 Name of Regions	道路清扫保洁面积(万平方米) Surface Area of Roads Cleaned and Maintained ($10,000m^2$)	机械化 Mechanization	生活垃圾 清运量(万吨) Collected and Transported (10,000 ton)	处理量(万吨) Volume of Treated (10,000 ton)	无害化处理厂(场)数(座) Number of Harmless Treatment Plants/Grounds (unit)	卫生填埋 Sanitary Landfill	焚烧 Incineration	其他 other	无害化处理能力(吨/日) Harmless Treatment Capacity (ton/day)	卫生填埋 Sanitary Landfill
夹江县	233	162	4.39	4.39	1	1			150	150
沐川县	116	99	1.87	1.87	1	1			80	80
峨边县	13	1	1.32	1.32	1	1			50	50
马边县	93	81	3.89	3.89	1	1			74	74
南部县	428	355	11.09	11.09	1	1			400	400
营山县	301	220	8.71	8.71	2	1	1		294	250
蓬安县	186	159	6.60	6.60	1	1			200	200
仪陇县	183	150	6.32	6.32	1	1			150	150
西充县	270	237	6.22	6.22	1	1			200	200
仁寿县	680	320	15.29	15.29	1	1			650	650
洪雅县	143	95	3.17	3.17	2	1		1	198	158
丹棱县	100	78	1.95	1.95						
青神县	136	82	2.35	2.35						
江安县	299	230	3.37	3.37	1	1			199	199
长宁县	300	212	3.94	3.94	1			1	200	
高　县	211	147	5.25	5.25	2		1	1	1580	
珙　县	125	78	2.66	2.66						
筠连县	86	65	3.31	3.31	1	1			120	120
兴文县	172	131	3.06	3.06	1	1			199	199
屏山县	119	84	3.33	3.33	1	1			91	91
岳池县	358	250	6.20	6.20	1		1		788	
武胜县	134	110	8.19	8.19						
邻水县	210	137	14.60	14.60	1	1			461	461
宣汉县	244	184	8.30	8.30	1	1			350	350
开江县	261	248	5.98	5.98	1	1			150	150
大竹县	301	250	6.15	6.15						
渠　县	433	295	12.22	12.22	1	1			660	660
荥经县	52	50	2.88	2.88	1	1			120	120
汉源县	66	60	1.90	1.90	1	1			130	130
石棉县	66	58	1.98	1.98	1			1	100	
天全县	136	68	1.90	1.90	1	1			100	100
芦山县	41	37	1.40	1.35	1	1			50	50
宝兴县	10	8	0.58	0.58	1	1			40	40
通江县	62	32	4.86	4.83	1	1			120	120
南江县	102	71	5.75	5.70	1		1		170	
平昌县	153	35	5.35	5.30						
安岳县	311	264	11.68	11.68	1	1			320	320
乐至县	420	197	7.27	7.27	1	1			200	200
汶川县	66	43	1.18	1.18	1	1			40	40

continued

Domestic Garbage						公共厕所		市容卫生专用车辆设备总数(辆)	地区名称
焚烧 Incineration	其他 other	无害化处理量(万吨) Volume of Harmlessly Treated (10,000 ton)	卫生填埋 Sanitary Landfill	焚烧 Incineration	其他 other	(座) Number of Latrines (unit)	三类以上 Grade Ⅲ and Above	Number of Vehicles and Equipment Designated for Municipal Environmental Sanitation (unit)	Name of Regions
		4.39	4.39			28	28	34	夹江县
		1.87	1.87			29	24	13	沐川县
		1.32	1.32			13	13	9	峨边县
		3.89	3.89			20	20	36	马边县
		11.09	11.09			81	74	52	南部县
44		8.71	8.15	0.56		66	66	37	营山县
		6.60	6.23	0.37		49	49	52	蓬安县
		6.32	5.71	0.61		55	55	26	仪陇县
		6.22	1.48	4.74		45	45	46	西充县
		15.29	15.29			33	33	85	仁寿县
	40	3.17	2.56		0.61	17	17	17	洪雅县
		1.95		1.95		19	19	13	丹棱县
		2.35		2.35		50	18	31	青神县
		3.37	0.33	3.04		50	50	127	江安县
	200	3.94	0.12	3.00	0.82	30	19	139	长宁县
1380	200	5.25	0.16	4.71	0.38	37	37	42	高　县
		2.66	0.14	2.52		22	22	77	珙　县
		3.31	3.31			13	13	36	筠连县
		3.06	3.06			13	13	51	兴文县
		3.33	3.33			28	28	27	屏山县
788		6.20		6.20		31	31	31	岳池县
		8.19		8.19		40		44	武胜县
		14.60	14.60			25		56	邻水县
		8.30	8.30			36	28	52	宣汉县
		5.98	5.98			19	19	20	开江县
		6.15	0.81	3.93	1.41	26	26	55	大竹县
		12.22	12.22			27	27	49	渠　县
		2.88	2.88			24	20	59	荥经县
		1.90	1.90			18	10	17	汉源县
	100	1.98			1.98	27	27	38	石棉县
		1.90	1.90			17	16	57	天全县
		1.35	1.35			24	12	30	芦山县
		0.58	0.58			15	8	13	宝兴县
		4.83	4.83			14	14	23	通江县
170		5.70		5.70		37	15	46	南江县
		5.30		5.30		23	23	39	平昌县
		11.68	11.68			28	13	524	安岳县
		7.27	7.27			39	29	47	乐至县
		1.18	1.18			15	15	16	汶川县

11-2 续表 26

地区名称 Name of Regions	道路清扫保洁面积(万平方米) Surface Area of Roads Cleaned and Maintained ($10,000m^2$)	机械化 Mechanization	生活垃圾 清运量(万吨) Collected and Transported (10,000 ton)	处理量(万吨) Volume of Treated (10,000 ton)	无害化处理厂(场)数(座) Number of Harmless Treatment Plants/ Grounds (unit)	卫生填埋 Sanitary Landfill	焚烧 Incineration	其他 other	无害化处理能力(吨/日) Harmless Treatment Capacity (ton/ day)	卫生填埋 Sanitary Landfill
理　县	57	36	0.62	0.60						
茂　县	68	41	4.00	4.00	1			1	150	
松潘县	44	27	1.68	1.64	1	1			70	70
九寨沟县	48	29	2.34	2.24	1		1		150	
金川县	39	23	0.63	0.57	2	1	1		65	25
小金县	29	24	0.64	0.59	1	1			20	20
黑水县	47	23	0.66	0.66	1	1			27	27
壤塘县	10	8	0.72	0.70	1	1			20	20
阿坝县	60	38	1.00	0.92	1		1		50	
若尔盖县	45	29	0.80	0.77	1	1			40	40
红原县	40	24	0.65	0.64	1	1			18	18
泸定县	30	22	1.23	1.21	1	1			100	100
丹巴县	5	5	0.82	0.82	1	1			18	18
九龙县	9	7	0.62	0.62	1	1			19	19
雅江县	25	20	0.94	0.91	1	1			60	60
道孚县	28	24	0.60	0.59	1	1			15	15
炉霍县	17	15	1.04	1.04	1	1			30	30
甘孜县	20	17	2.19	2.04	1	1			30	30
新龙县	13	10	0.38	0.33	1	1			14	14
德格县	10	8	0.52	0.52	1	1			12	12
白玉县	23	20	1.02	1.02	1	1			10	10
石渠县	20	17	0.46	0.40	1	1			19	19
色达县	20	17	0.47	0.47	1	1			20	20
理塘县	15	13	1.10	1.10	1	1			30	30
巴塘县	25	23	1.28	1.28	1	1			25	25
乡城县	4	3	0.72	0.61	1	1			20	20
稻城县	16	14	1.35	1.35	1	1			30	30
得荣县	6	5	0.81	0.81	1	1			15	15
普格县	4	3	1.36	1.36	1	1			35	35
木里县	5		0.55	0.55	1	1			15	15
盐源县	78	30	2.74	2.74	1	1			70	70
德昌县	106	29	3.34	3.34						
会理县	84	59	5.95	5.95	1	1			150	150
会东县	63	28	2.75	2.75	1	1			75	75
宁南县	62	37	1.45	1.45						
布拖县	33	12	1.08	1.08	1	1			30	30
金阳县	8		1.29	1.29	1	1			15	15
昭觉县	13	11	2.62	2.62	1	1			85	85
喜德县	23	6	3.87	3.87	1	1			40	40

continued

Domestic Garbage						公共厕所		市容卫生专用车辆设备总数(辆)	地区名称
焚烧 Incineration	其他 other	无害化处理量(万吨) Volume of Harmlessly Treated (10,000 ton)	卫生填埋 Sanitary Landfill	焚烧 Incineration	其他 other	(座) Number of Latrines (unit)	三类以上 Grade Ⅲ and Above	Number of Vehicles and Equipment Designated for Municipal Environmental Sanitation (unit)	Name of Regions
		0.60	0.60			10	4	7	理　县
	150	4.00			4.00	45	6	22	茂　县
		1.64	1.64			13	3	30	松潘县
150		2.24		2.24		14	14	19	九寨沟县
40		0.57	0.52	0.05		9	7	13	金川县
		0.59	0.59			5		7	小金县
		0.66	0.66			6	6	13	黑水县
		0.70	0.70						壤塘县
50		0.92		0.92		5	5	16	阿坝县
		0.77	0.77			8		15	若尔盖县
		0.64	0.64			12		21	红原县
		1.21	1.21			8	4	15	泸定县
		0.82	0.82			11	11	10	丹巴县
		0.62	0.62			5	5	7	九龙县
		0.91	0.91			15	7	11	雅江县
		0.59	0.59			11	11	9	道孚县
		1.04	1.04			11	11	10	炉霍县
		2.04	2.04			17	17	13	甘孜县
		0.33	0.33			6	2	12	新龙县
		0.52	0.52			6	1	12	德格县
		1.02	1.02			6		10	白玉县
		0.40	0.40			9	1	5	石渠县
		0.47	0.47			13	13	17	色达县
		1.10	1.10			15	15	14	理塘县
		1.28	1.28			9	9	19	巴塘县
		0.61	0.61			4	1	10	乡城县
		1.35	1.35			7		9	稻城县
		0.81	0.81			3		4	得荣县
		1.36	1.36			3	1	14	普格县
		0.55	0.55			14	3	9	木里县
		2.74	2.74			18	18	17	盐源县
		3.34		3.34		16	16	30	德昌县
		5.95	5.95			39	6	34	会理县
		2.75	2.75			24	24	24	会东县
		1.45		1.45		20	20	31	宁南县
		1.08	1.08			7	2	8	布拖县
		1.29	1.29			5	1	14	金阳县
		2.62	2.62			7		40	昭觉县
		3.87	3.87			6	6	26	喜德县

11-2 续表 27

地区名称 Name of Regions	道路清扫保洁面积(万平方米) Surface Area of Roads Cleaned and Maintained (10,000m²)	机械化 Mechanization	生活垃圾 清运量(万吨) Collected and Transported (10,000 ton)	处理量(万吨) Volume of Treated (10,000 ton)	无害化处理厂(场)数(座) Number of Harmless Treatment Plants/Grounds (unit)	卫生填埋 Sanitary Landfill	焚烧 Incineration	其他 other	无害化处理能力(吨/日) Harmless Treatment Capacity (ton/day)	卫生填埋 Sanitary Landfill
冕宁县	34	26	2.16	2.16	1	1			60	60
越西县	40	12	1.98	1.98	1	1			60	60
甘洛县	46	18	1.82	1.82	1	1			33	33
美姑县	4	3	1.31	1.31	1	1			36	36
雷波县	21	9	1.85	1.85	1	1			41	41
贵　州	**10389**	**8412**	**256.93**	**231.87**	**76**	**62**	**9**	**5**	**8937**	**5657**
开阳县	144	135	5.25	4.88	1	1			120	120
息烽县	90	85	2.67	2.41	1	1			90	90
修文县	116	102	3.34	3.08						
水城区	584	541	4.93	4.67	1		1		200	
六枝特区	173	104	5.86	5.51	2	1	1		700	200
桐梓县	239	217	7.38	6.90	2	2			140	140
绥阳县	76	48	3.41	3.12	1	1			75	75
正安县	80	37	4.54	4.14	1	1			75	75
道真县	139	122	4.02	3.64	1	1			55	55
务川县	160	140	3.87	3.57	1	1			55	55
凤冈县	320	130	2.76	2.57	1	1			60	60
湄潭县	128	50	4.68	4.31	1	1			100	100
余庆县	146	130	2.76	2.51	2	1	1		166	106
习水县	314	206	5.85	5.52	4	1	2	1	850	100
普定县	230	182	6.14	5.51	1	1			70	70
镇宁县	188	139	3.66	3.31	1	1			95	95
关岭县	91	74	3.04	2.74	1	1			40	40
紫云县	105	60	4.50	4.09	1	1			45	45
大方县	184	157	4.67	4.25	1	1			90	90
黔西县	302	257	8.86	8.36	2	1	1		370	120
金沙县	246	210	5.66	5.20	1	1			190	190
织金县	240	206	4.83	4.38	2	1	1		790	190
纳雍县	123	102	5.91	5.32	1	1			80	80
威宁自治县	393	329	7.58	6.82	1	1			980	980
赫章县	166	145	3.77	3.41	1	1			80	80
江口县	127	94	4.05	3.75	1	1			70	70
玉屏县	142	114	1.69	1.56	2	1	1		155	55
石阡县	131	110	3.46	3.01	1	1			45	45
思南县	213	198	5.05	4.35	1	1			90	90
印江县	93	63	4.23	3.69	1	1			80	80
德江县	377	345	9.75	8.86	2	1	1		605	105
沿河县	124	110	3.60	3.17	1	1			100	100
松桃县	205	133	5.93	5.02	1	1			80	80

continued

Domestic Garbage						公共厕所		市容卫生专用车辆设备总数（辆）	地区名称
焚 烧 Incinera-tion	其 他 other	无害化处理量（万吨） Volume of Harm-lessly Treated (10,000 ton)	卫 生 填 埋 Sanitary Landfill	焚 烧 Incinera-tion	其 他 other	（座） Number of Latrines (unit)	三 类 以 上 Grade Ⅲ and Above	Number of Vehicles and Equipment Designated for Municipal Environmental Sanitation (unit)	Name of Regions
		2.16	2.16			32	32	18	冕宁县
		1.98	1.98			5	5	23	越西县
		1.82	1.82			7	5	12	甘洛县
		1.31	1.31			7	5	29	美姑县
		1.85	1.85			4	3	6	雷波县
2910	**370**	**231.87**	**162.06**	**66.26**	**3.56**	**1778**	**1236**	**3424**	**贵　州**
		4.88	4.88			25	24	32	开阳县
		2.41	2.41			35	35	41	息烽县
		3.08	3.08			21	21	31	修文县
200		4.67		4.67		26	26	163	水城区
500		5.51	5.51			25	25	90	六枝特区
		6.90	6.90			54	54	162	桐梓县
		3.12	3.12			15	11	42	绥阳县
		4.14	4.14			21	20	46	正安县
		3.64	3.64			17	17	36	道真县
		3.57	3.57			19	11	36	务川县
		2.57	2.57			25	22	120	凤冈县
		4.31	4.31			42	37	45	湄潭县
60		2.51	2.51			16	16	61	余庆县
700	50	5.52	0.64	4.68	0.20	22	22	84	习水县
		5.51		5.51		25	25	38	普定县
		3.31	0.21	3.10		22		73	镇宁县
		2.74		2.74		24	18	47	关岭县
		4.09		4.09		12	12	50	紫云县
		4.25	4.25			46	32	78	大方县
250		8.36	6.96	1.40		80	8	106	黔西县
		5.20	5.20			75	75	69	金沙县
600		4.38	0.30	4.08		55	55	59	织金县
		5.32	5.32			21	21	113	纳雍县
		6.82	6.82			98	98	77	威宁自治县
		3.41	3.41			31	31	48	赫章县
		3.75		3.75		10	6	34	江口县
100		1.56		1.56		16	16	67	玉屏县
		3.01	3.01			22	19	39	石阡县
		4.35	4.35			28	28	32	思南县
		3.69	3.69			30	30	27	印江县
500		8.86		8.86		42		45	德江县
		3.17	3.17			45	45	45	沿河县
		5.02	5.02			12	12	24	松桃县

11-2 续表 28

地区名称 Name of Regions	道路清扫保洁面积(万平方米) Surface Area of Roads Cleaned and Maintained ($10,000m^2$)	机械化 Mechanization	生活垃圾 清运量(万吨) Collected and Transported (10,000 ton)	处理量(万吨) Volume of Treated (10,000 ton)	无害化处理厂(场)数(座) Number of Harmless Treatment Plants/ Grounds (unit)	卫生填埋 Sanitary Landfill	焚烧 Incineration	其他 other	无害化处理能力(吨/日) Harmless Treatment Capacity (ton/ day)	卫生填埋 Sanitary Landfill
普安县	69	62	1.76	1.60	1	1			35	35
晴隆县	100	81	2.27	2.03	1	1			40	40
贞丰县	165	152	3.29	2.97	1	1			60	60
望谟县	130	118	2.32	2.05	1	1			70	70
册亨县	80	65	4.08	3.67	1	1			40	40
安龙县	405	385	3.99	3.62	1	1			80	80
黄平县	228	197	3.01	2.73	1	1			70	70
施秉县	150	140	1.64	1.36	1	1			60	60
三穗县	110	99	3.16	2.79	1	1			70	70
镇远县	89	85	4.17	3.54	1	1			105	105
岑巩县	126	111	2.58	2.19	1	1			80	80
天柱县	175	123	3.89	3.58	1	1			80	80
锦屏县	46	41	1.63	1.38	1	1			48	48
剑河县	72	46	1.65	1.46	1	1			40	40
台江县	57	49	2.04	1.86	1	1			40	40
黎平县	45	42	5.24	4.24	1	1			85	85
榕江县	130	117	4.64	4.13	1	1			80	80
从江县	87	71	2.29	2.08	1	1			40	40
雷山县	66	55	2.19	1.98	1	1			35	35
麻江县	92	83	1.70	1.54	1	1			40	40
丹寨县	68	57	2.82	2.62	1	1			28	28
荔波县	144	88	3.00	2.61	2	1		1	95	45
贵定县	163	144	3.64	3.35	2			2	250	
瓮安县	166	133	9.34	8.50	2	1		1	100	80
独山县	270	189	4.21	3.62	1	1			85	85
平塘县	89	81	2.28	1.98	1	1			55	55
罗甸县	127	77	2.52	2.27	1	1			65	65
长顺县	78	63	3.84	3.48	1	1			45	45
龙里县	178	158	3.36	3.10	1	1			80	80
惠水县	140	130	4.19	3.80	1	1			105	105
三都水族自治县	156	97	2.53	2.15	1	1			90	90
云　南	**10482**	**7147**	**295.43**	**295.08**	**94**	**84**	**6**	**4**	**9571**	**6981**
嵩明县	176	123	10.79	10.79	2	1	1		485	85
富民县	68	51	2.28	2.28						
宜良县	165	119	4.27	4.27	2		1	1	1000	
石林彝族自治县	186	110	4.24	4.24	1	1			99	99
禄劝彝族苗族自治县	152	98	3.48	3.48	1	1			9	9
寻甸县	84	53	3.10	3.10	1	1			85	85

continued

Domestic Garbage						公共厕所		市容卫生专用车辆设备总数(辆) Number of Vehicles and Equipment Designated for Municipal Environmental Sanitation (unit)	地区名称 Name of Regions
焚烧 Incineration	其他 other	无害化处理量(万吨) Volume of Harmlessly Treated (10,000 ton)	卫生填埋 Sanitary Landfill	焚烧 Incineration	其他 other	(座) Number of Latrines (unit)	三类以上 Grade Ⅲ and Above		
		1.60	0.22	1.38		17	11	38	普安县
		2.03	2.03			14	14	9	晴隆县
		2.97		2.97		15		18	贞丰县
		2.05		2.05		12	11	22	望谟县
		3.67	2.81	0.85		29		28	册亨县
		3.62	1.57	2.05		58		239	安龙县
		2.73	2.73			29		78	黄平县
		1.36	1.36			13	12	26	施秉县
		2.79	2.79			120	13	45	三穗县
		3.54	3.54			27	27	55	镇远县
		2.19	2.19			15	15	25	岑巩县
		3.58	3.58			23		16	天柱县
		1.38	1.38			18	18	13	锦屏县
		1.46	1.46			7	7	18	剑河县
		1.86	1.86			17	13	29	台江县
		4.24	4.24			7	7	49	黎平县
		4.13	4.13			27		27	榕江县
		2.08	2.08			34	34	22	从江县
		1.98	1.98			13	5	21	雷山县
		1.54		1.54		15		63	麻江县
		2.62	2.62			12		17	丹寨县
	50	2.61	2.61		0.01	12	9	37	荔波县
	250	3.35			3.35	18	18	65	贵定县
	20	8.50		8.50		37	37	115	瓮安县
		3.62	3.11	0.51		36	36	30	独山县
		1.98		1.98		14	14	50	平塘县
		2.27	2.27			14	5	38	罗甸县
		3.48	3.48			14	11	58	长顺县
		3.10	3.10			15	12	35	龙里县
		3.80	3.80			20	16	50	惠水县
		2.15	2.15			19	19	28	三都水族自治县
1640	**950**	**293.18**	**249.27**	**25.65**	**18.27**	**4036**	**3154**	**3432**	**云　南**
400		10.79	1.13	9.66		22	22	65	嵩明县
		2.28		2.28		59	59	26	富民县
700	300	4.27		0.23	4.05	141	112	133	宜良县
		4.24	3.78		0.46	109	109	41	石林彝族自治县
		3.48	3.48			67	65	24	禄劝彝族苗族自治县
		3.10	3.10			60	45	84	寻甸县

11-2 续表 29

地区名称 Name of Regions	道路清扫保洁面积(万平方米) Surface Area of Roads Cleaned and Maintained (10,000m²)		生活垃圾							
		机械化 Mechanization	清运量(万吨) Collected and Transported (10,000 ton)	处理量(万吨) Volume of Treated (10,000 ton)	无害化处理厂(场)数(座) Number of Harmless Treatment Plants/Grounds (unit)	卫生填埋 Sanitary Landfill	焚烧 Incineration	其他 other	无害化处理能力(吨/日) Harmless Treatment Capacity (ton/day)	卫生填埋 Sanitary Landfill
昆明阳宗海风景名胜区	82	78	2.30	2.30						
陆良县	334	200	5.04	5.04	1			1	250	
师宗县	279	221	4.82	4.82	1	1			130	130
罗平县	420	294	5.91	5.91	1	1			200	200
富源县	212	130	3.98	3.98	1	1			70	70
会泽县	332	265	7.10	7.10	1	1			200	200
通海县	114	80	8.59	8.59	1	1			147	147
华宁县	98	72	3.58	3.58	1	1			97	97
易门县	183	130	2.48	2.48	1	1			100	100
峨山县	75	49	2.01	2.01	1	1			55	55
新平县	88	76	2.31	2.31	1	1			80	80
元江县	63	34	1.90	1.90						
施甸县	78	57	3.39	3.39	1	1			93	93
龙陵县	53		2.09	2.09	1	1			57	57
昌宁县	80	64	3.36	3.36	1	1			92	92
鲁甸县	90	65	5.84	5.84	1	1			60	60
巧家县	73	40	3.41	3.41	1	1			80	80
盐津县	25	17	2.11	2.11	1	1			70	70
大关县	26	18	1.77	1.77	1	1			50	50
永善县	62	42	3.29	3.29	1	1			80	80
绥江县	69	57	1.73	1.73	2	1	1		240	90
镇雄县	130	3	16.72	16.72	1	1			165	165
彝良县	36	25	2.75	2.75	1	1			100	100
威信县	65	33	3.00	3.00	1	1			150	150
玉龙纳西族自治县	223	170	2.35	2.35						
永胜县	109	72	2.85	2.85	1	1			78	78
华坪县	97	59	2.56	2.56	1	1			45	45
宁蒗县	129	103	2.77	2.77	1	1			76	76
宁洱哈尼族彝族自治县	87	66	2.17	2.16	1	1			75	75
墨江哈尼族自治县	56	40	2.03	2.03	1	1			90	90
景东彝族自治县	93	67	2.12	2.11	1	1			60	60
景谷傣族彝族自治县	92	65	2.26	2.25	1	1			80	80
镇沅彝族哈尼族拉祜族自治县	36	34	1.63	1.62	1	1			65	65

continued

Domestic Garbage						公共厕所		市容卫生专用车辆设备总数(辆)	地区名称
焚烧 Incineration	其他 other	无害化处理量(万吨) Volume of Harmlessly Treated (10,000 ton)	卫生填埋 Sanitary Landfill	焚烧 Incineration	其他 other	(座) Number of Latrines (unit)	三类以上 Grade Ⅲ and Above	Number of Vehicles and Equipment Designated for Municipal Environmental Sanitation (unit)	Name of Regions
		2.30		2.30		192	57	46	昆明阳宗海风景名胜区
	250	5.04			5.04	89	89	29	陆良县
		4.82	4.82			70		23	师宗县
		5.91	5.91			90	90	48	罗平县
		3.98	3.98			74		43	富源县
		7.10	7.10			88	88	215	会泽县
		8.59	8.59			43	35	33	通海县
		3.58	3.58			46	46	37	华宁县
		2.48	2.48			29	29	13	易门县
		2.01	2.01			21	21	9	峨山县
		2.31	2.31			24	24	28	新平县
						28	24	28	元江县
		3.39	3.39			38	38	18	施甸县
		2.09	2.09			30	30	16	龙陵县
		3.36	3.36			59	59	21	昌宁县
		5.84	5.84			45	45	34	鲁甸县
		3.41	3.41			24	24	24	巧家县
		2.11	2.11			17		20	盐津县
		1.77	1.77			30		27	大关县
		3.29	3.29			37	37	76	永善县
150		1.73	1.31	0.42		37	37	37	绥江县
		16.72	16.72			20		55	镇雄县
		2.75	2.75			42	42	24	彝良县
		3.00	3.00			14		41	威信县
		2.35	2.35			20	20	22	玉龙纳西族自治县
		2.85	2.85			17	15	17	永胜县
		2.56	2.56			27	27	46	华坪县
		2.77	2.77			44	18	38	宁蒗县
		2.16	2.16			43	40	42	宁洱哈尼族彝族自治县
		2.03	2.03			28	28	32	墨江哈尼族自治县
		2.11	2.11			39	39	37	景东彝族自治县
		2.25	2.25			67	67	6	景谷傣族彝族自治县
		1.62	1.62			28	28	33	镇沅彝族哈尼族拉祜族自治县

11-2 续表 30

地区名称 Name of Regions	道路清扫保洁面积(万平方米) Surface Area of Roads Cleaned and Maintained (10,000m²)		生活垃圾							
		机械化 Mechanization	清运量(万吨) Collected and Transported (10,000 ton)	处理量(万吨) Volume of Treated (10,000 ton)	无害化处理厂(场)数(座) Number of Harmless Treatment Plants/ Grounds (unit)	卫生填埋 Sanitary Landfill	焚烧 Incineration	其他 other	无害化处理能力(吨/日) Harmless Treatment Capacity (ton/day)	卫生填埋 Sanitary Landfill
江城哈尼族彝族自治县	47	39	1.75	1.74	1	1			50	50
孟连傣族拉祜族佤族自治县	69	50	1.80	1.79	1	1			47	47
澜沧拉祜族自治县	83	61	3.79	3.75	1	1			103	103
西盟佤族自治县	13	10	0.84	0.84	1	1			30	30
凤庆县	105	82	3.03	3.03	1	1			50	50
云　县	87	61	2.72	2.72	1	1			70	70
永德县	52		2.76	2.76	1	1			76	76
镇康县	116	83	2.24	2.24	1	1			80	80
双江县	120	94	3.09	3.09	1	1			100	100
耿马县	60	45	3.71	3.71	1	1			100	100
沧源县	107		1.53	1.53	1	1			42	42
双柏县	54	54	1.25	1.25	1	1			45	45
牟定县	52	31	1.96	1.96	1	1			65	65
南华县	78	48	2.46	2.46	1	1			85	85
姚安县	73	65	1.57	1.57	1	1			70	70
大姚县	123	78	1.98	1.98	1	1			70	70
永仁县	66	51	1.38	1.38	1	1			45	45
元谋县	121	99	1.90	1.90						
武定县	90	57	2.20	2.20	1	1			101	101
禄丰县	127	96	3.52	3.52	1	1			100	100
屏边县	53	37	1.22	1.22	1	1			35	35
建水县	209	137	6.86	6.86	1			1	200	
石屏县	138	117	3.97	3.97	1	1			100	100
泸西县	295	200	7.47	7.47	1	1			100	100
元阳县	59	38	1.86	1.86	1	1			80	80
红河县	72	12	2.00	2.00	1	1			55	55
金平县	57	34	1.50	1.50	1	1			50	50
绿春县	22	8	1.90	1.90	1	1			25	25
河口县	88	55	3.28	3.28	1	1			50	50
砚山县	250	203	3.70	3.70	1		1		300	
西畴县	65	52	1.17	1.17	1	1			100	100
麻栗坡县	53	38	2.58	2.58	1	1			44	44
马关县	140	70	3.28	3.28						
丘北县	335	281	6.13	6.13	1	1			150	150
广南县	182	139	4.43	4.43	1	1			120	120
富宁县	104	55	3.82	3.82	1	1			107	107

continued

Domestic Garbage						公共厕所		市容卫生专用车辆设备总数(辆) Number of Vehicles and Equipment Designated for Municipal Environmental Sanitation (unit)	地区名称 Name of Regions
		无害化处理量(万吨) Volume of Harmlessly Treated (10,000 ton)				(座) Number of Latrines (unit)	三类以上 Grade Ⅲ and Above		
焚烧 Incineration	其他 other		卫生填埋 Sanitary Landfill	焚烧 Incineration	其他 other				
		1.74	1.74			21	21	35	江城哈尼族彝族自治县
		1.79	1.79			29	29	18	孟连傣族拉祜族佤族自治县
		3.75	3.75			30		52	澜沧拉祜族自治县
		0.84	0.84			9	9	15	西盟佤族自治县
		3.03	3.03			41	41	28	凤庆县
		2.72	2.72			34	34	25	云　县
		2.76	2.76			29	29	20	永德县
		2.24	2.24			27	27	23	镇康县
		3.09	3.09			25	6	57	双江县
		3.71	3.71			40	40	21	耿马县
		1.53	1.53			23		24	沧源县
		1.25	1.25			35	35	5	双柏县
		1.96	1.96			34	34	13	牟定县
		2.46	2.46			43	43	38	南华县
		1.57	1.57			29	23	11	姚安县
		1.98	1.98			40	40	18	大姚县
		1.38	1.38			33	33	12	永仁县
		1.90		1.90		52	50	24	元谋县
		2.20	2.20			43	43	17	武定县
		3.52	3.52			45	45	41	禄丰县
		1.22	1.22			31	31	16	屏边县
	200	6.86			6.86	105	105	52	建水县
		3.97	3.97			41	41	38	石屏县
		7.47	7.47			59	33	36	泸西县
		1.86	1.86			18	18	36	元阳县
		2.00	2.00			50	50	36	红河县
		1.50	1.50			40	40	32	金平县
		1.90	1.90			35	35	20	绿春县
		3.28	3.28			28		21	河口县
300		3.70		3.70		67	64	38	砚山县
		1.17	1.17			44	44	107	西畴县
		2.58	2.58			26		19	麻栗坡县
		3.28		3.28		49	49	26	马关县
		6.13	6.13			69		80	丘北县
		4.43	4.43			36	36	29	广南县
		3.82	3.82			41	41	53	富宁县

11-2 续表 31

地区名称 Name of Regions	道路清扫保洁面积(万平方米) Surface Area of Roads Cleaned and Maintained ($10,000m^2$)	机械化 Mechanization	生活垃圾 清运量(万吨) Collected and Transported (10,000 ton)	处理量(万吨) Volume of Treated (10,000 ton)	无害化处理厂(场)数(座) Number of Harmless Treatment Plants/Grounds (unit)				无害化处理能力(吨/日) Harmless Treatment Capacity (ton/day)	
						卫生填埋 Sanitary Landfill	焚烧 Incineration	其他 other		卫生填埋 Sanitary Landfill
勐海县	84	73	3.89	3.89	1	1			105	105
勐腊县	78	56	3.44	3.44	1	1			90	90
漾濞彝族自治县	50	35	1.38	1.38	1	1			60	60
祥云县	277	208	3.73	3.73	1	1			170	170
宾川县	138	99	3.37	3.37	1	1			200	200
弥渡县	112	70	1.86	1.86	1			1	200	
南涧彝族自治县	59	46	0.87	0.87	1	1			90	90
巍山彝族回族自治县	81	55	2.04	2.04	1	1			110	110
永平县	98	70	1.76	1.76	1	1			75	75
云龙县	38	30	0.86	0.86	2	2			80	80
洱源县	83	62	1.07	1.07	1	1			85	85
剑川县	61	22	1.56	1.56	1	1			55	55
鹤庆县	113	84	5.41	5.41	1	1			135	135
梁河县	58	2	2.01	1.85	1	1			54	54
盈江县	208	150	3.53	3.47	1	1			95	95
陇川县	138	106	2.78	2.78	1	1			50	50
福贡县	11		1.31	1.31	1		1		70	
贡山独龙族怒族自治县	18		0.58	0.58	1		1		20	
兰坪白族普米族自治县	75	54	1.90	1.90	1	1			90	90
德钦县	24	2	1.07	1.07	1	1			30	30
维西傈僳族自治县	92	65	1.96	1.96	1	1			50	50
西　藏	**975**	**69**	**29.47**	**28.79**	**64**	**64**			**1093**	**1093**
曲水县	17		0.26	0.26						
当雄县	20		0.42	0.42	1	1			21	21
林周县	8	5	0.50	0.50	1	1			30	30
墨竹工卡县	20		0.81	0.80	1	1			13	13
尼木县	12		0.43	0.43	1	1			23	23
亚东县	15	5	0.66	0.66	1	1			15	15
聂拉木县	6		0.35	0.34	1	1			13	13
仲巴县	8		0.25	0.25	1	1			10	10
定结县	14		0.26	0.26	1	1			10	10
康马县	12	4	0.19	0.18	1	1			11	11
吉隆县	7		0.65	0.65	1	1			15	15
萨嘎县	6		0.15	0.14	1	1			12	12
谢通门县	10	7	0.70	0.65	1	1			18	18

continued

焚烧 Incineration	其他 other	无害化处理量（万吨）Volume of Harmlessly Treated (10,000 ton)	卫生填埋 Sanitary Landfill	焚烧 Incineration	其他 other	公共厕所（座）Number of Latrines (unit)	三类以上 Grade Ⅲ and Above	市容卫生专用车辆设备总数（辆）Number of Vehicles and Equipment Designated for Municipal Environmental Sanitation (unit)	地区名称 Name of Regions
Domestic Garbage									
		3.89	3.89			40	40	54	勐海县
		3.44	3.44			31		41	勐腊县
		1.38	1.38			22		19	漾濞彝族自治县
		3.73	3.73			54	38	56	祥云县
		3.37	3.37			33	33	51	宾川县
	200	1.86			1.86	38		27	弥渡县
		0.87	0.87			45	45	29	南涧彝族自治县
		2.04	2.04			42	42	31	巍山彝族回族自治县
		1.76	1.76			33	33	21	永平县
		0.86	0.86			20	20	11	云龙县
		1.07	1.07			32	32	28	洱源县
		1.56	1.56			23	23	17	剑川县
		5.41	5.41			33	33	24	鹤庆县
		1.85	1.85			37	30	18	梁河县
		3.47	3.47			47		150	盈江县
		2.78	2.78			9		28	陇川县
70		1.31		1.31		9	9	6	福贡县
20		0.58		0.58		31		13	贡山独龙族怒族自治县
		1.90	1.90			23	23	17	兰坪白族普米族自治县
		1.07	1.07			15	15	18	德钦县
		1.96	1.96			60	60	46	维西傈僳族自治县
		27.26	**27.26**			**1216**	**325**	**584**	**西　藏**
		0.26	0.26			7		3	曲水县
		0.42	0.42			7	7	3	当雄县
		0.50	0.50			75	75	47	林周县
		0.80	0.80			6		2	墨竹工卡县
		0.43	0.43			17		8	尼木县
		0.66	0.66			11	11	12	亚东县
		0.34	0.34			12		3	聂拉木县
		0.25	0.25			22		5	仲巴县
		0.26	0.26			22		6	定结县
		0.18	0.18			34		9	康马县
		0.65	0.65			10	10	2	吉隆县
		0.14	0.14			17		2	萨嘎县
		0.65	0.65			21		3	谢通门县

11-2 续表 32

地区名称 Name of Regions	道路清扫保洁面积(万平方米) Surface Area of Roads Cleaned and Maintained ($10,000m^2$)	机械化 Mechanization	生活垃圾 清运量(万吨) Collected and Transported (10,000 ton)	处理量(万吨) Volume of Treated (10,000 ton)	无害化处理厂(场)数(座) Number of Harmless Treatment Plants/ Grounds (unit)	卫生填埋 Sanitary Landfill	焚烧 Incineration	其他 other	无害化处理能力(吨/日) Harmless Treatment Capacity (ton/ day)	卫生填埋 Sanitary Landfill
萨迦县	30		0.47	0.44	1	1			13	13
岗巴县	13		0.27	0.25	1	1			8	8
拉孜县	22		0.91	0.91	1	1			25	25
江孜县	51	12	0.97	0.91	1	1			25	25
定日县	22		0.50	0.50	1	1			25	25
南木林县	30		0.44	0.44	1	1			23	23
昂仁县	8		0.41	0.38	1	1			10	10
白朗县	18	12	0.55	0.55	1	1			30	30
仁布县	9		0.30	0.30	1	1			20	20
左贡县	7		0.22	0.21	1	1			10	10
丁青县	5		0.37	0.37	1	1			11	11
八宿县	17		0.51	0.50	1	1			14	14
江达县	15		0.65	0.65	1	1			0	0
洛隆县	3		0.73	0.73	1	1			34	34
察雅县	14	8	0.27	0.25	1	1			12	12
贡觉县	8		0.42	0.42	1	1			20	20
边坝县	6		0.25	0.25	1	1			7	7
类乌齐县	11		0.37	0.37	1	1			10	10
芒康县	16	6	0.80	0.75	1	1			20	20
朗　县	3		0.22	0.22	1	1			6	6
墨脱县	4		0.34	0.34	1	1			10	10
工布江达县	1		0.31	0.30	1	1			11	11
察隅县	6		0.30	0.30	1	1			10	10
波密县	13		0.66	0.63	1	1			28	28
米林县	8		0.44	0.42	1	1			11	11
错那县	19		0.10	0.10	1	1			14	14
浪卡子县	18		0.46	0.44	1	1			12	12
贡嘎县	19		0.93	0.91	1	1			27	27
加查县	16		0.35	0.33	1	1			15	15
桑日县	23		0.47	0.46	1	1			20	20
洛扎县	11		0.35	0.33	1	1			10	10
琼结县	19		0.27	0.25	1	1			28	28
措美县	10		0.37	0.35	1	1			8	8
扎囊县	74		0.39	0.38	1	1			16	16
曲松县	22		0.13	0.12	1	1			10	10
隆子县	11		0.28	0.27	1	1			15	15
聂荣县	12	1	0.45	0.44	1	1			12	12
双湖县	6		0.07	0.07	1	1			7	7
嘉黎县	10		0.19	0.19	1	1			10	10

continued

Domestic Garbage						公共厕所		市容卫生专用车辆设备总数(辆)	
焚 烧 Incineration	其 他 other	无害化处理量(万吨) Volume of Harmlessly Treated (10,000 ton)	卫 生 填 埋 Sanitary Landfill	焚 烧 Incineration	其 他 other	(座) Number of Latrines (unit)	三类以上 Grade Ⅲ and Above	Number of Vehicles and Equipment Designated for Municipal Environmental Sanitation (unit)	地区名称 Name of Regions
		0.44	0.44			21		4	萨迦县
		0.25	0.25			18		20	岗巴县
		0.91	0.91			15	10	22	拉孜县
		0.91	0.91			26		12	江孜县
		0.50	0.50			12		8	定日县
		0.44	0.44			21		24	南木林县
		0.38	0.38			16		12	昂仁县
		0.55	0.55			18		3	白朗县
		0.30	0.30			35		4	仁布县
		0.21	0.21			8		3	左贡县
		0.37	0.37			9		7	丁青县
		0.50	0.50			11	9	33	八宿县
		0.65	0.65			10	10	5	江达县
		0.73	0.73					3	洛隆县
		0.25	0.25			6	2	10	察雅县
		0.42	0.42			12		6	贡觉县
		0.25	0.25			29		4	边坝县
		0.37	0.37			9		6	类乌齐县
		0.75	0.75					8	芒康县
		0.22	0.22			11		4	朗　县
		0.34	0.34			9	7	6	墨脱县
		0.30	0.30			12	5	7	工布江达县
		0.30	0.30			9		3	察隅县
		0.63	0.63			3		9	波密县
		0.42	0.42			8		18	米林县
		0.10	0.10			14		8	错那县
		0.44	0.44					6	浪卡子县
		0.91	0.91			5	5	3	贡嘎县
		0.33	0.33			11	7	9	加查县
		0.46	0.46			2		8	桑日县
		0.33	0.33			4	4	3	洛扎县
		0.25	0.25			8		5	琼结县
		0.35	0.35			6		2	措美县
		0.38	0.38			9		15	扎囊县
		0.12	0.12			8		13	曲松县
		0.27	0.27			113	113	3	隆子县
		0.44	0.44			40	40	13	聂荣县
		0.07	0.07						双湖县
		0.19	0.19			14		10	嘉黎县

11-2 续表 33

地区名称 Name of Regions	道路清扫保洁面积(万平方米) Surface Area of Roads Cleaned and Maintained ($10,000m^2$)	机械化 Mechanization	生活垃圾 清运量(万吨) Collected and Transported (10,000 ton)	处理量(万吨) Volume of Treated (10,000 ton)	无害化处理厂(场)数(座) Number of Harmless Treatment Plants/Grounds (unit)	卫生填埋 Sanitary Landfill	焚烧 Incineration	其他 other	无害化处理能力(吨/日) Harmless Treatment Capacity (ton/day)	卫生填埋 Sanitary Landfill
比如县	9		1.53	1.53						
尼玛县	7		0.23	0.23	1	1			6	6
巴青县	15	9	0.35	0.30	1	1			15	15
申扎县	1		0.35	0.33	1	1			10	10
安多县	7		0.21	0.21	1	1			6	6
索　县	7		0.43	0.42						
班戈县	9		0.47	0.44	1	1			12	12
革吉县	2		0.20	0.20	1	1			6	6
札达县	10		0.30	0.30	1	1			20	20
日土县	9		0.20	0.19	1	1			9	9
改则县	8		0.20	0.20	1	1			14	14
葛尔县	110		2.13	2.13	2	2			125	125
普兰县	9		0.33	0.32	1	1			70	70
措勤县	10		0.44	0.44	1	1			12	12
陕　西	**7065**	**5049**	**223.08**	**220.13**	**70**	**68**	**2**		**9278**	**8378**
蓝田县	141	75	3.64	3.55						
周至县	143	102	3.40	3.40	1	1			245	245
宜君县	31	21	0.81	0.81	1	1			50	50
凤翔县	130	90	4.73	4.68	1	1			150	150
岐山县	109	81	2.49	2.49	1	1			300	300
扶风县	131	112	3.72	3.72	1	1			110	110
眉　县	81	50	3.83	3.82	1	1			100	100
陇　县	94	66	3.46	3.45	1	1			95	95
千阳县	47	37	1.91	1.91	1	1			150	150
麟游县	42	26	1.70	1.70	1	1			50	50
凤　县	41	32	1.25	1.25	1	1			51	51
太白县	39	35	0.57	0.57	1	1			31	31
三原县	136	110	6.03	6.02	1	1			285	285
泾阳县										
乾　县	187	156	4.92	4.87	1	1			203	203
礼泉县	180	90	3.57	3.56	1	1			210	210
永寿县	138	127	2.32	2.29	1	1			80	80
长武县	91	56	2.21	2.21	1	1			100	100
旬邑县	41	35	1.57	1.53	1	1			60	60
淳化县	48	34	1.45	1.43	1	1			100	100
武功县	122	115	3.82	3.77	1	1			150	150
潼关县	96	93	2.61	2.61	1	1			65	65
大荔县	255	230	4.45	4.45	1	1			220	220
合阳县	115	76	1.83	1.83	1	1			165	165

continued

Domestic Garbage						公共厕所		市容卫生专用车辆设备总数(辆) Number of Vehicles and Equipment Designated for Municipal Environmental Sanitation (unit)	地区名称 Name of Regions
焚烧 Incineration	其他 other	无害化处理量(万吨) Volume of Harmlessly Treated (10,000 ton)	卫生填埋 Sanitary Landfill	焚烧 Incineration	其他 other	(座) Number of Latrines (unit)	三类以上 Grade Ⅲ and Above		
						12		8	比如县
		0.23	0.23			42		18	尼玛县
		0.30	0.30			24		10	巴青县
		0.33	0.33			24		9	申扎县
		0.21	0.21						安多县
		0.42	0.42			10	10	3	索　县
		0.44	0.44			29		9	班戈县
		0.20	0.20			15		5	革吉县
		0.30	0.30			19		33	札达县
		0.19	0.19			17		9	日土县
		0.20	0.20			50		8	改则县
		2.13	2.13			48		15	葛尔县
		0.32	0.32			64		4	普兰县
		0.44	0.44			39		9	措勤县
900		**216.57**	**210.62**	**5.83**	**0.12**	**2749**	**1896**	**2763**	**陕　西**
						273	75	24	蓝田县
		3.40	3.40			24		31	周至县
		0.81	0.69		0.12	7	7	11	宜君县
		4.68	4.68			40	19	11	凤翔县
		2.49	2.49			21		25	岐山县
		3.72	3.72			28	28	24	扶风县
		3.82	3.82			36	23	33	眉　县
		3.45	3.45			36	8	28	陇　县
		1.91	1.91			25	20	8	千阳县
		1.70	1.70			14	5	14	麟游县
		1.25	1.25			18	17	12	凤　县
		0.57	0.57			17		15	太白县
		6.02	6.02			68	68	35	三原县
									泾阳县
		4.87	4.87			73	62	57	乾　县
		3.56	3.56			51	51	338	礼泉县
		2.29	2.29			19	19	18	永寿县
		2.21	2.21			18	18	18	长武县
		1.53	1.53			18		12	旬邑县
		1.43	1.43			17	8	13	淳化县
		3.77	3.77			46	44	100	武功县
		2.61	2.61			42	42	53	潼关县
		4.45	4.45			88	27	131	大荔县
		1.83	1.83			36	30	49	合阳县

11-2 续表 34

地区名称 Name of Regions	道路清扫保洁面积(万平方米) Surface Area of Roads Cleaned and Maintained (10,000m²)	机械化 Mechanization	生活垃圾 清运量(万吨) Collected and Transported (10,000 ton)	处理量(万吨) Volume of Treated (10,000 ton)	无害化处理厂(场)数(座) Number of Harmless Treatment Plants/Grounds (unit)	卫生填埋 Sanitary Landfill	焚烧 Incineration	其他 other	无害化处理能力(吨/日) Harmless Treatment Capacity (ton/day)	卫生填埋 Sanitary Landfill
澄城县	244	188	5.23	5.23	1	1			200	200
蒲城县	334	204	8.58	8.58	1	1			300	300
白水县	120	116	2.24	2.23	1	1			90	90
富平县	289	263	6.92	6.74	2	1	1		789	189
延长县	46	39	2.39	2.32	1	1			85	85
延川县	36	22	2.80	2.73	1	1			110	110
志丹县	117	74	2.80	2.70	1	1			85	85
吴起县	95	76	3.27	3.26	1	1			100	100
甘泉县	42	21	1.96	1.90	1	1			78	78
富　县	52	44	2.12	2.05	1	1			60	60
洛川县	67	53	3.52	3.46	1	1			100	100
宜川县	60	42	2.52	2.45	1	1			67	67
黄龙县	48	29	0.84	0.82	1	1			43	43
黄陵县	74	48	1.90	1.86	1	1			60	60
城固县	145	118	6.81	6.81	1	1			320	320
洋　县	103	92	4.83	4.83	1		1		300	
西乡县	110	64	4.66	4.66	1	1			140	140
勉　县	181	137	5.59	5.59	1	1			175	175
宁强县	110	85	2.21	2.21	1	1			130	130
略阳县	26	20	2.68	2.68	1	1			80	80
镇巴县	34	27	1.61	1.61	1	1			70	70
留坝县	23	18	0.61	0.61	1	1			30	30
佛坪县	22	19	0.32	0.32	1	1			75	75
府谷县	73	44	7.21	6.32	1	1			180	180
靖边县	298	180	10.19	10.01	1	1			300	300
定边县	357	217	6.22	6.22	1	1			309	309
绥德县	137	75	5.02	4.97	1	1			194	194
米脂县	101	62	2.26	2.14	1	1			100	100
佳　县	42	26	1.07	1.03	1	1			40	40
吴堡县	64	41	1.41	1.36	1	1			50	50
清涧县	57	37	1.94	1.92	1	1			53	53
子洲县	45	17	1.60	1.55	1	1			65	65
汉阴县	120	90	4.74	4.74	1	1			180	180
石泉县	75	71	2.96	2.96	1	1			100	100
宁陕县	15	10	0.97	0.96	1	1			100	100
紫阳县	76	2	2.17	2.17	1	1			100	100
岚皋县	49	35	2.53	2.53	1	1			72	72
平利县	34	28	2.47	2.45	1	1			60	60
镇坪县	19	17	0.66	0.66	1	1			30	30

continued

Domestic Garbage						公共厕所		市容卫生专用车辆设备总数(辆)	地区名称
		无害化处理量(万吨)				(座)	三 类 以 上	Number of Vehicles and Equipment Designated for Municipal Environmental Sanitation	
焚 烧	其 他		卫 生 填 埋	焚 烧	其 他				
Incineration	other	Volume of Harmlessly Treated (10,000 ton)	Sanitary Landfill	Incineration	other	Number of Latrines (unit)	Grade Ⅲ and Above	(unit)	Name of Regions
		5.23	5.23			31	14	53	澄城县
		8.58	8.58			63	63	60	蒲城县
		2.23	2.23			19	19	28	白水县
600		6.74	5.74	1.00		59	59	93	富平县
		2.32	2.32			30	30	16	延长县
		2.73	2.73			40	22	19	延川县
		2.70	2.70			46	46	31	志丹县
		3.26	3.26			31	31	49	吴起县
		1.90	1.90			18	18	8	甘泉县
		2.05	2.05			31	20	18	富　县
		3.46	3.46			22	22	41	洛川县
		2.45	2.45			32	25	43	宜川县
		0.82	0.82			24	24	31	黄龙县
		1.86	1.86			27	27	26	黄陵县
		6.81	6.81			71	33	50	城固县
300		4.83		4.83		44	44	30	洋　县
		4.66	4.66			30	30	27	西乡县
		5.59	5.59			45	35	29	勉　县
		2.21	2.21			35	21	26	宁强县
		2.68	2.68			37	34	24	略阳县
		1.61	1.61			21	21	18	镇巴县
		0.61	0.61			14	11	50	留坝县
		0.32	0.32			16	7	14	佛坪县
		6.32	6.32			108		68	府谷县
		10.01	10.01			75	58	135	靖边县
		6.22	6.22			80	80	199	定边县
		4.97	4.97			41	41	67	绥德县
		2.14	2.14			15	11	6	米脂县
		1.03	1.03			24	24	14	佳　县
		1.36	1.36			30		23	吴堡县
		1.92	1.92			55	44	13	清涧县
		1.55	1.55			26	24	23	子洲县
		4.74	4.74			40	40	29	汉阴县
		2.96	2.96			45	45	14	石泉县
		0.96	0.96			23	23	113	宁陕县
		2.17	2.17			37	13	13	紫阳县
		2.53	2.53			27		15	岚皋县
		2.45	2.45			42		20	平利县
		0.66	0.66			6	6	13	镇坪县

11-2 续表 35

地区名称 Name of Regions	道路清扫保洁面积（万平方米） Surface Area of Roads Cleaned and Maintained (10,000m^2)		生活垃圾							
		机械化 Mechanization	清运量（万吨） Collected and Transported (10,000 ton)	处理量（万吨） Volume of Treated (10,000 ton)	无害化处理厂(场)数（座） Number of Harmless Treatment Plants/Grounds (unit)	卫生填埋 Sanitary Landfill	焚烧 Incineration	其他 other	无害化处理能力（吨／日） Harmless Treatment Capacity (ton/day)	卫生填埋 Sanitary Landfill
旬阳县	91	59	5.14	5.14	1	1			150	150
白河县	45	17	1.56	1.56	1	1			90	90
洛南县	94	48	4.89	4.77	1	1			140	140
丹凤县	85	50	3.31	3.31	1	1			90	90
商南县	135	120	3.23	3.23	1	1			128	128
山阳县	136	80	4.18	3.93	1	1			100	100
镇安县	46	29	2.99	2.99	1	1			90	90
柞水县	56	47	1.65	1.65	1	1			100	100
甘　肃	**5609**	**4278**	**189.77**	**189.14**	**65**	**63**	**1**	**1**	**6044**	**5820**
永登县	100	74	4.55	4.55	1	1			300	300
皋兰县	60	48	3.00	2.80	1	1			75	75
榆中县	181	156	6.94	6.90	1	1			190	190
永昌县	102	100	3.83	3.83	1	1			235	235
靖远县	80	49	4.32	4.32						
会宁县	195	118	6.48	6.48	1	1			180	180
景泰县	107	80	3.84	3.84	1		1		104	
清水县	93	56	2.20	2.20	1	1			48	48
秦安县	90	69	5.35	5.35	1	1			146	146
甘谷县	156	133	5.79	5.79	1	1			130	130
武山县	86	70	4.85	4.85	1	1			85	85
张家川回族自治县	46	42	2.22	2.22	1	1			100	100
民勤县	143	135	2.56	2.56	1	1			84	84
古浪县	73	64	1.99	1.99	1	1			80	80
天祝藏族自治县	100	75	3.18	3.18	1	1			94	94
肃南县	17	13	0.39	0.39	1	1			21	21
民乐县	57	43	2.00	2.00	1	1			150	150
临泽县	67	47	2.53	2.53	2	1		1	162	42
高台县	57	46	2.46	2.46	1	1			80	80
山丹县	153	131	2.83	2.83	1	1			68	68
泾川县	84	55	2.95	2.95	1	1			49	49
灵台县	76	59	1.59	1.59	1	1			61	61
崇信县	67	60	1.59	1.59	1	1			55	55
庄浪县	105	84	2.13	2.13	1	1			135	135
静宁县	151	124	2.74	2.74	1	1			140	140
金塔县	195	154	4.24	4.24	1	1			116	116
瓜州县	175	133	2.38	2.38	1	1			70	70
肃北蒙古族自治县	43	36	0.38	0.38	1	1			20	20

continued

Domestic Garbage						公共厕所		市容卫生专用车辆设备总数(辆)	地区名称
焚 烧 Incinera-tion	其 他 other	无害化处理量(万吨) Volume of Harm-lessly Treated (10,000 ton)	卫 生 填 埋 Sanitary Landfill	焚 烧 Incinera-tion	其 他 other	(座) Number of Latrines (unit)	三 类 以 上 Grade Ⅲ and Above	Number of Vehicles and Equipment Designated for Municipal Environmental Sanitation (unit)	Name of Regions
		5.14	5.14			63	57	24	旬阳县
		1.56	1.56			22	22	12	白河县
		4.77	4.77			37	37		洛南县
		3.31	3.31			27	27	21	丹凤县
		3.23	3.23			18	18	31	商南县
		3.93	3.93			52	52	27	山阳县
		2.99	2.99			35	30	21	镇安县
		1.65	1.65			20	17	18	柞水县
104	**120**	**189.14**	**179.89**	**8.16**	**1.08**	**1382**	**827**	**1811**	**甘　肃**
		4.55	4.55			21	3	19	永登县
		2.80	2.80			11	2	19	皋兰县
		6.90	6.90			20	20	74	榆中县
		3.83	3.83			42	42	18	永昌县
		4.32		4.32		25		38	靖远县
		6.48	6.48			16	16	57	会宁县
104		3.84		3.84		43	17	60	景泰县
		2.20	2.20			29	21	33	清水县
		5.35	5.35			24	8	6	秦安县
		5.79	5.79			19	8	38	甘谷县
		4.85	4.85			17		19	武山县
		2.22	2.22			18	6	18	张家川回族自治县
		2.56	2.56			37	37	59	民勤县
		1.99	1.99			25	25	49	古浪县
		3.18	3.18			29		38	天祝藏族自治县
		0.39	0.39			18	18	6	肃南县
		2.00	2.00			30	7	42	民乐县
	120	2.53	1.44		1.08	37	37	24	临泽县
		2.46	2.46			47	47	15	高台县
		2.83	2.83			32	25	24	山丹县
		2.95	2.95			18	13	19	泾川县
		1.59	1.59			19	19	40	灵台县
		1.59	1.59			16	16	17	崇信县
		2.13	2.13			18		35	庄浪县
		2.74	2.74			34	26	46	静宁县
		4.24	4.24			24	13	100	金塔县
		2.38	2.38			48	48	11	瓜州县
		0.38	0.38			15	15	92	肃北蒙古族自治县

11-2 续表 36

地区名称 Name of Regions	道路清扫保洁面积(万平方米) Surface Arca of Roads Cleaned and Maintained ($10,000m^2$)	机械化 Mechanization	生活垃圾 清运量(万吨) Collected and Transported (10,000 ton)	处理量(万吨) Volume of Treated (10,000 ton)	无害化处理厂(场)数(座) Number of Harmless Treatment Plants/Grounds (unit)	卫生填埋 Sanitary Landfill	焚烧 Incineration	其他 other	无害化处理能力(吨/日) Harmless Treatment Capacity (ton/day)	卫生填埋 Sanitary Landfill
阿克塞哈萨克族自治县	70	56	1.20	1.20	1	1			33	33
庆城县	61	60	2.93	2.93	1	1			126	126
环　县	140	130	4.75	4.75	1	1			123	123
华池县	58	41	1.20	1.20	1	1			85	85
合水县	103	71	3.10	3.10	1	1			85	85
正宁县	111	80	1.68	1.59	1	1			52	52
宁　县	53	46	1.19	1.10	1	1			60	60
镇原县	93	77	1.66	1.66	1	1			105	105
通渭县	110	78	3.02	3.02	1	1			98	98
陇西县	250	220	10.10	10.10	1	1			400	400
渭源县	110	68	1.62	1.62	1	1			50	50
临洮县	220	143	6.57	6.57	1	1			180	180
漳　县	34	21	1.83	1.83	1	1			55	55
岷　县	82	34	3.91	3.91	1	1			150	150
成　县	68	46	5.62	5.62	1	1			120	120
文　县	19	14	1.42	1.42	1	1			40	40
宕昌县	45	31	1.53	1.53	1	1			44	44
康　县	28	16	1.62	1.62	1	1			45	45
西和县	126	76	4.97	4.97	1	1			100	100
礼　县	103	72	2.74	2.74	1	1			47	47
徽　县	78	70	4.75	4.75	1	1			110	110
两当县	59	36	0.58	0.58	1	1			37	37
临夏县	92	78	1.30	1.30	1	1			105	105
康乐县	84	55	6.57	6.38	1	1			47	47
永靖县	135	98	3.88	3.88	1	1			150	150
广河县	76	50	1.98	1.98	1	1			49	49
和政县	71	65	1.86	1.86	1	1			41	41
东乡县	17	4	1.46	1.46	1	1			50	50
积石山县	43	38	3.66	3.66	1	1			80	80
临潭县	9	5	3.58	3.58	1	1			98	98
卓尼县	60	48	1.46	1.46	1	1			40	40
舟曲县	52	38	1.49	1.48	2	2			59	59
迭部县	17	14	1.50	1.50	1	1			41	41
玛曲县	45	28	1.04	1.02	1	1			75	75
碌曲县	13	11	0.54	0.54	1	1			27	27
夏河县	18	12	2.20	2.20	1	1			60	60
青　海	**2093**	**1108**	**56.97**	**54.30**	**29**	**29**			**1822**	**1822**
大通县	118	42	11.38	10.51	1	1			311	311

continued

Domestic Garbage						公共厕所		市容卫生专用车辆设备总数(辆) Number of Vehicles and Equipment Designated for Municipal Environmental Sanitation (unit)	地区名称 Name of Regions
焚烧 Incineration	其他 other	无害化处理量(万吨) Volume of Harmlessly Treated (10,000 ton)	卫生填埋 Sanitary Landfill	焚烧 Incineration	其他 other	(座) Number of Latrines (unit)	三类以上 Grade Ⅲ and Above		
		1.20	1.20			12	12	14	阿克塞哈萨克族自治县
		2.93	2.93			31	14	12	庆城县
		4.75	4.75			26	22	33	环　县
		1.20	1.20			38	23	19	华池县
		3.10	3.10			20	15	18	合水县
		1.59	1.59			13	12	17	正宁县
		1.10	1.10			15	2	11	宁　县
		1.66	1.66			15	4	19	镇原县
		3.02	3.02			15	7	25	通渭县
		10.10	10.10			22	17	90	陇西县
		1.62	1.62			13		31	渭源县
		6.57	6.57			27	5	44	临洮县
		1.83	1.83			10	10	6	漳　县
		3.91	3.91			26	5	28	岷　县
		5.62	5.62			34		34	成　县
		1.42	1.42			12	4	5	文　县
		1.53	1.53			19	19	20	宕昌县
		1.62	1.62			16		6	康　县
		4.97	4.97			16	14	41	西和县
		2.74	2.74			42	30	24	礼　县
		4.75	4.75			18	18	24	徽　县
		0.58	0.58			12	12	16	两当县
		1.30	1.30			34		38	临夏县
		6.38	6.38			24		20	康乐县
		3.88	3.88			37	37	24	永靖县
		1.98	1.98			10	10	34	广河县
		1.86	1.86			9	7	18	和政县
		1.46	1.46			12		6	东乡县
		3.66	3.66			6		5	积石山县
		3.58	3.58			5	5	8	临潭县
		1.46	1.46			10		14	卓尼县
		1.48	1.48			16	13	15	舟曲县
		1.50	1.50			10	10	5	迭部县
		1.02	1.02			6		26	玛曲县
		0.54	0.54			4		10	碌曲县
		2.20	2.20			15	11	35	夏河县
		52.17	**52.17**			**628**	**102**	**640**	**青　海**
		10.51	10.51			21	21	24	大通县

11-2 续表 37

地区名称 Name of Regions	道路清扫保洁面积（万平方米） Surface Area of Roads Cleaned and Maintained (10,000m²)	机械化 Mechanization	生活垃圾 清运量（万吨） Collected and Transported (10,000 ton)	处理量（万吨） Volume of Treated (10,000 ton)	无害化处理厂(场)数（座） Number of Harmless Treatment Plants/ Grounds (unit)	卫生填埋 Sanitary Landfill	焚烧 Incineration	其他 other	无害化处理能力（吨／日） Harmless Treatment Capacity (ton/day)	卫生填埋 Sanitary Landfill
湟源县	71	36	3.48	3.24	1	1			120	120
民和县	199	171	5.72	5.49	1	1			170	170
互助县	212	158	4.22	4.04	1	1			150	150
化隆县	76	11	1.38	1.30	1	1			25	25
循化县	53	49	2.33	2.27	1	1			82	82
门源县	40	8			1	1			76	76
祁连县	67	22	1.56	1.50	1	1			47	47
海晏县	130	47	0.77	0.74	1	1			20	20
刚察县	18		0.66	0.64	1	1			22	22
西海镇	40	18	0.71	0.69	1	1			82	82
尖扎县	14	2	0.86	0.84	1	1			40	40
泽库县	15	6	0.46	0.44	1	1			25	25
河南县	19	8	0.65	0.65	1	1			20	20
共和县	210	126	2.73	2.64	1	1			55	55
同德县	50	32	2.46	2.40	1	1			68	68
贵德县	105	70	3.89	3.73	1	1			174	174
兴海县	35	32	1.54	1.44	1	1			25	25
贵南县	63	38	1.94	1.82	1	1			23	23
班玛县	14		0.31	0.31						
久治县	32	6	0.23	0.23						
甘德县	32	20	0.20	0.20						
玛沁县	75	65	1.55	1.55	1	1			65	65
达日县	12	6	0.30	0.25						
玛多县	12		0.21	0.21	1	1			8	8
杂多县	15		1.18	1.15						
称多县	5		0.76	0.73	1	1			25	25
治多县	19		1.05	0.97	1	1			35	35
囊谦县	30		1.46	1.44	1	1			25	25
曲麻莱县	9	8	0.85	0.83	1	1			25	25
乌兰县	20		0.62	0.59	1	1			20	20
都兰县	155	59	0.78	0.76	1	1			23	23
天峻县	102	47	0.22	0.20	1	1			17	17
大柴旦行委	27	20	0.52	0.52	1	1			44	44
宁　夏	**3136**	**2220**	**49.28**	**49.07**	**12**	**12**			**1197**	**1197**
永宁县	69	65	5.41	5.41	1	1			19	19
贺兰县	518	481	6.59	6.59						
平罗县	449	304	5.48	5.48	1	1			150	150
盐池县	313	260	3.00	3.00	1	1			83	83
同心县	262	174	4.21	4.21	1	1			130	130

continued

Domestic Garbage						公共厕所		市容卫生专用车辆设备总数	
焚烧 Incineration	其他 other	无害化处理量(万吨) Volume of Harmlessly Treated (10,000 ton)	卫生填埋 Sanitary Landfill	焚烧 Incineration	其他 other	(座) Number of Latrines (unit)	三类以上 Grade Ⅲ and Above	(辆) Number of Vehicles and Equipment Designated for Municipal Environmental Sanitation (unit)	地区名称 Name of Regions
		3.24	3.24			30		55	湟源县
		5.49	5.49			18		39	民和县
		4.04	4.04			38	25	45	互助县
		1.30	1.30			18		27	化隆县
		2.27	2.27			12		20	循化县
						33	20	15	门源县
		1.50	1.50			8		9	祁连县
		0.74	0.74			9		12	海晏县
		0.64	0.64			32	1	5	刚察县
		0.69	0.69			8	4	6	西海镇
		0.84	0.84			5		11	尖扎县
		0.44	0.44			15		10	泽库县
		0.65	0.65			16		17	河南县
		2.64	2.64			29		16	共和县
		2.40	2.40			14	14	13	同德县
		3.73	3.73			40		38	贵德县
		1.44	1.44			18		12	兴海县
		1.82	1.82			19		9	贵南县
						13		4	班玛县
						9		5	久治县
						9		43	甘德县
		1.55	1.55			30		43	玛沁县
						27		20	达日县
		0.21	0.21			8	3	17	玛多县
						2		3	杂多县
		0.73	0.73			7		6	称多县
		0.97	0.97			89		18	治多县
		1.44	1.44			2	2	5	囊谦县
		0.83	0.83			5	5	7	曲麻莱县
		0.59	0.59			11		10	乌兰县
		0.76	0.76			14		3	都兰县
		0.20	0.20			5		15	天峻县
		0.52	0.52			14	7	58	大柴旦行委
		49.07	**37.39**	**11.67**		**417**	**266**	**525**	**宁 夏**
		5.41	0.33	5.08		42	42	79	永宁县
		6.59		6.59		35	35	46	贺兰县
		5.48	5.48			50	9	47	平罗县
		3.00	3.00			55	54	47	盐池县
		4.21	4.21			25	25	78	同心县

11-2 续表 38

地区名称 Name of Regions	道路清扫保洁面积(万平方米) Surface Area of Roads Cleaned and Maintained ($10,000m^2$)	机械化 Mechanization	生活垃圾 清运量(万吨) Collected and Transported (10,000 ton)	处理量(万吨) Volume of Treated (10,000 ton)	无害化处理厂(场)数(座) Number of Harmless Treatment Plants/Grounds (unit)	卫生填埋 Sanitary Landfill	焚烧 Incineration	其他 other	无害化处理能力(吨/日) Harmless Treatment Capacity (ton/day)	卫生填埋 Sanitary Landfill
红寺堡区	196	157	1.72	1.72	1	1			70	70
西吉县	188	102	4.89	4.89	1	1			135	135
隆德县	78	76	1.94	1.94	1	1			60	60
泾源县	68	44	1.40	1.30	1	1			100	100
彭阳县	298	154	3.67	3.67	1	1			70	70
中宁县	268	233	6.39	6.39	1	1			200	200
海原县	428	170	4.58	4.47	2	2			180	180
新　疆	**8263**	**5185**	**167.82**	**166.58**	**60**	**59**	**1**		**6198**	**5598**
鄯善县	175	99	3.51	3.51	1	1			100	100
托克逊县	114	70	2.50	2.50	1	1			115	115
巴里坤哈萨克自治县	64	42	0.74	0.74	1	1			75	75
伊吾县	51	32	0.34	0.34	1	1			15	15
呼图壁县	213	150	2.45	2.45	1	1			130	130
玛纳斯县	240	196	2.74	2.74	1	1			110	110
奇台县	267	214	4.66	4.66	1	1			130	130
吉木萨尔县	102	74	2.68	2.68	1	1			100	100
木垒哈萨克自治县	152	83	1.98	1.98						
精河县	96	89	1.83	1.83	1	1			50	50
温泉县	5	4	0.39	0.39	1	1			30	30
轮台县	150	91	2.56	2.53	1	1			70	70
尉犁县	86	75	1.98	1.97	1	1			45	45
若羌县	115	93	1.21	1.19	1	1			44	44
且末县	30	19	1.63	1.63	1	1			90	90
焉耆回族自治县	44	35	1.81	1.81	1	1			100	100
和静县	134	60	2.19	2.16	1	1			60	60
和硕县	88	67	1.52	1.50	1	1			35	35
博湖县	32	22	0.82	0.81	1	1			48	48
温宿县	252	85	3.04	3.04	1	1			95	95
沙雅县	150	80	3.36	3.36	1	1			100	100
新和县	121	42	3.32	3.32	1	1			100	100
拜城县	142	131	3.20	3.20	1	1			90	90
乌什县	54		1.45	1.45	1	1			50	50
阿瓦提县	120	26	1.94	1.94	1	1			110	110
柯坪县	18		1.54	1.54	1	1			25	25
阿克陶县	71	63	2.20	2.20	1	1			60	60
阿合奇县	24	6	0.81	0.79						
乌恰县	26	17	0.84	0.84	1	1			43	43

continued

Domestic Garbage						公共厕所		市容卫生专用车辆设备总数(辆) Number of Vehicles and Equipment Designated for Municipal Environmental Sanitation (unit)	地区名称 Name of Regions
焚烧 Incinera-tion	其他 other	无害化处理量(万吨) Volume of Harm-lessly Treated (10,000 ton)	卫生填埋 Sanitary Landfill	焚烧 Incinera-tion	其他 other	(座) Number of Latrines (unit)	三类以上 Grade Ⅲ and Above		
		1.72	1.72			26		32	红寺堡区
		4.89	4.89			25		30	西吉县
		1.94	1.94			22	22	31	隆德县
		1.30	1.30			23	13	27	泾源县
		3.67	3.67			39	39	49	彭阳县
		6.39	6.39			27	27	38	中宁县
		4.47	4.47			48		21	海原县
600		**163.95**	**157.90**	**6.05**		**1291**	**729**	**2263**	**新　疆**
		3.51	3.51			43	12	37	鄯善县
		2.50	2.50			27		28	托克逊县
		0.74	0.74			11	7	28	巴里坤哈萨克自治县
		0.34	0.34			12	12	12	伊吾县
		2.45	2.45			42	42	78	呼图壁县
		2.74	2.74			43	43	68	玛纳斯县
		4.66	4.66			32	32	100	奇台县
		2.68	2.68			40	40	95	吉木萨尔县
		1.98	1.98			15		42	木垒哈萨克自治县
		1.83	1.83			20		35	精河县
		0.39	0.39			22	8	34	温泉县
		2.53	2.53			31	22	26	轮台县
		1.97	1.97			15		31	尉犁县
		1.19	1.19			8	7	24	若羌县
		1.63	1.63			4		35	且末县
		1.81	1.81			17	17	23	焉耆回族自治县
		2.16	2.16			52	50	32	和静县
		1.50	1.50			19	19	21	和硕县
		0.81	0.81			13	11	36	博湖县
		3.04	3.04			20	15	126	温宿县
		3.36	3.36			43	34	15	沙雅县
		3.32	3.32			20	8	12	新和县
		3.20	3.20			42	42	36	拜城县
		1.45	1.45			15		7	乌什县
		1.94	1.94			19		28	阿瓦提县
		1.54	1.54			12	1	6	柯坪县
		2.20	2.20			16	16	45	阿克陶县
						13	7	14	阿合奇县
		0.84	0.84			42		11	乌恰县

11-2 续表 39

地区名称 Name of Regions	道路清扫保洁面积(万平方米) Surface Area of Roads Cleaned and Maintained ($10,000m^2$)	机械化 Mechanization	生活垃圾 清运量(万吨) Collected and Transported (10,000 ton)	处理量(万吨) Volume of Treated (10,000 ton)	无害化处理厂(场)数(座) Number of Harmless Treatment Plants/Grounds (unit)	卫生填埋 Sanitary Landfill	焚烧 Incineration	其他 other	无害化处理能力(吨/日) Harmless Treatment Capacity (ton/day)	卫生填埋 Sanitary Landfill
疏附县	76	9	2.74	2.74	1	1			150	150
疏勒县	152	92	3.59	3.57	1	1			150	150
英吉沙县	200	120	2.20	2.12	1	1			90	90
泽普县	133	62	2.65	2.65	1	1			100	100
莎车县	664	400	12.75	12.08	2	1	1		995	395
叶城县	250	150	4.59	4.59	1	1			196	196
麦盖提县	137	80	3.40	3.40	1	1			170	170
岳普湖县	180	117	3.29	3.29	1	1			45	45
伽师县	101	60	3.47	3.33	1	1			198	198
巴楚县	270	164	2.80	2.80	1	1			125	125
塔什库尔干塔吉克自治县	66	40	0.91	0.91						
和田县										
墨玉县	184	86	4.02	4.02						
皮山县	83	51	1.72	1.71	1	1			80	80
洛浦县	42	24	1.65	1.65						
策勒县	28	10	1.85	1.85	1	1			58	58
于田县	60	2	2.60	2.60	1	1			100	100
民丰县	37	14	0.94	0.93						
伊宁县	578	347	7.30	7.30	1	1			200	200
察布查尔县	180	100	2.84	2.84	1	1			60	60
霍城县	210	150	4.67	4.67	1	1			200	200
巩留县	125	84	4.20	4.20	1	1			100	100
新源县	182	118	5.00	5.00	1	1			200	200
昭苏县	75	48	2.60	2.60	1	1			80	80
特克斯县	100	95	2.24	2.24	1	1			95	95
尼勒克县	134	87	3.19	3.19	1	1			120	120
额敏县	185	165	2.40	2.40	1	1			88	88
沙湾县	155	116	4.90	4.90	1	1			134	134
托里县	110	80	2.30	2.30	1	1			64	64
裕民县	61	36	2.10	2.10	1	1			50	50
和布克赛尔蒙古自治县	42	30	0.82	0.80	1	1			22	22
布尔津县	58	50	1.45	1.45	1	1			38	38
富蕴县	55	50	2.34	2.34	1	1			65	65
福海县	68	48	1.25	1.22	1	1			60	60
哈巴河县	72	68	1.60	1.58	1	1			55	55
青河县	34	29	1.34	1.34	1	1			40	40
吉木乃县	41	40	0.90	0.80	1	1			50	50

continued

焚烧 Incineration	其他 other	无害化处理量 (万吨) Volume of Harmlessly Treated (10,000 ton)	卫生填埋 Sanitary Landfill	焚烧 Incineration	其他 other	公共厕所 (座) Number of Latrines (unit)	三类以上 Grade Ⅲ and Above	市容卫生专用车辆设备总数 (辆) Number of Vehicles and Equipment Designated for Municipal Environmental Sanitation (unit)	地区名称 Name of Regions
Domestic Garbage									
		2.74	2.74			16	16	21	疏附县
		3.57	3.57			13	8	11	疏勒县
		2.12	2.12			18	10	11	英吉沙县
		2.65	2.55	0.10		10	8	33	泽普县
600		12.08	12.08			13	2	27	莎车县
		4.59	4.47	0.12		34	34	52	叶城县
		3.40	3.24	0.16		8	8	17	麦盖提县
		3.29	3.29			10	1	20	岳普湖县
		3.33	3.33			31	18	14	伽师县
		2.80	2.80			18		53	巴楚县
						24	24	26	塔什库尔干塔吉克自治县
									和田县
		4.02		4.02		30	23	37	墨玉县
		1.71	1.71			7		11	皮山县
		1.65		1.65		15		14	洛浦县
		1.85	1.85			10		15	策勒县
		2.60	2.60			7	3	14	于田县
						5		34	民丰县
		7.30	7.30			8		54	伊宁县
		2.84	2.84			14	14	19	察布查尔县
		4.67	4.67			18	10	34	霍城县
		4.20	4.20			39		55	巩留县
		5.00	5.00			37	31	38	新源县
		2.60	2.60			5		19	昭苏县
		2.24	2.24			11		25	特克斯县
		3.19	3.19			10		57	尼勒克县
		2.40	2.40			18		18	额敏县
		4.90	4.90			31		40	沙湾县
		2.30	2.30					70	托里县
		2.10	2.10			6		25	裕民县
		0.80	0.80			8	8	19	和布克赛尔蒙古自治县
		1.45	1.45			30	30	57	布尔津县
		2.34	2.34			17		96	富蕴县
		1.22	1.22			23		21	福海县
		1.58	1.58			22	22	61	哈巴河县
		1.34	1.34			9	9	44	青河县
		0.80	0.80			8	5	16	吉木乃县

绿色生态数据

Data by Green Ecology

十二、县城园林绿化

12. County Seat Landscaping

简要说明

县城绿地指以自然植被和人工植被为主要存在形态的城市用地。它包含两个层次的内容：一是城市建设用地范围内用于绿化的土地；二是城市建设用地之外，对城市生态、景观和居民休闲生活具有积极作用、绿化环境较好的区域。

本部分主要反映县城的园林绿化情况，如绿化覆盖面积、园林绿地面积、公园面积等。

从 2006 年起，根据最新的《城市绿地分类标准》，不再统计公共绿地面积指标，改为公园绿地面积，比原公共绿地面积范围略大。

Brief Introduction

County seat green land refers to urban useable land covered by natural or planted vegetation. It has two implications: one refers to urban construction land specifically designated for landscaping, the other refers to green areas, which are non-construction land and play an active role in protecting urban ecology, and landscape and provide comfortable environment for the people.

This section includes main indicators such as green coverage area, area of green space, and area of park, etc.

Since 2006, according to the latest Standard on Category of Urban Green Space, area of public recreational green space instead of area of public green space is included in statistics.

12 全国历年县城园林绿化情况(2000-2020)
National County Seat Landscaping in Past Years(2000-2020)

计量单位：公顷 Measurement Unit: Hectare

年份 Year	建成区绿化覆盖面积 Built District Green Coverage Area	建成区绿地面积 Built District Area of Parks and Green Space	公园绿地面积 Area of Public Recreational Green Space	公园面积 Park Area	人均公园绿地面积(平方米) Public Recreational Green Space Per Capita (m^2)	建成区绿化覆盖率(%) Green Coverage Rate of Built District (%)	建成区绿地率(%) Green Space Rate of Built District (%)
2000	142667	85452	31807	15736	5.71	10.86	6.51
2001	138338	94803	35082	69829	3.88	13.24	9.08
2002	148214	102684	38378	73612	4.32	14.12	9.78
2003	169737	119884	44628	28930	4.83	15.27	10.79
2004	193274	137170	50997	33678	5.29	16.42	11.65
2005	210393	151859	56869	32830	5.67	16.99	12.26
2006	247318	185389	59244	39422	4.98	18.70	14.01
2007	288085	219780	70849	54488	5.63	20.20	15.41
2008	317981	249748	79773	51510	6.12	21.52	16.90
2009	365354	285850	92236	56015	6.89	23.48	18.37
2010	412730	330318	106872	67325	7.70	24.89	19.92
2011	465885	385636	121300	80850	8.46	26.81	22.19
2012	519812	436926	134057	85272	8.99	27.74	23.32
2013	566706	482823	144644	96630	9.47	29.06	24.76
2014	599348	520483	155083	105680	9.91	29.80	25.88
2015	617022	542249	163526	114093	10.47	30.78	27.05
2016	633304	559476	170700	122103	11.05	32.53	28.74
2017	686922	610268	185320	138776	11.86	34.60	30.74
2018	711680	631559	191699	146656	12.21	35.17	31.21
2019	757497	672684	207897	158584	13.10	36.64	32.54
2020	784249	700180	213017	167699	13.44	37.58	33.55

注：1.自2006年起，“公共绿地”统计为“公园绿地”。
2.自2006年起，“人均公共绿地面积”统计为以县城人口和县城暂住人口合计为分母计算的“人均公园绿地面积”，括号内数据约为与往年同口径数据。

Note: 1.Since 2006,Public Green Space is changed to Public Recreational Green Space.
2.Since 2006,Public recreational green space per capita has been calculated based on denominator which combines both permanent and temporary residents in county seat areas, and the data in brackets are the same index but calculated by the method of past years.

12-1 2020年按省分列的县城园林绿化
County Seat Landscaping by Province(2020)

计量单位：公顷　　Measurement Unit: Hectare

地区名称 Name of Regions	绿化覆盖面积 Green Coverage Area	建成区 Built District	绿地面积 Area of Parks and Green Space	建成区 Built District	公园绿地面积 Area of Public Recreational Green Space	公园个数(个) Number of Parks (unit)	门票免费 Free Parks	公园面积 Park Area
全　国	**975508**	**784249**	**834122**	**700180**	**213017**	**9624**	**9128**	**167699**
河　北	70387	58477	58687	52852	14390	1041	995	12520
山　西	32250	28911	27452	25580	7306	385	353	6545
内蒙古	48000	36596	44265	34057	10707	465	457	10167
辽　宁	7743	7304	5905	5540	2446	79	68	1834
吉　林	12151	8045	10253	7096	2239	59	58	1837
黑龙江	18701	16419	15802	14509	4875	213	189	3557
江　苏	49922	29886	41967	27877	7622	215	215	4839
浙　江	34078	26490	30906	23912	6963	461	457	4686
安　徽	73388	48531	60630	43439	12922	557	541	9900
福　建	29639	24430	26005	22323	7406	457	435	5578
江　西	52390	45285	45168	40814	13114	680	614	11490
山　东	79226	62513	66335	55866	16896	449	442	12576
河　南	73840	67006	63413	58451	17492	473	445	11524
湖　北	28543	21525	23743	18714	5570	267	251	4516
湖　南	57596	51886	50302	46244	13588	469	463	11320
广　东	27951	22498	21690	20098	7374	348	340	6716
广　西	32925	27110	27992	24032	7000	311	279	5860
海　南	6734	6501	4676	4586	507	49	42	378
重　庆	12253	7567	10759	6862	2893	136	134	2194
四　川	55526	50219	48752	45171	16443	509	493	11577
贵　州	48054	32709	43529	30147	9320	351	335	9892
云　南	31270	28197	27196	24882	6972	714	660	5763
西　藏	1173	1076	700	654	111	53	52	116
陕　西	30442	22665	24982	19933	5736	261	225	3266
甘　肃	17258	13149	14164	11446	4473	219	198	2794
青　海	5368	5184	4736	4392	877	43	35	266
宁　夏	8746	7411	7756	6799	2003	92	92	1922
新　疆	29955	26657	26356	23904	5771	268	260	4066

12-2 2020年按县分列的县城园林绿化
County Seat Landscaping by County(2020)

计量单位：公顷 Measurement Unit: Hectare

县名称 Name of Counties	绿化覆盖面积 Green Coverage Area	建成区 Built District	绿地面积 Area of Parks and Green Space	建成区 Built District	公园绿地面积 Area of Public Recreational Green Space	公园个数（个） Number of Parks (unit)	门票免费 Free Parks	公园面积 Park Area
全　国	**975508**	**784249**	**834122**	**700180**	**213017**	**9624**	**9128**	**167699**
河　北	**70387**	**58477**	**58687**	**52852**	**14390**	**1041**	**995**	**12520**
井陉县	628	452	420	420	149	13	13	149
正定县	1268	1108	1065	1024	458	16	16	382
行唐县	714	390	575	348	116	19	19	94
灵寿县	444	427	395	395	127	22	22	99
高邑县	475	378	376	351	77	4	4	35
深泽县	411	411	375	375	94	5	5	88
赞皇县	436	285	283	256	84	5	5	71
无极县	557	454	455	417	142	19	19	130
平山县	767	434	434	397	166	5	5	166
元氏县	642	546	496	496	131	15	15	156
赵　县	655	655	578	578	159	21	21	159
滦南县	1161	937	885	825	195	9	9	135
乐亭县	1033	812	737	734	215	9	9	215
迁西县	693	693	618	618	227	4	4	238
玉田县	1276	860	856	751	148	5	5	148
曹妃甸区	1390	1221	1156	1118	341	17	15	536
青龙满族自治县	415	415	380	380	116	11	11	116
昌黎县	634	634	564	564	141	9	9	125
卢龙县	527	450	477	406	85	4	4	85
临漳县	1123	1123	1032	1032	226	7	7	219
成安县	774	774	716	709	164	9	9	164
大名县	1564	1243	1326	1146	395	5	5	266
涉　县	1744	1744	1594	1594	481	9	9	379
磁　县	1278	1147	1032	1032	323	15	15	166
邱　县	911	773	771	720	175	15	15	175
鸡泽县	618	618	576	576	186	5	5	130
广平县	672	597	572	528	179	25	25	187
馆陶县	996	714	796	646	163	45	45	155
魏　县	1586	1219	1132	1093	480	17	17	480
曲周县	691	664	601	599	178	2	2	84
临城县	678	365	417	324	96	4	4	73
内丘县	598	332	400	303	93	8	8	71
柏乡县	664	414	375	375	75	8	8	74
隆尧县	662	603	549	545	171	3	3	21
宁晋县	967	967	868	868	296	39	39	296
巨鹿县	761	668	598	598	159	26	26	159
新河县	346	315	300	282	78	16	16	78
广宗县	622	351	459	315	86	24	24	86
平乡县	603	603	568	549	106	8	8	106
威　县	891	763	822	703	255	26		255

12-2 续表 1 continued

计量单位：公顷 Measurement Unit:Hectare

县名称 Name of Counties	绿化覆盖面积 Green Coverage Area	建成区 Built District	绿地面积 Area of Parks and Green Space	建成区 Built District	公园绿地面积 Area of Public Recreational Green Space	公园个数(个) Number of Parks (unit)	门票免费 Free Parks	公园面积 Park Area
清河县	1477	1145	1363	1017	285	38	38	285
临西县	527	499	478	449	108	3	3	95
博野县	774	348	691	316	71	3	3	53
涞水县	583	520	505	480	89	4	4	51
阜平县	420	304	266	266	127	2	2	81
白沟新城	1129	764	897	685	100	5	5	100
定兴县	525	524	467	466	123	4	4	62
唐　县	551	443	403	403	106	7	7	93
高阳县	684	649	613	578	104	3	3	69
涞源县	657	641	600	573	141	6	6	70
望都县	518	495	452	451	91	10	10	86
易　县	510	510	494	453	121	3	3	121
曲阳县	759	685	672	633	121	3	3	111
蠡　县	470	444	426	405	107	3	3	40
顺平县	985	366	892	321	105	11	11	88
张北县	869	839	759	759	146	3	3	140
康保县	449	449	410	410	74	9	9	74
沽源县	367	309	275	275	73	11	11	74
尚义县	392	392	351	351	77	5	5	80
蔚　县	591	591	519	519	96	21	21	94
阳原县	562	384	351	351	74	17	17	74
怀安县	531	349	460	316	70	24	24	70
怀来县	719	690	640	616	120	5	5	97
涿鹿县	572	397	499	351	127	10	10	114
赤城县	257	257	224	224	77	11	11	58
承德县	426	367	332	332	90	4	4	81
兴隆县	444	360	343	331	89	11	11	83
滦平县	411	372	343	343	104	3	3	104
隆化县	512	396	395	354	96	5	5	69
丰宁满族自治县	486	404	416	356	126	10	10	126
宽城满族自治县	547	477	440	431	100	10	10	85
围场满族蒙古族自治县	352	302	277	277	85	4	4	85
青　县	760	760	700	700	170	4	4	78
东光县	623	620	559	557	129	4	4	84
海兴县	383	337	337	312	76	3	3	47
盐山县	721	668	616	602	124	7	7	124
肃宁县	658	653	582	576	107	4	4	68
南皮县	592	560	525	498	85	5	5	85
吴桥县	594	594	529	529	116	5	5	102
献　县	718	576	533	529	161	12	12	161
孟村回族自治县	474	377	410	347	59	1	1	38

12-2 续表 2 continued

计量单位：公顷 Measurement Unit:Hectare

县名称 Name of Counties	绿化覆盖面积 Green Coverage Area	建成区 Built District	绿地面积 Area of Parks and Green Space	建成区 Built District	公园绿地面积 Area of Public Recreational Green Space	公园个数(个) Number of Parks (unit)	门票免费 Free Parks	公园面积 Park Area
固安县	1252	1252	1163	1163	335	15	15	369
永清县	412	354	344	316	60	3	3	36
香河县	995	995	885	885	133	8		133
大城县	383	324	299	283	84	11	11	73
文安县	456	385	387	356	64	6	6	54
大厂回族自治县	1360	756	1198	668	103	4	4	63
枣强县	787	666	677	591	191	19	19	185
武邑县	1231	616	1090	563	160	5	5	160
武强县	428	387	359	359	115	9	9	106
饶阳县	735	462	467	419	106	30	30	88
安平县	716	668	615	586	175	10		176
故城县	1173	668	1037	602	259	16	16	103
景　县	698	698	630	630	150	36	36	150
阜城县	959	650	726	585	147	9	9	95
容城县	407	391	362	362	143	9	9	117
雄　县	534	451	434	411	88	5	5	94
安新县	405	382	348	342	87	5	5	64
山　西	**32250**	**28911**	**27452**	**25580**	**7306**	**385**	**353**	**6545**
清徐县	362	362	321	321	100	14		100
阳曲县	239	238	168	166	67	2		67
娄烦县	227	208	199	199	56	5	5	56
阳高县	303	298	276	271	78	5	5	47
天镇县	368	306	321	312	78	2	2	13
广灵县	341	319	326	306	77	9		72
灵丘县	481	481	427	427	74	3	3	85
浑源县	529	529	456	456	283	10	10	286
左云县	301	301	267	266	99	4	4	98
云州区	223	223	213	212	144	1	1	39
平定县	532	532	396	396	126	3	3	90
盂　县	777	777	639	605	154	4	4	165
襄垣县	900	819	749	749	116	4	4	236
平顺县	284	162	250	145	38	2	2	30
黎城县	290	259	259	225	92	3	3	84
壶关县	783	732	668	627	212	1	1	10
长子县	378	378	341	341	103	4	4	103
武乡县	730	451	681	402	107	2	2	43
沁　县	637	276	427	247	79	1	1	8
沁源县	233	233	228	228	42	10	10	42
沁水县	289	243	262	225	101	5	5	101
阳城县	757	751	674	668	126	6	6	126
陵川县	238	238	210	210	67	5	5	67
山阴县	636	611	537	537	96	4		824

12-2 续表 3 continued

计量单位：公顷 Measurement Unit:Hectare

县名称 Name of Counties	绿化覆盖面积 Green Coverage Area	建成区 Built District	绿地面积 Area of Parks and Green Space	建成区 Built District	公园绿地面积 Area of Public Recreational Green Space	公园个数(个) Number of Parks (unit)	门票免费 Free Parks	公园面积 Park Area
应　县	490	490	440	440	113	14	14	113
右玉县	402	349	363	324	61	2	2	45
榆社县	275	257	220	206	56	5	5	44
左权县	278	259	260	241	82	8	8	124
和顺县	382	307	362	272	66	13	13	11
昔阳县	279	279	255	255	95	4	4	62
寿阳县	444	444	427	427	95	5	5	95
太谷区	669	635	597	567	121	3	3	39
祁　县	588	588	516	516	96	3	3	71
平遥县	691	691	610	610	136	7	7	46
灵石县	549	543	495	490	132	2	2	158
临猗县	837	660	594	589	186	3	3	116
万荣县	700	559	502	430	78	6	6	124
闻喜县	670	662	488	486	103	4	4	85
稷山县	353	349	298	294	62	3	3	39
新绛县	366	366	338	338	53	7	7	67
绛　县	231	231	197	197	45			
垣曲县	416	405	356	345	117	5	5	117
夏　县	258	258	215	215	34	10	10	43
平陆县	289	254	230	230	45	7	7	45
芮城县	632	465	420	420	101	8	8	101
定襄县	280	246	235	224	85	8	8	31
五台县	259	209	199	198	88	11	11	82
代　县	254	230	214	213	88	4	4	72
繁峙县	622	423	578	367	275	6	6	88
宁武县	334	331	333	327	61	3	3	48
静乐县	306	245	303	234	62	14	14	62
神池县	190	175	150	150	34	2	2	49
五寨县	312	312	278	278	148	7	7	36
岢岚县	213	213	201	201	69	3	3	25
河曲县	372	372	348	348	93	4	4	92
保德县	411	362	326	315	91	3	3	80
偏关县	611	124	347	114	115	3	3	192
曲沃县	413	413	371	371	68	5	5	67
翼城县	593	593	534	534	35	4	4	18
襄汾县	479	478	413	412	107	3	3	197
洪洞县	873	663	729	634	212	7	6	133
古　县	137	137	120	120	46	1	1	46
安泽县	177	170	141	141	45	5	5	13
浮山县	169	162	142	142	30	5	5	34
吉　县	163	154	97	94	60			
乡宁县	338	306	277	277	57	2	2	56

12-2 续表 4 continued

计量单位：公顷 Measurement Unit:Hectare

县名称 Name of Counties	绿化覆盖面积 Green Coverage Area	建成区 Built District	绿地面积 Area of Parks and Green Space	建成区 Built District	公园绿地面积 Area of Public Recreational Green Space	公园个数（个） Number of Parks (unit)	门票免费 Free Parks	公园面积 Park Area
大宁县	100	100	93	93	9	2	2	6
隰　县	302	302	277	277	70	4	4	60
永和县	204	204	196	196	68	1	1	28
蒲　县	171	169	112	109	68	11	11	53
汾西县	81	81	74	74	30	5	5	30
文水县	394	394	373	373	60	3	3	23
交城县	313	313	280	280	39	2		39
兴　县	558	480	519	481	157	3	3	123
临　县	285	262	268	244	56	4	4	56
柳林县	398	398	356	356	125	4	4	112
石楼县	189	189	172	172	22	3	3	22
岚　县	379	262	348	233	80	9	9	78
方山县	240	240	217	217	69	3	3	30
中阳县	302	240	185	184	135	1	1	77
交口县	192	184	168	161	54	2	2	48
内蒙古	**48000**	**36596**	**44265**	**34057**	**10707**	**465**	**457**	**10167**
土左旗	427	427	390	390	39	4	4	45
托　县	476	476	427	427	84	10	10	83
和林县	1099	851	779	714	134	3	2	106
清水河县	289	198	280	216	70	13	13	164
武川县	546	502	514	469	117	8	8	104
土右旗	910	717	751	751	215	2	2	102
固阳县	692	370	658	343	78	5	5	70
达尔罕茂明安联合旗	656	207	609	181	60	8	8	69
阿鲁科尔沁旗	603	603	580	580	245	6	5	147
巴林左旗	787	787	754	754	151	5	5	151
巴林右旗	522	522	502	502	90	10	10	87
林西县	509	509	490	490	125	16	16	125
克什克腾旗	480	480	441	441	80	8	8	111
翁牛特旗	591	589	503	500	361	9	9	352
喀喇沁旗	320	320	291	291	91	9	9	91
宁城县	674	674	598	598	180	5	5	180
敖汉旗	583	583	573	573	193	3	3	168
科左中旗	514	509	515	476	165	5	5	136
科左后旗	1613	767	1403	667	145	4	4	145
开鲁县	465	462	455	451	107	7	7	95
库伦旗	380	357	376	341	122	4	4	21
奈曼旗	683	678	614	601	216	4	4	197
扎鲁特旗	700	598	639	568	227	3	3	298
达拉特旗	1674	1393	1455	1212	393	12	11	393
准格尔旗	1178	1178	1123	1123	409	13	13	203

12-2 续表 5 continued

计量单位：公顷 Measurement Unit:Hectare

县名称 Name of Counties	绿化覆盖面积 Green Coverage Area	建成区 Built District	绿地面积 Area of Parks and Green Space	建成区 Built District	公园绿地面积 Area of Public Recreational Green Space	公园个数（个） Number of Parks (unit)	门票免费 Free Parks	公园面积 Park Area
鄂托克前旗	441	351	394	313	103	7	7	101
鄂托克旗	759	450	756	403	208	17	17	208
杭锦旗	462	462	413	413	177	30	30	177
乌审旗	913	908	862	857	168	6	6	142
伊金霍洛旗	3827	2517	3643	2445	743	13	13	1043
阿荣旗	714	610	678	560	124	10	10	92
莫　旗	571	466	447	436	144	2	2	32
鄂伦春旗	572	519	481	481	57	1		8
鄂温克旗	665	665	612	612	76	12	12	76
陈巴尔虎旗	442	217	375	194	29	4	4	19
新左旗	187	186	168	166	34	1	1	28
新右旗	210	189	185	164	53	1	1	53
五原县	939	607	854	552	276	36	36	377
磴口县	452	447	434	407	95	5	5	163
乌拉特前旗	771	740	719	670	216	3	3	210
乌拉特中旗	639	383	462	357	73	10	10	73
乌拉特后旗	322	322	308	308	78	8	8	84
杭锦后旗	1827	624	1672	583	239	3	3	208
卓资县	265	265	249	249	158	6	6	158
化德县	800	493	766	484	145	4	4	123
商都县	670	670	615	615	181	5	5	215
兴和县	876	700	879	629	304	6	6	176
凉城县	709	375	683	367	117	4	4	107
察右前旗	483	477	572	450	179	2	2	165
察右中旗	706	486	704	435	128	15	15	128
察右后旗	628	466	600	449	118	8	8	144
四子王旗	507	496	525	515	86	9	9	102
科尔沁右翼前旗	468	468	446	446	177	5	5	154
科右中旗	546	546	502	502	280			40
扎赉特旗	552	502	575	452	151	2	2	141
突泉县	258	258	224	224	66	6	6	54
阿巴嘎旗	152	117	128	111	29	1	1	133
苏尼特左旗	100	85	96	84	20	2	2	20
苏尼特右旗	292	292	262	262	51	2	2	47
东乌珠穆沁旗	296	296	296	296	78	6	6	78
西乌珠穆沁旗	699	513	637	493	134	4	4	127
太仆寺旗	281	280	280	279	39	1	1	19
镶黄旗	184	182	173	172	52	4		32
正镶白旗	117	93	96	89	25	1	1	12
正蓝旗	522	521	522	517	343	5	5	310
多伦县	343	321	319	316	242	5	5	260
阿拉善左旗	4741	1665	4259	1496	436	12	12	436
阿拉善右旗	240	206	235	174	75	2	2	66
额济纳旗	487	408	442	371	100	3	3	182

12-2 续表 6 continued

计量单位：公顷 Measurement Unit:Hectare

县名称 Name of Counties	绿化覆盖面积 Green Coverage Area	建成区 Built District	绿地面积 Area of Parks and Green Space	建成区 Built District	公园绿地面积 Area of Public Recreational Green Space	公园个数(个) Number of Parks (unit)	门票免费 Free Parks	公园面积 Park Area
辽 宁	**7743**	**7304**	**5905**	**5540**	**2446**	**79**	**68**	**1834**
康平县	510	388	294	249	59	2		25
法库县	573	551	571	458	286	5		230
长海县	34	18	34	18	34	2	2	16
台安县	174	174	151	151	95	1	1	14
岫岩满族自治县	189	181	186	182	50	2	2	7
抚顺县								
新宾满族自治县	94	94	52	52	23	4	4	23
清原满族自治县	242	242	225	225	124	5	5	66
本溪满族自治县	522	509	493	463	143	8	8	138
桓仁满族自治县	593	562	519	484	177	3	3	94
宽甸满族自治县	261	209	157	127	127	2	1	94
黑山县	256	256	226	225	131	4	4	67
义 县	226	133	115	115	84	1		5
阜新蒙古族自治县	138	138	131	124	52	2	2	45
彰武县	167	155	132	128	48	3	3	10
辽阳县	190	190	187	187	66	1	1	42
盘山县	467	453	454	436	137	9	7	151
铁岭县								
西丰县	159	159	110	104	33	3	3	33
昌图县	164	164	164	164	68	2	2	68
朝阳县	459	459	392	392	152	2	2	273
建平县	1145	1145	340	340	247	10	10	234
喀喇沁左翼蒙古族自治县	645	645	573	573	87	3	3	60
绥中县	252	201	184	129	85	4	4	84
建昌县	282	277	216	216	140	1	1	56
吉 林	**12151**	**8045**	**10253**	**7096**	**2239**	**59**	**58**	**1837**
农安县	1124	1081	1014	982	249			296
永吉县	455	455	405	405	139	1	1	45
梨树县	731	393	516	336	59	3	3	16
伊通满族自治县	635	564	558	539	88	3	3	89
东丰县	614	614	563	563	135	3	3	72
东辽县	252	249	220	217	132	3	3	125
通化县	218	210	201	193	141	2	2	105
辉南县	445	368	367	317	164	5	5	129
柳河县	412	369	422	336	147			
抚松县	1190	252	1048	220	78	3	3	82
靖宇县	502	437	359	359	97	2	2	93
长白朝鲜族自治县	1137	149	989	132	68	6	6	70

12-2 续表 7 continued

计量单位：公顷 Measurement Unit:Hectare

县名称 Name of Counties	绿化覆盖面积 Green Coverage Area	建成区 Built District	绿地面积 Area of Parks and Green Space	建成区 Built District	公园绿地面积 Area of Public Recreational Green Space	公园个数（个） Number of Parks (unit)	门票免费 Free Parks	公园面积 Park Area
前郭县	351	250	225	225	64	6	6	43
长岭县	730	570	517	499	182	3	3	106
乾安县	746	249	594	198	70	2	2	40
镇赉县	1531	774	1341	694	159	2	2	332
通榆县	273	268	190	171	15	2	1	15
汪清县	483	472	423	410	116	3	3	50
安图县	321	321	300	300	138	10	10	130
黑龙江	**18701**	**16419**	**15802**	**14509**	**4875**	**213**	**189**	**3557**
依兰县	258	231	216	216	82	4	4	81
方正县	308	308	293	293	160	2	2	160
宾　县	419	419	378	378	59	4	4	59
巴彦县	271	270	244	242	98	6		61
木兰县	86	86	86	86	26	1		26
通河县	365	365	362	362	79	4		79
延寿县	375	345	356	322	93	5	5	55
龙江县	645	644	502	501	142	1	1	9
依安县	550	361	414	306	158	3	3	121
泰来县	643	544	523	463	108	1	1	87
甘南县	344	344	297	297	97	4	4	15
富裕县	671	521	586	486	109	2	2	29
克山县	542	435	427	329	130	4	4	130
克东县	189	151	132	127	44	1		20
拜泉县	290	200	144	114	54	2	1	51
鸡东县	232	176	152	144	54	2		5
萝北县	190	160	134	123	38	9	9	30
绥滨县	263	249	224	219	72	3	3	45
集贤县	240	230	213	203	13	2	2	13
友谊县	324	310	274	262	45	3	3	45
宝清县	599	373	502	314	141	9	9	65
饶河县	191	191	160	160	73	5	5	68
肇州县	403	174	246	125	139	1	1	6
肇源县	394	394	373	373	253	2	2	229
林甸县	182	182	167	167	85	1		3
杜尔伯特蒙古族自治县	377	300	196	196	125	4	4	119
嘉荫县	209	209	198	198	76	6	6	71
汤旺县	636	597	592	592	77	3	3	78
丰林县	791	791	774	774	299	1		271
大箐山县	115	115	105	105	21	5	5	15
南岔县	761	761	751	751	22	2	2	18
桦南县	594	594	583	583	224	13	13	134
桦川县	310	310	269	269	116	4	4	94

12-2 续表 8 continued

计量单位：公顷 Measurement Unit:Hectare

县名称 Name of Counties	绿化覆盖面积 Green Coverage Area	建成区 Built District	绿地面积 Area of Parks and Green Space	建成区 Built District	公园绿地面积 Area of Public Recreational Green Space	公园个数（个） Number of Parks (unit)	门票免费 Free Parks	公园面积 Park Area
汤原县	268	263	226	226	80	7	7	93
勃利县	673	656	536	519	114	9	9	110
林口县	647	404	468	458	214	3	3	126
逊克县	377	310	346	257	51	7		94
孙吴县	211	191	148	146	75	5	5	101
望奎县	477	387	431	354	91	6	6	55
兰西县	290	290	247	247	131	5	5	11
青冈县	355	306	251	232	120	29	29	79
庆安县	307	294	197	197	75	1	1	27
明水县	171	168	168	166	78	2	2	80
绥棱县	544	544	503	503	100	6	6	100
呼玛县	205	205	184	184	100	2	2	100
塔河县	892	561	791	512	103	6	6	96
加格达奇区	515	501	439	431	233	6	6	196
江　苏	**49922**	**29886**	**41967**	**27877**	**7622**	**215**	**215**	**4839**
丰　县	1804	1402	1614	1290	405	12	12	321
沛　县	2442	2218	2361	2141	566	7	7	425
睢宁县	2190	1486	1816	1386	479	8	8	176
如东县	1641	1312	1451	1182	310	3	3	52
东海县	1737	1386	1566	1305	411	3	3	206
灌云县	2004	1205	1651	1106	359	6	6	202
灌南县	1190	1190	1081	1081	306	4	4	68
涟水县	2814	1560	2494	1473	403	3	3	151
盱眙县	2503	1707	1904	1635	343	9	9	224
金湖县	1560	1286	1383	1192	178	10	10	75
响水县	1121	941	922	856	188	13	13	193
滨海县	2488	1524	2304	1390	345	7	7	163
阜宁县	3500	1989	2973	1895	522	16	16	246
射阳县	1672	1185	1417	1117	475	10	10	319
建湖县	1628	1205	1443	1117	378	10	10	227
宝应县	2165	1572	1503	1458	330	6	6	68
沭阳县	4315	2973	3263	2775	566	32	32	736
泗阳县	6680	2020	5788	1845	588	29	29	515
泗洪县	6470	1727	5030	1633	473	27	27	473
浙　江	**34078**	**26490**	**30906**	**23912**	**6963**	**461**	**457**	**4686**
桐庐县	913	908	873	864	297	33	33	153
淳安县	1260	840	1172	781	155	21	21	68
象山县	1602	1254	1446	1125	317	13	13	190
宁海县	1777	1757	1644	1634	342	26	26	306
永嘉县	491	432	441	408	160	13	13	133
平阳县	550	439	474	398	190	15	15	64
苍南县	735	696	694	671	249	9	9	102

12-2 续表 9 continued

计量单位：公顷　　Measurement Unit:Hectare

县名称 Name of Counties	绿化覆盖面积 Green Coverage Area	建成区 Built District	绿地面积 Area of Parks and Green Space	建成区 Built District	公园绿地面积 Area of Public Recreational Green Space	公园个数(个) Number of Parks (unit)	门票免费 Free Parks	公园面积 Park Area
文成县	234	220	205	199	91	3	3	82
泰顺县	619	571	522	510	122	14	14	113
嘉善县	1910	1884	1690	1661	354	21	21	144
海盐县	1082	1074	964	946	290	13	12	109
德清县	2467	1812	2242	1628	264	20	19	239
长兴县	2365	2279	2131	2084	457	13	13	177
安吉县	1890	1785	1789	1629	468	35	35	371
新昌县	2066	1265	1866	1180	341	24	24	291
武义县	1756	921	1796	801	294	14	14	235
浦江县	3974	1005	3638	878	361	13	13	185
磐安县	379	228	326	195	87	10	10	49
常山县	749	727	652	637	148	6	6	102
开化县	660	654	615	610	164	10	9	106
龙游县	766	694	621	620	177	8	8	77
岱山县	386	354	372	326	127	7	7	127
嵊泗县	95	95	87	87	69	3	3	59
三门县	602	560	536	500	160	10	10	160
天台县	1016	898	872	797	248	15	14	196
仙居县	735	714	652	631	244	14	14	208
青田县	282	270	252	242	148	11	11	145
缙云县	631	489	531	423	120	19	19	99
遂昌县	337	330	296	291	102	10	10	73
松阳县	655	426	549	366	115	9	9	63
云和县	398	281	358	254	97	8	8	78
庆元县	456	426	394	363	108	13	13	84
景宁县	239	201	208	174	97	8	8	96
安　徽	**73388**	**48531**	**60630**	**43439**	**12922**	**557**	**541**	**9900**
长丰县	1982	1778	1672	1566	358	3	3	190
肥西县	2760	2196	2658	2032	419	5	5	170
肥东县	1510	1386	1326	1286	331	10	10	148
庐江县	1726	1629	1445	1346	290	33	33	316
南陵县	1291	1246	1134	1094	216	13	13	113
怀远县	1688	1259	1116	1088	334	8	8	236
五河县	1459	1041	1168	918	301	8	8	301
固镇县	1242	768	861	729	209	7	7	119
凤台县	793	729	812	738	190	10	9	182
寿　县	1211	897	779	777	302	3	3	524
当涂县	1444	1266	1259	1132	364	6	6	181
含山县	895	660	827	586	153	10	10	118
和　县	877	779	712	675	234	6	6	249
濉溪县	1449	1445	1249	1242	197	2	2	124
枞阳县	1395	701	1198	648	186	3	3	182

12-2 续表 10 continued

计量单位：公顷 Measurement Unit:Hectare

县名称 Name of Counties	绿化覆盖面积 Green Coverage Area	建成区 Built District	绿地面积 Area of Parks and Green Space	建成区 Built District	公园绿地面积 Area of Public Recreational Green Space	公园个数（个） Number of Parks (unit)	门票免费 Free Parks	公园面积 Park Area
怀宁县	999	855	780	743	117	5	5	148
太湖县	890	480	855	456	256	8	6	256
宿松县	441	436	378	360	91	3	3	41
望江县	1748	705	1476	611	63	2	2	30
岳西县	365	329	324	309	106	6	6	72
歙　县	480	472	428	421	147	14	14	50
休宁县	374	366	333	322	86	4	4	58
黟　县	261	226	217	210	74	4		10
祁门县	8298	208	7610	184	83	2	2	28
来安县	3072	1058	1071	1035	228	19	19	191
全椒县	1132	1112	1061	1048	303	21	21	303
定远县	1375	1325	1226	1164	233	17	17	233
凤阳县	1460	1460	1458	1458	493	29	29	348
临泉县	1650	1616	1458	1458	555	32	32	555
太和县	1970	1633	1579	1495	412	10	10	497
阜南县	1194	1021	876	844	249	8	7	44
颍上县	1635	1425	1465	1389	724	14	12	559
砀山县	1611	1371	1273	1200	303	15	15	270
萧　县	1361	1207	1201	1090	316	49	49	316
灵璧县	1907	1036	1243	896	292	9	4	299
泗　县	6273	1076	5290	947	353	12	11	315
霍邱县	689	638	524	520	357	8	8	603
舒城县	1334	1191	1016	1013	355	1	1	12
金寨县	1065	1018	991	944	367	9	9	140
霍山县	1158	892	1010	778	266	4	4	266
涡阳县	1698	1628	1307	1287	325	18	18	168
蒙城县	1999	1806	1810	1669	476	7	7	99
利辛县	1771	1088	1144	995	353	26	26	168
东至县	410	382	343	331	137	6	6	55
石台县	144	136	129	125	51	2	2	45
青阳县	500	468	445	413	126	16	16	126
郎溪县	784	715	666	643	203	30	30	164
泾　县	698	587	601	517	174	12	12	177
绩溪县	617	506	558	455	95	5	5	67
旌德县	302	279	268	252	72	3	3	35
福　建	**29639**	**24430**	**26005**	**22323**	**7406**	**457**	**435**	**5578**
闽侯县	878	654	727	609	358	32	32	354
连江县	897	767	856	706	356	20	20	309
罗源县	399	399	363	363	104	10	10	95
闽清县	498	422	446	391	107	9	9	102
永泰县	512	465	455	436	191	20	20	192
仙游县	1379	1375	1204	1200	419	9	9	220

12-2 续表 11 continued

计量单位：公顷 Measurement Unit:Hectare

县名称 Name of Counties	绿化覆盖面积 Green Coverage Area	建成区 Built District	绿地面积 Area of Parks and Green Space	建成区 Built District	公园绿地面积 Area of Public Recreational Green Space	公园个数（个） Number of Parks (unit)	门票免费 Free Parks	公园面积 Park Area
明溪县	275	263	253	242	57	11	11	31
清流县	245	244	219	219	61	10	10	41
宁化县	467	467	439	438	168	12	12	40
大田县	450	363	336	325	145	3	3	89
尤溪县	387	387	342	342	99	11	11	98
沙　县	1623	1271	1173	1173	221	10	10	110
将乐县	320	319	291	290	106	7	7	73
泰宁县	309	308	305	305	89	22	22	53
建宁县	306	303	267	266	93	11	11	41
惠安县	1262	1156	1105	1065	213	10	10	213
安溪县	1326	1326	1211	1211	372	23	23	270
永春县	4399	1062	3671	959	341	14	14	243
德化县	1351	1351	1219	1219	328	15	15	239
云霄县	1094	1014	953	942	347	10	10	269
漳浦县	822	765	727	694	205	9	9	115
诏安县	734	702	644	616	145	9	9	98
长泰县	256	230	219	211	74	8	8	71
东山县	285	252	226	223	70	2	2	20
南靖县	393	378	392	344	123	11	11	122
平和县	398	386	352	344	135	8	8	109
华安县	206	190	194	181	58	7	7	50
顺昌县	540	319	436	290	108	8	8	87
浦城县	559	554	496	495	187	5	5	93
光泽县	278	270	252	235	85	9	9	69
松溪县	363	357	315	315	76	7	7	73
政和县	308	255	239	230	120	6	6	89
长汀县	1120	1020	1120	968	216	15	14	214
上杭县	691	684	616	616	216	18	18	207
武平县	435	407	400	373	149	12	12	149
连城县	417	417	388	384	107	6	6	74
霞浦县	660	646	647	634	282	5	5	126
古田县	352	349	318	301	132	8	8	68
屏南县	256	254	251	240	83	9		79
寿宁县	168	158	161	152	104	3	3	102
周宁县	327	327	287	287	90	10		87
柘荣县	309	308	268	268	75	2		11
平潭县	1387	1285	1227	1227	393	11	11	385
江　西	**52390**	**45285**	**45168**	**40814**	**13114**	**680**	**614**	**11490**
南昌县	2659	2598	2455	2364	418	13	13	528
安义县	366	354	326	304	108	10	10	67
进贤县	1293	1161	1040	1021	292	3	3	152
浮梁县	449	304	400	267	64	14	14	64

12-2 续表 12 continued

计量单位：公顷 Measurement Unit:Hectare

县名称 Name of Counties	绿化覆盖面积 Green Coverage Area	建成区 Built District	绿地面积 Area of Parks and Green Space	建成区 Built District	公园绿地面积 Area of Public Recreational Green Space	公园个数（个） Number of Parks (unit)	门票免费 Free Parks	公园面积 Park Area
莲花县	352	330	317	272	106	11	11	72
上栗县	430	430	364	364	115	3		22
芦溪县	312	312	293	293	122	9	9	122
武宁县	949	832	837	728	223	17	17	202
修水县	1579	1232	1147	1147	335	16	9	219
永修县	705	658	580	580	291	11	11	260
德安县	706	634	622	569	130	10	10	118
都昌县	1758	1758	1477	1475	223	10	10	364
湖口县	623	485	557	433	149	17	17	70
彭泽县	422	332	367	304	130	11	11	70
分宜县	701	647	605	604	177	17	17	102
信丰县	1503	1460	1343	1265	491	18	18	471
大余县	781	650	667	603	138	5	5	123
上犹县	898	618	841	578	270	6	6	104
崇义县	336	315	297	281	82	4	4	84
安远县	633	553	513	506	161	16	16	164
定南县	744	527	635	471	139	17	17	140
全南县	525	471	481	416	138	16	16	131
宁都县	1620	1103	1261	1051	374	13	13	314
于都县	1447	1294	1161	1144	341	5	5	296
兴国县	1262	1192	1088	1001	341	21	21	315
会昌县	870	685	768	603	227	15	15	230
寻乌县	688	550	638	513	180	13	13	141
石城县	588	522	529	480	201	21	20	201
吉安县	688	651	636	602	243	8	8	210
吉水县	1007	857	945	768	521	17	17	185
峡江县	396	317	332	285	75	6	6	43
新干县	670	641	593	593	115	12		115
永丰县	973	818	893	760	270	12	12	246
泰和县	1580	1090	1235	943	372	21	21	270
遂川县	825	673	626	612	198	6	6	166
万安县	742	636	548	543	238	9	9	173
安福县	603	603	555	555	161	9	9	160
永新县	905	842	724	674	191	7	7	264
奉新县	911	855	825	796	218	18	18	206
万载县	787	746	670	667	221	5	5	204
上高县	967	963	903	890	343	14	14	275
宜丰县	717	640	671	595	162	7	7	145
靖安县	427	378	390	342	90	4	4	79
铜鼓县	309	309	278	278	49	7	7	59
南城县	920	920	845	845	302	8	8	290
黎川县	791	702	705	567	184	15	15	184

12-2 续表 13 continued

计量单位：公顷 Measurement Unit:Hectare

县名称 Name of Counties	绿化覆盖面积 Green Coverage Area	建成区 Built District	绿地面积 Area of Parks and Green Space	建成区 Built District	公园绿地面积 Area of Public Recreational Green Space	公园个数(个) Number of Parks (unit)	门票免费 Free Parks	公园面积 Park Area
南丰县	720	698	649	646	175	17	17	185
崇仁县	870	823	839	790	202	15	15	389
乐安县	579	557	533	509	205	9	9	209
宜黄县	710	336	662	308	92	9	9	85
金溪县	1256	664	760	600	157	12	12	176
资溪县	260	260	238	237	52	5	5	56
广昌县	662	489	588	450	128	9	9	105
玉山县	945	945	876	876	331	10		430
铅山县	870	760	720	663	238	14	14	145
横峰县	779	539	546	516	190	5	5	160
弋阳县	762	762	683	683	192	11	1	192
余干县	859	801	771	738	311	3	3	261
鄱阳县	1551	1292	1382	1150	370	11	11	216
万年县	1294	852	1152	911	382	12		265
婺源县	859	859	788	788	168	11		197
山　东	**79226**	**62513**	**66335**	**55866**	**16896**	**449**	**442**	**12576**
平阴县	1365	864	1060	777	215	7	7	106
商河县	901	892	824	824	253	9	9	289
桓台县	1365	834	1102	762	347	5	5	195
高青县	1236	821	938	736	216	2	2	113
沂源县	1545	1263	1368	1111	301	6	6	301
利津县	1199	951	1101	835	210	5	5	114
广饶县	3072	1570	2784	1419	284	13	13	293
临朐县	1822	1488	1831	1360	567	8	8	161
昌乐县	1771	1330	1397	1233	428	8	8	277
微山县	1595	1018	999	871	265	22	22	155
鱼台县	1019	695	906	613	139	7	7	124
金乡县	1636	1039	1501	954	336	9	9	411
嘉祥县	1098	883	820	774	265	7	7	233
汶上县	1225	1012	1110	898	330	4	2	268
泗水县	1258	893	845	782	339	19	18	319
梁山县	1279	938	1184	859	416	7	7	263
宁阳县	949	936	942	842	214	23	23	214
东平县	1635	1518	1572	1467	407	16	16	370
五莲县	1045	911	939	818	265	7	7	118
莒　县	2032	1847	1709	1690	462	8	8	532
沂南县	2514	1565	1998	1409	313	3	3	385
郯城县	1373	1218	1222	1020	403	6	6	92
沂水县	2497	2082	2066	1876	597	6	6	484
兰陵县	1760	1760	1582	1582	688	7	7	349
费　县	1533	1516	1442	1308	401	17	17	401
平邑县	1558	1412	1444	1247	403	8	8	289

12-2 续表 14 continued

计量单位：公顷 Measurement Unit:Hectare

县名称 Name of Counties	绿化覆盖面积 Green Coverage Area	建成区 Built District	绿地面积 Area of Parks and Green Space	建成区 Built District	公园绿地面积 Area of Public Recreational Green Space	公园个数（个） Number of Parks (unit)	门票免费 Free Parks	公园面积 Park Area
莒南县	1944	1522	1757	1400	549	4	3	155
蒙阴县	1043	944	925	873	283	3	3	230
临沭县	1142	1128	1046	1027	305	10	8	159
宁津县	947	799	753	712	230	4	4	210
庆云县	1198	1168	1032	1012	225	2	2	50
临邑县	1227	1227	1062	1062	342	2	2	25
齐河县	2171	2067	1937	1832	327	31	31	387
平原县	1298	1277	1126	1104	244	5	5	132
夏津县	1130	1050	996	921	231	24	24	231
武城县	1276	875	832	764	183	8	8	112
阳谷县	1324	1014	921	899	249	6	6	211
莘　县	1271	939	890	840	267	3	3	200
东阿县	1260	898	916	798	167	3	3	121
冠　县	2542	1040	1564	896	265	4	4	296
高唐县	2801	1589	2088	1318	239	3	2	134
惠民县	1428	1301	1265	1247	279	10	10	279
阳信县	746	746	656	656	133	6	6	111
无棣县	1064	1062	939	938	188	1	1	90
博兴县	1608	1450	1386	1347	239	5	5	169
曹　县	2025	1635	1586	1449	544	5	5	259
单　县	1842	1297	1613	1222	330	19	19	523
成武县	920	550	507	471	242	13	13	254
巨野县	1469	1283	1230	1123	403	9	9	478
郓城县	2251	1975	1942	1736	621	19	19	583
鄄城县	1395	1304	1178	1131	321	5	5	115
东明县	1627	1117	1499	1018	424	6	6	207
河　南	**73840**	**67006**	**63413**	**58451**	**17492**	**473**	**445**	**11524**
中牟县	1001	920	915	886	229	7	7	155
杞　县	395	385	339	337	66	2		10
通许县	315	304	159	144	58	2	1	11
尉氏县	874	855	711	691	160	9	9	73
兰考县	2185	1832	2006	1693	429	15	15	144
孟津县	473	454	418	412	106	4	4	97
新安县	1120	1028	931	906	221	8	7	164
栾川县	549	524	445	443	161	16	16	146
嵩　县	642	459	577	387	140	8		157
汝阳县	444	370	389	317	109	6	6	87
宜阳县	1349	1285	1241	1083	288	12	12	230
洛宁县	663	651	611	580	197	4	4	192
伊川县	832	812	786	740	328	5	5	283
宝丰县	980	974	878	868	235	11	11	154
叶　县	723	723	627	627	124	1	1	14

12-2 续表 15 continued

计量单位：公顷　　　　Measurement Unit:Hectare

县名称 Name of Counties	绿化覆盖面积 Green Coverage Area	建成区 Built District	绿地面积 Area of Parks and Green Space	建成区 Built District	公园绿地面积 Area of Public Recreational Green Space	公园个数（个） Number of Parks (unit)	门票免费 Free Parks	公园面积 Park Area
鲁山县	739	718	637	636	207	4	4	60
郏　县	722	714	626	621	134	5	5	118
安阳县								
汤阴县	365	346	300	297	76	3	3	56
滑　县	1373	1372	1352	1329	335	9	9	335
内黄县	708	652	593	566	127	2	2	36
浚　县	887	726	743	652	211	6		223
淇　县	687	648	635	548	145	8	7	147
新乡县	352	342	282	272	69	2	2	47
获嘉县	554	544	483	471	121	3	3	25
原阳县	322	320	261	256	31	10	10	31
延津县	546	541	386	383	64	3	3	32
封丘县	790	697	682	631	111	5	5	50
修武县	459	442	404	397	131	4	4	88
博爱县	1427	1130	1123	968	171	4	4	101
武陟县	1092	1022	920	896	250	5	5	199
温　县	626	613	584	543	185	7	7	185
清丰县	772	760	671	671	135	5	5	111
南乐县	575	561	500	493	102	7	7	145
范　县	333	319	289	286	71	4	4	22
台前县	464	459	423	415	123	2	2	52
濮阳县	892	785	734	664	197	7	7	211
鄢陵县	1320	1182	1191	1035	198	4	4	177
襄城县	967	860	767	714	140	2	2	78
舞阳县	711	691	611	585	138	2	2	94
临颍县	1026	982	1018	993	194	6	3	64
渑池县	609	574	510	497	162	13	13	162
卢氏县	497	447	411	399	89	1	1	17
南召县	776	720	692	634	233	7	7	140
方城县	980	966	870	854	289	1	1	24
西峡县	908	843	762	752	309	2	2	198
镇平县	1570	867	1301	771	223	3	3	207
内乡县	1044	890	889	782	225	3	3	81
淅川县	911	836	763	762	552	5	5	475
社旗县	994	939	874	833	255	3	3	143
唐河县	1246	1202	1126	1088	307	7	7	219
新野县	1111	1006	915	881	220	2	2	109
桐柏县	1404	675	1320	615	166	8	8	156
民权县	1229	1211	1080	1067	240	2	2	29
睢　县	1207	1113	1107	1045	292	9	9	298
宁陵县	146	140	102	86	59	3		22
柘城县	1013	930	906	833	236	8	8	165

12-2 续表 16 continued

计量单位：公顷 Measurement Unit:Hectare

县名称 Name of Counties	绿化覆盖面积 Green Coverage Area	建成区 Built District	绿地面积 Area of Parks and Green Space	建成区 Built District	公园绿地面积 Area of Public Recreational Green Space	公园个数（个） Number of Parks (unit)	门票免费 Free Parks	公园面积 Park Area
虞城县	1035	995	939	870	278	15	15	278
夏邑县	1727	1497	1415	1295	296	4	4	258
罗山县	370	301	212	199	104	4	4	23
光山县	896	110	439	62	268	6	6	241
新　县	754	737	694	648	139	4	4	86
商城县	167	141	117	80	40	3	3	29
固始县	2054	1956	1764	1734	535	6	6	273
潢川县	439	409	236	227	62	1	1	8
淮滨县	874	796	761	693	149	3	3	115
息　县	1054	1035	913	896	248	2	2	134
扶沟县	917	863	797	748	105	1	1	36
西华县	125	124	85	85	28	4	4	12
商水县	169	165	148	147	85	2	2	68
沈丘县	670	625	468	455	212	3		172
郸城县	1354	1246	1196	1099	366	2	2	68
淮阳县	851	842	601	592	355	19	19	327
太康县	1096	1043	1046	990	445	5	5	258
鹿邑县	1896	1896	1676	1674	418	7	7	116
西平县	1293	1262	1135	1107	189	10	10	183
上蔡县	1034	946	920	859	298	11	11	238
平舆县	972	939	831	797	372	12	12	175
正阳县	1070	1056	929	919	210	3	3	126
确山县	978	949	786	775	218	5	5	169
泌阳县	1019	1006	877	867	351	14	14	292
汝南县	1187	1140	1121	1072	528	6	6	168
遂平县	1250	1042	1037	894	275	2	2	102
新蔡县	1690	1525	1389	1328	546	13	13	518
湖　北	**28543**	**21525**	**23743**	**18714**	**5570**	**267**	**251**	**4516**
阳新县	3649	1139	3244	1000	230	18	18	501
郧西县	368	281	292	245	114	11	11	34
竹山县	698	508	644	465	132	2	2	110
竹溪县	415	412	397	394	126	16	16	126
房　县	1904	809	1608	683	143	13	13	266
远安县	730	421	495	366	71	6	5	71
兴山县	177	170	169	163	58	2	2	12
秭归县	486	486	436	436	170	5	4	87
长阳土家族自治县	500	349	442	309	92	4	4	83
五峰土家族自治县	224	224	200	200	43	7	7	43
南漳县	659	647	573	570	226	2	2	8
谷城县	802	802	707	707	165	3	3	106
保康县	332	324	284	284	103	4	4	36
沙洋县	845	709	699	624	141	2	2	36

12-2 续表 17 continued

计量单位：公顷 Measurement Unit:Hectare

县名称 Name of Counties	绿化覆盖面积 Green Coverage Area	建成区 Built District	绿地面积 Area of Parks and Green Space	建成区 Built District	公园绿地面积 Area of Public Recreational Green Space	公园个数(个) Number of Parks (unit)	门票免费 Free Parks	公园面积 Park Area
孝昌县	753	744	656	646	148	5	5	147
大悟县	1297	920	944	706	165	6	6	143
云梦县	663	658	671	632	154	12		61
公安县	936	930	855	808	224	10	10	210
江陵县	369	369	330	322	113	4	4	54
团风县	683	394	352	352	79	4	4	25
红安县	786	669	433	415	167	2		86
罗田县	743	574	548	477	183	29	29	188
英山县	465	453	461	452	175	7	7	49
浠水县	1002	769	680	574	276	8	8	350
蕲春县	890	890	748	748	256	3	3	198
黄梅县	951	896	812	774	111	4	4	121
嘉鱼县	1064	839	882	733	210	18	18	145
通城县	832	658	801	624	243	11	11	246
崇阳县	859	784	720	689	152	4	4	108
通山县	791	718	711	645	167	3	3	294
随　县	271	271	232	232	77	2	2	29
建始县	679	504	473	467	147	3	3	57
巴东县	406	345	348	307	142	5	5	65
咸丰县	777	469	554	416	181	7	7	133
来凤县	672	672	584	584	139	10	10	139
鹤峰县	344	295	293	274	131	5	5	56
宣恩县	362	274	318	253	103	5	5	79
神农架林区	160	149	147	136	13	5	5	12
湖　南	**57596**	**51886**	**50302**	**46244**	**13588**	**469**	**463**	**11320**
长沙县	3711	3541	3569	3441	948	36	36	474
望城区	7360	7310	6167	6088	807	17	16	305
攸　县	1230	901	876	815	261	2	2	82
茶陵县	1366	629	946	557	284	5	4	382
炎陵县	282	275	289	270	95	1	1	95
湘潭县	1003	1003	903	903	233	11	11	224
衡阳县	798	768	693	683	162	4	4	110
衡南县	394	354	326	321	73	12	12	76
衡山县	846	710	799	653	323	2	2	172
衡东县	545	545	462	462	153	4	4	304
祁东县	1184	1084	998	716	235	10	10	334
南岳区	260	260	217	217	54	2	2	50
新邵县	566	548	467	461	156	2	2	50
邵阳县	682	431	594	386	153	3	3	160
隆回县	939	870	989	988	344	3	3	89
洞口县	1217	880	1202	866	196	4	4	195
绥宁县	312	295	228	224	127	2	2	98

12-2 续表 18 continued

计量单位：公顷 Measurement Unit:Hectare

县名称 Name of Counties	绿化覆盖面积 Green Coverage Area	建成区 Built District	绿地面积 Area of Parks and Green Space	建成区 Built District	公园绿地面积 Area of Public Recreational Green Space	公园个数(个) Number of Parks (unit)	门票免费 Free Parks	公园面积 Park Area
新宁县	724	633	443	392	230	3	3	288
城步苗族自治县	761	541	393	356	106	1	1	47
岳阳县	555	555	493	493	116	2	2	137
华容县	948	948	878	878	186	3	3	190
湘阴县	662	662	602	602	145	7	7	145
平江县	731	731	688	688	220	12	12	381
安乡县	815	793	669	653	198	13	13	284
汉寿县	658	615	493	459	131	3	3	43
澧　县	1277	1264	1089	1076	216	5	5	67
临澧县	746	675	645	590	129	3	3	78
桃源县	1003	1003	963	963	170	5	5	105
石门县	683	678	668	663	177	2	2	482
慈利县	564	563	458	458	181	4	4	181
桑植县	694	447	444	412	92	7	7	78
南　县	812	773	825	764	189	10	10	159
桃江县	722	680	640	609	166	1		15
安化县	574	418	376	365	142	6	6	76
大通湖区	185	2	174	165	62	1	1	30
桂阳县	1295	1295	1203	1203	491	5	5	184
宜章县	638	508	640	454	139	9	9	197
永兴县	555	553	525	525	124	5	5	125
嘉禾县	407	406	370	364	151	32	32	147
临武县	450	402	507	383	266	14	14	196
汝城县	568	440	493	394	131	21	21	116
桂东县	341	333	338	328	73	1	1	53
安仁县	625	624	596	537	145	6	6	120
祁阳县	1754	1452	1683	1276	465	14	14	260
东安县	689	689	612	612	218	5	5	196
双牌县	452	366	368	320	120	4	4	60
道　县	953	953	863	863	210	5	5	210
江永县	377	313	340	281	82	2	2	171
宁远县	898	820	815	753	325	13	13	414
蓝山县	758	731	696	668	191	5	5	170
新田县	569	527	523	463	196	6	6	122
江华瑶族自治县	799	720	710	652	134	15	15	134
中方县	585	320	419	288	116	2	2	118
沅陵县	438	428	348	347	153	3	3	156
辰溪县	420	418	395	362	184	4	4	155
溆浦县	663	645	543	535	185	5	5	230
会同县	368	348	319	319	147	2	2	30
麻阳苗族自治县	516	482	456	422	183	2	2	209
新晃侗族自治县	306	301	292	275	98	3	3	78

12-2 续表 19 continued

计量单位：公顷 Measurement Unit:Hectare

县名称 Name of Counties	绿化覆盖面积 Green Coverage Area	建成区 Built District	绿地面积 Area of Parks and Green Space	建成区 Built District	公园绿地面积 Area of Public Recreational Green Space	公园个数（个） Number of Parks (unit)	门票免费 Free Parks	公园面积 Park Area
芷江侗族自治县	550	513	508	508	108	3	3	54
通道县	337	214	331	207	113	3	3	160
靖州县	444	383	369	345	119	25	25	119
双峰县	736	594	709	520	134	10	10	90
新化县	1180	910	964	881	320	4	4	312
泸溪县	198	198	182	182	72	6	6	37
凤凰县	712	712	712	712	137	6	6	121
花垣县	558	558	488	474	99	3	3	49
保靖县	357	357	315	315	93	1	1	6
古丈县	141	141	118	118	112	5	5	100
永顺县	340	314	303	254	130	7	6	309
龙山县	812	535	584	467	166	5	3	126
广　东	**27951**	**22498**	**21690**	**20098**	**7374**	**348**	**340**	**6716**
始兴县	532	455	460	431	155	4	4	92
仁化县	486	300	283	277	86	12	12	79
翁源县	551	551	517	517	336	11	11	196
乳源瑶族自治县	497	497	462	462	98	13	13	98
新丰县	276	276	265	265	158	7	7	158
南澳县	193	193	220	220	42	2	2	26
遂溪县	1048	582	891	497	235	3	3	198
徐闻县	875	675	639	528	150	10	10	182
广宁县	554	513	451	434	201	8	5	44
怀集县	796	752	721	691	258	7	7	253
封开县	541	271	290	237	107	10	10	102
德庆县	832	616	531	531	88	12	11	77
博罗县	1768	1768	1709	1709	497	9	9	182
惠东县	1713	1713	1557	1557	435	16	16	580
龙门县	394	394	391	391	105	14	14	231
大埔县	320	320	307	307	234	8	8	234
丰顺县	470	470	469	469	309	8	8	337
五华县	828	825	772	769	483	10	10	483
平远县	573	573	533	533	200	6	6	118
蕉岭县	362	362	335	183	176	19	19	179
海丰县	1037	1037	938	938	268	21	21	268
陆河县	514	514	441	441	108	9	9	108
紫金县	779	500	715	370	460	2	2	460
龙川县	586	586	473	473	198	9	9	180
连平县	418	357	272	224	110	4		91
和平县	792	645	396	351	198	4	4	180
东源县	370	370	298	298	68	5	5	18
阳西县	1375	736	692	685	155	9	9	155
阳山县	679	573	665	560	191	26	26	191

12-2 续表 20 continued

计量单位：公顷 Measurement Unit:Hectare

县名称 Name of Counties	绿化覆盖面积 Green Coverage Area	建成区 Built District	绿地面积 Area of Parks and Green Space	建成区 Built District	公园绿地面积 Area of Public Recreational Green Space	公园个数（个） Number of Parks (unit)	门票免费 Free Parks	公园面积 Park Area
连山壮族瑶族自治县	148	148	145	145	24	11	11	24
佛冈县	673	673	630	630	127	11	11	127
连南瑶族自治县	190	190	175	175	52	10	10	52
饶平县	767	767	655	655	247	12	12	158
揭西县	3302	815	840	653	98	3	3	21
惠来县	1465	1465	1627	1627	355	6	6	480
新兴县	953	722	673	614	202	9	9	196
郁南县	295	295	253	253	160	8	8	160
广　西	**32925**	**27110**	**27992**	**24032**	**7000**	**311**	**279**	**5860**
隆安县	324	249	281	224	62	2	2	6
马山县	255	252	215	215	69	3	3	69
上林县	520	501	428	410	64	11	11	64
宾阳县	915	833	792	727	230	11	11	207
横　县	1759	1376	1639	1263	472	9	9	472
柳城县	262	262	237	237	72	2	2	70
鹿寨县	776	755	637	632	173	2	2	163
融安县	643	558	596	496	171	1	1	170
融水苗族自治县	467	387	355	355	77	4	2	77
三江侗族自治县	313	241	216	208	56	4	4	41
阳朔县	297	297	260	260	62	10	3	62
灵川县	355	355	325	325	193	3	3	193
全州县	947	947	879	879	183	4	3	139
兴安县	700	660	601	561	208	4	2	208
永福县	189	165	144	144	51	5	5	51
灌阳县	285	285	247	247	67	4	4	67
龙胜各族自治县	149	129	118	118	1	2	2	1
资源县	319	319	287	287	91	4	4	31
平乐县	345	329	317	317	141	3	3	140
恭城瑶族自治县	322	282	264	256	42	1	1	5
苍梧县	220	192	163	156	9	3		8
藤　县	738	738	646	646	159	4	4	159
蒙山县	401	230	372	200	89	8	8	89
合浦县	1519	1481	1320	1284	226	6	6	197
上思县	304	171	181	145	71	4	3	50
灵山县	961	836	919	801	295	19	18	295
浦北县	435	435	392	392	103	10	10	96
平南县	1112	1112	1000	1000	214	7	7	235
容　县	784	775	684	679	236	9	2	85
陆川县	661	644	603	553	179	5	4	62
博白县	1414	1335	1296	1185	434	5	5	69
兴业县	846	443	401	401	117	5	5	59

12-2 续表 21 continued

计量单位：公顷 Measurement Unit:Hectare

县名称 Name of Counties	绿化覆盖面积 Green Coverage Area	建成区 Built District	绿地面积 Area of Parks and Green Space	建成区 Built District	公园绿地面积 Area of Public Recreational Green Space	公园个数（个） Number of Parks (unit)	门票免费 Free Parks	公园面积 Park Area
田东县	594	518	454	454	115	5	5	126
德保县	281	281	240	240	64	9	8	61
那坡县	163	132	126	125	63	3	3	37
凌云县	160	160	140	140	58	4	4	52
乐业县	142	140	125	123	51	3	3	51
田林县	199	199	173	173	70	1	1	70
西林县	173	135	137	117	28	4	4	19
隆林各族自治县	450	450	393	393	78	4	4	50
昭平县	303	303	255	255	134	3	3	77
钟山县	861	737	774	652	172	8	8	169
富川瑶族自治县	585	568	512	498	78	4	4	78
南丹县	342	340	301	298	89	6	6	79
天峨县	516	171	317	146	46	3	3	41
凤山县	246	215	190	190	42	7	4	40
东兰县	135	92	84	84	40	1	1	20
罗城仫佬族自治县	267	267	208	208	106	3	3	165
环江毛南族自治县	538	424	378	371	82	4	4	89
巴马瑶族自治县	356	295	299	256	56	2	2	42
都安瑶族自治县	762	368	332	332	160	5	5	160
大化瑶族自治县	574	547	522	497	107	3	3	107
忻城县	301	274	273	248	82	3	3	54
象州县	1534	267	1510	243	65	6	6	65
武宣县	594	478	505	408	86	7	7	86
金秀瑶族自治县	57	57	53	53	11	12	12	11
扶绥县	589	579	566	557	121	8	8	121
宁明县	604	343	432	293	38	5	4	37
龙州县	502	445	429	376	133	7	5	124
大新县	408	408	379	379	82	3	3	62
天等县	1156	347	1068	319	125	4	4	125
海 南	**6734**	**6501**	**4676**	**4586**	**507**	**49**	**42**	**378**
定安县	496	496	459	459	79	4	3	60
屯昌县	540	540	455	455	43	7	7	43
澄迈县	322	260	206	196	25	2	2	16
临高县	414	414	369	369	59	3	3	22
白沙黎族自治县	170	170	153	153	21	12	12	20
昌江县	451	451	433	433	64	4	4	64
乐东县	237	237	205	205	49	2		17
陵水县	566	566	426	426	65	4		53
保亭县	929	921	515	514	34	4	4	5
琼中县	225	225	179	179	22	4	4	32
洋浦经济开发区	2384	2222	1275	1196	46	3	3	46

12-2 续表 22 continued

计量单位：公顷 Measurement Unit:Hectare

县名称 Name of Counties	绿化覆盖面积 Green Coverage Area	建成区 Built District	绿地面积 Area of Parks and Green Space	建成区 Built District	公园绿地面积 Area of Public Recreational Green Space	公园个数（个） Number of Parks (unit)	门票免费 Free Parks	公园面积 Park Area
重　庆	**12253**	**7567**	**10759**	**6862**	**2893**	**136**	**134**	**2194**
城口县	129	129	119	119	64	5	5	71
丰都县	1139	749	635	582	218	8	8	172
垫江县	4779	1176	4403	1075	251	10	10	208
忠　县	992	800	819	726	290	10	10	144
云阳县	1242	1197	1122	1122	624	24	23	501
奉节县	717	570	692	554	262	14	14	240
巫山县	318	306	284	284	165	5	5	143
巫溪县	427	330	398	297	95	13	13	86
石柱土家族自治县	416	387	375	356	179	18	18	82
秀山土家族苗族自治县	965	883	886	818	326	10	10	223
酉阳土家族苗族自治县	652	564	618	522	204	10	9	142
彭水苗族土家族自治县	476	476	408	408	215	9	9	181
四　川	**55526**	**50219**	**48752**	**45171**	**16443**	**509**	**493**	**11577**
金堂县	3162	3162	2879	2879	745	24	24	588
大邑县	1110	1110	973	973	193	3	3	45
蒲江县	385	385	359	359	131			
新津县	2025	2025	1761	1761	390	5	5	145
荣　县	694	650	615	615	256	5	4	41
富顺县	1209	1126	1209	1127	370	10	10	320
米易县	262	262	233	233	91	6	6	98
盐边县	180	180	140	140	57	3	3	57
泸　县	764	763	683	681	249	5	5	180
合江县	885	873	856	823	311	5	5	309
叙永县	625	625	554	554	221	5	5	163
古蔺县	419	393	359	344	183	1	1	73
中江县	1122	1122	983	983	371	12	12	158
三台县	1010	1010	936	936	409	3	3	85
盐亭县	855	855	832	832	167	2	2	89
梓潼县	335	335	308	308	89	3	3	43
北川羌族自治县	243	243	225	225	52	8	8	7
平武县	140	140	124	124	43	1	1	43
旺苍县	628	628	610	610	147	3	3	50
青川县	138	118	121	113	54	4	4	29
剑阁县	342	326	283	283	74	2	1	47
苍溪县	766	766	702	702	320	6	6	293
蓬溪县	757	757	663	663	184	15	15	215
大英县	746	746	719	719	179	6	6	139
威远县	868	849	856	781	269	4	4	51
资中县	1041	1004	1028	965	299	8	8	29

12-2 续表 23 continued

计量单位：公顷　　Measurement Unit:Hectare

县名称 Name of Counties	绿化覆盖面积 Green Coverage Area	建成区 Built District	绿地面积 Area of Parks and Green Space	建成区 Built District	公园绿地面积 Area of Public Recreational Green Space	公园个数(个) Number of Parks (unit)	门票免费 Free Parks	公园面积 Park Area
犍为县	478	478	445	445	186	8	7	205
井研县	398	317	353	320	98	13	13	98
夹江县	413	394	372	361	134	19	18	125
沐川县	264	264	220	220	65	4	4	20
峨边县	143	143	142	142	62	3	3	40
马边县	230	230	203	203	48	14	14	57
南部县	1507	1415	1342	1250	457	8	7	348
营山县	987	918	885	816	291	9	9	216
蓬安县	816	763	713	660	260	6	6	220
仪陇县	788	739	696	643	215	7	7	205
西充县	887	830	757	700	207	8	8	179
仁寿县	1775	1775	1432	1432	808	13	13	808
洪雅县	406	406	355	355	99	9	9	16
丹棱县	396	391	313	308	97	6	6	45
青神县	321	286	297	265	104	14	14	121
江安县	970	718	792	592	286	6	6	280
长宁县	751	532	691	489	166	4	4	166
高　县	731	700	650	623	216	3	3	95
珙　县	903	558	883	507	195	10	10	170
筠连县	791	546	694	477	143	10	10	27
兴文县	696	454	645	398	178	4	4	36
屏山县	563	303	472	253	78	1	1	41
岳池县	1151	1151	1021	1021	331	13	13	152
武胜县	688	688	638	638	186	4	4	157
邻水县	1306	1136	1292	1020	372	5	5	72
宣汉县	964	944	934	934	462	6	6	515
开江县	575	484	500	433	169	2	2	169
大竹县	1058	1058	1006	1006	353	3	3	152
渠　县	1261	1261	1147	1147	388	6	6	575
荥经县	315	251	236	232	111	5	5	64
汉源县	190	164	169	162	82	16	16	86
石棉县	243	182	222	158	57	6	6	49
天全县	315	275	311	273	63	6	6	42
芦山县	321	188	217	166	47	10	10	11
宝兴县	87	83	98	76	27	3	3	5
通江县	721	640	625	625	415	3	3	444
南江县	820	816	729	729	231	8	8	239
平昌县	835	665	800	640	420	4	4	315
安岳县	1309	1218	1162	1079	461	11	10	461
乐至县	2448	938	1100	837	270	16	16	307
汶川县	179	176	185	173	55			
理　县	20	19	17	17	6			

12-2 续表 24 continued

计量单位：公顷 Measurement Unit:Hectare

县名称 Name of Counties	绿化覆盖面积 Green Coverage Area	建成区 Built District	绿地面积 Area of Parks and Green Space	建成区 Built District	公园绿地面积 Area of Public Recreational Green Space	公园个数(个) Number of Parks (unit)	门票免费 Free Parks	公园面积 Park Area
茂　县	196	180	150	150	55	1	1	45
松潘县	91	91	85	85	20			
九寨沟县	172	155	163	138	54			
金川县	17	17	15	15	7			
小金县	21	16	17	17	11			
黑水县	97	97	97	97	20			
壤塘县	5	5	5	5	5			
阿坝县	21	21	21	21	20			
若尔盖县	158	158	93	93	93	5	5	112
红原县	118	89	101	89	13	2	2	59
泸定县	73	73	66	65	46	3	2	24
丹巴县	51	46	39	37	35			
九龙县	73	65	101	50	35			
雅江县	30	29	26	26	25			
道孚县	189	183	193	180	30	2	1	22
炉霍县	65	65	59	59	29			
甘孜县	200	142	115	100	80	3		140
新龙县	33	33	36	29	12			
德格县	26	21	21	19	20	1	1	0
白玉县	76	67	75	66	25			
石渠县	120	85	121	71	15	2		72
色达县	59	49	32	32	20			
理塘县	201	196	188	188	46	4	4	46
巴塘县	40	38	38	35	28			
乡城县	76	67	70	66	20			
稻城县	29	29	29	28	19	2	2	3
得荣县	27	20	14	14	11			
普格县	50	50	26	26	25	1		60
木里县	38	28	28	25	6	1	1	2
盐源县	160	160	140	140	85	6	6	20
德昌县	523	288	319	230	83	3	3	23
会理县	553	553	466	459	118	3	3	47
会东县	80	77	53	52	47	1	1	2
宁南县	23	23	19	19	13	5	5	14
布拖县	70	70	41	41	21			
金阳县	63	63	68	42	44			10
昭觉县	160	140	141	131	60			40
喜德县	80	75	71	54	25	2	2	25
冕宁县	350	340	283	278	178	1	1	140
越西县	212	212	208	208	124	1	1	35
甘洛县	67	66	66	64	28	3	3	2
美姑县	25	25	18	18	6			
雷波县	75	63	63	54	36	2		2

12-2 续表 25 continued

计量单位：公顷 Measurement Unit:Hectare

县名称 Name of Counties	绿化覆盖面积 Green Coverage Area	建成区 Built District	绿地面积 Area of Parks and Green Space	建成区 Built District	公园绿地面积 Area of Public Recreational Green Space	公园个数(个) Number of Parks (unit)	门票免费 Free Parks	公园面积 Park Area
贵　州	**48054**	**32709**	**43529**	**30147**	**9320**	**351**	**335**	**9892**
开阳县	951	607	555	512	138	5	5	327
息烽县	526	391	437	360	241	5		56
修文县	310	310	266	266	121	3	2	96
水城区	1524	1096	1237	1021	180	6	6	150
六枝特区	812	812	714	714	207	11	11	200
桐梓县	783	783	732	732	244	8	7	415
绥阳县	879	831	829	784	224	7	7	224
正安县	517	517	502	502	187	5	5	196
道真县	535	487	515	469	210	3	3	210
务川县	469	469	458	458	112	4	3	244
凤冈县	520	520	471	471	138	7	7	158
湄潭县	656	656	621	621	251	8	6	243
余庆县	412	412	404	404	115	3	3	115
习水县	760	752	767	723	225	9	9	1280
普定县	3490	486	3340	456	195	12	12	258
镇宁县	2377	324	2268	286	79	5	5	69
关岭县	444	338	437	301	77	8	8	75
紫云县	3584	322	3353	281	82	5	5	44
大方县	894	894	886	835	215	16	16	400
黔西县	868	779	811	725	345	8	8	334
金沙县	761	761	689	689	211	5	5	212
织金县	1324	891	863	863	159	17	17	296
纳雍县	1055	625	637	505	147	7	7	144
威宁自治县	791	741	690	641	255	6	6	255
赫章县	368	367	356	356	84	5	5	92
江口县	416	338	353	322	152	3	3	150
玉屏县	499	475	440	440	195	2	2	100
石阡县	563	483	599	483	80	4	3	80
思南县	930	851	890	873	138	7	7	520
印江县	497	451	420	417	132	15	15	118
德江县	778	778	757	757	367	6	6	361
沿河县	528	441	479	402	92	6	6	91
松桃县	1451	705	1272	700	294	6	6	55
普安县	218	218	208	208	48	5	5	44
晴隆县	227	220	220	194	75	2	2	48
贞丰县	492	488	454	437	108	4	4	64
望谟县	389	352	358	317	76	3	3	82
册亨县	270	265	228	223	93	5	5	41
安龙县	748	559	693	528	147	3	3	169
黄平县	297	297	272	272	101			

12-2 续表 26 continued

计量单位：公顷 Measurement Unit:Hectare

县名称 Name of Counties	绿化覆盖面积 Green Coverage Area	建成区 Built District	绿地面积 Area of Parks and Green Space	建成区 Built District	公园绿地面积 Area of Public Recreational Green Space	公园个数(个) Number of Parks (unit)	门票免费 Free Parks	公园面积 Park Area
施秉县	185	172	156	156	89	2	2	45
三穗县	2119	430	2020	388	76	1	1	78
镇远县	519	517	457	457	104	5	5	6
岑巩县	409	276	409	253	49	4	4	49
天柱县	582	533	569	488	200	3	3	37
锦屏县	239	218	224	191	51	2	2	4
剑河县	284	284	254	254	95	11	11	72
台江县	207	206	180	180	41	3	3	41
黎平县	685	480	436	436	132	2	2	83
榕江县	387	387	352	352	177	4	4	56
从江县	479	479	431	431	89	4	4	22
雷山县	158	158	144	144	46	2	2	48
麻江县	288	193	172	172	74	4	4	18
丹寨县	360	360	312	312	80	3	3	108
荔波县	435	304	388	288	96	2	2	78
贵定县	576	437	486	398	95	7	7	99
瓮安县	1058	1058	801	801	246	8	8	246
独山县	800	800	783	783	164	6	2	125
平塘县	350	350	345	345	118	4	4	150
罗甸县	406	406	357	357	139	4	4	139
长顺县	559	300	550	300	119	6	5	84
龙里县	1928	1268	2236	1206	197	11	11	142
惠水县	681	673	621	619	179	3	3	131
三都水族自治县	451	330	362	286	122	1	1	12
云　南	**31270**	**28197**	**27196**	**24882**	**6972**	**714**	**660**	**5763**
嵩明县	391	373	338	325	77	21	21	76
富民县	268	248	237	221	67	15	15	67
宜良县	842	539	712	500	150	10	9	150
石林彝族自治县	628	621	570	568	145	21	21	144
禄劝彝族苗族自治县	326	288	288	261	85			
寻甸县	367	291	279	254	81	4	4	62
昆明阳宗海风景名胜区	247	247	193	193	35	4	4	34
陆良县	701	684	639	598	161	11	11	158
师宗县	567	534	523	485	143	7	7	124
罗平县	969	897	871	831	182	10	10	157
富源县	527	485	487	425	107	4	4	55
会泽县	883	832	793	728	284	12	12	105
通海县	298	285	255	247	72	3	2	72
华宁县	329	188	310	170	39	8	8	39
易门县	306	211	285	186	59	8	8	58

12-2 续表 27 continued

计量单位：公顷 Measurement Unit:Hectare

县名称 Name of Counties	绿化覆盖面积 Green Coverage Area	建成区 Built District	绿地面积 Area of Parks and Green Space	建成区 Built District	公园绿地面积 Area of Public Recreational Green Space	公园个数（个） Number of Parks (unit)	门票免费 Free Parks	公园面积 Park Area
峨山县	199	175	183	154	45	4	4	28
新平县	261	257	231	227	80	10	10	80
元江县	183	173	152	147	40	9	9	40
施甸县	353	348	318	313	78	8	8	74
龙陵县	306	244	278	220	65	9	9	65
昌宁县	552	515	496	449	145	17	17	105
鲁甸县	323	315	279	279	107	5	5	112
巧家县	295	294	272	257	63	3	3	13
盐津县	179	158	130	125	40	2		5
大关县	247	242	214	209	50	1	1	10
永善县	225	224	202	200	83	2	2	1
绥江县	289	289	268	268	78	20	20	78
镇雄县	896	867	789	721	245	4	4	56
彝良县	354	301	299	281	92	1	1	3
威信县	194	194	182	170	65	5	5	64
玉龙纳西族自治县	363	325	348	312	52	5	5	42
永胜县	260	227	164	163	38	13	13	49
华坪县	210	198	191	182	49	6	6	47
宁蒗县	180	172	180	165	56	8	8	4
宁洱哈尼族彝族自治县	363	345	346	321	82	16	16	103
墨江哈尼族自治县	276	275	254	254	72	5	5	10
景东彝族自治县	240	235	211	211	45	3	3	45
景谷傣族彝族自治县	374	373	357	332	72	13		70
镇沅彝族哈尼族拉祜族自治县	132	131	122	114	39	13	13	20
江城哈尼族彝族自治县	201	177	172	160	35	2	2	24
孟连傣族拉祜族佤族自治县	239	168	210	144	15	3		14
澜沧拉祜族自治县	334	271	250	250	40	7	7	51
西盟佤族自治县	145	83	140	76	15	1		76
凤庆县	554	550	509	470	127	13	13	143
云　县	481	481	415	415	107	5	5	40
永德县	221	205	193	193	68	4	4	54
镇康县	169	169	143	143	47	9	9	47
双江县	306	290	238	238	62	9	9	62
耿马县	248	239	225	225	73	3	3	53
沧源县	240	233	221	197	43	6	6	46
双柏县	187	184	172	171	54	6	6	65
牟定县	362	194	311	169	62	5	5	163

12-2 续表 28 continued

计量单位：公顷 Measurement Unit:Hectare

县名称 Name of Counties	绿化覆盖面积 Green Coverage Area	建成区 Built District	绿地面积 Area of Parks and Green Space	建成区 Built District	公园绿地面积 Area of Public Recreational Green Space	公园个数(个) Number of Parks (unit)	门票免费 Free Parks	公园面积 Park Area
南华县	330	319	283	283	79	4	4	69
姚安县	196	154	137	135	34	7	7	37
大姚县	383	328	324	286	80	9	9	77
永仁县	223	162	173	144	32	4	4	32
元谋县	355	343	307	295	68	2	2	32
武定县	443	213	280	185	48	2	2	33
禄丰县	406	355	318	313	99	7	7	46
屏边县	159	148	134	134	44	10	10	10
建水县	816	816	724	724	218	15	13	271
石屏县	314	310	279	275	77	9	9	67
泸西县	590	590	506	506	228	4	4	361
元阳县	121	115	107	98	49	3	3	117
红河县	204	180	187	164	59	6	6	59
金平县	135	129	124	118	37	7		37
绿春县	136	85	120	75	49	4	4	44
河口县	211	190	190	166	68	6	6	64
砚山县	520	427	467	370	106	21	20	106
西畴县	131	119	119	104	22			
麻栗坡县	204	204	194	194	11	4	4	12
马关县	352	323	283	281	48	10	10	29
丘北县	591	489	430	421	150	3	3	136
广南县	460	460	399	399	90	20	20	90
富宁县	355	345	322	316	30	7	7	30
勐海县	301	300	254	251	70	2		5
勐腊县	238	236	209	209	68	9		68
漾濞彝族自治县	137	137	117	117	34	5	5	34
祥云县	702	702	617	617	110	3	3	10
宾川县	317	253	280	222	48	9	9	43
弥渡县	205	205	179	179	46	11	11	51
南涧彝族自治县	133	122	115	107	34	7		25
巍山彝族回族自治县	219	219	190	190	44	35	35	44
永平县	263	235	228	203	92	4	4	72
云龙县	100	96	96	93	16	7	7	21
洱源县	211	211	183	183	47	7	7	47
剑川县	145	140	128	123	26	11	11	26
鹤庆县	274	238	216	208	61	4	4	61
梁河县	110	110	104	104	22	6	6	11
盈江县	385	385	342	342	123	5	4	123
陇川县	539	282	429	242	55	1	1	30
福贡县	85	68	77	62	13	2	2	4
贡山独龙族怒族	88	76	72	57	15	2		10

12-2 续表 29 continued

计量单位：公顷 Measurement Unit:Hectare

县名称 Name of Counties	绿化覆盖面积 Green Coverage Area	建成区 Built District	绿地面积 Area of Parks and Green Space	建成区 Built District	公园绿地面积 Area of Public Recreational Green Space	公园个数(个) Number of Parks (unit)	门票免费 Free Parks	公园面积 Park Area
自治县								
兰坪白族普米族自治县	280	265	249	223	50	3	1	9
德钦县	65	52	46	46	10	4	4	5
维西傈僳族自治县	251	215	209	194	50	20	20	40
西　藏	**1173**	**1076**	**700**	**654**	**111**	**53**	**52**	**116**
曲水县	35	35	22	22	6	1	1	6
当雄县	26	26	12	12	1	1	1	2
林周县	72	70	43	43	1	2	2	1
墨竹工卡县	65	65	38	38	2	3	3	2
尼木县	68	68	49	49	5	1	1	5
亚东县	10	10	9	9				
聂拉木县	5	5	4	4	1	1	1	1
仲巴县	1	1	1	1				
定结县	1	1	1	1				
康马县	19	10	6	6				
吉隆县	6	5	5	5				
萨嘎县	3	3	1	1				
谢通门县	21	21	12	12				
萨迦县	23	23	23	23				
岗巴县	9	9	9	9	1	1	1	1
拉孜县	11	11	9	7	3	1	1	3
江孜县	19	19	19	19	4	2	2	3
定日县	5	4	10	10	4	2	2	2
南木林县	10	10	10	10				
昂仁县	2	2	2	2	1	1	1	1
白朗县	7	7	7	7				
仁布县	13	9	12	10	3	3	3	3
左贡县	16	16	10	10				
丁青县	10	10	4	4	2	2	2	2
八宿县	31	31	12	12	12	2	2	12
江达县	15	15	9	9				
洛隆县	17	17	9	9				
察雅县	26	10	13	4				
贡觉县	15	15	11	11	3	2	2	3
边坝县	7	7	3	3				
类乌齐县	36	36	21	21	3	1		3
芒康县	21	21	10	10	1	1	1	1
朗　县	6	6	3	3	2	4	4	2
墨脱县	42	19	19	10	2	1	1	2
工布江达县	11	11	6	6	2	1	1	2

12-2 续表 30 continued

计量单位：公顷 Measurement Unit:Hectare

县名称 Name of Counties	绿化覆盖面积 Green Coverage Area	建成区 Built District	绿地面积 Area of Parks and Green Space	建成区 Built District	公园绿地面积 Area of Public Recreational Green Space	公园个数（个） Number of Parks (unit)	门票免费 Free Parks	公园面积 Park Area
察隅县	29	20	15	11	1	1	1	1
波密县	38	38	25	25	1	3	3	2
米林县	27	27	15	15	5	1	1	2
错那县	7	7	5	5	3	1	1	3
浪卡子县	10	10	6	6	3			
贡嘎县	19	19	9	9	3	1	1	3
加查县	13	13	8	8	2	1	1	2
桑日县	10	10	11	11	4	1	1	4
洛扎县	11	11	7	7	2			
琼结县	13	0	5	5	2	1	1	26
措美县	9	9	8	8	2	2	2	2
扎囊县	9	9	5	5	2	1	1	2
曲松县	11	11	4	4	1	2	2	1
隆子县	30	15	8	8	1	1	1	1
聂荣县	10	7	3	3				
双湖县								
嘉黎县	6	6	3	3				
比如县	20	20	11	11	3	1	1	4
尼玛县	12	10	4	2	2			
巴青县	4	4	0	0	0			
申扎县	0	0	0	0				
安多县	4	4	6	6				
索　县	14	14	6	6				
班戈县	2	2	1	1				
革吉县	15	15	10	10	10			
札达县	7	7	3	3				
日土县	16	16	9	9				
改则县	13	13	7	7				
葛尔县	89	89	50	50	7	2	2	7
普兰县	36	36	21	3	3	1	1	4
措勤县	9	9	5	5				
陕　西	**30442**	**22665**	**24982**	**19933**	**5736**	**261**	**225**	**3266**
蓝田县	492	449	395	386	77	4	4	72
周至县	292	252	207	170	82	1	1	20
宜君县	216	173	172	149	22	3	3	22
凤翔县	454	413	393	381	143	6	6	118
岐山县	258	229	212	202	59	2	2	53
扶风县	356	283	271	256	102	3	3	105
眉　县	377	348	336	313	86	5		81
陇　县	404	342	329	297	131	4	4	57
千阳县	225	187	195	174	56	5	5	32

12-2 续表 31 continued

计量单位：公顷 Measurement Unit:Hectare

县名称 Name of Counties	绿化覆盖面积 Green Coverage Area	建成区 Built District	绿地面积 Area of Parks and Green Space	建成区 Built District	公园绿地面积 Area of Public Recreational Green Space	公园个数(个) Number of Parks (unit)	门票免费 Free Parks	公园面积 Park Area
麟游县	184	143	149	132	56	5	5	55
凤　县	193	153	177	142	73	3	3	45
太白县	146	102	113	95	32	2	2	14
三原县	668	631	584	556	143	1	1	58
泾阳县								
乾　县	730	659	641	576	143	1	1	22
礼泉县	448	368	362	292	146	3	3	9
永寿县	225	199	173	169	45	2	2	6
长武县	302	262	267	233	72	1	1	32
旬邑县	258	244	234	224	48	5	5	47
淳化县	241	227	212	199	47	1	1	25
武功县	334	295	295	261	64	9		5
潼关县	283	260	244	238	69	1		3
大荔县	815	684	665	600	152			
合阳县	415	350	322	308	88	5		30
澄城县	630	575	530	486	137	4	4	62
蒲城县	773	639	614	582	127	1	1	22
白水县	409	379	356	341	72	2	2	3
富平县	953	689	719	631	163	3	3	154
延长县	240	187	198	168	76	2	2	44
延川县	360	297	320	270	53	3	3	3
志丹县	436	273	343	252	148	3	3	58
吴起县	407	276	311	249	116	8	8	30
甘泉县	241	172	194	146	31	1	1	1
富　县	372	370	331	329	75	2	2	71
洛川县	338	298	272	260	68	2	2	42
宜川县	405	129	318	113	61	1	1	14
黄龙县	225	182	200	161	29	1		23
黄陵县	219	196	178	178	51	1	1	1
城固县	827	811	721	687	161	7	6	28
洋　县	388	330	278	272	40	3	3	25
西乡县	667	475	460	437	124	6	6	119
勉　县	1600	647	1395	550	188	7	5	175
宁强县	329	300	274	255	98	16	16	76
略阳县	269	215	199	193	76	5	5	57
镇巴县	208	192	177	172	59	6	6	56
留坝县	117	51	74	46	23	3	3	4
佛坪县	79	46	65	42	20	2		13
府谷县	559	429	492	377	160	2	2	120
靖边县	1384	1047	1009	926	175	3	3	194
定边县	470	431	395	375	64	3	3	51

12-2 续表 32 continued

计量单位：公顷 Measurement Unit:Hectare

县名称 Name of Counties	绿化覆盖面积 Green Coverage Area	建成区 Built District	绿地面积 Area of Parks and Green Space	建成区 Built District	公园绿地面积 Area of Public Recreational Green Space	公园个数（个） Number of Parks (unit)	门票免费 Free Parks	公园面积 Park Area
绥德县	505	421	443	368	81	8	8	67
米脂县	652	545	473	467	66	3	3	15
佳　县	236	147	139	128	27	3	3	23
吴堡县	123	108	101	98	31	4	4	4
清涧县	126	126	107	107	38	6	6	31
子洲县	306	173	257	155	75	4	4	75
汉阴县	448	344	366	307	120	8	8	121
石泉县	345	333	305	303	73	4	4	53
宁陕县	310	145	288	128	26	2	2	2
紫阳县	280	235	241	202	58	3	3	61
岚皋县	237	185	171	171	47	1	1	29
平利县	557	290	466	266	72	2		30
镇坪县	180	64	137	58	17	4	4	17
旬阳县	2264	477	1984	439	113	3	3	90
白河县	277	174	235	153	33	2	2	29
洛南县	697	584	513	500	115	7	6	24
丹凤县	255	221	171	157	93	4	3	16
商南县	415	391	360	342	75	4	4	62
山阳县	430	340	339	288	123	6	6	33
镇安县	295	255	253	242	84	8	8	86
柞水县	281	219	264	206	40	6		40
甘　肃	**17258**	**13149**	**14164**	**11446**	**4473**	**219**	**198**	**2794**
永登县	370	370	353	353	166	4	4	124
皋兰县	242	242	250	250	81	3	3	65
榆中县	226	226	117	110	47	3	3	46
永昌县	322	322	272	272	51	2	2	54
靖远县	344	303	277	264	132	4	4	13
会宁县	605	598	547	531	130	6	6	130
景泰县	278	252	206	201	98	6	6	63
清水县	565	295	480	259	140	5	5	112
秦安县	167	160	107	101	65	6	6	16
甘谷县	369	216	187	148	49	5	5	41
武山县	66	65	58	57	8	1	1	22
张家川回族自治县	61	27	25	19	16	1	1	11
民勤县	312	312	253	253	110	7	7	110
古浪县	139	131	97	97	35	3	3	26
天祝藏族自治县	237	180	162	161	51	2	2	46
肃南县	98	87	78	78	24	2	2	15
民乐县	463	400	430	374	267	6	6	102
临泽县	749	244	675	217	76	4	4	72
高台县	362	362	320	320	181	7	7	206

12-2 续表 33 continued

计量单位：公顷 Measurement Unit:Hectare

县名称 Name of Counties	绿化覆盖面积 Green Coverage Area	建成区 Built District	绿地面积 Area of Parks and Green Space	建成区 Built District	公园绿地面积 Area of Public Recreational Green Space	公园个数（个） Number of Parks (unit)	门票免费 Free Parks	公园面积 Park Area
山丹县	511	439	460	377	87	6	6	29
泾川县	431	283	370	245	99	9	9	82
灵台县	212	202	189	185	53	2	2	17
崇信县	391	286	333	257	38	3	3	38
庄浪县	478	468	429	419	61	8	8	56
静宁县	431	397	351	351	97	5	5	63
金塔县	660	306	614	281	141	3	3	150
瓜州县	450	277	382	235	70	3	3	58
肃北蒙古族自治县	132	132	122	122	42	4	4	33
阿克塞哈萨克族自治县	150	150	132	132	22	3	2	11
庆城县	192	190	181	178	77	1		22
环　县	216	194	173	155	89	3	3	9
华池县	226	141	190	116	58	3	3	30
合水县	140	100	92	76	59	1		32
正宁县	120	110	90	82	24	1		6
宁　县	264	256	232	224	46	8	8	46
镇原县	141	139	113	112	41	3	3	20
通渭县	142	131	111	111	50	3	3	19
陇西县	621	486	446	411	281	13	13	95
渭源县	232	162	173	140	46	4	4	11
临洮县	578	426	524	384	247			
漳　县	173	142	126	123	84	1	1	3
岷　县	223	152	122	106	42	4	4	21
成　县	250	150	149	144	80	3	3	230
文　县	81	70	65	55	22	3	3	14
宕昌县	283	121	243	98	49	4	3	29
康　县	610	98	99	96	59	1	1	62
西和县	170	153	127	124	53	2	2	30
礼　县	190	155	179	148	81	8		30
徽　县	197	135	155	130	60	3	3	15
两当县	86	79	72	60	35	4		39
临夏县	143	137	127	121	14			
康乐县	436	257	392	227	58	8	8	73
永靖县	500	365	462	370	137	4	4	20
广河县	240	186	205	161	15	1	1	7
和政县	257	249	289	286	50	1	1	50
东乡县	75	74	72	70	23	1	1	8
积石山县	269	216	360	169	65	1	1	16
临潭县	76	70	119	116	28	1		2
卓尼县	72	55	45	39	5	3		5

12-2 续表 34 continued

计量单位：公顷　　Measurement Unit:Hectare

县名称 Name of Counties	绿化覆盖面积 Green Coverage Area	建成区 Built District	绿地面积 Area of Parks and Green Space	建成区 Built District	公园绿地面积 Area of Public Recreational Green Space	公园个数(个) Number of Parks (unit)	门票免费 Free Parks	公园面积 Park Area
舟曲县	31	30	18	17	14	1	1	2
迭部县	59	59	52	52	18	1	1	22
玛曲县	65	59	39	38	4			
碌曲县	41	36	28	26	20	1	1	11
夏河县	41	35	19	18	3			
青　海	**5368**	**5184**	**4736**	**4392**	**877**	**43**	**35**	**266**
大通县	692	680	649	617	118	5	1	33
湟源县	425	390	381	342	82	4		44
民和县	320	320	238	238	134	3	3	17
互助县	455	455	408	408	83	4	4	50
化隆县	68	65	42	41	6			
循化县	190	190	164	164	34			
门源县	291	251	276	220	20	1	1	6
祁连县	183	179	161	161	59			
海晏县	108	108	85	85	7			
刚察县	142	142	122	122	68	2	2	4
西海镇	150	150	132	132	30	2	2	4
尖扎县	30	18	22	17	7	1	1	1
泽库县	7	6	5	4	2			
河南县	5	3	5	2	2			
共和县	423	416	344	340	61	2	2	57
同德县	32	31	25	25	4	2	2	3
贵德县	243	239	209	209	25	3	3	30
兴海县	134	126	134	124	3	1	1	3
贵南县	61	60	53	53	14	10	10	4
班玛县	19	19	5	5	5			
久治县	3	3	3	3	3			
甘德县	39	39	39	39	1			
玛沁县	437	437	445	284	56			
达日县								
玛多县								
杂多县	15	15	10	10	7			
称多县	23	23	12	12	0			
治多县	9	9	2	2				
囊谦县	17	13	9	4	2			
曲麻莱县	5	5	1	1	1			
乌兰县	205	164	176	149	11			
都兰县	220	211	185	184	15	1	1	2
天峻县	181	181	175	175				
大柴旦行委	236	234	221	220	13	2	2	9

12-2 续表 35 continued

计量单位：公顷　　Measurement Unit:Hectare

县名称 Name of Counties	绿化覆盖面积 Green Coverage Area	建成区 Built District	绿地面积 Area of Parks and Green Space	建成区 Built District	公园绿地面积 Area of Public Recreational Green Space	公园个数（个） Number of Parks (unit)	门票免费 Free Parks	公园面积 Park Area
宁　夏	**8746**	**7411**	**7756**	**6799**	**2003**	**92**	**92**	**1922**
永宁县	833	477	767	419	136	6	6	170
贺兰县	1439	1300	1202	1202	252	22	22	252
平罗县	780	753	730	713	139	4	4	95
盐池县	669	590	615	543	121	10	10	121
同心县	750	692	628	628	127	8	8	304
红寺堡区	591	491	521	444	55	2	2	66
西吉县	586	440	446	405	153	3	3	62
隆德县	387	263	348	236	266	7	7	165
泾源县	345	251	337	238	138	10	10	101
彭阳县	470	370	415	347	206	3	3	225
中宁县	832	769	779	711	196	6	6	148
海原县	1065	1015	968	912	213	11	11	213
新　疆	**29955**	**26657**	**26356**	**23904**	**5771**	**268**	**260**	**4066**
鄯善县	1216	1158	1151	1094	101	3	2	59
托克逊县	641	520	552	461	146	13	13	170
巴里坤哈萨克自治县	247	164	214	141	26	5	5	22
伊吾县	213	190	187	176	12	3	3	12
呼图壁县	634	584	596	550	120	7	7	95
玛纳斯县	670	670	611	611	142	7	7	130
奇台县	866	778	799	672	177	3	3	66
吉木萨尔县	595	553	543	508	71	4	4	60
木垒哈萨克自治县	357	356	309	306	45	3	3	45
精河县	326	313	285	278	38	2	2	33
温泉县	182	167	167	147	19	1	1	19
轮台县	520	318	444	291	173	2	2	23
尉犁县	368	123	349	108	73	3	3	27
若羌县	295	295	277	270	39	8	8	27
且末县	224	171	201	158	36	6	6	28
焉耆回族自治县	580	390	486	359	197	4	4	197
和静县	608	608	537	537	94	5	5	77
和硕县	386	386	356	356	156	3	3	126
博湖县	135	135	123	123	64	1	1	29
温宿县	1060	1060	964	964	222	8	8	277
沙雅县	383	383	317	317	114	2	2	111
新和县	431	320	376	278	134	1	1	19
拜城县	413	413	378	378	186	7	7	127
乌什县	235	191	197	173	47	1		24
阿瓦提县	291	291	249	249	52	1	1	15
柯坪县	130	123	108	108	35	2	2	15
阿克陶县	345	273	293	239	87	4	4	112

12-2 续表 36 continued

计量单位：公顷 Measurement Unit:Hectare

县名称 Name of Counties	绿化覆盖面积 Green Coverage Area	建成区 Built District	绿地面积 Area of Parks and Green Space	建成区 Built District	公园绿地面积 Area of Public Recreational Green Space	公园个数(个) Number of Parks (unit)	门票免费 Free Parks	公园面积 Park Area
阿合奇县	292	170	266	147	15	1	1	15
乌恰县	310	266	255	247	20	5	5	46
疏附县	564	564	477	477	127	2	2	8
疏勒县	770	612	625	526	140	2	2	144
英吉沙县	450	396	417	380	94	13	13	123
泽普县	441	430	374	362	104	5	5	89
莎车县	1500	1356	1395	1290	370	5	5	286
叶城县	987	957	925	893	158	17	16	157
麦盖提县	561	561	512	512	115	2	2	63
岳普湖县	368	332	303	286	45	4	4	24
伽师县	429	429	390	390	145	5	4	145
巴楚县	1025	965	1054	877	226	5	5	22
塔什库尔干塔吉克自治县	142	141	129	122	55	1		10
和田县								
墨玉县	340	340	232	232	12	1	1	4
皮山县	151	103	88	88	24	5	5	26
洛浦县	227	170	166	166	18	3	3	18
策勒县	237	180	201	163	10	1	1	10
于田县	174	124	108	108	11	1	1	7
民丰县	62	55	48	38	6			
伊宁县	681	673	666	603	146	4	4	121
察布查尔县	597	412	478	398	144	3	3	115
霍城县	570	462	515	446	107	3	3	48
巩留县	726	627	650	581	120	26	26	85
新源县	646	546	528	508	145	3	3	41
昭苏县	409	409	352	352	62	2	2	12
特克斯县	444	413	378	375	75	6	6	71
尼勒克县	455	449	384	378	72	2	2	45
额敏县	814	814	723	723	64	2	2	47
沙湾县	832	630	753	570	112	1		45
托里县	318	307	302	264	44	2		44
裕民县	268	186	83	81	42	2	2	20
和布克赛尔蒙古自治县	207	205	195	188	66	5	5	56
布尔津县	328	301	297	279	62	5	5	18
富蕴县	315	260	231	231	90	3	3	67
福海县	270	247	218	218	25	1	1	23
哈巴河县	265	255	237	237	32	6	6	19
青河县	196	172	159	149	29	3	3	31
吉木乃县	235	209	176	169	34	2	2	16

主要指标解释

Explanatory Notes on Main Indicators

主要指标解释

人口密度

指城区内的人口疏密程度。计算公式:

$$人口密度=\frac{城区人口+城区暂住人口}{城区面积}$$

人均日生活用水量

指每一用水人口平均每天的生活用水量。计算公式:

$$人均日生活用水量=\frac{居民家庭用水量+公共服务用水量+免费供水量中的生活用水量}{用水人口}\div 报告期日历天数\times 1000升$$

供水普及率

指报告期末城区内用水人口与总人口的比率。计算公式:人口密度$=\frac{城区人口+城区暂住人口}{城区面积}$

$$供水普及率=\frac{城区用水人口（含暂住人口）}{城区人口+城区暂住人口}\times 100\%$$

$$公共供水普及率=\frac{城区公共用水人口（含暂住人口）}{城区人口+城区暂住人口}\times 100\%$$

燃气普及率

指报告期末城区内使用燃气的人口与总人口的比率。计算公式:

$$燃气普及率=\frac{城区用气人口（含暂住人口）}{城区人口+城区暂住人口}\times 100\%$$

人均城市道路面积

指报告期末城区内平均每人拥有的道路面积。计算公式:

$$人均道路面积=\frac{城区道路面积}{城区人口+城区暂住人口}$$

建成区路网密度

指报告期末建成区内道路分布的稀疏程度。计算公式:

$$建成区路网密度=\frac{建成区道路长度}{建成区面积}$$

建成区排水管道密度

指报告期末建成区排水管道分布的疏密程度。计算公式:

$$建成区排水管道密度=\frac{建成区排水管道长度}{建成区面积}$$

污水处理率

指报告期内污水处理总量与污水排放总量的比率。计算公式:

$$污水处理率=\frac{污水处理总量}{污水排放总量}\times 100\%$$

污水处理厂集中处理率

指报告期内通过污水处理厂处理的污水量与污水排放总量的比率。计算公式:

$$污水处理厂集中处理率=\frac{污水处理厂处理的污水量}{污水排放总量}\times 100\%$$

人均公园绿地面积

指报告期末城区内平均每人拥有的公园绿地面积。计算公式：

$$人均公园绿地面积=\frac{城区公园绿地面积}{城区人口+城区暂住人口}$$

建成区绿化覆盖率

指报告期末建成区内绿化覆盖面积与区域面积的比率。计算公式：

$$建成区绿化覆盖率=\frac{建成区绿化覆盖面积}{建成区面积}\times 100\%$$

建成区绿地率

指报告期末建成区内绿地面积与建成区面积的比率。计算公式：

$$建成区绿地率=\frac{建成区绿地面积}{建成区面积}\times 100\%$$

生活垃圾处理率

指报告期内生活垃圾处理量与生活垃圾产生量的比率。计算公式：

$$生活垃圾处理率=\frac{生活垃圾处理量}{生活垃圾产生量}\times 100\%$$

生活垃圾无害化处理率

指报告期内生活垃圾无害化处理量与生活垃圾产生量的比率。计算公式：

$$生活垃圾无害化处理率=\frac{生活垃圾无害化处理量}{生活垃圾产生量}\times 100\%$$

在统计时，由于生活垃圾产生量不易取得，可用清运量代替。“垃圾清运量”在审核时要与总人口（包括暂住人口）对应，一般城市人均日产生垃圾为1kg左右。

市区（县）面积

指城市（县）行政区域内的全部土地面积(包括水域面积)。地级以上城市行政区不包括市辖县(市)。按国务院批准的行政区划面积为准填报。

城区（县城）面积

指城市的城区和县城的面积。

设市城市城区包括：市本级(1)街道办事处所辖地域；(2)城市公共设施、居住设施和市政公用设施等连接到的其他镇（乡）地域；（3）常住人口在3000人以上独立的工矿区、开发区、科研单位、大专院校等特殊区域。

县城包括：(1)县政府驻地的镇（城关镇）或街道办事处地域；(2)县城公共设施、居住设施和市政设施等连接到的其他镇（乡）地域；（3）县域内常住人口在3000人以上独立的工矿区、开发区、科研单位、大专院校等特殊区域。

连接是指两个区域间可观察到的已建成或在建的公共设施、居住设施、市政设施和其他设施相连，中间没有被水域、农业用地、园地、林地、牧草地等非建设用地隔断。

对于组团式和散点式的城市，城区由多个分散的区域组成，或有个别区域远离主城区，应将这些分散的区域相加作为城区。

在统计时，以镇（乡）一级为最小统计划分单位，原则上不要打破镇（乡）的行政区划。

城区（县城）人口

指划定的城区（县城）范围的户籍人口数。按公安部门的统计为准填报。

暂住人口

指离开常住户口地的市区或乡、镇，到本市居住半年以上的人员。按市区、县和城区、县城分别统计，一般按公安部门的暂住人口统计为准填报。

建成区面积

指城区（县城）内实际已成片开发建设、市政公用设施和公共设施基本具备的区域。对核心城市，它包括集中连片的部分以及分散的若干个已经成片建设起来，市政公用设施和公共设施基本具备的地区；对一城多镇来说，它包括由几个连片开发建设起来的，市政公用设施和公共设施基本具备的地区组成。因此建成区范围，一般是指建成区外轮廓线所能包括的地区，也就是这个城市实际建设用地所达到的范围。

城市建设用地面积

指城市内的居住用地、公共管理与公共服务用地、商业服务业设施用地、工业用地、物流仓储用地、道路与交通设施用地、公用设施用地、绿地与广场用地。分别统计规划建设用地和现状建设用地。

规划建设用地面积指截至报告期末对应有关城市、县人民政府所在地镇的最新版依法批准的城市总体规划确定的城市（镇）用地面积。

现状建设用地面积指报告期末对应有关城市、县人民政府所在地镇的城市建设用地实际情况的面积。

城市维护建设资金

指用于城市维护和建设的资金，资金来源包括城市维护建设税、公用事业附加、中央和地方财政拨款、国内贷款、债券收入、利用外资、土地出让转让收入、资产置换收入、市政公用企事业单位自筹资金、国家和省规定收取的用于城市维护建设的行政事业性收费、集资收入以及其他收入。资金支出包括固定资产投资支出、维护支出和其他支出。

本年鉴中仅统计了用于城市维护和建设的财政性资金。

城市维护建设税

指依据《中华人民共和国城市维护建设税暂行条例》开征的一种地方性税种。现行的征收办法是以纳税人实际缴纳的增值税、消费税、营业税税额为计税依据，与增值税、消费税、营业税同时缴纳。根据纳税人所在地不同执行不同的纳税率：市区的税率为百分之七；县城、镇的税率为百分之五；不在市区、县城或镇的税率为百分之一。

城市公用事业附加

指在部分公用事业产品（服务）价外征收的用于城市维护建设的附加收入。包括工业用电、工业用水附加，公共汽车、电车、民用自来水、民用照明用电、电话、煤气、轮渡等附加。

固定资产投资

指建造和购置市政公用设施的经济活动，即市政公用设施固定资产再生产活动。市政公用设施固定资产再生产过程包括固定资产更新（局部更新和全部更新）、改建、扩建、新建等活动。新的企业财务会计制度规定，固定资产局部更新的大修理作为日常生产活动的一部分，发生的大修理费用直接在成本费用中列支。按照现行投资管理体制及有关部门的规定，凡属于养护、维护性质的工程，不纳入固定资产投资统计。对新建和对现有市政公用设施改造工程，应纳入固定资产统计。

本年新增固定资产

指在报告期已经完成建造和购置过程，并交付生产或使用单位的固定资产价值。包括已经建成投入生产或交付使用的工程投资和达到固定资产标准的设备、工具、器具的投资及有关应摊入的费用。属于增加固定资产价值的其他建设费用，应随同交付使用的工程一并计入新增固定资产。

新增生产能力(或效益)

指通过固定资产投资活动而增加的设计能力。计算新增生产能力(或效益)是以能独立发挥生产能力(或效益)的工程为对象。当工程建成，经有关部门验收鉴定合格，正式移交投入生产，即应计算新增生产能力(或效益)。

综合生产能力

指按供水设施取水、净化、送水、出厂输水干管等环节设计能力计算的综合生产能力。包括在原设计能力的基础上，经挖、革、改增加的生产能力。计算时，以四个环节中最薄弱的环节为主确定能力。对于经过更新改造，按更新改造后新的设计能力填报。

供水管道长度

指从送水泵至各类用户引入管之间所有市政管道的长度。不包括新安装尚未使用、水厂内以及用户建筑物内的管道。在同一条街道埋设两条或两条以上管道时，应按每条管道的长度计算。

供水总量

指报告期供水企业（单位）供出的全部水量。包括有效供水量和漏损水量。

有效供水量指水厂将水供出厂外后，各类用户实际使用到的水量。包括售水量和免费供水量。

漏损水量

指在供水工程中由于管道及附属设施破损而造成的漏失水量，以及计量损失量和其他损失水量。计量损失量包括居民用户总分表差损失水量、非居用户表具误差损失水量；其他损失水量是指未注册用户用水和用户拒查等管理因素导致的损失水量。

新水取用量

指取自任何水源被第一次利用的水量，包括自来水、地下水、地表水。新水量就一个城市来说，包括城市供水企业新水量和社会各单位的新水量。

其中：**工业新水取用量**指为使工业生产正常进行，保证生产过程对水的需要，而实际从各种水源引取的、为任何目的所用的新鲜水量，包括间接冷却水新水量、工艺水新水量、锅炉新水量及其他新水量。

用水重复利用量

指各用水单位在生产和生活中，循环利用的水量和直接或经过处理后回收再利用的水量之和。

其中：**工业用水重复利用量**指工业企业内部生活及生产用水中，循环利用的水量和直接或经过处理后回收再利用的水量之和。

节约用水量

指报告期新节水量，通过采用各项节水措施(如改进生产工艺、技术、生产设备、用水方式、换装节水器具、加强管理等)后，用水量和用水效益产生效果，而节约的水量。

人工煤气生产能力

指报告期末燃气生产厂制气、净化、输送等环节的综合生产能力，不包括备用设备能力。一般按设计能力计算，如果实际生产能力大于设计能力时，应按实际测定的生产能力计算。测定时应以制气、净化、输送三个环节中最薄弱的环节为主。

供气管道长度

指报告期末从气源厂压缩机的出口或门站出口至各类用户引入管之间的全部已经通气投入使用的管道长度。不包括煤气生产厂、输配站、液化气储存站、灌瓶站、储配站、气化站、混气站、供应站等厂（站）内，以及用户建筑物内的管道。

供气总量

指报告期燃气企业（单位）向用户供应的燃气数量。包括销售量和损失量。

汽车加气站

指专门为燃气机动车（船舶）提供压缩天然气、液化石油气等燃料加气服务的站点。应按不同气种分别统计。

供热能力

指供热企业（单位）向城市热用户输送热能的设计能力。

供热总量

指在报告期供热企业（单位）向城市热用户输送全部蒸汽和热水的总热量。

供热管道长度

指从各类热源到热用户建筑物接入口之间的全部蒸汽和热水的管道长度。不包括各类热源厂内部的管道长度。

其中：一级管网指由热源至热力站间的供热管道，**二级管网**指热力站至用户之间的供热管道。

城市道路

指城市供车辆、行人通行的，具备一定技术条件的道路、桥梁、隧道及其附属设施。城市道路由车行道和人行道等组成。在统计时只统计路面宽度在 3.5 米（含 3.5 米）以上的各种铺装道路，包括开放型工业区和住宅区道路在内。

道路长度

指道路长度和与道路相通的桥梁、隧道的长度，按车行道中心线计算。

道路面积

指道路面积和与道路相通的广场、桥梁、隧道的铺装面积（统计时，将车行道面积、人行道面积分别统计）。

人行道面积按道路两侧面积相加计算，包括步行街和广场，不含人车混行的道路。

桥梁

指为跨越天然或人工障碍物而修建的构筑物。包括跨河桥、立交桥、人行天桥以及人行地下通道等。

道路照明灯盏数

指在城市道路设置的各种照明用灯。一根电杆上有几盏即计算几盏。统计时，仅统计功能照明灯，不统计景观照明灯。

防洪堤长度

指实际修筑的防洪堤长度。统计时应按河道两岸的防洪堤相加计算长度，但如河岸一侧有数道防洪堤时，只计算最长一道的长度。

污水排放总量

指生活污水、工业废水的排放总量，包括从排水管道和排水沟（渠）排出的污水量。

（1）可按每条管道、沟（渠）排放口的实际观测的日平均流量与报告期日历日数的乘积计算。

（2）有排水测量设备的，可按实际测量值计算。

（3）如无观测值，也可按当地供水总量乘以污水排放系数确定。

城市分类污水排放系数

城市污水分类	污水排放系数
城市污水	0.7～0.8
城市综合生活污水	0.8～0.9
城市工业废水	0.7～0.9

排水管道长度

指所有市政排水总管、干管、支管、检查井及连接井进出口等长度之和。计算时应按单管计算，即在同一条街道上如有两条或两条以上并排的排水管道时，应按每条排水管道的长度相加计算。

其中：**污水管道**指专门排放污水的排水管道。

雨水管道指专门排放雨水的排水管道。

雨污合流管道指雨水、污水同时进入同一管道进行排水的排水管道。

污水处理量

指污水处理厂（或污水处理装置）实际处理的污水量。包括物理处理量、生物处理量和化学处理量。

其中**处理本城区（县城）外**，指污水处理厂作为区域设施，不仅处理本城区（县城）的污水，还处理本市（县）以外其他市、县或本市（县）其他乡村等的污水。这部分污水处理量单独统计，并在计算本市（县）的污水处理率时扣除。

干污泥年产生量

指全年污水处理厂在污水处理过程中干污泥的最终产生量。干污泥是指以干固体质量计的污泥量，含水率为0。如果产生的湿污泥的含水率为n%，那么干污泥产生量=湿污泥产生量×（1-n%）。

干污泥处置量

指报告期内将污泥达标处理处置的干污泥量。统计时按土地利用、建材利用、焚烧、填埋和其他分别填写。其中：

污泥土地利用指处理达标后的污泥产物用于园林绿化、土地改良、林地、农用等场合的处置方式。

污泥建筑材料利用指将污泥处理达标后的产物作为制砖、水泥熟料等建筑材料部分原料的处置方式。

污泥焚烧指利用焚烧炉将污泥完全矿化为少量灰烬的处理处置方式，包括单独焚烧，以及与生活垃圾、热电厂等工业窑炉的协同焚烧。

污泥填埋指采取工程措施将处理达标后的污泥产物进行堆、填、埋，置于受控制场地内的处置方式。

绿化覆盖面积

指城市中乔木、灌木、草坪等所有植被的垂直投影面积。包括城市各类绿地绿化种植垂直投影面积、屋顶绿化植物的垂直投影面积以及零星树木的垂直投影面积，乔木树冠下的灌木和草本植物以及灌木树冠下的草本植物垂直投影面积均不能重复计算。

绿地面积

指报告期末用作园林和绿化的各种绿地面积。包括公园绿地、防护绿地、广场用地、附属绿地和位于建成区范围内的区域绿地面积。

其中：**公园绿地**指向公众开放，以游憩为主要功能，兼具生态、景观、文教和应急避险等功能，有一定游憩和服务设施的绿地。

防护绿地指用地独立，具有卫生、隔离、安全、生态防护功能，游人不宜进入的绿地。主要包括卫生隔离防护绿地、道路及铁路防护绿地、高压走廊防护绿地、公共设施防护绿地等。

广场用地指以游憩、纪念、集会和避险等功能为主的城市公共活动场地。

附属绿地指附属于各类城市建设用地（除“绿地与广场用地”）的绿化用地。包括居住用地、公共管理与公共服务设施用地、商业服务业设施用地、工业用地、物流仓储用地、道路和交通设施用地、公共设施用地等用地中的绿地。

区域绿地指位于城市建设用地之外，具有城乡生态环境及自然资源和文化资源保护、游憩健身、安全防护隔离、物种保护、园林苗木生产等功能的绿地。

公园

指常年开放的供公众游览、观赏、休憩、开展科学、文化及休闲等活动，有较完善的设施和良好的绿化环境、景观优美的公园绿地。包括综合性公园、儿童公园、文物古迹公园、纪念性公园、风景名胜公园、动物园、植物园、带状公园等。不包括居住小区及小区以下的游园。统计时只统计市级和区级的综合公园、专类公园和带状公园。

其中：**门票免费公园**指对公众免费开放，不售门票的公园。

道路清扫保洁面积

指报告期末对城市道路和公共场所（主要包括城市行车道、人行道、车行隧道、人行过街地下通道、道路附属绿地、地铁站、高架路、人行过街天桥、立交桥、广场、停车场及其他设施等）进行清扫保洁的面积。一天清扫保洁多次的，按清扫保洁面积最大的一次计算。

其中：**机械化道路清扫保洁面积**指报告期末使用扫路车（机）、冲洗车等大小型机械清扫保洁的道路面积。多种机械在一条道路上重复使用时，只按一种机械清扫保洁的面积计算，不能重复统计。

生活垃圾、建筑清运量

指报告期收集和运送到各生活垃圾、建筑垃圾厂和生活垃圾、建筑垃圾最终消纳点的生活垃圾、建筑垃圾的数量。统计时仅计算从生活垃圾、建筑垃圾源头和从生活垃圾转运站直接送到处理场和最终消纳点的清运量，对于二次中转的清运量不要重复计算。

餐厨垃圾属于生活垃圾的一部分，无论单独清运还是混合清运，都应统计在生活垃圾清运量中。

其中：**餐厨垃圾清运处置量**指单独清运，并且进行单独处置的餐厨垃圾总量，不含混在生活垃圾中清运的部分。

公共厕所

指供城市居民和流动人口使用，在道路两旁或公共场所等处设置的厕所。分为独立式、附属式和活动式三种类型。统计时只统计独立式和活动式，不统计附属式公厕。

独立式公共厕所按建筑类别应分为三类，活动式公共厕所按其结构特点和服务对象应分为组装厕所、单体厕所、汽车厕所、拖动厕所和无障碍厕所五种类别。

市容环卫专用车辆设备

指用于环境卫生作业、监察的专用车辆和设备，包括用于道路清扫、冲洗、洒水、除雪、垃圾粪便清运、市容监察以及与其配套使用的车辆和设备。如：垃圾车、扫路机（车）、洗路车、洒水车、真空吸粪车、除雪机、装载机、推土机、压实机、垃圾破碎机、垃圾筛选机、盐粉撒布机、吸泥渣车和专用船舶等。对于长期租赁的车辆及设备也统计在内。

统计时，单独统计道路清扫保洁专用车辆和生活垃圾运输专用车辆数。

Explanatory Notes on Main Indicators

Population Density

It refers to the density of population in a given zone. The calculation equation is:

$$\text{Population Density} = \frac{\text{Population in Urban Areas} + \text{Urban Temporary Population}}{\text{Urban Area}}$$

Daily Domestic Water Use Per Capita

It refers to average amount of daily water consumed by each person. The calculation equation is

Daily Domestic Water Use Per Capita= (Water Consumption by Households + Water Use for Public Service+Domestic water consumption in the free water supply) ÷Population with Access to Water Supply ÷Calendar Days in Reported Period× 1000 liters

Water Coverage Rate

It refers to proportion of urban population supplied with water to urban population. The calculation equation is:

$$\text{Water Coverage Rate} = \frac{\text{Urban Population with Access to Water Supply(Including Temporaty Population)}}{\text{Urban Permanent Population+Urban Temporary Population}} \times 100\%$$

$$\text{Public Water Coverage Rate} = \frac{\text{Urban Population with Access to Public Water Supply(Including Temporary Population)}}{\text{Urban Permanent Population +Urban Temporary Population}} \times 100\%$$

Gas Coverage Rate

It refers to the proportion of urban population supplied with gas to urban population. The calculation equation is:

$$\text{Gas Coverage Rate} = \frac{\text{Urban Population With Access to Gas(Including Temporary Population)}}{\text{Urban Permanent Population+Urban Temporary Population}} \times 100\%$$

Surface Area of Urban Roads Per Capita

It refers to the average surface area of urban roads owned by each urban resident at the end of reported period. The calculation equation is:

$$\text{Surface Area of Roads Per Capita} = \frac{\text{Surface Area of Roads in Given Urban Areas}}{\text{Urban Permanent Population} + \text{Urban Temporary Population}}$$

Density of Road Network in Built Districts

It refers to the extent which roads cover built districts at the end of reported period. The calculation equation is:

$$\text{Density of Road Network in Built Districts} = \frac{\text{Length of Roads in Built Districts}}{\text{Floor Area of Built Districts}}$$

Density of Drainage Pipelines in Built Districts

It refers to the extent which drainage pipelines cover built districts at the end of reported period. The calculation equation is:

$$\text{Density of Drainage Pipelines in Built Districts} = \frac{\text{Length of Drainage Pipelines in Built Districts}}{\text{Floor Area of Built Districts}}$$

Wastewater Treatment Rate

It refers to the proportion of the quantity of wastewater treated to the total quantity of wastewater discharged at the end of reported period. The calculation equation is:

$$\text{Wastewater Treatment Rate} = \frac{\text{Quantity of Wastewater Treated}}{\text{Quantity of Wastewater Discharged}} \times 100\%$$

Centralized Treatment Rate of Wastewater Treatment Plants

It refers to the proportion of the quantity of wastewater treated in wastewater treatment plants to the total quantity of wastewater discharged at the end of reported period. The calculation equation is:

$$\text{Centralized Treatment Rate of Wastewater Treatment Plants}=\frac{\text{Quantity of wastewater treated in wastewater treatment facility}}{\text{Quantity of wastewater discharged}}\times 100\%$$

Public Recreational Green Space Per Capita

It refers to the average public recreational green space owned by each urban dweller in given areas. The calculation equation is:

$$\text{Public Recreational Green Space Per Capita}=\frac{\text{Public green space in given urban areas}}{\text{Urban Permanent Population} + \text{Urban Temporary Population}}$$

Green Coverage Rate of Built Districts

It refers to the ratio of green coverage area of built districts to surface area of built districts at the end of reported period. The calculation equation is:

$$\text{Green Coverage Rate of Built Districts}=\frac{\text{Green Coverage Area of Built Districts}}{\text{Area of Built Districts}}\times 100\%$$

Green Space Rate of Built Districts

It refers to the ratio of area of parks and green land of built districts to the area of built up districts at the end of reported period. The calculation equation is:

$$\text{Green Space Rate of Built Districts}=\frac{\text{Area of parks and green land of built districts}}{\text{Area of Built Districts}}\times 100\%$$

Domestic Garbage Treatment Rate

It refers to the ratio of quantity of domestic garbage treated to quantity of domestic garbage produced at the end of reported period. The calculation equation is:

$$\text{Domestic Garbage Treatment Rate}=\frac{\text{Quantity of Domestic Garbage Treated}}{\text{Quantity of Domestic Garbage Produced}}\times 100\%$$

Domestic Garbage Harmless Treatment Rate

It refers to the ratio of quantity of domestic garbage treated harmlessly to quantity of domestic garbage produced at the end of reported period. The calculation equation is:

$$\text{Domestic Garbage Harmless Treatment Rate}=\frac{\text{Quantity of Domestic Garbage Treated Harmlessly}}{\text{Quantity of Domestic Garbage Produced}}\times 100\%$$

Urban (county) District Area

It refers to the total land area (including water area) under jurisdiction of cities(counties).

Urban (county) Area

It refers to the area of a city's urban and county area.

Urban area of a city includes: (1) City-level areas administered by neighborhood office; (2) other towns (villages) connected to city public facilities, residential facilities and municipal utilities; (3) Independent Industrial and Mining District, Development Zones, special areas like research institutes , universities and colleges with permanent residents of 3000 above.

County area of a city includes: (1)Town or areas administered by neighborhood office; (2) other towns (villages) connected to county public facilities, residential facilities and municipal utilities; (3) Independent Industrial and Mining District, Development Zones, special areas like research institutes , universities and colleges with permanent residents of 3000 above in county.

Towns (villages) connected to city public facilities, residential facilities and municipal utilities means that towns and urban centers are connected with public facilities, residential facilities and municipal utilities that are constructed or under construction, and not cut off by non-construction land like water area, agricultural land, parks, woodland or pasture.

As to conurbation or cities organized in scattered form, urban area should include the separated or decentralized area.

Urban (county) Permanent Population

It refers to permanent residents in urban (county) areas, which are in compliance with the number of permanent residents registered in public security authorities.

Temporary Population

Temporary population includes people who leave permanent address, and live for over half a year in a place. Counted by urban area, county, urban area and county seat,which are in compliance with the number of temporary residents registered in public security authorities.

Area of Built District

It refers to large scale developed quarters within city (county) jurisdiction with basic public facilities and utilities. For a nucleus city, the built-up district consists of large-scale developed quarters with basic public facilities and utilities, which are either centralized or decentralized. For a city with several towns, the built-up district consists of several developed quarters attached in succession with basic public facilities and utilities. Range of built-up district is the area encircled by the limits of the built-up district, i.e. the range within which the actual developed land of this city exists.

Area of Urban Land for development Purpose

It refers to area of land including land for Residential Development, Administration and Public Services, Commercial and Business Facilities, Industrial, Manufacturing, Logistics and Warehouse, Road, Street and Transportation, Municipal Utilities, Green Space and Square.Separately counted by the planned construction land and the current construction land.

The area of land used for planned construction refers to the area of land used for cities (towns) as determined by the latest version of the overall urban plans approved according to law for the towns where the relevant cities and county people's governments are located at the end of the reporting period.

The area of current land for construction purposes refers to the area corresponding to the actual situation of urban land for construction purposes in the towns where the relevant cities and county people's governments are located at the end of the reporting period.

Urban Maintenance and Construction Fund

It refers to fund used for urban construction and maintenance, including urban maintenance and construction tax, extra-charges for public utilities, financial allocation from the central government and local governments, domestic loan, securities revenue, foreign investment, revenue from land transfer and assets replacement, self-raised fund by municipal utilities, charges by administrative and institutional units for urban maintenance and construction, pooled revenue and other revenues.

Urban Maintenance and Construction Tax

It is one of local taxes imposed according to *Temporary Regulations of People's Republic of China on Urban Maintenance and Construction Tax*. It is levied based on actual value-added tax, consumption tax and business tax paid by a taxpayer. It is also paid with value-added tax, consumption tax and business tax at the same time. Different rates apply to different places. The rate comes to 7% in urban areas, 5% in counties and towns and 1% beyond these places.

Extra Charge from Urban Utilities

It is additional revenue obtained from additional fees imposed on provision of products and service of such urban utilities as power generation, water supply for the industry, operation of public bus and trolley bus, taped water supply, electricity for lightening, telephone operation, gas and ferry etc. for the purpose of urban construction and maintenance.

Investment in Fixed Assets

It is the economic activities featuring construction and purchase of fixed assets, i.e. it is an essential means for social reproduction of fixed assets. The process of reproducing fixed assets includes fixed assets renovation (part and full renovation), reconstruction, extension and new construction etc. According to the new industrial financial accounting system, cost of major repairs for part renovation of fixed assets is covered by direct cost. According to the current investment management and administrative regulations, any repair and maintenance works are not included in statistics as investment in fixed assets. Innovation projects on current municipal service facilities should be included in statistics.

Newly Added Fixed Assets

They refer to the newly increased value of fixed assets, including investment in projects completed and put into operation in the reported period, and investment in equipment, tools, vessels considered as fixed assets as well as relevant expenses should be included in. Other construction expenses that increase the value of fixed assets should be included in the newly added fixed assets along with the project delivered for use.

Newly Added Production Capacity (or Benefits)

It refers to newly added design capacity through investment in fixed assets. Newly added production capacity or benefits is calculated based on projects which can independently produce or bring benefits once projects are put into operation.

Integrated Production Capacity

It refers to a comprehensive capacity based on the designed capacity of components of the process, including water collection, purification, delivery and transmission through mains. In calculation, the capacity of weakest component is the principal determining capacity. For the updated and reformed, filling in the new design capability after the updated and reformed.

Length of Water Pipelines

It refers to the total length of all pipes from the pumping station to individual water meters. If two or more pipes line in parallel in a same street, the length of water pipelines is the length sum of each line.

Total Quantity of Water Supplied

It refers to the total quantity of water delivered by water suppliers during the reported period, including accounted water and unaccounted water.

Accounted water refers to the actual quantity of water delivered to and used by end users, including water sold and free.

Unaccounted Water

It refers to sum of water leakage due to malfunction of water meters, measurement of water loss and other loss of water. The measurement of loss includes the total water loss for residential users and the water loss with table error for non-residential users; Other loss of water refers to the loss of water caused by management factors such as unregistered users' water and users' refusal to check.

Quantity of Fresh Water Used

It refers to the quantity of water obtained from any water source for the first time, including tap water, groundwater, surface water. As for a city, it includes the quantity of fresh water used by urban water suppliers and customers in different industries and sectors.

Among which, **the amount of new industrial water taken** refers to the amount of fresh water that is actually drawn from various water sources and used for any purpose in order to ensure the normal progress of industrial production and the need for water in the production process, including the amount of indirect cooling water and process water, new boiler water volume and other new water volume.

Quantity of Recycled Water

It refers to the sum of water recycled, reclaimed and reused by customers.

Among which, **the amount of recycled industrial water** refers to the sum of the amount of recycled water used in the domestic and production water of industrial enterprises and the amount of water recovered and reused directly or after treatment.

Quantity of Water Saved

It refers to the water saved in the reported period through efficient water saving measures, e.g. improvement of production methods, technologies, equipment, water use behavior or replacement of defective and inefficient devices, or strengthening of management etc.

Integrated Gas Production Capacity

It refers to the combined capacity of components of the process such as gas production, purification and delivery with an exception of the capacity of backup facilities at the end of reported period. It is usually calculated based on the design capacity. Where the actual capacity surpluses the design capacity, integrated capacity should be calculated based on the actual capacity, mainly depending on the capacity of the weakest component.

Length of Gas Supply Pipelines

It refers to the length of pipes operated in the distance from a compressor's outlet or a gas station exit to pipes connected to individual households at the end of reported period, excluding pipes through coal gas production plant, delivery station, LPG storage station, bottled station, storage and distribution station, air mixture station, supply station and user's building.

Quantity of Gas Supplied

It refers to amount of gas supplied to end users by gas suppliers at the end of reported period. It includes sales amount and loss amount.

Gas Stations for Gas- Fueled Motor Vehicles

They are designated stations that provide fuels such as compressed natural gas, LPG to gas-fueled motor vehicles. Statistics should be based on different gas types.

Heating Capacity

It refers to the designed capacity of heat delivery by heat suppliers to urban customers.

Total Quantity of Heat Supplied

It refers to the total quantity of heat obtained from steam and hot water, which is delivered to urban users by heat suppliers during the reported period.

Length of Heating Pipelines

It refers to the total length of pipes for delivery of steam and hot water from heat sources to entries of buildings, excluding lines within heat sources.

Among which, **the primary pipe network** refers to the heating pipeline from the heat source to the heating station, **the secondary pipe network** refers to the heating pipeline from the heating station to the user.

Urban roads

They refer to roads, bridges, tunnels and auxiliary facilities that are provided to vehicles and passengers for transportation. Urban roads consist of drive lanes and sidewalks. Only paved roads with width of 3.5m or above are counted, including roads in open industrial parks and residential communities.

Length of Roads

It refers to the length of roads and bridges and tunnels connected to roads. It is calculated based on the length of centerlines of traffic lanes.

Surface Area of Roads

It refers to surface area of roads and squares, bridges and tunnels connected to roads (surface area of roadway and sidewalks are calculated separately). Surface area of sidewalks is the area sum of each side of sidewalks including pedestrian streets and squares, excluding car-and-pedestrian mixed roads.

Bridges

They refer to constructed works that span natural or man-made barriers. They include bridges spanning over rivers, flyovers, overpasses and underpasses.

Number of Road Lamps

It refers to the sum of road lamps only for illumination, excluding road lamps for landscape lightening.

Length of Flood Control Dikes

It refers to actual length of constructed dikes, which sums up the length of dike on each bank of river. Where each bank has more than one dike, only the longest dike is calculated.

Quantity of Wastewater Discharged

It refers to the total quantity of domestic sewage and industrial wastewater discharged, including effluents of sewers, ditches, and canals.

(1) It is calculated by multiplying the daily average of measured discharges from sewers, ditches and canals with calendar days during the reported period.

(2) If there is a device to read actual quantity of discharge, it is calculated based on reading.

(3) If without such ad device, it is calculated by multiplying total quantity of water supply with wastewater drainage coefficient.

Category of urban wastewater	Wastewater drainage coefficient
Urban wastewater	0.7-0.8
Urban domestic wastewater	0.8-0.9
Urban industrial wastewater	0.7-0.9

Length of Drainage Pipelines

The total length of drainage pipelines is the length of mains, trunks, branches plus distance between inlet and outlet in manholes and junction wells. The calculation should be based on a single pipe, that is, if there are two or more drainage pipes side by side on the same street, the calculation should be based on the length of each drainage pipe.

Among which, **Sewage Pipe** refers to a drainage pipe dedicated to discharge sewage.

Rainwater Pipe refers to drainage pipes dedicated to draining rainwater.

Rain and Sewage Confluence Pipeline refers to the drainage pipeline where rainwater and sewage enter the same pipeline for drainage at the same time.

Quantity of Wastewater Treated

It refers to the actual quantity of wastewater treated by wastewater treatment plants and other treatment facilities in a physical, or chemical or biological way.

Among which, **the treatment outside the city (county)** refers to the sewage treatment plant as a regional facility that not only treats the sewage of the city (county), but also treats the sewage of other cities, counties, or other villages outside the city (county). This part of the sewage treatment volume is separately counted and deducted when calculating the sewage treatment rate of the city (county).

Dry Sludge Production

It refers to the final quantity of dry sludge produced in the process of wastewater treatment plants. Dry sludge refers to the amount of sludge calculated by the mass of dry solids, with a moisture content of 0. If the moisture content of the produced wet sludge is n%, then the amount of dry sludge produced = the amount of wet sludge produced × (1-n%).

Dry Sludge Disposal Volume

It refers to the amount of dry sludge to be treated and disposed according to the standard during the reporting period. Fill in the statistics according to land use, building materials use, incineration, landfill and others.

Among which, **Sludge Land Utilization** refers to the disposal of sludge products after the treatment of the standard for landscaping, land improvement, woodland, agriculture and other occasions.

The Utilization of Sludge Building Materials refers to the disposal of the products after sludge treatment reaches the standard as part of the raw materials of building materials such as bricks and cement clinker.

Sludge Incineration refers to the treatment and disposal methods that use incinerators to completely mineralize sludge into a small amount of ashes, including individual incineration, and co-incineration with industrial kilns such as domestic waste and thermal power plants.

Land Filling of Sludge refers to a disposal method in which engineering measures are taken to pile, fill, and bury the sludge products that have reached the treatment standards, and place them in a controlled site.

Green Coverage Area

It refers to the vertical shadow area of vegetation such as trees (arbors), shrubs and grasslands. It is the vertical shadow area sum of green space, roof greening and scattered trees coverage. The vertical shadow area of bushes and herbs under the shadow of trees and herbs under the shadow of shrubs should not be counted repetitively.

Area of Green Space

It refers to the area of all spaces for parks and greening at the end of reported period, which includes area of public recreational green space, shelter belt, land for squares, attached green spaces, and the area of regional green space in built district.

Among which, **Public Recreational Green Space** refers to green space with recreation and service facilities. It also serves some comprehensive functions such as improving ecology and landscape and preventing and mitigating disasters.

Shelter Belt refers to the green space that is independent of land and has the functions of hygiene, isolation, safety, and ecological protection, and is not suitable for tourists to enter. It mainly includes protective green space for health isolation, protective green space for roads and railways, protective green space for high-pressure corridors and protective green space for public facilities.

Land for Squares refer to the urban public activity space with the functions of recreation, memorial, gathering and avoiding danger.

Attached Green Spaces refer to green land attached to various types of urban construction land (except "green land and square land"). Including residential land, land for public management and public service facilities, land for commercial service facilities, industrial land, land for logistics and storage, land for roads and transportation facilities, land for public facilities and other green spaces.

Regional Green Space refers to the green land located outside the urban construction land, which has the functions of urban and rural ecological environment, natural resources and cultural resources protection, recreation and fitness, safety protection and isolation, species protection, garden seedling production and so on.

Parks

They refer to places open to the public for the purposes of tourism, appreciation, relaxation, and undertaking scientific, cultural and recreational activities. They are fully equipped and beautifully landscaped green spaces. There are different kinds of parks, including general park, Children Park, park featuring historic sites and culture relic, memorial park, scenic park, zoo, botanic garden, and belt park. Recreational space within communities is not included in statistics, while only general parks, theme parks and belt parks at city or district level are included in statistics.

Among which, **Free-ticket Parks** refer to parks that are free to the public and do not sell tickets.

Area of Roads Cleaned and Maintained

It refers to the area of urban roads and public places cleaned and maintained at the end of reported period, including drive lanes, sidewalks, drive tunnels, underpasses, green space attached to roads, metro stations, elevated roads, flyovers, overpasses, squares, parking areas and other facilities. Where a place is cleaned and maintained several times a day, only the time with maximum area cleaned is considered.

Among which, **Mechanized Road Cleaning and Cleaning Area** refers to the road area that was cleaned and cleaned with large and small machinery such as road sweepers (machines) and washing vehicles at the end of the reporting period. When multiple machines are repeatedly used on a road, only the area cleaned and cleaned by one machine is calculated, and the statistics cannot be repeated.

Quantity of Domestic Garbage and Construction Waste Transferred

It refers to the total quantity of domestic garbage and construction waste collected and transferred to treatment grounds. Only quantity collected and transferred from domestic garbage and construction waste sources or from domestic garbage transfer stations to treatment grounds is calculated with exception of quantity of domestic garbage and construction waste transferred second time.

Food waste is a part of domestic waste. Whether it is removed separately or mixed, it should be counted in the volume of domestic waste.

Among which, **the amount of food waste removal and disposal** refers to the total amount of food waste that is separately removed and disposed of separately, excluding the part that is mixed in the domestic waste.

Latrines

They are used by urban residents and flowing population, including latrines placed at both sides of a road and public place. They usually consist of detached latrine movable latrine and attached latrine. Only detached latrines rather than latrines attached to public buildings are included in the statistics.

Detached latrine is classified into three types. Moveable latrine is classified into fabricated latrine, separated latrine, motor latrine, trail latrine and barrier-free latrine.

Specific Vehicles and Equipment for Urban Environment Sanitation

They refer to vehicles and equipment specifically for environment sanitation operation and supervision, including vehicles and equipment used to clean, flush and water the roads, remove snow, clean and transfer garbage and soil, environment sanitation monitoring, as well as other vehicles and equipment supplemented, such as garbage truck, road clearing truck, road washing truck, sprinkling car, vacuum soil absorbing car, snow remover, loading machine, bulldozer, compactor, garbage crusher, garbage screening machine, salt powder sprinkling machine, sludge absorbing car and special shipping. Vehicles and equipment for long-term lease are also included in the statistics.

The number of special vehicles for road cleaning and cleaning and the special vehicles for domestic garbage transportation are separately counted.